# *NCLC* Cumulative Title Index, Vols. 1-97

"A Alfred de M." (Sainte-Beuve) **5**:346
"A celle qui est trop gaie" (Baudelaire)
.................................. **6**:109; **29**:73; **55**:60, 76
"A Félix Guiliemardet" (Lamartine) ... **11**:272
"A Fontenay" (Sainte-Beuve) .............. **5**:348
"A la manière de Paul Verlaine" (Verlaine)
.............................................. **51**:361
*A la manière de plusieurs* (Verlaine) .... **2**:623
"A la musique" (Rimbaud) .. **4**:485; **35**:289-90
"A la promenade" (Verlaine) .... **2**:628; **51**:378,
380
"A la très-chère" (Baudelaire) .............. **55**:29
"A l'éternelle madame" (Corbiere) ........ **43**:9
"À l'Etna" (Corbiere) .......................... **43**:27
"A Lord Byron" (Lamartine) ... **11**:254, 268-69
"A Luigia Pallavicini caduto da cavello"
(Foscolo) ............... **8**:268, 270, 277
"A M. Auguste le Prévost" (Sainte-Beuve)
.............................................. **5**:348
"A M. Victor Hugo" (Bertrand) ............ **31**:48
"A M. Victor Hugo" (Musset) ............... **7**:275
"A M. Viguier" (Sainte-Beuve) ............. **5**:348
"A Mademoiselle" (Sainte-Beuve) ........ **5**:348
"A mon ami Leroux" (Sainte-Beuve) ... **5**:348
"A mon ami Ulric Guttinguer" (Sainte-Beuve)
.............................................. **5**:348
"À mon cotre Le Négrier" (Corbiere) .. **43**:28
"A némésis" (Lamartine) ......... **11**:271, 289
*An a priori Autobiography* (Brownson) . **50**:27
"A quoi rêvent les jeunés filles" (Musset)
.............................. **7**:260, 264, 268
"A Rescusant" (Thomson) .................. **18**:414
"A. S. Pushkin" (Dobrolyubov) ........... **5**:142
"A Sainte-Beuve" (Musset) ........... **7**:275, 279
"A un dîner d' athées" (Barbey d'Aurevilly)
............................. **1**:70, 75, 77-78
"A un poète mort" (Leconte de Lisle)
.............................. **29**:222, 235
"A une demoiselle" (Corbiere) ............. **43**:13
"A une jeune Arabe" (Lamartine) .. **11**:279
"A une madone" (Baudelaire) .. **55**:9, 43-4, 67
"A une mendiante Rousse" (Baudelaire)
....................... **6**:80; **55**:16, 35, 40
"A une passante" (Baudelaire) .. **6**:79; **29**:101;
**55**:35, 40, 42
"A une raison" (Rimbaud) . **35**:295-96, 322-23;
**82**:232-33
*A. W. Schlegels Vorlesungen über schöne
Litteratur und Kunst* (Schlegel) . **15**:230
"A Zacinto" (Foscolo) ..... **8**:279-80; **97**:57, 68
*Abaellino, the Great Bandit* (Dunlap) ... **2**:215
"L'Abbandonata" (Symonds) ............. **34**:355
*L'abbaye de Typhaines* (Gobineau) ...... **17**:79
"L'abbaye de Vallombreuse" (Lamartine)
.............................................. **11**:255
"The Abbé Aubain" (Merimee) .. **6**:354, 364-5,
368-9, 371; **65**:47, 49, 54, 59, 63, 85, 101,
113
"The Abbé Delille and Walter Landor"
(Landor) ............... **14**:166, 195
*The Abbess: A Romance* (Trollope) ... **30**:319
*L'abbesse de Castro* (Stendhal) .. **23**:349, 408-
09, 413

*L'Abbesse de Jouarre* (Renan) . **26**:387-89, 415
"Abbey Asaroe" (Allingham) ............... **25**:20
*The Abbot* (Scott) ...... **15**:300, 312; **69**:303-04,
306, 313
"Abbot of Inisfalen" (Allingham) ......... **25**:13
"The Abbot's Ghost; or, Maurice Treherne's
Temptation" (Alcott) ............ **58**:46; **83**:6
*Abbotsford* (Irving) ................................. **2**:373
"Abdala" (Martí) ....................... **63**:85, 102
*Abdallah* (Tieck) ... **5**:515, 517-18, 523, 527-28
*Abdias* (Stifter) ............ **41**:335, 366, 367, 391
"The Abdication of Fergus" (Ferguson)
.............................. **33**:279-80, 293
*Abednego the Money-Leader* (Gore) ..... **65**:21
"La abeja y el zángano" (Lizardi) ........ **30**:67
"Abel and Cain" (Baudelaire)
See "Abel et Caïn"
"Abel et Caïn" (Baudelaire) .............. **6**:94
"Abel Jansen Tasman" (Clarke) ... **19**:231, 236
"Abencerrage" (Hemans) ................... **29**:192
"The Abencerrage" (Hemans) .......... **71**:276
"Der Abend" (Schiller) .......... **39**:338-39, 355
"Abend auf Golgatha" (Keller) ............. **2**:421
"Abendlied an die Natur" (Keller) ...... **2**:421
"Abendlied-augen, meine Lieben Fensterlein"
(Keller) ................................... **2**:421
"Abendphantasie" (Hölderlin) ............. **16**:184
"Abendrot im Walde" (Meyer) ........... **81**:205
"Abendständchen" (Brentano) ... **1**:102, 105
"Abendwolke" (Meyer) ....................... **81**:146
*Aben-Hamet, the Last of the Abencerages*
(Chateaubriand) .......................... **3**:126
"Abenlied" (Claudius) .................... **75**:190
*Die Abenteuer in der Sylvesternacht*
(Hoffmann) ................................... **2**:348
"The Abjuration of St. Peter" (Baudelaire)
See "Le reniement de Saint-Pierre"
*The Abolitionists* (Channing) ..... **17**:24, 32, 35
"L'aboma" (Leconte de Lisle) ............ **29**:225
"Aboriginal Death Song" (Kendall)
.............................. **12**:192, 201
"Abou Ben Adhem" (Hunt) ..... **1**:414-15, 423;
**70**:264
"About How Ivan Ivanovič Quarreled with
Ivan Nikiforovič" (Gogol)
See "The Tale of How Ivan Ivanovich
Quarrelled with Ivan Nikiforovich"
*About Money* (Craik) ...................... **38**:127
*About the Book—Restricted Action* (Mallarme)
See *L'Action restreinte*
"Abraham Davenport" (Whittier) .. **8**:509, 523;
**59**:360-1
"Abram Morrison" (Whittier) .............. **8**:517
*An Abridgment of Universal Geography*
(Rowson) ............................... **69**:114-16
*Abroad* (Saltykov) ....................... **16**:369
"Der Abschied" (Klopstock) ............... **11**:237
"Abschied" (Lenau) .................. **16**:269-70
"Abschied" (Morike) ........................ **10**:453
"Abschied von der Utopie" (Heine) ... **54**:301
*Abseits* (Storm) ........................... **1**:540
"Absence" (Kemble) ........................ **18**:181
"The Absent" (Very) ................. **9**:383-85

*The Absentee* (Edgeworth) ....... **1**:257, 262-68,
270-72; **51**:77, 79, 88, 90-1, 93, 100, 102,
104-05, 117, 119
*Les absents* (Daudet) ........................... **1**:249
"Abt Vogler" (Browning) ............ **19**:132, 153;
**79**:106, 110-11
"Abu Midjan" (Lampman) .......... **25**:188, 199
"Abundance" (Meyer)
See "Fülle"
"Abuse of the gospel" (Cowper) ......... **94**:72-3
*The Abyss* (Goncharov)
See *Obryv*
*Accepted Addresses* (Sala) ................ **46**:237
"Account of Lord Byron's Residence"
(Polidori) ................................ **51**:218
"An Account of Some Strange Disturbances in
an Old House on Aungier Street" (Le
Fanu)
See "Some Strange Disturbances in an Old
House on Augier Street"
"Account of the Rural Sentiment Which is
Cultivated at the Country Seat of a Man
of Fashion" (Mackenzie) ............ **41**:191
"Les accroupissements" (Rimbaud)
.............................. **35**:271, 282
"An Accursed Race" (Gaskell) ........... **70**:189
"The Accuser Who Is the God of This World"
(Blake) ................................... **13**:213
"Achan" (Kendall) .......................... **12**:192
"Achievements of the Genius of Scott"
(Martineau) ................................ **26**:350
*Achilleis* (Goethe) .................. **4**:207, 216
*Acia* (Turgenev)
See *Asya*
"Acknowledgment" (Lanier) .............. **6**:246
"Acme" (Rossetti) ........................... **50**:293
"Acontius and Cydippe" (Morris) .. **4**:442, 447
*Acrobate* (Feuillet) .............................. **45**:79
"Across the Pea-Fields" (Lampman) .. **25**:183-
84, 209
*Across the Plains, with Other Memories and
Essays* (Stevenson) ....... **5**:410, 414, 419;
**14**:331
*An Act for Establishing Religious Freedom,
Passed in the Assembly of Virginia in the
Beginning of the Year 1786* (Jefferson)
.................................. **11**:170-71, 189, 198, 209
*Acté* (Dumas) ................................... **71**:204
*Actes et paroles* (Hugo) ...................... **3**:262
"Action at Stoney Creek" (Richardson)
.............................................. **55**:342
*L'Action restreinte* (Mallarme) .... **41**:233, 271,
282, 287
*Les actionnaires* (Scribe) ................... **16**:394
*Actions Speaks Louder* (Tamayo y Baus)
See *Del dicho al hecho*
*Actors and Acting* (Lewes)
See *On Actors and the Art of Acting*
*Les actrices* (Goncourt and Goncourt)
.............................. **7**:153, 174
"Acts and Scenes" (Landor) ............. **14**:177
"The Acts of the Polish Nation since the
Beginning of the World to Its

Crucifixion" (Mickiewicz) ........... **3**:390
"Ad Amicos" (Taylor) ........................ **89**:317
"Ad leones" (Norwid) ................... **17**:379, 383
*Ada Reis* (Lamb) ............... **38**:237, 251
*Adam and Eve* (Clough) .... **27**:56, 67, 91, 100
*Adam Bede* (Eliot) .. **4**:93-103, 109-12, 114, 116, 119, 121, 123-24, 126, 131, 137, 139, 142-44, 148-49, 152, 154; **13**:282, 289, 292-93, 305, 316, 322; **23**:49, 51, 53-4, 57, 59, 68, 80, 85, 87; **41**:56, 59-61, 67, 70, 72, 90-3, 96, 99, 100-01, 103, 106-07, 118, 120, 127-28, 134-35, 145; **49**:216, 237, 241, 254, 258, 265-68; **89**:199-291
"Adam Buff, the Man without a Shirt" (Jerrold) ........................ **2**:395
*Adam Greene of Mossgray* (Oliphant) .................... **11**:429, 432, 445
"Adam Smith as a Person" (Bagehot) .. **10**:58
"Adam, the Carrion Crow" (Beddoes) .... **3**:34
*Addison* (Macaulay) ..................... **42**:87
"Address" (Barnes) ..................... **75**:43
"Address" (Brown) ............ **74**:170-73, 175
"An Address Delivered at Lenox on the First of August, 1842, Being the Anniversary of Emancipation in the British West Indies" (Channing) .................. **17**:25
"Address Delivered at the Opening of the New Theatre in Richmond, Va." (Timrod) ........................ **25**:363
"An Address Delivered Before the Senior Class in Divinity College, Cambridge" (Emerson)
    See "The Divinity School Address"
"An Address Delivered in the Court-house in Concord" (Emerson) .......... **38**:155-56
*Address on the Present Condition, Resources, and Prospects of British North America* (Haliburton) ................................. **15**:128
*Address on the Question of Free Trade* (Marx) .................................. **17**:333
"Address to a Lark" (Clare) ............... **86**:155
"An Address to a Wild Deer" (Wilson) . **5**:550
"Address to Certain Gold Fishes" (Coleridge) ........................ **90**:28
"An Address to Lord Howe" (Paine) .. **62**:322
*An Address to Miss Phillis Wheatly* (Hammon) ................. **5**:261-62, 264-65
"Address to Plenty" (Clare) ................... **9**:72
*An Address to the Government of the United States on the Cession of Louisiana* (Brown) ................................. **74**:88
*An Address to the Irish People* (Shelley) .............................. **18**:341; **93**:373
*Address to the Muses* (Baillie) .......... **71**:54-5
*An Address to the Negroes in the State of New York* (Hammon) ................... **5**:262
*Address to the Night* (Baillie) .......... **71**:51
"Address to the People of South Carolina" (Calhoun) ........................ **15**:27
*Address to the People on the Death of the Princess Charlotte* (Shelley) . **93**:272-73
"Address to the Rural Muse" (Clare) ..... **9**:79-80; **86**:160
"Address to the Senators and Representatives of the Free States" (Child) ........ **73**:105
"Addressed to Messrs. Dwight and Barlow, On the Projected Publication of Their Poems in London" (Trumbull) ............... **30**:350
"Addresses on the Fundamental Features of the Present Age" (Fichte) .................. **62**:19
*Addresses to the German Nation* (Fichte)
    See *Reden an die deutsche Nation*
"Adélaïde" (Gobineau) ............... **17**:92-3, 103
*Adelaide and Theodore* (Staël)
    See *Adélaïde et Théodore*
*Adélaïde de Brunswick* (Sade) ........... **47**:326
*Adélaïde et Théodore* (Staël) ........ **91**:322, 339
*Adelchi* (Manzoni) . **29**:250-51, 261, 275, 278, 299, 302, 304
*Adelgitha; or, The Fruits of a Single Error* (Lewis) ..................... **11**:305-06
*Adelheid von Wulfingen* (Kotzebue) .... **25**:141

*Adeline Mowbray; or, The Mother and Daughter* (Opie) .... **65**:157, 168, 171-74, 179, 193-5, 201-2, 206-10, 212, 215, 217
*Adelmorn, the Outlaw* (Lewis) .... **11**:296, 302, 304-05
*Adelphi* (Cowper) ..... **94**:14, 94, 121, 125, 128
"L'adieu" (Lamartine) ........................ **11**:282
"Adieu" (Rimbaud) ..... **4**:466, 485; **35**:289-90, 293-94, 303-04, 306-07, 313-14, 320, 324; **82**:223, 229, 236-37, 241, 251-52, 254-55, 262
"Adieu d'une fille è l<'acutecole" (Desbordes-Valmore) ................... **97**:29
"Adieu mystère" (Maupassant) .......... **83**:184
"Adieu to Belashanny" (Allingham) ..... **25**:18
*Les adieux au comptoir* (Scribe) ......... **16**:393
*Adini* (Brown) ............................. **74**:7
"Adiós" (Castro) ............. **3**:101; **78**:37, 40-41
"The Adirondacs" (Emerson) .. **1**:279; **38**:193
"Adivinase el dulce y perfumado" (Castro) ............................. **78**:41
"Adlercreutz" (Runeberg) ............. **41**:312, 314
"Admetus" (Lazarus) .. **8**:411-14, 417-18, 420, 425
*Admetus, and Other Poems* (Lazarus) . **8**:412-13, 417-18, 422, 425
"Administrative Nihilism" (Huxley) ................................. **67**:64, 66, 97, 105
*Admiral Guinea* (Stevenson) .......... **5**:411, 421
*Adolescent* (Dostoevsky)
    See *Podrostok*
"Adolf and Annette" (Coleridge) .... **90**:31, 33, 35-6
*Adolphe: An Anecdote Found among Papers of an Unknown Person and Published by M. Benjamin de Constant* (Constant) ............ **6**:211, 213-22, 224-25, 228-29
*Adonais: An Elegy on the Death of John Keats* (Shelley) . **18**:320, 329, 344, 349-51, 353-54, 361, 363-64, 373; **93**:322-29, 344
"The Adopted Child" (Hemans) .......... **71**:264
"Adormeciendo a David" (Isaacs) ....... **70**:311
*Adrastea* (Herder) ............... **8**:307, 313
*Adrienne Lecouvreur* (Scribe) . **16**:389, 412-14
*Adrift in New York; or, Tom and Florence Braving the World* (Alger) . **8**:43; **83**:114
*The Adulateur* (Warren) . **13**:413-16, 419, 425-26, 428
*L'adultera* (Fontane) . **26**:235-37, 241, 243-44, 259, 270-71, 275-76
*Adultera* (Martí) ............................. **63**:84
*Advance Notice* (Gogol) ................... **5**:233
"Advent" (Rossetti) .. **2**:559, 562-3; **50**:272; **66**:330
"An Adventure in the East Indies" (Bryant) ............................. **6**:181
"The Adventure of Lieutenant Jergounoff" (Turgenev)
    See "Istoriya leytenanta Ergunova"
"The Adventure of My Aunt" (Irving) . **19**:341
*An Adventure of Richelieu* (Tamayo y Baus)
    See *Una aventura de Richelieu*
"Adventure of the Hansom Cabs" (Stevenson) ................................. **5**:394
"The Adventure of the Mysterious Stranger" (Irving) ........................... **2**:370; **19**:341
*Adventures* (Trelawny)
    See *Adventures of a Younger Son*
*The Adventures of a Brownie* (Craik) . **38**:122
*The Adventures of a Naval Officer; or, Scenes and Adventures in the Life of Frank Mildmay* (Marryat) ...... **3**:318-19, 321-22
*The Adventures of a Puppet* (Collodi)
    See *Le Avventure di Pinocchio*
*Adventures of a Telegraph Boy* (Alger) .. **8**:43
*Adventures of a Younger Son* (Trelawny) ... **85**:314-16, 318-20, 324-25, 327, 330-37, 339, 342-44, 346-48
*The Adventures of Arthur O'Leary* (Lever)
    See *Arthur O'Leary: His Wanderings and Ponderings in Many Lands*

*The Adventures of Captain Bonneville* (Irving) ................... **2**:376-77; **95**:258-59
*The Adventures of Hugh Trevor* (Holcroft) ........... **85**:192-93, 206-07, 228-31, 236-38, 242-46
*Adventures of Nicholas Doświadczynski* (Krasicki) ................. **8**:399-401, 404-05
*The Adventures of Philip on His Way through the World* (Thackeray) .. **5**:466, 470, 472, 482, 484-85, 488
*The Adventures of Pinocchio* (Collodi)
    See *Le Avventure di Pinocchio*
*The Adventures of Robin Day* (Bird) ...... **1**:91
*The Adventures of the Last Abencérages* (Chateaubriand)
    See *Aventures du dernier Abencérages*
*Adventures of Ulysses* (Lamb) ........... **10**:417
"Advertisement" (Keble) ............. **87**:156, 199
"Advertisement to the First Edition" (Browning) ................................. **66**:90
"Advice of an Old Woman" (Morike) . **10**:446
"Advice; or, The Squire and the Priest" (Crabbe) ............. **26**:93, 130, 134
"Advice to a Raven in Russia" (Barlow) ................................. **23**:29-31
"Advice to Ladies of a Certain Age" (Trumbull) ............................. **30**:349
*Advice to the Privileged Orders* (Barlow) .................. **23**:17-18, 21-2, 27, 29, 41, 43
*Advice to Young Men and (Incidentally) to Young Women* (Cobbett) ...... **49**:110, 114, 116, 119, 123, 140, 147-48, 150, 152-53, 159
"Aeneid" (Morris) ............... **4**:420, 441
"Aeolian Harp" (Allingham) ............ **25**:18, 20
"The Aeolian Harp" (Zhukovsky) ....... **35**:393
"Aerial Omens" (Whittier) ................... **8**:485
"Aes triplex" (Stevenson) ................... **5**:425
"Aesthetic Poetry" (Pater) ..... **7**:305, 327, 333; **90**:241, 305-06, 326, 346
"Aesthetic Value of Greek Comedy" (Schlegel)
    See "Vom ästhetischen Werte der griechischen Komödie"
*The Aesthetics of Ugliness* (Sacher-Masoch) ................................. **31**:302
*Aëthra* (Hayne) ........................... **94**:136
*Afar in the Forest* (Traill)
    See *Lady Mary and Her Nurse; or, A Peep into the Canadian Forest*
"L'affaire Champonathieu" (Hugo) ..... **10**:378
*L'affaire Clémenceau: Mémoire de l'accusé* (Dumas) ................... **9**:224, 228-29, 234
*L'affaire Lerouge* (Gaboriau) ..... **14**:14, 16-17, 19-21, 23-4, 26-33
*Affectation* (Sheridan) ........................ **91**:243
"L'affichage céleste" (Villiers de l'Isle Adam) ................... **3**:581, 590
"The Affliction of Margaret——of——" (Wordsworth) .......... **12**:393, 430-31, 444
*Afloat* (Maupassant)
    See *Sur l'eau*
*Afloat and Ashore; or, The Adventures of Miles Wallingford* (Cooper) . **1**:221; **54**:258, 276
*L'Africaine* (Scribe) ................... **16**:390, 401
*The African* (Murray) ........................ **63**:214
*The African Woman* (Scribe)
    See *L'Africaine*
*The Africans* (Dunlap) ........................ **2**:211
"After" (Browning) ........................... **79**:153
"After a Tempest" (Bryant) .......... **6**:159, 176
*After Breakfast* (Sala) ................... **46**:237
*After Dark* (Collins) .... **1**:173, 180, 186; **93**:46
*After Dark—A Tale of London Life* (Boucicault) ........................... **41**:49
"After Death" (Rossetti) .. **2**:557, 561; **50**:269, 289, 295-96
"After Great Pain, a Formal Feeling Comes" (Dickinson) ........................... **21**:43
*After London; or, Wild England* (Jefferies) ...... **47**:92-93, 95, 102, 104, 109, 112, 113, 124, 130-33, 142

"After Many Years" (Kendall) .... **12**:183, 187, 189, 198-99

"After Mist" (Lampman) .................. **25**:210

"After Rain" (Lampman) ................... **25**:169

"After the Burial" (Lowell) ....... **2**:511; **90**:193

"After the Death of John Brown" (Thoreau) ................................................... **7**:406

"After the Deluge" (Rimbaud)
   See "Après le déluge"

After the Dinner Comes the Reckoning (Ostrovsky)
   See Ne vse kotu maslenitsa

"After the French Liberation of Italy" (Rossetti) ...................................... **77**:297

"After the German Subjugation of France, 1871" (Rossetti) ......................... **77**:297

"After the Hunt" (Kendall) .......... **12**:181, 191

"After the Play" (Gogol) ... **5**:254; **31**:103

"After the Pleasure Party" (Melville) ................................................... **3**:363; **91**:184

"After the Shower" (Lampman) ......... **25**:210

"After the Storm" (Herzen) ............... **10**:337

"After the Supper and Talk" (Whitman) ................................................... **31**:434

"After the Theater" (Gogol) .............. **31**:98

"After the Tornado" (Hayne) ............. **94**:138

"After the Victory" (Isaacs)
   See "Después da la victoria"

"Aftermath" (Longfellow) . **2**:492; **45**:161, 187

"Afternoon at a Parsonage" (Ingelow) . **39**:263-65

"Afternoon in February" (Longfellow) . **45**:152

Afternoon of a Faun (Mallarmé)
   See L'après-midi d'un faune

"Again a Springtime" (Bertrand) .......... **31**:55

"Again His Voice Is at the Door" (Dickinson) .............................................. **21**:58

"Against Inconsistency in our Expectations" (Barbauld) ............................ **50**:3

"Against widows" (Lonnrot) ............ **53**:339

"Agamemnon" (Galt) ....................... **1**:327

Agamemnon's Grave (Slowacki)
   See Grób Agamemnona

Agar (Staël) ............................... **91**:359

"Agassiz" (Lowell) ............. **90**:190, 193, 220

"Agatha" (Eliot) ............................ **13**:334

Agatha's Husband (Craik) ... **38**:110, 120, 128

Agay-Han (Krasinski) ............ **4**:305-06, 309

"Age d'or" (Rimbaud) ....... **4**:484; **35**:269

The Age of Constantine the Great (Burckhardt)
   See Die Zeit Constantins des Grossen

The Age of Reason (Paine) . **62**:259, 262, 264, 268-9, 271, 275, 278, 280, 285, 297-8, 309, 311-2, 314, 39, 345-6, 349, 368, 370, 373, 375-6, 379-80, 385-6, 389-93

The Age of the Despots (Symonds) ... **34**:318-19, 346-47, 349, 357, 360-63, 368, 370

"The Agency of Heaven in the Cause of Liberty" (Brackenridge) ............ **7**:44

"The Ages" (Bryant) . **6**:158, 161-62, 164, 171, 181, 189, 191; **46**:4, 15

The Ages of the World (Schelling)
   See Die Weltalter

Agezylausz (Slowacki) ............ **15**:371, 378

"The Agitation of the Socialist-Democratic Party in Austria" (Bakunin) ........ **58**:133

"Aglauron and Laurie" (Fuller) ....... **50**:258

Agnes (Oliphant) .............. **61**:173, 188, 209

"Ágnes asszony" (Arany) .......... **34**:15, 20

Agnes Bernauer (Hebbel) ... **43**:230, 234, 238-40, 244-45, 249, 251, 259, 261-62, 264, 269, 284, 287, 291, 297, 300, 301

Agnes Bernauerin (Ludwig) ........... **4**:350

Agnes Grey: An Autobiography (Brontë) . **4**:38-40, 42-43, 48-50, 52-55; **71**:73, 75, 78-82, 84-86, 88-91, 93, 98, 104-09, 111-13, 120, 122-28, 131-39, 144-46, 148, 150, 153-57, 159, 162-63, 165-66, 169, 171-79

Agnes of Sorrento (Stowe) .... **3**:557, 559, 562, 568

Agnete and the Merman (Andersen) . **79**:13, 78, 82

"Agnosticism" (Huxley) ................... **67**:96

"Agnosticism and Christianity" (Huxley) ................................................... **67**:41

"La agonía del héroe" (Isaacs) .......... **70**:311

L'agonie de la Semillante (Daudet) ...... **1**:247

Agonies (Flaubert) .......................... **19**:288

"The Agony of the Hero" (Isaacs)
   See "La agonía del héroe"

Agrarian Justice (Paine) ..... **62**:262, 271, 296, 301, 373

Agreement of Religion with Reason (Kant)
   See Religion within the Limits of Reason Alone

"El agua y el fuego" (Rizal) ..... **27**:425

Ah! (Wergeland) ......................... **5**:535

"Ah! May the Red Rose Live Alway" (Foster) ................................................ **26**:298

"Ah Poverties, Wincings, and Sulky Retreats" (Whitman) ........................ **81**:315

"Ah! Sun-Flower" (Blake) . **13**:131, 221; **37**:15, 26-7, 29, 43, 49, 51, 62, 92

"Ah What Is Love, Our Love, She Said" (Clough) .................................... **27**:106

Ahalya Baee (Baillie) ...................... **71**:3

"Ahasver, der ewige Jude" (Lenau) ................................................ **16**:279, 284

Ahavat Zion (Mapu) ... **18**:286-93, 295, 298-301, 303

Die Ahnfrau (Grillparzer) . **1**:382-85, 387, 389, 397

Ahnung und Gegenwart (Eichendorff) .. **8**:214-19, 222, 226-29

"Aho, Aho, Love's Horn Doth Blow" (Beddoes) .................................... **3**:34

Aiace (Foscolo) .......................... **8**:270

"Aideen's Grave" (Ferguson) ..... **33**:278, 293, 305

"Aids to Reflection" (Coleridge) . **9**:147, 155, 205; **54**:79, 107

"L'aigle du casque" (Hugo) .............. **3**:276

"Aileen" (Kendall) ...................... **12**:193

"Aileen Astore" (Darley) .................. **2**:130

"The Ailing Muse" (Baudelaire)
   See "La Muse malade"

"Ailleen" (Banim and Banim) ........... **13**:129

"Aimer Paris" (Banville) .................. **9**:30

"Ain't I A Woman" (Truth)
   See "Ar'n't I a woman?"

"Airiños, airiños, aires" (Castro) .. **3**:100

"Äiti ja lapsi" (Kivi) ..................... **30**:51

"Ajudah" (Mickiewicz) ................... **3**:404

"Akatsuki Zukuyo" (Ichiyo) ......... **49**:353

"Akbar's Dream" (Tennyson) ... **30**:283

Akëdysséril (Villiers de l'Isle Adam) .... **3**:583

"Akerman Steppes" (Mickiewicz)
   See "Stepy Akermańskie"

"Akhill" (Zhukovsky) .................. **35**:398

"The Akond of Swat" (Lear) ............... **3**:296

"Akrivie Phrangopoulo" (Gobineau) ................................................ **17**:80, 92-3, 103

"Al Aaraaf" (Poe) . **1**:492, 514, 527; **16**:304; **55**:156; **94**:240

Al Aaraaf, Tamarlane, and Minor Poems (Poe) ................................................ **1**:492, 514

"Al escudo de armas de Nueva Granada" (Isaacs) .................................... **70**:313

"Al mar!" (Isaacs) ................... **70**:303, 313

"Al sol" (Espronceda)
   See "Himno al sol"

Alarcos (Disraeli)
   See The Tragedy of Count Alarcos

Alarcos (Schlegel) .................. **45**:287, 327

"Alastor" (Browning) ..................... **79**:113

"Alastor; or, The Spirit of Solitude" (Shelley) .. **18**:326-27, 331, 334, 344, 358, 361, 363, 365, 369, 380, 383

Alastor; or, The Spirit of Solitude, and Other Poems (Shelley) .. **18**:313; **93**:275, 283, 287-88, 290-91, 356, 369-77

"Albanos Traum" (Jean Paul) ......... **7**:234

"L'albatros" (Baudelaire) ..... **55**:18, 48-51, 53, 55-6, 64

Albert and Emily (Beddoes) ................. **3**:33

"Albertine's Wooers" (Hoffmann) ......... **2**:342

Albertus, ou l'âme et le péché: légende théologique (Gautier) . **1**:339, 342-43, 347, 350; **59**:17-19, 39, 70

Die Albigenser (Lenau) .. **16**:263, 266, 268-70, 272, 274-75, 277, 280-81

The Albigenses (Maturin) . **6**:325-28, 332-34, 341

"Albor" (Isaacs) .......................... **70**:311

"El album" (Larra) .......................... **17**:282

Album de vers et de prose (Mallarmé) . **4**:376

Album Verses (Lamb) ........................ **10**:405

"Alcaics" (Clough) ...................... **27**:104

"Alceo" (Foscolo) .................. **8**:266, 268

Alceo (Foscolo)
   See Alceus

Alceus (Foscolo) ........................ **97**:51-2

"Alchemy of the Word" (Rimbaud)
   See "Alchimie du verbe"

"Alchimie de la douleur" (Baudelaire) . **55**:65

"Alchimie du verbe" (Rimbaud) . **35**:268, 317-20; **82**:222-23, 227, 231, 237, 240-41, 245, 247

"L'alchimiste" (Bertrand) ................. **31**:48-9

L'Alchimiste (Dumas)
   See The Alchymist

The Alchymist (Dumas) ........ **11**:47; **71**:192-93

"Alciphron" (Moore) ...................... **6**:386

Alcuin: A Dialogue on the Rights of Women (Brown) . **22**:23, 45; **74**:7, 9, 14-15, 19, 28-30, 32, 47, 50, 54, 134, 151-57, 182

"Alcyone" (Lampman) ... **25**:186, 189, 193-94, 216-17, 219

Alcyone and Other Poems (Lampman) ................................................ **25**:169, 183-84, 199

"La aldeana infiel" (Isaacs) ............ **70**:306

Aldomen (Senancour) ...... **16**:438, 445, 447-48

"Alexander and Zenobia" (Brontë) ......... **4**:44

Alexander the Kind (Eminescu) ... **33**:265

"Alexander von Humboldt" (Taylor) .. **89**:308

Alexandru Lapuşneanu (Eminescu) ................................................ **33**:265, 267

"Alexis und Dora" (Goethe) .............. **90**:109

"Alfarabi" (Beddoes) ..................... **3**:33

"Alfieri and Italian Drama" (Lewes) . **25**:285

"Az alföld" (Petofi) ............. **21**:262, 285

"Alföldi utazás" (Madach) ............... **19**:369

Alfonso, King of Castile (Lewis) .. **11**:302, 305

Alfoxden Journal (Wordsworth) . **25**:396, 400, 404-06, 408-09, 411, 412, 416-17, 419

Alfred Hagart's Household (Smith) ................................................ **59**:295, 299, 314, 319, 332

The Algerine Captive; or, The Life and Adventures of Doctor Updike Underhill: Six Years Prisoner among the Algerines (Tyler) ........................ **3**:572-75, 577-78

Älgskyttarne (Runeberg)
   See Elgskyttarne

The Alhambra (Irving) ..... **2**:371, 377-80, 383-84, 387-88; **19**:332; **95**:239, 280

"Al-Hassan" (Mangan) ................... **27**:284

"Alice Doane's Appeal" (Hawthorne) . **17**:137; **39**:180-81; **95**:128, 132, 137, 139

"Alice Fell" (Wordsworth) ............... **12**:430

Alice; or, the Mysteries (Bulwer-Lytton) ................................................ **1**:140; **45**:21, 23, 28-9, 68

Alice's Adventures in Wonderland (Carroll) ................................. **2**:106-15, 118-20; **53**:37-155

Alide: An Episode of Goethe's Life (Lazarus) ................................................ **8**:414, 425

The Alienated Manor (Baillie) .......... **71**:64

Aline et Valcour (Sade) . **3**:468, 478, 481, 491, 495-96; **47**:305, 309, 311, 314-16, 328, 335

Alix (Feuillet) ...................... **45**:75, 79

"All About Lovers" (Parton) .......... **86**:367

"All Along the Village Street" (Petofi)
   See "A faluban utcahosszat"

"All' amica risanata" (Foscolo) . **8**:265, 268, 270, 277

"All Heaven Is Blazing Yet" (Rossetti) ................................................... **50**:314-5

Title Index

"All in Honour" (Smith) ...................... **59**:257
*All in the Dark* (Le Fanu) ......... **9**:302; **58**:271
*All On a Summer's Day* (Inchbald)
................................................... **62**:143, 145, 147
*All Religions Are One* (Blake) .............. **57**:89
"All Saints" (Rossetti) ...................... **50**:312
"All the letters I can write" (Dickinson)
................................................... **77**:145-46
"All Things Are Current Found" (Thoreau)
................................................................. **7**:383
"Alla musa" (Foscolo) ...................... **8**:280
"Alla sera" (Foscolo) ............... **8**:279; **97**:67
"Alla sua donna lontana" (Foscolo) .... **8**:278
"L'allée" (Verlaine) ........... **2**:628; **51**:378, 380
"Une allée du Luxembourg" (Nerval) . **67**:306
"Allégorie" (Baudelaire) ... **6**:80; **55**:14, 74, 77
*Allerton and Dreux; or, the War of Opinion*
(Ingelow) ............................................. **39**:263
"An Alley in Flanders" (Desbordes-Valmore)
See "Une Ruelle de Flandres"
"Allez en paix" (Desbordes-Valmore) ... **97**:13
"Allouma" (Maupassant) .............. **83**:201-02
"El alma cubana" (Martí) .......... **63**:159-60
"Alma Mater" (Levy) ...................... **59**:86
"Al-Mamon" (Gogol) ...................... **5**:227
*The Almanach-Monger* (Pushkin) ........ **3**:434
*Almanacks* (Emerson) ... **66**:186-8, 190-5, 197, 221-2
*Almansur* (Tieck) ........................ **5**:523
*Almeria* (Edgeworth) ............. **1**:267; **51**:89-90
"Alnwick Castle" (Halleck) . **47**:55-59, 64, 67, 69, 73, 79, 83, 86
*Alnwick Castle and other Poems* (Halleck)
......................................................... **47**:71
"Alone I Go along the Road" (Lermontov)
................................................................. **5**:295
"Alone in the Forest" (Traill) ............. **31**:328
"Along the Pasig" (Rizal) ................ **27**:425
"Alonzo the Brave and the Fair Imogene"
(Lewis) ......................... **11**:297, 300, 311
*Aloys und Imelde* (Brentano) ........... **1**:102
*Der Alpenkönig und der Menschenfeind*
(Raimund) . **69**:5, 8-10, 12-13, 18, 22, 25-6, 34-5, 38, 43-6, 48, 50, 53, 58-61
"An Alpimalyan Dialogue" (Turgenev)
................................................................. **21**:431
*The Alp-king and the Misanthropist* (Raimund)
See *Der Alpenkönig und der Menschenfeind*
"The Alps" (Tyutchev) ................... **34**:381
"The Alps at Daybreak" (Rogers) ........ **69**:67
"Alpujarra" (Mickiewicz) ................ **3**:398
*La Alpujarra* (Alarcon) .................. **1**:12, 14
*Alroy* (Disraeli)
See *The Wondrous Tale of Alroy*
"Als er sein Weib und's Kind an Ihrer Brust
Schlafend Fand" (Claudius) ....... **75**:192
"Also on Humor and Style Therein"
(Almqvist)
See "Aven om humor och stil däri"
*Das alte Buch und die Reise ins Blaue hinein*
(Tieck) ............................................. **5**:519
*Der alte Leibkutscher Peter des Dritten*
(Kotzebue) ............................... **25**:139-40
*Der alte Mann mit der jungen Frau* (Nestroy)
................................................... **42**:230, 233
*Das alte Siegal* (Stifter) ........ **41**:336, 379
"Der Alte Turmhahn" (Morike) .. **10**:447, 453
*Der Alte vom Berge* (Tieck) ............. **5**:519
*Altenglisches Theatre* (Tieck) . **5**:520; **46**:359
"Although I put away his life–" (Dickinson)
................................................................. **77**:65
*Altiora Peto* (Oliphant) ......... **47**:278-79, 281, 284-85
*Alton Locke, Tailor and Poet* (Kingsley)
. **35**:203-04, 209, 213-15, 220-23, 227, 228, 230-31, 233-34, 235-37, 240-41, 242, 244, 246-48, 249-53, 254-56
*Altorf* (Wright) .............................. **74**:363
"Ałuszta at Day" (Mickiewicz)
See "Ałuszta w dzień"

"Ałuszta at Night" (Mickiewicz)
See "Ałuszta w nocy"
"Ałuszta w dzień" (Mickiewicz) .......... **3**:403
"Ałuszta w nocy" (Mickiewicz) ...... **3**:403-04
*The Alvareda Family* (Caballero)
See *La familia de Alvareda: Novela
original de costumbres populares*
*Alwin* (Fouque) ...................... **2**:267
*Alwyn* (Holcroft)
See *Alwyn, or The Gentleman Comedian*
*Alwyn, or The Gentleman Comedian* (Holcroft)
.. **85**:206, 215, 218, 228, 234, 236-37, 239-40, 243
"Am Brunnen vor dem Tore" (Muller)
............. **73**:374, 380-85, 387, 391-92, 394
"Am drei: Sonntag nach Ostern"
(Droste-Hulshoff) ..................... **3**:196
"Am Feierabend" (Muller) ........... **73**:364, 370
"Am Feste Mariae Lichtmess"
(Droste-Hulshoff) ..................... **3**:196
"Am Himmelstor" (Meyer) ............ **81**:162
"Am Himmelstor" (Meyer) ............ **81**:143
*Am Kamin* (Meyer) ............. **1**:542, 544
"Am Neujahrstag" (Droste-Hulshoff) .... **3**:202
*Am olam* (Smolenskin) ...... **30**:186-88, 192-93, 198
"Am Quell der Donau" (Hölderlin)
....................................... **16**:175, 195
"Am Sylvester" (Meyer) ............ **81**:157
"Am Tage der Freundschaftsfeier" (Hölderlin)
................................................... **16**:174
"Am Turme" (Droste-Hulshoff) ........... **3**:202
"Am Wassersturz" (Meyer) ............ **81**:142
*Amadis* (Gobineau) ...................... **17**:83
*Amadis of Gaul* (Southey) ......... **97**:267-68
"Les amants de Kandahar" (Gobineau)
................................... **17**:70, 92-3, 103
*Amaryllis* (Jefferies)
See *Amaryllis at the Fair*
*Amaryllis at the Fair* (Jefferies) . **47**:91-93, 95, 97, 101-06, 113, 116, 118, 120, 122, 134, 137, 140, 142-43, 145
*Amateur Emigrant* (Stevenson) ............. **5**:414
*The Amateur Poacher* (Jefferies) ..... **47**:88, 90, 100-02, 111-12, 114, 121, 126-27, 133-34
*Amaury* (Dumas) ...................... **71**:204
"The Amazon" (Leskov)
See "Voitel' nica"
*Ambarvalia* (Clough) . **27**:41, 43, 76-7, 91, 98, 104-7, 114
*The Ambassador's Wife* (Gore) ............ **65**:20
*The Ambiguities* (Melville)
See *Pierre; or, The Ambiguities*
*L'ambitieux* (Scribe) ................ **16**:388, 414
"Ambition" (Lampman) ..... **25**:201, 208, 220
*The Ambitious Ones* (Scribe)
See *L'ambitieux*
"Ambrosio, of The Monk" (James)
See *The Monk, a Romance*
"Ambuscades" (Kirkland) ................ **85**:265
"L'Ame a la maison ou la Vie et la Mort
d'un grillon" (Gautier) ................ **59**:31
"L'ame du vin" (Baudelaire) ....... **6**:129; **55**:2
"L'âme errante" (Desbordes-Valmore) .. **97**:29
"Ame et jeunesse" (Desbordes-Valmore) .. **97**:6
"Amelia" (Patmore) ...................... **9**:343
*Amélie et Germaine* (Constant) ............ **6**:223
"Amen!" (Rossetti) ...................... **50**:268
*America: A Prophecy, 1793* (Blake)
.. **13**:159, 163, 167, 183, 214-15, 217, 222, 233, 251-52; **37**:4, 33, 51; **57**:56
"America; or, A Poem on the Settlement of the
British Colonies" (Dwight) .. **13**:275, 277
*America Revisited* (Sala) .................. **46**:234
"America to Great Britain" (Allston) .. **2**:21
"American Claimant" (Hawthorne) ..... **39**:245
*The American Crisis* (Paine) .... **62**:247-8, 250, 265, 270, 281, 312, 321-2, 353, 364-71, 391
*The American Democrat; or, Hints on the
Social and Civil Relations of the United
States of America* (Cooper) .......... **1**:216-17; **54**:256, 288-90, 300

*An American Dictionary of the English
Language . . .* (Webster) .... **30**:391, 393-401, 407, 409-14, 419
"The American Drama" (Poe) ...... **55**:172, 182
*The American Frugal Housewife* (Child)
. **6**:198-99; **73**:40, 50, 58, 66-7, 75, 86, 96, 129
*The American Fugitive in Europe: Sketches of
Places and People Abroad* (Brown)
See *Three Years in Europe; or, Places I
Have Seen and People I Have Met*
*The American Gardener* (Cobbett)
................................... **49**:110, 150, 156
"The American Ideal Woman" (Kirkland)
................................................... **85**:270, 272
"The American Legend" (Taylor) ....... **89**:302
*American Notebooks* (Hawthorne) . **17**:153; **95**; 105-8, 110-11
*American Notes for General Circulation*
(Dickens) ................................... **3**:143-44
*An American Primer* (Whitman) .... **4**:576-77, 580; **31**:374; **81**:286, 309, 311, 326, 347
*The American Republic* (Brownson)
................................... **50**:35, 52-3, 65, 67-8
*The American Rushlight* (Cobbett)
See *The Rush-Light*
*American Scholar* (Emerson) .. **1**:285-87, 299, 306-07; **38**:158, 186, 206, 208, 218-22
*An American Selection of Lessons in Reading
and Speaking* (Webster)
See *A Grammatical Institute, of the
English Language, Comprising, an Easy,
Concise, and Systematic Method of
Education, Designed for the Use of
English Schools in America*
*The American Senator* (Trollope) .. **6**:461, 466, 477, 518; **33**:363
*The American Spelling Book* (Webster)
See *A Grammatical Institute, of the
English Language, Comprising, an Easy,
Concise, and Systematic Method of
Education, Designed for the Use of
English Schools in America*
*The American Tar* (Rowson) .......... **69**:140-41
"The American Village" (Freneau) . **1**:320, 324
*The American Woman's Home; or, Principles
of Domestic Science* (Beecher)
................................... **30**:15, 17, 22-4
*American Women: Will You Save Your Country*
(Beecher)
See *The Duty of American Women to Their
Country*
*Americans in England* (Rowson) ... **69**:140-41
"America's Mightiest Inheritance" (Whitman)
................................... **81**:286-87, 292, 294-95
"Les ames du purgatoire" (Merimee)
... **6**:360, 363, 366, 369-70; **65**:48-50, 53-9, 61, 63-4, 102, 105, 121
*Les âmes vaillantes* (Dumas) .. **71**:217, 221-22
*Améthystes* (Banville) ...................... **9**:17, 28
"L'ami d'enfance" (Desbordes-Valmore)
................................................................. **97**:28
*L'ami des femmes* (Dumas) . **9**:223-24, 226, 230-31, 245-46, 249, 253
*An Amicable Settlement* (Turgenev) .... **21**:432
"Amicus Redivivus" (Lamb) .......... **10**:435-36
*Amiel's Journal: The Journal Intime of Henri-
Frédéric Amiel* (Amiel)
See *Fragments d'un journal intime*
*Les amies* (Verlaine) .......... **2**:621, 632; **51**:363
"Les amies de pension" (Villiers de l'Isle
Adam) ............................................. **3**:588
"Amigos vellos" (Castro) .................. **3**:101
*Amistad funesta* (Martí) ......... **63**:85, 92
"Amnistie" (Desbordes-Valmore) .......... **97**:30
*Among Friends One Always Comes to Terms*
(Ostrovsky)
See *Svoi lyudi—sochtemsya!*
*Among My Books* (Lowell) ....... **2**:509; **90**:219
"Among the Euganean Hills" (Symonds)
................................................................. **34**:352

"Among the Hills" (Whittier) ....... **8**:521, 525; **59**:361, 371

*Among the Hills, and Other Poems* (Whittier) ................................ **8**:501; **59**:357, 360

*Among the Millet, and Other Poems* (Lampman) ....... **25**:160-61, 168-69, 176, 178, 180, 183, 192, 194-95, 199, 212

"Among the Multitude" (Whitman) .... **81**:329

"Among the Orchards" (Lampman) .... **25**:167

"Among the Timothy" (Lampman) . **25**:160, 168, 183, 196, 198-200, 207, 219

"Among the Trees" (Bryant) . **6**:168, 174, 187; **46**:15, 19

*Amor con Amor se Paga* (Martí) ........ **63**:103

"Amor eterno" (Isaacs) ................ **70**:307, 311

"Amor mundi" (Rossetti) ......... **2**:562; **50**:272; **66**:305

"Amor Vitae" (Lampman) ..................... **25**:218

*L'amore delle tre melarance* (Gozzi) . **23**:107, 113-14, 117-20, 122-25, 127, 129

"Amores catiros" (Castro) .................... **78**:42

"Amores de Soledad" (Isaacs) ......... **70**:306

*Amorina* (Almqvist) ......... **42**:6, 10, 14, 16-17

*Amoroso, King of Little Britain* (Planche) ........................................ **42**:272, 285

"Amos Barton" (Eliot)
  See *The Sad Fortunes of the Rev. Amos Barton*

"L'Amour" (Desbordes-Valmore) .......... **97**:5

"Amour" (Maupassant) ...................... **83**:174

*L'amour* (Michelet) ..... **31**:214, 218, 222, 224-25, 260-62

*Amour* (Verlaine) ............. **2**:618-19, 628, 632; **51**:351-2, 355, 359, 361-2, 266-8, 370, 372

*L'Amour Africain* (Merimee) ... **65**:52, 58, 62, 79, 82

*L'amour au 18e siècle* (Goncourt and Goncourt) ................................ **7**:165

"L'amour de mensonge" (Baudelaire) .................................. **29**:101; **55**:23

"L'amour et le crâne" (Baudelaire) ................................. **6**:80; **55**:27, 74, 80

*L'amour et le grimoire* (Nodier) ..... **19**:379

*L'amour impossible* (Barbey d'Aurevilly) .......................................... **1**:71

"Amour joie et fléau du monde" (Gautier) ...................................... **59**:17

"L'amour par terre" (Verlaine) ..... **51**:378, 382

"L'amour suprême" (Villiers de l'Isle Adam) .......................................... **3**:591

*Les amoureuses* (Daudet) .. **1**:238, 243, 248-50

*Amours de Gervais et d'Eulalie* (Nodier) ........................................ **19**:402

*Les Amours de Philippe* (Feuillet) .. **45**:83, 85, 91

"Les amours de Vienne" (Nerval) ....... **67**:363

*Amours de Voyage* (Clough) .... **27**:42-3, 46-9, 52, 56-8, 62, 65-6, 71, 73, 77-82, 92, 97-8, 103, 108-10, 112-16

*Les amours forcés* (Balzac) ..................... **5**:84

*Les amours jaunes* (Corbiere) ..... **43**:2, 4-5, 7, 11, 13, 19, 22, 24, 26-33

*Amphitryon* (Kleist) .. **2**:438-39, 442-43, 445, 450, 454, 456, 458; **37**:217, 225, 233, 237, 239, 243, 253, 255, 267, 271-4

"Ample Make This Bed" (Dickinson) .. **21**:80

*The Amulet* (Meyer)
  See *Das Amulett*

*Das Amulett* (Meyer) ............. **81**:183, 186-90

"Amusements" (Crabbe) ................. **26**:121

"Amy" (Tennyson) ............................ **65**:369

"Amy Cranstoun" (Sedgwick) ...... **19**:444

"Amy Wentworth" (Whittier) .. **8**:519; **59**:360, 370-1

*Amymone, a Romance of the Days of Pericles* (Linton) ............. **41**:163, 165

"Amy's Cruelty" (Browning) ...... **61**:7, 45, 76

"An Bodmer" (Klopstock) ................. **11**:237

"An Done" (Klopstock) ................ **11**:237

"An Ebert" (Klopstock) ........ **11**:220, 237

"An Fanny" (Klopstock) ................. **11**:237

"An Giske" (Klopstock) ................. **11**:236

"An Gott" (Klopstock) ................. **11**:237

*Anacreon's Grave* (Pushkin) ............... **3**:415

*Anakreon und die Sogenannten Anakreontischen Lieder* (Mörike) .......................................... **10**:449

*Analysis of the Influence of Natural Religion on the Temporal Happiness of Mankind* (Bentham) ... **38**:92, 97-9

*Analytical Studies* (Balzac)
  See *Etudes analytiques*

*Ananda math* (Chatterji) . **19**:204 211, 213-16, 218-22, 224

*Ānandamath* (Chatterji)
  See *Ananda math*

*The Anarchiad: A New England Poem* (Trumbull) ................ **30**:352, 375, 379

*Anarchichal Fallacies: Being an Examination of the Declaration of Rights Issued During the French Revolution* (Bentham) .................................... **38**:52

"Anarchism" (Adams) .............. **33**:18, 24

*The Anas* (Jefferson) ......... **11**:171, 173, 199

"Anastasius" (Chivers) ................. **49**:50

"L'anathème" (Leconte de Lisle) . **29**:221, 228, 231, 235

"L'Anatomiste" (Borel)
  See "Don Andréa Vésalius l'anatomiste"

*The Ancestral Footstep* (Hawthorne) ........................................ **2**:324, 333, 335

*The Ancestress* (Grillparzer)
  See *Die Ahnfrau*

"Anchar" (Pushkin) ............................ **3**:443

"L'Ancien Régime" (Thomson) ..... **18**:391-92

*L'ancien régime* (Taine) . **15**:425, 430, 432-33, 439, 447, 466, 474

*L'ancien régime et la révolution* (Tocqueville) ...... **7**:423, 427, 432-35, 445-46, 455, 458; **63**:282, 290, 292-3, 336, 340

"Ancient and Modern Ideas of Purity" (Patmore) ............................... **9**:342

*Ancient Ballads and Legends of Hindustan* (Dutt) ...................... **29**:122-23, 125-30

"Ancient Feast" (Shevchenko)
  See "Tryzna"

*The Ancient Mariner* (Coleridge)
  See *The Rime of the Ancient Mariner: A Poet's Reverie*

"An Ancient Proverb" (Blake) .. **13**:240; **37**:35

"The Ancient Sage" (Tennyson) .... **30**:226-28, 250, 254, 269-70, 275; **65**:241

*Ancient Spanish Ballads, Historical and Romantic* (Lockhart) .. **6**:292-93, 295-97

"And ar'n't I a woman?" (Truth)
  See "Ar'n't I a woman?"

"And Did Those Feet in Ancient Time Walk upon England's Mountains Green?" (Blake) .......................................... **13**:205

"And If the Branches" (Eminescu) ................................... **33**:247, 249

"Andenken" (Hölderlin) ................. **16**:176

*André* (Dunlap) ............... **2**:210-18

*André* (Sand) .. **2**:587; **42**:319-20, 335, 353; **57**:312, 317-20, 332, 367

"André Chénier" (Pushkin) .... **83**:298-99, 301-06

*André del Sarto* (Musset) .. **7**:271, 281

*André le Savoyard* (Kock) ................. **16**:245

"Andrea del Sarto" (Browning) ... **19**:117, 127, 132-33, 153; **79**:98, 106, 110-11, 163-64, 170

*Andrea of Hungary* (Landor) .............. **14**:165

"Andréa Vésalius" (Borel)
  See "Don Andréa Vésalius l'anatomiste"

"Andrei" (Turgenev) .................. **21**:377, 438

"Andrei Kolosov" (Turgenev) . **21**:377, 414, 417, 431; **37**:435

"Andrei Mureşanu" (Eminescu) .. **33**:245, 264, 266

"Andrew Rykman's Prayer" (Whittier) ........................ **8**:496, 524; **59**:366

"Andromeda" (Kingsley) ...... **35**:211-212, 219, 232

*Andromeda, and Other Poems* (Kingsley) ................................ **35**:205-06, 249

*Andy Blake* (Boucicault) ................. **41**:28

*Andy Gordon* (Alger) ...................... **8**:43-44

*Andy Grant's Pluck* (Alger) .............. **8**:20

*Andzhelo* (Pushkin) ...................... **3**:461

"L'ane" (Banville) ............................ **9**:16

"L'ane" (Maupassant) ..................... **100**:181

"Anecdote for Fathers" (Wordsworth) .............................. **12**:387, 430, 446

"An Anecdote on Byron" (Pushkin) ... **83**:273

"Anecdotes" (Pushkin) ................ **83**:270

*Anecdotes and Egotisms* (Mackenzie) .......... **41**:187, 189-90, 190, 192, 195, 210

*Anecdotes of the Late Samuel Johnson, LL.D., During the Last Twenty Years of His Life* (Piozzi) . **57**:241-2, 253, 259, 265-7, 270, 275, 285, 287-97, 299, 302-4

*Anfangsgründe der Tugendlehre* (Huxley) ........................................ **67**:214

"L'ange exilé" (Beranger) ................. **34**:43

"L'ange, fragment épique" (Lamartine) ........................................ **11**:273

"L'Ange gardien" (Desbordes-Valmore) ........................................ **97**:22

"L'ange mélancolique" (Banville) .......... **9**:14

*Ange Pitou* (Dumas) ............... **71**:232, 242-43

*L'ange tutélaire; ou, Le démon femelle* (Pixerecourt) .. **39**:274, 276-77, 279, 286

"The Angel" (Blake) . **13**:221; **37**:4, 11, 13, 43, 51, 78, 92

"Angel" (Lermontov) .... **5**:288, 292-94, 299

"Angel and Daemon" (Eminescu) . **33**:245, 247

"An Angel in the House" (Hunt) ........ **70**:264

*The Angel in the House* (Patmore) . **9**:335-57, 342-43, 345-49, 351-52, 354-56, 361-62, 364, 366

*The Angel in the House, Book I: The Betrothal* (Patmore) ................ **9**:329-33, 335-36

*The Angel in the House, Book II: The Espousals* (Patmore) ............. **9**:330-32

"The Angel of Patience" (Taylor) .. **89**:306-07

"The Angel of the Odd" (Poe) ....... **16**:312-13

"El ángel y el poeta" (Espronceda) ...... **39**:86

*Angela* (Dumas)
  See *Angèle*

*Ángela* (Tamayo y Baus) ........... **1**:565-67, 571

*Angela Borgia* (Meyer) ................. **81**:199

*Angèle* (Dumas) .... **11**:43, 48, 57, 67; **71**:193

"Angelic Guidance" (Newman) ... **38**:345

*Angelika* (Storm) ......... **1**:536, 539-40

"Angelina" (Edgeworth) . **1**:255; **51**:84, 86, 88, 90

*Angélique* (Nerval) ...... **1**:485; **67**:332, 345-47, 358, 363-64, 366

*Angelo* (Pushkin) ...................... **83**:339

*Angelo, Tyran de Padove* (Hugo) . **3**:256, 269

*Angels of the Family* (Desbordes-Valmore)
  See *Les Anges de la famille*

"The Angel's Whisper" (Chivers) ........ **49**:49

*L'angélus* (Maupassant) .. **1**:468; **83**:168, 177-81, 224

"L'Angelus du matin" (Verlaine) ... **51**:369-70

*Les Anges de la famille* (Desbordes-Valmore) ........................................ **97**:12

*L'Anglais mangeur d'opium* (Musset) .. **7**:279

"The Angle of a Landscape" (Dickinson) ........................................ **21**:75

"The Angler" (Irving) ................. **19**:327

"The Angler's Farewell" (Hood) ... **16**:235

"The Angler's Tent" (Wilson) .. **5**:545, 567

*The Anglo-Irish of the Nineteenth Century* (Banim) ................. **13**:141

"Angoisse" (Mallarme) ................. **41**:241

"Angoisse" (Rimbaud) .. **4**:487; **35**:296, 313, 323

*Anhelli* (Slowacki) .... **15**:348-49, 354-59, 364, 366-69

"Anianpelto" (Kivi) ...................... **30**:51

*Anima poetae* (Coleridge) ................ **9**:157

"Animal Automatism" (Huxley) ....... **67**:16

*Animal Magnetism* (Inchbald) . **62**:143-5, 147-8, 150

*Animi Figura* (Symonds) ............ **34**:323

"Ann Lisbeth" (Andersen) ......... **7**:37; **79**:77

"Anna" (Hebbel) ........................ **43**:253

"Anna Grace" (Ferguson) ...... **33**:293-94

*Anna St. Ives* (Holcroft) .... **85**:192-93, 206-07, 228-29, 231, 234, 236-40, 242-44

"Annabel Lee" (Poe) ........ **1**:496, 502-03, 509; **55**:133, 136, 141

*Annals of a Publishing House: William Blackwood and His Sons, Their Magazine and Friends* (Oliphant) . **61**:171, 173, 216

*Annals of Quodlibet* (Kennedy) ....... **2**:429-35

*Annals of the Parish; or, The Chronicle of Dalmailing* (Galt) ............ **1**:328-37

*Anne* (Woolson) ... **82**:268-70, 272-73, 277-78, 280-81, 292-93, 308, 314-15, 322, 324-25, 327-28, 330-31, 335

*Anne of Geierstein* (Scott) ...... **15**:307; **69**:304, 316, 329, 332, 334

*Un année dans le sahel* (Fromentin) .. **10**:226-27, 232, 240, 259

"L'année terrible" (Banville) ............... **9**:16

*L'année terrible* (Hugo) ................. **3**:256

"Annette Delarbre" (Irving) ... **2**:368, 387, 389

"Annexes" (Whitman) .................... **4**:563

"Annie and Rhoda" (Whittier) .. **8**:505

"Annie of Tharaw" (Pinkney) .. **31**:273

"The Annihilation of Aesthetics" (Pisarev)
See "Razrushenie estetiki"

"An Anniversary" (Hayne) ......... **94**:159

"Anno Domini" (Rossetti) ................ **2**:568

"L'annonciateur" (Villiers de l'Isle Adam) ................................................. **3**:590

*Annotations to Lavater* (Blake) ......... **57**:63-4

*Annotations to Swedenborg* (Blake) ...... **57**:63

*Annus Domini: A Prayer for Every Day in the Year* (Rossetti) ........ **50**:271, 273; **66**:305

*Another Night with the National Guard* (Scribe)
See *Encore une nuit de la Garde Nationale; ou, Le poste de la barrière*

"Another Spring" (Rossetti) ... **50**:293; **66**:382

"Another View of Hester" (Hawthorne) ................................................ **10**:289, 297

"Another Way of Love" (Browning) ................................................ **19**:127; **79**:153

*Another's* (Dostoevsky) ................... **2**:168

*Answer to the Bishop of Llandaff* (Paine) ................................................. **62**:314

"Answer to the Letter from My Beloved" (Petofi)
See "Válasz kedvesem levelére"

"A'n't a Woman?" (Neel)
See "Ar'n't I a woman?"

"The Antagonist's Hymn" (Holmes) ..... **81**:98

"The Antchar" (Turgenev) ............... **21**:401

*L'antéchrist* (Renan) .... **26**:372, 380, 402, 408

"Antéros" (Nerval) ................. **1**:486; **67**:362

"Antéros" (Nerval) ...................... **67**:318

*Anthologia Germanica—German Anthology* (Mangan) ...... **27**:273-75, 277, 314

*Anthologia Hibernica* (Mangan) ... **27**:314

*Anthologie auf das Jahr 1782* (Schiller) ..................... **39**:339, 354, 357, 386-87

*Anthology of Classical Poetry* (Morike) ................................................. **10**:457

*The Anthropological Principle in Philosophy* (Chernyshevsky) ............ **1**:159-60, 167

*Anthropologie* (Kant) ..... **27**:249, 259-60, 262; **67**:215

*Anthropology from a Pragmatic Point of View* (Kant)
See *Anthropologie*

*Anthropology with a Pragmatic Purpose* (Kant)
See *Anthropologie*

*Antichrist* (Renan)
See *L'antéchrist*

"Antigone" (Arnold) ..................... **6**:37

"Las antiguedades de Merida" (Larra) . **17**:271

"Antiker Form sich nähernd" (Goethe) . **4**:193

"The Anti-Marriage League" (Oliphant) ................................ **61**:205, 215, 242

*Anti-Monarchical Essay* (Paine) ...... **62**:271

*Anti-Ovid* (Wieland) ............... **17**:417-18

*The Antiquary* (Scott) ..... **15**:259-60, 277, 284, 289, 294-95, 300, 302-03, 309-10, 317; **69**:313, 392

"Antique" (Rimbaud) ...... **35**:322; **82**:232-33

"The Antiquity of Freedom" (Bryant) ........................... **6**:168, 189; **46**:7, 47

*Anti-Slavery Catechism* (Child) ....... **73**:60, 77, 104

*The Anti-Slavery Harp: A Collection of Songs for Anti-Slavery Meetings* (Brown) ................ **2**:47; **89**:143, 182, 188

"Anti-Slavery in the United States" (Lowell) ................................................. **90**:213

"Anti-Thelyphthora" (Cowper) ......... **94**:110

"Antonia" (Galt) ....................... **1**:327

*Antonia* (Sand) ...................... **57**:316

"Antonie" (Villiers de l'Isle Adam) .. **3**:590

*Antoniella* (Lamartine) ...... **11**:279, 286

*Antonina; or, The Fall of Rome* (Collins) ............... **1**:172-73, 177, 181; **93**:19, 64

*Antony* (Dumas) ... **11**:42-43, 47-48, 57-58, 63, 66-67, 72, 79, 82-83, 89; **71**:184, 187, 193, 204, 209-10, 229-30, 241

"Antony and Octavius" (Landor) ........ **14**:183

"Antwerp and Bruges" (Rossetti) ... **4**:521-22

*Antwort an Andres auf seinen letzten Brief* (Claudius) ........................ **75**:193

*Der Anverwandten* (Nestroy) ......... **42**:233-34

*Die Anweisung zum seligen Leben, oder auch die Religionslehre* (Fichte) ... **62**:35

"Any Wife to Any Husband" (Browning) ............ **19**:90, 127, 131, 155; **79**:163

"The Ape" (Lamb) ................... **10**:405

"The Apennines" (Bryant) ...... **46**:21-2

*Aphorismen zur Lebensweisheit* (Schopenhauer) ................ **51**:283

"Aphorisms on Man" (Hazlitt) ......... **82**:111

"Apocalypse" (Cowper) ............ **8**:127

"Apollo" (Chivers) .... **49**:47, 53, 56, 74

"Apollo and the Fates" (Browning) ... **79**:185

"Apollo in Picardy" (Pater) ...... **7**:303; **90**:245, 272, 276, 290

"An Apologetic Irenicon" (Huxley) .... **67**:65

*Apologia pro Vita Sua* (Newman) ...... **38**:270-71, 281, 283, 285-86, 290, 292, 295-96, 299, 305, 312-14, 318-20, 322-23, 325-27, 332-42, 344, 346, 348

"Apologue of Critobulus" (Landor) .... **14**:187

"The Apology" (Hood) ...... **16**:206

"An Apology for the Hellenics" (Landor) ................................................. **14**:189

"Apology for the Poor" (Clare) ...... **86**:171

*Der Aposte* (Ludwig)
See *Der Kandidat*

*The Apostles* (Renan)
See *Les Apôtres*

"The Apostolical Christian" (Newman) ................................................. **38**:304

"L'apostrophe" (Balzac) ............ **5**:78

"The Apostrophe to Twilight" (Norton) ................................................. **47**:239

"L'apothéose de Mouça-al-Kébyr" (Leconte de Lisle) ..................... **29**:225-26

"Apotheosis" (Dickinson)
See "Come Slowly, Eden"

*Les Apôtres* (Renan) ..... **26**:378, 402, 408, 421

"Apparent Failure" (Browning) ......... **19**:112

*Apparition* (Mallarme) ............ **41**:277, 279

"The Apparition of the Shade of Samuel" (Lamartine) ..................... **11**:249, 277

*An Appeal for the Indians* (Child) ........ **73**:84

*Appeal in Favor of That Class of Americans Called Africans* (Child) ... **6**:199, 203-04, 209; **73**:51, 55, 59, 68, 72, 76-7, 83-4, 86, 97, 102-07, 109, 118

*An Appeal to the People on Behalf of Their Rights as Authorized Interpreters of the*

*Bible* (Beecher) ............ **30**:9, 13

*Appeal to the Slavs* (Bakunin) .. **25**:45, 63; **58**, 97, 106-7, 133

"Appearance is Against Her" (Opie) .. **65**:172

*Appearance is Against Them* (Inchbald) ................................ **62**:143, 145-7

*Appel au public occidental* (Comte) ... **54**:210

*Appel aux conservateurs* (Comte) ....... **54**:210

"Appel aux Souverains" (Staël) ... **91**:340, 342

"Appendix" (De Quincey) ...... **4**:87-88

"An Apple Gathering" (Rossetti) ......... **2**:555-6; **50**:295-7, 322; **66**:351-4, 383

"Appledore" (Lowell) ................. **2**:514

"The Apple-Tree Table" (Melville) ................................ **3**:380, 382-83

*Appreciations* (Pater) ... **90**:241-42, 248, 251, 283, 288, 292, 305, 323-26, 334

*Appreciations: With an Essay on Style* (Pater) ....... **7**:299-301, 323, 330; **90**:325

"Apprenticed" (Ingelow) ......... **39**:264

*Apprenticeship* (Goethe)
See *Wilhelm Meisters Lehrjahre*

*Appropriate Stories (Leskov)* (Leskov) . **25**:228

"Après" (Maupassant) ............ **83**:182

"Après la pluie" (Corbiere) ......... **43**:31

"Après le déluge" (Rimbaud) . **4**:462, 466, 473, 487; **35**:322; **82**:230, 233

"Après ma journée faite" (Nerval) ...... **67**:307

*L'après-midi d'un faune* (Mallarme) .. **4**:371, 375-76, 380-81, 387, 389, 395-96, **41**:239, 248-50, 277-80, 294

"April" (Lampman) ...... **25**:165, 183, 188, 198-200

"April Gossip" (Jefferies) ............ **47**:138

"April in the Hills" (Lampman) .. **25**:198

"April Voices" (Lampman) ....... **25**:210

"Aquarelles" (Verlaine) .......... **51**:369, 381-83

"Aquatics" (Thomson) ............ **18**:411

*Aquis Submersus* (Storm) .... **1**:536-37, 540-41, 546

"The Arab" (Slowacki) ............ **15**:348-50

"The Arab Horse" (Gordon) ...... **21**:179

"The Arab Steed" (Very) ......... **9**:372

"The Arab Warrior" (Taylor) ...... **89**:302

"Arabella" (Crabbe) ...... **26**:93, 128, 136

*Arabella Hardy; or, The Sea Voyage* (Lamb) ................................................. **10**:417

"Arabella Stuart" (Hemans) ...... **71**:292

*Arabesques* (Gogol) ...... **5**:209, 216, 219, 240, 253; **15**:85, 94; **31**:101

"Arakoon" (Kendall) ...... **12**:186, 201

"Aralven" (Kendall) ... **12**:183, 186, 190-91, 199, 201

*Aram* (Bulwer-Lytton)
See *Eugene Aram*

*Araminta May* (Almqvist) .............. **42**:4

*Arap Petra Velikogo* (Pushkin) ...... **3**:435, 456, 462-63; **27**:376; **83**:322-23

*Araspes und Panthea* (Wieland) ......... **17**:419

"Arbor vitae" (Patmore) ...... **9**:359, 362

*L'arbore dri Diana* (Da Ponte) .. **50**:81, 83-4

"Arbutus and Grass" (Rossetti) ......... **50**:275

"Arc de Civa" (Leconte de Lisle) ... **29**:221

"Arcades Ambo" (Clarke) ... **19**:249-50

"Archdeacon Hare and Walter Landor" (Landor) ..................... **14**:195

*Archeology of the Hebrews* (Herder) .. **8**:306

*The Archers; or, Mountaineers in Switzerland* (Dunlap) ..................... **2**:212-13

"Der Archipelagus" (Hölderlin) .. **16**:162, 174, 181, 187

"The Arctic Voyager" (Timrod) ... **25**:374

"'Arcturus' Is His Other Name" (Dickinson) ................................................. **21**:71

"Ardagh" (Le Fanu)
See "The Fortunes of Sir Robert Ardagh"

"Are God and Nature Then at Strife?" (Tennyson) ..................... **30**:243

"Are these wild thoughts" (Timrod) ... **25**:374

"Are You the New Person Drawn Toward Me?" (Whitman) ............. **31**:430; **81**:308

"Argemone" (Gordon) ............ **21**:168, 185

*L'Argent* (Valles) ............................ **71**:358, 378
*L'argent des autres* (Gaboriau) ........ **14**:19-20
*Die Argonauten* (Grillparzer) ............... **1**:389
*The Argonauts* (Grillparzer)
   See *Die Argonauten*
*Argow le pirate* (Balzac) .............. **5**:58; **53**:23
"Aria Marcella, Souvenir de Pompei" (Gautier)
   .. **1**:344-45, 347, 353-54, 356; **59**:6, 11, 13, 32-5, 40, 42
"Ariadne" (Schlegel) ..................... **15**:226
"Ariadne Walking" (Hunt) ................... **1**:415
*The Arians of the Fourth Century* (Newman)
   ........................... **38**:314, 342
"Ariel in the Cloven Pine" (Taylor) .... **89**:300-01
"Ariettes oubliées" (Verlaine) .. **2**:630; **51**:351, 355, 360, 369, 381-85
"Arion" (Schlegel) ........................... **15**:223
*Aristipp und einige seiner Zeitgenossen* (Wieland) ............. **17**:395-96, 400-01
"The Aristocracy of Letters" (Hazlitt) . **29**:148
*Aristophanes' Apology* (Browning) ...... **19**:118, 131; **79**:156, 159, 174-75, 184
*Aristotle: a Chapter from the History of Science* (Lewes) .. **25**:288, 295, 310-11
"The Ark and the Dove" (Sigourney) . **21**:311
*L'arlésienne* (Daudet) ............ **1**:236, 250, 252
"Armadale" (Dumas) ........................ **71**:185
*Armadale* (Collins) . **1**:175, 177, 179-80, 182-83, 185-86; **18**:62, 66, 69, 74, 88; **93**:4, 7-9, 36-40, 44, 46-7, 50, 53, 62, 66
"Armageddon" (Tennyson) ................. **65**:258
*Armance; ou, Quelques scènes d'un salon de Paris en 1827* (Stendhal) .... **23**:349, 362, 367, 370, 374, 378, 392-98, 419; **46**:262, 296
*Armand* (Mowatt) ........................ **74**:216
*Der arme Spielmann* (Grillparzer) ........ **1**:385-86, 390-91, 393
*Der arme Wohltäter* (Stifter)
   See *Kalkstein*
"Armgart" (Eliot) .............. **4**:107; **13**:334
"Arminius" (Wieland) ....................... **17**:396
"L'armoire" (Maupassant) ........ **1**:449; **83**:194, 197, 222
*Armuth, Reichtum, Schuld und Busse der Gräfin Dolores: Eine Wahre Geschichte zur lehrreichen Unterhaltung* (Arnim)
   .................... **5**:12-13, 16-17, 21, 23
*Armuth und Edelsinn* (Kotzebue) .. **25**:144-47
"The Army Surgeon" (Dobell) .......... **43**:48
*Army-Chaplain Schmelzle's Journey to Flaetz* (Jean Paul)
   See *Des Feldpredigers Schmelzle Reise nach Fätz mit fortgehenden Noten: Nebst der Beichte des Teufels bey einem Staatsmanne*
"Arnold" (Baillie) ...................... **71**:16
"Ar'n't I a woman?" (Truth) .. **94**:302, 311-12, 328, 340
"Arnulph" (Lampman) ................ **25**:183, 220
*Arrah-na-Pogue; or, The Wicklow Wedding* (Boucicault) . **41**:28-31, 33-4, 39, 41, 43, 49-52
*Arrest of Five Members by Charles the First: A Chapter of English History Rewritten* (Forster) ................... **11**:115
"Un arrogante gaitero" (Castro) ........... **78**:58
"The Arrow and the Song" (Longfellow)
   .. **2**:498; **45**:135, 140, 179
"Ars Longa, Vita Brevis" (Gordon)
   .................... **21**:160, 164, 181
"The Ars Poetica of Vojtina" (Arany)
   See "Vojtina ars poetikájából"
"The Arsenal at Springfield" (Longfellow)
   .................... **45**:116, 154-55
"Arsène Guillot" (Merimee) . **6**:354, 359, 362, 364, 368-70; **65**:43, 48-50, 58, 60, 62, 87, 102-3, 113
"A Arsène Houssaye" (Banville) ........... **9**:26
"Art" (Emerson) ............ **1**:280; **38**:173
"L'art" (Gautier) .............. **1**:349; **59**:72

"Art" (Thomson) ..................... **18**:403, 420
*Art* (Reade) ................................ **74**:265
*Art and Revolution* (Wagner) ... **9**:404, 425-26, 432, 452
*L'art du dix-huitième siècle* (Goncourt and Goncourt) .... **7**:157, 178-79, 186, 189
*Art in Greece* (Taine) .................. **15**:419
"L'art moderne" (Gautier) ................ **1**:342
"The Art of Book-Making" (Irving)
   ................ **2**:368; **19**:328, 347, 350
*Art of Lying in all its Branches* (Opie) . **65**:171
"Art of Poetry" (Verlaine)
   See "L'Art poètique"
"L'Art poètique" (Verlaine) .. **2**:621, 624, 629-31; **51**:351, 366, 368-70
*L'art pour l'art* (Dumas) ................. **9**:233
*L'art romantique* (Baudelaire) . **29**:70, 86; **55**:8
"Art under Plutocracy" (Morris) ......... **4**:445
"Artémis" (Nerval) ......... **1**:476, 481-82, 486; **67**:359-63
"Artemis Prologuises" (Browning) ..... **79**:163
*Arthur* (Sue) ............................... **1**:560
"Arthur Gordon Pym" (Poe)
   See *The Narrative of Arthur Gordon Pym, of Nantucket*
*Arthur Mervyn; or, Memoirs of the Year 1793* (Brown) ... **22**:3-5, 7, 11-14, 18-22, 24-5, 27-8, 30-3, 40, 42, 48, 50-5, 57; **74**:4, 9, 11, 13, 15, 17, 19, 21, 36, 41, 47-8, 50-1, 54, 56-7, 61-2, 76, 80, 85, 87, 90, 92, 96-8, 101, 104, 111-14, 117-22, 124, 128-30, 133-36, 143, 161-62, 164, 175, 182
*Arthur O'Leary: His Wanderings and Ponderings in Many Lands* (Lever)
   .................... **23**:300-01
"Arthur Schopenhauer, by A. Zimmern" (Thomson) ...................... **18**:400
"The Artic Lover" (Bryant) ............. **6**:169
*Articles on the Depreciation of Silver* (Bagehot) ................... **10**:26, 31
*The Artificial Paradises: On Hashish and Wine as a Means of Expanding Individuality* (Baudelaire)
   See *Les paradis artificiels: Opium et haschisch*
"The Artilleryman's Vision" (Whitman)
   .................... **81**:322
*The Artist* (Shevchenko)
   See *Xudoznik*
"The Artist of the Beautiful" (Hawthorne)
   ............ **2**:303, 329, 332; **39**:223
*Artistic Visits or Simple Pilgrimages* (Fromentin) ...................... **10**:226
"The Artists" (Schiller)
   See "Die Künstler"
*Artists' Wives* (Daudet)
   See *Les femmes d'artistes*
*The Artwork of the Future* (Wagner)
   See *Das Kunstwerk der Zukunft*
"As Adam Early in the Morning" (Whitman)
   .................... **31**:430
"As Consequent, Etc." (Whitman) ...... **31**:388
"As I Ebb'd with the Ocean of Life" (Whitman) ....... **4**:582, 600; **31**:388, 405; **81**:249, 364-66
"As I Lay with My Head on Your Lap Camarado" (Whitman) ......... **81**:315, 331
"As I laye a-thinkynge" (Barham) ........ **77**:17
"As I Sat at the Cafe" (Clough) ...... **27**:114
"As I Toilsome Wander'd Virginia Woods" (Whitman) .................... **81**:331
"As I Walkd Forth One May Morning" (Blake) .................... **37**:29
"As If Some Little Arctic Flower" (Dickinson) .................... **21**:8
"As Imperceptibly as Grief" (Dickinson) .................... **21**:67-8
"As the ocean embraces the earthly sphere" (Tyutchev)
   See "Kak okean obemlet shar zemnci"
"As the Starved Maelstrom laps the Navies" (Dickinson) .................... **77**:151

*Ascanio* (Dumas) ........................ **71**:203
*Aschenbrödel* (Grabbe) .. **2**:271, 278, 287-88
"Ashaverus" (Andersen) ................. **7**:16
*Ashboughs* (Hopkins) .............. **17**:208, 216
*Ashby Manor* (Allingham) ............... **25**:11
"Ashes of Soldiers" (Whitman) .......... **4**:543
*Ashiwake obune* (Motoori) .. **45**:265-66, 275
*Ashmat Shomeron* (Mapu) . **18**:287-88, 290-93, 295, 298-300
*Ashtaroth* (Gordon) . **21**:149, 151-55, 160, 162, 172-73
"Asia" (Blake) ......................... **13**:184
"Eine asiatische Vorlesung" (Claudius)
   .................... **75**:211, 214-15
"Ask Mamma" (Surtees) .... **14**:352-53, 364, 371, 374-75, 377-80
"Ask Me No More" (Tennyson) ......... **30**:239
"Askalonskij zlodej" (Leskov) ... **25**:229, 245
*Aslauga* (Fouque) .......................... **2**:265
*Asmodeus at Large* (Bulwer-Lytton) ... **45**:19
*Asmus, omnia sua secum portans oder Sämtlich Werke des Wandsbecker Boten* (Claudius) ......... **75**:183, 192
*Asolando* (Browning) . **19**:110-11, 152; **79**:112-14, 153, 161, 169
"Aspasia; oder Die Platonische Liebe" (Wieland) .................... **17**:427
"Aspects of the Pines" (Hayne) ... **94**:149, 168
"Aspiration" (Lampman) ........ **25**:161-62, 189, 206, 209, 212
"Aspirations" (Verlaine) ............. **51**:386
*Aspirations* (Hayne) ................... **94**:134
*Aspirations of the World* (Child)
   .................... **6**:203; **73**:54, 72, 84
"The Ass and the Nightingale" (Krylov)
   .................... **1**:435
"An Assassin" (Adams) ................. **33**:18
"The Assignation" (Poe) .. **16**:304, 320, 322, 324
"Les assis" (Rimbaud) ..... **4**:454, 474; **35**:271, 282, 321
"Assisting at a Negro Night-Meeting" (Harris)
   .................... **23**:159, 162
*The Ass's Burial* (Smolenskin)
   See *Kevurat hamor*
"Assyrian Bull" (Tennyson) ............. **30**:215
*Asthetische Briefe* (Schiller) . **69**:257, 260
"Asthetische Erziehung" (Schiller) ... **39**:380-81; **69**:206, 209-10
*Astoria* (Cooper) ....................... **1**:221
*Astoria* (Irving) ....... **2**:376-77; **95**:254-56, 259
*Astraea: The Balance of Illusions* (Holmes)
   .................... **14**:102
*Astray on the Path of Life* (Smolenskin)
   See *ha-To'eh be-darke ha-hayim*
"L'astre rouge" (Leconte de Lisle)
   .................... **29**:221, 225
*Asya* (Turgenev) .. **21**:378, 409, 414, 418, 431, 435, 441; **37**:364
"At a Dinner of Atheists" (Barbey d'Aurevilly)
   See "A un dîner d' athées"
"At a Window" (Allingham) ............. **25**:14
"At Belvoir" (Thomson) .................... **18**:417
*At Daggers Drawn* (Leskov)
   See *Na nožax*
"At Dawn" (Levy) ........... **59**:95, 119
"At Dusk" (Lampman) ...... **25**:185, 210
"At Euroma" (Kendall) ............... **12**:181-82
"At Half-Past Three a Single Bird" (Dickinson) .................... **21**:33
*At His Gates* (Oliphant) ... **61**:173, 206, 211-2, 223
"At Home" (Rossetti) . **2**:565; **50**:298; **66**:307
*At Home and Abroad* (Taylor) .... **89**:308, 310, 343, 346
*At Home and Abroad; or, Things and Thoughts in America* (Fuller) .................... **5**:165
"At last, beloved Nature" (Timrod)
   .................... **25**:366, 374
"At Last, To Be Identified!" (Dickinson)
   .................... **21**:41
"At Pinney's Ranch" (Bellamy) ........... **86**:75

"At Sea" (Lowell) ................................ **2**:520
"At Sunset" (Lanier) ......................... **6**:238
"At Tarah To-Day" (Mangan) ............ **27**:283
"At the Caberet-Vert" (Rimbaud)
    See "Au caberet-vert"
"At the Chateau of Corinne" (Woolson)
    ........ **82**:276, 308, 310, 341, 345
"At the Door" (Field) ...................... **3**:210
"At the Edge of the World" (Leskov)
    See "Na kraju sveta"
"At the End of the Year" (Petofi)
    See "Az év végén"
"At the Ferry" (Lampman) ........... **25**:169, 188
"At the Grave of Burns" (Wordsworth)
    .................................................... **38**:371
"At the Height of the Harvest" (Nekrasov)
    .................................................... **11**:417
*At the Jubilee in Lund* (Tegner) ..... **2**:613
*At the Long Sault, and Other New Poems*
    (Lampman) .................... **25**:190, 219-20
"At the Long Sault: May, 1660" (Lampman)
    ........ **25**:184, 186-87, 189, 199, 201, 219
"At the Mermaid Inn" (Lampman)
    ........................ **25**:177, 179, 208, 218
"At the Mid-Hour of Night When Stars Are
    Weeping I Fly" (Moore) ............. **6**:391
"At the Pantomine" (Holmes) ...... **14**:109, 128
"At the Polo Ground" (Ferguson) ....... **33**:289
"At the Sun-Rise in 1848" (Rossetti) . **77**:292-
    93, 298
"At the Tomb of Leopoldo..." (Isaacs)
    See "En la tumba de Leopoldo..."
*At the University* (Storm)
    See *Auf der Universitat*
"At the Water's Edge" (Maupassant)
    See "Au bord de l'eau"
"At the West India Docks" (Adams) .... **33**:16
"Atalanta's Race" (Morris) .... **4**:416, 427, 447
*Atalantis* (Simms) ................................. **3**:504
*L'Atelier d'un peintre* (Desbordes-Valmore)
    .................................................... **97**:12
*Atheismusstreit* (Fichte) ...................... **62**:47
*Athenaeum Fragments* (Schlegel)
    ........... **45**:313, 343-44, 359, 370
*Athenaeum-Fragment 51* (Schlegel) .... **45**:360
*Athenaeum-Fragment 77* (Schlegel) .... **45**:363
*Athenaeum-Fragment 116* (Schlegel)
    ........... **45**:313, 337, 344, 361-62, 366, 369
*Athenaeum-Fragment 121* (Schlegel) .. **45**:381
*Athenaeum-Fragment 252* (Schlegel) .. **45**:364
*Athenaeum-Fragment 398* (Schlegel) .. **45**:382
*Athenaeum-Fragment 426* (Schlegel) .. **45**:366
*Athenaeum-Fragment 429* (Schlegel) .. **45**:315
"An Athenian Reverie" (Lampman)
    .. **25**:161, 168, 177-78, 200, 206, 216, 220
*Athens, Its Rise and Fall* (Bulwer-Lytton)
    ........................ **1**:138, 141, 151-52
*Atherton* (Mitford) ............................. **4**:403
"Atît de frageda" (Eminescu) ...... **33**:249, 251,
    265
*Atlanta; or, The True Blessed Island of Poesy.
    A Paul Epic-In Three Lustra* (Chivers)
    .................................... **49**:44, 46-7
"The Atlantic Cable" (Ridge) ............. **82**:175
"The Atonement" (Allston) .................. **2**:26
"Atonement" (Taylor) ....................... **89**:309
*Atta Troll: Ein Sommernachtstraum* (Heine)
    .. **4**:234, 236, 239-41, 244-46, 252, 265-67;
    **54**:307, 320, 322
*The Attaché; or, Sam Slick in England*
    (Haliburton) . **15**:120, 122, 129, 132, 135-
    36, 144-46
"Attachments of Kindred" (Beattie)
    See *Dissertations Moral and Critical: On
    Memory and Imagination; On Dreaming;
    The Theory of Language; On Fable and
    Romance; On the Attachments of
    Kindred; Illustrations on Sublimity*
"Attack on Fort Sandusky" (Richardson)
    .................................................... **55**:342
*The Attack upon "Christendom"* (Kierkegaard)
    ............ **34**:196, 200, 225, 266; **78**:226, 238

"An Attempt of the Author to Estimate His
    Own Character" (Hunt) ............. **70**:281
"Attempt to Rebut Some Non-Literary
    Charges" (Pushkin) .......... **83**:317, 320
"An Attempt to Shew the Folly and Danger of
    Methodism" (Hunt) .................. **1**:406
*L'attente* (Maupassant) ........... **42**:174; **83**:221
"Attis" (Tennyson) ........................ **30**:236
"Au bord de l'eau" (Maupassant) ........ **1**:455
"Au caberet-vert" (Rimbaud) ...... **35**:271, 275,
    282
"Au lecteur" (Baudelaire) .. **6**:83, 108-09, 114,
    122; **29**:95-6, 99; **55**:4, 19, 44-6, 49, 53, 56,
    62, 67, 73-4, 78
"Au loisir" (Sainte-Beuve) ................. **5**:347
"Au vieux Roscoff" (Corbiere) .. **43**:14, 32, 34
"Aube" (Rimbaud) ............ **4**:482; **35**:299, 322-25
"L'Aube a l'envers" (Verlaine) . **51**:360-61
"L'aube spirituelle" (Baudelaire) . **6**:89; **55**:14,
    61
*L'auberge rouge* (Balzac) ..................... **35**:26
*Auch ein Beitrag über die neue Politik*
    (Claudius) ................................. **75**:194
"Les Audacieux" (Maupassant) ......... **83**:227
*Audley Court* (Tennyson) ........ **30**:238, 279;
    **65**:258
*Audubon and His Journals* (Audubon) . **47**:24
"Auerbachs Keller" (Goethe) .......... **4**:215
"Auf dem Canal Grande" (Meyer) . **81**:206, 209
"Auf dem Fluße" (Muller) ...... **73**:391, 394
*Auf dem Staatshof* (Storm) ........ **1**:539, 542
*Auf der Universitat* (Storm) .............. **1**:535
"Auf der Wanderung" (Meyer) .......... **81**:144
"Auf die Ankunft des Grafen von Falkenstein"
    (Schiller) ................................. **39**:387
"Auf eine Christblume" (Morike) .. **10**:454-55
"Auf eine Wanderung" (Morike) ....... **10**:447
"Auf Goldgrund" (Meyer) . **81**:140-41, 150-53,
    157, 206
"Auf Wiedersehen" (Longfellow) ....... **45**:132
"Auf Wiedersehen" (Lowell) ............. **2**:511
*Der Aufruhr in den Cevennen* (Tieck)
    .................................... **5**:514; **46**:397
"Aufsatz, den sichern Weg des Glücks zu
    finden, und ungestört, auch unter den
    größten Drangsalen des Lebens, ihn zu
    genießen1" (Kleist) ............ **37**:218, 235
"Das Auge des Blinden" (Meyer) ... **81**:209
*L'augellin belverde* (Gozzi) ... **23**:112-14, 118-
    19, 121, 123, 125
"Augure" (Desbordes-Valmore) ........... **97**:14
"Auguries of Innocence" (Blake) . **13**:172, 190,
    201, 243
"Augury" (Desbordes-Valmore)
    See "Augure"
"August" (Clare) .................................. **9**:114
"August" (Taylor) ............................. **89**:316
"August Night" (Musset)
    See "Nuit d' Août"
"An August Pastoral" (Taylor) ..... **89**:315, 317
"August Wilhelm Schlegel" (Lewes)
    .................................... **25**:285, 300
*Auguste Comte and Positivism* (Mill) . **11**:378
"Augustine de Villebranche ou le stratagéme
    de l'amour" (Sade) .................. **47**:313
"Aul Bastundzi" (Lermontov) ......... **47**:182
"Aumône" (Mallarme) ......... **41**:241, 250, 291
*Aunt Carry's Ballads for Children* (Norton)
    .................................................... **47**:246
*Aunt Fanny* (Barham) ....................... **77**:9
*Aunt Jo's Scrap-Bag* (Alcott) ............... **6**:15
"Aunt Tabitha" (Holmes) .................. **81**:104
"Auntie Toothache" (Andersen) .. **79**:66, 73-77
"Auras of Delight" (Patmore) ............ **9**:360
"Aurea dicta" (Patmore) ............. **9**:344, 364
*Aurélia* (Nerval) .......... **1**:476-78, 480-85, 487;
    **67**:303-07, 309-14, 322-25, 333-35, 338,
    342, 356-58, 360-61, 363-64, 371-76
*Aurora* (Herder) ............................... **8**:307
*Aurora Leigh* (Browning) ... **1**:118-25, 128-32;
    **16**:144, 147, 154; **61**:3-4, 11-2, 14-7, 19,

21, 23-4, 37-9, 44, 49, 52-3, 64, 66, 75-6;
    **66**:1-118
"L'aurore" (Leconte de Lisle) ...... **29**:224, 244
*L'Aurore-Promise* (Laforgue) ............. **53**:282
*Aus dem Leben eines bekannten Mannes*
    (Hoffmann) ................................. **2**:348
"Aus dem Leben eines Taugenichts"
    (Eichendorff) ....... **8**:210-16, 224, 230-32
*Aus dem Regen in die Traufe* (Ludwig)
    .................................... **4**:357, 367
*Aus den hinterlassenen Papieren* (Kotzebue)
    .................................... **25**:133-35
*Aus der Chronika eines fahrenden Schülers*
    (Brentano) . **1**:96, 100-02, 104-05
"Aus der Vorzeit" (Klopstock) ........... **11**:236
*Aus meinen Leben: Dichtung und Wahrheit*
    (Goethe) ....... **4**:168-69, 180, 199
*Ausgewählte Werke* (Fouque) ............... **2**:265
"Auspex" (Lowell) .......................... **90**:190
"Austin and His Wife" (Opie) ......... **65**:173
"The Austral Months" (Kendall) ....... **12**:200
*Australian Essays* (Adams) ......... **33**:13, 22, 25
*Australian Life* (Adams) ..................... **33**:13
"An Australian Mining Township" (Clarke)
    See "Grumbler's Gully"
*The Australians* (Adams) ............ **33**:2, 13, 25
*Authentic Anecdotes of American Slavery*
    (Child) ................................. **73**:60, 77
"The Author of 'Saul'" (Taylor) ........ **89**:341
"The Author's Account of Himself" (Irving)
    ................. **19**:327, 347; **95**:236
"The Authors Address to his Book" (Clare)
    .................................................... **86**:173
"The Author's Chamber" (Irving) ........ **2**:372
"An Author's Confession" (Gogol)
    . **5**:227, 230, 238, 254; **15**:85, 92; **31**:127-28
"Author's Introduction" (Lermontov) .. **5**:304
"Authorship in America" (Taylor) ....... **89**:342
*Auto Mariano para recordar la milagrosa
    aparición de Nuestra Madre y señora de
    Guadalupe* (Lizardi) .................. **30**:68
*Autobiographic Sketches* (De Quincey)
    .................................... **87**:3, 14, 52, 55
*Autobiographical Essays* (De Quincey)
    ........... **4**:65, 70, 79, 83, 85-86
"Autobiographical Fragment" (Froude)
    .................................... **43**:208, 211
"Autobiographical fragments" (Clare) .... **86**:171-
    72, 174
"Autobiographical Memoir" (Newman)
    .................................... **38**:299, 333
"Autobiographical Sketch" (James) .... **53**:233
*Autobiographical Writings* (Clare)
    ........... **86**:109, 151-53, 156-57, 177, 179
*Autobiographical Writings* (Newman)
    .................................... **38**:299, 333
"Autobiography" (Clare) ..................... **86**:108
"Autobiography" (Huxley) .... **67**:16, 48, 51-2
"Autobiography" (De Quincey) ........... **87**:48
*Autobiography* (Mill) ..... **11**:351, 353-58, 361,
    366-70, 393-94; **58**:319-20, 327, 333, 336-7,
    339, 351, 356-9, 361, 375, 378-9
*Autobiography* (Symonds)
    See *The Memoirs*
*An Autobiography* (Trollope) . **6**:467, 475, 478,
    483-85, 491-92, 495, 497, 506-07, 510, 514,
    519; **33**:364-65, 378
*The Autobiography and Letters of Mrs. M. O.
    W. Oliphant* (Oliphant) .... **11**:451-2, 463;
    **61**:171, 193-4, 196-8, 214-5, 220, 223-4,
    234, 237
*Autobiography, Letters, and Literary Remains
    of Mrs. Piozzi* (Thrale) (Piozzi)
    .................................... **57**:237, 268, 270, 299
*The Autobiography of a Thief* (Reade) . **2**:546-
    47; **74**:272, 292
*Autobiography of an Actress; or Eight Years
    on the Stage* (Mowatt) . **74**:221, 224, 230,
    234-35

"Autobiography of an English Opium-Eater"
      (De Quincey)
   See Confessions of an English Opium-Eat-
   er
The Autobiography of Charles Darwin
      (Darwin) ................................ 57:123, 168
The Autobiography of Christopher Kirkland
      (Linton) ............................. 41:165, 172-75
The Autobiography of Goethe: Truth and
      Poetry from My Own Life (Goethe)
   See Aus meinen Leben: Dichtung und
   Wahrheit
The Autobiography of James Clarence Mangan
      (Mangan) ..................... 27:298,301,304
The Autobiography of John Galt (Galt) . 1:334
The Autobiography of Leigh Hunt, with
      Reminiscences of Friends and
      Contemporaries (Hunt) .. 1:416-18, 424;
      70:259-60, 264, 268, 279-85, 287-88
The Autobiography of Margaret Oliphant: The
      Complete Text (Oliphant) ........ 61:238-9
"Autobiography of Mr. Munden" (Lamb)
      ................................................. 10:435
Autobiography of Thomas Jefferson (Jefferson)
      .......................... 11:173, 196, 199, 205-206
"The Autocrat gives a Breakfast to the Public"
      (Holmes) ......................................... 81:98
The Autocrat of the Breakfast-Table (Holmes)
      . 14:102, 104-06, 110, 112-15, 117, 119-25,
      132-33, 139, 143-46; 81:94-96, 98-99,
      104-05
"Autography" (Poe) .... 55:170, 188-9; 97:183-
      85, 187
"Die Automate" (Hoffmann) ................ 2:362
"L'automne" (Lamartine) ..... 11:264, 269, 282
"Autour d'un livre" (Maupassant) ...... 83:227
L'Autre (Sand) ................................... 42:310
"Autre complainte de Lord Pierrot" (Laforgue)
      ....................................... 53:287, 290
Autre complainte de Lord Pierrot (Laforgue)
      .......................................... 53:265, 279
"Autre eventail de Mademoiselle Mallarmé"
      (Mallarmé) . 4:380; 41:260, 262, 265, 291
"Autre Explication" (Verlaine) ....... 51:361-62
Autres chimères (Nerval) ............... 67:306-07
"Autumn" (Arany)
   See "Ősszel"
"Autumn" (Clare) ..... 9:76, 78, 86, 88, 94, 96,
      111, 113-14, 123; 86:113
"Autumn" (Dickinson)
   See "The Morns Are Meeker than They
   Were"
"The Autumn" (Lamartine)
   See "L'automne"
"Autumn" (Pushkin) .............................. 3:443
"Autumn" (Rossetti) ................... 2:575; 50:289
"Autumn" (Sigourney) .............. 87:331, 333
"Autumn" (Smith) ............................... 59:333
"Autumn Days in Weimar" (Taylor) ... 89:325
"Autumn Flowers" (Very) ................... 9:378
"Autumn Lament" (Mallarme)
   See "Plainte d'automne"
"Autumn Leaves" (Hugo) .................... 3:261
"Autumn Leaves" (Very) .................... 9:388
"Autumn Mood" (Lenau) ................... 16:275
"An Autumn Morning" (Clare) ............ 9:111
"Autumn Song" (Gordon)
   See "A Song of Autumn"
"Autumn Song" (Verlaine)
   See "Chanson d'automne"
"An Autumn Thought" (Taylor) ......... 89:299
"Autumn Violets" (Rossetti) ............... 2:572
"Autumn Woods" (Bryant) ....... 6:159-60, 172,
      176, 183; 46:46
Autumnal Leaves; Tales and Sketches in prose
      and rhyme (Child) ......................... 73:62
"Aux Chrétiens" (Lamartine) ............. 11:279
"Aux modernes" (Leconte de Lisle)
      ....................................... 29:228, 231, 235
"Aux morts" (Leconte de Lisle) . 29:222, 228
"Aux petits enfants" (Daudet) ............. 1:248
"Avalon" (Chivers) ................... 49:49, 71

Avant, pendant, et après (Scribe) . 16:382, 390
Avant-propos (Balzac) ....................... 53:13
"Avarice" (Lampman) ....................... 25:194
The Avaricious Knight (Pushkin)
   See Skupoi rytsar
Avatar (Gautier) ........ 1:346; 59:11-14, 33, 37
"Avatarii faraonului Tlá" (Eminescu) . 33:246
"The Avatars of Pharaoh Tla" (Eminescu)
   See "Avatarii faraonului Tlá"
"Ave" (Rossetti) ... 4:505, 518-22; 77:303, 348
"Avec ses vêtements ondoyants et nacrés"
      (Baudelaire)
   See "A une madone"
Avellaneda (Echeverria) ................. 18:148
"Aven om humor och stil däri" (Almqvist)
      ................................................... 42:11, 16
"The Avenger" (De Quincey) ............... 87:76
L'avenir de la science (Renan) ....... 26:394-
      95, 397-98, 412, 415, 418-19, 423-24
Una aventura de Richelieu (Tamayo y Baus)
      .................................................... 1:571
Les aventures d'Arthur Gordon Pym
      (Baudelaire) ................................. 29:67
Aventures du dernier Abencérages
      (Chateaubriand) .. 3:110, 117, 126
Aventures du dernier Abencérages
      (Chateaubriand)
   See Aben-Hamet,    the    Last    of    the
      Abencerages
Aventures prodigieuses de Tartarin de
      Tarascon (Daudet) .. 1:231, 235-36, 240-
      42, 250-51
L'aventurière (Augier) .... 31:2-4, 7-12, 14-16,
      19, 23-4, 27
Der Averhahn (Arnim) ............... 5:19, 21
Averroès et l'Averroïsme (Renan) . 26:377, 379,
      389, 415
"Les aveugles" (Baudelaire) ........ 29:101, 113;
      55:16, 19, 22, 35, 40-2
Avillion and other Tales (Craik) ......... 38:119
"Avis" (Holmes) ................................. 14:109
"Avis je vous prie" (Laforgue) ........... 5:277
"Avolio" (Hayne) ....................... 94:144, 158
Avolio and Other Poems (Hayne) . 94:135, 139-
      40
Le Avventure di Pinocchio (Collodi) ... 54:134-
      42, 147-63
"Awake Ye Muses Nine, Sing Me a Strain
      Divine" (Dickinson) ................... 21:62
The Awakening (Hayne) ................... 94:166
"Away, Haunt Thou Not Me" (Clough)
   See "In a Lecture-Room"
"An Axe Lay behind God's Door"
      (Shevchenko)
   See "U Boha za dvermy lezhala sokyra"
Axel (Tegner) ............................... 2:611-14
Axël (Villiers de l'Isle Adam) .. 3:582-83, 585-
      92
Axur, re d' Ormus (Da Ponte) ........... 50:81
Ayala's Angel (Trollope) .......... 6:470-71, 507;
      33:363
'Ayit zahvu'a (Mapu) ... 18:288, 292-301, 303
"Aylmer's Field" (Kendall) ............. 12:180
"Aylmer's Field" (Tennyson) ...... 30:220, 236,
      249, 254, 280; 65:248
"The Aylmers of Bally-Aylmer" (Griffin)
      ................... 7:198, 206-07, 211, 217
"Aymerillot" (Hugo) .......................... 3:273
The Ayrshire Legatees; or, The Pringle Family
      (Galt) ............ 1:328-29, 335, 337
"The Azalea" (Patmore) .............. 9:349, 358
Azemia (Beckford) ........................... 16:29
Azeth the Egyptian (Linton) ............. 41:163
"Azrael" (Longfellow) ................ 45:145, 188
"Azraël" (Villiers de l'Isle Adam)
   See "L'annonciateur"
"La azucena silvestre" (Zorrilla y Moral)
      .................................................... 6:526
"L'azur" (Mallarme) ...... 4:378, 395; 41:250
"The Azure" (Mallarme)
   See "L'azur"
"Bab Ballads" (Muller) ................ 73:353

"Baby Bertie's Christmas" (O'Brien) . 21:236
"Baby Bloom" (O'Brien) ........ 21:236, 243-44
"Babylon" (Pixerecourt) ................ 39:284
"Baby's Age" (Timrod) .................. 25:360
"The Bacchanals of Euripides" (Pater)
      ............................... 7:334; 90:335
"La bacchante" (Beranger) ............. 34:28, 30
La Bacchante (Thaïs) (Dumas) .......... 71:218
Bacchanterna eller Fanatismen (Stagnelius)
      ............ 61:248, 253, 260, 264-5, 268, 273
The Bacchantes, or Fanaticism (Stagnelius)
   See Bacchanterna eller Fanatismen
"Bacchus" (Emerson) ............ 38:183-84, 187
"Bacchus" (O'Brien) ....................... 21:246
"Bacchus and Ariadne" (Hunt) ............ 1:410
"Bacchus in Tuscany" (Hunt) ......... 70:248
"Bacco in Toscana" (Hunt) .............. 1:415
The Bachelor (Stifter)
   See Der Hagestolz
The Bachelor (Turgenev) ............. 21:428, 432
"Bachelor Housekeeping" (Parton) ..... 86:348
"A Bachelor's Complaint of the Behaviour of
      Married People" (Lamb) .... 10:403, 409-
      10, 430, 436
"A Bachelor's Establishment" (Balzac)
   See "La rabouilleuse"
Bachelor's Hall; or, All in a Hobble (Bird)
      .................................................... 1:93
"A Backward Glance" (Whitman) . 4:600, 604;
      31:402, 405; 81:235, 302
"The Backwater" (Turgenev) ....... 21:415, 431
The Backwoods Boy (Alger) ............... 8:44
The Backwoods of Canada: Being Letters from
      the Wife of an Emigrant Officer (Traill)
      ............... 31:315-17, 321, 323-24, 327-29
The Backwoodsman (Paulding) .. 2:525, 528,
      530
"Bad Blood" (Rimbaud)
   See "Mauvais sang"
"Bad Dreams" (Browning) ... 19:96; 79:112-14
Bad Saint Vitalis (Keller)
   See Der Schlimm-heilige Vitalis
"Bad Squire" (Kingsley) .................. 35:206
"Bad Weather" (Hunt) ...................... 1:417
The Baddington Peerage (Sala) ... 46:240-42
Die Bäder von Lucca (Heine) ............. 4:264
"Badger" (Clare) ........... 9:117, 121; 86:131
Bádnaya nevésta (Ostrovsky)
   See Bednaya nevesta
"The Bag" (Krylov) ........................... 1:439
The Bag-Pipers (Sand) ................... 57:338
Le baiser (Banville) ........................... 9:20
"Le baiser suprême" (Leconte de Lisle)
      .................................................... 29:219
"Bajazeth" (Droste-Hulshoff) ............ 3:203
"Bajdary" (Mickiewicz) .................... 3:404
Bajki i przypowieści (Krasicki) ..... 8:398, 401-
      02, 404, 406
Bajki nowe (Krasicki) ...... 8:398, 401-02, 404,
      407
"Bajuški-baju" (Nekrasov) ............. 11:420
The Bak-Chesarian fountain: A Tale of the
      Tauride (Pushkin)
   See Bakhchisaraiski Fontan
"Bakczysaraj" (Mickiewicz) ........... 3:390, 403
"Baker Farm" (Thoreau) ........... 7:373, 398
The Bakhchisarai Fontan (Pushkin)
   See Bakhchisaraiski Fontan
Bakhchisaraiski Fontan (Pushkin) . 3:409, 411,
      413-14, 416, 421, 423, 437, 451; 83:243-
      44, 248, 299, 332-34, 351, 355, 357, 359
Un Bal Masqué (Dumas) ................... 71:205
"La balancelle" (Corbiere) ............. 43:33
Balaustion's Adventure (Browning) .... 19:128
"Le balcon" (Baudelaire) .. 6:80, 93, 100, 104;
      29:73, 77, 99; 55:6-8, 26, 55, 59, 62
"The Balcony" (Baudelaire)
   See "Le balcon"
"The Balcony" (Irving) ...................... 2:372
"Balder Dead" (Arnold) ... 6:50-51, 67-68, 72;
      29:32; 89:51, 53
Balder Dead (Arnold) ......................... 89:28

*Balder, Part the First* (Dobell) .. **43**:39-40, 42-5, 49-51, 55, 60-2, 65, 68, 74-5

*Baldwin* (Barham) ......................... **77**:5

"Balin and Balan" (Tennyson) .... **30**:254, 290; **65**:237, 241, 243, 250, 252, 269, 277-8, 281, 290-5, 297-9, 349-51, 374, 376

"Balkis et Solomon" (Nerval) .............. **1**:480

"A Ballad" (Turgenev) ................... **21**:376

"Ballad Founded on Fact" (Opie) .... **65**:160-1

"Ballad Noticing the Difference of Rich and Poor" (Lamb) ......................... **10**:389

*The Ballad of Abraham Lincoln* (Taylor) ................................. **89**:342

"Ballad of an Omnibus" (Levy) ..... **59**:88, 102

"A Ballad of Boding" (Rossetti) . **2**:558, 575-6

"Ballad of Carmilhan" (Longfellow) .. **45**:114

"Ballad of Fortunatus" (Schlegel) ....... **15**:223

"Ballad of Human Life" (Beddoes) .. **3**:34

"A Ballad of Religion and Marriage" (Levy) ................................. **59**:99, 114

"The Ballad of Sir Brown" (O'Brien) .. **21**:249

"Ballad of the Barber" (Beardsley) . **6**:145-46

"Ballad of the Oysterman" (Holmes) ................................. **14**:99, 101

"The Ballad of Trees and the Master" (Lanier) ...... **6**:249, 253-55, 265, 270

"Ballade" (Laforgue) ......... **53**:278, 290

"Ballade à la lune" (Musset) ............... **7**:254

"Ballade de Banville aux enfants perdus" (Banville) ......................... **9**:16

"Ballade de ses regrets pour l'an 1830" (Banville) ......................... **9**:28

"La ballade des pendus" (Baudelaire) . **29**:84

"Ballade of Summer's Sleep" (Lampman) ......................... **25**:164, 204

*Ballades* (Hugo) ...................... **3**:276

*The Ballad-Monger* (Banville)
  See *Gringoire*

"Ballads" (Kingsley) ..................... **35**:218

*The Ballads* (Banville)
  See *Trente-six ballades joyeuses*

*Ballads* (Stevenson) ................. **5**:410, 428

*Ballads* (Thackeray) .................... **5**:466

*Ballads and Images* (Meyer)
  See *Romanzen und Bilder*

*Ballads and Metrical Tales* (Southey) . **97**:318

*Ballads, and Other Poems* (Longfellow) ............. **2**:472; **45**:135, 152, 155, 184, 189

*Ballads and Romances* (Mickiewicz) ................. **3**:393, 395-96, 403

*Ballads and Sonnets* (Rossetti) ..... **4**:499, 502; **77**:301

*Ballads of New England* (Whittier) . **8**:506

"Ballads of Wonder" (Baillie) ................. **2**:42

*Balladyna* (Slowacki) . **15**:348-50, 352-53, 364-65, 370, 372, 376, 378, 380

*Ballantyne Humbug Handled* (Lockhart) ................................. **6**:305

"Ballast Island" (Woolson) ........ **82**:331-32

"The Balloon Hoax" (Poe) ... **16**:300, 313, 323

*Balzac: A Critical Study* (Taine) ........ **15**:463

*Balzac's Contes Drôlatiques: Droll Stories Collected from the Abbeys of Touraine* (Balzac) ................. **5**:28, 42, 77-78

"Balzsamcsepp" (Arany) ................. **34**:19

"A bánat? Egy nagy óceán" (Petofi) ... **21**:279

"Bande Mātaram" (Chatterji)
  See "Vande Mataram"

"El bando de Lucifer" (Lizardi) ......... **30**:67

"Bangadesher krishak" (Chatterji) ... **19**:226

"Banished Man" (Baillie) .................. **2**:42

*The Banished Man* (Smith) . **23**:323, 330, 333, 335

"Banker's Dream" (Gordon) ... **21**:160, 180-81

"The Banker's Secret" (Holmes) ... **14**:128

*The Banker's Wife; or, Court and City* (Gore) ................................. **65**:20, 38

*The Bankrupt* (Ostrovsky)
  See *Svoi lyudi—sochtemsya!*

"The Banner" (Allingham) .................. **25**:6

"The Banner of the Jew" (Lazarus) ...... **8**:415-17, 419-21, 424, 428

*The Banner of the Upright Seven* (Keller)
  See *The Flag of the Seven Upright Ones*

"The Banquet's End" (Meyer)
  See "Das Ende des Festes"

"Le baptême" (Maupassant) ................. **1**:469

"Baptism" (Keble) ...................... **87**:203

"The Baptism of Fire" (Longfellow) . **2**:487

*Baptiste Montauban* (Nodier) ...... **19**:383

"Los barateros" (Larra) ................ **17**:282

"Barbara Frietchie" (Whittier) . **8**:496, 501, 508, 510, 513, 516-17, 522-23, 528, 531; **59**:357-61

"Barbara S——" (Lamb) ................. **10**:436

"Barbara's Courtship" (Alger) .......... **8**:16

"Barbare" (Rimbaud) ...... **4**:455, 473; **35**:269, 308-09, 311-13, 322; **82**:233, 238

"La barbe pointue" (Bertrand) ............ **31**:49

"Barber of Bantry" (Griffin) .. **7**:201, 215, 218

*Barberine* (Musset) ............ **7**:270, 276

*The Barbers at Court* (Mayhew) ........ **31**:159

"Barbier" (Baudelaire) .................. **29**:70

*Barchester Towers* (Trollope) . **6**:453, 455, 459, 461, 464-66, 468, 470-71, 487, 494, 497, 499-502, 505-06, 510-11, 514, 516-17; **33**:360-426

"Barclay of Ury" (Whittier) .......... **8**:489, 530

"The Barcoo" (Kendall) ........ **12**:195-96

"Bardale" (Klopstock) .................. **11**:220

"Le barde de Temrah" (Leconte de Lisle) ................................. **29**:225

"Bards of Passion" (Keats) ...... **8**:360; **73**:202

"Bards of Passion and of Mirth" (Keats) ................................. **73**:257

"The Bards of Wales" (Arany)
  See "A walesi bárdok"

"Bard's Song at the Grave of Victorious Slavs" (Zhukovsky) ..... **35**:378-79

"The Barefoot Boy" (Whittier) ..... **8**:510, 525, 531; **59**:356, 358, 371

"Der Barmekiden Untergang" (Droste-Hulshoff) ............... **3**:203

*Barnaby Rudge* (Dickens) . **3**:142, 174; **8**:178, 182; **18**:112, 132; **37**:143, 156; **86**:18, 256-57

*The Barnabys in America; or, Adventures of the Widow Wedded* (Trollope) ................. **30**:314, 320-21

"Barneti Graven" (Andersen) .......... **79**:76-77

"Barney Brady's Goose" (Carleton) .... **3**:89

"Barnfloor and Winepress" (Hopkins) . **17**:191

*Der Barometermacher auf der Zauberinsel* (Raimund) ........ **69**:5-7, 12, 21, 29, 36-7, 43-6, 48-9

*The Barometer-maker on the Magic Isle* (Raimund)
  See *Der Barometermacher auf der Zauberinsel*

"La Baronne" (Maupassant) .... **83**:171, 194-95

*Barons* (Bulwer-Lytton)
  See *The Last of the Barons*

"The Baron's Gloves" (Alcott) ............. **58**:47

*Barren Genius* (Eminescu)
  See *Geniu pustiu*

"Barrenness of the Imaginative Faculty" (Lamb) ........................... **10**:409

*Barrington* (Lever) ......... **23**:292, 308

*Barry Lyndon* (Thackeray)
  See *The Memoirs of Barry Lyndon, Esq.*

*Barsetshire Chronicle* (Trollope) . **6**:470-71

"Bart Davis's Dance" (Harris) .... **23**:141, 159, 163

"Bartleby, the Scrivener: A Story of Wall-Street" (Melville) . **3**:331, 354, 362, 368, 380-81, 383; **12**:312; **29**:354; **49**:376-426; **93**:197, 224

"Baryshnia-krest'ianka" (Pushkin) ..... **83**:272, 275-76, 323, 327, 329-30, 337-38, 354

*The Bas Bleu; or, Conversation* (More) ................. **27**:325, 335-36

"The Base of All Metaphysics" (Whitman) ................................. **81**:332

*Bases Del Partido Revolucionario Cubano* (Martí) ................. **63**:97, 127-9

"The Basic Forms of Motion" (Engels) . **85**:38

*Basil: A Story of Modern Life* (Collins) ...... **1**:172, 174, 177-78, 181, 184-85, 187; **18**:61; **93**:4, 38, 43-4, 46-8, 50, 52-3, 64

*Basil Hymen* (Sacher-Masoch) ..... **31**:287, 295

"Basil Lee" (Hogg) ...................... **4**:283

*The Basis of Morality* (Schopenhauer)
  See *Die beiden Grundprobleme der Ethik*

*Basis of Natural Right* (Fichte)
  See *Grundlage des Naturrechts nach Prinzipen der Wissenshaftslehre*

*Basis of the Entire Theory of Science* (Fichte)
  See *Grundlage der gesamten Wissenschaftslehre*

*La Bataille* (Merimee) ............... **65**:55

*Bataille de dames; ou, Un duel en amour* (Scribe) ..... **16**:389, 396-97, 402-03, 405, 407

*Le bâtard de Mauléon* (Dumas) ....... **11**:51, 68

"bâtard du pape" (Beranger) ............ **34**:38

*Le bateau ivre* (Rimbaud) . **4**:453-57, 459, 463, 468, 471-72, 478-79, 485, 487; **35**:266-67, 270-71, 274-75, 279, 283-88, 299, 320-23, 325; **82**:218, 227, 232, 238, 247, 250, 252, 255-56, 262-63

"Bathed in War's Perfume" (Whitman) ................................. **81**:318

*The Baths of Lucca* (Heine) ...... **54**:317-9, 327

"Bâtons dans les roves" (Hugo) .......... **10**:357

"The Battle Ax" (Leskov)
  See "Voitel' nica"

"The Battle of Blenheim" (Southey) ................. **8**:472, 474; **97**:271, 315

"The Battle of Brunanburh" (Tennyson) ................................. **30**:236

*The Battle of Bunker's Hill* (Brackenridge) ................................. **7**:43, 47

*The Battle of Cheviot* (Macaulay) ....... **42**:118

*The Battle of Herman* (Klopstock)
  See *Hermanns Schlacht*

*The Battle of Hermann* (Kleist)
  See *Die Hermannsschlacht*

*The Battle of Kings Mountain* (Hayne) ................................. **94**:167-68

*The Battle of Lake Regillus* (Macaulay) ................................. **42**:111

*The Battle of Largs* (Galt) ............. **1**:327

*Battle of Love* (Daudet)
  See *La lutte pour la vie*

*The Battle of Marathon: A Poem* (Browning) ................. **61**:41, 48-9, 61; **66**:44, 71

*The Battle of New Orleans* (Dunlap) ................................. **2**:211, 213

"The Battle of the Baltic" (Campbell) ..... **19**:165, 168-69, 176, 179, 181-82, 185, 188, 190-96

"The Battle of the Bards" (Taylor) ..... **89**:319

"The Battle of the Factions" (Carleton) ................. **3**:89, 92-93, 95

"The Battlefield" (Bryant) ........ **6**:165, 168-69, 172-73; **46**:7, 15

*Battle-Pieces and Aspects of War* (Melville) . **3**:331, 333, 352, 363, 378-79; **29**:315, 360

*The Battles of Talavera* (Croker) ..... **10**:88-89

"Battle-Song" (Petofi)
  See "Csatadal"

*Der Bauer als Millionär; oder, Das Mädchen aus der Feenwelt* (Raimund) . **69**:5, 7-10, 12-13, 23, 26, 30-1, 33-4, 38, 43-6, 49-50, 52-3

"Das Bauernlied" (Claudius) ........... **75**:190

*Bauernlieder* (Claudius) ................ **75**:190

"Baugmaree" (Dutt) .............. **29**:122, 127

*Bazarov* (Pisarev) ...... **25**:330-31, 333-34, 338, 348, 352-54

"Bazarov, Once Again" (Herzen) ........ **61**:109

"Be Good!" (Isaacs)
  See "Sed buenos!"

"The Beach of Falesá" (Stevenson) ..................... **5**:412, 422, 431, 434; **63**:261

*The Beacon* (Baillie) .......... **2**:37, 39; **71**:6, 18
"The Beacons" (Baudelaire)
   See "Les phares"
"The Beam in Grenley Church" (Barnes)
   ........................................... **75**:75
"Beams" (Verlaine) ........................ **51**:381-84
"Beanfield" (Clare) ........................... **9**:110
"The Bean-Field" (Thoreau) ......... **7**:388, 399,
   403-4
"The Bear Hunt" (Lincoln) .............. **18**:273
"The Bear in Charge of the Bees" (Krylov)
   ............................................... **1**:435
"The Bear-Hunt" (Nekrasov) .......... **11**:409
"The Beast" (Leskov)
   See "Zver'"
"Beata" (Patmore) ........................... **9**:357
"Beaten Tracks" (Rimbaud) .............. **35**:269
"The Beating of my own Heart" (Milnes)
   ............................................... **61**:152
"La Béatrice" (Baudelaire) ..... **6**:109; **55**:70-1,
   74, 77-8
"Beatrice" (Le Fanu) ....................... **58**:276
"Beatrice Cenci" (Landor) ............... **14**:183
*Béatrix* (Balzac) ............................. **5**:84
*Beau Austin* (Stevenson) ............... **5**:411, 421
*Le Beau Laurence* (Sand) ............... **57**:316
*Le beau Léandre* (Banville) ............... **9**:20, 22
*Un beau mariage* (Augier) ... **31**:9, 13, 15, 19,
   24-5, 27, 31, 34
"Le beau navire" (Baudelaire) ...... **6**:109, 117;
   **55**:45, 61
*Beauchampe; or, The Kentucky Tragedy*
   (Simms) ........................ **3**:508-10, 513
"La beauté" (Baudelaire) . **6**:123; **29**:97; **55**:58
"Beauté de femmes, leur faiblesse, et ces
   mains pâles" (Verlaine) ............... **51**:357
"The Beauties of Santa Cruz" (Freneau)
   ............................ **1**:314, 316, 319, 323-24
*The Beauties of the Court of King Charles II*
   (Jameson)
   See *Memoirs of the Beauties of the Court
   of Charles II*
"A Beautiful Autumn" (Arany)
   See "Kies Ősz"
"The Beautiful Aza" (Leskov)
   See "Prekrasnaja Aza"
"Beautiful City" (Tennyson) ............... **30**:293
"Beautiful Dreamer" (Foster) . **26**:291, 296-97,
   299
*The Beautiful Fiend* (Southworth) ...... **26**:434
"The Beautiful One at Night" (Isaacs)
   See "La bella de noche"
"The Beautiful Princess and the Fortunate
   Dwarf" (Karamzin)
   See "Prekrasnaja carevna i sčastlivoj karla"
"Beauty" (Lampman) ........................ **25**:209
"The Beauty" (O'Brien) ....... **21**:243, 245, 247
"Beauty" (Shaw) ........................... **15**:335
"Beauty" (Very) ........................... **9**:381
*Beauty and the Beast* (Lamb) ............. **10**:418
*Beauty and the Beast* (Planche) ... **42**:279, 288
*Beauty and the Beast; and Tales of Home*
   (Taylor) ........................ **89**:314
"Beauty Cycle" (Baudelaire) ............... **55**:73
"The Beauty of Married Men" (Lewes)
   ............................................... **25**:290
"The Beauty—a Fragment" (Pinkney) . **31**:277
"Beauty—Be Not Caused—It Is" (Dickinson)
   ............................................... **21**:43
*Les beaux messieurs de Bois-Doré* (Sand)
   .................... **2**:605; **42**:310; **57**:313
"Beaver Brook" (Lowell) .............. **90**:214-15
"Because I Could Not Stop for Death"
   (Dickinson) .. **21**:26, 28, 57; **77**:163, 173
"Der Becher" (Goethe) ....................... **4**:193
*Becket* (Tennyson) ........................ **30**:264-66
"Beclouded" (Dickinson)
   See "The Sky Is Low, the Clouds Are
   Mean"
*Bedlam-Comödie* (Eminescu) .............. **33**:266
*Bednaya nevesta* (Ostrovsky) . **30**:99, 102, 105,
   107, 109-10, 114-15; **57**:218, 220

*Bednost ne porok* (Ostrovsky) ... **30**:97-9, 102,
   104, 109-10, 113, 115; **57**:195, 198, 201-2,
   208-21
"The Bedouin Song" (Taylor) . **89**:302-03, 343
"The Bee" (Lanier) ............... **6**:236, 238, 253
*The Bee and the Orange Tree* (Planche)
   ............................................... **42**:288
"A Bee his burnished Carriage/Drove boldly to
   a Rose-" (Dickinson) .................... **77**:96
*The Bee Hunter; or, The Oak Opening*
   (Cooper)
   See *The Oak Openings; or, The Bee
   Hunter*
"The Beech Tree's Petition" (Campbell)
   ............................ **19**:179, 191, 198
*The Beer Expedition at Schleusingen* (Kivi)
   See *Olviretki Schleusingenissä*
"Bees Are Black, with Gilt Surcingles"
   (Dickinson) ........................ **21**:76
"Beethovens Büste" (Lenau) ............... **16**:281
*The Beetle* (Andersen) ..................... **79**:32, 89
"Befordúltam a konyhára" (Petofi)
   ............................ **21**:260, 283
"Before" (Browning) ........................ **79**:153
"Before Breakfast" (Allingham) .............. **25**:6
"Before Justice" (Goethe)
   See "Vor Gericht"
"Before Sleep" (Lampman) .............. **25**:167
"Before the Curtain" (Thackeray) .. **5**:494, 499
"Before the Harvest" (Meyer)
   See "Vor der Ernte"
"Before the Ice Is in the Pools" (Dickinson)
   ............................................... **21**:55
"Before the Robin" (Lampman) .......... **25**:209
"Before the Storm: A Conversation on Deck"
   (Herzen) ........................ **10**:336-7
*Before the Storm: A Novel of the Winter of
   1812-13* (Fontane)
   See *Vor dem Sturm: Roman aus dem
   Winter 1812 auf 13*
"Begeisterung ... die Allerschaffende"
   (Hölderlin) ........................ **16**:185
"The Beggar" (Espronceda)
   See "El mendigo"
"The Beggars" (Wordsworth) .............. **12**:395
"Beggars' Ballad" (Meyer)
   See "Bettlerballade"
"Begger Woman of Locarno" (Kleist)
   See "Das Bettelweib von Locarno"
"The Beginning and the End" (Very) . **9**:376
"Beginning My Studies" (Whitman) ... **81**:313
"Beginning of the End" (Storm) .......... **1**:537
"Behavior" (Emerson) ........................ **38**:143
"Behind a Mask: Or, A Woman's Power"
   (Alcott) ... **58**:3, 38, 46, 59, 67, 75-6, 78-
   80; **83**:6, 33
*Behind a Mask: The Unknown Thrillers of
   Louisa May Alcott* (Alcott) ............. **58**:3
"Behind me dips Eternity" (Dickinson)
   ............................ **77**:140, 143-44
"Behind the Scenes at a Whist Game" (Barbey
   d'Aurevilly)
   See "Le dessous de cartes d'une partie de
   whist"
"Behold this Swarthy Face" (Whitman)
   ............................................... **31**:430
*Bei und zu Lande auf dem Lande*
   (Droste-Hulshoff) ........................ **3**:200
*Die beiden Grundprobleme der Ethik*
   (Schopenhauer) ........................ **51**:318
*Die beiden Herren Söhne* (Nestroy) .. **42**:258
*Die beiden Klingsberg* (Kotzebue)
   ............................ **25**:133, 142, 145
*Beim Vetter Christian* (Storm) ............. **1**:540
"Being Beauteous" (Rimbaud) ...... **4**:455, 487;
   **35**:294, 296, 308, 311-12, 322; **82**:232-33
*Being the Last Essays of Richard Jefferies,
   Collected by his Widow* (Jefferies)
   ............................................... **47**:133
"Bela" (Lermontov) .... **5**:291, 295-98, 301-02,
   305-06
*Bel-Ami* (Maupassant) ... **1**:444, 448, 450, 452-

53, 463-64, 467, 469; **42**:169, 189, 201;
   **83**:171,173,186
*Belated Summer* (Stifter)
   See *Der Nachsommer*
"The Belated Travellers" (Irving) ........ **2**:390
"The Beleaguered City" (Longfellow)
   ............................................... **45**:127, 151
*A Beleaguered City: Tale of the Seen and
   Unseen* (Oliphant) . **11**:439, 445-6, 448-9,
   451, 453-4, 459, 463; **61**:174, 216-7
*Belford Regis; or, Sketches of a Country Town*
   (Mitford) ........................ **4**:401, 407
*The Belfry of Bruges* (Longfellow)
   .... **2**:479; **45**:102, 116, 135, 151, 154, 182,
   186
*Belgium and Western Germany in 1833*
   (Trollope) ........................ **30**:307, 313
"Belief, whether Voluntary?" (Hazlitt) . **29**:173
*Belinda* (Edgeworth) .. **1**:255-56, 261-63, 265-
   67, 269, 271-72; **51**:79-81, 83, 85, 87-91,
   93, 130-31, 135, 136-38, 140
*Belkin Tales* (Pushkin)
   See *Povesti Belkina*
"The Bell" (Andersen) ....... **7**:22-23; **79**:28, 40
"The Bell" (Schiller)
   See "The Song of the Bell"
"The Bell Bird" (Ingelow) ................ **39**:258
"Bell of the Wreck" (Sigourney) ........ **21**:301
"La bella de noche" (Isaacs) .............. **70**:311
"Belladonna" (O'Brien) ........... **21**:236, 242-43
*Bellah* (Feuillet) ........................ **45**:84-5, 87
"Bellambi's Maid" (Kendall) .............. **12**:193
"Bell-Birds" (Kendall) . **12**:182, 186, 191, 194,
   197-99, 201
*Belle au Bois Dormant* (Feuillet) ........ **45**:89
"La belle dame sans merci" (Keats)
   .... **8**:341, 347-48, 351, 357, 360, 375, 380-
   81; **73**:154, 188-93, 200, 202, 218, 224,
   226-30, 232, 243, 261, 271, 282, 303-04,
   307, 329
"La belle Dorothée" (Baudelaire) .......... **6**:87
*La Belle Jenny* (Gautier) ............. **1**:346; **59**:12
"La belle Juive" (Timrod) ............ **25**:374, 384
"La belle Véronique" (Banville) .......... **9**:16
"Bellerophon at Argos" (Morris) .......... **4**:447
"Bellerophon in Lycia" (Morris) .... **4**:420, 447
"The Bell-Founder of Breslau" (Muller)
   See "Der Glockenguss zu Breslau"
"Bellona" (Gordon) ...... **21**:154, 163, 172, 181
"The Bells" (Poe) ........... **1**:496, 502, 519; **55**:141,
   149, 154, 213
"The Bells" (Southey) ........................ **8**:472
*The Bells* (Hayne) ........................ **94**:162
*Bells and Pomegranates* (Browning) . **19**:75, 78
*Bells and Pomegrantes* (Browning)
   ........................ **79**:93, 147, 152, 181
"The Bells of Lynn" (Longfellow) ........ **45**:190
"The Bells of San Blas" (Longfellow)
   ................ **2**:484; **45**:139, 141, 151, 163-64
*Les bells poupées* (Banville) .............. **9**:31
"The Bell-Tower" (Melville) . **3**:331, 380, 382
"Beloved Tune" (Child) ............. **6**:201; **73**:90
*The Belton Estate* (Trollope) .... **6**:470-71, 499,
   501-02, 515-16
*Le belvéder; ou, La vallée de l'Etna*
   (Pixerecourt) ........ **39**:274, 277, 279, 282
"Belyj orel" (Leskov) ... **25**:240, 242, 244
"Bema pamięci żałobny rapsod" (Norwid)
   ............... **17**:365, 367, 375-77, 379
*Bemerkungen und Ansichten* (Chamisso)
   ............................................... **82**:25
*Ben Jonson* (Symonds) ........................ **34**:342
*Ben, the Luggage Boy; or, Among the Wharves*
   (Alger) ................ **8**:37, 39, 44; **83**:112
"Benbow" (Crabbe) ........................ **26**:121
"Beneath the Cards of a Game of Whist"
   (Barbey d'Aurevilly)
   See "Le dessous de cartes d'une partie de
   whist"
"Bénédiction" (Baudelaire) . **6**:82, 92, 97, 114,
   117, 123; **29**:77, 102; **55**:12, 48-50, 53, 56,
   62-5

"Benediction de Dieu dans la solitude" (Lamartine) ................. **11:**265, 270, 279
"The Benevolent Protector, or Bartholomew as Alphonse" (Norwid) .......... **17:**370
"The Benighted Sportsman" (Surtees) . **14:**349
*Beniowski* (Slowacki) .... **15:**348-49, 354, 358-59, 365, 368, 371, 374-76, 378, 380-81
"Benito Cereno" (Melville) ... **3:**331, 344, 347, 354, 361-62, 368, 380-84; **29:**362-63; **93:**188-93, 197, 201-07, 210-19, 222-24, 226-27, 229-37, 240-41, 243-45, 248-49
*Benito Cereno* (Melville) ...................... **91:**204
*Ben's Nugget* (Alger) ......................... **8:**44
"Bentham" (Mill) ... **11:**361, 370; **58:**327, 333, 351
*Beobachtungen über das Gefühl des Schönen und Erhabenen* (Kant) ............... **67:**214
"Beowulf" (Morris) .......................... **4:**441
*Beppo: A Venetian Story* (Byron) ..... **2:**64, 72, 92-94, 97; **12:**70-71, 80, 84, 87, 103, 106, 125, 127
"Béranger" (Bagehot) ......................... **10:**62
"Bereavement" (Keble) ....................... **87:**134
"Berenice" (Poe) ... **1:**500, 514; **16:**291, 297, 300, 304-05, 308, 314, 331, 334-35; **55:**148, 187, 194, 206; **94:**202; **97:**180, 208-09
*Berenice, Ein erotischer Spaziergäng* (Muller) ..................................... **73:**366
*Bergkristall* (Stifter) ............. **41:**344, 351
*Bergmilch* (Stifter) ....................... **41:**372
"Die Bergwerke zu Falun" (Hoffmann) . **2:**360
"Berkeley the Banker" (Martineau) ...................................... **26:**314, 330
*Bernard Brooks' Adventures* (Alger) . **8:**43, 45
"Bernardine du Born" (Sigourney) ..... **21:**298
"Le Bernica" (Leconte de Lisle) .. **29:**216, 244
*Berta* (Droste-Hulshoff) ............. **3:**196-97
"Bertha" (Alcott) ........................... **83:**5
"Bertha" (Lazarus) ................... **8:**411, 417
"Bertha in the Lane" (Browning) .. **1:**112, 115, 117-8; **61:**65-6
*Bertha's Christmas Vision: An Autumn Sheaf* (Alger) ............................... **83:**96
"Berthe" (Maupassant) ................... **83:**219
*Bertoldo* (Da Ponte) ..................... **50:**80
*Bertram; or, The Castle of St. Aldobrand* (Maturin) .... **6:**317-24, 328, 332-33, 339-40, 342-44
"Bertram to the Lady Geraldine" (Thomson) ...................................... **18:**396, 407
*The Bertrams* (Trollope) ........ **6:**463, 470, 484, 499-500, 512, 514-15
*Bertrand et Raton; ou, L'art de conspirer* (Scribe) ...................... **16:**388, 414
"The Beryl Stone" (Browning) ............. **1:**124
*Beschluss, über das Ideal der Sprache* (Herder) ..................................... **8:**317
*De beschriebene Tännling* (Stifter) ..... **41:**354
*Beshenye dengi* (Ostrovsky) ........ **30:**105, 111; **57:**213-4, 220
*Beside the River Sar* (Castro) .......... **3:**104-05
*Bespridannitsa* (Ostrovsky) . **30:**100, 104, 110, 115; **57:**213, 220
"Bessey of the Glen" (Clare) ............... **86:**89
"Bessonnitsa" (Tyutchev) .... **34:**389, 391, 393, 395, 399
"Bessy's Troubles at Home" (Gaskell) . **70:**185
"The Best Man in the Vield" (Barnes) . **75:**77
"Best Things" (Parton) ................... **86:**352
*Die Bestimmung des Menschen* (Fichte) ...................................... **62:**29, 31, 34, 54
"Besuch des Eros" (Morike) ........... **10:**450
*Der Besuch in St. Hiob zu\*\** (Claudius) ...................................... **75:**190
"Besuch in Urach" (Morike) ........... **10:**448
"Besy" (Pushkin) ...................... **83:**279
*Besy* (Dostoevsky) ...... **2:**158, 161-62, 167-68, 170-72, 175, 179-80, 184-86, 190, 197, 202-04; **7:**80, 102; **12:**88-146; **33:**165, 173, 177-79, 182, 234; **43:**91-92, 99, 122, 130, 134, 143, 148, 151, 155, 160
"Beszel a fákkal..." (Petofi) ........... **21:**285

"La bête à Maître Belhomme" (Maupassant) ...................................... **1:**463
"Betrachtungen über den Weltlauf" (Kleist) ...................................... **37:**249
*Betrachtungen und Gedanken uber verschiedene Gegonstande der Welt und der Litteratur* (Klinger) ............... **1:**432
*The Betrothal* (Kivi)
    See *Kihlaus*
*The Betrothed* (Manzoni)
    See *I promessi sposi*
*The Betrothed* (Scott) . **15:**313; **69:**313-14, 319, 331
*The Betrothed* (Tieck) ..................... **5:**513
"Das Betrübte Madchen" (Claudius) .. **75:**191
"Das Bettelweib von Locarno" (Kleist) ...................... **2:**448; **37:**246, 248, 254-5
"The Better Day" (Lampman) ............. **25:**217
"The Better Land" (Hemans) ............. **29:**207
"Better Late Than Never" (Goncharov)
    See "Luchshe pozdno, chem nikogda"
"A Better Resurrection" (Rossetti) ...................... **2:**575; **50:**322; **66:**330
*Bettina von Arnims Sätliche Werke* (Arnim) ...................................... **38:**13
*Bettinas Briefwechsel mit Goethe* (Arnim)
    See *Goethes Briefwechsel mit einem Kinde*
*Bettine* (Musset) ......................... **7:**271
"Bettlerballade" (Meyer) ................... **81:**207
"Betty Foy" (Wordsworth) ............... **12:**430
*Between Heaven and Earth* (Ludwig)
    See *Zwischen Himmel und Erde*
"Between the Rapids" (Lampman) ..... **25:**160-61, 167-68, 190, 205-06
"Between the Wind and the Rain" (Crawford) ...................... **12:**156, 162
"Between Two Stools" (Levy) . **59:**95, 107-9, 111, 120
*Bevis* (Jefferies)
    See *Bevis, The Story of a Boy*
*Bevis, The Story of a Boy* (Jefferies) . **47:**91, 93, 101, 111-12, 120, 124, 126-29, 131-32, 142
"Bevis's Zodiac" (Jefferies) ................. **47:**113
"Bewitched" (Shevchenko)
    See "Prycynna"
*Bewitched* (Barbey d'Aurevilly)
    See *L'ensorcelée*
"A Bewitched Place" (Gogol)
    See "Zakoldovannoe mesto"
"The Bewitched Spot" (Gogol)
    See "Zakoldovannoe mesto"
"Beyond Kerguelen" (Kendall) ... **12:**190-91, 199-200
"Beyond the Ravine Another Ravine" (Shevchenko)
    See "Za bairakom bairak"
*Beyträge zur geheimen Geschichte des menschlichen Verstandes und Herzens* (Wieland) ...................... **17:**407
*Bez viný vinovátye* (Ostrovsky) .......... **57:**220
"Bezhin Meadow" (Turgenev)
    See "Byezhin Prairie"
*Bezpridánnitsa* (Ostrovsky)
    See *Bespridannitsa*
"Beztalanny" (Shevchenko)
    See "Tryzna"
"Bezumnykh let vgasshee vesel'e" (Pushkin) ...................................... **83:**304
"Bhagavat" (Leconte de Lisle) ......... **29:**221-23, 234, 242, 245
"Bharat kalanka" (Chatterji) ............... **19:**225
"Bharatvarsher swadhinata ebang paradhinata" (Chatterji) ...................................... **19:**225
*Białe kwiaty* (Norwid) ................... **17:**371
"Bianca among the Nightingales" (Browning) ...................................... **61:**7, 45
*Bianca, or The Young Spanish Maiden* (Dutt) ...................................... **29:**129
"Bianca's Dream" (Hood) ................. **16:**235
" Ein biBchen Freude" (Meyer) ......... **81:**145
*Bible de l'humanité* (Michelet) ... **31:**210, 216, 218, 232, 248, 258

*The Bible in Spain; or, The Journeys, Adventures, and Imprisonments of an Englishman, in an Attempt to Circulate the Scriptures in the Peninsula* (Borrow) . **9:**37-40, 42, 47-8, 50-1, 53, 55-6, 59, 65-6
*Bible of Hell* (Blake) .. **57:**44, 53, 55, 82, 92-3
*The Bible of Humanity* (Michelet)
    See *Bible de l'humanité*
*The Bible of Mankind* (Michelet)
    See *Bible de l'humanité*
*Biblical Dialogues Between a Father and His Family* (Rowson) ............ **69:**109, 116-17
*Bibliomanie* (Flaubert) ................... **62:**101
"Le bibliophile" (Bertrand) ................. **31:**48
"A bid for an Editorship" (Parton) ... **86:**318
*Die bieden Nachtwandler* (Nestroy) ... **42:**231
"Les bienfaits de la lune" (Baudelaire) .. **6:**87
"The Bienfilâtre Sisters" (Villiers de l'Isle Adam)
    See "Les demoiselles de Bienfilâtre"
"La bienveillance universelle" (Joubert) ...................................... **9:**292
"Bifurcation" (Browning) ................. **19:**88
"Big Claus and Little Claus" (Andersen)
    See "Little Claus and Big Claus"
*The Biglow Papers* (Lowell) .... **2:**504, 508-09, 511, 513-14, 516-17, 519-20, 522-23; **90:**188-90, 193, 198, 210, 215, 217-19, 221, 225
"Les bijoux" (Baudelaire) ... **29:**73; **55:**7-9, 56, 59, 76
"Les bijoux" (Maupassant) ................... **1:**463
"Das Bild des Bathyllos" (Morike) ...... **10:**450
*Bilder aus Westphalen* (Droste-Hulshoff) ...................................... **3:**193, 197, 200
"Bilder und Balladen" (Meyer) .. **81:**150, 152
"Das Bildnes der Geliebten" (Morike) . **10:**450
"Bill Ainsworth's Quarter Race" (Harris) ...................................... **23:**140, 142
"Bill Jones on Prayer" (Thomson) ... **18:**403
"Bill the Bullock-Driver" (Kendall) ...................................... **12:**190, 192, 195
"Le Billet" (Desbordes-Valmore) ......... **97:**12
*Billet à Lily* (Verlaine) ........................ **51:**363
"A Billet Doux" (Horton) ............... **87:**96
"Billiards" (Shaw) ....................... **15:**335
"Billingsgate Music" (Maginn) ............. **8:**441
*The Billiten in the Parsonage* (Arnim)
    See *Die Einquartierung im Pfarrhause*
"Bills of Mortality" (Cowper) ............. **8:**103
*Billy Budd, Sailor: An Inside Narrative* (Melville) . **3:**336, 345, 347, 358-59, 363-64, 366-68, 370-73, 375, 384-85; **29:**314-83; **45:**213, 233, 242, 244, 248; **49:**379; **91:**53, 193; **93:**214
"Billy Vickers" (Kendall) ............... **12:**190-91
"Bimini" (Heine) ............ **4:**238; **54:**330-3, 337
"Binsey Poplars" (Hopkins) . **17:**186, 204, 223, 256
*Biographia* (Coleridge)
    See *Biographia Borealis*
*Biographia Borealis* (Coleridge) ..... **90:**15, 24, 32
*Biographia Literaria; or, Biographical Sketches of My Literary Life and Opinions* (Coleridge) .. **9:**136-37, 152, 155, 157, 159-61, 163-65, 169, 173-74, 178-79, 184, 199-200, 205-07; **54:**80, 83, 101, 107, 114-5
*Biographical Essays* (De Quincey) .... **4:**61-62
*A Biographical History of Philosophy* (Lewes) ..... **25:**274, 276, 287-88, 293, 295-96, 299-300, 304, 307, 320
"Biographical Memoir of Mr. Liston" (Lamb) ...................................... **10:**435
*Biographical Memoirs of Extraordinary Painters* (Beckford) ..... **16:**15, 17-22, 29, 36-7
*Biographical Recreations under the Cranium of a Giantess* (Jean Paul) ............. **7:**227
*Biographical Sketches* (Martineau) ..... **26:**348-49

*Biographical Studies* (Bagehot) ....... **10**:23, 43
*Biographies of Good Wives* (Child) . **73**:47, 59, 64, 72, 75, 97
*The Biographies of Madame de Staël and Madame Roland, Married Women; or, Biographies of Good Wives* (Child) ............................ **6**:197-98, 203; **73**:59, 72
"Biography and Writings of A. M. Hyde" (Sigourney) ..................................... **87**:321
"Biography of Females" (Sigourney) .. **87**:321
"Biography of Pious Persons" (Sigourney) ................................................. **87**:321
"The Birch Grove Near Endermay" (Muller) ................................................. **73**:352
"The Birch-Tree at Loschwitz" (Levy) ................................................. **59**:90, 119
*The Bird* (Michelet) . **31**:215, 219, 242-44, 247, 259-60, 263
"The Bird and the Hour" (Lampman) . **25**:169
"The Bird and the Ship" (Muller) . **73**:350, 352
*The Bird in the Pear-Tree* (Andersen) .. **79**:11
"Birds Climbing the Air" (Jefferies) .. **47**:136
"A Bird's Eye View" (Rossetti) . **2**:556; **50**:289
"Birds in the High Hall-Garden" (Tennyson) ................................................. **30**:242
"Birds in the Night" (Verlaine) . **2**:632; **51**:381, 383-84
"The Bird's Nest" (Hale) ........ **75**:284-85, 289
"The Bird's Nest" (Keble) ................. **87**:134
"Birds' Nests" (Clare) .. **9**:108, 110-11; **86**:144
*Birds of America* (Audubon) . **47**:3, 11, 13-15, 18, 20, 23, 27-30, 32-3, 36-8, 40, 45-7, 50-3
*The Birds of Aristophanes* (Planche) .. **42**:273-75, 277, 281-82, 284-86, 291, 293
"The Birds of Killingworth" (Longfellow) .... **2**:481; **45**:130, 137, 145, 149, 180, 188, 191
"The Birds of Passage" (Hemans) ...... **71**:263
"Birds of Passage" (Longfellow) . **45**:116, 133, 137
"The Bird's Release" (Hemans) .......... **71**:264
*The Birds' Rivalry* (Da Ponte)
See *La gara degli uccelli*
*Birth* (Robertson) .... **35**:335, 361, 363-65, 369
"The Birth of Flattery" (Crabbe) .. **26**:78-9, 81
"Birth of the Duke of Bordeaux" (Hugo) ................................................................ **3**:234
"The Birth of the Horse" (Taylor) . **89**:302-03
"A Birthday" (Rossetti) ........... **2**:559; **50**:289; **66**:311, 342, 344, 382
"Birthday of Longfellow" 2 (Sigourney) ................................................................ **87**:326
"The Birthday of the Soul" (Very) ........ **9**:387
"Birthday Song" (Lanier) .................. **6**:237
*Birth-Day Song of Liberty* (Chivers) .... **49**:45
"The Birthmark" (Hawthorne) ....... **2**:311, 319, 322, 324; **17**:145, 151; **23**:218; **79**:308; **95**:105, 110, 207
"Bishop Berkeley on the Metaphysics of Sensation" (Huxley) ..................... **67**:86-7
"Bishop Blougram's Apology" (Browning) ...... **19**:79, 100, 117, 120-23, 131, 136-38; **79**:163, 171
"The Bishop Orders His Tomb at San Praxed's" (Browning) ... **19**:77, 114, 117, 119, 133, 136-37
"The Bishop Orders His Tomb at St. Praxed's" (Browning) ................. **79**:94, 98-99, 103
*Bishop Percy's Folio Manuscript* (Percy) ................................................. **95**:309, 314, 331
"A Bit O' Sly Coorten" (Barnes) ... **75**:78, 82, 93
"A Bit of Injustice" (Parton) .............. **86**:320
*The Bit o'Writing* (Banim and Banim) . **13**:130-31
"The Biter Bit" (Collins) ............... **1**:187
*Bits of Travel* (Jackson) ............. **90**:144, 167
"Bitter for Sweet" (Rossetti) ..... **2**:558, 575
"Bitter Fruits from Chance-Sown Seeds" (Kirkland) ........................ **85**:265, 301
"The Bivouac of the Dead" (Bryant) .... **6**:172
"Blaavin" (Smith) ......................... **59**:333

*Black* (Dumas) ............................. **71**:204
"Black and White" (Barnes) .............. **75**:98
"The Black and White Question" (Hood) ................................................................ **16**:239
*The Black Arrow: A Tale of Two Roses* (Stevenson) ...... **5**:405, 409, 415, 430-31; **63**:222, 228, 255-6, 261
*The Black Baronet* (Carleton) ............ **3**:89-90
"The Black Birds and Yellow Hammers" (Griffin) ............................................. **7**:218
*The Black Cabinet* (Sacher-Masoch) ... **31**:295
"The Black Cat" (Poe) .. **1**:495, 521; **16**:294-95, 301, 303, 309, 314-15, 325-27, 329-32, 334; **55**:148; **78**:281-87, 298-99
"Black Cats" (Coleridge) .................. **90**:9
*The Black Domino* (Scribe)
See *Le domino noir*
*The Black Dwarf* (Scott) ... **15**:259-60; **69**:308
"The Black Fox" (Whittier) ............. **8**:526
*Black Giles the Poacher: Containing Some Account of a Family Who Had Rather Live by Their Wits than Their Work* (More) ........................................... **27**:346
"The Black Jack" (Maginn) ................. **8**:438
"A Black Job" (Hood) ................... **16**:238-39
"Black Kate" (Kendall) .................... **12**:192
"Black Lizzie" (Kendall) ................. **12**:192
*Black Man* (Brown)
See *The Black Man: His Antecedents, His Genius, and His Achievements*
*The Black Man: His Antecedents, His Genius, and His Achievements* (Brown) . **2**:48, 50; **89**:143-44, 163, 178-79
*The Black Man's Lament* (Opie) ......... **65**:175
*The Black Prophet: A Tale of Irish Famine* (Carleton) .................. **3**:85-86, 90, 94-96
*The Black Robe* (Collins) .................... **1**:184
"The Black Shawl" (Pushkin)
See "Chornaya shal"
*The Black Tulip* (Dumas)
See *La tulipe noire*
"Black, White, and Brown" (Hood) .... **16**:206
*The Blackamoor of Peter the Great* (Pushkin)
See *Povesti Belkina*
*Blackberries Picked off Many Bushes* (Allingham) ............................... **25**:22
*Black-Eyed Susan; or, All in the Downs* (Jerrold) .. **2**:395, 401, 403-05, 408
"Blackmwore Maidens" (Barnes) ..... **75**:4, 101
*Blagonamerennyya rechi* (Saltykov) ................................................. **16**:359, 373
*Blake* (Delany)
See *Blake; or, The Huts of America: A Tale of the Mississippi Valley, the Southern United States, and Cuba*
*Blake, Coleridge, Wordsworth, Lamb, Etc.: Being Selections from the Remains of H. C. Robinson* (Robinson) ............. **15**:185
"Blake or the Huts of America" (Delany) ................................................................ **93**:104
*Blake; or, The Huts of America: A Tale of the Mississippi Valley, the Southern United States, and Cuba* (Delany) . **93**:104, 107-09, 112, 153-56, 160-64, 166-67, 169-75
"Blakesmoor in H—shire" (Lamb) ..... **10**:435-36
*Les Blancs et les bleus* (Dumas) ........ **71**:192
"Blaney" (Crabbe) ............................. **26**:121
"Blank Misgivings of a Creature Moving about in Worlds Not Realized" (Clough) ................................................. **27**:106-7, 114
*The Blank Paper* (Sacher-Masoch) ..... **31**:298
*Blanka von Kastilien* (Grillparzer) ....... **1**:386
*Blanks and Prizes* (Gore) .................. **65**:21
"The Blasphemy of Gasconade and Self-Dependence in a Certain General" (Brackenridge) ........................... **7**:44
*Blätter für Deutsche Art und Kunst* (Herder) ................................................. **8**:299
*Bleak House* (Dickens) .... **3**:151-52, 159, 166, 169-72, 174, 178, 186-87; **8**:159-205; **18**:100, 127, 132-34; **26**:157, 171, 177, 202,

205; **37**:164, 174, 192, 202, 204; **86**:18, 197, 201, 222, 255-56, 260
*The Bleeding Rock* (More) ................. **27**:336
*Blenda* (Stagnelius) .................... **61**:253-6
"Bless God, He Went as Soldiers" (Dickinson) ................................................. **21**:55
"The Blessed Damozel" (Rossetti) . **4**:491-93, 495, 501-02, 504-05, 508, 510-14, 516-19, 522, 526-27, 529-30; **77**:301-06, 338, 340, 344-46, 348-54
"Blessed Damozel" (Rossetti) ............ **66**:304
"The Blessed Virgin, Compared to the Air We Breathe" (Hopkins) .. **17**:188, 205, 208, 247
"The Blind" (Baudelaire)
See "Les aveugles"
"Blind Bartimeus" (Longfellow) . **2**:472; **45**:99, 128
"Blind Girl" (Shevchenko)
See "Slepaya"
*Blind Love* (Collins) ..................... **93**:19, 66
"The Blind Man" (Shevchenko)
See "Slipyi"
"Blind One" (Shevchenko)
See "Slepaya"
"A Blind Woman" (Shevchenko)
See "Slepaya"
"The Blindman's World" (Bellamy) ................................................. **4**:31; **86**:7, 9, 17, 75, 79
*The Blindman's World and Other Stories* (Bellamy) .......................... **86**:70, 75
"Blindness" (Martineau) ................. **26**:349
"The Blissful" (Kivi)
See "Onnelliset"
*The Blithedale Romance* (Hawthorne) .. **2**:300-03, 306, 313-14, 326, 329-30, 332; **10**:295; **17**:108-59; **23**:169, 183, 205, 208-09, 213-14; **39**:177, 180, 186, 188, 224, 227, 229; **79**:295-96, 304; **95**:104, 106, 125, 150, 205
"The Blizzard" (Aksakov)
See "Buran"
"The Blizzard" (Pushkin)
See "Metel"
"Das Blockhaus" (Lenau) ............. **16**:269, 283
*The Blockheads; or, The Affrighted Officers* (Warren) ..................... **13**:419, 428, 436
"The Blockhouse" (Traill) ................. **31**:325
*Der blonde Eckbert* (Tieck) .. **5**:514, 517, 519, 523-25, 529-31; **46**:332-3, 337-45, 348-52, 355-56, 364-65, 374-75, 377, 381-87, 391-92, 414
*The Bloody Buoy* (Cobbett) .......... **49**:107, 109
"The Bloody Vestiges of Tyranny" (Brackenridge) ............................. **7**:44
"The Blossom" (Blake) .. **37**:3, 11, 14, 36, 39, 41, 57, 65, 72, 75, 83, 85-7, 92
*The Blossom of Happiness* (Andersen) . **79**:13-14
*A Blot in the 'Scutcheon* (Browning) .... **19**:76, 95, 102, 113-14; **79**:147, 188-89
*Bloudie Jacke of Shresberrie* (Barham) .. **77**:9
"Blown Up with Soda" (Harris) .. **23**:140, 143, 153, 159, 163
"The Blue and the Gray" (Alcott) .......... **83**:7
"The Blue and the Gray" (Bryant) ........ **6**:172
*Blue Beard* (Dunlap) ........................ **2**:211
*Blue Beard* (Planche) .. **42**:279, 288, 292, 299
*The Blue Belles of England* (Trollope) . **30**:327-29
"The Blue Bower" (Morris) ................. **4**:425
"The Blue Closet" (Morris) .. **4**:411, 419, 421, 423, 425-26, 431
"The Blue Evening" (Isaacs)
See "La tarde azul"
*The Blue Monster* (Gozzi)
See *Il mostro turchino*
"The Blue Room" (Merimee)
See "La chambre bleue"
*Bluebeard the Knight* (Tieck)
See *Ritter Blaubart*
"The Bluebell" (Brontë) ................... **71**:165
"Blue-Stocking Reveals" (Hunt) ......... **70**:271

*Blumen-, Frucht-, und Dornenstücke; oder, Ehestand Tod, und Hochzeit des Armena dvocaten Firmian Stanislaus Siebenkäs* (Jean Paul) ............... **7**:232, 236, 238-40
"Blümlein Vergißmein" (Muller) . **73**:365, 373-74
*Blütenstaub* (Novalis) ........... **13**:365, 376, 379
"Der Blutstropfen" (Meyer) . **81**:199, 205, 209
*Der Blutsuger* (Polidori)
    See *The Vampyre: A Tale*
*Blyzniata* (Shevchenko) ............... **54**:392, 396
"Boadicea" (Cowper) .. **8**:107, 111, 120; **94**:32
"Boädicea" (Tennyson) .. **30**:230, 233, 236
*Boarding Out; or, Domestic Life* (Hale)
    ...................................................... **75**:341
"Boarding Schools" (Hale) ................. **75**:345
"The Boar's Head Tavern, Eastcheap" (Irving)
    ...................................... **2**:381; **19**:327, 347
"The Boatman of Whitehall" (O'Brien)
    ...................................................... **21**:248
"Bob Burke's Duel with Ensign Brady" (Maginn) .. **8**:438-40
*Bob Burton; or, The Young Ranchman of the Missouri* (Alger) ........... **8**:43
"Bob the Fiddler" (Barnes) ............. **75**:77, 81
"Boccaccio and Petrarca" (Landor) .... **14**:195
"Bochsa" (Chivers) ........................... **49**:73
"Un bock" (Maupassant) ..................... **1**:450
"The Boding Dream" (Beddoes) ............... **3**:34
"Body's Beauty" (Rossetti) ...... **4**:520; **77**:326, 330, 345, 355-56, 358
"The Bog King's Daughter" (Andersen)
    See "The Marsh King's Daughter"
*Bogdan Chmielnicki* (Merimee) ........... **65**:85
*Bogdan-Dragoș* (Eminescu) ........... **33**:265-66
"Bog-Wood" (Ichiyo)
    See "Umoregi"
"Bohater" (Norwid) ......................... **17**:375
*La bohème galante* (Nerval) . **67**:303, 306, 357
"The Bohemian" (O'Brien) .. **21**:236-37, 239, 243-45, 252
"Bohemian Hymn" (Emerson) ............. **1**:297
*La Bohémienne; ou, L'Amérique en 1775* (Scribe) ............................... **16**:388
"Bohémiens en voyage" (Baudelaire)
    .................................................. **55**:53, 58
"Le Bol de punch" (Gautier) ........... **59**:10, 27
*La bola de nieve* (Tamayo y Baus) .. **1**:570
*Boland Istók* (Arany) ................. **34**:16, 21
"The Bold Dragoon" (Irving) ............. **19**:345
"Bold Words by a Bachelor" (Collins) . **93**:61
*Bolond Istók* (Petofi) ........... **21**:264, 267-69
"Bolts of Melody" (Dickinson) ........... **77**:107
*Bolts of Melody* (Dickinson) ............. **77**:128
"Le bon Dieu" (Beranger) ................. **34**:42
*Le Bon Disciple* (Verlaine) . **51**:363, 367, 372
*Un bon enfant* (Kock) ............... **16**:247-48
"Bon-Bon" (Poe) ........................... **16**:312
*Boncourt Castle* (Chamisso) ................. **82**:4
"Bonden Pavo" (Runeberg) ............... **41**:317
"The Bone Setter" (Le Fanu)
    See "The Ghost and the Bone Setter"
*Bone to Gnaw for the Democrats* (Cobbett)
    ...................................................... **49**:109
"Le bonheur" (Rimbaud) ................... **4**:484
*Bonheur* (Verlaine) .. **2**:618-19; **51**:352, 356
"Le bonheur dans le crime" (Barbey d'Aurevilly) ........................... **1**:74-75
*La bonne chanson* (Verlaine) .. **2**:617, 621-23, 627, 629-30; **51**:350, 356, 359, 361, 363, 376, 382, 384, 387
"Une bonne fortune" (Musset) ...... **7**:264, 267, 275
"La bonne nourrice" (Banville) ............. **9**:16
"Bonne Pensée du Matin" (Rimbaud) . **82**:231-32, 248, 251
"La bonne vieille" (Beranger) ....... **34**:28-9, 39
*Bonneybell Vane* (Cooke) ............'.... **5**:126
"Bonnie Dundee" (Scott) ................. **15**:318
"Bonnie Prince Charlie" (Hogg) ........... **4**:284
"The Bonny Brown Hand" (Hayne) ... **94**:159-60

*The Bonny Brown Hand* (Hayne) . **94**:134, 160
"Bons Bourgeois" (Verlaine) ............... **51**:386
"Bonsoir" (Corbiere) .................:..... **43**:25, 27, 33
"A Book" (Mickiewicz) ....................... **3**:390
*The Book of Ahania* (Blake) .. **13**:184, 221-22, 225-26, 252
"Book of Aphorisms" (Thomson) ....... **18**:429
*The Book of Fallacies* (Bentham) .... **38**:37, 90
*The Book of Los* (Blake) . **13**:184, 221-22, 226
*Book of Memoranda* (Dickens) ...... **86**:221-22
*The Book of Mormon* (Smith) . **53**:348, 355-63, 366, 368, 374-8, 380-2, 384-7
*The Book of Moses* (Smith) ............. **53**:380
*The Book of Mothers and Children* (Desbordes-Valmore)
    See *Le Livre des mères et des enfants*
*Book of Nonsense* (Lear) .. **3**:295, 297-99, 306
"The Book of Revelation" (Engels) .. **85**:44, 48
*A Book of Romances, Lyrics, and Songs* (Taylor) ..................... **89**:300, 307, 346
*The Book of Roses* (Parkman) ........... **12**:347
*The Book of Snobs* (Thackeray) .... **5**:446, 453, 465-66, 468, 478, 486-87, 500, 502; **14**:395-96, 402, 409, 422, 451; **43**:362, 388, 391
*The Book of the Church* (Southey) . **8**:463, 467; **97**:265-66, 268, 283, 330, 337
"The Book of the Poets" (Browning)
    ...................................... **61**:58, 66; **66**:44
*The Book of the Wild Rose* (Almqvist)
    See *Törnrosens bok*
*The Book of Thel* (Blake) ... **13**:172, 177, 183-84, 218, 220-21, 234, 250-51; **37**:15, 20, 22, 42, 72, 96
*The Book of Urizen* (Blake) . **13**:184, 194, 205, 221-29, 243, 252; **37**:53, 56; **57**:44, 91-2
*The Book on Adler* (Kierkegaard) ... **78**:247
"Book on Logic" (Bentham) ............... **38**:92
"The Book to the Reader" (Fuller) .. **50**:237-8
"Books" (Emerson) ................. **1**:280; **38**:175
"The Books" (Eminescu)
    See "Cartile"
"Books and Gardens" (Smith) ...... **59**:303, 309
*The Books of the Polish Nation and the Polish Pilgrimage* (Mickiewicz) . **3**:388-89, 395, 397-98, 402
"Books Which Have Incluenced Me" (Stevenson) ............................... **63**:239
"The Boon Which I Last Crave" (Eminescu)
    ...................................................... **33**:267, 273
"Bor vitéz" (Arany) ....................... **34**:15
"Bor'ba za suščestvovanie" (Pisarev)
    ...................................................... **25**:342, 344
"Bor'ba za žizn" (Pisarev) ..... **25**:344, 346-47, 355-56
*Border Beagles* (Simms) ... **3**:502, 508-09, 514
*The Border States* (Kennedy) ............. **2**:432
"A Border Tradition" (Bryant) ......... **6**:180
*The Borderers* (Wordsworth) .. **38**:421, 425-26
*The Borderers; or, The Wept of Wish-ton-Wish* (Cooper)
    See *The Wept of Wish-ton-Wish*
"Borderland" (Levy) ..................... **59**:119
"Boredom" (Kivi)
    See "Ikävyys"
"A borigines" (Whitman) ................. **81**:353
*Boris Godunov* (Pushkin) . **27**:379;**83**:246, 248, 250, 256, 264, 303, 305-06, 309, 332-35, 338-40, 342-43, 347, 353, 355, 361-65, 367, 369, 372-73
"Borne Along by the Tide" (Eliot) .. **4**:134
"Borodinó" (Lermontov) ..... **5**:295, 300
*The Borough* (Crabbe) ...... **26**:86, 89, 93, 102, 111, 115-16, 118-19, 122-25, 127, 132-34, 138, 141, 151
"A borozó" (Petofi) ..................... **21**:276
"Borrowed Plumes" (Gordon) ............. **21**:164
"Bos amores" (Castro) ................. **78**:42
*Boscobel; or, The Royal Oak: A Tale of the Year 1651* (Ainsworth) ................. **13**:36
"Die böse Farbe" (Muller) . **73**:363, 365, 372-73

*Der böse Geist Lumpazivagabundus oder Das liederliche Kleeblatt* (Nestroy) ... **42**:231-32, 236, 238-40, 254-57, 263
"The Bosom Serpent" (Hawthorne)
    .......................... **2**:296, 305, 311; **95**:105
"Le bossu Bitord" (Corbiere) . **43**:3, 5, 7-8, 10, 21, 23, 29, 33
"A Boston Ballad" (Whitman)
    See "Poem of Apparitions in Boston in the 73rd Year of These States"
"The Boston Hymn" (Emerson) ... **1**:279, 284-85, 289, 296
*Boswell* (Macaulay) ...................... **42**:86
"Boswell's Life of Johnson" (Carlyle) . **70**:7, 9
*Botany Bay Eclogues* (Southey) . **97**:260, 314-15
*The Bothie of Toper-na-Fuosich: A Long-Vacation Pastoral* (Clough) . **27**:37-8, 40-1, 43, 45, 49, 52, 56-60, 65-6, 71, 74, 77, 79-80, 82, 91-2, 95-8, 103-04, 111, 113-15
*Bötjer Basch* (Storm) ...................... **1**:540, 544
"The Bottle Imp" (Stevenson) ....... **5**:412, 415, 419
"The Bottle in the Sea" (Vigny)
    See *La bouteille à la mer*
"The Bottleneck" (Andersen) ............... **79**:69
"Bottom" (Rimbaud) ................... **4**:484-85
"Boule de suif" (Maupassant) . **1**:442, 447, 449, 454, 459, 462, 465-66; **83**:168, 190, 193-94,229.
*Bound to Rise; or, Harry Walton's Motto* (Alger) ............ **8**:42; **83**:124, 134
*Bouquets and Prayers* (Desbordes-Valmore)
    See *Bouquets et prières*
*Bouquets et prières* (Desbordes-Valmore)
    ...................................................... **97**:13
"Le bourget" (Lamartine) ................... **11**:264
"The Bourne" (Rossetti) ................... **2**:572
"Bournemouth" (Verlaine) ........ **2**:628; **51**:355, 370-71
"La bouteille à la mer" (Vigny) .. **7**:472, 474, 483-84, 486
*Bouvard et Pécuchet* (Flaubert) . **2**:232-3, 236, 238, 243, 256; **19**:274, 319; **62**:69, 72-3, 79, 82, 91, 98; **66**:256, 263
"A Box of Novels" (Thackeray) . **43**:350, 383, 385
"The Boy and the Angel" (Browning)
    ...................................... **19**:77; **79**:94, 101
*A Boy Suffers* (Meyer)
    See *Das Leiden eines Knaben*
*The Boyar Orsha* (Lermontov) ............. **5**:294
"Boyarinya Marfa Andreyevna" (Leskov)
    ...................................................... **25**:246
*The Boyne Water* (Banim and Banim)
    ................. **13**:127, 129-32, 134-36, 143-52
*Boys of Other Countries* (Taylor) . **89**:326, 342
"The Boys of Venus" (Landor) ......... **14**:181
"A Boy's Poem" (Smith) .... **59**:318, 321, 329, 332, 336
"Boys' Reading Book" (Sigourney) .... **87**:321
*Bracebridge Hall* (Irving) . **2**:368-69, 371, 374, 377-78, 381-82, 384, 387, 390; **19**:331, 333-34, 339, 344; **95**:236-38, 280
"The Braggarts" (Petofi)
    See "A szájhösök"
"Brahma" (Emerson) ........ **1**:293-97, 302, 304
*The Bramleighs of Bishop's Folly* (Lever)
    ...................................................... **23**:292
"La branche d'amandier" (Lamartine) . **11**:254
"The Branded Hand" (Whittier) ........... **8**:510
"Brandons Both" (Rossetti) ....... **2**:558; **66**:352
"Bransoletka" (Norwid) ................. **17**:369-70
"Brat, stolko let soputstvovavshiy mne" (Tyutchev) ........................... **34**:399
*Bratya Razboiniki* (Pushkin) . **3**:411, 417, 423, 451; **83**:243, 247, 357
"Die Braut" (Muller) ..................... **73**:360
*Braut und Bräutigam in einer Person* (Kotzebue) ................................. **25**:145
"Braut von Korinth" (Goethe) ............. **4**:192

*Die Braut von Messina* (Schiller) ....... **39**:320-21, 346, 361, 375; **69**:169-71, 181-82, 244-45, 255, 263-64, 267
"Bräutigamswahl" (Muller) ................. **73**:360
"Die Brautnacht" (Muller) ................... **73**:366
*Brave and Bold; or, The Fortunes of a Factory Boy* (Alger) .......... **18**:25, 27, 43; **83**:148
*The Bravo* (Cooper) . **1**:200, 214, 218-22, 224; **54**:255-6, 263, 278, 288
*The Bravo of Venice* (Lewis) .............. **11**:297
*A Breach of Promise* (Robertson) ....... **35**:333
"Bread and the Newspaper" (Holmes) . **81**:102
"Bread and Wine" (Hölderlin)
     See "Brot und Wein"
"Bread and Wine" (Hölderlin)
     See "Brot und Wein"
"Break, Break, Break" (Tennyson)
     ................................... **30**:222, 248, 280
"Breakfast" (Sigourney) .................... **87**:326
"Breakfast ato the Paxes" (Parton) .... **86**:366
"Breakfast in Sunshine" (Corbiere) ...... **43**:15
*The Breakfast Table Series* (Holmes) . **81**:107
"Breathings of Spring" (Hemans) ....... **71**:263
"The Breeze on Beachy Head" (Jefferies)
     ..................................... **47**:134, 136
"Brennende Liebe" (Droste-Hulshoff) . **3**:200-01
"Brev om den skandinaviska Nordens betydelse för Europas fornhistoria" (Almqvist) ......................... **42**:18
"Brewing of Soma" (Whittier) ...... **8**:516, 520; **59**:360
"Brian the Still Hunter" (Moodie) ...... **14**:231
"Bridal Birth" (Rossetti) ................. **77**:338
*The Bridal of Carrigvarah* (Le Fanu) . **58**:253
"The Bridal of Malahide" (Griffin) ...... **7**:196
"Bridal of Pennacook" (Whittier) . **8**:489, 510, 519, 521; **59**:355
"The Bridal of Polmood" (Hogg) ........ **4**:283
*The Bride* (Baillie) ..................... **2**:40; **71**:6
"The Bride of Abydos: A Turkish Tale" (Byron) ...... **2**:61, 71-73, 81, 86, 95, 103
*The Bride of Lammermoor* (Scott) . **15**:287, 289, 300, 304, 309, 311, 317, 322; **69**:371
*The Bride of Ludgate* (Jerrold) ....... **2**:401, 408
*The Bride of Messina* (Schiller)
     See *Die Braut von Messina*
"The Bride of the Greek Isle" (Hemans)
     .......................... **71**:292, 304, 306
"Bride Song" (Rossetti) ................... **50**:264
*The Bridegroom* (Pushkin) ............. **3**:417
"Bridegroom's Park" (Allingham) ..... **25**:30-1
"The Bride's Chamber" (Rossetti) ...... **4**:528
*The Bride's Fate* (Southworth) .......... **26**:433
"The Brides of Venice" (Rogers) ........ **69**:80
*The Bride's Ordeal* (Southworth) ...... **26**:434
"The Bride's Prelude" (Rossetti) . **4**:505, 508, 513, 518-20, 523, 527-29, 531-32; **77**:293, 326, 329, 348
*The Brides' Tragedy* (Beddoes) ... **3**:24-29, 31-36, 39
"The Bridge" (Longfellow) .. **45**:115, 135, 148
"The Bridge of Sighs" (Hood) .......... **16**:205-07, 209, 212, 215, 220-21, 224-26, 228, 231, 233-34, 237-38
"A Brief Appraisal of the Greek Literature" (De Quincey) ............................. **87**:77
"Brief eines Dichters an einem Andern" (Kleist) ............................. **37**:251
*A Brief History of Epidemic and Pestilential Diseases; with the Principal Phenomena of the Physical World, Which Precede and Accompany Them, and Observations Deduced from the Facts Stated . . .* (Webster) ..................... **30**:406, 426
"Brief über den Durchgang der Venus" (Claudius) ........................ **75**:201-03
"Brief über den Roman" (Schlegel)
     .......... **45**:309, 322, 344, 365, 368, 370-71
"Ein Brief, von C. an D." (Claudius) . **75**:202

"Briefe an Andres" (Claudius) ........... **75**:210-12, 216-18
*Briefe aus Berlin* (Heine) ..... **54**:306, 316, 336
"Briefe aus dem Wuppertal" (Engels) .. **85**:75
*Briefe aus dem Wuppertal* (Engels) . **85**:75, 108
"Briefe über die ästhetische Erziehung des Menschen" (Schiller) ..**39**:336, 352, 362, 367, 373, 389; **69**:250, 273
*Briefe über die Französische Bühne* (Heine)
     ..................................... **54**:308
*Briefe von Verstorbenen an hinterlassene Freunde* (Wieland) ..................... **17**:418
*Briefe zur Beförderung der Humanität* (Herder)
     ..................................... **8**:313-14
"The Brigadier" (Turgenev)
     See "Brigadir"
"Brigadir" (Turgenev) . **21**:414-15, 441; **37**:373
*The Brigand Brothers* (Pushkin)
     See *Bratya Razboiniki*
"The Brigand of Askalon" (Leskov)
     See "Askalonskij zlodej"
"The Brigands" (Villiers de l'Isle Adam)
     See "Les brigands"
"Les brigands" (Villiers de l'Isle Adam)
     ..................................... **3**:590
"Bright Broken Maginn" (Lockhart) ..... **6**:296
"Bright Star" (Keats) ..................... **73**:154
*Brigitta* (Stifter) . **41**:343, 366, 375, 379
"Bring Flowers" (Hemans) ............... **71**:264
"Brise marine" (Mallarme) ....... **4**:395; **41**:250, 289
"A Brisk Wind" (Barnes) ............. **75**:37, 97
*The British Novelists* (Barbauld)
     See *British Novelists with an Essay and Prefaces Biographical and Critical*
*British Novelists with an Essay and Prefaces Biographical and Critical* (Barbauld)
     ..................................... **50**:16, 17-20
*The British Prison-Ship* (Freneau) ........ **1**:319
"British Senate" (Hazlitt) ................. **29**:161
*British Synonymy; or, an Attempt at Regulating the Choice of Words in Familiar Conversation* (Piozzi) ...... **57**:242, 252-3, 271, 293, 298, 301
"Britons, Guard Your Own" (Tennyson)
     ..................................... **30**:294
"Bro" (Woolson) ......................... **82**:303
"A Broadway Pageant" (Whitman)
     ..................................... **31**:393; **81**:313
*Broke* (Turgenev)
     See *Lack of Funds*
"The Broken Heart" (Barnes) ............. **75**:7
"The Broken Heart" (Irving) ......... **2**:366, 377; **19**:327, 350; **95**:238, 277
*The Broken Jug* (Kleist)
     See *Der Zerbrochene Krug*
"Broken Love" (Blake) .................. **13**:172
"The Broken Oar" (Longfellow) ......... **45**:146
"The Broken Oath" (Carleton) ............. **3**:92
"Broken Pane" (Corbiere) ................. **43**:15
"A Broken-Hearted Lay" (Mangan)
     ..................................... **27**:280, 283, 298
*The Broker of Bogotá* (Bird) . **1**:87-90, 93
*The Bronze Horseman* (Pushkin)
     See *Medny Vsadnik*
"The Bronze Pig" (Andersen) ............. **7**:37
"The Bronze Trumpet" (Kendall) . **12**:200, 202
"The Brook" (Krylov) ..................... **1**:435
"The Brook" (Tennyson) ............. **30**:215, 223
"Brooklyniana" (Whitman) ............... **81**:343
"Brookside" (Milnes) ..................... **61**:136
"The Broomstick Train; or, The Return of the Witches" (Holmes) ..**14**:121, 125, 132
"Brot und Wein" (Hölderlin) ....... **16**:162, 176, 187, 191-92, 194-95
"Brother and Sister" (Eliot) ......... **4**:107, 115; **13**:334
"Brother and Sister" (Grimm and Grimm)
     See "Brüderchen und Schwesterchen"
"The Brother and Sister" (Opie) .. **65**:158, 180
"The Brother and Sister" (Solomos)
     ..................................... **15**:389, 396

"Brother Where Dost Thou Dwell" (Thoreau)
     ..................................... **7**:383
"Brother, who accompanied me for so many years" (Tyutchev)
     See "Brat, stolko let soputstvovavshiy mne"
"Brotherhood" (Muller)
     See "Brüderschaft"
"The Brothers" (Crabbe) ... **26**:93, 120, 130-31
"The Brothers" (Runeberg) ................. **41**:312
"The Brothers" (Wordsworth) ...... **12**:396, 402
*The Brothers* (Macha) ...................... **46**:201
"Brothers, and a Sermon" (Ingelow)
     ..................................... **39**:257, 263
*Brothers and Sisters: A Tale of Domestic Life* (Bremer)
     See *Syskonlif*
"Brothers from Far-Away Lands" (Kendall)
     ..................................... **12**:183
*The Brothers Highwaymen* (Pushkin)
     See *Bratya Razboiniki*
*The Brothers Karamazov* (Dostoevsky) . **2**:161-62, 164, 167, 169-73, 175-78, 180-81, 186, 188, 190-91, 193-95, 204-05; **7**:86, 101-02, 115; **21**:102, 118, 124, 128, 141, 146; **33**:165, 171, 177, 180, 183, 194, 212, 227, 239; **43**:76-173
"The Brothers, or The Influence of Example" (Child) ...............**73**:131-32,134
"Brough Bells" (Southey) ................. **8**:474
*Brouillon* (Novalis) ..................... **13**:405
"Brown Eyes" (Isaacs)
     See "Los ojos pardos"
*Brown, Jones, and Robinson* (Trollope)
     ..................................... **6**:460, 514
"The Brown Man" (Griffin) ......... **7**:198, 211
"Brown of Ossawatomie" (Whittier) .... **8**:495
*The Brownie of Bodsbeck, and Other Tales* (Hogg) ......... **4**:276, 285, 287-88
"The Brownie of the Black Haggs" (Hogg)
     ..................................... **4**:283
*The Browning's Correspondence* (Browning)
     ..................................... **61**:64, 66-7, 70-1, 74-5
*Browning's Essay on Chatterton* (Browning)
     See "Essay on Tasso and Chatterton"
*Brownson's Quarterly Review* (Brownson)
     ................. **50**:28, 32-5, 49-55, 61-4, 66, 68
*Bruder Moritz der Sonderling, oder Die Colonie für die Pelew-Inseln* (Kotzebue)
     ..................................... **25**:143, 145-46
"Brüderchen und Schwesterchen" (Grimm and Grimm) ........... **3**:228-29, 231
"Brudermord" (Hebbel) ............... **43**:237, 253
"Brüderschaft" (Muller) ............. **73**:352, 379
*Bruderzwist* (Grillparzer)
     See *Ein Bruderzwist in Habsburg*
*Ein Bruderzwist im Hause Habsburg* (Grillparzer)
     See *Ein Bruderzwist in Habsburg*
*Ein Bruderzwist in Habsburg* (Grillparzer)
     . **1**:385, 389, 395-96
"A Bruised Reed Shall He Not Break" (Rossetti) ..................... **66**:330
"Brumes et pluies" (Baudelaire) . **6**:79; **29**:101; **55**:23, 61
*Brunehilde; or, The Last Act of Norma* (Alarcon)
     See *El final de Norma*
"Bruno Bauer and Early Christianity" (Engels)
     ..................................... **85**:44-46, 48
*Bruno oder über das göttliche und natürliche Prinzip der Dinge* (Schelling)
     ................. **30**:128, 160-62, 167, 174, 179
*Bruno; or, On the Divine and Natural Principle of Things* (Schelling)
     See *Bruno oder über das göttliche und natürliche Prinzip der Dinge*
"Brussels: Merry-Go-Round" (Verlaine)
     ..................................... **51**:368, 374
"Brute Neighbours" (Thoreau) ....... **7**:388, 398
"Bruxelles" (Rimbaud) ................. **4**:483

Title Index

"Bruxelles: Simple fesques" (Verlaine) .......................... **51**:382
*Bryan Perdue* (Holcroft)
   See *The Memoirs of Bryan Perdue*
*Brytan bryś* (Fredro) ...................... **8**:285
*The Bubbles of Canada* (Haliburton) .. **15**:117-19, 128
*Bubbles of the Day* (Jerrold) ..... **2**:395, 402-03
"The Buccaneer" (Dana) ........... **53**:157, 168-9
*The Buccaneer and Other Poems* (Dana) .......................... **53**:157
*Buch der Lieder* (Heine) . **4**:232, 239, 248-50, 253-54, 259, 261, 268; **54**:308, 335, 348
*Buch des Richters* (Kierkegaard) ....... **78**:235
*Buch Le Grand* (Heine)
   See *Ideen, Das Buch Le Grand*
*Buch über Shakespeare* (Tieck) . **5**:520; **46**:359
"La bûche" (Maupassant) .................. **83**:230
"Die Bücher der Zeiten" (Hölderlin) .......................... **16**:174, 185
*Buckstone's Adventures with a Polish Princess* (Lewes) .......................... **25**:291
*The Bucktails; or, Americans in England* (Paulding) .......................... **2**:527
"Buckthorne" (Irving) .................. **2**:369
"Buckthorne and His Friends" (Irving) . **2**:390
"The Buckwheat" (Andersen) ...... **6**:33; **79**:23
*Bucolique* (Mallarme) .................. **41**:281
*Buda halála* (Arany) . **34**:5, 8, 10-12, 15, 18-20
*Buda's Death* (Arany)
   See *Buda halála*
*Le budget d'un jeune ménage* (Scribe) . **16**:393
"Budničnye storony žizni" (Pisarev) .. **25**:344
"Buds and Bird Voices" (Hawthorne) .......................... **2**:296, 298
"Le buffet" (Rimbaud) ...... **35**:271; **82**:247-48
*Bug-Jargal* (Hugo) . **3**:234, 236-37, 239, 254; **21**:198, 201
"The Bugler's First Communion" (Hopkins) .......................... **17**:194
*Ein Bühnenfestpiel für drei Tage und einen Vorabend* (Wagner) ...................... **9**:469
"The Builders" (Longfellow) ....... **45**:127, 131
"The Building of the Ship" (Longfellow) ...... **2**:493; **45**:116, 147, 153-54
*Bulemanns Haus* (Storm) ...................... **1**:542
"The Bull" (Allingham) .................. **25**:6
"Bullocktown" (Clarke) .......... **19**:231, 250-51
"Bull-Thomas" (Kivi)
   See "Härkä-Tuomo"
*The Bulwark of Art* (Andersen) ............ **79**:16
"Bunch Poem" (Whitman) .................. **81**:360
*Bunte Steine* (Stifter) .. **41**:337, 351, 359, 362-64, 368-69, 391, 396
"Buonaparte" (Hölderlin) ............. **16**:174
"Buonaparte" (Tennyson) .................. **30**:293
"Buran" (Aksakov) .................. **2**:13, 15
"The Burden of Egypt" (Milnes) ....... **61**:130
"The Burden of Nineveh" (Rossetti) ....... **4**:491, 502, 511, 517-18, 523-24, 527, 529; **77**:291-97, 299, 340, 348, 352-54
"Burger of St Gall" (Gore) .................. **65**:21
*Der Bürgergeneral* (Goethe) .................. **4**:222
*Les burgraves* (Hugo) ..... **3**:256, 268-69, 276
"Die Bürgschaft" (Schiller) .................. **39**:388
"The Burial of King Cormac" (Ferguson) .......................... **33**:278, 301, 303
*The Burial of the Donkey* (Smolenskin)
   See *Kevurat hamor*
"Burial of Two Young Sisters" (Sigourney) .......................... **87**:337
"A Burial Place" (Allingham) ....... **25**:24
"The Burial-Place of a Favourite Bird" (Collins) .......................... **93**:63
*Buried Alive; or, Two Years of Penal Servitude in Siberia* (Dostoevsky)
   See *The House of the Dead; or, Prison Life in Siberia*
"The Buried Life" (Arnold) ... **29**:27, 31, 34-6; **89**:14, 18, 20-6, 53, 83, 88
"A Buried Life" (Ichiyo)
   See "Umoregi"

"Burncombe Hollow" (Barnes) ............ **75**:15
"The Burning of Fairfield" (Dwight) .......................... **13**:270, 272, 278
"Burns" (Carlyle) ............ **70**:7, 9
"Burza" (Mickiewicz) ............ **3**:390, 403
"Buschlieder" (Ludwig) ............ **4**:353
*Die Buschnovelle* (Ludwig) ............ **4**:356
*Bush Ballads and Galloping Rhymes* (Gordon) ..... **21**:149-52, 155, 159, 163-64, 167, 170-71, 173, 175-76, 181, 183-84, 187-88
"A Bush Girl" (Adams) .................. **33**:13
"The Bush Trembles" (Petofi)
   See "Reszket a bokor..."
"The Business Man" (Poe) ...... **16**:312, 324
"Busque Vd. quien cargue el saco, que yo no he de ser el loco" (Lizardi) ......... **30**:67
"The Bustle in a House" (Dickinson) .......................... **77**:129, 133
"But, However—" (Mayhew) ......... **31**:158
"Buttercup, Poppy, Forget-Me-Not" (Field) .......................... **3**:206
"The Butterfly" (Andersen) ......... **79**:69
"The Butterfly" (Brontë) .................. **16**:103
"The Butterfly" (Crawford)
   See "The Mother's Soul"
"The Butterfly" (Sigourney) .......... **87**:330
"The Butterfly Obtains" (Dickinson) .... **21**:29
"Buttoo" (Dutt) ....... **29**:121, 124, 128, 130-31
"Buvaly voiny" (Shevchenko) ............ **54**:390
"Buvard, bavard" (Hugo) .................. **10**:357
"A buzzard has risen from the glade" (Tyutchev)
   See "S polyany korshun podnyalsya"
"The Bwoate" (Barnes) ............ **75**:58, 90
"By a River" (Kendall) .................. **12**:183
"By Blue Ontario's Shore" (Whitman) ...... **4**:579; **31**:388, 444; **81**:293, 313, 350
"By Flood and Field" (Gordon) ... **21**:154, 159
"By the Alders" (O'Brien) ............ **21**:245
"By the Bivouac's Fitful Flame" (Whitman) .......................... **4**:543
"By the Exe" (Jefferies) ............ **47**:136
"By the Fireside" (Browning) ..... **19**:105, 127, 153; **79**:157
*By the Fireside* (Eminescu) .......... **33**:266
"By the Goddess of Plain Truth A Manifesto and Proclamation" (Paine) ...... **62**:325
"By the Grave of Henry Timrod" (Hayne) .......................... **94**:149
"By the Passaic" (O'Brien) ............ **21**:246
"By the Sea" (Lampman) .................. **25**:193
"By the Sea" (Rossetti) .................. **50**:297
"By the Seaside" (Longfellow) ............ **2**:493
"By the Waters of Babylon: Little Poems in Prose" (Lazarus) ..... **8**:421-23, 426-28
*By the Way: Verses, Fragments, and Notes* (Allingham) .................. **25**:18, 21
"By Thomas Gage...A Proclamation" (Trumbull) .................. **30**:351, 374
"By Wood and Wold" (Gordon) .......... **21**:159
"Byezhin Prairie" (Turgenev) ...... **21**:413, 418, 422
*Byloe i dumy* (Herzen) ........ **61**:83, 88, 90, 93, 95-8, 100, 103-4, 106, 122-3
*The By-Passed* (Leskov)
   See *Obojdennye*
"Byron" (Tyutchev) .................. **34**:393
*The Byrth, Lyf and Actes of King Arthur* (Southey) .................. **97**:263
*By-Ways of Europe* (Taylor) ......... **89**:312, 351
"Ça?" (Corbiere) .................. **43**:13, 15, 31
"Ça Ira" (Maupassant) .... **83**:194, 198, 200-01
*El caballero de las botas azules* (Castro) .......................... **3**:106-07; **78**:45-47, 52
*El Caballo del Rey Don Sancho* (Zorrilla y Moral) .......................... **6**:525
*The Cabinet Minister* (Gore) ............ **65**:20
"El cabo Muñoz" (Isaacs) ......... **70**:305
"Cache-cache" (Tyutchev) ............ **34**:389
"Cäcilie" (Kleist)
   See *Die heilige Cäcilie; oder, die Gewalt der Musik*

"Cacka" (Norwid) .................. **17**:374
"Cada vez que recuerda tanto oprobio" (Castro) .................. **78**:42
"La cadène" (Hugo) .................. **10**:357
*Cadio* (Sand) .................. **57**:316
"Le Cadre" (Baudelaire) .................. **55**:10
"Caelicola" (Chivers) .................. **49**:56
*Caesar, a Sketch* (Froude) ......... **43**:175, 177
*Caesar Borgia; or, the King of Crimee: Verses on the Exile of the Prince* (Jefferies) .......................... **47**:121
"Caesareanism As It Now Exists" (Bagehot) .......................... **10**:46
"Caesaris" (Wergeland) .................. **5**:540
"The Caesars" (De Quincey) ......... **4**:61, 74-75
"Caesar's Wife" (Crawford) .................. **12**:155
"El café" (Larra) ......... **17**:267-70, 279
*A Café* (Ostrovsky) .................. **30**:96
"La Cafetière" (Gautier) ..... **1**:355; **59**:9, 25-6, 29, 32-3, 36, 38
"The Cage at Cranford" (Gaskell) ..... **97**:168
"The Caged Skylark" (Hopkins) . **17**:185, 221, 257
*Le cahier rouge de Benjamin Constant* (Constant) .................. **6**:222-23
*Cahier staëlien* (Staël) ......... **91**:359-60
*Cahiers de jeunesse* (Renan) ...... **26**:413, 415
*Cain* (Byron) . **2**:66-67, 72, 76, 81, 91, 94, 97, 99; **12**:102, 109, 139
*Cakes and Ale* (Jerrold) ......... **2**:397-98, 400-02
"Calamus" (Whitman) ...... **4**:546, 554, 557-58, 565, 575, 581-82, 584, 592, 599, 603-04; **81**:249, 258, 268, 271, 299, 301-02, 307-08, 312, 326, 328-33, 364
"The Calash" (Gogol) .................. **5**:219
*Calavar; or, The Knight of the Conquest* (Bird) .......................... **1**:81-84, 86-87, 90
"Caldas" (Isaacs) .................. **70**:313
*Calderon the Courtier* (Bulwer-Lytton) . **45**:58
*Caleb Field: A Tale of the Puritans* (Oliphant) .......................... **11**:429; **61**:219
*Caleb Williams* (Radcliffe) .. **55**:275, 278, 280
"Calef in Boston" (Whittier) ............ **8**:509
*Calendrier positiviste* (Comte) ............ **54**:199
*Caliban* (Renan) ..... **26**:377, 387, 389, 408
"Caliban upon Setebos" (Browning) .......................... **19**:130, 153; **79**:150, 164, 185
"Caliban upon Setebos" (Emerson) ...... **1**:289
"Calico Pie" (Lear) .................. **3**:301
"Calidore" (Keats) ....... **73**:151, 214, 311, 321
*The California and Oregon Trail: Being Sketches of Prairie and Rocky Mountain Life* (Parkman)
   See *The Oregon Trail*
*Caligula* (Dumas) ... **11**:45, 47, 51; **71**:187
"Calin the Fool" (Eminescu) ............ **33**:260
"Calin—Leaves from a Fairy Tale" (Eminescu) .......................... **33**:247, 249, 262-63
*Caliste; or, the Sequel to Letters Written from Lausanne* (Charriere)
   See *Caliste; ou, Suite des lettres écrites de Lausanne*
*Caliste; ou, Suite des lettres écrites de Lausanne* (Charriere) ....... **66**:121, 123-6, 128, 135, 138, 142-3, 145-6, 160-1, 163-7, 169
"The Call" (Very) .................. **9**:375, 378
"A Call to Be a Husband" (Parton) ...... **86**:367
"A Call to Husbands" (Parton) ..... **86**:363, 366
"Call to the Ordeal" (Arany) ............ **34**:9
*Called to Be Saints* (Rossetti) ............ **66**:344
*Callista: A Sketch of the Third Century* (Newman) ..... **38**:290, 292-93, 342
*La calomnie* (Scribe) ............. **16**:388, 412-13
"Le calumet du Sachem" (Leconte de Lisle) .......................... **29**:225
*La camaraderie; ou, La courte échelle* (Scribe) .................. **16**:384-85, 388-89, 402-03, 407
"The Cambridge Churchyard" (Holmes) .......................... **14**:128
"Cambridge Thirty Years Ago" (Lowell) .......................... **2**:507, 520

"Cambyses and the Macrobian Bow" (Hayne) .......................... **94**:149, 154, 156-59, 169
"The Cameronian Preacher's Tale" (Hogg) .............................. **4**:283
*Camilla; or, A Picture of Youth* (Burney) .... **12**:18-19, 21-3, 25, 28-30, 32-4, 43, 46, 50-1, 57-9, 62; **54**:18, 25, 27-31, 33-4, 36, 51-63
*Camilla; or, Rome Delivered* (Zhukovsky) .............................. **35**:377
*Camille, ou le nouveau roman* (Charriere) .............................. **66**:180
*Camors; or, Life under the New Empire* (Feuillet)
    See *Monsieur de Camors*
*The Camp* (Sheridan) .......................... **91**:242
*The Camp at the Olympic* (Planche) .............................. **42**:276, 291, 294
"The Camp of Souls" (Crawford) . **12**:156, 162
"Campanas de Bastabales" (Castro) ...... **78**:41
*Campaner Thal* (Jean Paul) .................. **7**:234
"Campaspe" (Kendall) ................. **12**:190, 193
"Camptown Races" (Foster)
"Can a Life hide Itself?" (Taylor) ....... **89**:315
*Can You Forgive Her?* (Trollope) . **6**:457, 461-63, 467, 470, 477, 484, 491, 495, 499-500, 504, 508, 515-16; **33**:363, 416
"Canada to England" (Crawford) ........ **12**:159
"Canadian Boat Song" (Moore) ............ **6**:390
*The Canadian Brothers; or, The Prophecy Fulfilled. A Tale of the Late American War* (Richardson) .... **55**:290, 292-3, 299-300, 304, 311, 313, 316, 318-21, 323-4, 326-7, 330-49, 356-7, 362, 364-6, 368
"A Canadian Campaign" (Richardson) .............................. **55**:329-31, 333-4, 344
*The Canadian Crusoes: A Tale of the Rice Lake Plains* (Traill) .. **31**:316, 324-25, 327-29
"The Canadian Herd Boy" (Moodie) .. **14**:218
"A Canadian Scene" (Traill) ............. **31**:324
*The Canadian Settler's Guide* (Traill)
    See *The Female Emigrant's Guide, and Hints on Canadian Housekeeping*
"Canadian Sketches" (Moodie) .......... **14**:231
"A Canadian Song" (Moodie) ............. **14**:227
*Canadian Wild Flowers* (Traill) ..... **31**:328
"Canción del pirata" (Espronceda) .............................. **39**:100, 113-14, 118
"Canción patriótica" (Espronceda) ...... **39**:105
"Candente esta la atmosfera" (Castro) .. **78**:41
*The Candidate* (Crabbe) ................ **26**:76
*Candidates for Confirmation* (Tegner) .. **2**:612
"The Candle Indoors" (Hopkins) . **17**:195, 245
*The Candle's Out* (Fredro)
    See *Świeczka zgasta*
"Cando penso que te fuches" (Castro) .. **78**:41
*The Cannibal's Progress* (Cobbett) .............................. **49**:107, 109
"The Canoe" (Crawford) ........ **12**:163-65, 168
*Canolles; or, The Fortunes of a Partisan of '81* (Cooke) ............ **5**:125, 131-32, 135
"Cantan os galos" (Castro) ..................... **78**:7
*Cantares gallegos* (Castro) . **3**:98, 100, 104-05, 107; **78**:2-7, 27-33, 37-38, 54-60
"Cantate pour la première communion" (Mallarme) .............................. **41**:289
"Cantate pour les enfants d'une maison de Charité" (Lamartine) .............. **11**:279
"The Canterbury Pilgrims" (Hawthorne) .............................. **79**:296
*Cantique de Saint-Jean* (Mallarme) .... **41**:280
"Cantique des mères" (Desbordes-Valmore) .............................. **97**:30
"Cantique sur la mort de la duchesse de Broglie" (Lamartine) .............. **11**:271
"Cantiques des bannis" (Desbordes-Valmore) .............................. **97**:30
"Canto a Teresa" (Espronceda) .... **39**:85, 90-1, 102-04, 117
"Canto al glorioso protomártir San Felipe de Jesús" (Lizardi) .............................. **30**:68

"Canto de Maria Clara" (Rizal) .......... **27**:425
"El canto del cosaco" (Espronceda) .............................. **39**:100, 120
"Canto del viajero" (Rizal) ................. **27**:425
*Cantos del trovador* (Zorrilla y Moral) . **6**:523-24
*Canzio* (Kivi) .......................... **30**:50, 65
"Cap and Bells" (Keats) .. **8**:341, 359; **73**:155, 208, 295, 299
*The Cap and Bells* (Keats)
    See "Cap and Bells"
*Cape Cod* (Thoreau) .. **7**:355-6, 361, 390, 411; **61**:348
*Caper-Sauce* (Parton) ........................ **86**:375
*Le Capitaine Pamphile* (Dumas) ........ **71**:204
*Le capitaine Paul* (Dumas) .............. **11**:58
*Capital: A Critical Analysis of Capitalist Production* (Marx)
    See *Das Kapital: Kritik der politischen Ökonomie*
"Capital—the Mother of Labor: An Economical Problem Discussed from a Physiological Point of View" (Huxley) .............................. **67**:68
*El capitán Veneno* (Alarcon) .... **1**:15-16
*Le capitane Fracasse* (Gautier) . **1**:344-46, 348; **59**:5-8, 12
*Capitola* (Southworth)
    See *The Hidden Hand*
*Un caprice* (Musset) ........ **7**:268, 270-72, 275
*Les caprices de Marianne* (Musset) . **7**:262, 267, 269, 271-72, 276-78, 281, 283
*Caprices et zigzags* (Gautier) . **1**:341, 344, 352
*Captain Bonneville* (Irving)
    See *Albert and Emily*
*Captain Fracasse* (Gautier)
    See *Le capitane Fracasse*
"Captain Jackson" (Lamb) .. **10**:392, 404, 409, 436
"Captain Jones' Invitation" (Freneau) .. **1**:317
"Captain Paton's Lament" (Lockhart) .. **6**:295-96
*Captain Spike; or, The Islets of the Gulf* (Cooper)
    See *Jack Tier; or, The Florida Reefs*
*Captain Spitfire and the Unlucky Treasure* (Alarcon)
    See *El capitán Veneno*
*Captain Sword and Captain Pen* (Hunt) .. **1**:118-9, 122, 125, 127, 130; **70**:270-71
*The Captain's Daughter; or, the Generosity of the Russian Usurper Pugatscheff* (Pushkin)
    See *Kapitanskaya-dochka*
"The Captain's Dream" (Brontë) ............ **4**:44
*The Captain's Mistress* (Shevchenko)
    See *Kapitansha*
"The Captain's Well" (Whittier) ........... **8**:516
"The Captain's Wife" (Dobell) ......... **43**:46
"The Captive of Castile; or, The Moorish Maiden's Vow" (Alcott) ................. **83**:4
*The Captive of the Caucasus* (Pushkin)
    See *Kavkazsky plennik*
"The Captive Stork" (Arany)
    See "A rab gólya"
*The Captive Woman* (Echeverria)
    See *La cautiva*
"Captivity" (Rogers) ........................ **69**:68, 74
*The Capture of Murány* (Arany)
    See *Murány ostroma*
"The Captured Wild Horse" (Fuller) ... **5**:169
"Cara-Ali" (Merimee) .......................... **65**:58
*La caractère estérieur de magistrat* (Maistre) .............................. **37**:312
"The Caravan" (Hugo) .................... **3**:262
"Card Drawing" (Griffin) . **7**:197, 201, 211-12, 217
"The Card-Dealer" (Rossetti) . **4**:506, 509, 518, 521-22, 524-25, 528
"Cardinal Newman" (Rossetti) ......... **50**:309
"The Careless Nurse Mayde" (Hood) . **16**:237
"Careless Rambles" (Clare) ............. **86**:142

"Les Caresses" (Maupassant) .. **83**:176-77, 223
*Les cariatides* (Banville) .. **9**:14, 17-19, 25-26, 28
*Caridorf* (Bird) ........................ **1**:87, 89
*Carita* (Oliphant) ........................ **61**:173
*Carl Werner* (Simms) ..................... **3**:510
"Carlota y Welster" (Lizardi) ............. **30**:71
"Carlsbad" (Field) ........................ **3**:206
*Carmagnola* (Manzoni)
    See *Il conte di Carmagnola*
*Carme* (Foscolo)
    See *Le grazie, carme*
*Carmen* (Merimee) . **6**:353-7, 360, 362-5, 367, 369, 371-3; **65**:42-3, 48, 52, 54, 56, 58, 62, 64, 66, 79, 82, 85, 87-8, 102, 104, 114, 119-22, 132-3, 137, 140
"Carmen Triumphale" (Timrod) ... **25**:362, 376
*Carmen Triumphale for the Commencement of the Year 1814* (Southey) ......... **97**:262
"Carmilla" (Le Fanu) ........ **9**:312, 318, 321-23; **58**:251, 257-61, 274, 302-3
*Carmosine* (Musset) ............... **7**:268, 271, 276
"Carnaval" (Banville) ..................... **9**:30
*Les carnets de Joseph Joubert* (Joubert) .............................. **9**:290-92, 295
*Carnets de voyage: Notes sur la province, 1863-1865* (Taine) ..................... **15**:452
*Carnioli* (Feuillet) .......................... **45**:88
"Carolina" (Hayne) ......................... **94**:161
"Carolina" (Timrod) ...... **25**:360, 362-63, 367, 372, 375-76, 384, 388
"Caroline Vernon" (Brontë) ............. **3**:80
"The Carpenter's Wife" (Clare) ........... **86**:90
"The Carriage" (Gogol) ....... **5**:235, 254, 257; **15**:94, 97
"A Carrion" (Baudelaire)
    See "Une charogne"
"Carrion Comfort" (Hopkins) ...... **17**:204, 243, 249, 256, 261-62
"Le carrosse du Saint Sacrement" (Merimee) .............................. **6**:362-3; **65**:59, 79, 81-2
*Carsten Curator* (Storm) ............... **1**:540, 546
"Carțile" (Eminescu) ........................... **33**:251
"The Cartusians" (Meyer)
    See "Die Kartäuser"
*The Caryatids* (Banville)
    See *Les cariatides*
"Un cas de divorce" (Maupassant) ..... **83**:176
*Casa Guidi Windows: A Poem* (Browning) .. **1**:118-9, 122, 125, 127, 130; **61**:12, 14-6, 22-4, 37, 43-4; **66**:44-5, 52, 90-1, 95
"La casa paterna" (Isaacs) ............ **70**:303
"Casabianca" (Hemans) .... **29**:204-06; **71**:270, 272, 279, 283
"Casar Borgias Ohnmacht" (Meyer) .............................. **81**:199, 207
"El casarse pronto y mal" (Larra) . **17**:275, 278-80
"The Cascade of Melsingah" (Bryant) .. **6**:180
*A Case of Conscience* (Inchbald) . **62**:144, 147, 149
"The Case of the Officers of the Excise" (Paine) .............................. **62**:278
"A Case That Was Dropped" (Leskov)
    See "Pogassee delo"
"Casey's Tabble Dote" (Field) ............. **3**:209
"Casey's Table d'Hôte" (Field) .......... **3**:205
"Cashel of Munster" (Ferguson) ... **33**:294
"Casino des trépassés" (Corbiere) ......... **43**:32
"The Cask of Amontillado" (Poe) . **1**:500, 506, **16**:303, 309, 329, 332; **55**:148; **78**:265-66; **97**:180
"Cassandra Southwick" (Whittier) . **8**:489, 505, 509-11, 513, 515, 527, 530; **59**:358
*La Casse-Noisette* (Dumas) ................. **71**:242
*Cassiodor* (Eminescu) .................... **33**:266
*The Cassique of Accabee* (Simms) ....... **3**:504
*The Cassique of Kiawah* (Simms) . **3**:503, 508, 514
"The Castaway" (Cowper) .... **8**:108, 113, 119, 122, 125, 133, 137-38; **94**:24, 32, 38-9, 123
*Caste* (Robertson) .. **35**:330, 332-34, 336, 338,

340-41, 343-47, 349, 351-52, 355-56, 358, 359-60, 362, 364-65, 367, 369-71, 372-73

"El Castellano viejo" (Larra) ...... **17**:278

"Castellanos de Castilla!" (Castro) ....... **78**:40

"Castillo" (Martí) .............................. **63**:157-8

*El castillo de Balsain* (Tamayo y Baus) . **1**:571

"The Castle Builder" (Longfellow) ..... **45**:127

*Castle Dangerous* (Scott) . **15**:308; **69**:332, 334

*Castle Dismal* (Simms) ........................ **3**:510

"Castle in the Air" (Paine) ...... **62**:324-5

*Castle Nowhere: Lake Country Sketches* (Woolson) ... **82**:269, 272, 277, 283, 286-87, 292-94, 299, 305, 322, 330, 333, 335, 338-40

*The Castle of Balsain* (Tamayo y Baus) See *El castillo de Balsain*

*The Castle of Loch-Leuven* (Pixérécourt) See *Le chateau de Loch-Leven; ou, L'évasion de Marie Stuart*

"The Castle of Smalholm" (Zhukovsky) ......................................... **35**:388, 393

*Castle Rackrent* (Edgeworth) .. **1**:255, 261-67, 269, 271-73; **51**:75, 77, 79-82, 88-9, 91-3, 95-100, 102, 104-05, 107-08, 113, 135

*Castle Richmond* (Trollope) ..... **6**:470-71, 499, 514

*The Castle Spectre* (Lewis) .... **11**:294-95, 302, 304-05

*Castles in the Air* (Gore) ..................... **65**:21

*The Castles of Athlin and Dunbayne: A Highland Story* (Radcliffe) ... **6**:403, 405, 409, 410, 413, 415, 418, 424, 426, 429, 435, 442; **55**:224-5, 229, 241, 274

"The Castles of the Gleichen" (Taylor) ......................................... **89**:308, 310

*Castruccio Castracani* (Landon) ......... **15**:164

"A Casual Observation" (Kleist) See "Unmaßgebliche Betrachtung"

"Casuisty of Roman Meals" (De Quincey) ......................................... **4**:69

"Cat and Cook" (Krylov) ...................... **1**:439

"The Catalogue Raisonné of the British Institution" (Hazlitt) ...... **29**:144

"The Cataract" (Hayne) ............... **94**:134, 153

"The Cataract of Lodore" (Southey) ......................................... **8**:472, 474

"Catarina to Camoens" (Browning) ......................................... **1**:125; **61**:66

*Catechism of a Revolutionary* (Bakunin) ......................................... **25**:53, 72, 74

*Catéchisme Positiviste ou Sommaire exposition de la religion universelle en onze entretiens systématiques entre une femme et un pretre de l'Humanité* (Comte) ......................................... **54**:210

"Catecismo democratico" (Martí) ....... **63**:122

"Catharina" (Cowper) ......................... **8**:119

"Catharine" (Austen) ............................ **1**:66

*Catharine* (Austen) ............................. **95**:4

"The Cathedral" (Lowell) ...... **90**:190, 193-94, 207-10

*The Cathedral Folk* (Leskov) See *Soborjane*

"Cathedral Walk" (Crabbe) ............... **26**:109

"Catherine" (Shevchenko) See "Kateryna"

*Catherine* (Arany) See *Katalin*

*Catherine* (Thackeray) .. **5**:452, 465, 470, 482, 490, 492, 497; **14**:400, 402, 411, 420, 433; **43**:348, 351, 358-59, 364, 375-76, 381, 383, 389-91

*Catherine Blum* (Dumas) ................... **71**:204

"Catherine Lloyd" (Crabbe) ............... **26**:135

"The Catholic Convert" (Hale) ...... **75**:357-61

*The Catholic Reaction* (Symonds) ......................................... **34**:331, 346, 360, 368

"Catholicism" (Mallarmé) ............... **41**:254-55

*Catiline* (Dumas) ............................ **11**:53-54

"Cato's Tragedy" (Warren) ................. **13**:414

*Catriona, a Sequel to "Kidnapped": Being Memoirs of the Further Adventures of*

*David Balfour at Home and Abroad* (Stevenson) . **5**:415, 417, 426-27, 437-39; **63**:274

*The Catspaw* (Jerrold) ..................... **2**:402-03

"Catterskill Falls" (Bryant) ... **6**:172; **46**:19-20, 28, 38

"El Cauca" (Isaacs) ........................... **70**:310

*The Caucasian Captive* (Pushkin) See *Kavkazsky plennik*

"The Caucasus" (Shevchenko) See "Kavkaz"

"Cauchemar" (Banville) ......................... **9**:16

*Cause in the Decline of Taste in Different Nations* (Herder) ........................ **8**:307

"Causerie" (Baudelaire) ............... **55**:3, 55, 61

*Les causeries du lundi* (Sainte-Beuve) . **5**:325-26, 331-34, 339-40

"The Causes of Methodism" (Hazlitt) . **29**:162

*La cautiva* (Echeverría) ..... **18**:147-54, 156-57

"Cava lixeiro, cava" (Castro) ............... **78**:42

"Cavalry Crossing a Ford" (Whitman) . **81**:312

"The Cave" (Taylor) See "Cave of Trophonius"

"Cave of Trophonius" (Taylor) ........... **89**:311

"The Caves of Dahra" (Patmore) .......... **9**:329

*Caxtoniana* (Bulwer-Lytton) . **1**:155; **45**:23

*The Caxtons, a Family Picture* (Bulwer-Lytton) ... **1**:144-45, 148, 150, 155; **45**:19, 21-2, 69-70

"Ce poème homérique et sans ègal au monde" (Gautier) ......................... **59**:18

"Ce que dit la bouche d'ombre" (Hugo) . **3**:273

*Ce qui est arrivéà la France en 1870* (Gobineau) ......................... **17**:95

"Ce qu'on dit au poète à propos de fleurs" (Rimbaud) . **4**:472, 475, 486; **35**:282-83, 308, 321

"Ce te legeni codrule" (Eminescu) ...... **33**:253

*Cecil, a Peer* (Gore) .......................... **65**:22

*Cecil; or, the Adventures of a Coxcomb* (Gore) ......................... **65**:15, 17, 21, 28, 36

*Cécile* (Constant) ........................ **6**:223-24

*Cécile* (Dumas) ............................. **71**:203

*Cécile* (Fontane) ......... **26**:236, 252, 255, 259, 270-71

*Cecilia; or, Memoirs of an Heiress* (Burney) .... **12**:16-18, 21-2, 25, 27-37, 41-6, 48, 50, 57-64; **54**:3, 6-8, 12-14, 17, 29, 36-7, 50, 52-3, 61

*Cedarcroft Pastoral* (Taylor) .............. **89**:315

*Ceinture dorée* (Augier) . **31**:5, 13, 15, 19, 25, 27, 30, 34

*Celebrated Crimes* (Dumas) See *Crimes célèbres*

"Celestial Publicity" (Villiers de l'Isle Adam) See "L'affichage céleste"

"The Celestial Railroad" (Hawthorne) .. **2**:298, 302-03, 305, 333; **23**:205; **95**:116, 125-26, 137, 156

*Celestina* (Smith) .......... **23**:316, 322, 327-29

*Les célibataires* (Balzac) See *Le curé de Tours*

"Celle-ci et Celle-là ou la Jeune-France passionnée" (Gautier) . **59**:27-8, 31, 63-4

"Celles qui osent" (Maupassant) ........ **83**:228

"The Cell-Theory" (Huxley) ............ **67**:80, 83

*Cellulairement* (Verlaine) ................... **2**:632

*Celtic Bards, Chiefs, and Kings* (Borrow) ......................................... **9**:57

"Celtic Literature" (Arnold) ................. **6**:41

"The Cemetery" (Very) ....................... **9**:386

*The Cenci* (Shelley) . **18**:314, 316-17, 320, 336, 341, 344, 360, 362, 365-69, 375, 382; **93**:266-67, 269-72, 275-80, 351-56, 358

"Cenciaja" (Browning) ....................... **19**:88

*Les 120 journées de Sodome; ou, L'école du libertinage* (Sade) .... **3**:479, 481, 488-89, 492, 494-96; **47**:301, 305-06, 310-12, 315, 318-19, 323, 326-32, 334, 336, 339, 342, 345, 350, 352, 364-65

*Le centénaire* (Balzac) ....................... **5**:58

"The Centenarian's Story" (Whitman) ......................................... **81**:317, 320

"Centennial Cantata" (Lanier) .. **6**:233-34, 236, 254, 260, 262

*The Centennial Edition of the Works of Sidney Lanier* (Lanier) ......... **6**:268

*Centennial Meditation of Columbia* (Lanier) ......................................... **6**:232

*A Century of Dishonor* (Jackson) . **90**:135, 143-46, 148-50, 153-54, 157, 159, 169

*Cenușotca* (Eminescu) ....................... **33**:266

"Čertogon" (Leskov) .......................... **25**:234

"Certopxanov and Nedopjuskin" (Turgenev) ......................................... **21**:453

*Cervantes* (Oliphant) ....................... **11**:439

*Ces passions qu'eux seuls nomment ces amours* (Verlaine) ................. **51**:363

*César Birotteau* (Balzac) ................... **53**:11

"César Borgia" (Verlaine) . **2**:622, 624; **51**:356

*Césarine Dietrich* (Sand) .................. **57**:313

"C'est l'extase langoureuse..." (Verlaine) ......................................... **51**:355, 381-82, 384

"The Chace" (Patmore) ...................... **9**:351

"Chactas or the Lament of the Harmonious Voice" (Chivers) ................... **49**:73

"Chacun sa chimère" (Baudelaire) ........ **55**:78

"The Chaffinch" (Jefferies) ................ **47**:139

*A Chain* (Scribe) See *Une chaîne*

*A Chain of Events* (Lewes) ................ **25**:291

*The Chainbearer; or, The Littlepage Manuscripts* (Cooper) ...... **1**:217, 219-21, 224; **54**:258, 280, 288

*Une chaîne* (Scribe) ...... **16**:384, 387-89, 400, 402-03, 405

"La chaîne d'or" (Gautier) ..... **1**:347-48; **59**:32

*The Chained Fantasy* (Raimund) See *Die gesfesselte Phantasie*

*Chair* (Verlaine) ......................... **51**:352, 372

"Chaldee Manuscript" (Wilson) ........... **5**:561

*Chaldee Manuscript* (Lockhart) .......... **6**:296

"Châli" (Maupassant) .................... **83**:201-02

"The Challenge" (Longfellow) ............ **45**:161

"The Chamber over the Gate" (Longfellow) ......................................... **45**:132, 162, 166

"The Chambered Nautilus" (Holmes) . **14**:109-10, 118-19, 125-26, 129, 133, 140; **81**:97, 107

"La chambre 11" (Maupassant) .......... **83**:171

"La chambre bleue" (Merimee) . **6**:360, 364, 369, 371; **65**:47-50, 52, 56, 62, 64-5, 85, 96, 98, 104, 140-3

"La chambre double" (Baudelaire) ......................................... **29**:107; **55**:12

"La chambre gothique" (Bertrand) ... **31**:46, 51

*Le Champ d'Oliviers* (Maupassant) ......... **1**:459, 464, 468; **42**:170; **83**:175, 179

*Champavert, contes immoraux* (Borel) ... **41**:3-6, 8, 10, 12-14, 19

"Champavert le lycanthrope" (Borel) See "Testament de Champavert"

*Champavert: Seven Bitter Tales* (Borel) See *Champavert, contes immoraux*

"The Champion" (Fouqué) ................... **2**:266

*The Champion of Virtue* (Reeve) See *The Old English Baron*

*Le chandelier* (Musset) . **7**:262, 264, 267, 270-71, 276

*Chandrasekhar* (Chatterji) ... **19**:206, 210, 212, 214-15, 217-21, 224-25

*Chandrashekhar* (Chatterji) See *Chandrasekhar*

"The Change" (Smith) ..................... **59**:331-2

"Change" (Very) ............................... **9**:383

"The Changed Allegiance" (Patmore) ... **9**:347-48, 351

*The Changed Brides* (Southworth) ...... **26**:433

"The Changeling" (Lamb) ................. **10**:402

"The Changeling" (Lowell) ................ **90**:214

"The Changes of Home" (Dana) ......... **53**:157-8, 178

"Chanson d'automne" (Verlaine)
.................... **2**:624; **51**:351, 355
"La chanson de fortunio" (Musset) ...... **7**:275
"Chanson de la plus haute tour" (Rimbaud)
.......... **82**:226, 230-31, 233, 247, 249, 259
"La chanson des ingénues" (Verlaine) .. **2**:629-30; **51**:356, 369
"Chanson du petit hypertrophique" (Laforgue)
.................... **5**:275
*Chansons bas* (Mallarme) .................... **41**:249
*Chansons des rues et des bois* (Hugo) . **3**:264
"Chansons et légendes du Valois" (Nerval)
.................... **1**:485; **67**:371
*Chansons inédites* (Beranger) .............. **34**:44
*Chansons pour elle* (Verlaine) .............. **2**:621-22; **51**:352
"Chant alterné" (Leconte de Lisle)
.................... **29**:223, 239-40
"Chant d'amour" (Lamartine) .............. **11**:283
"Chant d'automne" (Baudelaire) .. **6**:115; **55**:3, 6, 64
*Le chant du sacre* (Lamartine) ............ **11**:246
"Chant lyrique du jugement dernier" (Lamartine) .................... **11**:273
"Chanting the Square Deific" (Whitman)
.................... **4**:544, 587; **31**:390; **81**:314
*Les chants de Maldoror: Chant premier* (Lautreamont) .. **12**:206-09, 211-12, 214-19, 222-44
*Les chants de Maldoror: Chants I, II, III, IV, V, VI* (Lautreamont) .................... **12**:209-44
*Chants Democratic and Native American* (Whitman) .................... **81**:349
"Les chants du Crépuscule" (Hugo) ..... **3**:270-71, 273
*Chants for Socialists* (Morris) ............ **4**:445
"Les chants lyriques de Saül" (Lamartine)
.................... **11**:269
*The Chapel* (Almqvist)
     See *Kapellet*
"The Chapel in Lyoness" (Morris) . **4**:411, 421, 431
"The Chapel of the Hermits" (Whittier)
.................... **8**:492, 495, 500-01; **59**:370
*La chapelle des bois; ou, Le témoin invisible* (Pixerecourt) .................... **39**:287
"The Chaplet of Cypress" (Chivers) ..... **49**:72
"A Chapter in the History of a Tyrone Family" (Le Fanu) .................... **58**:253
"Chapter on Autography" (Poe)
     See "Autography"
"A Chapter on Dreams" (Stevenson)
.................... **14**:333, 338
"A Chapter on Ears" (Lamb) ........ **10**:409, 411
"A Chapter on Literary Women" (Parton)
.................... **86**:348
"Chapters on Ghostcraft" (Mangan)
.................... **27**:291, 303
"A Character" (Tennyson) .................... **30**:280
"Character and Intelligence of the Britons" (Barnes) .................... **75**:64
"The Character and Poetry of Keats" (Lampman) .................... **25**:203, 214-15
"The Character and Scope of the Sonnet" (Timrod) .................... **25**:380
"The Character of Dramatic Poetry" (Wagner) .................... **9**:467
"Character of Lord Chatham" (Hazlitt)
.................... **82**:109
"The Character of Milton's Eve" (Hazlitt)
.................... **29**:148
"Character of Mr. Burke" (Hazlitt) ..... **82**:110
"The Character of Sir Robert Peel" (Bagehot)
.................... **10**:62
"The Character of the Happy Warrior" (Wordsworth) .................... **12**:395
"Character of the Late Elia" (Lamb) .. **10**:408
"Characteristics" (Carlyle) ...... **70**:7, 42-44, 57
"Characteristics" (Hazlitt) .................... **82**:98

*Characteristics: In the Manner of Rouchefoucauld's Maxims* (Hazlitt)
.................... **29**:151, 170, 183; **82**:126
*Characteristics of Shakespeare's Women* (Jameson)
     See *Characteristics of Women*
"Characteristics of the Genius of Scott" (Martineau) .................... **26**:350
*The Characteristics of the Presnt Age* (Fichte)
     See *Die Grundzüge der Gegenwärtigun Zeitalters*
*Characteristics of Women* (Jameson)
.................... **43**:305, 312, 314-17, 319, 323
"Characters" (Trumbull) .................... **30**:348
"Characters of Dramatic Writers Contemporary with Shakespeare" (Lamb) .. **10**:387, 412
*Characters of Shakespeare's Plays* (Hazlitt)
.... **29**:134, 138, 146-48, 163, 174-76, 186-87; **82**:93
"The Charge of the Heavy Brigade at Balaclava" (Tennyson) .................... **30**:295
"The Charge of the Light Brigade" (Tennyson)
.......... **30**:223, 280, 286, 294, 296, 298-99
"Charicteristic Descriptive Pastorals in prose on rural life and manners" (Clare)
.................... **86**:173
"The Chariot" (Dickinson)
     See "Because I Could Not Stop for Death"
"Charity" (Cowper) ..... **94**:27-8, 115, 124, 126
*Charity* (Cowper) .................... **94**:10
"Charity Bowery" (Child) .................... **73**:80
"A Charity Sermon" (Hood) .................... **16**:235
"The Charivari" (Moodie) .................... **14**:231
*Le charlatanisme* (Scribe) .................... **16**:384
*Charlemont; or, The Pride of the Village* (Simms) .................... **3**:508-09
"Charleroi" (Verlaine) ...... **51**:370, 382-83
*Charles VII. à Naples* (Augier) .................... **31**:11
*Charles Chesterfield; or, The Adventures of a Youth of Genius* (Trollope) . **30**:309, 327-29
"Charles Darwin" (Huxley) .................... **67**:48
*Charles I* (Shelley) .................... **18**:327
"Charles Lamb" (Pater) .................... **7**:306
"Charles Lamb" (De Quincey) ............ **87**:31
*Charles O'Malley, the Irish Dragoon* (Lever) . **23**:270-73, 275, 281, 283-87, 290-92, 294-96, 300, 303-04, 306, 309-10
*Charles Stuart* (Chivers) .................... **49**:79
*Charles the Bold* (Pixerecourt)
     See *Charles-le-téméraire; ou, Le Siège de Nancy*
*Charles VII chez ses grands vassaux* (Dumas)
...... **11**:42, 47-48, 57, 71; **71**:241, 243, 244
*Charles-le-téméraire; ou, Le Siège de Nancy* (Pixerecourt) .. **39**:274-75, 278, 282, 284, 295-96
"Charleston" (Timrod) ............ **25**:362-63, 376, 385-86
*Charlotte: A Tale of Truth* (Rowson) .... **5**:309-23; **69**:98-100, 102-06, 108-09, 111-14, 117, 122, 129-36, 140-41, 158
*Charlotte Temple: A Tale of Truth* (Rowson)
     See *Charlotte: A Tale of Truth*
*Charlotte's Daughter; or, The Three Orphans* (Rowson) ............ **5**:310, 312-13, 315-17; **69**:103, 105-06, 114, 130
"The Charm of Days Gone By" (Zhukovsky)
.................... **35**:403
"Charmed Picture" (Hemans) .. **29**:206; **71**:303
"The Charmed Sea" (Martineau) ........ **26**:313
"The Charmed Spot" (Gogol)
     See "Zakoldovannoe mesto"
"Une charogne" (Baudelaire) .......... **6**:93, 115; **29**:83-4, 103; **55**:6, 10, 31-2, 44, 55, 59, 76
*The Charterhouse of Parma* (Stendhal)
     See *La chartreuse de Parme*
"Chartism" (Carlyle) ...... **70**:46-47, 53, 71, 73, 93, 105-111
*La chartreuse de Parme* (Stendhal) ... **23**:345-56, 358-59, 361-63, 365, 368-71, 374, 376, 378, 383-85, 389, 391, 393, 397, 400-02,

404-05, 408-17, 424-26; **46**:262-63, 279-80, 310, 316, 318, 323, 325
*Charts de la patrie* (Chateaubriand) ..... **3**:126
"La chasse" (Bertrand) .................... **31**:49
"La chasse au caribou" (Gobineau) . **17**:80, 92-3, 103
*La Chasse au Chastre* (Dumas) .......... **71**:204
"Le chasse de l'aigle" (Leconte de Lisle)
.................... **29**:216, 225
"La chasse spirituelle" (Rimbaud) ........ **4**:484
*Le Chasseur de Sauvagine* (Dumas) .. **71**:204
"Le Chat" (Baudelaire) .................... **55**:9, 61
*Le château de Combourg* (Chateaubriand)
.................... **3**:133
*Le château de la misère* (Gautier) ........ **1**:346
*Le château de Loch-Leven; ou, L'évasion de Marie Stuart* (Pixerecourt) . **39**:277, 279, 285, 294
"Le château de Robert le diable" (Nodier)
.................... **19**:378
*Le Château des Désertes* (Sand) ........ **42**:310-11, 313-14
*Chateaubriand* (Dumas) .................... **71**:218
*Chateaubriand et son groupe littéraire sous l'empire* (Sainte-Beuve) . **5**:338, 342, 349
"La Châtelaine de Langeville ou la femme vengée" (Sade) .................... **47**:313
*De Chatillon* (Hemans) ...... **29**:201; **71**:276
"Châtiment de l'orgueil" (Baudelaire) .. **55**:58
"Le châtiment de Tartuff" (Rimbaud) ... **4**:471
*Les Châtiments* (Hugo) .. **3**:256, 262-64, 271, 273; **21**:214
"Le chat-qui-pelote" (Balzac)
     See "La maison du chat-qui-pelote"
*Chatterton* (Vigny) ...... **7**:471, 473-74, 479
"Chatterton to His Sister" (Polidori) ... **51**:242
"Chaucer" (Longfellow) .............. **45**:161, 186
"The Chaunt of Cholera" (Banim and Banim)
.................... **13**:129
*The Chaunt of the Cholera: Songs for Ireland* (Banim and Banim) .................... **13**:129
"Che stai?" (Foscolo) .................... **8**:278-79
*Cheap Clothes and Nasty* (Kingsley)
.................... **35**:205, 227-28.
*Cheap Repository Tracts* (More) ... **27**:350-51
*Checkmate* (Le Fanu) ... **9**:301, 304, 312, 317; **58**:251, 273-5, 295
*Cheerfulness Taught by Reason* (Browning)
.................... **66**:44
"Le chef d'oeuvre inconnu" (Balzac) . **5**:53, 67, 79-80; **53**:25
*Les chefs écossais* (Pixerecourt) .......... **39**:284
"Le chêne" (Lamartine) ...... **11**:255, 270, 279
"Cher petit oreillet" (Desbordes-Valmore)
.................... **97**:16
"Cheramour" (Leskov) .................... **25**:239
"Les chercheuses de poux" (Rimbaud)
.................... **35**:271; **4**:454, 458
*Chérie* (Goncourt) ............ **7**:173-74, 183, 188
"Chernets" (Shevchenko) .................... **54**:387
"The Cherokee Love Song" (Ridge)
.................... **82**:175, 181
"Cherry Blossoms in a Moonless Night" (Ichiyo)
     See "Yamizakura"
"The Chest and the Ghost" (Stendhal)
     See "Le coffre et le revenant"
*Chester Rand* (Alger) ............. **8**:44, 46; **83**:91
*The Chestnut Tree* (Tyler) .................... **3**:574
"Chesuncook" (Thoreau) .................... **7**:368
*The Chevalier* (Dumas) .................... **71**:219
*Le chevalier de Maison-Rouge* (Dumas)
.......... **11**:53, 68, 76-7; **71**:193-94, 209, 232
*Le chevalier des touches* (Barbey d'Aurevilly)
.................... **1**:70-73
*Le chevalier d'Harmental* (Dumas) .. **11**:51-52, 60, 63, 68-69, 74; **71**:194, 203-04, 228
"Le Chevalier double" (Gautier) ..... **59**:13, 31, 37
*Les chevaliers* (Lamartine) .................... **11**:289
"Chevaux de bois" (Verlaine) ............ **51**:383
"La chevelure" (Baudelaire) ........ **6**:79, 117-18,

128; **29**:73, 103, 109; **55**:5-6, 9, 25-6, 50, 55, 64, 67-8

"Chevelure" (Maupassant) ........ **1**:449; **83**:228

*Le Cheveu Blanc* (Feuillet) ........ **45**:77, 79-80, 88-90

"Chevy Chase" (Maginn) ..................... **8**:439

"Chez le ministre" (Maupassant) ... **83**:227-28

*Chicot the Jester; or, The Lady of Monsareua* (Dumas)
See *La dame de Monsoreau*

*Chidiock Tichbourne; or, The Catholic Conspiracy* (Clarke) ................... **19**:240

"Chief Justice Harbottle" (Le Fanu)
See "Mr. Justice Hartbottle"

*Le chien de Montargis; ou, La forêt de Bondy* (Pixerecourt) ....... **39**:273, 277, 279, 281, 284, 286, 288-89

"Chiens" (Verlaine) ........................... **51**:363

"The Child" (Kivi)
See "Lapsi"

"Child and Boatman" (Ingelow) ........ **39**:268

"Child and Hind" (Campbell) ............ **19**:190

"The Child and the Profligate" (Whitman)
.................................................... **81**:327

"The Child Angel: A Dream" (Lamb)
.............................................. **10**:404, 435-36

*Child from the Sea* (Castro)
See *La hija del mar*

"Child Harold" (Clare) .. **9**:108, 112; **86**:89-90, 99, 102, 114, 117-23, 153, 162

*The Child in the House* (Pater)
See *An Imaginary Portrait*

"Child Left in a Storm" (Sigourney) .. **21**:293

*Child Life in Prose* (Whittier) .......... **59**:349

*The Child of Love* (Kotzebue)
See *Das Kind der Liebe*

*The Child of Nature* (Inchbald) . **62**:143-3, 147-8

*A Child of the Age* (Adams) . **33**:4, 10, 14, 16-17, 19-20

*The Child of the Island* (Norton) . **47**:246, 254, 260

"The Child that Loved a Grave" (O'Brien)
.................................................... **21**:236

"Child Wife" (Verlaine) ............ **2**:632; **51**:381, 383-84

*Childe Harold's Pilgrimage: A Romaunt* (Byron) . **2**:59, 62, 69, 71-72, 74-75, 81-82, 85-86, 91-92, 94-95, 103; **12**:73, 76, 88, 92, 95, 102, 103, 104, 109, 112, 113, 114, 122, 128, 129, 138, 143

*Childe Harold's Pilgrimage: Canto the Second* (Byron) ........ **2**:96, 99, 95

"Childe Roland to the Dark Tower Came" (Browning) ... **19**:99, 106, 117, 141, 153-54; **79**:106-07, 110-11, 113-15, 164, 174

"Childhood II" (Rimbaud) ................. **35**:269

*Childhood Years* (Leskov)
See *Detskie gody*

"The Children" (Very) ....................... **9**:383

"Children like Parents" (Keble) .......... **87**:153

"Children of Adam" (Whitman) . **4**:551-52, 557, 568-69, 577, 593, 599-601, 603-04; **81**:271, 279, 329-30

"The Children of Mount Ida" (Child)
........................................ **6**:201;**73**:77

"Children of the Snow" (Bryant) ........... **46**:8

"The Children of Venus" (Landor) ..... **14**:181

*Children's Book* (Piozzi) ... **57**:281, 283, 299

"The Children's Crusade" (Longfellow)
.............................................. **45**:128, 137

"The Children's Dance" (Wilson) ........ **5**:567

"The Children's Hour" (Longfellow)
........... **2**:490, 499; **45**:179, 187

"The Children's Joke" (Alcott) ............ **6**:16

"The Children's Year" (Wilson) ........... **9**:387

"Child's Book" (Sigourney) .............. **87**:321

"The Child's Champion" (Whitman)
.................................................... **81**:301, 327

"A Child's Funeral" (Bryant) .............. **46**:3

*A Child's Garden of Verses* (Stevenson)
.................. **5**:395-96, 402, 404, 413, 428

*A Child's History of England* (Dickens)
.............................................. **18**:117, 134

"Child's Play" (Stevenson) ............ **5**:389, 395

"The Child's Purchase" (Patmore) . **9**:352, 357, 360

"A Child's Thought of God" (Browning)
.................................................... **1**:127

"Chillawassee Mountain" (Woolson) .. **82**:273

*The Chimeras* (Nerval)
See *Les Chimères*

*Les Chimères* (Nerval) . **1**:480, 483-88; **67**:306-07, 311-12, 314-18, 320, 356-57, 359, 363

*The Chimes* (Dickens) ............ **3**:145, 149 165

"The Chimney Sweeper" (Blake) . **13**:219-21, 242; **37**:3, 6, 9, 34, 39, 42, 47, 50, 57, 62-5, 67, 70-2, 76, 79, 91-2, 94

*Chinese Miscellanies* (Percy)
See *Miscellaneous Pieces Relating to the Chinese*

"Chinese Serenade" (Chivers) .............. **49**:54

"Chione" (Lampman) ...................... **25**:169

"A Chippewa Legend" (Lowell) ........ **90**:193

"Chiron" (Hölderlin) ...................... **16**:191

"The Choice" (Allingham) ................. **25**:14

"The Choice" (Lazarus) .................... **8**:421

"The Choice" (Rossetti) ........ **4**:514, 529

*The Choice: A Poem on Shelley's Death* (Shelley) .............................. **14**:272

"Choice and Chance" (Hayne) .......... **94**:166

*The Choleric Fathers* (Holcroft) ... **85**:216-17

"Chor der Toten" (Meyer) ................. **81**:205

"Choral Song of the Temperance Legions" (Chivers) ........................ **49**:49-50

"Chornaya shal" (Pushkin) ..... **83**:247, 350-51, 355

"A Chorus of Ghosts" (Bryant) ............ **46**:21

"Chorus of the Dead" (Meyer)
See "Chor der Toten"

*Choses vues* (Hugo) ........................ **3**:265

*Les Chouans* (Balzac) ......... **53**:11, 15, 22

*Chrestomathia* (Bentham) ................. **38**:88

"Le Chretien Mourant" (Lamartine) .. **11**:245

"Le Christ aux Oliviers" (Nerval) . **1**:478, 486; **67**:07, 315, 318, 339, 362

"Christ Our All in All" (Rossetti) ....... **50**:285

"Christ Stilling the Tempest" (Hemans)
.................................................... **29**:206

"Christ upon the Waters" (Newman)
.............................................. **38**:304, 310

"Christabel" (Rossetti) ...................... **4**:510

*Christabel* (Coleridge) . **9**:133-34, 138-40, 142-44, 146, 148-50, 152, 156, 179-81, 183, 187, 192-94; **54**:79-81, 89, 98, 100, 106, 127-9

*Christabel. Kubla Khan. The Pains of Sleep* (Coleridge) .......................... **9**:133-34

*Die Christenheit oder Europa* (Novalis)
.............................. **13**:386, 388, 402

"The Christian Church as an Imperial Power" (Newman) .................... **38**:308

*Christian Discourses* (Kierkegaard)
.................. **34**:224, 264; **78**:238

*Christian Life: Its Course, Its Hindrances, and Its Helps* (Arnold) ............. **18**:7, 10, 15

*Christian Life: Its Hopes, Its Fears, and Its Close* (Arnold) ...................... **18**:15

*Christian Melville* (Oliphant) ........... **61**:219

*Christian Morals* (More) ................. **27**:334

"The Christian Mysteries" (Newman) . **38**:305

*The Christian Physiologist: Tales Illustrative of the Five Senses* (Griffin) ....... **7**:201, 204, 214, 218

"Christian Politics" (Brownson) ........... **50**:51

"The Christian Slave!" (Whittier) .. **8**:489, 510

"Christian Sympathy" (Newman) ........ **38**:306

"Christian Worship" (Channing) ........... **17**:47

"The Christian Year" (Keble) . **87**:122-23, 126-32, 134-38, 140-41

*The Christian Year* (Keble) .... **87**:116-19, 121, 149-51, 153-54, 156-57, 159-60, 164, 166-67, 169-78, 181-82, 185-86, 188, 190, 194-95, 198-205

"Christianity and Progress" (Patmore) .. **9**:342

*Christianity or Europe* (Novalis)
See *Die Christenheit oder Europa*

*Christianity, the Logic of Creation* (James)
.................................................... **53**:204, 208-9

*Christianity Unveiled* (Godwin) ........... **14**:56

*Christian's Mistake* (Craik) .... **38**:108-09, 113, 116, 126-27

*Christie Johnstone* (Reade) ...... **2**:532-34, 536, 539-41, 543, 545, 548; **74**:243, 255, 264-65, 268, 271-72, 278, 281, 293, 319

"Christine" (Leconte de Lisle) ........... **29**:220

*Christine; ou, Stockholm, Fontainebleau, et Rome* (Dumas) ... **11**:42, 47, 57, 63; **71**:193, 241, 248, 250

"Ein christliches Sprüchlein" (Meyer) . **81**:156

"Christmas" (Irving) ....................... **19**:351

"Christmas" (Smith) ......... **59**:303, 309, 315-6, 318-9

"Christmas" (Timrod) . **25**:362, 364, 372, 382-83, 386, 388

"Christmas" (Very) ........................... **9**:383

"The Christmas Banquet" (Hawthorne)
.................. **2**:296; **95**:134, 148

*Christmas Books* (Thackeray) .............. **5**:469

"A Christmas Carol" (Rossetti) .... **50**:314, 318

*A Christmas Carol* (Dickens) ... **3**:144-45, 152, 165, 173; **26**:222; **37**:144-45; **86**:256

*Christmas Chimes* (Dickens)
See *The Chimes*

"Christmas Creek" (Kendall) ....... **12**:194, 199

"Christmas Day" (Irving) ................. **19**:328

"Christmas Day" (Martineau) ............ **26**:313

"The Christmas Dinner" (Irving) ....... **19**:328

"Christmas Eve" (Browning) . **19**:132; **79**:152, 184

"Christmas Eve" (Gogol)
See "Noč pered roždestvom"

"Christmas Eve" (Wergeland) ............ **5**:537

*Christmas Eve* (Runeberg)
See *Julqvällen*

"Christmas Hymm" (Hale) ................. **75**:284

"A Christmas Party" (Woolson) ........ **82**:290

*Christmas Stories* (Leskov) ............... **25**:228

*Christmas-Eve and Easter Day* (Browning)
.................. **19**:130, 132; **79**:148, 150

*Christophe Colomb; ou, La découverte du nouveau monde* (Pixerecourt) ... **39**:277-79, 282-83, 286

"Christopher at the Lakes" (Wilson) ..... **5**:568

"Christopher Found" (Levy) ............... **59**:96

"Christopher in His Aviary" (Wilson) ... **5**:563

*Christopher Kirkland* (Linton)
See *The Autobiography of Christopher Kirkland*

"Christopher North in His Sporting Jacket" (Wilson) ............................ **5**:560

"Christopher on Colonsay" (Wilson) ..... **5**:568

"Christ's Hospital Five and Thirty Years Ago" (Lamb) ...................... **10**:407-08, 435-36

"Christ's Night" (Saltykov) ............... **16**:369

*Christus* (Hebbel) ........................ **43**:234

*Christus: A Mystery* (Longfellow) . **2**:484, 495, 497-98; **45**:113, 124, 127-28, 133, 138-39,142-44, 150-51, 159, 165

"The Chronicle of Ladislas Kun" (Petofi)
See "Kun László Krónikája"

*The Chronicle of the Cid* (Southey)
.............................. **97**:267, 336

*The Chronicle of the Conquest of Granada* (Irving) ..... **2**:380, 384, 387; **95**:231, 280

*Chronicles of Carlingford* (Oliphant)
....... **11**:429, 432, 438-40, 445, 449, 453-4, 459; **61**:171-2, 187, 195, 198, 216

*Chronicles of Golden Friars* (Le Fanu)
.................................................... **58**:285

*Chronicles of the Canongate* (Scott)
.................. **15**:269, 277, 322

*Chronicles of the Clovernook* (Jerrold)
.................. **2**:400, 402, 404-05

*Chronique du temps de Charles IX* (Merimee)
.... **6**:352-3, 356-8, 360, 362-3, 365-6, 369;

**65**:46-8, 52, 54-6, 59-62, 79, 86-7, 90-5, 99-101, 103-05, 111

*Chroniques* (Maupassant) ...... **83**:184-85, 188, 190, 227

*Chroniques italiennes* (Stendhal) . **23**:381, 409; **46**:307

"Chrysanthos" (Runeberg) ...... **41**:318

"Chrysaor" (Landor) ...... **14**:181, 183-84, 190

"Chrysaor" (Longfellow) ...... **45**:116, 154

*Chto delat'?* (Chernyshevsky) ...... **1**:159-68

*An Chúirt* (Merriman)
  See *Cúirt an Mheadhon Oidhche*

"The Church" (Runeberg)
  See "Kyrkan"

"The Church a Home for the Lonely" (Newman) ...... **38**:306

*The Church against No Church* (Brownson) ...... **50**:26

"Church Going" (Rogers) ...... **69**:80

"The Church of Brou" (Arnold) . **6**:42, 44, 66-67, 72; **29**:36; **89**:7

"The Church, our Zoar" (Keble) ...... **87**:174

"Church Sectarianism" (Coleridge) ...... **90**:9

*Church-of-Englandism and its Catechism Examined* (Bentham) . **38**:34, 92, 96, 98

*La chute d'un ange* (Lamartine) ...... **11**:252-53, 255, 268, 271, 273-76, 278, 283-85, 287, 289

*The Cicerone: A Guide to the Enjoyment of the Artworks of Italy* (Burckhardt)
  See *Der Cicerone: Eine Einleitung zum Genuss der Kunstwerke Italiens*

*Der Cicerone: Eine Einleitung zum Genuss der Kunstwerke Italiens* (Burckhardt) ...... **49**:10, 27

"Ciel brouillé" (Baudelaire) ...... **6**:80; **55**:61

"Le ciel est, par-dessus le toit" (Verlaine) ...... **51**:352, 355

"Le ciel et l'enfer" (Merimee) . **6**:351, 362-3; **65**:44, 55, 79, 83

*La cifra* (Da Ponte) ...... **50**:82

*Cigáni* (Macha) ...... **46**:201-02, 204, 212-14

*Čigiriaski Kobzar' i Gaydamaki* (Shevchenko) ...... **54**:379

*La cigüe* (Augier) ... **31**:4, 8, 10-11, 14-15, 23, 29, 34

*El cinco de Agosto* (Tamayo y Baus) ... **1**:565-66, 571

*Cinderella* (Grabbe)
  See *Aschenbrödel*

*Cinq Lettres sur l'Éducation Publique en Russie* (Maistre) ...... **37**:314

"Le cinq Mai" (Beranger) ...... **34**:28-9

*Cinq-Mars; ou, Une conjuration sous Louis XIII* (Vigny) ...... **7**:467-71, 473, 477

*The Circassian Boy* (Lermontov)
  See *The Novice*

"Circles" (Emerson) .. **38**:143, 169-71, 205-06, 224, 229-30

"Circumference Thou Bride of Awe" (Dickinson) ...... **21**:82

*Circumstances* (Staël)
  See *Des circonstances actuelles qui peuvent terminer la Révolution et des principes qui dolvent fonder la répuldique en France*

*The Circumvented* (Leskov)
  See *Obojdennye*

"Cis-Alpine" (Pater) ...... **90**:276

"Cisza morska" (Mickiewicz) . **3**:403-04

*Citation and Examination of William Shakespeare* (Landor) ...... **14**:165, 173, 178-79

*La citerne* (Pixerecourt) . **39**:272, 274, 277-79, 284

"La cithare" (Banville) ...... **9**:16

"The Citizen's Resolve" (Freneau) .. **1**:314

"Cito Pede Preterit Ætas" (Gordon) .... **21**:159

"The City" (Lampman) ...... **25**:172, 189, 192, 199-200, 204

"The City in the Sea" (Poe) ...... **1**:512; **55**:150

*The City Looking Glass* (Bird) ..... **1**:87-90, 93

---

"The City of Dreadful Night" (Levy) ... **59**:91

"The City of Dreadful Night" (Thomson) ......... **18**:388-92, 394-401, 403-12, 415-32

*The City of Dreadful Night and Other Poems* (Thomson) ...................... **18**:390-91

"The City of the End of Things" (Lampman) ..... **25**:169, 172, 177-78, 180-81, 184, 187, 190, 192-95, 198-99, 204

"The City of the Plague" (Wilson) . **5**:546, 550

*The City of the Plague, and Other Poems* (Wilson) ...... **5**:546, 553, 561

*City of the Saints* (Burton) ...... **42**:58

*The City of the Silent* (Simms) ...... **3**:505

*City Poems* (Smith) ...... **59**:285, 288, 293-4, 297-8, 302, 312, 316, 318-9, 321, 326, 329-33, 336-7

"City Scenes and City Life" (Parton) . **86**:351

"The City Tree" (Crawford) ...... **12**:156, 169

"Civil and Religious Freedom" (Brownson) ...... **50**:51

"Civil Disobedience" (Thoreau) .... **7**:375, 381, 385-6, 400, 406; **21**:318-72; **61**:368, 370, 373

"Civilisation in the United States" (Arnold) ...... **89**:100

"Civilization" (Emerson) ...... **38**:209

*Civilization* (Burckhardt)
  See *Die Kultur der Renaissance in Italien*

*The Civilization of the Renaissance in Italy* (Burckhardt)
  See *Die Kultur der Renaissance in Italien*

"Civilization—Signs of the Times" (Mill) ...... **58**:329

*A civilizátor* (Madach) ...... **19**:370-74

*The Claims of Labour* (Mill) ...... **58**:349

"Claims of the Negro Ethnologically Considered" (Douglass) ...... **7**:124

"Clair de lune" (Verlaine) . **2**:628, 631; **51**:352, 373-74, 377, 381

"Claire de Lune" (Maupassant) .... **83**:168, 182

*Claire Lenoir* (Villiers de l'Isle Adam) ...... **3**:581, 588

"Clara" (Meyer) ...... **81**:151

*Clara Howard* (Brown) .. **22**:7, 12, 14, 18-19, 23, 27, 30, 48-52; **74**:15, 19, 21, 49, 57, 77, 92, 94, 98-9, 102-03, 105, 134, 138-39, 155, 164-66, 176, 179-82, 184

"Clara Milich" (Turgenev)
  See "Klara Milich"

*Clarel: A Poem and Pilgrimage in the Holy Land* (Melville) .. **3**:330, 333, 335, 344-45, 352, 363, 366-68, 378, 385; **29**:318, 328-29, 334-35, 361; **45**:228; **91**:9, 184; **93**:205

*Clarence; or, A Tale of Our Own Times* (Sedgwick) .. **19**:429-33, 443-45, 447-49, 453

"Claret and Tokay" (Browning) . **19**:77; **79**:94, 101, 103

"Clari" (Kendall) ...... **12**:193

"Claribel" (Tennyson) .... **30**:211, 223-24, 238; **65**:369

*Class Poem* (Lowell) ...... **90**:221-21

*The Class Struggles in France* (Engels) ...... **85**:136

*The Class Struggles in France, 1848-1850* (Marx) ...... **17**:321, 334-35

*Classical Dialogues* (Landor) ...... **14**:189

*Claude Duval: A Tale of the Days of Charles the Second* (Ainsworth) ...... **13**:28

"Claude Gueux" (Hugo) ...... **10**:367, 369, 381

*Claudie* (Sand) ...... **42**:309

*Claudine von Villabella* (Goethe) ...... **4**:164

*The Claverings* (Trollope) . **6**:457-58, 470, 499-500

*Clavigo* (Goethe) . **4**:164, 174, 211, 219; **34**:69

*Clavis Fichtiana* (Jean Paul) ...... **7**:226

"The Clay" (Very) ...... **9**:381

*Le Clé d'Or* (Feuillet) ...... **45**:77, 80, 90

"Cleanliness" (Lamb) ...... **10**:418

"The Clearer Self" (Lampman) ... **25**:193, 203, 217

---

*Cœlebs in Search of a Wife: Comprehending Observations on Domestic Habits and Manners, Religion and Morals* (More) ... **27**:325, 328-30, 333-35, 338-39, 349-53, 355

"Clef Poem" (Whitman) ...... **81**:367

"Clelia" (Crabbe) ...... **26**:121

*Clelia und Sinibald* (Wieland) ...... **17**:410

"Clematis Lane" (Jefferies) ...... **47**:136

*Clemencia: Novela de costumbres* (Caballero) ...... **10**:71, 76, 84-85

*Clemens Brentanos Frühlingskranz* (Arnim) ...... **38**:15

"Clementina" (Isaacs) ...... **70**:304, 309

*Clementina von Porretta* (Wieland) .... **17**:419

"Cleon" (Browning) . **19**:79, 117, 130-31, 137, 152; **79**:106-07, 110, 163-64

*Cléontine* (Sade) ...... **47**:361-62

"The Clergyman's Advice to the Villagers" (Dwight) ...... **13**:270, 272, 278

"The Clergyman's First Tale" (Clough) . **27**:60

*Clergymen of the Church of England* (Trollope) ...... **33**:394

"Clerical Oppressors" (Whittier) ...... **8**:525; **59**:361

"Clever Elsie" (Grimm and Grimm) ..... **3**:227

*Clifford* (Bulwer-Lytton)
  See *Paul Clifford*

"The Cliffs and Springs" (Thoreau) ...... **7**:384

"Clifton and a Lad's Love" (Symonds) ...... **34**:352

"Climat, faune, et flore de la lune" (Laforgue) ...... **5**:277

*The Clique* (Scribe)
  See *La camaraderie; ou, La courte échelle*

"Clive" (Browning) ...... **79**:164

*Clive* (Macaulay) ...... **42**:87

"The Cloak" (Gogol)
  See "Shinel"

"La cloche fêlée" (Baudelaire) . **6**:129; **29**:94; **55**:43, 51, 61

"Les Cloches et les larmes" (Desbordes-Valmore) ...... **97**:13

"Clochette" (Maupassant) ...... **83**:174

"The Clock" (Baudelaire)
  See "L'horloge"

"Clock-a-Clay" (Clare) ...... **9**:85, 105, 117

*The Clockmaker; or, The Sayings and Doings of Samuel Slick of Slickville* (Haliburton) . **15**:117, 119, 124-26, 128-33, 135, 137-39, 143-47

"The Clod and the Pebble" (Blake) .. **13**:221, 247; **37**:4, 15, 25, 42, 47, 50, 56, 80, 92

"Clodpoll" (Andersen) ...... **79**:64

*The Cloister and the Hearth: A Tale of the Middle Ages* (Reade) .. **2**:533-35, 537-41, 543-45, 548-52; **74**:243, 245-46, 250, 253-54, 257-59, 261-65, 298-99, 311-15, 323-24, 326-27, 329

"The Close of Autumn" (Bryant) ...... **46**:3

"Close to the Sky" (Meyer)
  See "Himmelsnähe"

*The Closed Commercial State* (Fichte)
  See *Der geschlossene Handelsstaat*

"The Closed Industrial State" (Fichte) .. **62**:17

"Closing In" (Hayne) ...... **94**:166

"The Clote" (Barnes) ...... **75**:23

*Clotel; or, The President's Daughter: A Narrative of Slave Life in the United States* (Brown) .... **2**:46-48, 50-52, 54-55; **89**:143, 149, 154-55, 157-61, 170-82, 184-85, 187, 189-91

*Clotelle: A Tale of the Southern States* (Brown)
  See *Clotel; or, The President's Daughter: A Narrative of Slave Life in the United States*

*Clotelle; or, The Colored Heroine* (Brown)
  See *Clotel; or, The President's Daughter: A Narrative of Slave Life in the United States*

"The Cloud" (Shelley) ...... **18**:329, 355-56

"Cloud and Wind" (Rossetti) ............. **77**:314

"The Cloud Confines" (Rossetti) .. **4**:499, 509, 518; **77**:314

"The Cloud on the Way" (Bryant) ........ **6**:165

*Cloud Pictures* (Hayne) ..................... **94**:136

"Cloudbreak" (Lampman) ................. **25**:169

"The Clouded Morning" (Very) .......... **9**:383

*Cloudesly* (Godwin) .. **14**:44-8, 50, 68, 70, 81, 83, 89

"Clouds" (Barnes) ................................. **75**:94

*Clouds* (Petofi)
See *Felhök*

*Clouds and Sunshine* (Reade) ..... **74**:254, 260, 262-65

"The Cloud's Brother" (Runeberg)
See "Molnets broder"

"Clover" (Lanier) ..... **6**:247-48, 253, 255, 258

"The Clown Chastised" (Mallarme)
See "Le pitre châtié"

"Le club des hachichins" (Gautier) ...... **1**:355; **59**:22, 32, 36

"A Clump of Daisies" (Dana) ............. **53**:158

"The Clydesdale Yeoman's Return" (Lockhart) .................................. **6**:293

"A Clymene" (Verlaine) .. **51**:379-80, 384, 386

"Coach" (Barnes) ................................. **75**:8

*Cobbett's Corn* (Cobbett)
See *A Treatise on Cobbett's Corn*

*Cobbett's Poor Man's Friend* (Cobbett) .................................. **49**:148, 154, 156, 160

*Cobbett's Sermons* (Cobbett)
See *Twelve Sermons*

*Cobbett's Tour in Scotland* (Cobbett) .................................. **49**:133, 160

*Cobbett's Twopenny Trash* (Cobbett) .................. **49**:94, 111, 120, 135, 160

*Cobbett's Weekly Political Register* (Cobbett) ... **49**:87, 89, 94-5, 97-8, 107, 109-11, 113-14, 116, 118-19, 130-32, 134-35, 141-42, 147, 149, 151-52, 153, 155, 160, 162-64, 168, 170, 178, 181

"The Cobbler of Hagenau" (Longfellow) .................................. **45**:162, 188

*Cobblers on the Heath* (Kivi)
See *Nummisuutarit*

"Cobwebs" (Rossetti) ..................... **66**:341

"La coccinelle" (Hugo) ..................... **3**:263

*Le Cocher de Cabriolet* (Dumas) ...... **71**:205

"The Cock" (Barnes) ......................... **75**:54

*The Cock and Anchor, Being a Chronicle of Old Dublin City* (Le Fanu) .. **9**:301, 316-17; **58**:273, 275

"The Cock Is Crowing" (Wordsworth) . **12**:447

"Cock-a-Doodle-Doo!" (Melville) ...... **3**:355; **49**:391-92

"Coco" (Maupassant) ......................... **83**:181

"Cocoon" (Dickinson)
See "Drab Habitation of Whom?"

*Le cocu* (Kock) ..................... **16**:248, 251

"Le Cocu de lui-même ou le raccommodement imprévu" (Sade) ..................... **47**:313

*Le code des gens honnêtes* (Balzac) ..... **35**:25

*Codification Proposal Addressed by Jeremy Bentham to All Nations Professing Liberal Opinions* (Bentham) .... **38**:55, 57

"Codlingsby" (Thackeray) ........... **14**:433, 451

*Coelina; ou, L'enfant du mystère* (Pixerecourt) ... **39**:272, 275, 277-79, 289-90

*Un coeur simple* (Flaubert) .. **2**:227, 232-3, 236, 253, 257-9; **62**:91-2, 97, 105, 107; **66**:281

"Le coeur supplicié" (Rimbaud) .................................. **4**:478; **82**:224, 227

"La coeur volé" (Rimbaud) ...... **4**:485; **35**:275, 279, 281-82

"The Coffer and the Ghost" (Stendhal)
See "Le coffre et le revenant"

"The Coffin" (Ainsworth) ..................... **13**:19

*The Coffin-Maker* (Pushkin)
See "Grobovshchik"

"Le coffre et le revenant" (Stendhal) .. **46**:307

"Cohen of Trinity" (Levy) ......... **59**:97-8, 105, 112-3, 115

"Cold in the Earth" (Brontë)
See "Remembrance"

"The Cold Snap" (Bellamy) ................. **86**:75

*The Cold Water Man* (Dunlap) .......... **2**:210

"The Cold Wedding" (Allingham) .......... **25**:8

"La colère de Samson" (Vigny) .... **7**:469, 474, 479, 484-85

"Coleridge" (Mill) ..................... **11**:361, 370

"Coleridge" (Pater) ....... **7**:321; **90**:241

"Coleridge as a Theologican" (Pater) . **90**:276

"Coleridge's Writings" (Pater) .. **90**:296, 298

"Coll'alto" (Rogers) ........................... **69**:84

"The Collar" (Andersen) ........ **7**:28; **79**:40

*Collected Letters* (Dickinson) ............. **21**:46-7

*Collected Poems* (Dickinson) ............. **21**:46

*Collected Poems* (Rossetti)
See *The Poetical Works of Christina Georgina Rossetti*

*The Collected Poems of Isabella Valancy Crawford* (Crawford) ........... **12**:155, 175

*Collected Works* (Claudius) .... **75**:207, 210-11, 215, 218, 220

*Collected Works* (Herder) ..................... **8**:313

*Collected Works* (Rossetti) ................. **77**:317

*Collected Works* (Rossetti)
See *The Poetical Works of Christina Georgina Rossetti*

*Collected Works* (Stagnelius)
See *Samlade skrifter*

"Collected Works of Edgar Allan Poe" (Poe) .................. **94**:229, 245; **97**:228-29

"Collected Writings of Edgar Alan Poe" (Poe) .................. **94**:229-35, 244, 267

*The Collected Writings of Thomas De Quincey* (De Quincey) . **87**:52-7, 61-2, 64-5, 69-70

*A Collection of Papers on Political, Literary, and Moral Subjects* (Webster) .. **30**:408

*A Collection of Poems, Chiefly Manuscript, and from Living Authors* (Baillie) .. **71**:2

*The Colleen Bawn; or, The Brides of Garryowen* (Boucicault) .... **41**:28-32, 39, 41, 43, 49-50, 53

"College Breakfast Party" (Eliot) .......... **4**:115

*The Collegians* (Griffin) ... **7**:193-209, 212-19

*Le collier de la reine* (Dumas) ............. **11**:68-69; **71**:232, 234

"A Colloguy" (Rossetti) ..................... **50**:311

"Colloque sentimental" (Verlaine) .. **2**:628, 631; **51**:355, 374, 377-78, 384, 388

*Colloquies on the Progress and Prospects of Society* (Southey) . **97**:252, 264, 266, 270, 284, 287, 291, 293

"The Colloquy of Monos and Una" (Poe) ............. **1**:519-20; **16**:295, 308, 331; **78**:259

*Colomba* (Merimee) . **6**:352, 354-5, 357-8, 360, 363, 365-70; **65**:43, 46-7, 50, 54-8, 60-2, 64, 66, 79, 85, 87, 90, 100-05, 123-9, 137

*La Colombe* (Dumas) ..................... **71**:218-19

"Colombine" (Verlaine) ..... **51**:351, 378-80

*Colombine* (Almqvist) ..... **42**:4, 16, 19

*Colon and Spondee* (Tyler) ..... **3**:575

*Le Colonel Chabert* (Balzac) ............... **35**:27

*Colored Stones* (Stifter)
See *Bunte Steine*

"The Colubriad" (Cowper) ............ **94**:34, 122

*Columbe's Birthday* (Browning) ... **19**:95, 102; **79**:93-94, 100, 147, 189

"Columbia libre" (Isaacs) ................... **70**:313

*The Columbiad* (Barlow) . **23**:3-8, 10-20, 22-6, 29, 32, 36-9

"Columbian War Hymn" (Isaacs)
See "Himno de guerra columbiano"

"Columbia's Ships" (Sigourney) ......... **21**:299

"The Columbine" (Very) .. **9**:372, 376, 380, 385, 391, 396-97

"Columbus" (Lowell) ................... **90**:219, 221

*Le combe de l'homme mort* (Nodier) .. **19**:379

"Come Back Again My Olden Heart" (Clough) .................................. **27**:105

"Come Down, O Maid" (Tennyson) ... **30**:280

"Come Slowly, Eden" (Dickinson) ......... **21**:8

"Come Up from the Fields Father" (Whitman) .................. **4**:592; **81**:320-21

"Come Where My Love Lies Dreaming" (Foster) ... **26**:285, 287, 291, 298

*La comédie de la mort* (Gautier) .......... **1**:340-42; **59**:19, 33-4

"Comédie de la soif" (Rimbaud) .......... **4**:472-73, 487; **35**:321

*La Comédie humaine* (Balzac) ..... **5**:29-32, 37, 39-42, 44-57, 59-64, 67-73, 76-81, 83-8; **53**:10, 22, 26, 31, 35

*Comédies* (Banville) ........................... **9**:22

*Comédies et proverbes* (Musset) ... **7**:268, 275-77

"Comet" (Holmes) ........................... **14**:101

"Comfort" (Browning) ..................... **1**:112

"Comfort" (Lampman) ..................... **25**:209

"Comfort of the Fields" (Lampman) .. **25**:189

*Comic Dramas* (Edgeworth) ................. **1**:257

*Comic Tales and Sketches* (Thackeray) . **5**:444

*Comic Tragedies* (Alcott) ..................... **83**:4, 9

"The Coming of Age of The Origin of Species" (Huxley) .............. **67**:4, 61

"The Coming of Arthur" (Tennyson) .. **30**:249, 253, 279, 287; **65**:236, 239, 243, 249, 252-3, 257, 277-8, 280-1, 288-9, 292, 298, 300-1, 312, 314-5, 319-20, 349, 352, 369, 372

"The Coming of the Lord" (Very) . **9**:378, 385

"The Coming of Winter" (Lampman) . **25**:204

*The Coming P* (Valles) ..................... **71**:372

*The Coming Race* (Bulwer-Lytton) . **1**:150-51, 154; **45**:22, 32, 38-40, 42-6, 71

"The Coming Woman" (Parton) .......... **86**:366

*Comische Erzählungen* (Wieland) .................. **17**:394, 413, 418, 426-28

*Comme il vous plaira* (Sand) .. **42**:310, 346-49

*Commémoration Générale* (Comte) .... **54**:213

"Commemoration Ode" (Lowell) .. **2**:509, 514, 516, 519, 522; **90**:188, 193

"Commemorative of the Genius of Shakespeare" (Rowson) ............. **5**:322

"Commemorative Sonnets" (Clough) .. **27**:104

*Comment je devins auteur dramatique* (Dumas) .................................. **71**:217

"Commercial Speculation Offering a Net Profit of 300 Percent in Six Months" (Fourier) .................................. **51**:185

"The Commissary Driver" (Runeberg) . **41**:314

"A Commission of Inquiry on Royalty" (Thomson) .................................. **18**:425

"Commodity" (Thoreau) ..................... **7**:396

*Commodus* (Madach) ........... **19**:362, 368, 370

"The Common A-Took In" (Barnes) .................. **75**:43, 48, 57, 93, 101

*Common Sense* (Paine) .... **62**:246-8, 251, 257, 263-5, 268, 270-1, 274, 276-7, 279, 281, 285, 293, 295, 298, 309, 312, 319, 322, 334-5, 337-8, 340, 343, 345-50, 352-3, 364-71, 373, 378, 380, 391-3

*Common Sense Applied to Religion; or, The Bible and the People* (Beecher) ..... **30**:9-10, 12-13

"Common Sense to the Public on Mr Deane's Affairs" (Paine) ..................... **62**:249

*A Common Story* (Goncharov)
See *Obyknovennaya istoriya*

"The Commonplace" (Whitman) ......... **31**:434

*Commonplace, and Other Short Tales* (Rossetti) ..... **2**:557; **50**:271; **66**:328, 330

*Commonplace Book* (Southey) ......... **8**:472

*A Commonplace Book of Thoughts, Memories, and Fancies, Original and Selected* (Jameson) .................................. **43**:306, 327

"Commonplace Critics" (Hazlitt) ... **29**:148

*La Commune de Paris* (Valles) ...... **71**:332-39

*A Communication to My Friends* (Wagner) .................. **9**:425, 437, 444

*The Communion of Labour* (Jameson) . **43**:327

*Communist Manifesto* (Engels)
See *Manifest der kommunistischen Partei*

*The Communist Manifesto* (Marx) ...... **17**:293-

94, 296, 303, 309-10, 314, 316, 319, 321-23, 333-34, 336, 357, 359

"Como llovia, suavino" (Castro) ........... **78**:59

*Le compagnon du tour de France* (Sand) ................................ **2**:589, 608; **57**:365

*Companion to the Most Celebrated Private Galleries of Art in London* (Jameson) ............................................ **43**:306, 321

*The Companion Tour of France* (Sand)
    See *Le compagnon du tour de France*

*A Comparative Statement of the Two Bills for the Better Government of the British Possessions in India* (Sheridan) . **91**:273

*Comparing Heights* (Ichiyo)
    See *Takekurabe*

*Comparison* (Hayne) ............................. **94**:138

*The Compassionate Beneficence of the Deity* (Blair) ............................................ **75**:116

*A Compendious Dictionary of the English Language* (Webster) ... **30**:388, 396, 398, 409

"Compensation" (Emerson) . **1**:280; **38**:170-71, 178, 224

"Compensation" (Ingelow) ................. **39**:267

"The Complaint" (Wordsworth)
    See "The Complaint of the Forsaken Indian Woman"

"The Complaint of the Forsaken Indian Woman" (Wordsworth) ........... **12**:387

"Complaint of the Poor Knight Errant" (Laforgue) ................................... **5**:275

"A Complaint on the Decay of Beggars in the Metropolis" (Lamb) .... **10**:403, 409, 426, 430, 436

*Complainte de la bonne défunte* (Laforgue) ............................................ **53**:283

"Complainte de Lord Pierrot" (Laforgue) ............................................ **53**:287

"Complainte des complaintes" (Laforgue) ............................................ **5**:277

"Complainte des Noces de Pierrot" (Laforgue) ............................................ **53**:287

"Complainte des pianos qu'on entend dans les quartiersaisés" (Laforgue) . **5**:272; **53**:292

"Complainte des printemps" (Laforgue) ............................................ **53**:294

"Complainte du Temps et de sa commère l'Espace" (Laforgue) ................. **53**:267

"Complainte du vent qui s'ennuie la nuit" (Laforgue) ........................... **53**:294

*Les complaintes* (Laforgue) ........... **5**:275, 277, 280-2; **53**:278-9, 281, 287-90

*The Complete Andersen* (Andersen) ....... **7**:37

*Complete Edition* (Hayne) ................. **94**:138

*The Complete Nonsense of Edward Lear* (Lear) ............................................ **3**:305

*The Complete Poems* (Dickinson) ........ **21**:71

*Complete Poems* (Hayne) ................. **94**:134

*Complete Poetic Works* (Coleridge) . **90**:32-3

*The Complete Prose Works of Matthew Arnold* (Arnold) .... **89**:31-40, 64-7, 80, 89, 91-3, 98, 100-07, 109-13

*The Complete Short Stories of Guy de Maupassant* (Maupassant) ... **83**:189-202

"The Complete Work of Edgar Allan Poe" (Poe) ............................ **94**:228-29, 245

*Complete Works* (Browning) .......... **79**:189-90

*Complete Works* (Paine) ........ **62**:374-6, 380-1

*The Complete Works of Elizabeth Barrett Browning* (Browning) . **61**:22, 49, 51, 53, 56-8, 66, 76

*The Complete Works of Nathaniel Hawthrone* (Hawthorne) ............................ **95**:91

*The Complete Works of William Hazlitt* (Hazlitt) ............................ **82**:128

*Complete Writings* (Whitman) ...... **81**:235, 267

"Composed upon Westminster Bridge, Sept. 3, 1802" (Wordsworth) ................. **12**:417

"Compromise" (Tennyson) ............ **30**:295

"Comrades, Fill No Glass for Me" (Foster) ............................................ **26**:286

*Comradeship* (Scribe)
    See *La camaraderie; ou, La courte échelle*

*Le comte de Monte-Cristo* (Dumas) . **11**:52, 59, 61, 63, 65, 68-9, 71, 74, 76, 83, 86; **71**:184-85, 193,209

*Le comte de Moret* (Dumas) ........ **71**:217-220

*Le Comte Hermann* (Dumas) ............ **71**:193

*Comte's Philosophy of the Sciences* (Lewes) ............................................ **25**:295

*La Comtesse de Charney* (Dumas) ............................................ **71**:232, 242

*La comtesse de Rudolstadt* (Sand) . **2**:589, 598; **42**:314, 338, 358; **42**:372; **57**:360

*Con Cregan* (Lever)
    See *Confessions of Con Cregan, the Irish Gil Blas*

"Conaire" (Ferguson)
    See "Conary"

"Conary" (Ferguson) ... **33**:279, 281, 285, 290, 294, 298, 303-04, 306

*The Concept of Anxiety* (Kierkegaard) .. **78**:122, 125, 157, 159-60, 169, 182, 191, 228

"A Concept of Diabolical Possession" (Lamb) ............................................ **10**:404

*The Concept of Dread* (Kierkegaard) . **34**:200, 204, 223-24, 226-29, 231; **78**:138, 236, 238-39

"Concerning Actors and Singers" (Wagner) ............................................ **9**:414

"Concerning Geffray, Teste Noire" (Morris) ............................................ **4**:431, 444

*Concerning the Aesthetic Education of the Human Being* (Schiller)
    See "Briefe über die ästhetische Erziehung des Menschen"

"Concerning the Art of Conducting" (Wagner) ............................ **9**:414, 475

*Concerning the Concept of the Wissenschaftslehre, or, of So-Called Philosophy* (Fichte)
    See *Über den Begriff der Wissenschaftslehre*

*Concerning the Influence of the Passions upon the Happiness of Individuals and of Nations* (Staël)
    See *De l'influence des passions sur le bonheur des individus et des nations*

*Concerning the Shakespeare Madness* (Grabbe) ............................ **2**:280

*The Conchologist's First Book* (Poe) ............................ **1**:497; **16**:297

*Le concierge de la rue du Bac* (Kock) . **16**:259

*Le concile féerique* (Laforgue) ...... **5**:270, 276, 281-82

*Concluding Unscientific Postscript to the Philosophical Fragments* (Kierkegaard) . **34**:199-200, 203-05, 224, 238; **78**:123-25, 148, 154-55, 159-60, 162, 166, 189-90, 195, 197-98, 201, 215, 217, 228, 238, 240, 249-51

"Conclusion" (Hawthorne) ........ **10**:286-87

"Conclusion" (Pater) . **7**:288, 314-15, 327, 332-33, 338-39; **90**:336

"Conclusion" (Tennyson) ................. **65**:368

"Conclusion" (Thoreau) ........ **7**:389, 399

"Conclusion of the Mirror" (Mackenzie) ............................................ **41**:187

*Concord Days* (Alcott) ................. **1**:21, 24-26

"Concord Ode" (Emerson) .... **1**:289, 296, 299, 305

*El conde de Moret* (Dumas)
    See *Le comte de Moret*

*El Conde Fernán González* (Larra) .... **17**:279

*Condition* (Delany)
    See *The Condition, Elevation, Emigration, and Destiny of the Colored People of the United States, Politically Considered*

*The Condition* (Engels)
    See *Die Lage der arbeitenden Klasse in England*

*Condition and Elevation* (Delany)
    See *The Condition, Elevation, Emigration, and Destiny of the Colored People of the United States, Politically Considered*

*The Condition, Elevation, Emigration, and Destiny of the Colored People of the United States, Politically Considered* (Delany) . **93**:99, 105, 107, 120, 122, 125, 143, 153-4, 159, 161-63, 166-67, 169

*Condition of England* (Engels)
    See *Die Lage der arbeitenden Klasse in England*

"Condition of the Members of the Christian Empire" (Newman) ................. **38**:308

*Condition of the Working Class* (Engels)
    See *Die Lage der arbeitenden Klasse in England*

*The Condition of the Working class in England in 1844* (Engels)
    See *Die Lage der arbeitenden Klasse in England*

*Condition of Working Class in England* (Engels)
    See *Die Lage der arbeitenden Klasse in England*

"The Conditions and Prospects of Protestantism" (Froude) ............. **43**:213

*The Condor* (Stifter)
    See *Der Condor*

*Der Condor* (Stifter) ..... **41**:335, 339,341, 366, 376, 380-81

*The Conduct of Life* (Emerson) ..... **1**:290, 300; **38**:154, 157

"Conductor Bradley" (Whittier) ...... **8**:517, 523

"The Confederate Memorial Address" (Lanier) ............................................ **3**:245

"Confession" (Baudelaire) ............. **55**:14, 60

"La Confession" (Maupassant) ...... **83**:228

*Confession* (Bakunin) . **25**:40-4, 58, 60, 63, 72, 75; **58**:102, 107-8, 114

"La Confession de Théodule Sabot" (Maupassant) ............................ **83**:171

*La confession d'un enfant du siècle* (Musset) ............................ **7**:259, 266, 273-74, 280

*La confession d'une jeune fille* (Sand) . **42**:311

"Confession of Faith" (Engels) ........... **85**:127

*Confession; or, The Blind Heart* (Simms) ............................ **3**:506, 509-10, 512, 514

"The Confessional" (Browning) ..... **79**:99, 164

"Confessions" (Browning) .......... **1**:125; **66**:42

"Confessions" (Browning) ............. **19**:115

*Confessions* (Bomans) ........................ **51**:371

*Confessions* (Heine) ............. **4**:240-41, 244-45

*Confessions* (De Quincey)
    See *Confessions of an English Opium-Eater*

*Confessions* (Verlaine) ........................ **51**:371

"Confessions d'une femme" (Maupassant) ............................................ **83**:213

"Confessions of a Drunkard" (Lamb) ............................ **10**:409, 414-15, 435

"The Confessions of a Medium" (Taylor) ............................................ **89**:308

"Confessions of a Reformed Ribbonman" (Carleton) ............................ **3**:92

"Confessions of a Second-Rate, Sensitive Mind" (Tennyson) ........... **30**:204

*Confessions of an English Opium Eater* (Musset)
    See *L'Anglais mangeur d'opium*

*Confessions of an English Opium-Eater* (De Quincey) .... **87**:3-5, 11, 16, 29, 36, 40-2, 48, 52, 55-6, 60-1, 70, 75, 78

"The Confessions of an odd-tempered Man" (Opie) ............................ **65**:163

"The Confessions of an Office-Holder" (Kennedy) ............................ **2**:432

"Confessions of an Opium Eater" (De Quincey) . **4**:59-61, 63, 66, 77, 79, 83-85, 87-89

*Confessions of Con Cregan, the Irish Gil Blas* (Lever) ............................ **23**:304, 311

Title Index

"Confessions of Fitzboodle" (Thackeray) .................... **5**:451; **43**:387
*The Confessions of Harry Lorrequer* (Lever) . **23**:268-73, 281-85, 287, 290-94, 297, 299-300, 302-03, 306, 309
"The Confidant" (Crabbe) ..... **26**:93, 102, 130-32, 136
*The Confidantes of a King: The Mistresses of Louis XV* (Goncourt and Goncourt)
   See *Les maîtresses de Louis XV*
*La Confidence* (Maupassant) ............... **83**:230
*The Confidence-Man: His Masquerade* (Melville) ...... **3**:331, 334, 337, 344, 347, 354-55, 362, 364, 368-70, 372, 384-85; **12**:269, 271, 274, 293; **29**:327-28, 334, 355, 362; **45**:199, 235; **49**:391, 402, 408, 417; **91**:84, 121, 175, 177, 180, 204; **93**:197, 220, 244-45, 249
*Les confidences* (Lamartine) . **11**:265, 266, 278
"Confiteor" (Gordon) ................... **21**:150, 164
"Le confitéor de l'artiste" (Baudelaire) . **29**:97
"The Conflict" (Schiller)
   See "Kampf"
"The Conflict of Convictions" (Melville) .................................................. **3**:352
*Conflit* (Mallarme) ............................. **41**:280
"Conflits pour rire" (Maupassant) .................................................. **83**:169, 227-28
*The Conformists* (Banim and Banim) ....... **13**:121, 129-30, 135-37, 149-50
*Confrontation* (Mallarme) .................... **41**:280
*Congal* (Ferguson) .... **33**:283, 285-86, 289-91, 293-94, 296-99, 302-03, 306-09
"Congratulations" (Rizal) .................... **27**:425
*Coningsby; or, The New Generation* (Disraeli) .... **2**:139-40, 144-45, 147-54; **39**:2-4, 6-11, 15-17, 19-24, 27-9, 34-5, 40-1, 43-51, 56, 64-6, 69, 73, 75-6, 80; **79**:195, 198-99, 212-14, 216-19, 221-22, 234-35, 239, 245, 248, 250, 257-60, 263, 269-71, 273, 278-79, 281-82
*Conjectural Beginning of the Human Race* (Kant) ............................................. **27**:236
*Conjugalia* (Reade) ...................... **2**:549
*La Conjuration de Catilina* (Merimee) . **65**:85
"Connecticut" (Halleck) ..................... **47**:57
"Connecticut River" (Sigourney) . **21**:301, 310; **87**:331
"The Conqueror Worm" (Poe) . **1**:512; **97**:181
"The Conqueror's Grave" (Bryant) .................................................. **6**:165, 168; **46**:3
*The Conquest of Canaän: A Poem in Eleven Books* (Dwight) ..... **13**:259, 261-63, 265, 269-71, 273-78
*Conquest of Granada* (Irving)
   See *The Chronicle of the Conquest of Granada*
*Conrad and Eudora* (Chivers)
   See *Conrad and Eudora; or; The Death of Alonzo*
*Conrad and Eudora; or; The Death of Alonzo* (Chivers) . **49**:50, 52, 57, 61-2, 79, 81, 83
*Conrad Wallenrod* (Mickiewicz)
   See *Konrad Wallenrod*
"Conscience" (Patmore) ..................... **9**:342
"Conscience l'Innocent" (Dumas) .................................................. **71**:185, 187, 204
"Conscience-Stricken Daniel" (Leskov)
   See "Legenda o sovestnom Danile"
"Conscious Am I in My Chamber" (Dickinson) .................................................. **21**:53, 74
"The Conscript" (Balzac) ................... **5**:52-3
"Consequences of Happy Marriages" (Horton) .................................................. **87**:110
"The Conservative" (Emerson) . **1**:287; **38**:227
"Consider the Lilies of the Field" (Rossetti) .................................................. **66**:301
*A Consideration of Objections against the Retrenchment Association at Oxford during the Irish Famine in 1847* (Clough) .................................................. **27**:82-3

*Considerations* (Staël)
   See *Considérations sur la Révolution française*
*Considerations on France* (Maistre)
   See *Considérations sur la France*
*Considerations on Representative Government* (Mill) ............... **58**:330-1, 350, 376, 379
*Considerations on Spiritual Power* (Comte)
   See *Considérations sur le pouvoir spirituel*
*Considérations philosophiques sur les sciences et les savants* (Comte) ........ **54**:210, 237
*Considérations sur la France* (Maistre) . **37**:278-80, 291-92, 295, 299, 300-06, 313, 315-17, 320, 322-23
*Considérations sur la Révolution française* (Staël) **91**:323, 360
*Considérations sur le pouvoir spirituel* (Comte) ............. **54**:203, 210, 238
"Consolatio" (Herzen) ......... **10**:336, 338
*Les consolations* (Sainte-Beuve) ... **5**:325, 333, 335, 341, 346, 348, 351
*Conspectus of Useful and Harmful Plants that Grow Wild or Cultivated in Northern Germany* (Chamisso) .............. **82**:5
"The Conspiracy of Catiline" (Merimee) .................................................. **6**:353
*The Conspiracy of Fiesco at Genoa* (Schiller)
   See *Die Verschwörung des Fiesco zu Genua*
*The Conspiracy of Kings* (Barlow) .. **23**:14, 27
"The Conspirators" (Merimee) .............. **6**:353
*The Conspirators* (Dumas)
   See *Le chevalier d'Harmental*
*The Constable de Bourbon* (Ainsworth) . **13**:41
*The Constable of the Tower* (Ainsworth) .................................................. **13**:42
*Constance Verrier* (Sand) ......... **2**:598; **42**:312; **57**:316
"The Constant Tin Soldier" (Andersen)
   See "The Steadfast Tin Soldier"
*Constantine* (Burckhardt)
   See *Die Zeit Constantins des Grossen*
*Constantine Paleologus; or, The Last of the Caesars* (Baillie) ...... **2**:34-35, 37, 39-40; **71**:5, 12-13
*Constantinople* (Gautier) .............. **1**:344; **59**:5
*Constantinople of Today* (Gautier)
   See *Constantinople*
"The Constellations" (Bryant) ........ **6**:165, 168
*Constitution Lost* (Arany)
   See *Az elveszett alkomány*
*Constitutional Code* (Bentham) . **38**:44-5, 87-8
*Consuelo* (Sand) .... **2**:588-89, 593-96, 603-04; **42**:314, 320, 330-32, 337-38, 343, 372; **57**:310, 313, 316-7, 359-61
*Los consuelos* (Echeverria) ..... **18**:147-49, 152
*Les consultations du Docteur Noir: Stello; ou, les diables bleus, première consultation* (Vigny) ... **7**:467-71, 473-75, 479, 485-86
"Consummatum Est" (Hayne) ........ **94**:165-66
*La contagion* (Augier) . **31**:7-10, 13, 16, 19-24, 27-8, 31
"The Contagiousness of Puerperal Fever" (Holmes) .................................................. **81**:101-02
"Containing Observations" (Brackenridge) .................................................. **7**:51, 58, 65
"Containing Reflections" (Brackenridge) .................................................. **7**:51, 58, 65
*Contarini Fleming: The Psychological Romance* (Disraeli) . **2**:137-38, 143, 145-49, 153; **39**:3, 22, 24, 31, 33, 39-42, 52, 54-6, 66-7, 74; **79**:201-02, 206, 209, 211, 214-15, 217-18, 226-27, 239, 271-73, 282
"Conte" (Rimbaud) ....... **4**:466, 470, 473, 477, 482-83; **35**:290, 294-96, 322, 324-25; **82**:230, 232
"Conte de Noël" (Maupassant) ........... **83**:182
*Conte di Carmagnola* (Manzoni)
   See *Il conte di Carmagnola*
*Il conte di Carmagnola* (Manzoni) ..... **29**:250-51, 254, 261, 275, 300
"Contemplation" (Blake) .................... **13**:181

"The Contemplation of God" (Klopstock) .................................................. **11**:223
*Les contemplations* (Hugo) . **3**:242, 253, 263, 271, 273; **10**:369, 373, 375
"Contemporary" (Tyutchev)
   See "Sovremennoe"
"The Contemporary God" (Isaacs)
   See "El Dios del siglo"
"Contempt of Court—Almost" (Harris) .................................................. **23**:159
"Contentment" (Field) ...................... **3**:208
"Contentment" (Holmes) .................... **14**:109
"Contentment, or If You Please Confession" (Paine) .................................................. **62**:324
*Contes bourgeois* (Banville) ................ **9**:31
*Contes choisis* (Daudet) .................... **1**:243
*Contes cruels* (Villiers de l'Isle Adam) . **3**:581-82, 584, 586, 589-90
*Contes de la bécasse* (Maupassant) .. **1**:442
*Les contes de la reine de Navarre* (Scribe) .................................................. **16**:412
*Contes de la veillée* (Nodier) ... **19**:384
*Contes d'Espagne et d'Italie* (Musset) . **7**:254-56, 259, 263, 265, 278
*Les contes d'Hoffman* (Hoffmann) ........ **2**:341
*Contes drolatiques* (Balzac) ........ **53**:25
*Les contes du Lundi* (Daudet) . **1**:231, 234, 239, 243
*Contes en prose* (Desbordes-Valmore) .. **97**:12
*Contes en vers* (Desbordes-Valmore) .... **97**:12
*Contes et facéties* (Nerval) ............. **67**:357
"Contes et nouvelles" (Maupassant) .................................................. **42**:203; **83**:189-202
*Contes et nouvelles* (Musset) ............... **7**:259
*Contes fantastiques* (Banville)
   See *Contes féeriques*
*Contes fantastiques* (Gautier) . **59**:33-6, 38, 40
*Contes fantastiques* (Nodier) ............. **19**:395
*Contes féeriques* (Banville) ............ **9**:31-32
*Contes héroïques* (Banville) ................ **9**:31
*Contes immoraux* (Borel)
   See *Champavert, contes immoraux*
*Contes pour les femmes* (Banville) .... **9**:31-32
*La contesse romani* (Dumas) ............... **9**:230
*A Contest of Faculties* (Kant) ......... **27**:237
*The Continentalist* (Hamilton) ...... **49**:295, 325
*Continuation and Conclusion of Dead Souls* (Gogol) .................................... **5**:218
*Continuation of Early Tales* (Edgeworth) .................................................. **51**:81, 110
"Continued" (Arnold) ...................... **29**:34
"The Contract" (Patmore) .............. **9**:352, 359
"Contracted Views in Religion" (Newman) .................................................. **38**:306
"Contralto" (Gautier) ........................ **59**:19
"The Contrast" (Edgeworth) ......... **51**:82, 88-9
*The Contrast* (Tyler) ................. **3**:571-79
"Contrasted Songs" (Ingelow) ............ **39**:264
*Contribution to the Correction of the Public Verdict on the French Revolution* (Fichte) .................................................. **62**:34
*A Contribution to the Critique of Political Economy* (Marx)
   See *Zur kritik der politischen Ökonomie*
"A Contribution to the History of Early Christianity" (Engels) ............. **85**:44, 48
*Contributions Designed to Correct the Judgment of the Public on the French Revolution* (Fichte)
   See *Contribution to the Correction of the Public Verdict on the French Revolution*
*Contributions to the Edinburgh Review* (Jeffrey) .. **33**:314, 322, 332, 348, 354-55
"The Contrite Heart" (Cowper) ........... **8**:130-31; **94**:71-2
*The Controversy of the Faculties* (Kant) .................................................. **67**:227
"The Convalescent" (Lamb) .. **10**:410, 419, 436
"The Convent Threshold" (Rossetti) ..... **2**:562, 564-5, 568, 575-6; **50**:266, 322; **66**:304-5, 308, 311-2, 341
*Convention of Cintra* (Wordsworth) ... **12**:461

"Conversation" (Cowper) ......... **8**:106, 125-26; **94**:14, 23, 26-8, 115

"Conversation" (Cowper) ..................... **94**:51

"A Conversation" (Turgenev) ....... **21**:377, 431

*Conversation* (Schlegel)
See *Gespräch über die Poesie*

*Conversation entre onze heures et minuit* (Balzac) ............................................ **5**:73

"The Conversation of Eiros and Charmion" (Poe) .... **1**:496, 519-20; **16**:297, 331; **97**:179-83

*A Conversation on the Highway* (Turgenev) ............................................ **21**:428, 432

"Conversations as Good as Real III" (Hazlitt) ............................................ **82**:98

*Conversations of James Northcote, Esq., R. A.* (Hazlitt) ..................................... **29**:148

*Conversations on Liberalism and the Church* (Brownson) ..................... **50**:63, 65, 67-8

*Conversations on Some of the Old Poets* (Lowell) .......... **2**:504; **90**:195-97, 212-13

*Conversations with Children on the Gospels* (Alcott) ..................................... **1**:19-20

*Conversations with Demons* (Arnim)
See *Gespräche mit Dämonen*

"The Conversaziōne" (Hale) ............ **75**:347-8

"The Conversazzhyony" (Field) ........ **3**:211

"The Convert" (Crabbe) ................. **26**:93, 129

*The Convert* (Brownson) ............ **50**:48, 50

"The Convict" (Shevchenko)
See *Varnak*

"The Convict" (Wilson) ..................... **5**:547

"Convict" (Wordsworth) ......... **12**:386, 388

"The Convict's Dream" (Crabbe) ....... **26**:100

"Le convive des dernières fêtes" (Villiers de l'Isle Adam) ..................... **3**:590

"Le convive inconnu" (Villiers de l'Isle Adam)
See "Le convive des dernières fêtes"

"Coogee" (Kendall) ..................... **12**:181, 199

"The Coolun" (Ferguson) ................. **33**:294

*Cooper Union Speech* (Lincoln) . **18**:212, 226, 240, 245-47, 253, 257, 264, 280

"The Cooper's Ward, or the Waif of the New Year" (Alger) ........................... **83**:96

"Cooranbean" (Kendall) ..................... **12**:182

*The Copperhead* (Frederic) .... **10**:183-84, 188, 192-94, 203-04

"The Copse" (Mitford) ..................... **4**:408

*Coquette* (Norton) ..................... **47**:248

"Les coquillages" (Verlaine) . **2**:624; **51**:378-79

"Le cor" (Vigny) ....... **7**:470, 474, 481, 484-85

"Coral Insect" (Sigourney) ............... **21**:296

"The Coral Insect" (Sigourney) .......... **87**:334

*Les corbeaux* (Becque) ............ **3**:13-19, 21-22

"La corde" (Baudelaire) ................. **29**:109-10

*La corde au cou* (Gaboriau) .. **14**:18, 20, 22-3, 25

"La corde roide" (Banville) ..................... **9**:27

*Corilla* (Nerval) ............ **1**:485; **67**:363

"Corinne at the Capitol" (Hemans) ..... **71**:297

*Corinne ou l'Italie* (Staël) ... **91**:291-92, 303, 314-15, 318, 320, 327-31, 337-38, 340-42, 344-56, 359-60, 365

"Coriolanus" (Hazlitt) ..................... **82**:164

"Corn" (Lanier) . **6**:235-38, 246, 248, 252, 254, 259-60, 269, 278-79, 281

"Corn Shucking Song" (Chivers) .......... **49**:55

*Cornelius O'Dowd upon Men and Women and Other Things in General* (Lever) . **23**:303

*Corner of the Woods* (Storm)
See *Waldwinkel*

"The Cornflower" (Krylov) ..................... **1**:435

"Corn-husking" (Arany)
See "Tengerihántás"

*The Coronal* (Child) ......... **6**:198; **73**:42, 59

"The Coronation" (Barham) ......... **77**:19, 26

"Coronation Soliloquy" (Hunt) . **1**:423; **70**:258

"Corporal Munoz" (Isaacs)
See "El cabo Muñoz"

*Corpus Inscriptionum Semitacarum* (Renan) ............................................ **26**:399

*Correspondance* (Flaubert) ....... **2**:255; **10**:150; **62**:101, 105-6, 114-5, 123; **66**:289

*Correspondance* (Sand) .......... **42**:329-31, 370, 372-73

*Correspondance* (Stendhal) ............... **23**:365

*Correspondance avec Hector Malot; 1862-1884* (Valles) ... **71**:357-58, 372-73, 376

*Correspondance de C. A. Sainte-Beuve, 1822-69* (Sainte-Beuve) ............... **5**:336

*Correspondance de George Sand et d'Alfred de Musset* (Musset) ..................... **7**:266

*Correspondance de H. de Balzac, 1819-1850* (Balzac) ............................... **5**:44

*Correspondance intime* (Desbordes-Valmore) ..................................... **97**:32, 35-6

"Correspondances" (Baudelaire) .......... **6**:114-15; **29**:74, 82, 97; **55**:49

*Correspondence* (Cowper)
See *The Correspondence of William Cowper*

*Correspondence* (Melville) ... **91**:218, 220, 222

*Correspondence* (Southey) ................. **97**:291

*A Correspondence* (Turgenev) ..... **21**:397, 401, 414, 418

*Correspondence* (Whitman) ............... **81**:308

*The Correspondence and Diaries of the Right Hon. John Wilson Croker* (Croker) ............................................ **10**:96-97

*The Correspondence of Henry Crabb Robinson with the Wordsworth Circle, 1808-1866* (Robinson) ............................... **15**:189

*The Correspondence of Sammuel Richardson* (Barbauld) ........................... **50**:17, 19

*The Correspondence of William Cowper* (Cowper) ......... **8**:105, 128; **94**:23-5, 28-9

*Correspondence with John Keble* (Newman) ............................................ **38**:314

"Correspondencia de 'El Duende'" (Larra) ............................................ **17**:269

"Corridas de torros" (Larra) ............... **17**:269

"Corrupt Youth" (Eminescu) ............... **33**:245

*The Corsair* (Byron) ... **2**:61-62, 70, 86, 89-90, 95, 99; **12**:110

"Corsica" (Barbauld) ..................... **50**:9

*The Corsican Brothers* (Bouicault) . **41**:30, 32

"Cortege" (Verlaine) ..................... **51**:378

*Una cosa rara o sia bellezza ed onestà* (Da Ponte) ..................................... **50**:83

*Cosas que fueron* (Alarcon) ..................... **1**:15

*Cosette* (Hugo) ..................................... **3**:246

*Cosi fan tutte o la scuola delle amanti* (Da Ponte) ............ **50**:82, 84-5, 92, 94-6, 98

"Cosi gl'interi giorni" (Foscolo) .......... **8**:278

*Cosima* (Sand) ..................................... **42**:309

"Cossack Cradlesong" (Lermontov) ...... **5**:300

"The Cossacks" (Merimee) ................. **6**:353

"The Cost of Improvement" (Barnes) . **75**:103

"Cost of Production" (Bagehot) ............ **10**:20

*A Cosy Couple* (Lewes) ..................... **25**:291

*Cot and Cradle Stories* (Traill) .......... **31**:323

"The Cottage" (Very) ..................... **9**:378

*Cottage Economy: Containing Information Relating to the Brewing of Beer, Making of Bread, Keeping of Cows* (Cobbett) .. **49**:110, 114-15, 130, 138, 140, 146, 152, 156-57, 175-78, 181-82

"The Cottage Girl" (Child) ..... **73**:128, 132-34

"A Cottage in Kolonna" (Pushkin) ..... **83**:272

"The Cottage Maiden" (Runeberg) ......... **41**:312, 321

"The Cottage on the Hill" (Hayne) .... **94**:161

"A Cottage Scene" (Sigourney) .......... **21**:310

"The Cottager to Her Infant" (Wordsworth) ............................................ **25**:421

"The Cotton Boll" (Timrod) . **25**:360, 363, 368, 370, 372, 374-77, 384, 387-88

"Coucher de soleil" (Leconte de Lisle) . **29**:216

"Le coucher du soleil romantique" (Baudelaire) ............................................ **29**:88

"Le Coucher d'un petit garçon" (Desbordes-Valmore) ............... **97**:29, 38

"Could That Sweet Darkness Where They Dwell" (Dickinson) ..................... **21**:69

"Councillor Krespel" (Hoffmann)
See "Rat Krespel"

"Counsel to an Unknown Young Man" (Vigny) ............................................ **7**:483

"The Counsels of Old Men Despised, or, the Revolt and Division of Empire" (Webster) ............................... **30**:424

"The Count Arnaldos" (Lockhart) ......... **6**:297

*Count Basil* (Baillie) . **2**:31, 34, 39-40, 43; **71**:4, 6, 12-13, 16, 28-30, 32, 35-38, 43, 45, 47-48, 51, 66

*Count Benyowsky; or, The Conspiracy of Kamtschatka* (Kotzebue)
See *Graf Benyowsky, oder die Verschwörung auf Kamschatka*

*Count Donski* (Sacher-Masoch) .......... **31**:289

*Count Frontenac and New France under Louis XIV* (Parkman) ..... **12**:336, 341, 372, 375

"Count Gismond" (Browning) . **19**:129; **79**:164

*Count Julian* (Landor) ... **14**:157-58, 161, 176, 182, 192-94

*Count Julian* (Simms) ..................... **3**:507-08

*Count Nulin* (Pushkin)
See *Graf Nulin*

"The Count of Gleichen" (Taylor) ....... **89**:310

*The Count of Monte Cristo* (Dumas)
See *Le comte de Monte-Cristo*

*The Count of Morian, The Count of Morion, Woman's Revenge* (Dumas)
See *Le comte de Moret*

*Count Robert of Paris* (Scott) ..... **15**:309, 314; **69**:313-14, 319-20, 333-34

"Countess" (Le Fanu)
See "A Passage in the Secret History of an Irish Countess"

"The Countess" (Whittier) . **8**:516, 519; **59**:360, 371

*The Countess of Rudolstadt* (Sand)
See *La comtesse de Rudolstadt*

"The Counting-House" (Turgenev) ..... **21**:377

"A Country Apothecary" (Mitford) ....... **4**:408

"A Country Barber" (Mitford) ............. **4**:408

"Country Boys" (Mitford) ................. **4**:401

"A Country Christmas" (Alcott) ............ **58**:47

"The Country Church" (Irving) ..... **19**:327-28

"The Country Doctor" (Turgenev) ... **21**:451-52; **37**:435

*Country Doctor* (Balzac)
See *Le Médecin de Campagne*

*A Country Gentleman and His Family* (Oliphant) .... **11**:460, 462; **61**:210-1, 241

"The Country Girl" (Clare) ..................... **9**:75

"The Country Inn" (Turgenev)
See "The Inn"

*The Country Inn* (Baillie) ... **2**:34-35; **71**:2, 13, 64

"The Country Justice" (Crabbe) .......... **26**:133

*The Country Seat* (Barham) ................. **77**:6

*Country Stories* (Mitford) ............ **4**:401

"The Country Sunday" (Jefferies) ....... **47**:112-13, 138

*The Country Waif* (Sand)
See *François le Champi*

"The Countryman" (Martí)
See "Hombre del campo"

"The Countryside" (Pushkin)
See "Derevnya"

"The County Mayo" (Ferguson) ......... **33**:287

*Un coup de dés jamais n'abolira le hasard* (Mallarme) . **4**:379, 383-86, 392, 395-96; **41**:248-51, 267, 277, 280, 285-88, 301

"Un coup d'etat" (Maupassant) ............ **1**:469

*La coupe et les lèvres* (Musset) .... **7**:256, 258, 260, 264, 274

*La cour d'Assises* (Scribe) ................. **16**:394

"Courage" (Arnold) ......... **29**:23, 27

"La Couronne effeuillé" (Desbordes-Valmore) ............................................ **97**:13

*Cours de philosophie positive* (Comte) .54:166-88, 190, 205, 209-12, 217-39, 241, 244

*Cours familier de littérature: Un entretien par mois* (Lamartine) ............ 11:262, 272-73

*A Course of Lectures on Dramatic Art and Literature* (Schlegel)
  See *Ueber dramatische Kunst und Litteratur*

*Course of Lectures on Positive Philosophy* (Comte)
  See *Cours de philosophie positive*

"A Courteous Explanation" (Arnold) ...... 6:62

"The Courtin'" (Lowell) .. 2:511, 513-14, 522; 90:193

*Court-intriguing and Love* (Schiller)
  See *Kabale und Liebe*

*The Courtship of Miles Standish* (Longfellow) .. 2:478-80, 483-84, 487, 495, 498; 45:103, 106, 109-10, 113-14, 124, 128, 134, 137, 139, 142, 144-45, 147, 149-50, 159, 187

"The Courtship of the Yonghy Bonghy Bo" (Lear) ...................... 3:297-98, 301, 309

*Cousin Bette* (Balzac)
  See *La cousine Bette*

*Cousin Henry* (Trollope) ...................... 6:470

"Cousin Kate" (Rossetti) ......... 2:575; 50:270; 66:329, 331, 350-3, 355

"Cousin Marshall" (Martineau) .... 26:305, 351

*Cousin Mary* (Oliphant) ............. 11:462

"Cousin Phillis" (Carlyle) . 70:224-25, 227-28, 230, 232

*Cousin Phillis* (Gaskell)
  See *Cousin Phyllis*

*Cousin Phyllis* (Gaskell) .. 5:185, 190-92, 197-98, 201-03, 205; 70:185, 198, 227; 97:110

*Le cousin Pons* (Balzac) .. 5:51-52, 55, 76-77, 81-82

"La Cousine" (Nerval) ............. 1:478; 67:306

*La cousine Bette* (Balzac) ...................... 53:35

*A Cousin's Conspiracy* (Alger) ... 8:42; 83:117

"The Covenanters" (Landon) ............. 15:161

*The Covetous Knight* (Pushkin)
  See *Skupoi rytsar*

*The Cowled Lover* (Bird) ................. 1:87, 89

"Cowper Hill" (Clare) ...................... 9:78, 108

"Cowper's Grave" (Browning) . 1:124-6; 66:44

"The Cracked Bell" (Baudelaire)
  See "La cloche fêlée"

"A Cradle Song" (Blake) ..... 13:220; 37:3, 24, 31, 38, 40, 61, 69, 71-2, 74-5, 92

"The Crane" (Lenau) ...................... 16:276

"The Cranes of Ibycus" (Schiller)
  See "Die Kraniche des Ibykus"

*Cranford* (Gaskell) ...... 5:185-87, 189-91, 193, 197-201, 203, 205; 70:119, 185, 188, 193, 197, 199, 216-23; 97:103-76

"Le crapaud" (Corbiere) ...................... 43:10

*Le crapaud* (Hugo) ...................... 3:271

*The Crater; or, Vulcan's Peak* (Cooper) . 1:220-21; 27:144; 54:263, 276

*The Crayfish: An Introduction to the Study of Zoology* (Huxley) ................. 67:9, 11, 95

*A Crayon Miscellany* (Irving)
  See *The Crayon Miscellany*

*The Crayon Miscellany* (Irving) . 2:373; 95:253

*Crayonné au théâtre* (Mallarme)
  ................ 4:373; 41:269-71, 301

"The Created" (Very) ............. 9:378, 383-84

"Creation" (Emerson) ...................... 1:282

"Credat Judaeus Apella" (Gordon)
  ...................... 21:160, 180

"Crépuscule de dimanche d'été" (Laforgue)
  ...................... 53:270

"Le crépuscule du matin" (Baudelaire)
  ...................... 29:101, 113; 55:15, 24, 62

"Le crépuscule du soir" (Baudelaire) .. 6:129-30; 29:101, 109, 113; 55:15, 22, 24-5

"Crepuscule du soir mystique" (Verlaine)
  ...................... 51:361

"Crest and Gulf" (Patmore) ............. 9:358, 362

"The Cretan" (Solomos) ......... 15:398, 404-05

"Crete" (Lampman) ............................ 25:190

"Le cri de l'âme" (Lamartine) ............. 11:270

*Le Cri du Peuple* (Valles) ...................... 71:377

*Crichton* (Ainsworth) ...... 13:17-18, 21-22, 34, 36, 42

"The Cricket on the Hearth" (Dickens) . 3:165

"The Crickets Sang" (Dickinson) ...... 21:67-9

"Cries of the Blindman" (Corbiere)
  See "Cris d'aveugle"

"Crime and Automatism" (Holmes)
  ...................... 14:117, 132, 137

*Crime and Punishment* (Dostoevsky)
  See *Prestuplenie i nakazanie*

*Le crime d'Orcival* (Gaboriau) ........ 14:16, 19, 21-7, 29, 33

"Crime of Love" (Verlaine)
  See *Crimen Amoris*

*Crimen Amoris* (Verlaine) ...... 51:368-69, 372, 375

*Crimes célèbres* (Dumas) ...................... 11:46

*Les crimes de l'amour* (Sade) .. 3:468-70, 478, 481; 47:309, 361

*The Crimes of Passion* (Sade)
  See *Les crimes de l'amour*

*Criminal Out of Infamy* (Schiller) ....... 69:275

*The Criminal Prisons of London and Scenes of London Life* (Mayhew)
  See *The Great World of London*

"The Crimson Curtain" (Barbey d'Aurevilly)
  See "Le rideau cramoisi"

"The Cripple" (Andersen) ............. 7:28; 79:77

"Crippled Jane" (Norton) ................... 47:252

"The cripple's wife" (Lonnrot) ............. 53:339

"Cris d'aveugle" (Corbiere) . 43:11, 13, 17-18, 28-9, 32, 34

*Le Crise* (Feuillet) ............. 45:77, 79, 88, 90

"Crise de vers" (Mallarme) . 41:240, 267, 273-74, 284-85, 294

"The Crisis" (Merimee) ...................... 6:353

*The Crisis and A Crisis in the Life of an Actress* (Kierkegaard) .......... 34:204, 252

"The Crisis and the Cuban Revolutionary Party" (Martí) ...................... 63:168

*Crisis Extraordinary* (Paine) ............. 62:370

"Cristina" (Browning) ...................... 19:129

*The Critic; or, Tragedy Rehearsed* (Sheridan) .. 5:357-58, 361-63, 367, 369-73, 378, 383; 91:242, 244-45, 255-58, 260, 262-64

*Critical and Historical Essays* (Taine)
  See *Essais de critique et d'histoire*

*Critical and Historical Essays Contributed to the Edinburgh Review* (Macaulay) .. 42:65, 72, 76, 84, 87-88, 92-3, 103, 124, 152

*Critical and Miscellaneous Essays* (Macaulay)
  See *Critical and Historical Essays Contributed to the Edinburgh Review*

*A Critical Dissertation on the Poems of Ossian* (Blair) ........ 75:115, 117-18, 125-26, 136

*Critical Essay of Political Economy* (Engels)
  ...................... 85:8

*Critical Essays and Literary Notes* (Taylor)
  ...................... 89:324, 341

*Critical Essays on the Performers of the London Theatres, Including General Observations on the Practise* (Hunt)
  ...................... 1:406

"The Critical Historians of Jesus" (Renan)
  ...................... 26:368

"Critical Notice" (Brown) ...................... 74:37

*Critical Remarks on Dr Dorn's Chrestomathy of Pushtu* (Burton) ...................... 42:53

"Critical Words" (Eminescu) ...................... 33:272

"Critics" (Parton) ...................... 86:352

"Critique des Poemes saturniens" (Verlaine)
  ...................... 51:388

*Critique of Judgment* (Kant)
  See *Kritik der Urtheilskraft*

*Critique of Practical Reason* (Kant)
  See *Kritik der praktischen Vernunft*

*Critique of Pure Reason* (Kant)
  See *Kritik der reinen Vernunft*

*Critique of the Power of Judgment* (Kant)
  See *Kritik der Urtheilskraft*

*Critiques and Addresses* (Huxley) ........ 67:44

"The Crofton Boys" (Martineau) . 26:310, 323, 349

*Crohoore of the Bill-Hook* (Banim and Banim)
  ......... 13:115-17, 122-23, 125-30, 132-34, 139-41

*The Croker Papers* (Croker)
  See *The Correspondence and Diaries of the Right Hon. John Wilson Croker*

*Cromwell* (Balzac) ...................... 5:51

*Cromwell* (Hugo) . 3:233, 236, 241, 261, 268-69, 275; 21:197, 201, 222-23, 226

*Cromwell* (Merimee) ............. 65:44, 80, 86-7

*Cromwell et Charles 1er* (Dumas) ..... 71:222

"The Crooked Branch" (Gaskell) . 5:190, 201; 70:189

*The Croppy* (Banim and Banim) . 13:121, 125-27, 129, 134-35, 137-38, 147, 151

"The Cross of Snow" (Longfellow)
  ...................... 45:116, 125, 132, 137

"Cross-Examination" (Allingham) .......... 25:4

"Crossing Brooklyn Ferry" (Whitman) .... 4:569, 571, 582, 600; 31:389, 391, 405, 407, 431, 443, 445; 81:260, 359, 362-68

"Crossing the Bar" (Tennyson) ... 30:223, 280, 282

"A Cross-Road Epitaph" (Levy) .......... 59:98

"Le croup" (Daudet) ...................... 1:248

*The Crow* (Gozzi)
  See *Il corvo*

"Crow and Fox" (Krylov) ...................... 1:439

"Crowds" (Baudelaire)
  See "Les foules"

"The Crowing of the Red Cock" (Lazarus)
  ...................... 8:415-17, 419

"Crowland Abbey" (Clare) .. 86:108, 110, 112

*Crown Bride* (Tegner) ...................... 2:613

*Crowned and Buried* (Browning) ........ 66:44

"A Crowned King" (Blake) ...................... 37:29

"Le crucifix" (Lamartine) .... 11:255, 268, 270-72, 278, 283

"Un Crucifix" (Verlaine) ...................... 51:359

*Cruelty and Despair or the Black Cave and the Wretched Incense Burners* (Eminescu)
  ...................... 33:266

"The Cry at Midnight" (Patmore) ......... 9:359

"A Cry for Ireland" (Mangan) ............. 27:311

"The Cry of Hungary" (Chivers) ...... 49:50

"The Cry of the Children" (Browning) . 1:115-7, 121, 123-5; 61:5, 9, 42; 66:25, 42, 44

"The Cry of the Human" (Browning)
  ...................... 1:113, 115, 117

"A Cry to Arms" (Timrod) .. 25:360, 367, 372, 384

"The Crystal" (Lanier) ...................... 6:245, 248

"The Crystal Bell" (O'Brien) .. 21:236, 245-46

"The Crystal Cabinet" (Blake) ..... 13:172, 243

*Csák végnapjai* (Madach) ...................... 19:370

"Csaladi kör" (Arany) ...................... 34:16

"A csárda romjai" (Petofi) ...................... 21:285

"Császár Ferenc őnagyságához" (Petofi)
  ...................... 21:278

"Csatadal" (Petofi) ...................... 21:286

"Csokonai" (Petofi) ...................... 21:283

"The Cuban Soul" (Martí)
  See "El alma cubana"

"Cuckoo" (Wordsworth) ............. 12:431, 436

*The Cuckoo in the Nest* (Oliphant) ..... 11:461

*Cudzoziemszczyzna; czyli, Nauka zbawlenia* (Fredro) ...................... 8:285

*Cuento* (Espronceda)
  See *El estudiante de Salamanca*

"Cui Bono?" (Gordon) . 21:154, 156, 160, 164

*Cúirt an Mheadhon Oidhche* (Merriman)
  ...................... 70:348-88

"Cúirt an Mheán Oíche" (Merriman) .. 70:364-69

*Cúirt an Mheán Oíche* (Merriman)
  See *Cúirt an Mheadhon Oidhche*

*The Cultural History of Greece* (Burckhardt)
  See *Griechische Kulturgeschichte*
"Culture" (Emerson) ..................... **38**:174, 209
*Culture and Anarchy: An Essay in Political
  and Social Criticism* (Arnold) .. **6**:53, 60,
  62; **29**:10, 19-20, 42, 45; **89**:54, 59-66, 81,
  84, 101, 104, 110-11, 121-22, 127, 132
*Culture and its Enemies* (Arnold) .... **29**:19-21
*Culture's Garland* (Field) ......... **3**:209, 211-12
"Culver Dell and the Squire" (Barnes)
  ................................. **75**:57, 104
"The Cumberbund" (Lear) .. **3**:296, 307
"Cumberland" (Longfellow) ............... **45**:189
"Çunacépa" (Leconte de Lisle) .. **29**:219-
  20, 223, 234
*The Cup* (Tennyson) ...................... **30**:265-66
"The Cup of Life" (Lampman) ... **25**:189, 198,
  206, 218
"The Cup of Life" (Lermontov) ........... **5**:299
"Cupid and Psyche" (Morris) .. **4**:416, 427-28,
  445, 447
"Cupid and Psyche" (Patmore) .... **9**:338
"Cupido" (Taylor) ....................... **89**:317
*Cupid's Arrow Poisoned* (Beddoes) .. **3**:37-39
*The Curate in Charge* (Oliphant) . **11**:439, 461-
  2
*Curator Carsten* (Storm)
  See *Carsten Curator*
*Le curé de Tours* (Balzac) ...................... **53**:25
*A Cure for Melancholy (Shewing the Way to
  Do Much Good with Little Money)*
  (More) ................................. **27**:346
*The Curé of Tours* (Balzac)
  See *Le curé de Tours*
"The Cure on the Banks of the Rhone"
  (Barbauld) ......................... **50**:14
"Curfew" (Longfellow) .................... **45**:151
*Curiosa Mathematica, Part I: A New Theory of
  Parallels* (Carroll) .................. **2**:111
*Curiosés esthéetiques* (Baudelaire) ....... **29**:86
"Curiosités déplacées" (Laforgue) ...... **53**:270
"The Curious Man" (Pushkin) ...... **83**:272
"A Curious Man's Dream" (Baudelaire)
  See "Le rêve d'un curieux"
"The Curlew Song" (Kendall) .. **12**:191
"The Current Has Thickened and Grown
  Opaque" (Tyutchev) ............... **34**:393
"A Curse for a Nation" (Browning) .. **61**:6, 44
*The Curse of Clifton: A Tale of Expiation and
  Redemption* (Southworth) ......... **26**:432-
  34, 438, 442
*The Curse of Kehama* (Southey) ... **8**:453, 456,
  459, 461, 468, 470, 474, 476-77; **97**:261,
  278-79, 291, 293-94, 297-98, 307, 322, 329,
  336
"The Curse of Love" (Petofi)
  See "Szerelem átka"
"The Curse of Mother Flood" (Kendall)
  ................................. **12**:182
"The Curse of the Joyces" (Ferguson) . **33**:289
*Cursory Strictures on Chief Justice Eyre's
  Charge to the Grand Jury* (Godwin)
  ................................. **14**:67
"Curtius" (Crawford) ...................... **12**:155
"Custom House" (Hawthorne) .. **2**:298, 311;
  **10**:271, 314; **39**:222, 234, 237, 240; **79**:331
*The Cyclopaedia of Medieval Costume*
  (Planche) ......................... **42**:274
*Cyclopaedia of Modern Travel* (Taylor)
  ................................. **89**:354
"Cyclopeedy" (Field) ...................... **3**:211
*Les cydalises* (Nerval) ............. **1**:478; **67**:306
*Cydippe* (Stagnelius) ............. **61**:248, 265
"Le cygne" (Baudelaire) .. **6**:80, 115-16; **29**:81,
  100, 107, 115; **55**:3, 16, 19, 26, 29, 36-7,
  41-2, 64, 67
"Cyhyryne Cyhyryne" (Shevchenko)
  ................................. **54**:364, 378-9, 388
*Cymon and Iphigenia* (Planche) ......... **42**:277
*Cynthio and Bugboo* (Beddoes) ............. **3**:33

*Cyprus Leaves from the Grave of Dear Ethel*
  (Petofi)
  See *Czipruslombok Etelke sírjáról*
"Cythere" (Verlaine) ...................... **51**:378, 380
"Cywilizacja" (Norwid) ........... **17**:378-79, 383
"Czar Alexander the Second (13th of March
  1881)" (Rossetti) ......................... **77**:298
"Czar Nikita" (Pushkin)
  See "Tsar Nikita"
*Czarne kwiaty* (Norwid) ............... **17**:371, 373
"Czas i prawda" (Norwid) ..................... **17**:374
"Czatyrdah" (Mickiewicz) ..................... **3**:403
*Czipruslombok Etelke sírjáról* (Petofi)
  ................................. **21**:279, 285
"Da ich ein Knabe war ..." (Hölderlin)
  ................................. **16**:174, 176
*Daddy Goriot; or, Unrequited Affection*
  (Balzac)
  See *Le père Goriot: Histoire Parisienne*
*Daddy O'Dowd* (Boucicault) ......... **41**:28-9, 34
*Daddy's Gogu* (Eminescu) ................. **33**:266
*Dad's Always Right* (Andersen) ........... **79**:25
"Dad's Dog School" (Harris) . **23**:140, 159-60,
  162-63
"Daffodils" (Wordsworth) .... **12**:420, 427, 431
"The Dagger" (Pushkin) ......... **83**:253-54
"Un dahlia" (Verlaine) ..................... **2**:630
"The Daisy" (Tennyson) ...... **30**:215, 234, 236
"The Daisy Follows Soft the Sun"
  ................................. **21**:79; **77**:147-48
"Dalaim" (Petofi) ......... **21**:264, 284
"The Dale" (Lamartine)
  See "Le vallon"
"Dalforrás" (Madach) ................. **19**:369
*Dalila* (Feuillet) . **45**:74-5, 78-81, 88
"The Dalliance of the Eagles" (Whitman)
  ................................. **4**:572, 592, 602-03
*The Daltons; or, Three Roads in Life* (Lever)
  ................................. **23**:289, 292, 297, 304-05
"Dama i fefela" (Leskov) ................. **25**:229
*La dame aux camélias* (Dumas) ........... **9**:219-
  20, 223-25, 227, 229, 231-32, 234-37, 239-
  41, 245-47, 250, 252-55
*La dame aux perles* (Dumas) ............. **9**:219
*La dame blanche* (Scribe) ...... **16**:401, 408
*La dame de Monsoreau* (Dumas) .. **11**:52, 68,
  74; **71**:190-91, 193-94, 205, 242
*Dames et demoiselles* (Banville) ......... **9**:31-32
*The Damnation of Theron Ware* (Frederic)
  ......... **10**:184-86, 189-99, 202-06, 208-17,
  219-20
"Damned Women" (Baudelaire)
  See "Femmes damnées"
"Les damnés" (Leconte de Lisle) . **29**:223, 228
*Damokles* (Klinger) .................... **1**:427
*Damon and Pythias* (Banim) ............. **13**:128
*The Damsel of Darien* (Simms) ........... **3**:508
"The Damsel of Peru" (Bryant) .... **6**:162, 169,
  172
*Damy i huzary* (Fredro) ........... **8**:289-92
"The Dance" (Browning) ................. **1**:121
"The dance" (Lonnrot) ................. **53**:339
"Dance of Death" (Beddoes) ................. **3**:34
"The Dance to Death" (Lazarus) .. **8**:415-
  17, 420-24, 426, 428
*The Dancing Girl of Shamakha* (Gobineau)
  See "La danseuse de Shamakha"
*The Dandie's Rout* (Norton) . **47**:246, 248, 250
"Danger of Praise" (Keble) ................. **87**:119
"Danger of Regulating Our Conduct by the
  Rules of Romantic Sentiment"
  (Mackenzie) ......................... **41**:190
*Dangerous Acquaintances* (Laclos)
  See *Les liaisons dangereuses; ou, Lettres
    recueillies dans une société et publiées
    pour l'instruction de quelques autres*
*Dangerous Connections; or, Letters Collected
    in a Society, and Published for the
    Instruction of Other Societies* (Laclos)
  See *Les liaisons dangereuses; ou, Lettres
    recueillies dans une société et publiées
    pour l'instruction de quelques autres*

"Les dangers de l'inconduite" (Balzac) . **35**:26-
  7
*The Dangers of Coquetry* (Opie) . **65**:174, 178-
  9
"Daniel and the Devil" (Field) ............. **3**:206
*Daniel Deronda* (Eliot) ....... **4**:108-09, 112-14,
  121-26, 128-29, 133, 135-37, 144, 152;
  **13**:295, 317-18, 320, 322, 344; **23**:49-100;
  **41**:68, 70, 72, 77, 79, 121, 129, 133-34;
  **49**:237, 243; **89**:204
"Daniel Jovard ou la Conversion d'un
  classique" (Gautier) ................. **59**:10, 27-8
*La Daniella* (Sand) ......... **2**:592; **42**:311, 338;
  **57**:316
*Danischmend* (Wieland) ..................... **17**:407
"Danksagung an den Bach" (Muller) .. **73**:363-
  64, 370
*Dans la fournaise* (Banville) ............. **9**:30-31
"Dans la grotte" (Verlaine) ........... **51**:378-80
"Dans la sierra" (Gautier) ................. **59**:19
"Dans le ciel clair" (Leconte de Lisle) . **29**:224
"Dans le rue, par un jour funèbre de Lyon"
  (Desbordes-Valmore) ................. **97**:30
"Dans les rues" (Desbordes-Valmore) . **97**:30
"Dans l'interminable..." (Verlaine) ... **51**:382
*Danse des Morts* (Flaubert) ............... **62**:28
"Danse macabre" (Baudelaire) ......... **55**:23
"La danseuse de Shamakha" (Gobineau)
  ................................. **17**:69, 92, 103
"Dante" (Arany) ......................... **34**:19
*Dante* (Macaulay) ......................... **42**:116
*Dante* (Oliphant) ......................... **11**:439
*Dante and His Circle: With the Italian Poets
    Preceding Him, 1100/1200/1300*
    (Rossetti) ......................... **4**:497
"Dante at Verona" (Rossetti) . **4**:493, 497, 518-
  19, 522, 525, 529-30; **77**:297, 337
"Dante Gabriel Rossetti" (Pater) ........... **7**:306
*Danton's Death* (Büchner)
  See *Dantons Tod*
*Dantons Tod* (Büchner) ... **26**:3-5, 7-11, 14-17,
  20, 23-8, 32-3, 35-48, 49, 51, 56, 62-6,
  69-71
*Danylo Reva* (Shevchenko) ................. **54**:367
"Daphles" (Hayne) ........... **94**:153-58
"Daphne" (Kendall) ..................... **12**:181, 192
*Daphné-Deuxième consultation du Docteur
    Noir* (Vigny) .. **7**:473-74, 485-86
*Darby's Return* (Dunlap) . **2**:208, 210-11, 213,
  215, 217
"Dare You See a Soul at the White Heat?"
  (Dickinson) ......................... **21**:21; **77**:67
"Darest Thou Now O Soul" (Whitman) . **4**:586
"A Dark Day" (Rossetti) ..................... **4**:491
"Dark Days" (Parton) ..................... **86**:347
"The Dark Days of Autumn" (Clare) .... **9**:111
"Dark House By Which Once More I Stand"
  (Tennyson) ......................... **30**:273
"The Dark Interpreter" (De Quincey) . **4**:88-
  89; **87**:9
"Dark Night, Clear Night" (Macha) ... **46**:201
"A Dark Night's Work" (Gaskell) . **5**:192, 201-
  02, 205; **70**:185, 187-90, 198
"Dark Rosaleen" (Mangan) .... **27**:279, 281-84,
  287-90, 293-95, 297-99, 304-11, 313-14,
  318-19
"Dark Shadowing Chestnut Tree" (Meyer)
  See "Schwarzschattende Kastanie"
"The Dark Stag" (Crawford) ......... **12**:166
"Darkness" (Byron) ......................... **2**:94
"Darling Room" (Tennyson) ......... **30**:210
"The Darning Needle" (Andersen) .. **79**:23, 34,
  69, 89
*Darstellung der Wissenschaftslehre aus dem
    Jahre 1801* (Fichte) ................. **62**:13
*Darstellung meines Systems der Philosophie*
    (Schelling) ................. **30**:127, 167, 174
*Dartmoor* (Hemans) ............. **29**:202; **71**:261
"Darwin's Critics" (Huxley) ........... **67**:86-7
"Darwin's Thoughts about God" (Symonds)
  ................................. **34**:336
"Dary Tereka" (Lermontov) ............. **5**:287

Title Index

*Dastanbuy* (Ghalib) ........................ **39**:149-51
*Daughter and Mother* (Tamayo y Baus)
    See *Hija y madre*
*Daughters of Fire* (Nerval)
    See *Les filles du feu*
*Davenport Dunn: A Man of Our Day* (Lever)
    ............ **23**:288-89, 292, 296, 301, 305
"David and Abigail" (Lampman) . **25**:167, 201,
    220
*David Balfour: Being Memoirs of His*
    *Adventures at Home and Abroad*
    (Stevenson)
       See *Kidnapped: Being Memoirs of the*
       *Adventures of David Balfour in the Year*
       *1751*
*David Copperfield* (Dickens)
    See *The Personal History of David*
    *Copperfield*
*David Garrick* (Robertson) .......... **35**:335, 355
"David Swan" (Hawthorne) .................. **2**:298
"Dawn" (Isaacs)
    See "Albor"
*The Dawn* (Krasinski)
    See *Przedświt*
"A Dawn on the Lievre" (Lampman)
    ........................... **25**:190, 205, 210
"Dawnings of Genius" (Clare) .. **9**:72, 74, 105,
    120; **86**:173
"The Day after To-Morrow" (Patmore)
    ................................... **9**:349, 358
"The Day After Tomorrow" (Stevenson)
    ....................................... **63**:239
"Day and Night" (Tyutchev)
    See "Den i noch"
*Day and Night Songs* (Allingham) .... **25**:7, 16,
    22
"A Day! Help! Help! Another Day!"
    (Dickinson) ........................... **77**:161
"A Day in Surrey with William Morris"
    (Lazarus) ............................. **8**:423
"A Day in the Wilderness" (Frederic) . **10**:203
"The Day is Done" (Longfellow) . **45**:116, 135,
    151-52, 187
"The Day Is Gone" (Keats) ................ **73**:155
"The Day of Dead Soldiers" (Lazarus) . **8**:413
"The Day of the Lord is at Hand, at Hand!"
    (Kingsley) ........................... **35**:206, 219
"The Day of Trial" (Griffin) ................ **7**:214
"The Day Preceding the St. Petersburg Flood
    of 1824" (Mickiewicz) ................ **3**:401
"A Day with the Surrey" (Surtees) .... **14**:376
"Daybreak" (Dana) .................... **53**:158, 178
"Day-Dream" (Bryant) ................ **6**:165, 168
"The Day-dream" (Tennyson) ............ **65**:232
"a Day-dream at Tintagel" (Poe) .... **94**:229
"A Daydream in Summer" (Clare) ........ **86**:90
"Daydreams" (Lonnrot) .................. **53**:339
"Day-Dreams" (Rossetti) ................ **50**:293
"Daylight and Moonlight" (Longfellow)
    ....................................... **45**:160
"Days" (Emerson) . **1**:290, 296, 299-300
*The Days of My Life* (Oliphant)
    .................... **11**:462; **61**:206, 209
*A Day's Ride: A Life's Romance* (Lever)
    ............ **23**:286, 292, 302, 304
"Las de l'amer repos" (Mallarmé) ...... **41**:250
"The Deacon and His Daughter" (Crawford)
    ................................ **12**:151, 172
*Deacon Brodie; or, The Double Life: A*
    *Melodrama Founded on Facts*
    (Stevenson) ................ **5**:411, 421
"Deacons' Daughters and Ministers' Sons"
    (Parton) ............................. **86**:376
"The Deacon's Masterpiece; or, The Wonderful
    'One-Hoss' Shay" (Holmes) ....... **14**:109-
    10, 115-16, 119, 121, 125-26, 128, 143;
    **81**:98-99, 107
"The Dead" (Very) ............ **9**:373, 378, 397
"Dead Achilles" (Meyer)
    See "Der tote Achill"
"The Dead Are in the Silent Graves" (Hood)
    ....................................... **16**:222

"The Dead Babe" (Field) .................. **3**:208
"Dead before Death" (Rossetti) . **2**:557; **50**:310;
    **66**:341
"Dead Cities" (Lampman) ................ **25**:210
"The Dead City" (Rossetti) ................ **66**:306
"The Dead Drummer Boy" (Barham) ... **77**:35
"The Dead Eagle" (Campbell) ............ **19**:183
"The Dead Feast of the Kol-Folk" (Whittier)
    ................................ **8**:516; **59**:360
"Dead Friends" (Meyer)
    See "Die toten Freunde"
"The Dead Horse" (Bertrand) ............ **31**:54
"Dead Language" (Patmore) .............. **9**:361
"The Dead Leman" (Gautier) ............ **1**:347
"The Dead Man: A Folktale from Funen"
    (Andersen) ............................. **79**:86
"The Dead Man's Dream" (Darley) . **2**:127, 130
"The Dead Man's Grave" (Moodie) ... **14**:231
"A Dead Man's Love" (Lermontov) ..... **5**:299
"The Dead Pan" (Browning) . **1**:124, 128;
    **66**:44
"The Dead Princess and the Seven Heroes"
    (Pushkin)
      See "Skazka o Mertvoy Tsarevne"
"The Dead Prophet" (Tennyson) ...... **65**:380-1
"A Dead Secret" (O'Brien) .............. **21**:242
*The Dead Secret* (Collins) . **1**:174, 178-79, 182,
    184-85; **93**:46-7, 53, 64
*Dead Souls* (Gogol)
    See *Tchitchikoff's Journey; or Dead Souls*
"The Dead Stone-Breaker" (Crabbe) .. **26**:103
"The Dead Year" (Thomson) ....... **18**:394, 406,
    414
*Deaf and Dumb* (Holcroft)
    See *Deaf and Dumb; or, the Orphan*
    *Protected*
*Deaf and Dumb; or, the Orphan Protected*
    (Holcroft) .................... **85**:199, 212, 223
"Deákpályám" (Petofi) ................ **21**:279
*Dealings with the Firm of Dombey and Son*
    (Dickens) ...... **3**:145, 147, 151, 156, 161,
    172-73, 175, 178-79, 181; **8**:169, 171-72,
    175-76, 178, 195, 199; **18**:119; **26**:175;
    **37**:168, 199; **86**:189, 221
*Dean Dunham* (Alger) .................... **8**:43
*The Dean's Daughter; or, The Days We Live*
    *In* (Gore) ............................ **65**:22, 30
"Dear is my little Native Vale" (Rogers)
    ....................................... **69**:66
"Dear Lord and Father of Mankind" (Whittier)
    ................................ **8**:520, 525
"Death" (Lampman) ...................... **25**:187
"Death" (Turgenev) ................ **21**:413, 454
"Death among the Trees" (Sigourney) . **87**:337
"Death and Love" (Rossetti) ...... **77**:313, 339
"Death and the Fear of Dying" (Smith)
    ............ **59**:303, 307, 309, 315, 322
"A Death at Sea" (Adams) ............ **33**:4
"A Death in the Bush" (Kendall) ........ **12**:179-
    80, 186, 189-90, 192, 201-02
"A Death in the Desert" (Browning)
    ............ **19**:117, 130, 138, 153; **79**:133-34
"Death in the Kitchen" (Hood) ...... **16**:235-36
"Death is the supple Suitor" (Dickinson)
    ................................ **77**:163, 173
"The Death of a Devotee" (Carleton) ..... **3**:92
"The Death of A. G. A." (Brontë) ...... **16**:123
"Death of a Son of the Late Honorable Fisher
    Ames" (Sigourney) .................... **87**:337
"Death of a Youn Musician" (Sigourney)
    ....................................... **87**:337
"Death of a Young Lady at the Retreat for the
    Insane" (Sigourney) .................... **87**:337
"Death of a Young Wife" (Sigourney) . **87**:337
"The Death of Adaline" (Chivers) ..... **49**:48
*The Death of Adam* (Klopstock) .. **11**:218, 231
"The Death of an Infant" (Sigourney)
    .................... **21**:299, 310; **87**:326
"The Death of Artemidora" (Landor) . **14**:181-
    82, 190-91
"The Death of Artists" (Baudelaire)
    See "La mort des artistes"

*Death of Buda* (Arany)
    See *Buda halála*
"The Death of Dermid" (Ferguson) .... **33**:293
"The Death of Don Pedro" (Lockhart) . **6**:297
"Death of General Brock" (Richardson)
    ....................................... **55**:342
*The Death of General Montgomery in*
    *Storming the City of Quebec*
    (Brackenridge) .................... **7**:44, 47, 50
"The Death of Jonathan" (Lamartine) . **11**:249
*The Death of King Buda* (Arany)
    See *Buda halála*
"The Death of Lovers" (Baudelaire)
    See "La mort des amants"
"Death of Mrs. Harriet W. L. Winslow"
    (Sigourney) ........................... **87**:337
"The Death of Oenone" (Tennyson) .. **30**:233
"The Death of Paris" (Morris) ......... **4**:447-48
*The Death of Richelieu* (Dumas) ........ **71**:219
"The Death of Slavery" (Bryant) . **6**:169, 174
"Death of Socrates" (Lamartine)
    See *La morte de Socrate*
"Death of the Dauphin" (Daudet) ...... **1**:238
"The Death of the Devil" (Chivers) ...... **49**:78
"The Death of the Flowers" (Bryant) ... **6**:168-
    69, 171-72, 177, 183; **46**:3, 9, 26
"Death of the Orphan" (Solomos) ...... **15**:389
"Death of the Poet" (Lermontov)
    ................... **5**:295; **47**:158, 166
*The Death of the Poet* (Tieck)
    See *Der Tod des Dichters*
"The Death of the Poor" (Baudelaire)
    See "La mort des pauvres"
"Death of the Rev. Alfred Mitchell"
    (Sigourney) ........................... **87**:337
"Death of the Rev. Gordon Hall" (Sigourney)
    ....................................... **87**:337
"Death of the Rev. W. C. Walton" (Sigourney)
    ....................................... **87**:337
"The Death of the Sergeant" (Isaacs)
    See "La muerte del sargento"
"Death of the Shepherd" (Solomos) ... **15**:389
"Death of the Wife of a Clergyman, during the
    Sickness of Her Husband" (Sigourney)
    ....................................... **87**:337
"The Death of the Wolf" (Vigny)
    See "La mort du loup"
"The Death of Time" (Chivers) ........... **49**:57
"The Death of Wind-Foot" (Whitman) . **81**:343
"Death opens her sweet white arms" (Fuller)
    ....................................... **50**:243
"The Death Raven" (Borrow) ............ **9**:54
"Death Ride" (Meyer)
    See "Der Ritt in den Tod"
"The Death Song of a Gaelic Warrior of the
    Sixth Century" (Leconte de Lisle)
    ....................................... **29**:236
"Death, That Struck when I Was Most
    Confiding" (Brontë) .............. **16**:87, 122
"The Death-Bed" (Hood) ............. **16**:216, 219
"The Death-Bed" (Opie) ........... **65**:159, 179
*Death's Jest Book; or, The Fool's Tragedy*
    (Beddoes) .................... **6**:26-37, 39-41
"Death's Ramble" (Hood) ........... **16**:224, 237
"The Debate in the Sennit" (Lowell) .. **90**:219
"La débauche" (Gautier) ................ **1**:348
*Debutante; or, the London Season* (Gore)
    ....................................... **65**:21
"Les débuts d'un aventurier" (Merimee)
    ................ **6**:353-4, 356; **65**:79-80, 83, 88
"Decay A Ballad" (Clare) ................ **86**:169
*A Decayed Family* (Leskov)
    See *Zaxudalyj rod*
*Decebalus* (Eminescu) ..................... **33**:264
"Deceived" (Lonnrot) ..................... **53**:339
"December Night" (Musset)
    See "Nuit de Décembre"
"Deception" (Leskov)
    See "Obman"
"Déclin" (Corbiere) ...................... **43**:25, 27
*The Decline and Fall of the English System of*
    *Finance* (Paine) .................... **62**:262, 368

"The Decline of Faith" (Hayne) .......... **94**:167

*Decline of the Heroic Age* (Grundtvig) . **1**:401

"Décourageux" (Corbiere) ............. **43**:11, 31-4

"Découverte" (Maupassant) ................. **42**:174

*A Decrepit Clan* (Leskov)
   See *Zaxudalyj rod*

"Le dedans du désespoir" (Hugo) ....... **10**:357

*Dédicaces* (Verlaine) . **2**:622; **51**:351, 362, 372

"A Dedication" (Gordon) ....... **21**:150, 163-64, 167, 175-76, 184-87

"Dedication" (Keble) .......................... **87**:199

"Dedication" (Lamartine) ................. **11**:246

"Dedication" (Tennyson) ................. **65**:349

"A Dedication" (Timrod) ... **25**:361, 372, 375

"Dedication" (Whittier) ...................... **8**:520

*Dedication* (Goethe) ........................... **4**:163

*Dedications* (Verlaine)
   See *Dédicaces*

"Dedicatory Sonnet: To S. T. Coleridge" (Coleridge) ............................... **90**:32

"Dedikation" (Claudius) .................... **75**:207

"Deeds" (Lampman) ................... **25**:199, 210

"The Deep" (Sigourney) ................. **87**:332-33

*The Deep, Deep Sea; or, Perseus and Andromeda* (Planche) . **42**:273, 286, 302

"Deep in Earth" (Poe) ....................... **55**:214

*Deerbrook* (Martineau) ... **26**:310-11, 315, 317, 319, 322-23, 329-33, 349, 357

*The Deerslayer; or, The First War-Path* (Cooper) . **1**:205, 207-11, 214, 221-24; **27**:129-30, 132-35, 138-41, 143, 151-54, 158, 186-88; **54**:258-9, 262, 269, 276

*The Defeat* (Warren) ...................... **13**:425-26

"Ein defekter locus communis" (Claudius) ............................. **75**:213

"The Defence of Guenevere" (Morris) .......... **4**:412, 420-22, 424, 429-31, 441-44

"The Defence of Lucknow" (Tennyson) ...................................... **30**:295

"A Defence of Poetry" (Shelley) . **93**:258, 295, 310, 312-13

*A Defence of Poetry* (Shelley) .... **18**:333, 337, 347, 349-51, 353-55, 357, 363, 371, 384; **93**:266-67, 275, 278, 327, 344-46, 357

*The Defense of Guenevere, and Other Poems* (Morris) ...... **4**:412, 418-19, 425-26, 434, 441, 444

*Defense of Usury* (Bentham) ............. **38**:37, 44

"A Defense of Whigs" (Kennedy) . **2**:430, 432

*The Deformed Transformed* (Byron) . **2**:68, 72, 80

"The Degree to Which Popular Tradition Has Participated in the Development of Russian Literature" (Dobrolyubov) ............................. **5**:141

*La dégringolade* (Gaboriau) ................. **14**:20

*Dei Sepolcri* (Foscolo)
   See *I sepolcri*

*Déidamie* (Banville) ........................... **9**:22

"Deirdre" (Ferguson) ..... **33**:279-80, 285, 290, 298

"Dejaneira" (Arnold) ........................... **6**:37

"Dejection: An Ode" (Coleridge) .... **54**:66, 70

*Del dicho al hecho* (Tamayo y Baus) .. **1**:569

*Del romanzo storico* (Manzoni) .. **29**:276, 305, 308-09

"Delay Has Danger" (Crabbe) ..... **26**:100, 110, 130-31

"The Delectable Ballad of the Waller Lot" (Field) ................................. **3**:211

"Delfica" (Nerval) ....... **1**:478, 486-87; **67**:307, 316, 363

"Deliciae sapientiae de amore" (Patmore) ............. **9**:335, 339, 347, 359, 361

"Delilah" (Gordon) ................. **21**:164, 166

*Delineations of American Scenery and Character* (Audubon) ......... **47**:14-15, 18

*Les Deliquescences* (Verlaine) .. **51**:361-62

"Délires" (Rimbaud) . **4**:466; **82**:222, 226, 229, 231, 234, 238-39, 241, 245

"Délires I" (Rimbaud) . **4**:481; **35**:291-94, 302,

310, 317, 319; **82**:230-31, 241-42, 245-46, 255, 257

"Délires II" (Rimbaud) .... **4**:481; **35**:302, 311-12, 317, 319, 324; **82**:232-33, 240-41, 245, 247, 250, 255, 257-58, 260-61

"The Dell" (Mitford) ......................... **4**:408

"Della poesia moderna" (Foscolo) ........ **97**:89

*Dell'invenzione* (Manzoni) ............. **29**:276

"Dell'origine e dell'ufficio della letteratura: Orazione" (Foscolo) ................. **8**:261

*Deloraine* (Godwin) .............. **14**:68, 70, 81-3

*Delphine* (Staël) ... **91**:291-92, 297-98, 304-05, 308-10, 312, 323-26, 331-32, 335-37, 340, 351, 353-55, 359-60, 365

*Delphine* (Staël-Holstein) . **3**:517, 523-25, 527, 529-30, 534

"Delphine et Hippolyte" (Baudelaire)
   See "Femmes damnées"

"The Deluge" (Vigny)
   See "Le déluge"

"La déluge" (Vigny) ............. **7**:472-73, 480-81

"Delusion" (Lenau) ......................... **16**:276

"Dem Allgegenwärtigen" (Klopstock) . **11**:237

"Dem Erlöser" (Klopstock) ............. **11**:237

"Dem Unendlichen" (Klopstock) ......... **11**:238

"Demagogues" (Kennedy) ................. **2**:432

"Demarara" (Martineau) ............. **26**:304

"Demeter" (Isaacs) ......................... **70**:313

"Demeter and Persephone" (Tennyson) ................ **30**:245; **65**:300

*Demetrius* (Hebbel) ..... **43**:230, 234, 238, 240, 246, 261-62, 283, 300

*Demetrius* (Schiller) ... **39**:335, 368, 371-72, 375, 380, 385; **69**:169, 243-45, 250

*Demetrius Zaar von Moscou* (Kotzebue) ...................... **25**:136, 140

*The "Demi-Monde"* (Dumas)
   See *Le demi-monde*

*Le demi-monde* (Dumas) .. **9**:219-24, 227, 229, 231-32, 236-37, 240-41, 245-47, 250

"Democracy" (Arnold) . **6**:46; **89**:36-7, 40, 62, 101-02

"Democracy" (Lowell) ...................... **2**:510

"Democracy" (Whitman) ................. **4**:564

*Democracy, and Other Addresses* (Lowell) ........................... **2**:510

*Democracy in America* (Tocqueville)
   See *De la démocratie en Amérique*

"Democratic Art" (Symonds) ......... **34**:327

"Democratic Catechism" (Martí)
   See "Catecismo democratico"

*Democratic Legends of the North* (Michelet) ............................. **31**:258

*Democratic Vistas* (Whitman) ....... **4**:551, 566, 575, 581, 590, 594-95, 597, 601; **31**:397, 441-42; **81**:255, 295-96, 300, 332

"Démocratie" (Rimbaud) .. **35**:324; **82**:232-33, 238

*La demoiselle à marier; ou, La première entrevue* (Scribe) ................. **16**:384, 393

"Les demoiselles de Bienflâtre" (Villiers de l'Isle Adam) ..................... **3**:581

*Les demoiselles de Saint-Cyr* (Dumas) . **71**:209

"Les demoiselles Malfilatre" (Villiers de l'Isle Adam) ..................... **3**:588

"The Demon" (Pushkin) ....... **83**:248, 253, 299

*The Demon* (Lermontov) . **5**:289, 291, 293, 295, 300; **47**:160, 188

"Le démon de l'analogie" (Mallarmé) ................ **4**:371; **41**:251, 280

*Le démon du foyer* (Sand) ................. **42**:314

"The Demon of Perversity" (Poe)
   See "The Imp of the Perverse"

"Demonism" (Eminescu) ............. **33**:261, 263

"The Demon's Cave" (Darley) ............. **2**:133

"The Demon's Cave" (Whittier) ......... **59**:363

"The Demon-Ship" (Hood) ......... **16**:224, 235

"Demyàn's Fish Soup" (Krylov) ......... **1**:435

"An den Frühling" (Hölderlin) ............. **16**:181

"Deniehy's Grave" (Kendall) ......... **12**:194

*Denis Duval* (Thackeray) ...... **5**:463, 474, 490; **14**:452; **43**:357

"Denis Haggerty's Wife" (Thackeray) . **43**:381

"Denis O'Shaughnessy Going to Maynooth" (Carleton) ................. **3**:88-89, 91, 93, 95

*Denise* (Dumas) . **9**:228, 231-32, 243, 247, 250

"Une dentelle s'abolit" (Mallarmé) .. **4**:393; **41**:274, 281, 294, 297-98, 300-01, 304-05

"Denys l'Auxerrois" (Pater) .. **7**:298, 307, 312; **90**:245, 272, 288, 333, 336

*Deontology* (Bentham) ... **38**:40, 44, 48-51, 80, 84, 87

"Départ" (Rimbaud) ......................... **35**:322-23

"Depart de Lyon" (Desbordes-Valmore) . **97**:23

"Départ pour le sabbat" (Bertrand) ..... **31**:48

"The Departed" (Hemans) ................. **71**:264

"Departure" (Patmore) ..................... **9**:343

*The Departure from the Theatre* (Gogol)
   See *Teatral'nyi raz'ezd posle predstavleniia novoi komedii*

"The Departure of Hannah More from Barley Wood, at the Age of Eighty-Three" (Sigourney) ......................... **21**:293

"Derevnya" (Pushkin) ......................... **83**:305

*Le Dernier amour* (Sand) ................. **57**:316

"Le dernier chant de pèlerinage de Childe Harold" (Lamartine) ...... **11**:245-47, 268, 270

"Le dernier des Maourys" (Leconte de Lisle) ................................. **29**:226-27

*Le dernier jour d'un condamné* (Hugo) ...... **3**:235, 239-40; **10**:367; **21**:192, 225

"Dernier mot" (Amiel) ......................... **4**:14

"Le dernier souvenir" (Leconte de Lisle) ................................. **29**:228

*La Dernière Aldini* (Sand) ........... **57**:312, 316

*La dernière fée* (Balzac) ................. **5**:58

*La Dernière Fete galante* (Verlaine) . **51**:362

*Le dernière idole* (Daudet) . **1**:231, 249

*La dernière incarnation de Vautrien* (Balzac) ................................. **5**:46

*La Dernière mode* (Mallarmé) ..... **41**:249, 294

"La dernière vision" (Leconte de Lisle) ................................. **29**:222, 228

*Dernières nouvelles* (Merimee) ......... **6**:355

*Derniéres Poésites* (de Navarre)
   See *Essays*

"Dernières Reflexions" (Pixerecourt) .. **39**:280-81

*Derniers poèmes* (Leconte de Lisle) ................................. **29**:221, 235

"Derniers vers" (Rimbaud) ....... **4**:472; **35**:321, 323; **82**:240, 263

*Les derniers vers de Jules Laforgue* (Laforgue) ...... **5**:270-1, 273, 276-80, 282-3; **53**:258-9, 261-5, 272, 278, 280-2, 289-92, 294-5, 297-300

"Des Arztes Vermächtnis" (Droste-Hulshoff) ................. **3**:196, 199, 201-02

"Des Baches Wiegenlied" (Muller) ................. **73**:363, 365, 374, 376

"Des bells chalonnaises" (Banville) ........ **9**:16

*Des circonstances actuelles qui peuvent terminer la Révolution et des principes qui doivent fonder la répuldique en France* (Staël) ......................... **91**:291

*Des Dichters Leben* (Tieck) .......... **5**:514, 526; **46**:397

*Des Feldpredigers Schmelzle Reise nach Fätz mit fortgehenden Noten: Nebst der Beichte des Teufels bey einem Staatsmanne* (Jean Paul) ........ **7**:339, 241

*Des Fleurs de bonne volonté* (Laforgue) ..... **5**:276, 281-2; **53**:256-7, 272, 278, 290, 298-301

"Des Hallucinations et des songes en matiére criminelle" (Nodier) ................. **19**:400

*Des Knaben Wunderhorn* (Arnim) ..... **5**:12, 19

*Des Knaben Wunderhorn: Alte deutsche Lieder* (Brentano) ......................... **1**:95, 98-99

*Des Lebens Überfluss* (Tieck) .............. **5**:532

Title Index

*Des Meeres und der Liebe Wellen* (Grillparzer) ................................ **1**:384-85, 390
"Des Morgens" (Hölderlin) .......... **16**:181, 184
"Des Müllers Blumen" (Muller) .... **73**:363-64
*Des Oeuvres Complètes de M. Paul de Kock* (Kock) ..................................... **16**:251
*Des types en littérature* (Nodier) . **19**:379, 392
*Des vers* (Maupassant) ........................ **1**:455
*El desafío del diablo* (Zorrilla y Moral) . **6**:523
"Descartes" (Huxley) ......................... **67**:87
"A Descent into the Maelström" (Poe) ....... **1**:500, 514, 518; **16**:294-96, 301, 303, 306, 315, 331-34; **78**:258
*The Descent of Liberty* (Hunt) ...... **1**:412, 423; **70**:292
*The Descent of Man, and Selection in Relation to Sex* (Darwin) .. **57**:142-3, 147-52, 163, 165, 172, 174
"La descente aux enfers" (Beranger) .... **34**:41
"Description of Bethlehem; in the State of Pennsylvania" (Murray) ............. **63**:181
"Description of Recently Founded Communist colonies Still in Existence" (Engels) ............................................ **85**:124, 180
*A Description of the Ride to Hulne Abbey* (Percy) ............................... **95**:313, 328
*A Descriptive Catalogue* (Blake) . **13**:159
*Descriptive Sketches* (Wordsworth) ..... **12**:385-86; **38**:363
"El Desdichado" (Nerval) . **1**:476, 478, 480-82, 485, 488; **67**:305-07, 316-17, 356, 359-60
"Le désert" (Leconte de Lisle) .... **29**:223, 225
"The Desert-Born" (Hood) .... **16**:222, 235-36
"Deserted" (Bellamy) ......................... **86**:75
*The Deserted Daughter* (Holcroft) ............... **85**:192, 206, 222-23, 225
"The Deserted Garden" (Browning) ..... **1**:117
"The Deserted House" (Tennyson) . **30**:222
*The Deserted Wife* (Southworth) ......... **26**:431-32, 437, 443, 445-46
"The Deserter" (Frederic) .................. **10**:203
"The Deserter" (Landon) .................. **15**:161
"Les déserts de l'amour" (Rimbaud) ...... **4**:484, 486; **35**:290-91; **82**:226, 253
"Le désespoir" (Lamartine) . **11**:245, 254, 264, 272, 279, 282
"Desire" (Zhukovsky)
    See "Zhelanie"
"The Desire to Be a Man" (Zorrilla y Moral) ............................................. **3**:590
*Desmond* (Smith) ... **23**:317, 319, 322, 325-29, 333, 335-36, 338, 340
"Despair" (Lamartine)
    See "Le désespoir"
"Despair" (Tennyson) ............... **30**:245, 254
"The Despairing Wanderer" (Opie) ..... **65**:155
"La despedida del patriota griego" (Espronceda) ................... **39**:106, 108
"A Desperate Character" (Turgenev)
    See "Otchayanny"
"Despised and Rejected" (Rossetti) ...... **2**:559
"Despondency" (Arnold) ................... **29**:27
"Despondency" (Lampman) . **25**:187, 194, 196-97, 209, 219
"Despondency and Aspiration" (Hemans) ............................................. **71**:270
"Después da la victoria" (Isaacs) ........ **70**:311
"Le dessous de cartes d'une partie de whist" (Barbey d'Aurevilly) .............. **1**:74-75
*Les destinées de la poésie* (Lamartine) . **11**:276
*Les destinées: Poèmes philosophiques* (Vigny) ............ **7**:469-71, 474, 478-86
*The Destinies: Philosophical Poems* (Vigny)
    See *Les destinées: Poèmes philosophiques*
"Destiny" (Emerson) ...................... **38**:189
"The Destiny of Nations" (Coleridge) .. **54**:68-9
*Destiny; or, The Chief's Daughter* (Ferrier) ......... **8**:238, 240, 242-44, 246-52, 255-56
"La destruction" (Baudelaire) .... **6**:123; **55**:48, 74-5, 79-80

"The Destruction of Aesthetics" (Pisarev)
    See "Razrushenie estetiki"
"The Destruction of Babylon" (Trumbull) ............................................ **30**:345
"The Destruction of Psara" (Solomos) . **15**:386
"The Destruction of Sennacherib" (Byron) ............................................. **2**:88
"The Destruction of the Pequods" (Dwight) ................. **13**:270, 272, 278
"Desultory Thoughts upon the Utility of Encouraging a Degree of Self-Complacency, Especially in Female Bosoms" (Murray) .. **63**:184, 206, 210
"Detached Thoughts on Books and Reading" (Lamb) ............................. **10**:440
"Details of Episcopal Life" (Leskov)
    See "Meloči arxierejskoj žizni"
*Determination of the Concept of a Race of Men* (Kant) .......................... **67**:215
*Detraction Displayed* (Opie) ..... **65**:171, 203-4
*Detskie gody* (Leskov) ............... **25**:253, 258
*Deukalion* (Taylor)
    See "The Eye and the Ear"
*Der deutsche Bauernkrieg* (Engels) ............................ **85**:117, 132, 144, 185
*Die Deutsche Gelehrtenrepublik* (Klopstock) ................. **11**:227, 234-36, 238
*Die Deutsche Gelehrtenrepublik* (Klopstock)
    See *The Literary Republic of the Germans*
*Deutsche Grammatik* (Grimm and Grimm) ............................. **3**:216-17, 219-20
*Die deutsche Hausfrau* (Kotzebue) ... **25**:141
*Die deutsche Ideologie* (Engels) . **85**:44, 93,97, 109-10, 115-17, 120, 126-28, 157
*Der deutsche Mann und die vornehmen Leute* (Kotzebue) ............................. **25**:145
*Deutsche Mythologie* (Grimm and Grimm) ................................. **3**:216-17, 220
*Deutsche Rechtsalterthümer* (Grimm and Grimm) ..................................... **3**:216-17
*Deutsche Sagen* (Grimm and Grimm) . . **3**:219
*Die deutschen Kleinstädter* (Kotzebue) ............................................ **25**:143
*Deutsches Wörterbuch* (Grimm and Grimm) ..................................... **3**:216-17
*Deutschland: Ein Wintermärchen* (Heine) ....... **4**:236, 240, 243, 245-46, 252, 265-67; **54**:312, 337-8, 340, 347
"Deutschland und seine Fürsten" (Schiller) ............................................. **39**:388
"Deux amis" (Maupassant) ................ **83**:181
"Deux augures" (Villiers de l'Isle Adam) ............................................. **3**:589-90
*Les deux aveugles de Chamouny* (Nodier) ............................................. **19**:381, 384
"Les Deux Bonnes Soeurs" (Baudelaire) ............................................ **55**:74, 77
"Deux chiens" (Desbordes-Valmore) ...... **97**:5
"Les deux héritages" (Merimee) . **6**:362; **65**:79-84
"Les Deux mères" (Desbordes-Valmore) ............................................. **97**:23
"Le deux mîtresses" (Musset) .......... **7**:264
"Les Deux peupliers" (Desbordes-Valmore) ............................................. **97**:5, 15
"Les deux pigeons" (Laforgue) . **5**:278, 281
"Les Deux ramiers" (Desbordes-Valmore) ............................................. **97**:5
"The Development of English Literature" (Clough) ............................. **27**:101-2
*The Development of Socialism from a Utopia to a Science* (Engels) .............. **85**:6
*Devereux* (Bulwer-Lytton) . **1**:145-46, 150, 155; **45**:13, 21, 24, 32, 34, 55, 68-70
"The Devil and the Lady" (Tennyson) ................. **30**:282; **65**:248-9
"The Devil and Tom Walker" (Irving) ........................ **2**:391; **19**:336
"The Devil in Manuscript" (Hawthorne) .......................... **2**:332; **95**:176, 184
"The Devil in the Belfry" (Poe) . **16**:301, 323

"The Devil of Jóka" (Arany)
    See "Jóka ördöge"
"The Devil-Drive" (Leskov)
    See "Čertogon"
"The Devils" (Pushkin)
    See "Besy"
*The Devils* (Dostoevsky)
    See *Besy*
*The Devil's Elixir* (Hoffmann)
    See *Die Elixiere des Teufels*
"The Devil's Putty and Varnish" (Shaw) ............................................ **15**:341
"The Devil's Sooty Brother" (Grimm and Grimm) ............................. **3**:227
"Dévotion" (Rimbaud) .......... **35**:293, 323-24; **82**:233
*Devotional Exercises* (Martineau) . **26**:310, 312
*The Dewy Morn* (Jefferies) . **47**:93, 98, 101-03, 112-13, 117-19, 137
*Dharmatattwa* (Chatterji) ..... **19**:216, 222, 225
"El día de difuntos de 1836" (Larra) ................ **17**:273, 276, 284-85
"Le diable" (Maupassant) ................ **83**:182
*Le diable aux champs* (Sand) . **42**:314, 346-49
*El diablo mundo* (Espronceda) . **39**:84-7, 90-1, 94, 97-8, 101, 108-10, 112-13, 118-21
*Les diaboliques* (Barbey d'Aurevilly) ..... **1**:70-1, 73-9
"Dialectics" (Engels) ........................ **85**:38
*Dialectics of Nature* (Engels)
    See *Dialektik der Natur*
*Dialektik der Natur* (Engels) ..... **85**:10, 12, 24, 36-44, 95, 105-06
"Dialog om sättet att sluta stycken" (Almqvist) ........................ **42**:9, 11, 16
"Dialogos" (Solomos) .......... **15**:389, 402, 405
"A Dialogue" (Shelley) ...................... **18**:342
"Dialogue" (Solomos)
    See "Dialogos"
"A Dialogue between the Head and Heart of an Irish Protestant" (Ferguson) . **33**:295
"Dialogue for Three Young Ladies" (Rowson) ............................................ **69**:117
"Dialogue in the Shades" (Barbauld) . **50**:14
"Dialogue on How to Conclude Pieces" (Almqvist)
    See "Dialog om sättet att sluta stycken"
*Dialogue on Poetry* (Schlegel)
    See *Gespräch über die Poesie*
*The Dialogue upon the Gardens at Stow* (Gilpin) ................................. **30**:36, 43
"Dialogues" (Brown) .................... **74**:170, 174
*Dialogues between a Pair of Tongues* (Wieland) ............................. **17**:393
*Dialogues et fragments philosophiques* (Renan) ...... **26**:374-75, 380, 394-95, 397, 408, 413
"Dialogues of the Living" (Brown) .. **74**:40
*Der Diamant* (Hebbel) ................ **43**:255, 297
*Der Diamant des Geisterkönigs* (Raimund) ......... **69**:5, 7, 10, 21, 23, 31-3, 37, 43, 47
*Les diamants de la couronne* (Scribe) . **16**:384
*The Diamond* (Hebbel)
    See *Der Diamant*
*The Diamond and the Pearl* (Gore) ... **65**:32
"The Diamond Lens" (O'Brien) ......... **21**:234-38, 240, 242, 244-51, 253-55
"The Diamond Necklace" (Maupassant)
    See "La parure"
*The Diamond of the King of Spirits* (Raimund)
    See *Der Diamant des Geisterkönigs*
*The Diamond of the Spirit-king* (Raimund)
    See *Der Diamant des Geisterkönigs*
*Diana* (Warner) ......................... **31**:349-51
*Diana and Persis* (Alcott) ................ **58**:69
*Diana Trelawny* (Oliphant) ......... **61**:202, 207
*Diana's Tree* (Da Ponte)
    See *L'arbore dri Diana*
*Diane* (Augier) ... **31**:4, 8, 11, 14, 23, 34
*Diane au Bois* (Banville) ............ **9**:18, 20, 22
*Diane de Lys* (Dumas) .. **9**:219, 224, 228, 230, 239, 240, 247, 249
"Diaphaneité" (Pater) ....... **7**:304, 312, 333-34;

**90**:260, 272-73, 287, 295-90, 298, 305

*Diario de un testigo de la guerra de Africa* (Alarcon) ........................ **1**:12, 14

*Diary* (Allingham) ............... **25**:18-21, 23, 26

*Diary* (Macha) ........................ **46**:215

*Diary* (De Quincey)
See *A Diary of Thomas De Quincy, 1803*

*Diary* (Shevchenko) ........................ **54**:386-7

*Diary and Letters of Madame d'Arblay* (Burney) .......... **12**:26-34, 36-7, 61

*A Diary in America, with Remarks on Its Institutions* (Marryat) .. **3**:312-15, 319-20

*The Diary of a Cosmopolitan* (Sacher-Masoch) ........................ **31**:292

*The Diary of a Desennuyee* (Gore) ..... **65**:26

"Diary of a Madman" (Gogol) ...... **31**:95, 110; **5**:219-20, 227, 232, 236, 241, 252

"The Diary of a Plain Girl" (Levy) ... **59**:108

*The Diary of a Scoundrel* (Ostrovsky)
See *Na vsyakogo mudretsa dovolno prostoty*

"The Diary of a Superfluous Man" (Turgenev)
See "Dnevnik lishnego cheloveka"

*The Diary of a Writer* (Dostoevsky) .. **2**:162, 185-86; **21**:106, 109; **33**:163, 170-71, 175, 179; **43**:87, 92, 157, 159, 167

*Diary of an Ennuyée* (Jameson) .. **43**:304, 319, 322, 333-38

"The Diary of Anne Rodway" (Collins) . **1**:187

*The Diary of Dr. John William Polidori* (Polidori) ........................ **51**:206

*Diary of EBB: The Unpublished Diary of Elizabeth Barrett Browning* (Browning) ........................ **61**:50

*Diary of Marie Bashkirtseff* (Bashkirtseff)
See *Le journal de Marie Bashkirtseff*

*Diary of the Voyage of H.M.S. Beagle* (Darwin) ............... **57**:113, 116, 143, 152

*A Diary of Thomas De Quincy, 1803* (De Quincey) ........................ **87**:60, 75-7, 72

*Diary, Reminiscences, and Correspondence of Henry Crabb Robinson* (Robinson) ........................ **15**:172-73, 176-83, 185-87

*Der Dichter und der Komponist* (Hoffmann) ........................ **2**:347, 350

*Dichter und ihre Gesellen* (Eichendorff) ........................ **8**:222

"Dichters Blumenstrauss" (Brentano) ..... **1**:95

"Dichters Naturgelfül" (Droste-Hulshoff) ........................ **3**:202

*Dichtung und Wahrheit* (Goethe) .... **34**:58, 69, 122

"Dickens in Relation to Criticism" (Lewes) ............... **25**:280, 286, 306, 308, 317, 322

*Dickinson* (Dickinson)
See *Poems, second series*

"Dickon the Devil" (Le Fanu) .......... **9**:320

*Dictionary of Poetical Quotations* (Hale) ........................ **75**:284, 341

*Dictionary of Received Ideas* (Flaubert)
See *Dictionnaire des idées recues*

*A Dictionary of the English Language, Compiled for the Use of Common Schools in the United States* (Webster) ........................ **30**:396

*Dictionnaire des idées recues* (Flaubert) ..... **2**:167; **62**:69-70, 72-3, 94; **66**:263, 274

"Did the Harebell Loose Her Girdle" (Dickinson) ........................ **21**:41

"Diddling Considered as One of the Exact Sciences" (Poe) ........................ **16**:312, 323

"Diderot" (Carlyle) ........................ **70**:57

*Diderot à Pétersbourg* (Sacher-Masoch) ........................ **31**:288

*Didymus the Clerk* (Foscolo) .......... **8**:262-63

"An die Deutschen" (Hölderlin) ......... **16**:194

*An die Freude* (Schiller)
See *Lied an die Freude*

"An die Geliebte" (Morike) ............... **10**:449

"An die Hofnung" (Hölderlin) .......... **16**:181

"An die jungen Dichter" (Hölderlin) .. **16**:190

"An Die Natur im Spätsommer" (Meyer) ...................... **81**:140-41, 145-48, 151, 151

"An die Schriftstellerinnen in Deutschland und Frankreich" (Droste-Hulshoff) ...... **3**:202

"An die Sonne" (Schiller) ............ **39**:338, 355

"An die Vollendung" (Hölderlin) ....... **16**:174

*Dies Buch Gehört dem König* (Arnim) ........................ **38**:9, 16

"Dies Irae" (Leconte de Lisle) .... **29**:216, 235-36, 242-45

*Dies Irae* (Macaulay) ........................ **42**:116

*Dietegen* (Keller) ........................ **2**:415, 423

"Dieu" (Lamartine) ........................ **11**:269

*Dieu* (Hugo) ........................ **3**:273

"Le Dieu des bonnes gens" (Beranger) . **34**:28

*Le Dieu et la bayadère* (Scribe) . **16**:382, 409-10

*Dieu et l'état* (Bakunin) .. **25**:39, 50, 72; **58**:99

"Dieu et ma dame" (Patmore) ........... **9**:341

*Les Dieux antiques* (Mallarmé) .. **41**:249, 277

"The Difference between History and Romance" (Brown) ............. **74**:110, 192

*Digging for Gold* (Alger) ........................ **83**:114

"The Dignity of Woman" (Schiller) .... **39**:306

*The Digression* (Mickiewicz) ............... **3**:401

*Digte, første ring* (Wergeland) . **5**:536, 539-40

*Dikter* (Runeberg) ............... **41**:313, 317, 325

"The Dilemma" (Holmes) ........................ **14**:109

*Dilettantism in Science* (Herzen) ........................ **10**:346; **61**:98

"La diligencia" (Larra) ........................ **17**:279

*Dílo* (Macha)
See *Dílo Karla Hynka Mácha*

*Dílo Karla Hynka Mácha* (Macha) ..... **46**:202-3, 212, 218

"Dimanches" (Laforgue) ... **5**:280; **53**:292, 299

*Dimitri Roudine* (Turgenev)
See *Rudin*

"Dina la belle juive" (Borel) ...... **41**:4, 6-7, 13

"The Dinkey Bird" (Field) ........................ **3**:210

"Dinner Real and Reputed" (De Quincey) ........................ **4**:61

*Dinorah* (Andersen) ........................ **79**:9

"Dion" (Wordsworth) ........................ **12**:427

"El Dios del siglo" (Isaacs) ............... **70**:309

"Dios nos asista" (Larra) ........................ **17**:282

*The Diplomatic Blunderbuss* (Cobbett) ........................ **49**:109

*Dipsychus* (Clough) . **27**:45, 53, 56, 69, 74, 76-80, 84-6, 97-101, 103, 105, 112-16, 119

"Dirce" (Landor) ............... **14**:176, 183, 199

"A Dirge" (Levy) ........................ **59**:90

"A Dirge" (Rossetti) ........................ **2**:557

"A Dirge" (Tennyson) ............... **30**:211, 223

"Dirge for Two Veterans" (Whitman) . **31**:391

"The Dirty Old Man" (Allingham) ... **25**:8, 23

"Dîs Aliter Visum" (Browning) .......... **19**:112

"Dis Aliter Visum" (Browning) ... **79**:165-66

*The Disagreeable Woman: A Social Mystery* (Alger) ........................ **83**:99, 116, 145

"Disappointment" (Coleridge) ............... **31**:62

*The Discarded Daughter* (Southworth) ........................ **26**:437

"The Discarded Son" (Alger) ............... **83**:96

"The Disciple" (Very) ............ **9**:383, 393

*The Disciples at Saïs* (Novalis)
See *Die Lehrlinge zu Saïs*

"The Discontented Poet" (Emerson) ... **38**:193

"Discorso storico sul testo del 'Decamerone'" (Foscolo) ........................ **8**:263

*Discorso sul testo e su le opinioni diverse prevalenti intorno alla storio e alla emendazione critica della "Commedia" di Dante* (Foscolo) ........................ **8**:263

*Discours Préliminaire* (Comte) .... **54**:210, 214

*Discours sur la Vertu* (Maistre) ........... **37**:302

*Discours sur l'ensemble du positivisme* (Comte) ........................ **54**:203

*Discours sur l'esprit positif* (Comte) . **54**:236

*Discours sur Victor Hugo* (Leconte de Lisle) ........................ **29**:233

*Discourse Addressed to Mixed Congregations* (Newman) ............... **38**:303, 308-10, 315

"Discourse for the Congress of Lyons" (Foscolo)
See "Orazione a Bonaparte pel congresso di Lione"

*A Discourse on the Constitution and Government of the United States* (Calhoun) .. **15**:22-3, 35, 44, 53, 55, 73

"A Discourse on the Manners of the Antient Greeks" (Shelley) ........................ **18**:354

*Discourse on the Text of Dante, and on the Various Opinions concerning the History and the Corrections of the "Divina Commedia"* (Foscolo)
See *Discorso sul testo e su le opinioni diverse prevalenti intorno alla storio e alla emendazione critica della "Commedia" di Dante*

*Discourse upon Certain Points of the History of the Longobards* (Manzoni) ..... **29**:251

*Discourses in America* (Arnold) .. **6**:40-41, 46

*Discourses, Reviews, and Miscellanies* (Channing) ........................ **17**:7, 46

"The Discoverer of the North Cape" (Longfellow) ........................ **45**:160

*The Discovery of the Great West* (Parkman)
See *La Salle and the Discovery of the Great West*

*The Discreet Princess* (Planche) . **42**:274, 279, 292

*Discussions and Arguments on Various Subjects* (Newman) ............... **38**:311-12

"The Disinherited" (Nerval)
See "El Desdichado"

"The Disinterred Warrior" (Bryant) ........................ **6**:172; **46**:3

*The Disowned* (Bulwer-Lytton) . **1**:138, 145, 150; **45**:10, 13, 21, 24, 34, 68-9

"Dispostions for Faith" (Newman) ........................ **38**:305, 310

"Disputation" (Heine) ........................ **4**:255

*A Disquisition on Government* (Calhoun) .. **15**:22-3, 28, 34, 44, 50-1, 53, 55, 59, 64, 67, 69-71, 73

*Dissertation* (Kant) .... **27**:220-21; **67**:214, 219

*Dissertation on First Principles of Government* (Paine) .. **62**:261, 267, 271, 300, 302

"Dissertation on Language" (Beattie)
See *Dissertations Moral and Critical: On Memory and Imagination; On Dreaming; The Theory of Language; On Fable and Romance; On the Attachments of Kindred; Illustrations on Sublimity*

"A Dissertation on Poetry and Music, as They Affect the Mind" (Beattie)
See *Essays: On Poetry and Music, as They Affect the Mind; On Laughter, and Ludicrous Composition; On the Utility of Classical Learning*

"A Dissertation on Roast Pig" (Lamb) .. **10**:392, 404, 415, 435

*Dissertations Moral and Critical: On Memory and Imagination; On Dreaming; The Theory of Language; On Fable and Romance; On the Attachments of Kindred; Illustrations on Sublimity* (Beattie) .. **25**:98-100, 114-15

*Dissertations on Government, the Affairs of the Bank, and Paper Money* (Paine) ........................ **62**:270, 294, 368

*Dissertations on the English Language; with Notes, Historical and Critical* (Webster) ........................ **30**:403, 408, 410, 413-16

"Distant Correspondents" (Lamb) .. **10**:436

"Distiches" (Taylor) ........................ **89**:318

"Distinction" (Patmore) ........... **9**:342, 344

"La Diva" (Gautier) ........................ **59**:18

*Divagations* (Mallarmé) ........ **4**:373, 377, 396; **41**:252

*Dīvān* (Ghalib)
See *Diwan-E-Ghalib*

"The Divell's Chrystmasse" (Field) . 3:205, 211
"The Diver" (Schiller) .......................... 39:330
"Divers Worlds. Time and Eternity" (Rossetti)
................................................ 50:285
The Diverting History of John Bull and
    Brother Jonathan (Paulding) ...... 2:528
"The Diverting History of John Gilpin"
    (Cowper) ... 8:98, 105, 108, 118-19, 122-
    23, 133, 137; 94:26, 36-7, 84
"Divided" (Ingelow) ...... 39:257, 262-63, 268
"The Divine Image" (Blake) .. 13:240-41, 243;
    37:3, 5, 9, 18, 23, 25, 31-3, 38, 40, 44-5,
    52-3, 57, 71-2, 79
The Divine Tragedy (Longfellow) . 2:484, 495-
    98; 45:113, 127, 129, 150, 159, 164-65
Divinia Commedia" (Longfellow) ..... 45:186
"The Divinity School Address" (Emerson)
    .. 1:303, 306-07; 38:147, 198, 202, 204-05,
    207-08
"The Division" (Krylov) ..................... 1:435
"Division of an Estate" (Horton) ........ 87:102
The Divorced Woman (Sacher-Masoch)
    See The Separated Wife
Diwan-E-Ghalib (Ghalib) .... 39:126, 129, 156;
    78:65, 69, 77
Dix années d'exil (Staël) . 91:325, 350-51, 360,
    363, 365
Dix années d'exil (Staël-Holstein) . 3:521, 527
Dix ans de la vie d'une femme; ou, Les
    Mauvais Conseils (Scribe) ........ 16:412
"Les djinns" (Hugo) ......................... 3:261
"Djoûmane" (Merimee) .. 6:369-71; 65:51-2,
    56, 58-9, 63, 98
Dmitri Kalinin (Belinski) .................. 5:101
Dmitry Samozvanets i Vasily Shuysky
    (Ostrovsky) ........ 30:101; 57:206-7
"Dnevnik lishnego cheloveka" (Turgenev)
    ... 21:388, 401, 414, 418, 433, 439; 37:438
Dnevnik provintsiala v Peterburge (Saltykov)
    ...................... 16:343, 359, 373-74
Do and Dare; or, A Brave Boy's Fight for
    Fortune (Alger) ............ 8:19, 25, 44, 46
"Do czytelnika" (Norwid) ............... 17:371
"Do I Love Thee?" (Ridge) ............... 82:182
"Do króla" (Krasicki) ..................... 8:407
"Do not believe the poet, maiden" (Tyutchev)
    See "Ne ver, ne ver poetu, deva"
Do Not Live As You Want To (Ostrovsky)
    See Ne tak zhivî kak khóchetsya
"Do Osnovjanenka" (Shevchenko) .. 54:373-4
"Do przyjaciól Moskali" (Mickiewicz) . 3:401
"Do You Know Why I Love Her?" (Isaacs)
    See "¿Sabéis por qué la amo?"
"Dobbin Dead" (Barnes) ................. 75:35
"Döbeln at Juutas" (Runeberg)
    See "Döbeln vid Juutas"
"Döbeln vid Juutas" (Runeberg) ........ 41:312-
    15, 323
"The Doctor" (Maginn) .................. 8:435
The Doctor, &c (Southey) .. 8:467-68, 470-73;
    97:264-65, 267, 271, 276, 288-92, 320-24,
    329, 331
"Dr. Bullivant" (Hawthorne) ............. 95:130
"Dr Frühlingsfeier" (Klopstock) .. 11:234, 236,
    238, 240-41
Doctor Grimshawe's Secret (Hawthorne)
    ...................... 2:315, 324, 333-35; 95:106
"Dr. Heidegger's Experiment" (Hawthorne)
    ............. 2:291-92, 298, 311, 328; 95:105
The Doctor in Spite of Himself (Tyler) . 3:573
Doctor Jekyll and Mr. Hyde (Stevenson)
    See The Strange Case of Dr. Jekyll and
    Mr. Hyde
"Doctor Krupov" (Herzen) ................. 61:108
"Doctor Marigold" (Dickens) ............. 3:163
Doctor Thorne (Trollope) .. 6:453, 459, 463,
    470, 480-81, 491, 499-501, 512, 516-17
"Doctor Tristan's Treatment" (Villiers de l'Isle
    Adam)
    See "Le traitement du docteur Tristan"
Doctor Vandyke (Cooke) ........ 5:124, 130, 132

Doctrine (Heine)
    See Doktrin
"The Doctrine of the Soul" (Emerson) . 38:177
The Dodd Family Abroad (Lever) ...... 23:288-
    89, 292, 296-97, 301-02, 305, 307
"Det døende Barn" (Andersen) ............. 79:76
"The Dog" (Turgenev) . 21:399, 409, 415, 420,
    431, 440-41
"The Dog and the Water-Lily" (Cowper)
    .............................................. 8:119
"The Dog and the Water-Lily: No Fable"
    (Cowper) ........................ 94:122, 124
"The Dogs" (Hunt) ........................ 1:423
"Dog-Scratcher" (Petofi)
    See "Kutyakaparó"
"Doings of the Sun Beam" (Holmes)
    ............................ 81:102, 125-26
Dokhodnoye mesto (Ostrovsky) .... 30:91, 101,
    105, 111, 115; 57:198, 202, 209-10, 218,
    220
Doktrin (Heine) .................. 54:345-6, 350
Dolce far Niente (Hayne) ................. 94:136
The Dolliver Romance, and Other Pieces
    (Hawthorne) ...... 2:324, 326, 335
"Dolly's Mistake" (Clare) . 9:74-75; 86:155-56
"Dolorida" (Vigny) ................. 7:470, 473
"Dolph Heyliger" (Irving) . 2:368, 390; 19:336-
    37; 341, 345
Dom Gigadas (Balzac) .................... 5:58
"The Domain of Arnheim" (Poe) . 16:304, 336;
    55:147; 94:240
Dombey and Son (Dickens)
    See Dealings with the Firm of Dombey
    and Son
"The Domestic Affections" (Hemans)
    .................................. 71:278, 289-91
"The Domestic Affections" and Other Poems
    (Hemans) ............ 71:272-73, 278, 289
"Domestic Asides" (Hood) ............... 16:235
"Domestic Economy" (Delany) ......... 93:162
"Domestic Education of Children" (Murray)
    .............................................. 63:181
"Domestic Fame" (Milnes) ............... 61:136
"Domestic Happiness" (Halleck) ........ 47:57
"Domestic Life" (Emerson) ...... 1:280; 38:212
The Domestic Manners and Private Life of Sir
    Walter Scott (Hogg) ............... 4:278
Domestic Manners of the Americans (Trollope)
    .. 30:304, 310, 312, 314-15, 320-24, 326
A Domestic Picture (Ostrovsky)
    See Semeynaya kartina
"A Domestic Tale" (Hemans) ............. 71:289
Domik v Kolomne (Pushkin) .... 3:444, 456;
    27:367, 386; 83:275, 338
"Dominion" (Ingelow) .................... 39:266
Dominique (Fromentin) ..... 10:227-28, 230-31,
    233, 236-42, 245-46, 248-60, 262
Le domino noir (Scribe) ............ 16:384, 401
"Don Andréa Vésalius l'anatomiste" (Borel)
    ........................................ 41:4, 6, 13
Don Caesar de Bazan (Boucicault) ...... 41:30
Don Carlos (Schiller) .. 39:312, 314, 324, 330,
    334-36, 343, 360, 362, 371, 375-76, 380-
    81, 389-90; 69:169, 242-44
Don Catrín de la fachenda (Lizardi)
    See Vida y hechos del famoso caballero
    Don Catrín de la fachenda
"Don du poème" (Mallarme) . 41:250, 274-75,
    281
Don Giovanni (Byron) ............ 12:82-83
Don Giovanni (Da Ponte)
    See Il dissoluto punito o sia il Don
    Giovanni
Don John (Ingelow) ............ 39:261, 264
"Don Juan" (Clare) ........ 9:107-08, 124; 86:90
"Don Juan" (Pushkin) ................... 83:275
Don Juan (Byron) .. 2:65, 68-72, 75-7, 80-2,
    85-7, 90-4, 97-8; 12:70-147
Don Juan (Hoffmann) ................. 2:345-47
Don Juan (Lenau) .... 16:268-69, 274, 279,
    281-82

Don Juan and Faust (Grabbe)
    See Don Juan und Faust
"Don Juan aux enfers" (Baudelaire) . 6:83, 89;
    55:58
Don Juan de Marana (Dumas) ....... 11:45, 47;
    71:211, 214
"Don Juan Duped" (Verlaine) ............. 51:372
"Don Juan in Hades" (Baudelaire)
    See "Don Juan aux enfers"
Don Juan of Kolomea (Sacher-Masoch)
    ................................ 31:286-87, 290-93
Don Juan Tenorio (Zorrilla y Moral) ... 6:523-
    27
Don Juan und Faust (Grabbe) . 2:272-75, 281,
    283-85, 287
"Don Juanito Marques Verdugo do los
    Leganes" (Chamisso) ..................... 82:6
"Don Paez" (Musset) . 7:256, 265, 267, 277-78
"Don Pedrillo" (Lazarus) .................. 8:425
Don Quixote (Percy) ......................... 95:338
Don Simplicio Bobadilla (Tamayo y Baus)
    .............................................. 1:571
Don Sylvio von Rosalva (Wieland)
    ................... 17:390, 397, 404-06, 412, 424
Don the Newsboy (Alger) ................. 8:43
Doña Juana the Magnate (Tamayo y Baus)
    See La ricahembra
"Donald Caird" (Scott) ................... 15:318
"Donald MacDonald" (Hogg) ............. 4:284
Das Donauweib (Tieck) ................... 5:519
El doncel de don Enrique el Doliente (Larra)
    ................................. 17:270, 279
"Dong, Sounds the Brass in the East"
    (Thoreau) ............................. 7:384
"Dong with a Luminous Nose" (Lear) . 3:299-
    300, 307-09
"Donkey Cabbages" (Grimm and Grimm)
    .............................................. 3:227
Donna Florida (Simms) ..................... 3:501
La donna serpente (Gozzi) .. 23:108, 119, 121,
    123, 125
"Donoso-Cortés, Marqués de Valdegamas, and
    Julian, Roman Emperor" (Herzen)
    .............................................. 10:339
"Don't Ceäre" (Barnes) ................... 75:9
Don't Get Into Another's Sleigh (Ostrovsky)
    See Ne v svoi sani ne sadis!
"Don't propose on a Sunday" (Lonnrot)
    .............................................. 53:339
Don't Sit in Another's Sleigh (Ostrovsky)
    See Ne v svoi sani ne sadis!
"The Doom of a City" (Thomson)
    ..... 18:397, 406-07, 409, 412-14, 421, 424-
    25, 431
"The Doom of King Acrisius" (Morris)
    .............................. 4:442, 447-48
"The Doom of the Griffiths" (Gaskell)
    .................. 5:192, 201; 70:191, 193
"The Doom of the Sirens" (Rossetti) .... 4:510
A Door Must Be Either Open or Shut (Musset)
    See Il faut qu'une porte soit ouvertr ou
    fermée
The Doorkeeper at the Mansion (Stifter)
    See Tourmaline
"Doors and Windows" (Corbiere)
    See "Portes et fenêtres"
Ein Doppelgänger (Storm) ........... 1:541, 550
"Doppelheimweh" (Lenau) ............... 16:281
"Die Doppelgänger" (Hoffmann) . 2:360
"Dora" (Ingelow) ......................... 39:258
"Dora" (Kendall) ......................... 12:180
"Dora" (Tennyson) .................. 30:233, 241
"Dora Dee" (O'Brien) . 21:243, 246-47
"Dora Greenwell" (Whittier) ............. 59:365
"Dorchester Giant" (Holmes) ............. 14:101
Dorfweisthümer (Grimm and Grimm) .. 3:216
"A Dorio ad Phrygium" (Norwid) .... 17:368
"Le dormeur du val" (Rimbaud)
    . 4:465; 35:271, 321; 82:230, 233, 247
Dorotheas Blumenkörbchen (Keller)
    ................................ 2:412, 416

"Dorothée" (Baudelaire)
See "La belle Dorothée"
*Dorothy and Other Italian Stories* (Woolson) . **82**:275, 283, 293, 299, 308, 338, 341, 344
*Dorothy Chance* (Moodie) .......... **14**:226
"Dorothy Q" (Holmes) ........ **14**:109, 118, 128; **81**:103
"Dorset Folk and Dorset" (Barnes) ....... **75**:57
"El dos de mayo" (Espronceda) .......... **39**:120
*Le dossier no. 113* (Gaboriau) ... **14**:14-16, 18-19, 22-4, 26, 29, 32-3
*Dot* (Boucicault) ........................ **41**:34
"Le douanier" (Corbiere) ............. **43**:21
"Les douaniers" (Daudet) ......... **1**:252
*The Double* (Dostoevsky) ..... **2**:157, 177, 179, 199; **33**:167, 171-73, 200, 203-04; **43**:92, 130
"The Double Chamber" (Baudelaire)
See "La chambre double"
"La double conversion" (Daudet) ......... **1**:249
"Double Knock" (Hood) .............. **16**:236
*The Double Marriage* (Reade) ....... **2**:541, 547
*La double méprise* (Merimee) ... **6**:352-4, 357, 360, 366, 368-70; **65**:54-7, 62-4, 100-01, 117, 128
"The Double Mistake" (Merimee)
See *La double méprise*
"Double Quatuor" (Hugo) ................. **10**:361
"Double Triangle Serpent and Rays" (Fuller) ........................... **50**:247-8
"The Double-Headed Snake" (Whittier) .............................. **59**:360
"Doubt and Prayer" (Tennyson) ... **65**:248, 267
"Doubt Me! My Dim Companion" (Dickinson) ........................ **21**:54, 57
"Doubtful Dreams" (Gordon) . **21**:155-57, 159-61, 176, 183
"Douces larmes" (Banville) ......... **9**:30
*The Dough Face* (Brown) .............. **89**:182
"Doust Thou Not Care?" (Rossetti) .... **50**:263
"Dover Beach" (Arnold) . **6**:37, 44, 48, 64, 66, 73; **29**:33, 35; **89**:14, 20, 22, 25-8, 46, 51-2, 62, 88, 119, 121
*The Doves* (Cowper) ................... **94**:108
"The Doves and the Crows" (Hood) .. **16**:239
*Dovol'no* (Turgenev) ............. **37**:443
*The Dowager; or, the New School for Scandal* (Gore) .................... **65**:20
*Dowerless* (Ostrovsky)
See *Bespridannitsa*
*The Dowerless Girl* (Ostrovsky)
See *Bespridannitsa*
"Down Stream" (Rossetti) ...... **4**:511, 518
"Down the Dardanelles" (Darley) ......... **2**:128
"Down Whitechapel Way" (Sala) ........ **46**:246
"Downs" (Jefferies) ............... **47**:130
"Downtrodden People" (Dobrolyubov) . **5**:147
*Dożywocie* (Fredro) .......... **8**:285-86, 290, 292
*Dr. Bahrdt* (Kotzebue) ............... **25**:134, 142
*Dr. Birch's School* (Thackeray) ........... **5**:459
"Dr. Farmer's 'Essay on the Learning of Shakespeare' Considered" (Maginn) ....................... **8**:435, 438, 442
"Dr. Francia" (Carlyle) .......... **70**:93
*Dr. Heidenhoff's Process* (Bellamy) . **4**:23, 26-27, 29, 31, 34; **86**:6, 10, 17, 29, 64, 66
*Dr Katzenbergers Badereise: Nebst einer Auswahl verbesserter Werkchen* (Jean Paul) ...................... **7**:239, 241
"Dr. Stanley's Lectures on the Jewish Church" (Arnold) ................. **29**:14
"Dr. Tarr and Prof. Fether" (Poe) ....... **78**:278
*Dr. Wortle's School* (Trollope) ......... **6**:470
"Drab Habitation of Whom?" (Dickinson) ....................... **21**:18
"Drachenfels" (Fuller) ............ **50**:248
"Draft of a Communist Confession of Faith" (Engels) ................. **85**:27
"The Dragon Fang Possessed by the Conjurer Piou-Lu" (O'Brien) ....... **21**:235-36, 252
*Dragoş's Wedding* (Eminescu) .......... **33**:265

*The Drama at Home; or, An Evening with Puff* (Planche) .................... **42**:273, 276, 290
"Drama del alma" (Zorrilla y Moral) ... **6**:524
*Drama Indio* (Martí) ...................... **63**:104
*Un drama nuevo* (Tamayo y Baus) ....... **1**:565-66, 568-70
"A Drama of Exile" (Browning) . **1**:112-3, 115-7, 122, 129; **61**:4; **66**:3, 44, 71
*The Drama of Exile, and Other Poems* (Browning) ..... **1**:114, 116, 126-7; **61**:43, 45
*Dramas* (Baillie) ...................... **2**:39-40; **71**:2
*The Drama's Levëe* (Planche) ...... **42**:273, 299
*Dramatic Essays* (Lewes) ............. **25**:325
"The Dramatic Fragment" (Wordsworth) ............................. **12**:387
*Dramatic Idylls, Second Series* (Browning) .............................. **79**:153, 163-64
*Dramatic Lyrics* (Browning) ... **19**:109; **79**:93-94, 103, 146, 148, 163, 166, 190
*Dramatic Romances and Lyrics* (Browning) ...................... **79**:93-94, 103, 146, 148, 163
*Dramatic Scenes from Real Life* (Morgan) ........................... **29**:390, 394
*The Dramatic Works of Mary Russell Mitford* (Mitford) ....................... **4**:404
*Dramatic Works of Wycherley, Congreve, Vanbrugh, and Farquhar* (Hunt) ........................... **70**:260, 265
*Dramatis Personae* (Browning) ... **19**:116, 130; **79**:149, 152, 163, 165, 182
"Un drame au bord de la mer" (Balzac) . **5**:53
*Drames philosophiques* (Renan) . **26**:395, 397, 408, 413
"The Draughts" (Mickiewicz) .............. **3**:398
*Drauszen im Heidedorf* (Storm) ....... **1**:540
"A Drawing-Room Drama" (O'Brien) ...... **21**:236, 243, 247
"A Dream" (Allingham) ....... **25**:6, 8, 20, 23-4
"A Dream" (Bertrand)
See "Un rêve"
"A Dream" (Blake) .. **13**:182; **37**:3, 14, 41, 65, 71-2, 92
"A Dream" (Bryant) .............. **46**:3, 20
"The Dream" (Chivers) ................... **49**:68
"The Dream" (Clare) .................... **9**:84
"The Dream" (Norton) ... **47**:236, 238-39, 243, 248, 259
"Dream" (Shevchenko)
See "Son"
"The Dream" (Solomos) ..................... **15**:393
"The Dream" (Turgenev)
See "Son"
*The Dream* (Baillie) ..... **2**:36, 39; **71**:12-14, 16
"A Dream, after Reading Dante's Episode of Paolo and Francesca" (Keats) ................................ **73**:228, 230
*The Dream and Other Poems* (Norton) .... **47**:239-40, 244-46, 248, 253-54, 259-60
"Dream and Waking" (Chamisso) .......... **82**:5
"Dream at Sea" (Tyutchev)
See "Son na more"
"Dream Children" (Lamb) .. **10**:404, 407, 410, 415, 421, 430, 435-37
*A Dream Is Life* (Grillparzer)
See *Der Traum ein Leben*
"The Dream of a Queer Fellow" (Dostoevsky)
See "The Dream of a Ridiculous Man"
"The Dream of a Ridiculous Man" (Dostoevsky) ............ **2**:202; **33**:227, 229; **43**:139
"The Dream of Boccaccio" (Landor) .. **14**:187
"The Dream of Cesara" (Krasinski)
See "Sen Cezary"
*The Dream of Eugene Aram* (Hood) ..... **16**:202, 206-07, 209, 211, 215, 220-21, 225-28, 231, 233-35, 238
"A Dream of Fair Women" (Tennyson) ..................... **30**:209, 223-24, 264; **65**:235
*Dream of Gerontius* (Newman) ... **38**:324, 342, 345-46, 348

"A Dream of John Ball" (Morris) . **4**:425, 436-39, 441, 445
"The Dream of John Macdonnell" (Mangan) .................................... **27**:308
"A Dream of My Mother" (Foster) ..... **26**:286
"The Dream of Petrarca" (Landor) ..... **14**:187
*Dream on the Volga* (Ostrovsky)
See *Voevoda: Son na Volge*
"Dream-Fugue, Founded on the Preceding Theme of Sudden Death" (De Quincey) ................... **4**:82, 86, 89
"Dreaming" (Beattie)
See *Dissertations Moral and Critical: On Memory and Imagination; On Dreaming; The Theory of Language; On Fable and Romance; On the Attachments of Kindred; Illustrations on Sublimity*
"Dream-Land" (Poe) ........... **1**:526-27; **55**:150
"Dreamland" (Rossetti) ................. **2**:563
"Dream-Love" (Rossetti) .... **50**:324; **66**:311
"Dream-Pedlary" (Beddoes) ... **3**:32, 34, 39
"Dreams" (Brontë) ................. **71**:91
"Dreams" (Heine)
See "Traumbilder"
"Dreams" (Lazarus) ........... **8**:413, 420
"Dreams" (Poe) ................. **1**:514
"Dreams" (Sigourney) .......... **21**:299
"Dreams" (Timrod) .............. **25**:363, 366, 382
*Dreams* (Robertson) .... **35**:333, 335, 354, 363, 369
*Dreams and Sounds* (Nekrasov) .......... **11**:399
"Dreams Awake" (Wieland) ................ **17**:394
*Dreams of a Spirit-Seer* (Kant) . **27**:200; **67**:219
*Dreams of Love* (Scribe)
See *Rêves d'amour*
*Dreams of the King* (Andersen) ....... **79**:13, 17
*Dreams, Waking Thoughts, and Incidents* (Beckford) ....................... **16**:25
"Dreamthorp" (Smith) ....... **59**:309, 315-7
*Dreamthrop* (Smith) . **59**:295, 299, 302-4, 306, 308-9, 311, 314-6, 319, 322-4, 326, 337
"Dreary Hour" (Arany)
See "Meddőórán"
*Dred: A Tale of the Great Dismal Swamp* (Stowe) ............... **3**:550-52, 559-61, 567
"Die drei" (Lenau) .................. **16**:265
*Die drei gerechten Kammacher* (Keller) ................. **2**:412, 414-15, 424-25
"Die drei Indianer" (Lenau) ........ **16**:269, 278, 283-84
*Drei Schmiede ihres Schicksals* (Stifter) ............................... **41**:366
*Drei Väter auf einmal* (Kotzebue) ...... **25**:136
"Die drei Zigeuner" (Lenau) ....... **16**:285
"The Dresser" (Whitman) .................. **81**:330
*The Dressmaker* (Martineau) ....... **26**:322
"Drifting Away" (Eliot) ............. **4**:140
*Drink* (Reade) ................ **2**:544, 551
"Drinking Song" (Smith) ............ **59**:331
*Driven from Home* (Alger) ................ **8**:43
"Droga nad przepascic w Czufut-Kale" (Mickiewicz) ................. **3**:403
*Droll Stories* (Balzac)
See *Contes drolatiques*
*Dronningen paa 16 Aar* (Andersen) ....... **79**:9
*Dronningen Skibet* (Andersen) ............. **79**:9
"A Drop of Balm" (Arany)
See "Balzsamcsepp"
"A Drop of Blood" (Meyer)
See "Der Blutstropfen"
"A Drop of Water" (Andersen) .. **79**:68, 74, 89
*Drottningens juvelsmycke* (Almqvist) . **42**:4, 6, 9-14, 17
*The Drowned* (Pushkin) .................. **3**:423
"The Drowned Girl" (Gogol)
See "Majskaja noč, ili Vtoplennica"
"The Drowned Girl" (Shevchenko)
See "Utoplena"
"Drowne's Wooden Image" (Hawthorne) .................... **2**:298; **39**:222
*Drüben am Markt* (Storm) ............. **1**:540, 544
*Drum-Taps* (Whitman) ..... **4**:542-43, 569, 571,

578, 580, 582, 586, 592, 595; **81**:258, 311-21, 326, 330-31
*The Drunken Boat* (Rimbaud)
See *Le bateau ivre*
"The Drunken God" (Meyer)
See "Der trunkene Gott"
"Drunkenness" (Krasicki)
See "Pijaństwo"
"Druses et Maronites" (Nerval) ......... **67**:333
"Dry Be That Tear" (Sheridan) .......... **91**:232
*Dry Sticks, Fagoted by W. S. L.* (Landor)
.......................... **14**:170, 177
"The Dryad" (Andersen) ............... **7**:24
"La dryade: Idyll in the Manner of Theocritus" (Vigny) ................ **7**:468-69
"Dryden and His Times" (Clough) ..... **27**:103
"Dryden and Pope" (Hazlitt) ........... **29**:166
*Du dandysme et de Georges Brummel* (Barbey d'Aurevilly) ................. **1**:71
*Du fantastic dans la littérature* (Nodier) ............................. **19**:378
*Du Pape* (Maistre) . **37**:288, 290-92, 294, 299-300, 302, 304, 306-09, 314-15
"Du style" (Joubert) ................... **9**:293
"The Dual Existence" (Clarke) .......... **19**:231
*Dubrovsky* (Pushkin) . **3**:429, 435-36, 442, 459; **27**:375; **83**:276, 316
"The Duc De L'Omellette" (Poe) . **16**:304, 313
*The Duchess of la Vallière* (Bulwer-Lytton) ............................. **1**:147; **45**:62
*The Duchesse de Langeais* (Balzac) . **5**:45; **35**:2
"The Duck and the Kangaroo" (Lear) ......................... **3**:297, 307, 309
"The Duckling" (Andersen)
See "The Ugly Duckling"
"The Duel" (Kleist)
See *Der Zweikampf*
"The Duel" (O'Brien) .......... **21**:243, 245, 247
"Duel at Midnight" (Arany)
See "Éjféli párbaj"
"Duel aux camélias" (Corbiere) .......... **43**:27
"The Duelist" (Turgenev) ................ **21**:417
"Duellum" (Baudelaire) ................ **29**:99
*Duels of Honor* (Tamayo y Baus)
See *Lances de honor*
*The Duenna; or, The Doubling Elopement* (Sheridan) . **5**:358-59, 361-62, 365, 369, 380-83; **91**:241-42, 251
"Duets" (Woolson) ..................... **82**:322
"Duke Carl of Rosenmold" (Pater) ............ **7**:299; **90**:245, 345-46, 348-49
"Duke Humphrey's Dinner" (O'Brien) ............................. **21**:243-44
*The Duke of Monmouth* (Griffin) . **7**:193, 196, 198, 200-01, 204, 216, 219
"Duke of Portland" (Villiers de l'Isle Adam) .............................. **3**:590
*The Duke of Stockbridge: A Romance of Shay's Rebellion* (Bellamy) ...... **4**:26, 30; **86**:11
"Duke Richelieu, Sir Firebrace Cotes, Lady G——, and Mr. Normanby" (Landor) ............................. **14**:178
*The Duke's Children* (Trollope) .... **6**:461, 466-67, 471, 490, 495, 497, 500, 519
"Duló Zebedeus kalandjai" (Madach) ............................. **19**:369, 371
"Duma" (Lermontov) ................ **5**:286, 295
"The Dumb Cake" (Clare) ............... **86**:108
"The Dumb Orators" (Crabbe) ...... **26**:93, 129, 135
"Dumka" (Shevchenko) ................ **54**:373
"Dumy moji dumy moji" (Shevchenko) ............................. **54**:373
*The Dun* (Edgeworth) .... **1**:267; **51**:89-90, 140
"Dunbar" (Smith) ..................... **59**:309
"The Duncaid of Today" (Disraeli) ...... **39**:52-3, 55
"The Dungeon" (Coleridge) ............. **9**:131
"The Dungeon" (Wordsworth) ...... **12**:386-87
"Dungog" (Kendall) ................. **12**:180, 187

"Duns Scotus's Oxford" (Hopkins)
.......................... **17**:185, 211, 219
*Duplicity* (Holcroft) . **85**:191, 205, 214-16, 218, 225, 234, 239, 246
"Durandarte and Belerma" (Lewis) ..... **11**:297
"Durchwachte Nacht" (Droste-Hulshoff)
.......................... **3**:196, 200
"A Dutch Picture" (Longfellow) ........ **45**:144
*Dutch Pictures* (Sala) ................ **46**:237
*The Dutchman's Fireside* (Paulding) . **2**:526-30
"The Duties of Man" (Mazzini) .. **34**:281-282
"Duty" (Clough) .............. **27**:52, 91, 103, 105
"Duty" (Solomos) .................... **15**:399
*Duty before All* (Herzen) ............. **61**:97
*The Duty of American Women to Their Country* (Beecher) ................. **30**:15
*The Duty of Disobedience to the Fugitive Slave Law* (Child) ...................... **73**:63
"The Duty of the Free States" (Channing)
.......................... **17**:25, 32-3
"Dve byli i esche odna" (Zhukovsky) . **35**:398
*Dvoryanskoe gnezdo* (Turgenev) . **21**:393-94, 397, 399-400, 409-10, 413, 417-19, 421-22, 427, 430-31, 434-35, 437-39, 442-44, 446-48, 452; **37**:335, 367, 379, 382, 402, 436, 444
*The Dwarf* (Tieck) .................. **5**:517
*Dwie blizny* (Fredro) ................. **8**:285
"The Dying Beauty" (Chivers) ..... **49**:49, 56
"The Dying Child" (Clare) ............. **9**:85, 102
"The Dying Crow" (Bryant) ............ **46**:13
"The Dying Daughter to her Mother" (Opie)
.......................... **65**:155, 182
"Dying! Dying in the Night!" (Dickinson)
.......................... **21**:55
"The Dying Enthusiast" (Mangan)
.......................... **27**:280, 298
*Dying Gladiator* (Lermontov) ...... **47**:151
"The Dying Indian: Tomo-Chequi" (Freneau)
.......................... **1**:315, 317, 322
"The Dying need but little, Dear,/ A Glass of Water's all" (Dickinson) ......... **77**:163
"The Dying Philosopher" (Sigourney) . **87**:331-32
"The Dying Raven" (Dana) ...... **53**:158, 168
"The Dying Seneca" (Holmes) .......... **14**:100
"The Dying Soldier" (Runeberg) ....... **41**:312-15, 321, 323
"The Dying Speech of an Old Philosopher" (Landor) ..................... **14**:201-02
"The Dying Swan" (Chivers) ........... **49**:51
"The Dying Swan" (Tennyson) .... **30**:211, 223, 231-32
"A Dying Tiger moaned for Drink" (Dickinson) ...................... **77**:162-63
"The Dying Warrior" (Runeberg)
See "The Dying Soldier"
*Dym* (Turgenev) . **21**:389-90, 392-93, 396, 400-01, 406, 409, 411, 413, 419, 421-22, 426-27, 431, 435-39, 441, 444-45; **37**:367-68, 391, 424, 436, 444, 447
*The Dynamics of a Particle* (Carroll) ... **2**:117
"The Dynamiter" (Stevenson)
See *The New Arabian Nights*
"Dynd-Kongens Datter" (Andersen)
See "The Marsh King's Daughter"
*Dziady III* (Mickiewicz) .. **3**:389, 391-93, 395-97, 399-403
"E. B. B." (Thomson) ................ **18**:392
"Each and All" (Emerson) . **1**:285, 296; **38**:184, 190
"The Eagle" (Tennyson) .............. **30**:280
"The Eagle and Fowls" (Krylov) ........ **1**:435
"The Eagle as Maecenas" (Saltykov) . **16**:358
"The Eagle Hunter" (Taylor) ........... **89**:299
"The Eagles" (Very) .................. **9**:383
"Eäriné" (Allingham) ................. **25**:14
"Early Adieux" (Gordon) . **21**:154, 173
"Early American Verse" (Bryant) . **46**:32, 51
"Early Death and Fame" (Arnold) .. **29**:26, 28

*The Early Diary of Frances Burney, 1768-1778* (Burney) ..... **12**:33; **54**:18, 24
*Early England and the Saxon-English* (Barnes)
.......................... **75**:40, 103
*Early Essays and Miscellanies* (Thoreau)
.......................... **61**:339, 376
"Early Graves" (Klopstock) ........... **11**:220
*The Early Italian Poets* (Rossetti) ...... **77**:335
*The Early Italian Poets from Ciullo to Dante Alighieri, 1100/1200/1300 in the Original Metres, Together with Dante's "Vita Nuova"* (Rossetti) ............... **4**:490
*Early Lessons* (Edgeworth) ....... **51**:81, 85, 89, 102, 110, 114
"The Early Life of Sut Lovingood, Written by His Dad" (Harris) ... **23**:150, 152
*Early Notebooks* (Darwin) .......... **57**:145-6
*Early Poems of John Clare* (Clare) .... **86**:130-31, 160
"The Early Spring Book" (Dana) ........ **53**:178
*Early Theological Writings* (Hegel)
See *Hegels theologische Jungenschriften*
"Earth" (Bryant) . **6**:168, 172; **46**:7, 22, 28, 39
"The Earth" (Very) .......... **9**:378, 381
"Earth Has Not Anything to Show More Fair" (Wordsworth) ............... **12**:466
"The Earth Is Too Much with Us" (Wordsworth) ................. **12**:466
"Earth, my Likeness" (Whitman)
.......................... **31**:430; **81**:258
*The Earthly Paradise* (Morris) . **4**:414-16, 419-22, 424-25, 427-35, 442-43, 446-48
*The Earthquake* (Galt) ............ **1**:328, 335
"The Earthquake in Chile" (Kleist)
See "Das Erdbeben in Chili"
"Earth's Answer" (Blake) ... **13**:191, 221, 226; **37**:32, 42, 47-9
"Earth's Children Cleave to Earth" (Bryant)
.......................... **46**:21
"Earth's Holocaust" (Hawthorne) . **2**:296, 298, 305; **10**:290, 311; **17**:129; **23**:205; **39**:229; **79**:296; **95**:156
"Earth's Immortalities" (Browning)
.......................... **79**:94, 101
"Earth—the Stoic" (Lampman) .......... **25**:167
*East Angels* (Woolson) ...... **82**:268-71, 274-75, 279, 293, 299, 315-19
"East Wind" (Hunt) .................. **1**:417
"Easter Day" (Clough) .......... **27**:55, 87-8, 100
*Easter Day* (Browning) ............. **19**:132
"Easter Day: Naples, 1849" (Clough) ... **27**:76
"Easter Eve" (Lampman) .... **25**:160, 167, 199, 201
"An Easter Hymn" (Kendall) .......... **12**:192
*The Easter Recess* (Morgan) .......... **29**:390
"Easter Zunday" (Barnes) .............. **75**:77
*Eastern Life, Present and Past* (Martineau)
.......................... **26**:311, 319, 326, 328-29, 359
*Eastern Lyrics* (Hugo)
See *Les orientales*
*Easy Money* (Ostrovsky)
See *Beshenye dengi*
*L'eau de Jouvence* (Renan) . **26**:386, 389, 408, 417
"L'eau douce" (Desbordes-Valmore) .... **97**:27
"Eaves-Dropping a Lodge of Free-Masons" (Harris) ................. **23**:139, 161
*The Ebb-Tide: A Trio and Quartette* (Stevenson) .......... **5**:412, 415, 419, 427; **63**:261
*Ecarté; or, The Salons of Paris* (Richardson) . **55**:293-4, 304, 312-3, 321, 327, 329, 339, 344-6
"Az ecce homo" (Madach) .............. **19**:369
"Eccentricity" (Allston) ................ **2**:19, 21
*Ecclesiastical Sketches* (Wordsworth)
.......................... **12**:409, 466; **38**:368, 371
*Ecclesiastical Sonnets* (Wordsworth)
See *Ecclesiastical Sketches*
"Echa-czasu" (Norwid) ............... **17**:373
"L'echelonnement des hais" (Verlaine)
.......................... **51**:355, 370

"Echo and the Fairy" (Ingelow) .......... **39**:264
*The Echo Club and Other Literary Diversions*
(Taylor) ........ **89**:319, 337, 339, 343, 351
"An Echo of Antietam" (Bellamy) ........ **86**:10-11, 75, 78
"Echoes" (Lazarus) .......................... **8**:423
"Echoes in the City of the Angels" (Jackson)
.................................................. **90**:149
"Echoes of the Week" (Sala) .............. **46**:245
"The Echoing Green" (Blake) .. **13**:181; **37**:3, 14, 25, 35, 37-8, 57, 65-6, 68, 71-2, 80, 92
*Der Echte und der falsche Waldemar* (Arnim)
.................................................. **5**:21
"L'eclair" (Rimbaud) ....... **4**:466; **82**:222, 224, 229, 236, 241, 251, 255, 261-62
"Les Éclairs" (Desbordes-Valmore) ...... **97**:27
"L'eclatante victoire de Saarebrück"
(Rimbaud) ...................... **4**:465; **35**:271
"Eclipse in Italy" (Wordsworth) ...... **38**:363
"Eclogue" (Lear) ............................ **3**:298
"Eclogues" (Barnes) ........................ **75**:95
*El eco del Torrente* (Zorrilla y Moral) .. **6**:525
*L'ecole des ménages* (Balzac) ............ **5**:74
"L'ecole païenne" (Baudelaire) ............ **29**:70
"L'Écolier" (Desbordes-Valmore) ........ **97**:38
"L'écolier de Leyde" (Bertrand) .......... **31**:46
*Economic and Philosophic Manuscripts of 1844* (Marx) ... **17**:329-30, 350, 352, 360
*Economic Studies* (Bagehot) . **10**:20-22, 25-26, 32, 34, 48
"Economics" (Thoreau) .................... **7**:389
"Economy" (Thoreau) . **7**:387-8, 398-9, 402-3
*The Economy of Happiness* (Bellamy) .. **4**:27
*L'Ecossais* (Dumas) ...................... **71**:217
*La Edad de Oro* (Martí) .................... **63**:104
"Edax on Appetite" (Lamb) .. **10**:409, 411
"Eden Bower" (Rossetti) .................... **66**:305
"Eden Bower" (Rossetti) .. **4**:492, 496, 498, 505, 511, 518, 527, 530; **77**:326, 328-30, 361-62
*Edgar Huntly; or, Memoirs of a Sleep-Walker* (Brown) .. **22**:3, 5, 7-9, 12-13, 18-22, 24, 27-31, 40-2, 48-9, 52-4, 56-7; **74**:4, 9-12, 15, 19, 24, 36, 41, 49-50, 52-7, 61, 63, 65, 80-2, 84, 86-7, 89, 92-6, 98-9, 101-02, 104-05, 111-12, 117-20, 122, 124-27, 129-30, 133, 135, 139, 141, 143, 147-50, 161, 164
*Edgar Poe and His Critics* (Whitman) . **19**:456-60
"The Edge of the Swamp" (Simms) ..... **3**:507
*Edifying Discourses* (Kierkegaard)
............ **34**:203, 227, 238; **78**:197, 239
*Edifying Discourses in a Different Vein: Three Godly Discourses* (Kierkegaard)
............ **34**:224, 246, 252, 254
"Edinburgh" (Smith) ............. **59**:299, 333-4
*Edinburgh: Picturesque Notes* (Stevenson)
.................................................. **5**:387
"Edith and Nora" (Wilson) .................. **5**:550
"Edith May" (Parton) .................... **86**:349-50
"The Editor and the Schoolma'am" (Frederic)
.................................................. **10**:193, 212
"Editors" (Parton) ............................ **86**:348
"Editor's Table" (Hale) .................... **75**:317
"A Edmond et Jules de Goncourt" (Banville)
.................................................. **9**:26
*L'éducation sentimentale: Histoire d'un jeune homme* (Flaubert) . **2**:225-33, 235-40, 242-3, 245-9, 256; **10**:119, 122, 124-5, 130, 135, 159, 161, 164, 170, 174; **19**:264-322; **62**:69, 74, 76, 83, 88, 90-1, 95-9, 102, 105, 111, 115, 119-21, 123; **66**:256, 270, 293
*Educational Reminiscences and Suggestions* (Beecher) .......................... **30**:16, 25
*Der Edukationsrat* (Kotzebue) ............ **25**:136
"Edward Fane's Rose-Bud" (Hawthorne)
.................................................. **2**:305
"Edward Gray" (Tennyson) .............. **30**:222
"Edward III" (Blake)
See "King Edward the Third"
"Edward Randolph's Portrait" (Hawthorne)
.................................................. **95**:105

"Edward Shore" (Crabbe) ............. **26**:93, 100
*Edwin Drood* (Dickens)
See *The Mystery of Edwin Drood*
*Edwin of Deira* (Smith) ....... **59**:294, 298, 305, 312, 318-21, 326, 333, 337
"Edwy" (Radcliffe) .......................... **6**:412
*Edwy and Elgiva* (Burney) ........ **12**:17, 46-47; **54**:59
*Eekenhof* (Storm) .......................... **1**:540
"Les effarés" (Rimbaud) ..... **4**:455, 465, 485; **35**:271; **82**:226, 230, 251
"The Effects of Religion on Minds of Sensibility. Story of La Roche" (Mackenzie) .................... **41**:180, 188
"Effects of Rural Objects on the Mind" (Mackenzie) .................... **41**:190-91
*Effects of Slavery on Morals and Industry* (Webster) .......................... **30**:404
*Effi Briest* (Fontane) .. **26**:235-36, 239, 241, 243-44, 246, 248, 251-52, 258-59, 264-65, 267-72, 276, 278
*Les éffrontés* (Augier) ..... **31**:5, 7, 9-10, 12-13, 15, 19-20, 24-7, 31-2, 34, 38-9
"Effusion on the Death of James Hogg" (Wordsworth) .......................... **12**:431
"L'égalité chrétienne" (Renan) .......... **26**:377
*L'Egarement de l'infortune* (Sade) . **47**:361-62
*L'église chrétienne* (Renan) .............. **26**:402
"L'Église d'Aroma" (Desbordes-Valmore)
.................................................. **97**:6
*Egmont* (Goethe) ...... **4**:162-64, 167, 172, 190, 194-96, 204, 211-12, 218-22; **34**:71
"Ego" (Whittier) .......................... **59**:364
"The Egoist" (Turgenev) .................... **21**:454
"Egos of the Week" (Sala) .............. **46**:245
"Egy nyíri temetőn" (Madach) .......... **19**:369
*The Egyptian Nights* (Pushkin) . **3**:435; **83**:273, 275-76
*Die Ehenschmiede* (Arnim) .................... **5**:22
"Eidólons" (Whitman) .................... **31**:390
"Eifersucht und Stolz" (Muller) .......... **73**:364
*The Eight Commandment* (Reade) . **74**:269, 315
*Eight Cousins* (Alcott) ......... **58**:41, 46, 48-50; **83**:44, 47
*Eight Cousins; or, The Aunt Hill* (Alcott) . **6**:16-17, 21
*815* (Dickinson) .......................... **77**:151
*892* (Dickinson) .......................... **77**:97
*801* (Dickinson) .......................... **77**:131
*875* (Dickinson) .......................... **77**:120
*872* (Dickinson) .......................... **77**:151
*864* (Dickinson) .......................... **77**:150
*838* (Dickinson) .......................... **77**:89
*822* (Dickinson) .......................... **77**:93
*Eight Women* (Desbordes-Valmore)
See *Huit Femmes*
*Eight Years in Canada* (Richardson)
.... **55**:294, 298-9, 303, 311, 314, 317, 320, 329, 334-7, 343-4
"1867" (Patmore) ..... **9**:334, 337-38, 340, 358, 362
"1880-85" (Patmore) ......... **9**:339-40, 358, 362
*1811* (Barbauld)
See *Eighteen Hundred and Eleven*
*1844 Sketch* (Darwin)
See *On the Origin of Species by Means of Natural Selection or the Preservation of Favoured Races in the Struggle for Life*
*1842 Sketch* (Darwin)
See *On the Origin of Species by Means of Natural Selection or the Preservation of Favoured Races in the Struggle for Life*
*Eighteen Hundred and Eleven* (Barbauld)
.................................................. **50**:5, 17
*Eighteen Upbuilding Discourses* (Kierkegaard)
See *Edifying Discourses*
*The Eighteenth Brumaire of Louis Bonaparte* (Marx) . **17**:315, 322, 328, 335, 353, 355
"Eighty-five Model Farms and Eighty-five Follies" (Fourier) ........................ **51**:180
"Eileen a Ruin" (Griffin) .................... **7**:204
"Eileen Aroon" (Mangan) .................... **27**:283

"An einem Wintermorgen vor Sonnenaufgang" (Morike) .................... **10**:448, 453-55
*An einen ehemaligen Goetheaner* (Heine)
.................................................. **54**:344
"Einer Toten" (Meyer) .................. **81**:205, 209
*Einfältiger Hausvater-Bericht uber die christlich Religion* (Claudius)
............ **75**:193, 210, 214-16, 220
"Eingelegte Ruder" (Meyer) . **81**:199, 201, 203
*Einleitung zu Don Quixote* (Heine) .. **54**:329
*Die Einquartierung im Pfarrhause* (Arnim)
.................................................. **5**:21
"Einsamkeit" (Lenau) .................... **16**:281
"Einsamkeit" (Muller) .. **73**:366, 384, 386, 391
"Der Einzige" (Hölderlin) . **16**:166-69, 175-76, 191
"Eiros and Charmion" (Poe)
See "The Conversation of Eiros and Charmion"
"Eislauf" (Klopstock) .................... **11**:233
*Either / Or: A Fragment of Life* (Kierkegaard) . **34**:178, 192, 201, 203, 205, 222, 236, 238, 240, 248-54, 258, 268; **78**:166-68, 173-74, 176, 178, 181-82, 187, 198, 215, 227, 238, 242-43, 248, 252
"Éjféli párbaj" (Arany) .................... **34**:5, 15
"Ekalavya" (Dutt) .......................... **29**:124
"Ekhidna" (Leconte de Lisle) ........ **29**:221-22
"Él y Ella" (Echeverria) .................... **18**:147
"Elaine" (Tennyson) .... **30**:279; **65**:307, 310, 315, 318, 359
"Elden-Tree" (Baillie) ........................ **2**:42
"The Elder Brother" (Crabbe) ...... **26**:111, 129
*Elder Edda* (Grimm and Grimm) .......... **3**:220
"Eldorado" (Poe) .......................... **94**:229
"Eldorado" (Taylor) .. **89**:300, 343, 346, 355
"Eldorado at Islington" (Levy) .......... **59**:92
"Eleanore" (Tennyson) .................... **30**:207
*The Election: A Comedy on Hatred* (Baillie)
............ **2**:31, 33; **71**:12, 64
*Elective Affinities* (Goethe)
See *Die Wahlverwandtschaften*
"The Electric Telegraph" (Bryant) .......... **46**:9
"Oi eleftheroi poliorkimenoi" (Solomos)
............ **15**:386, 391-92, 397-401, 405
"Elegant Tom Dillar" (O'Brien) .......... **21**:249
*Elegiac Sonnets, and Other Essays* (Smith)
.................................................. **23**:314-15
"Elegiac Stanzas" (Wordsworth) . **12**:458-60; **38**:360, 398
"Elegiac Verses" (Longfellow) ..... **45**:129, 161
"Elegiacs" (Tennyson) .................... **30**:211
"Élégie" (Desbordes-Valmore) .............. **97**:7
"Élégie" (Lamartine) .................... **11**:254
"Elegie auf den Tod eines Jünglings" (Schiller)
............ **39**:339-40, 386
"Elegija" (Pushkin) .................... **83**:259, 304
"An Elegy" (Chivers) .......................... **49**:70
"Elegy" (Cowper) .......................... **94**:36
"Elegy" (Pushkin)
See "Elegija"
"Elegy for Sulieman the Magnificent" (Mangan) .......................... **27**:285
"Elegy of Rome" (Schlegel) .............. **15**:223
"Elegy on Our Lost Princess" (Hunt) . **70**:257
"Elegy on the Death of a British Officer" (Sheridan) .......................... **91**:233
"Elegy on the Death of a Young Man" (Schiller)
See "Elegie auf den Tod eines Jünglings"
"Elegy on the Death of Dr. Channing" (Lowell) .......................... **2**:507
"An Elegy on the Death of Mr. Buckingham St. John" (Trumbull) .................... **30**:348
"An Elegy on the Times" (Trumbull)
............ **30**:346, 350, 353, 374
"An Elegy on the Tironian and Tirconnellian Princes Buried at Rome" (Mangan)
See "Lament for the Princes of Tyrone and Tyrconnell"
*Elegy to the Memory of the Late Duke of Bedford* (Opie) .................... **65**:175-7

Title Index

"Elemental Drifts" (Whitman) .............. **4**:544
"Elementargeister" (Heine) ................... **4**:268
"Elementary Education" (Arnold) ....... **89**:110
*Elementary Lessons in Physiology* (Huxley)
............................................................. **67**:95
*The Elementary Spelling Book* (Webster)
    See *A Grammatical Institute, of the
    English Language, Comprising, an Easy,
    Concise, and Systematic Method of
    Education, Designed for the Use of
    English Schools in America*
"The Elements" (Newman) ................ **38**:345
"Elements of Critical Jurisprudence"
    (Bentham) ...................................... **38**:94
*The Elements of Mental and Moral Philosophy,
    Founded upon Reason, Experience, and
    the Bible* (Beecher) ........... **30**:11, 23, 25
*Elements of Moral Science* (Beattie)
    ...................................... **25**:101, 121
*Elën* (Villiers de l'Isle Adam) ... **3**:581, 583-84
"Elena" (Herzen) .............. **10**:347-48; **61**:108
"Elena" (Isaacs) ............................ **70**:307-08
"Eleonora" (Poe) ... **1**:497-98; **16**:305-06, 308,
    324, 336; **55**:148, 151
"Les eléphants" (Leconte de Lisle)
    ........ **29**:210, 216-17, 221, 223-24, 230-31
"Elet vagy halál" (Petofi) ................... **21**:286
"The Eleusinian Feast" (Schiller)
    See "Das Eleusische Fest"
"The Eleusinian Festival" (Schiller)
    See "Das Eleusische Fest"
"Das Eleusische Fest" (Schiller) .. **39**:305, 337
"Elévation" (Baudelaire) ...... **6**:82-83, 97, 114,
    128; **29**:89-90; **55**:27
*Elévation sur Paris* (Vigny) ................. **7**:469
*1126* (Dickinson) ....................... **77**:63, 92
*1126* (Dickinson) .............................. **77**:95
"Eleven Tales of the Arabesque" (Poe) . **94**:239
"The Eleventh-Hour Guest" (Villiers de l'Isle
    Adam)
    See "Le convive des dernières fêtes"
"Elfen, Die" (Tieck) .......................... **46**:350
"Elfenlied" (Morike) ................... **10**:446, 455
"Les elfes" (Leconte de Lisle) ........... **29**:220
*Elfide* (Klinger) ................................. **1**:429
"The Elfin Mound" (Andersen) ... **7**:23; **79**:23,
    28
"Elfrida" (Lazarus) ..................... **8**:411, 417
*Elfrida* (Eminescu)
    See *The King and the Knight*
"Elfsong" (Morike)
    See "Elfenlied"
"The Elgin Marbles" (Hazlitt) ............. **82**:160
*Elgskyttarne* (Runeberg) . **41**:309-10, 313, 317,
    331
*Elia: Essays Which Have Appeared under That
    Signature in the "London Magazine"*
    (Lamb) . **10**:389, 391, 393, 395, 403, 406-
    07, 410-11, 414-16, 420-21, 434
*Elia; o, La España de treinta años ha*
    (Caballero) ....................................... **10**:77
"Elia to Robert Southey" (Lamb) ....... **10**:408
"Elias Wildmanstadius ou l'Homme
    moyenage" (Gautier) .................... **59**:26-7
"Elijah" (Kendall) .............................. **12**:192
"Elijah's Wagon knew no thill" (Dickinson)
    ............................................................. **77**:68
"Elinor" (Southey) ............................ **97**:314
*Elinor and Marianne* (Austen) . **1**:53; **81**:74
"Eliot Carson" (Bellamy) ................ **86**:16-17
*Elisa* (Goncourt)
    See *La fille Élisa*
"Eliveria" (Isaacs) ............................ **70**:310
*Die Elixiere des Teufels* (Hoffmann)
    ..... **2**:339, 341, 343-44, 348, 358, 360, 362
*The Elixir of Long Life* (Balzac) ........... **53**:25
"Elizabeth" (Longfellow) .................. **45**:128
*Elizabeth Barrett Browning: Hitherto
    Unpublished Poems and Stories with an
    Inedited Autobiography* (Browning)
    ............................................................. **61**:48, 50

*Elizabeth Barrett to Mr. Boyd: Unpublished
    Letters of Elizabeth Barrett Browning to
    Hugh Stuart Boyd* (Browning) . **61**:14, 28,
    50
*Elizabeth Bennet; or, Pride and Prejudice*
    (Austen)
    See *Pride and Prejudice*
"Elizabeth Wilson" (Child) .................. **73**:80
"Elizir d'amor" (Corbiere) ................... **43**:13
"The Elk" (Poe) .............................. **16**:336
*The Elk Hunters* (Runeberg)
    See *Elgskyttarne*
"Ella duerme!" (Isaacs) ...................... **70**:310
"Ella of Garveloch" (Martineau) . **26**:304, 306,
    351
*Elle et lui* (Sand) . **2**:597, 604; **42**:312; **57**:317
"Ellen Aeyre" (Chivers) ................ **49**:40, 49
"Ellen Bawn" (Mangan) .................... **27**:314
"Ellen Brine ov Allenburn" (Barnes) . **75**:8, 46
"Ellen Dare o'Lindenore" (Barnes) ...... **75**:58
"Ellen Orford" (Crabbe) .................... **26**:149
*Ellernklipp* (Fontane) ..... **26**:237, 243-44, 250-
    53, 255, 272
*Ellie; or, The Human Comedy* (Cooke) . **5**:121-
    22, 129
"The Elliotts" (Austen) ........................ **1**:53
"The Elm Tree, a Dream in the Woods"
    (Hood) ... **16**:210, 220, 222, 224-25, 228-
    29, 233, 235
"The Elm Trees" (Sigourney) ............. **21**:301
*Eloge de Victor-Amédée III* (Maistre)
    ......................................... **37**:302, 311
"Eloquence" (Emerson) ...................... **1**:280
*Elsie Venner: A Romance of Destiny* (Holmes)
    . **14**:103, 105-06, 110, 113-15, 117, 119-20,
    123-26, 130-41, 143, 148-49, 151; **81**:102,
    107-09, 111, 113
"Az első halott" (Madach) .................. **19**:369
"Elverhøi" (Andersen) ......................... **79**:76
"The Elves" (Leconte de Lisle)
    See "Les elfes"
*Az elveszett alkomány* (Arany) ...... **34**:16, 21-2
*Elvira and Her Desperate Love for a
    Ludicrous King* (Eminescu) ........ **33**:266
*Elvira; o, La novia del Plata* (Echeverria)
    ........................................ **18**:147-49, 152
"Elvira Silva" (Isaacs) ................. **70**:310, 312
"Elysium Is as Far as To" (Dickinson) . **21**:10
"The Emancipated Slaveholders" (Child)
    ............................................................. **73**:80
"The Emancipated Woman at last Found"
    (Fourier) ...................................... **51**:180
*Emancipation* (Channing) ........... **17**:25, 32
"Emancipation in the British West Indies"
    (Emerson)
    See "Emancipation of the British West
    Indies"
*Emancipation Proclamation* (Lincoln)
    .......................... **18**:219, 231-35, 268-71
*Die Emanzipation der Domestiken* (Ludwig)
    ............................................................. **4**:367
*Emaux et camées* (Gautier) . **1**:342-43, 347-48,
    350; **59**:3, 17-20, 43
"The Embalmer" (Maginn) .................. **8**:438
*The Embargo; or, Sketches of the Times*
    (Bryant) ........................... **6**:157; **46**:25
"Az ember" (Petofi) ........................... **21**:264
*Az ember tragédiája* (Madach) ......... **19**:354-
    57, 360-62, 364-74
"Emerald Uthwart" (Pater) ......... **7**:303, 324
"Emerson the Lecturer" (Lowell) .. **90**:219-21
"L'Emeute" (Baudelaire) ..................... **55**:36
"The Emigrant Mother" (Sigourney) .. **21**:298
"Emigrant's Farewell" (Allingham) ...... **25**:15
*The Emigrant's Guide* (Cobbett) ... **49**:152-53
*The Emigrants of Ahadarra* (Carleton)
    .................................... **3**:90, 94, 96
*L'émigré* (Charriere) ......................... **66**:136
*Les Émigrés* (Charriere) .................... **66**:124
*Emilie* (Nerval) . **1**:485; **67**:304, 363, 365
"Emilie De Coulanges" (Edgeworth) ... **51**:89

"Emilie de Tourville ou la cruauté fraternelle"
    (Sade) ......................................... **47**:313
*The Emissary* (Sacher-Masoch) .... **31**:285, 289
*Emma* (Austen) . **1**:30, 32-34, 36-40, 44-6, 48,
    50-2, 54-5, 60-1, 63-4; **13**:66, 93-4, 96, 104;
    **19**:1-70; **33**:39, 57-9, 62-5, 69, 71, 74, 76,
    80, 84, 88-90, 92-3, 96-7, 99; **51**:15, 41;
    **81**:5, 12-13, 18, 35, 68, 78-79, 83; **95**:13,
    18, 21, 25, 39, 55-6, 58, 73, 86
"Emma and Ermingard" (Longfellow) . **45**:145
*Emmeline, the Orphan of the Castle* (Smith)
    .... **23**:314-15, 319-24, 327-29, 332-33, 335
"Emotional Art" (Patmore) ................... **9**:342
*Empedocles* (Hölderlin)
    See *Empedokles*
"Empedocles on Etna" (Arnold) . **6**:31, 38, 42,
    48, 51-52, 54, 56, 59, 66-67, 70-72; **29**:5-6,
    26-7, 29, 31, 36-7, 53; **89**:14, 49-51, 53, 82,
    120
*Empedocles on Etna, and Other Poems*
    (Arnold) ....... **6**:28, 30, 73-74; **29**:27, 35;
    **89**:88, 91-2
*Empedokles* (Hölderlin) . **16**:159, 164-65, 187-
    88, 190-91
"Emperor and Proletarian" (Eminescu)
    See "Împarat şi proletar"
"The Emperor of China and Tsing-ti" (Landor)
    ........................................ **14**:165, 167, 178
"The Emperor's New Clothes" (Andersen)
    . **7**:25, 28, 34; **79**:21, 23, 25-26, 52, 64, 68,
    72, 76, 81, 88
"The Emperor's Nightingale" (Andersen)
    ............................................................. **7**:37
"The Empire of the Chimilas" (Isaacs)
    See "El imperio chimila"
*Empires of the World* (Fouque) ............. **2**:267
*Les employés* (Balzac) ........................... **35**:3
"En balde" (Castro) ............................. **78**:40
"En bateau" (Verlaine) ......... **2**:630; **51**:378-79
*En Comedie i det Gronne* (Andersen) .... **79**:9
"En la tortura" (Isaacs) ...................... **70**:310
"En la tumba de Leopoldo..." (Isaacs) . **70**:306
"En las cumbres de Chisacá" (Isaacs) . **70**:310
"En las orillas del Sar" (Castro) . **3**:103; **78**:10,
    12-13, 16-17, 21, 23, 25, 29-30, 32, 38, 41,
    54
"En lisant" (Maupassant) .................... **83**:185
"En los ecos de los organos o en el rumor del
    viento" (Castro) ........................... **78**:41
"En los ecos del Organo o en el rumor del
    viento" (Castro) ........................... **78**:21
"En masse" (Whitman) ........................ **4**:564
*Una en otra* (Caballero) ...................... **10**:72
"En patinant" (Verlaine) ............. **51**:378-79
"En Route" (Browning) ...................... **61**:15
"En sourdine" (Verlaine) ......... **2**:624; **51**:351,
    378-81
"En Suenos te di un beso, vida mia" (Castro)
    ............................................................. **78**:23
*En Suisse* (Dumas) ........................... **71**:205
"En voyage" (Maupassant) .... **83**:158-62, 194,
    228
*Enamels and Cameos* (Gautier)
    See *Emaux et camées*
"The Encantadas; or, The Enchanted Isles"
    (Melville) . **3**:331, 344, 347, 354, 361-62,
    368, 380-81, 383-84; **45**:233
"The Enchanted Knight" (Taylor) ...... **89**:298
"The Enchanted Lyre" (Darley) ..... **2**:127, 132
"The Enchanted Pilgrim" (Leskov)
    See "Očarovannyj strannik"
"The Enchanted Spot" (Gogol)
    See "Zakoldovannoe mesto"
"The Enchanted Titan" (O'Brien) ....... **21**:238
"The Enchanted Wanderer" (Leskov)
    See "Očarovannyj strannik"
*Encore une nuit de la Garde Nationale; ou, Le
    poste de la barrière* (Scribe)
    ........................................ **16**:391, 393, 400

*Encyclopedia of the Philosophical Sciences in Outline. Part 1. The Logic* (Hegel)
    See *Enzyklopädie der philosophischen Wissenshaften im Grundrisse. Theil 1. Die Logik*

*Encyclopedia of the Philosophical Sciences in Outline. Part 2. Philosophy of Nature* (Hegel)
    See *Enzyklopädie der philosophischen Wissenshaften im Grundrisse. Theil 2. Naturphilosophie*

"The End" (Corbiere)
    See "La fin"

"An End in Paris" (Wagner)
    See "Ein Ende in Paris"

"The End of the World" (Turgenev) ............ **21**:431, 453

"Das Ende des Festes" (Meyer) .. **81**:143, 169, 200

"Ein Ende in Paris" (Wagner) ............... **9**:475

"Endicott of the Red Cross" (Hawthorne) ............... **2**:329-31; **10**:308

"The Ending of 'The Government Inspector'" (Gogol)
    See "Razviazka 'Révizor'"

"Ends of the Church" (Arnold) ............ **18**:47

"Endymion" (Wilde) ............... **17**:426

*Endymion* (Disraeli) ..... **2**:145-46, 150; **39**:3-4, 21-4, 31, 36-7, 43-4, 49, 51, 66, 71-81; **79**:212, 222, 234, 257, 269

*Endymion* (Keats)
    See *Endymion: A Poetic Romance*

*Endymion: A Poetic Romance* (Keats) .. **8**:323-28, 330-37, 340-42, 344-50, 353-61, 364-66, 368-70, 372, 385-86; **73**:142, 144, 152-53, 158, 170-72, 177, 192, 198, 201-04, 208-09, 211, 233-34, 246, 248, 254, 258, 260, 268-71, 290-91, 310-11, 314, 322-25, 332-36, 338-39, 341-42

"Enfance" (Rimbaud) ............ **4**:466, 473, 484; **35**:297, 299, 304-07, 322-23; **82**:232-33, 253

"Les enfans de la France" (Beranger) .. **34**:28

"L'Enfant" (Maupassant) ........ **83**:213-16, 223

"L'enfant aux souliers de pain" (Gautier) ............... **1**:348; **59**:32, 36

*L'enfant prodigue* (Becque) ......... **3**:13, 15-16

*L'Enfant prodigue* (Mallarme) ....... **41**:278

"Enfer et diable" (Beranger) ............... **34**:41

*The Enfranchisement of Women* (Mill) . **11**:393

*The Engagement* (Kivi)
    See *Kihlaus*

*Der Engel Von Augsburg* (Ludwig) ...... **4**:350

"Engelberg" (Meyer) ............... **81**:155

"Den Engelske lods" (Wergeland) . **5**:536, 538, 541

*England and Spain; or Valour and Patriotism* (Hemans) ............... **71**:271, 278

*England and the English* (Bulwer-Lytton) ............... **1**:151-53; **45**:32, 36-8, 47-8, 71

"England in Egypt" (Adams) ............... **33**:12

*England in Time of War* (Dobell) ... **43**:40, 44, 60, 62

*England, the Civilizer* (Wright) .. **74**:375, 377-78

"England's Day" (Dobell) ............... **43**:45

"England's Dead" (Hemans) ............... **71**:278

"England's Forgotten Worthies" (Froude) ............... **43**:184

*English Bards and Scotch Reviewers* (Byron) .. **2**:58, 62, 70, 85, 92, 95, 103; **12**:88, 103, 105-06, 129

"The English Boy" (Hemans) ............ **71**:277

*The English Constitution* (Bagehot) . **10**:15, 19, 22-23, 32, 34-35, 40, 45, 48, 50-54, 59, 63-66

*English Ecologues* (Southey) ...... **97**:315, 318

*The English Gardener* (Cobbett) . **49**:108, 110, 113-14, 140, 150-51

*English Grammar* (Cobbett)
    See *Grammar of the English Language*

*The English Humourists of the Eighteenth Century* (Thackeray) ..... **5**:457, 466, 490; **43**:376

"English Idylls" (Tennyson) ............... **30**:249

*The English in Ireland in the Eighteenth Century* (Froude) ................... **43**:193-96

*The English in Little* (Jerrold) ......... **2**:406-08

*The English in the West Indies* (Frcude) ............... **43**:192

*English Laws of Custom and Marriage for Women of the Nineteenth Century* (Norton) ............... **47**:248, 254, 261-63

"English Literature" (Pater) ...... **90**:333, 337

"The English Mail-Coach" (De Quincey) ............... **87**:22-4, 30, 43-4, 47

*The English Mail-coach* (De Quincey) ............... **4**:67, 74, 77, 82, 86-89; **87**:3, 15

*English Notebooks* (Hawthorne)
    See *Passages from the English Notebooks of Nathaniel Hawthorne*

*The English Novel and the Principle of Its Development* (Lanier) .......... **6**:245, 252, 265-66

"The English Pilot" (Wergeland)
    See "Den Engelske lods"

"An English Poet" (Pater) ........... **90**:290, 340

"The English Revolution of 1848" ............... **77**:291-92, 294

*An English Tragedy* (Kemble) ............ **18**:191

*English Traits* (Emerson) ... **1**:278, 281, 284, 286, 288, 299; **38**:173, 213-18

"The English View of Internal Crises" (Engels) ............... **85**:121

"English Writers on America" (Irving) . **19**:327-28, 347, 350; **95**:293-94

"The Englishman in Italy" (Browning) ............... **19**:98; **79**:94, 97

"Englyn" (Barnes) ............... **75**:54

"Enid" (Tennyson) . **30**:249, 279; **65**:226, 359, 381

*L'enlèvement* (Becque) ....................... **3**:13, 16

"L'enlèvement de la rédoute" (Merimee) ........ **6**:353-4, 358, 363-4, 366-7, 369, 371; **65**:57, 60, 87, 103-4

"L'ennemi" (Baudelaire) ............ **6**:117; **55**:58

*Ennui* (Edgeworth) ... **1**:257, 262, 264, 267-68, 270; **51**:86-90, 93, 104, 137

*Ennuyée* (Jameson)
    See *Diary of an Ennuyée*

"Enoch" (Very) ............... **9**:378

"Enoch Arden" (Crabbe) ............... **26**:135, 150

*Enoch Arden* (Tennyson) . **30**:218-20, 233, 238, 249, 276, 282

"Enough" (Turgenev) ......... **21**:420, 435, 440

*Enough Silliness in Every Wise Man* (Ostrovsky)
    See *Na vsyakogo mudretsa dovolno prostoty*

*The Enquirer: Reflections on Education, Manners, and Literature* (Godwin) ............... **14**:75, 79-80, 84, 86-7

*Enquiry concerning Political Justice and Its Influence on General Virtue and Happiness* (Godwin) . **14**:37-8, 40-3, 47, 50-1, 54-76, 78, 80-3, 85, 87-8, 90, 92-3

*Enquiry concerning Political Justice and Its Influence on Morals and Happiness* (Godwin)
    See *Enquiry concerning Political Justice and Its Influence on General Virtue and Happiness*

"An Enquiry Whether the Fine Arts are Promoted by Academies" (Hazlitt) ............... **29**:144

"Enragée" (Maupassant) .............: **83**:223, 230

"The Ensign at the Fair" (Runeberg)
    See "Fänrikens marknadsminne"

*Ensign Stål* (Runeberg)
    See *Fänrik Ståls sägner*

"The Ensign's Greeting" (Runeberg) ............... **41**:312, 314

"Ensimmäinen lempi" (Kivi)
    See "Nuori Karhunampuja"

*L'ensorcelée* (Barbey d'Aurevilly) .... **1**:70-73

*The Entail* (Hoffmann)
    See *Der Majorat*

*The Entail; or, The Lairds of Grippy* (Galt) ............... **1**:329, 331-32, 335, 337

"Entends comme brame" (Rimbaud) ............... **35**:321; **82**:238

"L'enterrement" (Verlaine) ................... **2**:630

"L'enthousiasme" (Lamartine) ......... **11**:245

*Enthusiasm* (Baillie) ............... **71**:6

"Enthusiasmus und Schwärmerei" (Wieland) ............... **17**:411

"The Enthusiast: A Daydream in Summer" (Clare) ............... **86**:113

"La entrada del invierno en Londres" (Espronceda) ............... **39**:87, 105

*Entre quatre murs* (Mallarme) ....... **41**:248-49

*Entretiens journaliers avec le très docte et très habile docteur Piffoël* (Sand) ..... **57**:380

"L'entrevue au ruisseau" (Desbordes-Valmore) ............... **97**:27

"L'Envoi" (Taylor) ............... **89**:359

"L'Envoy" (Irving) ............... **95**:265

"The Envoy" (Mangan) ............... **27**:300

*Enzyklopädie der philosophischen Wissenshaften im Grundrisse. Theil 1. Die Logik* (Hegel) .. **46**:60-2, 70, 78, 89-91, 108, 112-13, 124-25, 150, 153, 155, 159, 162, 164-65, 181-83, 186, 189

*Enzyklopädie der philosophischen Wissenshaften im Grundrisse. Theil 2. Naturphilosophie* (Hegel) .. **46**:70, 89-90, 108, 112, 124-25, 150, 153, 155, 159, 162, 164-65, 181-83, 186, 189

"Eolova arfa" (Zhukovsky) ............... **35**:398

*Eonchs of Ruby* (Chivers) ...... **49**:42-3, 47, 49, 52, 70, 72-3

*Eonchs of Ruby: A Gift of Love* (Chivers)
    See *Eonchs of Ruby*

"L'épée" (Banville) ............... **9**:16

"Epée d'Angantyr" (Leconte de Lisle) . **29**:215

*Epen Erskine; or, The Traveller* (Galt) . **1**:334

"The Ephemeral Life" (Ichiyo)
    See "Utsusemi"

*Ephesus Widow* (Eminescu) ............... **33**:266

"The Epic" (Tennyson) .. **30**:279; **65**:348, 354, 368

"Epic Poetry" (Very) ............. **9**:370, 379, 387

"Epic-in three Lustra" (Chivers) .......... **49**:43

*The Epicurean* (Moore) ............ **6**:384-85

"Epicurius, Leontium, and Ternissa" (Landor) ............... **14**:178

*Die Epigonen: Familienmemoiren in neun Büchern* (Immermann) ... **4**:292-97; **49**:365-66, 369, 371-72

"Epigones" (Eminescu) ............... **33**:245, 255

*The Epigram* (Keller)
    See *Das Sinngedicht*

"Epigram on a Long-Nosed Friend" (Paine) ............... **62**:325

*Das Epigramm* (Kotzebue) .......... **25**:137, 141

"Epigramme" (Goethe) ............... **4**:193

*Epigrammes* (Verlaine) ............... **51**:351

"Epilog" (Heine) ............... **4**:257

"Epilogue" (Arany) ............... **34**:5

"Epilogue" (Browning) ............... **79**:169

"Epilogue" (Lamartine) .......... **11**:286-87, 289

"Epilogue" (Pater) ............... **7**:323

"Epilogue" (Tennyson) ............... **30**:295

"Epilogue" (Verlaine) ............... **2**:631

"Epilogue à la ville de Paris" (Baudelaire) ............... **29**:79

"Epilogue to the Breakfast-Table Series" (Holmes) ............... **14**:109

"Epimetheus; or, The Poet's Afterthought" (Longfellow) ............... **2**:492

"Les epingles" (Maupassant) ... **1**:458; **83**:194, 201

"Epiphany" (Leconte de Lisle) ........... **29**:218

*Epipsychidion* (Shelley) . **18**:340, 346, 349-51,

354, 362-64, 369-70, 373, 383; **93**:275, 277, 279-81, 343-46, 348

"Les épis" (Leconte de Lisle) ............. **29**:246

"Episcopal Justice" (Leskov)
   See "Vladyčnyj sud"

*Épisode* (Lamartine) ........................ **11**:274

"Épisode de l'histoire de la Russie" (Merimee) ........................................... **6**:356; **65**:79

*An Episode under the Terror* (Balzac) .. **5**:52-53

*Episodes in a Life of Adventure* (Oliphant) ............................................ **47**:286, 289

*The Episodes of Vathek* (Beckford) .. **16**:29, 50

"Episteln" (Goethe) ............................. **4**:193

"Epistle" (Shevchenko)
   See "Poslaniie"

"Epistle IV" (Eminescu) ...... **33**:245, 247, 265

"Epistle from Henry of Exeter to John of Tehume" (Moore) ............................ **6**:388

"An Epistle from the Maid of Corinth to Her Lover" (Opie) ................................. **65**:174

"Epistle John Hamilton to Reynolds" (Keats) .... **8**:362, 389; **73**:162, 201, 203, 209, 259, 266

"An Epistle of Karshish the Arab Physician" (Browning) ...... **19**:79, 115, 117, 129-30, 137; **79**:140, 142, 164, 185

"Epistle on Miracles" (Very) ................ **9**:395

"Epistle to ..." (Halleck) ...................... **47**:77

*Epistle to a Friend* (Rogers) ........... **69**:73, 78

"An Epistle to a Friend on New-Year's Day" (Opie) ................................. **65**:154

"Epistle to Charles Cowden Clarke" (Keats) ........................ **8**:359; **73**:152,193

"Epistle to George Felton Mathew" (Keats) ........................................ **8**:364; **73**:224, 311

"Epistle to Mr. Hill" (Cowper) ........ **8**:97, 103

"Epistle to My Brother George" (Keats) ........................ **73**:152, 257, 323

*Epistle to Ovid* (Pushkin) ..................... **3**:415

"Epistle to Sir Walter Scott" (Brackenridge) ................................................. **7**:57

"Epistle to the Author of 'Festus'" (Landor) ................................................ **14**:198

*An Epistle to the Hebrews* (Lazarus) ... **8**:424

"Epistle to the Recorder by Thomas Castaly Edq" (Halleck) .. **47**:68, 71-72, 77-78, 81, 86

"The Epistles" (Eminescu)
   See "Scrisorile"

"Epistles" (Keats) ........................... **8**:359-60

*Epistles* (Very) ............................... **9**:393-96

"Epistles V" (Eminescu) ...... **33**:245, 247, 249

*Epistles, Odes, and Other Poems* (Moore) ................................ **6**:377, 387, 390, 395

*Epistles of the Fudge Family* (Moore) .. **6**:382

*Epistolario Rizalino* (Rizal) ............... **27**:417

"Epi-Strauss-Ium" (Clough) ...... **27**:89, 100

"Epitalamio" (Lizardi) ........................ **30**:68

"Epitaph" (Cowper)
   See "Epitaph on a Hare"

"Epitaph (On a commonplace person who died in bed)" (Levy) ................... **59**:105, 110

"Epitaph on a Hare" (Cowper) .. **94**:32-4, 36

"Epitaph on Brooks" (Sheridan) ........ **91**:233

*Epitaph on Henry Martyn* (Macaulay) . **42**:116

"Epitaph on King John" (Southey) .. **97**:318

"Épitaphe" (Nerval) ...................... **67**:306-07

"Épitaphe pour Tristan Joachim-Edouard Corbière, Philosophe" (Corbiere) ............... **43**:11, 17-18, 22, 25-7, 31,34

"Epithalamion" (Hopkins) .................. **17**:255

"Epithalamium" (Trumbull) .. **30**:349, 366

"L'Épître au malheur" (Staël) .. **91**:335, 358

"Die Epochen der Dichkunst" (Schlegel) ........................ **45**:306, 308, 320, 324, 360, 370

"Epochs" (Lazarus) ... **8**:413, 418-20

"Epochs of Poetry" (Schlegel)
   See "Die Epochen der Dichkunst"

"L'Epoux Corrigé" (Sade) ................. **47**:313

"L'Époux infernal" (Rimbaud) .. **82**:222, 241-42, 245

"Eppich" (Meyer) ........................... **81**:200

*The Epping Hunt* (Hood) ........ **16**:224, 233-35

"Equality" (Arnold) .. **6**:45, 46; **89**:101, 104

*Equality* (Bellamy) ........... **4**:25-27, 29-31, 33; **86**:3-4, 12, 22-23, 28, 30, 32, 55, 62, 64-6, 68

"The Equality of the Sexes" (Murray) . **63**:180

"Equilibrium" (Eminescu) ................... **33**:272

*Gli equivoci* (Da Ponte) .................... **50**:80

" Er schuf sie ein Männlein und Fräulein" (Claudius) ...................................... **75**:192

"Era apacible el dia" (Castro) .. **78**:17, 20-22

"Erbauliche Betrachtung" (Morike) .. **10**:447

*Die Erbförster* (Ludwig) .. **4**:347-52, 354, 364-66

"Das Erdbeben in Chili" (Kleist) .. **2**:445, 452, 456-57; **37**:237, 239, 242-3, 245-9, 253-5

*Eremit auf Formentera* (Kotzebue) ..... **25**:141

*The Erie Train Boy* (Alger) ........ **8**:30, 44

"Erin, the Tear and the Smile in Thine Eye" (Moore) .................................... **6**:390

"Erinna" (Landon) .. **15**:156-57, 166, 168

"Erinna an Sappho" (Morike) ...... **10**:457, 459

"Erinna to Sappho" (Morike)
   See "Erinna an Sappho"

"Die Erinnerung" (Klopstock) ............ **11**:237

*Erinnerungern aus Rubens* (Burckhardt) ..................................................... **49**:14

"Erkenne dich selb" (Wagner) ............. **9**:475

"Erklärung" (Heine) ............................ **4**:248

*Erlebtes* (Eichendorff) .................... **8**:220-21

"Erlkönig" (Goethe) ........................... **4**:192

"Erlösung" (Muller) ......................... **73**:366

"L'Ermite" (Maupassant) .................. **83**:228

"Ermunterung" (Hölderlin) ........... **16**:187-89

*Ernest Maltravers* (Bulwer-Lytton) .. **1**:138, 140, 148-49, 155; **45**:21, 23, 28-9, 68

*Ernestus Berchtold; or, The Modern Oedipus* (Polidori) ..... **51**:193-94, 201-02, 206-07, 231-34, 237-39, 241-42

*Ernst und Kurzweil, von meinem Vetter an mich* (Claudius) ......................... **75**:197

"Ernteabend" (Meyer) ........ **81**:152-53, 155-56

"Erntegewitter" (Meyer) . **81**:141, 153-57, 206

"Erntelied" (Brentano) ........................ **1**:105

"Erntelied" (Meyer) ...................... **81**:152-54

"Erntenacht" (Meyer) ............. **81**:152-54, 156

"Der Erntewagen" (Meyer) .... **81**:140-41, 144, 150-52, 154-55

"Der Eroberer" (Schiller) . **39**:338, 355, 386-88

"Eros and Psyche" (Patmore) .... **9**:339, 365

*Les Errinyes* (Leconte de Lisle) ... **29**:222, 225

"The Errors and Abuses of English Criticism" (Lewes) ....................... **25**:285, 304

*The Errors of Ecstasie* (Darley) .. **2**:124-25, 127, 129, 133-34

"Erstarrung" (Muller) .................. **73**:385, 394

"Die erste nacht" (Meyer) .................. **81**:155

"Erster Schmerz, letzter Scherz" (Muller) ........................................ **73**:364, 373

"Erstes Liebeslied eines Mädchens" (Morike) .................................... **10**:448, 455

"Erwin and Linda" (Barnes) ................ **75**:76

*Erwin und Elmire* (Goethe) ............... **4**:164

"Es ist eine alte Geschichte" (Heine) .. **4**:249

*El escándalo* (Alarcon) ........... **1**:12-13, 16-17

*The Escape; or, A Leap for Freedom* (Brown) .. **2**:48-52; **89**:143, 153, 163, 182, 187

*The Escapes* (Holcroft) .................. **85**:199

*Escenas norteamericanas* (Martí) . **63**:74, 81-2, 88, 167

*Les esclaves de Paris* (Gaboriau) ......... **14**:15

"Les esclaves gaulois" (Beranger) ........ **34**:29

"El esclavo Pedro" (Isaacs) ........... **70**:304

"Escorial" (Symonds) ....................... **34**:335

"La Esmeralda" (Hugo) .................... **3**:261

"Les Espagnols en Danemark" (Merimee) .. **6**:354, 362; **65**:44, 46, 51, 60, 62, 79, 82, 86

*España* (Gautier) ........................... **59**:5, 18

*La esperanza de la patria* (Tamayo y Baus) ..................................................... **1**:571

*L'esprit pur* (Vigny) . **7**:472, 478, 483, 485-86

"L'esprit saint" (Lamartine) .. **11**:270, 279

"Essa on the Muel, bi Josh Billings" (Shaw) ..................................... **15**:339, 341

*Essai historique, politique, et moral sur les révolutions anciennes et modernet considérées dans leurs rapports avec la révolution Française* (Chateaubriand) ..................................................... **3**:114

*Essai sur la Guerre Sociale* (Merimee) . **65**:85

*Essai sur la littérature Anglaise et considérations sur le génie des hommes, des temps et, des révolutions* (Chateaubriand) .. **3**:119-20, 128, 132

"Essai sur le drame fantastique: Goethe, Byron, Mickciewicz" (Sand) .................................. **42**:314, 369

*Essai sur le principe générateur des constitutions politiques et des autres institutions humaines* (Maistre) .. **37**:292, 295, 297, 299, 303-04, 306, 311, 314

*Essai sur les fables de La Fontaine* (Taine) ........................ **15**:410, 430, 463, 468, 472

*Essai sur les fictions* (Staël) . **91**:299-301, 303-04, 311, 332, 339-40

*Essai sur les fictions* (Staël-Holstein) ... **3**:523-24, 532

*Essai sur les forces humaines* (Balzac) .. **5**:28

*Essai sur l'inégalité des races humaines* (Gobineau) . **17**:60, 62-3, 70-4, 76-7, 79-81, 83-4, 86, 88, 90-2, 94-5, 97-104

*Essai sur Tite-Live* (Taine) .. **15**:412, 430-31

*Essais de critique et d'histoire* (Taine) ................ **15**:410, 438, 468, 473

*Essais de morale et de critique* (Renan) ........................ **26**:364, 379, 414-15, 417

*Essay* (Staël)
   See *Essai sur les fictions*

*An Essay in Aid of a Grammar of Assent* (Newman) .. **38**:272, 288, 305, 307, 311-12, 314, 317, 321, 324

*Essay in Refutation of Atheism* (Brownson) ..................................................... **50**:53

*Essay of 1844* (Darwin) .................. **57**:159

*Essay on Aesthetic Poetry* (Pater) ....... **90**:326

"Essay on American Literature" (Fuller) ..................................................... **5**:159

"An Essay on an Old Subject" (Smith) ........................ **59**:308, 315, 317, 322

*Essay on Anglo-Saxon* (Jefferson) ...... **11**:199

"Essay on Blake" (Robinson) .............. **15**:183

"Essay on Chivalry" (Scott) ........ **69**:329, 341

*Essay on Christianity* (Shelley) ... **18**:354, 375, 377; **93**:352

"Essay on Critics" (Fuller) .............. **50**:226-7

*Essay on Dramatic Compostion* (Holcroft) ..................................................... **85**:218

"Essay on English Poetry" (Campbell) ........................ **19**:171-73, 175, 184, 191

"Essay on Epitaphs" (Wordsworth) ........................ **12**:472; **38**:400

*Essay on Fiction* (Staël)
   See *Essai sur les fictions*

*Essay on Fiction* (Staël-Holstein)
   See *Essai sur les fictions*

*Essay on Human Forces* (Balzac)
   See *Essai sur les forces humaines*

"Essay on Interpretation" (Arnold) ....... **18**:24

"Essay on Irish Bulls" (Edgeworth) ..................................... **1**:267; **51**:97-9

"Essay on Landscape" (Clare) . **9**:110; **86**:96-7

"Essay on Language" (Bentham) .......... **38**:92

"Essay on Life" (Shelley) .................. **93**:338

"Essay on Logic" (Bentham) . **38**:56, 92, 94-5, 99

"Essay on Method" (Coleridge) .......... **9**:208

"Essay on Mind" (Browning) ... **16**:141; **66**:44

*An Essay on Mind, with other Poems* (Browning) .............. **61**:4, 41, 48-50, 61

*An Essay on Percy Bysshe Shelley* (Browning)
. **19**:132-33, 155; **79**:107, 111, 167-68, 186
"An Essay on Poetry" (Beattie)
See *Essays: On Poetry and Music, as They Affect the Mind; On Laughter, and Ludicrous Composition; On the Utility of Classical Learning*
*Essay on Political Tactics* (Bentham) ... **38**:91
*Essay on Ranke* (Macaulay) ............. **42**:80, 96
*Essay on Revolutions* (Chateaubriand) .. **3**:112
"Essay on Romance" (Scott) ............... **69**:340
"Essay on Self-Justification" (Edgeworth)
........................................................ **1**:262
*Essay on Sepulchres; or, A Proposal for Erecting Some Memorial of the Illustrious Dead in All Ages on the Spot Where Their Remains Have Been Interred* (Godwin) ...................... **14**:40, 53
*An Essay on Slavery and Abolitionism with Reference to the Duty of American Females* (Beecher) ..................... **30**:23-4
"Essay on Tasso and Chatterton" (Browning)
............................... **19**:140; **79**:186
"An Essay on the Ancient English Minstrels" (Percy) ... **95**:323, 327, 329-30, 332, 345, 364-65
*An Essay on the Development of Christian Doctrine* (Newman) .... **38**:263, 283, 307, 311, 322, 326
"Essay on the Different Styles of Goethe's Early and Late Works" (Schlegel)
See "Versuch über den verschiedenen Styl in Goethe's früheren und späteren Werken"
*An Essay on the Education of Female Teachers* (Beecher) ..................... **30**:15
*Essay on the Fables of La Fontaine* (Taine)
See *Essai sur les fables de La Fontaine*
*Essay on the Inequality of the Human Races* (Gobineau)
See *Essai sur l'inégalité des races humaines*
*Essay on the Life and Character of William III* (Macaulay) ................................... **42**:144
*An Essay on the Nature and Immutability of Truth* (Beattie) ....... **25**:80-7, 94, 96, 101, 103-05, 112-13, 120-23
*An Essay on the Principles of Human Action* (Hazlitt) .... **29**:133, 159-60, 162, 168-69, 171-72, 183, 185-86; **82**:74, 121, 131-32, 137
*Essay on the Punishment of Death* (Shelley)
........................................................ **93**:324
"Essay on the Social Progress of States" (Arnold) ...................................... **18**:53
*Essay on the Source of Positive Pleasure* (Polidori) ............................. **51**:201, 207
"An Essay on the Uses and Advantages of the Fine Arts" (Trumbull) ................. **30**:359
*An Essay on the Writings and Genius of Shakespeare, Compared with the Greek and French Dramatic Poets: with Some Remarks upon the Misrepresentations of M. de Voltaire* (Montagu) ........ **7**:250-51
*Essay on Truth* (Beattie)
See *An Essay on the Nature and Immutability of Truth*
"Essay on Woman" (Browning) ......... **61**:40-1
*Essay Towards a Critique of All Revelation* (Fichte)
See *Versuch einer Kritik aller Offenbarung*
"Essayists Old and New" (Smith) ....... **59**:323
*Essays* (Coleridge)
See *Essays and Marginalia*
*Essays* (Eliot) .................................. **89**:260
*Essays* (Emerson) ................ **38**:194, 199, 204
*Essays* (Huxley) ........................ **67**:81-8, 92
*Essays* (Irving)
See *Salmagundian Essays*
*Essays* (Macaulay)
See *Critical and Historical Essays Contributed to the Edinburgh Review*

*Essays* (Smolenskin) ...................... **30**:196-98
*Essays* (Southey) .......................... **97**:250-51
*Essays* (Wordsworth) ...................... **12**:436
*Essays Addressed to Volunteers* (Engels)
........................................................ **85**:83
*Essays and Marginalia* (Coleridge) ... **90**:9-10
*Essays and Phantasies* (Thomson)
........................................ **18**:393, 395, 415
*Essays and Poems* (Very) ....... **9**:370, 373, 381
*Essays and Reviews* (Poe) ...... **94**:269-71, 274, 276
*Essays and Reviews* (Southey) ............. **8**:461
*Essays Critical and Imaginative* (Wilson)
............................... **5**:559-60, 562-63
*Essays: First Series* (Emerson) .... **1**:276, 286, 290, 292; **38**:170, 173, 223-24
"Essays from "The Guardians"" (Pater)
........................................ **90**:333, 337
*Essays in Criticism* (Arnold) . **6**:33, 36, 46-48, 53, 56-57, 69, 72; **29**:10, 55-6, 58-60; **89**:30, 36, 112
*Essays in Modernity: Criticisms and Dialogues* (Adams) ............................. **33**:9
*Essays Moral and Political* (Southey) . **97**:286
*Essays Never Before Published* (Godwin)
........................................................ **14**:55
*Essays on Bacon* (Macaulay) .... **42**:80, 121-22
*Essays on Chivalry* (Scott) ................ **69**:338
*Essays on Petrarch* (Foscolo) ...... **8**:263, 271
*Essays: On Poetry and Music, as They Affect the Mind; On Laughter, and Ludicrous Composition; On the Utility of Classical Learning* (Beattie) ... **25**:97, 114-15, 117-19, 122
*Essays on Prints* (Gilpin) .................. **30**:36
*Essays on Religious History* (Renan)
See *Etudes d'histoire religieuse*
*Essays on Some Controverted Questions* (Huxley) ............................. **67**:21, 23
"Essays on the Art of Thinking" (Martineau)
........................................................ **26**:309
"Essays on the English Stage" (Percy) . **95**:323-24
*Essays on Various Subjects, Principally Designed for Young Ladies* (More)
........................................................ **27**:337
*Essays: Second Series* (Emerson) . **1**:276, 286, 290, 292; **38**:169, 171
*Essays, Speculative and Suggestive* (Symonds)
........................... **34**:323, 326, 331-32, 336
*Essence of Criticism* (Schlegel) ......... **45**:366
"Essor empirique du républicanisme français" (Comte) ....................... **54**:205
"Est, Est" (Muller) .......................... **73**:353
*Estatutos secretos* (Martí) .............. **63**:128-9
"Este vaise i aquel vaise" (Williams) ... **78**:40
*Ésteticheskie otnosheniia iskusstva k deistvitel'nosti* (Chernyshevsky)
............................... **1**:158, 161-62
*L'esthétique de la laideur suivi de Diderot à Pétersbourg* (Sacher-Masoch) .. **31**:288
*An Estimate of the Religion of the Fashionable World* (More) .............. **27**:333, 338
*Estimates of Some Englishmen and Scotchmen* (Bagehot) .................... **10**:66
"Estrofas libres" (Isaacs) .................. **70**:313
*El estudiante de Salamanca* (Espronceda)
..... **39**:85-8, 90, 94, 97-9, 101, 108-10
"Et ego in Arcadia" (Hoffmann) .......... **2**:356
"Et godt Humeur" (Andersen) ............. **79**:76
"Et la tigresse epouvantable d'Hyrcanie" (Verlaine) ............................. **51**:351
*Et la-ta'at* (Smolenskin) .......... **30**:187, 192-93
"L'Etat des Esprits en 1849" (Renan) . **26**:377
*Un été dans le Sahara* (Fromentin) .. **10**:224-27, 232, 240, 252, 259
"The Eternal Goodness" (Whittier)
............................... **8**:517, 524; **59**:361, 365
*The Eternal Husband* (Dostoevsky)
See *Vechny muzh*
"The Eternal Jew" (Arany)
See "Az örök zsidó"

"Eternal Love" (Bryant) ...................... **46**:15
"Eternal Love" (Isaacs)
See "Amor eterno"
*The Eternal People* (Smolenskin)
See *Am olam*
"L'eternité" (Rimbaud) ............ **4**:456; **35**:321; **82**:230-31, 233, 247, 249-50
"The Eternity of Nature" (Clare) . **9**:80; **86**:90, 113
"Eth Laasoth" (Smolenskin) .............. **30**:189
"Ethan Brand" (Hawthorne) ..**2**:318, 322, 327; **95**:110, 116, 137
*Ethel Churchill; or, The Two Brides* (Landon)
............................... **15**:159, 161
*Ethelinde; or, The Recluse of the Lake* (Smith)
....................... **23**:319, 322-24, 327-29, 333
"Etheline" (Kendall) ......................... **12**:193
*Ethelstan; or, The Battle of Brunanburh* (Darley) ..... **2**:125, 128, 130-31, 134
"Ethnogenesis" (Timrod) .... **25**:360, 363, 367, 372, 374-77, 383-84, 387-88
*Ethwald* (Baillie) . **2**:31-34, 39, 43; **71**:4, 6, 12
"L'étoile a pleuré rose" (Rimbaud) ...... **4**:485
"Les étoiles" (Lamartine) ... **11**:245, 268, 270
*Les Étoiles du monde* (Dumas) ........... **71**:247
*L'étrangère* (Dumas) ... **9**:222, 224-25, 228, 230-32, 238, 242-43, 245, 249
"Les étrennes des orphelins" (Rimbaud)
..... **4**:465, 484; **35**:282; **82**:226
"Etude de femme" (Balzac) ............... **35**:27
*Étude sur la soveraineté* (Maistre) ...... **37**:302-04, 312
*Etude sur le roman* (Maupassant)
.... **1**:467; **42**:163, 169, 179, 183, 188, 198-99, 203
*Etudes analytiques* (Balzac) ............. **5**:28, 32
*Etudes anglo-americaines* (Merimee) ... **65**:90
*Études de moeurs au XIXe siècle* (Balzac)
........................................ **5**:28-29
*Etudes d'histoire religieuse* (Renan)
................ **26**:364, 368, 370, 413, 415, 421
*Etudes historiques* (Chateaubriand) ....... **3**:114
*Études philosophiques* (Balzac) ... **5**:28-29, 32, 53
*Etudes philosophiques* (Balzac) ......... **53**:31
"Etwas über William Shakespeare bei Gelegenheit Wilhelm Meisters" (Schlegel) ......................... **15**:227
*Euclid and His Modern Rivals* (Carroll)
........................................ **2**:108, 111
"Eugene and Julia" (Karamzin) ........... **3**:290
*Eugene Aram* (Bulwer-Lytton) .. **1**:135, 140, 145, 150, 155; **45**:7, 9, 11-13, 19, 24-7, 34, 68-70
*Eugene Onegin* (Pushkin)
See *Yevgeny Onegin*
*Eugenia* (Keller) ........................... **2**:416
*Eugénie de Franval* (Sade) ... **3**:470, 492
*Eugénie Grandet* (Balzac) . **5**:29, 32-4, 36, 46, 52, 57, 62-4, 66, 73-5; **35**:2, 6, 7, 13, 55, 60; **53**:1-36
"Eulogium" (Murray) ....................... **63**:179
"Eulogy" (Horton) ....................... **87**:95, 100
"Eulogy, George Washington" (Rowson)
........................................................ **5**:322
*Eulogy on King Philip* (Apess) ..... **73**:3, 7, 10, 13-14, 16, 27-28
"The Eulogy to the Memory of My Grandfather" (Krylov) .................. **1**:438
*Euphemia* (Lennox) ........ **23**:229, 233-35, 253
"Euphemia, A Sketch" (Levy) .......... **59**:98
*Euphémie de Melun* (Sade) .............. **47**:361
"Euphorion" (Taylor) ..................... **89**:309-10
*Euphranor: A Dialogue on Youth* (FitzGerald)
........................................ **9**:265, 270-71
"Euphrasia" (Shelley) ....................... **14**:271
"Euphuism" (Pater) ......................... **7**:343
*Eureka: A Prose Poem* (Poe) . **1**:502, 510, 515, 517, 519-20, 522, 526; **16**:300, 330-31, 335; **55**:149, 151-5, 209; **78**:260; **94**:195-200, 212, 217-21, 248; **97**:180-81, 183, 206, 222
*Ta euriskomena* (Solomos) ................ **15**:390

*Title Index*

"Euroclydon" (Kendall) ...................... **12**:183
"Európa csendes, újra csendes" (Petofi)
.......................................... **21**:264, 286
"Europe" (Whitman) .................... **31**:419, 425
*Europe: A Prophecy, 1794* (Blake)
..... **13**:159, 174, 176, 183-85, 214, 216-17, 221-22, 224-25, 232, 251-52; **37**:33, 77, 80
"Europe Is Still, Still Again" (Petofi)
See "Európa csendes, újra csendes"
"The European Revolution" and
Correspondence with Gobineau
(Tocqueville) ................ **7**:456-58; **63**:283
*Europeiska missnöjets grunder* (Almqvist)
.......................................... **42**:19
"Eurycome" (Solomos) ...................... **15**:389
"Eurydice" (Lowell) ........................ **90**:214
"Eurydice" (Patmore) ........................ **9**:343
*The Eustace Diamonds* (Trollope) ........ **6**:503-04, 511-13
*Eutaw: A Sequel to The Forayers* (Simms)
.......................................... **3**:507-08, 513
"Euterpe" (Kendall) ...................... **12**:199
"Az év végén" (Petofi) ...................... **21**:286
"A Eva" (Espronceda) ...................... **39**:105
*Evangeline: A Tale of Acadie* (Longfellow)
.. **2**:473-74, 476-78, 480, 483-84, 488, 490, 493, 495; **45**:102-03, 105-06, 109-10, 113, 119, 124, 128, 134, 137, 139, 142, 144-45, 147, 149-50, 157, 159, 163, 166, 179, 180, 187, 190
*L'évangéliste* (Daudet) . **1**:233-35, 243-44, 251
*Les évangiles* (Renan) ...................... **26**:402
"Eve" (Rossetti) ............................ **66**:330
*L'eve future* (Villiers de l'Isle Adam)
.......................................... **3**:581, 583-84, 588
"The Eve of Crecy" (Morris) .... **4**:423, 426
"The Eve of St. Agnes" (Keats) .... **8**:328, 333, 340, 347, 351, 355-56, 362, 372-73, 375, 380-81; **73**:142-43, 154-55, 159, 163-65, 170-72, 182, 186, 188-89, 199-200, 228, 233, 255, 259-60, 294-96, 299, 304, 307, 328
"The Eve of St. John" (Scott) ............ **15**:317
"Eve of St. Mark" (Keats)
See "The Eve of St. Mark"
"The Eve of St. Mark" (Keats) .... **8**:340, 347, 357, 375; **73**:154, 298-99, 307
*The Eve of the Fourth* (Frederic) ........ **10**:188
*The Eve of toldi* (Arany)
See *Toldi estéje*
"Evek, ti még jövendőévek" (Arany) ... **34**:19
*Evelina; or, A Young Lady's Entrance into the World* (Burney) .. **12**:15-17, 19, 21-2, 24-34, 37, 39-40, 42-6, 49-52, 56-7, 60-3; **54**:3, 8, 14-19, 21-4, 26-31, 33-8, 41-52, 61
*Evelyn* (Mowatt) ...................... **74**:211, 228
"Evelyn Hope" (Browning) ................ **19**:129
*Even a Cat Has Lean Times* (Ostrovsky)
See *Ne vse kotu maslenitsa*
"Even beyond Music" (Lampman) ..... **25**:216
*Even the Wise Stumble* (Ostrovsky)
See *Na vsyakogo mudretsa dovolno prostoty*
"Evenen in the Village" (Barnes) . **75**:83, 88-9, 95
"Evenen Twilight" (Barnes) ............ **75**:95
"An Evening" (Allingham) ................ **25**:18
"Evening" (Chivers) ...................... **49**:72
"Evening" (Clare) ........................ **9**:111
"Evening" (Keble) ........ **87**:169-70, 175, 200
"Evening" (Lampman) ................ **25**:173, 210
"Evening" (Tyutchev) ...................... **34**:389
"Evening" (Zhukovsky) .. **35**:386, 393, 402-05
*An Evening: An Epistle in Verse* (Wordsworth)
.......................................... **12**:385, 386, 445
"The Evening at Bezdz" (Macha) . **46**:205, 208
"An Evening at Home" (Smith) .. **59**:320, 333, 335-6
"Evening, by a Tailor" (Holmes) ........ **14**:100
"Evening Discourse" (Mickiewicz) ....... **3**:399-400

"Evening Hymn in the Hovels" (Adams)
.......................................... **33**:12
*An Evening in Sorrento* (Turgenev) ... **21**:428
"Evening in the Bush" (Kendall) ........ **12**:185
"An Evening Lull" (Whitman) ............ **31**:434
"Evening Prayer at a Girls' School" (Hemans)
.......................................... **71**:290
"Evening Readings in History" (Sigourney)
.......................................... **87**:321
*Evening Readings in History* (Sigourney)
.......................................... **87**:339
"An Evening Revery" (Bryant) ..... **6**:168, 183; **46**:38
"Evening Song" (Lanier) ................ **6**:249, 254
"The Evening Star" (Eminescu)
See "Luceafarul"
"The Evening Star" (Longfellow) ....... **45**:116
"The Evening Sun Was Sinking Down" (Brontë) .......................... **16**:86
*An Evening Thought: Salvation by Christ with Penetential Cries* (Hammon) . **5**:261-65
"Evening Twilight" (Baudelaire)
See "Le crépuscule du soir"
"An Evening with Spenser" (Thomson)
.......................................... **18**:402
"Evening—A Close View" (Allingham) . **25**:5
*An Evening's Improvement: Shewing the Necessity of Beholding the Lamb of God* (Hammon) .......................... **5**:265
*Evenings in New England* (Child) . **73**:123-27
*Evenings in the Antilles* (Desbordes-Valmore)
See *Veillées des Antilles*
*Evenings on a Farm near Dikanka* (Gogol)
See *Vechera ná khutore bliz Dikanki*
"The Event Was Directly Behind Him" (Dickinson) .......................... **21**:55
"Eventail" (Mallarmé)
See "Autre eventail de Mademoiselle Mallarmé"
*The Events of 1848* (Milnes) ........ **61**:138, 146
*Eventyr, fortalte for børn* (Andersen)
............. **7**:16, 18, 20; **79**:3, 7-8, 65, 76, 80
*Eventyr og historier* (Andersen) .. **7**:28; **79**:23, 25-26, 37, 80
"Ever Let the Fancy Roam" (Keats) ..... **8**:360
"Evergreens" (Pinkney) ................ **31**:276, 281
"The Everlasting Gospel" (Blake)
.......................................... **13**:181, 209, 211
*Every Evil Hath Its Good* (Tamayo y Baus)
See *No hay mal que por bien no venga*
*Every One Has His Fault* (Inchbald)
.......................................... **62**:142, 144, 146-9, 184
*Every One in His Own Place* (Ostrovsky)
See *Ne v svoi sani ne sadis!*
*Every Wise Man Can Be a Fool* (Ostrovsky)
See *Na vsyakogo mudretsa dovolno prostoty*
"Everybody's Vacation Except Editors" (Parton) .......................... **86**:348
"Every-day Aspects of Life" (Pisarev)
See "Budničnye storony žizni"
"Everything in Its Right Place" (Andersen)
.......................................... **79**:30, 54
*Evgeni Onegin* (Pushkin)
See *Yevgeny Onegin*
"The Evidences of Revealed Religion: Discourse before the University in Cambridge" (Channing) ................ **17**:3
"The Evil" (Rimbaud)
See "Le mal"
*The Evil Eye* (Carleton) ...................... **3**:86
*The Evil Genius* (Collins) ................ **93**:66
"The Evil Guest" (Le Fanu) .. **9**:302, 314; **58**:272
"Evil Landscape" (Corbiere)
See "Paysage mauvais"
"Evil May-Day" (Allingham) ..... **25**:11, 30
*Evil May-Day* (Allingham) ................ **25**:18
*The Evils of Slavery and the Cure of Slavery* (Child) .......................... **73**:60, 77
"Eviradnus" (Hugo) ...................... **3**:264

"Evolution" (Symonds)
See "Philosophy of Evolution"
"Evolution and Ethics" (Huxley) .... **67**:10, 29, 62, 64-6, 68-9, 90, 103, 105-08, 111
*Evolution and Ethics* (Huxley) .... **67**:44, 90-3, 101, 103-11
"Evolution: Application to Literature and Art" (Symonds) ...................... **34**:336
*Evrei v Rossii* (Leskov) ... **25**:265, 267-69
"Ewig jung ist nur die Sonne" (Meyer)
.......................................... **81**:140, 143-44, 146-48, 155
"Ex Fumo Dare Lucem" (Gordon) ... **21**:160
"Examen de conscience philosophique" (Renan) .......................... **26**:414, 417
*Examen de la philosophie de Bacon* (Maistre)
.......................................... **37**:286, 300, 313, 316
*An Examination into the Leading Principles of the Federal Constitution Proposed by the Late Convention Held at Philadelphia* (Webster) .......................... **30**:408
*An Examination of Sir William Hamilton's Philosophy and of the Principal Philosophical Questions Discussed in His Writings* (Mill) ........ **11**:358, 390; **58**:337
*Examination of the Philosophy of Bacon* (Maistre)
See *Examen de la philosophie de Bacon*
*The Examiner* (Hunt) ...................... **70**:266
"An Excellent Scotch Parody" (Hunt) . **70**:257
"Excelsior" (Longfellow) ...... **2**:473, 493, 498; **45**:100, 102, 111-12, 115-16, 127, 135, 140, 148, 152, 155, 164, 165, 179
"Excerpts from the Biography of Nashchokin" (Pushkin) .......................... **83**:273
"Excerpts from the Poem 'Mother'" (Nekrasov)
See "Otryvki iz poèmy 'Mat'"
*L'excommunié* (Balzac) ...................... **5**:58
*The Excursion, Being a Portion of "The Recluse"* (Wordsworth) . **12**:397-99, 404, 411-12, 414, 416, 420-23, 425-26, 436, 438, 442-45, 447, 450, 458-60, 468, 472; **38**:362, 364, 367, 371, 373, 376-77, 379, 388, 395, 405, 412, 421
*Excursion (Futile Enough) to Paris; Autumn 1851* (Carlyle) .......................... **70**:91
"Excursions" (Thoreau) . **7**:356; **61**:339
"Excuse macabre" (Laforgue) ............ **53**:272
*The Execution* (Barham) ...................... **77**:4
"The Execution of Troppmann" (Turgenev)
.......................................... **21**:420
"The Executor" (Oliphant) .......... **11**:454, 459; **61**:174
"The Exemplary Key" (Martí) ............ **63**:166
*Exercises in History, Chronology, and Biography* (Rowson) ................ **69**:116
*Exhibition of My System of Philosophy* (Schelling)
See *Darstellung meines Systems der Philosophie*
"Exhilaration—Is Within" (Dickinson) . **21**:53
"Exhortation" (Hölderlin)
See "Ermunterung"
"Exil" (Banville) ........................ **9**:29
"Exile" (Lewis) ........................ **11**:297-98
"The Exile" (Mackenzie) ...................... **41**:190
"An Exile from Paradise" (Lermontov) . **5**:292
"The Exile of Erin" (Campbell) .. **19**:179, 181, 190, 194, 198
"The Exiles" (Whittier) . **8**:510, 526-28; **59**:358
*The Exiles* (Banville)
See *Les exilés*
*Les exilés* (Banville) . **9**:17, 19, 27, 30
"An Exile's Farewell" (Gordon) .. **21**:154, 173
*The Exiles; or, Memoirs of the Count de Cronstadt* (Reeve) ................ **19**:408, 412
"The Exile's Secret" (Holmes) ............ **14**:128
*The Existence of God* (Brownson) ........ **50**:27
"Exorcism" (Taylor) ...................... **89**:309
"An Exotic" (Timrod) ..... **25**:365-66, 372, 375
*The Expedition of Orsua and the Crimes of Aguirre* (Southey) ...................... **97**:283

"Experience" (Emerson) .. **1**:301, 307; **38**:143, 169-71, 173-74, 207, 209, 226, 230

"The Experience of the Adolescent" (Hoffmann) ...................... **2**:356

*Experience, or How to Give a Northern Man a Backbone* (Brown) ........ **89**:153-54, 1182

"The Experiences of the A.C." (Taylor) ................................................. **89**:315

"The Experiments of an Adventurer" (Merimee)
See "Les débuts d'un aventurier"

*L'expiation* (Hugo) ............ **3**:270; **10**:373, 375

"Explanation" (Verlaine) ..................... **51**:372

"Explanatory Notes" (Wright) ....... **74**:348-49

*Explication* (Verlaine) ........................ **51**:362

"The Exposition Ode" (Hayne) ......... **94**:145

"Expostulation" (Cowper) ...... **8**:106, 110, 112, 120; **94**:28, 30, 58, 111-12, 124

"Expostulation" (Whittier) ..................... **8**:512

*Expostulation* (Cowper) ...................... **94**:52

"Expostulation and Reply" (Wordsworth) .................................................. **12**:387, 436

"Expression" (Clare) ............................ **9**:121

*The Expression of the Emotions in Man and Animals* (Darwin) ...................... **57**:142

*Exspriella* (Southey) ........................ **97**:289

*An Extract from the Life of Lorenzo Da Ponte* (Da Ponte) ...................... **50**:97

"Extract of a Letter from Geneva" (Polidori) ...................................... **51**:218-19

"Extradited" (Crawford) ................. **12**:169-70

"Extra-Hazardous" (Bellamy) ............... **4**:30

"An Extraordinary Adventure in the Shades" (Mangan) ...................................... **27**:291

*Extraordinary Tales* (Poe) ................... **1**:499

*Extravaganzas* (Planche) ............. **42**:273, 299

"Exultation" (Ingelow) ...................... **39**:264

"Exultation is the going" (Dickinson) .. **77**:75

"The Eye and Ear" (Emerson) ..... **38**:195, 197

"The Eye and the Ear" (Very) ............... **9**:394

*An Eye for an Eye* (Trollope) ......... **6**:470, 501

"The Eye of the Blind" (Meyer)
See "Das Auge des Blinden"

"Eyes" (Ridge) .................................... **82**:185

"Eyes and Noses" (Collodi)
See *Occhi e Nasi*

"Ez az élet" (Arany) ............................. **34**:21

"Ezrivel terem" (Petofi) .................... **21**:283

"A Fable" (Cowper) ............................ **94**:121

*Fable* (Lowell)
See *A Fable for Critics: A Glance at a Few of Our Literary Progenies*

"Fable and Romance" (Beattie)
See *Dissertations Moral and Critical: On Memory and Imagination; On Dreaming; The Theory of Language; On Fable and Romance; On the Attachments of Kindred; Illustrations on Sublimity*

*A Fable for Critics: A Glance at a Few of Our Literary Progenies* (Lowell) ......... **2**:504-07, 510, 513, 516, 519-22; **90**:188, 190, 198, 202, 207, 215-16, 220-22, 225

*Fables* (Saltykov)
See *Skazki*

*Fables and Parables* (Krasicki)
See *Bajki i przypowieści*

"Fables choises mises en prose" (Banville) ................................................... **9**:32

*Fables for the Holy Alliance* (Moore) ................................................ **6**:388, 395

"The face I carry with me-last" (Dickinson) ................................................ **77**:147

*The Face of the Deep: A Devotional Commentary on the Apocalypse* (Rossetti) ..... **2**:559, 570, 572; **50**:275, 277-9, 285-7, 321, 342-5; **66**:306-9, 376

"Face to Face" (Hayne) . **94**:149, 153, 167-68, 170

"Faces" (Whitman) ...................... **31**:372, 425

*Facing the World; or, The Haps and Mishaps of Harry Vane* (Alger) ............. **8**:40, 43

*Facino Cane* (Balzac) ......................... **35**:44

*Fact and Fiction* (Child) ............ **6**:201;**73**:61

"Factitious Life" (Dana) .............. **53**:158, 178

"The Facts in the Case of M. Valdemar" (Poe) ...................... **16**:308-09, 314, 331

*Facts of Consciousness* (Fichte)
See *Tatsachen des Bewusstseins*

"The faded joy of heedless years" (Pushkin)
See "Bezumnykh let vgasshee vesel'e"

"Faded Leaves" (Arnold) ................. **89**:14, 49

*Fader och dotter: En skildring ur lifvet* (Bremer) ...................................... **11**:34

"Failure" (Ingelow) ........................... **39**:267

"Faïm" (Rimbaud) ......... **82**:231, 247, 249

*Faint Heart Never Won Fair Lady* (Planche) ................................................... **42**:292

"Faint yet Pursuing" (Patmore) ...... **9**:358, 365

"Fainting by the Way" (Kendall) . **12**:178, 199

"The Fair at Sorochintsy" (Gogol)
See "Soročinskaja jamarka"

"The Fair Azra" (Leskov)
See "Prekrasnaja Aza"

*The Fair Egbert* (Tieck)
See *Der blonde Eckbert*

"Fair Elenor" (Blake) ......................... **18**:181

"The Fair Hills of Ireland" (Mangan) ............................ **27**:275, 283, 295

"Fair Ines" (Hood) ....... **16**:218, 222, 231, 233

*The Fair Maid of Perth* (Scott)
See *St. Valentine's Day; or, The Fair Maid of Perth*

"The Fair Morning" (Very) .................. **9**:384

*The Fair of May Fair* (Gore) ............... **65**:20

*The Fair One with the Golden Locks* (Planche) ................... **42**:273, 288, 294, 301, 303

*Fair Play* (Southworth) ............... **26**:434, 446

"Fairest, Sweetest, Dearest, A Song" (Opie) ................................................... **65**:168

*Fairfax; or, The Master of Greenway Court: A Chronicle of the Valley of the Shenandoah* (Cooke) .... **5**:124, 126, 128, 132, 134-35

"The Fairies" (Allingham) ...... **25**:6, 8, 18, 20, 22-3, 25, 30

*The Fairies* (Wagner) ................. **9**:435, 436

"The Fairies of Pesth" (Field) ............. **3**:205

"Fairy" (Rimbaud) ............. **4**:455; **35**:290

"Fairy Dialogue" (Allingham) ............... **25**:6

*Fairy Fingers* (Mowatt) .... **74**:215-16, 218-19

"The Fairy Fountain" (Lampman) . **25**:205, 219

"Fairy Hill, or The Poet's Wedding" (Allingham) ................................. **25**:30

"The Fairy Island" (Woolson) ............ **82**:272

*Fairy Tale* (Goethe)
See *Märchen*

*The Fairy Tale of My Life* (Andersen) ................................ **79**:19, 22, 48, 59, 64

"The Fairy Tale Queen" (Eminescu) ... **33**:247

*Fairy Tales* (Andersen)
See *Eventyr, fortalte for bøorn*

*Fairy Tales* (Pushkin)
See *Skazki*

*Fairy Tales* (Saltykov) ................... **16**:358-59

*Fairy Tales of Isabella Valancy Crawford* (Crawford) ................................. **12**:172

"The Fairy Thorn" (Ferguson) ..... **33**:287, 303

"Fairy-Tale Dream" (Petofi)
See "Tündérálom"

*Le faiseur* (Balzac) .................... **5**:52, 74

"Faith" (Lamartine)
See "La foi"

"Faith" (Tennyson) ............................ **65**:267

*Faith* (Robertson) ........................... **35**:335

"Faith and Doubt" (Newman) ............ **38**:310

"Faith and Experience" (Newman) ..... **38**:304

"Faith and Knowledge" (Hegel)
See "Glauben und Wissen"

"Faith and Private Judgement" (Newman) ................................................... **38**:310

"Faith and Reason Contrasted as Habits of Mind" (Newman) ...................... **38**:307

"Faith and Sight" (Newman) .............. **38**:304

"Faith and Sight" (Very) ..................... **9**:385

"Faith and the World" (Newman) ....... **38**:305

"Faith without Sight" (Newman) ........ **38**:305

*Faithful for Ever* (Patmore) .................. **9**:332

*The Faithful Friend* (Cowper) ........... **94**:123

"The Faithful Mountains Stand Guard" (Eichendorff) ............................... **8**:210

"A Faithful Servant of His Master" (Grillparzer)
See "Ein Treuer Diener Seines Herrn"

"Faithless Nellie Gray" (Hood) ... **16**:224, 228, 234

"Faithless Sally Brown" (Hood) . **16**:224, 227-28, 234

*The Falcon* (Tennyson) ...................... **30**:265

"The Falcon of Ser Federigo" (Longfellow) ............................. **2**:492; **45**:145, 149

*Falconet* (Disraeli) .. **2**:148; **39**:36, 43-4, 70-2

*Falconry in the Valley of the Indus* (Burton) ................................................ **42**:36, 38

"Falkland" (Arnold) ........................... **89**:101

*Falkland* (Bulwer-Lytton) ..... **1**:139, 148, 150; **45**:21, 23, 40, 68-71

*Falkner* (Shelley) ... **14**:260-61, 265, 267, 270, 274-75; **59**:155, 189-90, 192-3

"Fall" (Keats)
See *Fall of Hyperion*

*The Fall* (Keats)
See *Fall of Hyperion*

*The Fall of an Angel* (Lamartine)
See *La chute d'un ange*

"The Fall of d'Assas" (Hemans) ......... **29**:204

*Fall of Hyperion* (Keats) : **8**:347, 349, 353, 358-59, 361-62, 365-66, 368, 379, 381; **73**:153, 155, 162-63, 170-71, 198, 202, 207-209, 212-218, 264, 266-67, 294-95, 299, 301, 306, 328-29,339

*The Fall of Hyperion: A Dream* (Keats)
See *Fall of Hyperion*

*The Fall of Robespierre* (Coleridge) ..... **9**:159

*The Fall of Robespierre* (Southey) ................................ **97**:260, 293, 314-16

*The Fall of the Angels* (Polidori) ........ **51**:201

"The Fall of the House of Usher" (Poe) . **1**:492-93, 496, 504-05, 513, 522-23; **16**:294-95, 300, 303-07, 309-10, 316-19, 321-22, 324, 326, 332, 334, 336; **55**:133, 148, 151, 153, 155, 169, 194, 198-9, 206; **78**:257, 266; **94**:215; **97**:177-246

"The Fall of the Leaf" (Mitford) .......... **4**:408

"The Fall of the Pequod" (Sigourney) . **87**:339

"The Fall of the Usher" (Chivers) ........ **49**:74

"Fall Time" (Barnes) ............................ **75**:32

"The Fallen Elm" (Clare) ....................... **9**:86

*The Fallen Leaves* (Collins) . **1**:180, 184; **93**:4

*Fallen Pride* (Southworth)
See *The Curse of Clifton: A Tale of Expiation and Redemption*

"Das fallende Laub" (Meyer) . **81**:141, 145-46, 148-49, 155

"Falling Asleep" (Lampman) .............. **25**:208

*Falling in with Fortune* (Alger) ......... **83**:119

"Le falot" (Bertrand) ............................ **31**:48

*Falsche Scham* (Kotzebue) ........... **25**:145, 155

"False but Beautiful" (Ridge) ............. **82**:182

"The False Collar" (Andersen) ............. **7**:23

"The False Demetrius" (Merimee) ........ **6**:353

"The False Knights Tragedy" (Clare) .. **86**:98

*False Shame; or, The American Orphan in Germany* (Dunlap) ...................... **2**:214

*False Shame, or The White Hypocrite* (Mackenzie) .. **41**:184, 207, 213-14, 216-17, 226

"Fältmarskalken" (Runeberg) .............. **41**:324

*A falu bolondja* (Arany) .................... **34**:19

"A faluban utcahosszat" (Petofi) ......... **21**:283

*Fame and Fortune; or, The Progress of Richard Hunter* (Alger) ........... **8**:30, 37; **83**:127, 130-31, 139, 140, 144

*La familia de Alvareda: Novela original de costumbres populares* (Caballero) ................................... **10**:72, 76, 81-84

Title Index

"The Familiar" (Le Fanu) . 9:302, 317, 319-22; 58:302
*Familiar Anecdotes of Sir Walter Scott* (Hogg) ................................ 4:278
"A Familiar Epistle" (Sheridan) .......... 91:231
"Familiar Epistle to a Friend" (Clare) .... 9:74
"Familiar Epistle to a Little Boy" (Allingham) ........................................ 25:26
*Familiar Epistles to Frederick E. Jones, Esq., on the Present State of the Irish Stage* (Croker) .................... 10:88, 91
"A Familiar Letter" (Holmes) ............ 14:109
"A Familiar Letter to the Reader" (Taylor) ........................................ 89:312
*Familiar Studies of Men and Books* (Stevenson) ............... 5:390, 415, 425
*Die Familie Schroffenstein* (Kleist) ......... 2:438, 443, 445-46, 449-50, 454-57; 37:217, 223, 225-26, 229, 236-37, 253, 255, 266-69, 272-74
*Die Familien Zwiern, Knieriem und Liem* (Nestroy) ............... 42:231, 251, 255-56
*Familjen H.* (Bremer) .... 11:17-19, 24, 30, 35
*La famille de Carvajal* (Merimee) . 6:351, 362; 65:54, 58, 60, 79, 81, 87
*La Famille de Germandre* (Sand) ....... 57:316
"Family Circle" (Arany)
    See "Csaladi kör"
"A Family Court" (Saltykov) ............. 16:341
*Family Distress; or, Self-immolation* (Kotzebue)
    See *Der Opfertod*
*A Family in Decline* (Leskov)
    See *Zaxudalyj rod*
*The Family Legend* (Baillie) . 2:35; 71:5-6, 12-14, 18
*Family Nurse* (Child) ................... 73:60
*The Family of Carvajal* (Merimee)
    See *La famille de Carvajal*
*The Family Picture* (Holcroft) ...... 85:192, 234
*A Family Picture* (Ostrovsky)
    See *Semeynaya kartina*
"Family Portraits" (Sigourney) ........... 21:290
"Family Stories, by Thomas Ingoldsby" (Barham) ..................................... 77:4
*Family Strife in Habsburg* (Grillparzer)
    See *Ein Bruderzwist in Habsburg*
*Fanchon the Cricket* (Sand) .......... 57:338
"The Fancy" (Hazlitt) ................... 82:128
*A Fancy of Hers* (Alger) ........ 83:99, 116, 145
"Fancy's Show-Box" (Hawthorne) . 2:291, 298, 305; 95:91, 128, 134, 136
*La Fanfarlo* (Baudelaire) ................ 29:106
*Fanferlieschen* (Brentano) .............. 1:102
*Fanni ou les effects du désespoir* (Sade) ........................................ 47:361-62
*Fanny* (Halleck) . 47:64, 68, 70, 72-73, 76-77, 83, 85, 99
"Fanny Ford" (Parton) .................. 86:338-39
"Fanny Ford: A Story of Everyday Life" (Parton) ................................... 86:337
*Fänrik Ståls sägner* (Runeberg) ....... 41:308-21, 323, 325-29, 331
"Fänrikens marknadsminne" (Runeberg) ........................................ 41:314, 325
*Fanshawe* (Hawthorne) ..... 2:326; 79:296, 314
"Fantaisie" (Nerval) ..................... 1:486
*Fantasiestüeke in Callots Manier* (Hoffmann) ......................... 2:340-41, 348, 361
*Fantasio* (Musset) . 7:258, 260, 262, 264, 269, 272, 276, 282-83
*Fantazy* (Slowacki) ..... 15:349, 352, 354, 365, 368, 378, 380-82
"Fantine" (Hugo) . 3:244-46; 10:355, 361, 364
"Fantoches" (Verlaine) .. 2:629; 51:378-79
"Un fantôme" (Baudelaire) ........ 29:99; 55:10
*Far Away and Long Ago* (Kemble) ..... 18:191
"Far Edgerley" (Woolson) ............... 82:273
"Far, Far Away" (Tennyson) ............ 30:226
"The Far Future" (Kendall) ............ 12:200
"The Faraway Forest" (Kivi)
    See "Kaukametsä"

"Farce éphémère" (Laforgue) ............ 53:270
*Fardorougha the Miser; or, The Convicts of Lisnamona* (Carleton) .... 3:83, 85, 87, 94
"A Farewell" (Arnold) .................. 89:95
"The Farewell" (Lamartine)
    See "L'adieu"
"A Farewell" (Levy) ................... 59:109
"A Farewell" (Patmore) ............... 9:343, 358
"Farewell" (Pushkin) .................. 83:259
"Farewell" (Rogers) ................... 69:82
"Farewell" (Thoreau) .................. 7:383
"Farewell Address at Springfield" (Lincoln) ............. 18:213, 254, 259, 264, 280-81
"Farewell Life" (Hood) .... 16:219, 228, 233
"Farewell of a Missionary to Africa, at the Grave of his Wife and Child" (Sigourney) ............................ 87:337
"The Farewell of a Virginia Slave Mother to Her Daughters Sold into Foreign Bondage" (Whittier) . 8:508-10, 512-13; 59:354
"Farewell Old Cottage" (Foster) ........ 26:295
"Farewell, Sweet Mother" (Foster) ...... 26:286
"Farewell to Deirdre" (Ferguson) ...... 33:278
"Farewell to Essay-Writing" (Hazlitt) . 29:147-49, 165; 82:99, 127
"Farewell to Frances" (Horton) .......... 87:102
"Farewell to Patrick Sarsfield" (Mangan) ............... 27:297-98, 311, 314
"Farewell to the Market: 'Susannah and Mary Jane'" (Adams) ................... 33:18
"Farewell to Tobacco" (Lamb) ..... 10:389, 404
"A Farewell to Wales" (Hemans) ....... 71:277
*La Farisea* (Caballero) ................ 10:83
"A farkasok dala" (Petofi) ............. 21:264
*The Farm House; or, The Female Duellists* (Tyler) .................................. 3:573
*The Farm Lease* (Almqvist)
    See *Ladugårdsarrebnet*
"Farmer Hayden's Thanksgiving-Day" (Alger) ........................................ 8:44
*The Farmer Refuted* (Hamilton) ... 49:293, 325
"Farmer Stebbin's Opinions" (Crawford) ......................... 12:151, 161
"The Farmer's Advice to the Villagers" (Dwight) ............... 13:270, 272, 278
"Farmer's Sons" (Barnes) .............. 75:101
"The Farmer's Woldest Da'ter" (Barnes) ................................. 75:6, 101
"The Farrers of Budge Row" (Martineau) ........................... 26:352
*Farys* (Mickiewicz) ............. 3:389, 392, 397
*Fashion; or Life in New York* (Mowatt) ........ 74:211, 215-15, 219, 221-24, 227-30, 223-33
*Fashionable Life; or, Paris and London* (Trollope) .......................... 30:332
"The Fashionable Preacher" (Parton) .. 86:352
"The Fashionable Wife" (Krasicki)
    See "Żona modna"
"The Fashionable Wife" (Opie) ......... 65:159
"A Fast Keeper" (Mangan) ............ 27:301
*Fata morgana* (Fouque) ............... 2:267
*The Fatal Deception; or, The Progress of Guilt* (Dunlap)
    See *Leicester*
*The Fatal Falsehood: A Tragedy* (More) ............................ 27:332, 337
*Fatal Revenge; or, The Family of Montorio* (Maturin) ....... 6:316-17, 320-24, 328-31, 340-42, 346
*The Fatal Secret* (Southworth) ......... 26:434
"The Fatalist" (Lermontov) .. 5:291, 295, 298-99, 301, 303, 306
"Fate" (Emerson) . 1:296; 38:154-55, 157
"The Fate of Adelaide" (Landon) ....... 15:165
"The Fate of Cathleen" (Griffin) ...... 7:194-95
"The Fate of Genius" (Clare) .......... 86:109
"The Fate of the Explorers" (Kendall) . 12:199
"The Fate of Tyranny and Toryism" (Brackenridge) ........................ 7:44
*Fated to be Free* (Ingelow) ..... 39:260-61, 264

"The Father" (Sigourney) . 21:290, 306, 311-13
"Father Alexey's Story" (Turgenev)
    See "Rasskaz ottsa Aleksaya"
*Father and Daughter: A Portraiture from the Life* (Bremer)
    See *Fader och dotter: En skildring ur lifvet*
*The Father and Daughter: A Tale in Prose* (Opie) .. 65:152-3, 155, 163, 168, 171-2, 174, 178-9, 184-5, 192-5, 197-8
*Father Bombo's Pilgrimage to Mecca* (Brackenridge) ................. 7:54, 62-63
"Father Butler: The Lough Dearg Pilgrim" (Carleton) ............. 3:88, 90, 92
"Father Come Hwome" (Barnes) ........ 75:101
*Father Connell* (Banim and Banim) ................................ 13:122, 128-31
"Father Gerasim's Lion" (Leskov)
    See "Lev starca Gerasima"
*Father Goriot* (Balzac)
    See *Le père Goriot: Histoire Parisienne*
*Father Marek* (Slowacki)
    See *Ksiądz Marek*
"Father Nicholas" (Mackenzie) .......... 41:189
*The Father of an Only Child* (Dunlap)
    See *The Father; or, American Shandyism*
*The Father of the Plague-Stricken at El-Arish* (Slowacki)
    See *Ojciec zadżumionych*
*The Father; or, American Shandyism* (Dunlap) ................ 2:207-08, 210-11, 213-15, 217
"A Father to His Motherless Children" (Sigourney) ............................ 21:309
"Fatherhood" (Barnes) ................ 75:7
"Fatherland" (Grundtvig) .............. 1:402
*Fathers and Children* (Turgenev)
    See *Ottsy i deti*
*Fathers and Sons* (Turgenev)
    See *Ottsy i deti*
"Father's Letter" (Field) ............. 3:210
"Father's Return" (Mickiewicz) ........ 3:398
"The Father's Wedding-Day" (Lamb) . 10:406
"Fatima and Urganda: An Eastern Tale" (Rowson) .................... 69:112, 129
"Fatum" (Norwid) .................... 17:373-74
"Fauconshawe" (Gordon) ..... 21:160, 166, 181
"Le Faune" (Verlaine) ........... 51:378-80, 382
*La Fausse Industrie* (Fourier) ...... 51:161, 174
*La fausse maîtresse* (Balzac) ......... 5:84
*Faust* (Chamisso) .................. 82:18
*Faust* (Lenau) ...... 16:263-64, 266-75, 278-80, 282, 285
*Faust* (Turgenev) . 21:414, 417-18, 431, 451-52
*Faust: A Tragedy* (Goethe)
    See *Faust: Eine Tragödie*
*Faust. Der Tragödie zweiter Teil* (Goethe) ......... 4:181, 191, 222; 34:48-138; 90:106
*Faust. Die Erster Teil* (Goethe) ... 34:48-138
*Faust: Ein Fragment* (Goethe) .... 34:68, 85-6, 95, 123-24, 127
*Faust: Ein Fragment* (Goethe) ...... 4:162, 164, 167-69, 172-77, 179, 181, 183-84, 187-88, 194-95, 199, 201, 205, 210-21
*Faust: Eine Tragödie* (Goethe) ...... 34:48-138
*Faust I* (Goethe)
    See *Faust. Die Erster Teil*
*Faust II* (Goethe)
    See *Faust. Der Tragödie zweiter Teil*
*The Faust of the Orient* (Klinger) ......... 1:433
*La faustin* (Goncourt) ....... 7:162-63, 167, 170, 174, 183, 188
"Faustina" (Jacobsen) ............ 34:168
*Faustina* (Goncourt)
    See *La faustin*
*Faust's Leben, Thaten, und Hollenfahrt* (Klinger) ............................. 1:430
*Faustus: His Life, Death, and Descent into Hell* (Klinger)
    See *Faust's Leben, Thaten, und Hollenfahrt*
*Une faute* (Scribe) ................. 16:394
*Les Faux Demetrius* (Merimee) ........... 65:85

"Favorites of Pan" (Lampman) ........... **25**:217
"Feäir Ellen Dare" (Barnes) ................. **75**:58
"Fear" (Shaw) ................................... **15**:335
*Fear and Trembling* (Kierkegaard)
.. **34**:201, 223, 227, 239, 241, 246-47, 259, 260, 262, 263-66; **78**:119, 147, 154, 157-66, 168-69, 173, 178-82, 197, 238, 242, 244, 252
"Fears and Scruples" (Browning) .... **19**:88, 96
*Fears in Solitude* (Coleridge) . **9**:146, 149, 158
*The Feast during the Plague* (Pushkin)
See *Pir vo vremiachumy*
*A Feast in Time of the Plague* (Pushkin)
See *Pir vo vremiachumy*
"Feast of Brougham Castle" (Wordsworth)
................................................. **12**:393
"The Feast of Famine" (Stevenson) . **5**:410, 428
"The Feast of Lights" (Lazarus) ........... **8**:421
"The Feast of the Poets" (Hunt) . **1**:412; **70**:271
*The Feast of the Poets, with Notes, and Other Pieces in Verse* (Hunt) . **1**:407, 412, 414; **70**:253, 292-93
"Feats on the Fjord" (Martineau) . **26**:317, 323
"Features for the Characterization of the Russian Common People" (Dobrolyubov)
................................................. **5**:140
"February: A Thaw" (Clare) ......... **9**:107, 116; **86**:95, 98, 104, 165
"Federal Catechism" (Webster) ........... **30**:405
*The Federalist* (Hamilton) .. **49**:297-9, 303-04, 306-07, 311-19, 322-25, 327
"Federigo" (Merimee) ........... **6**:366; **65**:111-13
"La fédor" (Daudet) .................... **1**:251-52
"Fedor and Abram" (Leskov)
See "Skazanie o Fyodore—khistianine i o druge ego Abrame—zhidovine"
"Fedya" (Turgenev) ..................... **21**:376
*Fée* (Feuillet) ........................... **45**:88
*La fée aux miettes* (Nodier) . **19**:377, 381, 383-86, 388, 391-92, 396-98, 400
"Feelings of an Enthusiast Upon the Commencement of the French Revolution" (Wordsworth) ......... **38**:424
*Die Feen* (Wagner) ...................... **9**:473
"Feet in the Fire" (Meyer)
See "Die Füsse im Feuer"
*Feldblumen* (Stifter) ........ **41**:335, 366, 375-81
*Felhök* (Petofi) ........................ **21**:284
"Félice and Petit Poulain" (Field) ........ **3**:206
"Felicia Hemans" (Browning) .............. **61**:51
"Felicitations" (Krasicki)
See "Powinszowania"
"Felipa" (Woolson) ............. **82**:273, 299, 307
"Felisa" (Isaacs) ............ **70**:304, 307, 309
*Felix Holt the Radical* (Eliot) .. **4**:101-03, 111, 114, 121, 123, 127, 133, 137, 144; **13**:318, 325; **23**:51, 55, 57, 63, 80; **41**:68, 72, 82, 84-5, 91, 96-7, 99; **89**:278
"Felix Randal" (Hopkins) ........... **17**:194, 254
"La Fellah-sur une aquarelle de la Princesse M" (Gautier) ........................ **59**:19
"The Fellow Traveller" (Andersen) ........ **7**:32
"Fellowship" (Barnes) .................. **75**:109
"Felo de Se" (Levy) .............. **59**:90, 107-8
"The Female Convict" (Landon) .......... **15**:161
"The Female Convict" (Southey) ........ **97**:314
"Female Education" (Beecher) ............. **30**:14
"Female Education" (Martineau) ........ **26**:320
*The Female Emigrant's Guide, and Hints on Canadian Housekeeping* (Traill) ... **31**:316, 327, 329
*The Female Patriot* (Rowson) ........... **69**:141
*The Female Quixote; or, The Adventures of Arabella* (Lennox) .. **23**:226-30, 232-40, 242-44, 246-56, 261-65
"The Female Sovereigns of England When Young" (Hunt) .................... **70**:258
*A Female Sultan* (Sacher-Masoch) ...... **31**:294
"Female Trials in the Bush" (Traill) .... **31**:327
"Female Types" (Pisarev) ................ **25**:338
"Female Writers on Practical Divinity" (Martineau) ................... **26**:312, 319

"Femme" (Corbiere) .... **43**:9-10, 12, 18, 32,34
*La femme à deux maris* (Pixerecourt) . **39**:272-73, 277, 279, 282, 284, 286
*La femme abandonnée* (Balzac) .. **5**:37; **35**:24, 26
*La femme au 18e siècle* (Goncourt and Goncourt) ...................... **7**:165, 176
*La femme de Claude* (Dumas) . **9**:225-26, 228-30, 234, 240-43, 245, 248-49
"La femme de Paul" (Maupassant)
..................... **83**:182, 194-95, 198-200, 203
"Une femme de Rubens" (Banville) ........ **9**:19
*Une femme de trente ans* (Balzac) . **5**:37, 49, 83, **35**:2, 26
"Une femme est l'amour" (Nerval) .... **67**:307
"Une femme est un diable" (Merimee) . **6**:362-3; **65**:50, 54, 57, 79, 82-3
"Femme et chatte" (Verlaine) .... **2**:630; **51**:356
*La femme, la famille, et le prêtre* (Michelet)
...... **31**:214, 218, 222, 224-25, 244, 260-62
*La femme, le mari, et l'amant* (Kock) . **16**:245-46
"Femme Passée" (Linton) ................. **41**:164
*Femmes* (Verlaine) .............. **51**:352, 363
"Femmes damnées" (Baudelaire) .. **6**:89, 109; **29**:74, 99; **55**:4-6, 26, 32-3, 45, 73-4, 76
*Les femmes d'artistes* (Daudet) ...... **1**:239, 249
"Les femmes du Caire" (Nerval) . **67**:334, 363
"Den femte juli" (Runeberg) .. **41**:312, 326-27
*La Fenêtre* (Maupassant) .................... **83**:230
"Les fenêtres" (Baudelaire) ....... **29**:110; **55**:41
"Les fenêtres" (Mallarme) . **4**:378, 395; **41**:241-42, 250
*Feodore* (Kotzebue) .................. **25**:139-40
"Ferdinand and Ottilie" (Goethe) ........ **4**:197
*A férfi és nő* (Madach) ................ **19**:362, 370
"Fergus Wry-Mouth" (Ferguson) . **33**:285, 301, 304
*Ferishtah's Fancies* (Browning) ........... **19**:96
*Fermo e Lucia* (Manzoni) ................ **29**:307
*Fern Leaves* (Parton)
See *Fern Leaves, Second Series*
*Fern Leaves from Fanny's Port-Folio* (Parton)
See *Fern Leaves, Second Series*
*Fern Leaves, Second Series* (Parton)
................................. **86**:318, 346-52
"The Fern Owls Nest" (Clare) ........... **86**:144
"A Fern Soliloquy" (Parton) ............ **86**:347
*A Fernand Longlois* (Verlaine) ... **51**:361-62
*Fernande* (Dumas) ............... **71**:204, 228
*Fernere Darstellungen* (Schelling)
.............................. **30**:128, 174
"Ferragus" (Balzac) ........... **5**:77; **35**:43; **53**:28
*Ein Fest auf Haderslevhuus* (Storm) ... **1**:540-41, 547
"The Festal Hour" (Hemans) ............. **29**:207
"A Festival of Life" (Thomson) ......... **18**:409
"Festival of Love" (Lenau) ... **16**:276, 278
"Festus" (Fuller) ...................... **50**:227
*The Fetches* (Banim and Banim) . **13**:116, 119, 126, 132, 139-41
"La fête chez Thérèse" (Hugo) ........... **3**:270
"Fêtes de la faim" (Rimbaud) .............. **4**:472-73; **82**:247
"Fêtes de la patience" (Rimbaud) . **35**:309, 311; **82**:251
*Fêtes galantes* (Verlaine) .... **2**:617-18, 623-24, 628-31; **51**:351-2, 355-6, 359, 361, 365, 368-69, 373-74, 376-78, 380-87
"Le feu du ciel" (Hugo) ............. **3**:234, 261
*The Feud* (Gordon) .......... **21**:160, 173, 183
*The Feud of the Schroffensteins* (Kleist)
See *Die Familie Schroffenstein*
*Feudal Tyrants; or, The Counts of Carlsheim and Sargans* (Lewis) ............. **11**:297
*Feuerbach* (Engels)
See *Ludwig Feuerbach und der Aus gang der klassischen deutschen Philosophie*
"Der Feuerreiter" (Morike) .. **10**:451, 453, 455
*Les feuilles d'automne* (Hugo) ...... **3**:236, 261, 266, 270; **21**:196, 214, 222, 225
"Feuilles mortes" (Banville) .................... **9**:30

*Le feuilleton d'Aristophane* (Banville) .... **9**:19
"A Few Biographical and Bibliographical Notes on Pushkin" (Dobrolyubov)
................................. **5**:140
*A Few Days in Athens* (Wright) .. **74**:363, 372, 376-77
"A few Words on Ostrovsky's New Play 'The Poor Bride'" (Turgenev) ............. **37**:381
"FF" (Parton) ....................... **86**:338
*Le Fiabe di Carlo Gozzi* (Gozzi) ........ **23**:113
"Fiamnak" (Arany) ...................... **34**:19
*Fiancée* (Scribe) ....................... **16**:382
*Les fiancés* (Nodier) .................. **19**:384
"Fiat nox" (Leconte de Lisle) . **29**:228, 234-35
"La ficelle" (Maupassant) . **1**:447, 457; **83**:188
"Fiction and Matter of Fact" (Hunt) ..... **1**:421
*Fictions* (Staël)
See *Essai sur les fictions*
"The Fiddler" (Melville) ................. **3**:354, 381
"The Fiddler" (O'Brien) ...... **21**:243, 249-50
"Fiddler Bob" (Barnes)
See "Bob the Fiddler"
"Fidelity" (Wordsworth) ................. **12**:404
"Fidelity Till Death" (Hemans) ........... **71**:291
*Field and Hedgerow; Being the last Essays of Richard Jefferies, Collected by his Widow* (Jefferies) .. **47**:102, 111-12, 133, 138-39
"The Field Marshall" (Runeberg)
See "Fältmarskalken"
"The Field of the Grounded Arms" (Halleck)
................................. **47**:57, 62, 74, 79
"Field Play" (Jefferies) ............. **47**:136
"Field Words and Ways" (Jefferies) ...... **47**:138
"The Fields of Coleraine" (Gordon) .. **21**:160
"The Fiends" (Pushkin) ................. **3**:443
*Fiesco* (Schiller)
See *Die Verschwörung des Fiesco zu Genua*
*Fiesques de Lavagna* (Dumas) .... **71**:217, 241, 244
*Fifine at the Fair* (Browning) . **19**:121-22, 136; **79**:154, 186
*1572: A Chronicle of the Times of Charles the Ninth* (Merimee)
See *Chronique du temps de Charles IX*
*Fifteen Days of Sinai* (Dumas) ............. **11**:48
*1593* (Dickinson) .................. **77**:97
*1593* (Dickinson) .................. **77**:121
*1525* (Dickinson) .................. **77**:184
*Fifteen Years of a Drunkard's Life* (Jerrold)
................................. **2**:403
"Fifth Canto" (Lamartine) ............... **11**:247
*The Fifth of August* (Tamayo y Baus)
See *El cinco de Agosto*
"The Fifth of July" (Cumbaa)
See "Den femte juli"
"The Fifth of May" (Manzoni)
See "Il cinque maggio"
"Fifty Years" (Bryant) ..................... **6**:175
*Figaro* (Holcroft)
See *The Follies of a Day; or, The Marriage of Figaro*
"Fígaro en el cementario" (Larra) . **17**:277-78
"The Fight" (Hazlitt) ... **29**:151, 153, 167, 169; **82**:127
"The Fight for Life" (Pisarev)
See "Bor'ba za žizn"
"The Fight for Survival" (Pisarev)
See "Bor'ba za suščestvovanie"
"Fight of Ronscevalles" (Lewis) ........ **11**:298
"The Fight of the Forlorn" (Darley) ..... **2**:133
"The Fight with the Dragon" (Schiller)
................................. **39**:330
"Figura" (Leskov) ............... **25**:258-60
*File No. 113* (Gaboriau)
See *Le dossier no. 113*
"La Fileuse et l'enfant" (Desbordes-Valmore)
................................. **97**:20, 28
*El filibusterismo* (Rizal) . **27**:407-09, 412, 416, 418-25, 427-29
"Filisa's Picture" (Isaacs)
See "El retrato de Felisa"

"Une Fille" (Maupassant) ............ **83**:227
*La fille aux yeux d'ors* (Balzac) ... **5**:46; **35**:22, 24, 26; **53**:29
"Fille de Fille" (Maupassant) ............. **83**:227
"La fille de Jephté" (Vigny) ......... **7**:472, 481
*La fille de l'exilé; ou, Huit mois en deux heures* (Pixerecourt) . **39**:274-75, 278-79, 282, 284, 294
*Une fille d'Eve* (Balzac) .... **5**:83-84; **35**:26
*La fille du marquis* (Dumas) ....... **71**:218
*Une fille du régent* (Dumas) ........... **11**:51
*La fille Élisa* (Goncourt) .. **7**:152-53, 155, 161, 170, 182, 188-90
*Filles* (Verlaine) ................. **2**:632; **51**:363
"Les filles de Milton" (Villiers de l'Isle Adam) ................... **3**:586, 588
*Les filles du feu* (Nerval) . **1**:476-77, 485; 304, 309, 313, 325, 332, 334, 344, 347, 357-58, 360, 363-65, 370
*Filles, Lorettes, et Courtisanes* (Dumas) ................... **71**:228
*La Filleule* (Sand) ................. **57**:316
"Les Filous" (Sade) ................. **47**:314
"Un fils" (Maupassant) ............. **1**:449
*Le fils de Cromwell; ou, Une Restauration* (Scribe) ................. **16**:388
*Le fils de Giboyer* (Augier) . **31**:3, 5, 7-10, 13, 16, 19-21, 25, 27-8, 31-2, 34, 38-9
"Le fils de Lamartine et de Graziella" (Corbiere) ................. **43**:30
*Le Fils du Forçat* (Dumas) ........... **71**:204
*Le fils du Titien* (Musset) ............ **7**:264
*Les fils naturel* (Dumas) .. **9**:224, 232, 236-37, 241-42, 245, 247, 249-51, 253
*Le Fils naturel* (Sade) ............. **47**:362-63
"La fin" (Corbiere) ....... **43**:7, 9, 14, 23, 29-30
*La fin de Don Juan* (Baudelaire) ........... **6**:119
"La fin de la fin" (Banville) ............... **9**:32
"La fin de la journée" (Baudelaire) . **55**:12, 73
"Fin de l'homme" (Leconte de Lisle) . **29**:217
*La fin de Satan* (Hugo) . **3**:273; **10**:377; **21**:201
*The Final Cause of Poetry* (Coleridge) . **90**:15
"Final Chorus" (Darley) ............. **2**:133
*El final de Norma* (Alarcon) ............ **1**:13, 15
"Final Impenitence" (Verlaine) ......... **51**:372
"Der Findling" (Kleist) .... **2**:463; **37**:245, 247, 253-55
"The Fine Arts" (Hazlitt) ............. **29**:144
*Fine Arts* (Symonds) . **34**:318-19, 346-48, 357, 368, 370-71, 374-75
"The Finest Diner in the World" (Villiers de l'Isle Adam)
  See "Le plus beau dîner du monde"
"Finis Exoptatus" (Gordon) ........... **21**:159-60
"The Finishing School" (O'Brien) . **21**:234, 250
*Fior d'Aliza* (Lamartine) ..... **11**:266, 278, 286, 288
"Fire, Famine, and Slaughter" (Coleridge) ................. **9**:146
"The Fire of Drift-Wood" (Longfellow) ................. **2**:475, **45**:154, 162, 166, 187
"Fire Pictures" (Hayne) .......... **94**:149, 161-64
"The Fire That Filled My Heart of Old" (Thomson) ................. **18**:403
"Fire Worship" (Hawthorne) ......... **2**:296, 298
"The Fire Worshippers" (Moore) .. **6**:380, 387-88, 393
"The Fires" (Tyutchev) ............. **34**:393
*Fireside Travels* (Lowell) .. **2**:507; **90**:202, 206
"The Firmament" (Bryant) . **6**:178, 190; **46**:6
"Firmly I Believe and Truly" (Newman) ................. **38**:346
"Firnelicht" (Meyer) ............. **81**:142
"First Attempts in Rhyme" (Hood) ..... **16**:236
*The First Book of Urizen* (Blake)
  See *The Book of Urizen*
*The First Communion* (Tegner)
  See *Nattvardsbarnen*
"The First Day" (Longfellow) ....... **45**:137-38
"The First Death in the Clearing" (Traill) ................. **31**:328

"First Edinburgh Reviewers" (Bagehot) ................. **10**:18, 27, 62, 65
"The First English Poet" (Allingham) . **25**:11
"The First Epistle" (Eminescu) ... **33**:245-46, 264
"The First Extra" (Levy) ......... **59**:92, 120
"The First Fan" (Holmes) ............. **14**:109
*First Footsteps in East Africa* (Burton) ................. **42**:40, 42, 58
"First Going to Church" (Lamb) .. **10**:402, 417
*First Impressions* (Austen) .... **1**:52; **13**:97, 107
"First Impressions—Quebec" (Moodie) ................. **14**:243
*First Inaugural Address* (Lincoln) ...... **18**:214-15, 235, 242, 254, 257
*First Introduction to the Theory of Science* (Fichte) ................. **62**:36
"The First Kiss" (Isaacs)
  See "El primer beso"
"First Love" (Kivi)
  See "Nuori Karhunampuja"
*First Love* (Turgenev)
  See *Pervaya lyubov'*
*The First Madman* (Castro)
  See *El primer loco*
"First O Songs for a Prelude" (Whitman) ................. **31**:393; **81**:330
"The First of January" (Lermontov) ..... **5**:295
"First Paper" (De Quincey) ............. **87**:77
*The First Printer* (Reade) ............. **74**:331
*The First Settlers of New England* (Child) ................. **73**:75, 97
"The First Snowfall" (Lowell) . **2**:511; **90**:193, 214
"The First Spring Day" (Rossetti) ....... **2**:575
"The First Sunday after Advent" (Keble) ................. **87**:200
"First Sunday after Christmas" (Keble) ................. **87**:160
"First Sunday after Epiphany" (Keble) ................. **87**:159, 174
"First Sunday after Trinity" (Droste-Hulshoff) ................. **3**:201
"First Vision" (Lamartine) ............. **11**:273
"The Fir-Tree" (Andersen) .......... **7**:22, 28, 34; **79**:23, 32-33, 62, 67
"Fischer" (Goethe) ................. **4**:192
"Ein Fischer sass im Kahne" (Brentano) ................. **1**:104
"Fish Soup without Fish" (Leskov)
  See "Uxa bez ryby"
"The Fish, the Man, and the Spirit" (Hunt) ................. **1**:415
*The Fisher of Souls* (Sacher-Masoch) ................. **31**:298, 301
"The Fisherman" (Goethe) ............. **4**:165
"The Fisherman" (Whittier) ............. **8**:520
"The Fisherman and the Fish" (Pushkin)
  See "Skazka o Rybake i Rybke"
*The Fisherman Thorsten* (Stagnelius) . **61**:260
"The Fisher's Son" (Thoreau) ............. **7**:408
"A Fisher-Wife" (Rossetti) ...... **50**:288, 313
"Fitter to See Him, I May Be" (Dickinson) ................. **21**:57
"Fitz Adam's Story" (Lowell) ... **2**:520; **90**:190
*The Fitzboodle Papers* (Thackeray) . **5**:507
5 (Dickinson) ................. **77**:120
500 (Dickinson) ................. **77**:121
*The Five Hundred Dollar Check* (Alger) ................. **83**:114
"Five Hundred Dollars" (Alger) ...... **83**:96
508 (Dickinson) ................. **77**:72, 153
585 (Dickinson) ................. **77**:129
584 (Dickinson) ................. **77**:132
582 (Dickinson) ................. **77**:68, 75
553 (Dickinson) ................. **77**:83
505 (Dickinson) ........... **77**:104-05, 139
540 (Dickinson) ................. **77**:153
547 (Dickinson) ................. **77**:162-64
519 (Cantor) ................. **77**:162-64
593 (Dickinson) ................. **77**:147
579 (Dickinson) ................. **77**:148

577 (Dickinson) ............. **77**:111, 147
506 (Dickinson) ................. **77**:184
564 (Dickinson) ................. **77**:77
566 (Dickinson) ........... **77**:49, 162-63
510 (Dickinson) ................. **77**:88
539 (Dickinson) ................. **77**:94
536 (Dickinson) ........... **77**:88, 163-64
512 (Dickinson) ................. **77**:97
520 (Dickinson) ................. **77**:148
528 (Dickinson) ........... **77**:67, 83
525 (Dickinson) ................. **77**:67
526 (Dickinson) ........... **77**:109-10
"The Five Indispensable Authors" (Lowell) ................. **90**:196
*Five Novelettes: Passing Events. Julia. Mina Laury. Henry Hastings. Caroline Vernon* (Brontë) ................. **3**:80
"Five Peas from One Pod" (Andersen) .. **7**:36
*Five Pieces of Runic Poetry Translated from the Islandic Language* (Percy) ................. **95**:313, 321, 358, 360-61
"Five Scenes" (Landor) ............. **14**:170
"A Five-O'Clock Tea" (Crawford) . **12**:169-70
*The Fixed Period* (Trollope) ............. **6**:500
"Le flacon" (Baudelaire) ....... **6**:80, 129; **55**:61
*The Flag of the Seven Upright Ones* (Keller) ................. **2**:412
*Flamarande* (Sand) ................. **2**:596; **57**:316
"Le flambeau vivant" (Baudelaire) . **55**:14, 59-60
*Flaminio* (Sand) ................. **42**:310
*Flavio* (Castro) ................. **3**:106-07
"The Fleece of Gold" (Gautier)
  See "La chaîne d'or"
"The Fleet" (Tennyson) ................. **30**:295
*Fleetwood; or, The New Man of Feeling* (Godwin) .. **14**:40, 44, 48, 50, 59-60, 68-71, 73-4, 78, 80-1, 83, 90
*Flegeljahre: Eine Biographie* (Jean Paul) .... **7**:232, 234, 236, 238, 240, 242
"Flegeljahretraum" (Jean Paul) ........ **7**:239-40
*Flesh* (Verlaine)
  See *Chair*
"Fleur" (Banville) ................. **9**:30
"Fleur d'art" (Corbiere) ................. **43**:27
"Les Fleurs" (Mallarme) ................. **41**:250
"Fleurs" (Rimbaud) .. **4**:484; **35**:269, 311, 322; **82**:233
*Les fleurs du mal* (Baudelaire) .... **6**:79-87, 89-91, 93, 100-05, 108, 110-11, 114, 116-23, 128; **29**:64-72, 75, 77-84, 86-91, 93, 95-109, 111-12; **55**:1-83
*Der Fliegende Holländer* (Wagner) .... **9**:401, 403, 406, 414-17, 421, 437, 440, 446, 448, 461, 463, 469, 473
"The Flight of the Duchess" (Browning) .... **19**:77, 88, 126, 131; **79**:94, 100-01, 164
"The Flight of the Heather" (Stevenson) ................. **5**:404
"The Flight of Youth" (Milnes) ... **61**:136, 139, 145
"Fling out the Flag" (Adams) ............. **33**:12
"The Flitting" (Clare) . **9**:97, 105; **86**:113, 141-42, 145, 169
"Floare albastra" (Eminescu) ............. **33**:251
"The Flood" (Clare) ................. **9**:122
"The Flood of Years" (Bryant) ...... **6**:168, 172, 175, 179, 182, 189, 193; **46**:21-3, 38-9
*La flor* (Castro) .... **3**:103-04; **78**:6, 12, 25, 28-29, 32, 37
"Flor entre flores" (Rizal) ................. **27**:425
*Flora Lyndsay; or, Passages in an Eventful Life* (Moodie) ......... **14**:217, 226, 237
*Flora's Interpreter; or, The American Book of Flowers and Sentiments* (Hale) .. **75**:349
"Flora's Party" (Sigourney) ............. **21**:311
*Florence Macarthy* (Morgan) .. **29**:389-90, 393
"A Florentine Joke" (Eliot) ................. **4**:111
"Florentinische Nächte" (Heine) .. **4**:262, 267
*Florida: Its Scenery, Climate, and History* (Lanier) ................. **6**:264

*Florio: A Tale for Fine Gentlemen and Fine Ladies* (More) .............. **27**:335, 337
*Florise* (Banville) ............. **9**:18, 22
*Florville et Courval* (Sade) ....... **3**:470
"Das flotte Herz" (Muller) ........ **73**:361
"The Flourishing Village" (Dwight) ..... **13**:270, 272, 278-79
*Flower Dust* (Novalis)
    See *Blütenstaub*
*Flower Fables* (Alcott) .......... **58**:46; **83**:4
*Flower, Fruit, and Thorn Pieces; or, The Married Life, Death, and Wedding of the Advocate of the Poor Firmian Stanislaus Siebenkäs* (Jean Paul)
    See *Blumen-, Frucht-, und Dornenstücke; oder, Ehestand Tod, und Hochzeit des Armena dvocaten Firmian Stanislaus Siebenkäs*
"A Flower in a Letter" (Browning) ....... **1**:117
"Flower in the Crannied Wall" (Tennyson) .............. **30**:222, 280
"A Flower (in Time of War)" (Allingham) .............. **25**:11
"Flower Life" (Timrod) ...... **25**:362, 367
"A Flower of the Snow" (Woolson) .............. **82**:272, 334
*Flower Pieces and Other Poems* (Allingham) .............. **25**:14
"The Flower That Smiles Today" (Shelley) .............. **93**:303
*Flower-De-Luce* (Longfellow) ........... **45**:138
"The Flowers" (Crabbe) .......... **26**:138-39
"Flowers" (Longfellow) .......... **45**:129
"Flowers at Dusk" (Ichiyo)
    See "Yamizakura"
*Flowers for Children* (Child) ...... **73**:61, 66
"Flowers for the Dead" (Adams) ...... **33**:13
"The Flower's Name" (Browning) .... **79**:94, 99
*The Flowers of Evil* (Baudelaire)
    See *Les fleurs du mal*
*Flowers of Exile* (Martí) ........ **63**:109
"Fluctuations" (Brontë) ..... **4**:45, 50; **71**:91
"Die Flüsse" (Schiller) ........ **39**:388
"La flûte" (Vigny) ...... **7**:472-73, 482-83
*Flute Player* (Augier)
    See *Joueur de flûte*
"Flute-Music" (Browning) ..... **19**:153
"The Fly" (Blake) .. **13**:220, 229, 241-42, 247; **37**:4, 12, 43, 50-1, 93
"The Fly and the Bee" (Krylov) ..... **1**:435
*The Flying Dutchman* (Wagner)
    See *Der Fliegende Holländer*
*The Flying Scud* (Boucicault) ...... **41**:28
"The Flying Tailor: Being a Further Extract from the Recluse" (Hogg) .... **4**:282, 284
"The Flying Trunk" (Andersen) ... **7**:24; **79**:23, 26, 30, 73, 75-76, 82
"Den flyvende Kuffert" (Andersen)
    See "The Flying Trunk"
*Fodrejse* (Andersen) .......... **79**:80
"Fog" (Lazarus) ............ **8**:420
"La foi" (Lamartine) ..... **11**:245, 269, 282
"Föl a szentháborúra" (Petofi) ..... **21**:286
"Foliage" (Hunt) ..... **1**:411; **70**:263, 283, 293
*The Folk Tribunal* (Sacher-Masoch) ... **31**:287
"The Folk-Mote by the River" (Morris) . **4**:423
*Follas novas* (Castro) . **3**:100-01, 104-05, 107; **78**:2-9, 29-30, 32-33, 38, 40-41, 54
*Folle* (Staël) ............. **91**:360
"Follen" (Whittier) ......... **8**:486, 491
*Follies of a Day* (Holcroft)
    See *The Follies of a Day; or, The Marriage of Figaro*
*The Follies of a Day; or, The Marriage of Figaro* (Holcroft) . **85**:192, 195, 209, 234
*The Follies of Marianne* (Musset)
    See *Les caprices de Marianne*
"Föltámadott a tenger" (Petofi) ...... **21**:286
*La Fondateur de la Société positiviste a quiconque désire s'y incorporer* (Comte) .............. **54**:210

"La Fontaine and de La Rochefoucault" (Landor) ........ **14**:165
"La fontaine aux lianes" (Leconte de Lisle) ..... **29**:212, 217, 221, 234, 245
"La fontaine de sang" (Baudelaire) . **55**:27, 74, 77
"Fontan" (Tyutchev) ....... **34**:397-98, 400
"Fonthill Abbey" (Hazlitt) ..... **82**:154, 159
*Foolish Steve* (Arany)
    See *Boland Istók*
"Footpaths" (Jefferies) ........ **47**:134
"Footsteps" (Coutinho)
    See "Stapfen"
"The Footsteps of Angels" (Longfellow) .............. **2**:479, 493; **45**:132, 155
"For a Venetian Pastoral by Giorgione" (Rossetti) ........ **4**:499
"For an Album" (Clarke) ........ **19**:233
"For an Urn in Thoresby Park" (Landor) .............. **14**:200
"For Annie" (Poe) .......... **1**:509
"For Each and For All" (Martineau) .... **26**:351
"For Exmoor" (Ingelow) ....... **39**:264
*For Love and Life* (Oliphant) ...... **61**:204
*For Love; or, The Two Heroes* (Robertson) .............. **35**:333, 335, 356, 369
"For Me" (Lampman)
    See "Ambition"
*For Self-Examination* (Kierkegaard) ... **34**:224-25, 261, 266; **78**:238
"For the Dear Old Flag I'll Die" (Foster) .............. **26**:288
*For the Honor of God* (Sacher-Masoch) .............. **31**:294
*For the Major* (Woolson) . **82**:269-70, 273-74, 278, 293, 297-99, 315-16
"For the Penny-Wise" (Tennyson) ..... **30**:294
"For the Power to whom we bow" (Fuller) .............. **50**:249, 251
*For the Term of His Natural Life* (Clarke)
    See *His Natural Life*
"For Though the Caves Were Rabitted" (Thoreau) .............. **7**:384
"For You O Democracy" (Whitman) .............. **31**:430; **81**:328
*The Forayers; or, The Raid of the Dog-Days* (Simms) .... **3**:507-09, 513
*Force and Freedom* (Burckhardt)
    See *Weltgeschichtliche Bertrachtungen*
*The Force of Fashion* (Mackenzie)
    See *False Shame, or The White Hypocrite*
*The Force of Fashion* (Mackenzie)
    See *False Shame, or The White Hypocrite*
*The Force of Ridicule* (Holcroft) . **85**:198, 223
"Foreboding" (Pushkin) ....... **83**:257
*Forefathers' Eve* (Mickiewicz)
    See *Dziady III*
"Forerunners" (Emerson) ....... **1**:296
*The Forest* (Ostrovsky)
    See *Les*
*Forest and Game Law Tales* (Martineau) .............. **26**:311
"The Forest Hymn" (Bryant) . **6**:159, 164-65, 168-72, 177, 187, 192-93; **46**:6, 8, 16, 20, 23, 25, 28, 41, 43, 47, 55
*Forest Life* (Kirkland) ...... **85**:260-61, 263-65, 270, 282-86, 298, 301
*The Forest Minstrel: A Selection of Songs, Adapted to the Most Favourite Scottish Airs* (Hogg) .. **4**:274, 281
"Forest, Oh My Forest" (Eminescu) ... **33**:247
"A Forest Path in Winter" (Lampman) . **25**:209
"Forest Pictures" (Hayne) .. **94**:144, 149, 165
"Forest Quiet (In the South)" (Hayne) . **94**:166
"The Forest Sanctuary" (Hemans) .............. **71**:261, 268-69
*The Forest Sanctuary, and Other Poems* (Hemans) .. **29**:196-97, 199, 201-02, 205, 207; **71**:274, 284, 305, 307
*The Forest Wanderer* (Stifter)
    See *Der Waldgänger*

*The Forest Warden* (Ludwig)
    See *Die Erbförster*
"Forest, Why D'You Swing So Low?" (Eminescu)
    See "Ce te legeni codrule"
"Forester" (Edgeworth) ....... **51**:84-90, 135
*The Foresters* (Wilson) . **5**:549, 558, 561, 567, 569
*The Forester's Letters* (Paine) ...... **62**:270
*The Foresters—Robin Hood and Maid Marian* (Tennyson) .......... **30**:265
"La forêt" (Banville) ............ **9**:30
"La forêt vierge" (Leconte de Lisle) ... **29**:216-17, 231
"Forever at His side to walk-" (Dickinson) .............. **77**:65
"Le forgeron" (Rimbaud) ..... **4**:465; **82**:238
"Forget and Forgive" (Edgeworth) ..... **1**:265
"The Forging of the Anchor" (Ferguson) .............. **33**:287
"The Forgiven Dead" (Ridge) ....... **82**:182
"A Forgiveness" (Browning) ..... **19**:88; **79**:157
"Forgotten Arietta" (Verlaine)
    See "Ariettes oubliées"
"The Forgotten Village" (Nekrasov) ... **11**:409
"The Forgotten Wedding Day" (Mangan) .............. **27**:275
"The Formation of Coal" (Huxley) ...... **67**:83
"A Former Life" (Baudelaire)
    See "La Vie antérieure"
*Formerly and Not So Long Ago* (Verlaine)
    See *Jadis et naguère*
*Formosa* (Boucicault) .......... **41**:31
"The Forms of Nature and the Unity of Their Origin" (Very) ....... **9**:386-87
"The Forsaken" (Turgenev) ....... **21**:401
"Forsaken Child" (Norton) ....... **47**:246
"The Forsaken Girl" (Morike) ...... **10**:446
"The Forsaken Merman" (Arnold) .. **6**:37, 46, 54, 66; **29**:35; **89**:6
*Fort comme la mort* (Maupassant) . **1**:446, 450, 459, 464, 467, 470; **42**:169; **83**:175, 180-82
"Fortepjan Szopena" (Norwid) ..... **17**:367, 372
*La forteresse du Danube* (Pixerecourt) .............. **39**:277, 279, 281, 286
*Fortnight in the Wilderness* (Tocqueville) .............. **7**:424
*Fortunat* (Tieck) .......... **5**:514, 525
*The Fortunate Beggars* (Gozzi)
    See *I pitocchi fortunati*
"The Fortunate Fisher-maiden" (Muller)
    See "Die Glückliche Fischerin"
"Fortune and the Begger" (Krylov) ...... **1**:435
*The Fortune Hunter; or the Adventurers of a Man about Town* (Mowatt) ......... **74**:210-11, 228, 230
*Fortune; or, The Art of Success* (Jefferies) .............. **47**:121
*The Fortunes of Colonel Torlogh O'Brien* (Le Fanu) .............. **9**:309
*The Fortunes of Glencore* (Lever) .............. **23**:286, 292, 301
*The Fortunes of Nigel* (Scott) ..... **15**:306, 309; **69**:304-05, 308, 313
*The Fortunes of Perkin Warbeck* (Shelley) ............. **14**:255-56, 262, 265, 267, 270-71
"The Fortunes of Sir Robert Ardagh" (Le Fanu) ......... **9**:322; **58**:253, 263
"Fortunio" (Hayne) ........... **94**:156
*Fortunio* (Gautier) ...... **1**:346-47, 349-50, 352; **59**:5, 7, 12, 30
*Fortunio and his Seven Gifted Servants* (Planche) ........ **42**:273, 280, 292, 295
*49* (Dickinson) ............ **77**:80, 184
*The Forty-Five Guardsmen* (Dumas)
    See *Les quarante-cinq*
"The Fostering of Aslaug" (Morris) ...... **4**:447
*The Fosterling* (Fredro)
    See *Wychowanka*
"The Foster-Mother's Tale" (Coleridge) . **9**:131
"Le fou" (Bertrand) ......... **31**:46-8
"Un fou" (Maupassant) ..... **1**:449; **83**:176, 181

*Foul Play* (Reade) ...... **2**:540-41, 547-48, 551; **74**:248, 258, 263-65, 284, 318
"Les foules" (Baudelaire) .......... **29**:111; **55**:40
"Les Foules" (Maupassant) ................ **83**:188
"Found" (Rossetti) ................................ **4**:508
*The Found Remains* (Solomos)
   See *Ta euriskomena*
*Foundations* (Kant) ... **27**:220, 243; **67**:259-60, 262-63, 265
*The Foundations of a Creed* (Lewes)
   See *The Problems of Life and Mind*
*The Foundations of European Discontent* (Almqvist)
   See *Europeiska missnöjets grunder*
*Foundations of Natural Right According to the Principles of Wissenschaftslehre* (Fichte)
   See *Grundlage des Naturrechts nach Prinzipen der Wissenshaftslehre*
*Foundations of the entire Wissenschaftslehre* (Fichte)
   See *Grundlage der gesamten Wissenschaftslehre*
"The Foundling" (Kleist)
   See "Der Findling"
"The Fountain" (Bryant) ...... **6**:168, 188, 191; **46**:26, 39
"The Fountain" (Lowell) ...................... **2**:507
"The Fountain" (Tyutchev)
   See "Fontan"
"The Fountain" (Wordsworth) ...... **12**:427, 450
"The Fountain of Blood" (Baudelaire)
   See "La fontaine de sang"
"The Fountain of Oblivion" (Hemans) . **71**:304
*The Fountain of Youth* (Sacher-Masoch) ...... **31**:298, 301
*Fountainville Abbey* (Dunlap) .......... **2**:212-13
*4* (Dickinson) .................................... **77**:120
"Four Beasts in One; or, The Homo-Cameleopard" (Poe) ........ **16**:324
"Four Ducks on a Pond" (Allingham) .. **25**:20
*The Four Georges* (Thackeray) . **5**:490; **14**:438, 451; **14**:451
*481* (Dickinson) .................................... **77**:173
*486* (Dickinson) .................................... **77**:131
*458* (Dickinson) .................................... **77**:139
*452* (Dickinson) .................................... **77**:152
*449* (Dickinson) ...................... **77**:119, 129
*441* (Dickinson) .................. **77**:71, 110, 112
*443* (Dickinson) .................................... **77**:103
*414* (Dickinson) .................................... **77**:114
*497* (Dickinson) .................................... **77**:82
*493* (Dickinson) .................................... **77**:64
*401* (Dickinson) .................................... **77**:180
*416* (Dickinson) ...................... **77**:110, 112
*465* (Dickinson) ...................... **77**:49, 163
*461* (Dickinson) .................................... **77**:145
*413* (Cantor) ........................................ **77**:80
*430* (Dickinson) .................. **77**:92, 132-34, 139
*429* (Dickinson) .................................... **77**:93
*Four Letters* (Paine) .................. **62**:369, 371
"The Four Ox-Cart" (Petofi)
   See "A négy ökrös szekér"
*Four Stories High* (Clarke) ................ **19**:251
"Four to Four" (Hugo) ...................... **10**:361
*The Four Zoas: The Torments of Love and Jealousy in the Death and Judgement of Albion the Ancient Man* (Blake)
   ..... **13**:173, 177, 183-85, 192-93, 195, 197, 199, 205, 208-10, 213, 220-21, 224-26, 228-29, 231, 233-38, 244; **37**:24-5, 27, 35, 64, 77; **57**:29, 46, 48, 63, 82
*Les Fourberies de Nérine* (Banville) . **9**:20, 22
*Les Fourchambault* (Augier) . **31**:2-3, 8-10, 13, 16, 26, 28, 31, 34
*14* (Dickinson) .................................... **77**:149
"1492" (Lazarus) ...................... **8**:422, 427
*1481* (Dickinson) .................................... **77**:125
*1452* (Dickinson) .................................... **77**:92
*1445* (Dickinson) .................. **77**:96, 163, 173
*1461* (Dickinson) .................................... **77**:82
*1463* (Dickinson) .................. **77**:95, 118, 121

"Fourth Epistle" (Eminescu)
   See "Epistle IV"
"Fourth of July Ode" (Emerson) .......... **1**:284
"Fourth Sunday after Advent" (Keble) . **87**:173
"The Fourth Sunday after Trinity" (Keble) ................................................ **87**:202
"Fourth Sunday in Advent" (Keble) ................................ **87**:160, 173-74
"The Fox and the Bird" (Very) .......... **9**:385
"The Fox and the Marmot" (Krylov) .... **1**:435
"The Fox and the Wolf" (Krasicki)
   See "Lis i wilk"
"The Fox-Hunters" (Irving) .................. **2**:369
*Fra Diavolo; ou, L'hôtellerie de Terraine* (Scribe) ...................................... **16**:401
"Fra Lippo Lippi" (Browning) ...... **19**:79, 132, 152; **79**:163, 171
"Fra Pedro" (Lazarus) .......................... **8**:425
*Fra Rupert* (Landor) .......................... **14**:165
*Fragen zu Denkübungen für Wilhelmine* (Kleist) ...................................... **37**:219
"Fragment" (Allston) ............................ **2**:26
"A Fragment" (Bryant)
   See "Inscription for the Entrance into a Wood"
"Fragment" (Clare) ........ **86**:114-15, 166-67
"A Fragment" (Gilpin) .......................... **30**:40
"A Fragment" (Pushkin) ...................... **83**:320
"A Fragment for a System" (Schelling) ................................................ **30**:155-56
"Fragment: Notes for a Lecture" (Lincoln) ...................................... **18**:240
"Fragment: Notes for Law Lecture—July 1, 1850" (Lincoln) ...................... **18**:240
*Fragment of 1790* (Goethe)
   See *Faust: Ein Fragment*
*Fragment of 1790* (Goethe)
   See *Faust: Ein Fragment*
"Fragment of an 'Antigone'" (Arnold) . **29**:34-5
"Fragment of an Epistle" (Dana) ........ **53**:158
*A Fragment on Government* (Bentham) ................ **38**:37, 44, 49, 58, 84, 88-9, 93
"A Fragment on Ontology" (Bentham) . **38**:92-5
"Fragment on Religious Ideas" (Hölderlin) .................................. **16**:166-68, 171
*Fragment on the Church* (Arnold) .... **18**:24
*Fragmentarium* (Eminescu) .......... **33**:255-57
*Fragmente über die neuere deutsche Literatur* (Herder) .......... **8**:299, 303, 305-07, 309, 313-15
*Fragmente uber Recensenten-Unfug* (Kotzebue) .................................. **25**:152
*Fragmentos* (Martí) ............................ **63**:124
*Fragments* (Martí)
   See *Fragmentos*
*Fragments d'un journal intime* (Amiel) . **4**:12-15, 17, 19-21
*Fragments of a Roman Tale* (Macaulay) ................................................ **42**:154
*Fragments on the New German Literature* (Herder)
   See *Fragmente über die neuere deutsche Literatur*
"Fragments on Universal Grammar" (Bentham) ................................................ **38**:92
*Fragments Relating to Language and Poetry* (Klopstock)
   See *Über Sprach und Dichtkunst*
"Fragments Upon the Nymphs" (Hunt) ................................................ **70**:248
"Le frais matin dorait" (Leconte de Lisle) ................................................ **29**:224
*Framley Parsonage* (Trollope) . **6**:455, 464, 467, 470, 491, 499-502, 516-17; **33**:363, 365
"France" (Dutt) .................................... **29**:128
"France" (Whitman) ............................ **4**:544
*France* (Morgan) ................................ **29**:386
"France: An Ode" (Coleridge)
   See "Ode to France"

*France and England in North America* (Parkman) ...... **12**:336, 351-52, 359, 365, 369, 371-77
"France and Spain" (Browning) ...... **79**:94, 99
*France before the Eyes of Europe* (Michelet) ................................ **31**:219, 258
*France depuis vingt-cinq ans* (Gautier) . **1**:349
*Francesca Carrara* (Landon) . **15**:158-59, 161, 164
*Franchise et trahison* (Sade) ................ **47**:361
*Francia* (Sand) .................................... **57**:316
*Francillon* (Dumas) .... **9**:228, 231, 235, 243, 246, 249-50
*Francis of Assisi* (Oliphant) ......... **11**:433, 445
*Francis the First* (Kemble) .... **18**:160-62, 164, 167, 178
"Franciscae meae laudes" (Baudelaire) . **55**:61
*François le Champi* (Sand) .... **42**:309, 323-24, 326-28, 338, 340, 365, 366-68. 374; **57**:317, 338, 358, 365-6, 368
*Frank, A Tale* (Edgeworth) . **1**:262; **51**:78, 81-2
*Frank and Fearless; or, The Fortunes of Jasper Kent* (Alger) .................. **8**:24, 45
"The Frank Courtship" (Crabbe) ... **26**:93, 116, 129, 131, 135, 147
*Frankenstein; or, The Modern Prometheus* (Shelley) ...... **14**:247-56, 258-72, 274-77, 279-81, 283-90, 292-93, 295-307; **59**:138-251
"Franklin" (Landor) ............................ **14**:166
*Franklin Evans* (Whitman) . **4**:582-83; **81**:327, 343, 347
*Frank's Campaign; or, What Boys Can Do on the Farm for the Camp* (Alger) ................ **8**:40; **83**:104, 139, 144
"Frank's Sealed Letter" (Morris) .......... **4**:430
*Franz Sternbald's Travels* (Tieck)
   See *Franz Sternbalds Wanderungen*
*Franz Sternbalds Wanderungen* (Tieck) .. **5**:521, 525, 527-28, 531; **46**:375-76, 393, 395-98, 401, 405
*Französische Maler* (Heine) .......... **4**:259, 264; **54**:339
*Französische Zustände* (Heine) ............. **4**:246
*Frascati's; or, Scenes in Paris* (Richardson) ................................ **55**:329, 350
"Fraser Papers" (Maginn) ............... **8**:435, 437
*Fratricide* (Macha) ............................ **46**:202
*Frau Jenny Treibel* (Fontane) . **26**:235-36, 239-40, 245, 252, 257, 270-72, 278
"Frau Rebekka mit den Kindern, an einem Maimorgen" (Claudius) .......... **75**:190
*Frau Regel Amrain und ihr Jüngster* (Keller) ................................................ **2**:415
"Frau Susanne" (Goethe) .................... **4**:189
*Frauenliebe und Leben* (Chamisso) ........ **82**:3
*Die Fräulein von Scuderi* (Ludwig) . **4**:349, 351
"Frederic" (Southey) ............................ **97**:314
"Frederic and Elfrida" (Austen) ............ **1**:67
*Frederick* (Macaulay) .......................... **42**:87
"Frederick and Catherine" (Grimm and Grimm) ........................................ **3**:227
*Frederick Engels on Russia* (Engels) ...... **85**:9
*Fredolfo* (Maturin) ...... **6**:322-23, 332, 343-44, 347
"The Free Besieged" (Solomos)
   See "Oi eleftheroi poliorkimenoi"
"Free C." (Isaacs)
   See "Columbia libre"
*Free Labour* (Reade) ............................ **2**:551
"Free Strophes" (Isaacs)
   See "Estrofas libres"
*Free Thoughts on Public Affairs* (Hazlitt) ................................................ **29**:169
*Freedmen's Book* (Child) .......... **73**:63, 71, 84
"Freedom" (Lampman) ...... **25**:182, 188, 192, 198, 217, 219
"Freedom" (Lowell) ............................ **90**:215
"Freedom" (Tennyson) .,................... **65**:285
*Freedom Comes to Krähwinkel* (Nestroy)
   See *Freiheit in Krähwinkel*
"Freedom of the Press" (Whittier) ...... **59**:364

"The Freeholder Ovsyanikov" (Turgenev)
...................................... 21:377
"La frégate 'La Sérieuse'" (Vigny) . 7:473, 485
"Freigeisterei der Leidenschaft" (Schiller)
...................................... 39:387
Freiheit in Krähwinkel (Nestroy) . 42:233, 235, 237, 244, 249, 252-53, 263-64, 266
French Affairs: Letters from Paris (Heine)
See Französische Zustände
French and Italian Notebooks (Hawthorne)
See Passages from the French and Italian Notebooks of Nathaniel Hawthorne
"A French Critic on Goethe" (Arnold) ... 6:45
"A French Critic on Gray" (Arnold) ..... 6:58
"A French Critic on Heine" (Arnold) ..... 6:58
"A French Critic on Keats" (Arnold) ..... 6:58
"A French Critic on Milton" (Arnold) . 6:45, 58
"A French Critic on Shelley" (Arnold) ... 6:58
"The French Drama: Racine and Victor Hugo" (Lewes) .......................... 25:285
"A French Eton" (Arnold) ................. 89:102
French Grammar (Cobbett) ............. 49:160
"French Life" (Gaskell) ... 70:186, 188-89
The French Philosophers of the Nineteenth Century (Taine)
See Les philosophes Français du XIXme siècle
The French Revolution (Blake) ... 13:184, 221, 242, 251-52, 254; 37:35; 57:20,57,106
The French Revolution (Carlyle) ... 70:12, 17, 44-45, 56-61, 70-71, 76-77, 89, 98, 105, 107-108, 111
French XVIII Century Painters (Goncourt and Goncourt)
See L'art du dix-huitème siècle
Le frère aîné (Daudet) ................. 1:249
Frère Jacques (Kock) ..... 16:245, 247-49, 258
Les frères invisibles (Scribe) ........ 16:412, 414
Les frères Zemganno (Goncourt) . 7:155-57, 162, 166-67, 170, 174-76, 183-84, 188-89
"Fresca, lozana, pura y olorosa" (Espronceda)
...................................... 39:94, 102
"Fresh from the Dewy Hill" (Blake)
.......................... 13:182; 37:35
Fresh Leaves (Parton) ................. 86:337
"Freude" (Hölderlin) ................. 16:185
Der Freund (Hoffmann) ................. 2:347
Die Freunde (Tieck) ................. 5:523
"Die Freundschaft" (Schiller) ........ 39:357
"The Friar of Orders Gray" (Percy) . 95:323
"Friede auf Erden" (Meyer) ........ 81:155
"Der Frieden" (Hölderlin) ............ 16:181
"Friedensfeier" (Hölderlin) .. 16:175, 192, 196
"Friedrich Rückert" (Taylor) ........ 89:325
"The Friend" (Coleridge) ...... 9:155, 205, 207; 54:107
"The Friend in Need" (Hood) ........ 16:221
The Friend of the Family (Dostoevsky)
.......................... 21:121; 33:191, 195; 43:92
"A Friendly Address to Mrs. Fry" (Hood)
...................................... 16:235
"Friends" (Krasicki)
See "Przyjaciele"
"Friends" (Rossetti) ................. 66:307
"The Friends of Man" (Sigourney) ..... 21:293
"Friendship" (Cowper) ............. 94:23, 117
"Friendship" (Lampman) ........ 25:196
"Friendship with Nature" (Sigourney) . 21:301
Friendship's Garland: Being the Conversations, Letters, and Opinions of the Late Arminus, Baron von Thunder-Ten-Tronckh (Arnold) . 6:37, 53, 61; 89:109
Frinko Balaban (Sacher-Masoch) ....... 31:303
"Frisson d'hiver" (Mallarme) . 4:371, 373, 377
Frithiof's Saga (Tegner) ............. 2:610-14
"The Frogs" (Lampman) ..... 25:161, 168, 182, 184, 200, 209
"From All the Jails the Boys and Girls" (Dickinson) ...................... 21:18
"From Bacon to Beethoven" (Lanier) .. 6:245

From Canal Boy to President; or, The Boyhood and Manhood of James A. Garfield (Alger) .............. 8:24, 45
From Farm to Fortune (Alger) .............. 8:30
"From Hand to Mouth" (O'Brien)
.......................... 21:248, 250, 252-53
"From House to Home" (Rossetti) . 2:556, 566, 572; 66:301, 304, 306-9, 312, 320-1, 329, 356, 382
"From Lightning and Tempest" (Gordon)
.......................... 21:160, 165, 167, 188
"From Montauk Point" (Whitman) ..... 31:389
"From Moscow to Leipzig" (Dobrolyubov)
...................................... 5:140
"From One of the Society of Friends to Her Kinswoman" (Haliburton) ... 15:129
From Paris to Cadiz (Dumas)
See Impressions de voyage
"From Paumanok Starting I Fly like a Bird" (Whitman) ...................... 81:313
"From Pent-Up Aching Rivers" (Whitman)
.......................... 31:400, 405; 81:329
"From Perugia" (Whittier) . 8:493, 512; 59:373
"From Pindemonte" (Pushkin) ............ 83:261
"From Roman Scenes" (Herzen) ........ 10:348
"From Sunset to Star Rise" (Rossetti)
.......................... 66:341, 372
"From the bosom of ocean I seek thee" (Taylor) .......................... 89:300
"From the Castle in the Air to the Little Corner of the World" (Paine) ..... 62:324
"From the Flats" (Lanier) ................. 6:255
"From the German" (Beddoes) ........ 3:34
"From the Italian" (Halleck) ............ 47:57
"From the life, that once raged here" (Tyutchev)
See "Ot zhizni toy, chto bushevala zdes"
From the Other Shore (Herzen)
See Vom andern Ufer
From the Papers of One Still Living (Kierkegaard)
"From the Sketchbook" (Jacobsen) ..... 34:170
"From the Upland to the Sea" (Morris) . 4:421
"From the Waves of Time" (Eminescu)
.......................... 33:246
"From the Woods" (Hayne) .... 94:159-60, 165
"From the Work of Dr. Krupov on Mental Ailments in General and Their Epidemic Development in Particular" (Herzen)
.......................... 10:323, 350
"From the Wreck" (Gordon) .. 21:149, 155-56, 159, 163-65, 170, 172, 176, 178, 183, 187-88
Fromont jeune et Risler aîné (Daudet) . 1:231-34, 239, 241, 248, 250-51
Fromont the Younger and Risler the Elder (Daudet)
See Fromont jeune et Risler aîné
"The Front Yard" (Woolson) .. 82:275, 290-91, 293, 296-97, 343
The Front Yard and Other Italian Stories (Woolson) ... 82:275, 283, 293, 299, 338, 341, 343
"Frost at Midnight" (Coleridge) .... 9:150, 158; 54:69
"Frost in the Holidays" (Allingham) ....... 25:6
"The Frost Spirit" (Whittier) ............. 59:375
The Frozen Deep (Collins) ... 1:183; 93:38, 40
"Frozen Tears" (Muller)
See "Gefror'ne Tränen"
"Fru Fønss" (Jacobsen) ........ 34:158, 160, 171
Fru Marie Grubbe: Interieurer fra det syttende Asrhundreded (Jacobsen) ............ 34:140-44, 151-60, 162, 164, 167, 169
The Frugal Housewife (Child)
See The American Frugal Housewife
"Die frühen Gräber" (Klopstock) . 11:236, 240
"Frühlingseinzug" (Muller) ........ 73:366
"Frühlingskranz aus dem Plauenschen Grunde bei Dresden" (Muller) . 73:366, 373, 380
"Frühlingslieder aus dem Plauenscen Grunde" (Muller) .......................... 73:366

"Das Frühlingsmahl" (Muller) ............ 73:366
"Frühlingsschrei eines Knechtes aus der Tiefe" (Brentano) ...................... 1:102, 105
"Frühlingstraum" (Muller) ..... 73:366, 391-92, 397
Le Fruit Défendu (Feuillet) ............ 45:79, 89
"Fruit of Travel Long Ago" (Melville) . 3:351
"Frustrating a Funeral" (Harris) .. 23:156, 159-60
The Fudge Family in Paris (Moore)
.......................... 6:384, 388, 395
Fugitive Verses (Baillie) ................. 2:41-42
The Fugitives (Kivi)
See Karkurit
"Fuillet's La Morte" (Pater) ............ 90:326
A Full Vindication of the Measures of Congress (Hamilton) ... 49:293, 296, 325
"Fülle" (Meyer) ................. 81:155, 169, 208
"The Function of Criticism at the Present Time" (Arnold) . 6:34, 47, 57, 69; 29:9, 38-44, 48, 51, 55-6; 139; 89:30, 33-4, 38-9, 62, 72, 76, 81-2, 85-6, 101, 109
"The Function of the Poet" (Lowell) . 2:521
Fundamental Principles (Kant)
See Grundlegung
"Der Funde" (Droste-Hulshoff) ........ 3:200
"De fundersamme" (Almqvist) ............ 42:19
"Funeral" (Arnold) ...................... 6:67
"The Funeral" (Nekrasov) .. 11:409
"A Funeral" (Rogers) .......................... 69:81
"The Funeral and Party Fight" (Carleton)
.......................... 3:92
"The Funeral at Sea" (Sigourney) .. 21:293
"Funeral Feast" (Shevchenko)
See "Tryzna"
"Funeral of Dr. Mason F. Cogswell" (Sigourney) ...................... 87:337
"Funeral of Louis XVII" (Hugo) .. 3:234
"Funeral Song for the Princess Charlotte of Wales" (Southey) ...................... 8:474
Der funfzehnte November (Tieck) .. 46:412-14
"Für die Mouche" (Heine) .. 4:247, 269
"Fürst Ganzgott und Sänger Halbogott" (Arnim) ...................... 5:13, 18
Further Exhibitions from the System of Philosophy (Schelling)
See Fernere Darstellungen
"Further in Summer Than the Birds" (Dickinson) ......... 21:19, 59, 67-9; 77:95
Further Notes of a Young Man (Herzen)
.......................... 61:108
Further Records: 1848-1883 (Kemble)
.......................... 18:189-90
"Fusées" (Baudelaire) . 29:71, 98; 55:8, 11, 40, 43, 45-6
"Die Füsse im Feuer" (Meyer) ............ 81:207
"Fussreise" (Morike) .......................... 10:448
"The Fust Baby" (Shaw) ............ 15:335
"Fut-il jamais douceur de coeur pareille" (Musset) ...................... 7:275
The Future Australian Race (Clarke) .. 19:236
"The Future Glory of America" (Trumbull)
.......................... 30:349-50
"The Future Home" (Macha) ............ 46:202
"The Future Life" (Bryant) ............ 6:168
"The Future of Liberalism" (Arnold) .. 89:111
"The Future of Protestantism and Catholicity" (Brownson) ...................... 50:54
The Future of Science (Renan)
See L'avenir de la science
"Fyrtøjet" (Andersen)
See "The Tinder-Box"
Gabriel (Sand) ... 2:587; 42:359; 57:312
Gabriel Lambert (Dumas) ........... 71:194, 204
Gabrièle Mimanso (Almqvist) ............ 42:5
"The Gabrieliad" (Pushkin) ................. 83:332
Gabrielle (Augier) . 31:4-5, 7, 9-11, 14, 18-19, 23-4, 29
Gabrielle de Belle-Isle (Dumas)
See Mademoiselle de Belle-Isle
"Gadki" (Norwid) .......................... 17:373
"The Gagging Bill" (Kendall) ...... 12:200, 202

*Gahagan* (Thackeray) ............................ **5**:470
*Galanterie macabre* (Mallarme) ........ **41**:278
"Galatea" (Kendall) ........................ **12**:192
*Galician Songs* (Castro) ................ **3**:104
*A Galician Tale* (Sacher-Masoch) . **31**:289, 303
"Galileo" (Landor) ........................ **14**:166
*Gallant Festivals* (Verlaine)
    See *Fêtes galantes*
*A Gallery of Illustrious Literary Characters, 1830-1838* (Maginn) ......... **8**:434, 439-40
*Gallomania* (Disraeli) ...................... **79**:269
"The Gallows" (Whittier) . **8**:512, 525; **59**:361
"Gambara" (Balzac) ........................ **5**:79
"The Gambler" (Krasicki)
    See *Gracz*
"The Gambler" (Pushkin)
    See *Skazhi, Kakoi sud'boi*
*The Gambler* (Dostoevsky) ......... **2**:188; **43**:92
*The Gamblers* (Gogol)
    See *Igroki*
*Gambler's Fate* (Dumas) ................ **11**:42
"Gambler's Fortune" (Hoffmann) ......... **2**:342
"The Gambrel-Roofed House and Its Outlook" (Holmes) ................ **81**:103
"The Game of Backgammon" (Merimee)
    ........................ **6**:354, 367-9
"The Game of Backgammon" (Merimee)
    See "The Game of Backgammon"
"A Game of Lawn Tennis" (Levy) . **59**:92, 119
*The Game of Logic* (Carroll) ................ **2**:108
*The Game of Speculation* (Lewes) ... **25**:284
*The Game-keeper at Home; or, Sketches of Natural History and Rural Life* (Jefferies) ...... **47**:88, 90, 97, 103, 107, 111, 114, 121, 133, 137, 141-42
"The Gaming Table" (Baudelaire)
    See "Le jeu"
"Det gamle Egetræes sidste Drøm" (Andersen)
    ........................................ **79**:77
*Den gamle trädgårdsmästarens brev* (Runeberg) ........................ **41**:318
"Gamlet i Don Kikhot" (Turgenev)
    ................ **21**:412, 431, 438, 442; **37**:403
*Ganar perdiendo* (Zorrilla & Moral) ..... **6**:525
"Der Gang nach dem Eisenhammer" (Schiller)
    ........................................ **39**:388
"Der Gang von Wittow nach Jasmund" (Muller) ................ **73**:360
"Ganymed" (Hölderlin) ...................... **16**:191
"Ganymede" (Chivers) ...................... **49**:74
*Det går an* (Almqvist) ........ **42**:4-8, 14, 18, 20
*La gara degli uccelli* (Da Ponte) ..... **50**:77
"Garafelia" (Child) ........................ **73**:128
"Garcon un bock" (Maupassant)
    ........................ **42**:200; **83**:228
"The Garden" (Cowper) ........ **8**:111, 123, 128; **94**:10, 23, 26-7, 29-30, 120, 128-29
"The Garden" (Very) ........ **9**:377, 383-84
"A Garden by the Sea" (Morris) .......... **4**:421
"Garden Fancies" (Browning) .... **19**:77; **79**:94, 99
"The Garden of Adonis" (Lazarus) ....... **8**:420
"The Garden of Eden" (Andersen) ....... **79**:23-24, 59, 76, 82
"The Garden of Irem" (Taylor) .......... **89**:304
"Garden of Love" (Blake) . **13**:181-82, 220-21; **37**:4, 15-16, 25, 33, 43, 47-8, 52, 57-8, 92
"Garden of Paradise" (Andersen) ............ **7**:24
"The Garden of the World" (Andersen) .. **7**:29
"The Gardener and His Master" (Andersen)
    ........................ **7**:37; **79**:55
*The Gardener and the Squire* (Andersen)
    ........................................ **79**:36
"The Gardener's Daughter" (Tennyson)
    ........................ **30**:213, 267
"Gareth and Lynette" (Tennyson) . **30**:283, 287-88; **65**:236, 241, 243-5, 278, 281, 284, 287-8, 293, 300-1, 307, 311, 349, 367, 369-76, 382
*Les Garibaldiens* (Dumas) ................ **71**:205
*Garland for Girls* (Alcott) ................ **58**:51
*Garrick Fever* (Planche) ................ **42**:294

"The Garrison of Cape Ann" (Whittier)
    ........................ **8**:492; **59**:375
*Gaslight and Daylight* (Sala) ....... **46**:237, 246
"Gaspar Becerra" (Longfellow) .......... **45**:131
*Gaspard de la nuit: fantaisies à la manière de Rembrandt et de Callot* (Bertrand)
    ........................ **31**:43-7, 49-55
"Gasparo Bandollo" (Mangan) ............ **27**:301
*Gaston de Blondeville; or, The Court of Henry III Keeping Festival in Ardenne, St. Alban's Abbey: A Metrical Tale, with Some Poetical Pieces* (Radcliffe) . **6**:416-17, 421, 425, 427; **55**:223-5, 274, 281-2
*Gaston de Latour* (Pater) ...... **7**:308, 323, 340; **90**:242, 288, 290, 338, 340
*The Gates of Paradise* (Blake) ... **37**:4
*El gaucho Martín Fierro* (Hernandez) . **17**:162-69, 171-73, 175-79
"Gaudissart" (Balzac)
    See "L'illustre Gaudissart"
*Gaule et France* (Michelet) ......... **71**:203
*La gaviota: Novela de costumbres* (Caballero)
    ........................ **10**:72-73, 76-81, 83-84
*Gavriiliada* (Pushkin) ............ **3**:427-28, 451
*The Gavriiliada* (Pushkin)
    See *Gavriiliada*
"The Gay Day Still Sounded" (Tyutchev)
    ........................................ **34**:389
"Gay Grimaces" (Collodi) .................. **54**:137
*Gazette Publications* (Brackenridge) ...... **7**:56
*Gazzettino del Del Mundo* (Foscolo) ... **97**:88
*Le géant Yéocis* (Sand) ............ **42**:314
"La géante" (Baudelaire) ......... **6**:80, 115, 123; **55**:30, 59
"The Geäte A-Vallen To" (Barnes) . **75**:14, 64, 97, 99
"Gebet" (Morike) ........................ **10**:455
"Gebir" (Arnold) ........................ **6**:54
*Gebir* (Landor) ....... **14**:155-57, 161, 164, 168, 176, 180-81, 183-84, 188-89, 192-94, 199-200, 203-06
*Gebirus* (Landor) ........................ **14**:203-04
"Geburt und Wiedergeburt" (Claudius)
    ........................ **75**:210, 214, 216
*Gedichte* (Droste-Hulshoff) ................ **3**:200
*Gedichte* (Keller) ........................ **2**:421
*Gedichte* (Meyer) ... **81**:140, 146, 148, 153-57, 199, 208-09
*Gedichte* (Morike) ................ **10**:444-45, 447
*Gedichte, 1853 und 1854* (Heine) ......... **4**:256-57, 260
*Gedichte aus den hinterlassenen Papieren eines reisenden Waldhornisten, Band II* (Muller) ................ **73**:383, 391
"Gedichte vermischten Inhalts" (Droste-Hulshoff) ................ **3**:200
"The 'Gees" (Melville) .................. **93**:201
"Der Gefangene" (Eichendorff) ............ **8**:218
"Der gefesselte Strom" (Hölderlin)
    ........................ **16**:162, 176
"Gefror'ne Tränen" (Muller) ....... **73**:385, 390
*Der gefühlvolle Kerkermeister* (Nestroy)
    ........................ **42**:224-25
"Die gegeisselte Psyche" (Meyer) . **81**:206, 209
*Gegen Torheit gebt es kein Mittel* (Nestroy)
    ........................ **42**:247, 251
"Das Gegenwärtige" (Klopstock) ....... **11**:237
"Gehazi" (Kendall) ........................ **12**:192
"Das Geheimnis der Reminiscenz" (Schiller)
    ........................................ **39**:357
*Geist und Vernunft und Verstand* (Herder)
    ........................................ **8**:306
"Die Geister am Mummelsee" (Morike)
    ........................................ **10**:453
"Das Geisterross" (Meyer) .................. **81**:207
*Das Geistliche Jahr in Liedern auf alle Sonn-und Festtage* (Droste-Hulshoff)
    ........................ **3**:196, 199-201, 203
*Geistliche Lieder* (Novalis) .... **13**:376-77, 385, 392, 397, 400, 402, 405
"Das Gelübde" (Hoffmann) .................. **2**:360
"Das Gemälde" (Meyer) .................. **81**:143

*Le gendre de Monsieur Poirier* (Augier)
    ........ **31**:3, 5, 8-20, 24-31, 33, 35-6, 38-40
*A General Description of Nova Scotia* (Haliburton) ........................ **15**:144
"General Gage's Soliloquy" (Freneau) . **1**:315
*General History and Comparative System of the Semitic Languages* (Renan)
    See *Histoire général et système comparé des langues Sémitiques*
"General Taylor and the Veto" (Lincoln)
    ........................................ **18**:250
"General Toptýgin" (Nekrasov) .... **11**:407, 421
*A General View of Positivism* (Comte)
    ........................ **54**:203, 210
"La genèse Polynésienne" (Leconte de Lisle)
    ........................................ **29**:228
*The Genesis of the Spirit* (Slowacki)
    See *Genezis z ducha*
"Geneva's Double Strike" (Bakunin) .. **58**:131
"Genevieve" (Coleridge) ................ **9**:144, 146
*Geneviève de Brabant* (Staël) ............ **91**:359
*Genevieve; or, The Reign of Terror* (Boucicault) ........................ **41**:32
*Genezis z ducha* (Slowacki) ... **15**:360-61, 366, 374
"Gengulphus" (Barham) ........ **77**:19-20, 26-27
"Génie" (Rimbaud) ... **35**:294-96, 309, 311, 313, 324; **82**:230, 232-33, 251
*Le génie bonhomme* (Nodier) ........ **19**:384-85
"Le génie dans l'obsurité" (Lamartine)
    ........................................ **11**:289
*Génie du christianisme* (Staël) ..... **91**:332, 359
*Le génie du Christianisme; ou, Beautés de la religion Chrétienne* (Chateaubriand)
    ........ **3**:110-17, 124, 126, 128-29, 131-32
*Geniu pustiu* (Eminescu) ..... **33**:245, 247, 254, 264
"Genius" (Mangan) ........................ **27**:298
"The Genius of America: An Ode" (Trumbull)
    ........................................ **30**:350
"The Genius of America Weeping the Absurd Follies of the Day" (Warren) . **13**:431, 433
*The Genius of Christianity; or, The Spirit and Beauties of the Christian Religion* (Chateaubriand)
    See *Le génie du Christianisme; ou, Beautés de la religion Chrétienne*
"The Genius of Plato" (Pater) .......... **90**:334
*Genoveva* (Hebbel) .... **43**:230, 233-34, 238-39, 243-44, 247, 254-57, 259, 262, 271, 273-74
"Le Genre" (Mallarme) ...................... **41**:239
*The Genteel Style in Writing* (Lamb) .. **10**:412
*Le Gentilhomme de la montagne* (Dumas)
    ........................................ **71**:194
"Gentle Armour" (Hunt) ................ **70**:252-53
"The Gentle Boy" (Hawthorne) .. **2**:319, 327; **79**:318, 322; **95**:128, 132, 137, 196
"The Gentle Giantess" (Lamb) .......... **10**:436
"A Gentle Hint to Writing Women" (Lewes)
    ........................................ **25**:290
"The Gentleman Farmer" (Crabbe) ....... **26**:93
*A Gentleman from Ireland* (O'Brien) .. **21**:250
*Gentleman Jews* (Jerrold) ................ **2**:408
*The Gentleman of the Blue Boots* (Castro)
    ........................ **3**:106-07
"Gentleness" (Lampman) ................ **25**:209-10
"Geoffrey Chaucer" (Smith) .......... **59**:309
*Geographical Dictionary of England and Wales* (Cobbett) ........................ **49**:160
"The Geography of an Irish Oath" (Carleton)
    ........................................ **3**:93
"George Levison; or, the School Fellows" (Allingham) ........................ **25**:7
*George Sand in Her Own Words* (Sand)
    ........................ **42**:332-33
"George Silverman's Explanation" (Dickens)
    ........................................ **3**:164
*Georges* (Dumas) ........ **71**:204, 229, 242, 244
*Georgette; ou, La nièce du tabellion* (Kock)
    ........................ **16**:245-46
*A Georgia Spec; or, Land in the Moon* (Tyler)
    ........................ **3**:573-74

"Georgia Waters" (Chivers) ................. **49**:43
"Geraint and Enid" (Tennyson) .. **30**:253, 288-90; **65**:237, 241, 278, 324, 328-9, 331, 351, 353, 381
"Geraldine" (Brontë) ............................ **16**:121
"The Geraldine's Daughter" (Mangan)
.............................................. **27**:293
"Ein Gerichtstag auf Huahine" (Chamisso)
.................................... **82**:21, 27-29
"The German Constitution" (Hegel) ... **46**:111
*German Dictionary* (Grimm and Grimm)
.............................................. **3**:216
*German Folk Tales* (Grimm and Grimm)
.............................................. **3**:226
*German Grammar* (Grimm and Grimm)
  See *Deutsche Grammatik*
"A German Home" (Taylor) .............. **89**:308
*The German Ideology* (Marx) . **17**:326, 332-34, 349-52, 360
"A German Idyl" (Taylor) ................. **89**:308
"A German Poet" (Mangan) ............. **27**:291
*German Romance* (Carlyle) ........... **70**:94, 108
"Germanien" (Hölderlin) . **16**:174-75, 189, 195
*Germany* (Heine)
  See *De l'Allemagne*
*Germany* (Staël-Holstein)
  See *De l'Allemagne*
*Germany: A Winter's Tale* (Heine)
  See *Deutschland: Ein Wintermärchen*
*Germany: Revolution and Counter-Revolution*
  (Engels)
  See *Revolution and Counter-revolution in Germany*
*Germinie Lacerteux* (Goncourt and Goncourt)
.. **7**:155-58, 162-65, 167, 170, 174, 176-80, 182, 184, 187-90
*A geroi nashego vremeni* (Lermontov) . **5**:286-87, 291-92, 294-95, 297-99, 301-02, 304-06; **47**:149-230
*Gerolstein* (Sue) ............................. **1**:555
"Gertha's Lovers" (Morris) .............. **4**:429
"Gertrude of Wyoming: A Pennsylvanian Tale"
  (Campbell) .. **19**:164-66, 168-71, 174-75, 178-79, 181, 183-85, 188-89, 193, 195-96, 198
*Gertrude of Wyoming: A Pennsylvanian Tale, and Other Poems* (Campbell) ..... **19**:164-65, 176
*Gertrude; or, Family Pride* (Trollope) . **30**:332
*Gertrude's Cherries* (Jerrold) ............. **2**:403
*Gesammelte Gedichte* (Keller) .......... **2**:421
*Gesammelte Novellen* (Tieck) ......... **5**:516
*Gesamtkunstwerk* (Goethe) ............. **34**:127
"Der Gesang der Klio" (Meyer) ......... **81**:152
"Gesang der Räuber" (Morike) ......... **10**:453
"Der Gesang des Meeres" (Meyer)
.............................................. **81**:155, 199
"Gesang Weylas" (Morike) .. **10**:446, 448
"Gesang zu Zweien in der Nacht" (Morike)
.............................................. **10**:448-49
*Die Geschichte der Abderiten* (Wieland)
.................................. **17**:397, 399, 424
*Geschichte der alten und neuen Literatur*
  (Schlegel) . **45**:294, 299, 305, 317, 323-28
*Geschichte der deutschen Sprache* (Grimm and Grimm) .......................... **3**:216-17
"Die Geschichte der Jungfrau von Orleans" (Hebbel) .......................... **43**:255
*Geschichte der poetischen Literatur Deutschlands* (Eichendorff) ......... **8**:219-20, 233
*Die Geschichte der Renaissnce in Italien*
  (Burckhardt)
  See *Die Kultur der Renaissance in Italien*
*Geschichte des Abfalls der vereinigten Niederlande von der spanischen Regierung* (Schiller) .................. **69**:169
*Geschichte des Agathon* (Wieland)
... **17**:391, 396-97, 399-400, 405, 408, 413, 420-30
*Geschichte des Dreissigjährigen Kriegs*
  (Schiller) .......................... **69**:188

*Geschichte des Romans* (Eichendorff) .. **8**:217
*Die Geschichte meines Vaters* (Kotzebue)
.............................................. **25**:138
"Geschichte vom braven Kasperl und dem schönen Annerl" (Brentano) ..... **1**:95, 99-101, 105
*Geschischte des Herrn William Lovell* (Tieck)
.............................................. **46**:398
*Der geschlossene Handelsstaat* (Fichte)
.................................... **62**:34, 48
*Die gesfesselte Phantasie* (Raimund) ... **69**:7-8, 12, 24, 35-6, 44-5, 47-9, 52
"Gespräch des Socrates mit Timoclea von der scheinbaren und wahren Schönheit" (Wieland) .......................... **17**:418
*Gespräch über die Poesie* (Schlegel) .. **45**:306-10, 314-16, 320-24, 328, 344, 348, 358-60, 362-65, 367-68, 370, 372, 375, 382
*Gespräche, die Freiheit betreffend* (Claudius)
.............................................. **75**:194
*Gesprache mit Dämonen* (Arnim) .... **38**:12, 16
*Der gestiefelte Kater* (Tieck) ... **5**:516-17, 521-24, 529-30, 532; **46**:406-09
"Die Gestirne" (Klopstock) ................. **11**:241
"Gethsemane" (Droste-Hulshoff) .......... **3**:196
"Getreue Eckart und der Tannen häuser, Der" (Tieck) .......................... **46**:350
"Gettin' On" (Field) .......................... **3**:210
"Getting Up a Pantomime" (Mayhew) . **31**:179
"Gettysburg Address" (Lincoln) .. **18**:220-21, 227, 235, 238, 241-42, 246-48, 250-51, 254, 257, 264-65, 267, 271, 274, 277, 280-82
"Ghasta; or, The Avenging Demon" (Shelley)
.............................................. **18**:342
"The Ghetto at Florence" (Levy) . **59**:111
"The Ghost" (Andersen) ................. **79**:24
"A Ghost" (Barnes) .......................... **75**:75
"A Ghost" (Baudelaire)
  See "Un fantôme"
*The Ghost, a Canterbury Tale* (Barham)
.................................... **77**:5, 36
"The Ghost and the Bone Setter" (Le Fanu)
.................................... **9**:321, 323
"Ghost Glen" (Kendall) ... **12**:181, 183
"The Ghost in the Garden Room" (Gaskell)
  See "The Crooked Branch"
*The Ghost of Abel* (Blake) .......... **57**:14
*Ghost Stories and Tales of Mystery* (Le Fanu)
.................................... **9**:302-03, 314
"The Ghosts" (Eminescu) .......... **33**:246
"The Ghost's Moonshine" (Beddoes) ..... **3**:34
"The Ghost's Petition" (Rossetti) . **2**:558, 565; **50**:288
*Giannettino* (Collodi) .......................... **54**:140
"Giannettino's Trip through Italy" (Collodi)
  See *Minnuzolo; Il Viaggio per l'Italia de Giannettino*
"The Giantess" (Baudelaire)
  See "La géante"
"The Giant's Coffin" (Simms) ............. **3**:506
*The Giaour: A Fragment of a Turkish Tale*
  (Byron) ..... **2**:60, 72-73, 76, 81, 86, 103; **12**:82
*Giboyer* (Augier)
  See *Le fils de Giboyer*
*Giboyer's Son* (Augier)
  See *Le fils de Giboyer*
"Die Giftmischerin" (Chamisso) .......... **82**:27
"Gifts" (Karamzin) .......................... **3**:284
"Gifts" (Lazarus) .......................... **8**:420-21
"Gifts and Graces" (Rossetti) ............. **50**:285
"The Gifts of the Terek" (Lermontov)
  See "Dary Tereka"
*The Gilded Clique* (Gaboriau) .......... **14**:31-2
*Giles Corey of the Salem Farms* (Longfellow)
.................. **2**:496-97; **45**:128, 165
"The Gilliflower of Gold" (Morris) .... **4**:432
*Der Gimpel auf der Messe* (Kotzebue) . **25**:133
"Ginevra" (Shelley) .......................... **18**:327
*Giovanna of Naples* (Landor) ........... **14**:165

*The Gipsies* (Macha)
  See *Cigáni*
*Gipsies* (Pushkin)
  See *Tsygany*
*The Gipsy* (Runeberg) .......................... **41**:309
"The Gipsy Nurse, or Marked for Life" (Alger) .......................... **83**:96
"The Gipsy's Evening Blaze" (Clare) .... **9**:72
*The Gipsy's Prophecy* (Southworth) ... **26**:433-34
"The Girl from Abroad" (Schiller) ...... **39**:306
"The Girl of the Period" (Linton) . **41**:160, 163, 169
*The Girl of the Period and Other Social Essays* (Linton) ......................... **41**:163
"The Girl Who Tród on the Loaf" (Andersen)
.............................................. **7**:31, 32, 37
*The Girl Without a Dowry* (Ostrovsky)
  See *Bespridannitsa*
"The Girl without Hands" (Grimm and Grimm) .......................... **3**:227
*The Girl's Book* (Child) . **6**:198; **73**:41, 50, 59, 75, 96
"The Girl's Lamentation" (Allingham) ... **25**:7-8, 16-17, 22, 29
"Girls' Reading Book" (Sigourney) .... **87**:321
"The Girt Woak Tree That's in the Dell" (Barnes) .......................... **75**:36, 108
"Girt Wold House o' Mossy Stwone" (Barnes)
.............................................. **75**:6, 103
*Gisela* (Kotzebue) .......................... **25**:136
"Giselle" (Gautier) ......................... **59**:34, 39
*Gisippus* (Griffin) ... **7**:194-95, 198-99, 202-03, 209, 216
"Gisli the Chieftain" (Crawford) . **12**:156, 161, 172
"Giulia" (Barnes) .......................... **75**:30
*Give a Dog a Bad Name* (Lewes) ...... **25**:291
"Give All to Love" (Emerson) ............. **1**:296
"Give Me the Splendid Silent Sun" (Whitman)
.................. **31**:391, 393-94; **81**:314
"Give me women wine and snuff" (Keats)
.............................................. **73**:322
"Giver of Glowing Light" (Hood) ...... **16**:222
*Gjentagelse* (Kierkegaard) .......... **78**:158
"Gladesmure" (Landon) ................. **15**:161
*The Gladiator* (Bird) . **1**:83, 86-88, 90, 92
"The Gladness of Nature" (Bryant) .. **6**:161
"Gladys and Her Island" (Ingelow) .... **39**:265
"A Glance behind the Curtain" (Lowell)
.............................................. **90**:219, 221
"A Glance within the Forest" (Traill) . **31**:327
*Glanes* (Mallarme) .......................... **41**:248
"Glanvil on Witches" (Lamb) .......... **10**:402
"Glasgow" (Smith) ...... **59**:312, 316, 321, 330, 332-4, 336
*The Glass of Water* (Robertson) ......... **35**:354
*The Glass of Water; or, Causes and Effects*
  (Scribe)
  See *Le Verre d'eau; ou, Les Effets et les causes*
"Glauben und Wissen" (Hegel) .......... **46**:165
"Glauben—Wissen—Handeln" (Lenau)
.............................................. **16**:272, 278
"Glaucé" (Leconte de Lisle) ... **29**:239, 245-46
*Glaucus; or, The Wonders of the Shore*
  (Kingsley) ......... **35**:232, 254-55
"The Gleam" (Tyutchev)
  See "Problesk"
"A Gleam of Sunshine" (Longfellow)
.................. **2**:473, **45**:116
*The Gleaner: A Miscellanous Production in Three Volumes* (Murray) . **63**:174-82, 184-5, 188, 193, 195, 197-201, 203-4, 207-12, 214-5
"The Gleaner Unmasked" (Murray) .... **63**:201
*Gleanings* (Sigourney) .................. **87**:326
*Gleanings in Europe* (Cooper) .. **1**:201; **54**:256
"Glee—The Great Storm Is Over" (Dickinson)
.............................................. **21**:43
*Die Gleichen* (Arnim) .......................... **5**:21

"The Glen of Arrawatta" (Kendall) ............ **12**:180, 186, 190, 192, 201
"Glenara" (Campbell) .................... **19**:169, 181
*Glenarvon* (Lamb) ..... **38**:234-46, 248, 250-60
"Gleneden's Dream" (Brontë) .......... **16**:79-80
"Glenfinlas" (Scott) ............................ **15**:317
"The Glimpse of the Coming Day" (Morris) ..................................... **4**:438
*Glimpses Into My Own Life and Literary Character* (Browning) ................. **61**:48
"Der Glockenguss zu Breslau" (Muller) ...................................... **73**:351, 355
"Das Glöcklein" (Meyer) ........ **81**:143-44, 147
"Le gloire" (Lamartine) .............. **11**:269
"La gloria de México en María Santísima de Guadalupe" (Lizardi) .................. **30**:68
"Gloria mundi" (Allston) .................... **2**:26
*Gloria mundi* (Frederic) ...... **10**:189, 192, 194, 201, 205, 211-13, 215-17
"The Glories of Mary for the Sake of Her Son" (Newman) ................. **38**:303, 310
"Glorified Mists" (Hayne) ................ **94**:144
"Gloriola" (Meyer) ........................ **81**:156
"The Glory Machine" (Villiers de l'Isle Adam) See "La machine à gloire"
*The Glory of Columbia: Her Yeomanry!* (Dunlap) ..... **2**:208, 211-14, 217
"The Glory of Motion" (De Quincey) .... **4**:82
"The Gloss" (Eminescu) See "Glossa"
"Glossa" (Eminescu) .......................... **33**:250
"The Glove" (Browning) . **19**:126; **79**:94, 102-03, 164
"The Glove" (Schiller) See "Der Handschuh"
"The Glove and the Lions" (Hunt) .................................. **1**:416; **70**:264
"Glowing is her Bonnet" (Dickinson) . **77**:121
*Glück, Mißbrauch und Rückkehr* (Nestroy) ........................... **42**:250-51, 256
"Die Glückliche Fischerin" (Muller) .................................... **73**:353, 361
"Die Glückseligkeit Aller" (Klopstock) .................................................. **11**:241
*Die Glücksritter* (Eichendorff) ............. **8**:222
"The Gnat and the Shepherd" (Krylov) . **1**:435
*Gö Herdämmerung* (Wagner) . **9**:409, 417, 441, 449-51, 454, 460, 469-70
"Go Not, Happy Day" (Tennyson) ...... **30**:242
"Go Slow My Soul, to Feed Thyself" (Dickinson) .................................. **21**:66
"Go, Thought!" (Isaacs) See "Ve, pensamiento!"
*Goa* (Burton) .................................. **42**:38
"The Goblet of Life" (Longfellow) ................................ **2**:472; **45**:99, 116, 152
"The Goblin and the Hukster" (Andersen) ................................................. **79**:73
"The Goblin at the Grocer's" (Andersen) ............................. **79**:28, 55, 63
"Goblin Market" (Rossetti) ... **2**:555, 558, 560, 563, 565-7, 569-73, 575, 577-8; **50**:266, 270, 288, 291-7 , 321-2, 324; **66**:297-390
*Goblin Market, and Other Poems* (Rossetti) ........ **2**:555-7, 563, 573-4, 576-7; **66**:312-3
"Gobseck" (Balzac) ...................... **53**:22-3
*Gockel, Hinkel, und Gackeleia* (Brentano) ................... **1**:95, 100, 102, 105-06, 108
*God and the Bible: A Review of Objections to "Literature and Dogma"* (Arnold) ................ **6**:40, 48, 53, 66; **29**:15, 50, 52
*God and the State* (Bakunin) See *Dieu et l'état*
"God Be with You" (Clough) .......... **27**:106-7
"God moves in a mysterious way" (Cowper) ................................................. **94**:69-70
"God of the Living" (Cowper) ......... **8**:116
"God of the Meridian" (Keats) .......... **73**:269
"Godiva" (Hunt) ............... **1**:414; **70**:264
"Godiva" (Tennyson) ...................... **65**:231
*Godolphin* (Bulwer-Lytton) .... **45**:26-7, 29-32, 35-8, 68

"God's Commandments Not Grievous" (Newman) ...................... **38**:305
"God's Grandeur" (Hopkins) . **17**:191-92, 212, 218-19, 229, 243-44
*Gods in Exile* (Heine) See *Die Götter im Exil*
"God's Judgement on a Wicked Bishop" (Southey) ............................... **97**:271
"The Gods of Greece" (Schiller) See "Die Götter Griechenlands"
*Godwi; oder, Das steinerne Bild der Mutter* (Brentano) ....... **1**:96, 97-99, 102, 104-07
*Godzien litości* (Fredro) ...................... **8**:286
*Godzina myśli* (Slowacki) ....... **15**:363-64, 373
"Goethe" (Carlyle) ............................ **70**:9, 96
"An Goethe" (Schiller) ...................... **39**:389
*Goethe* (Lewes) See *The Life and Works of Goethe*
"Goethe and his Time" (Tieck) See "Goethe und seine Zeit"
*Goethe and Schiller's Xenions* (Goethe) See *Xenien*
"Goethe as a Man of Science" (Lewes) ................................................. **25**:312
"Goethe und seine Zeit" (Tieck) ........ **46**:356-57, 359, 403
"Goethe's Botany: The Metamorphosis of Plants" (Goethe) .............. **4**:207-08, 210
*Goethes Briefe, Hamburger Ausgabe in 4 Bänden* (Goethe) See "Werke: Hamburger Ausgabe"
*Goethes Briefwechsel mit einem Kinde* (Arnim) ................... **38**:3-4, 8, 10, 13-16
"Goethe's Colour Theory" (Goethe) See "Theory of Colours"
*Goethe's Correspondence with a Child* (Arnim) See *Goethes Briefwechsel mit einem Kinde*
*Goethe's Roman Elegies* (Goethe) See *Römische Elegien*
*Goethe's Works* (Goethe) ...................... **4**:173
"Goetz of Berlichingen with the Iron Hand" (Goethe) See *Götz von Berlichingen mit der eisernen Hand*
"Going to Heaven" (Dickinson) ......... **21**:56
*Going to See a Man Hanged* (Thackeray) ................................................. **5**:507
*Gold* (Reade) ....... **2**:551; **74**:244, 277-79, 281, 291-92, 319, 330-31, 342
"The Gold Bug" (Poe) .......... **1**:500, 506, 524; **16**:293, 295-96, 298, 300-01, 303, 312-13, 315, 332, 334; **55**:133, 135, 141, 148-9, 153
*Gold Coast for Gold* (Burton) .............. **42**:40
"The Gold Pen-A Poem, Inscribed to the Gentleman Who Presented the Gift" (Hale) .......................................... **75**:284
*The Golden Age* (Martí) See *La Edad de Oro*
*The Golden Branch* (Planche) . **42**:288-89, 293
"Golden Brown" (Jefferies) ................ **47**:143
"The Golden Cockerel" (Reisman) See "Skazka o Zolotom Petushke"
"Golden Dreams" (Irving) .................... **2**:390
*The Golden Fleece* (Grillparzer) See *Das goldene Vließ*
*The Golden Fleece* (Planche) ..... **42**:273, 275, 286-87
"The Golden Ingot" (O'Brien) ............ **21**:238-39, 242, 244-45, 248, 252
"The Golden Island" (Clarke) ............. **19**:231
"A Golden Key on the Tongue" (Clough) ................................................. **27**:107
*The Golden Legend* (Longfellow) ... **2**:475-76, 479-80, 484, 486-87, 496, 498; **45**:113-14, 119, 127-28, 130-31, 133, 143, 147, 150, 157, 163-65, 178, 190
"Golden Milestone" (Longfellow) . **45**:116, 161
"The Golden Net" (Blake) ................ **13**:243
*The Golden Pot: Fairy Tale of Our Times* (Hoffmann) See "Der goldene Topf"

*The Golden Skull* (Slowacki) See *Złota czaszka*
*The Golden Violet with Its Tales of Romance and Chivalry, and Other Poems* (Landon) .......................... **15**:158, 161, 166, 168
"Golden Wings" (Morris) ...... **4**:411, 419, 425, 432, 444
"The Golden Year" (Tennyson) .......... **65**:285
*Der goldene Spiegel* (Wieland) ... **17**:397, 408-09
"Der goldene Topf" (Hoffmann) ... **2**:341, 345, 349-50, 352-56, 361-62
*Das goldene Vließ* (Grillparzer) ... **1**:383-85, 387, 389, 397
"Goldenrod" (Lampman) ..................... **25**:210
"Goldilocks and Goldilocks" (Morris) ............................................ **4**:423, 434
"Der goldne Tag ist heimgegangen" (Brentano) ................................................. **1**:105
"Goldoni and Italian Comedy" (Lewes) ................................................. **25**:285
"Le golfe de Baïa" (Lamartine) .. **11**:245, 269, 282
*The Golovlyov Family* (Saltykov) See *Gospoda Golovlyovy*
*The Goncourt Journals, 1851-1870* (Goncourt and Goncourt) ............ **7**:160-63
"Egy gondolat bánt engémet" (Petofi) . **21**:284
"Gondolatok" (Arany) ........................ **34**:18
"The Gondolier's Wedding" (Symonds) ................................................. **34**:364
"Gone" (Gordon) ... **21**:154, 159, 163-64, 168, 181
"Gone" (Whittier) ............................ **8**:491
"Gone in the Wind" (Mangan) ........... **27**:298
"The Good Aunt" (Edgeworth) . **51**:82-4, 87
"The Good Clerk, a Character; With Some Account of 'The Complete English Tradesman'" (Lamb) ................ **10**:436
"The Good Disciple" (Verlaine) See *Le Bon Disciple*
*A Good Fight* (Reade) ........................ **2**:540
"The Good French Governess" (Edgeworth) ................... **51**:82-3, 85, 87, 89-90
"Good Friday" (Rossetti) .................... **50**:268
*The Good Genius That Turned Everything into Gold* (Mayhew) ....................... **31**:161
"The Good Governess" (Edgeworth) .... **1**:255
"A Good Knight in Prison" (Morris) .............................................. **4**:431, 444
*Good Lord! What the Devil Is This!* (Fredro) See *Gwałtu, co sie dzieje*
"Good Measter Collins" (Barnes) ........ **75**:73
"Good Night" (Barnes) ....................... **75**:33
"Good Night" (Muller) See "Gute Nacht"
"Good Old Gvadányi" (Petofi) See "A régi jó Gvadányi"
"The Good Old Rule" (Thomson) ...... **18**:392
"The Good Part of Mary" (Newman) . **38**:306
*Good People and Their Adventures* (Sacher-Masoch) ....................... **31**:295
*The Good Song* (Verlaine) See *La bonne chanson*
"A Good Time Going" (Holmes) .......... **81**:95
*Good Wives* (Alcott) ... **6**:16, 21; **83**:34, 79, 82
*The Good Woman in the Wood* (Planche) .............................. **42**:279, 298, 301
"A Good Word for Winter" (Lowell) ................................ **2**:510, 517; **90**:196
"Good-bye" (Emerson) ...................... **38**:186
"Good-Bye My Fancy!" (Whitman) .................................. **4**:563; **31**:434-35
"Goodbye, Unwashed Russia" (Lermontov) ................................................. **5**:295
"Goodbye's the Word" (Crawford) ..... **12**:156
"Good-for-Nothing" (Andersen) ......... **79**:72
"Good-Nature" (Hazlitt) ................. **29**:150
"Goody Blake and Harry Gill" (Wordsworth) ... **12**:387, 402, 445
"Googly-Goo" (Field) ........................ **3**:210
"Gora" (Leskov) ............. **25**:229, 239, 245-46

"Góra Kikineis" (Mickiewicz) .............. **3**:403
Gordon: A Tale (Lamb) ................. **38**:258-59
"Gorodok" (Pushkin) .................... **83**:331
"El gorrión" (Isaacs) ................... **70**:304, 308
"Gospel according to Walt Whitman"
    (Stevenson) ....................... **5**:390
"The Gospel of Love" (Chivers) .......... **49**:72
The Gospel of Suffering (Kierkegaard) . **78**:239
The Gospel of the Pentateuch and David
    (Kingsley) ........................ **35**:253
The Gospels (Renan)
    See Les évangiles
Gospoda Golovlyovy (Saltykov) .......... **16**:342-
    43, 346-47, 349, 351-57, 359, 361-67,
    369-76
Gospoda Tashkentsy (Saltykov) .. **16**:343, 345,
    357, 365, 369, 373
"A Gossip on a Novel of Dumas's"
    (Stevenson) ...................... **5**:430; **63**:240
"A Gossip on Romance" (Stevenson) . **63**:239-
    41, 258, 260, 274
"The Gothic Room" (Bertrand)
    See "La chambre gothique"
"Der Gott und die Bajadere" (Goethe) . **4**:192
"Die Götter" (Hölderlin) ................... **16**:181
"Die Götter Griechenlands" (Schiller)
    ....................... **39**:305, 331, 349, 387
Die Götter im Exil (Heine) ...... **4**:235, 239-40,
    267-68
Götterdämmerung (Heine) ................... **4**:252
"Gottfried Wolfgang" (Borel) ........ **41**:5, 20-3
Die Göttin Diana (Heine) ................... **4**:267
"Das Göttliche" (Goethe) .................. **4**:193
Götz von Berlichingen mit der eisernen Hand
    (Goethe) .. **4**:162-63, 165, 167, 174, 190,
    194-96, 198-99, 211-12, 218-19, 221-22;
    **34**:69-70, 120-21
"Le goût du néant" (Baudelaire) ...... **55**:65, 67
"Government: Anarchy or Regimentation"
    (Huxley) ...................... **67**:68, 111
"The Government Inspector" (Gogol)
    See Révizor
"A Government-Man" (Hazlitt) ......... **29**:152
"Governor Manco" (Irving) ............. **2**:372
"Das Grab" (Klopstock) ................. **11**:239
"Grabež" (Leskov) ..................... **25**:228
"Grace" (Verlaine) ................. **51**:367, 372
"Grace before Meat" (Lamb) .. **10**:408-09, 424
"Grace Greenwood" (Hale) ............. **75**:353
"Grace O'Malley" (Ferguson)
    See "Grana Uaile"
"The Graceful and the Exalted" (Schiller)
    ....................................... **39**:367
"Les grâces" (Banville) ..................... **9**:30
The Graces (Foscolo)
    See Le grazie, carme
The Graces (Wieland) ..................... **17**:399
Graciosa and Percinct (Planche) . **42**:280, 288-
    89
Les Gracques (Dumas) ..................... **71**:217
"Gracz" (Krasicki) ........................ **8**:407
Graf Benyowsky, oder die Verschwörung auf
    Kamschatka (Kotzebue) . **25**:134, 136-37,
    139-40, 145, 147
"Graf Eberhard der Greiner von Wirtemberg"
    (Schiller) ........................... **39**:387
Graf Nulin (Pushkin) .... **3**:414, 443, 445, 451;
    **27**:367, 386; **83**:272, 275, 332, 334-38,
    357-58
Graf Petöfy (Fontane) .... **26**:241, 244, 253-54,
    258
"Der Graf von Habsburg" (Schiller) ... **39**:389
"Der Graf von Thal" (Droste-Hülshoff)
    ...................... **3**:195, 200, 202
"Grafven i Perrho" (Runeberg) . **41**:309, 313,
    317, 325
Graham Hamilton (Lamb) ........... **38**:237, 251
Grains de mil (Amiel) ................. **4**:13, 15
A Grammar and Glossary of the Dorset
    Dialect (Barnes) .... **75**:27, 40, 53, 65, 79
Grammar of the English Language (Cobbett)
    ......... **49**:93, 108, 120, 134, 140, 148, 160

"A Grammarian's Funeral" (Browning)
    ...................... **19**:89, 117; **79**:164
A Grammatical Institute, of the English
    Language, Comprising, an Easy, Concise,
    and Systematic Method of Education,
    Designed for the Use of English Schools
    in America (Webster) .... **30**:388, 392-93,
    395, 403-04, 414, 417-21
"Grammer A-Crippled" (Barnes) ..... **75**:48, 67
"Grammer's Shoes" (Barnes) ............. **75**:77
"Grana Uaile" (Ferguson) ....... **33**:278, 283
"Granada" (Zorrilla y Moral) . **6**:523, 525, 527
Grand dictionnaire de cuisine (Dumas)
    .............................. **71**:210, 218
"The Grand Inquisitor" (Dostoevsky)
    See "The Legend of the Grand Inquisitor"
Un grand mariage (Balzac) ................. **5**:59
"Grand Master of Alcantara" (Irving) ... **2**:388
"Grand opéra" (Corbiere) ................. **43**:31
"Grandad Mazáy" (Nekrasov) ............. **11**:421
"La grande bretèche" (Balzac) ........ **5**:52-3, 78
"Une grande dame" (Verlaine) ........ **2**:629-30
"Grandfather Glen" (Parton) ............. **86**:349
Grandfather's Chair (Hawthorne) ...... **95**:140
"La grand'mère" (Beranger) ............. **34**:28
"Grandmother's Story of Bunker-Hill Battle"
    (Holmes) .......................... **14**:116
"The Grandsire" (Field) ................. **3**:210
Grannarne (Bremer) . **11**:15, 17-20, 25, 27-28,
    30, 33-35
Gran'ther Baldwin's Thanksgiving, with Other
    Ballads and Poems (Alger) ............. **8**:16
"Grantræ et" (Andersen) ................. **79**:76
"Grasmere and Rydal Water" (Sigourney)
    ...................................... **21**:301
Grasmere Journal (Wordsworth) . **25**:392, 396,
    400, 403, 405-06, 409, 412, 415, 417, 422,
    424, 428-30
"The Grasshopper Papers" (Crawford)
    .............................. **12**:169-70
"The Grateful Negro" (Edgeworth) ...... **51**:89
"Gratitude" (Horton) .............. **87**:92, 100
"The Grave" (Chivers) ................... **49**:47
"The Grave at Perrho" (Runeberg)
    See "Grafven i Perrho"
"Grave Comedy" (Sheridan) ............. **91**:245
"The Grave of a Family" (Hemans) ... **71**:279
"The Grave of a Poetess" (Hemans) ... **71**:297
"The Grave of a Suicide" (Campbell) . **19**:181
"The Grave of Manuel" (Beranger) ...... **34**:46
"The Grave of the Countess Potocka"
    (Mickiewicz)
    See "Grób Potockiej"
The Grave of the Reichstal Family (Krasinski)
    See Grób Reichstalów
"The Gravedigger" (Pushkin) ...... **83**:272, 275
"The Graves of a Household" (Hemans)
    ...................... **29**:198, 204, 206; **71**:279
"Graves of Infants" (Clare) ............. **86**:110
"Graves on the Coast" (Storm) ............. **1**:547
"The Gray Champion" (Hawthorne)
    ...................... **2**:311, 329-30, 333; **79**:308
"Grayling; or, Murder Will Out" (Simms)
    ...................... **3**:502, 506, 508
Grazie (Foscolo)
    See Le grazie, carme
Le Grazie (Foscolo)
    See Le grazie, carme
Le grazie, carme (Foscolo) ...... **8**:266-69, 271,
    273-74; **97**:51-3, 57, 49-60, 62, 68, 78, 83-4,
    87-8, 93
Graziella (Lamartine) ... **11**:266, 278, 286, 289
"Grażyna" (Mickiewicz) .. **3**:391-93, 397, 399,
    401
"Great Are the Myths" (Whitman) . **31**:419, 425
"The Great Carbuncle" (Hawthorne)
    ...................... **2**:305, 311, 322
The Great Exile (Lermontov) ............. **5**:292
"Great Expectations" (Irving) ............. **2**:390
Great Expectations (Dickens) .. **3**:156, 170-71,
    173, 176, 179, 186; **8**:194-96; **18**:111, 114,
    119, 121, 127-28, 132-33; **26**:154-230;

**37**:153-54, 164, 172; **86**:186, 189, 207, 222,
    256, 258
A Great Fight (Reade) ................... **74**:245
The Great Hoggarty Diamond (Thackeray)
    ...... **5**:459, 464-65, 470, 482; **14**:402, 420;
    **43**:355, 359, 368, 381
"The Great House" (Griffin) ............. **7**:215
"The Great Lawsuit" (Fuller) ............. **5**:163
"A Great Lord" (Krylov) ................. **1**:439
A Great Man for Little Affairs (Fredro)
    See Wielki człowiek do małych interesów
"Great Poets and Small" (Hayne) ...... **94**:160
"A Great Sorrow" (Andersen) ........... **7**:21, 23
"Great spirits now" (Keats) ............. **73**:147
"The Great Stone Face" (Hawthorne)
    ...................... **2**:322; **95**:105
"The Great Unrepresented" (Oliphant) . **61**:238
"The Great Vault" (Shevchenko)
    See "Velykyj l'ox"
The Great World of London (Mayhew)
    ...................... **31**:186-87, 189-93
"The Great Wrath of the Tyrant and the Cause
    of It" (Brackenridge) ................. **7**:44
"The Greatcoat" (Gogol)
    See "Shinel"
"The Greatest Love of Don Juan" (Barbey
    d'Aurevilly)
    See "Le plus bel amour de Don Juan"
The Greatest Plague of Life; or, The
    Adventures of a Lady in Search of a
    Good Servant (Mayhew) . **31**:160-61, 178
"Great-grandfather" (Andersen) ......... **79**:84
"The Greatness and Littleness of Human Life"
    (Newman) .......................... **38**:303
"Greek Architecture" (Melville) ......... **29**:370
"Greek Boy" (Bryant) ................ **6**:172, 181
Greek Cultural History (Burckhardt)
    See Griechische Kulturgeschichte
The Greek Drama (Lockhart)
    See Greek Tragedy
"A Greek Girl" (Levy) ................... **59**:96
"The Greek Minstrel" (Arany) ........... **34**:23
"The Greek Partisan" (Bryant) ... **6**:172; **46**:7
Greek Studies (Pater) ....... **7**:303, 312, 323-24,
    330-32; **90**:242, 245-46, 248, 283, 286, 335,
    338
Greek Tragedy (Lockhart) ......... **6**:293, 295-96
"Green" (Barnes) .................... **75**:46, 68
"Green" (Verlaine) .............. **51**:381, 383
Green Henry (Keller)
    See Der Grüne Heinrich
A Green Leaf (Storm) ..................... **1**:536
"Green River" (Bryant) . **6**:158, 169, 171, 176-
    77, 182-83; **46**:19, 23, 34, 38-9, 45, 47
"The Green Rustle" (Nekrasov)
    See "Zelyóny shum"
"Green Tea" (Le Fanu) . **9**:302, 308, 312, 317,
    319-22; **58**:251, 254-7, 302
"Green Wood Will Last Longer than Dry"
    (Webster) ......................... **30**:423
Greene Ferne Farm (Jefferies) ...... **47**:93, 113,
    116, 142
Greenfield Hill (Dwight) . **13**:266, 269-70, 272-
    73, 276-79
Greenway Court (Cooke) ................. **5**:133
"Der greise Kopf" (Muller) .......... **73**:366,394
Grekh da beda na kogo ne zhivyot (Ostrovsky)
    ...................... **30**:98, 101, 104, 112
La grenadière (Balzac) ............. **5**:37; **35**:26
"Grenzen der Menschheit" (Goethe)
    ...................... **4**:193; **34**:98
Grete Minde (Fontane) .. **26**:236-37, 243, 250-
    51, 258, 272
"Gretna Green" (Crabbe) ................. **26**:100
Greville (Bulwer-Lytton) .. **45**:32, 34-5, 38, 71
Greville; or, a Season in Paris (Gore) .... **65**:8-
    9, 20
Grey Dolphin (Barham) ................ **77**:4, 36
"The Grey Woman" (Gaskell) ....... **5**:187, 193,
    202; **70**:185, 188; **97**:127
Griechen und Roemer (Schlegel)
    See Poesie der Griechen und Roemer

*Griechenlieder* (Muller)
　　See *Lieder der Griechen*
*Der griechische Kaiser* (Tieck) ............. **5**:519
*Griechische Kulturgeschichte* (Burckhardt)
　................................. **49**:5, 15-16, 32
"Grief" (Browning) ........................ **16**:133
"Grief" (Lazarus) ........................ **8**:419
"Grief an' Gladness" (Barnes) ............. **75**:32
"The Grievances of Women" (Oliphant)
　.................................................. **61**:240
*Griffith Gaunt; or, Jealousy* (Reade) ..... **2**:537-39, 541-42, 546, 548-53; **74**:246, 249-50, 253, 255, 257-58, 263-65, 298-300, 309-10
"Grim, King of the Ghosts; or, The Dance of Death" (Lewis) .................... **11**:303
"Grimaldi" (Hood) ........................ **16**:200
"Grimm" (Sainte-Beuve) ................. **5**:330
"Den grimme Ælling" (Andersen)
　　See "The Ugly Duckling"
*Grimm's Fairy Tales* (Grimm and Grimm)
　　See *Kinder-und Hausmärchen*
"Grimm's Law" (Grimm and Grimm) ..**3**:220
*Grimstahamn's New Settlement* (Almqvist)
　　See *Grimstahamns nybygge*
*Grimstahamns nybygge* (Almqvist) ......... **42**:4
"Grinding song" (Lonnrot) ................ **53**:339
*Gringoire* (Banville) ............... **9**:18-19, 21, 24
"Griselda" (Levy) ........................ **59**:112-3
"La Grisette" (Holmes) ................. **14**:100-01
*Grit, The Young Boatman* (Alger) .... **83**:91, 93
"The Groans of the Tankard" (Barbauld) . **50**:4
*Gròb Agamemnona* (Slowacki) ..... **15**:365, 376
"Gròb Potockiej" (Mickiewicz) . **3**:390, 403
*Gròb Reichstalów* (Krasinski) ............... **4**:312
"Grobovshchik" (Pushkin) ... **3**:435, 452; **83**:295, 323, 327, 337, 354
"The Grocers Dethroned" (Fourier) .... **51**:180
*Der Gross-Coptha* (Goethe) ................. **4**:222
"Die Grösse der Welt" (Schiller) ....... **39**:357
*Les grostesques* (Gautier) ..................... **1**:351
"The Grotto" (Sheridan) ................. **91**:232
*Groundwork of the Metaphysics of Morals* (Kant)
　　See *Grundlegung zur Metaphysik der Sitten*
*The Group* (Warren) . **13**:411-14, 416-19, 425-26, 428-29
"The Growth of Love" (Lampman) ... **25**:201
"The Growth of Words" (Whitman)
　................................. **81**:287, 290-91, 293-94
*Groza* (Ostrovsky) . **30**:93, 96, 100, 102, 104, 109-11, 113, 115, 119; **57**:209-10, 212-3, 219, 221-5, 227, 229
"Gruffmoody Grim" (Barnes) ............. **75**:79
*Gruie sînger* (Eminescu) ..................... **33**:265
"Grumbler's Gully" (Clarke) ........ **19**:250-51
*Grumbling and Contradiction* (Fredro)
　　See *Zrzędnosc i przecora*
"Grund zum Empedokles" (Hölderlin)
　................................................ **16**:165, 178
*Grundlage der gesamten Wissenschaftslehre* (Fichte) ....... **62**:11, 13, 34, 39-47
*Grundlage des Naturrechts nach Prinzipen der Wissenschaftslehre* (Fichte) ...... **62**:34, 48, 58-9
*Grundlegung* (Kant) .... **67**:216, 220, 222, 225, 237, 288-94
*Grundlegung zur Metaphysik der Sitten* (Kant) .. **27**:194, 217, 259, 261; **67**:214, 216, 222, 260-62, 271, 273-74, 278, 285, 288, 291
*Grundlinien der Philosophie des Rechts, order Naturrech und Staatswissenschaft im Grundrisse* (Hegel) ..... **46**:111, 113, 140, 147, 151, 157, 171, 175-79, 191-94
*Die Gründung Prags* (Brentano) ..... **1**:101-02
*Die Grundzüge der Gegenwärtigun Zeitalters* (Fichte) ................................. **62**:35
*Der Grüne Heinrich* (Keller) ... **2**:411-12, 414-25
*Ein Grünes Blatt* (Storm) ..................... **1**:539
"The Guardian Angel" (Browning)
　................................................. **19**:116, 127

*The Guardian Angel* (Holmes) ............. **14**:104-06, 110, 113, 115, 117, 124, 131, 133-38, 140-43; **81**:102, 107
*The Guardians of the Crown* (Arnim)
　　See *Die Kronenwächter*
*The Guards in Canada; or, The Point of Honor* (Richardson) ....... **55**:303, 358
*Gubernskie ocherki* (Saltykov) ....... **16**:342-45, 347, 357, 368, 372, 374-75
*Gudhataren* (Almqvist) ..................... **42**:17
"The Guerilla" (Hogg) .................... **4**:282
"The Guerilla Chief" (Landon) ....... **15**:161
"La Guerre" (Maupassant) ............... **83**:189
"Guerre" (Rimbaud) ..... **4**:473; **35**:322; **82**:232
"La guerre des Turcomans" (Gobineau) . **17**:69-70, 103-04
*La Guerre Sociale* (Merimee) ............. **65**:85
"The Guests Were Arriving at the Dacha" (Pushkin) ..................... **83**:313-17, 319
"Les gueux" (Beranger) ................. **34**:30
"Le gueux" (Maupassant) ................. **1**:448
*Guide to the Lakes* (Martineau) ......... **26**:311
"Le guignon" (Baudelaire) ..... **29**:103; **55**:58
"Le Guignon" (Mallarme) . **4**:376; **41**:241, 250, 280, 290
*Guilt and Sorrow* (Wordsworth) .......... **38**:426
*Guilty Without Guilt* (Ostrovsky)
　　See *Bez viný vinovátye*
"Guinevere" (Tennyson) ...... **30**:279, 292; **65**:228-9, 239, 243-6, 251, 277, 279, 282, 285, 292-3, 296-301, 305, 307, 312, 314, 318-9, 324, 335, 340, 342, 350, 357, 359, 365, 374, 381, 383-6
*Guiskard* (Kleist)
　　See *Robert Guiskard, Herzog der Normänner*
"Guitare" (Corbiere) ............... **43**:14, 34
"Guitare" (Laforgue) ................. **53**:272
"Gulistan" (Taylor) ................. **89**:302
*Gulliver* (Dumas) ..................... **71**:217
*Gulzara; or the Persian Slave* (Mowatt)
　.................................................. **74**:227
*The Günderode* (Arnim) ............... **38**:7, 10, 15
*Gunlog* (Stagnelius) .......... **61**:253, 255-6
"Gunnar's Howe" (Morris) .............. **4**:434
"Gunpowder Treason" (Keble) ......... **87**:204
"Gurresange" (Jacobsen) .......... **34**:163, 165
*Gustav Adolfs Page* (Meyer) ....... **81**:139, 155, 162-63, 166, 184, 212-13, 217, 220, 227
*Gustave; ou, Le mauvais sujet* (Kock) . **16**:245-46, 260
"Gute Lehre" (Morike) ................. **10**:453
"Gute Nacht" (Muller) ... **73**:382, 384-85, 390-93
"An Gutenstein" (Raimund) . **69**:10-12, 14-19
*Der gutmütig Teufel* (Nestroy) ..... **42**:242, 246
*Guy Deverell* (Le Fanu) ...... **9**:301-04, 310-12; **58**:266, 270-1, 274, 302
"Guy Faux's Night" (Barnes) ......... **75**:77
*Guy Fawkes; or, The Gunpowder Treason* (Ainsworth) ................ **13**:39-40, 47
*Guy Mannering* (Scott) .. **15**:259-60, 272, 280, 289, 300, 302, 309, 324; **69**:303, 391
*Guy Rivers* (Simms) .. **3**:499-500, 508-10
"Guys" (Baudelaire) ....................... **29**:70
*La guzla; ou, Choix de poésies illyriques* (Merimee) . **6**:350-2, 362; **65**:44, 46, 58, 87, 115
"Guzman's Family" (Maturin) ....... **6**:333, 335
"Gwain Down the Steps vor Water" (Barnes)
　.................................................. **75**:6
"Gwain to Brookwell" (Barnes) .............. **75**:4
*Gwałtu, co sie dzieje* (Fredro) ......... **8**:292
"Gwin, King of Norway" (Blake) . **13**:182, 219, 239
"Gyalázatos világ" (Petofi) .................. **21**:278
*Gyges and His Ring* (Hebbel)
　　See *Gyges und sein Ring*
*Gyges und sein Ring* (Hebbel) .... **43**:230, 238-40, 246, 249, 259-62, 278, 283-85, 288-89, 291, 293, 296-300

*The Gypsies* (Pushkin)
　　See *Tsygany*
*The Gypsies of Nagy Ida* (Arany)
　　See *A nagyidai cziganyok*
"The Gypsy King" (Norton) ............... **47**:252
"H" (Rimbaud) ..... **4**:484; **35**:308, 322
*H. Taine: Sa vie et sa correspondance* (Taine)
　.................................................. **15**:453
"Habeas Corpus" (Jackson) ............. **90**:159
"The Habit of Perfection" (Hopkins) ... **17**:191
"Habits of Grate Men" (Shaw) .......... **15**:335
"Hacen las cosas tan claras que hasta los ciegos ven" (Lizardi) ................. **30**:67
"Had a man's fair form" (Keats) ...... **73**:148
*Hadlaub* (Keller) ........................ **2**:414
"Hadst Thou Liv'd in Days of Old" (Keats)
　.................................................. **73**:259
"Hafbur and Signy" (Morris) ........ **4**:423
"The Hag" (Turgenev) ................. **21**:431
*ha-Gemul* (Smolenskin) ......... **30**:190, 195
*Der Hagestolz* (Stifter) ... **41**:343, 357, 359-62, 364, 391
*Haidamaky* (Shevchenko) ... **54**:358, 360, 367, 369, 375-6, 379, 381, 386, 388-90
*Das Haidedorf* (Stifter) ....... **41**:335, 341, 366, 376, 380-81, 385
"Hail Briton!" (Tennyson) ............ **30**:293
"Hail Great Republic" (Paine) ........... **62**:324
"Hail, humble Helpstone" (Clare) ....... **86**:93
"Hail Matrimony" (Blake) .............. **37**:29
"Haine du pauvre" (Mallarme)
　　See "Aumône"
"Half a Lifetime Ago" (Gaskell) .. **5**:191, 201-02, 205; **70**:185
"The Half of Life Gone" (Morris) ..... **4**:434
*The Half-Breed: A Tale of the Western Frontier* (Whitman) ........................... **81**:344
"The Half-Brothers" (Gaskell) ............ **70**:186
*The Half-Brothers; or, The Head and the Hand* (Dumas)
　　See *Le bâtard de Mauléon*
*A Half-Century of Conflict* (Parkman)
　.. **12**:341, 346, 351, 353, 366, 370-72, 377
"Half-Sir" (Griffin) ..... **7**:201, 211-12, 217
"Hälfte des Lebens" (Hölderlin) ......... **16**:174-76, 192
"The Hall" (Crabbe) .................... **26**:129
"The Hall and the Wood" (Morris) ....... **4**:434
"The Hall of Cynddylan" (Hemans) ... **29**:205
"The Hall of Justice" (Crabbe) .... **26**:78-9, 82, 118
"Hall of the Muses" (Meyer)
　　See "Der Musensaal"
*Halle und Jerusalem* (Arnim) ....... **5**:19-22, 24
*Eine Halligfahrt* (Storm) ........ **1**:540, 542, 544
"Hallowed Ground" (Campbell) .. **19**:179, 183
"Hallowed Pleäces" (Barnes) ............. **75**:7, 59
"Halt" (Muller) ........................ **73**:364, 370
"Halte là!—le chant de victoire des Ottomans" (Beranger) ......................... **34**:32
*The Halton Boys* (Crawford) ... **12**:170, 172-74
"The Hamadryad" (Hayne) ................. **94**:158
"The Hamadryad" (Landor) .... **14**:168, 190
"Hamalija" (Shevchenko) ... **54**:358, 367, 377, 379
"Hamatreya" (Emerson) .......... **1**:293, 295-97; **38**:187
*The Hamiltons; or, Official in Life in 1830* (Gore) .................... **65**:16, 18-19, 28, 31
"Hamlet" (Very) ..................... **9**:370, 379
"Hamlet and Don Quixote" (Turgenev)
　　See "Gamlet i Don Kikhot"
"Hamlet of the Shchigrovsky District" (Turgenev) ........................ **37**:402
"Hamlet; or, The Consequences of Filial Piety" (Laforgue)
　　See "Hamlet; ou, les suites de piété filiale"
"Hamlet; or, The Results of Filial Devotion" (Laforgue)
　　See "Hamlet; ou, les suites de piété filiale"

"Hamlet; ou, les suites de piété filiale" (Laforgue) .... **5**:271, 274, 281-2; **53**:273, 293

*The Hammer of the Village* (Petofi)
  See *A helység kalapácsa*

*Han d'Islande* (Hugo) . **3**:233-34, 236-37, 239, 254, 258; **21**:195, 198, 201, 205

"The Hand and Foot" (Very) .... **9**:382-84, 397

"Hand and Heart" (Gaskell) .... **70**:185-86

"Hand and Soul" (Ingelow) ................. **39**:267

"Hand and Soul" (Rossetti) .......... **4**:504, 510; **77**:331, 333-34, 339, 341

"Hand and Word" (Griffin) .... **7**:198, 212, 217

"Der Hand der Jezerte" (Morike) .. **10**:456-57

"A Hand Mirror" (Whitman) ............... **81**:364

*The Hand of Glory* (Barham) ....... **77**:9, 33-34

"The Hand of Jezerte" (Morike)
  See "Der Hand der Jezerte"

*A Handbook to the Courts of Modern Sculpture* (Jameson) ................... **43**:327

*A Handbook to the Public Galleries of Art in and near London* (Jameson)
  ................................. **43**:306, 317, 321-22

*Handley Cross* (Surtees) . **14**:343, 346-49, 353-54, 357, 361-63, 366, 369-70, 372-75, 377, 380-81

"Hands All Round!" (Tennyson) .... **30**:294-95

"Der Handschuh" (Schiller) ......... **39**:337, 388

*The Handy Cook Book* (Beecher) ......... **30**:15

"Hanging of the Crane" (Longfellow) . **45**:139

"The Hangman" (Espronceda)
  See "El verdugo"

*The Hangman's Rope* (Petofi)
  See *A hóhér kötele*

*Hangover from Another's Feast* (Ostrovsky)
  See *V chuzhom piru pokhmelye*

*Hanna* (Runeberg) ........... **41**:309-10, 317

*Hannah Thurston* (Taylor) ... **89**:310, 343, 347

"Hannan laulu" (Kivi) ......................... **30**:51

"Hanna's Song" (Kivi)
  See "Hannan laulu"

*Hannibal* (Grabbe) ... **2**:272-73, 276, 282, 284-85, 287-88

*Hanns Frei* (Ludwig) .......................... **4**:349

*Hans Christian Andersen's Correspondence* (Andersen) ................................... **7**:24

*Hans Christian Andersen's Fairy Tales* (Andersen) ..................... **7**:26, 29-33

"Hans Fingerhut's Frog Lesson" (Lampman) ............................. **25**:205-06, 219

*Hans Max Giesbrecht* (Kotzebue) ....... **25**:136

*Hans of Iceland* (Hugo)
  See *Han d'Islande*

"Hans Pfaal" (Poe) ......................... **1**:500

*Hans und Heinz Kirch* (Storm) ..... **1**:537, 540, 550

*Hanswursts Hochzeit* (Goethe) .............. **4**:213

"Hanz Kuechelgarten" (Gogol) .......... **31**:115

"Hapless Dionis" (Eminescu)
  See "Sarmanul Dionis"

"Happier Dead" (Baudelaire)
  See "Le mort joyeux"

*The Happiest Day of My Life* (Scribe) . **16**:382

"Happiness" (Milnes) ........................ **61**:136

"Happiness in Crime" (Barbey d'Aurevilly)
  See "Le bonheur dans le crime"

"The Happiness of the Jokers" (Krasicki)
  See "Szczęśliwość filutów"

*The Happy Age* (Undset)
  See *Den lykkelige alder*

"The Happy Daes When I Wer Young" (Barnes) ............................ **75**:22, 56

"The Happy Family" (Andersen) . **7**:33; **79**:23, 31

"Happy is England" (Keats) ............... **73**:147

"A Happy Poet" (Thomson) ............... **18**:413

"Happy Sundays for Children" (Hale) . **75**:282

"The Happy Valley" (Woolson) .......... **82**:272

"Happy Warrior" (Wordsworth) ........ **38**:360

"Happy Women" (Alcott) ............... **83**:34, 36

*Hard Cash: A Matter-of-Fact Romance* (Reade) . **2**:533-37, 539-41, 545, 548-51;

**74**:245-48, 250, 253, 255, 257-58, 262-65, 284, 287-89, 298, 318-19

*Hard Times for These Times* (Dickens)
  .... **3**:150, 155-56, 158, 166, 172, 174, 184-85, 188; **8**:171, 176; **18**:114, 121-22, 134; **26**:168, 171, 177; **37**:175, 200, 202; **50**:105-215; **86**:249, 260

"Hard Up" (O'Brien) .......................... **21**:249

*Hardscrabble; or, The Fall of Chicago. A Tale of Indian Warfare* (Richardson) . **55**:303-4, 313-4, 321, 344, 346

"The Hardy Tin Soldier" (Andersen)
  See "The Steadfast Tin Soldier"

"The Hare Chase" (Leskov)
  See "Zajačij remiz"

"The Hare Park" (Leskov)
  See "Zajačij remiz"

"Hareem" (Milnes) ............................. **61**:130

"Harem's Graves" (Mickiewicz)
  See "Mogiły haremu"

"Hark, My Soul! It Is the Lord" (Cowper)
  ................................. **8**:127; **94**:73

"Hark to the Shouting Wind" (Timrod)
  ................................. **25**:364, 373

"Härka-Tuomo" (Kivi) ......................... **30**:64

"Harlem" (Bertrand) ..................... **31**:49, 54

"Harmonie du soir" (Baudelaire) . **29**:77; **55**:14, 28

*Harmonies poétiques et religieuses* (Lamartine)
  ..... **11**:248, 250, 252-53, 255, 265, 268-74, 278-80, 283, 286

*Harold* (Southey) ................................. **97**:312

*Harold* (Tennyson) ............... **30**:263-64, 293

"Harold and Tosti" (Sigourney) ... **21**:298-99

*Harold, the Last of the Saxon Kings* (Bulwer-Lytton) ... **1**:146, 150-52; **45**:13-15, 21-2, 60-2

"The Harp" (Lonnrot) ......................... **53**:327

"The Harp of Broken Strings" (Ridge)
  ................................. **82**:174, 180-81

"The Harp That Once through Tara's Halls" (Moore) ........................ **6**:391, 398

"Harpagus' Ballad" (Beddoes) ............... **3**:34

"The Harper" (Campbell) ..... **19**:188, 190, 198

*The Harper's Daughter* (Lewis) .......... **11**:305

*Harriet Martineau's Autobiography* (Martineau) ... **26**:311, 315-16, 318, 322-23, 327-28, 330, 338, 341-47, 349, 352, 357

"Harrington" (Edgeworth) ..... **1**:258; **51**:88-90, 117-29

*Harriot and Sophia* (Lennox)
  See *Sophia*

*Harry and Lucy Continued, Being the Last Part of Early Lessons* (Edgeworth)
  ................................. **51**:81

"Harry Gill" (Wordsworth)
  See "Goody Blake and Harry Gill"

*Harry Joscelyn* (Oliphant) ............ **11**:446, 449

*Harry Lorrequer* (Lever)
  See *The Confessions of Harry Lorrequer*

*Harry Muir* (Oliphant) ........................ **11**:432

"Harry Ploughman" (Hopkins) .... **17**:189, 225, 256

"Hartleap Well" (Wordsworth) ........ **12**:434

*Hartlebury* (Disraeli) .............. **79**:269, 274-75

"Hartley Coleridge" (Bagehot) .. **10**:18, 31, 40-41, 55

"The Hartz Journey" (Heine)
  See *Die Harzreise*

*The Hartz Journey* (Heine)
  See *Die Harzreise*

"Harun's Sons" (Meyer)
  See "Die Söhne Haruns"

"Harvest Hwome" (Barnes) ................. **75**:78

"The Harvest Moon" (Longfellow) ..... **45**:161

"Harvest Morning" (Clare) .................... **9**:74

"Harvest Song" (Meyer)
  See "Schnitterlied"

"Harvest Storm" (Meyer)
  See "Erntegewitter"

*Die Harzreise* (Heine) ... **4**:253; **54**:316, 327-8, 336

"Has the Frog a Soul, and of What Nature is That Soul, Supposing It to Exist" (Huxley) ................................. **67**:86

*Hasara Raba* (Sacher-Masoch) .... **31**:287, 294

"The Haschish" (Whittier) ................. **8**:531

*Hastings* (Macaulay) ............................. **42**:87

*The Hasty-Pudding* (Barlow) ..... **23**:14-15, 19, 29, 32-4, 36, 39-44

*ha-To'eh be-darke ha-hayim* (Smolenskin)
  ................................. **30**:186, 189-92, 195

*Hau Kiou Choaan* (Percy) ................... **95**:313

"Haunted and the Haunters" (Bulwer-Lytton)
  ................................. **1**:151; **45**:71

"The Haunted Baronet" (Le Fanu)
  ................................. **9**:312; **58**:286, 295, 302-4

*The Haunted Hotel: A Mystery of Modern Venice* (Collins) ...... **1**:180, 183; **93**:36-7, 42-4

"The Haunted House" (Hood) ..... **16**:205, 208, 210, 216, 220-22, 224-29, 231-36

"Haunted House" (Whittier) ................. **8**:485

"Haunted Houses" (Longfellow) ..... **45**:116-17

*Haunted Lives* (Le Fanu) ....... **9**:312; **58**:272-5

*The Haunted Marsh* (Sand)
  See *La mare au diable*

"The Haunted Mind" (Hawthorne)
  ................................. **2**:305; **39**:224;

"The Haunted Palace" (Poe) ... **1**:508, 512; **16**:295; **55**:169, 181, 212; **97**:181-82, 191-93, 195-96, 199, 204-05, 210

*The Haunted Pool* (Sand)
  See *La mare au diable*

"Haunted Tower" (Irving) ..................... **2**:372

"The Haunting of the Tiled House" (Le Fanu)
  ................................. **9**:315

"Haunts of the Lapwing" (Jefferies) ... **47**:137

*Häuptlingabendwind* (Nestroy) ........ **42**:232

*Das Haus der Temperamente* (Nestroy)
  ................................. **42**:227, 232, 238, 240, 243

"Häusliche Szene" (Morike) ............... **10**:453

"Hautot père et fils" (Maupassant) ...... **83**:227

"Have Compassion on Me" (Isaacs)
  See "Ten piedad de mi"

"Have I Not Striven, My God, and Watched and Prayed?" (Rossetti) ............ **50**:317

"Have We Any Men Among Us?" (Parton)
  ................................. **86**:352

"Haverhill" (Whittier) ........................ **8**:532

*Hawbuck Grange* (Surtees) . **14**:349, 353, 369, 374, 377, 379

*The Hawks of Hawk Hollow: A Tradition of Pennsylvania* (Bird) ...... **1**:83-84, 86, 88, 90-91

"Haworth Churchyard" (Arnold) . **6**:72; **29**:26, 28, 32-3, 37

"Hawthorne and his Mosses" (Melville)
  ................................. **91**:33-4, 140, 209, 212, 219

"Hay muertos que no hacen ruido" (Lizardi)
  ................................. **30**:67

"Hay-Carren" (Barnes) ........................ **75**:77

"Hay-Meaken" (Barnes) ..................... **75**:77

"The Haystack in the Floods" (Morris)
  ................................. **4**:422, 425-26, 432, 441, 444

"The Hayswater Boat" (Arnold) .......... **29**:36

"He and I" (Rossetti) ................. **4**:491; **77**:339

"He and She" (Rossetti) ..................... **66**:341

"He fumbles at your Soul" (Dickinson) . **77**:76-77, 88

"He Heard Her Sing" (Thomson) . **18**:417, 419

*He is not well-born* (Andersen) ........... **79**:16

*He Knew He was Right* (Trollope) . **6**:459, 477, 491, 493, 497, 504, 513; **33**:363

"He put te Belt around my life" (Dickinson)
  ................................. **77**:156

"He Saw My Heart's Woe" (Brontë) ...... **3**:62

"He scanned it-staggered—/Dropped the Loop" (Dickinson) ................................. **77**:162

"He strained my faith" (Dickinson) ...... **77**:82

"He Was Weak, and I Was Strong—Then" (Dickinson) ............................ **21**:79

*He Who Hated God* (Almqvist)
  See *Gudhataren*

*He Who Will Not When He May* (Oliphant) ................................. **11**:446
*The Head of the Family* (Craik) .. **38**:110, 120, 126-27
*Head of the Family* (Oliphant) ............ **11**:428
*The Headsman of Berne* (Cooper) . **1**:200, 218-19; **54**:256, 262, 288
"The Headstwone" (Barnes) .................. **75**:8
"The Healing of Conall Carnach" (Ferguson) ................................. **33**:278-79, 283, 289
"A Health" (Pinkney) ...... **31**:269, 272-76, 280
*Health, Husbandry and Handicraft* (Martineau) ................................. **26**:346
*Hear Both Sides* (Holcroft) .......... **85**:199, 218
"The Heare" (Barnes) ........................ **75**:35
"The Heart" (Emerson) ..................... **38**:211
*Heart and Cross* (Oliphant) ............... **61**:203
*Heart and Science: A Story of the Present Times* (Collins) . **1**:176, 180; **93**:12, 66
"The Heart asks Pleasure-first" (Dickinson) ................................. **77**:163-64
"The Heart Healed and Changed by Mercy" (Cowper) ................................. **94**:72
*The Heart of Gold* (Jerrold) ................ **2**:402
"The Heart of John Middleton" (Gaskell) ................................. **5**:205; **70**:188-90
*The Heart of Mid-Lothian* (Scott) . **15**:277, 289, 294, 300-01, 304, 317-18, 321-24; **69**:303, 310-13, 368
"Heart's Hope" (Rossetti) .................. **77**:312
*Hearts of Oak* (Rowson) ............... **69**:140-41
"Heat" (Lampman) . **25**:162, 166, 168, 171-72, 180, 182, 184-85, 192-94, 197-200, 202, 210
"Heat Lightning" (Meyer)
    See "Wetterleuchten"
*The Heath Cobblers* (Kivi)
    See *Nummisuutarit*
*The Heathcock* (Arnim)
    See *Der Averhahn*
"Heathlands" (Jefferies) ..................... **47**:134
"L'héautontimorouménos" (Baudelaire) ................................. **6**:115; **55**:24, 61, 71
*Heaven and Earth* (Byron) ........ **2**:67, 80, 91; **12**:139
"Heaven'-is what I cannot reach!" (Dickinson) ................................. **77**:96
"Heavenly Love" (Horton) ................. **87**:110
"The Heavenly Vision" (Chivers) ......... **49**:50
"Heaven's Mourning" (Lenau) .......... **16**:275
"A Heavy Heart" (Rossetti) .............. **50**:313
"Hebräische Melodien" (Heine) . **4**:253-55, 269
"Hebraism and Hellenism" (Arnold) .... **89**:60
"Hebrew Dirge" (Sigourney) ............. **21**:309
"Hebrew Melodies" (Heine)
    See "Hebräische Melodien"
*Hebrew Melodies* (Byron) .......... **2**:63, 90, 103
"The Hebrew Mother" (Hemans) ................................. **29**:196; **71**:275
"Hector in the Garden" (Browning) ................................. **1**:117; **61**:43
*Hector's Inheritance; or, The Boys of Smith Institute* (Alger) ............ **8**:16, 35, 43-44
"Hedge School" (Carleton) .......... **3**:86, 89, 93
"The Hedgehog" (Clare) ..................... **9**:107
"Hegel" (Marx) ................................. **17**:295
*Hegel's Aesthetics: The Philosophy of Art* (Lewes) ................. **25**:288, 299-300
*Hegels theologische Jungendschriften* (Hegel) ................................. **46**:139, 163
*Heidebilder* (Droste-Hülshoff) ....... **3**:193, 196, 200, 203
"Heidelberg" (Hölderlin) ................... **16**:161
"Die Heidelberger Ruine" (Lenau) ..... **16**:278
"Der Heidemann" (Droste-Hulshoff) .... **3**:197
*The Heidenmauer* (Cooper) ..... **1**:218-19, 224; **54**:256, 264, 288
"Heidenröslein" (Goethe) ................... **34**:122
"Die Heideschenke" (Lenau) ............. **16**:285
"Ein heidnisches Sprüchlein" (Meyer) . **81**:156
"The Height of the Ridiculous" (Holmes) ................................. **14**:98-9, 101

*Der Heilige* (Meyer) ...... **81**:164, 171-74, 193, 196, 198
*Die heilige Cäcilie; oder, die Gewalt der Musik* (Kleist) .. **2**:461; **37**:245, 247, 249, 254-55
*Die heilige Familie, oder Kritik der kritischen Kritik: Gegen Bruno Bauer und Consorten* (Engels) . **85**:6, 8, 13, 57, 109, 114, 120
"Das heilige Feuer" (Meyer) .............. **81**:208
"Die Heimat" (Eichendorff) ................ **8**:221
"Die Heimkehr" (Meyer) .. **81**:141-45, 147-48, 150-51, 155
*Die Heimkehr* (Heine) . **4**:248-49, 252, 258-59; **54**:326, 348
"Heimkunft" (Hölderlin) ...... **16**:187, 193, 195
*Heine on Shakespeare: A Translation of His Notes on Shakespeare's Heroines* (Heine)
    See *Shakespeares Mädchen und Frauen*
"Heine's Grave" (Arnold) ....... **6**:54, 72; **29**:38
"Heinrich Heine" (Arnold) ...... **89**:32, 38, 121
"Heinrich Heine" (Eliot) ...................... **41**:65
"Heinrich Heine" (Pisarev) ................ **25**:339
*Heinrich Heine's Book of Songs* (Heine)
    See *Buch der Lieder*
*Heinrich von Offerdingen* (Novalis) ..... **13**:360, 362-68, 371, 374, 377-78, 381-82, 386, 394-97, 400-02
*The Heir of Gaymount* (Cooke) .. **5**:124, 130, 132, 134-35
*The Heir of Selwood* (Gore) ................ **65**:20
*The Heir Presumptive and the Heir Apparent* (Oliphant) ................... **61**:204-5
*The Heirs in Tail* (Arnim)
    See *Die Majoratsherren*
*Die Heiterethei und ihr Widerspiel* (Ludwig) ................................. **4**:347-48, 354-57, 362, 367
"Helavalkea" (Kivi) ............................ **30**:51
*Heldenthum und Christenthum* (Wagner) ................................. **9**:475
"Helen" (Lamb) ................................. **10**:385
*Helen* (Edgeworth) . **1**:259, 261, 263, 266, 269; **51**:88, 90-1, 93, 95, 113
*Helen Ford* (Alger) ..... **8**:42; **83**:139, 142, 145
"Helen Lee" (O'Brien) ..................... **21**:246
"Helen of Tyre" (Longfellow) ........... **45**:132
"Helena" (Heine) .............................. **4**:257
"Helena" (Taylor) ............................ **89**:310
*Helena* (Goethe) .............. **4**:179, 207, 216
"Hélène" (Leconte de Lisle) . **29**:222, 224, 238
*Hélène Gillet* (Nodier) ............... **19**:383-84
*Hellas* (Shelley) . **18**:332, 344, 353, 362, 368, 377; **93**:271, 333
*The Hellenics* (Landor) ....... **14**:168, 177, 181, 189-91, 196-97
"The Helot" (Crawford) . **12**:153, 155-56, 161, 169, 174
"Help" (Whittier) ............................. **8**:509
*Helping Himself* (Alger) ..................... **8**:44
"Helpstone" (Clare) ...... **9**:73, 96, 106, 112-13; **86**:128-29, 155
*A helység kalapácsa* (Petofi) . **21**:265-66, 276-78, 283
"Un hemisphère dans une chevelure" (Baudelaire) ................................. **6**:87
*Hemmen i den nya verlden: En dagbok i bref, skrifna under tvenne års resor i Norra Amerika och på Cuba* (Bremer) ................................. **11**:26, 30, 32-33
*Hemmet; eller, Familje-sorger och fröjder* (Bremer) .. **11**:17-21, 24, 34-36
"Hen Baily's Reformation" (Harris) ................................. **23**:159, 162
"The Henchman" (Whittier) .. **8**:513, 517, 529; **59**:360
"Hendecasyllables" (Coleridge) ........... **9**:143
*Henri III et sa cour* (Dumas) ...... **71**:184, 193, 209, 231, 241, 248-52
"A Henri Murger" (Banville) ................. **9**:26
*Henrietta* (Lennox) .. **23**:228-29, 232-35
*Henrietta Temple* (Disraeli) . **2**:138-39, 143-44, 146-47; **39**:3-4, 20, 22, 24, 26-31, 40, 46,

52, 65, 67-8, 74-6; **79**:205-07, 209-12, 214-15, 218-19, 223-31, 233, 239, 269, 273, 276-77, 279
*Henriette et Saint-Clair* (Sade) ...... **47**:361-63
*Henriette Maréchal* (Goncourt and Goncourt) ................................. **7**:170-71
"A Henrique. Ora y espera!" (Isaacs) ................................. **70**:304, 309
*Henriquez* (Baillie) .. **2**:39-41; **71**:4-6
*Henry Crabb Robinson on Books and Their Writers* (Robinson) ................... **15**:194
*Henry Esmond* (Thackeray)
    See *The History of Henry Esmond, Esq., a Colonel in the Service of Her Majesty Q. Anne*
"Henry George" (Adams) .................. **33**:25
"Henry Purcell" (Hopkins) ................. **17**:225
*Henry St. John, Gentleman, of "Flower of Hundreds" in the County of Prince George, Virginia: A Tale of 1774-'75* (Cooke) . **5**:122-24, 127-29, 131, 135-36
"Hepzibah's Story" (Woolson) ........... **82**:333
"Her cheeks are like roses" (Clare) .... **86**:119
*Her Country's Hope* (Tamayo y Baus)
    See *La esperanza de la patria*
"Her Ladyship's Private Office" (Turgenev) ................................. **21**:441
"Her Little Parasol to Lift" (Dickinson) . **21**:56
*Her Majesty the Queen* (Cooke) .... **5**:130, 132
"Her Majesty's Name" (Hunt) ........... **70**:258
"Her Name" (Hugo) ........................ **3**:234
"Her Seed, It Shall Bruise Thy Head" (Rossetti) ................................. **50**:315
"Hèraklès au Taureau" (Leconte de Lisle) ................................. **29**:217
"The Heraldic Blazon of Foss the Cat" (Lear) ................................. **3**:298
*Herbert Carter's Legacy; or, The Inventor's Son* (Alger) .............. **8**:46; **83**:92-4, 129
"Herbert Selden, the Poor Lawyer's Son" (Alger) ................................. **83**:96
"Herbstfeier" (Hölderlin) ................... **16**:162
"Herbsttag" (Meyer) ......................... **81**:148
"Here comes the night" (Fuller) ......... **50**:249
"Here, where the vault of heaven so inertly" (Tyutchev)
    See "Zdes, gde tak vyalo svod nebesnyy"
"Hereafter" (Clare) ............................ **9**:78
"Hérésies artistiques: L'art pour tous" (Mallarme) . **41**:254, 256, 258, 282
"The Heretic" (Shevchenko)
    See "Jeretyk"
"The Heretic's Tragedy" (Browning) ................................. **19**:117, 153
*Hereward the Wake, "Last of the English"* (Kingsley) ...... **35**:208, 220, 226, 230-31, 241, 243-44, 249
"L'héritage" (Maupassant) ................ **83**:229
*L'héritière de Birague* (Balzac) ............. **5**:58
"Herman and Dorothea" (Goethe)
    See *Hermann und Dorothea*
*Die Hermann sschlacht* (Grabbe) .. **2**:272, 276, 282-85, 287-88
*Hermann und Dorothea* (Goethe) ......... **4**:161-62, 167, 172, 191, 193, 205-07, 222
*Hermann und Thusnelde* (Kotzebue) .. **25**:141
*Hermanns Schlacht* (Klopstock) .. **11**:226, 228
*Die Hermannsschlacht* (Kleist) . **2**:440, 442, 446-47, 450; **37**:217, 225, 228, 231-32, 236, 253-55, 267, 269, 270, 272, 274
"The Hermit" (Beattie) .. **25**:104, 106-07
"The Hermit and the Bear" (Krylov) .... **1**:435
"Hermit of Warkworth" (Percy) ......... **95**:343
*The Hermit of Warkworth* (Percy) ...... **95**:365
*Hernani* (Hugo) .. **3**:236-37, 248-49, 261, 264, 268, 273; **10**:362, 373; **21**:194, 197
"Hero and Leander" (Hood) . **16**:200-01, 208, 215, 218, 221, 225, 227, 229-30
"Hero and Leander" (Hunt) ................ **1**:410
*Hero and Leander* (Grillparzer)
    See *Des Meeres und der Liebe Wellen*
*Hero and Leander* (Hunt) ............ **70**:251, 253

"Hero Bor" (Arany)
    See "Bor vitéz"
A Hero of Our Time (Lermontov)
    See A geroi nashego vremeni
Hero of the North (Fouque) ...... 2:265-66, 268
Herod (Hebbel)
    See Herodes und Mariamne
Herodes und Mariamne (Hebbel) . 43:230, 234,
    238-39, 243, 245, 248, 250, 257-59, 262,
    267, 277-79, 282-84, 287, 289, 296-300
"Hérodiade (Mallarme) .. 4:371, 375, 377, 380-
    81, 386-87, 394-96; 41:233, 236, 239, 245-
    46, 249-50, 267, 269-72, 274-75, 279, 289
"Hérodias" (Flaubert) .... 2:227, 233, 236, 246,
    256-8
Herodias (Mallarme)
    See Hérodiade
"Heroes" (Lazarus) ................ 8:411, 413, 420
The Heroes (Kingsley) ......... 35:220, 232, 249
Heroic Idylls (Landor) .................. 14:189-91
The Heroic Slave (Douglass) ... 7:130, 146-47;
    55:123-4
"Heroism" (Cowper) .......... 8:139; 94:41-4, 48
"Heroism" (Emerson) .......................... 1:307
Heroism and Christianity (Wagner)
    See Heldenthum und Christenthum
Der Herr Etatsrat (Storm) ...................... 1:540
Herr Eugen Dühring's Revolution in Science;
    or Anti-Dühring (Engels)
    See Herr Eugen Dührings Umwälzung de
    Wissenschaft: Philosophie; Politische Oe-
    konomie; Sozialismus
Herr Eugen Dührings Umwälzung de
    Wissenschaft: Philosophie; Politische
    Oekonomie; Sozialismus (Engels)
    . 85:6, 24-25, 31-34, 37-42, 59, 69, 104-06,
    121, 128
Herr Rassmussen (Andersen) ............. 79:16
"El herrador y el zapatero" (Lizardi) ... 30:68
"Herrenston" (Barnes) ................ 75:104-05
"Die Herrlichkeit der Schöpfung" (Schiller)
    ......................................... 39:339
"Hershey and the Incarnation" (Brownson)
    ............................................. 50:53
Hertha (Bremer) ................ 11:30-31, 34-36
Herz und Gemüth (Herder) .................. 8:306
Herzog Theodor von Gothland (Grabbe)
    ............... 2:271-76, 280, 283-84, 286-88
He's Much to Blame (Holcroft) .. 85:198, 212,
    223
"The Hesperides" (Tennyson) ..... 30:208, 280;
    65:357-8
Hesperus; or, Forty-Five Dog-Post-Days (Jean
    Paul) ........... 7:226-27, 230, 232, 238-40
The Hessian Courier (Büchner)
    See Der Hessische Landbote
The Hessian Messenger (Büchner)
    See Der Hessische Landbote
Der Hessische Landbote (Büchner) ........ 26:4-
    5, 14, 27-8, 64, 68, 70
"Hester" (Lamb) ............................... 10:407
Hester (Oliphant) ... 11:441, 446, 461; 61:187-
    90, 223, 226, 231-3, 235
"Hétköznapi történet" (Madach) ......... 19:369
Hetty's Strange History (Jackson)
    ............................. 90:144, 164-69
"L'heure du sabbat" (Bertrand) ............. 31:46
"Heures" (Corbiere) ........................... 43:34
"L'Heureuse Feinte" (Sade) ............... 47:313
Hexameron vom Rosenhain (Wieland) . 17:410
"Hexenküche" (Goethe) ...................... 4:215
Der Hexensabbath (Tieck) ................. 5:514
The H—Family (Bremer)
    See Familjen H.
Hiawatha (Longfellow)
    See The Song of Hiawatha
The Hibernian Nights' Entertainments
    (Ferguson) .................................. 3:290
"Les Hiboux" (Baudelaire) ................. 55:43
The Hidden Hand (Southworth) .. 26:433, 438,
    441-49
"Hidden Love" (Clough) ............... 27:55, 77

Hide and Seek (Collins) .. 1:178-79, 181, 186-
    87; 93:46-7, 53, 64
"Hièronymus" (Leconte de Lisle) ....... 29:225
"High and Low Life in Italy" (Landor)
    .......................................... 14:165
The High Jumpers (Andersen) ............. 79:31
High, Low, Jack and the Game (Planche)
    ............................................. 42:295
High Profession and Negligent Practice
    (More) ...................................... 27:342
"The High Tide on the Coast of Lincolnshire,
    1571" (Ingelow) .... 39:257, 262-63, 266,
    268
High Times and Hard Times (Harris)
    See Sut Lovingood: Yarns Spun by a
    "Nat'ral Born Durn'd Fool"
"Higher Laws" (Thoreau) ..... 7:352, 376, 388,
    392, 407
"The Higher Pantheism" (Tennyson)
    ........ 30:254, 269-70; 65:265, 274
"The Highland Reaper" (Wordsworth) . 12:427
"The Highland Widow" (Scott) ........... 15:312
"A Highway for Freedom" (Mangan) . 27:296
Hihon tamakushige (Motoori) ......... 45:275-76
La hija del mar (Castro) .. 3:105-06; 78:45-47,
    49, 52
Hija y madre (Tamayo y Baus) ........... 1:571
El hijo pródigo (Alarcon) ..................... 1:15
Hilary St. Ives (Ainsworth) ................ 13:45
"Hilda Silfverling" (Child) ................... 6:201
"The Hill and the Valley" (Martineau) . 26:304
"Hill in Kikineis" (Mickiewicz)
    See "Góra Kikineis"
"The Hill of Venus" (Morris) .......... 4:447-48
"Hill or Dell" (Barnes) ....................... 75:87
"The Hill Summit" (Rossetti) ............. 4:515
Hillingdon Hall (Surtees) .... 14:343, 345, 349,
    353, 362, 364-65, 375, 377, 380
The Hills of the Shatemuc (Warner)
    ...................................... 31:337, 343
Hilt to Hilt; or, Days and Nights in the
    Shenandoah in the Autumn of 1864
    (Cooke) ..... 5:127-28, 132, 134
"Himmelsnähe" (Meyer) ..................... 81:206
"Himmelstrauer" (Lenau) ................... 16:278
"Himno a la divina providencia" (Lizardi)
    ........................................... 30:69
"Himno a Talisay" (Rizal) ................. 27:425
"Himno al sol" (Espronceda) ..... 39:100, 106,
    109
"Himno al trabajo" (Rizal) ............... 27:425
"Himno de guerra columbiano" (Isaacs)
    ........................................... 70:313
"Hints for a History of Highwaymen"
    (Thackeray) .............................. 43:381
Hints from Horace (Byron) ......... 2:85; 12:145
Hints towards Forming the Character of a
    Young Princess (More) ..... 27:333, 341
"Hippodromania" (Gordon) .... 21:154, 159-60,
    164-65, 177, 180
"Hiram Powers' Greek Slave" (Browning)
    ........................................... 16:130
"His Clay" (Crawford) ........ 12:156, 159, 172
"His Departed Love to Prince Leopold" (Hunt)
    ........................................... 70:257
His Natural Life (Clarke) ....... 19:230-46, 248,
    251-52, 255-56
"Hisbrien om en Moder" (Andersen)
    See "The Story of a Mother"
Histoire de XIXème siècle (Michelet)
    ........................... 31:211, 213, 238, 247
Histoire de Don Pédre Ier, roi de Castille
    (Merimee) .................. 6:353, 356; 65:85
Histoire de France (Michelet) . 31:207, 210-
    11, 220, 225, 238, 242, 247-48, 253, 257
"Histoire de Gambèr-Aly" (Gobineau)
    ..................................... 17:69, 103
Histoire de Juliette on les Prosperites du vice
    (Sade)
    See Juliette; ou, Les prospérités du vice
Histoire de la grandeur et de la décadence de
    César Birotteau, parfumeur (Balzac)

    ................. 5:31-33, 47, 57; 35:26, 34
Histoire de la littérature Anglaise (Taine)
    . 15:414-15, 418-19, 432, 435, 442-45, 447,
    449, 451-52, 454, 456, 459, 462-63, 468,
    473
Histoire de la peinture en Italie (Stendhal)
    ................................ 23:352, 367, 391
"L'histoire de la reine du matin et de Soliman,
    prince Génies" (Nerval) ....... 1:480, 484;
    67:315
Histoire de la révolution de 1848 (Lamartine)
    ................................... 11:258, 260
Histoire de la Révolution Française (Michelet)
    .. 31:211, 213, 217, 231, 234-35, 237, 239,
    246-47, 249-51, 255-56, 259
Histoire de la société Française pendant la
    révolution (Goncourt and Goncourt)
    ...................................... 7:153, 186
"Histoire de l'Abbé de Bucquoy" (Nerval)
    ........................................... 67:332
"Histoire de ma vie" (Bakunin) ......... 25:49
Histoire de ma vie (Sand) . 2:604, 607; 42:311,
    324, 328, 331-32, 337, 340, 354, 356-57,
    379-81, 385-86; 42:332, 364-66, 368, 370;
    57:309-10, 312, 326, 333, 336, 359-61,
    366-7, 370
Histoire de mes Bêtes (Dumas) .... 71:204, 210
Histoire de Pauline (Staël) ..... 91:324, 339-40,
    358, 360
Histoire de Sybille (Feuillet) . 45:78-9, 81, 83,
    85-7, 91
Histoire des constituents (Lamartine)
    ................................... 11:257, 261
Histoire des girondins (Lamartine) ..... 11:256-
    57, 259-61, 266-67, 274
Histoire des origines du christianisme (Renan)
    .. 26:373, 377-79, 381, 390, 393, 395, 398,
    400, 407-08, 410-11, 419-21
Histoire des perses (Gobineau) ........ 17:71, 81
Histoire des treize (Balzac) .................. 5:36
L'histoire d'Ottar Jarl, pirate norvégien,
    conquérant du pays de Bray, en
    Normandie, et de sa descendance
    (Gobineau) ..................... 17:81, 88, 101
L'histoire du Calife Hakem (Nerval)
    ............... 1:475, 480, 483; 67:335-36, 365
Histoire du chien de Brisquet (Nodier)
    ................................ 19:381, 402
Histoire du peuple d'Israël (Renan)
    .. 26:390, 395, 400, 407-08, 414, 417, 419,
    421
Histoire du rêveur (Sand) ....... 42:378; 57:368
L'histoire du roi de Bohême et de ses sept
    châteaux (Nodier) . 19:377, 380-82, 387-
    88, 392, 400-04
L'histoire d'un crime (Hugo) ...... 3:257, 262
Histoire d'une Colombe (Dumas)
    See La Colombe
"L'histoire d'une fille de ferme" (Maupassant)
    ... 1:448, 466; 83:208, 210, 212-14, 222-24
Histoire général et système comparé des
    langues Sémitiques (Renan) . 26:365, 370,
    421
Histoire populaire du Christianisme (Leconte
    de Lisle) ..................................... 29:212
Histoires comme ça (Verlaine) ......... 51:387
Histoires extraordinaires (Baudelaire) . 29:65-
    7
Histoires extraordinaires (Poe) ...... 16:298-99
An Historical and Statistical Account of Nova
    Scotia (Haliburton) ..... 15:116, 125, 127-
    28, 133, 144
"Historical Anecdotes" (Pushkin) ........ 83:273
"Historical deduction of seats" (Cowper)
    ........................................... 94:120
"Historical Discourse at Concord" (Emerson)
    ........................................... 38:173
"Historical Discourse on the Text of
    'Decamerone'" (Foscolo)
    See "Discorso storico sul testo del 'De-
    camerone'"

Title Index

"Historical Romance: Alexandre Dumas" (Lewes) ........................................ **25**:286
*Historical Sketches* (Newman) ...... **38**:312, 314
*Historical Sketches of the Reign of George Second* (Oliphant) ...................... **11**:433
"Historien" (Heine) .......................... **4**:254-56
"History" (Emerson) ........................ **38**:176-78
*History* (Macaulay)
    See *The History of England from the Accession of James II*
*History from the Commencement* (Martineau) ................................................ **26**:339-40
*History of a Crime* (Hugo)
    See *L'histoire d'un crime*
*History of a Six Weeks' Tour through a Part of France, Switzerland, Germany, and Holland* (Shelley) ... **14**:251, 276; **59**:234
*History of Ancient and Modern Literature* (Schlegel)
    See *Geschichte der alten und neuen Literatur*
*History of Brazil* (Southey) ...... **8**:452-53, 459, 469; **97**:259, 262, 265, 268-69, 273-75, 283, 303, 305-06, 308-09, 330
*History of British Costume* (Planche) ................................................ **42**:273, 281
*The History of Caroline Evelyn* (Burney) ................................................ **54**:15
*History of Costume* (Planche) ............. **42**:274
"History of Don Raymond" (Lewis) ... **11**:311
*History of England* (Froude) .. **43**:177-78, 181-82, 185, 187-91, 193, 203, 210-13
*History of England* (Macaulay)
    See *The History of England from the Accession of James II*
*The History of England during the Thirty Years' Peace, 1816-46* (Martineau) ................. **26**:311, 323, 338-40, 354, 359
*The History of England from the Accession of James II* (Macaulay) . **42**:72, 76, 78, 82-3, 85-8, 92, 94-103, 106-07, 113, 116, 118-20, 122, 124-29, 131-33, 135, 138-43, 149, 151-2, 155-9
*History of English Literature* (Taine)
    See *Histoire de la littérature Anglaise*
*The History of English Philosophy* (Hazlitt) ................................................ **29**:163
*History of France* (Michelet)
    See *Histoire de France*
*History of Friedrich II. of Prussia, Called Frederick the Great* (Carlyle) .. **70**:7, 92-93
*The History of Henry Esmond, Esq., a Colonel in the Service of Her Majesty Q. Anne* (Thackeray) ..... **5**:450-51, 453, 459, 461-62, 464, 466-68, 471-72, 474, 478, 480-81, 484, 486, 488-89, 492, 497, 503-04; **14**:397, 406, 412, 434, 451-52; **43**:349-50, 356, 389
*The History of Hester Wilmot* (More) . **27**:345
"The History of His Own Time" (Hawthorne) ................................................ **95**:137
*History of Ireland* (Allingham) ......... **25**:20-1
"The History of Lieutenant Ergunov" (Turgenev)
    See *"Istoriya leytenanta Ergunova"*
"History of Marcus Aurelius" (Sigourney) ................................................ **87**:321
*History of Marie Antoinette* (Goncourt and Goncourt) ........................................ **7**:153
*The History of Matthew Wald* (Lockhart) ...... **6**:289-90, 292, 294, 296, 302-03, 307, 310-12
*History of Mr. Fantom the New-Fashioned Philosopher* (More) ............. **27**:342, 344
"History of My Botanical Studies" (Goethe) ................................................ **4**:208
*History of My Religious Opinions* (Newman)
    See *Apologia pro Vita Sua*
*A History of New York, for Schools* (Dunlap) ................................................ **2**:210
*A History of New York, from the Beginning of the World to the End of the Dutch*

*Dynasty* (Irving) ... **2**:367, 369, 373, 375-81, 385, 388-92; **19**:348-49; **95**:225-26, 230, 274-75, 278
*The History of Ottar Jarl, Norwegian Pirate* (Gobineau)
    See *L'histoire d'Ottar Jarl, pirate norvégien, conquérant du pays de Bray, en Normandie, et de sa descendance*
*The History of Our Lord* (Jameson) ................................................ **43**:324, 327
*History of Painting* (Stendhal)
    See *Histoire de la peinture en Italie*
*The History of Pendennis: His Fortunes and Misfortunes, His Friends and His Greatest Enemy* (Thackeray) ........ **5**:449-50, 453-54, 459-61, 464, 471-72, 474, 477-78, 464, 471, 472, 474, 477, 478, 483-84, 486-90, 492, 497-98, 500, 503-05; **14**:418, 422; **43**:349, 356, 359, 389
*History of Peter the Cruel* (Merimee)
    See *Histoire de Don Pédre Ier, roi de Castille*
*The History of Philosophy* (Lewes)
    See *A Biographical History of Philosophy*
*History of Portugal* (Southey) . **8**:469; **97**:283, 289
"The History of Primitive Christianity" (Engels) .......................................... **85**:6
*A History of Pugačev* (Pushkin) ......... **83**:295
*History of Rome* (Arnold) ................. **18**:37, 54
*The History of Samuel Titmarsh and the Great Hoggarty Diamond* (Thackeray)
    See *The Great Hoggarty Diamond*
*The History of Scotland* (Scott) ......... **15**:277
*History of South Carolina* (Simms) ... **3**:504
*A History of the American Theatre* (Dunlap) ................... **2**:208, 210-11, 213-15, 217-18
*The History of the Carrils and Ormes* (Brown) ........................................ **74**:7, 50
*History of the Commonwealth of England* (Godwin) ........................................ **14**:48
*History of the Condition of Women in Various Ages and Nations* (Child) ........................ **6**:204; **73**:50, 59, 72, 76, 97
*History of the Conspiracy of Pontiac, and the War of the North American Tribes against the English Colonies after the Conquest of Canada* (Parkman) . **12**:330-31, 333, 336, 338-39, 341-42, 348, 351-52, 369
*History of the Constituent Assembly* (Lamartine)
    See *Histoire des constituents*
"History of the English Language" (Whitman) ................................................ **81**:292
*History of the Four Movements* (Fourier)
    See *Théorie des quatre mouvements*
*History of the French Revolution* (Michelet)
    See *Histoire de la Révolution Française*
*History of the French Revolution of 1848* (Lamartine)
    See *Histoire de la révolution de 1848*
*History of the German Language* (Grimm and Grimm) ........................................ **3**:217, 220
*History of the Girondists; or, Personal Memoirs of the Patriots of the French Revolution* (Lamartine)
    See *Histoire des girondins*
*History of the Grandeur and Downfall of César Birotteau* (Balzac)
    See *Histoire de la grandeur et de la décadence de César Birotteau, parfumeur*
*History of the Italian Revolution* (Fuller) ................................................ **5**:165
*A History of the Life and Voyages of Christopher Columbus* (Irving) . **2**:371, 387; **95**:223, 225, 228-34, 255, 259
*History of the Manor of Goryukhino* (Pushkin) ................................................ **3**:435
*History of the Middle Ages* (Michelet) . **31**:259
*History of the Monastic Orders* (Southey) ................................................ **8**:469

*History of the Navy of the United States of America* (Cooper) ........................ **1**:202
*History of the Nineteenth Century* (Michelet)
    See *Histoire de XIXème siècle*
*History of the Peace* (Martineau)
    See *The History of England during the Thirty Years' Peace, 1816-46*
*History of the Peninsular War* (Southey) .... **8**:459, 463; **97**:250, 264, 269, 283, 299, 332
*History of the People of Israel* (Renan)
    See *Histoire du peuple d'Israël*
*History of the Persians* (Gobineau)
    See *Histoire des perses*
*A History of the Protestant "Reformation" in England and Ireland* (Cobbett) ................... **49**:110, 114, 116, 154-55, 157
*The History of the Pugachev Rebellion* (Pushkin) ........................... **3**:436; **83**:275
*History of the Renaissance* (Michelet) ................................................ **31**:211, 245-47
*The History of the Revolt of the Netherlands* (Schiller) ........................................ **39**:378
*A History of the Rise and Progress of the Arts of Design in the United States* (Dunlap) ........................ **2**:209-10, 214-15
*History of the Rise, Progress, and Termination of the American Revolution: Interspersed with Biographical and Moral Observations* (Warren) ... **13**:411-13, 415, 419-20, 422-27, 431-37
*History of the Russian State* (Karamzin) ................................................ **3**:279-83, 287, 291-92
*History of the Thirty Years' Peace* (Martineau)
    See *The History of England during the Thirty Years' Peace, 1816-46*
*History of the United States, to Which is Prefixed a Brief Historical Account of Our English Ancestors, from the Dispersion at Babel, to Their Migration to America, and of the Conquest of South America, by the Spaniards* (Webster) ................................................ **30**:421
*A History of the Village Goryukhino* (Pushkin)
    See *Istoriia sela Goriukhino*
*History of the War* (Richardson)
    See *War of 1812*
*History of Turkey* (Lamartine) ............. **11**:260
"Historyk" (Norwid) ............................ **17**:373
"Hit és tudás" (Madach) .................... **19**:369
"L'Hiver qui vient" (Laforgue) . **5**:279; **53**:299-300, 302
"Hjertesorg" (Andersen) ........................ **79**:76
*Hobart the Hired Boy* (Alger) ................. **8**:24
*Hobomok: A Tale of Early Times* (Child) . **6**:196-97, 199-200, 204-05, 207-08; **73**:39, 50, 57-8, 64-5, 74-5, 111-16, 118, 123, 126
*Der Hochwald* (Stifter) . **41**:336, 342, 356, 379, 385
*Die Hochzeit des Mönchs* (Meyer) ................................................ **81**:164, 181-82, 193-94, 198-99
*Hodge and his Masters* (Jefferies) . **47**:98, 109-12, 121, 133, 137, 142
"Hohenlinden" (Campbell) ..... **19**:165, 168-69, 171, 178-79, 181, 185, 187-90, 192-96
*Hohenstaufen I: Kaiser Friedrich Barbarossa* (Grabbe) ..... **2**:272, 275-76, 281, 284-85
*Hohenstaufen II: Kaiser Heinrich der Sechste* (Grabbe) ............. **2**:275-76, 281, 284-85
*A hóhér kötele* (Petofi) ....................... **21**:284
"Die Höheren Stufen" (Klopstock) ..... **11**:239
*Hokousaï* (Goncourt) ........................... **7**:163
*Hold Your Tongue* (Planche) ................ **42**:293
"Holger Danske" (Andersen) ................. **7**:29
*A Holiday Dream—Before Dinner* (Ostrovsky)
    See *Prazdnichny son—do obeda*
*Holiday Peak, and Other Tales* (Clarke) ................................................ **19**:236, 249-51
"Holion" (Hebbel) ........................ **43**:237, 252
"Holland" (Fromentin) ........................ **10**:232
*Holland-Tide; or, Munster Popular Tales* (Griffin) ....... **7**:194, 201, 211-12, 216-17

*Höllenangst* (Nestroy) .. **42**:231, 235, 246, 260
"The Hollow Land" (Morris) ....... **4**:424, 430
"The Hollow of the Three Hills" (Hawthorne)
............................ **2**:327; **23**:204; **95**:95
"Hollow-Sounding and Mysterious" (Rossetti)
.......................................... **2**:576
"The Holly Tree" (Southey) .......... **8**:472, 474;
**97**:271
"L'holocauste" (Leconte de Lisle) ...... **29**:225
"Holy Baptism" (Keble) ..................... **87**:153
*The Holy Cross, and Other Tales* (Field)
...................................... **3**:206-08
"Holy Cross Day" (Browning) . **19**:79, 98, 116
*The Holy Family* (Marx) . **17**:328, 331-34, 352
*The Holy Genofeva* (Tieck)
    See *Leben und Tod der heiligen Genoveva*
"The Holy Grail" (Tennyson) ...... **30**:228, 249,
    254, 279, 282, 284, 292; **65**:237, 241-2,
    245, 247, 250, 256, 270, 280-2, 284, 287,
    295-6, 299, 314-5, 317-8, 320, 323, 333,
    352, 361-2, 376, 385
"The Holy Night Has Risen into the
    Firmament" (Tyutchev)
    See "Svyataya noch na nebosklon vzoshla"
"Holy Russia" (Adams) ........................ **33**:18
"Holy Thursday" (Blake) ...... **13**:182, 219-21,
    241; **37**:3-4, 7, 11, 14, 25, 30-1, 36-7, 40,
    42, 46-7, 49-50, 57, 62-4, 66, 69-72, 76, 78,
    82, 92, 94
"Hombre del campo" (Martí) .................. **63**:88
"Un hombre y una musa" (Castro) ....... **3**:106
"El hombre-globo" (Larra) ................. **17**:282
*Hombres* (Verlaine) ............. **51**:352, 363
*Los hombres de bien* (Tamayo y Baus) . **1**:569
"Home" (Nekrasov) ..................... **11**:407, 421
*Home* (Robertson) ...................... **35**:335, 369
*Home* (Sedgwick) ........ **19**:435, 440, 443, 447
*Home as Found* (Cooper) ........ **1**:216-17, 220;
**54**:255-6, 275, 288
*Home Ballads and Poems* (Whittier)
........................ **8**:492, 495-96; **59**:356, 371
"Home in Grasmere" (Wordsworth) ... **38**:362
"Home in War Time" (Dobell) ....... **43**:48
"Home of an Early Friend" (Sigourney)
.......................................... **87**:320
*The Home; or, Family Cares and Family Joys*
    (Bremer)
    See *Hemmet; eller, Familje-sorger och
    fröjder*
*Home Pastorals, Ballads and Lyrics* (Taylor)
.......................................... **89**:315
"Home Thoughts, From Abroad" (Browning)
........................ **79**:94, 98, 163
*Homecoming* (Heine)
    See *Die Heimkehr*
*Homegoing from the Theatre* (Gogol)
    See *Teatral'nyi       raz'ezd       posle
    predstavleniia novoi komedii*
"Homeland" (Nekrasov)
    See "Rodina"
"Homeopathy and Its Kindred Delusions"
    (Holmes) .................... **81**:101, 108
"Homeopathy vs. Allopathy" (Holmes)
.......................................... **14**:111
*Homeric Ballads* (Maginn) .. **8**:434-35, 439-40
*Homer's Iliad and Odyssey* (Cowper)
........................ **8**:119, 121
*The Homes of England* (Hemans) ....... **29**:204-
05; **71**:278
*The Homes of the New World: Impressions of
    America* (Bremer)
    See *Hemmen i den nya verlden: En
    dagbok i bref, skrifna under tvenne års
    resor i Norra Amerika och på Cuba*
"Homesick in Heaven" (Holmes) ........ **81**:104
"Homesickness" (Morike) .................. **10**:446
"The Homestead" (Lanier) .................. **6**:260
"Homeward bound on Easter Eve. . ."
    (Pushkin) ........................ **83**:272
*Homeward Bound; or, The Chase* (Cooper)
..... **1**:201, 208, 217, 221; **54**:256, 276, 288
*Homicide* (Baillie) ..................... **2**:40-41

*Hommage à Wagner* (Mallarme) ......... **41**:280
"L'homme" (Lamartine) ...... **11**:245, 264, 269,
    273, 282
"L'homme à la cervelle d'or" (Daudet) . **1**:249
*L'homme à trois visages; ou, Le proscrit de
    Venise* (Pixerecourt) . **39**:272-74, 276-77,
    279, 284, 286, 293-94
*L'homme de bien* (Augier) ...... **31**:4, 10, 12, 14,
    18, 23
*L'homme de neige* (Sand) ...... **42**:312; **57**:313,
    316
"L'Homme et la mer" (Baudelaire) . **55**:53, 58,
    62, 65
"L'homme juste" (Rimbaud) ......... **4**:465, 485
*L'homme qui rit* (Hugo) ...... **3**:249-50, 252-53,
    260, 267
*L'homme-femme: Réponse à M. Henri
    d'Ideville* (Dumas) ......... **9**:221, 234, 244
*L'homme-femme: Résponse à M. Henri
    d'Ideville* (Dumas) ......... **9**:221, 234, 244
"L'Homme-fille" (Maupassant) ... **83**:189, 193,
    195
*Les hommes de lettres* (Goncourt and
    Goncourt) ... **7**:162, 165-67, 181-82, 186,
    188-89
"Homo" (Patmore) ........................ **9**:363
"The Honest Man" (Shaw) ................. **15**:335
"Honeysuckle" (Allingham) ............... **25**:14
"The Honeysuckle" (Rossetti) ............... **4**:491
*Les honnêtes femmes* (Becque) ....... **3**:15-16
*Honneur d'Artiste* (Feuillet) ............. **45**:92-93
*Honorine* (Balzac) ........................ **5**:83-84
"Honours" (Ingelow) ............. **39**:255-57
"Hood's Isle and the Hermit Oberlus"
    (Melville) ........................ **3**:362
*Hood's Own* (Hood) .. **16**:204, 214, 217, 219,
    229, 231
"Hooking Watermelons" (Bellamy)
........................ **4**:30; **86**:75
"Hope" (Clare) ........................ **86**:160
"Hope" (Cowper) ....... **8**:105, 115, 120; **94**:26,
    29-30
*Hope* (Cowper) ........................ **94**:55-60
"Hope against Hope" (Patmore) ......... **9**:328
"Hope A-Left Behind" (Barnes) ............. **75**:7
"Hope Dieth: Love Liveth" (Morris) .... **4**:421
*Hope Leslie; or, Early Times in the
    Massachusetts* (Sedgwick) .......... **19**:427-
29, 433, 439, 442-43, 447-53
*The Hope of a Family* (Daudet)
    See *Soutien de famille*
"Hope of Liberty" (Horton)
    See "The Hope of Liberty. Containing a
    Number of Poetical Pieces."
"The Hope of Liberty. Containing a Number of
    Poetical Pieces." (Horton) ......... **87**:83-6
*Hope of Liberty. Containing a Number of
    Poetical Pieces.* (Horton) . **87**:94, 99-101,
    104, 108-11
"Hop-Frog" (Poe) ............. **16**:312, 324
"Hoping Against Hope" (Rossetti) ...... **50**:288
"Hora tras hora, dia, tras dia" (Castro) . **78**:41
*Horace* (Sand) ..................... **2**:589; **57**:361
*Horace and Petrarch* (Coleridge) ........ **90**:25.
*Horace Chase* (Woolson) .... **82**:275, 277, 280,
    293, 299, 319-20, 324
*Horace Walpoe* (Macaulay) ................. **42**:87
"Horae Germanicae" (Lockhart) ........... **6**:293
"Horas de invierno" (Larra) .... **17**:276, 283-84
*Horatius* (Macaulay) ................. **42**:111, 154
"Horia" (Eminescu) ........................ **33**:245
"Le horla" (Maupassant) .... **1**:449, 453-55, 57,
    462-63, 471-72; **83**:218-19, 222
"L'horloge" (Baudelaire) .... **29**:104; **55**:28, 67
"The Horn" (Vigny)
    See "Le cor"
"The Horn of Egremont Castle" (Wordsworth)
........................ **12**:395

*Horn of Oberon: Jean Paul Richter's School
    for Aesthetics* (Jean Paul)
    See *Vorschule der Aesthetik: Nebst einigen
    Vorlesungen in Leipzig über die Parte ien
    der Zeit*
"L'horreur sympathique" (Baudelaire)
........................ **29**:85; **55**:13, 65
*The Horseman's Manual* (Surtees) ..... **14**:350
*The Horses of Lysippus* (Coleridge) ...... **90**:14
*Horse-Shoe Robinson: A Tale of the Tory
    Ascendancy* (Kennedy) ..... **2**:428-33, 435
*Horsztyński* (Slowacki) . **15**:352, 364, 371, 378,
    380
"Hortensia Antomarchi" (Isaacs) ......... **70**:308
"Horton" (Smith) .......... **59**:321, 332, 336
"Horus" (Nerval) ....... **1**:480, 484, 486; **67**:307
"Hospita on Immoderate Indulgence of the
    Pleasures of the Palate" (Lamb)
........................ **10**:409, 411
"A Hospital Christmas" (Alcott) ............. **83**:7
*Hospital Sketches* (Alcott) . **6**:12-13; **58**:17, 46,
    48-9, 67; **83**:8, 34, 78
"Das Hospiz auf dem Groszen Sankt
    Bernhard" (Droste-Hulshoff) ....... **3**:195-
96, 199, 201
"Hot and Cold" (Hazlitt) ..................... **29**:156
"An Hour" (Alcott) ........................ **83**:7
"The Hour and the Ghost" (Rossetti)
........................ **2**:557, 563
*The Hour and the Man* (Martineau) ... **26**:310-
11, 314, 323, 329
"The Hour of Death" (Le Fanu) .......... **9**:302
"The Hour of Death" (Hemans) .... **29**:205-06
"The Hour of Feeling" (Bryant) ........... **46**:55
"An Hour of Romance" (Hemans) ...... **29**:194
*An Hour of Thought* (Slowacki)
    See *Godzina myśli*
"Hours Continuing Long" (Whitman) . **81**:332
*Hours of Idleness* (Byron) .... **2**:58, 62, 77, 88,
    103; **12**:138
*Hours of Life, and Other Poems* (Whitman)
........................ **19**:455, 457
"Hours of Spring" (Jefferies) .... **47**:102, 138,
    143
"An Hour's Talk on Poetry" (Wilson)
........................ **5**:552, 558
"House" (Browning) ................. **19**:87, 96, 110
"The House and the Vineyard" (Lamartine)
    See "La vigne et la maison"
*The House at Kolomna* (Pushkin) ....... **83**:277
"The House Beautiful" (Stevenson) ...... **5**:401
*The House by the Churchyard* (Le Fanu)
..... **9**:300-03, 308-12, 315-17; **58**:251, 256,
266-8, 278, 281, 283, 285
*A House Divided against Itself* (Oliphant)
...... **11**:460, 462; **61**:204-5, 211
"House Divided" Speech (Lincoln)
........................ **18**:208, 238, 280
"A House in the Blue Ridge" (Cooke) . **5**:133
*The House Maid* (Martineau) ... **26**:322
"The House of Clouds" (Browning) ..... **1**:115
*A House of Gentlefolk* (Turgenev)
    See "Eaves-Dropping       a      Lodge       of
    Free-Masons"
"The House of Life" (Rossetti) ..... **4**:490, 496-
97, 499-503, 507-10, 512, 514-18, 526-29,
531; **77**:308, 312, 326, 329, 333, 337-40,
348, 353, 355, 358, 361
"The House of Night" (Freneau) .. **1**:314, 316,
318-19, 323
*The House of the Dead; or, Prison Life in
    Siberia* (Dostoevsky) . **2**:160-63, 168,
203; **7**:73, 80, 90, 106; **21**:107; **33**:161;
**43**:164
*The House of the Seven Gables* (Hawthorne)
..... **2**:298-99, 302-03, 305-06, 309-10, 312,
314-17, 320-21, 324-27, 329, 332; **17**:112,
114, 116-17, 130-32, 147, 149, 150; **23**:168-
69, 183, 192, 202, 205, 209, 213; **39**:165-
252; **79**:295, 304; **95**:109-10, 116
"The House of the Wolfings" (Morris) . **4**:435-
38, 440

"The House of Titian" (Jameson) ....... **43**:323
"The House of Usher" (Poe)
      See "The Fall of the House of Usher"
*The House on the Moor* (Oliphant) ..... **11**:432
"The House upon the Hearth" (Lewis) . **11**:303
"The House with the Green Blinds"
      (Stevenson) ......................... **5**:393
*Household Book of the Earl of
      Northumberland in 1512* (Percy)
      .............. **95**:313, 327-28
*Household Education* (Martineau)
      .............. **26**:311, 329, 331, 342-43, 346-48
*Household Tales* (Grimm and Grimm)
      See *Kinder-und Hausmärchen*
"The Household Wreck" (De Quincey) .. **4**:83
"The Householder" (Browning) ........... **19**:96
*The Housekeeper* (Jerrold) ................. **2**:401
"Housekeeping in Belgravia" (Mayhew)
      ........................................ **31**:181
"House-Martins" (Jefferies) .... **47**:138
"House-Warming" (Thoreau) ................ **7**:398
"The Houstonia" (Very) .................... **9**:372
"The How and the Why" (Tennyson) . **30**:204
"How Are You?" (Foscolo)
      See "Che stai?"
*How He Won Her* (Southworth) ... **26**:434, 446
"How Husbands May Rule" (Parton) . **86**:349
"How I Learned to Celebrate" (Leskov)
      ........................................ **25**:247
"How I Look" (Parton) .................... **86**:376
"How I Overcame My Gravity" (O'Brien)
      ........................................ **21**:236, 252-53
"How I Read the Morning Papers" (Parton)
      ........................................ **86**:366
"How I Went Out to Service" (Alcott) . **58**:11
"How Is It?" (Parton) ..................... **86**:351
"How It Happened" (O'Brien) .... **21**:245
"How It Strikes a Contemporary" (Browning)
      ........................ **19**:79, 132, 139; **79**:175-76
"How Lisa Loved the King" (Eliot)
      .................... **4**:108; **13**:334
"How Long?" (Lazarus) ......... **8**:413, 417, 420
"How Long?" (Very) ....................... **9**:386
"How Love Looked for Hell" (Lanier) . **6**:249
"How Many Bards" (Keats) ............... **73**:256
"How Many Times These Low Feet
      Staggered" (Dickinson) ....... **21**:9, 38, 41
"How Nellie Lee Was Pawned" (O'Brien)
      ........................................ **21**:245
"How Off the Banshee Cried" (Moore) . **6**:391
"How One Muzhik Fed Two Generals"
      (Saltykov)
      See "Povest' o tom, kak odin muzhik
      dvukh generalov prokormil"
"How Solemn as One by One" (Whitman)
      ........................................ **81**:314
"How sweetly slumbers the dark green garden"
      (Tyutchev)
      See "Kak   sladko   dremlet   sad
      temnozelenyi"
"How the Bell Rang, July 4, 1776" (O'Brien)
      ........................................ **21**:247
"How the Change Came" (Morris) ....... **4**:440
"How the Melbourne Cup Was Won" (Kendall)
      ........................................ **12**:183
"How the Old Horse Won the Bet" (Holmes)
      .................... **14**:109, 115, 128
"How the Women Went from Dover"
      (Whittier) ......................... **8**:529
"How They Brought the Good News from
      Ghent to Aix" (Browning) . **19**:88; **79**:94,
      164
"How to be Happy" (Sigourney) ........ **87**:321
"How to Cook Soup upon a Sausage Pin"
      (Andersen) ............... **7**:28, 37
*How to Observe Morals and Manners*
      (Martineau) ... **26**:322, 333-34
"How to Pick Out a Dog" (Shaw) ... **15**:335
"How to Pick Out a Horse" (Shaw) .. **15**:335
"How to Think in Love of Those Who Passed
      Away" (Kierkegaard) ....... **34**:198

"How to Write a Blackwood Article" (Poe)
      .................... **16**:322-23; **55**:134
"How unexpectedly and brightly" (Tyutchev)
      See "Kak neozhidanno i yarko"
"How We Beat the Favourite" (Gordon)
      .. **21**:149, 151, 154-59, 161, 165, 170, 175-
      76, 181, 188
"How Weary! How Mournful!" (Lermontov)
      See *I skuchno! I grustno!*
"How Woman Loves" (Parton) ........... **86**:349
"Howe's Masquerade" (Hawthorne) ..... **2**:292-
      93
"However heavy the final hour may be"
      (Tyutchev)
      See "Kak ni tyazhel posledniy chas"
"Howling Song of Al-Mohara" (Mangan)
      .................... **27**:285, 292, 295, 298
*Hoze hezyonot* (Mapu) ................... **18**:292, 301
"Hubert" (Patmore) ......................... **9**:326
*The Hue and Cry* (Inchbald) ........ **62**:144-6
*Hugh and Ion* (Crawford) ............ **12**:169, 174
*Hugh Trevor* (Holcroft)
      See *The Adventures of Hugh Trevor*
"Hugo" (Slowacki) ......................... **15**:348-49
*Hugo, the Deformed* (Alger) ......... **8**:42; **83**:96
*Les Huguenots* (Scribe) ....... **16**:390, 398, 401,
      408-09
*Huit Femmes* (Desbordes-Valmore) ...... **97**:12
"The Human Abstract" (Blake) . **13**:221, 224,
      226, 240, 242-43; **37**:4, 25, 33, 44-5, 47,
      49, 52-3, 92
"Human Applause" (Hölderlin)
      See "Menschenbeifall"
*The Human Comedy* (Balzac)
      See *La Comédie humaine*
"Human Frailty" (Cowper) ................. **94**:102
*Human Happiness* (Holcroft) ..... **85**:192, 215,
      234
"The Human Lad" (Field) ................. **3**:210
"Human Life" (Arnold) ........... **6**:50; **89**:88, 98
*Human Life* (Rogers) ................. **69**:69-70, 74
"Human Repetends" (Clarke) ............. **19**:251
"Human Responsibility as Independent of
      Circumstances" (Newman) .. **38**:307
"Human Sacrifice" (Whittier) ........ **8**:485, 512
"The Human Wheel" (Holmes) ..... **81**:124-30
"L'humanitè" (Lamartine) .... **11**:255, 270, 279
"Humble drame" (Maupassant) ........... **83**:209
"A Humble Remonstrance" (Stevenson)
      ................. **63**:239, 258, 260
"The Humble-Bee" (Emerson) ....... **1**:289, 296
"The Humboldt Desert" (Ridge) ........ **82**:185
"Humboldt River" (Ridge) ............... **82**:185
"Humboldt's Birthday" (Holmes) ....... **81**:102
*Hume, With Helps to the Study of Berkeley*
      (Huxley) .... **67**:13, 27, 93-5
*The Humiliated and the Wronged* (Dostoevsky)
      See *The Insulted and Injured*
"The Humiliation of the Eternal Son"
      (Newman) ......................... **38**:305
*Humilis Domus: Some Thoughts on the
      Abodes, Life and Social Conditions of the
      Poor, Especially in Dorsetshire* (Barnes)
      .................... **75**:57-8, 102, 106
"Humphrey and William" (Southey) ... **97**:314-
      15
"Hun duede ikke" (Andersen)
      See "Good-for-Nothing"
*The Hunchback of Notre-Dame* (Hugo)
      See *Notre-Dame de Paris*
"The Hungarian Nation" (Petofi)
      See "A magyar nemzet"
"The Hungarian Nobleman" (Petofi)
      See "A magyar nemes"
*Hungary's Decline and Maria of Austria*
      (Sacher-Masoch) ......................... **31**:290
"Hunt after my Captain" (Holmes) ..... **14**:118
*The Hunt for Happiness* (Adams) ..... **33**:19
"The Hunt of Eildon" (Hogg) ........ **4**:283, 285
"The Hunter of the Prairies" (Bryant)
      .................... **6**:169, 172

"The Hunters of Men" (Whittier) . **8**:489, 510,
      526
"The Hunter's Serenade" (Bryant)
      .................... **6**:169; **46**:20
*Hunter's Sketches* (Turgenev)
      See *Zapiski okhotnika*
*The Hunters Twain* (Crawford)
      See *Hugh and Ion*
"Hunter's Vision" (Bryant) ................ **46**:4, 28
*The Hunting of the Snark: An Agony in Eight
      Fits* (Carroll) . **2**:106, 117; **53**:40-2, 55-6,
      84-5, 107, 109-10, 112, 116
*Hunting Seat* (Almqvist) .................. **42**:17
"Les hurleurs" (Leconte de Lisle) . **29**:210, 215,
      217, 230
"Hurrahing in Harvest" (Hopkins)
      .................... **17**:208, 211, 217
"The Hurricane" (Bryant) ..... **6**:159, 161, 176;
      **46**:6, 20, 28, 47
"The Hurricane" (Freneau) ................ **1**:323
*Husband and Wife* (Fredro)
      See *Mąż i żona*
"The Husbandman" (Rossetti) ........... **77**:353
"The Husband's and Wife's Grave" (Dana)
      .................... **53**:158, 168
"Hushaby Song" (Field) ..................... **3**:212
"Hussens Kerker" (Meyer) ..... **81**:140-41, 143,
      149-50, 155
"The Hut by the Black Swamp" (Kendall)
      .................... **12**:181-83, 194, 201
"The Hut by the Tanks" (Adams) ........ **33**:13
"Huttens letze Tage" (Meyer) . **81**:140-41, 146,
      148-49, 152, 156, 164
"Hvad gamle Johanne fotalte" (Andersen)
      See "What old Johanne told"
*Hwomely Rhymes. A Second Collection of
      Poems in the Dorset Dialect* (Barnes)
      .................... **75**:18, 40, 69, 79
"The Hwomestead a-Vell Into Hand" (Barnes)
      ........................................ **75**:102
"Hyazinth and Rosenblüte" (Novalis) . **13**:393
"Hy-Brasil" (Kendall) .......... **12**:183, 187, 199
*Hydrozoa* (Huxley) ......................... **67**:4
*The Hyena of the Poussta* (Sacher-Masoch)
      .................... **31**:298, 301
"Hylas" (Taylor) ......................... **89**:358
"Hymen and Hirco: A Vision" (Sheridan)
      ........................................ **91**:230
"Hymn before Sunrise in the Vale of
      Chamouni" (Coleridge) ................. **9**:148
"Hymn by T.P. at school" (Percy) ....... **95**:337
"Hymn for Pentecost" (Mangan) ....... **27**:296
"Hymn II" (Barbauld) ........................ **50**:8
*Hymn in Honor of the Plague* (Pushkin)
      .................... **3**:434, 449
"Hymn of Apollo" (Shelley) . **18**:345, 360, 362
"Hymn of Death" (Lamartine)
      See "Hymne de la mort"
"Hymn of Evening in the Temples"
      (Lamartine) ......................... **11**:248
"Hymn of Pan" (Shelley) ................... **18**:327
"Hymn of Praise" (Kendall) ........ **12**:183, 192
"Hymn of the Fishermen" (Ferguson) . **33**:290
"Hymn of the Morning" (Lamartine)
      See "L'hymne du matin"
"A Hymn of the Sea" (Bryant) . **6**:168; **46**:6, 9
"Hymn of the Waldenses" (Bryant) ...... **6**:159
"Hymn of Trust" (Holmes) ................. **81**:100
"Hymn to Air" (Taylor) ..................... **89**:304
"Hymn to Beauty" (Baudelaire)
      See "Hymne à la beauté"
"Hymn to Charity" (Hale) ................. **75**:343
"Hymn to Death" (Bryant) ....... **6**:159-60, 168,
      170, 172, 177, 183; **46**:3, 9, 15, 21, 23
"Hymn to Death" (Whitman) ............. **31**:432
"Hymn to Intellectual Beauty" (Shelley)
      ........... **18**:331, 341, 361, 364, 376; **93**:262
"Hymn to Intlectual Beauty" (Browning)
      ........................................ **79**:113
"Hymn to Liberty" (Solomos)
      See "Hymnos eis ten Eleutherian"
"Hymn to Mercury" (Shelley) ............ **18**:363

"Hymn to Mont Blanc" (Coleridge) ..... **9**:144
"Hymn to Pan" (Keats)
................... **8**:344; **73**:198,204,218,280
"Hymn to the Mother of God" (Slowacki)
.......................................... **15**:349
"Hymn to the Night" (Longfellow)
................. **2**:492; **45**:115, 146, 151, 184
*Hymn to the Ship of the Muses* (Foscolo)
.......................................... **97**:52
"Hymn to the Sun" (Darley) ................ **2**:131
"Hymn to the Sun" (Hood) ......... **16**:208, 221
"A Hymn Yet Not a Hymn" (Clough) .. **27**:46
"Hymne à la beauté" (Baudelaire) . **6**:123, 128;
   **29**:97-8; **55**:64-6, 73
"L'hymne à la douleur" (Lamartine)
.............................. **11**:265, 270, 279
"Hymne an den Genius Griechenlands"
   (Hölderlin) .............................. **16**:174
"Die Hymne an den Unendlichen" (Schiller)
.......................................... **39**:339
"Hymne an die Göttin der Harmonie"
   (Hölderlin) .............................. **16**:173
"Hymne au Christ" (Lamartine) ......... **11**:279
"L'hymne au soleil" (Lamartine) ....... **11**:269
"Hymne de la mort" (Lamartine) . **11**:248, 279
"L'hymne de la nuit" (Lamartine) ...... **11**:270
"Hymne de l'enfant" (Lamartine) ...... **11**:279
"L'hymne du matin" (Lamartine) . **11**:248, 270,
   283
"La hymne du soir dans les temples"
   (Lamartine) .............. **11**:265, 270, 279
*Hymnen an die Nacht* (Novalis) . **13**:360, 362-
   63, 365, 367, 374, 376-79, 390-92, 394,
   397, 401-02, 405
"Hymnos eis ten Eleutherian" (Solomos)
............................ **15**:386-90, 392, 403-04
"Hymns for the Kirk" (Baillie) .......... **2**:41
*Hymns in Prose for Children* (Barbauld) . **50**:6-
   9
"Hymns of the City" (Bryant) . **6**:161; **46**:55
"Hymns of the Marshes" (Lanier) . **6**:238, 240,
   247, 249, 264, 273
*Hymns to the Night* (Novalis)
   See *Hymnen an die Nacht*
*Hypatia; or, New Foes with Old Faces*
   (Kingsley) . **35**:209, 215-16, 218-20, 222,
   224, 226, 228-36, 241-44, 249, 252, 255-56
"Hypatie" (Leconte de Lisle) ...... **29**:213, 223,
   238, 240
"Hypatie et Cyrille" (Leconte de Lisle)
.......................................... **29**:240
*Hyperboräische Esel* (Kotzebue) ........ **25**:138
"Hyperion" (Eminescu)
   See "Luceafarul"
*Hyperion* (Hölderlin) ...... **16**:158, 161, 164-65,
   172-74, 176-77, 182-83, 185-87, 190-91
*Hyperion* (Keats) . **8**:328-29, 331, 333-34, 336,
   340-41, 345-47, 350, 352-53, 355-56, 358-
   59, 361-63, 365-68, 381-83, 385-86; **73**:144,
   153-54, 159-61, 170-72, 177-78, 181-82,
   192, 204, 209, 254-55, 259, 261, 263, 294-
   95, 328-30, 337-39
*Hyperion* (Longfellow) .... **2**:469-70, 474, 480,
   489-90, 494; **45**:103, 181, 183-84
"Hyperions Schicksalslied" (Hölderlin)
.................. **16**:173-74, 176, 181, 184
"The Hypnotizers" (Bakunin) ............. **58**:131
*Hypochondria* (Tegner)
   See *Mjältsjukan*
"Hypochondriacus" (Lamb) ................ **10**:389
"Hypocrite lecteur" (Baudelaire)
   See "Au lecteur"
"i a probina qu'esta xorda" (Castro) .... **78**:2, 7
"I Am" (Clare) ..... **9**:90, 100, 103, 105; **86**:87,
   114, 153, 170
"I Am a Parcel of Vain Strivings Tied"
   (Thoreau) .............................. **7**:383
"I Am Ashamed—I Hide" (Dickinson) .. **21**:57
"I Am Not the Man I Used to Be" (Foscolo)
   See "Non son chi fui"
"I Am Pleading for My People" (Truth)
.......................................... **94**:332

"I Am the Autumnal Sun" (Thoreau) .. **7**:384
"I Am the Little Irish Boy" (Thoreau) .. **7**:384
"I Am Weary, Let Me Go" (Gordon) .. **21**:160-
   61
"I and My Chimney" (Melville) ... **3**:354, 380-
   81, 383; **12**:303; **93**:188
"I and the Dog" (Barnes) .................... **75**:36
"I Can Wade Grief" (Dickinson) ........ **21**:64
"I Cannot Dance upon My Toes" (Dickinson)
................................. **21**:82; **77**:130
"I Cannot Forget with What Fervid Devotion"
   (Bryant) .................... **6**:177; **46**:38
"I cannot live with You" (Dickinson) ... **77**:96
"I cannot love thee" (Norton) ............. **47**:238
"I Commend You" (Rossetti) ............. **66**:307
"I Could Not Be up to You" (Eminescu)
.......................................... **33**:265
"I det grø onne" (Wergeland) ............. **5**:541
"I Died for Beauty" (Dickinson) . **21**:43; **77**:119
"I Dream of Bloody Days" (Petofi)
   See "Véres napokról álmodom"
"I Dream'd in a Dream" (Whitman)
........................... **31**:394; **81**:328, 331
"I Dreamed a Dream" (Clough) ......... **27**:103
"I Dreamt Last Night" (Brontë) ......... **4**:45
"I drink alone" (Pushkin) .................. **83**:373
"I Felt a Funeral in My Brain" (Dickinson)
................................. **21**:64; **77**:76
"I Give Thee Joy! O Worthy Word" (Clough)
.......................................... **27**:103
"I Got So I Could Take His Name"
   (Dickinson) .............................. **21**:64
"I Got Two Vields" (Barnes) ............. **75**:101
"I Grew up in a Foreign Land" (Shevchenko)
   See "I vyris ya na chyzhyni"
"I gynaika tis Zakynthos" (Solomos)
............................ **15**:393, 396-97
"I Had a Dove" (Keats) .................... **8**:360
"I Had a Guinea Golden" (Dickinson) . **21**:15
"I had been hungry, all the Years" (Dickinson)
.......................................... **77**:148
"I Had No Time to Hate" (Dickinson) . **21**:42
"I Have No Need of the Hoarfrost" (Arany)
   See "Nem kell dér"
"I Hear It Was Charged against Me"
   (Whitman) .............................. **31**:430
"I heard a Fly buzz-when I died-" (Dickinson)
.......................................... **77**:156, 163
"I Heard an Angel Singing" (Blake) ..... **37**:38
"I Held a Jewel in My Fingers" (Dickinson)
.......................................... **21**:64
"I Hide Myself within My Flower"
   (Dickinson) ....................... **21**:8, 69
"I Knew a Man by Sight" (Thoreau) ... **7**:383
"I know not why, but all this weary day"
   (Timrod) .............................. **25**:366
"I know that He exists" (Dickinson) ... **77**:77
"I Laid Me Down upon a Bank" (Blake)
.......................................... **13**:181
"I Lay the Lute Down" (Arany)
   See "Leteszem a lantot"
"I Like a Look of Agony" (Dickinson)
.......................................... **21**:9, 42
"I like a look of Agony" (Dickinson) . **77**:162
"I Like to See It Lap the Miles" (Dickinson)
.......................................... **21**:49
"I like to see it lap the Miles-" (Dickinson)
.......................................... **77**:129
"I Lost the Love of Heaven" (Clare) .... **9**:101
"I Love the Jocund Dance" (Blake) ...... **37**:35
"I Love You, My Sweet" (Petofi)
   See "Szeretlek, kedvesem"
"I Loving Freedom for Herself" (Tennyson)
.......................................... **30**:294
"I mertvym i zyvym i nenarodzenym
   zemljakam mojim v Ukrajini i ne v
   Ukrajini moje druznjeje poslanije"
   (Shevchenko)
   See "Poslaniie"
"I Never Lost as Much but Twice" (Dickinson)
.......................................... **21**:63

"I Never Told the Buried Gold" (Dickinson)
.......................................... **21**:54
"Den i noch" (Tyutchev) ............. **34**:396-97
*I pitocchi fortunati* (Gozzi) . **23**:107, 113, 119,
   121, 123, 125-26
*I Racconti delle fate* (Collodi) .. **54**:143, 144-7
"I Remember, I Remember" (Hood)
.......................................... **16**:219, 233, 237
"I Rose Because He Sank" (Dickinson)
.......................................... **21**:43, 67
"I Saw A Boy" (Barnes) ................... **75**:70
"I Saw a Monk of Charlemaine" (Blake)
.......................................... **13**:243
"I Saw from the Beach" (Moore) .. **6**:389, 396
"I Saw Her Once" (Mangan) ............. **27**:298
"I Saw in Louisiana a Live-Oak Growing"
   (Whitman) ............... **31**:379, 392; **81**:364
"I Saw No Way—The Heavens Were Stitched"
   (Dickinson) ...................... **21**:76, 83
"I Saw Old General at Bay" (Whitman)
.......................................... **81**:319
*I Say No* (Collins) .............. **1**:188, 191
"I See around Me Tombstones Grey" (Brontë)
.......................................... **16**:98
"I should have been to glad, I see-" (Cantor)
.......................................... **77**:84
"I Sing the Body Electric" (Whitman) . **4**:571-
   72; **31**:372, 404, 425, 430; **81**:311, 342,
   358-59
"I sit thoughtful and alone" (Tyutchev)
   See "Sizhu zadumchiv i odin"
*I skuchno! I grustno!* (Lermontov) ....... **5**:287
"I Sonnet" (Corbiere) ........................ **43**:32
"I Started Early—Took My Dog" (Dickinson)
................................. **21**:79; **77**:148
"I Stood on Tiptoe" (Keats)
   See "I Stood Tip-Toe"
"I Stood Tip-Toe" (Keats) . **8**:343, 364; **73**:158,
   213, 225-26, 259, 267, 322
"I Taste a Liquor Never Brewed" (Dickinson)
.......................... **21**:37, 41, 65; **77**:93
"I thank my God because my hairs are grey!"
   (Coleridge) .............................. **90**:27
"I think the Hemlock likes to stand"
   (Dickinson) .............................. **77**:67
"I Think to Live May Be a Bliss" (Dickinson)
.......................................... **21**:80
"I Thought of Thee, My Partner and My
   Guide" (Wordsworth) ............. **12**:466
"I Thought That Knowledge Alone Would
   Suffice" (Whitman) ............. **81**:332
"I tie my Hat" (Dickinson) ....... **77**:103, 105
"I traduttori e le traduzioni" (Collodi) . **54**:143
"I Visited Thy Tomb" (Nekrasov) ....... **11**:404
"I vyris ya na chyzhyni" (Shevchenko)
.......................................... **54**:394
"I Wake and Feel the Fell of Dark, Not Day"
   (Hopkins) .................... **17**:242, 261-62
"I Wandered Lonely as a Cloud" (Wordsworth)
.......................................... **12**:456, 463
"I watched the Moon around the House"
   (Dickinson) .............................. **77**:121
"I will praise the Lord at all times" (Cowper)
.......................................... **94**:69, 75
"I wish I were where Helen lies" (Fuller)
.......................................... **50**:243, 245
"I Would I Knew the Lady of Thy Heart"
   (Kemble) .............................. **18**:181
"Ib and Little Christine" (Andersen) . **7**:29, 32;
   **79**:82
"Ibo" (Hugo) .................................. **3**:263
"Icarus" (Taylor) ........................... **89**:310
"The Ice Maiden" (Andersen) . **7**:29, 32; **79**:28,
   32, 58, 70-71, 82-84, 88-89
*The Ice-Island* (Bird) ...................... **1**:87
"Ich schnitt' es gern in alle Rinden ein"
   (Muller) .............................. **73**:381
"Ich wandle wieder durch die Waldesspitze"
   (Meyer) .............................. **81**:147
"Ichabod" (Whittier) . **8**:490, 495, 500, 509-10,
   513, 515, 520-22, 526, 530-31; **59**:357, 360,
   368-73

"Ichneumon" (Taylor) .................... **89**:311

"Ida Grey" (Levy) ...................... **59**:106

*Idea for a Universal History with a Cosmopolitan Purpose* (Kant) ...................... **27**:237; **67**:222

*The Idea of a University, Defined and Illustrated* (Newman) .. **38**:286, 294, 296, 302, 307, 323, 342, 344-45

"L'idéal" (Baudelaire) . **6**:123; **29**:97-8; **55**:31, 58

"The Ideal" (Baudelaire)
    See "L'idéal"

"The Ideal and Life" (Schiller)
    See "Das Ideal und das Leben"

*The Ideal in Art* (Taine) ...................... **15**:469

"Das Ideal und das Leben" (Schiller) ...................... **39**:332, 337, 370

"Ideal Women" (Linton) ............... **41**:164

"Ideale" (Schiller)
    See "Das Ideal und das Leben"

"Ideale der Menschheit" (Hölderlin) .. **16**:175

"An Idealistic Flounder" (Saltykov) .. **16**:358

*Ideas* (Kierkegaard) ...................... **78**:122

*Ideas* (Schlegel)
    See *Ideen*

*Ideas, 129a* (Schlegel) ............... **45**:343

*Ideas, 135* (Schlegel) ............... **45**:343

*Ideas for a Philosophy of Nature* (Schelling)
    See *Ideen zu einer Philosophie der Natur*

*Ideas, The Book of Le Grand* (Heine)
    See *Ideen, Das Buch Le Grand*

*Idée sur les romans* (Sade) . **3**:468-69; **47**:312, 346

*Ideen* (Schlegel) ...... **45**:342-43, 363, 382

*Ideen, Das Buch Le Grand* (Heine) ...... **4**:250-51, 259, 266, 317

*Ideen, Das Buch Le Grand* (Heine) ...... **54**:317, 331, 336, 338-9

*Ideen zu einer Philosophie der Natur* (Schelling) ............. **30**:125, 165, 171-75

*Ideen zur Geschichte und Kritik der Poesie und bildenden Künste* (Herder) ...................... **8**:307, 313

*Ideen zur Philosophie der Geschichte der Menschheit* (Herder) . **8**:299-301, 303, 309-12

*Les idées de Madame Aubray* (Dumas) ....... **9**:220, 225, 228, 235, 241-43, 249-51

"Les Idées du Colonel" (Maupassant) ...................... **83**:181, 194

*Idées et sensations* (Goncourt and Goncourt) ...................... **7**:152

*Ideolus* (Baudelaire) ...................... **6**:119

*The Idiot* (Dostoevsky) .... **2**:162, 164, 167-69, 171, 175, 180, 187, 199, 202-04; **7**:103; **21**:90, 94, 102, 108-09, 112-13, 115, 121, 140, 142, 144; **33**:165, 179, 199, 212; **43**:91, 98, 134, 167

"The Idiot Boy" (Wordsworth) .......... **12**:386-87, 402, 445-46, 451

"Idiots Again" (Martineau) ............ **26**:349

*The Idle Man* (Dana) .. **53**:160, 167, 174, 177

"The Idler" (Very) ...................... **9**:383

"L'idole: sonnet du trou du cul" (Rimbaud) ...................... **35**:291

*Idris und Zenide* (Wieland) ........... **17**:410-12

"Idyl from Lake Constance" (Morike) . **10**:456

*Idyll och epigram* (Runeberg) ..... **41**:309, 317, 320-21

"Idylle" (Chamisso) .................... **82**:27-29

"Idylle coupée" (Corbière) .............. **43**:33

*L'idylle rue Plumet* (Hugo) ............ **3**:246

*Idylle von Bodensee; oder, Fischer Martin und die Glockendiebe* (Morike) . **10**:447, 449-50, 452

*Idylles Prussiennes* (Banville) ...... **9**:16, 24, 30

*Idyllia heroica* (Landor) .. **14**:181, 190, 204

*Idylls of the King* (Tennyson) . **30**:216-18, 220, 233, 242, 249, 252-54, 258, 265, 267, 269-70, 274, 276, 279-82, 287, 292-93, 295; **65**:223-390

*Idyls and Epigrams* (Runeberg)
    See *Idyll och epigram*

"If Ever I See" (Hale) ............ **75**:279, 286

"If I Can Stop One Heart from Breaking" (Dickinson) ...................... **21**:37

"If I Drive at Night through the Dark Street" (Nekrasov) ...................... **11**:409

"If I Were Dead" (Patmore) ... **9**:343, 349, 358

"If Thou Sayest, Behold, We Knew It Not" (Rossetti) ...................... **2**:577

"If Thou Wilt Ease Thine Heart" (Beddoes) ...................... **3**:34

"If You Come to My Field" (Isaacs)
    See "Si vienes a mi campo"

"If You Only Knew Lords" (Shevchenko)
    See "Yak by vy znaly panychi"

"If You Speak, I'll Pretend Deafness . . ." (Eminescu) ...................... **33**:257

"If You Were Coming in the Fall" (Dickinson) ...................... **21**:7, 75

*Igitur* (Mallarme) . **4**:383, 385-86, 392; **41**:232-34, 237-39, 249, 271, 275, 286, 300

*Igroki* (Gogol) ...... **5**:231, 239, 256; **15**:84, 98, 104

"Iisjomfruen" (Andersen)
    See "The Ice Maiden"

"Ikävyys" (Kivi) ...................... **30**:51

*Il burbero di buon cuore* (Da Ponte) .... **50**:78

*Il Cinque di Maggio* (Manzoni)
    See *Il cinque maggio*

*Il cinque maggio* (Manzoni) ........ **29**:263, 299

*Il corvo* (Gozzi) ...... **23**:107, 112-13, 119, 121, 123, 125

*Il dissoluto punito o sia il Don Giovanni* (Da Ponte) ... **50**:76, 80-6, 88-94, 96, 98

*Il faut qu'une porte soit ouvertr ou fermée* (Musset) ... **7**:259, 262, 268, 271-72, 275

*Il filosofo turchino* (Da Ponte) ........ **50**:80

*Il mostro turchino* (Gozzi) ... **23**:108, 119, 121, 123, 125-26

*Il ne faut jurer de rien* (Musset) ... **7**:259, 268, 270-72, 275

"Il nome di Maria" (Manzoni) ........... **29**:253

*Il pasticcio* (Da Ponte) ................ **50**:82

*Il pastor fido* (Da Ponte) .............. **50**:82

*Il penseroso* (Amiel) ................ **4**:15, 19

"Il pleure dans mon coeur" (Verlaine) ...................... **2**:631; **51**:351, 355, 384

"Il Ponte del Paradiso" (Symonds) ..... **34**:355

*Il re cervo* (Gozzi) . **23**:107, 112-14, 119, 123, 125-26

*Il ricco d' un qiorno* (Da Ponte) ....... **50**:77-8

"Il viccolo di Madama Lucrezia" (Merimee) .. **6**:366, 369-70; **65**:47, 52, 57-61, 98, 118, 133, 135

*The Ilau* (Sacher-Masoch) .............. **31**:295

*Ildikó* (Arany) ...................... **34**:8

*The Iliad* (Hunt) ...................... **1**:411

*The Iliad of Homer* (Bryant) ........... **6**:166

*Ilius Pamphilius und die Ambrosia* (Arnim) ...................... **38**:15

"I'll Tell Thee All—How Blank It Grew" (Dickinson) ...................... **21**:38

*I'll Tell You What* (Inchbald) ....... **62**:143, 146, 148

"Illa Creek" (Kendall) ... **12**:179, 181, 186

"The Illuminated City" (Hemans) ....... **71**:277

*Illumination* (Frederic)
    See *The Damnation of Theron Ware*

*Les illuminations* (Rimbaud) .... **4**:453-55, 457, 459-63, 465-66, 468, 470-74, 476-77, 479-80, 482-83, 487; **35**:269-72, 275, 278,291, 293-94, 304, 310-312, 320, 321-26; **82**:218-19, 223-27, 23 0-33, 237, 240-43, 247-48, 250-51, 253, 255, 262-63

*Illuminations* (Rimbaud)
    See *Les illuminations*

"Les illuminés; ou, Les précurseurs de socialisme" (Nerval) . **1**:476, 485; **67**:357, 371

"L'illusion suprême" (Leconte de Lisle) ...................... **29**:214, 217-18, 224, 234-36

"Illusions" (Emerson) ...................... **1**:295, 300

*Illusions perdues* (Balzac) .... **5**:39, 43, 45, 49, 63, 72, 75, 80; **35**:20, 51, 60; **53**:8

*Illustrated Excursions in Italy* (Lear) .... **3**:295

*Illustrated Poems* (Sigourney) . **21**:297; **87**:321

*Illustrations of Lying* (Opie) ........ **65**:204

*Illustrations of Political Economy* (Martineau) ... **26**:303, 309-10, 329-30, 334-35, 337-39, 341, 348, 351, 355

"Illustrations on Sublimity" (Beattie)
    See *Dissertations Moral and Critical: On Memory and Imagination; On Dreaming; The Theory of Language; On Fable and Romance; On the Attachments of Kindred; Illustrations on Sublimity*

"L'illustre Gaudissart" (Balzac) ........... **35**:11

"L'illustre magicien" (Gobineau) .... **17**:69, 92, 104

"The Illustrious Gaudissart" (Balzac)
    See "L'illustre Gaudissart"

"The Illustrious Magician" (Gobineau)
    See "L'illustre magicien"

"I'm ceded, I've stopped being theirs" (Dickinson) ......................... **77**:143, 153

"Im Dorfe" (Muller) ............ **73**:390-92

"Im Grase" (Droste-Hulshoff) ........... **3**:200

"Im Krug zum grünen Kranze" (Muller) ...................... **73**:379-81, 383

"Im Mai" (Heine) ..................... **4**:256

"Im Moose" (Droste-Hulshoff) ........... **3**:196

*Im Nachbarhause links* (Storm) ........... **1**:540

"I'm Nobody! Who Are You?" (Dickinson) ...................... **21**:71

*Im Saal* (Storm) ...................... **1**:539

*Im Schloss* (Storm) ...................... **1**:540

*Im Sonnenschein* (Storm) ............... **1**:539

"Im Spätboot" (Meyer) ........... **81**:199, 201-02

"Im Veltlin" (Meyer) ............... **81**:150

"I'm 'Wife'—I've Finished That" (Dickinson) ...................... **21**:64

"L'Image dans l'eau" (Desbordes-Valmore) ...................... **97**:27

"The Image in Lava" (Hemans) . **71**:276, 304-05, 307

"The Image in the Heart" (Hemans) ... **71**:303

*L'imagier de Harlem* (Nerval) ........... **67**:340

*Imaginary Conversations* (Landor) ..... **14**:158-59, 162, 165-66, 168, 170-73, 176, 180, 184, 186, 191-95, 201-02, 206-08, 210

*An Imaginary Portrait* (Pater) .. **7**:296, 298-99, 303-04, 307, 312, 317, 323-24, 341; **90**:242, 248, 336, 338, 340

*Imaginary Portraits* (Pater)
    See *An Imaginary Portrait*

"Imagination" (Beattie)
    See *Dissertations Moral and Critical: On Memory and Imagination; On Dreaming; The Theory of Language; On Fable and Romance; On the Attachments of Kindred; Illustrations on Sublimity*

"Imagination" (Emerson) ...................... **1**:282

*Imagination and Fancy; or, Selections from the English Poets...and an Essay in Answer to the Question "What Is Poetry?"* (Hunt) ...................... **1**:417-20

"Imelda of Bologna" (Sedgwick) ... **19**:445

*L'imitation de Notre-Dame la lune* (Laforgue) .. **5**:275-8, 283; **53**:256-7, 259, 263, 278-9, 287-8, 290-1

*Imitation Ermine* (Sacher-Masoch) ..... **31**:290

"An Imitation of Dr. Watts" (Field) .. **3**:211

"Imitation of Spenser" (Keats) . **8**:342; **73**:151, 158, 328

*Imitations of the Koran* (Pushkin) ... **83**:282

*Immense* (Storm) ........ **1**:535-39, 545-46, 550

"The Immortal" (Very) ...................... **9**:385

"The Immortal Golovan" (Leskov)
    See "Nesmertel' nyj Golovan"

"Immortal Ode" (Wordsworth) ........... **38**:368

"The Immortal Ones" (Isaacs)
    See "Los immortales"

"Immortale jecur" (Hugo) .................. **10**:357

"Los immortales" (Isaacs) .................. **70**:313
"L'immortalité" (Lamartine) ..**11**:269-70, 272, 278, 282
"Immortality" (Allston) ........................... **2**:26
"Immortality" (Lamartine)
    See "L'immortalité"
"Immortality Ode" (Wordsworth)
    See "Ode: Intimations of Immortality from Recollections of Early Childhood"
"The Immortality of the Soul" (Newman) ........................... **38**:304-05
*L'immortel* (Daudet) ...... **1**:237, 239, 244, 249, 251
"The Imp of the Perverse" (Poe) ......... **1**:500-01, 518; **16**:301, 331-32; **78**:260, 278, 281, 284-86, 298-99
"Împarat şi proletar" (Eminescu) . **33**:245, 250
*The Impasse* (Leskov)
    See *Nekuda*
"Imperfect Sympathies" (Lamb) ........ **10**:410-11, 413, 424-25, 435
"Imperfect Thoughts" (Fuller) .............. **5**:169
"El imperio chimila" (Isaacs) ............. **70**:311
*The Impertinents* (Augier)
    See *Les éffrontés*
*Impetus philosophicus* (Claudius) ....... **75**:190
"Implicit and Explicit Reason" (Newman) ........................... **38**:307
"Implora Pace" (Taylor) .................. **89**:294
"The Importance of a Man to Himself" (Smith) ........... **59**:303, 309, 316, 322-3
*Important Considerations* (Cobbett) ... **49**:164
"L'Impossible" (Desbordes-Valmore) ..... **97**:5-6, 22
"L'Impossible" (Laforgue) ........... **53**:270, 289
"L'impossible" (Rimbaud) .... **4**:466; **35**:271, 303-04, 313, 319; **82**:229, 235, 237-38, 241, 250, 253, 260, 262
"Impotens" (Levy) ....................... **59**:96, 98
*Impressions de voyage* (Dumas) ...... **11**:48, 52, 62-64, 90; **71**:185
*Impressions de voyage: De Paris à Cadix* (Dumas)
    See *Impressions de voyage*
*Impressions de voyage: Suisse* (Dumas)
    See *Impressions de voyage*
*Impressions of Theophrastus Such* (Eliot) ........................... **4**:110, 152; **23**:73
"L'imprévu" (Baudelaire) ...... **6**:109; **55**:2
"Improvisation" (Taylor) .................... **89**:319
"Improvisation V" (Taylor) ................ **89**:319
"Improvisation VIII" (Taylor) ............. **89**:318
*Improvisations* (Taylor) ....................... **89**:318
"The Improvisatore" (Beddoes) .............. **3**:33
*The Improvisatore* (Andersen) ............... **79**:18
*The Improvisatore, in Three Fyttes, with Other Poems* (Beddoes) ........... **3**:28, 32, 36, 38
*The Improvisatore; or, Life in Italy* (Andersen) ........................ **7**:14-16, 19, 24; **79**:79-80
*The Improvisatrice, and Other Poems* (Landon) ............. **15**:154-56, 158, 160-61, 165, 168
"In a Balcony" (Browning) .... **19**:79, 131
"In a Battle" (Schiller) .................... **39**:336
"In a Bye-Canal" (Melville) ........... **3**:352, 363
"In a Drear-Nighted December" (Keats) ........................... **8**:360
"In a Garden" (Allingham) ................ **25**:14
*In a Glass Darkly* (Le Fanu) . **9**:302, 308, 312, 315, 317, 320-21, 323; **58**:252, 254-7, 264, 301-2
"In a Gondola" (Browning) ...... **19**:93, 130-31
"In a Lecture-Room" (Clough) ........... **27**:105
"In a Minor Key" (Levy) .................... **59**:96
"In a Neat Cottage" (Crabbe) .............. **26**:139
*In a New World; or, Among the Gold-Fields of Australia* (Alger) ........... **8**:17, 40, 44-45
"In a Year" (Browning) ................... **19**:127
"In an Artist's Studio" (Rossetti) ........ **66**:350
"In Behalf of My Country" (Isaacs)
    See "Pro patria"
"In Cabin'd Ships at Sea" (Whitman) . **31**:387-88

"In Carey's Footsteps" (Ferguson) ...... **33**:289
*In Congress, July 4, 1776: A Declaration by the Representatives of the United States of America, in General Congress Assembled* (Jefferson) .... **11**:137, 139-57, 159, 162-66, 169-70, 172-79, 184-85, 189, 193-96, 198-203, 205, 207, 209-10
"In Crowds of People, in the Hurly-burly of the Day" (Tyutchev) ................. **34**:389
"In das Femdenbuch de Thalhofes zu Reichenau" (Raimund) ................. **69**:13
"In deserto" (Gautier) ........................... **1**:350
"In Ev'ry Dream Thy Lovely Features Rise" (Barnes) ....................... **75**:70
"In excelsis" (Leconte de Lisle) ... **29**:228, 235
"In Falling Timbers Buried" (Dickinson) ........................... **21**:43
"In Harbor" (Hayne) ................ **94**:149 167-68
"In Harmony with Nature" (Arnold) ........................... **6**:55; **29**:34
"In Him We Live" (Very) . **9**:378, 381, 384-85
*In malayischer Form* (Chamisso) ......... **82**:27
"In May" (Lampman) ......................... **25**:172
"In Memoriam" (Lazarus) ............. **8**:413, 417
*In Memoriam* (Tennyson) ... **30**:213, 220, 223-24, 226-28, 230, 233, 235-36, 238-43, 245-46, 255-62, 267, 269, 271-77, 279-80, 282-83, 287, 293; **65**:231, 234-5, 240-1, 248-9, 257, 267, 271, 277, 279-80, 282, 334, 348, 358, 375
"In Memory of a Happy Day in February" (Brontë) ....................... **4**:46; **71**:165-66
"In Memory of My Mother" (Opie) ... **65**:182
"In Memory of Széchenyi" (Arany)
    See "Széchenyi emlékezete"
"In Memory of V.A. Zhukovsky" (Tyutchev)
    See "Pamyati V.A. Zhukovskogo"
*In morte del fratello Giovanni* (Foscolo) ........................... **97**:62, 67
"In My Own Album" (Lamb) ............. **10**:405
"In November" (Lampman) ... **25**:171, 193-94, 199, 210
"In October" (Lampman) ..... **25**:171, 192, 204
"In Our Abode in Arby Wood" (Barnes) . **75**:54
"In Our Forest of the Past" (Thomson) ........................... **18**:394, 427
*In Parallel* (Verlaine)
    See *Parallèlement*
"In Paths Untrodden" (Whitman) ........................... **31**:393; **81**:328
"In Prison" (Morris) ........................ **4**:423, 444
"In Progress" (Rossetti) .... **2**:573; **50**:286, 293
"In School-Days" (Whittier) .. **8**:513, 517, 522
"In Search of the Earth's Peace" (Eminescu) ........................... **33**:264
*In Search of Treasure* (Alger) ................. **8**:43
"In September" (Levy) ........................... **59**:90
"In shades obscure and gloomy warmd to sing" (Clare) ........................... **86**:173
*In Spain* (Andersen) .................. **7**:19; **79**:79
*In St. Jürgen* (Storm) .............. **1**:536, 540, 543
"In Summer-Time" (Jefferies) .... **47**:93
*In Sweden* (Andersen) ........................ **79**:80
*In Switzerland* (Slowacki) . **15**:348-49, 353-54, 358-59, 364
"In Tenderness To Me Whom Thou Didst Spurn" (Barnes) ..................... **75**:70
"In the Bazaar at Smyrna" (Taylor) .... **89**:357
"In the Beginning of 1812" (Pushkin) . **83**:320
"In the Black Forest" (Levy) ............ **59**:93
"In the Bleak Mid-Winter" (Rossetti) . **50**:312
"In the Breast of a Maple" (Crawford) . **12**:169-70
"In the Canadian Woods" (Traill) ... **31**:329
"In the Churchyard at Cambridge" (Longfellow) ..................... **45**:125
"In the Corner of a Small Sqauare" (Pushkin) ........................... **83**:315-18
"In the Cotton Country" (Woolson) ........................... **82**:273, 302, 305, 339-40, 343
"In the Desert" (Melville) .................. **29**:375
"In the Duckyard" (Andersen) ................ **7**:37

"In the Dumps" (Parton) .................... **86**:366
"In the Garden" (Arany)
    See "Kertben"
"In the Glooming Light" (Tennyson) ..**30**:211
"In the Great Metropolis" (Clough) ........................... **27**:103, 114
"In the Hedge I pass a little nest" (Clare) ........................... **86**:145
"In the Jewish Synagogue at Newport" (Lazarus) ................... **8**:417, 422, 424-25
*In the Key of Blue* (Symonds) . **34**:343, 352-53
"In the Market" (Arany)
    See "Vásárban"
"In the Meadows" (Taylor) ................ **89**:307
"In the Mile End Road" (Levy) ..... **59**:96, 119
"In the Pine Groves" (Lampman) ....... **25**:209
"In the Room" (Thomson) .. **18**:397, 403, 405, 407, 418, 420, 423
"In the Round Tower at Jhansi, June 8, 1857" (Rossetti) .................. **66**:371, 377
*In the Sixties* (Frederic) ................. **10**:187-88
"In the Spring" (Barnes) ..................... **75**:21
"In the Stillness o'Night" (Barnes) ....... **75**:71
"In the Teutoburger Forest" (Taylor) ... **89**:313
*In the Valley* (Frederic) ..... **10**:183-84, 187-88, 190, 192-93, 201, 203-04, 207, 210-11, 213
"In the Valley of Cauteretz" (Tennyson) ........................... **30**:280
"In the Valley of Humiliation" (Thomson) ........................... **18**:425
"In the Valley of the Elwy" (Hopkins) . **17**:220
"In the village" (Tyutchev)
    See "V derevne"
"In the Wilds" (Lampman) .. **25**:172, 190, 218
"In Three Days" (Browning) .............. **19**:127
"In Torture" (Isaacs)
    See "En la tortura"
"In Trafalgar Square" (Adams) .............. **33**:4
*In Trust* (Oliphant) ............................ **61**:203
"In Utrumque Paratus" (Gordon) . **21**:159, 164
"In Venice" (Woolson) ............ **82**:289-91, 341
*In War Time, and Other Poems* (Whittier) ........................... **8**:493-94
"In Winter" (Taylor) ........................... **89**:309
"In Winter in my Room" (Dickinson) . **77**:148
"Inaugural Lecture on the Study of Modern History" (Arnold) ........................ **18**:54
"L'incantation du loup" (Leconte de Lisle) ........................ **29**:225, 230, 237
"The Incarnate Son, a Sufferer and Sacrifice" (Newman) ..................... **38**:305
"The Inca's Daughter" (Whitman) ........................... **81**:343, 345
"The Incendiary" (Rowson) ............... **69**:129
"The Inch Cape Rock" (Southey) ...... **8**:474
"An Incident in a Railroad Car" (Lowell) ........................ **2**:522; **90**:194
"Incident of the French Comp" (Browning) ........................... **79**:164
*Incidents in the Life of a Slave Girl, Written by Herself* (Jacobs) . **67**:119-22, 124-27, 130, 135-36, 138-41, 143, 145-48, 150-51, 153, 159, 163-64, 166, 170-76, 178-80, 183, 187-88, 191-93, 196-97
*Incidents of the Insurrection in the Western Parts of Pennsylvania in the Year 1794* (Brackenridge) ..................... **7**:48, 55-56
"Inclusions" (Browning) ................. **16**:135-6
"L'Inconnue" (Maupassant) . **83**:182, 201
"L'inconnue" (Villiers de l'Isle Adam) . **3**:590
"Inconstancy of the Populace" (Webster) ........................... **30**:424
*Les Inconvénients de la vie de Paris* (Staël) ........................... **91**:358
"Independence" (Parton) ................... **86**:353
"Independence Bell—July 4, 1776" (O'Brien)
    See "How the Bell Rang, July 4, 1776"
"Independence of the Church" (Brownson) ........................... **50**:54
*India, China, and Japan* (Taylor) . **89**:302, 355
"The Indian Bride" (Pinkney) ..... **31**:268, 276, 281

"The Indian Burying-Ground" (Freneau)
........................ **1**:315, 317, 319, 323
"The Indian, City" (Hemans) ....... **71**:275, 293
"The Indian Girl's Lament" (Bryant)
........................................ **6**:182; **46**:22
"The Indian Jugglers" (Hazlitt) . **29**:167; **82**:90,
    95, 97, 101
*Indian Nullification of the Unconstitutional*
    *Laws of Massachusetts Relative to the*
    *Marshpee Tribe; or, the Pretended Riot*
    *Explained* (Apess) ... **73**:7, 10, 12-14, 16,
    27
"The Indian Spring" (Bryant) .............. **6**:181
"Indian Story" (Bryant) ....... **6**:161, 186; **46**:42
"Indian Student" (Freneau) ................... **1**:315
"Indian Summer" (Lampman) ............ **25**:210
*Indian Summer* (Stifter)
    See *Der Nachsommer*
"An Indian Summer Reverie" (Lowell)
........................... **2**:507; **90**:215
"The Indian With His Dead Child" (Hemans)
........................................ **71**:279
"Indian Woman's Death-Song" (Hemans)
........................................ **71**:274, 294
*Indiana* (Sand) . **2**:581-85, 589, 598, 603, 605-
    07; **42**:306-09, 315-17, 320, 324, 328-29,
    333, 337-42, 349, 351-54, 356-58, 364, 378-
    81, 383-89; **57**:308-11, 316, 318-20, 322-5,
    327-30, 332-3, 335-9, 344, 348-50, 359,
    363-7, 371, 374-81
*Die Indianer in England* (Kotzebue) .. **25**:145-
    47
"Der Indianerzug" (Lenau) . **16**:269, 278, 284
"Indian's Tale" (Whittier) ................... **8**:485
*The Indians: The Ten Lost Tribes* (Apess)
........................................ **73**:15
"Indications of Immortality" (Channing)
........................................ **17**:54
*The Indicator and the Companion: A*
    *Miscellany for the Fields and the*
    *Fireside* (Hunt) ....................... **1**:412
*Indira* (Chatterji) ... **19**:209, 213, 217-19, 221-
    22, 224
"Individuality" (Lanier) ............... **6**:238, 242
"The Individuality of the Soul" (Newman)
........................................ **38**:304
"Indolence" (Keats) ................. **8**:387, 391
"Indolence" (Thomson) ................. **18**:401
"The Indolence of the Filipinos" (Rizal)
    See "Sobre la indolencia de los Filipinos"
"The Indolent Monk" (Baudelaire)
    See "Le mauvais moine"
"Les indolents" (Verlaine) ... **2**:624; **51**:379-80
"Indulgence in Religious Privileges"
    (Newman) ........................ **38**:304
"The Industrious Family" (Child) ....... **73**:130-
    31, 134
*Inebriety* (Crabbe) .................. **26**:110-11, 146
*Ines de Castro* (Landor) ................ **14**:161
*Inès de las Sierras* (Nodier) . **19**:377, 384
*Ines Mendo* (Merimee) ..... **65**:46-7, 54, 59-60,
    63, 79, 83
"The Inevitable Trial" (Holmes) ........ **81**:102
"The Inexpressible" (Zhukovsky)
    See "Nevyrazimce"
*The Infamy* (Eminescu) ................. **33**:266
"Infant Joy" (Blake) .. **13**:182; **37**:6, 9, 13, 39,
    41, 44, 57, 65, 71-2, 78, 84, 92, 95-6
"Infant Sorrow" (Blake) ........ **13**:219-20, 242;
    **37**:11-12, 24, 33, 44, 53, 57, 75, 84, 96
*The Infant with the Globe* (Alarcon)
    See *El niño de la bola*
"The Infant's Prayer" (Sigourney) ...... **21**:299
*The Infernal Marriage* (Disraeli) . **39**:3, 33, 52,
    54-5, 75
*Infernaliana* (Nodier) ........ **19**:378, 383
*The Infidel; or, The Fall of Mexico* (Bird)
........................... **1**:82-84, 86-87, 90
"L'infini dans les cieux" (Lamartine)
........................................ **11**:265, 270
*The Inflexible Captive; A Tragedy* (More)
........................................ **27**:336

"Influence of Academies" (Arnold) ........ **6**:47
*Les Infortunes de la vertu* (Sade)
    See *Justine ou les malheurs de la vertu*
"Les ingénus" (Verlaine) .......... **2**:624; **51**:378
*The Ingoldsby Legends* (Barham) ....... **77**:4, 6,
    8-12, 16-23, 25, 28-30, 32-34, 36-37, 39-
    41, 43-44
*The Ingoldsby Lyrics* (Barham) ........ **77**:21, 28
*The Ingoldsby Penance* (Barham) ......... **77**:10
"Ingvi and Alf" (Lampman) .............. **25**:201
*The Inheritance* (Ferrier) .... **8**:236-40, 242-44,
    246-56
*The Inheritance* (Smolenskin) ........ **30**:189-90
*The Inhibited Imaginatin* (Raimund)
    See *Die gesfesselte Phantasie*
"The Iniquity of the Fathers upon the
    Children" (Rossetti) ................. **66**:329
"The Injured Tree" (Meyer)
    See "Der verwundete Baum"
*Injury and Insult* (Dostoevsky)
    See *The Insulted and Injured*
"The Inkpot" (Petofi)
    See "A tintásüveg"
*An Inland Voyage* (Stevenson) ...... **5**:386, 388,
    390, 405, 410
"The Inn" (Turgenev) ... **21**:415, 418, 441, 453
*The Inn Album* (Browning) . **19**:85-6, 106, 112
"The Inner Life of Art" (Lewes) ........ **25**:294
"Inner Voices" (Hugo) ...................... **3**:261
"Innocence" (Isaacs)
    See "Inocencia"
"Innocent Child and Snow-White Flower"
    (Bryant) .......................... **46**:38
"Innocent Prudencij" (Leskov)
    See "Nevinnyj Prudencij"
"Inns" (Crabbe) ........................ **26**:121
"Inocencia" (Isaacs) ................. **70**:306
*Inquiry* (Kant) ................... **27**:220-21
*The Inquisitor* (Holcroft) ............. **85**:198
*The Inquisitor; or, Invisible Ramble* (Rowson)
    ..... **5**:309-10, 315-16, 321-22; **69**:103, 112,
    122-28, 132, 141
"Insanity: A Fragment" (Brown) ........ **74**:108
*The Inscribed Firtree* (Stifter)
    See *De beschriebene Tännling*
"Inscription" (Whitman) ... **4**:589, 603
"Inscription for the Entrance into a Wood"
    (Bryant) ...... **6**:158, 168-69, 176, 182-83,
    187; **46**:22, 34, 45, 47, 55
"Inscription Written at the Request of Sir
    George Beaumont, Bart., and in His
    Name, for an Urn, Placed by Him at the
    Termination of a Newly-Planted Avenue,
    in the Same Grounds" (Wordsworth)
    ........................................ **12**:445
"Inscriptions" (Mackenzie) ............. **41**:184
*Inscriptions* (Southey) .............. **8**:468; **97**:318
"The Insect" (Turgenev) ................ **21**:451
*The Insect* (Michelet) .. **31**:215, 219, 242, 244-
    45, 247-48, 260-61, 263-64
"Insects" (Clare) ........................ **9**:85
"Insight" (Lampman) .................... **25**:163
"Insomnia" (Isaacs)
    See "Insomnio"
"Insomnia" (Thomson) . **18**:394, 397, 400, 403,
    405, 407, 409, 415, 417-20
"Insomnia" (Tyutchev)
    See "Bessonnitsa"
"Insomnie" (Corbiere) .............. **43**:13, 34
"Insomnio" (Isaacs) ................. **70**:313
"The Inspector General" (Gogol)
    See *Révizor*
"Inspiration" (Emerson) ............... **38**:149
"Inspiration" (Thoreau) ............... **7**:383
"The Inspiration of Song" (Crawford)
    ........................... **12**:154, 161
*The Inspired Version* (Smith) ........... **53**:391
"Instans Tyrannus" (Browning) ...... **19**:115
*The Instant* (Kierkegaard)
    See *The Attack upon "Christendom"*
"Instinkt" (Droste-Hulshoff) .......... **3**:193, 201

*The Insulted and Injured* (Dostoevsky)
    .... **2**:161; **7**:70, 75, 80, 82, 107; **33**:161-62,
    165, 195, 203; **43**:92
"Intellect" (Emerson) ................. **38**:173
"Intellect, the Instrument of Religious
    Training" (Newman) ............. **38**:305
*The Intellectual and Moral Reform of France*
    (Renan)
    See *La réforme intellectuelle et morale*
"Intellectual Wants of Greece" (Sigourney)
    ........................................ **21**:311
"The Intelligence Officer" (Hawthorne) . **2**:298
"The Intemperate" (Sigourney) .......... **21**:290
"Inter Vias" (Lampman) ............. **25**:204
"An Intercepted Letter to Dickens" (Kirkland)
    ........................................ **85**:270
*Intercepted Letters; or, The Twopenny Post*
    *Bag* (Moore) . **6**:382, 384, 388, 392, 395
"L'interdiction" (Balzac) ............. **35**:4
"The Interior of a Heart" (Hawthorne)
    ........................... **2**:327; **10**:297
"Intermède" (Banville) ................. **9**:32
*Das Intermezzo, oder Der Landjunker zum*
    *ersten Male in der Residenz* (Kotzebue)
    ........................................ **25**:147
"The International Working-Men's Movement"
    (Bakunin) ........................ **58**:134
"Interpreting Nature" (Very) ...... **9**:388, 390
"L'intersigne" (Villiers de l'Isle Adam) . **3**:581
"The Interview" (Hawthorne) ............. **10**:297
"Interviews with German Authors" (Taylor)
    ........................................ **89**:308
*Intimate Journal* (Sand)
    See *Le secrétaire intime*
*Intimate Journals* (Baudelaire)
    See *Journaux intimes*
"Intimations of Immortality" (Wordsworth)
    See "Ode: Intimations of Immortality from
    Recollections of Early Childhood"
"Into the Kitchen Door I Strolled" (Petofi)
    See "Befordúltam a konyhára"
*Intrigue and Love* (Schiller)
    See *Kabale und Liebe*
*An Intrigue in a Hurry* (Fredro)
    See *Intryga na predce; czyli, Niema złego*
    *bez dobrego*
"Introduction" (Blake) ... **13**:182, 191, 241-42;
    **37**:10, 13, 18, 20, 24, 31, 38, 41-2, 45, 47-9,
    57, 65, 73, 92
*Introduction à l'histoire universelle* (Michelet)
    ........................... **31**:227, 246, 258
*Introduction to the Dialectics of Nature*
    (Engels) ........................... **85**:10
*Introduction to the Principles of Morals and*
    *Legislation* (Bentham) ... **38**:24-5, 38, 44,
    48-56, 81-9
*An Introduction to the Study of Dante*
    (Symonds) ..................... **34**:351
*Introduction to Universal History* (Michelet)
    See *Introduction à l'histoire universelle*
"Introductions to Wissenschaftslehre" (Fichte)
    ........................................ **62**:4, 34
"Introductory Discourse" (Baillie) .... **71**:9, 28-
    29, 31-32, 65
*Introductory Lectures Delivered at Queen's*
    *College, London* (Kingsley) .... **35**:250
*Introductory Lectures on Modern History*
    (Arnold) ............................. **18**:12, 14, 29
"Introductory Sonnet" (Rossetti) ....... **77**:359
*Intryga na predce; czyli, Niema złego bez*
    *dobrego* (Fredro) ................. **8**:289
"The Intuitions of the Soul" (Very) ...... **9**:388
"L'inutile beauté" (Maupassant) ... **1**:448, 459,
    464, 468; **83**:177, 179, 223-24
*The Invasion* (Griffin) .... **7**:194, 197-201, 204,
    212, 214, 218
*Invectives* (Verlaine) ................. **2**:621; **51**:351
"Inventory of the Moon" (Zhukovsky)
    See "Podrobnyi otchet o lune"
"Inversnaid" (Hopkins) ............ **17**:191, 195
*The Invisible Brothers* (Scribe)
    See *Les frères invisibles*

*The Invisible Lodge* (Jean Paul)
 See *Die Unsichtbare Loge*
*The Invisible Man* (Andersen) .......... **79**:11, 17
*The Invisible Prince* (Planche) .... **42**:273, 288, 301
"The Invisible World" (Newman)
 ................................ **38**:282, 303-04
"The Invitation" (Clare) ...................... **86**:87
"The Invitation" (Shelley)
 See "To Jane: The Invitation"
"Invitation and Reply" (Pinkney) . **31**:279, 281
"L'invitation au voyage" (Baudelaire)
 . **6**:87, 115, 118, 128; **29**:109; **55**:29, 61, 69
"Invitation to a Painter" (Allingham)
 ................................ **25**:21, 29
"An Invitation to the Country" (Bryant) . **6**:165
"Invite to Eternity" (Clare) .... **9**:103; **86**:87-91
"Invocation" (Hemans) ...................... **29**:205
"L'invocation" (Lamartine) .... **11**:269-70, 273, 277
"Invocation" (Lamartine)
 See "L'invocation"
"Invocation to Misery" (Shelley) ........ **18**:372
"The Inward Morning" (Thoreau) ........ **7**:383
"Inward Morning" (Very) .................. **9**:391
"Inward Pose" (Rossetti) .................. **50**:298
"Ion" (Alcott) ................................ **1**:25
*Iphigenia in Tauris* (Goethe)
 See *Iphigenie auf Tauris*
*Iphigenie auf Tauris* (Goethe) ...... **34**:90-119
"Ippolito di Este" (Landor) .............. **14**:162
"Ireland" (Martineau) ... **26**:305, 307, 309, 352
"Irené" (Lowell) .................... **2**:502, 507
*Iridion* (Krasinski) ....... **4**:303-05, 307-14, 319
"Iris" (Holmes) ................................ **14**:109
*Irish Anthology* (Mangan) .............. **27**:279
"Irish Catholicism and British Liberalism" (Arnold) ................ **89**:101, 103
*Irish Essays, and Others* (Arnold) .......... **6**:40
"The Irish Heart" (Child) .................... **73**:80
*The Irish Heiress* (Boucicault) ..... **41**:28, 40-1, 49
*The Irish Melodies* (Moore) ..... **6**:383-84, 386-92, 394, 396-400
"Irish National Hymn" (Mangan) . **27**:296, 316
*The Irish Post* (Planche) .................... **42**:278
"The Irish Schoolmaster" (Hood) ....... **16**:234
*The Irish Sketch Book* (Thackeray) . **5**:452, 482; **43**:349, 360, 380, 383, 386
*Irish Songs and Poems* (Allingham) . **25**:12, 15, 16
"Irishman and the Lady" (Maginn) ....... **8**:441
"The Iron Gate" (Holmes) .................. **14**:116
"An Iron Will" (Leskov)
 See "Železnaja volja"
"Iron World" (Smith) .................... **59**:330
"Ironia" (Norwid) ........................ **17**:374
"Irregular Verses" (Wordsworth) ....... **25**:421
"L'irrémédiable" (Baudelaire) ....... **6**:109, 115; **55**:13, 24, 29, 61, 72
"L'Irréparable" (Baudelaire) . **6**:115; **55**:29, 61
"The irresistible" (Lonnrot) .............. **53**:339
"Irrlicht" (Muller) ........................ **73**:392
*Irrungen, Wirrungen* (Fontane) .......... **26**:235-36, 240, 243-45, 248, 258, 262, 264, 270-71
"Irtóztató csalódás" (Petofi) .............. **21**:278
*Is He Popenjoy?* (Trollope) .. **6**:470, 477, 483; **33**:363
"Is it not great-this feat of Fate" (Fuller)
 ................................ **50**:249
"Is It True, Ye Gods, Who Treat Us" (Clough)
 See "Wen Gott betrügt, ist wohl betrogen"
"Is Music the Type or Measure of All Art?" (Symonds) ........................ **34**:351
*Is She His Wife?* (Dickens) ......... **37**:153, 210
"Isaac Laquedem" (Dumas) .............. **71**:185
*Isaac T. Hopper: A True Life* (Child)
 ........................ **6**:204; **73**:61, 79
"Isabel" (Dobell) .......................... **43**:48
"Isabel" (Tennyson) .............. **30**:271; **65**:369
"Isabel" (Whittier) ........................ **8**:513
*Isabel de Bavière* (Dumas) ........ **11**:49, 58

*Isabel of Bavaria* (Dumas)
 See *Isabel de Bavière*
"Isabella" (Keats) .... **8**:340, 347, 351-52, 355-56, 362; **73**:144-45, 153, 162, 171-72, 174, 183, 189, 208, 233, 255, 259, 323, 328, 336
*Isabella of Egypt* (Arnim)
 See *Isabella von Ägypten, Kaiser Karl des Fünften erste Jugendliebe*
"Isabella; or, The Pot of Basil" (Keats)
 See "Isabella"
*Isabella von Ägypten, Kaiser Karl des Fünften erste Jugendliebe* (Arnim) .. **5**:12-13, 17-18, 20-21
*Isabelle de Bavière* (Sade) .................. **47**:335
"Isadore" (Chivers) ........................ **49**:72
*Ishmael; or, In the Depths* (Southworth)
 ........................ **26**:433-36, 439, 447
*Isidora* (Sand) ........ **2**:588-89; **42**:322; **57**:312, 315-6, 368
*Isis* (Nerval) ........................ **1**:485; **67**:363, 371
*Isis* (Villiers de l'Isle Adam) .................. **3**:581
"An Island" (Browning) .................... **61**:42
*An Island in the Moon* (Blake) .... **37**:28-9, 31, 62-3; **57**:80
*Island Nights' Entertainments* (Stevenson)
 ........................ **5**:412, 422
*The Island of Barrataria* (Tyler) ...... **3**:572-73
"The Island of Bornholm" (Karamzin)
 See "Ostrov Borngol'm"
*The Island of Jewels* (Planche) .... **42**:273, 289
"The Island of Maddalena: witha Distant View of Caprera" (Taylor) .................. **89**:313
"The Island of the Fay" (Poe) ...... **16**:331, 335
*The Islanders* (Leskov)
 See *Ostrovitjane*
"L'Isle de Feu" (Dumas) .................... **71**:185
"The Isle of Devils" (Lewis) .............. **11**:300
"The Isle of Palms" (Wilson) ... **5**:545-46, 550
*The Isle of Palms, and Other Poems* (Wilson)
 ................................ **5**:544-46, 556, 561, 566
*Ismael: an Oriental Tale: with Other Poems* (Bulwer-Lytton) .................... **45**:68
*Ismaelillo* (Martí) .... **63**:63, 90, 104-6, 109-10, 126
"Ismaïl Bey" (Lermontov) .................... **5**:289
"Isobel's Child" (Browning) ...... **1**:112, 126-7; **61**:53, 55-6
"Isolation: To Marguerite" (Arnold)
 ................................ **29**:31; **89**:16, 18-19, 22
*Israel Potter: His Fifty Years in Exile* (Melville) . **3**:330, 334, 344, 354-55, 384; **29**:315, 334
*L'Israëlite* (Balzac) ........................ **5**:58
"Israfel" (Poe) ........................ **1**:527; **16**:330
*Istoriia sela Goriukhino* (Pushkin) ........ **3**:447-48, 459; **83**:275, 330
"Istoriya leytenanta Ergunova" (Turgenev)
 ................................ **21**:399, 415, 440-41
*Istoriya moega znakomstva s Gogolem* (Aksakov) ........................ **2**:13
*Istoriya odnogo goroda* (Saltykov) ..... **16**:340-41, 343, 345, 357, 359, 361, 364, 368, 372-73, 375-76, 378
"It bloomed and dropt, a Single Noon-" (Dickinson) ........................ **77**:121
"It Can't Be 'Summer'" (Dickinson) .... **21**:55
"It Fortifies My Soul to Know" (Clough)
 See "With Whom Is No Variableness, Neither Shadow of Turning"
"It Is Easy to Work When the Soul Is at Play" (Dickinson) ........................ **21**:64
*It Is Never Too Late to Mend* (Reade) .. **2**:533-34, 539-42, 544-45, 548-49, 551; **74**:244, 246, 251, 255, 262-65, 269, 271-72, 277-79, 281, 284-89, 297-98, 311-12, 315, 318-22, 330-33, 336-37, 339
"It is not always May" (Longfellow)
 ................................ **45**:116, 135
"It Is Not Beauty I Demand" (Darley)
 ................................ **2**:129, 131-33
"It Is Quite True" (Andersen) .............. **7**:35
"It Is the Evening Hour" (Clare) .......... **9**:103

"It Is the First Mild Day of March" (Wordsworth)
 See "Lines on the First Mild Day of March"
"It Sifts from Leaden Sieves" (Dickinson)
 ........................ **21**:49; **77**:93
"It Snows" (Hale) ........ **75**:279, 283, 285, 293
*It Was a Lover and His Lass* (Oliphant)
 ................................ **11**:439-41
"It was not Death" (Dickinson) ........ **77**:88
"It Was Not in the Winter" (Hood)
 ................................ **16**:218, 228
"It would have starved a Gnat-" (Dickinson)
 ................................ **77**:131
"Itak, opyat uvidelsya ya s vami" (Tyutchev)
 ................................ **34**:399
*Italia* (Gautier) .............. **1**:339, 341, 344; **59**:5
"The Italian Banditti" (Irving) .............. **2**:390
*Italian By-Ways* (Symonds) .......... **34**:323, 364
*Italian Chronicles* (Stendhal)
 See *Chroniques italiennes*
*The Italian Father* (Dunlap) ..... **2**:211, 213-15, 217
*Italian Literature* (Symonds) ........ **34**:321, 340, 346, 348, 357, 368
*Italian Notebooks* (Hawthorne)
 See *Passages from the French and Italian Notebooks of Nathaniel Hawthorne*
*The Italian; or, The Confessional of the Black Penitents* (Radcliffe) ... **6**:405-06, 409-21, 425, 427, 429-30, 435, 437, 442-47; **55**:225, 228-31, 233, 249-52, 255-6, 259, 261-5, 267-70, 273-6, 278-81
*Italian Renaissance* (Symonds)
 See *Renaissance in Italy*
"Italian Villa" (Tyutchev)
 See "Italyanskaya villa"
"The Italians" (Pisarev)
 See "Italjancy"
"The Italian's Daughter" (Craik) ......... **38**:119
"Italjancy" (Pisarev) .......................... **25**:347
"Italy" (Bryant) ........................ **46**:7
"Italy" (Petofi)
 See "Olaszország"
"Italy" (Pinkney) ................ **31**:267, 273, 276
*Italy* (Gautier)
 See *Italia*
*Italy* (Rogers) ................ **69**:70-2, 74, 80-1, 84
*Italy: Florence and Venice* (Taine)
 See *Voyage en Italie*
"Italy in England" (Browning) .. **79**:94, 96-97, 104, 164
*Italy: With Sketches of Spain and Portugal* (Beckford) ................ **16**:18-19, 21, 25
"Italyanskaya villa" (Tyutchev) .... **34**:379, 397
*The Itching Parrot* (Lizardi)
 See *El periquillo sarniento*
"Ite Domum Saturæ, Venit Hesperus" (Clough)
 ................................ **27**:72
"Az ítélet" (Petofi) ........................ **21**:286
*Itinéraire de Paris à Jérusalem et de Jérusalem à Paris, en allant par la Grèce, et revenant par l'Egypte, a Barbarie, et l'Espagne* (Chateaubriand)
 ................................ **3**:110, 113, 118
*It's a Family Affair—We'll Settle It Ourselves* (Ostrovsky)
 See *Svoi lyudi—sochtemsya!*
"It's Hour with itself" (Dickinson) ........ **77**:75
"It's Jean de Nivelle's Dog" (Verlaine)
 ................................ **51**:368
*It's Perfectly True* (Andersen) ........ **79**:31
"Ivan Federovič Špon'ka and His Aunt" (Gogol)
 See "Ivan Federovič Špon'ka i ego tet-suška"
"Ivan Federovič Špon'ka i ego tetsuška" (Gogol) . **5**:218, 231, 239, 249, 254, 256; **31**:88, 108
"Ivan Pidkova" (Shevchenko) ... **54**:373-4, 389
"Ivan Savich Podzhabrin" (Goncharov)
 ................................ **63**:3, 43-4

*Ivanhoe* (Dumas) ............................ **71**:217
*Ivanhoe* (Scott) ....... **15**:272, 277, 281, 283-84, 288-89, 304, 308, 313, 317-18; **69**:286-394
"I've dropped my Brain-My Soul is numb" (Dickinson) ......................... **77**:163
"I've heard an organ talk sometimes" (Dickinson) ......................... **77**:158
"I've Known a Heaven Like a Tent" (Dickinson) ......................... **21**:62
"I've seen a Dying Eye" (Dickinson) . **77**:162-64
*The Ivory Gate* (Beddoes) .................. **3**:39
*L'ivrogne* (Baudelaire) ................. **6**:119-20
"The Ivy" (Barnes) .......................... **75**:8
"Ivy" (Meyer)
    See "Eppich"
*Ixion* (Sheridan) ......................... **91**:257
*Ixion in Heaven* (Disraeli) . **39**:3, 33, 52, 54-5, 75
"Iz odnogo doroznogo dnevnika" (Leskov) .................................. **25**:259

"A J. Y. Colonna" (Nerval) .............. **67**:307
"Jabberwocky" (Carroll) . **2**:120; **53**:41, 59, 74, 85, 93, 108-9, 113, 124, 144
*Jack* (Daudet) . **1**:231-34, 236, 243-44, 247-50
*Jack and Jill: A Village Story* (Alcott) .. **6**:17-18, 20-21; **58**:41, 49; **83**:68
"Jack Brag in Spain" (Richardson) ..... **55**:301
"Jack Brass, Emperor of England" (Jefferies) ................................ **47**:141
"Jack Hall" (Hood) ..................... **16**:235
*Jack Hatch* (Mitford) .............. **4**:404, 406
*Jack Hinton, the Guardsman* (Lever) .. **23**:272, 285, 292, 295, 300, 303, 306-07, 309
*Jack of All Trades* (Reade) ........ **2**:547; **74**:265
*Jack Sheppard* (Ainsworth) ... **13**:22-5, 27-31, 33-40
"Jack Tar" (Tennyson) ................. **30**:294
"Jack the Dullard" (Andersen) ......... **79**:72, 81
*Jack Tier; or, The Florida Reefs* (Cooper) ................... **1**:208, 221, 227; **54**:258, 276-7
"The Jackdaw of Rheims" (Barham) .... **77**:37
*Jack-o'-Lantern* (Cooper) ................ **1**:208
*Jack's Ward* (Alger) ................. **8**:43, 45
*Jacob Faithful* (Marryat) ......... **3**:315, 318-19, 321-22
*Jacob Pasinkov* (Turgenev)
    See *Yakov Pasynkov*
"A Jacobin" (Hazlitt) .................. **29**:152
*The Jacobite Relics of Scotland; Being the Songs, Airs, and Legends of the Adherents of the House of Stuart* (Hogg) ........................................ **4**:276
*Jacobite's Epitaph* (Macaulay) ............. **42**:88
"Jacobo e Irene" (Lizardi) .................... **30**:71
*Jacopo Ortis* (Foscolo)
    See *Ultime lettere di Jacopo Ortis*
*Jacopo Ortis' Last Letters* (Foscolo)
    See *Ultime lettere di Jacopo Ortis*
*Jacqueline* (Rogers) ............ **69**:68, 71, 73, 82
"The Jacquerie" (Lanier) . **6**:236-37, 244, 269, 276
*La jacquerie* (Mérimee) ........ **6**:351, 360, 362; **65**:47, 49, 54-5, 58-61, 79, 81-3, 86, 90-2, 94
*Jacques* (Sand) .. **2**:582, 587-89, 597-98, 603; **42**:316, 320, 335; **57**:313, 316, 318-20
*Jacques Ortis* (Dumas) ...................... **11**:58
*Jacques Vingtras* (Valles) ....... **71**:311, 314-17, 325, 330-31, 357
*Jacques Vingtras IV: Le Proscrit: Correspondance avec Arthur Arnould* (Valles) ........ **71**:358, 365, 372, 375, 377
*Jacques Vingtras: Le Bachelier* (Valles) . **71**:312, 314-18, 321-23, 326-27, 330, 340-42, 345-46, 350-52, 355, 363, 365, 370, 384-85
*Jacques Vingtras: L'Enfant* (Valles) ..... **71**:311, 314-15, 320-21, 327, 330, 340, 345, 352, 357-58, 362-70, 372, 384-85

*Jacques Vingtras: L'Insurgé: 1871* (Valles) ... **71**:313-17, 322-23, 330-31, 340-42, 345, 350, 378, 380, 382, 384-86
"Jadis" (Rimbaud) ......................... **82**:245
*Jadis et naguère* (Verlaine) ...... **2**:623, 631-32; **51**:355, 357, 359-61, 366, 369, 371-72, 387-88
"Jaffaar" (Hunt) ........................... **1**:414
"Die Jagd" (Droste-Hulshoff) ............... **3**:193
"Das Jagdrecht" (Ludwig) ................ **4**:365
"Der Jäger" (Morike) ..................... **10**:451
"Der Jäger" (Muller) ......... **73**:364, 368, 372
"Le jaguar" (Leconte de Lisle) .... **29**:222, 231
*Jahrbücher der Medicin* (Schelling) ... **30**:125
*Der Jahrmarkt* (Tieck) .................. **5**:514
"J'ai dit à mon coeur, à mon faible coeur" (Musset) ............................. **7**:275
"J'aime le souvenir de ces époques nues" (Baudelaire) . **29**:80, 115; **55**:48, 57-8, 67
"The Jamaica Funeral" (Freneau) .. **1**:314, 316
*James Clarence Mangan: His Selected Poems* (Mangan) ......................... **27**:287
"James Lee" (Browning) .......... **19**:131-32
"James Lee's Wife" (Browning)
    See "James Lee"
"James Rigg: Another Extract from the Recluse" (Hogg) .... **4**:282, 284-85
"James Thomson BV A Minor Poet" (Levy) .................................... **59**:107
*Jan Bielecki* (Slowacki) ............... **15**:348-49
"Jan Van Hunks" (Rossetti) ............. **4**:532
"Jan van Huysums blomsterstykke" (Wergeland) ............... **5**:536, 538
"Jan van Huysum's Flower-Piece" (Wergeland)
    See "Jan van Huysums blomsterstykke"
*Jane Austen's Letters to Her Sister Cassandra and Others* (Austen) ............. **1**:52; **19**:29
*Jane Eyre* (Dumas) ...................... **71**:217
*Jane Eyre: An Autobiography* (Brontë) .. **3**:43-7, 49-50, 52-6, 58-80; **8**:51-93; **33**:103, 105, 107, 109, 111-12, 117-22, 131, 140, 144, 148, 151; **58**:155-6, 160, 171-3, 178-9, 184, 187, 189-90, 194-200, 203-4, 210, 213, 219-22, 224
*Jane Gray* (Staël) . **91**:323, 326, 335, 340, 358
*Jane la pâle* (Balzac) .................. **5**:58, 65
"Jane Redgrave" (Moodie) .................. **14**:238
*Jane Sinclair* (Carleton) ................... **3**:91
*Jane Talbot* (Brown) ... **22**:5, 7, 12, 14, 23, 27, 30, 48-52; **74**:11, 15, 19-21, 49, 56, 77-8, 92-6, 98-9, 102-03, 105, 134, 138, 154-55, 164-66, 176, 179, 182-84
"Janet's Repentance" (Eliot) ..... **4**:92, 98, 119; **13**:291; **41**:101
*János* (Petofi) . **21**:258-59, 261, 264, 266-67, 270-71, 273-75, 277, 283-84, 286
"January" (Clare) ................. **9**:107; **86**:102
"January in the Sussex Woods" (Jefferies) ................................ **47**:136
"A January Morning" (Lampman) ...... **25**:210
*Japhet in Search of a Father* (Marryat) . **3**:318-19
"Jaquez Barraou, le charpentier" (Borel) ....................................... **41**:4, 6, 13
"Jardines públicos" (Larra) ................ **17**:282
"A Jarifa en una orgía" (Espronceda) ........ **39**:85, 94, 100, 102-04, 108-09, 113, 117-20
"Játszik öreg földünk" (Petofi) .... **21**:279
"Javert déraillé" (Hugo) ......... **10**:378-80
"The Jay His Castanet Has Struck" (Dickinson) ........................... **21**:67
"Jazvitel' nyj" (Leskov) ............. **25**:230
"Je devine..." (Verlaine) ............... **51**:384
"Je n'ai pas oublié voisine de la ville" (Baudelaire) ............. **55**:23, 61, 65
"Je ne sais pourquoi" (Verlaine) .... **2**:631
"Je t'adore a l'égal" (Baudelaire) ..... **55**:60
"Je te donne ces vers" (Baudelaire) . **55**:11, 56, 59, 62
*The Jealousies* (Keats) ............. **73**:299-300
"Jealousy" (Eminescu) ..................... **33**:265

"Jean" (Kock) ............................ **16**:244
*Jean de la Roche* (Sand) ............... **42**:312
*Jean de Thommeray* (Augier) . **31**:5, 8, 10, 13, 15-16, 24, 26, 28, 31
*Jean de Witt* (Staël) ................... **91**:358
"A Jean Duseigneur Sculpteur" (Gautier) .................................... **59**:19
*Jean et Jeannette* (Gautier) ........ **1**:348; **59**:12
*Jean Louis* (Balzac) ....................... **5**:58
"Jean Paul Richter" (Carlyle) .............. **70**:96
*Jean Sbogar* (Nodier) ...... **19**:376, 380, 383-84
*Jean Valjean* (Hugo) ..................... **3**:246
"Jeäne" (Barnes) .................. **75**:6, 7, 30, 71
*Jean-François les bas-bleus* (Nodier) ........................................ **19**:383, 391
"Jeanie with the Light Brown Hair" (Foster) ...................... **26**:291, 293, 297
*Jeanne* (Sand) .. **2**:588-89, 594, 601, 605; **42**:322, 340, 365; **57**:338, 365-6
*Jeanne Eyre* (Dumas)
    See *Jane Eyre*
*Jeanne Laisné* (Sade) .................. **47**:361
"Jeannette" (Woolson) .. **82**:284, 305, 307, 333
*Jed, the Poorhouse Boy* (Alger) .. **8**:21, 33-34, 42, 44; **83**:114, 127
"Jehovah Our Righteousness" (Cowper) .................................... **8**:131; **94**:72
*Jehovah-Rophi, I am the Lord That healeth thee* (Cowper) ...................... **94**:74
*Jemmy* (Nerval) ................. **1**:485; **67**:363
"Jenny" (Rossetti) .. **4**:492-93, 495-97, 506-08, 510-12, 514, 517-20, 523-24, 526-27, 529, 531; **77**:308-11, 316-22, 336-37, 339, 348
"Jenny Away from Home" (Barnes) ..... **75**:58
"Jenny Kissed Me" (Hunt) ........ **1**:415; **70**:269
*Jenseit des Tweed* (Fontane) ............. **26**:233
"Jephthah's Daughter" (Vigny)
    See "La fille de Jephté"
"Jeremiah Desborough" (Richardson) . **55**:299
"Jeretyk" (Shevchenko) ................ **54**:381
"Jérôme Chasseboeuf" (Borel) ........... **41**:13
*Jerry the Buckwoods Boy* (Alger) ....... **83**:119
*Jerusalem: The Emanation of the Giant Albion* (Blake) . **13**:158, 166-67, 172, 177, 179, 183-84, 191-92, 205, 210-14, 220-21, 227, 229, 231, 233-39, 246-49, 252-53; **37**:8, 20, 46, 48, 66, 69, 80, 85; **57**:46, 60, 89, 92-3, 97-8
"Jesse and Colin" (Crabbe) ........... **26**:93, 128
"Jessica" (Brown) .................. **74**:133-34, 138
"Jessie Lee" (Barnes) ......... **75**:58, 89-90
*Jest, Satire, Irony and Deeper Significance* (Grabbe)
    See *Scherz, Satire, Ironie und tiefere Bedeutung*
*Les Jésuites* (Michelet) ................. **31**:225, 241
"Jesuitisme" (Verlaine) ............... **51**:356
*The Jesuits in North America in the Seventeenth Century* (Parkman) ........ **12**:333, 336, 341, 352, 355, 366, 371
"Jesus Christ in Flanders" (Balzac)
    See "Jésus-Christ en Flandre"
"Jesus! Thy Crucifix" (Dickinson) ........ **21**:63
*Jesus von Nazareth* (Wagner) ......... **9**:474
"Jésus-Christ en Flandre" (Balzac) . **5**:46; **53**:25
"Le jet d'eau" (Baudelaire) ................ **29**:77
*Jettatura* (Gautier) ..... **1**:346; **59**:11-13, 33, 39
"Jetzt rede du" (Meyer) ............. **81**:144, 205
"Le jeu" (Baudelaire) ...... **29**:81, 101; **55**:23
"La Jeune Fille et le ramier" (Desbordes-Valmore) .................... **97**:27
"La Jeune fille et sa mère" (Desbordes-Valmore) .................... **97**:8
*Un jeune homme charmant* (Kock) ..... **16**:253
*Le Jeune Homme Pauvre* (Feuillet)
    See *Le Roman d'un Jeune Homme Pauvre*
"Jeune ménage" (Rimbaud) ............... **4**:475
*Jeunes Têtes et jeunes coeurs* (Desbordes-Valmore) .................... **97**:12
*Les jeunes-France, romans goguenards* (Gautier) . **1**:339, 349; **59**:12, 27, 29, 63-5

"Jeunesse" (Rimbaud) . **4**:473; **35**:322; **82**:242, 251

*La jeunesse* (Augier) ... **31**:7-8, 13, 15, 24, 27, 30, 33, 35

*La jeunesse à vingt ans* (Dumas) .......... **9**:219

*Le jeunesse de Louis XIV* (Dumas) ..... **71**:210

"The Jew" (Turgenev) .......... **21**:399, 414, 417

"The Jew" (Very) ................................ **9**:383

"The Jew in Fiction" (Levy) .. **59**:98, 111, 127

"The Jew, Nine Blooming Branches from a Thornbush" (Wergeland) ......... **5**:537-38

*The Jew, the Gypsy, and El-Islam* (Burton) ................................................... **42**:61

*The Jeweled Comb-Box* (Motoori)
   See *Tamakushige*

*The Jewess* (Planche) .......................... **42**:292

*The Jewess* (Scribe)
   See *La Juive*

"The Jewess, Eleven Blooming Branches" (Wergeland) ............................... **5**:537-38

"The Jewish Cemetery at Newport" (Longfellow) ........ **45**:132, 163, 167, 186

"Jewish Children, By a Maiden Aunt" (Levy) ........................ **59**:98, 112, 133

"Jewish Humour" (Levy) .................... **59**:111

"The Jewish Problem" (Lazarus) .......... **8**:424

*Jewish Tales* (Sacher-Masoch) ............ **31**:285

"The Jews" (Marx) ........................... **17**:295

*The Jews in Russia* (Leskov)
   See *Evrei v Rossii*

"Język-ojczysty" (Norwid) .............. **17**:373

*The Jilt; or, Thundercloud's Year* (Boucicault) ................................................... **41**:27-8

"Jim Is Poetical Rarely" (Kendall) .... **12**:195

"Jim the Splitter" (Kendall) ........ **12**:190, 192

"Jimmy Rose" (Melville) .......... **3**:354, 380-81

"Jimmy's Cruise in the Pinafore" (Alcott) ................................................... **58**:49

"The Jinx" (Baudelaire)
   See "Le guignon"

*Jó név és erény* (Madach) .............. **19**:370

"Joachim Du Bellay" (Pater) ............... **7**:338

*Joan* (Oliphant) ........................... **11**:447

"Joan of Arc" (De Quincey) ............... **87**:15

*Joan of Arc* (Southey) ... **8**:447, 459, 461, 473-74, 476-79; **97**:260, 268, 273, 278-79, 281, 293, 307, 312-18, 332

*Joan of Arc* (Tamayo y Baus)
   See *Juana de Arco*

"Joan of Arc, in Rheims" (Hemans) ... **71**:295

*Joanna von Montfaucon* (Kotzebue) ................................................... **25**:136, 145

*Joaquín Murieta* (Ridge)
   See *The Life and Adventures of Joaquín Murieta, the Celebrated California Bandit*

"Job Warner's Christmas" (Alger) ........ **83**:97

*Jocelyn: Épisode; Journal trouvé chez un curé de village* (Lamartine) ... **11**:251-53, 255, 262, 271-75, 278, 281, 283-89

"Jochonan in the City of Demons" (Maginn) ................................................... **8**:440

*Joe's Luck* (Alger) .................... **83**:100, 104-05

"Jogadhya Uma" (Dutt) . **29**:120-21, 124, 128, 130

*Johannes Climacus or De Omnibus Dubitandum Est* (Kierkegaard) ... **78**:217

*Johannes und Esther* (Muller) ............. **73**:365

"John Bloom in Lon'on" (Barnes) .... **75**:101

"John Brown" (Douglass) ........ **7**:126, 129-30

"John Bull" (Irving) .... **2**:381; **19**:328; **95**:265, 268, 279, 294

*John Bull in America; or, The New Munchausen* (Paulding) .............. **2**:528

*John Caldigate* (Trollope) ........... **6**:466, 470

*John Clare* (Clare) ..**86**:110, 113, 130-32, 179

*John Clare: Poems Chiefly from Manuscript* (Clare) ........ **9**:86-87, 89-91, 93, 97, 102

*John Doe; or, Peep o' Day* (Banim and Banim) .. **13**:116-17, 119, 122, 126, 129, 131, 133-34, 141

*John Endicott* (Longfellow) ..... **2**:486, 496-97; **45**:128, 165

"John Gilpin" (Cowper)
   See "The Diverting History of John Gilpin"

*John Gilpin* (Cowper)
   See "The Diverting History of John Gilpin"

*John Godfrey's Fortunes* (Taylor) ....... **89**:310-11, 347, 363

*John Halifax, Gentleman* (Craik) ........ **38**:106-11, 113, 116-25, 127-28, 131-39

"John Huss" (Shevchenko) .................. **54**:383

"John Inglefield's Thanksgiving" (Hawthorne) ................................................... **95**:148

*John Jerome: His Thoughts and Ways* (Ingelow) ................................... **39**:264

"John Jones" (Hood) ..................... **16**:234

*John Marr, and Other Sailors* (Melville) .. **3**:363, 379-80; **29**:318, 320, 322, 360

"John Maynard, A Ballad of Lake Erie" (Alger) ........................... **8**:16; **83**:138-39

*John Riew'* (Storm) .......................... **1**:540

*John Rintoul* (Oliphant) ........... **11**:447; **61**:203

"John Samuel and Richard" (Southey) ... **97**:314

"John Smith's Shanty" (Jefferies) . **47**:137, 141

*John the Hero* (Petofi)
   See *János vitéz*

"John Trot" (Hood) ....................... **16**:234

"John Underhill" (Whittier) .................. **8**:509

*John Woodvil* (Lamb) .... **10**:385, 387-89, 397-98, 400-01, 404, 407, 409, 411

*Johnson* (Macaulay) ....................... **42**:87

"Johnson and Horne Tooke" (Landor) . **14**:166

*Johnsonian Anecdotes* (Piozzi)
   See *Anecdotes of the Late Samuel Johnson, LL.D., During the Last Twenty Years of His Life*

"La joie de Siva" (Leconte de Lisle) .. **29**:221

"Jóka ördöge" (Arany) ......................... **34**:16

*La jolie fille du faubourg* (Kock) ........ **16**:254

"Jon of Iceland" (Taylor) ................... **89**:342

"Jonathan to John" (Lowell) ................. **2**:516

*Jorrocks's Jaunts and Jollities* (Surtees) . **14**:343, 349, 352, 355, 358, 360, 362, 365-66, 369

*Jo's Boys and How They Turned Out* (Alcott) ...... **6**:20; **58**:3, 31, 35, 41-3, 47, 50-1, 72; **83**:17, 33-34, 39, 42-43, 47, 62

*Joseph* (Maupassant) ........................... **83**:229

*Joseph and His Brethren* (Tyler) ..... **3**:572-73

*Joseph and His Friend* (Taylor) .. **89**:311, 348, 357, 359

*Joseph Balsamo* (Dumas) ............. **71**:232, 234

"Joseph Priestley" (Huxley) ................ **67**:48

*Joseph Rushbrook; or, The Poacher* (Marryat) ................................................... **3**:320-21

*Josh Billings' Farmer's Allminax* (Shaw) ................................. **15**:332-33, 338-39

*Josh Billings, Hiz Sayings* (Shaw) ...... **15**:339

"Josh Billings Insures His Life" (Shaw) ................................................... **15**:338

*Josh Billings' Spice Box* (Shaw) .. **15**:338, 342

*Joshua Davidson* (Linton)
   See *The True History of Joshua Davidson, Christian and Communist*

"Joubert" (Arnold) ...................... **89**:39, 83

*Joueur de flûte* (Augier) .. **31**:4, 11, 14, 23, 27

*Jour à jour* (Amiel) .................... **4**:13, 15

*Le jour des rois* (Hugo) ................. **3**:270-71

*Journal* (Clare) ........................... **86**:112

*Journal* (Longfellow) ...................... **2**:491

*Journal* (Macaulay) ...................... **42**:130

*Journal* (Michelet) ................... **31**:258, 264

*Journal* (Percy) ....................... **95**:315-17

*Journal* (Thoreau) ... **7**:369, 372, 376-8, 385-6, 388-91, 397; **21**:321, 328, 331-2, 337-40; **61**:300, 305-6, 311, 316, 331-7, 339, 341-2, 347-8, 352-7, 361-2, 364, 367, 375-7, 382-6

*Journal abrégé* (Constant) .................... **6**:223

*Le journal de Mademoiselle d'Arvers* (Dutt) ................................................... **29**:120, 129

*Le journal de Marie Bashkirtseff* (Bashkirtseff) ................................................... **27**:1-35

*Journal des Goncourt: Mémoires de la vie littéraire* (Goncourt and Goncourt) . **7**:157-59, 165-66, 168, 171-77, 180, 183-86, 189-90

*Le journal d'un poète* (Vigny) . **7**:469, 471-72, 475, 483

*Le Journal d'une Femme* (Feuillet) ...... **45**:91

*Journal intime de Benjamin Constant et lettres à sa famille et à ses amis* (Constant) ................................................... **6**:214-15, 223

*Journal of a Residence in America* (Kemble) ... **18**:164-67, 169-70, 172-74, 179-80, 182, 186, 191, 199, 201-02

*Journal of a Residence on a Georgian Plantation in 1838-1839* (Kemble) ............ **18**:185-86, 190-91, 193-99, 202-03

"The Journal of a Superfluous Man" (Turgenev)
   See "Dnevnik lishnego cheloveka"

*Journal of a tour and residence in Great Britain* (Irving) ..................... **95**:277

*Journal of a Tour in the Isle of Man* (Wordsworth) .................... **25**:421

*Journal of a Tour on the Continent* (Wordsworth) ..................... **25**:411, 421

*Journal of a West Indian Proprietor, Kept during a Residence in the Island of Jamaica* (Lewis) ................. **11**:299-300

*A Journal of a Year's Residence in the United States* (Cobbett) ... **49**:110, 113, 120, 153

"Journal of an Actress" (Haliburton) ................................................... **15**:118, 125, 129

*The Journal of an Author* (Dostoevsky)
   See *The Diary of a Writer*

*Journal of F. A. Butler* (Kemble)
   See *Journal of a Residence in America*

*The Journal of Julius Rodman* (Poe) ................................................... **16**:313; **94**:180-86

*The Journal of Marie Bashkirtseff* (Bashkirtseff)
   See *Le journal de Marie Bashkirtseff*

*Journal of My Second Tour of Scotland* (Wordsworth) ..................... **25**:421

*Journal of Researches into the Geology and Natural History of the Various Countries Visited by H. M. S. Beagle* (Darwin) .. **57**:113, 117, 119, 123, 125

*The Journal of Sir Walter Scott* (Scott) . **69**:332

*Journal of the Movements of the British Legion* (Richardson) ..................... **55**:296-7, 329

*Journal of Visit to Hamburgh and of Journey from Hamburgh to Goslar* (Wordsworth) ................................................... **25**:402, 419

*Journal through France and Italy* (Hazlitt)
   See *Notes of a Journey through France and Italy*

*Journal trouvé chez un curé de village* (Lamartine) ..................... **11**:274

*Journals* (Hazlitt) ...................... **82**:100

*Journals* (Kierkegaard)
   See *Papirer*

*The Journals and Letters of Fanny Burney-Madame D'Arblay* (Burney) .. **12**:55; **54**:3, 11

*Journals of a Residence in Portugal* (Southey) ................................................... **97**:271

*The Journals of Bronson Alcott* (Alcott) . **1**:25

*Journals of Dorothy Wordsworth* (Wordsworth) ................................................... **25**:396, 426

*The Journals of Francis Parkman* (Parkman) ................................................... **12**:352

*The Journals of Ralph Waldo Emerson* (Emerson) ........... **1**:292-93, 296; **38**:142

"Journals of Tours" (Robinson) .............. **15**:181

*Journaux intimes* (Baudelaire) . **6**:99-100, 105; **29**:70, 77, 97-9; **55**:14

*Journaux intimes* (Constant) ............ **6**:223

*Journées de Florbelle* (Sade) ............. **47**:365

"Journey" (Irving) ................................ **2**:372

"The Journey" (Very) ....................... **9**:383-85

Title Index

*A Journey Due North* (Sala) .. **46**:238-40, 244, 246, 249
*Journey from Cornhill to Cairo* (Thackeray) ................... **5**:452, 482
*A Journey Made in the Summer of 1794 through Holland and the Western Frontier of Germany* (Radcliffe) ............. **6**:414, 417; **55**:222, 233
"Journey of Despair" (Eliot) ........... **4**:124
"The Journey of Life" (Bryant) ....... **46**:38, 42
*Journey on foot from Holmens Canal to the east point of Amager* (Andersen) . **79**:79-80
*Journey out of Essex* (Clare) ....... **86**:117, 175, 177-78
*Journey to America* (Tocqueville) ....... **63**:281
*A Journey to Central Africa* (Taylor) .. **89**:346
*Journey to Germany* (Carlyle) ............. **70**:92
"Journey to Polessie" (Turgenev) .. **21**:431
"Journey to the Dead" (Arnold) ............. **6**:67
"Journey to the Harz" (Heine)
    See *Die Harzreise*
*Journey to the Pyrenees* (Taine)
    See *Voyage aux eaux des Pyrénées*
*Journeys in Italy* (Gautier)
    See *Italia*
"Jours d'été" (Desbordes-Valmore) ....... **97**:20
"Jövendöles" (Petofi) ........................ **21**:264
"Joy and Peace in Believing" (Cowper) . **94**:75
*The Joy of the Wicked* (Smolenskin)
    See *Simhat hanef*
"Joy Passing By" (Barnes) ............... **75**:59
"Joy, Shipmate, Joy" (Whitman) ... **31**:388-89
*Joyce* (Oliphant) ............... **61**:202, 206
"Joyeuse vie" (Hugo) ............... **3**:262
"Ju. F. Abaze" (Tyutchev) ............... **34**:413
*Juan Dandolo* (Zorrilla y Moral) ......... **6**:523
*Juana de Arco* (Tamayo y Baus) .. **1**:565, 567, 570-71
"Jubal" (Eliot) ........................ **4**:107-08; **13**:334
*Jubal, the Ringer* (O'Brien) ......... **21**:252
"'Jubilate': Lecture for Poetical Persons" (Jean Paul) ........................ **7**:234
"Jubilation of Sergeant Major M'Turk in Witnessing The Highland Games" (Smith) ........................ **59**:331
"Judaism" (Newman) ................... **38**:345
*Judas Maccabaeus* (Longfellow) .......... **2**:496-97; **45**:127-28, 155
*Die Judenbuche: Ein Sittengemalde aus dem gebirgichten Westfalen* (Droste-Hulshoff) ........................ **3**:191-92, 196-200
*Judge for Yourselves!* (Kierkegaard) ........................ **34**:225; **78**:238
"Judge Nothing before the Time" (Rossetti) ........................ **50**:309
"Judgement" (Petofi)
    See "Az ítélet"
*The Judgement of Solomon* (Tyler) .. **3**:572-73
"Judgment of God" (Morris) .. **4**:422, 431, 444
*The Judgment of Paris* (Beattie) .. **25**:109-12
*Judith* (Hebbel) . **43**:230, 233-34, 239, 242-44, 253-58, 262, 268, 271, 277-80, 283-87, 296-97, 299
*The Judith of Bialopol* (Sacher-Masoch) ........................ **31**:298
*Judith und Holofernes* (Nestroy) . **42**:225, 227-28, 231, 234
"Judol'" (Leskov) ........................ **25**:239
"Le jugement de Komor" (Leconte de Lisle) ........................ **29**:226
"Jugendsehnen" (Eichendorff) ............. **8**:213
"The Juggler Pamphalon" (Leskov)
    See "Skomorox Pamfalon"
"Jugurtha" (Longfellow) .. **2**:492; **45**:146
"Jugurtha" (Rimbaud) ............... **4**:465
*La Juive* (Scribe) ............. **16**:390, 398, 408-10
*Julia* (Brontë) ........................ **3**:80
*Julia* (Hebbel) ............. **43**:230, 237, 239, 257
*Julia de Roubigné* (Mackenzie) .......... **41**:181-82, 184, 203, 209, 212, 222, 224-26, 228

*Julia de Trécoeur* (Feuillet) ...... **45**:77-9, 85-7, 89, 93
"Julia; or the Convent of St. Clair, a Tale, founded on Fact" (Opie) ......... **65**:160-1
*Julian* (Mitford) ............. **4**:400, 404
"Julian and Maddalo" (Shelley) . **18**:326, 331, 338, 356-57, 359
*Julian and Maddalo* (Shelley) .... **93**:277, 315-17, 320, 351
"Julian M. and A. G. Rochelle" (Brontë) ........................ **16**:73, 75, 86-7
*Juliette; ou, Les prospérités du vice* (Sade) .. **3**:495-96; **47**:304, 309, 311, 313, 324-25, 328, 334-36, 341-42, 346, 350, 364-65
*Julius* (Stifter) ........................ **41**:376-77
*Julius; or, The Street Boy Out West* (Alger) ........................ **7**:43; **83**:100
*Julqvällen* (Runeberg) .... **41**:309-10, 314, 317-18, 328-32
"July" (Clare) ............. **86**:96-7, 101, 104
"July Fourth 1844" (Fuller) ................. **50**:248
"The Jumblies" (Lear) ........................ **3**:309
"June" (Bryant) ...... **6**:165, 168, 172; **46**:3, 19, 22-3
"June" (Clare) ........................ **86**:99-101
"June" (Lampman) ........................ **25**:172, 183
"A June Morning" (Ridge) ............. **82**:185
"A June-Tide Echo (After a Richter Concert)" (Levy) ........................ **59**:92, 94
"Jung Tirel" (Meyer) ........................ **81**:207
"Jung Volkers Lied" (Morike) ............. **10**:453
*Der junge Tischlermeister* (Tieck) . **5**:520, 532; **46**:397
"Die Jungfrau" (Meyer) ........................ **81**:206
*Die Jungfrau als Ritter* (Keller) ............. **2**:416
*Die Jungfrau und der Teufel* (Keller) ... **2**:416
*Die Jungfrau und die Nonne* (Keller) ... **2**:416
*Die Jungfräu von Orleans* (Schiller) .. **39**:319-20, 322, 325, 329-30, 335, 345-46, 350, 360-61, 365, 371-72, 376-80; **69**:175, 181-82, 185, 188, 255, 261, 263-64, 266, 269
"Les jungles" (Leconte de Lisle) . **29**:212, 217, 224, 231-32
*Die jüngsten Kinder meiner Laune* (Kotzebue) ........................ **25**:139
"The Juniper-Tree" (Grimm and Grimm) ........................ **3**:225
*Jupiter Lights* (Woolson) ..... **82**:275, 280, 293, 299, 318-19, 329, 335
*Jürg Jenatsch* (Meyer) ................. **81**:135-36
*Jusan'ya* (Ichiyo) ... **49**:331, 336-37, 341, 345, 348, 353
"Just Lost, When I Was Saved!" (Dickinson) ........................ **21**:64
"The Just Man" (Rimbaud)
    See "L'homme juste"
"The Just Men" (Leskov)
    See "Spravedlivyj čelovek"
"Justice and Expediency" (Whittier) ... **59**:364
"Justice for Ireland" (Allingham) ............ **25**:3
"Justifiable Homicide in Southern California" (Jackson) ........................ **90**:153
*Justin Harley* (Cooke) ................. **5**:131, 135
*Justine or the misfortunes of virtue* (Sade)
    See *Justine ou les malheurs de la vertu*
*Justine ou les malheurs de la vertu* (Sade) .... **47**:47; 306, 309, 311, 314, 328, 333-36, 340-43, 350, 355, 364-65, 367, 370-72
*Juvenile Journal* (Burney) ................. **54**:16
*Juvenile Miscellany* (Child) . **73**:40, 50, 56, 58, 61, 66, 68, 74-6, 101-02, 121-22, 124-25, 127-32, 134-35
*Juvenile Poems* (Coleridge) ................. **9**:146
*Juvenilia* (Austen) ............. **13**:96; **51**:13, 15;
*Juvenilia; or, A Collection of Poems Written between the Ages of Twelve and Sixteen* (Hunt) ...... **1**:405, 411, 416; **70**:263, 264
*Einen Jux will er sich machen* (Nestroy) ........................ **42**:239-40, 243, 245, 249, 264
"K mesyatsu" (Zhukovsky) ..... **35**:403-04, 407
"K moriu" (Pushkin) ...... **83**:254-55, 261, 304, 351, 366

"Kaadt ukrudt" (Wergeland) ................... **5**:541
*Kabale und Liebe* (Schiller) ... **39**:310-11, 327, 334, 342, 350, 375, 389-90, 393-94; **69**:169, 171, 196, 242, 277
"Kaiser Heinrich" (Klopstock) ............... **11**:236
*Kaiser Octavianus* (Tieck) .... **5**:514, 519, 521, 525, 529, 532
"Kak neozhidanno i yarko" (Tyutchev) ................... **34**:400
"Kak ni tyazhel posledniy chas" (Tyutchev) ................... **34**:399
"Kak okean obemlet shar zemnoi" (Tyutchev) ................... **34**:389, 404-07, 409-10
"Kak ptichka, ranneyu zarey" (Tyutchev) ................... **34**:399
"Kak sladko dremlet sad temnozelenyi" (Tyutchev) ................... **34**:405
"Kaleidoscope" (Verlaine) .... **51**:355, 364, 371
*The Kalevala* (Lonnrot) ..... **53**:307-10, 312-40
*Kalkstein* (Stifter) ... **41**:357, 360, 362-64, 373, 375
*Kalligone* (Herder) ........................ **8**:313
"Kallundborg Church" (Whittier) ... **8**:513, 529
*Kamalakanta* (Chatterji) ......... **19**:216, 225-26
*Kamalakanter daptar* (Chatterji) . **19**:216, 220, 226
"Kamalakanter jabanbandi" (Chatterji) ........................ **19**:226
"Kamalakanter patra" (Chatterji) ........ **19**:226
"Kambaleu" (Longfellow) ............... **45**:145
*Kamennyi gost'* (Pushkin) . **3**:424, 433-34, 447, 452; **83**:263-65, 285-86, 288-90, 327, 338-39, 351-543, 355-36
"Kampf" (Schiller) ........................ **39**:331, 387
*Kampl* (Nestroy) ........................ **42**:221, 249-51
*Kan ej* (Runeberg) ........................ **41**:310
*Der Kandidat* (Ludwig) ................. **4**:356
"Kane" (O'Brien) ........................ **21**:234, 246
*Kanervala* (Kivi) ........................ **30**:51
"The Kansas Immigrants" (Child) . **73**:83, 106
"'Kantate': Lecture on Poetical Poetry" (Jean Paul) ........................ **7**:234
*Kanteletar* (Lonnrot) ............. **53**:321-2, 338-40
*Kapalkundala* (Chatterji) . **19**:204, 206, 208-10, 212, 214-15, 217-19, 222, 224
*Kapellet* (Almqvist) ............. **42**:4, 16, 19
*Das Kapital: Kritik der politischen Ökonomie* (Marx) ... **17**:289, 291, 293, 295-97, 302-03, 308, 310-16, 326-27, 331, 333, 335-39, 344, 354-55, 359
*Kapitansha* (Shevchenko) .... **54**:363, 392, 395
*Kapitanskaya-dochka* (Pushkin) . **3**:428-29, 436, 442, 452, 460, 464; **83**:268, 275, 291, 293, 295-96, 337, 354-56
"Der Kapwein und der Johannesberger" (Klopstock) ........................ **11**:238
"The Karamanian Exile" (Mangan) ................... **27**:278, 286-87, 292, 295, 298
*Karkurit* (Kivi) ............. **30**:50-1, 53, 64-5
*Karl I* (Heine) ........................ **54**:347
*Karl von Berneck* (Tieck) ... **5**:519, 523, 527; **46**:374-75
"Karluv tejn" (Macha) ................. **46**:201
"Die Kartäuser" (Meyer) ................. **81**:206
"Kartofa" (Mickiewicz) . **3**:396-98
*Kasidah* (Burton) ... **42**:42-44, 53
"Kastraten und Männer" (Schiller) ................... **39**:356, 386
*Katalin* (Arany) .... **34**:16, 23-4
*Das Kätchen von Heilbronn; oder, Die Feuerprobe* (Kleist) ...... **2**:437, 440, 443, 446, 450, 457-58; **37**:217, 225-28, 230, 233, 237, 253-55, 257, 260, 262, 270, 272, 274
"Kate O'Belashanny" (Allingham) ....... **25**:16
*Kate of Heilbronn* (Kleist)
    See *Das Kätchen von Heilbronn; oder, Die Feuerprobe*
"Kateryna" (Shevchenko) . **54**:371, 373-5, 389
"Kathaleen-Ny-Houlahan" (Mangan) .. **27**:297-98, 310
*Katharine Walton; or, The Rebel of Dorchester* (Simms) ............. **3**:503, 507-08, 513-14

"Kathleen" (Whittier) . **8**:516, 528; **59**:360, 371
"Katie" (Timrod) . **25**:361, 367, 372, 375, 384
"Katie Cheyne" (Hogg) ........................ **4**:283
*Katie Stewart* (Oliphant) .......... **11**:439, 446-7; **61**:173
*Katzensilber* (Stifter) ............................ **41**:391
"Kaukametsä" (Kivi) ........................ **30**:51-2
"Kaunisnummella" (Kivi) ...................... **30**:51
*Kaunitz* (Sacher-Masoch) ............... **31**:291
*Kavanagh* (Longfellow) ...... **2**:480-81, 489-90, 494; **45**:158, 168, 184
"Kavkaz" (Shevchenko) .............. **54**:383, 389
*Kavkazsky plennik* (Pushkin) . **3**:409-11, 413, 415-16, 421, 423, 437, 445, 451; **27**:392; **83**:242-44, 246-48, 251, 299, 309, 332, 357, 359
*Kean, on désordre et genie* (Dumas) .... **11**:46-7; **71**:209-10, 230, 242
"Keats" (Lampman)
   See "The Character and Poetry of Keats"
"Keepen Up O' Christmas" (Barnes) .... **75**:77
"Keeping Fast and Festival" (Newman)
   ........................................................ **38**:304
*Keeping House and Housekeeping* (Hale)
   ........................................................ **75**:341
"Keinu" (Kivi) ...................................... **30**:51
"Keiserens nye Klæder" (Andersen)
   See "The Emperor's New Clothes"
"Keith of Ravelston" (Dobell) ........... **43**:47-8
"Die Kellnerin von Bacharach und ihre Gäste"
   (Muller) ............................... **73**:366,380
*The Kellys and the O'Kellys; or, Landlords and Tenants* (Trollope) . **6**:452, 458, 500, 514
"The Kelp Gatherer" (Griffin) ............. **7**:214
*Kenelm Chillingly, His Adventures and Opinions* (Bulwer-Lytton) ..... **1**:147, 149, 151, 155; **45**:68-9
*Kenilworth* (Scott) ....... **15**:277, 289, 309, 313, 317; **69**:303-04, 308, 313
*Kensington Gardens in 1830: A Satirical Trifle* (Richardson) ........................ **55**:329
*Kept in the Dark* (Trollope) ............ **6**:500-01
"Kéramos" (Longfellow) ..... **45**:130, 139, 147, 157
*Kerry* (Boucicault) ............................ **41**:28
"Kertben" (Arany) .......................... **34**:18-19
"Kesäyö" (Kivi) ............................... **30**:51-2
*Kevurat hamor* (Smolenskin) . **30**:189-90, 192, 195
"Kew Gardens" (Symonds) ................ **34**:355
"The Key of the Street" (Sala) ........... **46**:245-46, 248, 250
"The Key to My Book" (Rossetti) ...... **50**:274
*A Key to the New Testament* (Percy)
   ........................................... **95**:313, 336, 338
*A Key to Uncle Tom's Cabin: Presenting the Original Facts and Documents upon Which the Story Is Founded* (Stowe)
   ........................................... **3**:543-44, 547, 559
"Khadji Abrek" (Lermontov) .............. **47**:182
"Khirôn" (Leconte de Lisle) .. **29**:222-23, 238, 245-46
"Khozyaika" (Dostoevsky) . **2**:156, 179; **21**:94; **33**:177; **43**:92
*Khudozhnik* (Shevchenko)
   See *Xudoznik*
"Kiama" (Kendall) ............................ **12**:178
*A Kick for a Bite* (Cobbett) ............. **49**:109
*Kickleburys on the Rhine* (Thackeray)
   ........................................... **5**:459, 506
*Kidnapped* (Stevenson)
   See *Kidnapped: Being Memoirs of the Adventures of David Balfour in the Year 1751*
*Kidnapped: Being Memoirs of the Adventures of David Balfour in the Year 1751* (Stevenson) . **5**:400, 402-05, 409, 414-15, 417, 424-27, 429, 433-35, 438-39; **63**:257, 261, 269, 274
"Kies Ősz" (Arany) ............................ **34**:19
*Kihlaus* (Kivi) .................. **30**:48, 50, 53, 64

"Kilmeny" (Hogg) ...... **4**:274, 279-80, 282-83, 285
*Das Kind der Liebe* (Kotzebue) .. **25**:130, 134, 136, 141, 144-46, 151
"The Kind Master and Dutiful Servant" (Hammon) ........................ **5**:262, 264-65
"Kinderfrühling" (Muller) .................. **73**:366
*Kindergeschichten* (Stifter)
   See *Bunte Steine*
"Kinderlust" (Muller) ........................ **73**:366
*Kinder-und Hausmärchen* (Grimm and Grimm) .... **3**:216, 218-20, 226-27, 230; **77**:189-284
"Die Kindesmörderin" (Ludwig) ........... **4**:353
*The King and Queen of Hearts* (Lamb)
   ........................................................ **10**:417
*The King and the Knight* (Eminescu) . **33**:264
*King Arthur* (Bulwer-Lytton) . **1**:143-44; **45**:15-18, 22
"King Arthur's Tomb" (Morris) .... **4**:426, 431, 444
*King Charles, the Young Hero* (Tegner) . **2**:613
*King Charles's Beauties* (Jameson)
   See *Memoirs of the Beauties of the Court of Charles II*
*King Charming* (Planche) .................. **42**:300
"King Cophetua the First" (Patmore) ... **9**:335
"King David" (Woolson) . **82**:273, 294-95, 300
"King Edward the Third" (Blake) . **13**:171, 181, 184, 239
"King Etzel's Sword" (Meyer)
   See "König Etzels Schwert"
*King Fjalar* (Runeberg)
   See *Kung Fjalar*
"King Harold on the Eve of the Battle of Hastings" (Brontë) ...................... **16**:104
"A King Lear of the Steppes" (Turgenev)
   See "Stepnoy Korol 'Lir"
"The King of Achen's Daughter" (Maginn)
   ........................................................ **8**:437
"The King of Clubs" (Alcott) ................ **83**:8
"The King of Hukapetapank" (Muller) . **73**:353
*The King of the Peacocks* (Planche)
   ........................................... **42**:273, 288, 293-94
*King Otakar's Rise and Fall* (Grillparzer)
   See *König Ottokars Glück und Ende*
*King Ottocar: His Rise and Fall* (Grillparzer)
   See *König Ottokars Glück und Ende*
"King Pest" (Poe) .............. **1**:500; **16**:308, 313
"King Robert of Sicily" (Longfellow)
   ........................... **45**:114, 128, 137, 145, 149, 188
"King Saul at Gilboa" (Kendall) ......... **12**:190-92, 199-202
*King Solomon's Mines* (Stevenson) ... **63**:257
*King Spirit* (Slowacki)
   See *Król Duch*
*King Stephen* (Keats) . **8**:341, 360; **73**:155, 306
"King Ulysses" (Isaacs)
   See "El rey Ulises"
*King Victor and King Charles* (Browning)
   ........................................... **19**:102, 113
"King Volmer and Elsie" (Whittier) ..... **8**:529
"King Wine" (Muller) ........................ **73**:353
"King Witlaf's Drinking-Horn" (Longfellow)
   ........................................................ **45**:116
"The Kingdom of Darkness" (Dobrolyubov)
   ........................................... **5**:140-41, 151
"The Kingdom of the Saints" (Newman)
   ........................................................ **38**:305
"The King's Bride" (Hoffmann) .. **2**:342, 351-52
"The King's Dream" (Andersen) ........... **7**:23
*The King's Edict* (Hugo)
   See *Marion de Lorme*
*The King's Fool* (Hugo)
   See *Le roi s'amuse*
"The King's Garments" (Crawford) .... **12**:156
*Kings in Exile* (Daudet)
   See *Les rois en exil*
*The King's Judgement* (Eminescu) ..... **33**:266
"A King's Lesson" (Morris) ................ **4**:439
*The Kings on Salamis* (Runeberg)
   See *Kungarne på Salamis*

*The King's Own* (Marryat) ............. **3**:317, 319
"The King's Scholar's Story" (Barham) . **77**:9
"The King's Tragedy" (Rossetti) ......... **4**:499-500, 502-04, 506, 508, 513, 518, 525-27, 529, 532; **77**:298
"The King's Vow" (Petofi)
   See "A király esküje"
*The Kingsmen; or, The Black Riders of Congaree* (Simms)
   See *The Scout*
"A király esküje" (Petofi) ................... **21**:264
*Kirjali* (Pushkin) . **3**:436; **83**:325
*Kirsteen: A Story of a Scottish Family Seventy Years Ago* (Oliphant) .. **11**:449-51, 457-8; **61**:173, 195, 202, 216, 223, 226, 233-5, 241
"Kismet" (Ingelow) ........................... **39**:258
"The Kiss" (Rossetti) ...................... **77**:338-39
"Kitty Tyrrell" (Ferguson) ................. **33**:301
*Klage und Trost* (Tieck) ..................... **5**:519
"Klänge aus dem Orient" (Droste-Hulshoff)
   ........................................... **3**:195, 203
"Klara Hebert" (Lenau) ...................... **16**:286
"Klara Milich" (Turgenev) . **21**:408, 415, 420, 431, 438, 441, 451-52
"Klára Zách" (Arany) ......................... **34**:20
"Klaskaniem mając obrzękłe prawice" (Norwid) ........................................ **17**:374
*Klassische Blumenlese* (Morike) . **10**:449, 452, 456
*Klaus und Klajus: Ein Roman von einem Schulmeister leben* (Ludwig) .. **4**:356
*Kleider machen Leute* (Keller) . **2**:415, 423
*Die kleine Zigeunerin* (Kotzebue) .. **25**:147
*Kleopatria i Cezar* (Norwid) . **17**:367, 369, 379
"Klods-Hans" (Andersen)
   See "Jack the Dullard"
*Klosterheim; or, The Masque* (De Quincey)
   ........................... **4**:65, 81; **87**:76, 79
"Klytie" (Leconte de Lisle) ................ **29**:239
"Der Knabe im Moor" (Droste-Hulshoff)
   ........................................... **3**:193, 200
*Knave or Not?* (Holcroft) ....... **85**:198-99, 223
"Kniazhna" (Shevchenko) .... **54**:387, 389, 394
*Kniazhna* (Shevchenko) . **54**:369, 390-4, 397-8
*Knickerbocker* (Irving)
   See *Knickerbocker Stories from the Old Dutch Days of New York*
*Knickerbocker Stories from the Old Dutch Days of New York* (Irving) ......... **2**:365-66, 368-69, 371, 373, 385-87; **95**:226-27, **3**:1817-18
*Knickerbocker's History* (Irving)
   See *A History of New York, from the Beginning of the World to the End of the Dutch Dynasty*
"Knight Aagen and Maiden Else" (Morris)
   ........................................................ **4**:423
"The Knight and the Dragon" (Hood) . **16**:233
*The Knight and the Lady* (Barham) ...... **77**:10
"The Knight for an Hour" (Nekrasov)
   See "Rycar' na čas"
*The Knight of Guadalquiver* (Dunlap)
   ........................................... **2**:213, 215
*The Knight of Gwynne: A Tale of the Time of the Union* (Lever) .......... **23**:292, 305-07, 310-11
"A Knight of Our Times" (Karamzin)
   ........................................... **3**:281, 287
"Knight Pázmán" (Arany)
   See "Pázmán lovag"
"The Knight's Epitaph" (Bryant) ........... **46**:3
*The Knights of the Round Table* (Planche)
   ........................................................ **42**:292
*Knjaginja* (Shevchenko)
   See *Kniazhna*
"The Knob Dance" (Harris) ........... **23**:141, 147
"Knocking" (De Quincey) .................. **87**:77
"Knock...Knock...Knock" (Turgenev)
   See "Stuk...stuk...stuk"

Title Index

"A Knot of Roses" (Kivi)
   See "Ruususolmu"
*The Knouto-Germanic Empire and the Social
   Revolution* (Bakunin) ..... **25**:46, 48-9, 59
*Know Your Place* (Ostrovsky)
   See *Ne v svoi sani ne sadis!*
*Know Yourself* (Wagner)
   See *Erkenne dich selb*
"Knowledge" (Lampman) ............ **25**:194, 209
"Knowlwood" (Barnes) ........................ **75**:58
"Known in Vain" (Rossetti) ............. **4**:491
*Kobzar* (Shevchenko) ... **54**:358-9, 364, 372-5,
   379, 384, 386
"Kogda drjaxlejušcie sily" (Tyutchev) . **34**:415
*Kohlhaas* (Kleist)
   See *Michael Kohlhaas*
*Kojiki den* (Motoori) ............... **45**:268, 274-77
"Kolebka pieśni" (Norwid) ................ **17**:374
"Kółko" (Norwid) ................ **17**:373
"A Kolozsiak" (Madach) ................ **19**:369
"Kőltőés szabadság" (Madach) ................ **19**:368
*Der Komet; oder, Nikolaus Marggraf: Eine
   komische Geschichte* (Jean Paul) . **7**:238-
   39, 242
"Komu na Rusi zhit khorosho" (Nekrasov)
   ......................... **11**:405-09, 413-15, 418-21
"The Kondem Phool" (Shaw) ............. **15**:335
"König Etzels Schwert" (Meyer) ........ **81**:207
"Der König in Thule" (Goethe) ........ **34**:122
*König Ottokars Glück und Ende* (Grillparzer)
   ........... **1**:383-84, 387, 395, 397
"Die Königin Luise" (Klopstock) ........ **11**:237
"Königsmark the Robber; or, The Terror of
   Bohemia" (Lewis) ................ **11**:302
*Koningsmarke, the Long Finne: A Story of the
   New World* (Paulding) .. **2**:527, 529-31
*Konrad Wallenrod* (Mickiewicz) ...... **3**:389-
   92, 394-95, 398-99, 401
*Konradin* (Klinger) ................ **1**:429
"Konyága" (Saltykov) ............ **16**:346, 373-74
"Kooroora" (Kendall) ................ **12**:192, 201
*Kopala kundala* (Chatterji)
   See *Kapalkundala*
*Kordian* (Slowacki) ... **15**:348, 352-53, 364-65,
   369, 373, 375-76, 378-80
"Körner and His Sister" (Hemans) ..... **71**:275
"Korobeyniki" (Nekrasov) ... **11**:407, 411, 413,
   420-21
"Eine Korrespondent mit mir selbst"
   (Claudius) ........................ **75**:209
"Korrespondenza zwischen mir und meinem
   Vetter, die Bibelübersetzungen betreffend"
   (Claudius) ........................ **75**:209-10
*Der Kosak und der Freiwillige* (Kotzebue)
   ......................... **25**:140
"Kossuth" (Whittier) ................ **59**:371
"Kotin and Platonida" (Leskov)
   See "Kotin doilec"
"Kotin doilec" (Leskov) ................ **25**:239
"Koto no Ne" (Ichiyo) ................ **49**:335, 353
*Koz'ma Zakhar'ich Minin Sukoruk* (Ostrovsky)
   ......................... **57**:206-7
*Kozma Zakharich Minin the One-Armed*
   (Ostrovsky)
   See *Koz'ma Zakhar'ich Minin Sukoruk*
"Die Krähe" (Muller) ........................ **73**:394
*Krak* (Slowacki) ............ **15**:353, 371
"The Kraken" (Tennyson) . **30**:211, 233; **65**:280
*Krakus* (Norwid) ..... **17**:366-67, 369, 376, 379
"Die Kraniche des Ibykus" (Schiller)
   ......................... **39**:330, 332, 337, 350
*Krates und Hipparchia* (Wieland) . **17**:400-01
*Kreisleriana, Kreislers musikalische Leiden*
   (Hoffmann) ................ **2**:346-47, 358-59
*Kreislers Lehrbrief* (Hoffmann) . **2**:346
"Kreislers musikalisch-poetischer Klub"
   (Hoffmann) ................ **2**:347
"Krestyánskie déti" (Nekrasov) .. **11**:403, 421
"Das Kreuz" (Lenau) ............ **16**:275, 281
*Kreuzfahrer* (Kotzebue) ................ **25**:136
"Kriegslied" (Claudius) ............ **75**:183, 194
*Kriemhilds Rache* (Hebbel) ................ **43**:261

*Krigssång för skånska lantvärnet* (Tegner)
   ......................... **2**:612
"Krinken" (Field) ........................ **3**:211
*Krishna charitra* (Chatterji) ... **19**:204-05, 216,
   222, 225
*Krishnakanter will* (Chatterji) ..... **19**:205, 209-
   10, 213, 215, 217-19, 221-22
*Kritik der praktischen Vernunft* (Kant)
   .. **27**:196, 203-05, 208, 224, 229, 231, 246,
   248, 251, 255, 257, 264; **67**:214, 216, 219-
   22, 252, 261, 264, 271, 288, 294-95
*Kritik der reinen Vernunft* (Kant) ... **27**:194-
   201, 203-05, 208-09, 220-26, 229, 231, 233,
   246-48, 250-51, 253-57, 259-61, 263-64,
   266-68, 270; **67**:212, 214, 216, 218-19, 222,
   264, 287, 294
*Kritik der Urtheilskraft* (Kant) .... **27**:196, 203,
   205, 210, 228, 231, 237, 248, 251, 255, 267;
   **67**:214
*Kritik der Verfassung Deutschlands* (Hegel)
   ......................... **46**:150
"Kritische Fragments" (Schlegel) .. **45**:358-59
*Kritische Friedrich Schlegel Ausgabe*
   (Schlegel) ................ **45**:355, 357
*Kritische Wälder* (Herder) ........ **8**:305, 307-08,
   313-14
"Krivoklad" (Macha) .................... **46**:201, 214
"The Krkonoe Pilgrimage" (Macha) ... **46**:210-
   12
"Krøblingen" (Andersen)
   See "The Cripple"
*Król Duch* (Slowacki) ... **15**:349-50, 354, 356,
   360-62, 365-66, 374-77
*Die Kronenwächter* (Arnim) .. **5**:13, 16-18, 20,
   23
"Krónika két pénzdarab sorśaról" (Madach)
   ......................... **19**:369
"Krotkaya" (Dostoevsky) ..... **2**:162; **33**:179-80
*Krsnacaritra* (Chatterji)
   See *Krishna charitra*
*Krsnakänter Uil* (Chatterji)
   See *Krishnakanter will*
*Kruglyi god* (Saltykov) .................... **16**:374
"Das Kruzifix" (Chamisso) .................... **82**:27
"Krytyka" (Norwid) .................... **17**:374
*Ksiadz Marek* (Slowacki) .... **15**:348, 352, 360,
   365, 371, 378
*Kto vinovat?* (Herzen) .. **10**:321-3, 326-7, 331,
   333-4, 348; **61**:97, 106-9, 113-5
"Kubla Khan" (Coleridge) .. **9**:133-34, 140-42,
   149, 151, 155, 158, 179-80, 182-83, 192-
   96, 204; **54**:82, 87, 89, 98-9, 106, 115
*Kullervo* (Kivi) ............ **30**:48, 54-6, 58-62, 64
"Kulneff" (Runeberg) .................... **41**:312, 323
*Die Kultur der Renaissance in Italien*
   (Burckhardt) . **49**:3, 11, 16-6, 20-1, 23-4,
   27, 29-30, 32
*Kulturgeschichte* (Burckhardt)
   See *Griechische Kulturgeschichte*
*Kun en spillemand* (Andersen) .... **7**:15-16, 21,
   26, 33; **79**:18-19, 21
"Kun László Krónikája" (Petofi) ... **21**:264
"Kundiman" (Rizal) .................... **27**:425
"Die Künftiege Geliebte" (Klopstock) . **11**:236
*Kung Fjalar* (Runeberg) . **41**:310, 317-18, 325
*Kungarne på Salamis* (Runeberg) . **41**:310, 318
"Die Künstler" (Schiller) .................... **39**:336, 389
*Das Kunstwerk der Zukunft* (Wagner)
   ......................... **9**:405, 425, 432-33, 452
"Kurze Freude" (Meyer) .................... **81**:147
*Kurze Ubersicht der Manufakturen in Russland*
   (Kotzebue) ................ **25**:141
"A kutyák dala" (Petofi) .................... **21**:264
"Kutyakaparó" (Petofi) .. **21**:260, 277, 285
*Kuzubana* (Motoori) ............ **45**:275-76
"The Kyffhäuser and its Legends" (Taylor)
   ......................... **89**:312
"Kyozukue" (Ichiyo) .................... **49**:352
"Kyrkan" (Runeberg) .................... **41**:318
"L. E. L.'s Last Question" (Browning)
   ......................... **16**:133; **61**:51
"De la bonne doctrine" (Banville) ......... **9**:16

*De la démocratie en Amérique* (Tocqueville)
   .. **7**:417-25, 427, 429, 432-34, 440, 443-46,
   448-53, 455-56, 458-59, 461; **63**:279, 281-4,
   287-8, 290-3, 297-302, 304, 306, 308, 316-
   23, 326, 328, 332-3, 336, 342, 352-4, 357-
   60, 366-8, 371-2, 379, 388, 391
*A la Feuille de Rose* (Maupassant) ..... **83**:199-
   201, 203
"A la juventud Filipina" (Rizal) ......... **27**:425
*De la littérature* (Staël)
   See *De la littérature considérée dans ses
   rapports avec les institutions sociales*
*De la littérature considérée dans ses rapports
   avec les institutions sociales* (Staël)
   . **91**:298, 304-06, 310-12, 323-24, 326, 332,
   340, 359
*De la littérature consid'érée dans ses rapports
   avec les institutions sociales*
   (Staël-Holstein) ........ **3**:519, 524, 527-28,
   530-33
"De la littérature dans ses raports avec la
   liberté" (Constant) ........................ **6**:224
"A la luna" (Espronceda) ............... **39**:105-06
"De la monarchie constitutionelle en France"
   (Renan) ........................ **26**:377
*De la monarchie selon la charte*
   (Chateaubriand) ......... **3**:110, 112
"A la muerte de Don Joaquín de Pablo
   (Chapalangarra)" (Espronceda) .. **39**:105
"A la nue accablante tu" (Mallarme)
   ......................... **41**:250, 294
"A la patria" (Espronceda) ........... **39**:100, 105
*De la religion considérée dans sa source, ses
   formes, et ses développements* (Constant)
   ......................... **6**:213, 221
*La Salle and the Discovery of the Great West*
   (Parkman) . **12**:336, 341, 372, 378-79
"La Salle Painted by Himself" (Parkman)
   ......................... **12**:378
"A la Srta. C. O. Y. R." (Rizal) ......... **27**:425
"La steaua" (Eminescu) ........................ **33**:251
"A la traslación de las cenizas de Napoleón"
   (Espronceda) ......... **39**:120
"The Laboratory" (Browning) ........ **19**:77, 96;
   **79**:94, 99
"The Laboring Classes" (Brownson)
   ......................... **50**:31, 42, 48
"The Laboring Skeleton" (Baudelaire)
   See "Le squelette laboureur"
"The Labourer's Daily Life" (Jefferies)
   ......................... **47**:141
*The Labourers of the Ten Little Hard Parishes
   to Alexander Baring, Loan-Monger*
   (Cobbett) ................ **49**:113
"Les labboureurs" (Lamartine) . **11**:274, 284
*Labours of Idleness; or, Seven Night's
   Entertainments* (Darley) ... **2**:127, 129-30
"Le lac" (Lamartine) ... **11**:245, 248, 263-64,
   268-70, 277-78, 280-82
*Le lac des fées* (Scribe) ........................ **16**:410
"A l'Académie de Marseille, Gethsémani"
   (Lamartine) ................ **11**:271
"Lacinularia Socialis" (Huxley) ....... **67**:79-80
*Lack of Caution* (Turgenev) ............. **21**:428
*Lack of Funds* (Turgenev) .. **21**:428, 432
"Lacordaire and Catholic Progress"
   (Brownson) ........................ **50**:51
"Ladder of St. Augustine" (Longfellow)
   ......................... **45**:116, 127
*Ladies and Hussars* (Fredro)
   See *Damy i huzary*
*The Ladies' Battle* (Reade) .. **74**:331
*The Ladies' Battle* (Robertson) .......... **35**:354
*The Ladies' Battle; or, A Duel of Love* (Scribe)
   See *Bataille de dames; ou, Un duel en
   amour*
*The Ladies' Family Library* (Child)
   ......................... **6**:198; **73**:97, 100
*The Ladies Lindores* (Oliphant) .. **11**:439, 441,
   445-7; **61**:204, 206, 208-9, 240
*The Ladies of Castile* (Warren) ........... **13**:412-
   14, 418-19, 429-30, 436

"The Ladies of the Sacred Heart" (Sedgwick) ............................................... **19**:446
*The Ladies' Wreath* (Hale) ... **75**:337, 341, 349
"Ladislaus the Fifth" (Arany)
   See "László V"
"Ladraban contra min" (Castro) ............ **78**:42
*Ladugårdsarrebnet* (Almqvist) ............... **42**:4
"Lady Alice" (Allingham) ...................... **25**:18
"The Lady and the Slut" (Leskov)
   See "Dama i fefela"
*Lady Anna* (Trollope) ...................... **6**:470, 475
"Lady Anne and Lady Jane" (Opie) . **65**:171-2
"Lady Barbara" (Crabbe) ...................... **26**:129
"Lady Barbara" (Smith) ....... **59**:320, 331, 333
*Lady Byron Vindicated: A History of the Byron*
   *Controversy, from Its Beginning in 1816*
   *to the Present Time* (Stowe) .. **3**:556, 562
*Lady Car* (Oliphant) ............................ **61**:208
"Lady Geraldine's Courtship" (Browning)
   ............ **1**:114-8, 125-7; **61**:4, 42, 65-7, 75;
   **66**:44-5, 56, 71, 74, 87-91, 93, 101
*Lady Johanna Gray* (Wieland) ..... **17**:419-20
"The Lady Lisle and Elizabeth Gaunt"
   (Landor) ...................................... **14**:185
"Lady Macbeth" (Galt) .......................... **1**:327
"Lady Macbeth" (Maginn) ............ **8**:439, 442
"A Lady Macbeth of the Mtsensk District"
   (Leskov)
   See "Ledi Makbet Mcenskogo uezda"
*Lady Mary and Her Nurse; or, A Peep into the*
   *Canadian Forest* (Traill) ... **31**:316, 327
"Lady Moon, Lady Moon" (Milnes) . **61**:154
*Lady Morgan's Memoirs* (Morgan) ..... **29**:394
*The Lady of La Garaye* (Norton) ........ **47**:245-
   46, 248, 252
"The Lady of Little Fishing" (Woolson)
   ........... **82**:272, 286, 293-94, 306, 322, 334
*The Lady of Lyons; or, Love and Pride*
   (Bulwer-Lytton) ...... **1**:140; **45**:18, 62, 69
"The Lady of Shalott" (Tennyson)
   ..... **30**:206, 211-12, 222-23, 231, 241, 258,
   267, 279; **65**:234, 240, 337, 357
"A Lady of Sorrow" (Thomson) . **18**:393, 400-
   01, 412-13, 421, 424-25, 427
*The Lady of the Camelias* (Dumas)
   See *La dame aux camélias*
"The Lady of the Castle" (Hemans)
   .............................. **29**:198; **71**:288
*The Lady of the Lake* (Scott) ...... **15**:256, 273,
   283, 292-93, 318-19; **69**:304, 361
"The Lady of the Land" (Morris) .. **4**:442, 448
*The Lady of the Rock* (Holcroft) . **85**:199, 212,
   218, 224-25
"The Lady of the Sea" (Allingham) ..... **25**:12
*Lady Susan* (Austen) ........ **1**:35-36, 39, 51-52;
   **33**:86
"The Lady Turned Peasant" (Pushkin)
   See "Baryshnia-krest'ianka"
*Lady und Schnieder* (Nestroy) . **42**:233-35, 237,
   249-50
*Lady William* (Oliphant) ...................... **61**:202
"The Lady-Peasant" (Pushkin)
   See "Baryshnia-krest'ianka"
*A Lady's Diary* (Jameson)
   See *Diary of an Ennuyée*
"The Lady's Dream" (Hood) ...... **16**:209, 220,
   235
*The Lady's Maid* (Martineau) ............ **26**:322
"Laeti et Errabundi" (Verlaine) ... **51**:356, 363,
   372
"Lafayette en Amérique" (Beranger) .... **34**:29
*Die Lage der arbeitenden Klasse in England*
   (Engels) . **85**:3-6, 8, 13, 31, 110-11, 113-
   15, 121, 125, 165, 171-72, 177, 179-81, 184
*Lágrimas: Novela de costumbres*
   *contemporáneas* (Caballero) ........ **10**:76
"Laida" (Echevarria) .......................... **18**:148
*The Laird of Norlaw* (Oliphant) .......... **11**:432
"The Laird of Peatstacknowe's Tale" (Hogg)
   ......................................................... **4**:287
*Laïs* (Eminescu) .............................. **33**:267
"Laisser-courre" (Corbiere) ................... **43**:31

*La laitière de Montfermeil* (Kock) . **16**:245, 249
"The Lake" (Lamartine)
   See "Le lac"
"The Lake" (Melville) ........................... **3**:352
*The Lake Regions of Central Africa* (Burton)
   .................................................. **42**:41, 58
"Lake Zurich" (Klopstock) ................. **11**:220
*Lalla Rookh* (Moore) .. **6**:378-81, 386-88, 391,
   393, 396, 399
*De l'Allemagne* (Heine) ...................... **4**:232
*De l'Allemagne* (Staël) ... **91**:338, 340, 350-51,
   359-60, 365
*De l'Allemagne* (Staël-Holstein) .. **3**:520, 526-
   28, 530, 532-34
"The Lamb" (Blake) . **13**:180-82, 221, 241-45;
   **37**:3, 6, 9, 12, 39, 54, 57, 65, 69, 76, 91-2
"The Lamb" (Krylov) .......................... **1**:435
*Lambro* (Slowacki) ... **15**:348, 358, 363-64, 376
"O Lambros" (Solomos) . **15**:386, 389, 393-94,
   396-97, 405
"Lame Jervas" (Edgeworth) ............. **51**:87, 89
"The Lament for Captain Paton" (Lockhart)
   ........................................................ **6**:293
"A Lament for Kilcash" (Mangan) ..... **27**:315
"Lament for Sarsfield" (Mangan) ....... **27**:279
"Lament for the Decline of Chivalry" (Hood)
   ....................................................... **16**:219
"Lament for the Princes of Tyrone and
   Tyrconnell" (Mangan) .... **27**:296-99, 310-
   12, 319
"The Lament of King Cormac" (Mangan)
   ....................................................... **27**:314
"The Lament of Swordy Well" (Clare)
   ...... **9**:108, 110, 118; **86**:131-32, 178
*The Lament of Tasso* (Byron) . **2**:64, 96; **12**:106
"Lament of the Winds" (Lampman) ... **25**:204
"The Lament of Youth" (Chivers) .. **49**:48, 69-
   70
"Lament on the Death of My Mother"
   (Chivers) ......................................... **49**:39
"Lament over the Ruins of the Abbey of Teach
   Molaga" (Mangan) ..................... **27**:319
"Lamentation for the Death of Sir Maurice
   Fitzgerald" (Mangan) .... **27**:290, 310-11
"Lamentation of Mac Liag for Kincora"
   (Mangan) ..................... **27**:297, 310-12
"Lamentationen" (Heine) ............... **4**:254-55
"The Lamentations of Round Oak Waters"
   (Clare) ............................................. **9**:119
"Lamia" (Keats) . **8**:333-34, 340-41, 345, 347,
   350, 356-57, 360-61, 366, 370, 375, 383,
   385-86; **73**:154-55, 171-73, 190, 198, 202,
   208-09, 212-13, 218, 228, 232-34, 255, 261-
   62, 277, 285, 304, 306-07, 322, 325, 328
*Lamia* (Hood) ................................... **16**:229
*Lamia, Isabella, The Eve of St. Agnes, and*
   *Other Poems* (Keats) .. **8**:326-28, 331-32,
   340, 350; **73**:155, 197, 233
*Lamiel* (Stendhal) . **23**:384, 395, 397, 409, 418-
   19; **46**:318
*De l'amour* (Stendhal) . **23**:347, 368, 374, 423;
   **46**:262, 273, 276, 323-24, 327-28
"La lampe du temple" (Lamartine) ..... **11**:279
"The Lamp's Shrine" (Rossetti) ....... **77**:339
*Lancashire Collier Girl* (More) .......... **27**:358
*The Lancashire Witches: A Romance of Pendle*
   *Forest* (Ainsworth) .... **13**:37, 40-1, 47-8
"Lancelot and Elaine" (Tennyson)
   ..... **30**:249, 291-92; **65**:227, 237, 241, 243,
   246, 250, 252-4, 278-9, 282, 284, 294-5,
   297, 299-301, 312, 335-7, 342, 352, 357-
   60, 364, 366, 385
"Lancelot and Guinevere" (Tennyson) . **65**:376
*Lances de honor* (Tamayo y Baus) . **1**:565, 569
"Land East of the Sun and West of the Moon"
   (Morris) ..................... **4**:416-17, 441, 447
"The Land of Dreams" (Blake) .... **13**:181, 243
"The Land of Dreams" (Bryant) .......... **46**:39
"The Land of Dreams" (Hemans) ....... **29**:205
*Land of Midian Revisited* (Burton) .. **42**:41, 56
"The Land of Pallas" (Lampman)
   ... **25**:184, 193-94, 196, 201, 204, 211, 220

"The Land of Paoli" (Taylor) .............. **89**:313
*The Land of Upside Down* (Tieck)
   See *Die Verkehrte Welt*
"The Landing of the Pilgrim Fathers"
   (Hemans) ........................... **71**:271, 283
"The Landlady" (Dostoevsky)
   See "Khozyaika"
*The Landleaguers* (Trollope) . **6**:471, 495, 500
*Ländliche Lieder* (Muller) .. **73**:352, 362, 366-
   67, 387
"Landor, English Visiter and Florentine
   Visiter" (Landor) ........................ **14**:195
"Landor's Cottage" (Poe) ............ **16**:304, 336;
   **55**:147, 153; **97**:184, 187
*The Lands of the Saracen* (Taylor) ..... **89**:346
"The Landscape Garden" (Poe)
   See "Landscape Gardening"
"Landscape Gardening" (Poe) . **16**:304; **97**:186
"Landscapes" (Baudelaire)
   See "Paysages"
"Landshövdingen" (Runeberg) ....... **41**:325-27
"The Lane" (Barnes)
   See "The Leane"
"Lánggal égo" (Petofi) ...................... **21**:283
"Language" (Emerson) ........................ **38**:178
"The Language of Religion" (Patmore) . **9**:341
"Langueur" (Verlaine) ......................... **51**:360
"The Lantern Out of Doors" (Hopkins)
   ............................. **17**:185, 220, 244
"The Lantern-Bearers" (Stevenson)
   ............................. **5**:410; **63**:239
*La lanterne magique* (Banville) ............. **9**:21
*Lant-virágok* (Madach) ...................... **19**:368
"Laodamia" (Wordsworth) . **12**:414, 427, 459;
   **38**:356
*Laon and Cythna, or the Revolution in the*
   *Golden City* (Shelley) . **18**:308, 311, 313-
   14, 319, 332, 334, 336, 338, 342, 344, 347,
   379-81, 384; **93**:267, 270, 292-96, 298, 300,
   331-32, 334, 336, 338, 340-41, 355
"Lappen og Professoren" (Andersen)
   See "The Professor and the Flea"
"The Lapse of Time" (Bryant) .. **6**:159-60, 172
"Lapsi" (Kivi) .................................... **30**:51
"Laquelle des deux? Histoire perplexe"
   (Gautier) ......................................... **59**:29
"Laquelle est la vraie?" (Baudelaire) .. **29**:110
*Lara* (Byron) . **2**:62, 70, 73, 81, 86, 89, 95, 99;
   **12**:82
"The Largest Life" (Lampman) .. **25**:163, 190,
   217
"A Lark's Flight" (Smith) ... **59**:303, 309, 311,
   315, 317, 319, 323
"The Lark's Nest" (Clare) ............. **9**:108, 110
"Larme" (Rimbaud) .... **4**:472, 478; **82**:231-33,
   247-48
"Une larme du diable" (Gautier) .... **1**:339, 345
"Les larmes de l'ours" (Leconte de Lisle)
   ....................................................... **29**:230
"Larmes de Racine" (Sainte-Beuve) ..... **5**:342
"Larry M'Farland's Wake" (Carleton) . **3**:89, 92
"Lars" (Taylor) ................................... **89**:315
*Lars: A Pastoral of Norway* (Taylor)
   .............................. **89**:315, 349
"A las flores de Heidelberg" (Rizal) .. **27**:425
"Lass die heilgen Parabolen" (Heine) .. **4**:257
"The Lass of Carrick" (Mangan) ........ **27**:314
*The Last* (Krasinski)
   See *Ostatni*
"The Last Banquet of Antony and Cleopatra"
   (Hemans) ...................................... **71**:295
*The Last Baron of Crana* (Banim and Banim)
   ......... **13**:121, 129-31, 135-37, 147, 149-51
"The Last Buccaneer" (Kingsley) ........ **35**:227
*The Last Buccaneer* (Macaulay) .......... **42**:88
"Last Canto of Childe Harold" (Lamartine)
   See "Le dernier chant de pèlerinage de
   Childe Harold"
"Last Child" (Lampman) ..................... **25**:216
*The Last Chronicle of Barset* (Trollope)
   .... **6**:458, 461, 467, 470-71, 479, 484, 491-

92, 494, 497-98, 507, 509, 516-17; **33**:363, 417-18, 422

"A Last Confession" (Rossetti) . **4**:495-97, 500-03, 507-08, 510-12, 518-19, 523-24, 526-27; **77**:286-7, 293, 304, 317, 337

*The Last Constantine, with Other Poems* (Hemans) ...................... **29**:202

*The Last Day of a Condemned* (Hugo)
See *Le dernier jour d'un condamné*

"The Last Day of Castle Connor" (Le Fanu) ............................................ **9**:320

"The Last Days of a Criminal" (Hood) . **16**:203

"The Last Days of John Brown" (Thoreau) ............................................ **7**:406

*The Last Days of Pompeii* (Bulwer-Lytton) .... **1**:136-38, 140, 146, 149-53; **45**:3, 5, 13, 22, 27, 29, 32-3. 55-7, 62, 68-70

"The Last Dream of the Old Oak" (Andersen) ............................................ **79**:62

*The Last Essays of Elia* (Lamb) . **10**:392, 435-37

*Last Essays on Church and Religion* (Arnold) ............................ **6**:53; **29**:21; **89**:65, 131

"The Last Frost of Spring" (Ichiyo)
See "Wakerejimo"

*The Last Fruit off an Old Tree* (Landor) ............................................ **14**:169-70

"The Last Generation in England" (Gaskell) ............................ **97**:110, 121, 127, 167-68

"The Last Judgement" (Macha)
See "Poslední soud"

"The Last Judgment" (Levy) ............... **59**:93

"The Last Lamp of the Alley" (Maginn) ............................................ **8**:441

"The Last Leaf" (Holmes) ..... **14**:100-01, 109, 120-21, 125, 129, 132; **81**:107

"The Last Leap" (Gordon) . **21**:159, 181, 186

*Last Leaves* (Smith) . **59**:298-9, 306, 308, 311, 314, 317, 319-23, 333, 337, 340

*Last Letters* (Foscolo)
See *Ultime lettere di Jacopo Ortis*

*The Last Letters of Aubrey Beardsley* (Beardsley) ............................ **6**:138

*The Last Letters of Jacopo Ortis* (Foscolo)
See *Ultime lettere di Jacopo Ortis*

*Last Letters of Ortis* (Foscolo)
See *Ultime lettere di Jacopo Ortis*

"Last Love" (Tyutchev) ...................... **34**:403

"The Last Man" (Campbell) . **19**:176, 179, 181, 187, 190, 192, 196, 198

"The Last Man" (Hood) .......... **16**:202, 231-34

*The Last Man* (Beddoes) ................... **3**:37-39

*The Last Man* (Shelley) . **14**:253-54, 256, 262, 265, 267, 269-71, 274-76, 290, 292-93, 299; **59**:144, 155, 177, 195

"The Last National Revolt of the Jews" (Lazarus) ............................ **8**:424

"The Last Night that She Lived" (Dickinson) ............................................ **21**:35

"Last Norridgewock" (Whittier) .......... **8**:485

"The Last of His Tribe" (Kendall) ...... **12**:190-92, 196, 201

"The Last of Macquarie Harbour" (Clarke) ............................................ **19**:257

*The Last of the Barons* (Bulwer-Lytton) . **1**:140-41, 146, 150-52; **45**:14-15, 21, 58-60, 62, 70

"The Last of the Flock" (Wordsworth) . **12**:386-87

*The Last of the Foresters; or, Humors on the Border: A Story of the Old Virginia Frontier* (Cooke) ..... **5**:122, 128-29, 131, 133-34, 136

*The Last of the Lairds; or, The Life and Opinions of Malachi Mailings, Esq. of Auldbiggings* (Galt) .. **1**:332, 334-35, 337

*The Last of the Mohicans: A Narrative of 1757* (Cooper) . **1**:197-200, 202-03, 205, 207, 212, 217, 221, 225; **27**:124, 127-36, 138, 140-44, 147, 150, 153-54, 157, 160-67, 172-73, 175-79, 181, 183-85, 187; **54**:254, 267, 269, 271, 283-4, 286-7, 299, 301

*The Last of the Mortimers* (Oliphant) . **11**:446

*The Last of the Muşat Kin* (Eminescu) . **33**:264

"The Last of the War Cases" (Whitman) ............................................ **4**:554

"The Last of Ulysses" (Landor) .......... **14**:181

*Last Poems* (Browning) ............... **1**:121; **61**:44

*Last Poems* (Heine) ........................ **4**:238

*Last Poems* (Lowell) ............... **2**:512; **90**:188

"Last Public Address" (Lincoln) ....... **18**:225

"The Last Reader" (Holmes) ........ **14**:98-100

"The Last Ride Together" (Browning) ............................................ **19**:127, 131

"The Last Song of Sappho" (Hemans) . **71**:296

"Last Songs" (Nekrasov) ...................... **11**:407

"The Last Sunset" (Isaacs)
See "El último arrebol"

"The Last Tournament" (Tennyson) .... **30**:254; **65**:238-9, 241, 246, 251-3, 269, 279, 282, 285, 291-3, 296-8, 300, 352-3, 363, 369, 372-4, 376, 383

"The Last Walk in Autumn" (Whittier) ............................ **8**:517; **59**:360, 366, 368

*Last Words* (Arnold) ...................... **29**:54

"The Last Words of Al-Hassan" (Mangan) ............................ **27**:287, 290

"The Last Words of Charles Edwards" (Maginn) ............................ **8**:438

"The Last Words of Stonewall Jackson" (Lanier) ............................ **6**:237

"László V" (Arany) ............... **34**:15, 20

"Late November" (Lampman) ........... **25**:182

*The Late Summer* (Stifter)
See *Der Nachsommer*

*Later Letters of Edward Lear* (Lear) .... **3**:299

"Later Life" (Rossetti) .. **2**:563, 566, 570, 575; **50**:272, 284, 292

*Later Poems* (Whittier) ............... **8**:495

*The Later Poems of John Clare 1837-1864* (Clare) ....... **86**:198, 111, 113-15, 117-22, 162, 166, 170, 180

"The Latest Decalogue" (Clough) . **27**:83-4, 91, 103, 114

"The Latter Rain" (Very) ............... **9**:380, 385

*Latter-Day Pamphlets* (Carlyle) . **70**:72, 82, 91

*Latter-Day Pamphlets* (Froude) .......... **43**:218

"Der Laudachsee" (Lenau) ................. **16**:283

"Laudamus" (Gordon) ....... **21**:160, 164, 175

*Laughable Lyrics* (Lear) ........... **3**:296-97, 309

"Laughing Life Cries at the Feast" (Rossetti) ............................................ **66**:307

"The Laughing Song" (Blake) . **37**:3, 9, 13, 40, 61, 65, 71-2, 78-9, 91-2

"Laughter" (Crawford) ...................... **12**:156

*Die Launen des Glückes* (Nestroy) ............................ **42**:238, 257

"Launfal" (Lowell) ............... **90**:198

*Laura* (Sand) ............... **42**:359, 363

"Laurette; ou, Le cachet rouge" (Vigny) ............................................ **7**:478

"Laus Deo" (Whittier) .. **8**:515, 531; **59**:360-1, 385

*Lautréamont's Preface to His Unwritten Volume of Poems* (Lautréamont)
See *Poésies I, II*

*Lavengro: The Scholar—The Gypsy—The Priest* (Borrow) . **9**:40-56, 60-9

*The Law and the Lady* (Collins) . **1**:188, 191

"Law as Suited to Man" (Dana) ...... **53**:180-1

*Lawrence Bloomfield in Ireland* (Allingham) .... **25**:10-11, 13, 16, 18-19, 21-3, 26-7, 29, 31-4

*Lawrie Todd; or, The Settlers in the Woods* (Galt) ...................... **1**:330-31

*The Lawton Girl* (Frederic) ... **10**:183-84, 187-88, 192-93, 201, 203-04, 209, 211, 213-14

*The Lawyers* (Lewes) ...................... **25**:291

"The Lawyer's First Tale" (Clough) ..... **27**:81

"The Lay of a Golden Goose" (Alcott) .. **58**:6

*The Lay of Maldoror* (Lautréamont)
See *Les chants de Maldoror: Chants I, II, III, IV, V, VI*

*The lay of St. Cuthbert* (Barham) ........... **77**:9

"A Lay of St. Dunstan" (Barham) ... **77**:41-42

*The Lay of St. Gengulphus* (Barham) . **77**:9, 43

"The Lay of the Bell" (Schiller)
See "The Song of the Bell"

"The Lay of the Brown Rosary" (Browning) .. **1**:115, 117, 126; **61**:31-2, 43, 65-7, 74-5; **66**:44

"A Lay of the Early Rose" (Browning) ............................ **1**:117; **61**:43

"The Lay of the Humble" (Milnes) ............................ **61**:130, 145

"The Lay of the Laborer" (Hood) . **16**:209, 220, 228, 233, 237-38

*The Lay of the Last Minstrel* (Scott) ... **15**:249-52, 267, 273, 286, 293, 318-19; **69**:298, 302, 304

*The Lay of the Laureate: Carmen Nuptiale* (Southey) ............... **8**:462; **97**:263

*The Lay of the Scottish Fiddle* (Paulding) ............................................ **2**:525

*Lay Sermons* (Huxley) ...................... **67**:4, 44

"Lay this Laurel on the One" (Dickinson) ............................................ **77**:118

*Lays* (Macaulay)
See *Lays of Ancient Rome*

*Lays and Legends of the Rhine* (Planche) ............................................ **42**:274

*Lays for the Dead* (Opie) ............... **65**:182

*Lays of Ancient Rome* (Macaulay) .. **42**:84, 86, 88, 111, 113, 151

*Lays of Many Lands* (Hemans) . **29**:202-03; **71**:261, 295

*Lays of My Home, and Other Poems* (Whittier) ............................ **8**:485-86; **59**:353, 370

*Lays of the Red Branch* (Ferguson) . **33**:293-94

*Lays of the Western Gael* (Ferguson) ..... **33**:279, 281, 285, 287, 289-91, 293-94, 297-99

*Lazarus* (Heine) ...................... **4**:248, 254, 257

"The Lazy Crow" (Simms) ............... **3**:509

*The Lazy Tour of Two Idle Apprentices* (Collins) ............................................ **1**:185

*The Lazy Tour of Two Idle Apprentices* (Dickens) ...................... **86**:188

*Lea* (Kivi) ............... **30**:48, 50, 53, 65

"Lead, Kindly Light" (Newman) . **38**:282, 315, 336

"Lead lunar ray" (Fuller) ............... **50**:249, 250

"The Leaden Echo and the Golden Echo" (Hopkins) ....... **17**:186-87, 193, 200, 205, 210-12, 225

"Leady-Day an' Ridden House" (Barnes) ............................ **75**:77, 81, 83

"The Leady's Tower" (Barnes) .......... **75**:72-3

"A Leaf from King Alfred's Orosius" (Longfellow) ............................ **45**:160

"A Leaf From the Sky" (Andersen) ........ **7**:22

"Leander" (Keats) ............................ **8**:361

"The Leane" (Barnes) .. **75**:15-16, 55, 68, 101, 104

"The Leap Frog" (Andersen) ............. **7**:23, 25

"A Lear of the Steppes" (Turgenev)
See "Stepnoy Korol 'Lir"

"The Learned Boy" (Crabbe) ......... **26**:93, 130

"Learned Lady" (Irving) ...................... **95**:239

"The Leather Bottell" (Maginn) ........... **8**:438

*Leather Stocking and Silk; or, Hunter John Myers and His Times: A Story of the Valley of Virginia* (Cooke) ........... **5**:127-29, 131-32, 136

*The Leatherstocking Tales* (Cooper) . **1**:205-06, 211-12, 215, 217, 221-28; **54**:284

"Leave, O leave Me to My Sorrows" (Blake) ............................................ **37**:29

"Leaves" (Barnes) ...................... **75**:15

*Leaves* (Parton)
See *Fern Leaves, Second Series*

"The Leaves Are Falling—So Am I" (Landor) ............................ **14**:199

*Leaves from Australian Forests* (Kendall) ...... **12**:180-81, 184, 186, 192-93, 196, 200

*Leaves From Margaret Smith's Journal*
(Whittier) .................. **59**:362, 380-1, 384
*Leaves of Grass* (Whitman) .... **4**:535-37, 539-
47, 551, 553-55, 558, 561-63, 566-67, 574-
76, 579, 581, 583-89, 591-96, 600-01, 603-
04; **31**:357-448; **81**:237, 241-42, 244, 254-
71, 275, 281, 286-87, 293, 295, 299, 302,
309-10, 312-18, 325-30, 332, 336, 340-43,
345-47, 350-51, 353-54, 361, 363-64, 369
"Leaving Fishkill for New York" (Fuller)
.......................................... **50**:249
"Leaving the Theater after the Performance of
a New Comedy" (Gogol)
See *Teatral'nyi raz'ezd posle
predstavleniia novoi komedii*
"Lebed" (Tyutchev) ...................... **34**:410
"Leben des vergnügten Schulmeisterleins
Maria Wuz in Aventhal" (Jean Paul)
.......................... **7**:235-36, 238, 242
*Leben Fibels, des Verfassers der Bienrodischen
Fibel* (Jean Paul) ... **7**:235, 239, 241, 242
*Leben und Tod der heiligen Genoveva* (Tieck)
.................. **5**:511, 514, 521, 525, 529, 532
*Leben und Tod des kleinen Rothkäppchens*
(Tieck) ................................ **5**:523
*Lebens-Ansichten des Katers Murr nebst
fragmentarischer Biographie des
Kapellmeisters Johannes Kreisler in
züfalligen Makulaturblättern* (Hoffmann)
.......... **2**:340-41, 346-47, 353, 356-58, 360,
362-63
*Lebenselemente* (Tieck) .............. **5**:518
*Lebens-Lieder und Bilder* (Chamisso) .... **82**:6
*Lecoq the Detective* (Gaboriau)
See *Monsieur Lecoq*
"A Lecture Delivered before the Female
Anti-Slavery Society of Salem" (Brown)
.................................. **2**:47, 53
*Lecture I* (Keble) ...................... **87**:154
*Lecture IV* (Keble) .................... **87**:151
"Lecture on 'Discoveries; Inventions; and
Improvements'" (Lincoln) .......... **18**:240
"Lecture on the Anti-Slavery Movement"
(Douglass) ...................... **7**:124
"Lecture on the 'Nature of Poetry'" (Dobell)
See "The Nature of Poetry"
"Lecture on the Poetry of Wordsworth"
(Clough) ................ **17**:59, 101-03, 106
"Lecture on the Poets of America" (Poe)
...................................... **55**:177
"Lecture on the Times" (Emerson)
.............................. **1**:301; **38**:209
*Lecture XL* (Keble) .................. **87**:151
*Lecture XVI* (Keble) ................ **87**:154
*Lecture XXII* (Keble) ........ **87**:150, 154
*Lecture XXVIII* (Keble) ........ **87**:154
*Lecture XXX* (Keble) .............. **87**:154
"Lecture XXXIX" (Keble) ........ **87**:153
*Lecturers on the French and Belgian
Revolutions* (Cobbett) .............. **49**:160
*Lectures and Essays on University Subjects*
(Newman) ............ **38**:324, 327
*Lectures and Miscellanies* (James)
.................................. **53**:209, 217
*Lectures Chiefly on the Dramatic Literature of
the Age of Elizabeth* (Hazlitt) ..... **29**:146-
47, 163, 174
*Lectures for Working Men* (Huxley) ..... **67**:85
*Lectures on Aesthetics* (Hegel)
See *Vorlesungen über die Aesthetik*
*Lectures on Ancient and Modern Literature*
(Schlegel)
See *Geschichte der alten und neuen
Literatur*
*Lectures on Art* (Taine) ................ **15**:469
*Lectures on Art, and Poems* (Allston) .... **2**:23-
25, 27
*Lectures on Certain Difficulties Felt by
Anglicans* (Newman) ..... **38**:291, 310-11,
328
"Lectures on English Philosophy" (Hazlitt)
.................................. **82**:108

*Lectures on Ethics* (Kant) ............. **27**:248, 262
*Lectures on Justification* (Newman) ... **38**:315
"Lectures on Murder Considered as One of the
Fine Arts" (De Quincey) .... **4**:61, 68, 73-
74, 78, 85; **87**:76-7, 79
*Lectures on Philosophical Theology* (Kant)
...................................... **27**:244
"Lectures on Poetry" (Bryant) ... **6**:190; **46**:10,
12, 16, 27, 29, 43, 48, 52
*Lectures on Poetry* (Keble) . **87**:152, 154, 156-
57, 161, 175, 183-84, 193, 199
*Lectures on Recent Philosophy* (Schelling)
...................................... **30**:163
*Lectures on Rhetoric and Belles Lettres* (Blair)
...... **75**:115-19, 123, 127, 131, 133, 136-37,
141-44, 146-47, 149-50, 157, 160, 164-65,
177
*Lectures on the Elevation of the Laboring
Portion of the Community* (Channing)
.................................. **17**:26, 41
*Lectures on the English Comic Writers*
(Hazlitt) .. **29**:145-47, 163, 165, 167, 174
*Lectures on the English Poets* (Hazlitt)
..... **29**:134, 138, 145-48, 163-65, 174, 176-
77, 183; **82**:123
*Lectures on the History of Literature*
(Schlegel) ........................ **45**:288
*Lectures on the Philosophy of History* (Hegel)
See *Vorlesungen über die Philosophie der
Geschichte*
*Lectures on the Philosophy of History*
(Schlegel) ........................ **45**:300
*Lectures on the Philosophy of Religion:
Together with a Work on the Proofs of
the Existance of God* (Hegel)
See *Vorlesungen über die Philosophie der
Religion, nebst iener Schrift über die
Beweise vom Dasein Gottes*
*Lectures on the Present Position of Catholics
in England* (Newman) . **38**:294, 310, 328
*Led Astray* (Feuillet)
See *Tentation*
"Ledi Makbet Mcenskogo uezda" (Leskov)
.................. **25**:228, 233-34, 245-48, 264-65
"De l'Education" (Laclos)
See *De l'Education des femmes*
*De l'Education des femmes* (Laclos)
........ **4**:325, 340, 342; **27**:239-40, 246, 274
"Ledwina" (Droste-Hulshoff) ......... **3**:196, 203
*Lee and His Lieutenants* (Cooke) ........ **5**:124
"Lee Shore" (Melville) ................ **49**:414, 416
"The Leech of Folkestone" (Barham)
.................................. **77**:33, 35
"The Left-handed Craftsman" (Leskov)
See "Levša"
"The Left-Handed Smith and the Steel Flea"
(Leskov)
See "Levša"
"The Lefthander" (Leskov)
See "Levša"
*Legacies to Labourers; or, What is the Right
Which Lords, Baronets and Squires Have
to the Lands of England?* (Cobbett)
...................................... **49**:155
"The Legacy" (Moore) ................ **6**:399
*Legacy to Parsons; or, Have the Clergy of the
Established Church and Equitable Right
to the Tithes* (Cobbett) ............ **49**:114
*Legacy to Peel* (Cobbett) ............ **49**:114
"The Legal Codes of Lycurgus and Solon"
(Schiller)
See "The Legislation of Lycurgus and
Solon"
"Legem tuam dilexi" (Patmore) ..... **9**:359, 361
"The Legend" (Herzen) ...... **10**:346-47; **61**:108
"A Legend" (Krasinski)
See "Legenda"
*Legend* (Longfellow)
See *The Golden Legend*
*Legend* (Pushkin) .................... **3**:445, 448
"The Legend Beautiful" (Longfellow) . **45**:188
"The Legend of Bottle Hill" (Maginn) . **8**:440

"The Legend of Brittany" (Lowell) . **2**:505, 515
"The Legend of Dhruva" (Dutt) .... **29**:123, 126
*The Legend of Florence* (Hunt) ..... **1**:412, 415,
423; **70**:263
*Legend of Hamilton Tighe* (Barham) . **77**:4, 19,
26, 36
*The Legend of Jubal, and Other Poems* (Eliot)
.................................. **4**:107, 115
"Legend of Khalif Hakem" (Nerval)
See *L'histoire du Calife Hakem*
"The Legend of Knockgrafton" (Maginn)
...................................... **8**:440
"The Legend of Knocksheogowna" (Maginn)
...................................... **8**:440
"Legend of Lake Switez" (Mickiewicz) . **3**:393
"Legend of Maryland" (Kennedy) . **2**:431-33
*A Legend of Montrose* (Scott) ..... **15**:300, 304,
309; **69**:303, 308, 313, 322
"Legend of Oxford" (Sigourney) ........ **21**:290
"Legend of Pennsylvania" (Sigourney)
...................................... **87**:342
"The Legend of Rabbi Ben Levi" (Longfellow)
...................................... **45**:137
*The Legend of Saint Julien Hospitaller*
(Flaubert)
See *La légende de Saint-Julien l'Hospi-
talier*
*The Legend of Saint Julien the Hospitator*
(Flaubert)
See *La légende de Saint-Julien l'Hospi-
talier*
"A Legend of Sheppey" (Barham) ........ **77**:44
"The Legend of Sleepy Hollow" (Irving)
.. **2**:367, 376, 379, 381-84, 389-90, 392-93;
**19**:327-29, 331-37, 339-41, 343-45, 347-49;
**95**:227, 240, 242-44, 249, 265, 268, 283-86,
296
"Legend of St. Lucas" (Schlegel) ....... **15**:223
"A Legend of the Apostle John" (Child) . **6**:201
"The Legend of the Brown Rosarie"
(Browning)
See "The Lay of the Brown Rosary"
*The Legend of the Centuries* (Hugo)
See *La légende des siècles*
"Legend of the Delewares" (Bryant) ...... **46**:4
*A Legend of the Devil's Dyke* (Boucicault)
...................................... **41**:40
"The Legend of the Devil's Pulpit" (Bryant)
...................................... **6**:181
"Legend of the Enchanted Soldier" (Irving)
...................................... **2**:388
"The Legend of the Grand Inquisitor"
(Dostoevsky) .. **2**:181, 185, 188, 191-92;
**21**:112; **33**:177, 230; **43**:92, 95-96, 98, 103,
107, 120, 122-23, 127, 137-38, 149-53, 157,
169-72
*The Legend of the Rhine* (Thackeray) .. **5**:464
"Legenda" (Krasinski) .................... **4**:306, 313
"Legenda o sovestnom Danile" (Leskov)
...................................... **25**:245
"Légende" (Laforgue) .............. **5**:280; **53**:294
*La légende de Saint-Julien l'Hospitalier*
(Flaubert) ........... **2**:227, 232-3, 236, 246,
257-8; **62**:93, 108
*La légende de Soeur Béatrix* (Nodier) . **19**:385
"La légende des Nornes" (Leconte de Lisle)
...................................... **29**:226-28
*La légende des siècles* (Hugo) .. **3**:253, 255,
262, 264, 270-72, 276; **10**:375; **21**:196
*Légendes démocratiques* (Michelet) .... **31**:232
"Légendes rustiques" (Sand) .......... **42**:314
*Legends and Lyrics* (Hayne) .. **94**:136, 141-42,
144, 148, 151, 154-57, 159, 164, 169
*Legends of New England in Prose and Verse*
(Whittier) ............ **8**:484-85, 526; **59**:363
*Legends of the Madonna* (Jameson)
.................................. **43**:306, 324, 326
*Legends of the Monastic Orders* (Jameson)
.................................. **43**:306, 324-25
"The Legends of the Province House"
(Hawthorne) ............ **2**:293, 322; **95**:140

"The Legislation of Lycurgus and Solon"
    (Schiller) ........................... **39**:363
De l'Église gallicane (Maistre) .... **37**:295, 299
Lehrjahre (Goethe)
    See Wilhelm Meisters Lehrjahre
Die Lehrlinge zu Saïs (Novalis) .. **13**:366, 368,
    370-71, 374-77, 381, 384-86, 401, 403
"Leib und Seele" (Heine) ................. **4**:257
Leicester (Dunlap) ........... **2**:210-13, 215, 217
Leicester, an Autobiography (Adams)
    See A Child of the Age
"Leichhardt" (Kendall) ........ **12**:182, 194, 199
"Leiden" (Hölderlin) .................. **16**:185
Die Leiden des jungen Werthers (Goethe)
    ...................................... **34**:94, 120
Das Leiden eines Knaben (Meyer) ..... **81**:215
Das Leiden eines Knaben (Meyer) .. **81**:175-
    76, 180, 182
Das Leidende Weib (Klinger) ............. **1**:428
Der Leiermann (Muller) ...... **73**:386, 390, 393,
    395-97
"Leila: A Tale" (Browning) ............. **61**:36
"Leila in the Arabian zone" (Fuller)
    .................................... **50**:247, 250
Leila; or, The Siege of Granada
    (Bulwer-Lytton) ....................... **45**:58
"Leisure" (Lamb) ..................... **10**:405
"The Leisure of a Dramatic Critic" (Lewes)
    .................................... **25**:291
"A Lejtőn" (Arany) .................... **34**:19
Lélia (Sand) ... **2**:581-85, 587-89, 595-98, 603-
    04, 606-08; **42**:316, 318, 320, 322, 338,
    349-57, 360, 362-6, 379; **57**:313, 318-22,
    324-5, 327-37, 339, 360, 367, 370
"Lenardos Tagebuch" (Goethe) ............. **4**:189
"Lenore" (Poe) ......................... **55**:133
Lenz (Büchner) ... **26**:4, 18, 20, 27-8, 36, 41-2,
    46-8, 50-5, 59, 67
Leo and Liina (Kivi)
    See Leo ja Liina
Leo Burckart (Nerval) ........... **1**:475; **67**:303
Leo ja Liina (Kivi) ..................... **30**:64
"Leofric and Godiva" (Landor) ..... **14**:185-86
"Leonard and Susan" (Coleridge) ...... **90**:7, 25
Leonard and Susan (Coleridge) ....... **90**:16, 20
"Leonardo da Vinci" (Pater) ........ **7**:305, 311;
    **90**:296, 298, 305
Leonce und Lena (Büchner) . **26**:4, 9, 20, 25-8,
    30, 32-3, 38-9, 43, 45, 55, 62, 64
Leone Leoni (Sand) .. **2**:587; **57**:312, 316, 341,
    360
Leoni or the Orphan of Venice (Chivers)
    .................................... **49**:52, 61-3
Leoni the Orphan of Venice (Chivers)
    See Leoni or the Orphan of Venice
Leonora (Edgeworth) .......... **1**:256; **51**:87-90
"Leopold" (Beddoes) ..................... **3**:33
"Leper-House of Janval" (Gore) ......... **65**:21
"Les lépreux" (Bertrand) ................. **31**:47
"Der Lerche" (Droste-Hulshoff) ..... **3**:193, 202
Les (Ostrovsky) ... **30**:100, 104, 111, 113, 115,
    119; **57**:220
The Lesbians (Baudelaire)
    See Les fleurs du mal
Les Lesbiennes (Baudelaire)
    See Les fleurs du mal
"Lesbos" (Baudelaire) ..... **29**:66, 72-4; **55**:6-8,
    33, 61, 73-4
LesForestiers (Dumas) ................. **71**:193
"Lesley Castle" (Austen) ................. **13**:72
De l'espit de conquête et de l'usurpation dans
    leurs rapports avec la civilisation
    Européenne (Constant) .. **6**:222, 225
De l'esprit des traductions (Staël) .. **91**:340
"De l'Essence du rire" (Baudelaire) . **55**:68, 72
"Lessing" (Lewes) ..................... **25**:286
"Lessing" (Lowell) ..................... **2**:509
"A Lesson for Kings" (Hunt) ............. **70**:258
"A Lesson on Sensibility" (Brown) .. **74**:108
Lessons for Children (Barbauld) ..... **50**:2, 7
"Let Be!" (Patmore) ........... **9**:339, 358, 365

"Let Down the Bars, O Death" (Dickinson)
    .................................. **21**:20
"Let Erin Remember the Days of Old"
    (Moore) ...................... **6**:397, 399
"Let My Name Survive" (Chivers) ....... **49**:70
Let Off with a Scare (Vigny)
    See Quitte pour la peur
"Let Pure Hate Still Underprop" (Thoreau)
    .................................. **7**:382
"Let the Brothels of Paris Be Opened" (Blake)
    .................................. **13**:243
"Let There Be Light" (Wergeland)
    See "Vord lys!"
"Let Us Gather in Congress" (Eminescu)
    .................................. **33**:272
"Leteszem a lantot" (Arany) ........... **34**:13, 19
"Le lethe" (Baudelaire)
    See "Léthé"
"Léthé" (Baudelaire) ................... **29**:73
"Lethe" (Meyer) ......... **81**:199, 204, 209
"Letnij vecer" (Tyutchev) ... **34**:389, 411
"Letter" (Melville) ................... **93**:210
"Letter" (Whitman) ................... **81**:287
"Letter about Censorship in Russia" (Tyutchev)
    .................................. **34**:384
A Letter, Addressed to the People of Piedmont
    (Barlow) ...................... **23**:27-8
Letter and Spirit: Notes on the Commandments
    (Rossetti) . **50**:271, 276-7, 324; **66**:306-7,
    342, 375
"Letter: From a Missionary of the Methodist
    Episcopal Church South in Kansas to a
    Distinguished Politician" (Whittier)
    ............... **8**:525, 531; **59**:361, 369-71
"Letter from Mexico" (Corbiere) ......... **43**:14
Letter from Noah Webster, Esq., of New Haven,
    Connecticut, to a Friend in Explanation
    and Defense of the Distinguishing
    Doctrines of the Gospel (Webster)
    .................................. **30**:408
"The Letter L" (Ingelow) ................. **39**:264
"Letter of John Bull" (Barbauld) ......... **50**:14
"Letter of the Seer" (Rimbaud)
    See "Lettre du voyant"
Letter on the Novel (Schlegel)
    See "Brief über den Roman"
"Letter on Watering-places" (Barbauld) . **50**:14
Letter ot Old George Rose (Cobbett) .. **49**:113
"Letter to a Friend in London" (Shelley)
    .................................. **18**:327
"Letter to a Young Gentleman" (Stevenson)
    .................................. **5**:420
"Letter to a Young Gentleman Commencing
    His Education" (Webster) ...... **30**:408
"Letter to B—" (Poe) .. **55**:142, 162, 170
"Letter to Balzac" (Stendhal) ......... **46**:325
"Letter to Beethoven" (Fuller) ......... **5**:167
Letter to Dorothea (Schlegel) .. **45**:363, 365
A Letter to Dr. David Ramsay, Of Charleston,
    (S. C.) Respecting the Errors in
    Johnson's Dictionary, and Other
    Lexicons (Webster) ............... **30**:398
"Letter to Dumas" (Nerval) ............. **67**:357
Letter to Emerson (Landor) ............. **14**:207
Letter to Governor Hamilton on the Subject of
    State Interposition (Calhoun) .. **15**:28, 59
A Letter to his Countrymen (Cooper) . **54**:256
"Letter to his Son" (Hazlitt) ......... **82**:88
Letter to Jack Harrow an English Labourer on
    the New Cheat of Savings Banks
    (Cobbett) ...................... **49**:113
"Letter to Lamartine" (Musset)
    See "Lettre à M. de Lamartine"
"Letter to Maria Gisborne" (Shelley) . **18**:356
"Letter to Mr.—" (Poe) ................. **55**:138
"Letter to Mrs. Bixby" (Lincoln) ....... **18**:257
Letter to the Abbé Raynal (Paine) . **62**:322, 359
"Letter to the Bishop fo Llandaff"
    (Wordsworth) ................... **38**:422, 426
"Letter to the Deaf" (Martineau) .. **26**:349-50
"Letter to the Editor of the Literary Gazette"
    (Pushkin) ...................... **83**:320

A Letter to the Governors, Instructors, and
    Trustees of the Universities, and Other
    Seminaries of Learning, in the United
    States, on the Errors of English
    Grammar (Webster) ............... **30**:414
A Letter to the Hon. Henry Clay, on the
    Annexation of Texas to the United States
    (Channing) ...... **17**:22, 32-3, 35
A Letter to the Marquis of Lansdowne (Milnes)
    .................................. **61**:145
A Letter to the National Convention of France
    (Barlow) ...................... **23**:18, 27-8
"Letter to the Queen on Lord Chancellor
    Cranworth's Marriage and Divorce Bill"
    (Norton) ....... **47**:248, 250, 254, 261, 263
"Letter to the Young Women of Malolos"
    (Rizal) ...................... **27**:417
Letter to W. Windham (Holcroft)
    See Letter to William Windham, on the
    Intemperance and Dangerous Tendency
    of His Conduct
Letter to William Gifford, Esq. (Hazlitt)
    ...... **29**:167, 169-70; **82**:98
A Letter to William Smith, Esq. M.P. (Southey)
    .................................. **97**:263, 312
Letter to William Windham, on the
    Intemperance and Dangerous Tendency
    of His Conduct (Holcroft) .......... **85**:194-
    95, 199, 209, 227-28, 235
The Letter-Bag of the Great Western; or, Life
    in a Steamer (Haliburton) .... **15**:118-
    19, 125-26, 129, 135, 145
"The Letter-Bell" (Hazlitt) ............. **29**:153
Lettere scritte dall'Inghilterra (Foscolo)
    .................................. **97**:88-93
"Letters" (Emerson) ..................... **1**:296
"Letters" (Kirkland) ......... **85**:296, 299, 301
"Letters" (Rossetti) ................... **77**:296, 301
"Letters" (Schiller) ................... **39**:337
Letters (Austen) ....................... **95**:30
Letters (Coleridge) ..................... **90**:32
Letters (Cowper) ......... **94**:94-5, 119-25
Letters (Dickinson) ................... **21**:21-2, 30
Letters (Eliot) ......................... **89**:266
Letters (Gaskell) .. **97**:127, 130, 142, 170, 173
Letters (Ghalib) ......... **39**:154-55
Letters (Hayne) ......................... **94**:154
Letters (Krasicki)
    See Listy
Letters (Mill) ......................... **58**:321
Letters (Sigourney) ..................... **87**:337
Letters (Symonds) ............. **34**:331-32, 336-37
Letters (Tennyson) ..................... **65**:378
Letters (Trelawny)
    See Letters of Edward John Trelawny
Letters (Webster) ..................... **30**:397
Letters and Correspondence (Newman)
    .................................. **38**:296, 312-13
Letters and Journals (Byron) ............. **2**:87
Letters and Journals of Lord Byron, with
    Notices of His Life (Moore) . **6**:385, 393
Letters and Literary Remains of Edward
    FitzGerald (FitzGerald) ......... **9**:268-70
The Letters and Private Papers of William
    Makepeace Thackeray (Thackeray)
    .................................. **5**:485
Letters and Remains (Clough) ............. **27**:53
Letters and Social Aims (Emerson) .. **1**:282
"Letters by Robert Slender, O. S. M."
    (Freneau) ...................... **1**:315
Letters for Literary Ladies (Edgeworth)
    .................................. **1**:267; **51**:81, 83
"Letters from Abroad" (Hunt) ... **1**:416; **70**:279
Letters from Abroad to Kindred at Home
    (Sedgwick) ...... **19**:441, 445-47
The Letters from Avenue Marigny (Herzen)
    .................................. **61**:86
Letters from Berlin (Heine)
    See Briefe aus Berlin
Letters from England (Southey) ........... **8**:475-
    76; **97**:266, 268, 270-71, 278-79, 281, 284-
    87, 291, 322

*Letters from My Mill* (Daudet)
　　See *Lettres de mon moulin*
*Letters from New York* (Child) . **6**:200-03, 206-07, 209;**73**:51, 56, 59-61, 67, 80-81, 87
*Letters from Paris* (Barlow) ................ **23**:28
*Letters from Phocian* (Hamilton) ........ **49**:325
*Letters from the South* (Paulding) .. **2**:525, 531
*Letters from the Underworld* (Dostoevsky)
　　See *Zapiski iz podpol'ya*
*Letters from the Wuppertal* (Engels)
　　See *Briefe aus dem Wuppertal*
*The Letters of A. Bronson Alcott* (Alcott) . **1**:27
*Letters of a Russian Traveler, 1789-1790*
　　(Karamzin) ........ **3**:280, 282-83, 286-87
*Letters of a Traveller* (Sand)
　　See *Lettres d'un voyageur*
*Letters of a Traveller; or, Notes of Things Seen*
　　*in Europe and America* (Bryant)
　　...................................... **6**:171; **46**:5, 25
*Letters of a Traveller, second series* (Bryant)
　　.......................................................... **6**:171
*The Letters of Alexander Pushkin* (Pushkin)
　　...................................... **3**:457; **83**:247-49
*Letters of Dupuis and Cotonet* (Musset)
　　See *Lettres de Dupuis et Cotonet*
*Letters of Edward John Trelawny* (Trelawny)
　　...................................... **85**:322, 324, 330
*The Letters of Elizabeth Barrett Browning*
　　(Browning) ...... **61**:13-17, 29, 48, 51, 61,
　　67; **66**:50-1, 70
*Letters of Elizabeth Barrett Browning to Mary*
　　*Russell Mitford 1836-1854* (Browning)
　　........... **61**:29-32, 49, 51-2, 66-7, 73; **66**:74
*Letters of Emily Dickinson, 2 vols.* (Dickinson)
　　.......................................................... **77**:75
*The Letters of Francis Parkman* (Parkman)
　　........................................................ **12**:364
*The Letters of Gerard Manley Hopkins to*
　　*Robert Bridges* (Hopkins) .... **17**:214, 223
*Letters of Hannah More* (More) .......... **27**:338
*The Letters of Henry Wadsworth Longfellow*
　　(Longfellow) .................................. **2**:498
*The Letters of Herman Melville* (Melville)
　　.................................... **91**:30, 32-3
*Letters of James Russell Lowell* (Lowell)
　　........................................................ **90**:222
*The Letters of John Clare* (Clare) . **86**:99, 103,
　　155-56, 159, 172
*Letters of John Keats to Fanny Brawne* (Keats)
　　.................................... **8**:334, 374
*Letters of John Keats to His Family and*
　　*Friends* (Keats) .. **8**:374, 390-91; **73**:158,
　　254-58, 264-70, 328-29, 331-32, 335-42
*Letters of Julia and Caroline* (Edgeworth)
　　...................................... **1**:272; **51**:86-7
*The Letters of Karl Marx* (Marx) .. **17**:355-56
*Letters of Life* (Sigourney) .. **21**:300, 302, 307,
　　311, 314; **87**:323, 325, 343
*The Letters of Lydia Maria Child* (Child)
　　.................................... **73**:50, 73
*Letters of Matthew Arnold, 1848-1888*
　　(Arnold) ........................... **6**:43-45; **89**:46
*The Letters of Matthew Arnold to Arthur Hugh*
　　*Clough* (Arnold) ........................... **89**:52
*The Letters of Mrs. Elizabeth Montague: With*
　　*Some of the Letters of Her*
　　*Correspondents* (Montagu) ...... **7**:248-49
*Letters of Mrs. Henley* (Charriere)
　　See *Lettres de Mistriss Henley publiées*
　　*par son amie*
*"Letters of Parepidemus II"* (Clough) ... **27**:98
*The Letters of Robert Browning and Elizabeth*
　　*Barrett 1845-1846* (Browning)
　　.... **61**:27, 32-5, 49, 58, 72; **66**:69, 74, 76-7
*The Letters of Robert Louis Stevenson*
　　(Stevenson) ............. **5**:422, 430; **63**:234
*"Letters of Runnymede"* (Disraeli)
　　........................... **79**:205, 211, 269, 279-80
*Letters of William Hazlitt* (Hazlitt) . **82**:86-7, 90
*Letters on Demonology and Witchcraft* (Scott)
　　........................................................ **15**:277
*Letters on Don Carlos* (Schiller) ...... **69**:241

*Letters on Old England by a New England*
　　*Man* (Paulding) .............................. **2**:525
*Letters on Shakespeare* (Tieck) . **5**:526; **46**:403
*"Letters on the Coup d'état of 1851"* (Bagehot)
　　........................... **10**:25-26, 58, 63
*Letters on the Difficulties of Religion* (Beecher)
　　........................................... **30**:3, 7, 11
*Letters on the Laws of Man's Nature and*
　　*Development* (Martineau) .. **26**:311, 327,
　　329, 336
*"Letters on the Oxford Counter-Reformation"*
　　(Froude) .................................. **43**:178
*"Letters on the Significance of the*
　　*Scandinavian North for Prehistoric*
　　*Europe"* (Almqvist)
　　See *"Brev om den skandinaviska Nordens*
　　*betydelse för Europas fornhistoria"*
*Letters on the Spanish Inquisition* (Maistre)
　　See *Lettres à un gentilhomme russe sur*
　　*l'Inquisition espagnole*
*Letters on the Study of Nature* (Herzen)
　　.................................... **10**:326; **61**:98
*Letters on the Works and Character of J. J.*
　　*Rousseau* (Staël-Holstein) .......... **3**:523
*Letters on Theron and Aspasio: Addressed to*
　　*the Author* (James) ...................... **53**:239
*Letters Relating to the Study of Theology*
　　(Herder) .............................. **8**:297, 306
*Letters to a Frenchman about the Present*
　　*Crisis* (Bakunin) .. **25**:48-9, 74; **58**:114
*"Letters to a Young Man whose Education has*
　　*been Neglected"* (De Quincey) .... **87**:33
*Letters to Addington on the Peace of Amiens*
　　(Cobbett) ........................... **49**:113
*Letters to an Aunt* (Saltykov)
　　See *Pisma k tyotenke*
*Letters to an Old Comrade* (Herzen) .. **10**:329
*Letters to and from the Late Samuel Johnson,*
　　*LL.D.* (Piozzi) .. **57**:241-2, 253, 271, 298
*Letters to Elizabeth Barrett Browning*
　　*Addressed to Richard Hengist Horne*
　　(Browning) ........................... **61**:34
*Letters to Fanny Kemble* (FitzGerald) .. **9**:269
*"Letters to Henrietta G."* (Brown) .. **74**:134
*"Letters to Landlords, No. 2"* (Kingsley)
　　.................................................... **35**:255
*Letters to Marcie* (Sand)
　　See *Lettres à Marcie*
*"Letters to Mothers"* (Sigourney) .. **87**:321-22
*Letters to Mothers* (Sigourney) ........... **87**:338
*"Letters to My Pupils"* (Sigourney) .. **87**:321-22
*Letters to Persons Who are Engaged in*
　　*Domestic Service* (Beecher) .. **30**:15, 17
*Letters to the Chopsticks* (Cobbett) .... **49**:160
*Letters to the Mob* (Norton) ......... **47**:248, 254
*Letters to the People on Health and Happiness*
　　(Beecher) .............................. **30**:8, 16-17
*Letters to William Pitt* (Cobbett) ......... **49**:113
*"Letters to Young Ladies"* (Sigourney)
　　.................................................... **87**:321-22
*Letters to Young Ladies* (Sigourney)
　　.................................... **21**:295; **87**:338
*Letters Written During a Short Residence in*
　　*Spain and Portugal* (Southey) .... **97**:284
*Letters written from Lausanne* (Charriere)
　　See *Lettres écrites de Lausanne*
*"Lettre à Lord ***"* (Vigny) ................ **7**:476
*"Lettre à M. Berthelot"* (Renan) ......... **26**:380
*Lettre à M. Chauvet sur l'unité de temps et de*
　　*lieu dans la tragédie* (Manzoni)
　　.................................... **29**:275, 289
*"Lettre à M. de Lamartine"* (Musset) ... **7**:261-62, 266, 273, 275
*Lettre à une Dame Russe* (Maistre) .... **37**:314
*Lettre de Cachet* (Gore) ...................... **65**:20
*Une Lettre de femme* (Desbordes-Valmore)
　　.................................... **97**:2, 10, 22, 26-7
*Lettre de Junius* (Valles) ............... **71**:357-58
*"Lettre du voyant"* (Rimbaud) ...... **4**:457, 471,
　　473, 475, 481, 486; **35**:274, 282, 295, 297,

302, 307-08, 310-12; **82**:221, 223, 235, 238-40, 246-47, 249
*Lettres* (Staël)
　　See *Lettres sur les ouvrages et le caractère*
　　*de Jean-Jacques Rousseau*
*Lettres à Marcie* (Sand) ......... **42**:330, 358-60;
　　**57**:337
*Lettres à un absent* (Daudet) ................ **1**:231
*Lettres à un gentilhomme russe sur*
　　*l'Inquisition espagnole* (Maistre)
　　.................................... **37**:323, 325
*Lettres à une inconnue* (Merimee) ........ **6**:355-6, 356, 359, 361, 364-5; **65**:45
*Lettres de Benjamin Constant à Madame de*
　　*Récamier, 1807-1830* (Constant) .. **6**:214
*Lettres de Dupuis et Cotonet* (Musset) . **7**:258
*Lettres de Mistriss Henley publiées par son*
　　*amie* (Charriere) ... **66**:121-3, 125, 128-9,
　　138-43, 146-54, 156-7, 176
*Lettres de mon moulin* (Daudet) ... **1**:231, 234-35, 239, 243, 245, 249-52
*Lettres d'un Royaliste Savoisien* (Maistre)
　　.................................................... **37**:312
*Lettres d'un voyageur* (Sand) . **2**:582, 588, 599;
　　**42**:319, 336-37, 340, 386; **57**:315, 360-1
*Lettres écrites de Lausanne* (Charriere)
　　. **66**:121, 123-5, 135, 138, 142-3, 145, 161,
　　165, 168-9, 172, 176
*Lettres inedites* (Laclos)
　　See *Lettres inedites de Choderlos de*
　　*Laclos*
*Lettres inedites de Choderlos de Laclos*
　　(Laclos) ........................... **87**:273
*Lettres neuchâteloises* (Charriere) ....... **66**:122-6, 136, 138, 160, 165, 168, 176
*Lettres sur les ouvrages et le caractère de*
　　*Jean-Jacques Rousseau* (Staël)
　　.................................... **91**:339, 358
*Lettres sur Rousseau* (Staël)
　　See *Lettres sur les ouvrages et le caractère*
　　*de Jean-Jacques Rousseau*
*Lettres trouvées dans des porte-feuilles*
　　*d'émigrés* (Charriere) . **66**:125, 136, 172,
　　174-7
*Lettres trouvées dans des porte-feuilles*
　　*d'émigrés, suite* (Charriere) .... **66**:175-7
*Letzte Gaben* (Droste-Hulshoff) ..... **3**:193, 200
*Letzte Gedichte und Gedanken* (Heine)
　　.................................... **4**:248, 250, 252
*"Letzte Hoffnung"* (Muller) ........... **73**:389
*Der Letzte König von Orplid* (Morike) . **10**:445
*"Das letzte Lied"* (Raimund) ...... **69**:10, 18-19
*"Leucas"* (Milnes) ...................... **61**:128-9
*Die Leute von Seldwyla* (Keller) . **2**:411, 413-15, 423-24
*"Lev starca Gerasima"* (Leskov) .. **25**:245
*Levana; or, The Doctrine of Education* (Jean
　　Paul) .................................... **7**:226
*"Levavi Oculos"* (Allingham) ................ **25**:8
*"Le lever"* (Musset) ...................... **7**:267
*"An Levin Schücking"* (Droste-Hulshoff)
　　.................................................... **3**:200
*"Le lévrier de Magnus"* (Leconte de Lisle)
　　.................................... **29**:223, 225
*"Levša"* (Leskov) ................ **25**:228, 233, 238
*"The Lew O' the Rick"* (Barnes) ...... **75**:79
*"Lewti"* (Coleridge) ...... **9**:149, 151, 158
*"Lex Talionis"* (Gordon) ...................... **21**:159
*"Leyendo a María"* (Isaacs) ......... **70**:303
*Liaisons* (Laclos)
　　See *Les liaisons dangereuses; ou, Lettres*
　　*recueillies dans une société et publiées*
　　*pour l'instruction de quelques autres*
*Les Liaisons* (Laclos)
　　See *Les liaisons dangereuses; ou, Lettres*
　　*recueillies dans une société et publiées*
　　*pour l'instruction de quelques autres*
*Liaisons dangereuses* (Laclos)
　　See *Les liaisons dangereuses; ou, Lettres*
　　*recueillies dans une société et publiées*
　　*pour l'instruction de quelques autres*

Title Index

*Les liaisons dangereuses; ou, Lettres recueillies dans une société et publiées pour l'instruction de quelques autres* (Laclos) ... **4**:324-38, 340-43; **87**:207-315

"The Lianhan Shee" (Carleton) .............. **3**:96

"The Liar" (Krylov) ........................ **1**:438-39

"Libbie Marsh's Three Eras" (Gaskell) .................... **5**:205; **70**:185

*Liber Amoris; or The New Pygmalion* (Hazlitt) ...... **29**:157, 170; **82**:74-8, 81, 85-91, 97-8, 101-06, 122, 125-26, 141-46

"Liberal" (Saltykov) ........................ **16**:374

"Liberal Education and Where to Find It" (Huxley) ... **67**:10, 26, 28, 40, 53, 56, 85, 92, 97

*Liberalism and the Church* (Brownson)
    See *Conversations on Liberalism and the Church*

*Liberia, or Mr. Peyton's Experiments* (Hale) ...... **75**:317, 321, 326, 328, 330-1, 339-341

"Liberty" (Horton)
    See "On Liberty and Slavery"

"Liberty" (Pushkin)
    See "Vol'nost': Oda"

*Liberty* (Coleridge) ........................ **90**:16

"Liberty. An Ode" (Pushkin)
    See "Vol'nost': Oda"

"Liberty and Love" (Petofi)
    See "Szabadság, szerelem"

"Liberty and Necessity" (Thomson) ... **18**:395

"Liberty and Slavery" (Horton)
    See "On Liberty and Slavery"

"Liberty Tree" (Paine) .......... **62**:320, 366, 379

*The Library* (Crabbe) .......... **26**:77-9, 81, 110

*Library of Poetry and Song* (Bryant) .... **6**:176

*Libres méditations d'un solitaire inconnu sur le détachement du monde et sur d'autres objets de la morale reliqieuse* (Senancour) ...... **16**:433, 436

*Libussa* (Grillparzer) ........................ **1**:385, 389

"An Lida" (Goethe) ........................ **4**:193

"Die Liebe" (Claudius) ........................ **75**:193

"Die Liebe" (Hölderlin) .............. **16**:181, 185

"Die liebe Farbe" (Muller) .... **73**:364,372-73

*Liebegeschichten und Heiratsachen* (Nestroy) ........................ **42**:220, 223, 241

"Liebesfrühling" (Lenau) .............. **16**:281

"Liebesjahr" (Meyer) ........................ **81**:154

*Das Liebesverbot; oder, Die Novize von Palermo* (Wagner) .... **9**:414, 436, 473-74

"Liebeszauber" (Tieck) .............. **46**:350

*Das Liebhaber-Theater vor dem Parlament* (Kotzebue) ........................ **25**:147

"Lied" (Gautier) ........................ **59**:19

*Lied an die Freude* (Schiller) ...... **39**:331, 336, 358, 388

"Lied der Auswanderer nach Amerika" (Ludwig) ........................ **4**:353

"Das Lied der Toten" (Novalis) .. **13**:374, 401-02

"Lied des Lynkeus" (Goethe) ........................ **34**:98

"Das Lied von der Bernauerin" (Ludwig) ........................ **4**:353

"Lied von der Glocke" (Schiller) .... **39**:347

*Lieder aus dem Meerbusen von Salerno* (Muller) ........ **73**:352-53, 358, 360, 362, 366-67

*Lieder aus Franzensbad bei Eger* (Muller) ........................ **73**:366

*Lieder der Griechen* (Muller) ...... **73**:354, 387, 389

"Liederseelen" (Meyer) .............. **81**:149, 201

"Lieutenant Yergunov's Story" (Turgenev)
    See "Istoriya leytenanta Ergunova"

"Lieutenant Zidén" (Runeberg) ... **41**:321-22

"The Lieutenant's Daughter" (Froude) . **43**:192

"Life" (Barbauld) ........................ **50**:3

"Life" (Bryant) ........................ **6**:168

"Life" (Rossetti) ........................ **50**:311

"Life" (Very) ........................ **9**:381

*Life* (Barham) ........................ **77**:21, 28

*Life among the Piutes: Their Wrongs and Claims* (Winnemucca) ... **79**:336, 342-52, 354, 358, 361-67

*Life and Adventures* (Sala) .............. **46**:237

*The Life and Adventures of Joaquìn Murieta, the Celebrated California Bandit* (Ridge) ...... **82**:176-77, 186, 188, 190-95, 198-209

*The Life and Adventures of Jonathan Jefferson Whitlaw; or, Scenes on the Mississippi* (Trollope) ........................ **30**:314, 319, 322

*The Life and Adventures of Martin Chuzzlewit* (Dickens) .... **3**:144-45, 151-52, 161, 163, 172, 178; **8**:165; **18**:100, 112, 116, 132; **26**:157, 184; **37**:145; **86**:189, 256

*The Life and Adventures of Michael Armstrong, the Factory Boy* (Trollope) ........................ **30**:316-18

*The Life and Adventures of Nicholas Nickleby* (Dickens) . **3**:138-41, 152, 154, 179, 182, 184; **8**:183; **18**:100, 121; **26**:164, 167, 177, 200; **26**:164, 167, 177, 200; **37**:143, 149, 164, 168, 186, 194, 202; **86**:256

*The Life and Adventures of Oliver Goldsmith* (Forster) . **11**:95-96, 99, 101, 115, 128-29

*The Life and Adventures of Peter Porcupine* (Cobbett) ........................ **49**:153

*The Life and Correspondence of Robert Southey* (Southey) ...... **8**:479; **97**:269-70, 282-83, 336

"Life and Death" (Rossetti) ..... **2**:575; **50**:264, 289; **66**:341

*The Life and Death of Jason* (Morris) .. **4**:412-16, 418-21, 425-27, 431-36, 442

*Life and Letters* (Huxley) ........ **67**:27, 86-7

*The Life and Letters of Charles Darwin* (Darwin) ........................ **57**:124, 142, 174

"Life and Manners" (De Quincey) .......... **4**:61

*The Life and Morals of Jesus of Nazareth* (Jefferson) ........................ **11**:199

"Life and Nature" (Lampman) .... **25**:189, 196, 198, 207

*The Life and Opinions of Kater Murr: With the Fragmentary Biography of Kapellmeister Johannes Kreisler on Random Sheets of Scrap Paper* (Hoffmann)
    See *Lebens-Ansichten des Katers Murr nebst fragmentarischer Biographie des Kapellmeisters Johannes Kreisler in zùfalligen Makulaturblättern*

*The Life and Poetical Works of George Crabbe* (Crabbe) ........................ **26**:113

*Life and Recollections* (Planche) ........ **42**:274-75, 299

"Life and Song" (Lanier) .............. **6**:249, 270

*Life and Times of Frederick Douglass, Written by Himself* (Douglass) ..... **7**:130-31, 134, 136-37, 145; **55**:107-8, 110-1, 113, 122-3, 128

*The Life and Times of Salvator Rosa* (Morgan) ........................ **29**:391

"Life and Times of Thomas Becket" (Froude) ........................ **43**:178

*The Life and Works of Goethe* (Lewes) . **25**:274-75, 287, 294, 296-98, 301-04, 306, 308, 320-21, 325

"The Life and Works of Leopardi" (Lewes) ........................ **25**:286

*The Life and Writings of Joseph Mazzini* (Mazzini) ........................ **34**:275

*Life and Writings of Nancy Maria Hyde* (Sigourney) ........................ **87**:325

*The Life Annuity* (Fredro)
    See *Dożywocie*

*A Life Drama* (Smith) ... **59**:261-2, 264-5, 267, 269, 272, 288, 291, 296-8, 301, 305, 312-3, 318-21, 326, 328-33, 335-42

*A Life for a Life* (Craik) ...... **38**:110, 113, 122, 126, 133

"A Life Fragment" (Smith) ....... **59**:254, 256-7

"Life in a Love" (Browning) .. **19**:127; **79**:153

"Life in London" (Mayhew) .............. **31**:181

*Life in the Clearings versus the Bush* (Moodie) ................ **14**:217, 220-27, 234-36, 239-41

*Life in the Sick-Room* (Martineau) ................ **26**:310, 323, 325, 349-50

"Life in the Thüringian Forest" (Taylor) ........................ **89**:308

"Life in the Wilds" (Martineau) .. **26**:303

"Life Is the Desert and the Solitude" (Mangan) ........................ **27**:299

*The Life, Letters, and Literary Remains of Edward Bulwer, Lord Lytton* (Bulwer-Lytton) ........................ **1**:148

*Life, Letters, and Literary Remains of John Keats* (Keats) ........................ **8**:374

*The Life, Letters, and Literary Remains of John Keats* (Milnes) . **61**:138, 140, 143-9

*Life North and South: Showing the True Character of Both* (Hale) .... **75**:315, 339

"The Life of a Well-Known Character" (Hoffmann) ........................ **2**:342

"The Life of an Edinburgh Baillie" (Hogg) ........................ **4**:283

*Life of Andrew Jackson* (Cobbett) ........ **49**:160

*The Life of Benvenuto Cellini* (Symonds) ........................ **34**:331, 334, 350

*The Life of Bernard Gilpin* (Gilpin) ..... **30**:33

*Life of Carlyle* (Froude)
    See *Thomas Carlyle*

*The Life of Charles Brockden Brown* (Dunlap) ........................ **2**:208, 215

*The Life of Charles Dickens* (Forster) . **11**:103-04, 106, 108-12, 115-27, 131-32

*The Life of Charlotte Brontê* (Gaskell) . **5**:183-86, 188-89, 198, 201, 205; **70**:116, 119, 176-77, 182, 196, 199, 205, 213, 234-35, 237-41

*Life of Christopher Columbus* (Irving)
    See *A History of the Life and Voyages of Christopher Columbus*

*Life of Columbus* (Irving)
    See *A History of the Life and Voyages of Christopher Columbus*

*Life of Cromwell* (Southey) .............. **8**:472

*The Life of Edward Irving, Minister of the National Scottish Church* (Oliphant) .......... **11**:429-30, 433, 439, 446-7; **61**:216

*Life of Franklin Pierce* (Hawthorne) ........................ **2**:303, 314; **39**:229

*The Life of Friedrich Schiller* (Carlyle) . **70**:38-39

*A Life of General Robert E. Lee* (Cooke) ........................ **5**:130

*Life of Geoffrey Chaucer* (Godwin) ...... **14**:53

*The Life of George Washington* (Irving) . **2**:374-75, 377-78

"Life of Goldsmith" (Irving) .............. **2**:376

*The Life of Harriot Stuart* (Lennox) ........................ **23**:226, 231-33, 252-53, 263

*The Life of Henri Brulard* (Stendhal)
    See *Vie de Henri Brulard*

*The Life of Hugh Latimer, Bishop of Worcester* (Gilpin) ........................ **30**:33-4

*The Life of Jesus* (Renan)
    See *La vie de Jésus*

*Life of John Bunyan* (Southey) ...... **8**:465, 472

*The Life of John Sterling* (Carlyle) ....... **70**:54

*The Life of Jonathan Swift* (Forster) ........................ **11**:110, 115, 120

"Life of Life" (Shelley) .............. **18**:340, 345; **93**:305-07

*Life of Lord George Bentinck* (Disraeli) ........................ **2**:147; **39**:44; **79**:239, 269

*The Life of Maximilen Robespierre with Extracts from His Unpublished Correspondence* (Lewes) ........ **25**:320

*The Life of Michelangelo Buonarroti* (Symonds) ..... **34**:328-29, 331, 334, 350-51, 356

*The Life of Napoleon Bonaparte* (Hazlitt) .......... **29**:173; **82**:105, 144, 146, 163, 165

*The Life of Napoleon Bonaparte* (Scott) ........................ **15**:271, 277; **69**:303

*The Life of Nelson* (Southey) ... **8**:453-54, 459, 463, 467, 471-72, 474; **97**:250, 259, 262, 265-66, 268-71, 283, 290-93, 306, 328, 330
*Life of Quintus Fixlein* (Jean Paul) ....... **7**:223
*Life of Robert Burns* (Lockhart) .... **6**:292, 297, 300, 308-10
*The Life of Samuel Johnson, LL.D., Including a Journal of a Tour to the Hebrides, by James Boswell, Esq.* (Croker) ...... **10**:90-93, 95-97
"Life of Scott" (Keble) ...................... **87**:135
*Life of Stonewall Jackson* (Cooke) ....... **5**:130
"The Life of Strafford" (Forster) ......... **11**:120
"Life of the Blessed" (Bryant) ............. **6**:159
*The Life of the Fields* (Jefferies) . **47**:95-7, 102, 112, 122, 133, 136-37
*The Life of Thomas Cranmer, Archbishop of Canterbury* (Gilpin) ..................... **30**:34
*A Life of Washington* (Paulding) ..... **2**:526
*The Life of Wesley and the Rise and Progress of Methodism* (Southey) ....... **8**:459, 463, 467, 471-72; **97**:259, 263-66, 268, 283, 306
"Life or Death" (Petofi)
    See "Elet vagy halál"
"The Life That Is" (Bryant) ................. **6**:165
"Life-in Love" (Rossetti) .................... **77**:339
"Life's Hebe" (Thomson) ............. **18**:391-92
"A Life's Parallels" (Rossetti) ............ **66**:343
"A Lifetime" (Bryant) ................. **6**:175, 182
"The Lifted Veil" (Eliot) ......... **41**:102-03, 108
"Ligeia" (Poe) ........ **1**:504-05, 513-14, 518-19; **16**:295, 303-06, 308, 314, 322, 324, 328, 331, 335; **55**:133, 151, 197, 201; **78**:285; **94**:202; **97**:180, 182, 208-09, 211
"The Light" (Allingham) ...................... **25**:6
"Light" (Hugo) ................................. **3**:262
"Light!" (Petofi)
    See "Világosságot!"
"The Light and Glory of the Word" (Cowper) ..................................... **94**:70
"Light and Shade" (Ingelow) .......... **39**:256
"A Light Exists in Spring" (Dickinson) ................................. **21**:59, 75
"The Light Has Dawned" (Zhukovsky)
    See "Vzoshla zaria..."
"Light Love" (Rossetti) ............ **2**:557; **50**:298; **66**:329, 331, 352
"Light of Shadow" (Isaacs)
    See "Lumbre de sombra"
"The Light of Stars" (Longfellow) . **2**:479, 492; **45**:112, 116, 127, 148, 152
"The Light of the Haram" (Moore) ...... **6**:380-81, 388
"Light shining out of darkness" (Cowper) ..................................... **94**:70
"Light Up Thy Halls" (Brontë) ............ **16**:80
"A Light Woman" (Browning) ............ **79**:163
"The Lighthouse" (Longfellow) .......... **45**:161
*The Lighthouse* (Collins)
"The Lighthouses" (Baudelaire)
    See "Les phares"
"The Lightning-Rod Man" (Melville) ....................... **3**:331, 354, 381-82
*Lights and Shadows of Scottish Life: A Selection from the Papers of the Late Arthur Austin* (Wilson) .... **5**:547-49, 554-55, 558, 567, 569
"Den liile Idas Blomster" (Andersen)
    See "Little Ida's Flowers"
"Den liile pige med Svovlstikkerne" (Andersen) ................................. **79**:76
"Like a little bird at early dawn" (Tyutchev)
    See "Kak ptichka, ranneyu zarey"
"Like Clouds Have Passed the Years . . ." (Eminescu) ................................. **33**:246
*Die Likedeeler* (Fontane) .................... **26**:244
"Likeness to God: Discourse at the Ordination of the Rev. F. A. Farley" (Channing) ............................. **17**:46, 53
"The Lilac" (Barnes) ........................ **75**:38

"Lilian" (Patmore) ........................ **9**:326, 328
"Lilian" (Tennyson) .............. **30**:223; **65**:368
"Lilian of the Vale" (Darley) ......... **2**:127, 130
"The Lilies" (Mickiewicz) .................... **3**:398
*Lilies in Sharon and The Martyrs* (Stagnelius)
    See *Liljor i Saron och Martyrerna*
"The Lilies of the Field and the Birds of the Air" (Kierkegaard) ..................... **78**:239
"Lilith" (Kendall) ............................. **12**:199
"Lilith" (Rossetti) ............................. **4**:506
*Liljor i Saron och Martyrerna* (Stagnelius) ................................. **61**:248, 251, 253, 260
*Lilla Weneda* (Slowacki) ... **15**:348-49, 352-53, 361, 365, 371, 373, 378, 380
"Lille Claus og Store Claus" (Andersen)
    See "Little Claus and Big Claus"
"Den Lille Havfrue" (Andersen)
    See "The Little Mermaid"
*Lilliesleaf: Being a Concluding Series of Passages in the Life of Mrs. Margaret Maitland* (Oliphant) . **11**:432; **61**:163, 203
"The Lilly" (Blake) .................... **37**:43, 51, 80
"Lily Adair" (Chivers) .... **49**:38, 42, 49, 72, 74
"A Lily and a Lute" (Ingelow) ........... **39**:264
"The Lily Bed" (Crawford) .... **12**:162, 166-67, 172
"The Lily Confidante" (Timrod) . **25**:361, 365-66, 372, 375
"The Lily of Liddesdale" (Wilson) . **5**:558, 564
*The Lily of the Valley* (Balzac)
    See *Le lys dans la valée*
"The Lily's Quest" (Hawthorne) .......... **2**:305
*Les Limbes* (Baudelaire)
    See *Les fleurs du mal*
"Limbo" (Verlaine) ......................... **51**:371
"The Limerick Gloves" (Edgeworth) ............................ **51**:87, 89, 137
*Limestone* (Stifter)
    See *Kalkstein*
"Limits of Knowledge" (Symonds) .... **34**:336
"Lincoln Ode" (Lowell) ................... **2**:511
"Lincoln-Douglas Debates" (Lincoln) . **18**:210-11, 234, 243, 245, 247-48, 253, 255, 259, 267, 280
"Linden Lea" (Barnes) ...................... **75**:33
"Der Lindenbaum" (Muller)
    See "Am Brunnen vor dem Tore"
"Lindenborg Fool" (Morris) .......... **4**:430, 440
"Lines" (Wordsworth)
    See "Lines Written during a Period of Insanity"
"Lines" (Horton)
    See "Lines to My——"
"Lines Above Tintern Abbey" (Wordsworth)
    See "Lines Composed a Few Miles Above Tintern Abbey"
"Lines Attributed to Alexander Selkirk" (Cowper) ................................. **8**:107
"Lines by A. G. A. to A. S." (Brontë) .. **16**:79
"Lines By a Lady on the Loss of Her Trunk" (Sheridan) ................................. **91**:233
"Lines by Claudia" (Brontë) ............. **16**:80
"Lines Composed a Few Miles Above Tintern Abbey" (Wordsworth) . **12**:386, 388, 407, 431, 436, 441, 449, 455, 464, 467-70; **38**:360, 366-67
"Lines Composed in a Wood on a Windy Day" (Brontë) ................................. **4**:49; **71**:85
"Lines Extempore by Thomas Paine July 1803" (Paine) ............................. **62**:325
"Lines from the Port-Folio of H——" (Pinkney) ......................... **31**:276, 279
"Lines Left upon a Seat in a Yew-Tree, Which Stands near the Lake of Esthwaite, on a Desolate Part of the Shore, Commanding a Beautiful Prospect" (Wordsworth) ............................. **12**:386-87, 345, 464
"Lines Occasioned by the Death of an Infant" (Murray) ................................. **63**:208
"Lines on a Humming Bird Seen at a Lady's Window" (Ridge) .................... **82**:181
"Lines on Alexandria" (Campbell) ...... **19**:181

"Lines on Constantinople" (Opie) ....... **65**:160
"Lines on Poland" (Campbell) ............ **19**:183
"Lines on Revisiting the Country" (Bryant) ..................................... **46**:39
"Lines on the Birth of Her Majesty's Third Child" (Hunt) ......................... **70**:260
"The Lines on the Death of Joseph Rodman Drake" (Halleck) ..................... **47**:57, 65
"Lines on the Death of Lucy Hooper" (Whittier) ......................... **8**:486, 520
"Lines on the First Mild Day of March" (Wordsworth) ......................... **12**:387
"Lines on the Loss of the Royal George" (Cowper) . **8**:111, 116, 118, 120; **94**:32-3, 38
"Lines on the Opening of a Spring Campaign" (Opie) ................................. **65**:160
"Lines on the Place de Concorde, at Paris" (Opie) ................................. **65**:160
"Lines on the Portrait of a Celebrated Publisher" (Whittier) ........ **8**:525; **59**:361
"Lines on the Receipt of My Mother's Picture" (Cowper) ...... **8**:108, 112, 135-37; **94**:20, 33-4
"Lines Suggested by Reading a State Poper" (Whittier) ................................. **59**:371
"Lines: The Soft Unclouded Blue of Air" (Brontë) ................................. **16**:111
"Lines to a Friend on His Marriage" (Bryant) ..................................... **6**:177
"Lines to a Friend on the Death of His Sister" (Whittier) ................................. **8**:491
"Lines to a Lady on the Death of her Lover" (Rogers) ................................. **69**:67
"Lines to a Reviewer" (Shelley) ......... **18**:327
"Lines to a Young Ass" (Coleridge) ..... **9**:149
*Lines to Agnes Ballie on Her Birthday* (Baillie) ................................. **71**:2-3
"Lines to Hartley Coleridge" (Wordsworth) ................................. **12**:431
"Lines to Louisa" (Poe) ................... **1**:514
"Lines to Melrose Abbey" (Wilson) ..... **5**:545
"Lines to My——" (Horton) ..... **87**:109-110
"Lines to the Planet Mars" (Longfellow) ................................. **2**:473; **45**:116
"Lines to——On the Death of His Friend" (Very) ................................. **9**:376
"The Lines upon the Yew-Tree Seat" (Coleridge) ................................. **9**:131
"Lines: When the Lamp is Shattered" (Shelley) ................................. **18**:362, 371
"Lines Written among the Euganean Hills" (Shelley) ................................. **18**:329, 371-73
"Lines Written at a Small Distance from My House, and Sent by My Little Boy to the Person to Whom They Are Addressed" (Wordsworth) ............................. **12**:445
"Lines written at Norwich on the First News of Peace" (Opie) ..................... **65**:175
"Lines, Written at Seventeen" (Mangan) ................................. **27**:298
"Lines Written at the Foot of Brother's Bridge" (Wordsworth) ............... **12**:393
"Lines Written at Thorp Green" (Brontë) ..................................... **71**:165
"Lines Written during a Period of Insanity" (Cowper) ................ **8**:137; **94**:24, 32, 38
"Lines Written in 1799" (Opie) .......... **65**:160
"Lines Written in a Burial-Ground" (Wilson) ..................................... **5**:567
"Lines Written in Early Spring" (Wordsworth) ................... **12**:387, 436, 450, 466
"Lines Written in Kensington Gardens" (Arnold) ................................. **29**:34
"Lines Written in the Bay of Lerici" (Shelley) ................................. **18**:362, 369, 373
"Lines written in the Highlands" (Keats) ................... **73**:176, 201, 209, 226
"Lines Written near Richmond" (Wordsworth) ................................. **12**:387
"Lines Written on 29 May, the Anniversary of Charles's Restoration" (Keats) ... **73**:331

"Lines Written on a Summer Evening" (Clare) ............................. **9**:75, 117, 122
"Lines Written on Hearing the News of the Death of Napoleon" (Shelley) .... **18**:362
"Lines Written on Leaving a Scene in Bavaria" (Campbell) ............................ **19**:179, 193
"Lines Written on Revisiting a Scene in Argylshire" (Campbell) ...... **19**:181, 193
*De l'influence des passions sur le bonheur des individus et des nations* (Staël) .. **91**:298-305, 311, 332-36, 340
"Les linges, le cygne" (Laforgue) ......... **5**:277
*De l'intelligence* (Taine) ............... **15**:465, 467
"Lintukoto" (Kivi) ...................... **30**:51-2
*The Linwoods; or, "Sixty Years Since" in America* (Sedgwick) ...... **19**:433-34, 436, 439, 442, 445, 447-49, 453
"Le lion du cirque" (Gautier) ............... **1**:342
*The Lion of the West* (Paulding) .......... **2**:527
"The Lion, the Chamois, and the Fox" (Krylov) .............................. **1**:435
*Lionel Lincoln; or, The Leagues of Boston* (Cooper) .. **1**:197, 200, 221; **54**:254, 299, 301
"Lionizing" (Poe) ........... **16**:295, 313, 321-22
*Les lionnes pauvres* (Augier) . **31**:2, 5-7, 9-10, 12-13, 15, 19, 24, 27, 30
*Lions and Foxes* (Augier)
        See *Lions et renards*
*Lions et renards* (Augier) .. **31**:8-9, 13, 16, 19, 25-8, 31, 34, 38
"The Lions in Trafalgar Square" (Jefferies) .............................. **47**:141
"Lis i wilk" (Krasicki) ..................... **8**:403
"Lise" (Hugo) ........................... **3**:263
"Listening" (Rossetti) ............. **50**:310; **66**:307
*Listy* (Krasicki) ......................... **8**:398
"Le lit 29" (Maupassant) ................... **83**:169
"La litanie du sommeil" (Corbiere) . **43**:17, 24, 31, 34
"Litanies de misère" (Laforgue) ......... **53**:270
"Les litanies de satan" (Baudelaire) .. **6**:80, 83, 89, 94, 116
"The Litanies of Satan" (Baudelaire)
        See "Les litanies de satan"
"Litany of Sleep" (Corbiere)
        See "La litanie du sommeil"
"Literarischer Reichsanzeiger; oder, Archiv der Zeit und ihres Geschmacks" (Schlegel) ............................. **15**:229
*Literary and General Lectures and Essays* (Kingsley) ...................... **35**:250
*Literary and Theatrical Reminiscences* (Aksakov)
        See *Literaturnye i teatralnya vospominaniya*
"Literary Ethics" (Emerson) ............... **38**:209
*The Literary History of England in the End of the Eighteenth and Beginning of the Nineteenth Century* (Oliphant) ... **61**:171
"The Literary Influence of Academies" (Arnold) ..... **6**:57, 69; **29**:55, 57; **89**:35-6
*The Literary Life and Miscellanies of John Galt* (Galt) .. **1**:330, 334-35
*Literary Note-Book* (Thoreau) ...... **21**:338, 340
*Literary Recreations* (Whittier) ...... **59**:365
*The Literary Remains of Samuel Taylor Coleridge* (Coleridge) ................ **9**:157
*The Literary Remains of the Late Henry James* (James) . **53**:193, 199, 201-2, 204, 209-13, 215, 219-21, 223, 225, 227, 232-3, 235, 242, 250
"Literary Reminiscences" (Hood) .............................. **16**:206, 229, 240
"Literary Reminiscences" (De Quincey) . **4**:61-62
*Literary Reminiscences* (De Quincey) .. **87**:62
*The Literary Republic of the Germans* (Klopstock) .................... **11**:227
"Literary Reveries" (Belinski) . **5**:96, 102, 108
*Literary Studies* (Bagehot) ... **10**:18-19, 25, 31, 43

"Literary Work" (Smith) ...................... **59**:306
*The Literati: Some Honest Opinions about Authorial Merits and Demerits, with Occasional Works of Personality* (Poe) .......................... **55**:133, 138, 164, 182, 189
"Literatura. Rápida ojeada sobre la historia e índole de la nuestra" (Larra) . **17**:280-84
"Literature" (Emerson) ..................... **1**:278
"Literature" (Newman) ............... **38**:296, 327
"Literature and Dogma" (Arnold) ...... **89**:66-7
*Literature and Dogma: An Essay towards a Better Apprehension of the Bible* (Arnold) . **6**:39-40, 48, 53-54, 61, 66; **29**:11, 15, 18, 20-1, 45, 50-2; **89**:82, 112
"Literature and Science" (Arnold) .... **6**:46, 72; **29**:46, 49
"Literature at the South: The Fungous School" (Hayne) ........................ **94**:143
"Literature in the South" (Timrod) ..... **25**:384
*Literaturnye i teatralnya vospominaniya* (Aksakov) ........................ **2**:13, 15
"The Litigation" (Gogol) ..................... **5**:224
"Litość" (Norwid) ......................... **17**:373
*Littérature et philosophie mêlées* (Hugo) .............................. **3**:247, 273; **21**:203
"Little Annie's Ramble" (Hawthorne) .. **2**:291
"The Little Beach-Bird" (Dana) .......... **53**:158
"Little Benny" (Parton) .......... **86**:377
*The Little Bird Fair Green* (Gozzi)
        See *L'augellin belverde*
"The Little Black Boy" (Blake) . **13**:220; **37**:3, 6, 39, 67-8, 71-2, 78, 82-3, 91-2, 94
*A Little Boat Breaking a Path Through the Reeds* (Motoori)
        See *Ashiwake obune*
"Little Book, in Green and Gold" (Southey) .............................. **8**:474
*A Little Book of Profitable Tales* (Field) .............................. **3**:205, 208
*A Little Book of Western Verse* (Field) . **3**:205-06, 211
"The Little Boy Blue" (Chivers) .. **49**:41, 54-5
"Little Boy Blue" (Field) ...... **3**:205, 208, 210, 212
"The Little Boy Found" (Blake) . **37**:3, 31, 67, 72, 77, 92
"A Little Boy Lost" (Blake) .. **13**:220-21, 242; **37**:3-4, 31, 40, 44, 57, 65, 67, 72, 92
"Little Britain" (Irving) .......... **19**:327-28, 351
"A Little Bunker Hill" (Parton) .......... **86**:350
*The Little Children of the Snow* (Bryant)
        See "The Little People of the Snow"
"Little Claus and Big Claus" (Andersen) . **7**:21, 25; **79**:23-24, 50, 59, 64-65, 68, 72, 76
"Little Death for a Laugh" (Corbiere) .. **43**:18
*Little Dorrit* (Dickens) .. **3**:151, 159, 166, 169, 173-74, 186-87; **8**:195; **18**:100, 116, 121-22, 127, 132, 134, 139; **26**:157, 168, 171, 177-78, 228; **37**:164, 174, 177, 192, 204-06; **86**:197, 201, 233, 265
"A Little East of Jordan" (Dickinson) .............................. **21**:63; **77**:161
*Little Fadette* (Sand)
        See *La petite Fadette*
"The Little Fir Tree" (Andersen)
        See "The Fir-Tree"
"The Little Girl Found" (Blake) . **37**:4, 40, 42, 55, 57, 71-3, 77, 92
"The Little Girl Lost" (Blake) ... **37**:4, 11, 13, 55, 92
"A Little Girl Lost" (Blake) ..... **13**:220; **37**:19, 44, 49, 57, 71-3, 77, 92
*The Little Girl's Own Book* (Child)
        See *The Girl's Book*
"The Little Girl's Song" (Dobell) ......... **43**:48
*Little Green Bird* (Gozzi)
        See *L'augellin belverde*
"The Little Handmaiden" (Lampman) . **25**:199
"Little Homer's Slate" (Field) ............. **3**:210
*The Little House of Kolomna* (Pushkin)
        See *Domik v Kolomne*

"Little Ida's Flowers" (Andersen) . **7**:22; **79**:23, 32-33, 50, 65, 76, 87
*Little Kirsten* (Andersen) ..................... **79**:17
"Little Klaus and Big Criticism" (Andersen)
        See "Little Claus and Big Claus"
*The Little Lame Prince* (Craik) .......... **38**:122
"The Little Land of Appenzell" (Taylor) .............................. **89**:312
"The Little Lost Sister" (Barnes) .......... **75**:58
"The Little Maid I Lost Long Ago" (O'Brien) .............................. **21**:246
"The Little Match Girl" (Andersen) ...... **7**:33-4; **23**, 63, 66
"The Little Match Seller" (Andersen)
        See "The Little Match Girl"
*Little Men: Life at Plumfield with Jo's Boys* (Alcott) ....... **6**:15, 20; **58**:41, 43, 47, 69; **83**:31, 34-35, 39, 44, 47, 61
"The Little Mermaid" (Andersen) ..... **7**:23, 26, 28-9, 34, 36; **79**:19, 21, 23, 26, 51, 58, 62-63, 66, 70, 76, 82, 87-88
"A Little More about Irish Snobs" (Thackeray) .............................. **43**:388
"The Little Old Women" (Baudelaire)
        See "Les petites vielles"
*The Little Parish Church* (Daudet)
        See *La petite paroisse*
"The Little Peach" (Field) .................... **3**:211
"The Little People of the Snow" (Bryant) .............................. **6**:165, 169, 171; **46**:4, 21
*A Little Pilgrim in the Unseen* (Oliphant) .............................. **11**:448, 452
"Little Plays For Children" (Edgeworth) .............................. **51**:81
*Little Poems in Prose* (Baudelaire)
        See *Petits poèmes en prose: Le spleen de Paris*
"The Little Post-Boy" (Taylor) .......... **89**:342
*The Little Reader's Assistant* (Webster) .............................. **30**:418
"The Little Sea-Maid" (Andersen)
        See "The Little Mermaid"
*Little Snowdrop* (Ostrovsky)
        See *Snegurochka*
"Little Soul" (Meyer)
        See "Das Seelchen"
*The Little Stepmother* (Storm)
        See *Viola tricolor*
"The Little Tower" (Morris) .......... **4**:423, 444
*Little Tragedies* (Pushkin) ... **3**:433-34, 446-47, 454-55, 461
"Little Travels and Roadside Sketches" (Thackeray) .............................. **14**:452
"Little Trotty Wigtail" (Clare) ............. **9**:85
"Little Tuk" (Andersen) ..................... **7**:29
"The Little Vagabond" (Blake) .. **13**:182, 219-21, 242; **37**:15, 34, 43, 46-7, 52
"A Little While" (Rossetti) ................. **4**:492
"A Little While, a Little While" (Brontë) .............................. **16**:87
*Little Women; or, Meg, Jo, Beth, and Amy* (Alcott) ........ **6**:15-25; **58**:3-9, 17-23, 25, 31-2, 35, 39-41, 46-7, 49-53, 55-7, 59, 61, 64-73, 75, 78-9, 88; **83**:1-87
"The Little Yaller Baby" (Field) .... **3**:208, 211
*Little Zack* (Hoffmann)
        See *Klein Zaches gennant Zinnober*
"Little-Oh-Dear" (Field) ...................... **3**:210
*Live and Let Live; or, Domestic Service Illustrated* (Sedgwick) . **19**:438, 447, 449
"Live Oak With Moss" (Whitman) .............................. **81**:328, 364
*A Lively Spot* (Ostrovsky)
        See *Na bóikom méste*
*Lives* (Coleridge)
        See *Lives of the Northern Worthies*
*Lives of Celebrated Female Sovereigns* (Jameson)
        See *Memoirs of Celebrated Female Sovereigns*
*Lives of E. and J. Philips, Nephews and Pupils of Milton* (Godwin) ...................... **14**:53

*Lives of the British Admirals* (Southey) .................... **97**:265, 269, 283

"Lives of the Great Composers" (Fuller) .................... **50**:227

*Lives of the Most Eminent Literary and Scientific Men of Italy, Spain, and Portugal* (Shelley) ... **14**:263, 271

*Lives of the Necromancers; or, An Account of the Most Eminent Persons Who Have Claimed or to Whom Has Been Imputed the Exercise of Magical Power* (Godwin) .................... **14**:50-1

*Lives of the Northern Worthies* (Coleridge) .................... **90**:8, 21, 23-4

*Lives of the Saints* (Froude) ............... **43**:177

"Living Alone" (Ichiyo) .................... **49**:348

"A Living and a Dead Faith" (Cowper) . **94**:72

"The Living Lost" (Bryant) .................... **6**:162

"A Living Relic" (Turgenev) ........ **21**:416, 441

"The Living Temple" (Holmes) .......... **14**:109-10; **81**:98

*Livre d'amour* (Sainte-Beuve) .. **5**:331, 351-52

*Le Livre des mères et des enfants* (Desbordes-Valmore) .................... **97**:12

*Le livre posthume* (Boulter) .......... **51**:356, 364

*Le livre posthume* (Verlaine) ....... **51**:356, 364

"Lizzie" (Field) .................... **3**:210

"Lizzie Leigh" (Gaskell) . **5**:187, 201-02, 205; **70**:150, 171-72, 176-78, 182-186, 190, 193; **97**:127

*Lizzie Lorton of Gregrigg* (Linton) .................... **41**:159, 166, 167

"The Lloyds" (Hale) .................... **75**:298

"Lo, Here Is God, and There Is God!" (Clough)
    See "The New Sinai"

"Lo, Victress on the Peaks" (Whitman) .................... **81**:318

*The Loan of a Lover* (Planche) .......... **42**:272

"A Lobster: Or, the Study of Zoology" (Huxley) ....... **67**:16, 82-3

"Lochiel's Warning" (Campbell) . **19**:165, 168-69, 179, 181, 193, 196

*Lochleven Castle* (Sigourney) .......... **21**:309

"Lock the Door, Lariston" (Hogg) ........ **4**:284

"Locksley Hall" (Tennyson) . **30**:213, 221, 223, 233, 236, 243, 245, 260, 280, 283, 296; **65**:232, 363

"Locksley Hall Sixty Years After" (Tennyson) ... **30**:233, 254, 269, 296; **65**:241, 285, 381

*La locura de amor* (Tamayo y Baus) .................... **1**:565, 570-71

"Locutions de Pierrot" (Laforgue) .................... **5**:277; **53**:287-8

"The Lodge House" (Clare) .......... **86**:172

"The Lodge in the Wilderness" (Traill) .................... **31**:325

"A Lodging for the Night: A Story of François Villon" (Stevenson) ...... **5**:391, 394, 407, 415, 431

*Lodore* (Shelley) .... **14**:259-60, 265, 267, 269-71, 275; **59**:192, 195

"A Lofty Beauty from her Poor Kinsman" (Coleridge)
    See "To a Lofty Beauty Edith Southey, from her Poor Kinsman"

"Logic of Political Economy" (De Quincey) .................... **4**:78

"Logical Arrangements or Instruments of Inventions and Discovery Employed by Jeremy Bentham" (Bentham) ....... **38**:92

"Lohengrin" (Lazarus) .................... **8**:413-14

"Lohengrin" (Levy) .................... **59**:92, 120

*Lohengrin* (Nestroy) .................... **42**:225

*Lohengrin* (Wagner) . **9**:403, 406, 410, 415-16, 418-19, 421, 437, 441-42, 444, 446, 448-50, 452, 462-63, 469, 473-74

"Lohengrin, fils de Parsifal" (Laforgue) .............. **5**:269, 271, 274, 278, 281; **53**:294

"Lohengrin, Son of Parsifal" (Laforgue)
    See "Lohengrin, fils de Parsifal"

*Lohn der Wahrheit* (Kotzebue) ..... **25**:141, 147

"Lois the Witch" (Gaskell) ...... **5**:202-03, 205; **70**:176, 182-83, 188, 189, 194

*Lois the Witch* (Carlyle) ............... **70**:200, 213

*Les Loisirs de la poste* (Mallarme)
    See *Vers de circonstance*

*Les Loisirs de la poste* (Mallarme)
    See *Vers de circonstance*

"Lokis" (Merimee) ..... **6**:355-6, 360, 364, 366, 369-71; **65**:48, 52, 54, 56-9, 61, 63, 98, 101-03, 114, 117, 140

*Lombard Street: A Description of the Money Market* (Bagehot) ... **10**:19-22, 26, 30-31, 34-35, 40, 45, 48, 50, 58, 64

"London" (Adams) .................... **33**:17

"London" (Blake) ....... **13**:240, 242; **37**:17, 26, 33-5, 43, 49, 52, 57-8, 82, 84-6, 89, 92

*London Assurance* (Boucicault) ... **41**:26-9, 32, 40-1, 44-6, 48-9

*London Characters* (Mayhew) ........... **31**:181

"London in July" (Levy) ........ **59**:89, 102

*London Labour and the London Poor* (Mayhew) . **31**:156, 161-62, 165, 167-69, 173, 176-82, 186-87, 189, 193-98, 200-03

"A London Plane-Tree" (Levy) ..... **59**:88, 119

*A London Plane-Tree and Other Verse* (Levy) ...... **59**:86, 88-9, 93-4, 99, 102-3, 114, 118, 120

"London Poets" (Levy) .................... **59**:119

"The London Road" (Jefferies) ............ **47**:95

"A London Trout" (Jefferies) .............. **47**:134

*London up to Date* (Sala) .............. **46**:247-48

"Lone Enthroned" (Rossetti) ............... **4**:507

*Lone Genius* (Eminescu)
    See *Geniu pustiu*

"Lone I Walk at Night" (Lermontov) ... **5**:301

"Loneliness" (Lazarus) .................... **8**:419

"Loneliness" (Lenau) .................... **16**:277

"Loneliness" (Muller)
    See "Einsamkeit"

"Lonely lady tell me why" (Fuller) .... **50**:249

*Long Ago and A Short While Ago* (Verlaine)
    See *Jadis et naguère*

*Long Ago and Not So Long Ago* (Verlaine)
    See *Jadis et naguère*

"Long Branch, Saratoga, and Lake George" (Shaw) .................... **15**:338

"Long, Long Hence" (Whitman) ........ **31**:434

*Long Odds* (Clarke) .................... **19**:234

"The Long Path" (Holmes) .................... **81**:97

*The Long Strike* (Boucicault) .......... **41**:31

"The Long-Ago" (Milnes) .... **61**:130, 136, 145

"Longbow's Horse" (Cooke) ............. **5**:130

"The Longest Hour of My Life" (Hood) .................... **16**:217

"Longfellow and Other Plagiarists" (Poe) .................... **1**:507

"Look at the Clock" (Barham) .......... **77**:34

"Look Down Fair Moon" (Whitman) . **31**:392

"Look, how on the river expanse" (Tyutchev)
    See "Smotri kak na rechnom prostore"

"Look You, My Simple Friend, 'Tis One of Those" (Clough) ................ **27**:103, 107

"Looking at a Bust" (Meyer)
    See "Vor einer Büste"

*Looking at Life* (Sala) .................... **46**:237

"Looking Back" (Arany)
    See "Visszatekintés"

"Looking Back" (Muller) .............. **73**:385-86

*Looking Backward, 2000-1887* (Bellamy) ... **4**:23-29, 31-34; **86**:3-4, 6-7, 9-14, 17-20, 22, 25, 27, 30, 32, 36, 38, 43-55, 58, 60-71, 75, 77, 79-82

"Looking towards sunset" (Child) ....... **73**:63,71

"Looking Westward" (Keble) .......... **87**:134

"Lord Alcohol" (Beddoes) ................ **3**:32, 34

*Lord Byron and Some of His Contemporaries: With Recollections of the Author's Life and of His Visit to Italy* (Hunt) ..... **1**:412, 424; **70**:261, 279-88, 2

"Lord Coleraine, Rev. Mr. Bloombury, and Rev. Mr. Swan" (Landor) .......... **14**:178

"'Lord Erlistoun'" (Craik) ................ **38**:113

"Lord John of the East" (Baillie) ............ **2**:42

*Lord Kilgobbin: A Tale of Ireland in Our Own Time* (Lever) .. **23**:291-92, 297, 299, 306, 308, 311-12

"The Lord of the Castle of Indolence" (Thomson) .............. **18**:391-92, 397, 402

*The Lord of the Isles* (Scott) ....... **15**:273, 283, 319-20

*The Lord of Thoulouse* (Barham) ............ **77**:9

*Lord Ruthwen; ou, Les Vampires* (Nodier) .................... **19**:378

*Lord Ruthwen ou les Vampires* (Polidori)
    See *The Vampyre: A Tale*

"Lord Ullin's Daughter" (Campbell) ...... **19**:169, 179, 181, 186, 188, 190, 193, 195-96

"Lord Walter's Wife" (Browning) ..... **61**:8, 45, 76; **66**:90

"Loreley" (Brentano) .................... **1**:95, 104

*Lorely: Souvenirs d'Allemagne* (Nerval) .................... **1**:475; **67**:303, 357

*Lorenzaccio* (Musset) . **7**:258-59, 261-62, 264-65, 268-69, 271, 274, 276

*La lorette* (Goncourt and Goncourt) ..... **7**:153

*De l'origine des Hindous* (Schlegel) .. **15**:224

*De l'origine du langage* (Renan) .. **26**:377

*The Los Pleiad and Other Poems* (Chivers) .................... **49**:38-40, 42-4, 47

"A los terremotos occurridos en España en el presente año de 1829" (Larra) ... **17**:270

"Lose Ware" (Morike) .................... **10**:450

"The Losing of the Child" (Tennyson) .................... **65**:373, 376

*Loss and Gain: The Story of a Convert* (Newman) .. **38**:290-93, 324, 326, 342

"Loss of Breath" (Poe) .................... **16**:312

"The Loss of Conscience" (Saltykov) . **16**:352

"The Loss of the Eurydice" (Hopkins) . **17**:183-85, 194, 203-04, 220, 255

"Lost" (Bellamy) .................... **4**:31

"The Lost" (Very) . **9**:378, 384-85, 391, 393-94

*Lost and Saved* (Norton) .... **47**:248, 256, 258

"The Lost and the Living" (Parton) .... **86**:349

"The Lost Bird" (Bryant) .................... **6**:165

"The Lost Bower" (Browning) ...... **1**:115, 117; **61**:43

"The Lost Charter" (Gogol) ................ **5**:231

*Lost Constitution* (Arany)
    See *Az elveszett alkomány*

"Lost Days" (Rossetti) ............. **4**:491, 498-99

*The Lost Eden* (Rizal)
    See *Noli me tangere*

"A Lost Evening" (Musset) ................ **7**:256

"Lost for Me, Smiling You Walk By" (Eminescu) .................... **33**:265

"The Lost Heir" (Hood) .................... **16**:207

*The Lost Heiress* (Southworth) .... **26**:434, 440

*The Lost Husband* (Reade) ................ **74**:263

*Lost Illusions* (Balzac)
    See *Illusions perdues*

*Lost in the Backwoods* (Traill) ............ **31**:314

"The Lost Leader" (Browning) .. **19**:78; **79**:94, 97

"The Lost Letter" (Gogol)
    See "Propavšaja gramotax"

*Lost Love—Lost Life* (Eminescu) ........ **33**:264

"The Lost Mistress" (Browning) .................... **19**:115; **79**:94, 97-98

*A Lost Name* (Le Fanu) . **9**:302; **58**:272, 301-2

"The Lost Occasion" (Whittier) ... **8**:509-10

"Lost on the Color" (Allingham) ............ **25**:6

"The Lost Pleiad" (Hemans) ............ **71**:264

"The Lost Pleiad" (Simms) ................. **3**:507

*The Lost Pleiad* (Chivers)
    See *The Los Pleiad and Other Poems*

"The Lost Room" (O'Brien) .. **21**:234, 236-37, 239, 245, 248-50, 252-53

*Lost Sheep* (Ostrovsky) .................... **30**:96

*The Lost Smile* (Keller)
    See *Das Verlorene Lachen*

"The Lost Sword" (Meyer)
    See "Das verlorene Schwert"

*Title Index*

"The Lost Titian" (Rossetti) ............... **66**:328

"A Lot o' Maidens A-Runnèn the Vields" (Barnes) .......................................... **75**:67

"Lota" (Allingham) ............................. **25**:6

*Lothair* (Disraeli) .... **2**:141-47, 149-50; **39**:4-5, 19-20, 23-5, 29-31, 36-7, 39-44, 46, 51-2, 71, 75-80; **79**:212, 222, 269, 276

"The 'Lotments" (Barnes) ..... **75**:18, 43-4, 93, 101, 104

"The Lotos-Eaters" (Tennyson) ... **30**:209, 211, 222-24, 241, 258, 279-80, 283, 298; **65**:357

"Lotta Svärd" (Runeberg) .... **41**:326, 328

"The Lottery" (Edgeworth) .............. **51**:87, 89

"The Lottery Ticket" (Hale) ................. **75**:298

"The Lotus" (Dutt) ............................ **29**:127

"The Lotus Garland of Antinous" (Symonds) ............................................ **34**:342

"Louis XI" (Beranger) ........................... **34**:28

*Louis Lambert* (Balzac) ... **5**:49, 67, 77, 79-81; **53**:22, 28

*Louis XI* (Boucicault) ........................ **41**:30, 32

"Louisa" (Wordsworth) ......................... **12**:395

"Louisa Preston" (Child) ......... **73**:131-32, 134

"Louisa Venoni" (Mackenzie) .............. **41**:189

*Louison* (Musset) .............................. **7**:260

"Le loup criait" (Rimbaud) .. **82**:231, 247, 249

*Les Louves de Machecoul* (Dumas) .... **71**:219

"Love" (Alger) ................................... **8**:44

"Love" (Coleridge) ..... **9**:140, 149, 151; **54**:81

"Love" (Halleck) ................................. **47**:57

"Love" (Horton) ................................. **87**:89

"Love" (Shaw) .................................. **15**:335

"Love" (Tennyson) ............................ **65**:248

"Love" (Very) .................................. **9**:381

*Love* (Michelet)
    See *L'amour*

*Love* (Sacher-Masoch) .......... **31**:287, 291, 295

*Love* (Verlaine)
    See *Amour*

*Love Abused: The Thought Suggested by 'Thelyphthora'* (Cowper) ............ **94**:109

*Love Affairs and Wedding Bells* (Nestroy)
    See *Liebegeschichten und Heiratsachen*

*Love Affairs of a Bibliomaniac* (Field) ............................................. **3**:207, 210-12

"Love Affairs of Soledad" (Isaacs)
    See "Amores de Soledad"

"Love among the Ruins" (Browning) ................... **19**:105, 127, 153; **79**:161-62

"Love and Death: A Symphony" (Symonds) .......................................... **34**:354

"Love and Duty" (Opie) ...................... **65**:181

"Love and Duty" (Tennyson) ............... **65**:248

*Love and Fortune* (Planche) . **42**:277, 285, 291, 293, 295

"Love and Friendship" (Austen) .. **1**:41-42, 46, 58-59, 65-66; **13**:74, 107, **95**:30,

*Love and Friendship* (Austen) ..... **51**:7, 24-25, 30, 59

"Love and Harmony Combine" (Blake) ............................................ **13**:182; **37**:35

*Love and Intrigue* (Schiller)
    See *Kabale und Liebe*

*Love and Money* (Reade) ..................... **2**:551

"Love and Self-Love" (Alcott) .............. **83**:6

"Love Can Do All but Raise the Dead" (Dickinson) ...................................... **21**:55

"The Love Child" (Barnes) ............... **75**:7, 57

"Love Dreams and Death" (Levy) ...... **59**:119

"Love from the North" (Rossetti) ............................................ **2**:555; **66**:328

"Love, Hope, and Patience Supporting Education" (Coleridge) ................. **9**:159

"Love, Hope, Desire, and Fear" (Shelley) ............................................ **18**:373

"Love in a Life" (Browning) .. **19**:127; **79**:153

"Love in Idleness" (Beddoes) ............... **3**:34

*Love in the Phalanstery* (James) ......... **53**:245-7, 249

*Love Is Enough; or, The Feeling of Pharamond* (Morris) ........ **4**:420-22, 424, 433-34, 442-43

"Love Is Strong as Death" (Rossetti) . **50**:317

*Love Letters of Mrs. Piozzi written when she was eighty to William Augustus Conway* (Piozzi) ...................................... **57**:243

"Love, Love" (Petofi)
    See "A szerelem, a szerelem"

*Love Me Little, Love Me Long* (Reade) ....... **2**:534, 537, 539, 542, 548-49; **74**:245, 251, 253-54, 258, 262, 264-65

"Love, Mystery and Superstition" (Opie) ............................................ **65**:172

"The Love of a Marble" (Eminescu) .. **33**:267

"The Love of Alcestis" (Morris) ...... **4**:447-48

"The Love of Christ which Passeth Knowledge" (Rossetti) .. **50**:268; **66**:330

"Love of Flowers" (Traill) ................. **31**:327

"The Love of Plato" (Sacher-Masoch)
    See "Platonic Love"

"Love of the Fatherland" (Smolenskin) ............................................ **30**:198

"The Love of the Lie" (Baudelaire)
    See "L'amour de mensonge"

"The Love of the World Reproved; or, Hypocrisy Detected" (Cowper) .. **94**:117

*The Love of Three Oranges* (Gozzi)
    See *L'amore delle tre melarance*

*The Love of Toldi* (Arany)
    See *Toldi szerelme*

*Love on St. Nicholas Tower, or What Says the Pit* (Andersen) ........................ **79**:10

*Love Poems* (Coleridge) ...................... **9**:146

"Love Song" (Beddoes) ......................... **3**:34

"The Love Song of the Conquering Lovers" (Turgenev)
    See "Pesn' torzhestruyushchey lyubvi"

*Love Stories from Several Centuries* (Sacher-Masoch) ........................ **31**:295

"A Love Story Reversed" (Bellamy) ...................... **4**:30; **86**:70, 74-5

"Love Thou Long" (Tennyson) .... **30**:293

"The Love-Charm" (Tieck) ................. **5**:511

"Loved Once" (Browning) ............. **1**:117, 125

"Love-Doubt" (Lampman) ................. **25**:209

*Lovel the Widower* (Thackeray) ........ **14**:411

"Love-Lily" (Rossetti) ........... **4**:512; **77**:310

"Lovely Mary Donnelly" (Allingham) .................. **25**:8, 13, 16-17, 20, 22-3

"The Lovely Sisters" (Sigourney) ...... **87**:321

*A Lover and Birds* (Allingham) ........ **25**:8

*A Lover by Proxy* (Boucicault) ......... **41**:40, 44

"The Lovers" (Andersen) .................... **7**:23

"Lovers' Death" (Baudelaire)
    See "La mort des amants"

"The Lover's Farewell" (Horton) ....... **87**:110

"Lovers' Farewels" (Baillie) ............... **2**:42

"The Lover's Journey" (Crabbe) ... **26**:93, 122, 129-30, 139

"The Lovers of Gudrun" (Morris) ........ **4**:416-17, 420, 427, 442-43, 447

"The Lovers of Kandahar" (Gobineau)
    See "Les amants de Kandahar"

"A Lovers' Quarrel" (Browning) ........ **19**:127

"The Lover's Secret" (Holmes) .......... **14**:128

"The Lovers' Tale" (Maturin) ........ **6**:333, 335

*Lover's Vows* (Dunlap) ...................... **2**:211

*Lovers' Vows* (Inchbald) .. **62**:142, 144, 146-8, 150, 154, 183, 185

*Lovers' Vows* (Kotzebue)
    See *Das Kind der Liebe*

"Lovers' Wine" (Baudelaire)
    See "Le vin des amants"

"Love's Delay" (Crabbe) ................... **26**:129

"Love's Farewell" (Brontë) ............... **16**:86

"Love's Forget-Me-Not" (Crawford) .. **12**:155

*Love's Frailties* (Holcroft) .. **85**:198, 212, 221-23, 235

"Love's Gleaning Tide" (Morris) ....... **4**:434

"Love's Logic" (Timrod) ................... **25**:372

"Love's Natural Death" (Crabbe)
    See "The Natural Death of Love"

"Love's Nocturn" (Rossetti) . **4**:492, 501, 510-13, 518; **77**:358-59, 361

*The Loves of the Angels* (Moore) .......... **6**:382-83, 387-88, 393

"The Loves of the Plants" (Crabbe) ... **26**:103

*The Loves of the Poets* (Jameson)
    See *Memoirs of the Loves of the Poets*

"Love's Philosophy" (Shelley) ..... **18**:345, 358

"Love's Rebuke" (Brontë) ................. **16**:80

"Love-Sight" (Rossetti) ...................... **4**:498

*Love-Songs of Childhood* (Field) .......... **3**:209

"Love-Sweetness" (Rossetti) .. **4**:491, 496, 498

"Love-Wonder" (Lampman) ............... **25**:208

"A Loving Epistle to Mr William Cobbett of North Hempstead Long Island" (Halleck) ............................................ **47**:76

"Low Life" (Thomson) ................... **18**:411-12

*Low Wages: Their Causes, Consequences and Remedies* (Mayhew) ................ **31**:176

"Lower Bohemia Series" (Clarke) ............................................ **19**:234, 256-58

"The Lowest Place" (Rossetti) ....... **2**:563, 566; **50**:272; **66**:330-1, 352

"The Lowest Room" (Rossetti)
    See "The Lowest Place"

"Lucca della Robbia" (Pater) .......... **7**:338

"Luceafarul" (Eminescu) .. **33**:245-47, 249-50, 252, 259

"Luchshe pozdno, chem nikogda" (Goncharov) ............. **1**:367, 375; **63**:3-4, 32, 47, 53

"Lucian and Timotheus" (Landor) . **14**:165, 167

*Lucianic Comediettas* (Maginn) ........... **8**:439

"Lucien Létinois" (Verlaine) ............... **51**:367

*Lucien Leuwen* (Stendhal) ... **23**:370, 374, 376, 378, 384, 392-93, 395-97, 404-06, 410, 412-13, 416; **46**:263, 275, 285, 294, 310, 316, 318; 325

*Lucinde* (Schlegel) . **45**:283, 287, 289-92, 302-03, 305, 321-22, 339-48, 350-56, 358-59, 365, 373, 375, 380-81

*Luck and Pluck Series* (Alger) ................. **8**:43-44; **83**:140

*The Luck of Barry Lyndon* (Thackeray)
    See *The Memoirs of Barry Lyndon, Esq.*

*The Lucky Beggars* (Gozzi)
    See *I pitocchi fortunati*

*A Lucrative Job* (Ostrovsky)
    See *Dokhodnoye mesto*

*Lucrèce Borgia* (Hugo) . **3**:236, 239, 248, 261, 264, 269

*Lucretia Borgia* (Hugo)
    See *Lucrèce Borgia*

*Lucretia; or, The Children of the Night* (Bulwer-Lytton) .... **1**:153, 155; **45**:19, 69

"Lucretius" (Tennyson) ........ **30**:222, 254, 280

*Lucrezia Floriani* (Sand) .. **2**:597, 599; **57**:311, 314, 316-7

*Lucy Crofton* (Oliphant) ...................... **11**:445

"Lucy Gray" (Wordsworth) .. **12**:426, 446

*Lucy Temple; or, The Three Orphans* (Rowson)
    See *Charlotte's Daughter; or, The Three Orphans*

*Ludwig Börne: Recollections of a Revolutionist* (Heine) ........ **4**:260-61, 264, 266; **54**:322

*Ludwig Feuerbach* (Engels)
    See *Ludwig Feuerbach und der Aus gang der klassischen deutschen Philosophie*

*Ludwig Feuerbach und der Aus gang der klassischen deutschen Philosophie* (Engels) ..... **85**:6, 9, 24, 37, 40, 105-06, 109

*Ludwig Marcus. Words in his Memory* (Heine) ............................................ **54**:321

*Ludwig Tieck's Schriften* (Tieck) .......... **5**:524

"Lui?" (Maupassant) ......................... **1**:457

*Luigia Pallavicini, Thrown from her Horse* (Foscolo) ........................................ **97**:50

*Luise Millerin* (Schiller)
    See *Kabale und Liebe*

"An Luise Nast" (Hölderlin) .............. **16**:174

*Luke Walton* (Alger) ...................... **83**:112-13

"Lullabies" (Lonnrot) ........................ **53**:339

"Lullabies" (Nekrasov) ..................... **11**:411

"Lullaby" (Mangan) ......................... **27**:292

"Lullaby" (Nekrasov)
See "Bajuŝki-baju"
*Lullaby-Land* (Field) ............................. **3**:209
"Lulling D. to Sleep" (Isaacs)
See "Adormeciendo a David"
*Lulu's Library* (Alcott) ....................... **58**:51
"Lumbre de sombra" (Isaacs) ............. **70**:313
*Lumpazivagabundus* (Nestroy)
See *Der böse Geist Lumpazivagabundus
oder Das liederliche Kleeblatt*
*Lunch with the Marshal of the Nobility*
(Turgenev) ............................... **21**:428
*Les lundis* (Sainte-Beuve) ............... **5**:342-43
"La lune blanche" (Verlaine) ... **2**:631; **51**:352,
355
"Lurelay" (Mangan) ............................ **27**:282
*Luria* (Browning) ....... **19**:103, 113; **79**:159-60
"The Lusiad" (Chivers) ...................... **49**:71
"Lusts" (Verlaine)
See "Luxures"
"Das Lustspiel" (Meyer) ................... **81**:154
*Lutezia* (Heine) ............ **4**:265, 268; **54**:309
*La lutte pour la vie* (Daudet) ............... **1**:236
*Luttrell of Arran* (Lever) ...... **23**:292, 295, 305
"Luxures" (Verlaine) ......................... **51**:372
*Lyceum 26* (Schlegel) ..................... **45**:364
*Lyceum 42* (Schlegel) ..................... **45**:363
*Lyceum Fragment 57* (Schlegel) ........ **45**:312
*Lyceum Fragment 60* (Schlegel) ........ **45**:314
*Lyceum Fragments* (Schlegel) ... **45**:343, 359
"Lycus the Centaur" (Hood) . **16**:199-201, 208,
210, 218, 221, 225-27, 229-32, 236
"Lydia and Marian" (Rowson) ........... **69**:128
*Den lykkelige alder* (Undset) .. **3**:516, 522
"Lyra Apostolica" (Keble) ............. **87**:131-32
*Lyra Apostolica* (Keble) .................. **87**:160
*Lyra Apostolica* (Newman) ........ **38**:282, 336,
343-44
"Lyra Innocentium" (Keble) .............. **87**:134
—*Lyra Innocentium* (Keble)
See *Lyra Innocentium: Thoughts in Verse
on Christian Children, Their Ways, and
Their Privileges*
*Lyra Innocentium: Thoughts in Verse on
Christian Children, Their Ways, and
Their Privileges* (Keble) ..... **87**:119, 152-
53, 159-60, 195
*The Lyre* (Sand)
See *Les sept cordes de la lyre*
"Lyric Intermezzo" ()
See *Lyrisches Intermezzo*
"The Lyric Muse" (Allingham) ............... **25**:6
*Lyrical and Other Poems Selected from the
Writings of Jean Ingelow* (Ingelow)
.................................................... **39**:264
*Lyrical Ballads* (Coleridge) ...... **9**:130-31, 137,
163, 165; **54**:80, 99-100, 103, 114, 120-1,
127
*Lyrical Ballads, with a Few Other Poems*
(Wordsworth) ...... **12**:386, 390, 394, 398,
400, 410-11, 413, 444, 450, 463; **38**:359,
364, 420
"Lyrical Poem on the Death of Lord Byron"
(Solomos)
See "Poiema lyriko eis ton thanato tou
Lord Byron"
*Lyrics of Earth* (Lampman) . **25**:162, 169, 178,
183, 199, 212, 220
*Lyrics of Earth: Sonnets and Ballads*
(Lampman) ............. **25**:170, 174, 194-96
*Lyrisches Intermezzo* (Heine) ... **4**:248-49, 252,
254, 258-59
*Le lys dans la valée* (Balzac) . **35**:2, 34; **53**:28
"Lysene" (Andersen) ........................ **79**:76
"Lyudmila" (Zhukovsky) .. **35**:378-79, 388-89,
398-99, 400-01
"À M. A. de L." (Desbordes-Valmore)
See "À M.Aimé de Loy"
*M. Dupont; ou, La jeune fille et sa bonne*
(Kock) ...................................... **16**:245
"Ma bohème" (Rimbaud) . **4**:484; **35**:266, 271-
72, 275, 282, 289; **82**:226

"À M.A. de L" (Desbordes-Valmore)
See "À Monsieur Alphonse de Lamartine"
"Ma Fille" (Verlaine) ...................... **51**:386
*Ma soeur Jeanne* (Sand) .......... **57**:322, 325-6
"Ma vocation" (Beranger) ................... **34**:28
"Mabel Martin" (Whittier) . **8**:516; **59**:351, 360
*Mabel Parker: or The Hidden Treasure. A Tale
of the Frontier Settlements* (Alger)
.................................... **83**:98, 119, 145
"Mabel's May Day" (Alcott) ................ **83**:5
*An Macalla* (Merriman) ..................... **70**:372
*The Maccabees* (Ludwig)
See *Die Makkabäer*
*The Macdermots of Ballycloran* (Trollope)
...... **6**:452, 500, 509, 514; **33**:364
"La machine à gloire" (Villiers de l'Isle Adam)
.................................................... **3**:581
"Die Macht des Gesanges" (Schiller) . **39**:388
"Macht des Weibes" (Schiller) ........... **39**:388
*Macías* (Larra) ........................... **17**:277, 279
"Mackery End, in Hertfordshire" (Lamb)
.................................... **10**:408, 435-36
*Mackintosh* (Macaulay)
See *Sir James Mackintosh*
"Le maçon" (Bertrand) .................... **31**:47-8
"The Macrobian Bow" (Hayne)
See "Cambyses and the Macrobian Bow"
"MacSwiggen" (Freneau) ................... **1**:315
"The Mad Banker of Amsterdam" (Lockhart)
.................................... **6**:293, 295
"The Mad Convalescent at Fort Rattonneau"
(Arnim)
See "Der Tolle Invalide auf dem Fort
Ratonneau"
*Mad Monkton* (Collins) ..................... **1**:185
"The Mad Mother" (Coleridge) ........... **9**:131
"The Mad Mother" (Solomos) ... **15**:389, 396
"The Mad Mother" (Wordsworth) . **12**:387, 402
"Mad Song" (Blake) ............ **13**:181-82; **37**:72
"The Mad Wanderer, a Ballad" (Opie) . **65**:160
*Madam* (Oliphant) ................... **11**:450; **61**:216
"A Madame A. Tastu" (Desbordes-Valmore)
.................................................... **97**:5
*Madame Bovary* (Flaubert) . **2**:220-44, 246-54,
256-7; **10**:115-78; **19**:271, 273, 276-8,
280-1, 286, 290, 294, 296, 300-2, 304,
306-9, 313, 315; **62**:69, 82, 91-3, 96-8, 103,
109-12, 121; 6 **6**:233-96
*Madame Caverlet* (Augier) ... **31**:8, 10, 13, 16,
26, 28, 31, 34-5
"Madame Crowl's Ghost" (Le Fanu) .... **9**:317
*Madame Crowl's Ghost, and Other Tales of
Mystery* (Le Fanu) .................... **9**:301
*Madame de Chamblay* (Dumas) .......... **71**:194
"Madame De Fleury" (Edgeworth) .. **51**:87, 89
"Madame de Soubise" (Vigny) ............. **7**:473
"Madame Emile de Girardin"
(Desbordes-Valmore) .................... **97**:30
*Madame Gervaisais* (Goncourt and Goncourt)
... **7**:157, 159-60, 166-67, 174, 182, 188-89
"Madame Hermet" (Maupassant) . **83**:176, 216,
218-19
"A Madame Ida Dumas" (Nerval) . **67**:307, 316
"Madame la marquise" (Musset) .......... **7**:267
*Madame Putiphar* (Borel) ... **41**:3, 5, 8-10, 12,
14-20
*Madame Robert* (Banville) .................... **9**:31
"Madame Tellier's Girls" (Maupassant) . **1**:461
"Madamoiselle Agathe" (Banville) ........ **9**:32
"Das Mädchen von Orleans" (Schiller)
.................................................... **39**:376
*Madeleine* (Kock) ........................ **16**:246
"Madeline: A Domestic Tale" (Hemans)
.................................... **71**:288, 303, 307
*Madeline: A Tale* (Opie) ..... **65**:172, 174, 178,
180, 182-3, 198
"Madeline, the Temptress" (Alger) ....... **83**:96
"Mademoiselle" (Verlaine) .................. **61**:204
"Mademoiselle Bistouri" (Baudelaire) . **29**:79
*Mademoiselle de Belle-Isle* (Dumas)
................. **11**:57, 71; **71**:193, 209-10, 242
*Mademoiselle de Marsan* (Nodier) . **19**:384-85

*Mademoiselle de Maupin* (Gautier)
. **1**:339, 342-43, 346, 348-56; **59**:3, 5-6, 12,
21-2, 25, 28, 30, 41-5, 59, 63-8
*Mademoiselle de Scudéry* (Hoffmann)
.................... **2**:342, 344-45, 356, 360
*Mademoiselle Irnois* (Gobineau) . **17**:91-2, 103
*Mademoiselle La Quintinie* (Sand) ..... **57**:313
*Mademoiselle Merquem* (Sand) .......... **57**:316
"Mademoisselle Fifi" (Maupassant)
.................... **1**:442; **83**:190, 200
"Madhouses Prisons Wh-re shops" (Clare)
.................................................... **86**:118
*Das Mädl aus der Vorstadt* (Nestroy) . **42**:248-
49
"The Madman" (Petofi)
See "Az örült"
"A Madman's Diary" (Gogol)
See "Diary of a Madman"
*The Madness of Love* (Tamayo y Baus)
See *La locura de amor*
"Madness of Orestes" (Landor) ........ **14**:168
*Madoc* (Southey) ...... **8**:450-51, 453, 456, 459,
461, 469-70, 474, 476, 478-79; **97**:260-62,
268, 273, 278-79, 293-94, 296-97, 322
"Madonna" (Pushkin) ..................... **83**:259
"The Madonna" (Tennyson) ............... **30**:209
*Madonna Mary* (Oliphant) ...... **11**:447-8, 450;
**61**:173, 206, 209, 239
"Mador of the Moor" (Hogg) . **4**:275, 280, 282
*De Madrid à Nápoles* (Alarcon) ........... **1**:12
"Madrigal" (Verlaine) ................... **51**:360-61
*Madrigals and Chronicles: Being Newly
Founded Poems Written by John Clare*
(Clare) ............... **9**:91, 93-94
"Magdalen" (Halleck) ................... **47**:57, 69
"Magdalen" (Levy) .................... **59**:98, 110
*Magdalen Hepburn: The Story of the
Reformation* (Oliphant) .. **11**:448; **61**:163,
219
*Magelone* (Tieck) ......................... **5**:525
"Les mages" (Hugo) ..................... **3**:273
"Maggie, a Lady" (Rossetti) ...... **66**:302, 331
"The Magic Mirror" (Wilson) .............. **5**:567
*The Magic of Kindness* (Mayhew) ...... **31**:161
*The Magic Ring* (Fouque)
See *Der Zauberring*
*The Magic Skin* (Balzac) ..................... **5**:32
"The Magic Slippers" (Allston) ............. **2**:26
"The Magician" (Emerson) ............. **1**:307-09
"The Magistrate" (Petofi)
See "A táblabíro"
"Magna est vernitas" (Patmore) ........ **9**:358
"Magna moralia" (Patmore) ............... **9**:344
"The Magnetic Lady to her Patient" (Shelley)
.................................................... **18**:369
"Der Magnetiseur" (Hoffmann) ...... **2**:345, 360
"Magnolia Cemetery Ode" (Timrod)
See "Ode Sung on the Occasion of
Decorating the Graves of the Confederate
Dead at Magnolia Cemetery"
"Magnolia Gardens (Near Charleston, S.C.)"
(Hayne) .................................... **94**:138
"A magyar ifjakhoz" (Petofi) ............. **21**:280
"A magyar nemes" (Petofi) ............... **21**:264
"A magyar nemzet" (Petofi) ............... **21**:279
"Mahmoud" (Hunt) ..................... **1**:416
"Mahomets Gesang" (Goethe) ........... **4**:212
"Mahommed and the Assassin" (Milnes)
.................................................... **61**:130
"Mahommedanism" (Milnes) ............... **61**:130
*Maid Marian* (Planche) ................... **42**:273
"The Maid Martyr" (Ingelow) ............ **39**:258
"The Maid o' Newton" (Barnes) ..... **75**:58, 89
*The Maid of All Work* (Martineau) ..... **26**:322
"Maid of Astolat" (Tennyson) ............ **65**:227
*The Maid of Orleans* (Schiller)
See *Die Jungfräu von Orleans*
"The Maid Vor My Bride" (Barnes) ..... **75**:71
*The Maiden from the Fairy-world or the
Peasant as Millionaire* (Raimund)
See *Der Bauer als Millionär; oder, Das
Mädchen aus der Feenwelt*

"Maiden Song" (Rossetti) . **2**:563, 571; **50**:264; **66**:302, 328
"Maidenhood" (Longfellow) .... **2**:493; **45**:100, 135, 140, 155
"The Maiden's Complaint" (Schiller) . **39**:306
"Maiden's Sorrow" (Bryant) ................ **46**:20
*Maidens' Vows; or, The Magnetism of the Heart* (Fredro)
   See *Śluby panieńskie; czyli, Magnetyzm serca*
"The Maids of Elfin-Mere" (Allingham)
   ........................................ **25**:18, 20, 23
"The Maid's Story" (Crabbe) .............. **26**:129
"Maid's Tragedy" (Tennyson) ............. **65**:228
"Mail from Tunis" (Dickinson) ........... **77**:118
"À M.Aimé de Loy" (Desbordes-Valmore)
   ............................................... **97**:26
"La Main du Major Muller" (Verlaine) . **51**:387
"La main enchantée" (Nerval) .. **1**:483; **67**:332
"Main Street" (Hawthorne) . **2**:329-30; **10**:315; **17**:152; **39**:212; **95**:95, 128, 139
"The Main-Chance" (Hazlitt) ............. **82**:126
*The Maine Woods* (Thoreau) . **7**:361, 368, 378, 390; **21**:372; **61**:348
"Mais ve que o meu corazon" (Castro) . **78**:42
*La maison blanche* (Kock) .................... **16**:245
*La maison claes* (Balzac) .................... **5**:33
"La Maison de ma mère" (Desbordes-Valmore)
   ............................................... **97**:23, 28
"La maison du Berger" (Vigny) .... **7**:469, 472, 478-79, 481-82, 484-86
"La maison du chat-qui-pelote" (Balzac)
   ............................................... **5**:74, 83
*La maison d'un artiste* (Goncourt) ....... **7**:175
*La maison nucingen* (Balzac) ........ **5**:46; **35**:43
"La maison Tellier" (Maupassant) . **1**:459, 463, 466; **83**:169, 171, 190, 193, 200
*Maison Turque* (Maupassant) . **83**:199-201, 203
*Maître Cornélius* (Balzac) .................... **53**:23
*Maître Guérin* (Augier) . **31**:2, 8-10, 13, 15-16, 25, 28, 31, 34
"Maître Pied" (Villiers de l'Isle Adam) . **3**:588
*Les maîtres d'autrefois: Belgique, Hollande* (Fromentin) .................... **10**:226-35, 251
*Les maîtres mosaïstes* (Sand) ............. **42**:319
"Les maîtres sonneurs" (Maupassant) .. **1**:448
*Les maîtres sonneurs* (Sand) . **2**:601, 603, 606; **42**:240, 370; **57**:313, 317, 338
*Les maîtresses de Louis XV* (Goncourt and Goncourt) .................... **7**:164-65
*Máj* (Macha) ....... **46**:198-207, 213-26, 228-30
*The Majolo* (Galt) ............................. **1**:327-28
*Der Majorat* (Hoffmann) . **2**:340, 346, 361
*Die Majoratsherren* (Arnim) . **5**:13, 18, 20, 23
"Majskaja noč, ili Vtoplennica" (Gogol)
   .................... **5**:218, 224, 231, 251
*The Maker of His Fortune* (Keller)
   See *Der Schmied seines Glückes*
"The Maker to Posterity" (Stevenson) .. **5**:401
*The Makers of Florence* (Oliphant)
   ............................... **11**:439, 445
*The Makers of Modern Rome* (Oliphant)
   ............................................... **61**:215
"The Make-Up Artist" (Leskov)
   See "Tupejnyi xudožnik"
*Making His Way* (Alger) ...................... **8**:25
"The Making of Man" (Tennyson) ..... **30**:274
*Die Makkabäer* (Ludwig) .......... **4**:347-48, 350
"Le mal" (Rimbaud) ............... **35**:271, 321
*Mal' chik v shtanakh i mal' chik bez shtanov* (Saltykov) ........................ **16**:375
"Le Mal d'André" (Maupassant) ........ **83**:221
"Le Mal du pays" (Desbordes-Valmore)
   ............................................... **97**:29
"Målaren" (Almqvist) .......................... **42**:16
"Mal'aria" (Tyutchev) ........................ **34**:397
"Malavolti" (Chivers) ......................... **49**:47
"The Malay-took the Pearl" (Dickinson)
   ............................................... **77**:152
"Malcolm's Katie" (Crawford) .... **12**:151, 153, 155-59, 161-62, 166, 168-69, 171-72
"The Maldive Shark" (Melville) ........... **3**:352

*Maldoror* (Lautreamont)
   See *Les chants de Maldoror: Chants I, II, III, IV, V, VI*
"Malédiction de Cypris" (Banville) ........ **9**:20
"La malédiction de Vénus" (Banville) .... **9**:14
"Malen' kaja ošibka" (Leskov) ........... **25**:234
*Maler Nolten* (Morike) ...... **10**:444-47, 450-51, 454-55
"Le maline" (Rimbaud) ...................... **35**:271
"Malines" (Verlaine) ........................ **51**:383
*Die Maltheser* (Schiller)
   See *Demetrius*
*Maltravers* (Bulwer-Lytton)
   See *Ernest Maltravers*
*Malvino; ou, Le mariage d'inclination* (Scribe)
   .................... **16**:382, 393
"Man" (Allston) ................................ **2**:26
"The Man" (Kivi)
   See "Mies"
"Man" (Lamartine)
   See "L'homme"
"A Man and a Muse" (Castro)
   See "Un hombre y una musa"
"The Man and His Shadow" (Krylov) .. **1**:435
"Man and Nature" (Lampman) ........... **25**:217
*Man and Wife* (Collins) .. **1**:180, 182; **18**:63-4, 66; **93**:5, 12, 19, 34
*The Man at Home* (Brown) ... **74**:47, 173, 196
"Man Born to Be King" (Morris) . **4**:417, 420, 427
*A Man Full of Nothing* (Nestroy)
   See *Der Zerrissene*
"Man in Harmony with Nature" (Very)
   .................... **9**:387, 389-90
"Man in the Bell" (Maginn) .. **8**:436, 438, 440
"The Man in the Cloak" (Mangan) ..... **27**:302
*The Man in the Iron Mask* (Dumas) ... **71**:242-43
"A Man Like Many Others" (Turgenev)
   .................... **21**:376
"A Man Made of Money" (Jerrold) ...... **2**:396-99, 401-06
"The Man of Adamant" (Hawthorne)
   .................... **79**:316; **95**:131
*The Man of Feeling* (Mackenzie) ... **41**:180-86, 188-89, 194-96, 198-204, 207, 214, 217-220, 222-28
*The Man of Fortitude; or, The Knights Adventure* (Dunlap) .................... **2**:213
"The Man of Ninety" (Freneau) ........... **1**:320
*The Man of Surrenders* (Sacher-Masoch)
   .................... **31**:291
*The Man of Ten Thousand* (Holcroft)
   .................... **85**:198, 222-23
"The Man of the Crowd" (Poe) .... **1**:500, 518; **16**:295, 297, 303, 316, 331, 336; **78**:281
*The Man of the World* (Mackenzie)
   ..... **41**:181, 184, 195-96, 199, 200, 202-03, 208-09, 214, 222-26, 228
"The Man That Was Used Up" (Poe)
   .................... **16**:292, 308, 312
"Man to April" (Freneau) ................. **1**:317
*The Man Who Laughs* (Hugo)
   See *L'homme qui rit*
"The Man Who Never Laughed Again" (Morris) ................. **4**:417, 447-48
*The Man with Three Faces* (Pixerecourt)
   See *L'homme à trois visages; ou, Le proscrit de Venise*
"Manasseh" (Kendall) ........................ **12**:192
*Manchester Lectures* (Cobbett) ........... **49**:160
"The Manchester Marriage" (Gaskell)
   .................... **5**:202; **70**:185
"Manchester Strike" (Martineau) ........ **26**:305
"Le manchy" (Leconte de Lisle) . **29**:210, 212, 214, 217-18, 224
*Mandeville: A Tale of the Seventeenth Century in England* (Godwin) .... **14**:40-2, 44, 49-51, 57, 68-71, 81, 83
"Mandoline" (Verlaine) .... **2**:628; **51**:351, 374, 378, 380

*Mandrivka z pryemnistiu ta y ne bez morali* (Shevchenko)
   See *Matros*
*Manette Salomon* (Goncourt and Goncourt)
   ....... **7**:155, 157-58, 162, 167, 175-76, 180, 182, 187
*Manfred* (Byron) . **2**:64, 66, 70, 72, 79-81, 84, 87, 90, 93, 97, 99-101, 103; **12**:88, 100, 102
*The Manhaters and the Poet* (Fredro)
   See *Odluki i poeta*
"Manhood" (Thoreau) ......................... **7**:383
*The Mania for Things Foreign* (Fredro)
   See *Cudzoziemszczyzna; czyli, Nauka zbawlenia*
*Manifest der kommunistischen Partei* (Engels)
   ... **85**:6, 8, 13, 21, 32, 53, 65, 68, 105, 117, 120, 127-28, 132, 136-38, 140-41, 147-49, 151, 157, 161-62, 170, 181-82
"Manifest Destiny" (Shaw) ................ **15**:341
"Manifeste du Comité central des 20 arrondissements" (Valles) .......... **71**:330
*Manifesto* (Engels)
   See *Manifest der kommunistischen Partei*
*Manifesto of the Communist Party* (Engels)
   See *Manifest der kommunistischen Partei*
*The Manikins* (Cooper) .......... **1**:216, 220, 223
"Manly Amusement" (Pater) ................ **7**:342
"Der Mann von fünfzig Jahren" (Goethe)
   .................... **4**:193, 197
"The Manna Gatherers" (Keble) ........ **87**:134
"Mannahatta" (Whitman) .............. **31**:393-94
*The Mannequin* (Staël)
   See *Le Mannequin*
*Le Mannequin* (Staël) ................... **91**:326, 360
"Manners" (Emerson) ....................... **38**:211
*Manners; or, Happy Homes and Good Society All the Year Round* (Hale) .......... **75**:283
*Männerwürde* (Schiller) ............... **39**:331, 339
*Människosläkets saga* (Almqvist) ........ **42**:18
*Manoeuvering* (Edgeworth) ... **1**:267; **51**:89-90
"The Man-of-War Bird" (Whitman) .. **31**:363
*Manon Lescaut* (Daudet) ................... **1**:237
*Manor Sackville* (Morgan) ...... **29**:390, 394-95
"Man's Future" (Lampman) .............. **25**:217
*A Man's Life* (Trelawny) ................. **85**:347
*Man's Place in Nature* (Huxley) ... **67**:4, 9-10, 46, 72, 81-2, 96, 98, 105-06
"A Man's Requirements" (Browning) .. **61**:43
"Man's Three Guests" (Sigourney) ..... **21**:299
*Mansfield Park* (Austen) . **1**:32-34, 36, 38-40, 44-45, 47, 49-54, 59-62, 64; **13**:54, 60-1, 84, 93, 97, 101, 106; **19**:2, 5-6, 14, 32, 39, 42, 55, 64; **33**:35, 37, 41, 55, 57, 63-4, 66, 69-70, 74-5, 85-6, 88-93, 96, 99; **51**:8, 25-6; **81**:5, 18, 52, 61, 69, 77; **95**:2-7, 9-18, 20-6, 28-36, 38-40, 42-6, 48-50, 52-6, 58-60, 62, 65, 67-80, 83-4,
*Manson the Miser, or Life and Its Vicissitudes* (Alger) ...................... **8**:42; **83**:96
*Manthorn* (Holcroft)
   See *Manthorn the Enthusiast*
*Manthorn the Enthusiast* (Holcroft)
   ............................. **85**:228, 230, 236-39, 243
*A Manual of Parliamentary Practice* (Jefferson) .................... **11**:148, 199
*A Manual of Political Economy* (Bentham)
   .................... **38**:45, 92
*A Manual of Useful Studies: For the Instruction of Young Persons of Both Sexes, in Families and Schools* (Webster)
   .................... **30**:420
*Manuel* (Maturin) ...... **6**:320, 322, 328, 331-32
"The Manufacturers" (Edgeworth) . **51**:87, 89-90
*Manuscripts* (Whitman) .................... **81**:364
*Le manuscrit de ma mère* (Lamartine) . **11**:265
*Man-Woman; or, The Temple, the Hearth, the Street* (Dumas)
   See *L'homme-femme: Résponse à M. Henri d'Ideville*

*Man-Woman; or, The Temple, the Hearth, the Street* (Dumas)
 See *L'homme-femme: Réponse à M. Henri d'Ideville*
*Many Moods* (Symonds) .............. **34**:323, 325
"The Maple Tree" (Clare) .................. **86**:180
*Die Mappe meines Urgrossvaters* (Stifter) ............. **41**:335-37, 343-44, 358, 380
*Les marana* (Balzac) ............................ **35**:25
*La marâtre* (Balzac) ........................... **5**:52
*The Marble Faun; or, The Romance of Monte Beni* (Hawthorne) .... **2**:305-07, 310, 313-14, 317, 320-21, 324-25, 328, 333; **10**:296; **17**:116, 124; **23**:168-221; **39**:170, 177, 222, 224, 231; **79**:302, 304, 314; **95**:205
"The Marble Statue" (Eichendorff)
 See "Das Marmorbild"
"A Marble Woman; or, The Mysterious Model" (Alcott) ..................... **58**:46, 75-6; **83**:6
"The Marble Youth" (Meyer)
 See "Der Marmorknabe"
"The Marbles of Aegina" (Pater) ......... **7**:330
"Marbre de Paros" (Gautier) ............. **59**:19
*Marc-Aurèle et la fin du monde antique* (Renan) .......... **26**:402, 408, 410, 420-21
*Marcelle Rabe* (Banville) ..................... **9**:31
"Marcellus and Hannibal" (Landor) .... **14**:189
"March" (Bryant) ...................... **46**:9, 38
"March" (Clare) ........ **9**:106; **86**:94, 102, 104, 165-67
"March" (Crawford) ......................... **12**:155
"March" (Lampman) ....................... **25**:160
"March" (Taylor) ........................... **89**:300
"A March Day in London" (Levy) ....... **59**:89
"The March Hare" (Leskov)
 See "Zajačij remiz"
*March Hares* (Frederic) ....... **10**:186, 188, 192, 194, 201-02, 208, 212
"A March in the Ranks Hard-Prest, and the Road Unknown" (Whitman) ....... **81**:321-23, 331
"The March into Virginia" (Melville) ... **3**:352
"The March of Winter" (Lampman) ... **25**:210
"The March to Moscow" (Southey) ...... **8**:474
"Le marchand de tulipes" (Bertrand) ... **31**:48
"Marche de funèbre pour la mort de la terre" (Laforgue) .................... **5**:275
*Märchen* (Goethe) .... **34**:122; **90**:107
"Märchen vom Murmeltier" (Brentano) . **1**:100
"Märchen vom Schneider Siebentot auf einen Schlag" (Brentano) ............... **1**:100, 104
*Das Märchen von blonden Eckbert* (Tieck)
 See *Der blonde Eckbert*
"Das Märchen von dem Hause Starenberg" (Brentano) .................... **1**:104
*Marchmont* (Smith) ...................... **23**:323, 335
"Marco Bozzaris" (Halleck) . **47**:56, 66-67, 69-70, 78-, 81, 83-84
"Marcus Aurelius" (Arnold) .............. **89**:36
*Marcus Aurelius* (Sigourney) ............. **87**:339
*Marcus Aurelius and the End of the Ancient World* (Renan)
 See *Marc-Aurèle et la fin du monde antique*
*Mardi: And a Voyage Thither* (Melville) . **3**:327, 332-33, 335, 337-39, 341-42, 348-49, 352, 355-56, 359-60, 363-65, 367, 370, 380, 383; **12**:252, 262, 274, 317; **29**:317, 324, 329, 354; **45**:197, 210, 229, 247, 251-54; **49**:376, 391, 407; **91**:4, 7, 10, 18, 30-2, 42-3, 45-6, 55, 88, 121, 204, 212;**93**:188, 193, 205
"Mardoche" (Musset) . **7**:254, 267, 275, 278-79
*La mare au diable* (Sand) . **2**:599-601, 603-06, 608; **42**:314, 327, 338, 340, 363, 367; **57**:317, 338, 359, 361, 366
"Mare Rubrum" (Holmes) .................... **81**:98
*La maréchale d'ancre* (Vigny) ............. **7**:473
"The Maremma" (Hemans) ................ **71**:291
"Marenghi" (Shelley) ....................... **18**:345
"Marfa posadnica" (Karamzin) ......... **3**:285-86

"Marfa the Mayoress" (Karamzin)
 See "Marfa posadnica"
"Marfeast" (Arany)
 See "Ünneprontók"
*La marfisa bizzarra* (Gozzi) ................ **23**:110
"Margaret" (Wordsworth) .................. **12**:429
"Margaret: A Pearl" (Field) ................ **3**:205
"Margaret in the Xebec" (Ingelow) .... **39**:264
*Margaret of Navarre; or, The Massacre of Saint Bartholome's Ev e* (Dumas)
 See *La reine Margot*
*Margaret Smith's Journal* (Whittier) ................................ **8**:509, 512
"Margareta" (Ludwig) ....................... **4**:353
*Margareta* (Kivi) ........................... **30**:65
"Margaretta Story" (Murray) ... **63**:174, 176-8, 190
"Margarita" (Castro) ........................ **3**:102
*Margarita* (Hugo) .......................... **3**:264
"Marginalia" (Poe) ......................... **94**:178
*Marginalia* (Poe) . **55**:134, 136, 138, 160, 171, 182
"Marginalia" (Stendhal) .................... **46**:324
"Margret" (Browning) ....................... **1**:126
"Marguerite" (Arnold) ........ **89**:14, 48, 88
"Marguerite" (Whittier) .. **8**:509, 519; **59**:371
*Marguerite d'Anjou* (Pixerecourt) . **39**:276, 284
*Marguerite de Valois* (Dumas) ....... **71**:205-06
"Marguerite Schneider" (Banville) .. **9**:16
*Mari Magno; or, Tales on Board* (Clough) . **27**:52-3, 57, 59-60, 62, 65, 69, 74, 77-81, 90, 114-19
*María* (Isaacs) ...... **70**:302-04, 311-12, 317-29, 331-45
*Maria* (Ludwig) ............................ **4**:356, 367
*Maria Antoinette* (Heine) .................... **54**:347
"Maria Howe" (Lamb) ...................... **10**:417
*Mária királynő* (Madach) .................... **19**:370
*Maria Magdalene* (Hebbel) . **43**:230, 234, 237, 239, 242-43, 248, 251, 255, 257-59, 261-62, 266-67, 269-71, 277, 279-80, 283, 286-87, 296-97, 299-301
*Maria Stuart* (Schiller) .. **39**:318-19, 330, 345-46, 368, 372, 375-76, 378-80, 383-84; **69**:169, 175, 194, 239, 244, 246, 277
"Maria Szécsi" (Petofi)
 See "Szécsi Mária"
*Un Mariage dans le Monde* (Feuillet) ............................................. **45**:83, 85
*Le mariage d'argent* (Scribe) ...... **16**:382, 384, 386-88, 393
*Le mariage de raison* (Scribe) ..... **16**:382, 393
*Le mariage de Victorine* (Sand) .......... **42**:310
*Le mariage d'Olympe* (Augier) . **31**:2-3, 5-8, 12, 15, 19, 23-5, 27, 29-31, 35
"Le Mariage du lieutenant Laré" (Maupassant) ........................ **83**:172, 181, 195
*Le Mariage du siècle* (Sade) .......... **47**:361-62
*Un mariage sous Louis XV* (Dumas) ...................................... **11**:71; **71**:209
*Marian and Lydia* (Rowson) ................ **5**:312
"Mariana" (Tennyson) . **30**:211, 223, 237, 276, 279, 286
"Mariana and Oenone" (Tennyson) .... **30**:245
"Mariana in the South" (Tennyson) .... **30**:207
"Mariana's Grove" (Zhukovsky)
 See "Mar'ina roshcha"
*Marianna* (Dumas) ....................... **71**:205
*Marianne* (Sand) ......................... **42**:370
"Marianne's Dream" (Shelley) ........... **18**:326
*Marie Antoinette; or, The Chevalier of the Red House: A Tale o f the French Revolution* (Dumas)
 See *Le chevalier de Maison-Rouge*
"Marie Bertrand, or the Felon's Daughter" (Alger) ........................ **83**:96, 143
*Marie Grubbe: Interiors from the Seventeenth Century* (Jacobsen)
 See *Fru Marie Grubbe: Interieurer fra det syttende Asrhundreded*
*Marie Tudor* (Hugo) .......... **3**:240, 256, 268-69
*Marienbader Elegie* (Goethe) ................ **4**:193

"Mariia" (Shevchenko) ................ **54**:389
"Mar'ina roshcha" (Zhukovsky) .. **35**:379, 384, 398
"Marine" (Rimbaud) ......... **35**:269, 309; **4**:475
*Mariner* (Coleridge)
 See *The Rime of the Ancient Mariner: A Poet's Reverie*
"The Mariner's Cave" (Ingelow) ........ **39**:267
"Marinka" (Macha) ........ **46**:198, 204, 208-09, 214-15
*Marino Caboga* (Arnim) ........................ **5**:21
*Marino Faliero: Doge of Venice* (Byron) . **2**:65-66, 70, 79-80, 90, 99
*Marion de Lorme* (Hugo) . **3**:236, 238-39, 261, 268-69; **10**:369; **21**:197
"Marion Delorme" (Dumas) .............. **71**:189
*Marion Fay* (Trollope) .......... **6**:470, 475, 484
"Marionettentheater" (Kleist)
 See "Über das Marionettentheater"
*Marius* (Hugo) ............... **3**:246; **10**:359, 375
*Marius the Epicurean: His Sensations and Ideas* (Pater) . **7**:293-96, 298, 301, 306-12, 314-15, 317-19, 322-23, 325, 327, 329, 335-36, 340-42; **90**:239-42, 248, 251-54, 257-58, 264, 268-69, 272-76, 280-81, 283-91, 314, 318, 325-32, 340-41
*Marius und Sulla* (Grabbe) ...... **2**:272, 274-75, 280-82, 284, 287-88
*Marja Stuart* (Slowacki) . **15**:348-50, 353, 362-63, 369, 373, 378
*Marjam* (Almqvist) ........................... **42**:19
*Mark Hurdlestone, the Gold Worshiper* (Moodie) .................... **14**:217, 226, 237
*Mark, the Match Boy; or, Richard Hunter's Ward* (Alger) ...... **8**:37, 39; **83**:105, 131
"Mark the Nihilist" (Goncharov) ......... **63**:3
*The Market-Place* (Frederic) .. **10**:189-92, 194, 202, 206-08, 213, 215, 217
*Markgraf Carl Philipp von Brandenburg* (Arnim) ........................................ **5**:21
"Markheim" (Stevenson) . **5**:415, 418, 424, 429
*Mark's Peak; or The Crater* (Cooper)
 See *The Crater; or, Vulcan's Peak*
*Marmion* (Scott) . **15**:252, 254-56, 267, 273, 283, 285, 292-93, 318-20; **69**:304
"Das Marmorbild" (Eichendorff) .. **8**:216, 225, 233
"Der Marmorknabe" (Meyer) ............. **81**:207
"Le Marquis de Carabas" (Beranger) ... **34**:29
"Le Marquis de Fumerol" (Maupassant) ............................................. **83**:171
*Marquis de Grandvin* (Melville) ...... **3**:379-80
*Le marquis de Villemer* (Sand) .............. **2**:604-05; **42**:310, 312-13; **57**:317
*Le marquis du Ier Houzards* (Baudelaire) ............................................. **6**:119-20
*The Marquis of Villemer* (Sand)
 See *Le marquis de Villemer*
*La marquise* (Sand) .................. **2**:594, 598-99
*La Marquise de Ganges* (Sade) ... **47**:314, 326
"Die Marquise von O..." (Kleist) . **37**:217, 230, 237, 245-9, 253-5
*La Marraine* (Sand) ........................ **57**:367
*Marriage* (Ferrier) ......................... **8**:236-56
*Marriage* (Gogol)
 See *Zhenit'ba; Sovershenno neveroyatnoye sobitye*
*The Marriage: An Utterly Incredible Occurence* (Gogol)
 See *Zhenit'ba; Sovershenno neveroyatnoye sobitye*
*The Marriage of Elinor* (Oliphant) ..... **61**:202-3, 205, 210-1, 242
*The Marriage of Figaro* (Da Ponte)
 See *Le nozze di Figaro*
"The Marriage of Geraint" (Tennyson) . **30**:288; **65**:226, 236, 241, 249, 255, 278, 297, 324, 328-9, 350, 381
*The Marriage of Heaven and Hell* (Blake) .. **13**:167, 170, 174, 176, 178-79, 184, 187, 192-93, 195, 200, 208, 210-11, 218, 222,

*Title Index*

229-30, 246; **37**:18, 40, 42, 44-5, 48-9, 56, 59, 79; **57**:1-110
*The Marriage of the Monk* (Meyer)
       See *Die Hochzeit des Mönchs*
*The Married Man* (Inchbald) ....... **62**:143, 146
*Married or Single?* (Sedgwick) .......... **19**:445-47, 453
"Married Peäir's Love Walk" (Barnes) ... **75**:7
"Marroca" (Maupassant) ...................... **83**:201
"Les marrons du feu" (Musset) ..... **7**:254, 256, 264, 277-79
"Marrying in haste" (Lonnrot) ....... **53**:339
"Mars of Florence" (Meyer)
       See *"Der Mars von Florenz"*
*"Der Mars von Florenz"* (Meyer) ....... **81**:199
"Marseillaise" (Whittier) ........................ **8**:504
"La marseillaise de la paix" (Lamartine)
       ................................................... **11**:271, 276
*Marsena, and Other Stories of Wartime*
       (Frederic) ............... **10**:188, 192, 203-04
"The Marsh King's Daughter" (Andersen)
       ................... **7**:28, 30, 32; **79**:7, 28, 58, 70-71
"Marsh Song at Sunset" (Lanier) .. **6**:246, 249, 258
"The Marshes of Glynn" (Lanier) .. **6**:236-38, 240, 243, 246-47, 253-54, 256, 265, 268-73, 280-81
*Marthe und ihre Uhr* (Storm) ........ **1**:537, 546
"Marthy's Younkit" (Field) .................... **3**:211
*The Martian* (Du Maurier) . **86**:278-82, 286-87
*Martin Chuzzlewit* (Dickens)
       See *The Life and Adventures of Martin Chuzzlewit*
*Martin Faber* (Simms) .. **3**:499, 502, 504, 510, 514
*Martin Fierro* (Hernandez)
       See *El gaucho Martín Fierro*
"Martin Relph" (Browning) ................. **79**:163
*Martin Salander* (Keller) . **2**:413, 415-16, 419-20, 423
"Martina y Jacinto" (Isaacs) ................ **70**:306
"La Martine" (Maupassant) .................. **83**:223
*The Martins of Cro' Martin* (Lever)
       ................................ **23**:292, 297, 306, 308
*The Martyr* (Baillie) ......................... **2**:39, 41
"Martyrdom of Saint Maura" (Kingsley)
       ................................. **35**:206, 211, 222
"Une martyre" (Baudelaire) ....... **6**:87; **29**:104; **55**:5, 74-5, 79
"The Martyrs" (Lampman) .......... **25**:160, 199
*Les martyrs; ou, Le triomphe de la religion Chrétienne* (Chateaubriand) .......... **3**:110-12, 117, 124-26, 128-29, 132
"Marvel and Parker" (Landor) ..... **14**:165, 167
"Marvel of Marvels" (Rossetti) ............. **2**:570
*The Marvellous Adventures of Pinocchio* (Collodi)
       See *Le Avventure di Pinocchio*
*The Marvellous Tale of Peter Schlemihl* (Chamisso)
       See *Peter    Schlemihls    Wundersame Geschichte*
"Mary" (Blake) .................................. **13**:243
"Mary and Her Little Lamb" (Hale)
       See *"Mary's Lamb"*
*Mary Barton: A Tale of Manchester Life* (Gaskell) ..... **5**:177-80, 182-85, 187, 189-92, 196-200, 203-06; **70**:119-24, 126, 129-33, 135-36, 140, 144, 146, 149-50, 152-58, 161-65, 170-71, 173, 175-78, 185-87, 189, 190, 193, 196, 198, 200, 206-07, 214, 218, 221; **97**:110, 112, 173
"Mary Burnie of the Mill" (O'Brien)
       ................................... **21**:243, 245-46
"Mary Garvin" (Whittier) . **8**:509; **59**:371
"Mary Had a Little Lamb" (Hale)
       See *"Mary's Lamb"*
"Mary Lee" (Parton) .............. **86**:337, 349-50
"Mary Magdalene" (Bryant) .......... **6**:159, 161
"Mary Magdalene" (Rossetti) ............. **4**:498

*Mary; or The Test of Honor* (Rowson)
       ....... **5**:321; **69**:112, 114, 122, 125-28, 134, 141-42
"Mary Rivers" (Kendall) ............ **12**:183, 199
"Mary Scott" (Hogg) ............................ **4**:284
*Mary Stuart* (Schiller)
       See *Maria Stuart*
*Mary Stuart* (Slowacki)
       See *Marja Stuart*
"Maryelle" (Villiers de l'Isle Adam) .... **3**:589-90
"Mary's Dream" (Hood) .................. **16**:203
"Mary's Ghost" (Hood) ..................... **16**:237
"Mary's Lamb" (Hale) . **75**:279, 284-294, 323, 349
"Mary's Little Lamb" (Hale)
       See *"Mary's Lamb"*
*Marzella; or, The Fairy Tale of Love* (Sacher-Masoch) .................. **31**:287, 292
*Masaniello; or, The Dumb Girl of Portici* (Scribe)
       See *La muette de Portici*
"Masha" (Turgenev) .......................... **21**:454
"The Mask" (Baudelaire)
       See *"Le masque"*
"The Mask" (Browning) ....................... **1**:125
*The Mask of Anarchy* (Shelley)
       See *The Masque of Anarchy*
*Die Masken* (Kotzebue) ................... **25**:147
"Der Maskenball" (Lenau) ................. **16**:278
*Masks and Faces* (Reade) . **2**:534, 544; **74**:243, 277-78, 319, 331
"Le masque" (Baudelaire) .... **6**:79, 123; **55**:67, 73
"Le masque" (Maupassant) ................... **1**:469
*The Masque of Anarchy* (Shelley) . **18**:328, 336, 338, 362, 368; **93**:272, 334
*The Masque of Pandora* (Longfellow)
       ................................... **2**:497; **45**:113
*The Masque of the Devils; or, The Canterbury Clock* (Bird) ........................ **1**:93
*The Masque of the Gods* (Taylor) .. **89**:313-14
"The Masque of the Red Death" (Poe)
       .... **1**:500, 513, 521; **16**:306, 324, 331, 335; **55**:151
"A Masque of Venice" (Lazarus) .. **8**:411, 420
*Masquerade* (Lermontov) .......... **5**:294; **47**:160
"The Mass of Christ" (Adams) ............. **33**:18
"Massachusetts to Virginia" (Whittier)
       ........ **8**:486, 526, 530-31; **59**:349, 364, 368
*The Massacre* (Inchbald) .................... **62**:144
"The Massacre at Scio" (Bryant) ........ **46**:3, 7
"Le massacre de Mona" (Leconte de Lisle)
       .................................... **29**:226, 228
"Massa's in de Cold Ground" (Foster)
       ............................ **26**:283, 285, 291, 295, 298
"Massimilla doni" (Balzac) ............. **5**:65, 67
"The Master and the Dog" (Krasicki)
       See *"Pan i pies"*
*Master Flea* (Hoffmann)
       See *Meister Floh: Ein Märchen in seiben Abenteuern zweier Freunde*
"Master Hugues of Saxe-Gotha" (Browning)
       ................... **19**:97, 153; **79**:106, 108, 164
*The Master of Ballantrae: A Winter's Tale* (Stevenson) ...... **5**:405-09, 415, 418, 422, 425, 429-37; **63**:243, 261, 274
"The Master of Masters" (Mickiewicz) . **3**:399-400
"'Master of St. Bede's'" (Craik) ......... **38**:113
"Master Pinty" (Petofi)
       See *"Pinty úrfi"*
*Master Thaddeus; or, The Last Foray in Lithuania* (Mickiewicz)
       See *Pan Tadeusz; czyli, Ostatni zajazd na Litwie*
*Masterman Ready; or, The Wreck of the Pacific* (Marryat) .................. **3**:316, 320, 322-23
*The Mastersingers of Nuremberg* (Wagner)
       See *Die Meistersinger von Nürnberg*
"Mat" (Nekrasov) ............................... **11**:419
"El matadero" (Echeverria) . **18**:148-54

*The Match* (Baillie) ............................ **71**:6, 64
"Matelots" (Corbiere) ................. **43**:7, 30-1, 33
"Mater Pulchrae Delections" (Rossetti)
       .................................... **77**:301, 344
"Mater Tenebrarum" (Thomson) .. **18**:403, 418
*Mathilda* (Shelley) ................ **59**:154, 190, 192
*Mathilde Möhring* (Fontane) ....... **26**:240, 244, 258, 271
*Matilda Montgomerie* (Richardson)
       See *The Canadian Brothers; or, The Prophecy Fulfilled. A Tale of the Late American War*
"Matin" (Rimbaud) .......... **4**:466; **35**:292, 304; **82**:222, 225, 229, 236-37, 240-41, 243, 251-53, 255, 2 61-62
"Matinée d'ivresse" (Rimbaud) . **4**:474; **35**:269, 272, 295-96, 311-12, 322; **82**:233, 235
"Matins" (Lazarus) ............................. **8**:418
*Matrimonial Speculations* (Moodie)
       ................................... **14**:226, 236
*The Matrons* (Percy) ......... **95**:313, 336, 338
*Matros* (Shevchenko) ............. **54**:391-3, 397-8
"Matt Hyland" (Griffin) .... **7**:194, 198, 201-02
*Matteo Falcone* (Merimee) . **6**:354, 358-60, 362-6, 368-70; **65**:54-5, 57, 66, 100, 102, 106-7, 109-10, 113, 124
"Mátyás anyja" (Arany) ........................ **34**:20
"Mátyás's Mother" (Arany)
       See *"Mátyás anyja"*
*Maud, and Other Poems* (Tennyson) ..**30**:213-14, 218-19, 221, 231-33, 236, 241-42, 245, 254, 258, 266-67, 276-85, 287, 294-95, 297-99; **65**:234, 267-9, 285, 348, 369, 372, 380, 384, 386
"Maud Miller" (Whittier) . **8**:496, 501, 509-11, 513, 515, 521-24; **59**:358, 361, 371
"Maude Clare" (Rossetti) ............. **2**:555, 575; **66**:330-1, 352-3, 355
*Maude: Prose and Verse* (Rossetti)
       ................ **50**:301; **66**:317, 320-1, 331
*Mauprat* (Sand) . **2**:586, 588-89, 599-600, 603, 605, 608; **42**:310, 319-20, 324, 327-28, 332, 338, 340, 363-64, 366; **57**:316-7, 320-1, 341, 360, 366, 375, 381
*Les maures d'espagne; ou, Le pouvoir de l'enfance* (Pixerecourt) .. **39**:273-74, 277-79, 281, 293
"Maurice de Guerin" (Arnold) .......... **89**:81-2
*The Maurice Mystery* (Cooke) .............. **5**:132
*Maurice Tiernay, the Soldier of Fortune* (Lever) ...................... **23**:292, 294, 304
"Mausfallen-Sprüchlein" (Morike) ...... **10**:455
"Le mauvais moine" (Baudelaire) . **6**:120, 130; **55**:49, 58
"Mauvais sang" (Rimbaud) ........... **4**:476, 481; **35**:290-91, 302, 313-15, 319, 325; **82**:218, 222, 224, 229, 234-35, 237-38, 240-45, 251, 255, 257, 262
"Maxim Maximych" (Lermontov) . **5**:291, 295-96, 298, 301-02, 304-05
"Maximes" (Pushkin) ......................... **83**:270
*Maxims of Sir Morgan O'Doherty, Bart.* (Maginn) .................. **8**:436, 438, 440-42
"May" (Barnes) ..................................... **75**:6
"May" (Clare) ............................... **86**:100-02
*May* (Macha)
       See *Máj*
*May* (Oliphant) ................ **11**:434, 446; **61**:173
"May Day 1837" (Norton) ........... **47**:238, 241
*May Day in Town; or, New York in an Uproar* (Tyler) .................................. **3**:573-74
"May Evening" (Bryant) ..................... **6**:176
"The May Flower" (Very) .................... **9**:372
"The May Magnificat" (Hopkins) . **17**:202, 216
"May Night" (Musset)
       See *"Nuit de Mai"*
"A May Night; or, The Drowned Maiden" (Gogol)
       See *"Majskaja noč, ili Vtoplennica"*
*The May Queen* (Tennyson) ................ **30**:223
"May-Day" (Emerson) .. **1**:279, 284, 296, 299-300; **38**:184

*May-Day and Other Pieces* (Emerson)
................................. **1**:279; **38**:192-93
*The Mayfair Set* (Frederic)
   See *Mrs. Albert Grundy: Observations in Philistia*
*The Mayflower; or, Sketches of Scenes and Characters among the Descendants of the Puritans* (Stowe) .................. **3**:549, 564
"Mayo" (Isaacs) ...................... **70**:303-04
*The Mayor of Wind Gap* (Banim and Banim) ........................................ **13**:129-30
*Mayor of Zalamca* (FitzGerald) ....... **9**:258-59
"The Maypole of Merry Mount" (Hawthorne) ......... **2**:329-31; **10**:300, 302, 307; **17**:157; **79**:296; **95**:131, 137, 213
"May-Time" (Taylor) ................... **89**:316
"The May-Tree" (Barnes) ............... **75**:32
*Mąż i żona* (Fredro) ............ **8**:285, 289-92
*Mazépa* (Pushkin) ...................... **3**:422
*Mazépa* (Slowacki) ... **15**:348-49, 351-53, 364, 371, 378
*Mazeppa* (Byron) ......... **2**:65, 96; **12**:110, 139
"Me, Change! Me, Alter!" (Dickinson) . **21**:65
"Me imperturbe" (Whitman) ....... **4**:568, 569
"Me piden versos" (Rizal) .............. **27**:425
"Mea Culpa" (Allingham) ............... **25**:7
"The Meadow Lake" (Clare) ............ **9**:117
*Meadow Saffron* (Arany)
   See *Őszikék*
"Meadow Thoughts" (Jefferies) .... **47**:101, 136
*The Meadows in Spring* (FitzGerald) .... **9**:275
"Meaning of Swedish Poverty" (Almqvist)
   See "Svenska fattigdomens betydelse"
*Means and Ends; or, Self-Training* (Sedgwick) ........................................ **19**:441, 446
"Meäry Wedded" (Barnes) ......... **75**:58, 71
*Mechanism in Thought and Morals* (Holmes) ........................... **14**:130, 132, 135-37, 150
"Les mécontents" (Merimee) ..... **6**:362; **65**:58, 63, 79, 81-3
"Le médaillon" (Villiers de l'Isle Adam)
   See "Antonie"
*Médaillons et portraits* (Mallarme)
   See *Quelques médaillons et portraits en pied*
"Meddőórán" (Arany) .................. **34**:21
*Medea* (Grillparzer) ..................... **1**:387
"Medea, a Fragment of Drama after Euripides" (Levy) .......... **59**:91, 102, 109-10
*Medea auf dem Kaukasos* (Klinger) . **1**:426-27
*Medea in Korinth* (Klinger) ........... **4**:426-27
*Le Médecin de campagne* (Balzac) .. **5**:31, 33; **35**:25; **53**:9, 28
"Medfield" (Bryant) ................... **6**:178, 181
"The Median Supper" (Beddoes) ......... **3**:33
"The Mediatorial Life of Jesus" (Brownson) ........................................ **50**:48
*Medical Essays* (Holmes) ............... **81**:108
"El médico y su mula" (Lizardi) ...... **30**:67
"Meditation" (Baudelaire)
   See "Recueillement"
"Meditation" (Lermontov)
   See "Duma"
"Meditation of a Thirsty Man" (Petofi)
   See "Szomjas ember tünődése"
"Meditations in Verse" (Emerson) ........ **1**:285
"Meditations on Rhode Island Coal" (Bryant) ........................................ **6**:161
*Méditations poétiques* (Lamartine) .. **11**:244-46, 248-50, 252-55, 263, 265, 268-69, 271-73, 275-77, 279, 281-82, 284
*Meditative Poems* (Coleridge) ............. **9**:146
*The Medium; or Happy Tea Party* (Murray)
   See *The Medium; or Virtue Triumphant*
*The Medium; or Virtue Triumphant* (Murray) ..... **63**:184-5, 189, 193, 195, 199, 201, 214
"A Medley" (Coleridge) ................ **90**:27
*Medny Vsadnik* (Pushkin) .... **27**:386; **83**:251, 312-13, 350, 352-53, 358
"Medusa Dying" (Meyer)
   See "Die sterbende Meduse"

"A Meek One" (Dostoevsky)
   See "Krotkaya"
"Meeresstille" (Lenau) ............... **16**:283
*Eine Meerfahrt* (Eichendorff) ........ **8**:215, 217
"Meeting" (Arnold) ............. **89**:15-16, 19, 95
"The Meeting" (Clare) ................... **9**:74
"Meeting" (Rossetti) ................... **66**:311
"The Meeting of the Dryads" (Holmes) ........................................ **14**:109, 128
"Még ez egyszer" (Arany) ................ **34**:21
"Meg Merrilies" (Keats) ................ **8**:360
"Mehr Unterricht" (Klopstock) ........... **11**:238
*Die Mehreren Wehmüller und die ungarischen Nationalgesichter* (Brentano) .. **1**:100-01
*Mehri-Nimroze* (Ghalib) ............... **39**:152
"Le meilleur amour" (Villiers de l'Isle Adam) ........................................ **3**:588
"Mein!" (Muller) ..... **73**:351, 364, 368, 370-72
"Mein Beruf" (Droste-Hulshoff) ........ **3**:193
"Mein Eigentum" (Hölderlin) .......... **16**:173
"Mein Fluss" (Morike) ................. **10**:448
*Mein Freund* (Nestroy) . **42**:221, 243, 248, 250
"Mein Jahr" (Meyer) ....... **81**:141, 153, 155-56
*Mein Leben* (Stifter) ................. **41**:375
"Mein Stern" (Lenau) ................. **16**:269
"Mein Stern" (Meyer) ................. **81**:146
"Mein Vaterland" (Klopstock) .......... **11**:236
"Mein Wort über das Drama" (Hebbel) ........................... **43**:264, 267, 280, 283
"Meine Göttin" (Goethe) ............... **4**:193
*Meine Kinderjahre* (Fontane) ...... **26**:234, 247, 258-64, 271-72
"An Meinen Sohn Johannes 1799" (Claudius) ........................................ **75**:210
*Meister Floh: Ein Märchen in sieben Abenteuern zweier Freunde* (Hoffmann) ........................................ **2**:359, 362
*Meister Martin* (Hoffmann) ............. **2**:340
*Meisters Wanderjahre* (Goethe)
   See *Wilhelm Meisters Wanderjahre; oder, Die Entsagenden*
*Die Meistersinger von Nürnberg* (Wagner) .. **9**:408-10, 412-13, 415-16, 419, 421, 425, 443, 446-47, 452-56, 465, 468
"The Melamed of Osterreich" (Leskov)
   See "Rakušanskij melamed"
"Melancholia" (Gautier) ................ **1**:350
"Melancholy" (Coleridge) ................ **90**:9
"Melancholy" (Eminescu) ............... **33**:264
"Melancholy" (Lenau) ................. **16**:276
"Melancholy" (Macha)
   See "Tezkomyslnot"
"A Melancholy Moon" (Baudelaire)
   See "Les tristesses de la lune"
"Melancthon and Calvin" (Landor) ........................................ **14**:165, 167
*Mélanges de littérature et de politique* (Constant) ........................................ **6**:224
*Mélanges posthumes* (Laforgue) .. **53**:291, 294
*The Melbournians* (Adams) ........ **33**:15, 18
"Melhill Feast" (Barnes) ..... **75**:20, 26, 30, 68, 94
*Mellichampe* (Simms) ............. **3**:503, 507-08
"Mellonta Tauta" (Poe) .. **55**:152; **94**:212, 215, 217
*Melmoth the Wanderer* (Maturin) ......... **6**:323-30, 332-42, 344-47
*Melochi zhizni* (Saltykov) ........... **16**:369, 375
"Meloči arxierejskoj žizni" (Leskov) .. **25**:228
*Melville's Marquesas* (Melville) ......... **45**:194
"Member of the Haouse" (Holmes) .... **81**:103
"Memento mori" (Eminescu) ...... **33**:250, 259, 261
"Memoir" (Trumbull) ................ **30**:346
*Memoir* (Southey) ................... **97**:288
*Memoir* (Tennyson) ................. **65**:249
*Memoir and Correspondence of Susan Ferrier, 1782-1854* (Ferrier) ........ **8**:245
*Memoir, Letters, and Remains Alexis de Tocqueville* (Tocqueville) . **7**:424; **63**:282
*Memoir of Count de Montalembert* (Oliphant) ........................................ **11**:434

*A Memoir of Maria Edgeworth* (Edgeworth) ................................ **51**:108, 114, 117
"Memoir of the Cats of Greta Hall" (Southey) ........................................ **97**:274
*Memoir of the Early Life of William Cowper, Esq.* (Cowper) ......... **8**:124, 129, 133-35; **94**:19-20, 27, 57-8
*Memoir on Ancient and Modern Russia* (Karamzin) ........................................ **3**:283
"Mémoire" (Rimbaud) ... **4**:475, 478-79, 484, 486; **35**:297, 299, 301-02, 304, 307; **82**:218, 255
*Mémoire de Lorenzo Da Ponte da Ceneda* (Da Ponte) ........ **50**:76- 82, 84-7, 96, 99-101
*Mémoires* (Flaubert)
   See *Les mémoires d'un fou*
*Mémoires de deux jeunes mariées* (Balzac) ........................................ **5**:40, 83-84
*Mémoires de Marquis de Calvière* (Goncourt and Goncourt) ........................................ **7**:164
*Mémoires de Sophie Arnoud* (Goncourt and Goncourt) ........................................ **7**:164
*Mémoires d'outre-tombe* (Chateaubriand) ........ **3**:118-21, 127, 129, 134-35
*Les mémoires d'un fou* (Flaubert) . **2**:249, 255-6; **10**:170; **19**:288, 299, 304; **62**:83-91, 95; **66**:269-72
*Mémoires d'un médecin: Joseph Balsamo* (Dumas) ........................... **11**:51, 76
*Mémoires d'un touriste* (Stendhal) ............... **23**:355, 359, 409-10; **46**:269, 325
*Mémoires inédites* (Lamartine) ............ **11**:265
*Memoires of a Physician* (Dumas)
   See *Mémoires d'un médecin: Joseph Balsamo*
*Memoirs* (Bashkirtseff)
   See *Le journal de Marie Bashkirtseff*
*Memoirs* (Holcroft)
   See *Memoirs of the Late Thomas Holcroft, Written by Himself and Continued by William Hazlitt to the Time of His Death from His Diary, Notes and Other Papers*
*Memoirs* (Huxley) ............................ **67**:79-80
*The Memoirs* (Symonds) ... **34**:331-32, 335-37, 374-75
*Memoirs and Essays Illustrative of Art, Literature, and Social Morals* (Jameson) ........................................ **43**:323
*Les Memoirs d'un veuf* (Verlaine) . **51**:363, 386
*Memoirs from Underground* (Dostoevsky)
   See *Zapiski iz podpol'ya*
"Memoirs of a Good-for-Nothing" (Eichendorff)
   See "Aus dem Leben eines Taugenichts"
*The Memoirs of a Nihilist* (Turgenev)
   See *Ottsy i deti*
*The Memoirs of a Sportsman* (Turgenev)
   See *Zapiski okhotnika*
*Memoirs of Alexander Herzen* (Herzen)
   See *Byloe i dumy*
*The Memoirs of Barry Lyndon, Esq.* (Thackeray) . **5**:452, 459-60, 465, 470-71, 482, 490, 492, 497; **14**:400, 402, 451; **43**:346-97
*The Memoirs of Bryan Perdue* (Holcroft) . **85**:193, 199-200, 207, 228, 231, 236, 238, 244-46
*Memoirs of Captain Rock* (Moore) ....... **6**:395
*Memoirs of Carwin the Biloquist* (Brown) . **74**:5, 17-18, 48, 54, 76, 133, 142-43, 161-62, 164, 199-200, 202-03
*Memoirs of Celebrated Characters* (Lamartine) ........................... **11**:259-60, 262
*Memoirs of Celebrated Female Sovereigns* (Jameson) ........ **43**:305-06, 309, 319
*Memoirs of Dr. Burney: Arranged from His Own Manuscripts, from Family Papers, and from Personal Recollections*

Title Index

(Burney) . **12**:23-6, 28, 32-3, 47-8; **54**:15-16, 18

*Memoirs of Dr. Richard Gilpin, of Scaleby Castle in Cumberland; and of His Posterity in the Two Succeeding Generations* (Gilpin) ............... **30**:35

*Memoirs of François René, Vicomte de Chateaubriand, Sometime Ambassador to England* (Chateaubriand)
See *Mémoires d'outre-tombe*

*Memoirs of Josias Rogers, Esq., Commander of His Majesty's Ship Quebec* (Gilpin) ..................................... **30**:35

*Memoirs of Lorenzo Da Ponte* (Da Ponte)
See *Memoire de Lorenzo Da Ponte da Ceneda*

*Memoirs of Margaret Fuller Ossoli* (Fuller) .. **5**:162, 170; **50**:223, 236, 253

*Memoirs of Mme. de Stael and Mme. Roland* (Child)
See *The Biographies of Madame de Staël and Madame Roland, Married Women; or, Biographies of Good Wives*

*Memoirs of Morgan O'Doherty* (Maginn) ..................................... **8**:438

"Memoirs of Phebe Hammond" (Sigourney) ..................................... **87**:321

*Memoirs of Richard Lovell Edgeworth* (Edgeworth) ..................... **51**:81

*Memoirs of Sir Roger de Clarendon, the Natural Son of Edward Prince of Wales, Commonly Called the Black Prince* (Reeve) .................... **19**:408, 412

*Memoirs of Stephen Calvert* (Brown) ............... **74**:15, 51, 133-34, 161, 164

*Memoirs of the Author of "A Vindication of the Rights of Women"* (Godwin) .. **14**:53, 88-91

*Memoirs of the Beauties of the Court of Charles II* (Jameson) ............. **43**:308-09

*Memoirs of the Early Italian Painters* (Jameson) ............... **43**:323, 333, 335-38

*Memoirs of the Late Thomas Holcroft, Written by Himself and Continued by William Hazlitt to the Time of His Death from His Diary, Notes and Other Papers* (Holcroft) ... **85**:190, 192, 195, 199-200, 205, 209-10, 212, 221, 237

*Memoirs of the Life of George Frederick Cooke* (Dunlap) ............... **2**:208

*Memoirs of the Life of Sir Walter Scott, Bart.* (Lockhart) . **6**:290-95, 297-98, 300, 305, 307, 309-10

*Memoirs of the Life of William Collins, Esq., R.A.* (Collins) ............... **1**:184-85; **93**:46

*Memoirs of the Life of William Wirt, Attorney General of the United States* (Kennedy) ..................................... **2**:429, 432, 435

*Memoirs of the Loves of the Poets* (Jameson) ..................................... **43**:305-09, 315, 319

"Memoirs of the Right Honourable James Wilson" (Bagehot) ..................... **10**:31

*Memoirs of Two Young Married Women* (Balzac)
See *Mémoires de deux jeunes mariées*

*Memorabilien* (Immermann) ............... **49**:368

"The Memorable Victory of Paul Jones" (Freneau) ..................... **1**:314, 319

*Memoralia; or Phials of Amber Full of the Tears of Love: A Gift for the Beautiful* (Chivers) ............... **49**:40, 42-4, 73

"Memoranda during the War" (Whitman) ..................................... **4**:551

"A Memorandum at a Venture" (Whitman) ..................................... **81**:276

"Memorial Thresholds" (Rossetti) . **77**:359-61

"Memorial Verses" (Arnold) ............. **29**:4, 31; **89**:22-3, 47

*Memorialia* (Chivers)
See *Memoralia; or Phials of Amber Full of the Tears of Love: A Gift for the Beautiful*

*The Memorials of a Residence on the Continent, and Historical Poems* (Milnes) ..................................... **61**:137, 144

*Memorials of a Tour in Greece* (Milnes) ..................................... **61**:137, 145

"Memorials of a Tour in Italy, 1837" (Wordsworth) ............... **12**:465

*Memorials of a Tour on the Continent* (Wordsworth) ............... **12**:409

*Memorials of Many Scenes* (Milnes) .. **61**:145

*Memorias de un estudiante de Manila* (Rizal) ..................................... **27**:424

*Memorie inutili della vita di Carlo Gozzi* (Gozzi) ............... **23**:115, 123

"Memories" (Whittier) ... **8**:486, 505, 511, 513

*Memories* (Renan)
See *Souvenirs d'enfance et de jeunesse*

*Memories and Portraits* (Sheridan) ..................................... **5**:416, 421, 530

*Memories of a Tourist* (Stendhal)
See *Mémoires d'un touriste*

"Memory" (Rossetti) ..................... **2**:575

"Memory and Imagination" (Beattie)
See *Dissertations Moral and Critical: On Memory and Imagination; On Dreaming; The Theory of Language; On Fable and Romance; On the Attachments of Kindred; Illustrations on Sublimity*

"Memory and Want of Memory" (Hunt) ..................................... **70**:257

"A Memory Picture" (Arnold) .... **29**:35; **89**:20

*Men* (Verlaine)
See *Hombres*

*Men and Women* (Browning) .. **19**:79, 89, 110, 116, 118, 126-27, 130, 133, 154-56; **79**:140-42, 148-49, 151-52, 163-64, 175, 182, 184

*Men of Capital* (Gore) ..................... **65**:36

*Men of Character* (Jerrold) ...... **2**:395, 397-98, 401-03

*Men of Color, to Arms!* (Douglass) ....... **7**:132

"Men of England" (Campbell) .. **19**:176, 183, 191

"Men of Letters" (Smith) ............... **59**:322

*Men of Letters* (Goncourt and Goncourt)
See *Les hommes de lettres*

"The Men of Old" (Milnes) ............... **61**:136

*Un ménage de garçon en province* (Balzac) ..................................... **5**:32-33

*Menander und Glycerion* (Wieland) ... **17**:400

"El mendigo" (Espronceda) .. **39**:85, 100, 108, 113-14, 118

"Menego" (Norwid) ............... **17**:370, 381-83

*Le Meneur de Loups* (Dumas) ........... **71**:204

*Mennesket* (Wergeland)
See *Skabelsen, mennesket, og messias*

"Menons Klagen um Diotima" (Hölderlin) ..................................... **16**:187

*Men's Wives* (Thackeray) ............... **43**:381

"Der Mensch" (Hölderlin) ....... **16**:181, 185-86

"Der Mensch und das Leben" (Ludwig) . **4**:353

"Menschenbeifall" (Hölderlin) ........... **16**:190

*Menschenhass und Reue* (Kotzebue) . **25**:129-31, 133-34, 136-37, 140-41, 144-46, 148-51

"The Mental Condition of Babies" (Lewes) ..................................... **25**:287

"The Mental Sufferings of Our Lord in His Passion" (Newman) ......... **38**:303, 309

"The Mental Traveller" (Blake) . **13**:172, 244; **37**:71, 96

*Mentoria; or, The Young Lady's Friend* (Rowson) ........... **3**:310, 312-13, 315-16; **69**:103, 105, 112, 114, 128-30, 134-35, 141

"Menzel, Critic of Gogol" (Belinski) . **5**:96, 115

*La mer* (Michelet) .. **31**:215, 242, 245-47, 260, 262-63

*Mercadet* (Balzac)
See *Le faiseur*

*Mercedes of Castile; or, The Voyage to Cathay* (Cooper) ........... **1**:220; **54**:258, 262, 264

"The Merchant" (Krylov) ..................... **1**:435

"Merchant and his Wife" (Froude) ..... **43**:178

*The Merchant's Wedding* (Planche) .... **42**:273

*Mercy Philbrick's Choice* (Jackson) ..................... **90**:144, 164-65, 168

"La Mère aux monstres" (Maupassant) ..................... **83**:181, 208, 223

"La Mère qui pleure" (Desbordes-Valmore) ..................................... **97**:8

"La mère sauvage" (Maupassant) . **83**:181, 210-11, 219, 222

*Merkland: A Story of Scottish Life* (Oliphant) ..................... **11**:428-9, 432, 454; **61**:238

*Das merkwürdigste Jahr meines Lebens* (Kotzebue) ..................... **25**:138

"Merlin" (Emerson) .......... **1**:296; **38**:170, 184

*Merlin* (Immermann) ....... **4**:292; **49**:358

"Merlin and the Gleam" (Tennyson) ..................... **30**:254, 282

"Merlin and Vivien" (Tennyson) . **30**:254, 279, 290; **65**:227, 237, 241, 255, 278, 281-2, 284, 290-3, 297, 299-300, 302, 331-3, 335-6, 338, 351, 371-4, 376, 378-81, 383, 386

"The Mermaid" (Hogg) ..................... **4**:284

"Mermaid of Margate" (Hood) ........... **16**:224

"The Mermaidens Vesper Hymn" (Darley) ..................................... **2**:131

"Merope" (Kendall) ............... **12**:183, 192

*Merope* (Arnold) .. **6**:33, 37, 44, 49-51; **29**:2, 54 ; **89**:14, 28, 51, 53

"Merry England" (Hazlitt) ........... **29**:148, 153

*The Merry Men and Other Tales and Fables* (Stevenson) .... **5**:403, 415, 418, 429, 431

*The Merry Tales of the Three Wise Men of Gotham* (Paulding) ..................... **2**:528

*The Merry-Go-Round* (Becque)
See *La navette*

*Mervyn Clitheroe* (Ainsworth) ......... **13**:40, 45

*Mes hôpitaux* (Verlaine) ..................... **2**:625

"Mes Memoirs" (Dumas) .... **71**:186, 188, 204-05, 211, 214, 217, 228, 237-38, 240-41

"Mes petites amoureuses" (Rimbaud) ............... **4**:455; **35**:282, 290-91, 294, 321

*Mes souvenirs* (Banville) ............... **9**:18, 20-21

"Meses do inverno frios" (Castro) ... **78**:41

"Mesgedra" (Ferguson) .. **33**:279-80, 285, 304

"Mesmeric Revelation" (Poe) .. **1**:496; **16**:295, 297, 335; **78**:258

"Mesmerism" (Browning) ................. **19**:131

"The Message" (Very) ..................... **9**:375

"A Message of Remembrance to My Home Town" (Rizal) ..................... **27**:425

"The Message of the March Wind" (Morris) ..................................... **4**:434, 443

"Message to Siberia" (Pushkin) ..... **83**:256

*The Messalinas of Vienna* (Sacher-Masoch) ..................................... **31**:294

*The Messenger of Europe* (Pushkin) . **3**:414

*Mesyats v derevne* (Turgenev) . **21**:428-29, 432-33

"Metacom" (Whittier) ..................... **8**:485

"The Metallic Pig" (Andersen) ........... **79**:89

"Les métamorphoses du vampire" (Baudelaire) .. **29**:73, 99; **55**:10, 29-30, 33-4, 70, 73, 76

"The Metamorphoses of the Vampire" (Baudelaire)
See *"Les métamorphoses du vampire"*

"Metamorphosis of Animals" (Goethe) . **4**:172

"Metamorphosis of Plants" (Goethe) .... **34**:70

*Metaphysical Elements of Justice* (Kant) ..................................... **67**:267

*Metaphysical Principles of Doctrine of Virtue* (Kant)
See *Grundlegung zur Metaphysik der Sitten*

*Metaphysical Principles of Right* (Kant)
See *Grundlegung zur Metaphysik der Sitten*

*Metaphysics of Morals* (Kant)
See *Grundlegung zur Metaphysik der Sitten*

"La métaphysique et son avenir" (Renan) ..................................... **26**:380, 426

"Metel" (Pushkin) .... **3**:452; **83**:272, 276, 323,

326-27, 329, 337, 354
"Metellus and Marius" (Landor) ......... **14**:189
"The Metempsychosis" (Mangan) ....... **27**:301
"The Method of Nature" (Emerson)
.................................................. **38**:158, 169
"Methuselah" (Field) .................... **3**:206
*Metrical Legends of Exalted Characters*
(Baillie) ..................... **2**:37-38; **71**:2
"Metrical Romances" (Percy)
See "On the Ancient Metrical Romances"
"Métropolitain" (Rimbaud) . **35**:322-24; **82**:233
"The Metropolitan Museum of Art" (Martí)
.................................................. **63**:112
"Metzengerstein" (Poe) ....... **1**:514; **16**:320-21,
324, 335; **55**:185
*Le meunier d'Angibault* (Sand) ..... **2**:589, 601;
**42**:322-23, 340, 378
"Die Mewe" (Muller) ................. **73**:358-59
*The Mexican Thinker* (Lizardi)
See *El pensador Mexicano*
"Mezzo Cammin" (Longfellow) . **45**:131, 142,
181-82, 186
*M'Fingal: A Modern Epic Poem in Four*
*Cantos* (Trumbull) .... **30**:339-44, 346-47,
349, 351-58, 360, 362-65, 373-79, 382-82
"A mi" (Rizal) ......................... **27**:425
"A mi hija Clementina" (Isaacs) ......... **70**:311
"Mi lárma ez megént?" (Petofi) ...... **21**:278
*A mi madre* (Castro) .. **3**:104; **78**:23-25, 37
"Mi raza" (Martí) ..................... **63**:91
"Mi retiro" (Rizal) ................... **27**:425
"Mi ultimo adios" (Rizal) ............. **27**:425
"The Mice in Council" (Krylov) ......... **1**:435
"Michael" (Wordsworth) .. **12**:396, 402, 427,
429, 436, 444, 447, 451; **38**:389
*Michael Angelo* (Longfellow) .. **2**:486; **45**:113,
127, 130-32, 138-39, 150, 162
*Michael Bonham; or, The Fall of Bexar*
(Simms) .................... **3**:505, 514
*Michael Kohlhaas* (Kleist) .. **2**:438, 442, 446-
48, 450, 455, 458, 463; **37**:217, 230, 241,
243, 245, 247-49, 253-55
*Michael O'Dowd* (Boucicault)
See *Daddy O'Dowd*
"Michael Scott's Wooing" (Rossetti) .... **4**:510
*Michel Angelo* (Hebbel) ...... **43**:230, 234, 239,
259
"Michel et Christine" (Rimbaud)
.................................... **4**:475; **82**:232, 255
*Michel Pauper* (Becque) ............. **3**:13, 15-16
"Michelangelo and His Statues" (Meyer)
See "Michelangelo und seine Statuen"
"Michelangelo und seine Statuen" (Meyer)
.................................................. **81**:204
"Michelangelo's Kiss" (Rossetti) ....... **77**:314
*Midas* (Shelley) ................... **14**:268, 272
"Middle of Life" (Hölderlin)
See "Hälfte des Lebens"
"Middle-Class Jewish Women of To-Day"
(Levy) ................................. **59**:111
*Middlemarch: A Study of Provincial Life*
(Eliot) .... **4**:106-07, 109-12, 114, 116-18,
120-23, 125, 127, 129-31, 133-39, 144, 147,
152-54, 154; **13**:282-355; **23**:49-51, 53-4,
57, 60, 64-5, 67-8, 75, 80; **41**:68, 72, 76,
80, 82-3, 85, 91, 93, 96-7, 99, 103-04, 107-
09, 126, 133-34; **49**:188, 215, 222, 227,
265; **89**:221, 261
"Midi" (Leconte de Lisle) ...... **29**:213, 222-24,
236, 242-43
"Midnight" (Crabbe) ........... **26**:139, 143, 146
"Midnight" (Lampman) . **25**:168, 180, 194, 204
"Midnight" (Morike) ................. **10**:445-46
"Midnight Attack" (Whittier) .......... **8**:485
"The Midnight Court" (Merriman)
See "Cúirt an Mheán Oíche"
*The Midnight Court* (Merriman)
See *Cúirt an Mheadhon Oidhche*
"A Mid-Night Drama" (Bellamy) .......... **4**:30
"Midnight Duel" (Arany)
See "Éjféli párbaj"

*The Midnight Hour* (Inchbald) . **62**:142-3, 145-
7, 150
"A Midnight Landscape" (Lampman) . **25**:217
"The Midnight Mass" (Carleton) ....... **3**:89, 96
"Midnight Mass for the Dying Year"
(Longfellow) ............ **2**:471, 474, 479
"Midsummer" (Bryant) ................. **46**:48
*The Midsummer Cushion* (Clare) ........ **86**:94-
5, 132-33, 160, 166-69
"Midsummer in the South" (Hayne) ... **94**:149
"A Mien to Move a Queen" (Dickinson)
.................................... **21**:61-2, 65; **77**:66
"Mies" (Kivi) ......................... **30**:51
"Might versus Right" (Sedgwick) ... **19**:446
"The Mighty Dead" (Chivers) ........... **49**:71
*The Mighty Magician* (FitzGerald) ...... **9**:264
*Mignons* (Goethe) ...................... **4**:173
*Mikkel's Parisian Love Stories* (Andersen)
.................................................. **79**:11
*Mikołaja Doświadczyńskiego przypadki*
(Krasicki) ................... **8**:398-99, 404
"Milczenie" (Norwid) ................. **17**:371
*Miles Standish* (Longfellow)
See *The Courtship of Miles Standish*
*Miles Wallingford* (Cooper) ...... **1**:221; **54**:258,
266
*The Milesian Chief* (Maturin) ........ **6**:322, 328,
331-32, 335, 342-43, 346-47
*The Military Necessity* (Vigny)
See *Servitude et grandeur militaires*
"Militona" (Gautier) ....... **1**:345, 347-48; **59**:12
"The Milkmaid" (Allingham) ............ **25**:8, 16
"The Milk-maid o' the Farm" (Barnes)
.................................................. **75**:58, 77
"The Mill of the Rapids: A Canadian Sketch"
(Traill) .......................... **31**:324
*The Mill on the Floss* (Eliot) ... **4**:95-102, 107,
109-12, 114-17, 119, 121, 123, 126-27, 131-
33, 135, 137, 139-40, 145, 148, 150, 152;
**13**:282, 291, 293, 305, 322, 335, 444; **23**:51,
57, 59; **41**:58-9, 61, 68, 72, 76, 80-2, 91,
99-103, 106, 108-09, 116, 118, 134, 136,
138-40, 143-45, 147; **49**:184-277; **89**:234,
239, 278, 283
"Mille ans après" (Leconte de Lisle)
.................................... **29**:228, 235
"La Mille et deuxieme nuit" (Gautier) . **59**:31
*The Miller of Angibault* (Sand)
See *Le meunier d'Angibault*
"The Miller's Daughter" (Tennyson)
.................................... **30**:207, 279; **65**:248
"Milly Dove" (O'Brien) ....... **21**:235, 239, 243
"Milly; ou, La terre natale" (Lamartine)
.................................... **11**:248, 270, 289
*Miłość czysta u kąpieli morskich* (Norwid)
.................................................. **17**:379
"Milton" (Landor) ................... **14**:166
"Milton" (Longfellow) ................ **45**:186
*Milton* (Blake) . **13**:174, 176, 183-84, 186, 192-
93, 195, 205-07, 211-13, 221, 231, 234-35,
245, 247-48, 251-54; **37**:20, 66, 88; **57**:56-
64, 89-90, 93
*Milton* (Macaulay) ................. **42**:116
"Mimi Pinson" (Musset) ......... **7**:264, 275
*Mimic Life; or Before and Behind the Curtain*
(Mowatt) ................ **74**:219, 221, 233-38
"Mina casina" (Castro) .................... **78**:2
"Mind and Motive" (Hazlitt) ... **82**:75, 103
"The Mind the Greatest Mystery" (Very)
.................................................. **9**:396
"Mind under Water" (Jefferies) ........ **47**:136
"Minden House" (Barnes) ............... **75**:78
*Mindowe* (Slowacki) ...... **15**:348-49, 353, 369,
373
"The Mind-Reader's Curse" (Clarke) . **19**:240
"Mindvégig" (Arany) ..................... **34**:21
"Mine!" (Muller)
See "Mein!"
"Mine by the Right of the White Election"
(Dickinson) ............ **21**:57; **77**:67-68
"Minek nevezzelek" (Petofi) ........... **21**:285
"Mines and Miners" (Hugo) ............ **10**:377

*Les mines de Pologne* (Pixerecourt) ... **39**:277-
79, 292
*Minin* (Ostrovsky)
See *Koz'ma Zakhar'ich Minin Sukoruk*
"The Minister in a Maze" (Hawthorne)
.................................................. **10**:269
"The Minister-Painter" (Smith) ........ **59**:316-7
"The Minister's Black Veil" (Hawthorne)
. **2**:291-92, 317, 320, 322, 324, 331; **79**:288-
90, 294-96, 299, 301-04, 307-11, 313, 315-
18, 322, 324, 327, 330, 332-33; **95**:105,
140, 148, 187
"The Minister's Vigil" (Hawthorne)
.................................... **10**:269, 297
*The Minister's Wife* (Oliphant) .... **11**:432, 446,
448-9; **61**:162-4, 166, 173, 205, 209, 211,
238
*The Minister's Wooing* (Stowe) ..... **3**:553, 555,
558-59, 563, 567
*Minnesota; or, The Far West* (Oliphant)
.................................................. **47**:288
*Minnuzolo; Il Viaggio per l'Italia de*
*Giannettino* (Collodi) ................. **54**:140
"The Minor Festivals Devotionally Studied"
(Rossetti) ...... **2**:568, 572; **50**:271, 274-5,
285, 294, 321
"The Minor Peace of the Church" (Pater)
.................................................. **7**:337
"A Minor Poet" (Levy) ... **59**:90, 94, 108, 110,
119
*A Minor Poet and Other Verse* (Levy)
.............. **59**:81, 86, 91, 93, 98, 102, 107-9
"A Minor Prophet" (Eliot) ......... **4**:107; **41**:65
*Minor Works* (Austen) ............ **51**:59; **95**:77-8,
"The Minotaur" (Hawthorne) ............. **79**:309
"The Minstrel" (Lampman) .......... **25**:201, 216
*The Minstrel* (Shevchenko)
See *Kobzar*
*Minstrel Love* (Fouque) ..................... **2**:263
*The Minstrel; or, the Progress of Genius*
(Beattie) .. **25**:81-2, 103, 105-09, 111-12,
117-20, 122-23, 126
"Minstrel's Song, on the Restoration of Lord
Clifford the Shepherd" (Wordsworth)
.................................................. **12**:395
"The Minstrel's Valedictory" (Chivers) . **49**:69
*The Minstrelsy of the Scottish Border* (Scott)
.............. **15**:273-74, 318, 320, 322; **69**:377
"M'introduire dans ton histoire" (Mallarme)
.................... **41**:243-44, 250, 280
*Miorita* (Eminescu) ..................... **33**:252, 267
*Mira* (Eminescu) ..................... **33**:254, 264
"Le Miracle des roses" (Laforgue) . **5**:271, 281;
**53**:256-7, 294
"The Miracle of Our Being" (Emerson)
.................................................. **38**:148
"The Miracle of the Roses" (Laforgue)
See "Le Miracle des roses"
"Miracles" (Emerson) ................. **38**:148
"Miradoniz" (Eminescu) .............. **33**:261, 263
*Miralda; or, The Beautiful Quadroon* (Brown)
See *Clotel; or, The President's Daughter:*
*A Narrative of Slave Life in the United*
*States*
"Mirandola" (Hebbel) ..................... **43**:237
*Mirgorod* (Gogol) . **5**:209, 216, 218, 231, 235,
242, 248-49, 256-57; **15**:94-5; **31**:106, 118
*Miriam, and Other Poems* (Whittier) ... **8**:501
"The Mirror" (Rossetti) .......... **77**:358, 360
"The Mirror" (Whittier) ................. **59**:361
*Mirza, ou lettre d'un voyageur* (Staël) . **91**:339-
42, 358, 360
*Le Misanthrope par amour* (Sade) . **47**:361-63
*Misanthropy and Repentance* (Kotzebue)
See *Menschenhass und Reue*
*Miscellaneous Pieces in Prose* (Barbauld)
.................................................. **50**:3
*Miscellaneous Pieces Relating to the Chinese*
(Percy) ........................ **95**:313, 315, 336
*Miscellaneous Plays* (Baillie) ... **2**:34-35; **71**:6,
64
*Miscellaneous Poems* (Mitford) ......... **4**:400

*Miscellaneous Poems* (Paine) ....... **62**:322, 325
*Miscellaneous Poems* (Rowson) ......... **69**:129
*Miscellaneous Studies* (Pater) .. **7**:303; **90**:248, 250, 261, 276, 287, 289-90, 333, 335-37
*Miscellaneous Writings* (Macaulay)
    See *Critical and Historical Essays Contributed to the Edinburgh Review*
*Miscellanies* (Thackeray) .... **43**:367, 373, 378, 381, 387
*Miscellanies: Prose and Verse* (Maginn)
    ...................................... **8**:436-37, 442
*The Mischief-Making Crown* (Raimund)
    See *Die unheilbringende Zauberkrone*
"Mischka" (Lenau) ............................. **16**:265
"Misconceptions" (Browning) ............ **19**:127
"The Miser" (Krylov) .. **1**:435, 439
*Les misérables* (Hugo) . **3**:243-50, 252-53, 255, 259, 263-65, 267, 270, 272, 274; **10**:354-83; **21**:195
*Misère de la philosophie: Réponse à la philosophie de la misère de M. Proudhon* (Marx) ............ **17**:332-34, 336, 339, 357
"Miserere" (Heine) .......................... **4**:257
"'Miserikordia': Lecture for Stylists" (Jean Paul) .......................................... **7**:234
*The Miser's Daughter* (Ainsworth) . **13**:28, 35, 40
"Misery Landing" (Woolson) ..... **82**:272, 285, 333
"A Misfortunate Girl" (Turgenev)
    See "Neschastnaya"
"Miss Austen and Miss Mitford" (Oliphant)
    ................................................. **61**:234
"Miss B—" (Clare) ........................ **86**:89
*Miss Beecher's Housekeeper and Healthkeeper* (Beecher) .............................. **30**:15, 22
*Miss Brooke* (Eliot) ......... **4**:133; **13**:282
*Miss Eden's Letters* (Eden) ............. **10**:104
"The Miss Greens" (Moodie) ......... **14**:237
"Miss Grief" (Woolson) . **82**:275, 295-96, 308, 310, 324
"Miss Harriet" (Maupassant) ......... **83**:228
*Miss Kilmansegg and Her Precious Leg: The Golden Legend* (Hood) .. **16**:207, 217, 219-20, 222, 225-27, 229, 231, 233-36, 238
*Miss Ludington's Sister: A Romance of Immortality* (Bellamy) .. **4**:23, 26-27, 31, 34; **86**:6, 9, 11, 17
*Miss Mackenzie* (Trollope) ....... **6**:457, 470-71, 499, 515-16
*Miss Marjoribanks* (Oliphant) ..... **11**:442, 446, 449, 452, 454, 456-61, 463; **61**:174-5, 180-1, 188, 196, 198, 201, 212, 221-2, 226-9, 239
*Miss Meredith* (Levy) . **59**:86-7, 98, 112, 115-6
*Miss Oona McQuarrie* (Smith) .... **59**:314, 319
*Die Missbrauchten Liebesbriefe* (Keller)
    ................................................. **2**:415, 423
"Mission Endeavor" (Woolson) .. **82**:333-34
"The Mission of America" (Brownson) . **50**:50
"The Mission of St. Philip" (Newman)
    ................................................. **38**:310
"The Mission of the War" (Douglass) .. **7**:126
"Les missionnaires" (Beranger) ........... **34**:29
"Mist" (Lenau) .............................. **16**:277
"Mr. Higginbotham's Catastrophe" (Hawthorne) .. **2**:292, 298, 305, 324, 333
"Mistress Agnes" (Arany)
    See "Agnes asszony"
*Mistress and Maid* (Craik) ........... **38**:109, 113
"Mistress and Maid on Dress and Undress" (Linton) ................................... **41**:164
"Mistress into Maid" (Pushkin)
    See "Baryshnia-krest'ianka"
*Mistress Lee* (Arnim) ............. **5**:13, 18, 21
*Mistriss Henley* (Charriere)
    See *Lettres de Mistriss Henley publiées par son amie*
"Mists and Fogs" (Hunt) .................... **1**:417
"Mists and Rain" (Baudelaire)
    See "Brumes et pluies"

"Mit dem grünen Lautenbande" (Muller)
    ...................................... **73**:368,372
*Mit Livs Eventyr* (Andersen) ............. **79**:26
" Mit zwei Worten" (Meyer) .............. **81**:199
"Mithridates" (Emerson) ..................... **1**:299
*Die Mitschuldigen* (Goethe) ........... **4**:211
"Mixed Days of May and December" (Jefferies) ................................ **47**:138
*Mixed Essays* (Arnold) ....... **6**:58; **89**:101, 103, 113
"Mizpah" (Bryant) ............................ **46**:3
*Mjältsjukan* (Tegner) .................... **2**:614
"M'Kinnon" (Hogg) ....................... **4**:275
"M.L." (Alcott) ............................... **83**:7
"Mlle. Luther and the Art of Acting" (Lewes)
    ................................................. **25**:291
"Mnemosyne" (Hölderlin) .............. **16**:192
"Mnich" (Slowacki) ..................... **15**:348-49
*Mnich* (Macha) ............. **46**:200, 202-03, 206
*Moby-Dick; or, The Whale* (Melville)
    ......... **3**:329, 332-55, 357, 359-64, 366-71, 373-8, 380-5; **12**:249-322; **29**:315-17, 324-27, 329, 331-32, 334, 337-38, 340, 343, 349, 354-57, 362, 364-65, 367, 369, 371-72, 378-79; **45**:197, 204, 206, 210, 212-13, 228-9, 231, 235, 243-7, 251-2, 254; **49**:376-8, 391, 402, 407, 409-10, 414, 416, 421; **91**:3-6, 9-10, 18, 21, 24, 28-34, 41-7, 50-1, 53-6, 68, 74, 81, 88-90, 93, 111, 113, 115, 121, 134, 180-81, 193, 198, 204, 206, 212-13, 217-20; **93**:187-88, 203, 222
"The Mocking Bird" (Lanier) .. **6**:236, 238-39, 248
"The Mocking-Bird" (Hayne) ...... **94**:149, 166
"The Model Husband" (Parton) .......... **86**:376
"A Model Husband" (Parton) ........... **86**:351
"The Model Man" (Shaw) .............. **15**:335
"The Model Minister" (Parton) ....... **86**:376
"The Model Step-Mother" (Parton) ...... **86**:349
"The Model Wife" (Parton) .............. **86**:376
*The Modern Abraham* (Polidori) .. **51**:233
"Modern Antiques" (Mitford) ............... **4**:401
*The Modern Aria* (Klinger)
    See *Die neue Arria*
"The Modern Chevalier" (Brackenridge) . **7**:54
*Modern Chivalry: Containing the Adventures of Captain John Farrago and Teague O'Regan, His Servant* (Brackenridge)
    ...................................... **7**:42-61, 63-5
"A Modern Cinderella" (Alcott) .......... **83**:8-9
"A Modern Classic" (Patmore) ............ **9**:345
"Modern Gallantry" (Lamb) ........ **10**:404, 408, 420-21, 436
*Modern Greece* (Hemans) ...... **29**:202; **71**:261, 274
    ................................ **1**:262, 272; **51**:90
*The Modern Griselda* (Edgeworth)
    ................................ **1**:262, 272; **51**:90
*The Modern Job* (Sacher-Masoch)
    See *Der neue Hiob*
*A Modern Man's Confession* (Musset)
    See *La confession d'un enfant du siècle*
*A Modern Mephistopheles* (Alcott) .... **6**:20-21
"A Modern Mephistopheles or The Fatal Love Chase" (Alcott) .... **58**:46, 66, 69; **83**:35
"Modern Metaphysics and Moral Philosophy in France" (Lewes) ........................ **25**:314
"Modern Mothers" (Linton) ............. **41**:164
*Modern Novel Writing; or, The Elegant Enthusiast, and Interesting Emotions of Arabella Bloomville* (Beckford)
    ............................ **16**:29, 36-7, 41
*The Modern Oedipus* (Polidori)
    See *Ernestus Berchtold; or, The Modern Oedipus*
"The Modern Philosophy of France" (Lewes)
    ................................................. **25**:288
"The Modern Politician" (Lampman)
    ........................................ **25**:194, 209
"A Modern Sappho" (Arnold) ............... **6**:44
"The Modern School of Poetry in England" (Lampman) ............ **25**:203, 211-13, 215
"The Modern Thames" (Jefferies) ....... **47**:143

"Modern Women" (Linton) ................ **41**:160
*Modern Women and What is Said of Them* (Linton) ............................ **41**:163, 170
*The Modest Soldier; or, Love in New York* (Dunlap) ........................... **2**:211, 213
*Modeste Mignon* (Balzac) ............... **5**:39
"Modjesky as Cameel" (Field) .......... **3**:206
"Modos de vivir que no dan de vivir" (Larra)
    ................................................. **17**:282
*Mogens* (Jacobsen) .... **34**:152, 155-56, 159-60, 163, 165-68
*Mogg Megone* (Whittier) ....... **8**:489, 492, 501, 510, 517; **59**:353, 355
"Mogiły haremu" (Mickiewicz) ....... **3**:403-04
*The Mogul Tale* (Inchbald) ....... **62**:142, 145-6, 148
*Les Mohicans de Paris* (Dumas) ... **71**:192-94
*Mohun; or, The Last Days of Lee and His Paladins: Final Memoirs of a Staff-Officer in Virginia* (Cooke) ... **5**:128, 130, 132-35
"Moiron" (Maupassant) ... **1**:449; **83**:176
*Moisasur's Magic Curse* (Raimund)
    See *Moisasur's Zauberfluch*
*Moisasur's Zauberfluch* (Raimund) .. **69**:8, 15, 18-19, 24, 27, 45, 47-8, 52
"Moïse" (Vigny) ............ **7**:469, 479, 481, 484
"Moja ispoved" (Karamzin) .................. **3**:290
"Moja piosnka" (Norwid) ............ **17**:365, 367
*Molière* (Oliphant) ...................... **11**:439
*Moll Pitcher and The Minstrel Girl* (Whittier)
    ................................................. **59**:353
"Molly Astore" (Ferguson) ............ **33**:301
"Molnets broder" (Runeberg) . **41**:311-13, 315, 318, 321
*Moloch* (Hebbel) ......... **43**:234, 240, 258, 262
"Mon coeur mis à nu" (Baudelaire)
    ........... **6**:100, 112; **29**:70-1, 97; **55**:68
"Mon Dieu m'a dit" (Verlaine) .... **51**:351-2
"Mon files, après l'avoir conduit au collège" (Desbordes-Valmore) .................. **97**:29
"À mon fils, avant le collège" (Desbordes-Valmore) ................. **97**:9, 29
"Mon rêve familier" (Verlaine) .... **51**:351-52, 355-56
*Mon voisin Raymond* (Kock) ............ **16**:245
"Monadnoc" (Emerson) ............. **1**:299; **38**:169
"Monadnock from Wachuset" (Whittier)
    ................................................. **8**:531
*Monaldi* (Allston) ................... **2**:20-22, 24-28
*The Monarchy according to the Charter* (Chateaubriand)
    See *De la monarchie selon la charte*
*Le monastère abandonné; ou, La malédiction paternelle* (Pixerecourt) .. **39**:278, 289-90
*The Monastery* (Scott) ..... **15**:263, 289; **69**:313
*Die Monate* (Muller) ................... **73**:366
"Der Mönch von Bonifazio" (Meyer) . **81**:143
"Monday in Holy Week" (Droste-Hulshoff)
    ................................................. **3**:202
*Monday Tales* (Daudet)
    See *Les contes du Lundi*
"Mondesaufgang" (Droste-Hulshoff) .... **3**:200
"Mondesnacht" (Droste-Hulshoff) ...... **3**:193
"Mondnacht" (Eichendorff) ............. **8**:230
*Der Mondsüchtige* (Tieck) .................. **5**:519
*Money* (Bulwer-Lytton) ... **1**:140, 147, 153; **45**:18, 49
"The Money Diggers" (Irving) . **2**:390; **95**:227
*The Money Question* (Dumas)
    See *La question d'argent*
*The Money-Lender* (Gore) ............... **65**:37-8
*De Monfort* (Baillie) . **2**:31, 34, 38-40, 43; **71**:4, 6-7, 9-12, 16-17, 19, 26-27, 31-32, 35-36, 38, 44-45, 48, 51, 53, 66
*Monikins* (Cooper) ........................... **54**:256
"The Monitions of the Unseen" (Ingelow)
    ................................................. **39**:267
"The Monk" (Lampman) ..... **25**:168, 176, 192, 199, 206, 220
"The Monk" (Shevchenko)
    See "Chernets"

"The Monk" (Slowacki)
  See "Mnich"
*The Monk* (Macha)
  See *Mnich*
*The Monk, a Romance* (Lewis) ........... **11**:292-303, 306-15, 317-25
"Monk and the Face" (Eminescu) ....... **33**:264
*The Monk Knight of St. John: A Tale of the Crusades* (Richardson) ....... **55**:304, 313, 319, 322-7, 350-3, 366
"The Monks of Casal-Maggiore" (Longfellow) ................. **45**:138, 149, 162, 180, 188, 191
*The Monk's Wedding* (Meyer) ...... **81**:136
"Monna Innominata" (Rossetti) .... **2**:561, 563, 565, 571, 575, 577; **50**:272, 282, 284, 288, 290, 299, 321-4
"The Monochord" (Rossetti) ..... **4**:491; **77**:314
*Monographs* (Milnes) ................. **61**:136, 138
"Monos and Daimonos" (Bulwer-Lytton) ...................................... **45**:19
"A Monsieur A.L." (Desbordes-Valmore)
  See "À Monsieur Alphonse de Lamartine"
*Monsieur Alphonse* (Dumas) .... **9**:224-25, 228, 230, 232, 242, 247, 250
"À Monsieur Alphonse de Lamartine" (Desbordes-Valmore) .......... **97**:3, 17, 26
*M. Antoine* (Sand)
  See *Le péché de M. Antoine*
"M. Augustin Thierry" (Renan) .......... **26**:417
*M. Cazotte* (Nodier) ............................. **19**:384
*Monsieur de Camors* (Feuillet) .. **45**:75, 77-80, 85-6, 90
"M. de Lamennais" (Renan) .............. **26**:417
"Monsieur de l'Argentière, l'accusateur" (Borel) ......................... **41**:4, 6, 12
"Monsieur de Miroir" (Hawthorne) ...................... **2**:298; **95**:105
*Monsieur Jean* (Sainte-Beuve) ...... **5**:341
*Monsieur Lecoq* (Gaboriau) .... **14**:17-20, 23-9, 31-2
*M. P.; or, The Blue-Stocking* (Moore) ...................... **6**:378, 392, 395
"Monsieur Parent" (Maupassant) ... **83**:201
*Monsieur Sylvestre* (Sand) ............... **57**:313
"The Monstre Balloon" (Barham) .... **77**:19, 26
"Monstrous World" (Petofi)
  See "Gyalázatos világ"
"Mont Blanc" (Shelley) ....... **18**:327, 338, 361, 363-64, 378; **93**:256-60, 264, 333
"Le mont des Oliviers" (Vigny) .. **7**:469, 472-74, 479, 481-82, 484
*La Montagne "and Mr. Coullery"* (Bakunin) .................................... **58**:131
"Montaigne; or, the Skeptic" (Emerson) ...................... **38**:169, 171, 227
*Montalbert* (Smith) .... **23**:323, 330, 336
"La montañero" (Isaacs) ...................... **70**:305
*Montcalm and Wolfe* (Parkman) ......... **12**:335-36, 341, 343, 345, 348, 359-60, 370-71, 375, 377-79
"Les monténégrins" (Nerval) .............. **67**:340
*A Month in the Country* (Turgenev)
  See *Mesyats v derevne*
"The Months of Apprenticeship" (Hoffmann) ...................................... **2**:356
"Months of Youth" (Hoffmann) ...... **2**:356
*Montjoie* (Feuillet) ...... **45**:75, 79, 89
*Montmorency* (Staël) ...................... **91**:358
*Mont-Oriol* (Maupassant) . **1**:450, 467-69; **42**:167, 169, 174, 189; **83**:173-75, 186, 200
"Montreurs" (Leconte de Lisle) ......... **29**:214
"Monument" (Pushkin)
  See "Pamjatnik"
"The Monument and the Bridge" (Lowell) ...................................... **2**:516
"A Monument I Reared" (Pushkin) . **3**:451
"Monument Moors des Räubers" (Schiller) ...................................... **39**:386
"Monument Mountain" (Bryant) .. **6**:183, 186-87; **46**:6, 19, 28
"The Monument of Peter the Great" (Mickiewicz) .................................... **3**:401

"Moods" (Longfellow) ........................ **45**:139
*Moods* (Alcott) ... **6**:12-14; **58**:24-5, 28-33, 37, 47-9, 69, 75; **83**:9, 52
"Moods and Thoughts" (Levy) ........... **59**:119
"Moods of My Own Mind" (Wordsworth) ...................................... **12**:393
"The Moon and the Comet, a Fable" (Opie) ...................................... **65**:160
"The Moon is distant from the Sea" (Dickinson) ...................................... **77**:93
"The Moon of Mobile" (Chivers) ......... **49**:49
"The Moon Path" (Lampman) ... **25**:204
"The Moon upon her fluent Route" (Dickinson) ...................................... **77**:121
"Mooni" (Kendall) . **12**:182-83, 187, 190, 197, 199
"Moonlight" (Eichendorff)
  See "Mondnacht"
"Moonlight" (Verlaine)
  See "Clair de lune"
*A Moonlight Adventure* (Mitford) ......... **4**:406
*A Moonlight Night* (Sacher-Masoch) ...................... **31**:287, 291, 302
"Moonshiners" (Cooke) ................. **5**:133
*The Moonstone: A Romance* (Collins) ....... **1**:175, 177, 180-84, 187-91; **18**:60-93; **93**:7, 12, 19, 42, 44, 46-7, 50, 53, 61-2, 66-74, 76-83
*The Moor of Peter the Great* (Pushkin)
  See *Arap Petra Velikogo*
*The Moorish Girl* (Andersen) .......... **79**:12-13
"Moorish Melodies" (Maginn) ........... **8**:441
*Moorland Cottage* (Gaskell) . **5**:183, 198, 202, 205; **70**:185, 188, 190
"The Moors" (Wilson) ............... **5**:560-61
"Moors and Christians" (Alarcon) ........ **1**:14
"The Moor's Legacy" (Irving) .............. **2**:372
"A Moosehead Journal" (Lowell) ...................... **2**:520; **90**:202-06
*Mopsa the Fairy* (Ingelow) ......... **39**:259, 264, 266-68
"The Moral Argument against Calvinism" (Channing) ................. **17**:9, 52-3
"The Moral Bully" (Holmes) ........... **14**:126
"The Moral Effect of Works of Satire" (Clough) .................................... **27**:104
*Moral Epistle, Respectfully Submitted to Earl Stanhope* (Landor) .................. **14**:175
*Moral Pieces* (Sigourney)
  See *Moral Pieces, in Prose and Verse*
"Moral Pieces in Prose and Verse" (Sigourney) ................................... **87**:320-21
*Moral Pieces, in Prose and Verse* (Sigourney) .................. **21**:289; **87**:325, 337
"Moral Reflection on the Cross of Saint Paul's" (Hood) .................... **16**:235
"The Moral Satires" (Cowper) ............. **8**:113
*Moral Sketches of Prevailing Opinions and Manners, Foreign and Domestic: With Reflections on Prayer* (More) ..... **27**:334
*Moral Tales* (Laforgue)
  See *Moralités légendaires*
*Moral Tales for Young People* (Edgeworth) ........ **1**:255-56, 267; **51**:81-7, 89, 102, 119
*The Moral Teaching of Jesus Christ* (Shelley) .................................... **93**:352
*Moralism and Christianity; or, Man's Experience and Destiny* (James) .................... **53**:216, 236
*Moralités légendaires* (Laforgue) **5**:268-9, 271, 274, 276, 278, 280-2; **53**:256-7, 272, 287, 290-1, 293-5, 298-9
"Morality" (Arnold) ...................... **6**:56
"The Morality of Wilhelm Meister" (Eliot) .................................... **89**:227
"Morals" (Emerson) ......................... **1**:282
"Morbid Appetite for Money" (Whitman) ...................................... **81**:238
"De Morbo Oneirodynia" (Polidori) ... **51**:223
"Morcia Funebre" (Chivers) ................. **49**:75
*Le more de Venise* (Vigny) ................. **7**:476

*More Letters of Charles Darwin* (Darwin) ...................... **57**:147, 151
*More Letters of Edward FitzGerald* (FitzGerald) ...................... **9**:269
"The More Mature Months" (Hoffmann) ...................... **2**:356
*More Nonsense, Pictures, Rhymes, Botany, Etc.* (Lear) ...................... **3**:295, 297
*More Sinned Against Than Sinning* (Ostrovsky)
  See *Bez viny vinovátye*
*More Than Pearls and Gold* (Andersen) ...................... **79**:14
"The Morehens Nest" (Clare) ............. **86**:141
"Morella" (Poe) . **1**:492, 514; **16**:304, 316, 331, 335-36; **55**:151, 197, 201; **97**:180, 208-09
"The Mores" (Clare) .... **9**:114; **86**:140-41, 145
*Morgane* (Villiers de l'Isle Adam) . **3**:581, 583-84
"Morgengesang am Schöpfungsfeste" (Klopstock) ...................... **11**:238
*Morgengespräch zwischen A. und dem Kandidaten Bertram* ...................... **75**:197, 210-11, 217
"Morgengruß" (Muller) ...................... **73**:364
"Morgenlied" (Meyer) ......... **81**:141, 151, 155
"Morgenlied" (Muller) ...................... **73**:366
"Moria el sol, y las marchitas hojas" (Castro) ...................... **78**:41
*Morituri salutamus* (Longfellow) ...................... **2**:486; **45**:130-31, 146
*Morley Court* (Le Fanu) ...................... **9**:301
"A Morn of May" (Ingelow) .............. **39**:264
"Morning" (Browning) ........... **79**:94, 101, 153
"Morning" (Keble) ......... **87**:169, 174, 200
"Morning" (Lazarus) ...................... **8**:420
"Morning" (Rimbaud)
  See "Matin"
"Morning" (Very) ...................... **9**:383
"A Morning After Storm" (Hayne) ..... **94**:166
"Morning and Evening" (Arany)
  See "Reg és Est"
"The Morning Angelus" (Verlaine)
  See "L'Angelus du matin"
"Morning Hymn" (Keble) ...................... **87**:153
"Morning in the Bush" (Kendall) ....... **12**:185
"Morning in the Mountains" (Tyutchev) ...................... **34**:389
"The Morning Moon" (Barnes) ............. **75**:72
*The Morning of a Man of Business* (Gogol) ...................... **15**:94
"Morning on the Lievre" (Lampman) ...................... **25**:172, 190
"The Morning Star" (Eminescu)
  See "Luceafarul"
"Morning Twilight" (Baudelaire)
  See "Le crépuscule du matin"
"Morning Walk" (Clare) ...................... **9**:122
"The Morning Watch" (Very) ......... **9**:378, 383
"The Morning Wind" (Clare) ...................... **9**:104
*Morning-Glories and Other Stories* (Alcott) ...................... **58**:50
"The Morning's Hinges" (Ferguson) .. **33**:290
"The Morns Are Meeker than They Were" (Dickinson) ...................... **21**:7
"The Moro River" (Isaacs)
  See "Río Moro"
*Moroz krasni nos* (Nekrasov) . **11**:402, 404-05, 407-09, 412-14, 416, 420-21
"Mort!" (Verlaine) ...................... **51**:266
*La mort* (Baudelaire) ...... **6**:116, 122; **55**:5, 53, 62-3, 66, 73-4
"La mort de l'exilé" (Nerval) ...... **67**:307
"La mort de Philippe II" (Verlaine) ...................... **2**:622, 624; **51**:356
"La Mort de S.M. le Roi Louis II de Bavière" (Verlaine) ...................... **51**:359
"La mort de Valmiki" (Leconte de Lisle) ...................... **29**:215, 223, 234, 241
"La mort des amants" (Baudelaire) ...................... **6**:116; **29**:105; **55**:12, 73
"La mort des artistes" (Baudelaire) . **55**:12, 29, 62, 66, 73

"La mort des pauvres" (Baudelaire) ............................ **29**:80, 112-13; **55**:73
"La mort des petits poux" (Rimbaud) . **35**:266
"La mort du diable" (Beranger) ............ **34**:42
"La mort du loup" (Vigny) ...... **7**:469, 472-73, 478-79, 481-82
"Le mort joyeux" (Baudelaire) ......... **55**:12, 44
"Une mort trop travaillée" (Corbiere) ... **43**:31
"Mortal, Angel AND Demon" (Verlaine) ..................................... **51**:372
*A Mortal Antipathy: First Opening of the New Portfolio* (Holmes) ...... **14**:113, 115, 131, 133-34, 136-39, 143; **81**:107, 118
"The Mortal Immortal" (Shelley) . **14**:264, 267, 272, 299; **59**:155
*La Morte* (Feuillet) ............................ **45**:90-1
"La morte amoureuse" (Gautier) ... **1**:341, 346, 348, 350, 353, 355; **59**:8-13, 29, 33-6, 39-40
"Morte d'Arthur" (Tennyson) . **30**:212-13, 222, 224, 230, 242, 249, 253, 269, 279-80; **65**:240, 245-7, 278-82, 285, 297-8, 300-1, 305, 311, 315, 318-20, 324, 339, 349, 368, 376
*La morte de Socrate* (Lamartine) . **11**:245, 268-70, 289
"Morton Hall" (Gaskell) ................ **5**:201, 205; **70**:188-89
"Morts de quatre-vingt-douze et de quatre-vingt-treize" (Rimbaud) ..... **4**:465
"Mortua est" (Eminescu) ...... **33**:249, 257, 264
*Mosaïque* (Merimee) ........................ **65**:79, 113
"Moses" (Vigny) ..................................... **7**:474
"Moses on the Mountain" (Wergeland) . **5**:537
"Moskaleva Krynycja" (Shevchenko) .................................... **54**:368, 389
"Mosque" (Milnes) ......................... **61**:130
"Moss on a Wall" (Kendall) .. **12**:179-80, 186, 194, 199, 201
"The Moss Supplicateth for the Poet" (Dana) ..................................... **53**:178
"Mosses" (Melville)
    See "Hawthorne and his Mosses"
*Mosses from an Old Manse* (Hawthorne) ............ **2**:294, 298; **39**:233; **95**:104, 110
"The Moth and the Flowers" (Zhukovsky)
    See "Motylyok i tsvety"
"The Mother" (Andersen) ..................... **79**:66
"The Mother" (Crabbe) ............ **26**:93, 128-30
"Mother" (Nekrasov)
    See "Mat"
"Mother and Eliza" (Child) ................ **73**:129
"Mother and Poet" (Browning) ....... **61**:10, 14, 44-5, 66
"Mother and Son" (Morris) ................... **4**:434
"The Mother and the Child" (Kivi)
    See "Äiti ja lapsi"
"Mother Earth" (Isaacs)
    See "La tierra madre"
*Mother Elder* (Andersen) ...................... **79**:15
*The Mother of God* (Sacher-Masoch) ................................... **31**:295, 298, 302
"Mother of Pearl" (O'Brien) . **21**:239-40, 244-45, 252
"Mother, Thou'rt Faithful to Me" (Foster) .................................... **26**:295
*The Mother-in-Law* (Southworth) ....... **26**:431-32, 446-47
"Motherland" (Lermontov) ................... **5**:295
"The Motherless Child" (Barnes) ........ **75**:58
*Mothers and Daughters* (Gore) ....... **65**:16, 20, 30-1
*The Mother's Book* (Child) ....... **6**:198-99;**73**:41, 50, 59, 67, 73, 75, 96, 101, 130
"The Mother's Dream" (Barnes) ........... **75**:17
"The Mother's Heart" (Norton) ..... **47**:241-42
"The Mother's Hymn" (Bryant) ............ **6**:165
"Mother's Name" (Grundtvig) ............. **1**:402
"Mother's Revenge" (Whittier) ........... **8**:485
"The Mother's Secret" (Holmes) .......... **14**:128
"The Mother's Soul" (Crawford) . **12**:156, 171
"A Mother's Wail" (Timrod) . **25**:372, 382, 384

*The Motley Assembly* (Warren) ... **13**:419, 428-29, 436
*Les Mots anglaise* (Mallarme) ............ **41**:249
*Motsart i Sal'eri* (Pushkin) ...... **3**:424, 433-34, 444, 447, 452; **83**:263-64, 275, 285-88, 324, 338-39, 351, 353
"Motylyok i tsvety" (Zhukovsky) . **35**:393, 403
"Mouche" (Maupassant) ........... **1**:464, 468-69; **83**:194, 198
"Le mouchoir rouge" (Gobineau) . **17**:80, 92-3, 103
"The Mount of Olives" (Vigny)
    See "Le mont des Oliviers"
"Mount Orient" (Griffin) ...................... **7**:215
"Mount Shasta, Seen from a Distance" (Ridge) ................................ **82**:174, 184, 195, 197, 210
"The Mountain" (Leskov)
    See "Gora"
*The Mountain* (Michelet) .... **31**:215, 242, 247-48, 257-58, 260, 262-63
*The Mountain Bard: Consisting of Ballads and Songs, Founded on Facts and Legendary Tales* (Hogg) .................. **4**:277, 281-82
"The Mountain Fires" (Hemans) ......... **71**:277
*The Mountain Forest* (Stifter)
    See *Der Hochwald*
"The Mountain Girl" (Isaacs)
    See "La montañero"
*The Mountain King and the Misanthrope* (Raimund)
    See *Der Alpenkönig und der Menschenfeind*
"Mountain Moss" (Kendall) ......... **12**:179, 186
*The Mountain of the Lovers: With Poems of Nature and Tradition* (Hayne) .... **94**:137-38, 141, 148, 151, 168-69
"A Mountain Spring" (Kendall) ......... **12**:183
"The Mountain Village of Bastundzhi" (Lermontov)
    See "Aul Bastundzi"
"Le mourant" (Banville) ........................ **9**:16
"The Mourner" (Opie) ...................... **65**:155
"The Mourner" (Shelley) . **14**:264, 272; **59**:155
"The Mourning Daughter" (Sigourney) ..................................... **21**:299
"The Mouse" (Shaw) ........................ **15**:335
"The Mouse's Nest" (Clare) .............. **9**:101
*Le Mousqetaire* (Dumas) ................. **71**:204
"Le mousse" (Corbiere) ................... **43**:28
"Mouvement" (Rimbaud) . **4**:475; **35**:269; **82**:232
"Movables Credit" (Eminescu) ...... **33**:273
*Movements of the British Legion with Strictures on the Course of Conduct* (Richardson)
    See *Journal of the Movements of the British Legion*
"Möwenflug" (Meyer) ......... **81**:199-200, 208
*Moya Rodoslovnaya* (Pushkin) ............ **83**:317
*Mozart and Salieri* (Pushkin)
    See *Motsart i Sal'eri*
*Mozart auf der Reise nach Prag* (Morike) ................... **10**:445, 448-49, 458
*Mozart on the Way to Prague* (Morike)
    See *Mozart auf der Reise nach Prag*
*Mózes* (Madach) ................... **19**:362, 368, 371
*The M.P.* (Robertson) ..... **35**:333-34, 336, 340, 351, 357, 360-62, 364-65, 369
*Mr. Ambrose's Letters on the Rebellion* (Kennedy) ........................ **2**:432
"Mr. and Mrs. Discobbolos" (Lear) ...... **3**:308
*Mr. Benet* (Fredro)
    See *Pan Benet*
*Mr. Buckstone's Ascent of Mount Parnassus* (Planche) ..................... **42**:273, 276, 291
*Mr. Buckstone's Voyage Round the World* (Planche) ..................... **42**:273, 291
"Mr. Dana of the New York Sun" (Field) ..................................... **3**:211
"Mr. Darwin's Hypothesis" (Lewes) ..................................... **25**:287, 311
"Mr. Deucease at Paris" (Thackeray) . **43**:367

"Mr. emerson's New Course of Lectures" (Lowell) ........................ **90**:220
*Mr. Facey Romford's Hounds* (Surtees) .. **14**:347, 349-50, 353, 355, 364, 366, 369-72, 374-75, 380-81
"Mr. Gilfil's Love Story" (Eliot) . **4**:92-93, 98; **41**:101
*Mr. H* (Lamb) ........................... **10**:401
"Mr. Harrison's Confessions" (Gaskell) ...... **5**:187, 190, 193, 201-03, 205; **97**:127, 168, 171
"Mr. Hosea Biglow to the Editor of the Atlantic Monthly" (Lowell) .......... **2**:516
*Mr. Joviality* (Fredro)
    See *Pan Jowialski*
"Mr. Justice Hartbottle" (Le Fanu) . **9**:302, 317, 320-22; **58**:272, 301-2; **58**:256
"Mr. Kean's Iago" (Hazlitt) ................. **82**:75
"Mr. Lowe as Chancellor of the Exchequer" (Bagehot) ...................... **10**:31
*Mr. Midshipman Easy* (Marryat) . **3**:316-19, 322
*Mr. Moneyful* (Fredro)
    See *Pan Geldhab*
"Mr. Paul Pató" (Petofi)
    See "Pató Pál úr"
*Mr. Scarborough's Family* (Trollope) ............................ **6**:471, 501, 503
"Mr. Sludge, 'The Medium'" (Browning) . **19**:98, 131; **79**:150, 163-64, 171
*Mr. Sponge's Sporting Tour* (Surtees) . **14**:345-47, 349-50, 353, 355-56, 358, 361, 363, 365, 369-72, 374, 377-78, 380-83
*Mrinalini* (Chatterji) . **19**:204, 209-10, 212-13, 215, 217-21, 224
*Mrnālinī* (Chatterji)
    See *Mrinalini*
"Mrs. Adolphus Smith Sporting the 'Blue Stocking'" (Parton) ................... **86**:352
*Mrs. Albert Grundy: Observations in Philistia* (Frederic) ............... **10**:194, 201-02, 214
*Mrs Armytage; or, Female Domination* (Gore) ......................... **65**:19-20, 30
*Mrs. Arthur* (Oliphant) ......... **61**:203-4, 209-10
"Mrs. Battle's Opinions on Whist!" (Lamb) ............... **10**:390, 428, 436
"Mrs. Caudle's Breakfast Talk" (Jerrold) ..................................... **2**:407
*Mrs. Caudle's Curtain Lectures* (Jerrold) ................... **2**:395-96, 398, 402-03, 405-08
"Mrs. Caudle's Papers" (Jerrold) .......... **2**:407
"Mrs. Fønss" (Jacobsen)
    See *Fru Fønss*
"Mrs. Jaypher" (Lear) ........................ **3**:301
*Mrs. Leicester's School* (Lamb) ......... **10**:402-03, 406, 417
"Mrs. Macsimmum's Bill" (O'Brien) . **21**:243
*Mrs. Mathews; or, Family Mysteries* (Trollope) ....................... **30**:331-32
*Mrs. Perkins' Ball* (Thackeray) ............ **5**:445
"Mrs Pierrepoint" (Levy) ................... **59**:106
"Mrs. Rozgonye" (Arany)
    See "Roz goniné"
"Mrs. Throckmorton's Bulfinch" (Cowper)
    See "On the Death of Mrs. Throckmorton's Bulfinch"
"Mrs. Twardowski" (Mickiewicz) .......... **3**:398
"Mrs. Weasel's Husband" (Parton) ..... **86**:350
"Mrs. Yardley's Quilting" (Harris) ..................................... **23**:140, 159
"MS. Found in a Bottle" (Poe) ..... **1**:492, 514; **16**:292, 299, 301, 315, 330-34; **55**:185, 202, 205-6; **94**:223-25
"Mtsiri" (Lermontov) ..................... **5**:289, 295
*The Muddy Bay* (Ichiyo)
    See *Nigorie*
"La muerte del sargento" (Isaacs) ....... **70**:306
*La muette de Portici* (Scribe) ...... **16**:382, 386, 398, 401, 408-11
*Muhganni Nama* (Ghalib) ................... **39**:153
"Das Mühlenleben" (Muller) ........ **73**:364,370
"La mula y el macho" (Lizardi) ............ **30**:68

*The Mulatto* (Andersen) ............. **79**:12-13, 17
*Müller Kohlenbrenner und Sesseltrager*
    (Nestroy) ...................... **42**:240, 256
"Müller Radlauf" (Brentano) ........ **1**:104
"Der Müller und der Bach" (Muller)
    ................................ **73**:365, 373
*The Mummy's Tale* (Gautier)
    See *Le Roman de la momie*
"Mumu" (Turgenev) .... **21**:399, 415, 418, 457,
    459
*Münchhausen: Eine Geschichte in arabesken*
    (Immermann) ...... **4**:290-95, 297; **49**:358,
    361-62, 366-67
*De mundi sensibilis et intelligibilis forma ac*
    *principiis* (Kant) .............. **67**:210
"Un mundo por un soneto" (Isaacs) ... **70**:306
"Munter" (Runeberg) .... **41**:312, 314, 327
"Murad the Unlucky" (Edgeworth) ... **51**:88-9
"La muralla de México en la protección de
    María Santísima Nuestra Señora"
    (Lizardi) ........................ **30**:68
*Murány ostroma* (Arany) ............. **34**:4, 16
"Murder" (De Quincey)
    See "Lectures on Murder Considered as
    One of the Fine Arts"
"Murder Considered" (De Quincey)
    See "Lectures on Murder Considered as
    One of the Fine Arts"
"Murder Will Out" (Opie) ............ **65**:159
"The Murdered Cousin" (Le Fanu)
    See "A Passage in the Secret History of an
    Irish Countess"
"The Murdered Cousin" (Le Fanu) . **9**:303, 314,
    316
"Murdered Lady" (Whittier) ......... **8**:485
"The Murdered Traveller" (Bryant) .. **46**:3, 42
"The Murders in the Rue Morgue" (Poe)
    .. **1**:506, 521, 530-31; **16**:293, 295-96, 298,
    300-01, 303, 306, 312, 315, 332; **55**:135,
    141, 149; **78**:281-82; **94**:245; **97**:208,
    211-12
"The Murmuring of Bees Has Ceased"
    (Dickinson) ..................... **21**:68-9
*Murnis* (Almqvist) .................. **42**:10
"Musa" (Holmes) .................... **14**:133
*Musarion* (Wieland) .... **17**:394, 396, 398-400,
    411-16, 426-27, 429
"Mușat and the Weirds" (Eminescu) ... **33**:269
"Muscadines" (Hayne) .... **94**:149, 167, 169
"Muscheln" (Muller) ................. **73**:360, 371
*Muscheln von der Insel Rügen* (Muller)
    ................................ **73**:352, 356, 358-60, 367, 371
*The Muse* (Pushkin) ................ **3**:423
*La muse du département* (Balzac) ... **5**:84
"La Muse malade" (Baudelaire) ...... **55**:48, 58
"The Muse of Australia" (Kendall)
    ................................ **12**:184, 195-96
"The Muse of the Coming Age" (Andersen)
    ................................ **7**:23; **79**:84
"Muse, un nommé ségur" (Hugo) ... **3**:256
"La Muse vénale" (Baudelaire) ... **55**:46-7, 58,
    62
"Musée secret" (Gautier) ............ **1**:348
"Der Musensaal" (Meyer) ...... **81**:140, 154-56,
    199, 209
"Music" (Emerson) ................. **38**:193
"Music" (Halleck) .................. **47**:57
"Music" (Lampman) .... **25**:167, 187, 208, 210,
    216
"Music" (Thoreau) .................. **7**:384
"The Music Grinders" (Holmes) .......... **14**:99
"The Music Master" (Allingham) ... **25**:3, 5, 7,
    9, 12, 16, 18, 23, 25, 27
"Music, when soft voices die" (Shelley)
    ................................ **18**:373
"A Musical Instrument" (Browning)
    ................................ **1**:124; **66**:85
*The Musician* (Shevchenko)
    See *Muzykant*
"Musician's Tale" (Longfellow) ....... **45**:148
"Musings" (Dana) ................... **53**:173-5
"La Musique" (Baudelaire) ............ **55**:29, 61

*La Musique et les lettres* (Mallarme)
    ................................ **41**:277, 280-81, 298
"The Musk Ox" (Leskov)
    See "Ovcebyk"
*The Musk-Ox, and Other Tales* (Leskov)
    ................................ **25**:230-31
*Musterkarte* (Muller) ............... **73**:366
"Mut" (Muller) ..................... **73**:390
"Mutability" (Shelley) ............. **18**:340, 344
"The Mutability of Literature" (Irving)
    ................................ **19**:328, 347
"Mutation" (Bryant) ................. **46**:46
*The Mute from Portici* (Scribe)
    See *La muette de Portici*
"Mute Thy Coronation" (Dickinson) .... **21**:56
"Muth" (Muller) .................... **73**:366
*The Mutiny at the Nore* (Jerrold) ... **2**:401
"Der Mutter Erde" (Hölderlin) ........... **16**:174
"Die Mutter und die Tochter" (Klopstock)
    ................................ **11**:238
*Mutter und Kind* (Hebbel) ................. **43**:238
"The Mutual Interdependence of Things"
    (Hoffmann) ..................... **2**:342
"Művészeti értekezés" (Madach) ........ **19**:370
*Muzykant* (Shevchenko) ...... **54**:387, 390, 392,
    394
"My Aged Uncle Arly" (Lear) ......... **3**:300-01
"My Aunt" (Holmes) ................. **14**:109, 128
"My Aunt Margaret's Adventure" (Le Fanu)
    ................................ **9**:323
*My Aunt Margaret's Mirror* (Galt) ....... **1**:334
*My Aunt Susan* (Frederic) ............ **10**:188
"My Biography" (Beranger) ................. **34**:37
"My Birthplace" (Nekrasov) ............ **11**:403
"My Bohemian Life" (Rimbaud)
    See "Ma bohème"
*My Bondage and My Freedom* (Douglass)
    ............... **7**:124-25, 128-29, 131, 134, 143;
    **55**:106-7, 113, 117, 120-8
"My Books" (Longfellow) ............ **45**:121
"My Boots" (Thoreau) ................ **7**:384
*My Brother Jack; or, The Story of*
    *What-D'ye-Call'em* (Daudet)
    See *Le petit chose*
"My Bugle and How I Blow It" (Mangan)
    ................................ **27**:302
"My Castle" (Alger) ................. **8**:16
"My Childhood's Home I See Again"
    (Lincoln) ...................... **18**:240, 272
*My Cid* (Southey) .................. **8**:459
"My Coat" (Beranger) ............... **34**:46
"My Companions" (Holmes) ............ **14**:100
"My Confession" (Karamzin)
    See "Moja ispoved"
"My Contraband" (Alcott) ......... **58**:47; **83**:7
"My Country" (Hale) ................ **75**:286
"My Countrymen" (Arnold) ............ **89**:102
*My Cousin Nicholas* (Barham) ............ **77**:6
"My Cricket" (Dickinson)
    See "Further in Summer Than the Birds"
"My Darling Julia" (Barnes)
    See "My Dearest Julia"
"My Days among the Dead Are Passed"
    (Southey) ...................... **8**:474
"My Dearest Julia" (Barnes) ............. **75**:72-3
"My Depature" (Whitman) ............. **81**:237
"My Fate is Sealed: I Am Getting Married"
    (Pushkin) ...................... **83**:320
"My First Acquaintance with Poets" (Hazlitt)
    . **29**:148-49, 165-66; **82**:107, 123, 126, 144
"My First Book" (Stevenson) ...... **63**:229, 240,
    243, 269
"My French Master" (Gaskell) ....... **5**:190, 201
"My Friend, My Guardian Angel" (Zhukovsky)
    ................................ **35**:376, 403
"My Garden" (Very) ................. **9**:388
"My Garden Acquaintance" (Lowell) ... **2**:517
*My Geneology* (Pushkin)
    See *Moya Rodoslovnaya*
*My Great-Grandfather's Papers* (Stifter)
    See *Die Mappe meines Urgrossvaters*

*My Great-Grandfather's Portfolio* (Stifter)
    See *Die Mappe meines Urgrossvaters*
"My Heart Laid Bare" (Baudelaire)
    See "Mon coeur mis à nu"
"My Heart Leaps Up" (Wordsworth) .. **12**:431
*My Heart's Idol* (Planche) ................. **42**:293
"My Hope" (Arany)
    See "Reménvem"
"My Hopes Have Departed Forever" (Foster)
    ................................ **26**:295
"My Hunt After 'The Captain'" (Holmes)
    ................................ **81**:102
"My Kingdom" (Alcott) ................ **58**:37
"My Kinsman, Major Molineux" (Hawthorne)
    ..... **2**:329-31; **17**:137; **23**:201, 217; **39**:180;
    **79**:299, 304; **95**:105, 112, 114-16, 125, 196
*My Lady Ludlow* (Gaskell) ...... **5**:191, 201-03,
    205; **70**:185-86
*My Lady Pokahontas* (Cooke) . **5**:126, 132, 135
*My Lady's Money* (Collins) ............... **1**:188
"My Last Duchess" (Browning) .. **19**:114, 117,
    119, 126, 133, 135-37; **79**:95-96, 100, 164,
    169-70, 185
*My Life* (Sand)
    See *Histoire de ma vie*
"My Life Closed Twice before Its Close"
    (Dickinson) .................... **21**:19, 23
"My Life Had Stood—A Loaded Gun"
    (Dickinson) .. **21**:48, 71; **77**:88, 143, 161
"My Life Is like a Stroll upon the Beach"
    (Thoreau) ...................... **7**:355
*My Literary Life* (Linton) ............... **41**:165
"My Little Lovers" (Rimbaud)
    See "Mes petites amoureuses"
"My Little Rabbit" (Wergeland) .......... **5**:539
*My Little Song Book* (Hale)
    See *School Song Book*
"My Lost Youth" (Longfellow) ... **45**:116, 131,
    137, 142, 160, 186-87, 189
"My Love is Good" (Barnes) ........ **75**:6, 8, 58
"My Love's Guardian Angel" (Barnes)
    ................................ **75**:17, 21
"My Mary" (Clare) ................. **9**:74-75
"My Mary of the Curling Hair" (Griffin)
    ................................ **7**:198, 201
*My Miscellanies* (Collins) ................ **1**:185
*My Novel; or, Varieties in English Life*
    (Bulwer-Lytton) . **1**:145-46, 148-51, 155;
    **45**:22, 69-70
"My Old Kentucky Home, Good Night"
    (Foster) ... **26**:283-87, 289-91, 297-98
"My Old Village" (Jefferies) .. **47**:102, 138-39,
    143
"My Orcha'd in Linden Lea" (Barnes)
    ................................ **75**:20, 29, 46, 60, 69, 87-8, 96, 101
"My Own Heart Let Me More Have Pity On"
    (Hopkins) ...................... **17**:245, 261
*My Past and Thoughts* (Herzen)
    See *Byloe i dumy*
"My period had come for Prayer" (Dickinson)
    ................................ **77**:564
"My Playmate" (Whittier) .. **8**:505-06, 508-09,
    520; **59**:349, 356, 371
"My Pretty Rose Tree" (Blake) . **37**:43, 45, 48,
    51, 92
*My Prisons* (Verlaine) ................. **51**:372
"My Psalm" (Whittier) ................ **8**:496
"My Race" (Martí)
    See "Mi raza"
"My Relations" (Lamb) ............... **10**:436
*My Relations with Carlyle* (Froude)
    ................................ **43**:191, 202, 210, 220
"My Remarks on the Russian Theater"
    (Pushkin) ...................... **83**:331
"My River Runs to Thee" (Dickinson) ... **21**:8
"My School Career" (Petofi)
    See "Deákpályám"
"My seal ring" (Fuller) ................ **50**:247-8
"My 71st Year" (Whitman) ................. **31**:434
"My Sister's Sleep" (Rossetti) . **4**:517-19, 521-
    22, 525-26; **77**:303, 306, 344
"My Son, Sir" (O'Brien) ...... **21**:237, 243, 247

"My Song" (Norwid)
    See "Moja piosnka"
"My Songs" (Petofi)
    See "Dalaim"
"My Soul and I" (Whittier) ...... **8**:491; **59**:348,
    361, 375, 377
"My Soul Is Dark" (Byron) ................. **2**:103
*My Southern Home; or, The South and Its
    People* (Brown) ...... **2**:48-51, 53; **89**:144,
    160
"My Springs" (Lanier) ................. **6**:238, 242
"My Star" (Browning) ........ **19**:96; **79**:140-41
"My Study Windows" (Lowell) ........... **2**:510
*My Study Windows* (Lowell) ........ **90**:197, 220
"My Stuffed Owl" (Sigourney) ........... **87**:326
"My Style of Drawing Birds" (Audubon)
    ............................................. **47**:24
"My sweet Ann Foot, my bonny Ann" (Clare)
    ............................................. **86**:89
"My Tale" (Clough) ........ **27**:115-16, 118
"My Testament" (Slowacki) ........... **15**:365
"My Thoughts on Shakhovskoy" (Pushkin)
    ............................................. **83**:332
"My Tract" (Hood) ................. **16**:216
"My Triumph" (Whittier) ................. **59**:361
"My Valentine" (O'Brien) ........... **21**:246
"My Vocation" (Dutt) ................. **29**:127
"My Wheel Is in the Dark" (Dickinson) . **21**:63
*My Wife and I* (Stowe) .. **3**:561-62, 567
"My Wife's Tempter" (O'Brien) . **21**:234, 239,
    243, 245, 247
*My Years of Childhood* (Fontane)
    See *Meine Kinderjahre*
"Mycerinus" (Arnold) ....... **6**:34, 44; **29**:32, 34
*Mykyta Hajday* (Shevchenko)
    See *Nikita Hayday*
"Myrtho" (Nerval) ... **1**:476, 480, 486; **67**:307,
    363
*Myrtis, with Other Etchings and Sketchings*
    (Sigourney) ................. **21**:301; **87**:321
*Le Mystère dans les lettres* (Mallarme)
    ............................................. **41**:272, 282
"Le mystère des trois cors" (Laforgue) . **5**:279-
    80
*Les mystères de Paris* (Sue) . **1**:553-55, 557-63
*Les mystères du peuple* (Sue) ........... **1**:558-59
*Les mystères du théâtre* (Goncourt and
    Goncourt) ................................. **7**:153
"The Mysteries of Nature and of Grace"
    (Newman) ................................. **38**:304, 310
*The Mysteries of Paris* (Sue)
    See *Les mystères de Paris*
*The Mysteries of Udolpho* (Radcliffe) .. **6**:404-
    06, 408-11, 413-23, 425, 427, 429-31, 433-
    39, 441-44, 446-47; **55**:216-22, 224, 226-
    31, 235-41, 252-4, 256-7, 259-60, 263,
    265-6, 270-8
"The Mysterious Lodger" (Le Fanu) .... **9**:319
*The Mysterious Monk* (Dunlap) ........... **2**:214
"The Mysterious Stanger" (Opie) .... **65**:172-3
"The Mysterious Visitor" (Holmes)
    ............................................. **14**:99, 121, 128
*The Mystery of Edwin Drood* (Dickens)
    ..... **3**:160, 177; **18**:96-143; **26**:228; **37**:164,
    172-73; **86**:257
"The Mystery of Major Molineux" (Clarke)
    ............................................. **19**:251
*The Mystery of Major Molineux, and Human
    Repetends* (Clarke) ................. **19**:251
"The Mystery of Marie Rogêt" (Poe) .. **1**:530-
    31; **16**:293, 295-96, 300, 303, 306, 315;
    **97**:208, 211-12
*The Mystery of Mrs. Blencarrow* (Oliphant)
    ............................................. **61**:208
*The Mystery of Orcival* (Gaboriau)
    See *Le crime d'Orcival*
"The Mystery of Pain" (Dickinson)
    See "Pain Has an Element of Blank"
"The Mystery of Reminiscence" (Schiller)
    ............................................. **39**:339
*The Mystery of the Fall* (Clough)
    See *Adam and Eve*

"The Mystic" (Tennyson) ................. **30**:283
"Mystic Trumpeter" (Whitman) ..... **4**:579, 586
"Mystification" (Poe) ................. **16**:322
"Mystification of the Sirens of Progress"
    (Fourier) ................................. **51**:185
"Mystique" (Rimbaud) ..... **4**:487; **35**:269, 309;
    **82**:232-33, 243
"The Myth of Demeter and Persephone"
    (Pater) ................................. **90**:245, 247, 263
"N:o femton, Stolt" (Runeberg) ........... **41**:325
*Na bóikom méste* (Ostrovsky) ........... **57**:220
"N-a catredal" (Castro) ................. **3**:101; **78**:5
"Na kraju sveta" (Leskov) .. **25**:228, 231, 239,
    255, 259
*Na nožax* (Leskov) .. **25**:225, 237, 248, 252-53
"Na rodine" (Goncharov) ................. **63**:18
"Na śmierćś.p. Jana Gajewskiego" (Norwid)
    ............................................. **17**:368
"Na vicnu pamjat' Kotljarevs' komu"
    (Shevchenko) ........................... **54**:371-2
*Na vsyakogo mudretsa dovolno prostoty*
    (Ostrovsky) .... **30**:100, 105, 112-13, 116,
    118; **57**:219
*Le nabab* (Daudet) ...... **1**:232-35, 237, 240-41,
    243-48, 250
*The Nabob* (Daudet)
    See *Le nabab*
"Nach der Lese" (Meyer) ................. **81**:146
"Nach einem Niederländer" (Meyer) . **81**:206
"Nachgelassene Werke" (Fichte) ........... **62**:7
"Nachklänge Beethovenscher Musik"
    (Brentano) ................................. **1**:102
*Nachkommenschaften* (Stifter) ...... **41**:375, 377
*Nachlass* (Fichte) ................. **62**:39
*Nachricht von meiner Aidienz beim Kaiser von
    Japan* (Claudius) ................. **75**:183, 194
*Der Nachsommer* (Stifter) ... **41**:334, 337-39,
    343-46, 348, 351, 354, 357-60, 363, 369,
    374-75, 378, 380, 384-85, 387-400
*Nachstücke* (Hoffmann) ................. **2**:341-42
"Nacht in der Ernte" (Meyer) ........... **81**:151
"Nachtgeräusche" (Meyer) ........... **81**:201, 203
*Nachtgesänge* (Hölderlin) ................. **16**:191
*Nachtgeschichten* (Hoffmann) ........... **2**:348
"Die nächtliche Fahrt" (Lenau) ........... **16**:286
"Nachträge Zu den Reisebildern" (Heine)
    ............................................. **4**:231
"Nachts, Im Walde" (Eichendorff) .... **8**:213
*Nachtwachen* (Bonaventura) ........... **35**:77-106
*Nachtwachen des Bonaventura, Die* (Tieck)
    ............................................. **46**:384
*Nacoochee* (Chivers) ..... **49**:42-5, 47-8, 52, 57
*Nadeschda* (Runeberg) ........... **41**:310, 317, 328
"Nadorvannye" (Saltykov) ................. **16**:372
*Nagerl und Handschuh* (Nestroy) . **42**:225, 242
*Några ord om nejderna, folklynnet och
    levnadssättet i Saarijärvi socken*
    (Runeberg) ................................. **41**:316
*A nagyidai cigányok* (Arany) .. **34**:5, 16, 23
"The Nail" (Alarcon) ................. **1**:14
*Naimychka* (Shevchenko) ..... **54**:383, 387, 392
"Le Nain de Beauvoisine"
    (Desbordes-Valmore) ................. **97**:14
*Nakanune* (Turgenev) ........ **21**:382-83, 385-86,
    393-94, 396-97, 399-400, 409-10, 413, 418-
    19, 426, 432, 434-39, 442-45, 448-49, 452-
    54; **37**:372, 379, 382, 384-85, 402-03, 407,
    411, 428, 442, 444
"Nakanune godovšćiny avgusta 1864 g."
    (Tyutchev) ................................. **34**:412
*Naked Genius* (Horton) ........... **87**:86, 101-02
"The Naked Goddess" (Thomson) . **18**:391-92
"Nala and Damayanti" (Zhukovsky) .. **35**:379
"Nameless Grave" (Landon) ........... **15**:166
"A Nameless Grave" (Longfellow) .. **45**:121
"The Nameless One" (Mangan) .. **27**:276, 280-
    81, 287-89, 292, 297-98, 305
"Names upon a Stone" (Kendall) . **12**:187, 189
"The Naming of Cuchullin" (Ferguson)
    ............................................. **33**:279, 285
"Namouna" (Musset) .. **7**:255, 259, 264, 267,
    275

"Nancy Collins" (Mackenzie) ........... **41**:189
*Nannette und Maria* (Grabbe) ... **2**:275-76, 287
"Nanny's Sailor Lad" (Allingham) .... **25**:8, 17
*Naobi no mitama* (Motoori) ........... **45**:275-76
"Naomi" (Moodie) ................. **14**:231
"Napolean's Grave" (Tyutchev) ........... **34**:389
"Napolean's Midnight Review" (Hood)
    ............................................. **16**:235
"Napoleon" (Lockhart) ................. **6**:309
"Napoleon" (Wergeland) ................. **5**:539
"Napoleon and the British Sailor" (Campbell)
    ............................................. **19**:187, 190
"Napoleon at Gotha" (Taylor) ........... **89**:319
"Napoleon at Helena" (Sigourney) .... **21**:299
*Napoléon Bonaparte; ou, Trente ans de
    l'histoire de France* (Dumas) . **11**:42, 57,
    71; **71**:193
"Napoleon III in Italy" (Browning) ...... **61**:12
*Napoléon le petit* (Hugo) ................. **3**:262
*Napoleon oder die hundert Tage* (Grabbe)
    ............... **2**:276-77, 281-82, 284-85, 287-88
*Nápolyi Endre* (Madach) ................. **19**:370
*Narbonne* (Schiller) ................. **69**:169
*Narcisse* (Sand) ................. **42**:311
*Narcissus* (Stagnelius) ................. **61**:248, 265
"The Nard" (Meyer)
    See "Die Narde"
"Die Narde" (Meyer) ................. **81**:206
"Narodnyye knizhki" (Pisarev) ........... **25**:348
*Der Narr auf Manegg* (Keller) ........... **2**:414
"Narrara Creek" (Kendall) ........... **12**:187, 199
*Narrative* (Truth)
    See *The Narrative of Sojourner Truth*
"A Narrative of American Slavery" (Brown)
    ............................................. **2**:52
*The Narrative of Arthur Gordon Pym, of
    Nantucket* (Poe) ..... **1**:499-501, 518, 526,
    529; **16**:300, 302, 312-13, 315, 324, 334;
    **55**:133, 149, 202; **78**:258; **94**:174, 176-88,
    192, 195-206, 209-21, 225-28, 230-35, 239-
    49, 251-53, 255-58, 260-63, 266-76
*A Narrative of Facts* (Holcroft)
    See *A Narrative of Facts relating to a
    Prosecution for High Treason*
*A Narrative of Facts relating to a Prosecution
    for High Treason* (Holcroft) ....... **85**:194-
    95, 199, 209, 227, 235
*The Narrative of Sojourner Truth* (Truth)
    ... **94**:288-90, 292, 297-305, 308, 310, 312,
    314, 316-24, 330, 333, 337
*The Narrative of Sojourner Truth, A Northern
    Slave Emancipated Frodily Servitude By
    The State of New York in 1828* (Truth)
    ............................................. **94**:301
*Narrative of the Earl of Elgin's Mission to
    China and Japan . . .* (Oliphant) . **47**:287
"Narrative of the Life and Escape of William
    Wells Brown" (Brown)
    See *Narrative of William W. Brown, a
    Fugitive Slave, Written by Himself*
*Narrative of the Life and Escape of William
    Wells Brown* (Brown)
    See *Narrative of William W. Brown, a
    Fugitive Slave, Written by Himself*
*A Narrative of the Life of David Crockett of
    the State of Tennessee* (Crockett) . **8**:144-
    49, 151-55
*Narrative of the Life of Frederick Douglass, an
    American Slave, Written by Himself*
    (Douglass) .. **7**:120-21, 125, 128-31, 133-
    39, 141-42, 144-45; **55**:87, 95-119, 121-6,
    128
*Narrative of the Operations of the Right
    Division of the Army in Upper Canada*
    (Richardson) ................................. **55**:344
*Narrative of William W. Brown, a Fugitive
    Slave, Written by Himself* (Brown) . **2**:46-
    49, 55; **89**:156, 160-68, 184
*Die Narrenburg* (Stifter) ...... **41**:335, 366, 379
"A narrow Fellow in the Grass" (Dickinson)
    ............................................. **77**:129
"The Narrow Way" (Brontë) ................. **4**:46

*National Anti-Slavery Standard* (Child) . **73**:51-2, 60, 69-70, 77-80, 87, 96, 105-06
"National Apostasy" (Keble) ........ **87**:131, 199
"The National Capital, Abraham Lincoln" (Douglass) ................................. **7**:126
"National Literature" (Paulding) ........ **2**:531
"National Ode" (Taylor) .............. **89**:296, 326
"National Song" (Petofi)
    See "Nemzeti dal—Talpra magyar"
"Nationality in Drinks" (Browning) .... **19**:96
"The Nation's First Number" (Mangan) ................................. **27**:315
"Native Moments" (Whitman) . **31**:430; **81**:329
"The Nativity" (Manzoni) ................ **29**:253
"Nattergalen" (Andersen)
    See "The Nightingale"
*Nattvardsbarnen* (Tegner) ................ **2**:611-14
*Die Natur der Dinge* (Wieland) ..... **17**:416-18
"Natur und Kunst oder Saturn und Jupiter" (Hölderlin) ................ **16**:162, 173
"De natura decorum" (Patmore) ........... **9**:338-39, 360, 365
"Natura Naturans" (Clough) ...... **27**:106-7, 113
*The Natural Daughter* (Dunlap) ........... **2**:213
*Natural Daughter* (Goethe)
    See *Die Natürliche Tochter*
"The Natural Death of Love" (Crabbe) ................... **26**:100, 109. 111, 147
"The Natural History" (Thoreau) ........ **7**:396
"Natural History Letters" (Clare) ........ **9**:116
"The Natural History of German Life" (Eliot) ................. **89**:212, 234, 260, 266
*Natural History of Intellect and Other Papers* (Emerson) ................. **38**:172
"Natural History of the Intellect" (Emerson) ........... **1**:302; **38**:142, 147, 180
*The Natural History Prose Writings of John Clare* (Clare) ............ **86**:129, 172
"Natural Science and Spirit World" (Engels) ................. **85**:40
*Natural Selection* (Darwin)
    See *On the Origin of Species by Means of Natural Selection or the Preservation of Favoured Races in the Struggle for Life*
"Naturam furca expellas" (Arany) ........ **34**:21
"Nature" (Alcott) ........................... **1**:23
"Nature" (Longfellow) ..................... **2**:488
"Nature" (Mill) ................... **11**:359, 379
"Nature" (Turgenev) ...................... **21**:431
"Nature" (Very) ................ **9**:376, 380, 387
*Nature* (Emerson) . **1**:275, 285, 287, 293, 300-01, 305-06, 309; **38**:143, 146, 169, 171, 173-74, 176-78, 180-81, 183, 186, 194-200, 202, 208-10
"Nature II" (Emerson) .................. **38**:184
"Nature and Art" (Newman) ............. **38**:343
*Nature and Art* (Inchbald) .. **62**:132-6, 139-40, 144, 161, 180
"The Nature and Artifice of Toryism" (Brackenridge) ........................ **7**:44
"Nature and Books" (Jefferies) ........ **47**:143
*Nature and Eternity* (Jefferies) ........... **47**:114
*Nature and Human Nature* (Haliburton) ................. **15**:124-27, 131, 136, 145
"Nature as Discipline" (Emerson) .. **1**:295, 309
*La Nature et l'art* (Charriere) ........... **66**:126
"Nature in the Louvre" (Jefferies) . **47**:94, 101, 138
"Nature Intelligible" (Very) .................. **9**:390
"Nature is not what you think" (Tyutchev)
    See "Ne to, chto mnite vy, priroda"
"Nature morte" (Corbiere) .................. **43**:28
"Nature Myths" (Symonds) ................ **34**:336
*Nature near London* (Jefferies) ... **47**:112, 133-36, 138
*The Nature of Evil, Considered in a Letter to the Reverend Edward Beecher, D.D., Author of "The Conflict of the Ages"* (James) ................. **53**:184, 235
"The Nature of Faith in Relation to Reason" (Newman) ................. **38**:307

"The Nature of Poetry" (Dobell) . **43**:60-1, 66-7
"Nature on the Roof" (Jefferies) ........ **47**:137
"Nature Teaches Us of Time and Its Duration" (Very) ................. **9**:388
*Nature, the Utility of Religion, and Theism* (Mill) ................ **11**:358, 365; **58**:338
"Nature-Notes 1877-'81" (Whitman) .. **81**:369-70
"Nature's Beauty" (Sigourney) ........... **21**:293
"Nature's Help for the Soul" (Very) ..... **9**:387
*Die Natürliche Tochter* (Goethe) .... **4**:167, 222
*Natur-Philosophie* (Schelling) ...... **30**:122, 124
"The Naughty Boy" (Andersen) ....... **79**:25, 88
*Naval History of the United States* (Cooper) ................. **54**:256
*La navette* (Becque) ................. **3**:15-16
"La navicella Greca" (Solomos) ......... **15**:405
"Navigation" (Mickiewicz)
    See "Żegluga"
"Nay Tell Me Not Today the Publish'd Shame" (Whitman) ................. **31**:435
*Nazar Stodolja* (Shevchenko) .. **54**:365, 367-8, 381, 391
"Le Nazaréen" (Leconte de Lisle) ...... **29**:231
"N'e de morte" (Castro) ................. **78**:8
*Ne tak zhivi kak khóchetsya* (Ostrovsky) ................. **30**:102; **57**:197-8, 201-2, 220
"Ne to, chto mnite vy, priroda" (Tyutchev) ................. **34**:398
*Ne v svoi sani ne sadis!* (Ostrovsky) .. **30**:96, 101, 110, 113; **57**:198, 201, 208-9
"Ne ver, ne ver poetu, deva" (Tyutchev) ................. **34**:400, 404
*Ne vse kotu maslenitsa* (Ostrovsky) ................. **30**:104, 112
"Neal Malone" (Carleton) ....... **3**:89, 93
"Near Hastings" (Dutt) ........... **29**:122
"A Nearness to Tremendousness" (Dickinson) ................. **21**:77
"Die Nebensonnen" (Muller) ...... **73**:366, 393, 396
"Nebuchadnezzar's Dream" (Keats) ... **73**:333
*The Necessity of Atheism* (Shelley) ..... **18**:374
"Necessity of Religion, Especially in Adversity" (Murray) ................. **63**:207
"The Neckan" (Arnold) ................. **6**:66
"The Necklace" (Maupassant)
    See "La parure"
"Nečto o naukax, iskusstvax, i proveščenii" (Karamzin) ................. **3**:284, 289
"Ned Bratts" (Browning) ................. **19**:117
"Ned M'Keown" (Carleton) ............ **3**:92
*Ned Myers* (Cooper) ................. **54**:274
"Néférou-Ra" (Leconte de Lisle) ...... **29**:215
*Die Negersklaven* (Kotzebue) ... **25**:141, 143, 145
"Neglect of Divine Calls and Warnings" (Newman) ................. **38**:304, 309
"Negra Sombra" (Castro) ................. **78**:24
"Une négresse par le démon secouée" (Mallarmé) ...... **41**:241, 250, 280
"The Negro Boy's Lament" (Opie) .... **65**:175
"The Negro Boy's Tale" (Opie) ...... **65**:156
*The Negro in the American Rebellion: His Heroism and His Fidelity* (Brown) ................. **2**:48, 51-53; **89**:143
*The Negro in the Rebellion* (Brown)
    See *The Negro in the American Rebellion: His Heroism and His Fidelity*
*The Negro of Peter the Great* (Pushkin)
    See *Arap Petra Velikogo*
*The Negro Slaves* (Kotzebue)
    See *Die Negersklaven*
"Negro Speculation" (Horton) ............ **87**:102
"A négy ökrös szekér" (Petofi) .......... **21**:264
"La neige" (Vigny) ................. **7**:474
"The Neighbour-in-Law" (Child) ...... **6**:201
*The Neighbours: A Story of Every-Day Life* (Bremer)
    See *Grannarne*
"Neighbours on the Green" (Oliphant) . **61**:217

*Nekam berit* (Smolenskin) ............ **30**:192, 195
*Nekuda* (Leskov) ...... **25**:225, 237, 250-53
"Nell and I" (Foster) ................. **26**:285
*Nell Cook* (Barham) ................. **77**:9, 36
*Nell Gwynne* (Jerrold) ................. **2**:401
"Nelly Bly" (Foster) ................. **26**:287, 291
"Nelly Was a Lady" (Foster) ...... **26**:286, 291
"Nem kell dér" (Arany) ................. **34**:21
*Nemesis of Faith* (Froude) .. **43**:177, 192-93, 195, 202, 204, 208-09, 217
"A nemzetgyüléshez" (Petofi) ............ **21**:279
"A nemzethez" (Petofi) ................. **21**:280
"Nemzeti dal—Talpra magyar" (Petofi) ................. **21**:280, 286
"Le nénuphar blanc" (Mallarme) ................. **4**:376; **41**:279-80
"Nénuphar blanc" (Mallarme)
    See "Le nénuphar blanc"
"Neobyknovennaya istoriya" (Goncharov) ................. **1**:367
"The Neophytes" (Shevchenko) ... **54**:390, 397
*Nepenthe* (Darley) ...... **2**:125-29, 131-34
"Neptune's Shore" (Woolson) .. **82**:276, 291
"The Nervous Man" (Whittier) ........... **59**:367
"Nerwy" (Norwid) ................. **17**:372, 374
"Neschastnaya" (Turgenev) . **21**:415, 437, 440-41, 451
"Nesmertel' nyj Golovan" (Leskov) ... **25**:239
*The Nest of Gentlefolk* (Turgenev)
    See *Dvoryanskoe gnezdo*
"The Nest of Nightingales" (Gautier) ... **1**:347
"A Nest of Nightingales" (O'Brien) ... **21**:236
*Nest of Noblemen* (Turgenev)
    See *Dvoryanskoe gnezdo*
*Nest of the Gentry* (Turgenev)
    See *Dvoryanskoe gnezdo*
"Nesting Time" (Lampman) .............. **25**:210
"Nesžastnye" (Nekrasov) ................. **11**:418
"Nešžataja polosa" (Nekrasov) ... **11**:412-13
*Netherlands* (Schiller)
    See *The History of the Revolt of the Netherlands*
*Netley Abbey* (Barham) ................. **77**:9, 37
*Der neue Amadis* (Wieland) . **17**:396, 399, 424
*Die neue Arria* (Klinger) ................. **1**:429
*Der Neue Don Quixote* (Ludwig) ........ **4**:356
*Neue Erfindung* (Claudius) ................. **75**:193
*Neue Gedichte* (Heine) ...... **4**:249; **54**:345
*Der neue Hiob* (Sacher-Masoch) ........ **31**:287
*Das neue Jahrhundert* (Kotzebue) ...... **25**:147
"Neue Liebe" (Morike) ................. **10**:455
*Die Neue Undine* (Ludwig) ................. **4**:356
*Neuer Frühling* (Heine) ................. **4**:259
"Der Neugierige" (Muller) ........... **73**:364,370-71, 374
*La neuvaine de la chandeleur* (Nodier) ................. **19**:378, 380, 384
"Die Neve Melusine" (Goethe) ...... **4**:194
"Never Bet the Devil Your Head" (Poe) ................. **16**:323-24
"Never Return" (Milnes) ................. **61**:136
*Nevinnye razskazy* (Saltykov) ....... **16**:343, 368
"Nevinnyj Prudencij" (Leskov) ...... **25**:245
*Nevskij Avenue* (Gogol)
    See "Nevsky Prospect"
"Nevsky Prospect" (Gogol) ... **5**:209, 219, 227, 232, 241, 250, 252, 255; **31**:122
"Nevyrazimoe" (Zhukovsky) ........... **35**:403
*The New Adam and Eve* (Hawthorne) ................. **2**:325; **10**:290
"The New Age" (Arnold) ................. **6**:51
"The New Age; or, Truth Triumphant" (Freneau) ................. **1**:320
*New and Old* (Symonds) ................. **34**:323
"The New and the Old" (Bryant) . **6**:165; **46**:48
*The New Arabian Nights* (Stevenson) .. **5**:391, 393-94, 397, 399, 402-04, 407-08, 415, 430-31, 433; **14**:312, 335
"The New Birth" (Very) ........ **9**:375, 378, 390
"The New Body" (Very) ................. **9**:394
*A New Canto* (Lamb) ................. **38**:258-60

"The New Colossus" (Lazarus) ..... **8**:416, 420, 427
"The New Convert" (Cowper) . **8**:132; **94**:72-3
"The New Covenant" (Paine) .............. **62**:324
*A New Drama* (Tamayo y Baus)
    See *Un drama nuevo*
*The New Egypt* (Adams) ........... **33**:8, 18
"A New England Legend" (Whittier) . **59**:360
*The New England Primer, Amended and Improved . . .* (Webster) .............. **30**:409
"New England Reformers" (Emerson) . **38**:157
"A New England Sketch" (Stowe) ........ **3**:562
*New England Tragedies* (Longfellow)
.. **2**:484, 487, 496-98; **45**:113, 142, 149-50, 159, 165
"New England Two Centuries Ago" (Lowell)
................................................ **2**:509; **90**:195
"The New Ezekiel" (Lazarus) .............. **8**:428
"New Fables" (Krasicki)
    See *Bajki nowe*
"A New Forest Ballad" (Kingsley) ..... **35**:218
*A New French and English Dictionary* (Cobbett) ........................................ **49**:160
"New Guinea Converts" (Adams) ......... **33**:18
*The New Haymarket Spring Meeting* (Planche)
................................................................ **42**:291
*A New Home* (Kirkland)
    See *A New Home—Who'll Follow?*
*A New Home—Who'll Follow?* (Kirkland)
..... **85**:251, 255-56, 259-61, 263, 265, 267-70, 274-89, 291, 293, 295-301
*The New Housekeeper's Manual* (Beecher)
................................................................ **30**:15
*The New Industrial World* (Fourier)
    See *Le Nouveau Monde industriel et sociétaire*
"New Jerusalem and Its Citizens" (Rossetti)
................................................................ **50**:285
*The New Justine* (Sade)
    See *La nouvelle Justine*
"The New Laocoon" (Arnold) ................ **6**:51
*New Leaves* (Castro)
    See *Follas novas*
*New Letters* (Southey) ... **97**:270, 276, 278-79, 290
*New Letters of James Russell Lowell* (Lowell)
................................................................ **90**:222
"The New Locksley Hall: 'Forty Years After'" (Adams) .................................... **33**:18
"New Love New Life" (Levy) .......... **59**:96
*The New Magdalen* (Collins) . **1**:176, 180, 182-83; **93**:5, 38
"The New Man" (Very) .......... **9**:378, 382, 397
*The New Maternity Ward* (Andersen) ... **79**:15-17
"New Morality" (Keats) .................... **73**:316
*A New Path to Fortune* (Alger) ............ **83**:91
*New Pilgrim's Progress; or, A Christian's Painful Passage from theTown of Middle Class to the Golden City* (Jefferies)
................................................................ **47**:93
*The New Planet; or, Harlequin out of Place* (Planche) .................................... **42**:290
*New Poems* (Arnold) ... **6**:37; **29**:26; **89**:46, 51
*New Poems* (Coleridge) ........................ **90**:32
*New Poems* (Crabbe) ........................ **26**:139
*New Poems* (Heine)
    See *Neue Gedichte*
*New Poems* (Rossetti) ........................ **2**:563-4
*New Poems and Variant Readings* (Stevenson)
................................................................ **5**:427
*New Poetical Meditations* (Lamartine)
................................................ **11**:245, 283
"The New Poor Laws" (Barnes) . **75**:43-4, 101, 103
"The New School of American Fiction" (Levy)
................................................................ **59**:110
*The New Schoolma'am* (Alger) .... **83**:116, 142
"The New Sinai" (Clough) .................... **27**:77
"The New Sirens" (Arnold) .................... **6**:71
"The New South" (Lanier) .. **6**:245, 256, 260, 263

*New Stories* (Andersen)
    See *Eventyr, fortalte for bøorn*
*New Tales* (Opie) ...... **65**:171, 174, 179, 197-8
*The New Timon* (Bulwer-Lytton) ..... **1**:141-42
"New Variations on an Old Theme" (Herzen)
................................................................ **61**:102
*New Views of Christianity Socity and the Church* (Brownson) ................... **50**:47
"New Wife and the Old" (Whittier)
................ **8**:487, 508-09, 528; **59**:350
*The New Woman: In Haste and at Leisure* (Linton) ........................ **41**:161, 164
"The New World" (Very) .............. **9**:378, 397
"The New Year" (Whittier) .................. **8**:524
"The New Year—Rosh Hashanah, 5643" (Lazarus) ........................ **8**:420, 427
"A New Year's Blessing" (Alcott) .......... **83**:5
"A New Year's Burden" (Rossetti) .............. **4**:491
"New Year's Day" (Sedgwick) ... **19**:428, 444-45
"New Year's Eve" (Lamb) .............. **10**:415
"New Year's Eve" (Lampman) ... **25**:199, 201, 209
"New Year's Eve" (Landon) .............. **15**:166
"A New Year's Lay" (Mangan) .......... **27**:296
"The New Zealot to the Sun" (Melville)
................................................................ **29**:380
"Newborn Death" (Rossetti) ................. **4**:491
*The Newcomes: Memoirs of a Most Respectable Family* (Thackeray) .. **5**:454-57, 459-61, 465-66, 472, 476, 478, 484, 488, 497-505; **14**:397, 406, 434; **43**:356, 389
*A New-England Tale; or, Sketches of New-England Character and Manners* (Sedgwick) .. **19**:424-25, 427, 430, 439, 442, 447, 450
"News from Nowhere" (Morris) ... **4**:425, 436, 439-41, 445-46
"News from Pannonia" (Allingham) ..... **25**:11
*News of the Night; or, A Trip to Niagara* (Bird) ...... **1**:89, 90, 92-93
"Newscarrier's Address" (Trumbull) ... **30**:375
*The News-paper* (Crabbe) .... **26**:78-9, 81, 110, 132
*Newstead Abbey* (Irving) ........................ **2**:373
*Newton Forster* (Marryat) .................... **3**:317
*Next Door Neighbours* (Inchbald) ... **62**:144-6, 149
"N'hay peor meiga qu'un-ha gran pena" (Castro) ........................................ **78**:7
*Ni jamais ni toujours* (Kock) ......... **16**:246-47
"Niagara" (Lenau) ................... **16**:269, 283
"Niagara" (Sigourney) .... **21**:296, 299; **87**:326, 333-34
"A Niagara Landscape" (Lampman) ... **25**:210
*Die Nibelungen* (Hebbel) ....... **43**:230, 234-35, 240, 242-44, 246, 261, 276, 278, 297, 300
*Nibelungen-Lied* (Fouque) .................... **2**:265
*The Nibelungs* (Hebbel)
    See *Die Nibelungen*
*The Nibelung's Ring* (Wagner)
    See *Der Ring des Nibelungen*
*Nicholas Nickleby* (Dickens)
    See *The Life and Adventures of Nicholas Nickleby*
*Nick of the Woods; or, The Jobbenainosay* (Bird) ................... **1**:85-86, 88-89, 91-92
"Nicolas Flamel" (Nerval) .................... **1**:484
"Le Nid d'hirondelles" (Desbordes-Valmore)
................................................................ **97**:12
"Le Nid solitaire" (Desbordes-Valmore)
................................................................ **97**:28
*Nieboska komedyia* (Krasinski) .......... **4**:301
*Niels Lyhne* (Jacobsen) ..... **34**:142-47, 150-58, 160-62, 166-68
*Niera Baranoff* (Sacher-Masoch) ..... **31**:302
*Niewola* (Norwid) .................. **17**:369, 377
"Nigger Book" (Rimbaud) ................. **4**:456
*The Nigger of Peter the Great* (Pushkin)
    See *Arap Petra Velikogo*
"Night" (Blake) .... **13**:181, 220-21; **37**:3, 6, 9,

13-14, 37, 40, 54, 62, 64, 66, 69, 82, 84, 92
"Night" (Brontë) ................................ **71**:106
"Night" (Browning) ................ **79**:94, 101, 153
"Night" (Hugo) ................................ **3**:262
"Night" (Lampman) .... **25**:175, 209, 217
"Night" (Lanier) ................................ **6**:237
"Night" (Thomson) ................................ **18**:418
"Night" (Very) ................................ **9**:393
"Night and Day" (Lanier) .................... **6**:237
*Night and Day* (Kivi)
    See *Yö ja päivä*
"Night and Morning" (Browning) .. **79**:94, 101
*Night and Morning* (Bulwer-Lytton)
.................... **1**:140, 145, 150; **45**:19, 22, 69
"Night and the Merry Man" (Browning)
................................................................ **1**:126
"A Night at Sea" (Griffin) .................... **7**:215
*A Night in Roskilde* (Andersen) ......... **79**:14
"The Night Journey of a River" (Bryant)
................................ **6**:165; **46**:38-9
"The Night Mare or Superstitions Dream" (Clare) ........................................ **86**:113
"Night of Hell" (Rimbaud)
    See "Nuit de l'enfer"
"A Night of Storm" (Lampman) . **25**:188, 209-10
"The Night of Taras" (Shevchenko)
    See "Tarasova nic"
"A Night of Terror" (Maginn) .............. **8**:440
"Night on the Prairies" (Whitman) ....... **4**:577
"Night Owls" (Leskov)
    See "Polunoščniki"
"A Night Scene" (Ridge) .............. **82**:182, 184
"Night Sketches" (Hawthorne) . **23**:204; **39**:229
"Night Sounds" (Meyer)
    See "Nachtgeräusche"
*The Night Watches* (Bonaventura)
    See *Nachtwachen*
*A Night with the National Guard* (Scribe)
    See *Encore une nuit de la Garde Nationale; ou, Le poste de la barrière*
"The Nightingale" (Andersen) ..... **7**:37; **79**:23, 35, 40, 42, 51-52, 59, 62, 65, 73-74, 76
"The Nightingale" (Coleridge) ...... **9**:131, 132, 150
"Nightingale" (Keats)
    See "Ode to a Nightingale"
"The Nightingale" (Wordsworth) ........ **12**:387
*The Nightingale* (Robertson) ....... **35**:333, 335, 354, 356, 361, 363, 369
"The Nightingale and Glow-worm" (Cowper)
................................................................ **94**:121
"The nightingale and the cuckoo" (Pushkin)
    See "Solovei i Kukushka"
"The Nightingales" (Krylov) ................. **1**:435
"The Nightingales Nest" (Clare)
................................ **9**:105; **86**:144
"A Night-Piece" (Wordsworth) ... **12**:446, 451
"The Nights" (Musset)
    See "Les nuits"
*A Night's Adventure* (Robertson) ........ **35**:354
"The Nights in the Mountains" (Isaacs)
    See "Las noches en la montaña"
"A Night's Lodging" (Hugo) ........ **3**:262
"Nights of Jealousy" (Runeberg)
    See "Svartsjukans nätter"
"The Nights of Ramazan" (Nerval)
    See "Les nuits de Ramazan"
"A Night's Work" (Gaskell)
    See "A Dark Night's Work"
*Nigorie* (Ichiyo) . **49**:331, 336-37, 345-48, 351, 353-54
*Nikita Gaidai* (Shevchenko)
    See *Nikita Hayday*
*Nikita Hayday* (Shevchenko) . **54**:367, 386, 391
"The Nile" (Hunt) ................................ **70**:263
*The Nile Basin* (Burton) .................... **42**:41
"Nima" (Isaacs) ................... **70**:304, 308
"Nimuë" (Tennyson) .......... **30**:249; **65**:378
*Nina* (Bremer) ............... **11**:20, 34-35
*La Nina de Guatemala* (Martí) .......... **63**:104

"Nina Replies" (Rimbaud)
    See "Les reparties de Nina"
*986* (Dickinson) ..................... **77:**129, 173
*978* (Dickinson) ..................... **77:**121
*960* (Dickinson) ..................... **77:**118
*930* (Dickinson) ..................... **77:**122-24
*922* (Dickinson) ..................... **77:**68
*1962* (Dickinson) ..................... **77:**162
"Nineteenth Century Scholastics" (Pisarev)
    See "Sxolastiki xix veka"
"19th March 1823" (Zhukovsky) ........ **35:**381
"A XIX század koltöi" (Petofi) ......... **21:**264
"Nineteenth-Century Poets" (Petofi)
    See "A XIX század koltöi"
*98* (Dickinson) ..................... **77:**120, 163
*Ninety-Three* (Hugo)
    See *Quatre-vingt treize*
"Ninguna diga queén es, que sus obras lo
    dirán" (Lizardi) ................. **30:**67
*El niño de la bola* (Alarcon) ............ **1:**12-15
"Niobé" (Leconte de Lisle) .... **29:**222, 224-25,
    238, 245-46
"Nirvâna" (Lanier) ................. **6:**236, 238, 270
"Nissen hos Spekhøkeren" (Andersen)
    See "The Goblin and the Hukster"
"Nixe Binsefuss" (Morike) ............ **10:**455
"No Coward Soul Is Mine" (Brontë)
    ......................... **16:**70, 74, 86, 88; **35:**147
"No doubt 'twere Heresy, or something worse"
    (Coleridge) ..................... **90:**33
*No hay mal que por bien no venga* (Tamayo y
    Baus) ..................... **1:**569
"No Man Saw Awe, Nor to His House"
    (Dickinson) ..................... **21:**83
*No más mostrador* (Larra) ..... **17:**267, 273-74,
    279
"No Name" (Gordon) ... **21:**161, 164, 166, 176
*No Name* (Collins) ... **1:**174-75, 180, 182, 185,
    187; **18:**63-6; **93:**5, 7, 11-12, 19-23, 34,
    36-8, 44, 46, 50-3, 61-3, 65-6
"No Poet Is Bill" (Kendall) ............. **12:**194
"A nő teremtése" (Madach) ............ **19:**369
"No, Thank You, John!" (Rossetti) ..... **66:**331
*No Thoroughfare* (Collins) ............ **1:**185
*No Trifling with Love* (Musset)
    See *On ne badine pas avec l'amour*
*No Way Out* (Leskov)
    See *Nekuda*
"No Worst, There Is None" (Hopkins) . **17:**261
"Noah's Ark" (Muller) ..................... **73:**353
*Le Noble* (Charriere) ...... **66:**121-2, 172-6, 178
*The Noble Heart* (Lewes) ....... **25:**284, 298-99
*A Noble Life* (Craik) ................. **38:**107, 116
*The Noble Peasant* (Holcroft) .......... **85:**192
"Noble Sisters" (Rossetti) . **2:**575; **66:**302, 312,
    352
*The Nobleman* (Charriere)
    See *Le Noble*
"The Nobleman's Wedding" (Allingham)
    ......................... **25:**7-8, 17
*Noblemen's Home* (Turgenev)
    See *Dvoryanskoe gnezdo*
"The Nobler Lover" (Lowell) ............ **2:**512
*Nobody* (Warner) ..................... **31:**338
"Noč pered roždestvom" (Gogol) .. **5:**217, 231
*Noc tysiączna druga* (Norwid) ........... **17:**367
*Les Noces d'Hérodiade* (Mallarme)
    See *Hérodiade*
*Les Noces d'Hérodiade* (Mallarme) ....... **41:**278-
    81
"Noch einmal" (Meyer) ..................... **81:**206
"La Nochebuena de 1836" (Larra) ...... **17:**276-
    78, 285
"Las noches en la montaña" (Isaacs) .. **70:**309
*Noches tristes y día alegre* (Lizardi)
    ......................... **30:**67, 70-73
"Nochnoi smotr" (Zhukovsky) ........... **35:**398
*Noctes Ambrosianae* (Wilson) . **5:**553-57, 559-
    60, 562-63, 565-69
*Noctes Ambrosiannae* (Lockhart) .......... **6:**305
"Nocturnal Boat" (Meyer)
    See "Im Spätboot"

"Nocturnal Sketch" (Hood) ................. **16:**236
"Nocturne II" (Desbordes-Valmore) ....... **97:**5
"Nocturne Parisien" (Verlaine) ............ **2:**624
"Nocturne vulgaire" (Rimbaud)
    ................ **4:**487; **35:**323; **82:**232-33, 248
"Noget" (Andersen)
    See "Something"
"A Noiseless Patient Spider" (Whitman)
    ......................... **31:**379, 442; **81:**309
"Nola" (Isaacs) ..................... **70:**310
*Noli me tangere* (Rizal) . **27:**407-09, 411, 415-
    16, 419-29, 431-32
"Nominalist and Realist" (Emerson)
    ......................... **38:**173, 208
"Nomography" (Bentham) ..................... **38:**92
"Non son chi fui" (Foscolo) ............ **8:**278
*Nonsense Songs, Stories, Botany, and
    Alphabets* (Lear) ............ **3:**295, 297, 304
"Noon" (Tyutchev)
    See "Polden"
"Nora of the Amber Hair" (Ferguson) . **33:**301
*Nordens mytologi* (Grundtvig) ............. **1:**403
"Die Nordsee" (Heine) . **4:**248-49, 254-55, 266
*Die Nordsee* (Heine) ........ **4:**258-59, 266, 269;
    **54:**318
*Norman Maurice: The Man of the People*
    (Simms) ......................... **3:**502, 505, 514
"Un normand" (Maupassant) ........... **83:**171-72
"Norna; or, The Witch's Curse" (Alcott) . **83:**4
"The Norseman's Ride" (Taylor) ........ **89:**306
"Norsemen" (Whittier) ..................... **8:**486
"The North American Indian" (Richardson)
    ......................... **55:**313
*North American Men* (Martí) ............... **63:**74
*North American Scenes* (Martí)
    See *Escenas norteamericanas*
*North and South* (Gaskell) .... **5:**183, 187, 189-
    92, 196-97, 201, 204-05; **70:**119-20, 123,
    129, 133, 152, 154, 187, 189, 193, 196, 198-
    99, 205-06, 219-20; **97:**110, 127, 134
"The North and the South" (Browning) . **61:**24
*North Sea* (Heine)
    See *Die Nordsee*
"The North Wind" (Brontë) ................. **4:**44
*Northanger Abbey* (Austen) . **1:**30-1, 33-4, 36-
    41, 44, 49-51, 53, 58-61, 64; **13:**68, 73, 76,
    104; **19:**8, 14, 17, 38, 44, 62; **33:**68, 75-6,
    79-80, 96; **51:**1-73; **81:**3-5, 12, 18, 70, 77-
    78; **95:**12, 30, 49,
*Northern Antiquities* (Percy) . **95:**313, 321, 364
"The Northern Farmer" (Tennyson)
    ......................... **30:**222, 226, 233
"The Northern Farmer—New Style"
    (Tennyson) ..................... **30:**280
"The Northern Farmer—Old Style" (Tennyson)
    ......................... **30:**280
*Northern Tour* (Cobbett) ..................... **49:**159
*Northern Travel* (Taylor) ..................... **89:**346
*Northern Worthies* (Coleridge)
    See *Lives of the Northern Worthies*
*The Northern Worthies* (Coleridge)
    See *Lives of the Northern Worthies*
*Northumberland Houshold Book* (Percy)
    See *Household Book of the Earl of
    Northumberland in 1512*
*Northwood: A Tale of New England* (Hale)
    ......... **75:**280, 295, 301, 311-315, 317-319,
    321,326, 328-330, 336-7, 339, 341, 343-4,
    349, 357
"Nos Anglais" (Maupassant) ............. **83:**176
*Nos fils* (Michelet) ....... **31:**214, 218, 226, 248,
    260
"The Nose" (Gogol) . **5:**219, 226-29, 232, 234,
    254-56; **31:**103, 111, 117, 144
"Not as These" (Rossetti) ..................... **77:**353
*Not Paul but Jesus* (Bentham) . **38:**92, 98-9
"Not Sing at Night" (Barnes) ............... **75:**22
*Not So Bad As We Seem* (Bulwer-Lytton)
    ......................... **45:**22
"Not That From Life, and All Its Woes"
    (Bryant) ..................... **46:**21
"Not Yet" (Bryant) ..................... **46:**7

"Not Youth Pertains to Me" (Whitman)
    ......................... **81:**316
"Note on George Meredith" (Thomson)
    ......................... **18:**402
"A Note on Realism" (Stevenson) . **63:**229, 234
"Note on the Projected Gathering at Stephen
    the Great's Tomb at Putna" (Eminescu)
    ......................... **33:**272
*The Note-Book of William Blake* (Blake)
    ......................... **13:**240, 242-43
*Notebooks* (Coleridge) ................. **54:**107, 109
*Notebooks* (Whitman) ..................... **81:**358-60
*Notebooks on Transmutations of Species*
    (Darwin) ..................... **57:**141, 144-6, 153
"Notes" (Gogol) ..................... **5:**224
*Notes and Journal of Travel in Europe,
    1804-05* (Irving) ..................... **2:**385
*Notes de Voyage* (Merimee) ................. **65:**87
"Notes for the Biography of a Distinguée"
    (Kirkland) ..................... **85:**270-72
*Notes from the Underground* (Dostoevsky)
    See *Zapiski iz podpol'ya*
*Notes from Underground* (Dostoevsky)
    See *Zapiski iz podpol'ya*
*Notes littéraires* (Sade) ..................... **47:**333
*Notes of a Hunter* (Turgenev)
    See *Zapiski okhotnika*
*Notes of a Journey through France and Italy*
    (Hazlitt) ..................... **29:**153; **82:**154, 161
"Notes of a Madman" (Gogol)
    See "Diary of a Madman"
"Notes of a Three-Days' Tour to the
    Netherlands" (Carlyle) ........ **70:**89-90, 93
*The Notes of a Young Man* (Herzen)
    ......................... **10:**348; **61:**108
*Notes of an Old Man* (Fredro)
    See *Zapiski starucha*
*Notes of an Orenburg Province Rifle Hunter*
    (Aksakov)
    See *Zapiski ruzheynago okhotnika*
"Notes of Archeological Rambles" (Merimee)
    ......................... **6:**352
*Notes on a Journey* (Petofi)
    See *Úti jegyzetek*
*Notes on Ancient Britain and the Britons*
    (Barnes) ..................... **75:**40, 46, 107
"Notes on Eighteenth-Century Russian
    History" (Pushkin) ..................... **83:**309
*Notes on England* (Taine)
    See *Notes sur l'Angleterre*
*Notes on Fishing* (Aksakov)
    See *Zapiski ob uzhenyi ryby*
"Notes on Form in Art" (Eliot) . **4:**153; **13:**334-
    35, 342
*Notes on Paris* (Taine)
    See *Notes sur Paris: Vie et opinions de M.
    Frédéric-Thomas Graindorge*
"Notes on Reynolds" (Blake) ............. **13:**179
"Notes on Style" (Symonds) ............... **34:**336
"Notes on the Religious Tradition" (Clough)
    ......................... **27:**85
*Notes on the State of Virginia* (Jefferson)
    .......... **11:**148, 166, 172-73, 192, 199, 203,
    205-10
"Notes on Theism" (Symonds) ........... **34:**336
*Notes sur l'Angleterre* (Taine) . **15:**427-28, 431,
    437, 441, 452, 462-63
*Notes sur Paris: Vie et opinions de M.
    Frédéric-Thomas Graindorge* (Taine)
    ......................... **15:**424, 436-37, 440, 449-50, 452
*Notes upon Some of Shakespeare's Plays*
    (Kemble) ..................... **18:**192
*Notice* (Gautier) ..................... **1:**351
*Notions élémentaires de linguistique* (Nodier)
    ......................... **19:**401
*Notions of the Americans* (Cooper)
    ......................... **1:**218; **27:**153; **54:**254-6, 283
"Notizia intorno a Didimo Chierico" (Foscolo)
    ......................... **97:**90-1
*Notre coeur* (Maupassant) . **1:**447-48, 450, 452,
    459, 464, 468, 470; **42:**169, 201; **83:**180-81
*Notre Dame des Soirs* (Laforgue) ........ **53:**281

*Notre-Dame de Paris* (Hugo) .. **3**:236-40, 245, 251, 253-55, 257-59, 261, 263, 267, 274, 276; **10**:367, 369, 371, 373, 377; **21**:190-231
"Notus Ignoto" (Taylor) ............... **89**:317-18
*Nous ne sommes pas le troupeau* (Verlaine) ............................................. **51**:363
*Nous n'irons plus au bois* (Banville) ...... **9**:18
*Nous tour* (Banville) ...................... **9**:20, 30
"Le nouveau Diogène" (Beranger) ........ **34**:30
*Le nouveau monde* (Villiers de l'Isle Adam) ............................................. **3**:582
*Le Nouveau Monde industriel et sociétaire* (Fourier) ..................... **51**:156, 161
*Le nouveau Pourceaugnac* (Scribe) .... **16**:388
"Un nouveau-né" (Desbordes-Valmore) ............................. **97**:6, 9, 13, 22, 24
*Nouveaux contes cruels* (Villiers de l'Isle Adam) ..................... **3**:582, 586
*Les nouveaux jeux de l'amour et du hasard* (Scribe) ..................... **16**:388
*Nouveaux lundis* (Sainte-Beuve) ... **5**:328, 331, 339, 341
*Nouvelle confidences* (Lamartine) ....... **11**:265
*La nouvelle Justine* (Sade) .. **3**:480; **47**:309-12, 334, 336, 350, 365
*Nouvelles asiatiques* (Gobineau) . **17**:68-9, 92-3, 96, 103
*Nouvelles histoires extraordinaires* (Baudelaire) ............................. **29**:67, 92
*Nouvelles lettres d'un voyageur* (Sand) ............................................. **57**:366, 368
*Nouvelles méditations poétiques* (Lamartine) ..... **11**:245, 248, 254, 269-70, 273, 275-77, 283
"Nouvelles Variations sur le Point-du-Jour" (Verlaine) ............................. **51**:361
*Nov'* (Turgenev) .. **21**:402, 412, 414, 419, 421, 432, 435, 437-39, 441, 445; **37**:394, 404, 417, 443
*A Novel in Letters* (Pushkin)
   See *Roman v pismakh*
*Novel of the War of 1808* (Runeberg) . **41**:314
*Novelas cortas: Cuentos amatorios* (Alarcon) ............................. **1**:14-15
*Novelas cortas: Historietas nacionales* (Alarcon) ..................... **1**:14-15
*Novelas cortas: Narraciones inverosimiles* (Alarcon) ..................... **1**:14-15
*Novellas and Sketches* (Jacobsen)
   See *Noveller of Skitser*
*Novellen* (Tieck) ......................... **5**:514
*Noveller of Skitser* (Jacobsen) ............ **34**:171
*The Novels of Charles Brockden Brown* (Brown) ............................. **22**:8
"November" (Clare) ...... **9**:114; **86**:97, 103-04, 110, 168
"November" (Coleridge) ..................... **90**:26
"November" (Taylor) ..................... **89**:316
*November Boughs* (Whitman) ........ **4**:551, 576
"Novembersonne" (Meyer) ..... **81**:146-48, 155
*Novembre: Fragments de style quelconque* (Flaubert) ...... **2**:249, 255-6; **10**:139, 160, 170; **19**:282, 288-91, 299, 304, 309; **62**:83, 85-91, 95; **66**:269-72
*The Novice* (Lermontov) ..................... **5**:293
*The Novice of St. Dominick* (Morgan) . **29**:389-90
"El novillo y el toro viejo" (Lizardi) .... **30**:68
"Novissima verba" (Lamartine) .. **11**:270, 278-79
"Now" (Browning) ..................... **79**:161
"Now Finalè to the Shore" (Whitman) . **31**:389
"Now Precedent Songs, Farewell" (Whitman) ............................. **31**:434
"Now Sleeps the Crimson Petal" (Tennyson) ............................. **30**:279-80
"Now You Shall Speak" (Meyer)
   See "Jetzt rede du"
*Nowa dejanira* (Slowacki)
   See *Fantazy*
*The Nowlans* (Banim and Banim) . **13**:117, 119-

22, 124, 128-31, 133-35, 141-43
"Nox" (Leconte de Lisle) ............... **29**:243
*Le nozze di Figaro* (Da Ponte) .. **50**:76, 79-82, 85, 92-3, 96, 98
*Le nuage rose* (Sand) ..................... **42**:314
"Nuesta America" (Martí) ........... **63**:131, 153
"La nuit" (Banville) ..................... **9**:30
"Nuit d' Août" (Musset) ..... **7**:255, 261-62, 274
"Une nuit de Clèopâtre" (Gautier) . **1**:341, 344-45, 348, 350; **59**:10-11, 13-14, 30, 33, 42
"Nuit de Décembre" (Musset) ....... **7**:255, 262, 274, 280
"Une nuit de Don Juan" (Flaubert) ..... **10**:176
"Nuit de l'enfer" (Rimbaud) .. **4**:452, 474, 481-82; **35**:289, 292, 302-03, 310, 317; **82**:218, 222-23, 225, 229, 235-36, 238, 240-45, 249, 252, 255, 257, 262
"Nuit de Mai" (Musset) ... **7**:255, 261-62, 274, 280-81
"Une nuit de mon âme" (Desbordes-Valmore) ............................. **97**:13, 23-4
"Nuit de Noël" (Maupassant) ...... **83**:172, 194, 197, 223
*La nuit de Noël* (Sand) ..................... **42**:313
"Nuit d'hiver" (Sand) ..................... **57**:368
"Nuit d'Octobre" (Musset) ........... **7**:255, 261
"Une Nuit que j'étais" (Baudelaire) ...... **55**:6
*La nuit Vénitienne; ou, Les noces de laurette* (Musset) . **7**:259-60, 267, 275-76, 280-81
"Les nuits" (Musset) ... **7**:255-58, 262-63, 266, 272, 274-75
"Nuits de juin" (Hugo) ..................... **3**:273
"Les nuits de Ramazan" (Nerval) ...... **1**:475, **67**:311, 333
*Les nuits d'Octobre* (Nerval) ... **1**:482; **67**:313, 324, 332-33, 336, 357
*Numa Roumestan* (Daudet) ...... **1**:233-35, 237, 239, 241, 243, 246, 250-51
*Number 91* (Alger) ..................... **83**:112
"Number Fifteen, Stolt" (Runeberg)
   See "N:o femten, Stolt"
"Numbers" (Arnold) ..................... **6**:41, 46; 46
"Numbness" (Muller)
   See "Erstarrung"
*Nummisuutarit* (Kivi) . **30**:48, 50-1, 53, 55, 64
"Numpholeptos" (Browning) .......... **19**:88, 153
"The Nun" (Rogers) ..................... **69**:80
"Nuori Karhunampuja" (Kivi) ............ **30**:51
"Nuptial Sleep" (Rossetti) ........ **4**:494, 496-97; **77**:326, 338-41
"Nuremberg" (Longfellow) .......... **2**:473, 479; **45**:116
*Nursery and Household Tales* (Grimm and Grimm)
   See *Kinder-und Hausmärchen*
*Nursery Reminiscences* (Barham) ....... **77**:6, 9
"Nurse's Song" (Blake) ... **13**:220; **37**:3, 9, 24, 31, 41-2, 50, 57, 61, 66, 71-2, 92
"The Nurse's Story" (Barham) ............ **77**:33
"Nutcracker" (Hoffmann) .......... **2**:351-52
"Nutting" (Wordsworth) ............ **38**:370
*The Nymphs* (Hunt) ..................... **70**:291
*The Nymphs* (Hunt) ............ **1**:412, 415, 421
"O Blame Not the Bard" (Moore) ...... **6**:390
"O Blest Unfabled Incense Tree" (Darley) ............................. **2**:133
"O Breathe Not His Name" (Moore) ............................. **6**:391, 398-99
"O Captain! My Captain!" (Whitman) ............................. **4**:602; **31**:438; **81**:319, 321
"O chem ty voesh, vetr nochnoy?" (Tyutchev) ............................. **34**:398
"O Dearest Friend! Now Thou Art Joyful" (Zhukovsky) ............................. **35**:403
"O Jeannie There's Naethin tae Fear Ye" (Hogg) ............................. **4**:284
"O kühler Wald" (Brentano) ............... **1**:105
"O Land of Empire, Art and Love!" (Clough) ............................. **27**:103
"O leszkiewicz" (Mickiewicz) ............. **3**:401
"O Let the Solid Ground" (Tennyson) . **30**:242

"O Living Always, Always Dying" (Whitman) ............................. **81**:308-09
"O Lord, I Will Praise Thee" (Cowper) . **8**:131
"O May, Thou Art a Merry Time" (Darley) ............................. **2**:133
"O Me! O Life!" (Whitman) ............. **81**:315
"O my prophetic soul!" (Tyutchev)
   See "O veschaya dusha moya!"
"O My Thoughts My Thoughts" (Shevchenko)
   See "Dumy moji dumy moji"
"O Qui Me" (Clough) ............... **27**:103
"O saisons, ô châteaux!" (Rimbaud) ............................. **82**:231, 233, 247
"O stanowisku Polski z Bożych i ludzkich względów" (Krasinski) ..... **4**:313
"O Stern und Blume, Geist und Kleid" (Brentano) ............................. **1**:105
"O Strength and Stay, Upholding All Creation" (Cowper) ............................. **8**:116
*O. T.* (Andersen) ......... **7**:16; **79**:18
"O Tell Me, Friends" (Clough) ............. **27**:52
"O tend my flowers" (Dickinson) ....... **77**:148
"O Thou Whose Image" (Clough) ....... **27**:53
"O triste..." (Verlaine) ............. **51**:384
"O veschaya dusha moya!" (Tyutchev) ............................. **34**:397
"O, Wand'ring is the Miller's Joy" (Muller)
   See "Das Wandern ist des Müllers Lust"
"O Welt, du schöne Welt, du" (Eichendorff) ............................. **8**:233
"O Wind, Why Do You Never Rest" (Rossetti) ............................. **50**:306
"O World, O Life, O Time" (Shelley) . **93**:303-04
"O zemście" (Norwid)
   See "Z pamiętnika"
"The Oak and the Poplar" (Very) ......... **9**:372
"Oak in Autumn" (Sigourney) ........... **87**:332
*The Oak Openings; or, The Bee Hunter* (Cooper) ..... **1**:221; **27**:139, 141-42, 145; **54**:259, 263
"The Oak Tree and the Ivy" (Field) ..... **3**:208
"Oars at Rest" (Meyer)
   See "Eingelegte Ruder"
*Oasis* (Child) ..................... **73**:60, 77
*The Oath* (Macha) ..................... **46**:212
"The Oath of the Canadian Volunteers" (Moodie) ............................. **14**:222
*Der Oberhof* (Immermann) ... **4**:291, 293, 295, 297
*Der Oberhof: A Tale of Westphalian Life* (Immermann)
   See *Der Oberhof*
*Obermann* (Senancour) . **16**:423, 425, 427-28, 431-38, 441-50, 454-55
"Obermann Once More" (Arnold) .... **6**:51, 72; **29**:11; **89**:82, 132
"Die Obermedicinalräthin" (Hebbel) .. **43**:238
*Oberon* (Planche) ......... **42**:273, 292
*Oberon* (Wieland) ... **17**:392-93, 396-98, 400, 402-04, 410-11
*Oblomov* (Goncharov) . **1**:359, 361-66, 368-69, 371-80; **63**:3-5, 10, 17, 20-4, 26-30, 35-6, 41, 46
"Oblomov's Dream" (Goncharov) . **1**:369, 372, 377-78; **63**:45-6
"The Oblong Box" (Poe) ............. **55**:148
"Obman" (Leskov) ............. **25**:265-67
*Obojdennye* (Leskov) ............. **25**:232, 251-52
*Obras completas* (Martí) ........... **63**:122, 167
*Obras completas* (Williams) . **78**:23, 29, 58-59
*Obras completas de D. Esteban Echeverría* (Echeverría) ............................. **18**:154
*The O'Briens and the O'Flahertys* (Morgan) ............................. **29**:389-90, 393
*Obryv* (Goncharov) . **1**:362-66, 368-69, 371, 373-75, 378-79; **63**:3-4, 15-6, 26, 29-30, 32, 50
"Observation on the Tragedies of Mrs. Warner" (Murray) ............................. **63**:196
"Observation on the Tragedies of Mrs. Warren" (Murray) ............................. **63**:180

*Observations and Reflections Made in the Course of a Journey through France, Italy, and Germany* (Piozzi) . **57**:242, 251, 253-4, 257, 259, 266, 271, 298
"Observations on Female Abilities" (Murray) .................................... **63**:211-2
"Observations on Female Attitudes" (Murray) .................................... **63**:184
*Observations on the Feeling of the Beautiful and the Sublime* (Kant) .... **27**:200, 262
*Observations on the New Constitution and on the Federal Convention by a Columbian Patriot, Sic Transit Gloria Americana* (Warren) .... **13**:420, 422, 436
*Observations on the River Wye* (Gilpin) . **30**:41
*Observations, Relative Chiefly to Picturesque Beauty, Made in the Year 1772* (Gilpin) .................................... **30**:31-2, 42
"Obsession" (Baudelaire) ..... **55**:46, 55, 65, 68
"The Obstructions of Genius" (Horton) .................................... **87**:102
*Obyknovennaya istoriya* (Goncharov) . **1**:359, 361-62, 364-69, 367, 373-74, 377-79; **63**:3-5, 9, 17-8, 20-22, 24, 26-7, 29, 32, 34-5, 42-3, 45-53
"Očarovannyj strannik" (Leskov) ........ **25**:227-28, 233, 238-39
*L'occasion* (Merimee) ..... **6**:362-63; **65**:47, 49-50, 55, 58, 60, 63-4, 79, 82-3
"Occasional Discourse on the Nigger Question" (Carlyle) .................. **70**:72, 91
*Occasional Papers* (Keble) ..... **87**:188-91, 195
*Occasional Sermons* (Newman)
    See *Sermons Preached on Various Occasions*
*Occasional Services* (Keble) .............. **87**:116
*Occhi e Nasi* (Collodi) ................. **54**:137, 140
"L'occident" (Lamartine) ............. **11**:270, 279
*Les occidentales* (Banville) ........... **9**:19, 22
"Occult Memories" (Villiers de l'Isle Adam)
    See "Souvenirs occulte"
"The Occultation of Orion" (Longfellow) .................................... **45**:154-55
*Oceana* (Froude) ........................... **43**:186
"Oceano" (Foscolo) ......................... **8**:266
"Oceano nox" (Herzen) ..................... **10**:327
"O'Connor's Child" (Campbell) . **19**:169, 181, 193
*Octavia* (Kotzebue)
    See *Oktavia*
"Octavie" (Beranger) ....................... **34**:28
*Octavie: L'illusion* (Nerval) .. **1**:477-78, 485-86; **67**:357-58, 363-64
"October" (Bryant) ............. **6**:183; **46**:4
"October" (Clare) ............. **86**:93, 98, 101, 168
"October 10!" (Martí) ....................... **63**:130
"October Hills" (Ridge) .................. **82**:185
"October Night" (Musset)
    See "Nuit d'Octobre"
*October Nights* (Nerval)
    See *Les nuits d'Octobre*
"October Sunset" (Lampman) ............. **25**:204
*The Octogenary Reflections* (Barbauld) ...... **50**:5
*The Octoroon; or, Life in Louisiana* (Boucicault) ......... **41**:29, 31-3, 35-6, 49
"Oda a la exposición de la industria española del año 1827" (Larra) ....... **17**:266
"Oda în metru antic" (Eminescu) ........ **33**:250
*The Odd Number: Thirteen Tales* (Maupassant) .................................... **1**:447
"Odds and Ends" (Levy) ............. **59**:119-20
"An Odd-tempered Man" (Opie) ........ **65**:172
"Ode" (Emerson) ........................... **38**:189
"Ode" (Lamartine) ......................... **11**:264
"An Ode" (Lowell) ......................... **2**:507
"Ode" (Taylor) ........................... **89**:349
"Ode" (Tennyson) ......................... **30**:215
"Ode: 1815" (Wordsworth) ............. **38**:427
"Ode à Bonaparte" (Lamartine) .. **11**:245, 268, 270
"Ode against Capital Punishment" (Lamartine)
    See "Ode contre la peine de mort"

*Ode all'amica risanata* (Foscolo) .... **97**:50, 72
"Ode auf die glückliche Wiederkunft unseres gnädigsten Fürsten" (Schiller) .................................... **39**:338, 387
"Ode Concerning Revolutions" (Lamartine)
    See "Ode sur les révolutions"
"Ode contre la peine de mort" (Lamartine) .................................... **11**:276, 283
"Ode for a Celebration" (Bryant) ......... **6**:172
"Ode for a Social Meeting/With slight alterations by a teet.taler" (Holmes) .................................... **81**:97-98
"Ode for Saint Cecilia's Eve" (Hood) . **16**:234
"Ode for the Charleston Centennial Celebration" (Hayne) .................. **94**:145
"Ode III" (Moore) ......................... **6**:392
"Ode in Ancient Metre" (Eminescu)
    See "Oda în metru antic"
"Ode (In Sapphic Metre)" (Eminescu) . **33**:262
"Ode Inscribed to W. H. Channing" (Emerson) .................................... **38**:184, 191
"Ode: Intimations of Immortality from Recollections of Early Childhood" (Wordsworth) ...... **12**:395, 416, 423, 425, 427, 429-31, 436, 440-49, 451-52, 460, 462, 467, 471, 473; **38**:359-60, 367, 396, 398
"Ode on a Distant Prospect of Clapham Academy" (Hood) ..................... **16**:234
"Ode on a Grecian Urn" (Keats) . **8**:351-52, 355, 365, 368, 382, 386-90; **73**:154, 158-60, 165, 198-199, 202-204, 209, 230, 246, 258, 262, 268, 270, 282, 309
"Ode on a Jar of Pickles" (Taylor) ..... **89**:338
"Ode on Dejection" (Coleridge) ........... **9**:147-49, 158, 181, 193
"Ode on Indolence" (Keats) . **73**:154, 158, 198, 211, 289, 328
"Ode on Lord Hay's Birth-day" (Beattie) .................................... **25**:106
"Ode on Melancholy" (Keats) ....... **8**:351, 361, 375, 378-79; **73**:159-60, 165, 198, 201, 206, 244, 259-60, 271, 308-09
"Ode on Occasion of the Meeting of the Southern Congress" (Timrod) ..... **25**:387
"Ode on the Death of the Duke of Wellington" (Tennyson) .................................... **30**:294
"Ode Recited at the Harvard Commemoration" (Lowell) .................................... **90**:190
"Ode Sung at the Opening of the International Exhibition" (Tennyson) ............... **30**:295
"Ode Sung on the Occasion of Decorating the Graves of the Confederate Dead at Magnolia Cemetery" (Timrod) ... **25**:368-69, 372, 376, 382, 386, 388-89
"Ode sur les révolutions" (Lamartine) .................................... **11**:271, 279, 283
"Ode to a Nightingale" (Keats) .. **8**:328, 332, 351, 355, 365, 368-69, 376-78, 380, 386-88, 390-91; **73**:143, 154, 159, 165-66, 174, 184, 198-201, 203, 209, 212-13, 244, 261-62, 294, 309, 312
"Ode to Apollo" (Cowper) ................. **94**:34
"Ode to Apollo" (Keats) .. **73**:151, 257, 328
"Ode to Autumn" (Hood) . **16**:225, 227-28, 231, 233
"Ode to Autumn" (Keats) . **8**:348-49, 368, 379-83; **73**:155, 158, 163, 165, 193, 198, 213-14, 218, 233-37, 248, 285, 308-09, 327, 329, 339-42
"Ode to Beauty" (Emerson) . **1**:296-97; **38**:192
"Ode to Corinth" (Landor) ... **14**:161, 187, 196
"Ode to David the Sculptor" (Sainte-Beuve) .................................... **5**:340
"Ode to Diana" (Mill) .................. **58**:319
"Ode to Duty" (Wordsworth) ...... **12**:395, 444, 451, 458, 459, 460; **38**:360, 368, 398
"The Ode to Fancy" (Freneau) ........... **1**:314
"Ode to Fortune" (Halleck) .................. **47**:76
"Ode to France" (Coleridge) ....... **9**:149; **54**:85
"Ode to Freedom" (Pushkin)
    See "Vol'nost': Oda"
"Ode to Freedom" (Pushkin) .... **3**:455; **83**:253

"Ode to Freedom" (Slowacki) ............. **15**:349
"Ode to Genius" (Hunt) ...................... **1**:406
"Ode to Heaven" (Shelley) ................. **18**:332
*Ode to His Lady on Her Recovery* (Foscolo)
    See *Ode all'amica risanata*
"Ode to Hope" (Beattie) ................. **25**:106
*Ode to Joy* (Schiller)
    See *Lied an die Freude*
"Ode to Liberty" (Horton) ................. **87**:101
"Ode to Liberty" (Pushkin)
    See "Vol'nost': Oda"
"Ode to Liberty" (Shelley) . **18**:319, 327, 361-62; **93**:171, 359
"Ode to Maia" (Keats) ....................... **8**:348
"Ode to Melancholy" (Hood) ...... **16**:206, 219, 224, 236
"Ode to Memory" (Tennyson) ..... **30**:204, 211, 223, 233; **65**:358
"Ode to Naples" (Shelley) ..... **18**:338; **93**:359, 367
"Ode to Napoleon Buonaparte" (Byron) . **2**:62
"Ode to Peace" (Beattie) ................. **25**:112
"Ode to Psyche" (Keats) . **8**:363, 368-71, 376, 379, 389, 391; **73**:154, 158-59, 165, 198-200, 211, 215, 231, 233, 243, 270
"Ode to Rae Wilson, Esquire" (Hood) ........ **16**:205, 216, 219, 226, 229, 233, 235
*Ode to Sappho* (Grillparzer)
    See *Sappho*
"Ode to Sir Andrew Agnew, Bart." (Hood) .................................... **16**:235
"Ode to Sleep" (Trumbull) ..... **30**:348-49, 352
"Ode to Sorrow" (Keats) ..... **8**:348; **73**:198
"Ode to Spring" (Timrod) ................. **25**:362
*Ode to Superstition* (Rogers) . **69**:66-7, 73
"Ode to the Confederate Dead" (Timrod)
    See "Ode Sung on the Occasion of Decorating the Graves of the Confederate Dead at Magnolia Cemetery"
"Ode to the Great Unknown" (Hood) . **16**:200
"An Ode to the Hills" (Lampman) .................................... **25**:186, 189, 193, 204, 219
"Ode to the Moon" (Hood) .......... **16**:219, 221
"Ode to the Nightingale" (Keats)
    See "Ode to a Nightingale"
"Ode to the Surveyor-General" (Halleck) .................................... **47**:76
"The Ode to the West Wind" (Morris) . **4**:431
"Ode to the West Wind" (Shelley) .................................... **18**:319, 345, 361, 372; **93**:305
"Ode to Twilight" (Opie) ................. **65**:156
"Ode to Winter" (Campbell) .............. **19**:188
"Ode to Youth" (Mickiewicz) ... **3**:392-93, 398
*Les odelettes* (Banville) ............. **9**:19, 26
*Odelettes* (Nerval) ..... **1**:486; **67**:303, 306
"Oden an Laura" (Schiller) .............. **39**:339
"Odes" (Patmore) ......................... **9**:345
*Odes* (Foscolo) ......................... **97**:62
*Odes and Addresses to Great People* (Hood) .................................... **16**:200, 202, 219, 223, 233
*Odes et ballades* (Hugo) .. **3**:234, 236; **21**:202, 214
*Odes et poésies diverses* (Hugo) ........ **3**:236
*Odes et poesies sacrées* (Hugo) ..... **3**:233, 236
*Odes funambulesques* (Banville) .. **9**:16-17, 19, 23-25, 27, 30
*Odes of Anacreon* (Moore) ...... **6**:376-77, 382, 392, 399
*Odes of Klopstock from 1747 to 1780* (Klopstock) .................................... **11**:228
*Odes to His Royal Highness the Prince Regent, and His Imperial Majesty the Emperor of Russia* (Southey) ..... **97**:262
*Odluki i poeta* (Fredro) .................. **8**:284
*O'Donnel* (Morgan) ............. **29**:387, 389, 393
*The O'Donoghue: A Tale of Ireland Fifty Years Ago* (Lever) . **23**:292, 294, 300, 305, 307
*The O'Dowd* (Boucicault)
    See *Daddy O'Dowd*
"L'Odyssée d'une fille" (Maupassant) .................................... **83**:194, 197, 200
*Odyssey* (Zhukovsky) ......... **35**:379-81, 391-93

Title Index

*The Odyssey of Homer* (Morris) . **4**:420-21, 441
*Oedipus Tyrannus; Or Swellfoot the Tyrant* (Shelley) .... **93**:271, 359-61, 363-65, 367
*L'oeillet blanc* (Daudet) ................ **1**:231, 249
"Oenone" (Tennyson) .. **30**:212, 223, 245, 258, 280; **65**:227, 267
"O'er the Tree Tops" (Eminescu) ....... **33**:265
"Ó-és újkor" (Madach) ...................... **19**:369
*Oeuvre* (Rimbaud) ............................ **4**:476
*L'oeuvre de Watteau* (Goncourt and Goncourt) .................................................. **7**:165
*Oeuvres* (Sand) ............................... **2**:586
*Oeuvres autobiographiques* (Sand) ..... **42**:332
*Oeuvres complémentaires* (Nerval) ...... **67**:315
*Oeuvres complètes* (Charriere) . **66**:134-5, 137, 141-2, 146, 161, 172
*Oeuvres complètes* (Chateaubriand) ...... **3**:114
*Oeuvres complètes* (Maupassant) ........ **83**:163
*Oeuvres complètes* (Sade) ................ **47**:349
*Oeuvres complètes* (Staël) ....... **91**:332-36
*Oeuvres complètes* (Verlaine) ........... **51**:365
*Oeuvres Completes d'Alexis de Tocqueville* (Tocqueville) ............................... **63**:280
*Oeuvres complètes de George Sand* (Sand) .................................. **42**:323, 357; **57**:337
*OEuvres complètes de Jules Laforgue* (Laforgue) .................................... **53**:277
*Oeuvres de jeunesse* (Balzac) ............... **5**:58
*Oeuvres de jeunesse inédites* (Flaubert) . **2**:255
*Oeuvres philosophiques* (Balzac)
   See *Études philosophiques*
*Oeuvres poétiques: La volupté et pièces diverses* (Bertrand) ................... **31**:54-5
*Oeuvres posthumes* (Verlaine) .......... **51**:365
*Oeuvres posthurnes* (Maupassant) ....... **83**:178-79, 181
"Of All the Souls That Stand Create" (Dickinson) ................................. **21**:74
"Of Bronze—and Blaze" (Dickinson) .. **21**:64-5
*Of Dandyism and of George Brummel* (Barbey d'Aurevilly)
   See *Du dandysme et de Georges Brummel*
*Of Laws in Gerneral* (Bentham) ........... **38**:94
"Of Many a Smutch'd Deed Reminiscent" (Whitman) ................................... **31**:435
"Of Old Sat Freedom on the Heights" (Tennyson) ................................. **30**:294
"Of Pacchiarotto, and How He Worked in Distemper" (Browning) .... **19**:86-8, 98
"Of Paradise' Existence" (Dickinson) .. **21**:65
*Of Population* (Godwin) ................... **14**:50
"Of That Blithe Throat of Mine..." (Whitman) .................................. **31**:434
*Of The Difference Between a Genius and an Apostle* (Kierkegaard) ............ **78**:197
"Of the disease of the woe in dreams" (Polidori)
   See *"De Morbo Oneirodynia"*
"Of the Terrible Doublt of Appearances" (Whitman) ....................... **81**:314, 363
*Of Tombs* (Foscolo)
   See *I sepolcri*
"Of Tradition" (Sainte-Beuve) ............. **5**:350
"Of Tribulation These Are They" (Dickinson) ................. **21**:31, 38, 55
"Of what do you wail, wind of the night?" (Tyutchev)
   See *"O chem ty voesh, vetr nochnoy?"*
"Of Yore" (Hugo) ............................ **3**:253
"Off in the Stilly Night" (Moore) ......... **6**:389
"Off Rough Point" (Lazarus) ............... **8**:426
*Off the Skelligs* (Ingelow) ........ **39**:259-60, 264
*Offices* (Mallarme) ................... **41**:254, 259
"Official Piety" (Whittier) .. **8**:525-26; **59**:361
*Official Report of the Niger Valley Exploring Party* (Delany) . **93**:158-61, 167, 170, 173
"Ogier the Dane" (Morris) ..... **4**:417, 442, 447
*The Ogilvies* (Craik) ......... **38**:109, 120, 122
*Ogilvies* (Oliphant) ..................... **11**:428
"Ogorodnik" (Nekrasov) ................... **11**:412
"Ogyges" (Kendall) ......... **12**:190-92, 201

"Oh, Clear Up Cold Dark . . ." (Eminescu) ........................................... **33**:263
"Oh, Do Not Look at Me" (Arany)
   See "Oh! ne rézz rám"
"Oh Fairest of the Rural Maids" (Bryant) ................. **6**:171-72, 179, 182, 186
"Oh! For a Closer Walk with God" (Cowper) ........................................... **8**:127
"Oh! Had We Some Bright Little Isle of Our Own" (Moore) ............................ **6**:396
"Oh Mother of a Mighty Race" (Bryant) . **46**:7
"Oh! ne rézz rám" (Arany) .................. **34**:19
"Oh! Susanna" (Foster) .. **26**:282, 285, 291-92, 294, 298
"Oh, to be in England" (Browning) ..... **79**:98
"Oh, to the Dead Be Faithful" (Storm) . **1**:537
"O'Hussey's Ode to the Maguire" (Mangan) ........ **27**:283, 289, 292, 296-98, 311, 313-14
"Oinea" (O'Brien) ........................ **21**:244
"L'oiseau bleu" (Daudet) .................. **1**:249
*Ojciec zadżumionych* (Slowacki) ........ **15**:348-50, 354, 358, 364
"Los ojos pardos" (Isaacs) ............... **70**:307
"Okatootáia" (Petofi) .................... **21**:280
*Oktavia* (Kotzebue) ................. **25**:134, 141
*Olalla* (Stevenson) .... **5**:429, 431; **14**:334, 339
"Olaszország" (Petofi) ................... **21**:286
"Old Adam, the Carrion Crow" (Beddoes) ........................................... **3**:32
"Old Age" (Emerson) ...................... **1**:280
*Old age of Toldi* (Arany)
   See *Toldi estéje*
"The Old Agency" (Woolson) ...... **82**:272, 284
*Old and Modern Poems* (Vigny)
   See *Poèmes antiques et modernes*
"Old and New Art" (Rossetti) . **4**:529; **77**:348
"Old and New Year Ditty" (Rossetti) . **50**:272
"The Old and the New Schoolmaster" (Lamb) ............... **10**:408, 410, 436
"The Old Apple Dealer" (Hawthorne) .. **2**:296
"The Old Bachelor" (Crabbe) ............. **26**:110
"An Old Bachelor" (Mitford) ............. **4**:408
"The Old Bardic Poetry" (Barnes) . **75**:46, 53-4
"The Old Benchers of the Inner Temple" (Lamb) ............... **10**:407, 416, 435-36
"Old Black Joe" (Foster) .. **26**:285-86, 289, 291, 295, 298-99
"Old Burns's Bull-Ride" (Harris) . **23**:159, 163
*The Old Castellan* (Sacher-Masoch) ... **31**:295
"Old China" (Lamb) ...... **10**:407-08, 410, 428, 435-37
*Old Christmas* (Irving) ................. **19**:351
*The Old Clothesman* (Holcroft) .......... **85**:198
*The Old Continental; or, The Price of Liberty* (Paulding) .. **2**:527-28, 530
"Old Coppees" (Verlaine) ................. **51**:372
*Old Court* (Ainsworth) ................... **13**:42
"The Old Cumberland Beggar" (Wordsworth) ........................................... **12**:470
*The Old Curiosity Shop* (Dickens) . **3**:141, 142, 152, 156, 166, 167, 173, 181, 182, 183, 184; **8**:174, 182; **18**:100, 112, 121; **26**:167; **86**:256
*Old Days in Plodomasovo* (Leskov)
   See *Starye gody v sele Plodomasove*
"Old Dog Tray" (Foster) ............. **26**:283, 291
*The Old English Baron* (Reeve) ......... **19**:407-13, 415-16, 418-21
*Old English Theatre* (Tieck) ................ **5**:511
"Old Familiar Faces" (Lamb) ....... **10**:404, 407
"Old Folks at Home" (Foster) . **26**:281-87, 289-91, 294, 297-99
"The Old Folks' Party" (Bellamy) . **4**:31; **86**:75
"Old Gardiston" (Woolson) .... **82**:273, 294-95, 297, 300-03, 322, 339
*The Old Gardner's Letters* (Runeberg)
   See *Den gamle trädgårdsmästarens brev*
*Old Goriot* (Balzac)
   See *Le père Goriot: Histoire Parisienne*
"Old Hannah; or, The Charm" (Moodie) ........................................... **14**:231

*Old Heads and Young Hearts* (Boucicault) ........................................... **41**:28
"The Old House" (Andersen) ............... **79**:89
"The Old House" (Levy) ..... **59**:80, 93, 119
*The Old House at Coate* (Jefferies) ...... **47**:129
"Old Ironsides" (Holmes) ...... **14**:98, 109, 125, 128
*The Old Judge; or, Life in a Colony* (Haliburton) .. **15**:125-26, 129, 132, 145, 147-48, 151
*Old Lady Mary* (Oliphant) ................ **11**:446
"The Old Landowner" (Turgenev) . **21**:376-77
"Old Leaven" (Gordon) ..................... **21**:160
"An Old Lesson from the Fields" (Lampman) ........................................... **25**:194
"Old Love" (Morris) .................. **4**:431, 444
"Old Maids" (Sedgwick) .................... **19**:440
"The Old Man Dreams" (Holmes) ........ **81**:96
*The Old Man of the Mountain, The Love-Charm, and Pietro of Abano* (Tieck) ........................................... **5**:512
"The Old Man Travelling" (Wordsworth) ........................................... **12**:387
*The Old Manor House* (Smith) ... **23**:318, 320, 322-31, 333, 336
"The Old Man's Comforts" (Southey) . **97**:291
"The Old Man's Counsel" (Bryant) ........................................... **6**:187; **46**:25, 49
"The Old Man's Funeral" (Bryant) . **6**:159, 162; **46**:3
*An Old Man's Love* (Trollope) ...... **6**:467, 500, 518
"The Old Manse" (Hawthorne) ........................................... **39**:181; **79**:311; **95**:106, 137
"The Old Margate Hoy" (Lamb) . **10**:411, 435-36
*The Old Masters of Belguim and Holland* (Fromentin)
   See *Les maîtres d'autrefois: Belgique, Hollande*
"Old Mat and His Man" (Krylov) ........ **1**:439
"Old Memories" (Foster) .................... **26**:295
"Old Mortality" (Stevenson) ............... **5**:416
*Old Mortality* (Scott) ..... **15**:260-61, 272, 283, 285, 289, 292, 300, 303-04, 309, 313-15, 321-22; **69**:304-05, 308, 366, 371
*Old Mr. Tredgold* (Oliphant) ... **11**:449; **61**:215
"Old News" (Hawthorne) ................... **2**:329
"The Old Nurse's Story" (Gaskell) ... **5**:206; **70**:186, 189, 193, 196-97; **97**:127
"Old Oak of Summer Chace" (Tennyson) ........................................... **30**:215
"Old Oak Tree's Last Dream" (Andersen)
   See "The Last Dream of the Old Oak"
"The Old Oak Tree's Last Thoughts" (Andersen) ........................................... **7**:35
"Old Pictures in Florence" (Browning) ........................................... **19**:131-32, 154; **79**:161
"The Old Poet" (Levy) ..................... **59**:89
"Old Portraits" (Turgenev)
   See "Starye portrety"
*Old Portraits and Modern Sketches* (Whittier) ........................................... **59**:365
*The Old Regime and the Revolution* (Tocqueville)
   See *L'ancien régime et la révolution*
*The Old Régime in Canada* (Parkman) ..... **12**:333-34, 336, 341-44, 348, 351, 370-71, 374
*Old Saint Paul's: A Tale of the Plague and the Fire* (Ainsworth) . **13**:28, 31-4, 36-7, 39-40, 43, 45, 47
"Old Sári" (Petofi)
   See "Sári néni"
*Old Sir Douglas* (Norton) ....... **47**:248, 257-58
"Old Skissim's Middle Boy" (Harris) . **23**:156-57, 159
"An Old Song Ended" (Rossetti) ........ **77**:337
"Old Spense" (Crawford) . **12**:151-52, 172
"Old Spookses' Pass" (Crawford) ....... **12**:151-54, 156-58, 160-63, 171-72

*Old Spookses' Pass, Malcolm's Katie, and Other Poems* (Crawford) . **12**:151-53, 158
"Old St. David's at Radnor" (Longfellow) ........................... **45**:130
"The Old Stoic" (Brontë) ................. **16**:70
*The Old Stone House* (Woolson) .. **82**:272, 325
*Old Tales of a Young Country* (Clarke) ..................................... **19**:256-59
"Old Times" (Dana) ...................... **53**:178
*Old Times in Poshekhouie* (Saltykov)
    See *Poshekhonskaya starina*
"Old Uncle Ned" (Foster) . **26**:281-82, 285-86, 289, 291
"Old War-Dreams" (Whitman) ........... **31**:392
"The Old Washerwoman" (Chamisso) .... **82**:6
"The Old Woman" (Turgenev) ........... **21**:452
"The Old Woman Clothed in Grey" (Barham) ....................................... **77**:36
"The Old Woman of Berkeley" (Southey) ............................... **8**:472, 474
"Old Woman's Gossip" (Kemble)
    See *Record of a Girlhood*
*The Old World and Russia* (Herzen) ... **10**:329
*The Old World and the New* (Trollope) ..................................... **30**:315
"An Old World Thicket" (Rossetti) ................................ **50**:293; **66**:342
*Old Years in Plodomasovo* (Leskov)
    See *Starye gody v sele Plodomasove*
*An Old-Fashioned Girl* (Alcott) .. **6**:14-16, 20-21; **58**:48, 69; **83**:30, 47
"Old-Fashioned Landowners" (Gogol)
    See "Starosvetskie Pomeščiki"
"Old-Testament Gospel" (Cowper) ....... **94**:74
*Oldtown Fireside Stories* (Stowe) ........ **3**:563
*Oldtown Folks* (Stowe) . **3**:553-56, 561-63, 568
"Old-World Landowners" (Gogol)
    See "Starosvetskie Pomeščiki"
"Ole luck-oin" (Andersen) .............. **7**:16
"Ole Luköie" (Andersen) ............... **79**:15, 17
"Ole Shut-Eye" (Andersen)
    See "Ole luck-oin"
*Olive* (Craik) ............ **38**:110, 119, 120, 130
"Olive Buds" (Sigourney) ................ **87**:321
*Oliver Twist* (Dickens) . **3**:138-41, 153-54, 168-69, 175-77, 182, 184; **8**:182, 199; **18**:122-23, 132, 139; **26**:156, 159, 167, 172; **37**:133-214; **86**:255-56
*Olney Hymns* (Cowper) .... **8**:140; **94**:68-9, 72, 102, 116
*Olviretki Schleusingenissä* (Kivi) ..... **30**:50, 65
*Olympic Devils* (Planche) .. **42**:286, 298, 300
*Olympic Revels; or, Prometheus and Pandora* (Planche) . **42**:272, 285-86, 295, 297, 299
"Om Bacchanterna" (Stagnelius) ... **61**:266
*Om brottsliges behandling* (Almqvist) .. **42**:17
"Om poesi i sak" (Almqvist) ........... **42**:18-19
*O'Malley* (Lever)
    See *Charles O'Malley, the Irish Dragoon*
"Ombra adorata" (Hoffmann) .......... **2**:346-47
"L'ombre des arbres" (Verlaine) ........ **51**:384
*The Omen* (Galt) .......................... **1**:330, 334
*Omniana* (Southey) .. **8**:468, 472; **97**:271, 288, 330
"Omnipotence in Bonds" (Newman) ................................... **38**:305, 310
*Omoo: A Narrative of Adventures in the South Seas* (Melville) ... **3**:326-28, 330, 333-34, 337, 339-41, 347, 355-56, 360, 363-64, 370; **12**:255, 257; **29**:331, 354; **45**:194-95, 206, 210, 212, 244, 248-49, 251, 253; **91**:10, 42, 45, 55, 212
"Omphale ou la Tapisserie amoureuse, histoire rococo" (Gautier) .. **1**:355; **59**:10, 29, 32, 37-8, 42
"On a Cattle Track" (Kendall) ..... **12**:181, 191
"On a Certain Condescension in Foreigners" (Lowell) ..................................... **2**:517
"On a Dream" (Keats) ........... **73**:191-94
"On a Dutch Landscape" (Lenau) ....... **16**:276
"On a Goldfinch Starved to Death in His Cage" (Cowper) ...................... **94**:123

"On a Landscape of Nicholas Poussin" (Hazlitt) ............................ **82**:157
"On a Lock of My Mother's Hair" (Lazarus) ................................. **8**:417
"On a Lost Greyhound" (Clare) .......... **9**:105
"On a Panegyric of Theocracy and Mortmain" (Fourier) ............... **51**:184
"On a Picture of the Corpse of Napoleon lying in State" (Coleridge) ................. **90**:27
"On a Piece of Chalk" (Huxley) ..... **67**:16, 48, 58, 80, 83, 90
"On a Piece of Music" (Hopkins) ....... **17**:194
"On a Prayer-Book: With Its Frontispiece, Ary Scheffer's 'Christus Consolator,' Americanized by the Omission of the Black Man" (Whittier) .......... **8**:525, 531; **59**:361
"On a Rock" (O'Brien) ............. **21**:249
"On a Street" (Kendall) .............. **12**:198
"On a Sunday" (Meyer)
    See "Sonntags"
"On a Sun-Dial" (Hazlitt) ............... **82**:95-6
"On a Tear" (Rogers) ............... **69**:73
"On a Tuft of Grass" (Lazarus) ......... **8**:413
*On Actors and the Art of Acting* (Lewes) ...... **25**:284-85, 290, 308, 315-17, 319, 325
*On an Ancient Hymn to the Graces* (Foscolo) ................................... **97**:53
"On an Infant Dying as Soon as Born" (Lamb) ..................................... **10**:405
"On an Infant's Grave" (Clare) ........... **9**:74
"On Another's Sorrow" (Blake) . **13**:220; **37**:3, 5, 23, 41, 72, 92
"On Application to Study" (Hazlitt) ... **29**:147
"On Art in Fiction" (Bulwer-Lytton) . **45**:23, 69
*On Authority and Revelation: The Book on Adler* (Kierkegaard) ....... **34**:238; **78**:152, 154, 197
"On Awakening the Mind" (Godwin) ... **14**:75
"On Becoming Sober" (Kierkegaard) . **34**:225
"On Being a Good Hater" (Hazlitt) ... **82**:90
"On Blending Spirit with Matter" (Murray) ................................... **63**:207
*On Board "The Emma"* (Dumas)
    See *Les Garibaldiens*
"On Burial Societies and the Character of the Undertaker" (Lamb) ............... **10**:436
"On Calais Sands" (Wordsworth) ....... **38**:413
"On Catullus" (Landor) ............... **14**:199
"On Certain Political Measures Proposed to Their Consideration" (Barlow) ... **23**:28
"On Chapman's Homer" (Keats) ........ **73**:342
"On Classical Learning" (Brown) ... **74**:192
"On Consistency of Opinion" (Hazlitt) ................................... **82**:108, 110
"On Courting" (Shaw) ............. **15**:335
"On Criticism" (Hazlitt) ............ **29**:148, 167
"On Death" (Clare) ............... **86**:160
"On Death" (Horton) ............... **87**:110
"On Depth and Superficiality" (Hazlitt) ................................ **82**:108, 123-24
"On Descartes' 'Discourse on Method'" (Huxley) .......................... **67**:86
"On Descartes' 'Discourse Touching the Method of Using One's Reason Rightly and of Seeking Scientific Trush'" (Huxley) .......................... **67**:65
"On Diotima" (Schlegel)
    See "Über die Diotima"
"On Dreams" (Hazlitt) ............... **82**:142
"On Dreams and Dreaming" (Smith) .. **59**:315
"On Duelling" (Mackenzie) ............ **41**:190
"On Effeminacy of Character" (Hazlitt) ................................... **29**:148
"On Elgin Marbles" (Keats) ............. **73**:152
"On English Prose Fiction as a Rational Amusement" (Trollope) .. **6**:508; **33**:364
"On Envy" (Hazlitt) ........... **29**:147, 156
"On Fame" (Keats) ............. **73**:194-95, 197
"On Familiar Style" (Hazlitt) ...... **29**:148, 167; **82**:97-101, 115, 125

"On First Looking into Chapman's Homer" (Keats) ..... **8**:343, 349, 354, 361; **73**:152, 173, 258, 278, 279, 323, 339-40
"On Genius" (Mill) ................. **58**:326
"On Genius and Common Sense" (Hazlitt) ................... **29**:147, 162, 179
"On Gentleness" (Blair) ............ **75**:154
*On Germany* (Staël) ................ **91**:326-27
"On Going a Journey" (Hazlitt) .. **29**:153, 166; **82**:95
"On Going a Walk" (Hazlitt) ............. **82**:90
"On Golden Ground" (Meyer)
    See "Auf Goldgrund"
"On Golden Ground" (Meyer)
    See "Auf Goldgrund"
"On Good-Nature" 1 (Hazlitt) ............ **82**:115
"On Great and Little Things" (Hazlitt) ................................... **82**:76, 89, 97
"On Greatness" (Irving) ................ **2**:391
"On Growing Old" (Arnold) ................ **6**:52
"On Gusto" (Hazlitt) ................ **82**:117
"On hearing of the intention of a gentleman to purchase the Poet's freedom" (Horton) ................................... **87**:101, 109
*On Heroes, Hero-Worship, and the Heroic in History* (Carlyle) .. **70**:20, 23, 26, 43, 46-55, 71
"On History" (Carlyle) ............. **70**:39, 73
"On Idleness" (Musset) ............... **7**:256
"On Improving Natural Knowledge" (Huxley) ................................... **67**:20
"On Incomprehensibility" (Schlegel)
    See "Über die Ünverständlichkeit"
"On Kaunisnummi" (Kivi)
    See "Kaunisnummella"
"On Lake Temiscamingue" (Lampman) ................................ **25**:186, 210
"On Latmos" (Clough) .................. **27**:107
"On Leaving California" (Taylor) ....... **89**:357
*On Liberty* (Mill) . **11**:343, 352, 360, 363, 368, 374-75, 377, 383-84, 389; **58**:327, 330-1, 342, 349-51, 359, 375-80
"On Liberty and Necessity" (Hazlitt) ................................... **82**:108, 112
"On Liberty and Slavery" (Horton) ................................ **87**:99, 101-102, 105, 109
"On Life" (Shelley) ......... **93**:294-95, 311, 326
*On Literature* (Staël)
    See *De la littérature considérée dans ses rapports avec les institutions sociales*
*On Literature Considered in Its Relationship with Social Institutions* (Staël)
    See *De la littérature considérée dans ses rapports avec les institutions sociales*
"On Living to One's-self" (Hazlitt) ... **29**:142
"On Love" (Shelley) ...... **18**:354; **93**:286, 289, 295
*On Love* (Stendhal)
    See *De l'amour*
"On Lucille's Recovery" (Pushkin) ... **83**:272
"On Madan's Answer to Newton's Comments on Thelyohthora" (Cowper) .. **94**:110
"On Milton's Lycidas" (Hazlitt) .... **82**:117-18
"On Milton's Sonnets" (Hazlitt) ... **29**:148
"On Modern Revolutions" (Carlyle) ..... **70**:47
"On Monastic Institutions" (Barbauld) ... **50**:3
"On Mrs. Kemble's Readings from Shakespeare" (Longfellow) .... **45**:125
"On Murder Considered as a Fine Art" (De Quincey)
    See "Lectures on Murder Considered as One of the Fine Arts"
"On Murder Considered as One of the Fine Arts" (De Quincey)
    See "Lectures on Murder Considered as One of the Fine Arts"
"On Music" (Brown) ............ **74**:174
"On Music" (Moore) ............... **6**:399
"On My Bad Poems" (Petofi)
    See "Rosz verseimröl"
"On My Volcano Grows the Grass" (Dickinson) .................... **21**:80

*On My Work as an Author* (Kierkegaard) ............................................................ **34**:205

"On Naive and Sentimental Poetry" (Schiller)
See "Über naïve und sentimtalische Dichtung"

*On ne badine pas avec l'amour* (Musset) ............ **7**:258-60, 267-72, 276-78, 282-83

"On Novelty and Familiarity" (Hazlitt) .................................. **82**:97, 99, 101, 110

"On Observing Some Names of Little Note in the Biographia Britannica" (Cowper) ........................................................ **94**:121

"On, on the Same Ye Jocund Twain" (Whitman) ...................................... **4**:586

"On Originality and Imitation" (Bryant) ........................... **46**:11, 32, 34, 53

"On Our European Literature" (Mazzini) ...................................................... **34**:277

"On Our Knowledge of the Causes of the Phenomena of Organic Nature" (Huxley) ........................................................ **67**:60

*On Our Own Ground: The Complete Writings of William Apess, A Pequot* (Apess) ........................................................ **73**:14-16

"On Oysters and the Oyster Question" (Huxley) ............................................ **67**:87

"On Painting" (Brown) ...................... **74**:174

"On Paradox and Commonplace" (Hazlitt) ............................ **29**:147; **82**:99

"On Parliamentary Reform" (Southey) . **97**:263

"On Pathos" (Schiller) ................ **39**:349, 367

"On Peace" (Keats) ............ **73**:145, 332

"On Pedantry" (Hazlitt)
See "Pedantry"

"On Personal Character" (Hazlitt) ...... **29**:184

"On Personal Identity" (Hazlitt) ..... **82**:81, 101

*On Picket Duty, and Other Tales* (Alcott) ........................................................ **58**:49

"On Picturesque Beauty" (Gilpin) ........ **30**:36

"On Poetry and Its Relation of Our Age and Country" (Bryant) ...................... **46**:33

"On Poetry and Music" (Horton)
See "On Poetry and Musick"

"On Poetry and Musick" (Horton) ... **87**:91, 99

"On Poetry in General" (Hazlitt) ........ **29**:160-61, 165, 174, 176, 179; **82**:93

"On Ponkawtasset, Since We Took Our Way" (Thoreau) ...................................... **7**:383

"On Ponkawtasset, since, with such delay" (Thoreau)
See "On Ponkawtasset, Since We Took Our Way"

"On Pressing Some Flowers" (Timrod) ........................................................ **25**:372

"On Rationalism" (Coleridge) .............. **31**:63

"On Reading New Books" (Hazlitt) ... **29**:148

"On Reading Old Books" (Hazlitt) ..... **29**:147

"On Reason and Imagination" (Hazlitt) ........................................................ **29**:185

"On receiving a curious Shell" (Keats) . **73**:311

"On Receiving a Laurel Crown from Leigh Hunt" (Keats) ...................... **73**:332

*On Religion* (Schopenhauer) ........ **51**:271, 340

"On Satirical Productions" (Trumbull) . **30**:365

"On Science and Art in Relation to Education" (Huxley) .................................. **67**:33, 72

"On Seeing a Lock of Milton's Hair" (Keats) ........................................................ **73**:257

"On Seeing a Skull on Cowper Green" (Clare) ...................... **9**:76, 80, 108, 119

"On Sensation and the Unity of Structure of Sensiferous Organs" (Huxley) ...... **67**:95

"On Sensibility" (Blair) ...................... **75**:155

"On Shakespeare and Milton" (Hazlitt) ................................ **29**:146, 161

"On Sitting Down to Read King Lear Once Again" (Keats) ......... **8**:344; **73**:259, 323

"On Social Freedom" (Mill) ...... **58**:378

"On Some Fossil Remains of Man" (Huxley) ........................................................ **67**:83

"On Some of the Old Actors" (Lamb) . **10**:423

"On Spring" (Horton) ...................... **87**:110

"On Standards of Taste" (Brown) . **74**:192, 194

"On Summer" (Horton) ...................... **87**:110

"On Superstition" (Freneau) ................. **1**:320

"On Taste" (Hazlitt) ...................... **29**:148

"On Teaching the Children of the Poor to Read" (Cobbett) ...................... **49**:97

"On the Advisableness of Improving Natural Knowledge" (Huxley) . **67**:16, 26, 48, 56, 83-4, 87

"On the Aesthetic Education of Man" (Schiller)
See "Briefe über die ästhetische Erziehung des Menschen"

"On the Alliterative Metre of Pierce Plowman's Visions" (Percy) . **95**:313, 324

"On the Altar-Piece by Tiepolo" (Symonds) ...................... **34**:352

"On the Anatomy and the Affinities of the Family of the Medusae" (Huxley) . **67**:79

"On the Ancient Metrical Romances" (Huxley) ...................... **95**:323-24

"On the Application of Evolutionary Principles to Art and Literature" (Symonds) ........................................................ **34**:326

"On the Approaching Revolution in Great Britain" (De Quincey) ...................... **87**:40

"On the Artificial Comedy of the Last Century" (Lamb) . **10**:392, 409, 411, 413, 419, 422-24, 427, 432

*On the Athenian Orators* (Macaulay) ................................ **42**:118, 120

"On the Banks of the Torrent" (Isaacs)
See "A orillas del torrente"

*On the Basis of Aesthetics* (Schlegel) . **45**:332

"On the Beach at Midnight" (Whitman) . **4**:592

"On the Beach at Night" (Whitman) ........................................................ **31**:391, 431

"On the boundless plain careering" (Fuller) ........................................................ **50**:246-7

*On the Brink* (Feuillet) ...................... **45**:88

"On the British Constitution" (Paine) . **62**:325

"On the Canal Grande" (Meyer)
See "Auf dem Canal Grande"

"On the Capture of Fugitive Slaves Near Washington" (Lowell) . **90**:215, 219

"On the Character of Rousseau" (Hazlitt) ........................................................ **82**:164

"On the Clerical Character" (Hazlitt) . **29**:152

*On the Concept of Irony, with Special Reference to Socrates* (Kierkegaard) ...................... **34**:222-23, 236, 268; **78**:250

"On the Conduct of Life" (Hazlitt) ........................ **29**:150, 156; **82**:75, 122

*On the Connection between the Animal and the Spiritual Nature of Man* (Schiller)
See *Über den Zusammenhang der tierischen Natur des Menschen mit seiner geistigen*

"On the Connexion between Mythology and Philosophy" (Hopkins and Hugo) ........................................................ **17**:229

"On the Conversation of Authors" (Hazlitt) ........................................................ **29**:147

"On the Conversation of Poets" (Hazlitt) ........................................................ **29**:165

*On the Cracow-Vienna Line* (Fredro) ... **8**:286

"On the Cranial Nerves" (Büchner) . **26**:50, 68

"On the Custom of Hissing at the Theatres" (Lamb) ...................... **10**:409-11

"On the Death of Adaline" (Chivers) ... **49**:68

"On the Death of an Infant" (Horton) . **87**:110

"On the Death of Captain Biddle" (Freneau) ........................................................ **1**:317

"On the Death of Dr. Adam Clarke" (Sigourney) ...................... **21**:309

"On the Death of Elizabeth Linley" (Sheridan) ...................... **91**:232

"On the Death of Lieut William Howard Allen" (Halleck) ...................... **47**:57

"On the Death of Mrs. Throckmorton's Bulfinch" (Cowper) ............ **94**:33-8, 120, 123-24

"On the Death of My Parents" (Petofi)
See "Szüleim halálára"

"On the Death of Rebecca" (Horton) ...................... **87**:94, 101, 110

"On the Death of Sir W. Russell" (Cowper) ........................................................ **94**:24

"On the Definition of Political Economy" (Mill) ...................... **58**:338

*On the Development of Revolutionary Ideas in Russia* (Herzen) ...... **10**:324; **61**:109

"On the Development of the Teeth" (Huxley) ...................... **67**:52-3, 81-3

"On the Devil, and Devils" (Shelley) ...................... **18**:367, 375

"On the Disadvantages of Intellectual Superiority" (Hazlitt) ................. **29**:150

"On the Dove's Leaving the Ark" (Sigourney) ...................... **21**:289

"On the Dread and Dislike of Science" (Lewes) ...................... **25**:314

"On the Duties of Children" (Channing) . **17**:4

"On the Educational Value of the Natural History Sciences" (Huxley) . **67**:52-3, 81-3

*On the Ego* (Schelling) ................. **30**:152-53

"On the Equality of the Sexes" (Murray) ............ **63**:184, 188, 193, 206, 208-9, 212

*On the Eve* (Turgenev)
See *Nakanune*

"On the Eve of the First Anniversary of August 4, 1864" (Tyutchev)
See "Nakanune godovščiny avgusta 1864 g."

"On the Evening and Morning" (Horton) ........................................................ **87**:92

"On the Extinction of the Venetian Republic" (Wordsworth) ...................... **12**:395, 431

"On the Fear of Death" (Hazlitt) . **29**:152, 170-71; **82**:96, 106

"On the Feeling of Immortality in Youth" (Hazlitt) ...................... **29**:152; **82**:96

"On the Field of Waterloo" (Rossetti) ........................................................ **77**:296, 363, 365

"On the Formation of Coal" (Huxley) .. **67**:27

"On the Foundation of Our Belief in a Divine Government of the Universe" (Fichte) ........................................................ **62**:62

*On the Fourfold Root of the Law of Sufficient Reason* (Schopenhauer)
See *Über die vierfache Wurzel des Satzes vom zureichenden Grunde*

*On the Fourfold Root of the Thesis of Adequate Ground* (Schopenhauer)
See *Über die vierfache Wurzel des Satzes vom zureichenden Grunde*

"On the Future Extinction of Blue Eyes" (Lewes) ...................... **25**:310

"On the Genius and Character of Hogarth" (Lamb) ............ **10**:387, 408, 411, 420

*On the Gods of Samothrace* (Schelling) ........................................................ **30**:143

"On the Gradual Formation of Thought during Speech" (Kleist)
See "Über die allmähliche Verfertigung der Gedanken beim Reden"

"On the Grasshopper and the Cricket" (Keats) ...................... **73**:218, 324

*On the Ground of our Belief in a Divine World-Order* (Fichte)
See *Ueber den Grund unseres Glaubens an eine göttliche Weltregierung*

"On the Headland" (Taylor) ............... **89**:309

*On the Historical* (Manzoni)
See *Del romanzo storico*

"On the Hypothesis that Animals Are Automata and Its History" (Huxley) ........................................................ **67**:86-7, 95, 100

"On the Ignorance of the Learned" (Hazlitt) ........................................................ **29**:150

"On the Inconveniency of Being Hanged" (Lamb) ........................................................ **10**:387

"On the Indestructibility of Our True Being through Death" (Schopenhauer) . **51**:333
"On the Inevitable Crisis" (Holmes) ... **14**:111
"On the Judging of Pictures" (Hazlitt) . **29**:144
"On the Knocking at the Gate in 'Macbeth'" (De Quincey) ................. **4**:78, 85; **87**:74
"On the Knocking on the Door in Macbeth" (De Quincey)
    See "On the Knocking at the Gate in 'Macbeth'"
"On the Knowledge of Character" (Hazlitt) .................................. **29**:186; **82**:76
"On the Last Day of the Year" (Ichiyo)
    See "Otsugomori"
"On the Literary Character" (Hazlitt) . **29**:148
"On the Literary Criticism and Views of the 'Moscow Observer'" (Belinski) ..... **5**:96
"On the Living Poets" (Hazlitt) ... **29**:161, 166
"On the Loss of the Royal George" (Cowper)
    See "Lines on the Loss of the Royal George"
"On the Love of Life" (Hazlitt) ......... **82**:115
"On the Memorable Victory" (Freneau) **1**:317
"On the Method of Zadig" (Huxley) . **67**:48, 63
"On the Methods and Results of Ethnology" (Huxley) ..................................... **67**:97
"On the Metre of Pierce Plowman's Visions" (Percy)
    See "On the Alliterative Metre of Pierce Plowman's Visions"
"On the Modern Element in Literature" (Arnold) .... **29**:11, 53; **89**:32, 38, 40, 42, 44, 118, 121
*On the Modern Spirit in Literature* (Arnold) ........................................... **29**:23
"On the Morphology of the Cephalous Mollusca" (Huxley) ..................... **67**:53
"On the Mysticism Attributed to the Early Fathers of the Church" (Keble) . **87**:191
"On the Natural History of the Man-like Apes" (Huxley) ......................... **67**:83
"On the Natural Inequality of Men" (Huxley) ..................................... **67**:67
"On the Nature of Poetry" (Bryant) ... **6**:182; **46**:31, 33, 33
*On the Nature of the Scholar* (Fichte)
    See *Ueber das Wesen des Gelehrten*
*On the New Dramatic School in Italy* (Foscolo) ............................. **8**:270
"On the New Year, 1816" (Tyutchev) . **34**:387
"On the Oldest Myths" (Schelling) ........................................... **30**:150, 152
"On the Origin and Progress of Novel-Writing" (Barbauld) ........... **50**:17
*On the Origin of Species by Means of Natural Selection or the Preservation of Favoured Races in the Struggle for Life* (Darwin) .. **57**:113-25, 127, 131, 133-7, 139-40, 142, 145, 149-52, 154-5, 158-9, 161-2, 164-70, 173-5, 181-2, 189, 192
"On the Paroo" (Kendall) ................... **12**:192
"On the Past and Future" (Hazlitt) ................................. **29**:142; **82**:157
"On the Periodical Essayists" (Hazlitt) . **82**:93
"On the Physical Basis of Life" (Huxley) .............. **67**:37, 40-2, 58, 78, 80, 84-6, 95
"On the Place of Man in Nature" (Herzen) ........................................ **10**:347-8
"On the Pleasure of Hating" (Hazlitt) .............. **29**:147, 152, 182; **82**:98, 106, 129
"On the Pleasure of Painting" (Hazlitt) ........... **29**:182, 184; **82**:154-55, 161, 165
"On the Poet and His Contemporary Significance" (Zhukovsky) ........ **35**:397
"On the Poetic Muse" (Horton) ..... **87**:94, 111
"On the Poetry of Essence" (Almqvist)
    See "Om poesi i sak"
*On the Possibility of a Form for Philosophy in General* (Schelling) .............. **30**:151-52
*On the Power of the Spirit to Control Its Morbid Feelings by Mere Resolution* (Kant) ........................................ **27**:227

"On the Present State of Literature" (Mill) ..................................... **11**:384; **58**:332
"On the Prose Style of Poets" (Hazlitt) ..................... **29**:147, 167; **82**:123-24
"On the Punishment of Death" (Wilson) ................................................ **5**:568
"On the Puppet Theater" (Kleist)
    See "Über das Marionettentheater"
"On the Qualifications Necessary to Success in Life" (Hazlitt) ........................ **29**:147
"On the Realities of the Imagination" (Hunt) ................................................ **1**:421
"On the Receipt of My Mother's Picture out of Norfolk" (Cowper)
    See "Lines on the Receipt of My Mother's Picture"
"On the Receipt of My Mothers's Picture from Norfolk" (Cowper)
    See "Lines on the Receipt of My Mother's Picture"
*On the Relative Social Position of Mothers and Governesses* (Jameson) .............. **43**:323
"On the Religion of Nature" (Freneau) . **1**:321
"On the Removal of an Ancient Mansion" (Sigourney) ................................. **87**:320
*On the Report of a Monument to Be Erected in Westminster Abbey, to the Memory of a Late Author* (Beattie)
    See *Verses on the Death of the Revd Mr Charles Churchill*
"On the Rise and Progress of Popular Disaffection" (Southey) ............. **97**:263
"On the Road" (Nekrasov)
    See "V doroge"
"On the Sanity of True Genius" (Lamb) ................................................ **10**:410
"On the Sea" (Keats) ........................ **73**:259
"On the Sleep of Plants" (Freneau) ...... **1**:320
"On the Slops" (Arany)
    See "A Lejtőn"
"On the Spirit of Monarchy" (Hazlitt) . **82**:103
"On the Spirit of Obligations" (Hazlitt) . **82**:74
"On the Stage" (Kemble) ................... **18**:192
*On the State of the Poor* (Southey) .... **97**:250
"On the Study of Biology" (Huxley) .. **67**:83, 87
*On the Study of Celtic Literature* (Arnold) ........................ **6**:42, 46-47, 69; **29**:11, 58
"On the Study of Greek Poetry" (Schlegel)
    See "Über das Studium der griechischen Poesie"
"On the Style and Imitation of Models" (Lewes) ..................................... **25**:325
"On the Sublime" (Schiller)
    See "Über das Erhabene"
"On the Summits of Chisacá" (Isaacs)
    See "En las cumbres de Chisacá"
"On the Supernatural in Poetry" (Radcliffe) ........................................... **55**:223-4
"On the System of Policy Hitherto Pursued by Their Government" (Barlow) ....... **23**:28
*On the Thirteenth Night* (Ichiyo)
    See *Jusan'ya*
"On the Threshold" (Levy) .... **59**:96, 105, 119
"On the Tragedies of Shakespeare Considered with Reference to Their Fitness for Stage Representation" (Lamb) ...... **10**:387, 409, 411-13, 420, 427, 432
"On the Translation of the Odyssey" (Zhukovsky) ............................... **35**:391
*On the Treatment of the Criminal* (Almqvist)
    See *Om brottsliges behandling*
"On The True Religion" (Brownson) .... **50**:39
"On the Truth of the Savior" (Horton) . **87**:110
"On the Uniformity and Perfection of Nature" (Freneau) ................................. **1**:324
"On the Unity of Epism and Dramatism: A Conception of the Poetic Fugue" (Almqvist) ................................. **42**:10
"On the Vanity of Youthful Expectations" (Trumbull) ............................... **30**:348
*On the Various Races of Mankind* (Kant) ................................................ **27**:215

"On the Volga" (Nekrasov) .......... **11**:400, 420
"On the Want of Money" (Hazlitt) ..... **29**:183
"On the Wing" (Rossetti) ..................... **2**:561
*On the World Soul* (Schelling) ........... **30**:171
"On the Writing of Essays" (Smith) ................................................ **59**:314, 322
"On the Wye in May" (Levy) ............. **59**:89
"On the Zoological Relations of Man with the Lower Animals" (Huxley) ......... **67**:81-2
"On Translating Homer" (Arnold) ........ **89**:82
*On Translating Homer* (Arnold) .. **6**:46-47, 59; **29**:9, 41, 54
"On Vagabonds" (Smith) .. **59**:303, 309, 315-6
"On Visiting a Favourite Place" (Clare) ................................................ **9**:120, 124
"On Visiting the Graves of Hawthorne and Thoreau" (Very) ........................ **9**:397
"On Vulgarity and Affectation" (Hazlitt) ........................................... **82**:99-100
"On Winter" (Horton) ....................... **87**:110
"On Women Who Cultivate Letters" (Staël) ................................................ **91**:311
"On Wordsworth" (Pater) ................. **90**:323
"Once Again" (Meyer)
    See "Noch einmal"
"Once I Passed through a Populous City" (Whitman) ............................... **31**:378
"Once More This Time" (Arany)
    See "Még ez egyszer"
*Once Upon a Time There Were Two Kings* (Planche) ............... **42**:288-89, 295, 298
"L'onde et l'ombre" (Hugo) ............... **10**:357
"Den onde Fryste" (Andersen) ........... **79**:77
"Ondine à l'école" (Desbordes-Valmore) ................................................ **97**:29
"L'Ondine et le pêcheur" (Gautier) ... **59**:34
*1* (Dickinson) ................................... **77**:120
"One Among So Many" (Adams) ......... **33**:4
"The One Called Dead" (Muller) ... **73**:352
"One Crucifixion is recorded0only" (Dickinson) ............................... **77**:83
"One Day" (Rossetti) ..................... **66**:307
"One Dignity Delays for All" (Dickinson) ........................... **21**:62; **77**:163
"One Foot in Sea and One on Shore" (Rossetti) ............................... **66**:341
"The One Hope" (Rossetti) ........... **4**:491, 518
*188* (Dickinson) ............................ **77**:113
*140* (Dickinson) ............................ **77**:84
*144* (Dickinson) ........................ **77**:162-63
*196* (Dickinson) ............................ **77**:93
*106* (Dickinson) ........................... **77**:147
*164* (Dickinson) ............................ **77**:83
*130* (Dickinson) ......................... **77**:122-24
*The 120 Days of Sodom; or, The Romance of the School for Libertinage* (Sade)
    See *Les 120 journées de Sodome; ou, L'école du libertinage*
*124* (Dickinson) ........................... **77**:173
*102* (Dickinson) ........................... **77**:173
"One Identity" (Whitman) ................ **4**:564
"One Life" (Shelley) ................... **93**:327-28
"The One Mystery" (Mangan) . **27**:280-81, 298
"One Need Not Be a Chamber to Be Haunted" (Dickinson) ............................... **77**:97
"One of Cleopatra's Nights" (Gautier)
    See "Une nuit de Cléopâtre"
*One of the "Forty"* (Daudet)
    See *L'immortel*
"One of the New Voters" (Jefferies) ................... **47**:112, 137, 139, 143
*One of Them* (Lever) ........ **23**:289, 292-93
"One Thought Keeps Tormenting Me" (Petofi)
    See "Egy gondolat bánt engemet"
*1084* (Dickinson) ........................... **77**:50
*1082* (Dickinson) ........................... **77**:94
*1058* (Dickinson) ........................... **77**:94
*1053* (Dickinson) ........................... **77**:183
*1046* (Dickinson) ..................... **77**:130, 163
*1099* (Dickinson) ........................... **77**:84
*1078* (Dickinson) ........................... **77**:129
*1071* (Dickinson) ........................... **77**:89

*1076* (Dickinson) .................................. **77**:80
*1032* (Dickinson) .................................. **77**:49
*1026* (Dickinson) .................................. **77**:163
*The One Too Many* (Linton) .......... **41**:164
*One Tract More* (Milnes) .......... **61**:129, 137-8
"One Versus Two" (Woolson) ............. **82**:272
"One Way of Love" (Browning)
.................................................... **19**:127; **79**:153
"One Word More" (Browning) .... **19**:110, 127, 131; **79**:163
*One Word More* (Browning) ................ **66**:52
"One Year Ago—Jots What?" (Dickinson)
........................................ **21**:64; **77**:63, 147
*The Ones Passed-By* (Leskov)
See *Obojdennye*
"One's-Self I Sing" (Whitman)
See "Song of Myself"
*Onestá* (Feuillet) .................................. **45**:87
"Only a Curl" (Browning) ...................... **61**:9
*Only a Fiddler* (Andersen)
See *Kun en spillemand*
*Only a Girl* (Jefferies) .............. **47**:92-93, 121
*Only an Irish Boy* (Alger) .. **8**:40; **83**:143
"Only Friendship" (Isaacs)
See "¿Solo amistad?"
"The Only One" (Hölderlin)
See "Der Einzige"
"Onnelliset" (Kivi) ................................. **30**:51
"Onuphrius ou les Vexations fantastiques d'un admirateur d'Hoffmann" (Gautier)
............................... **1**:356; **59**:9, 26-7
"Onward to the Holy War" (Petofi)
See "Föl a szentháborúra"
*The Open Air* (Jefferies) . **47**:95, 102, 107, 122, 130, 133, 137
*The Open Door* (Oliphant) ................. **11**:454
"The Open Question" (Hood) ............. **16**:235
"Open Secret Societies" (Thomson) .. **18**:401
"Open Thy Lattice Love" (Foster) .. **26**:285
"Open Vields" (Barnes) ....................... **75**:101
"Opening Discourse" (Sainte-Beuve) .... **5**:349
"The Opening of the Piano" (Holmes) . **81**:99
*Oper und Drama* (Wagner) ...... **9**:405-06, 414, 426, 452-56, 467, 475
*Opera and Drama* (Wagner)
See *Oper und Drama*
*The Opera of "The Prophet"* (Scribe)
See *Le prophète*
*Der Opfertod* (Kotzebue) ......... **25**:144, 154-55
"Ophélie" (Rimbaud) . **4**:458, 484, 486; **82**:247
"Opinions of Mansfield Park" (Austen) . **95**:18
*Opium Confessions* (De Quincey)
See *Confessions of an English Opium-Eater*
*Opium-Eater* (De Quincey)
See *Confessions of an English Opium-Eater*
"The Opossum Hunters" (Kendall) ..... **12**:191
"The Opposite Neighbour" (Opie) . **65**:168, 172
"The Opposite Page" (Eminescu) .. **33**:254
"Opposition" (Lanier) ........................... **6**:254
*Opus Maximum* (Coleridge) ............... **54**:109
*Opus Postumum* (Kant) ........ **27**:239, 245, 248
"La oración" (Isaacs) .................. **70**:303-04
"Les oracles" (Vigny) ........................... **7**:480
"Oraison du soir" (Rimbaud) ........ **4**:454, 484; **35**:282
*Oralloossa, Son of the Incas* (Bird) ... **1**:87, 90
"The Orange and Green" (Griffin) ... **7**:195-96
"Orara" (Kendall) .. **12**:182, 186-87, 190-92, 195, 198-99, 201
*An Oration Delivered before the Phi Beta Kappa Society at Cambridge, August 31, 1837* (Emerson)
See *American Scholar*
*An Oration, Pronounced before the Knox and Warren Branches of the Washington Benevolent Society, at Amherst . . .* (Webster) ................................. **30**:414-16
*Orations and Addresses* (Bryant) .. **46**:5
"Orazione a Bonaparte pel congresso di Lione" (Foscolo) .................................. **8**:261

"The Orchard Harvest" (Mitford) ......... **4**:401
"The Orchard Pit" (Rossetti) . **4**:504, 510, 516; **77**:355-56
"The Orchestra of Today" (Lanier) ....... **6**:276
"Ordeal of the Bier" (Arany)
See "Tetemrehívás"
*The Order of Nature* (Bryant) .......... **46**:16, 25
*The Order of St. Vladimir* (Gogol) ....... **15**:84-5; **78**:258
*The Oregon Trail* (Parkman) **12**:328, 336, 338, 341, 346, 351-52, 354, 358, 377
"L'Oreiller d'une petite fille" (Desbordes-Valmore) ................ **97**:29, 38
"The Organic Development of Man in Connection with His Mental and Spiritual Activities" (Dobrolyubov) ............ **5**:140
"The Organist" (Lampman) . **25**:160, 192, 199, 216
"The Organization of the International" (Bakunin) .................................. **58**:136
"L'orgie Parisienne; ou, Paris se Repeuple" (Rimbaud) . **4**:458, 466; **35**:271; **82**:238
"Oriana" (Sigourney) ...................... **21**:290
"Oriana" (Tennyson) ..................... **30**:223, 245
*Les orientales* (Hugo) . **3**:234, 236, 261-62, 265, 270; **10**:362; **21**:194, 202
*Origin and Objects of Ancient Freemasonry* (Delany) **93**:159, 163
"Origin and the Duties of Literature" (Foscolo)
See "Dell'origine e dell'ufficio della letteratura: Orazione"
*Origin of Masonry* (Paine) ................. **62**:314
"Origin of Poe's 'Raven'" (Chivers) .... **49**:38
"The Origin of Species" (Huxley) ........ **67**:83
*The Origin of Species* (Darwin)
See *On the Origin of Species by Means of Natural Selection or the Preservation of Favoured Races in the Struggle for Life*
"The Origin of the English Stage" (Percy) ................................ **95**:313, 323-24, 327
*Origin of the Family* (Engels)
See *Der Ursprung der Familie, des Privateigenthums und des Staats*
*The Origin of the Feast of Purim; or, The Destinies of Haman and Mordecai* (Tyler) ............................... **3**:572-73
*The Origin of the Hindoos* (Schlegel)
See *De l'origine des Hindous*
"The Origin of the Sail" (Opie) .......... **65**:160
*Original Panoramic Views* (Brown) .................................. **89**:184, 188
*Original Poetry by Victor and Cazire* (Shelley) ................................. **18**:307, 342
*Les origines de la France contemporaine* (Taine) ... **15**:424-25, 429, 432, 437, 440-42, 445-46, 453-56, 466, 471, 473-77
*Origines du droit française cherchées dans les symboles et formules du droit universel* (Michelet) ................................. **31**:228-29
*The Origins of Christianity* (Renan)
See *Histoire des origines du christianisme*
*The Origins of Contemporary France* (Taine)
See *Les origines de la France contemporaine*
*Origins of the Family, Private Property and the State* (Engels)
See *Der Ursprung der Familie, des Privateigenthums und des Staats*
"A orillas del torrente" (Isaacs) .......... **70**:310
"Orina, the Soldier's Mother" (Nekrasov) ................................. **11**:404-05, 421
"Oriska" (Sigourney) ........................ **21**:299
*Orley Farm* (Trollope) ..... **6**:455-56, 463, 470, 492-94, 499, 514-15; **33**:363
*Ormond* (Edgeworth) .. **1**:258, 262-64, 266-68, 270-71; **51**:77, 79-80, 88, 90-1, 104-05
*Ormond Grosvenor* (Hale) .................. **75**:320
*Ormond; or, The Secret Witness* (Brown) . **22**:3-4, 7-8, 12, 14, 17-18, 20-1, 25, 27, 30, 45, 47-52, 54-5; **74**:4, 9-10, 15, 17, 19, 21, 36, 47-8, 51, 54, 56, 61, 68, 73, 76, 80, 82-3, 92-4, 96-7, 101, 103-04, 109-12, 117-21,

124, 126, 129-30, 133-35, 137-39, 142-43, 153, 156, 159-61, 164
*Ormus och Ariman* (Almqvist) ........ **42**:15-16
"Ornières" (Rimbaud) ...................... **4**:473
*Ornithological Biography* (Audubon) . **47**:11, 13-14, 24, 32-3, 38, 40, 42, 44, 51
"Az örök zsidó" (Arany) ................ **34**:18-19
"The Orphan" (Opie) ......................... **65**:158
"The Orphan Boy's Tale" (Opie) . **65**:156, 175
*The Orphan of the Castle* (Smith)
See *Emmeline, the Orphan of the Castle*
"Orpheus" (Lazarus) . **8**:412-14, 418, 420, 425
*Orpheus in der Unterwelt* (Nestroy) ... **42**:232
*Orpheus in the Haymarket* (Planche)
.................................. **42**:275, 287, 294
*Orphic Sayings* (Alcott) . **1**:21-22, 24-26
"Orphisch" (Hölderlin) .................... **16**:176
*Orra* (Baillie) ........................... **71**:6-7, 12
*Orra: A Lapland Tale* (Barnes) .. **75**:14-15, 18, 22, 26, 69-70, 92
*Ortis* (Foscolo)
See *Ultime lettere di Jacopo Ortis*
"Az örült" (Petofi) ........................... **21**:264
*Oscar; ou, Le mari qui trompe sa femme* (Scribe) ............................... **16**:389, 412
"Oscar y Malvina" (Espronceda) .... **39**:106
*Osorio* (Coleridge)
See *Remorse*
*Osservazioni sulla morale cattolica* (Manzoni)
............ **29**:269, 289, 294-95, 299, 301-03
"Őszszel" (Arany) ...................... **34**:19, 24
*Ostatni* (Krasinski) ................... **4**:307, 311
"Der Ostermorgen" (Ludwig) ............... **4**:353
"Ostrov Borngol'm" (Karamzin) .......... **3**:285-89, 291
*Ostrovitjane* (Leskov) .................. **25**:232, 252
*Őszikék* (Arany) ............................ **34**:16
"Ot zhizni toy, chto bushevala zdes" (Tyutchev) .................. **34**:398, 409
"Otchayanny" (Turgenev) .................... **21**:441
*Other People's Money* (Gaboriau)
See *L'argent des autres*
*The Other Side of the Tweed* (Fontane)
See *Jenseit des Tweed*
*Otho the Great* (Keats) ........ **8**:341, 348, 360; **73**:154, 173, 208, 234, 306
"Otryvki iz poèmy 'Mat'" (Nekrasov) . **11**:419-20
"Otsugomori" (Ichiyo) ...... **49**:336-37, 343-44, 353
*Otto* (Klinger) .............................. **1**:428
*Otto of Wittelsbach* (Mitford) ............... **4**:404
"Otto von Fieandt" (Runeberg) .......... **41**:314
*Ottokar* (Grillparzer)
See *König Ottokars Glück und Ende*
*Ottsy i deti* (Turgenev) ...... **21**:388-89, 391-92, 394, 396, 400-01, 405, 409-10, 413, 418-20, 422-23, 425-26, 432, 434, 436-37, 439, 442-49, 452; **37**:353-452
"Our America" (Martí)
See "Nuesta America"
"Our Be'th Place" (Barnes) ................ **75**:59
"Our Casuarina Tree" (Dutt) .. **29**:121-22, 125, 127, 129
"Our Countrymen in Chains!" (Whittier)
.................................. **8**:489, 510
"Our Country's Call" (Bryant) ............... **46**:7
"Our Dead Singer" (Holmes) .......... **14**:129
"Our Father in Heaven" (Hale) .... **75**:279, 286
"Our Father's Works" (Barnes) ........... **75**:79
"Our Granite Hills" (Hale) ................. **75**:284
"Our Hatty" (Parton) ......................... **86**:348
*Our Hundred Days in Europe* (Holmes)
.................................. **81**:107
"Our Jack" (Kendall) ........................ **12**:192
"Our Lady of Sorrow" (Thomson) ...... **18**:407
"Our Land" (Runeberg) . **41**:312, 315-16, 319-20, 326-27
"Our Language and Literature" (Whitman)
.................................. **81**:287, 289, 292
"Our Master" (Whittier) ........... **8**:524; **59**:361
*Our Mutual Friend* (Dickens) ....... **3**:159, 163,

166, 169-70, 173-74, 181, 188; **8**:194; **18**:111-12, 114, 116, 119-22, 132-34; **26**:170, 174, 184, 225; **37**:164, 173-4, 192, 206; **86**:198, 201, 204, 207, 214, 222, 224

"Our Nelly" (Parton) ............................ **86**:351

*Our Nig; or, Sketches from the Life of a Free Black* (Wilson) . **78**:311-13, 315-20, 322-25, 327-31, 334-35, 338-41, 343, 345, 348-58, 360-63

"Our Old Earth Is Playing" (Petofi)
    See "Játszik öreg földünk"

"Our Old Feuillage" (Whitman) . **31**:387, 392; **81**:312

*Our Old Home* (Hawthorne) .... **2**:306-07, 314; **39**:179, 245

"Our Own" (Lowell) ............................ **90**:198

*Our Own Folks — We'll Settle It Among Ourselves* (Ostrovsky)
    See *Svoi lyudi—sochtemsya!*

"Our Society at Cranford" (Gaskell)
    ................................ **5**:205; **70**:216

*Our Sons* (Michelet)
    See *Nos fils*

"Our Theatrical Repertory" (Eminescu)
    ............................................ **33**:272

"Our Village Post Office" (Sedgwick) . **19**:444

*Our Village: Sketches of Rural Character and Scenery* (Mitford) ....... **4**:400-01, 403-05, 407-08

"Our Village—By a Villager" (Hood) . **16**:235-36

"Our Willie" (Timrod) ........................ **25**:372

*Ours* (Robertson) ... **35**:330, 333-34, 336, 338, 340-41, 345, 349, 351-56, 358, 360, 362, 363-65, 369-72

*L'ours et le pacha* (Scribe) .......... **16**:382, 400

*Out for Business* (Alger) ............... **83**:118, 119

"Out of Debt, Out of Danger" (Edgeworth)
    ............................................ **51**:89

"Out of Doors in February" (Jefferies)
    ............................................ **47**:137, 143

"Out of Prison" (Lampman)
    See "Freedom"

"Out of the Cradle Endlessly Rocking" (Whitman) .... **4**:544, 551, 561, 567, 571, 579, 582, 592, 594-96, 602; **31**:368, 370, 379, 388-92, 403-04, 418, 421-22, 431, 437; **81**:249, 255, 257-58, 264, 271, 281-83, 366-70

"Out of the Deep I Have Called Unto Thee, O Lord" (Rossetti) ..................... **50**:285

"Out of the Depths I Cried to Thee" (Baudelaire)
    See "De Profundis clamavi"

*Out of the Foam* (Cooke) ...... **5**:130, 132

*Out of the Frying Pan* (Tamayo y Baus) . **1**:571

"Out of the Rolling Ocean, the Crowd" (Whitman) ........................ **4**:544, 601

"Out of Town" (Levy) ............... **59**:89, 119

*Outamaro* (Goncourt) ....................... **7**:163

"The Outer from the Inner" (Dickinson)
    ............................................ **21**:65

"The Outlaw" (Kingsley) ............... **35**:219

"The Outlet" (Dickinson)
    See "My River Runs to Thee"

*An Outline of English Speech-Craft* (Barnes)
    ................................ **75**:27, 40, 65

*An Outline of Rede-Craft* (Barnes) .. **75**:27, 40

"Outline of Universal History" (Rowson)
    ............................................ **69**:115-16

"Outlines for a Tomb" (Whitman)
    ................................ **31**:432; **81**:290

"Outlines of a Critique of Political Economy" (Engels) ........................ **85**:110, 125

*Outlines of a Critique of Political Economy* (Engels) ........................ **85**:110, 114, 167

*Outlines of a Philosophy of the History of Man* (Herder)
    See *Ideen zur Philosophie der Geschichte der Menschheit*

"Outlook" (Lampman) ........................ **25**:209

"Outoplena" (Shevchenko)
    See "Utoplena"

"Outre-Mer" (Kendall) ............... **12**:183, 189

*Outre-Mer: A Pilgrimage beyond the Sea* (Longfellow) . **2**:469, 475, 478, 489, 494; **45**:181, 183

"Outside London" (Jefferies) ............... **47**:137

"Outsiders of Society and Their Homes in London" (Mayhew) .................... **31**:181

"Ouverture ancienne d'Hérodiade" (Mallarme) ........................ **41**:242, 277

"Ouvriers" (Rimbaud) ....... **4**:465, 485; **35**:323

"The Oval Portrait" (Poe) . **1**:500; **16**:331, 336

"Ovcebyk" (Leskov) .................... **25**:230, 239

"Over the Carnage Rose Prophetic a Voice" (Whitman) ........................ **81**:313, 331

*Over the Teacups* (Holmes) . **14**:115, 124, 133, 143, 146; **81**:118

"The Overcoat" (Gogol)
    See "Shinel"

"Over-Soul" (Emerson) . **1**:295, 298, 300, 307; **38**:154, 168-71, 176-77

*Ovingdean Grange: A Tale of the South Downs* (Ainsworth) .................... **13**:36, 41-3

"Ovsianko the Freeholder" (Turgenev)
    See "The Freeholder Ovsyanikov"

*Owen Tudor* (Arnim) ....................... **5**:22

*The Owl and the Pussycat* (Lear) . **3**:297, 307-09

"The Owl and the Sparrow" (Trumbull)
    ................................ **30**:345, 349

"Owlet" (Cooke) ............................... **5**:133

*The Owners of the Entail* (Arnim)
    See *Die Majoratsherren*

"Owney and Owney Napeak" (Griffin) . **7**:198

"Oxford in the Vacation" (Lamb) . **10**:407, 436-37

"The Oxford Malignants and Dr Hampden" (Arnold) ........................ **18**:53

*Oxford University Sermons* (Newman)
    ................................ **38**:289, 304, 307, 309, 312

*Oxtiern* (Sade) ............................... **47**:361

"Ozorniki" (Saltykov) ....................... **16**:372

"Paa Sygeleiet" (Wergeland) ............... **5**:541

*Pacchiarotto, and Other Poems* (Browning)
    ............................................ **19**:86

*Pacific Series* (Alger) ....................... **8**:43

"Pacsirtaszót hallok megint" (Petofi) . **21**:286

"Pagan and Mediaeval Religious Sentiment" (Arnold) ........................ **29**:55; **89**:34, 39

"Paganini" (Hunt) ........................... **1**:415

"Page and the Lady" (Smith) ............... **59**:257

"A Page from A Woman's Heart" (Parton)
    ............................................ **86**:347

*The Page of Gustavus Adolphus* (Meyer)
    See *Gustav Adolfs Page*

"A Pageant" (Rossetti) ........ **2**:558-9, 571, 576

*A Pageant, and Other Poems* (Rossetti)
    ................................ **2**:558, 563, 575; **50**:271

"The Pageant of Summer" (Jefferies)
    ................................ **47**:97, 101, 114, 136-37

*Pages* (Mallarme) ........................... **4**:376-77

"The Pah-Utes" (Winnemucca) ............... **79**:340

"Paimentyttö" (Kivi) ....................... **30**:51

"Pain" (Patmore) . **9**:347, 360, 363, 365

"Pain and Time Strive Not" (Morris) . **4**:434

"Pain Has an Element of Blank" (Dickinson)
    ................................ **21**:8, 77

"The Pains of Sleep" (Coleridge) ........ **9**:133-34, 155, 177, 194; **54**:87

"The Paint King" (Allston) .................... **2**:20

"The Painted Columbine" (Very) ......... **9**:380

"The Painted Cup" (Bryant) .................... **46**:7

"The Painter" (Almqvist)
    See "Målaren"

"The Painter" (Crabbe) ..................... **26**:102

"The Painter of Modern Life" (Baudelaire)
    See "Le Peintre de la vie moderne"

*A Painter's Atelier* (Desbordes-Valmore)
    See *L'Atelier d'un peintre*

"Pairing Time Anticipated" (Cowper) . **94**:121

"La paix des dieux" (Leconte de Lisle)
    ................................ **29**:221, 229, 231, 234

"Las palabras" (Larra) ........................ **17**:275

*The Palace* (Almqvist)
    See *Palatset*

"The Palace of Art" (Tennyson) .. **30**:209, 211, 223-24, 233, 258, 266-67; **65**:248, 258, 261, 270, 357-8

"Palace of Pleasure" (Hunt) ............... **1**:406

"The Palace of Ruin" (Darley) ............... **2**:128

*Palatset* (Almqvist) ....................... **42**:20

*The Palliser Novels* (Trollope) ............... **6**:506

"The Palm and the Pine" (Taylor) ...... **89**:310

*Palm Leaves* (Milnes) .................... **61**:130, 137

"Palm Sunday" (Keble) ................ **87**:177, 201

*Palma, ou la nuit du Vendredi-Saint* (Feuillet)
    ............................................ **45**:89

"La paloma celosa" (Lizardi) .................... **30**:68

"The Palsy of the Heart" (Milnes) ...... **61**:136

*Paméla Giraud* (Balzac) .................... **5**:51-52

"Pamfalon the Clown" (Leskov)
    See "Skomorox Pamfalon"

"Pamiatnik" (Pushkin)
    See "Pamjatnik"

"Pamjatnik" (Pushkin) ........................ **83**:261

*A Pamphlet to the Journeymen and Labourers of England, Scotland, and Ireland* (Cobbett) ........................ **49**:110

"Pamyati V.A. Zhukovskogo" (Tyutchev)
    ............................................ **34**:398

"Pan" (Emerson) ............................... **1**:297

"Pan" (Leconte de Lisle) .................... **29**:224

"Pan and Luna" (Browning) ... **19**:153; **79**:153

"Pan and the Syrinx" (Laforgue)
    See "Pan et la Syrinx"

*Pan Benet* (Fredro) ........................ **8**:285

"Pan et la Syrinx" (Laforgue) . **5**:271, 274, 278, 281; **53**:293

*Pan Geldhab* (Fredro) .. **8**:285-86, 289-90, 292

"Pan i pies" (Krasicki) .................... **8**:403, 407

"Pan Is Dead" (Browning) .................... **1**:123

*Pan Jowialski* (Fredro) . **8**:285-87, 290, 292-93

*Pan Podstoli* (Krasicki) ..... **8**:398-401, 405-06

*Pan Tadeusz; czyli, Ostatni zajazd na Litwie* (Mickiewicz) ...... **3**:389-92, 394-95, 397, 400-03

*Pandora* (Nerval) ........... **67**:312-13, 363-64

"Panegyric on the Drama" (Murray) .. **63**:184

*Pankraz, der Schmoller* (Keller) .......... **2**:415

"Panni Panyó" (Petofi) ..................... **21**:285

"Panorama" (Whittier) .................... **8**:496, 531

*The Panorama, and Other Poems* (Whittier)
    ................................ **8**:495; **59**:371

"The Panorama of Lausanne" (Jameson)
    ............................................ **43**:337

"Pan's Pipes" (Stevenson) .................... **5**:388

"A Pansy from the Grave of Keats" (Whitman)
    ............................................ **19**:457

"Panthère noire" (Leconte de Lisle) ... **29**:216-17, 224

"Pantomime" (Verlaine) ....... **2**:629; **51**:378-80

"Le papa de Simon" (Maupassant) ....... **1**:462

*Papa Gobseck* (Balzac) .................... **35**:9, 26-7

"The Papacy and the Roman Question" (Tyutchev) ........................ **34**:383

*Der Papagei* (Kotzebue) ............... **25**:146-47

"Papal Benediction" (Milnes) ......... **61**:129

*Paper Against Gold and Glory Against Prosperity* (Cobbett) .................... **49**:110

*Papers on Literature and Art* (Fuller) .. **5**:159-60, 164

*The Paphian Bower* (Planche) ..... **42**:286, 299

*Die Papiere des Teufels* (Nestroy) ...... **42**:260

*Papirer* (Kierkegaard) . **34**:200, 207, 222, 238-40; **78**:136, 158, 160, 162-63, 166, 189

*Pappenheim Cuirassier* (Fouque) .......... **2**:267

*La pâques dramatique* (Nerval) ....... **67**:324

*Par les champs et par les grèves* (Flaubert)
    ............................................ **62**:73

"The Parable" (Pushkin) .................... **83**:272

"Les paraboles de Dom Guy" (Leconte de Lisle) ........................ **29**:225

Title Index

*Paracelsus* (Browning) .. **19**:74-5, 78, 99, 103, 105, 109, 116, 120, 139-40; **79**:98, 140, 146, 149, 159, 168, 181, 185, 190
"Parade" (Rimbaud) . **35**:308, 312, 322; **82**:232
*Les paradis artificiels: Opium et haschisch* (Baudelaire) ... **6**:80, 84, 119, 124; **29**:67, 71, 96; **55**:68-9
"Paradise" (Rossetti) ................. **2**:563; **50**:272
"Paradise and the Peri" (Moore) .......... **6**:380-81, 387-88
"Paradise Lost" (Browning) ................. **1**:128
"The Paradise of Bachelors" (Melville) .................................. **3**:354, 380
*Paradise on the Dniester* (Sacher-Masoch) ....................................... **31**:287, 295, 310
"Paradise (to Be) Regained" (Thoreau) ...................................... **21**:347
*Parallèlement* (Verlaine) .. **2**:618, 620-21, 625, 632; **51**:352, 359, 361-63, 366, 368, 371-72, 388
*Parasha* (Turgenev) ...................... **21**:376
*The Parasite* (Turgenev) ................. **21**:428
"Pardon of Sainte-Anne" (Corbiere)
    See "La rapsode foraine et le pardon de Saint-Anne"
"Parental Indulgence" (Webster) ......... **30**:424
*Parentation uber Anselmo* (Claudius) . **75**:191
*The Parent's Assistant* (Edgeworth) ...... **1**:261-63, 266-67; **51**:78-9, 81, 87, 89, 102, 110
*Les parents pauvres* (Balzac) ....... **5**:35, 37, 63
*Parerga and Paralipomena* (Schopenhauer)
    See *Parerga und Paralipomena*
*Parerga und Paralipomena* (Schopenhauer) ..... **51**:246, 271, 275, 278, 296-97, 326-27, 333-34, 336, 345-47
*Un parfum à sentir* (Flaubert) ............. **2**:256
"Parfum de Hélios-Apollon" (Leconte de Lisle) ........................................... **29**:246
"Parfum exotique" (Baudelaire) .. **6**:79, 128; **29**:103; **55**:9, 26, 69-70
"Le parfum impérissable" (Leconte de Lisle) ........................................... **29**:218
"Paria" (Corbiere) ................. **43**:26-7, 31, 34
"Paris at Daybreak" (Baudelaire)
    See "Le crépuscule du matin"
"Paris at Nightfall" (Baudelaire)
    See "Le crépuscule du soir"
"Paris diurne" (Corbiere) ................. **43**:31
"Paris nocturne" (Corbiere) ........ **43**:15, 31, 34
*The Paris Sketch Book* (Thackeray) ......................... **5**:444, 507; **43**:359, 392
*Paris Spleen* (Baudelaire)
    See *Petits poèmes en prose: Le spleen de Paris*
*Paris under Siege, 1870-1871: From the Goncourt Journal* (Goncourt and Goncourt) ..................................... **7**:185
"The Parish" (Clare) ................. **9**:96-97
"The Parish Register" (Crabbe) ... **26**:78, 81-2, 86, 111, 118-19, 122, 124, 127, 132-33, 141
"The Parish-Clerk" (Crabbe) .. **26**:79, 134, 136
"A Parisian Dream" (Baudelaire)
    See "Rêve parisien"
*The Parisian Prowler* (Baudelaire)
    See *Petits poèmes en prose: Le spleen de Paris*
*The Parisians* (Bulwer-Lytton) ............. **1**:150
*La Parisienne* (Becque) ................... **3**:12-18
"Parisina" (Byron) ................. **2**:63, 72, 96, 99
*Parkman Reader* (Parkman) ................. **12**:368
"Parleying with Charles Avison" (Browning) ...................................... **19**:149
"Parleying with Francis Furini" (Browning) ................................... **19**:126, 128-29
"Parleying with Gerard de Lairesse" (Browning) .. **19**:104, 108; **79**:174
*Parleyings with Certain People of Importance in Their Day* (Browning) ............. **19**:99
*Parliamentary History* (Cobbett) ........ **49**:163
*Parochial and Plain Sermons* (Newman) ............. **38**:282, 302-06, 309-10, 314, 336
*Le parole dopo la musica* (Da Ponte) ... **50**:79

"The Parrock" (Barnes) ........................ **75**:70
"Parrot" (Baillie) ..................................... **2**:42
"The Parrot of Mull: A Domestic Anecdote" (Campbell) .... **19**:186-87, 190
*Parsifal* (Wagner) . **9**:414-15, 418-19, 421, 423, 433-35, 440, 443, 446-47, 450-51, 454, 456, 461, 465, 470-71
"Parson Avery" (Whittier) ................. **8**:509
"Parson John Bullen's Lizards" (Harris) ........................... **23**:159, 161, 163
"Parson Turell's Legacy; or, The President's Old Arm-Chair" (Holmes) .. **14**:109, 115, 126, 128
*La part du rêve* (Amiel) ........................ **4**:13
"The Part Played by Labor in the Transition from Ape to Man" (Engels)
    See "The Role Played by Labor in the Transition from Ape to Man"
"A Particular Providence as Revealed in the Gospel" (Newman) ................. **38**:306
"Une partie de campagne" (Maupassant) ................................... **83**:228
"La partie de tric-trac" (Merimee) . **6**:353, 366, 369-71; **65**:49, 52, 54, 56-7, 61, 63, 66, 102
"Parting" (Arnold) ................. **89**:17-19, 48, 95
"The Parting" (Brontë) ..................... **4**:44, 46
"Parting" (Dickinson)
    See "My Life Closed Twice before Its Close"
"Parting After Parting" (Rossetti) ....... **66**:311
*Parting and Meeting* (Andersen) .......... **79**:10-11, 16-17
"The Parting Hour" (Crabbe) . **26**:93, 100, 124, 126, 135, 149
"Parting Lovers" (Browning) ........ **61**:44-5
"The Parting of Friends" (Keble) ....... **87**:125
"The Parting of Friends" (Newman) ................................... **38**:306, 308-09
"The Parting of the Ways" (Ichiyo)
    See "Wakare-Michi"
"The Parting of the Ways" (Lowell) ...... **90**:214
*The Partisan* (Simms) .. **3**:500-02, 506-10, 513
"The Partition of the Earth" (Schiller) ........................................... **39**:333, 337
"The Party of Cats" (Craik) ............... **38**:119
"A Party of Travellers" (Oliphant) .. **61**:217-8
"Party Politics" (Froude) ............ **43**:187, 215
"La parure" (Maupassant) .. **1**:447, 463
"Parus" (Lermontov) ...................... **47**:215
"The Parvenue" (Shelley) ................ **14**:264
"Pas d'Extase" (Chivers) ............ **49**:74-5
"Pascal" (Pater) ........................... **7**:308
*Pascal Bruno* (Dumas) ................ **71**:204
*The Pasha of Many Tales* (Marryat) .. **3**:319
"The Pasha's Son" (Taylor) ............. **89**:342
"La pasionaria" (Zorrilla y Moral) .. **6**:526
*Passage Birds* (Tegner) .................. **2**:612
"A Passage in the Secret History of an Irish Countess" (Le Fanu) . **9**:304, 316; **58**:253-4, 261, 307, 313
"Passage on Oxford Studies" (Clough) . **27**:70
"Passage to India" (Whitman) . **4**:551, 567-68, 579, 582, 586-87, 590; **31**:388, 404, 432-33, 442; **81**:310
*Passages from the American Notebooks of Nathaniel Hawthorne* (Hawthorne) ................................... **2**:307, 310, 314
*Passages from the English Notebooks of Nathaniel Hawthorne* (Hawthorne) ........................... **2**:306-07, 310, 314; **39**:245
*Passages from the French and Italian Notebooks of Nathaniel Hawthorne* (Hawthorne) ........ **2**:310, 314; **23**:196-97
*Passages in the Life of Mrs. Margaret Maitland of Sunnyside* (Oliphant) ..... **11**:427-8, 431-2, 445-6, 448-9; **61**:163, 216
"Le passé" (Lamartine) ...................... **11**:281
"Passereau l'élier" (Borel) .......... **41**:4, 6-7, 13
"Passe-Temps" (Claudius) ............ **75**:212, 218
"Passing Away, Saith the World, Passing Away" (Rossetti) ... **2**:559, 567, 570, 572

"Passing by the Odd Number of Poplars" (Eminescu) ............................ **33**:246
"Passing Clouds" (Ichiyo)
    See "Yuku Kumo"
"The Passing of Arthur" (Tennyson)
    See "Morte d'Arthur"
"The Passing of Spring" (Lampman) ........................................... **25**:185, 210
"Passing of the Sires" (Taylor) .......... **89**:310
"The Passing of the Spirit" (Lampman) ........................................... **25**:207, 210
"Passion" (Lampman) ......................... **25**:184
"The Passion" (Manzoni) ................ **29**:253
"Une passion" (Maupassant) ........ **83**:173
"Une passion dans le désert" (Balzac) .... **5**:46
*Passion et vertu* (Flaubert) ................ **62**:102
*Passion Flower* (Robertson) ......... **35**:335
"A Passion in the Desert" (Balzac)
    See "Une passion dans le désert"
"The Passionate Father" (Parton) ........ **86**:349
*Passions* (Staël)
    See *De l'influence des passions sur le bonheur des individus et des nations*
*The Passions of the Human Soul* (Fourier) ........................................... **51**:161
"Passive Imagination and Insanity" (Coleridge) ........................................... **90**:9
"The Past" (Bryant) . **6**:168-69, 172, 174, 182, 189; **46**:38
"The Past" (Timrod) ................... **25**:366-68
*Past and Present* (Carlyle) .. **70**:16-20, 46, 71, 90-91, 93
"The Past Condition of Organic Nature" (Huxley) ...................................... **67**:59
*Past Meridian* (Sigourney) ...... **21**:301;**87**:326
*Paston Carew, Millionaire and Miser* (Linton) ........................................... **41**:165
"El Pastor Clasiquino" (Espronceda) .. **39**:101
"Pastor Cum" (Gordon) ...................... **21**:181
"Pastoral Fancies" (Clare) ............ **9**:123
"Pastoral Poesy" (Clare) ............ **86**:132
*Pastoral Poesy* (Clare) ............. **9**:100, 120-21
"La pastorale de Conlie" (Corbiere) .... **43**:28
"Pastoral-Erfahrung" (Morike) ............ **10**:453
"Pastorals in Prose" (Clare) ............ **86**:173
*Pater Brey* (Goethe) ............................. **4**:213
"The Paternal Home" (Isaacs)
    See "La casa paterna"
"A Paternal Ode to My Son" (Hood) . **16**:235
"The Path" (Bryant) ...................... **46**:49
*The Path of Sorrow* (Chivers)
    See *The Path of Sorrow; or the Lament of Youth: A Poem*
*The Path of Sorrow; or the Lament of Youth: A Poem* (Chivers) . **49**:43-4, 46-8, 51-2, 57, 68-70
*The Path through the Woods* (Stifter)
    See *Der Waldsteig*
*The Pathfinder; or, The Inland Sea* (Cooper) ..... **27**:127, 129-35, 138, 140, 150-51, 153-54, 156, 158-59, 185-88; **1**:202, 204-07, 211; **54**:258-9, 265
"Patience, Hard Thing!" (Hopkins) ..... **17**:261
"Patmos" (Hölderlin) . **16**:166-72, 174-76, 180-81, 189, 191-92
"Pató Pál úr" (Petofi) ......................... **21**:264
"The Patriarch" (Sigourney) ......... **21**:290
*The Patriarchal Institution* (Child) ... **73**:63
"The Patriot" (Browning) ............... **19**:96
*Patriotic Sketches of Ireland, Written in Connaught* (Morgan) ................. **29**:391
"The Patron" (Crabbe) ....................... **26**:93
"Patronage" (Edgeworth) ..... **1**:268; **51**:81, 87-90, 93, 104, 136
"La patronne" (Maupassant) ................. **1**:469
"Pauca meae" (Hugo) .................... **10**:373
*Paul and Virginia* (Zhukovsky) ....... **35**:377
*Paul Clifford* (Bulwer-Lytton) ....... **1**:140, 145, 148, 150; **45**:7, 11-13, 19, 23-4, 27, 30, 34, 69-70

*Paul Erdmanns Fest* (Claudius) .......... **75**:182-83, 186-87

"Paul Felton" (Dana) . **53**:160, 174, 176, 178-9

*Paul Forestier* (Augier) ..... **31**:7-8, 10, 13, 16, 23, 28, 31, 35

"Paul H. Hayne's Poetry" (Lanier) ....... **6**:252

*Paul; ou, La ressemblance* (Nodier) ... **19**:384

*Paul Prescott's Charge* (Alger) . **8**:43; **83**:139, 142, 144-45

"Paul Revere's Ride" (Longfellow) .... **2**:490, 498; **45**:114, 124, 137, 139, 179-80, 188, 191

*Paul the Peddlar; or, The Adventures of a Young Street Merchant* (Alger) .............................. **8**:44; **83**:112, 133

"Pauline" (Hemans) ........................... **71**:292

*Pauline* (Browning) .. **19**:73, 102, 105, 110, 116, 120, 126, 133; **79**:107, 146-47, 151, 166, 174, 176, 188, 190

*Pauline* (Dumas) ...................... **11**:49; **71**:204

*Pauline* (Sand) ...................... **42**:373; **57**:316

*Pauline* (Staël)
    See *Histoire de Pauline*

"Pauline's Passion and Punishment" (Alcott) .............................. **58**:39, 46, 59; **83**:6

"A Paumanok Picture" (Whitman) ...... **81**:319

"The Pauper's Christmas Carol" (Hood) .............................................. **16**:235

*Pausanias the Spartan* (Bulwer-Lytton) . **1**:151-52; **45**:61-2

*Pause* (Muller) ............. **73**:351, 368, 372

"A Pause" (Rossetti) ................ **2**:574; **50**:289

"Le pauvre énfant pâle" (Mallarme) . **4**:371

"Pauvre garçon" (Corbiere) .... **43**:25, 27, 34

"Les pauvres à l'église" (Rimbaud) ...... **4**:454-55, 458, 466; **82**:230

*Pauvres fleurs* (Desbordes-Valmore) .............................. **97**:12, 18, 28, 30

"Les pauvres gens" (Hugo) ................. **3**:273

*Les pauvres Saltimbanques* (Banville) .... **9**:19

"The Pavilion on the Links" (Stevenson) . **5**:391, 394, 397, 403, 408, 413, 426, 431, 434; **63**:243, 274

"Le Pavillon sur l'eau" (Gautier) .......... **59**:32

"Paysage mauvais" (Corbiere) ... **43**:15, 28, 31

"Paysage polaire" (Leconte de Lisle) . **29**:230

"Paysages" (Baudelaire) . **29**:100; **55**:24, 35-6, 65

"Paysages belges" (Verlaine) ........ **51**:381-82

"Paysages tristes" (Verlaine) .......... **51**:355

*Les paysans* (Balzac) ............. **5**:40, 66-69, 73

"Pázmán lovag" (Arany) .................... **34**:5

*Pazukhin's Death* (Saltykov) ........ **16**:368

"Peace" (Clare) ............... **9**:78; **86**:160

"Peace" (Hopkins) ...................... **17**:255

"Peace" (Lampman) .................... **25**:219

"Peace" (Patmore) .............. **9**:334, 358

"Peace in Believing" (Newman) ........ **38**:305

"Peace in Life and Art" (Patmore) . **9**:342, 346

"The Peal of Another Trumpet" (Mangan) ........................................ **27**:296

"A Peal of Bells" (Rossetti) ........ **66**:307

"The Pearl Divers" (Krylov) ....... **1**:438

"The Pearl of Good Fortune" (Andersen) . **7**:23

*Pearl of Great Price* (Smith) ......... **53**:381

*The Pearl of Orr's Island: A Story of the Coast of Maine* (Stowe) . **3**:555-56, 559, 561, 563, 567

*Pearls and Pebbles; or, The Notes of an Old Naturalist* (Traill) . **31**:314-15, 317, 323, 328-29

*The Pearls of Love* (Petofi)
    See *Szerelem Gyöngyei*

"The Peasant and the Sheep" (Krylov) .............................. **1**:435, 439

"The Peasant and the Workman" (Krylov) .............................. **1**:435

*The Peasant as Millionaire, or The Maiden from the Fairy World* (Raimund)
    See *Der Bauer als Millionär; oder, Das Mädchen aus der Feenwelt*

"The Peasant Children" (Nekrasov)
    See "Krestyánskie déti"

"The Peasant Gentlewoman" (Pushkin) . **3**:435

"The Peasant in Distress" (Krylov) ...... **1**:435

*Peasant Justice* (Sacher-Masoch) ........ **31**:294

"The Peasant Pavo" (Runeberg)
    See "Bonden Pavo"

*The Peasant War* (Engels)
    See *Der deutsche Bauernkrieg*

*The Peasant War in Germany* (Engels)
    See *Der deutsche Bauernkrieg*

"A Peasant Woman" (Nekrasov) ......... **11**:416

*The Peasantry* (Balzac)
    See *Les paysans*

"The Peasants and the River" (Krylov) . **1**:435

*Peasants' War* (Engels)
    See *Der deutsche Bauernkrieg*

*La peau de chagrin* (Balzac) . **5**:29, 32, 49, 58, 79-80; **53**:8, 22, 25, 35

"Peccavi, Domine" (Lampman) ........ **25**:193

"Pečerskie antiki" (Leskov) .......... **25**:258-59

*Le péché de M. Antoine* (Sand) . **2**:589; **42**:322; **57**:375

"Le péché véniel" (Balzac) .................... **5**:78

*Pechorin's Journal* (Lermontov) .......... **5**:295-98, 301-02, 304

"Der Pechvogel" (Lenau) .................... **16**:265

*A Peculiar Position* (Scribe) ............... **16**:405

"Pedantry" (Hazlitt) ................ **29**:148; **82**:115

"Pedantry" (Mackenzie) .................... **41**:188

"The Pedlar" (Hogg) ..................... **4**:282

"The Pedlars" (Nekrasov)
    See "Korobeyniki"

"Pedro Ladron; or, The Shepherd of Toppledown Hill" (Darley) ........... **2**:129

"Pedro the Slave" (Isaacs)
    See "El esclavo Pedro"

"Peele Castle" (Wordsworth)
    See "Stanzas on Peele Castle"

*Peers and Parvenus* (Gore) ................ **65**:21

*Peg Woffington* (Reade) ... **2**:533-34, 536, 539-40, 544-45, 548, 552; **74**:243-44, 253, 255-56, 262-65, 268, 277, 281, 299, 319

"Pegasus in Harness" (Schiller) .......... **39**:337

"Le Peintre de la vie moderne" (Baudelaire) .............................. **55**:8, 33-4

*Le peintre de Salztbourg* (Nodier) ...... **19**:378-79, 384-85

*Pelayo* (Espronceda) ...................... **39**:84, 100

*Pelayo: A Story of the Goth* (Simms) ... **3**:507-08

*Le pèlerin blanc; ou, Les orphelins du hameau* (Pixerecourt) ........ **39**:277, 284, 289, 291

*Pélérinage a Ermenonville (Pilgrimage to Ermenonville)* (Dumas) .......... **71**:241

*Pelham; or, The Adventures of a Gentleman* (Bulwer-Lytton) .... **1**:135, 140, 145, 148-50, 153-55; **45**:11, 18-19, 21, 23, 32-5, 37-8, 68-71

"The Pelican Chorus" (Lear) ................ **3**:307

"Le Pélican ou les deaux mères" (Desbordes-Valmore) .................... **97**:5

"Pelleas and Ettarre" (Tennyson) . **30**:249, 254; **65**:238, 254, 279, 282, 285, 288, 291, 300, 315, 318, 320, 323, 352, 361, 374, 376

*Pelopidas* (Bird) ...................... **1**:88, 90

*The Pen and the Album* (Thackeray) .... **5**:485

*Pendennis* (Thackeray)
    See *The History of Pendennis: His Fortunes and Misfortunes, His Friends and His Greatest Enemy*

*Pénélope* (Charriere) ..................... **66**:127

*The Peninsular War* (Southey) ........... **97**:265

"Penn and Peterborough" (Landor) ..... **14**:178

"A Pennsylvania Legend" (Bryant) ..... **6**:180

"The Pennsylvania Pilgrim" (Whittier) ................................ **8**:511, 521-23

*The Pennsylvania Pilgrim, and Other Poems* (Whittier) .... **8**:501, 516; **59**:366

"A Penny Plain and Twopence Colored" (Stevenson) ........... **5**:421; **63**:237-8, 242

*El pensador Mexicano* (Lizardi) . **30**:67, 77, 85

"Pensar, dudar" (Hugo) ........................ **3**:271

"Pensée de Byron" (Nerval) ................ **67**:307

"Pensées" (Amiel) ............................. **4**:14-15

*Pensées d'aôut* (Sainte-Beuve) .... **5**:331, 335, 341

*Pensées de Joseph Joubert* (Joubert) .... **9**:290

"Pensées de minuit" (Gautier) .............. **59**:18

"Pensées des morts" (Lamartine) . **11**:255, 265, 279

*Pensées, essais, maxmimes, et correspondance de Joseph Joubert* (Joubert) . **9**:281, 283-86

*La pension bourgeoise* (Scribe) ........... **16**:394

"Pensive on Her Dead Gazing" (Whitman) ............................................. **31**:370

*La Pentacoste* (Manzoni) .................. **29**:253

*The Pentameron and Pentalogia* (Landor) ..... **14**:164-65, 175, 178, 191, 193-95, 202, 207

"La pente de la rêverie" (Hugo) ......... **21**:223

"The Pentecost" (Manzoni)
    See *La Pentacoste*

*Penthesilea* (Kleist) ... **2**:437-38, 440-42, 444, 446-47, 450, 452, 454-57, 461, 463; **37**:217, 219, 223, 225-26, 228, 230-34, 237, 253, 255, 263, 266-72, 274

"Pentheus" (Meyer) ........................... **81**:207

"Pentridge by the River" (Barnes) ... **75**:59

"Pentucket" (Whittier) ...................... **8**:520

"Penumbra" (Rossetti) ....................... **4**:491

*The People* (Michelet)
    See *Le peuple*

*The People of Seldwyla* (Keller)
    See *Die Leute von Seldwyla*

*The People's Cause or Pugachov, Romanov, or Pestel* (Bakunin) ........................ **25**:64

"The People's Hands Were Swollen with Applause" (Norwid) .................... **17**:364

"The peperman's nightcap" (Andersen) . **79**:83-84

"Per Contra: The Poet, High Art, Genius" (Thomson) .................... **18**:412, 421

"Per prima Messa" (Solomos) ....... **15**:385-86

"Perchatka" (Zhukovsky) ................... **35**:398

"Perchè Pensa? Pensando S'Invecchia" (Clough) ...................................... **27**:72

*Percival Keene* (Marryat) ............. **3**:319-20

*Percy: A Tragedy* (More) . **27**:324-25, 332, 337

*Perdu* (Droste-Hulshoff) ................... **3**:197

"Le père amable" (Maupassant) .... **1**:448, 469; **83**:171

*Le père Goriot: Histoire Parisienne* (Balzac) ....... **5**:29, 32, 34, 43-6, 52-3, 67, 76, 85-7; **35**:1-76; **53**:9, 13, 21-2, 28-9

"Le Père Judas" (Maupassant) ............ **83**:176

*Le Père la Ruine* (Dumas) ............... **71**:204

*Un père prodigue* (Dumas) ... **9**:224, 229, 231, 237, 241, 245-46, 248-50, 253

"Perebendja" (Shevchenko) .............. **54**:373

"Peregrina" (Morike) . **10**:449, 451, 454-55

"Père-la-Chaise" (Adams) ................... **33**:17

*The Perfect Life* (Channing) ........... **17**:46

"Perfect Love" (Lampman) .............. **25**:209

"La Péri" (Gautier) ........................... **59**:34-6

"Perichole" (Merimee) ....................... **6**:353

*Pericles and Aspasia* (Landor) . **14**:165, 176, 178, 187, 189, 194

*A Perilous Secret* (Reade) ...... **74**:257, 263-64, 289

"The Periodical Essayists" (Hazlitt) ................................... **29**:165, 167

"Das Peripatetiker" (Muller) ............. **73**:366

*El periquillo sarniento* (Lizardi) ..... **30**:67, 69-80, 82-3, 85-8

"Perkin Warbeck" (Schiller) ............ **39**:368

*Perkin Warbeck* (Shelley) ..... **59**:144, 190, 192

*The Perpetual Curate* (Oliphant) . **11**:439, 446-9, 454-7, 459-60; **61**:166, 174, 177-8, 180, 198, 202, 206-8, 218, 220, 222, 226-7

Title Index

*Perpetual Peace: A Philosophical Sketch* (Kant)
    See *Zum ewigen Frieden: Ein philosophischer Entwurf*
"The Perpetuation of Our Political Institutions" (Lincoln) ........... **18**:240, 248, 278-79
"Perplexed Music" (Browning) ............ **16**:133
"Perplexities" (Clare) ................. **86**:166-67
"El perro en barrio ageno" (Lizardi) .... **30**:68
*The Persecuted* (Fouque)
    See *Der Verfolgte*
"Persée et Andromède" (Laforgue) . **5**:269, 271, 281; **53**:294, 298-9, 301
"Persephone" (Ingelow) ............... **39**:263
"Persia" (Kendall) ................... **12**:198
"Persian Poetry" (Emerson) ............ **1**:295
*The Personal History of David Copperfield* (Dickens) .... **3**:146-47, 149, 151, 156-57, 162, 171-72, 180, 172, 186; **8**:165, 173, 176, 182; **18**:99, 111, 121; **26**:156-57, 163, 168-69, 171, 174-75, 177, 201; **37**:145, 164, 168, 171, 197; **86**:186, 201, 256, 258
*Personal Memoirs of Major Richardson; As Connected with the Singular Oppression of that Officer While in Spain* (Richardson) .... **55**:297, 299, 336
"Personal Talk" (Wordsworth) ........... **12**:431
*Persuasion* (Austen) ........ **1**:30-1, 33-5, 37-41, 44-6, 50, 53, 60-4; **13**:61, 84, 93-4; **19**:8, 52, 55; **33**:27-101; **51**:33, 41; **81**:48, 52; **95**:11, 15, 84, 86,
*Pervaya lyubov'* (Turgenev) . **21**:393, 415, 418-20, 422, 431, 435, 439, 441, 449-51; **37**:382
*Pescara'a Temptation* (Meyer)
    See *Die Versuchung des Pescara*
"Peschiera" (Clough) .................. **27**:79
"Pesn skandinavskix voinov" (Tyutchev) ................................ **34**:412
"Pesn' torzhestruyushchey lyubvi" (Turgenev) ............ **21**:408, 415, 420, 441, 452; **37**:449
"Pessimism" (Symonds) ................. **34**:337
"Pessimisme" (Banville) ................. **9**:31
"The Pessimist" (Crawford) .......... **12**:174-75
"Pest-Nests" (Mayhew) ................. **31**:179
"The Pet Name" (Browning) ............ **1**:117
*Peter Bell* (Wordsworth) ... **12**:408-09, 421-22, 445
*Peter Bell the Third* (Shelley) ..... **18**:351, 358, 368
"Peter Connell" (Carleton) ............. **3**:85
"Peter Goldthwaite's Treasure" (Hawthorne) ................................ **39**:190
"Peter Grimes" (Crabbe) ...... **26**:111, 113, 116, 119, 124-26, 128, 134-35, 141, 147
*Peter Ibbetson* (Du Maurier) .. **86**:278-80, 285, 287-88, 290, 292
*Peter Leberecht, eine Geschichte ohne Abeuteuerlichkeiten* (Tieck) . **5**:515, 519-21
*Peter Leberechts Volks mährchen* (Tieck) ................................ **5**:515
*Peter of the Castle* (Banim and Banim) ................................ **13**:117-18, 129, 131
*Peter Pilgrim* (Bird) .................... **1**:86
*Peter Schlemihls Wundersame Geschichte* (Chamisso) .... **82**:6, 9-12, 15-16, 18, 20-22, 27, 30, 32, 35, 38, 40-41, 48-49, 51, 53, 56-57, 60, 62-65, 67-69
*Peter Simple* (Marryat) . **3**:315, 317-19, 321-22
*Peter the Great* (Dunlap) ............... **2**:215
"Peter the Parson" (Woolson) .... **82**:284, 286, 293, 330, 333, 3367
"Peter the Piccaninny" (Kendall) ....... **12**:192
*Peter's Letters to His Kinsfolk* (Lockhart) ........... **6**:285, 293, 295-97, 300, 305, 308
"The Petersburg Stage" (Gogol) ........ **31**:94
"Le Petit Bègue" (Desbordes-Valmore) . **97**:14
*Le petit chose* (Daudet) .. **1**:231, 234-36, 243, 249-51
"Petit Gervais" (Hugo) ................. **10**:357
"Le Petit Incendiaire" (Desbordes-Valmore) ................................ **97**:14

"Le Petit Peureux" (Desbordes-Valmore) ................................ **97**:38
*Le petit Picpus* (Hugo) ............. **10**:373-74
*Petit traité de poésie Française* (Banville) .............. **9**:20-21, 23-25, 27-28
*Le petit vieux des Batignolles* (Gaboriau) ................................ **14**:17-18, 22, 29
*La Petite Comtesse* (Feuillet) ....... **45**:85-7
"La petite Fadette" (Maupassant) ......... **1**:448
*La petite Fadette* (Sand) . **2**:599, 601, 603, 605; **42**:323, 340, 363-65, 367, 373-75, 377; **57**:317, 338
*La petite paroisse* (Daudet) ...... **1**:237, 251
*Petite prière sans prétentions* (Laforgue) ................................ **53**:265
"La petite rogue" (Maupassant) ......... **1**:454
"La Petite Roque" (Maupassant) . **83**:197, 199, 201
"Les petites vielles" (Baudelaire) .. **6**:79, 85, 91-2, 109, 116; **29**:80, 100, 114; **55**:2-4, 16, 19, 21-2, 28, 35, 39-42, 67, 73
"Pétition" (Laforgue) .................. **5**:280
*Petits châteaux de bohème* (Nerval) ................................ **67**:305, 331
"Les petits coups" (Beranger) .......... **34**:29
*Petits poèmes en prose: Le spleen de Paris* (Baudelaire) .. **6**:84, 86-87, 90, 103, 111; **29**:68, 75, 79, 108, 110-11; **55**:43, 46-8, 52
"Les Petits Sauvages" (Desbordes-Valmore) ................................ **97**:14
*Petru rareş* (Eminescu) .............. **33**:264-65
"Pettichap's Nest" (Clare) . **9**:85; **86**:144-45
*Petticoat Government* (Trollope) ....... **30**:331
*Le peuple* (Michelet) ...... **31**:207, 214, 217-18, 229-32, 234, 239-42, 248, 250-51, 257, 260-61
*Le peuple russe et le Socialisme* (Herzen) ................ **10**:332, 335-6
*Peveril of the Peak* (Scott) .......... **15**:313
"Pevuchest est v morskikh volnakh" (Tyutchev) ................ **34**:398
"Pewit's Nest" (Clare) .. **9**:85; **86**:133
"The Pewter Quart" (Maginn) .. **8**:438, 441
*La Peyrouse* (Kotzebue) ..... **25**:141, 145, 147
*Die Pfarrose* (Ludwig) ........ **4**:349, 351
*Der Pförtner im Herrenhause* (Stifter)
    See *Tourmaline*
"Phadrig's Dilemma" (Griffin) ........ **7**:198
*Phaeton* (Kingsley) ................. **35**:249
"Phantasie an Laura" (Schiller) ....... **39**:338
"Phantasien" (Lazarus) .............. **8**:418-19
"Phantasus" (Tieck) .................. **46**:333
*Phantasus* (Tieck) . **5**:515, 517, 527; **46**:332-3, 348-50
"A Phantasy" (Taylor) ................. **89**:307
"The Phantom" (Taylor) ............... **89**:307
*The Phantom* (Baillie) ......... **2**:40-41; **71**:6
"The Phantom Horse" (Meyer)
    See "Das Geisterross"
*The Phantom Ship* (Marryat) ...... **3**:317, 320
*The Phantom Wedding; or, The Fall of the House of Flint* (Southworth) ...... **26**:434
"Phantoms" (Turgenev) .. **21**:415, 420, 431, 441, 451, 453
*Le phare des Sanguinaires* (Daudet) ..... **1**:247
"Les phares" (Baudelaire) ....... **6**:98, 114, 123; **29**:97; **55**:4, 58
"Pharoah Tla's Avatars" (Eminescu)
    See "Avatarii faraonului Tlá"
"Phaudhrig Crohoore" (Le Fanu) ......... **9**:299
"Phelim O'Toole's Courtship" (Carleton) ................................ **3**:86, 91
"Phenomena" (Hoffmann) ................. **2**:342
"Le phénomène futur" (Mallarmé) ................................ **4**:371; **41**:281
*The Phenomenology of Mind* (Hegel) . **46**:114-15, 126, 133-34, 136, 138-39
*The Phenomenology of the Spirit* (Hegel)
    See *System der Wissenschaft: 1. Theil. Der Phänomenologies des Geistes*
"Phidylé" (Leconte de Lisle) ............. **29**:224

*Phil Fogarty: A Tale of the Fighting Onety-Oneth* (Thackeray) ................................ **14**:450; **43**:384
"Phil Purcel, the Pig-Driver" (Carleton) . **3**:86
*Phil, the Fiddler; or, The Story of a Young Street Musician* (Alger) . **8**:21, 24, 33-34, 43; **83**:127
"Philander" (Arnim) ................... **5**:13
"The Philanthropist" (Griffin) ......... **7**:215
"Philanthropy" (Thoreau) .............. **7**:351
*Philiberte* (Augier) .. **31**:2, 4, 10, 12, 14, 23-4, 27
"Philip, my King" (Craik) ............. **38**:120
"Philip of Pokanoket" (Irving) ........... **19**:328; **95**:265-66, 268-69
*Philological Grammar* (Barnes) ...... **75**:19, 26, 40, 64-5
"Philomela" (Arnold) .............. **89**:7, 19
"The Philosopher" (Brontë) .......... **16**:68, 74
"The Philosopher's Conclusion" (Brontë) ................................ **35**:147
*Les philosophes Français du XIXme siècle* (Taine) .... **15**:409, 412, 431, 458
"Philosophic Humbugs" (Clarke) ........ **19**:234
*Philosophic Studies* (Balzac)
    See *Etudes philosophiques*
*A Philosophical and Practical Grammar of the English Language* (Webster) ...... **30**:413
"Philosophical Considerations on the General Science of Mathematics" (Comte) ................................ **54**:180-3
*Philosophical Considerations on the Physical Sciences* (Comte) .... **54**:172, 180-3
*Philosophical Dialogues and Fragments* (Renan)
    See *Dialogues et fragments philosophiques*
*Philosophical Fragments; or, A Fragment of Philosophy* (Kierkegaard) ........... **34**:200-01, 204, 223-224, 237; **78**:119, 131, 134, 144, 148, 152, 154, 161-62, 189, 199, 201, 204, 211, 214-18, 227, 237-38, 240-41
*Philosophical Lectures* (Coleridge) ....... **9**:208
*Philosophical Letters* (Schelling)
    See *Philosophische Briefe über Dogmatismus und Kriticismus*
*A Philosophical View of Reform* (Shelley) ................................ **18**:338
*La philosophie dans le boudoir* (Sade) . **3**:492-93, 495; **47**:304, 310, 318, 327, 334-35, 339, 341, 346, 350-53, 355-59, 364
*Philosophie de l'art* (Taine) ............... **15**:452
*Philosophie der Mythologie* (Schelling) ................................ **30**:142, 144
*Philosophie der Mythologie und Offenbarung* (Schelling) ............ **30**:138
*Philosophie des Lebens* (Schlegel) ................................ **45**:294, 298
*Philosophische Briefe über Dogmatismus und Kriticismus* (Schelling) ... **30**:128, 153-55
*Philosophische Untersuchungen über das Wesen der menschlichen Freiheit und die damit zusammenhängenden Gegenstände* (Schelling) ............ **30**:135, 168
"Philosophy" (Levy) ................. **59**:102, 120
"Philosophy" (Thomson) .......... **18**:390, 418
*Philosophy and Common Sense* (Brownson) ................................ **50**:27
"Philosophy and Religion" (Very) ........ **9**:386
"Philosophy as an Element of Culture" (Lewes) ................ **25**:288
*Philosophy in the Bedroom* (Sade)
    See *La philosophie dans le boudoir*
*Philosophy in the Boudoir* (Sade)
    See *La philosophie dans le boudoir*
*Philosophy of Art* (Schelling) . **30**:175-77, 181
*The Philosophy of Composition* (Poe) .... **1**:512, 516-18, 523, 526, 528; **55**:138-9, 141, 147-8, 161, 208-9, 211-2; **97**:213
"Philosophy of Evolution" (Symonds) . **34**:336
"The Philosophy of Furniture" (Poe) ................................ **16**:304; **55**:147

*Philosophy of History* (Hegel) ..... **46:**119, 125, 128-30, 156-57

*Philosophy of Mythology* (Schelling)
   See *Philosophie der Mythologie*

*Philosophy of Nature* (Hegel) ............ **46:**171

*Philosophy of Nature* (Schelling)
   See *Natur-Philosophie*

*Philosophy of Revelation* (Schelling)
   .................................. **30:**157, 159

"The Philosophy of the Obvious" (Pisarev)
   ......................................... **25:**332

"The Philosophy of the Supernatural"
   (Brownson) ........................... **50:**52

*Philothea: A Grecian Romance* (Child) . **6:**199-201, 203-05, 208-09; **73:**51, 60, 68, 77-8

"A Philoxène Boyer" (Banville) ............. **9:**26

"The Philter" (Stendhal)
   See "Le Phitre"

"The Philtre" (Rossetti) ....................... **4:**510

*Phineas Finn, the Irish Member* (Trollope)
   ..... **6:**461, 463, 466, 470, 472, 495; **33:**364

*Phineas Redux* (Trollope) . **6:**463, 466, 472-73, 495, 513, 519; **33:**424

"Le Phitre" (Stendhal) ................. **46:**294, 307

"The Phocaeans" (Landor) ... **14:**164, 181, 184

"Phoebe Dawson" (Crabbe) . **26:**100, 102, 116, 133

*Phoebe, Junior: A Last Chronicle of Carlingford* ..... **11:**446-8, 454, 456-7, 459, 462; **61:**162-3, 165-8, 174, 182, 198, 216, 229-30

*Phoebus* (Kleist) ............................... **2:**437

"The Phoenix" (Andersen) .................. **79:**84

"Phokaia" (Lampman) ....................... **25:**203

"Phosphorous and Civilization" (Lewes)
   ......................................... **25:**310

"Phrases" (Rimbaud) ......... **35:**297; **82:**232-33

*The Physical Basis of Mind* (Lewes)
   See *The Problems of Life and Mind*

*The Physician, the Dying, and the Dead* (Herzen) ........................................ **10:**329

*Physics and Politics; or, Thoughts on the Application of the Principles of "Natural Selection" and "Inheritance" to Political Society* (Bagehot) .. **10:**16, 19, 24-26, 34-36, 39, 44-46, 48, 65-66

*Physiography* (Huxley) ....................... **67:**11

*Physiologie du mariage; ou, Méditations de philosophie éclectique sur le bonheur et le malheur conjugal* (Balzac) . **5:**28, 32, 42, 78, 83; **53:**22

*Physiology and Calisthenics* (Beecher) . **30:**16

*The Physiology of Common Life* (Lewes)
   ....................... **25:**288, 296, 310-11, 317-18

*The Physiology of Marriage* (Balzac)
   See *Physiologie du mariage; ou, Méditations de philosophie éclectique sur le bonheur et le malheur conjugal*

"The Physiology of Versification" (Holmes)
   ...................................... **14:**111, 127

"The Piano of Chopin" (Norwid)
   See "Fortepjan Szopena"

"Le piano que baise une main frê" (Verlaine)
   ......................................... **51:**383

"The Piano-Organ" (Levy) ................... **59:**92

*Piast Dantyszek's Poem on Hell* (Slowacki)
   See *Poema Piasta Dantyszka o piekle*

"The Piazza" (Melville) .... **3:**380, 383; **49:**392

*The Piazza Tales and Other Prose Pieces, 1839-1860* (Melville) ... **3:**331, 361, 384; **29:**315; **93:**205, 242-44, 246-49

*Piccadilly: A Fragment of Contemporary Biography* (Oliphant) . **47:**266, 271, 274-76, 278-79, 284-85, 296-98

*Le Piccinino* (Sand) ......................... **57:**316

*Die Piccolomini* (Schiller)
   See *Wallenstein*

*Pickwick Papers* (Dickens)
   See *The Posthumous Papers of the Pickwick Club*

"Pico della Mirandola" (Pater) ............. **7:**313

"Pictor Ignotus" (Browning) ... **19:**132; **79:**94-96

*The Pictorial Ukraine* (Shevchenko)
   See *Zivopisnaja Ukraina*

"A Picture at Rustrum" (Arnold) .......... **29:**23

"The Picture of a Blind Man" (Wilson) . **5:**545

"The Picture of St. John" (Taylor) ...... **89:**311-12, 346

"Picture Song" (Pinkney) ....... **31:**268, 273-74, 276-77, 279

*A Picture-Book without Pictures* (Andersen)
   ........................................ **7:**21, 27, 36

"Pictures" (Whitman) ...................... **81:**342

*The Pictures* (Tieck) ......................... **5:**513

"Pictures at Wilton" (Hazlitt) ............. **29:**144

*Pictures from Italy* (Dickens) . **3:**146; **18:**120

*Pictures from My Life* (Macha) ... **46:**201, 208-10, 212

"The Pictures of Columbus, the Genoese" (Freneau) ......................... **1:**319, 322

*Pictures of Sweden* (Andersen) .......... **7:**17-18

*Pictures of Travel* (Heine)
   See *Reisebilder*

"The Picturesque and the Ideal" (Hazlitt)
   ......................................... **29:**156

"Picturesque Travel" (Gilpin) .......... **30:**38, 43

"A Piece of String" (Maupassant)
   See "La ficelle"

*Pieces, in Prose and Verse* (Sigourney)
   See *Moral Pieces, in Prose and Verse*

"Pied Beauty" (Hopkins) . **17:**208, 215-16, 238, 244, 255-56

"Le Pied de la momie" (Gautier) . **1:**355; **59:**31, 35-6, 38

"The Pied Piper of Hamelin" (Browning)
   ......................................... **19:**98

"Pielgrzym" (Mickiewicz) .................... **3:**404

"Pielgrzym" (Norwid) ...................... **17:**367

*La pierre de touche* (Augier) . **31:**5, 12, 14-15, 24-5, 35

"Pierre Dupont" (Baudelaire) .............. **29:**70

*Pierre et Jean* (Maupassant) .... **1:**446-47, 450, 452, 461, 463-64, 467, 469-71; **42:**162-217; **83:**172, 181, 188

*Pierre; or, The Ambiguities* (Melville)
   .. **3:**330, 333, 335-38, 341, 343-44, 347-48, 351, 354, 361, 363-64, 366-70, 372, 374-75, 380, 384-85; **12:**281, 293; **29:**315-18, 323-24, 326-27, 329-32, 334-35, 338, 344, 368; **45:**195, 210, 235, 247, 251; **49:**376, 391-92, 399, 402-03, 407, 416, 420-21; **91:**1-228; **93:**240

*Pierre qui roule* (Sand) ......... **42:**311; **57:**316

"Pierrette" (Balzac) ........................... **53:**8

*Pierrot fumiste* (Laforgue) . **5:**281-2; **53:**291

"Pierrots" (Laforgue) ..... **53:**279, 286-8, 290-1

"Pierrots II" (Laforgue) ..................... **53:**288

"Pierrots III" (Laforgue) .................... **53:**288

"Pierrots, I-V" (Laforgue) . **5:**277; **53:**288

"Piers Plowman" (Morris) ................... **4:**441

*Pierścień wielkiej damy* (Norwid) ....... **17:**379

"Pietro of Abano" (Tieck) .................. **5:**525

*Pietro Tasca* (Dumas) ............. **71:**217, 221-22

"Pig under the Oak" (Krylov) ............. **1:**439

"Pigen, som traadte paa Brødet" (Andersen)
   ......................................... **79:**77

"The Pigeons at the British Museum" (Jefferies) ............................... **47:**95

"Pijaństwo" (Krasicki) ............... **8:**403, 407

"The Pike" (Krylov) ................... **1:**435, 439

*Pikovaya dama* (Pushkin) ... **3:**429-30, 435-37, 442, 447-48, 452, 456, 459, 464; **83:**274-77, 279, 323, 332, 350, 354-55

"Eine Pilgerfahrt zu Beethoven" (Wagner)
   .......................... **9:**414, 455-56, 475

"Pilgrim" (Mickiewicz)
   See "Pielgrzym"

"The Pilgrim" (Newman) .................. **38:**344

"The Pilgrim" (Norwid)
   See "Pielgrzym"

*Pilgrim Fathers* (Hemans) ................. **29:**205

"The Pilgrim of Glencoe" (Campbell)
   ........................ **19:**179, 181, 184, 193

*The Pilgrim of Glencoe, and Other Poems* (Campbell) .......................... **19:**184

*Pilgrimage* (Southey) ...................... **97:**269

*Pilgrimage to Al-Madinah and Meccah* (Burton) . **42:**35, 40, 42, 52-54, 57-59, 61

"A Pilgrimage to Beethoven" (Wagner)
   See "Eine Pilgerfahrt zu Beethoven"

*Pilgrimage to Mecca* (Burton)
   See *Pilgrimage to Al-Madinah and Meccah*

"A Pilgrimage to Patrick's Purgatory" (Carleton) ............................ **3:**92

*The Pilgrimage to the Giants' Mountain* (Macha) ...................... **46:**201, 204

*A Pilgrimage to the Holy Land* (Lamartine)
   See *Souvenirs, impressions, pensées, et paysages pendant un voyage en Orient, 1832-1833; ou, Notes d'un voyageur*

*The Pilgrims of Hope* (Morris) ..... **4:**438, 441, 443

*The Pilgrims of the Sun* (Hogg) .......... **4:**275-76, 279-80, 282

"A Pillar at Sebzevar" (Browning) ....... **79:**157

"The Pillar of the Cloud" (Newman)
   ................................ **38:**343, 345-46

"Pillows of Stone" (Crawford) ............ **12:**174

*The Pilot* (Cooper) . **1:**197, 199-202, 207-08, 221-22; **54:**252-4, 265-6, 275

"The Pilot's Daughter" (Allingham) ....... **25:**6-7, 24

"The Pilot's Song" (Allingham) ............ **25:**18

*Pin Money* (Gore) ....................... **65:**2-5, 28

*Pinakidia* (Poe) .................... **94:**229, 233

*The Pine Apple and the Bee* (Cowper) . **94:**104

"The Pine Tree" (Andersen) ............ **79:**62-63

"The Pine's Mystery" (Hayne) ............ **94:**149

*The Pink and the Green* (Stendhal)
   See *Le rose et le vert*

*Pink and White Tyranny* (Stowe) ... **3:**558, 562

"A Pink Villa" (Woolson) ... **82:**276, 290, 343, 345

*Pinocchio* (Collodi)
   See *Le Avventure di Pinocchio*

"Pins" (Coleridge) ......................... **90:**9

"Pinty úrfi" (Petofi) ..................... **21:**283

"The Pioneer" (Lowell) .......... **90:**215, 219

"Pioneers! O Pioneers!" (Whitman) ... **4:**571-72, 580; **81:**316, 319, 339

*Pioneers of France in the New World* (Parkman) ... **12:**333, 336, 339, 341, 355, 371, 374, 376

*The Pioneers; or, The Sources of the Susquehanna* (Cooper) .. **1:**197-202, 205, 207, 221, 223; **27:**123-25, 127-29, 131-37, 139-44, 146-47, 149, 151, 153, 165, 167-69, 171-72, 178, 182-85, 187; **54:**250, 252-4, 266, 277, 280, 283, 291, 297, 301

"La Pipe" (Baudelaire) ..................... **55:**3

"La pipe" (Mallarme) .... **4:**371, 373, 376

"La pipe au poète" (Corbiere) . **43:**13, 31

"La Pipe d'opium" (Gautier) ............... **59:**36

"The Piper" (Blake) ... **13:**190-91; **37:**6

"Piping Down the Valleys Wild" (Blake)
   ......................................... **13:**180

"Pippa Passes" (Blake) ..................... **37:**5

*Pippa Passes* (Browning) . **19:**75, 82, 96, 103, 110, 113; **79:**140, 146, 148, 156, 161, 166, 181, 190

*Pique Dame* (Pushkin) ..................... **27:**379

*Piquillo Alliaga* (Scribe) ................... **16:**385

*Pir vo vremiachumy* (Pushkin) . **3:**426, 433-34, 448, 450, 452; **83:**263, 265-66, 285, 338, 351

"Piranése, contes psychologiques, à propos de la monomanie réflective" (Nodier)
   ................................... **19:**384, 400

*Pirate* (Marryat) ..................... **3:**317, 320

"Pisa's Leaning Tower" (Melville) .......... **3:**363

"Pisemski, Turgenev and Goncharov" (Pisarev)
   See "Pisemskij, Turgenev, i Goncarov"

Title Index

"Pisemskij, Turgenev, i Goncarov" (Pisarev) .................. **25**:338, 346, 352

*Pisma k tyotenke* (Saltykov) . **16**:343, 345, 358, 374

*Pisma o provintsii* (Saltykov) ....... **16**:343, 374

*Pisma wszystkie* (Fredro) ...................... **8**:291

"The Pit and the Pendulum" (Poe) . **1**:500, 502, 530; **16**:308-10, 332-34; **55**:136; **78**:257-58, 264; **94**:225

"Le pitre châtié" (Mallarme) . **41**:250, 291

"Pitt" (Bagehot) ........................ **10**:31

"Pity for Poor Africans" (Cowper) ....... **94**:32

"Pity's Gift" (Lamb) ...................... **10**:398

"The Pixy and the Grocer" (Andersen)
See "The Goblin at the Grocer's"

*Pizarre; ou, La conquête de Pérou* (Pixerecourt) ................ **39**:279, 286

*Pizarro* (Kotzebue)
See *Die Spanier in Peru, oder Rollas Tod*

*Pizarro* (Sheridan) .... **5**:362, 369, 371; **91**:274, 279-87

"Place de la Bastille" (Rossetti) .......... **77**:297

"A Place in Thy Memory, Dearest" (Griffin) .................. **7**:201

"The Place Where I Was Born" (Chivers) .................. **49**:49

"Placet" (Mallarme)
See "Placet futile"

"Placet futile" (Mallarme) ......... **4**:376; **41**:291

"Plagiarism" (Murray) ...................... **63**:179

"Plagiarism" (Poe) ...................... **55**:177

"The Plague" (Gobineau) ...................... **39**:340

"The Plague in Bergamo" (Jacobsen) .................. **34**:157, 168-70, 172

*Plain or Ringlets?* (Surtees) . **14**:349, 353, 365-67, 371, 374-75, 377-80

*The Plain Speaker: Opinions on Books, Men, and Things* (Hazlitt) ... **29**:147, 162, 175, 185

"La plaine" (Sainte-Beuve) .................. **5**:347

"The Plainest City in Europe" (Jefferies) .................. **47**:136

"The Plains" (Petofi)
See "Az alföld"

"Plaint of the Missouri Coon" (Field) .. **3**:208

"Plainte d'automne" (Mallarme) .... **4**:371, 373

"Plainte de cyclope" (Leconte de Lisle) .................. **29**:217

"Plan" (Austen)
See "Plan of a Novel"

*Plan de travaux scientifiques nécessaires pour reorganiser la société* (Comte) ... **54**:210

*Plan for an Army* (Cobbett) .................. **49**:113

"A Plan for an Universal Peace" (Bentham) .................. **38**:67

"Plan of a Novel" (Austen) .................. **95**:78-8,

"A plank of flesh" (Lonnrot) .................. **53**:339

*Plans of Education* (Reeve) .................. **19**:415

"The Planting of the Apple Tree" (Bryant) .................. **6**:165, 169, 171, 182

*Plastik* (Herder) .................. **8**:314

"Plato" (Emerson) .................. **1**:294

*Plato* (Sacher-Masoch)
See *Plato's Love*

*Plato and Platonism: A Series of Lectures* (Pater) ... **7**:301-03, 308-10, 323; **90**:243-44, 257, 261, 273, 284, 288, 295, 301, 325, 333-34

"Platonic Love" (Sacher-Masoch) . **31**:292, 297

"Platonisme" (Verlaine) .................. **51**:361

"Plato's Aesthetics" (Pater) .................. **90**:325

*Plato's Love* (Sacher-Masoch) .... **31**:287, 292, 310

*Play* (Robertson) .... **35**:334, 336, 340, 351-52, 357, 362, 365, 369, 371

*The Playfellow* (Martineau) ..... **26**:310-11, 323

"Playing Old Sledge for the Presidency" (Harris) .................. **23**:150

*The Plays of Clara Gazul* (Merimee)
See *Théâtre de Clara Gazul*

*Plays on the Passions* (Baillie) .... **71**:3-5, 8-9, 12-13

*A Plea for a Miserable World . . .* (Webster) .................. **30**:413

"Plea for Beauty" (Ingelow) .................. **39**:256

"A Plea for Captain John Brown" (Thoreau) .. **7**:385-6, 406; **21**:329, 331, 347, 350, 370

"A Plea for Gas Lamps" (Stevenson) ... **5**:388-89

"The Plea of the Midsummer Fairies" (Hood) . **16**:201, 205, 208, 210, 215, 218, 221, 225-27, 229-33

*The Plea of the Midsummer Fairies, Hero and Leander, Lycus the Centaur, and Other Poems* (Hood) ........ **16**:200-02, 233, 240

"Pleasant Days of My Childhood" (Traill) .................. **31**:328

"Pleasant Memories of Pleasant Lands" (Sigourney) .................. **87**:321

*Pleasant Memories of Pleasant Lands* (Sigourney) .... **21**:296, 299; **87**:321

"The Pleasure-Boat" (Dana) .................. **53**:158

"The Pleasures of a College Life" (Horton) .................. **87**:95

"The Pleasures of Hope" (Campbell) . **19**:162-63, 165, 169, 171, 174-75, 178-81, 184-85, 189, 191-93, 195-99

*The Pleasures of Hope, with Other Poems* (Campbell) .................. **19**:176-77

*The Pleasures of Memory* (Rogers) ...... **69**:68-9, 74-5, 77-8, 80-3, 85-92

"Pleasures of Spring" (Clare) ............ **9**:98-99

"A Pledge to Hafiz" (Taylor) ............. **89**:305

*Les pléiades* (Gobineau) ..... **17**:65-9, 91-3, 96, 98, 100, 103-04

*Les Pleurs* (Desbordes-Valmore) ..... **97**:12, 26, 29, 39

"Pleurs dans la nuit" (Hugo) ........... **3**:263

*Plighted Troth* (Darley) .................. **2**:128

"Plorata Veris Lachrymis" (Barnes) ...... **75**:72

"Plots and Counterplots" (Alcott)
See "V.V.: or Plots and Counterplots"

*Plots and Counterplots: More Unknown Thrillers of Louisa May Alcott* (Alcott) .................. **58**:3

"The Ploughboy Is Whooping Anon Anon" (Wordsworth) .................. **12**:393

"Le plus beau dîner du monde" (Villiers de l'Isle Adam) .................. **3**:581

"Le plus bel amour de Don Juan" (Barbey d'Aurevilly) .................. **1**:74-75

"Plus de chants" (Desbordes-Valmore) .................. **97**:6, 10

"Plus de politique" (Beranger) ............. **34**:28

"Pluviôse irrité contre la ville entière" (Baudelaire) .................. **55**:70

"Po povodu 'ottsov i detey'" (Turgenev) .................. **37**:392, 437, 442

*Po und Rhein* (Engels) .................. **85**:83

"The Poacher" (Hood) .................. **16**:234

"Pocahontas" (Sigourney) ........... **21**:298, 303; **87**:342

*Pocahontas, and Other Poems* (Sigourney) .................. **87**:321, 326, 330, 332, 342

"Początek broszury politycznej" (Norwid) .................. **17**:372

"Podas Okus" (Gordon) ...... **21**:156, 160, 163, 166, 173, 181

"Podrobnyi otchet o lune" (Zhukovsky) .................. **35**:406

*Podrostok* (Dostoevsky) . **2**:167, 170, 175, 204; 7:80, 103; **21**:101-02, 118; **33**:165, 170, 178-79, 182; **43**:92, 95

*Podróż na Wschód—Podróż do Ziemi Swietej z Neopolu* (Slowacki) .................. **15**:374

"Poem" (Ridge) .................. **82**:199

"A Poem for Children, with Thoughts on Death" (Hammon) ............ **5**:262, 264-65

"Poem of Apparitions in Boston in the 73rd Year of These States" (Whitman) .................. **31**:419, 425; **81**:329

"Poem of the Road" (Whitman) ......... **81**:329

*A Poem, on the Rising Glory of America* (Freneau) .................. **1**:314, 316, 319, 324

"Poem Read at the Dinner Given to the Author by the Medical Profession" (Holmes) .................. **14**:128

*Poema Piasta Dantyszka o piekle* (Slowacki) .................. **15**:355, 358-59

"Poème de la femme" (Gautier) ............ **59**:19

*Poèmes* (Vigny) .................. **7**:484

*Poèmes antiques* (Baudelaire) .............. **6**:102

*Poèmes antiques* (Leconte de Lisle) ... **29**:212-17, 221-25, 231, 233, 235-43

*Poèmes antiques et modernes* (Vigny) .. **7**:480-81, 483-84

*Poèmes barbares* (Baudelaire) .............. **6**:102

*Poèmes barbares* (Leconte de Lisle) .................. **29**:212, 215-17, 221-25, 235

*Poèmes d'Edgar Poe* (Mallarme) ........ **41**:269

*Poèmes en prose* (Mallarme) .............. **4**:377

*Poèmes et légendes* (Nerval) ................ **1**:484

*Poèmes et poésies* (Leconte de Lisle) .................. **29**:226, 230-31, 237

*Les Poèmes saturniens* (Verlaine) . **2**:617, 619, 622-24, 628-31; **51**:352, 354-56, 359, 361-62, 365, 386-87

*Poèmes tragiques* (Leconte de Lisle) .. **29**:221-25, 235

"Poems" (Cooke) .................. **5**:132

*Poems* (Allingham) .................. **25**:24, 26

*Poems* (Arnold) ........ **6**:32, 44; **29**:12, 27, 53; **89**:43, 85-6, 92

*Poems* (Barbauld) .................. **50**:9

*Poems* (Brontë) .................. **71**:165-66

*Poems* (Browning) ........ **1**:112, 117, 129

*Poems* (Clare)
See *The Poems of John Clare*

*Poems* (Coleridge) .... **90**:7, 15, 19-21, 26, 29

*Poems* (Cowper) ............... **8**:102, 113; **94**:77

*Poems* (Crabbe) ........ **26**:78, 102

*Poems* (Desbordes-Valmore)
See *Pósies*

*Poems* (Emerson) ............ **1**:285, 295; **38**:185

*Poems* (Ferguson) . **33**:279, 285, 287, 290, 299

*Poems* (Hayne) .... **94**:137, 139, 141, 148, 151, 167

*Poems* (Hemans) .................. **71**:271-72

*Poems* (Holmes) .... **14**:98, 100-01, 127

*Poems* (Ingelow) ........ **39**:257, 263-64

*Poems* (Keats) . **8**:321-22, 324-25, 331-32, 340; **73**:152, 182, 186, 192, 208, 290, 311-12, 314

*Poems* (Lanier) .................. **6**:236

*Poems* (Longfellow) .................. **2**:472-73

*Poems* (Lowell) . **2**:502-03, 511, 515; **90**:215, 220

*Poems* (Meyer)
See *Gedichte*

*Poems* (Opie) ............ **65**:175, 182

*Poems* (Patmore) ............ **9**:326-28, 336, 348

*Poems* (Pinkney) .... **31**:267, 270, 273

*Poems* (Poe) .................. **55**:162; **97**:184

*Poems* (Ridge) ............ **82**:174, 185, 199, 201

*Poems* (Rogers) .................. **69**:77

*Poems* (Rossetti) .................. **2**:557-58

*Poems* (Rossetti) . **4**:490, 492-93, 495, 497-98, 500, 502, 511; **77**:294, 302, 336-37, 340-41, 346

*Poems* (Runeberg)
See *Dikter*

*Poems* (Shelley) .................. **18**:331

*Poems* (Sigourney) . **21**:291, 308; **87**:321, 326, 331, 334, 337

*Poems* (Slowacki) .................. **15**:363

*Poems* (Smith) ..... **59**:259, 264, 312, 319, 326, 328-33

*Poems* (Southey) ............ **8**:447; **97**:260, 314

*Poems* (Tennyson) .................. **30**:211, 275-76

*Poems* (Timrod) ............ **25**:359, 366, 382

*Poems* (Very) ............ **9**:371-72, 379

*Poems* (Whittier) ......... **8**:488; **59**:354

*Poems* (Wordsworth) ...... **12**:393-94, 401, 416, 463, 468

*Poems and Ballads of Heinrich Heine* (Lazarus) .................. **8**:418, 425

*Poems and Essays* (Very) ...................... **9**:370
*Poems and Prose Remains of Arthur Hugh Clough, with a Selection from His Letters, and a Memoir* (Clough) ................................................. **27**:60, 64, 70
*Poems and Prose Writings* (Dana) ...... **53**:170
*Poems and Songs* (Kendall) ... **12**:179, 184-86, 190, 192
*The Poems and Stories of Fitz-James O'Brien* (O'Brien) ........................... **21**:234-35, 244
*Poems and Translations* (Lazarus) . **8**:411, 414, 417, 425
*Poems before Congress* (Browning) ............. **1**:120, 130; **61**:6, 11-2, 15, 24, 44
*Poems by a Slave* (Horton) ............ **87**:86, 101
*Poems by Currer, Ellis, and Acton Bell* (Brontë) ............................ **16**:63, 67, 87
*Poems by Currer, Ellis, and Acton Bell* (Brontë) ............................................ **4**:38
*Poems by Currer, Ellis, and Acton Bell* (Brontë) ............................................ **3**:43, 62
*Poems by Emily Dickinson* (Dickinson) . **77**:66-67, 75, 165, 169
*Poems by James Clarence Mangan* (Mangan) ...................................... **27**:276, 301, 315, 318
*Poems by Robert Lovell and Robert Southey* (Southey) ........................................ **97**:260
*Poems by Robert Southey* (Southey) .. **97**:260
*Poems by the Way* (Morris) ..... **4**:421-23, 425, 443
*Poems by Two Brothers* (Tennyson) ... **30**:223
*Poems by William Cowper, of the Inner Temple, Esq.* (Cowper) .. **94**:92, 112, 117
*Poems by William Cullen Bryant, an American* (Bryant) ........................... **6**:157-60, 162
"Poems by William Morris" (Pater) ...................................... **90**:296, 305-06, 308, 326
*Poems, Chiefly Lyrical* (Tennyson) ...................................... **30**:203, 211, 275; **65**:280
*Poems Descriptive of Rural Life and Scenery* (Clare) . **9**:72-73, 76, 78, 112; **86**:92, 110, 125, 128, 151, 153-55, 159-60, 173-74
*Poems, Dialogues in Verse, and Epigrams* (Landor) ...................................... **14**:177
*Poems Dramatic and Miscellaneous* (Warren) ...................................... **13**:411-13
*Poems, Essays, and Fragments* (Thomson) ...................................... **18**:394
*Poems for Our Children* (Hale) .......... **75**:284-86, 288-89, 341, 349
"Poems for the Sea" (Sigourney) ........ **87**:321
*Poems for the Times* (Heine)
    See *Zeitgedichte*
*Poems in Prose from Charles Baudelaire* (Baudelaire)
    See *Petits poèmes en prose: Le spleen de Paris*
*Poems: Legendary and Historical* (Milnes) ...................................... **61**:137
*Poems of 1820* (Keats)
    See *Poems*
*Poems of 1833* (Browning) ................ **61**:48
*Poems of 1844* (Browning) .... **61**:2, 4-5, 42-3, 61, 64-5, 71-2; **66**:88
*Poems of 1850* (Browning) ........ **61**:43, 49, 69
*The Poems of Archibald Lampman* (Lampman) ...................................... **25**:217
*The Poems of Arthur Hugh Clough* (Clough) ...................................... **27**:44
*The Poems of Emily Dickinson* (Dickinson) ...................................... **21**:7, 9, 11-12, 43
*The Poems of Emily Dickinson. 3vols* (Dickinson) ...................................... **77**:48
*The Poems of Emma Lazarus* (Lazarus) . **8**:419-20, 424
*The Poems of Eugene Field* (Field) ...... **3**:209
*Poems of Gerard Manley Hopkins* (Hopkins) ...................................... **17**:196
*Poems of Henry Kendall* (Kendall) .. **12**:198
*The Poems of Henry Timrod* (Timrod) ...................................... **25**:361, 378, 386

*Poems of Home and Travel* (Taylor) ...................................... **89**:307, 309
*The Poems of John Clare* (Clare) .......... **9**:96-97; **86**:103-04
*The Poems of Joseph Sheridan Le Fanu* (Le Fanu) ...................................... **58**:251-2
*Poems of Many Years* (Milnes) . **61**:137, 144-5
*Poems of Rural Life in Common English* (Barnes) ...................................... **75**:18, 40, 69
*Poems of Rural Life in the Dorset Dialect* (Barnes) . **75**:18, 40, 52-3, 67-81, 83, 85, 92
*Poems of Rural Life in the Dorset Dialect; Third Collection* (Barnes) .. **75**:18, 40, 69
*The Poems of Samuel Taylor Coleridge* (Coleridge) ...................................... **54**:73
"Poems of Sentiment and Reflection" (Milnes) ...................................... **61**:135
*Poems of Sidney Lanier* (Lanier) ......... **6**:236
*Poems of the Lake George Darley* (Darley) ...................................... **2**:125
*Poems of the Orient* (Taylor) . **89**:302, 304-07, 343, 346, 355, 357, 359
*The Poems of Walter Savage Landor* (Landor) ...................................... **14**:157, 175
*The Poems of William Allingham* (Allingham) ...................................... **25**:20
"The Poems of William Blake" (Thomson) ...................................... **18**:404
"Poems on rural life etc." (Clare) ....... **86**:174
*Poems on Slavery* (Longfellow) .. **45**:132, 140, 155
"Poems on the Naming of Places" (Wordsworth) ...................................... **12**:452
*Poems on Various Subjects* (Rowson) . **69**:141
*Poems Partly of Rural Life in National English* (Barnes) ...................................... **75**:15, 40, 69, 85
*Poems Posthumous and Collected of Thomas Lovell Beddoes* (Beddoes) ............... **3**:28
*Poems, second series* (Arnold) ............... **6**:32
*Poems, second series* (Dickinson) ..... **21**:22-3
*Poems, third series* (Dickinson) ....... **21**:15
*Poems: Wherein It Is Attempted to Describe Certain News of Nature and of Rustic Manners* (Baillie) ..... **71**:1-2, 51-53
*Poe's Helen Remembers* (Whitman) ... **19**:459
"Poesi och politik" (Almqvist) ............. **42**:19
*Poesie* (Foscolo) ...................... **8**:267, 278
*Poesie der Griechen und Roemer* (Schlegel) ...................................... **45**:283, 320, 359
"Poésie; ou, Le paysage dans le Golfe de Glafenes" (Lamartine) . **11**:270, 280
"Poésie sacrée" (Lamartine) ............... **11**:269
*Poesier* (Wergeland) ...................... **5**:538
*Poèsies* (Gautier) ...................... **1**:350
*Poésies* (Laforgue) ...................... **53**:277
*Poésies* (Mallarmé) ......... **41**:240-44, 249, 280
*Poésies* (Rimbaud) ...................... **82**:240
*Poésies allemandes* (Nerval) ............... **1**:484
*Poésies complètes* (Gautier) .... **59**:18, 34-5, 72
*Poésies complètes* (Rimbaud) ......... **4**:472-74
*Poésies de Choderlos de Laclos* (Laclos) ...................................... **4**:325
*Les poésies de Joseph Delorme* (Sainte-Beuve) .... **5**:333, 340-41
*Poésies I, II* (Lautréamont) . **12**:210, 212, 215-16, 220-21, 237-41, 243-44
*Poésies inédites* (Desbordes-Valmore) ...................................... **97**:13, 18, 20, 25-7, 29-30
*Poésies novelles, 1836-1852* (Musset) ...................................... **7**:256, 272, 279
"The Poet" (Bryant) ............ **6**:182; **46**:6
"The Poet" (Emerson) . **1**:295, 307; **38**:173-74, 180-81, 184, 187, 189, 190
"The Poet" (Lampman) ...................... **25**:216
"The Poet" (O'Brien) ...................... **21**:249
"The Poet" (Pushkin) ...................... **83**:249, 257
"The Poet" (Thoreau) ...................... **7**:396
*Poet and Composer* (Hoffmann)
    See *Der Dichter und der Komponist*
"Poet and Crowd" (Pushkin) ........ **83**:249, 257

"The Poet and His Muse" (Thomson) ...................................... **18**:415, 419
"The Poet and His Songs" (Longfellow) ...................................... **2**:491
"The Poet and the Throng" (Pushkin)
    See "Poet and Crowd"
*The Poet at the Breakfast-Table* (Holmes) ..... **14**:106, 110, 113-15, 124, 126, 132-33, 143-44, 146; **81**:102-04
"The Poet Heine" (Lazarus) ................ **8**:426
"The Poet in the East" (Taylor) . **89**:305
"The Poet of Love" (Chivers) . **49**:44-6, 53, 55
"The Poet, the Oyster and Sensitive Plant" (Cowper) ...................................... **94**:121
"Le poète contumace" (Corbiere) . **43**:6, 10-11, 18, 24, 27, 30, 32, 33
"Le poëte dans les révolutions" (Hugo) ...................................... **21**:214
"Le poëte décho" (Musset) ................ **7**:274
"La poéte Mourant" (Lamartine) . **11**:245, 248, 270, 280
"Les poètes de sept ans" (Rimbaud) ....... **4**:466, 471-72, 474, 479, 486; **35**:271; **82**:226, 247
"Les poëtes du XVIe siècle" (Nerval) . **67**:303
*Les poètes maudites* (Verlaine) ........... **51**:354
*Poetic and Religious Harmonies* (Lamartine) ...................................... **11**:283
*Poetic Contemplations* (Lamartine)
    See *Les recueillements poétiques*
"Poetic Diction" (Wordsworth) .......... **38**:416
"Poetic Interpretation" (Lampman) ...................................... **25**:203, 214-15
*The Poetic Mirror; or, The Living Bards of Britain* (Hogg) ...................... **4**:282, 284
"The Poetic Principle" (Poe) .... **1**:510-11, 526; **16**:307; **55**:132, 138, 159, 164, 170-1; **94**:220
*Poetic Works* (Horton)
    See *Poetical Works*
*The Poetical Meditations of M. Alphonse de La Martine* (Lamartine)
    See *Méditations poétiques*
*Poetical Pieces* (Barnes) ................. **75**:14, 69
"A Poetical Reverie" (Warren) ........ **13**:412
*Poetical Sketches* (Blake) ... **13**:159, 171, 181-82, 184-85, 219, 239-40; **37**:3-4, 8-9, 13-14, 20, 35, 38, 40, 72
"Poetical Versatility" (Hazlitt) ............. **29**:148
*Poetical Works* (Adams) .......... **33**:5, 7, 11, 16
*Poetical Works* (Browning) ......... **79**:149, 152, 189-90
*Poetical Works* (Browning) ..... **61**:12, 14-5, 24
*Poetical Works* (Hemans) .. **71**:271-72, 274-77
*Poetical Works* (Horton) ........ **87**:101-102, 104
*Poetical Works* (Rossetti) ....... **77**:291-98, 303, 343, 349, 356-63
*The Poetical Works* (Taylor) ............... **89**:325
*Poetical Works* (Whittier) ............... **59**:371
*The Poetical Works of Christina Georgina Rossetti* (Rossetti) ......... **2**:566, 572, 576; **50**:279; **66**:304, 310
*The Poetical Works of James Thomson (B. V.)* (Thomson) ...................................... **18**:395
*The Poetical Works of John Trumbull, LL.D.* (Trumbull) .................... **30**:346, 351, 376
*The Poetical Works of Leigh Hunt* (Hunt) ...................................... **70**:257
*The Poetical Works of Robert Southey, Collected by Himself* (Southey) . **97**:268-69, 277-80, 315, 317
*The Poetical Works of Shelley* (Shelley) ...................................... **93**:343-46
*The Poetical Works of Sydney Dobell* (Dobell) ...................................... **43**:45
*The Poetical Works of the Late Thomas Little, Esq.* (Moore) ................. **6**:388
"Poetischer Realismus" (Ludwig) ........ **4**:360
*Poetry* (Karamzin) ...................... **3**:284
"Poetry: A Metrical Essay" (Holmes) ...................................... **14**:98, 127

"Poetry and Imagination" (Emerson) .............................. **1**:295; **38**:175, 187-88
"Poetry and Politics" (Almqvist)
   See "Poesi och politik"
*Poetry and Prose* (Shelley) ............ **93**:294-95
*Poetry and Truth out of My Life* (Goethe)
   See *Dichtung und Wahrheit*
"Poetry and Verse" (Hopkins) ............ **17**:250
"Poetry and Verse" (Hugo) ................ **17**:250
"Poetry for Children" (Sigourney) ...... **87**:321
*Poetry for Children* (Lamb) .............. **10**:418
*Poetry for the People* (Milnes) .... **61**:129, 137
"The Poetry of Byron" (Lampman) .... **25**:212
"The Poetry of Christina Rossetti" (Levy)
   .................................................. **59**:86
*The Poetry of Dorothy Wordsworth*
   (Wordsworth) ...... **25**:408, 420, 422
*The Poetry of Sacred and Legendary Art*
   (Jameson) .... **43**:323-25, 327-28, 333-34, 337-8
"Poetry of the Celtic Races" (Renan) . **26**:364
*Poetry of the Pacific* (Ridge) ............. **82**:185
"Poets" (Hayne) ............................ **94**:160, 164
"The Poets" (Lampman) ..... **25**:160, 173, 194, 209, 212
"Poets and Poetry of America" (Poe) . **55**:177
*The Poets and Poetry of Munster* (Mangan)
   ................. **27**:280, 307-08, 314, 318
*A Poet's Bazaar* (Andersen) ... **7**:16-17; **79**:79, 81
"The Poet's Consolation" (Mangan) ... **27**:276
"A Poet's Daughter" (Halleck) ..**47**:57, 79, 81
"The Poet's Feeble Petition" (Horton) . **87**:102
*The Poet's Journal* (Taylor) ......... **89**:309, 346
*Poet's Life* (Tieck)
   See *Des Dichters Leben*
"The Poet's Mind" (Tennyson) ........ **65**:357-8
"The Poets of Seven Years" (Rimbaud)
   See "Les poètes de sept ans"
*The Poet's Pilgrimage to Waterloo* (Southey)
   .......... **8**:466; **97**:263, 269, 291
"The Poet's Song" (Lampman) ... **25**:184, 192, 204, 216
"The Poet's Tale" (Longfellow) ......... **45**:124
"The Poet's Vow" (Browning) .. **61**:53, 56, 58, 64-5, 67-70; **66**:56
*Poganuc People* (Stowe) .......... **3**:562-63, 568
"Pogassee delo" (Leskov) .................... **25**:247
*The Poggenpuhl Family* (Fontane)
   See *Die Poggenpuhls*
*Die Poggenpuhls* (Fontane) . **26**:236, 244, 256-57, 270-71, 278
"Pogibšie i pogibajuščie" (Pisarev) ..... **25**:344
"Poiema lyriko eis ton thanato tou Lord
   Byron" (Solomos) ... **15**:386, 388, 390, 395, 397
"Poietes Apoietes" (Coleridge) ......... **90**:15, 28
"point d'adieux" (Desbordes-Valmore) ... **97**:5
"Le point noir" (Nerval) ...................... **1**:486
*The Point of View for My Work as an Author*
   (Kierkegaard) . **34**:201, 203-05, 238, 248, 250-55, 257-58; **78**:121, 181, 197, 215, 238
"Le poison" (Baudelaire) ..... **6**:80, 129; **55**:29, 61, 69
"A Poison Tree" (Blake) . **13**:180; **37**:4, 44, 49, 53, 92
*The Poison Tree* (Chatterji)
   See *Vishavriksha*
"The Poisoned Girl" (Solomos) ......... **15**:393
"Pokal, Der" (Tieck) ........................... **46**:350
"Polden" (Tyutchev) .......................... **34**:400
"Der Polenflüchtling" (Lenau) .. **16**:264, 286
*Les polichinelles* (Becque) ................... **3**:16
*The Polish Faust* (Sacher-Masoch) ..... **31**:295
"A Polish Insurgent" (Thomson) ......... **18**:391
*The Polish Mines* (Pixerecourt)
   See *Les mines de Pologne*
*Politian* (Poe) ............... **1**:504, **55**:180-1, 209
"Political Aspect of the Colored People of the
   United States" (Delany) .............. **93**:166

"Political Destiny" (Delany)
   See "The Political Destiny of the Colored
   Race on the American Continent"
"The Political Destiny of the Colored Race on
   the American Continent" (Delany)
   ............. **93**:100, 105, 129-30, 156, 169, 172
*Political Essays* (Hazlitt) .............. **82**:105, 129
*Political Essays* (Lowell) ...................... **2**:515
*Political Letters and Pamphlets* (Cobbett)
   .................................................. **49**:157
*Political Register* (Cobbett)
   See *Cobbett's Weekly Political Register*
*Political Tales* (Saltykov) .................... **16**:351
*The Political Theology of Mazzini and the
   International* (Bakunin) ............... **25**:49
*Political Works* (Cobbett) ............. **49**:107, 112
"Politiciennes" (Maupassant) .............. **83**:189
"Politics" (Tennyson) .......................... **30**:295
"Politics as a Profession" (Bagehot) .... **10**:31
"Politique (1831)" (Nerval) .................. **67**:331
*Politisk camara optica* (Almqvist) ........ **42**:19
*Die Polizei* (Schiller) .................... **69**:169, 250
"The Poll Cat" (Shaw) ....................... **15**:335
"Pollice Verso" (Martí) ...................... **63**:102
"Polly Be-en Upzides Wi' Tom" (Barnes)
   .................................................. **75**:78
*Polnoe sobranie sochinenii* (Zhukovsky)
   .................................................. **35**:396
*Poltava* (Pushkin) ....... **3**:413-14, 416, 422-23, 445, 452, 460-62; **27**:369; **83**:243, 246, 250, 257, 312-14, 335, 357
"Polunoščniki" (Leskov) ............... **25**:234-36
"Polycrates" (Thomson) ..................... **18**:411
"Pomare" (Heine) ................................ **4**:252
*Pompeii* (Bulwer-Lytton)
   See *The Last Days of Pompeii*
"Pompey's Ghost" (Hood) ............. **16**:234, 239
*Ponce de Leon* (Brentano) ............... **1**:101-02
"The Ponds" (Thoreau) ......................... **7**:388
"Les ponts" (Rimbaud) ........................ **35**:323
*The Poor Benefactor* (Stifter)
   See *Kalkstein*
"The Poor Bird" (Andersen) ................... **7**:21
*The Poor Bride* (Ostrovsky)
   See *Bednaya nevesta*
"The Poor Clare" (Gaskell) ..... **5**:202; **70**:182, 189, 191, 193, 196-98
"The Poor Fiddler" (Grillparzer)
   See *Der Arme Spielmann*
*Poor Flowers* (Desbordes-Valmore)
   See *Pauvres fleurs*
*Poor Folk* (Dostoevsky) ... **2**:156, 160-61, 163, 170, 177, 199; **7**:80; **33**:176, 200
*The Poor Gentleman* (Oliphant) ...... **11**:446-7
"The Poor Ghost" (Rossetti) .......... **2**:558, 565
"The Poor in Church" (Rimbaud)
   See "Les pauvres à l'église"
*Poor Jack* (Marryat) ................... **3**:317-18, 320
"Poor John" (Andersen) ........................ **7**:21
"Poor Little Heart" (Dickinson) ........... **21**:55
"Poor Liza" (Karamzin) ............ **3**:280, 285-91
"Poor Lorraine" (Kingsley) ................. **35**:212
*The Poor Man's Friend* (Cobbett)
   See *Cobbett's Poor Man's Friend*
"Poor Mathew" (Lincoln) .............. **18**:272-73
*Poor Miss Finch* (Collins) .. **1**:184; **18**:65
*The Poor Musician* (Grillparzer)
   See *Der Arme Spielmann*
*The Poor of New York* (Boucicault) . **41**:31, 34
"The Poor of the Land" (Martí) ......... **63**:165
"Poor Relations" (Lamb) ........ **10**:411, 436-37
*Poor Relations* (Balzac)
   See *Les parents pauvres*
*The Poor Rich Man, and the Rich Poor Man*
   (Sedgwick) .............. **19**:437-38, 440, 444
"Poor Scholar" (Carleton) ..... **3**:83, 85, 87, 90, 92
"The Poor Scholar" (Hale) ................. **75**:298
"Poor Thumbling" (Andersen) .......... **7**:21, 24
"A Poor Young Shepherd" (Verlaine)
   .................................. **51**:381, 383-84

"The Poor-Rate Unfolds a Tale" (Robertson)
   .................................................. **35**:370
*Popanilla* (Disraeli)
   See *The Voyage of Captain Popanilla*
"The Pope" (Browning) ....................... **79**:111
"The Poplar" (Shevchenko)
   See "Topolja"
"The Poplar-Field" (Cowper) ..... **8**:139; **94**:33, 38
"Poppies" (Coleridge) ........................... **31**:71
"The Popple Who Has No Toes" (Lear) . **3**:308-09
"Popular Discontent" (Webster) .......... **30**:424
*The Popular Education of France* (Arnold)
   .................................................. **89**:101-02
"Popular Fallacies" (Lamb) .......... **10**:411, 415
*Popular Songs* (Herder) ........................ **8**:305
*Popular Stories* (Grimm and Grimm)
   See *Kinder- und Hausmärchen*
*Popular Tales* (Edgeworth) . **1**:256, 267; **51**:81, 89, 135, 137
*Popular Tales* (Tieck) ........................ **5**:515
"Popularity in Authorship" (Clare) . **9**:115, 121
"Por que tan terca...?" (Castro) ............. **78**:42
*Porcupine's Gazette* (Cobbett) ............ **49**:113
*Porcupine's Works* (Cobbett) . **49**:87, 107, 109
"O pórphyras" (Solomos) ............. **15**:390, 399
"Porphyria's Lover" (Browning) ........ **19**:131
"Porro Unum Est Necessarium" (Arnold)
   .................................. **89**:101, 103
"Le port" (Baudelaire) ........................ **29**:110
"Le port" (Maupassant) ......................... **1**:460
*Port Salvation* (Daudet)
   See *L'évangéliste*
"The Portent" (Melville) ....................... **3**:378
"Portes et fenêtres" (Corbiere) ......... **43**:14, 31
"Portia" (Musset) ............. **7**:265, 267, 278-79
"Le Portrait" (Baudelaire) .................... **55**:10
"A Portrait" (Browning) .................... **19**:96
"The Portrait" (Gogol)
   See "Portret"
"The Portrait" (Hood) ....................... **16**:206
"Un Portrait" (Maupassant) ............... **83**:181
"The Portrait" (Rossetti) . **4**:492, 506, 508, 511, 518, 521-22; **77**:311, 314, 317, 348, 353-54, 358-59, 363
"Portrait by Vandyck" (Hazlitt) ........... **29**:144
"A Portrait for Amoret" (Sheridan) ..... **91**:233-34
"A Portrait in Six Sonnets" (Lampman)
   .................................................. **25**:219
*Portraits* (Pater)
   See *An Imaginary Portrait*
*Portraits contemporains* (Sainte-Beuve)
   .................................................. **5**:346
*Portraits Intimes of the Eighteenth Century*
   (Goncourt and Goncourt) ............. **7**:153
"Portret" (Gogol) . **5**:219, 240-42, 248, 252-54, 256-58; **31**:103
*Port-Royal* (Sainte-Beuve) ....... **5**:333-34, 336, 338-40, 349
*Port-Tarascon* (Daudet) ............ **1**:236-37, 242
"Posag i obuwie" (Norwid) ................ **17**:373
*Poshekhonskaya starina* (Saltykov)
   ..... **16**:343, 345-49, 351-52, 357, 359, 369, 373, 375
"Posielenie" (Slowacki) .................... **15**:355
*Pósies* (Desbordes-Valmore) ......... **97**:12, 26-7
"The Position of Poland with Respect to God
   and Man" (Krasinski)
   See "O stanowisku Polski z Bożych i
   ludzkich wzgledów"
*Positive Philosophy* (Martineau) ......... **26**:323
*Positive Politics* (Comte)
   See *Système de Politique Positive ou
   Traité de Sociologie instituant la Religion
   de l'Humanité*
*Positive Polity* (Comte)
   See *Système de Politique Positive ou
   Traité de Sociologie instituant la Religion
   de l'Humanité*
"A Positive Romance" (Bellamy) . **4**:30; **86**:75

*Positivist Calendar* (Comte)
   See *Calendrier positiviste*
*Lo positivo* (Tamayo y Baus) ......... **1**:565, 569
"Poslaniie" (Shevchenko) ............. **54**:383, 389
"Poslednì soud" (Macha) ..................... **46**:202
"Le Possédé" (Baudelaire) ................... **55**:66
*The Possessed* (Dostoevsky)
   See *Besy*
"Possibilities" (Longfellow) .................. **2**:492
"Die Post" (Muller) ..... **73**:366, 383, 385, 393,
   396-97
"The Post Office" (Sedgwick) ............. **19**:446
"Das Posthorn" (Lenau) ...................... **16**:282
*The Posthumous Papers of the Pickwick Club*
   (Dickens) .... **3**:138-40, 144, 151-52, 154,
   171, 176-77, 180-82; **8**:197; **18**:97, 113,
   121, 133; **26**:156, 158, 167; **37**:142-5, 147-
   50, 153-54, 156, 164, 169, 177, 182, 184,
   193-96, 198, 204-05, 208-09, 211; **86**:186,
   255-56
*Posthumous Poems of Percy Bysshe Shelley*
   (Shelley) ...................................... **18**:325
*Posthumous Remains* (Hazlitt) ............ **82**:88
*Posthumous Tales* (Crabbe) .. **26**:103, 105, 110
*Posthumous Works* (De Quincey) ......... **87**:36
"Der Postillion" (Lenau) ...... **16**:266, 270, 282
"The Postmaster" (Pushkin)
   See "Stantsionnyi smotritel"
"Postscript" (Pater) ...... **7**:330-31; **90**:292, 323
"Postscript" (De Quincey) ............. **87**:76-7, 79
"Postscript, Found in the Handwriting of Mr.
   Knickerbocker" (Irving) ............. **19**:343
*The Post-Script to Gebir* (Landor) ...... **14**:203
*Le postscriptum* (Augier) ........... **31**:8, 16, 34
*Post-Stage Master* (Pushkin) ............ **3**:447-48
"Postulates of Political Economy" (Bagehot)
   ............................................ **10**:20, 30-31
"Pot de fleurs" (Gautier) ...................... **1**:344
"The Pot of Tulips" (O'Brien) .... **21**:239, 242-
   45, 249-50, 252
"The Potato" (Mickiewicz)
   See "Kartofa"
"Potter's Clay" (Gordon) ............. **21**:159, 166
"Pott's Painless Cure" (Bellamy) ...... **4**:30-31
"Pounds, Shillings and Pence" (Clare) . **86**:162
"Pour avoir peché" (Verlaine) ............ **51**:361
*Le Pour et le Contre* (Feuillet) ....... **45**:89-90
"Pour la Mort de la terre" (Laforgue)
   ............................................. **53**:268, 271
"Pour le livre d'amour" (Laforgue) .... **53**:268
"Pour les pauvres" (Hugo) ................. **21**:214
"Pourquoi mon âme est-elle triste?"
   (Lamartine) ................................ **11**:270
"Pourquoi seuls?" (Banville) ................ **9**:29
"Poverty" (Thoreau) ........................... **7**:383
*Poverty and Nobleness of Mind* (Kotzebue)
   See *Armuth und Edelsinn*
*Poverty Is No Crime* (Ostrovsky)
   See *Bednost ne porok*
*The Poverty of Philosophy* (Marx)
   See *Misère de la philosophie: Réponse à
   la philosophie de la misère de M.
   Proudhon*
*Poverty, Wealth, Sin, and Penance of Countess
   Dolores: A True Story, Recorded for the
   Instruction and Amusement of Poor
   Young Ladies* (Arnim)
   See *Armuth, Reichtum, Schuld und Busse
   der Gräfin Dolores: Eine Wahre
   Geschichte zur lehrreichen Unterhaltung*
"Povest' o bogougodnom drovokole" (Leskov)
   .................................................. **25**:245
"Povest' o tom, kak odin muzhik dvukh
   generalov prokormil" (Saltykov)
   ................................ **16**:342, 358, 373
*Povesti Belkina* (Pushkin) .. **3**:428, 435-3, 447;
   **83**:272-73, 275-76, 279, 308-16, 319, 323,
   337-38, 354-55
*Povisty o besrodnom Petrush* (Shevchenko)
   .................................................. **54**:391
"The Power of Fancy" (Freneau) .......... **1**:316
"The Power of Love" (Brontë) .............. **71**:91

"The Power of Prayer" (Newman) ...... **38**:345
"The Power of Russia" (Campbell)
   ........................................... **19**:183, 194
"The Power of Words" (Poe) ......... **1**:519-20
"Power of Youth" (Arnold) .................. **29**:27
"The Powers of Nature" (Newman) ... **38**:305
"Powieść" (Norwid) ......................... **17**:374
"Powinszowania" (Krasicki) ................ **8**:404
"The Powldoodies of Burran" (Maginn)
   .................................................... **8**:441
"Powwaw" (Whittier) ......................... **8**:485
*Poyezdka v Poles'ye* (Turgenev) ......... **37**:443
"A Practical Blue Stocking" (Parton) . **86**:373
"The Practical Blue-Stocking" (Parton)
   .................................................. **86**:348
*Practical Education* (Edgeworth)
   ......... **1**:267; **51**:156, 158, 167; 114, 138
*Practical Piety; or, The Influence of the
   Religion of the Heart on the Conduct of
   the Life* (More) ............... **27**:334, 338
"Praeceptor Amat" (Timrod) ....... **25**:360, 362,
   375, 384
—*Praelectiones* (Keble)
   See *Praelectiones Academicae Oxonii
   Habitae, Annis MDCCCXXXII...
   MDCCCXLI*
*Praelectiones Academicae* (Keble)
   See *Praelectiones Academicae Oxonii
   Habitae, Annis MDCCCXXXII...
   MDCCCXLI*
*Praelectiones Academicae Oxonii Habitae,
   Annis MDCCCXXXII...MDCCCXLI*
   (Keble) ............... **87**:142, 152, 156, 183
"Prahlad" (Dutt) ........... **29**:120, 125, 128, 130
*The Prairie* (Cooper) . **1**:199-200, 202, 205-07,
   217, 221, 223, 228; **27**:125, 127, 130-36,
   138-43, 148-50, 153-55, 172, 177, 179, 183-
   86; **54**:254, 265, 274, 277, 288, 291
"The Prairie States" (Whitman) .......... **31**:432
"A Prairie Sunset" (Whitman) ....... **81**:370-71
"The Prairie-Grass Dividing" (Whitman)
   .................................................. **31**:430
"The Prairies" (Bryant) . **6**:162, 168, 170, 172,
   183, 185-86, 189, 191-92; **46**:3, 6, 19, 28,
   34, 43, 47, 52, 55-6
"Praise and Prayer" (Lampman) ......... **25**:183
"Praise for the fountain open'd" (Cowper)
   .................................................... **94**:74
"Praise It—'tis Dead" (Dickinson) ....... **21**:69
"Praise My Lady" (Morris) ............ **4**:426, 444
"Praise o' Do'set" (Barnes) . **75**:8, 101, 108
"The Praise of Chimney-Sweepers" (Lamb)
   ..... **10**:398, 402-03, 407, 409-10, 415, 423,
   426, 436
"Praise of Creation" (Horton) ............ **87**:110
"Prayer" (Hale) ......................... **75**:284, 285
"The Prayer" (Isaacs)
   See "La oración"
"A Prayer" (Lampman) ...................... **25**:201
"Prayer" (Lermontov) .......................... **5**:288
"A prayer" (Levy) ............................... **59**:107
"Prayer" (Morike) ............................. **10**:446
"The Prayer" (Very) .................... **9**:376, 385
"Prayer for Conformity to God's Will"
   (Rossetti) ................................. **50**:275
"The Prayer of a Lonely Heart" (Kemble)
   .................................................. **18**:181
"The Prayer of Agassiz" (Whittier) ...... **8**:524
"A Prayer of Columbus" (Whitman)
   ........................ **4**:582, 586; **31**:371, 435
*Prayer on the Acropolis* (Renan)
   See *Prière sur l'acropole*
"Praying Always" (Rossetti) .............. **50**:316
*Prazdnichny son—do obeda* (Ostrovsky)
   ........................................ **30**:104, 113
"Le pré du déshonneur" (Maupassant) . **83**:190
"The Preacher" (Whittier) ............ **59**:356, 360
*Precaution* (Cooper) ......... **1**:196; **27**:129, 171;
   **54**:251, 273
*The Precipice* (Goncharov)
   See *Obryv*
*Précis d'histoire modern* (Michelet) ... **31**:235

"Præections on Poetry" (Keble) ...... **87**:135
"The Precursor" (Patmore) ................. **9**:341
"A Predicament" (Poe) ................. **16**:322-23
*Predigt eines Laienbruders zu Neujahr 1814*
   (Claudius) .................... **75**:213, 215, 218
"Preface" (Manzoni) ......................... **29**:275
*Preface* (Laclos)
   See *Preface du Redacteur*
"La préface de Cromwell" (Hugo) ........ **3**:268-
   69, 273; **21**:196, 202-03, 212, 228
*Preface du Redacteur* (Laclos) ... **87**:217, 221-
   22
"Préface Personnelle" (Comte) ............ **54**:209-
   12, 239
"Préface pour la tradution d'un ouvrage de M.
   Wilberforce" (Staël) ..................... **91**:340
"Preface to Cromwell" (Hugo)
   See "La préface de Cromwell"
"Preface to Maria Magdalene" (Hebbel)
   ........................... **43**:239-40, 256, 267
"Preface to Poems" (Arnold) ...... **6**:46-47, 69;
   **29**:5-7, 23, 25, 27, 36, 53
"Preface to 'Studies in the History of the
   Renaissance'" (Pater) . **7**:338-39; **90**:324
"Preface to the Fables" (Krasicki)
   See "Wstęp do bajek"
"Preface to the Lyrical Ballads" (Wordsworth)
   ........................... **38**:400, 408, 416
"Preface to 'The School of Giorgione'" (Pater)
   .................................................... **7**:338
*Prefaces* (Wordsworth) ...................... **12**:436
"Prefatory Note" (Pater) ...................... **7**:323
*Preferment; or, My Uncle the Earl* (Gore)
   .................................................... **65**:20
"Prekrasnaja Aza" (Leskov) . **25**:229, 239, 245
"Prekrasnaja carevna i ščastlivoj karla"
   (Karamzin) ................................ **3**:287
"Preliminary Confessions" (De Quincey) . **4**:85
*Preliminary Emancipation Proclamation*
   (Lincoln) ................... **18**:216-19, 268-70
"Preliminary Observations" (Bentham) . **38**:90
"Prelude" (Allingham) ........................ **25**:14
"Prelude" (Longfellow) .... **2**:492; **45**:115, 131,
   183
*The Prelude* (Wordsworth)
   See *The Prelude; or, Growth of a Poets
   Mind: Autobiographical Poem*
*The Prelude; or, Growth of a Poets Mind:
   Autobiographical Poem* (Wordsworth)
   ... **38**:355-71, 373-83, 385, 387-88, 390-96,
   398-408, 411-13, 415-18, 420-24, 426
"Prelude to the Voices of the Night"
   (Longfellow) ............................... **2**:472
"Les préludes" (Lamartine) .. **11**:245, 248, 270
"Préludes autobiographiques" (Laforgue)
   .................................................. **53**:289
"Preludes to a Penny Reading" (Ingelow)
   ............................................. **39**:258, 264
"The Premature Burial" (Poe) ........ **16**:308-09
"Le Premier Chagrin d'un enfant"
   (Desbordes-Valmore) .................... **97**:29
"Le premier rayon de mai" (Gautier) .. **1**:348
"Le premier regret" (Lamartine) . **11**:255, 270,
   278, 280
"Première soirèe" (Rimbaud) ........ **4**:471, 485;
   **35**:289
*Les premières amours; ou, Les souvenirs
   d'enfance* (Scribe) ...................... **16**:387
"Les premières communions" (Rimbaud)
   ............................................ **4**:454-55, 474
*Les Premières Communions* (Laforgue)
   .................................................. **53**:256
*Premières poésies* (Leconte de Lisle) . **29**:234
"Premoère consultation" (Vigny) .......... **7**:475
"Premonition" (Whitman) ................... **4**:603
"Premudryi piskar" (Saltykov) ............ **16**:374
*Pre-Revolutionary France* (Taine)
   See *L'ancien régime*
"The Presence" (Very) ................... **9**:381, 384
*The Present Age* (Kierkegaard)
   See *Two Ages: The Age of Revolution and
   the Present Age, a Literary Review*

Title Index

"The Present Condition of Organic Nature" (Huxley) ................... **67**:59
"The Present Crisis" (Lowell) .. **2**:506; **90**:215, 219, 221
"The Present Day" (Krasinski) ............. **4**:305
*A Present for Young Ladies* (Rowson) . **69**:115-17, 150
"A Presentiment" (Bryant) ................... **46**:47
"Presentiment—Is That Long Shadow—On the Lawn" (Dickinson) ................. **21**:59
"Le Président mystifié" (Sade) ............ **47**:313
*Presidentens döttar* (Bremer) ..... **11**:17-18, 20, 30, 34-35
*The President's Daughter: A Narrative of a Governess* (Bremer)
  See *Presidentens döttar*
*El presidio político en Cuba* (Martí) ................... **63**:87, 102, 157-8
*Le Pressoir* (Sand) .............................. **42**:309
*Prestuplenie i nakazanie* (Dostoevsky) .... **2**:157, 159, 161-62, 167, 172, 175, 180-81, 184, 186, 188, 195-96, 203; **7**:69-116; **21**:90, 94, 100, 109, 113, 140, 144, 146; **33**:161, 165, 176-77, 194-94, 203, 207, 212, 227, 233; **43**:92, 122, 130, 144, 149, 162, 167
*The Pretender Dmitry and Vasily Shuysky* (Ostrovsky)
  See *Dmitry Samozvanets i Vasily Shuysky*
"Preternatural Beings" (Montagu) ......... **7**:251
*Le Prêtre de Némi* (Renan) ......... **26**:388, 408
*Un prêtre marié* (Barbey d'Aurevilly) ........................... **1**:70, 72, 77
"Pretty Dick" (Clarke) .......... **19**:231, 233, 235
*Pretty Green Bird* (Gozzi)
  See *L'augellin belverde*
*Pretty Lessons in Verse for Good Children* (Coleridge) ......................... **31**:61-2, 70-1
*The Pretty Maid of the Mill* (Muller)
  See *Die schöne Müllerin*
*Pretty Mrs. Gaston* (Cooke) .................. **5**:130
*Preussen und die Konstitutionen* (Eichendorff) ................................. **8**:220
*Preussens ältere Geschichte* (Kotzebue) ................................. **25**:140
*Die preussische Militärfrage und die deutsche Arbeiterpartei* (Engels) ........ **85**:83
*Le Prévaricateur* (Sade) ................. **47**:361-62
"Pride" (Coleridge) ........................ **90**:9
*Pride and Overthrow* (Smolenskin) .... **30**:189-90
*Pride and Prejudice* (Austen) ........ **1**:30, 32-4, 36-8, 40, 44-7, 50-2, 56-61, 63-4, 66; **13**:51-112; **19**:2, 4-8, 14, 17, 32, 42, 55-6, 58, 66-7; **33**:28, 44, 58, 62, 64, 66, 69, 72, 76, 78, 86, 89-90, 92, 96; **51**:12, 15, 33, 35, 55; **81**:18, 48, 69, 77-79, 81-85; **95**:4, 9-11, 14, 16-18, 21, 25, 39, 45, 55-6, 58, 63, 73, 80, 83-4, 86,
"The Pride of the Village" (Irving) ........................... **19**:327, 332, 334, 345-47
"La prière" (Lamartine) ............... **11**:245, 269
*Prière du Matin* (Comte) ................. **54**:213
*Prière du Soir* (Comte) ................. **54**:213
"La Prière d'une mère" (Mallarme) .. **41**:290
"La prière pour tous" (Hugo) ....... **21**:224
*Prière sur l'acropole* (Renan) ... **26**:408, 414, 419
*Prières* (Comte) ......................... **54**:213
*The Priest* (Michelet) .......... **31**:241
"Die Priesterinnen der Sonne" (Schiller) ................................. **39**:388
"The Priest's Funeral" (Carleton) . **3**:88, 92
*Priests of Parnassus* (Pushkin) ............. **3**:423
"Prigover" (Dostoevsky) .............. **33**:179-80
*The Prime Minister* (Trollope) ...... **6**:461, 463, 466, 471, 473, 495, 500, 504, 507-08, 510; **33**:417, 421-22, 424
"El primer beso" (Isaacs) .................. **70**:305
*El primer loco* (Castro) .......... **3**:107
*Primer of Words* (Whitman) ............. **81**:287

"The Primose" (Allingham) ................. **25**:14
"The Primrose" (Clare) ................. **9**:72
"Primrose Gold" (Jefferies)
  See "Primrose Gold in Our Villages"
"Primrose Gold in Our Villages" (Jefferies) ................................. **47**:143
"Prince Ahmed; or, The Pilgrim of Love" (Irving) .................. **2**:372
"Prince Aldfrid's Itinerary through Ireland" (Mangan) ................. **27**:283
"The Prince and the Peasant" (Martineau) ................................. **26**:323
"Prince Athanase" (Shelley) . **18**:327, 340, 344
"Prince Charming of the Linden Tree" (Eminescu) ................. **33**:249
"Prince Charming the Tear-Born" (Eminescu) ................. **33**:247
*Prince Csaba* (Arany) ................. **34**:8, 11
*Une prince de la Bohème* (Balzac) ......... **5**:75
"Le prince de Sots" (Nerval) ............. **1**:482-83; **67**:322, 324
*Prince Deukalion* (Taylor) ..... **89**:320-24, 343, 349
*Prince Dorus; or, Flattery Put out of Countenance* (Lamb) ................. **10**:418
"Prince Hamlet of Shehrigov Province" (Turgenev)
  See "A Russian Hamlet"
*Prince Hohenstiel-Schwangau* (Browning) ................................. **19**:136
*Prince Michael Twerski* (Slowacki) .... **15**:378
"Prince mort en soldat" (Verlaine) ........ **2**:632
"A Prince of Court-Painters: Extracts from an Old French Journal" (Pater) . **7**:298, 324; **90**:264, 288, 340-41, 344
*The Prince of Darkness* (Southworth) . **26**:434
*The Prince of Happy Land* (Planche) ................................. **42**:292, 302
*The Prince of Homburg* (Kleist)
  See *Prinz Friedrich von Homburg*
*The Prince of Tunis* (Mackenzie) . **41**:184, 208-10, 212, 217
*Prince Otto* (Stevenson) ...... **5**:397-99, 402-03, 408-09, 433
"The Prince Shalikov" (Pushkin) ........ **83**:272
*Prince Zerbino in Search of Good Taste* (Tieck)
  See *Prinz Zerbino; oder, Die Reise nach dem guten Geschmack*
*The Prince's Justice* (Eminescu) ......... **33**:266
"The Prince's Progress" (Rossetti) . **2**:558, 560, 562-3, 565-6, 568, 570-1, 573, 575; **50**:264, 266, 288, 291-3, 321, 324; **66**:304, 328, 356
*The Prince's Progress, and Other Poems* (Rossetti) . **2**:556, 563, 574; **50**:271, 287; **66**:349
"The Princess" (Shevchenko)
  See "Kniazhna"
*The Princess* (Shevchenko)
  See *Kniazhna*
*The Princess: A Medley* (Tennyson) .. **30**:213, 219, 233, 237-38, 242, 268, 275-77, 279-80, 282-84; **65**:230-1, 234, 248, 263, 274, 324, 359-60, 362, 367-70, 373-5
"The Princess and the Pea" (Andersen) .. **7**:23, 28, 34; **79**:23-24, 50, 64-65, 80-81
*Princess Brambilla* (Hoffmann)
  See *Prinzessin Brambilla: Ein Capriccio nach Jakob Callot*
*Princess Ligovskaya* (Lermontov) ....... **47**:162-63, 225-26
"The Princess Marie" (Browning) ........ **61**:75
"Princess Mary" (Lermontov) ....... **5**:291, 293, 295, 297-98, 301-03
*Princess of Bagdad* (Dumas)
  See *La princesse de Bagdad*
"The Princess on the Pea" (Andersen)
  See "The Princess and the Pea"
*The Princess; or, The Beguine* (Morgan) ................................. **29**:396
"Princess Sabbath" (Heine) ..... **4**:253

*La princesse de Bagdad* (Dumas) . **9**:223, 230, 232, 243, 245
*La princesse Georges* (Dumas) ..... **9**:225, 228, 230, 241-42, 246, 250
*Principle in Art* (Patmore) ................. **9**:349
*Principles of Church Reform* (Arnold) ................................. **18**:8, 19, 46, 51, 55
"Principles of Communism" (Engels) . **85**:127-28
*Principles of Communism* (Engels) ....... **85**:32-34, 157
"Principles of Criticism" (Symonds) .. **34**:336
*Principles of International Law* (Bentham) ................................. **38**:67
*The Principles of Morals and Legislation* (Bentham)
  See *Introduction to the Principles of Morals and Legislation*
*Principles of Political Economy, with Some of Their Applications to Social Philosophy* (Mill) . **11**:334-37, 350-51, 366, 375, 383; **58**:330, 351, 375, 378
*Principles of Revolution* (Bakunin) ....... **25**:56
*The Principles of Success in Literature* (Lewes) .. **25**:289, 293, 296-97, 299-301, 304, 308, 316, 323, 325
*Principles of the Philosophy of Law* (Hegel) ................................. **46**:119, 124, 130, 186
*Prinz Friedrich von Homburg* (Kleist) . **2**:437-42, 444, 447, 450, 453-54, 458-59, 463-66; **37**:217, 220, 225, 227-28, 231-33, 237-38, 241, 243-44, 254-55, 263, 267, 272-74
"Prinz Louis Ferdinand" (Fontane) .. **26**:243
*Prinz Zerbino; oder, Die Reise nach dem guten Geschmack* (Tieck) ....... **5**:517, 521, 524, 529-30
*Prinzessin Brambilla: Ein Capriccio nach Jakob Callot* (Hoffmann) . **2**:357, 359, 361-62
"The Prison" (Very) .............................. **9**:378
"Prison Amusements" (Clare) ........... **86**:162
*Prison and Exile* (Herzen) ................. **61**:88
"The Prison Door" (Hawthorne) .......... **2**:331
"The Prisoner" (Brontë)
  See "Julian M. and A. G. Rochelle"
"The Prisoner" (Browning) ........... **1**:115; **61**:5
"The Prisoner" (Pushkin)
  See "Uznik"
*The Prisoner of Chillon, and Other Poems* (Byron) ................... **2**:64, 76, 99; **12**:139
*The Prisoner of the Caucasus* (Pushkin)
  See *Kavkazsky plennik*
"Prisoner of War" (Jerrold) .. **2**:395, 402-03
"Le Prisonnier de guerre" (Desbordes-Valmore) ................................. **97**:5
"La prisonnière et le chevalier" (Beranger) ................................. **34**:28
"Les Prisons et les prières" (Desbordes-Valmore) .................... **97**:29
*Private Galleries* (Jameson)
  See *Companion to the Most Celebrated Private Galleries of Art in London*
*The Private Memoirs and Confessions of a Justified Sinner* (Hogg) ... **4**:278, 280-81, 283-87
*The Privateersman* (Marryat) ............... **3**:320
*Le prix Martin* (Augier) .................... **31**:8, 26
*Priznaki vremeni* (Saltykov) ....... **16**:351
*Prizraki* (Turgenev) ................. **37**:443
"Pro patria" (Isaacs) ......................... **70**:310
"The Problem" (Emerson) . **1**:285, 296; **38**:187
"The Problem" (Timrod) ............. **25**:362, 374
"The Problem" (Whittier) ............. **59**:366
*A Problem in Greek Ethics* (Symonds) ................................. **34**:343, 353
*A Problem in Modern Ethics* (Symonds) ................................. **34**:343, 353,374
*The Problems of Life and Mind* (Lewes) . **25**:282-83, 288-89, 293, 295-97, 304, 312-15, 318-19
"Problesk" (Tyutchev) ..... **34**:389, 395, 398-99

"The Procession of Life" (Hawthorne) .......... **2**:305, 309

"Processional of Creation" (Rossetti) ... **2**:566

"Proclamation" (Trumbull)
See "By Thomas Gage...A Proclamation"

"Procrastination" (Crabbe) .... **26**:93, 109, 120, 122, 131-32, 135-36, 151

*La pródiga* (Alarcon) ......................... **1**:12-13

*The Prodigious Adventures of Tartarin of Tarascon* (Daudet)
See *Aventures prodigieuses de Tartarin de Tarascon*

"Proem" (Patmore) ......................... **9**:334

"Proem" (Thomson) ..... **18**:403, 415, 417, 429

"Proem" (Whittier) ........... **8**:515, 519-21, 525; **59**:351, 354, 364-5

"Proem Dedicatory, An Epistle from Mount Tmolus to Richard Henry Stoddard" (Taylor) ...................... **89**:305, 307, 359

*Professional Education* (Edgeworth) ................................ **1**:267; **51**:93

"Professions" (Thackeray) .................. **43**:381

*The Professor* (Brontë) .... **3**:49-51, 54, 56, 60, 64, 68-72, 74-6, 78-9; **8**:54, 72, 75; **33**:117-19; **58**:187-9, 191, 194-7, 199, 208, 222, 224, 227

*The Professor* (Thackeray) ............... **5**:470

"The Professor and the Flea" (Andersen) ............................... **79**:73-75

*The Professor at the Breakfast-Table* (Holmes) . **14**:102, 105-06, 110, 113-15, 120, 123-24, 132-33, 137, 144, 146; **81**:98-104

*A Profitable Position* (Ostrovsky)
See *Dokhodnoye mesto*

"De profundis" (Browning) ................ **16**:135

"De Profundis" (Tennyson) .... **30**:254, 270-72; **65**:235, 265, 272

"De Profundis clamavi" (Baudelaire) ................................ **6**:105; **55**:10

*Progress* (Robertson) ..... **35**:335, 352, 362-66, 369

*Progress and Prejudice* (Gore) ......... **65**:29, 32

"Progress in the World of Plants and Animals" (Pisarev) ....................... **25**:330

"The Progress of Art" (Hazlitt) .......... **29**:162

*The Progress of Dulness* (Trumbull) ..... **30**:338, 340, 345, 347, 349-50, 352-53, 360-61, 363, 373-78, 381-82

*The Progress of Dulness, Part First: or, The Rare Adventures of Tom Brainless* (Trumbull) ......... **30**:368, 370, 376

*The Progress of Dulness, Part Second: or, An Essay on the Life and Character of Dick Hairbrain of Finical Memory* (Trumbull) ...................... **30**:371, 373

*The Progress of Dulness, Part Third, and Last: Sometimes Called The Progress of Coquetry; or The Adventures of Miss Harriet Simper* (Trumbull) ......... **30**:373

"The Progress of Error" (Cowper) .................... **8**:110; **94**:29, 51, 110-12, 117

*The Progress of Error* (Cowper) .. **94**:9, 11-12, 14, 16

"Progress of Painting" (Hunt) ............... **1**:406

*Progress of Religious Ideas* (Child) ..... **6**:202-03; **73**:51, 56, 62, 70, 82, 87

"The Progress of Rhyme" (Clare) ......... **9**:100; **86**:94, 112

*The Progress of Romance, through Times, Countries, and Manners* (Reeve) . **19**:411-12, 415, 418

"The Progress of Science 1837-1887" (Huxley) ................. **67**:64, 103, 105

"Progress of Social Reform on the Continent" (Engels) ..................... **85**:122

"Progress of Thought in Our Time" (Symonds) ................................ **34**:371

"Progress of Unbelief" (Newman) ...... **38**:343

"Der Prokurator" (Goethe) ............. **4**:197

"Prolegomena" (Huxley) ..... **67**:29, 62, 90, 92, 99, 102-03, 108, 110-11

*Prolegomena* (Kant) ........... **27**:201, 225

"Prolog" (Heine) ............ **54**:331, 336

"Prologue" (Browning) .................. **79**:112-14

"Prologue" (Cooke) ............................. **5**:123

"Prologue" (Lamartine) ................. **11**:287, 289

"Prologue" (Sheridan) ................. **5**:371, 378

"Prologue" (Tennyson) ..................... **65**:368

"Prologue" (Verlaine) ....................... **2**:631

*Prologue in Heaven* (Goethe) . **4**:186, 202, 205

"Prologue Intended for a Dramatic Piece of King Edward the Fourth" (Blake) ................................ **13**:239

"Prologue to Controverted Questions" (Huxley) ................. **67**:62, 64, 66, 70-1, 96

"Prologue to King John" (Blake) ........ **13**:181

"Prologue to Science and Christian Tradition" (Huxley) ................................ **67**:28

"Prologue—Delivered at a Greek Benefit, in Baltimore,—1823" (Pinkney) ..... **31**:276

"Promenade" (Maupassant) ................ **83**:228

*Promenade autour d'un village* (Sand) . **42**:312

*Promenades dans Rome* (Stendhal) ................................ **23**:352, 410; **46**:269

"Les promesses d'un visage" (Baudelaire) ................................ **29**:77

*I promessi sposi* (Manzoni) .... **29**:253-54, 261, 263-70, 272, 275-87, 289-94, 296, 298-300, 302-11

"Prometheus" (Goethe) ....... **4**:163, 199; **34**:98

"Prometheus" (Lowell) .... **2**:503; **90**:195, 219, 221

"Prometheus" (Schlegel) .................... **15**:223

*Prometheus Bound, and Miscellaneous Poems* (Browning) ......................... **66**:44, 47

*Prometheus Unbound* (Shelley) ... **18**:317, 319, 331-32, 334-38, 340, 343-45, 349, 352, 355, 361-65, 367-69, 374, 376-77, 380-83; **93**:256, 260-64, 267, 269-71, 278, 294, 305-06, 310-11, 313, 315, 327, 330, 343-44, 351-52

*Promethidion* (Norwid) ..... **17**:367-69, 371-72, 375, 378, 380, 384-86

"The Promise" (Darley) ........................ **2**:133

*The Promise of May* (Tennyson) .... **30**:265-66

"The Promise of Sleep" (Levy) ........... **59**:94

"Promontoire" (Rimbaud) ............ **35**:269, 322

*The Prompter; or, A Commentary on Common Sayings and Subjects, Which Are Full of Common Sense, the Best Sense in the World . . .* (Webster) ............. **30**:421-24

"Propagation of the Species, Christianity wants to bar the way" (Kierkegaard) ... **78**:225

"Propavšaja gramotax" (Gogol) .... **5**:224-25

"A Proper Trewe Idyll of Camelot" (Field) ................................ **3**:210-11

*Property* (Sacher-Masoch) ........... **31**:287, 291, 294-95

"Properzia Rossi" (Hemans) ................ **71**:296

"Prophecy" (Petofi)
See "Jövendöles"

*The Prophecy of Capys* (Macaulay) ... **42**:112

*Prophecy of Dante* (Byron) ................ **12**:106

"The Prophecy of Samuel Sewall" (Whittier) ................................ **59**:375

"The Prophecy—To the Memory of the Brave Americans under General Greene, Who Fell in the Action of September 8, 1781" (Freneau) ................. **1**:315, 323

"The Prophet" (Pushkin)
See "Prorok"

"The Prophet" (Shevchenko)
See "Prorok"

*The Prophet* (Taylor) ................... **89**:315, 349

*Le prophète* (Scribe) ............ **16**:390, 401, 408

"The Prophetic Pictures" (Hawthorne) ................. **2**:291, 305; **39**:186; **95**:105, 110

*Prophetical Office* (Newman) .......... **38**:315

"The Prophet's Chamber" (Parton) ................................ **86**:347, 372

"The Prophet's Dream" (Chivers) .... **49**:47, 69

"Prophets Who Cannot Sing" (Patmore) ................................ **9**:360

"A propos of Fathers and Sons" (Turgenev)
See "Po povodu 'ottsov i detey'"

*Proposals* (Cowper) ............................ **94**:80-5

"Proposals for the Speedy Extinction of Evil and Misery" (Thomson) ... **18**:393, 405, 425-27

*Propria Quae Maribus* (Reade) .......... **74**:256

"Proprietors of the Olden Time" (Gogol)
See "Starosvetskie Pomeščiki"

"Prorok" (Pushkin) .... **3**:438, 442-43; **83**:255

"Prorok" (Shevchenko) ...................... **54**:389

"Proscenia" (Shevchenko)
See "Prycynna"

*The Prose of John Clare* (Clare) ... **86**:96, 104, 129

*Prose Poems* (Baudelaire)
See *Petits poèmes en prose: Le spleen de Paris*

"Prose pour des esseintes" (Mallarme) . **4**:376-77, 389-90; **41**:259, 279, 289, 294

*Prose Tales* (Desbordes-Valmore)
See *Contes en prose*

*Prose Works* (Wordsworth) .................. **38**:425

*The Prose Writings of James Clarence Mangan* (Mangan) ................................ **27**:291-92

*Prose Writings of William Cullen Bryant* (Bryant) ................. **46**:10-12, 38

"Proserpina" (Stagnelius) .................... **61**:248

*Proserpine* (Pushkin) ........................ **3**:423

*Proserpine* (Shelley) ........... **14**:268-69, 272

"The Prospect" (Dwight) ..... **13**:270, 272, 276, 278

"A Prospective Meeting" (Rossetti) .... **50**:295

"Prospects" (Thoreau) ....................... **7**:396

*Prospects on the Rubicon* (Paine) . **62**:266, 334

"Prospectus of a History of English Philosophy" (Hazlitt) ................ **82**:108

*Prospectus to the Excursion* (Wordsworth)
See *The Excursion, Being a Portion of "The Recluse"*

*Prosper Mérimée's Letters to an Incognita* (Merimee)
See *Lettres à une inconnue*

*Les Prosperites du vice* (Sade)
See *Juliette; ou, Les prospérités du vice*

"Prospice" (Browning) .................. **19**:89, 110

*A Protégée of the Mistress* (Ostrovsky)
See *Vospitannitsa*

"Protest against the Ballot" (Wordsworth) ................................ **12**:413

"Protestantism" (Newman) .................. **38**:343

*Protivorechiya* (Saltykov) .................. **16**:368

"Protus" (Browning) ........................ **19**:117

"Proud King" (Morris) ................. **4**:417, 442

"Proud Maisie" (Scott) ........... **15**:294, 318

"Proud Music of the Storm" (Whitman) ................................ **4**:579, 582

"The Proud Pedestrian" (Holmes) ....... **14**:100

*Proverb Stories* (Alcott) .................... **58**:47

*Proverbes* (Musset) ..................... **7**:258, 260

"Proverbs of Hell" (Blake) .............. **37**:27, 55

"La providence à l'homme" (Lamartine) ................................ **11**:278

"Providence and the Guitar" (Stevenson) ................................ **5**:394

"Provinces and Relations of the Arts" (Symonds) ................................ **34**:336

"The Provincial Governor" (Runeberg)
See "Landshövdingen"

*A Provincial Lady* (Turgenev) ............. **21**:428

*The Provost* (Galt) ............. **1**:329, 331-35, 337

"Prudence" (Emerson) ........................ **38**:152

"Les prunes" (Daudet) ........................ **1**:246

"Prussian Vase" (Edgeworth) ..... **1**:255; **51**:87, 89

"Prycynna" (Shevchenko) ............ **54**:371, 375

*Przedświt* (Krasinski) .. **4**:301-08, 310-11, 313, 318-19

"Przyjaciele" (Krasicki) ..................... **8**:403

"Psalm cxxxvii" (Halleck) .................... **47**:57

"A Psalm for the Conventicle" (Kendall) ................................ **12**:200

Title Index

"Psalm of Faith" (Krasinski) ................ **4**:303
"Psalm of Good Will" (Krasinski) ........ **4**:303-04, 307, 311
"Psalm of Grief" (Krasinski) ............... **4**:307
"Psalm of Hope" (Krasinski) ............... **4**:303
"A Psalm of Life" (Hayne) ................ **94**:144
"A Psalm of Life" (Longfellow) .... **2**:471, 483, 493, 498; **45**:112, 115-16, 124-25, 127, 134, 139, 140-41, 144, 148, 152, 156-58, 164-65, 179, 184
"The Psalm of Life" (Whittier) ............ **8**:525
"Psalm of Love" (Krasinski) .......... **4**:303, 307
"Psalm of the West" (Lanier) .. **6**:238, 248-49, 254, 256-60, 269
"The Psalmist's Repenting" (Keble) ... **87**:177
"The Psalms of David" (Shevchenko)
    See "Psalmy Davydovi"
"Psalmy Davydovi" (Shevchenko) .... **54**:383-4
"Psaumes de l'ame" (Lamartine) ...... **11**:272
"Psovaja oxota" (Nekrasov) ............... **11**:412
"Psyche" (Andersen) .. **7**:37; **79**:58, 60, 84, 89
*Psyche* (Storm) ........................... **1**:542
"Psyche Flagellated" (Meyer)
    See "Die gegeisselte Psyche"
"Psyche Odes" (Patmore) ...... **9**:349, 352, 357, 360, 362-66
"Psyche's Discontent" (Patmore) .. **9**:339, 360, 364
*Public Address* (Blake) ........................ **57**:79
"A Public Dinner" (Hood) ............... **16**:236
*Public Galleries* (Jameson)
    See *A Handbook to the Public Galleries of Art in and near London*
"Publication Is the Auction" (Dickinson)
    ........................................... **21**:56; **77**:71
*La pucelle de Belleville* (Kock) ........ **16**:251
*Le puff; ou, Mensonge et vérité* (Scribe)
    ........................................... **16**:388
*Puffery; or, Lie and Truth* (Scribe)
    See *Le puff; ou, Mensonge et vérité*
"The Pugsley Papers" (Hood) ........ **16**:206-07
*Pulcherie* (Sand) ........................ **2**:589
"Pulvis et umbra" (Stevenson) ...... **5**:410, 425
*El puñal del godo* (Zorrilla y Moral)
    ........................................... **6**:523, 525
*Punch's Complete Letter Writer* (Jerrold)
    ........................................... **2**:403, 408
*Punch's Letters to His Son* (Jerrold) .... **2**:395-96, 399, 402, 408
"Punin and Baburin" (Turgenev) . **21**:416, 437, 441
*The Purcell Papers* (Le Fanu) . **58**:251-3, 255, 302-4
"The Pure Spirit" (Vigny)
    See *L'esprit pur*
"Pŭrglitz" (Macha)
    See "Krivoklad"
*Les puritaines d'Ecosse* (Dumas) ........ **71**:217
*The Puritan and His Daughter* (Paulding)
    ........................................... **2**:527-30
"The Puritan's Vision" (Holmes) ........ **14**:101
"Purity and Love" (Newman) ............ **38**:310
"The Purloined Letter" (Poe) . **1**:518, 528, 530-31; **16**:293, 295-96, 298, 300-01, 303, 306, 315, 332; **55**:148, 155; **78**:281; **94**:188; **97**:208, 213, 238
"The Purple Flower of the Heather" (Thomson) ........................... **18**:407
"The Purple Jar" (Edgeworth) . **1**:267; **51**:110-11, 116
"Purport" (Whitman) ................ **31**:435
"The Pursuits of Happiness" (Mackenzie)
    ........................................... **41**:184
"Pushkin and Belinsky" (Pisarev) . **25**:332, 335, 348, 354
*Puss in Boots* (Planche) ...... **42**:273, 279, 280, 288, 302
*Puss in Boots* (Tieck)
    See *Der gestiefelte Kater*
"Pustka" (Shevchenko) ................ **54**:364
*Put Yourself in His Place* (Reade) . **2**:540, 542,

547-49; **74**:248-49, 251, 253-55, 258, 263-64, 284, 318
"PVs Correspondence" (Hawthorne) .... **2**:303
"Pyetushkov" (Turgenev) ................ **21**:414
"Pygmalion" (Schlegel) ................ **15**:223
"Pygmalion and the Image" (Morris)
    ........................................... **4**:416, 447
*Pym* (Poe)
    See *The Narrative of Arthur Gordon Pym, of Nantucket*
"The Pyramids of Egypt" (Freneau) .... **1**:314
"Die Pythagoräer" (Meyer) ............ **81**:147-48
"Pytheas" (Kendall) .................... **12**:199
"Pytor Petrovich Karataev" (Turgenev)
    ........................................... **21**:377
"Qaïn" (Leconte de Lisle) .. **29**:215, 217, 221-24, 226, 229, 231, 234-36
"Qasida in praise of Ali" (Ghalib) ...... **39**:147
"Qua Cursum Ventus" (Clough) ...... **27**:44, 77, 79, 90, 108
"The Quadroon Girl" (Longfellow)
    ........................... **2**:483; **45**:123, 155
"The Quaker of the Olden Time" (Whittier)
    ........................................... **8**:491
"A Quakers Meeting" (Lamb) ............ **10**:408
"Quand l'ombre menaça" (Mallarmé)
    ........................... **4**:388; **41**:242
"The Quangle Wangle's Hat" (Lear) .... **3**:309
*Quant au livre* (Mallarmé)
    See *L'Action restreinte*
*Les quarante-cinq* (Dumas) ............ **11**:68, 74
"Quare Fatigasti" (Gordon) . **21**:150, 154, 160, 164
"The Quarrel of Two Ivans" (Gogol)
    See "The Tale of How Ivan Ivanovich Quarrelled with Ivan Nikiforovich"
"The Quartette" (Gautier) ................ **1**:347
*Quatre Chapitres sur la Russie* (Maistre)
    ........................................... **37**:288
*Les quatre talismans* (Nodier) ....... **19**:384-85
*Les quatre vents de l'esprit* (Hugo)
    ........................... **3**:256, 258, 264; **21**:214
*Quatre-vingt treize* (Hugo) ...... **3**:250-51, 253, 260, 267, 276; **10**:367; **21**:195
"Que diras-tu ce soir" (Baudelaire) ...... **55**:59
"Que pasa o redor de min?" (Castro) ... **78**:41
*Queechy* (Warner) ......... **31**:333, 337, 341-43
"The Queen" (Hunt) .................... **70**:258
"The Queen and the Working Classes" (Hunt)
    ........................................... **70**:259
"Queen Eleanor and Fair Rosamond" (Oliphant) ........................... **61**:210, 241
"Queen Hynde" (Hogg) ................ **4**:282-83
"Queen Mab" (Hood) .................... **16**:224
*Queen Mab* (Shelley) ..... **18**:330-32, 334, 336, 338, 342, 344, 346, 368, 374, 379; **93**:272, 294-95, 371-72
*The Queen Mary* (Tennyson) .. **30**:219, 262-64
*The Queen of Hearts* (Collins) ............ **93**:46
*The Queen of Spades* (Pushkin)
    See *Pikovaya dama*
"The Queen of the Army Camp" (Isaacs)
    See "La reina del campamento"
*The Queen of the Frogs* (Planche) . **42**:288, 293
"Queen of the Isles" (Tennyson) ........ **30**:295
"Queen Oriana's Dream" (Lamb) ........ **10**:418
"Queen Orraca and the Five Martyrs of Morocco" (Southey) ................ **8**:474
"The Queen, the Opening of Parliament" (Hunt) ........................... **70**:259
"Queen Ysabeau" (Villiers de l'Isle Adam)
    See "La reine Ysabeau"
*Queeney Letters* (Piozzi) ................ **57**:245
*The Queen's Jewelpiece* (Almqvist)
    See *Drottningens juvelsmycke*
*The Queen's Necklace* (Dumas)
    See *Le collier de la reine*
*The Queen's Wake* (Hogg) . **4**:274-76, 279, 284
*Quelques médaillons et portraits en pied* (Mallarmé) ........................... **41**:249, 269
"De quelques phénomènes du sommeil" (Nodier) ........................... **19**:400

"Qu'en avez-vous fait?" (Desbordes-Valmore)
    ........................................... **97**:6
*Quentin Durward* (Scott) .... **15**:283, 308, 312-14; **69**:303-04, 308, 313, 316, 318, 328, 330, 332-34, 366
"Queries to My Seventieth Year" (Whitman)
    ........................................... **31**:433
*The Quest of the Absolute* (Balzac)
    See *La recherche de l'absolu*
"Qu'est-ce pour nous" (Rimbaud) ...... **82**:232
"The Question" (Shelley) ............ **18**:340, 345
"Question and Answer" (Browning) ... **16**:135
*La question d'argent* (Dumas) . **9**:220-21, 224, 239-42, 246, 250-51
*La question du divorce* (Dumas) .......... **9**:225-26, 244-45
"The Questioning Spirit" (Clough) . **27**:41, 52, 80, 104
*Questions contemporaines* (Renan)
    ........................... **26**:377, 414
"Questions of Life" (Whittier) ...... **8**:491, 510, 524; **59**:371
"Questions of Varying Import" (Almqvist)
    ........................................... **42**:12
*Questions politiques et sociales* (Sand) . **5**:318
"Qui Laborat, Orat" (Clough) ... **27**:55, 77, 89, 105
"Qui sait?" (Maupassant) ...... **1**:457, 464, 468
"Quicksand Years" (Whitman) . **31**:433; **81**:311
*Quidam* (Norwid) ........... **17**:369, 378-79
"Quidquid volueris" (Flaubert) ............ **62**:101
*A Quiet Gentlewoman* (Mitford) .......... **4**:406
*The Quiet Heart* (Oliphant) ............ **61**:209
"A Quiet Spot" (Turgenev) .... **21**:409, 418-20, 451
"Quiet Work" (Arnold) ........ **6**:44; **29**:34
*Quitt* (Fontane) ........ **26**:234, 243-44, 260, 272
*Quitte pour la peur* (Vigny) .......... **7**:473
*La Quixotita y su prima* (Lizardi) ........ **30**:67-73, 78-9
"Quotation and Originality" (Emerson)
    ........................................... **38**:203
"A rab gólya" (Arany) ........ **34**:9, 16
"Rabbi Ben Ezra" (Browning) ...... **19**:89, 103, 130, 152
"Rabbi Ishmael" (Whittier) ................ **59**:361
"Der Rabbi von Bacherach" (Heine) .... **4**:268-69
"La rabouilleuse" (Balzac) ...... **5**:32, 53, 75
"Die Rache" (Klopstock) .................... **11**:238
*Rachel Ray* (Trollope) ...... **6**:456, 470-71, 492, 499, 501, 515-16
*Rachel Wilde; or, Trifles from the Burthen of a Life* (Moodie) ........................... **14**:241-44
"Racine et Shakespeare" (Stendhal) . **23**:352, 391; **46**:307, 325
"Racing Ethics" (Gordon) ................ **21**:179
*Radharani* (Chatterji) ............ **19**:217-19, 221
"A Radical War Song" (Macaulay) ........ **42**:154
"Radlauf erzählt seine reise nach dem Starenberg" (Brentano) .......... **1**:100, 104
"Raeburn's Portraits" (Stevenson) ...... **5**:389
*Rage et impuissance* (Flaubert) ............ **2**:256
"Rages de césars" (Rimbaud) .. **4**:465; **35**:271
*Ragged Dick; or, Street Life in New York with the Boot-Blacks* (Alger) ...... **8**:15, 27, 30, 34, 37; **83**:95, 98, 104-6, 125, 127, 130-31, 135, 138-40, 142, 144, 146
"The Ragged Schools of London" (Browning)
    See "A Song for the Ragged Schools of London"
*Ragionamenti* (Gozzi) ........................ **23**:110
"The Railroad" (Barnes) ........................ **75**:73
"The Railroad" (Nekrasov) ............ **11**:416-17
"Railroad Song" (Chivers) ............ **49**:41, 43
*The Railway Man and His Children* (Oliphant)
    ........................... **11**:449, 461; **61**:203-5, 242
"The Railway Station" (Lampman)
    ........................... **25**:172, 198, 204, 208-09
"A Rain Dream" (Bryant) ...... **6**:165, 168, 175
"The Rainbow" (Sigourney) ................ **21**:299
"A Rainy Day" (Hunt) .................... **1**:417

"The Rainy Day" (Longfellow) .......... **45**:147
"The Rainy Season in California" (Ridge)
.................................................. **82**:185
"The Rajah's Diamond" (Stevenson)
.............................................. **5**:393, 403
*Rajani* (Chatterji) ... **19**:210, 215, 217-19, 221-22, 224
*Rajmohan's Wife* (Chatterji) .............. **19**:215
*Rajsingha* (Chatterji) . **19**:210-13, 215, 217-21, 223-25
"Rakušanskij melamed" (Leskov) ..**25**:265-67
"Ralph Faraham's Romance" (Alger) ... **83**:98
"Ralph Raymond's Heir" (Alger) . **8**:41, 43-44; **83**:96, 148
*Ralph Waldo Emerson* (Alcott) .............. **1**:25
*Ralph Waldo Emerson* (Holmes)
.................................. **14**:107; **81**:115, 117
*Die Ramanzen vom Rosenkranz* (Brentano)
.................................... **1**:95, 102, 104
*Rambles* (Allingham) ...................... **25**:15
*Rambles Among Words* (Whitman) ..... **81**:286-87, 291-96, 348-50
*Rambles beyond Railways* (Collins) ...... **1**:184-85; **93**:46, 64
*Rambles by Patricius Walker* (Allingham)
See *Rambles*
*Rambles in Germany and Italy* (Shelley)
.................................................. **14**:260
*Ramido Marinesco* (Almqvist) .............. **42**:4
*Ramona* (Jackson) . **90**:125-26, 129-32, 134-42, 145-46, 150-55, 157, 159-60, 164, 166, 169, 171-78
"Randolph of Roanoke" (Whittier) . **8**:501, 505, 508; **59**:353
"The Ranger" (Whittier) ................ **8**:509, 518
"The Ransacked Grave" (Shevchenko)
See *Rozryta mohyla*
*Ranthorpe* (Lewes) ...... **25**:273, 286, 293, 298, 307, 309
"Raphael" (Pater) ................................ **7**:308
"Raphael" (Whittier) ...................... **8**:486, 489
*Raphael; or, Pages of the Book of Life at Twenty* (Lamartine) ..... **11**:257, 266, 278-79, 285-86, 288-89
"Raphael's deposition from the cross" (Fuller)
.................................... **50**:249, 250
*A Rapid Thaw* (Robertson) ... **35**:333, 335-36
"Rappaccini's Daughter" (Hawthorne)
. **2**:294, 311, 319, 322, 331; **10**:308; **17**:137, 145; **23**:201, 218; **39**:198, 237; **79**:299; **95**:92, 109, 132, 136-37, 150
*The Rapparee* (Boucicault) ........ **41**:28, 49, 51
"La rapsode foraine et le pardon de Saint-Anne" (Corbiere) .. **43**:2-3, 7, 11, 13, 15, 18, 23-4, 28-30
"Rapsodie du sourd" (Corbiere) ...... **43**:13, 19, 21, 25, 27, 32-4
*Raptularz* (Slowacki) .......................... **15**:372
"Rapture—To Laura" (Schiller) .......... **39**:339
"Rapunzel" (Morris) ...... **4**:421, 423, 426, 431, 444
"Rare Ripe Garden-Seed" (Harris) ...... **23**:159
"Raschi in Prague" (Lazarus) .............. **8**:422
"Rasskaz ottsa Aleksaya" (Turgenev)
.................................... **21**:420, 441
"Rast" (Muller) ............................ **73**:366,391
*Rastočitel* (Leskov) .......................... **25**:248
"Rat Krespel" (Hoffmann) .............. **2**:346, 356
"Le rat qui s'est retiré du monde" (Banville)
.................................................. **9**:32
"Ratbert" (Hugo) ................................ **3**:264
*Ratcliff* (Heine) ................................ **4**:253
*The Rationale of Reward* (Bentham) . **38**:90, 92
"Rationale of Verse" (Timrod) .......... **25**:373
*Ratos entretenidos* (Lizardi) .............. **30**:67
"Les rats" (Banville) .......................... **9**:16
"Rattle-Snake Hunter" (Whittier) ...... **8**:484
*Die Raüber* (Schiller) ..... **39**:299, 304, 306-11, 323-24, 326-27, 331, 334, 336, 338, 342-43, 348, 350, 354, 365, 368-71, 375-76, 385, 390-94; **69**:169, 239, 275
"Die Räuberbraut" (Hebbel) ................ **43**:253

"The Ravaged Villa" (Melville) ............ **3**:363
"The Raven" (Poe) . **1**:493, 496, 502, 512, 516-18, 522-25; **16**:305; **55**:132-3, 135, 138-9, 141, 147-8, 154, 176, 178, 208, 212-3; **97**:238, 240
*The Raven* (Gozzi)
See *Il corvo*
*The Raven, and Other Poems* (Poe) ... **55**:174
"The Raven and the King's Daughter" (Morris)
.................................................. **4**:423
"A Raven in a White Chine" (Ingelow)
.................................................. **39**:264
"The Ravenswing" (Thackeray) .......... **14**:402
*The Ravine* (Goncharov) ................ **63**:21-6
"La ravine Sainte-Gilles" (Leconte de Lisle)
.................................... **29**:212, 216
*A Raw Youth* (Dostoevsky)
See *Podrostok*
*The Raw Youth* (Dostoevsky)
See *Podrostok*
"A Ray of Light in the Realm of Darkness" (Dobrolyubov) .................. **5**:140-42, 151
*Raymond and Agnes* (Lewis) .............. **11**:305
*Rayner* (Baillie) .. **2**:34-35, 39; **71**:5-6, 12-13
*Les rayons et les ombres* (Hugo) ... **3**:271, 273
"Rayons jaunes" (Sainte-Beuve) ... **5**:340, 342, 347
"A Razor-Grinder in a Thunder-Storm" (Harris) .................................... **23**:159, 163
"Razrushenie estetiki" (Pisarev) . **25**:334, 338, 340
"Razviazka 'Révizor'" (Gogol) .... **15**:85, 106, 110
*RC* (Parton)
See *Rose Clark*
*Re Teodoro a Venezia* (Da Ponte) ......... **50**:78
"Le Rê ve intermittent d'une nuit triste" (Desbordes-Valmore) .... **97**:17-19, 23, 29
"Reaction in Germany" (Bakunin) .. **25**:40, 58, 62; **58**:105, 120, 130, 135
"Readen ov a Headstone" (Barnes) ........ **75**:8
"Readers against the Grain" (Lamb) .. **10**:411
*Readiana* (Reade) .............................. **74**:281
"Reading" (Thoreau) ............................ **7**:402
"A Reading Diary" (Rossetti) .. **2**:572; **50**:277, 285, 290, 292, 320-21, 323
"Reading María" (Isaacs)
See "Leyendo a María"
"Real" (Dickinson)
See "I Like a Look of Agony"
"A Real Vision of Sin" (Thomson)
.................................... **18**:403, 407, 414
*The Realists* (Pisarev)
See *Realisty*
*Realisty* (Pisarev) ... **25**:332-34, 337, 341, 344-48, 353
"Realities" (Lazarus) ............................ **8**:420
*Realities* (Linton) ................................ **41**:167
"Reality" (Lampman) .......................... **25**:204
"Reality" (Reade) ................................ **2**:549
"A Reaper and the Flowers" (Longfellow)
.................................... **2**:473, 479; **45**:116, 121
"Rearrange a 'Wife's' Affection" (Dickinson)
.................................................. **21**:58
"Reason and Faith" (Mickiewicz) .. **3**:399-400
*Reason and Heart* (Eminescu) ............ **33**:266
"Reasons Why the English Should Not Be Our Standard, Either in Language or Manners" (Webster) .............. **30**:406
*Rebecca; or, The Fille de Chambre* (Rowson)
. **5**:310-12, 316; **69**:99, 102, 105, 113, 133-35, 141
*The Rebel of the Family* (Linton) . **41**:164, 174
"Le rebelle" (Baudelaire) ............ **29**:80; **55**:13
*The Rebellion in Ghent under the Emperor Charles V* (Sacher-Masoch) ........ **31**:289
*The Rebellion in the Cévennes* (Tieck)
See *Der Aufruhr in den Cevennen*
"The Rebellion of the Waters" (Darley) . **2**:131
*The Rebels; or, Boston before the Revolution* (Child) ... **6**:197-98, 200, 204, 208; **73**:39-40, 50, 58, 66, 74, 115

"De Rebus Scenicis (Et Quibusdam Aliis)" (Lewes) .................................... **25**:291
"Recent English Poetry" (Clough) . **27**:102-03
"Recent Social Theories" (Clough) .. **27**:82
"The Recent Telepathic Occurrence at the British Museum" (Levy) ............ **59**:112
*La recherche de l'absolu* (Balzac) . **5**:32-4, 36, 62, 73, 79; **53**:12
*Die Rechte des Herzens* (Ludwig) . **4**:349, 351
*Rechtslehre* (Fichte)
See *Grundlage des Naturrechts nach Prinzipen der Wissenshaftslehre*
*The Recluse* (Stifter)
See *Der Hagestolz*
*The Recluse of the Lake* (Smith)
See *Ethelinde; or, The Recluse of the Lake*
*The Recluse; or Views on Man, Nature, and on Human Life* (Wordsworth) . **38**:362, 364-65, 368, 370, 373, 376-77, 380, 387, 399-400, 405, 411-12, 415
"Recollection" (Musset) ...................... **7**:256
"The Recollection" (Shelley)
See "To Jane: The Recollection"
"Recollections" (Norton) .................... **47**:235
*Recollections* (Sedgwick) .................... **19**:445
*Recollections* (Trelawny)
See *Recollections of the Last Days of Shelley and Byron*
"Recollections After a Ramble" (Clare)
.................................... **9**:78, 123
"Recollections After an Evening Walk" (Clare)
.................................................. **9**:123
*Recollections and Reflections* (Planche)
See *Life and Recollections*
*Recollections of a Literary Man* (Daudet)
See *Souvenirs d'un homme de lettres*
*Recollections of a Tour Made in Scotland* (Wordsworth) . **25**:391, 393-94, 398, 407, 411-12, 415, 419, 423-24, 428
*The Recollections of Alexis de Tocqueville* (Tocqueville)
See *Souvenirs de Alexis de Tocqueville*
*Recollections of an Excursion to the Monasteries of Alcobaça and Batalha* (Beckford) .................................... **16**:26
*Recollections of Europe* (Cooper)
See *Gleanings in Europe*
*Recollections of Gógol* (Aksakov)
See *Istoriya moega znakomstva s Gogolem*
*Recollections of Literary Life; or, Books, Places, and People* (Mitford) .. **4**:401-03
*Recollections of My Youth* (Renan)
See *Souvenirs d'enfance et de jeunesse*
"Recollections of Sully" (Cooke) .......... **5**:132
"Recollections of the Antislavery Contest" (Douglass) .............................. **7**:126
"Recollections of the Arabian Nights" (Tennyson) .................. **30**:204, 211, 223
"Recollections of the Lakes" (De Quincey)
.................................... **4**:70-71
*Recollections of the Lakes and the Lake Poets* (De Quincey) ...... **87**:60-1, 63
*Recollections of the Last Days of Shelley and Byron* (Trelawny) .. **85**:315, 317-18, 320, 322-24, 332-38
"Recollections of the West Indies" (Richardson) .............................. **55**:301
*Recollections of Tsarskoe-Selo* (Pushkin)
See "Vospominanie v Tsarskom Sele"
"Reconciliation" (Hayne) .................... **94**:144
*Record of a Girlhood* (Kemble) ..... **18**:187-90
"Recorders Ages Hence" (Whitman) .. **81**:260
*Records* (Trelawny)
See *Records of Shelley, Byron and the Author*
*Records of Later Life* (Kemble) ..... **18**:188-90
*Records of Shelley, Byron and the Author* (Trelawny) ... **85**:307, 309, 312, 314, 335
"The Records of Woman" (Hemans)
.................................... **71**:261, 271, 274
*Records of Woman, with Other Poems* (Hemans) ..... **29**:197, 202-03; **71**:274-79,

Title Index

288-89, 291-94, 296-98, 302-04, 307
*The Recreations of Christopher North* (Wilson)
.......... **5**:551-52, 558, 560-62
*The Rector, and the Doctor's Family*
(Oliphant) . **11**:454-5, 457, 459; **61**:174-5,
198, 226, 239
"Rectoral Address at St. Andrews" (Mill)
.......... **58**:327
*The Rectory Umbrella* (Carroll) ..... **53**:51, 104
*Recueil de morceaux détachés* (Staël)
.......... **91**:339, 358
"Recueillement" (Baudelaire) ................. **6**:97-
102; **29**:108; **55**:5, 26
*Les recueillements poétiques* (Lamartine)
.......... **11**:265, 271, 283
"Recuerdos de colegial" (Isaacs) ......... **70**:311
*The Red and the Black* (Stendhal)
See *Le rouge et le noir*
*The Red Book* (Kennedy) ................... **2**:432
*Red Cotton Night-Cap Country* (Browning)
.......... **19**:106, 140; **79**:153
*Red Deer* (Jefferies) ........................ **47**:136
"The Red Fisherman" (Hood) ........ **16**:221-22
"Red Hoss Mountain" (Field) .............. **3**:208
"The Red Inn" (Balzac)
See *L'auberge rouge*
"Red Jacket (from Aloft)" (Whitman) . **81**:345
*The Red Mask* (Planche) .............. **42**:275, 292
"Red Rébék" (Arany)
See "Vörös Rébék"
"Red River Voyager" (Whittier) .......... **59**:356
"Red Roofs of London" (Jefferies) . **47**:95, 132
*The Red Rover* (Cooper) . **1**:199-200, 202, 207-
08, 221; **54**:254, 275
"The Red Shoes" (Andersen) ...... **7**:21, 23, 31,
34-35; **79**:23, 51, 53, 59-60, 67
"The Red Snake" (Adams) ................. **33**:13
"The Redbreast and the Butterfly"
(Wordsworth) ....................... **12**:395
*Redburn: His First Voyage* (Melville)
. **3**:328, 333, 337, 344-45, 360-61, 366-67,
381; **29**:324-25, 328, 340, 354, 358, 367;
**45**:196; **49**:391; **91**:42, 45, 54-5, 218
*Rede des toten Christus* (Jean Paul) . **7**:238, 240
"Die Rede über Mythologie und symbolische
Anschaung" (Schlegel) ....... **45**:308, 316,
333, 337, 356
*Rede zum Schäkespears Tag* (Goethe) . **34**:121
*Redémption* (Feuillet) .......... **45**:75, 77, 82, 88
*Reden an die deutsche Nation* (Fichte)
.......... **62**:16, 19, 35, 38
*Redgauntlet* (Scott) . **15**:300-01, 304, 312, 315;
**69**:304, 308, 318, 331
"Red-Jacket" (Halleck) . **47**:57, 67, 69, 71, 73,
79
*Red-Nosed Frost* (Nekrasov)
See *Moroz krasni nos*
*The Redskins; or, Indian and Injin: Being the
Conclusion of the Littlepage Manuscripts*
(Cooper) .... **1**:216-17, 219-20, 224, 226;
**54**:258, 283
*Redwood* (Sedgwick) . **19**:425-27, 429-30, 433,
439, 445, 447, 453
"A Reed" (Browning) ...................... **61**:44
*Refections* (Paine) ....................... **62**:353-4
"A Reflection in Autumn" (Clare) ......... **9**:72
"Reflections and Remarks on Human Life"
(Stevenson) ......................... **14**:335
"Reflections in the Pillory" (Lamb) .... **10**:420
"Reflections on the Novel" (Sade) .. **3**:468-69
*Reflections on the Novel* (Sade)
See *Idée sur les romans*
"Reflections on the Resurrection of Bodies"
(Dobrolyubov) ..................... **5**:140
*Reflections on World History* (Burckhardt)
See *Weltgeschichtliche Bertrachtungen*
*Reflections upon the Study of Asiatic
Languages* (Schlegel)
See *Réflexions sur l'étude des langues
Asiatiques*
*Reflector* (Hunt) ......................... **70**:266
*Reflexions* (Maistre) ...................... **37**:314

"Réflexions sur la paix" (Staël) .......... **91**:340
"Réflexions sur la tragédie" (Constant) . **6**:224-
25
*Réflexions sur la vérité dans l'art* (Vigny)
.......... **7**:470
"Réflexions sur le procès de la reine" (Staël)
.......... **91**:340
*Réflexions sur le suicide* (Staël) .......... **91**:360
*Réflexions sur l'étude des langues Asiatiques*
(Schlegel) .......... **15**:224
*La réforme intellectuelle et morale* (Renan)
.......... **26**:377, 414, 421
"A Reformer" (Hazlitt) ..................... **29**:152
"The Reformer" (Whittier) ............. **8**:520, 530
*Les Réfractaires* (Valles) .... **71**:315-16, 327-28
"Refuge" (Desbordes-Valmore) ........... **97**:29
"Refuge" (Lampman) .................... **25**:207
*The Refuge of Monrepo* (Saltykov)
See *Ubezhishche Monrepo*
*The Refugee in America* (Trollope)
.......... **30**:314, 319
"The Refusal of Aid between Nations"
(Rossetti) .......... **4**:499; **77**:293-94
*A Refutation of Deism* (Shelley) ........ **18**:374
"Reg és Est" (Arany) ...................... **34**:19
*Die Regentrude* (Storm) . **1**:536, 548-50
*The Regent's Daughter* (Dumas)
See *Une fille du régent*
"A régi jó Gvadányi" (Petofi) ............ **21**:277
*Regina* (Keller) .......................... **2**:412-13
*Reginald Dalton* (Lockhart) ..... **6**:288-89, 292-
96, 302-03, 310-12
*Register* (Cobbett)
See *Cobbett's Weekly Political Register*
"Regret" (Lazarus) ........................ **8**:419
"Les regrets" (Sainte-Beuve) .............. **5**:350
*Das Reh* (Tieck) ......................... **5**:519
*Der Rehbock* (Kotzebue) . **25**:133, 136, 142-43
"Reife" (Meyer) ................... **81**:146, 149-50
*The Reign of Greed* (Rizal)
See *El filibusterismo*
*The Reign of Moderation and Order* (Saltykov)
See *V srede umerennosti i akkuratnosti*
*Reign of Terror* (Gore) .................. **65**:20
"La reina del campamento" (Isaacs) ... **70**:306
*La Reine Coax* (Sand) .................... **42**:314
"La reine des poissons" (Nerval) .......... **1**:480
"La Reine Hortense" (Maupassant)
.......... **83**:168, 171
*La reine Margot* (Dumas) .... **11**:51-52, 68, 70;
**71**:184-86, 189-90, 193
"La reine Ysabeau" (Villiers de l'Isle Adam)
.......... **3**:590
*Reineke Fuchs* (Goethe) .......... **4**:163, 207
*Reinhart Fuchs* (Grimm and Grimm)
.......... **3**:217, 228
"Reise nach Frankreich" (Schlegel) .... **45**:336
"Reise um die Welt" (Chamisso) . **82**:24, 28-30
*Die Reise von Munchen nech Genua* (Heine)
.......... **54**:336
*Reisebilder* (Heine) .. **4**:231, 233, 235-36, 239-
40, 252, 259; **54**:320, 322, 330, 339
*Reiseblätter* (Lenau) ..................... **16**:270
*Reiselieder* (Muller) ................ **73**:362, 387
"Reisephantasie" (Meyer) ................. **81**:142
*Religio poetae* (Patmore) .. **9**:340-42, 344, 349
"Religion" (Emerson) ..................... **38**:177
"Religion a Weariness to the Natural Man"
(Newman) ......................... **38**:302
*Religion and Art* (Wagner)
See *Die Religion und die Kunst*
"Religion and Philosophy in Germany" (Heine)
See "Zur Geschichte der Religion und
Philosophie in Deutschland"
"The Religion of Numa" (Pater) ......... **7**:317
"Religion of Socrates" (Martineau) ... **26**:309
*The Religion of Solidarity* (Bellamy) ...... **4**:27-
28, 30-31; **86**:4, 6, 8-9, 47, 70, 74, 78
"The Religion of the Day" (Newman) . **38**:304-
05
*The Religion of the Heart* (Hunt) .. **70**:287-88
*Die Religion und die Kunst* (Wagner) ... **9**:475

*Religion within the Limits of Pure Reason*
(Kant)
See *Religion within the Limits of Reason
Alone*
*Religion within the Limits of Reason Alone*
(Kant) .......... **27**:148, 208, 249
"Les religions de l'antiquité" (Renan) . **26**:415
*Religious Discourses by a Layman* (Scott)
.......... **69**:365-66
"Religious Musings" (Coleridge)
.......... **9**:149; **54**:68-9, 71
"Religious Orders" (Brownson) ........... **50**:53
*Religious Songs* (Fouque) ................. **2**:267
*Religious Tracts* (Cobbett)
See *Twelve Sermons*
*Religious Training of Children in the School,
the Family, and the Church* (Beecher)
.......... **30**:9, 13
"La Relique" (Maupassant) .............. **83**:168
"Reliques" (Percy) .................. **95**:309, 340
*Reliques* (Percy)
See *Reliques of Ancient English Poetry:
Consisting of Old Heroic Ballads, Songs,
and Other Pieces of Our Earlier Poets,
(Chiefly the Lyric Kind.) Together with
Some Few of Later Date*
*Reliques of Ancient English Poetry: Consisting
of Old Heroic Ballads, Songs, and Other
Pieces of Our Earlier Poets, (Chiefly of
the Lyric Kind.) Together with Some Few
of Later Date* (Percy) .... **95**:307-13, 316,
318-32, 334-40, 342-51, 354-58, 360-62,
364-65
*Remains of Henry Kirke White* (Southey)
.......... **97**:268
"Remarks on Associations" (Channing) .. **17**:6
*Remarks on Forest Scenery, and Other
Woodland Views* (Gilpin) ............. **30**:36
"Remarks on National Literature" (Channing)
.......... **17**:31-2, 38, 50
"Remarks on the Character and Writings of
Fenelon" (Channing) ............. **17**:8, 31
"Remarks on the Character and Writings of
John Milton" (Channing) .. **17**:4, 7-8, 12,
25, 31, 38, 41, 49
"Remarks on the Life and Character of
Napoleon" (Channing) ... **17**:4, 6, 25, 31,
38
*Remarks on the Slavery Question, in a Letter
to Jonathan Phillips, Esq.* (Channing)
.......... **17**:32
"Remember" (Rossetti) ................. **2**:572, 574
"Rememberance" (Hölderlin)
See "Andenken"
"Remembered Grace" (Patmore) .... **9**:359, 365
"Remembrance" (Brontë) . **16**:70, 75, 80, 86-7,
122; **35**:111
"Remembrance" (Opie) ................... **65**:160
"Remembrance in Tsarskoe Selo" (Pushkin)
See "Vospominanie v Tsarskom Sele"
"Remembrance of a Summer's Night" (Ridge)
.......... **82**:174, 183
"Remembrances" (Clare) ....... **9**:97; **86**:168-69
"Reménvem" (Arany) ...................... **34**:18
"A Reminiscence" (Levy) ................. **59**:119
*Reminiscences* (Carlyle) ............ **70**:25, 72, 76
"Reminiscences at Tsarskoe Selo" (Pushkin)
See "Vospominanie v Tsarskom Sele"
*Reminiscences of His Youth* (Renan)
See *Souvenirs d'enfance et de jeunesse*
*Reminiscences of My Childhood* (Fontane)
See *Meine Kinderjahre*
*Reminiscences of My Irish Journey* (Carlyle)
.......... **70**:90-91, 93
"Reminiscences of New York" (Bryant) . **6**:181
"Remonstrance" (Lanier) .............. **6**:246, 259
"Remonstratory Ode from the Elephant at
Exeter Change" (Hood) .......... **16**:233
"Remords posthume" (Baudelaire) . **6**:80; **55**:59
*Remorse* (Coleridge) ......... **9**:138, 142-43, 146
"La rempailleuse" (Maupassant) . **83**:157, 159,
161, 194, 229

"Le remplacant" (Maupassant) ............ **83**:232
"The Renaissance" (Pater) ................ **7**:310
*The Renaissance* (Gobineau)
    See *La renaissance*
*La renaissance* (Gobineau) .. **17**:75, 79-80, 88, 96, 98
*Renaissance in Italy* (Symonds) .. **34**:316, 319, 321, 331, 334-35, 337, 340, 342, 344-51, 356-60, 362-65, 368, 374
*The Renaissance: Studies in Art and Poetry*
    (Pater) ... **7**:288-92, 294-99, 305, 308-10, 312-17, 323-24, 327, 332-34, 336-40, 342; **90**:239, 241-42, 244-45, 247-52, 254, 260-64, 269, 273-74, 276-80, 284, 286-91, 293, 298, 300, 304-06, 308-11, 315-17, 321-26, 328, 333-40
"Renan and the Jews" (Lazarus) ...... **8**:423-24
*Renate* (Storm) ........................ **1**:540, 544, 546
"Rencontre" (Maupassant) ............ **83**:181, 209
"The Rendezvous" (Lermontov) ............ **5**:300
"Le Rendez-vous" (Maupassant) ........ **83**:173
"The Rendition" (Whittier) ................ **8**:530
*René* (Chateaubriand) ....... **3**:112, 117, 121-26, 128, 130, 133-34
*Renée Mauperin* (Goncourt and Goncourt)
    .... **7**:151, 153, 155, 157, 161, 164, 166-67, 181, 187-88
"Le reniement de Saint-Pierre" (Baudelaire)
    ............. **6**:94, 121; **29**:104
"Renoncement" (Desbordes-Valmore) .. **97**:17
"Renouveau" (Mallarme) ................ **41**:277
*The Rent Day* (Jerrold) ...... **2**:395, 401, 403
*A Rent in a Cloud* (Lever) ................ **23**:292
"Renunciation" (Eminescu) ................ **33**:265
"El reo de muerte" (Espronceda) . **39**:100, 107
"A Reorganization of Society to Extirpate
    Sorrow" (Bellamy) ................ **86**:65
"Les reparties de Nina" (Rimbaud)
    .... **4**:471; **35**:289-90; **82**:224
"The Repeal of the Differential Duties on
    Foreign and Colonial Wood" (Haliburton)
    ............... **15**:128
*Repetition* (Kierkegaard) ..... **34**:200, 223, 260, 262; **78**:119, 157-66, 168-69, 173, 238
"Repining" (Rossetti) ....... **2**:566; **50**:288, 293; **66**:386
"Reply" (Coleridge) ...................... **90**:27
*Reply* (Coleridge) ...................... **90**:20
"A Reply to the Essay on Population" (Hazlitt)
    ...................................... **82**:99
"Reply to the Strictures of Three Gentlemen
    upon Carlyle" (Coleridge) ........ **31**:64
*A Reply to 'Z'* (Hazlitt) ................ **29**:169
"Réponse a un acte d'accusation" (Verlaine)
    .................................... **51**:352
"Report" (Jackson)
    See "Report on the Conditions and Needs
    of the Mission Indians of California"
*Report* (Delany)
    See *Report of the Select Committee on
    Emancipation and Colonization*
"Report of the Committee on the Question of
    Inheritance" (Bakunin) ........... **58**:132
*Report of the Conditions and Needs of the
    Mission Indians* (Jackson) ......... **90**:169
*Report of the Select Committee on
    Emancipation and Colonization* (Delany)
    ...................... **93**:97, 172
*Report on Manufactures* (Hamilton)
    ...................... **49**:298, 302, 324
*Report on Public Credit* (Hamilton)
    .. **49**:298
"Report on the Conditions and Needs of the
    Mission Indians of California" (Jackson)
    ...................... **90**:136-42, 150
*Reporting Editing and Authorship: Practical
    Hints for Beginners* (Jefferies)
    ...................... **47**:139, 141
"The Repose on the Flight" (Fouque) . **2**:266
"The Repository" (Murray) ........ **63**:181, 209
*Representative Men: Seven Lectures* (Emerson)
    ...... **1**:281, 286, 288, 292-93, 299; **38**:172, 180, 206, 209, 211, 227

"Reproach to Laura" (Schiller) .......... **39**:358
"The Republic of the Pyrenees" (Taylor)
    .................................... **89**:312
"La république" (Beranger) ............ **34**:29
"Requiem" (Meyer) .................... **81**:146
"Requiem" (Stevenson) ................ **5**:427
"Requies" (Leconte de Lisle) ........... **29**:235
"Requiescat" (Arnold) ...................... **6**:44
"Requiescat in Pace" (Ingelow) ......... **39**:263
"Requiescat in Pace" (Milnes) ........ **61**:136
"Requirement" (Whittier) ............... **8**:509
"Le réquisitionnaire" (Balzac) ........... **5**:78
"Resentment" (Crabbe) ........... **26**:93, 129-30
*Residence in Europe* (Cooper) ......... **54**:255
"Resignation" (Arnold) ...... **6**:56, 74; 29P:29, 34-6; **89**:47, 88, 93
"Resignation" (Longfellow) ..... **2**:475, 483; **45**:132, 140
"Resignation" (Schiller) ............ **39**:331, 387
"Resolucíones tomadas por la emigracion
    cubana de Tampa" (Martí) . **63**:127-9, 137
"Resolution and Independence" (Wordsworth)
    .. **12**:418, 427, 435-36, 445, 447, 450, 455, 459, 470
"Resolutions Taken by the Cuban Emigrants of
    Tampa" (Martí)
    See "Resoluciónes tomadas por le
    emigracion cubana de Tampa"
"Respectability" (Browning) ............. **19**:131
"Respondez!" (Whitman) ............. **81**:263-65
"The Response" (Whittier) ................ **8**:489
"Respublica" (Petofi) .................... **21**:286
*Les ressources de Quinola* (Balzac) ...... **5**:51
"The Rest" (Barnes) ...................... **75**:69
"Rest" (Kendall) ........................ **12**:183
"Rest" (Rossetti) . **2**:563; **50**:271, 282, 289-90; **66**:301
"Rest Only in the Grave" (Mangan) ... **27**:298
*Restless Human Hearts* (Jefferies) ........ **47**:92-93, 116
*The Restoration of the Works of Art to Italy*
    (Hemans) ................ **29**:192; **71**:261
"Resurrección" (Isaacs) ................ **70**:310-11
"Resurrection" (Lanier) ............. **6**:236, 238
"The Resurrection" (Manzoni) ........... **29**:253
*Resurrecturis* (Krasinski) ........ **4**:304, 307
"Reszket a bokor..." (Petofi) ............ **21**:285
"The Reticent Volcano Keeps" (Dickinson)
    ...................................... **21**:82
"The Retired Cat" (Cowper) ............. **8**:119
*Retired from Business* (Jerrold) ........... **2**:403
"Retirement" (Beattie) ......... **25**:106, 108, 111
"Retirement" (Cowper) . **8**:113, 139-40; **94**:23, 27, 51, 115
"Retirement" (Timrod) ............ **25**:372, 381
*Retirement* (Cowper) ........... **94**:14, 59-65, 92
"Le retour" (Lamartine) ................ **11**:289
"Retour dans une église" (Desbordes-Valmore)
    .................................... **97**:29
"La retraite" (Lamartine) ...... **11**:245, 264
"El retrato de Felisa" (Isaacs) ........... **70**:307
*The Retreat* (Warren) ................. **13**:414
"Retribution" (Chamisso) ................. **82**:6
*Retribution; or, The Vale of Shadows: A Tale
    of Passion* (Southworth) . **26**:430-32, 435-37, 439, 442, 446-47
"Retro Me, Sathana!" (Rossetti) .......... **4**:529
"The Retrospect" (Chivers) ................. **49**:70
*Retrospect of Western Travel* (Martineau)
    . **26**:311, 315, 318, 322, 334, 336
*The Retrospect; or, The American Revolution*
    (Dunlap) ........................ **2**:218
*Retrospection; or, a Review of the Most
    Striking and Important Events,
    Characters, Situations, and Their
    Consequences, Which the Last Eighteen
    Hundred Years Have Presented to the
    View of Mankind* (Piozzi) ... **57**:233, 243, 252-3, 267, 271, 302
"The Retrospective Review" (Hood)
    ...................... **16**:201, 219, 233

"Retrospects and Prospects" (Lanier)
    ........................ **6**:245, 257, 277
"The Return" (Macha) ................. **46**:203
"Return at Evening" (Lenau) ............ **16**:276
"The Return of Claneboy" (Ferguson)
    ........................ **33**:287, 299
*The Return of Martin Fierro* (Hernandez)
    See *La vuelta de Martín Fierro*
"The Return of Peace" (Hayne) .......... **94**:145-46, 149
*The Return of the Druses* (Browning)
    ............................ **19**:102, 113
*The Return of the O'Mahony* (Frederic)
    ......... **10**:183, 192-94
"The Return of the Recruit" (Isaacs)
    See "La vuelta del recluta"
*Reuben and Rachel; or, Tales of Old Times*
    (Rowson) . **5**:310-12, 314, 316-17, 320-21; **69**:103, 105-06, 113, 148-55
*Reuben Sachs* (Levy) .... **59**:77, 84-7, 91, 95-7, 101-5, 111-3, 115-9, 127-8, 130-5
"Reullura" (Campbell) .................. **19**:176, 181
"Re-union" (Taylor) ..................... **89**:298
"Un rêve" (Bertrand) .............. **31**:47, 54
"Le rêve du jaguar" (Leconte de Lisle)
    ........................ **29**:216, 224
"Le rêve d'un curieux" (Baudelaire)
    ........... **29**:77, 105; **55**:12, 52, 66, 73
*Le rêve et la vie* (Nerval) . **1**:476, 478; **67**:335
"Rêve familier" (Verlaine) ......... **2**:617, 622
"Rêve parisien" (Baudelaire) ....... **6**:84; **29**:92, 101; **55**:12, 23-4, 31
"Rêve pour l'hiver" (Rimbaud) .......... **35**:271-72, 321
"Révélation" (Desbordes-Valmore) ...... **97**:15
"The Revelation" (Patmore) ............. **9**:347
"Revelation" (Rossetti) ................. **50**:318
"The Revelation of all Posey" (Fuller) . **50**:245
"The Revelation of the Spirit through the
    Material World" (Very) ............... **9**:390
*Revelations of London* (Ainsworth) ...... **13**:45
"Revenge" (Shelley) .................... **18**:342
"The Revenge of Hamish" (Lanier)
    ........ **6**:236, 249, 254, 265, 269-70, 279-80
"Les révérend pères" (Beranger) ....... **34**:28
"Rêverie d'un passant" (Hugo) ......... **21**:214
"Reversibilité" (Baudelaire) ....... **55**:14, 45, 60
"Reversibilities" (Verlaine) ............. **51**:368
"Revery" (Mallarme) ................... **41**:258
*Rêves d'amour* (Scribe) ................ **16**:412
"Les rêves morts" (Leconte de Lisle)
    ........................ **29**:228, 235
"Review of Aenesidemus" (Fichte) ......... **62**:8
"Review of Literature" (Brown) .......... **74**:38
"The Review of the Army" (Mickiewicz)
    ...................................... **3**:401
*The Revival of Learning* (Symonds) ... **34**:318-19, 346-48, 357, 363, 368, 370
"The Revival of Romanism" (Froude) . **43**:214-15
*Révizor* (Gogol) .. **5**:210, 213-14, 216, 219-23, 213-34, 239, 250, 255, 257; **15**:78-114; **31**:82-4, 92, 94, 97, 99-100, 102, 106, 111-13, 116-19, 135, 139, 141, 144
*The Revolt* (Villiers de l'Isle Adam)
    See *La révolte*
"The Revolt of Islam" (Lampman) ..... **25**:211
*The Revolt of Islam* (Shelley)
    See *Laon and Cythna, or the Revolution in
    the Golden City*
"The Revolt of the Tartars" (De Quincey)
    ...................................... **87**:3
"Révolte" (Baudelaire) .... **6**:91, 113, 116, 122, 124; **55**:66, 73-4
*La révolte* (Villiers de l'Isle Adam) . **3**:584-85
*La révolution* (Taine) . **15**:428-29, 433, 447-48, 455, 474-76
*Revolution and Counter-Revolution* (Engels)
    See *Revolution and Counter-revolution in
    Germany*

Title Index

*Revolution and Counter-revolution in Germany* (Engels) . **85**:117, 132, 138-39, 141, 145-46, 150
"Revolution at Athens" (Landor) ....... **14**:187
*The Revolution in France, Considered in Respect to Its Progress and Effects* (Webster) ...................... **30**:415
*The Revolution of the World* (Paine) ... **62**:254
"Revolutionary Catechism" (Bakunin) ................................... **58**:109, 135
*Revolutionary Epic* (Disraeli) .... **2**:148; **39**:67; **79**:215-16, 220, 233, 269, 275, 277
*The Revolutionary Government* (Taine) See *La révolution*
*The Revolutionary Question: Federalism, Socialism, and Anti-Theologism* (Bakunin) .......... **25**:48; **58**:110, 135, 140
"Revolutions" (Arnold) ...................... **29**:36
*The Revolver* (Fredro) See *Rewolwer*
*Revue du Salon* (Goncourt and Goncourt) .................................... **7**:153
*Reward* (Bentham) See *The Rationale of Reward*
*The Reward of the Virtuous* (Smolenskin) See *ha-Gemul*
*Rewolwer* (Fredro) ...................... **8**:293
"El rey Ulises" (Isaacs) ................... **70**:311
*Reynard the Fox* (Goethe) See *Reineke Fuchs*
*Reynard the Fox* (Grimm and Grimm) See *Reinhart Fuchs*
*Rhapsodies* (Borel) .................. **41**:3, 5, 10, 19
*The Rhapsodist* (Brown) .... **74**:54, 67, 109-10, 115, 170, 172-74, 201
"A Rhapsody" (Clare) ............... **9**:107; **86**:111
"Rhapsody of a Southern Winter Night" (Timrod) ....................... **25**:373
"The Rhapsody of Life's Progress" (Browning) ................................. **1**:115, 129
"Der Rhein" (Hölderlin) . **16**:162, 175-76, 180, 192, 195-96
*Das Rheingold* (Wagner) .. **9**:408-09, 441, 445, 448, 454, 456, 459, 463, 466, 469
"Rheinische Thalia" (Schiller) ............ **39**:338
"The Rhenish Apprentice" (Muller) .... **73**:350
"Rhetoric" (De Quincey) .............. **4**:61, 81
*Le Rhin* (Hugo) ...................... **3**:276; **21**:201
"The Rhodora" (Emerson) ............. **1**:289, 296
"Rhoecus" (Lowell) .................. **2**:503, 522
"Rhoecus and the Dryad" (Hayne) ..... **94**:158
"The Rhyme of Joyous Garde" (Gordon) ..... **21**:153-55, 157, 160, 163, 166-68, 170, 173-75, 183, 187-88
"Rhyme of Sir Christopher" (Longfellow) ...................... **45**:149
"The Rhyme of Sir Lancelot Bogle" (Browning) ........................ **1**:126
"The Rhyme of the Duchess May" (Browning) . **1**:115, 117, 121-2, 124, 126; **61**:6, 43, 65, 67, 75
*Rhymes of Travel, Ballads and Poems* (Taylor) ........................... **89**:297, 299, 307
*A Rhyming Chronicle of Incidents and Feelings* (Ingelow) ..................... **39**:263
*Ribbemont; or, The Feudal Baron* (Dunlap) ...................... **2**:212-15
"Ribblesdale" (Hopkins) ................ **17**:250
*La ricahembra* (Tamayo y Baus) ..... **1**:570-71
"Ricaurte" (Isaacs) ...................... **70**:313
*Ricciarda* (Foscolo) ............... **8**:262, 270
"The Rice Lake Plains" (Traill) ......... **31**:327
"Rich and Rare" (Maginn) ............. **8**:441
"Rich Man and Cobbler" (Krylov) ....... **1**:439
*Richard Darlington* (Dumas) . **11**:42-43, 47-48, 67, 71; **71**:184, 192-93
*Richard Hurdis; or, The Avenger of Blood* (Simms) .... **3**:507-09, 512-14
"Richard Redpath" (Moodie) ... **14**:237-38
*Richardson's War of 1812* (Richardson) See *War of 1812*
"Un riche en Bretagne" (Corbiere) .... **43**:3, 29

*Richelieu; or, The Conspiracy* (Bulwer-Lytton) ................................ **1**:139; **45**:62-4, 67, 69
*The Richest Heiress in England* (Oliphant) ................................. **11**:454
"Richmond Hill" (Arnold) ................ **29**:27
*Die Richterin* (Meyer) .... **81**:163-65, 194, 196, 217
*Riddertornet* (Stagnelius) ................ **61**:248
"The Riddle" (Auden) ................. **79**:274-75
"Riddles: Anne and Joey A-Ta'ken" (Barnes) ................................... **75**:78
"The Ride of Paul Revere" (Longfellow) See "Paul Revere's Ride"
"The Ride Round the Parapet" (Mangan) ................................. **27**:296, 298
"Ride to Aix" (Browning) ............. **79**:274-75
"Le rideau cramoisi" (Barbey d'Aurevilly) ................................... **1**:74, 78
"Riding Together" (Morris) ............. **4**:444
"The Ridotto" (Sheridan) See "The Ridotto of Bath, a Panegyrick, Being an Epistle from Timothy Screw, Under Server to Messrs. Kuhf and Fitzwater, to his brother Heny, Waiter at Almack's"
"Ridotto of Bath" (Sheridan) See "The Ridotto of Bath, a Panegyrick, Being an Epistle from Timothy Screw, Under Server to Messrs. Kuhf and Fitzwater, to his brother Heny, Waiter at Almack's"
"The Ridotto of Bath" (Sheridan) See "The Ridotto of Bath, a Panegyrick, Being an Epistle from Timothy Screw, Under Server to Messrs. Kuhf and Fitzwater, to his brother Heny, Waiter at Almack's"
"The Ridotto of Bath, a Panegyrick, Being an Epistle from Timothy Screw, Under Server to Messrs. Kuhf and Fitzwater, to his brother Heny, Waiter at Almack's" (Sheridan) ................... **91**:230-31, 239
*Rienzi* (Mitford) ...................... **4**:403
*Rienzi* (Wagner) . **9**:401, 406, 414-16, 419, 433, 436-37, 444, 473, 475
*Rienzi, the Last of the Tribunes* (Bulwer-Lytton) .... **1**:138, 140, 150-51; **45**:13-15, 22, 27, 55, 57-8, 69
"Rienzi's Downfall" (Wagner) ............. **9**:475
*Rienzi's Fall* (Wagner) See "Rienzi's Downfall"
"Rifle Clubs!!!" (Tennyson) ............. **30**:294
"Riflemen Form" (Tennyson) ........... **30**:294
"Right at Last" (Gaskell) ......... **5**:201; **70**:190
*The Right Way the Safe Way, proved by Emancipation in the British West Indies and ELsewhere* (Child) ............... **73**:63
"The Rights and Duties of the Individual in Relation to the Government" (Thoreau) See "Civil Disobedience"
*The Rights of Man* (Paine) ....... **62**:247, 252-5, 257, 259, 261, 266, 270, 274-5, 277-9, 281, 285, 295-302, 312, 327-9, 331-2, 334-9, 341-3, 345-9, 351-5, 357, 359-63, 365, 369, 373-80, 385, 390-1, 393
"Rights of the Temporal" (Brownson) .. **50**:51
"The Rights of Woman" (Barbauld) ..... **50**:14
"The Rights of Women" (Rowson) . **5**:313, 322
"The Rill from the Town-Pump" (Hawthorne) ................................. **2**:291
*Rimas* (Echeverria) ............. **18**:147-49, 152-54
*The Rime of the Ancient Mariner: A Poet's Reverie* (Coleridge) .... **9**:130-32, 138-44, 146, 148-53, 156, 158-59, 164-67, 175-77, 179-89, 191, 194, 204, 210-12; **54**:65-132
"The Rime of the Ancient Waggoner" (Maginn) ................................. **8**:438
*The Rime of the Ancyent Marinere* (Coleridge) See *The Rime of the Ancient Mariner: A Poet's Reverie*
*Rimes dorées* (Banville) ................ **9**:18
*Rinaldo Rinaldini* (Dunlap) ................ **2**:211

"The Ring" (Tennyson) ..................... **30**:226
*The Ring and the Book* (Browning) ...... **19**:80-3, 88, 90, 92, 94-6, 98, 102, 110-11, 114, 118-19, 126-28, 133, 135, 142, 148, 152, 154-58; **79**:111, 116-21, 123, 125-27, 129-34, 149-53, 156, 161, 163-66, 180, 182, 184, 187, 189-90
"The Ring and the Books" (Gordon) .. **21**:179
*Der Ring des Nibelungen* (Wagner) ...... **9**:409-10, 412-14, 416-17, 419, 421-22, 424-29, 433, 435, 437-38, 440-42, 444-50, 452, 458-60, 462-65, 469-71, 473-74
"Der Ring des Polylcrates" (Schiller) ................... **39**:330, 337, 388
"The Ring Given to Venus" (Morris) ... **4**:448
*Ring of Gyges* (Hebbel) See *Gyges und sein Ring*
"The Ring of Polycrates" (Schiller) See "Der Ring des Polylcrates"
"Ringan and May" (Hogg) ............. **4**:282-83
*Ringan Gilhaize* (Galt) ................ **1**:333-34
"Rings" (Barnes) .......................... **75**:46
"Río Moro" (Isaacs) ....................... **70**:309
*The Riot; or, Half a Loaf Is Better than No Bread* (More) ........................ **27**:358-59
"Rioters" (Martineau) ...................... **26**:309
"Rip Van Winkle" (Irving) .. **2**:366-68, 376-79, 381-83, 386, 389-92; **19**:327-29, 331-39, 341, 345, 347-48, 350; **95**:227, 235-36, 240, 243, 245, 247, 249-50, 265, 283, 286, 300
*Rip Van Winkle* (Boucicault) ................ **41**:31
"Rippling Water" (Gordon) .......... **21**:160, 181
*Riquet with the Tuft* (Planche) . **42**:278-80, 287, 298
"The Rise and Fall of the European Drama" (Lewes) ........................ **25**:302
"Rise and Progress of Navigation" (Rowson) ................................. **69**:115
"Rise O Days from Your Fathomless Deeps" (Whitman) .................... **81**:313, 330
*The Rise of Iskander* (Disraeli) . **39**:24, 40, 46; **79**:214-14, 228, 274-75;
*Risen from the Ranks; or, Harry Walton's Success* (Alger) .......... **8**:24; **83**:104, 131
"The Rising Glory of America" (Brackenridge) .................................... **7**:54, 57
"The Rising of the Nations" (Chivers) .. **49**:75
*The Rising Son; or, The Antecedents and Advancements of the Colored Race* (Brown) ...... **2**:48-51, 53; **89**:161, 163-64
"Rispah" (Bryant) .......................... **6**:162
*Rite of the Graces* (Foscolo) ............. **97**:53
"Der Ritt in den Tod" (Meyer) ... **81**:142, 207-09
"The Ritter Bann" (Campbell) ..... **19**:176, 190
*Ritter Blaubart* (Tieck) .......... **5**:513, 515, 517, 521-23
"Ritter Glück" (Hoffmann) ............ **2**:345, 361
"Ritter Kurts Brautfahrt" (Goethe) ........ **4**:192
"The Rival Painters. A Tale of Rome" (Alcott) ................................... **83**:5
*The Rival Races; or, The Sons of Joel* (Sue) See *Les mystères du peuple*
"The Rival Roses" (Crawford) ............ **12**:172
*The Rivals* (Griffin) .... **7**:195, 201, 213-14, 218
*The Rivals* (Sheridan) . **5**:354-55, 357-63, 365, 369-73, 375-76, 378-83; **91**:236-37, 239-41, 245-48, 251-54, 256-64, 266-70
"The River" (Bryant) ...................... **6**:175
"The River" (Hayne) .............. **94**:159, 161-62
"River" (Patmore) ................. **9**:326-27, 348
"The River and the Hill" (Kendall) .... **12**:178
"The River, By Night" (Bryant) ........ **46**:22
"The River Gwash" (Clare) ............. **9**:72
"River of beauty flowing through the life" (Fuller) ................................. **50**:250
"The River Path" (Whittier) ................ **8**:531
"The River Rhone" (Longfellow) ....... **45**:121
"The River Swelleth More and More" (Thoreau) ................................. **7**:383
"Rivers Don't Gi'e Out" (Barnes) ........ **75**:88

"The Rivulet" (Bryant) .. **6**:159, 169; **46**:8, 13, 15, 39, 48

"Rivulet" (Whitman) ............................. **4**:551

"Rizpah" (Bryant) ............................. **46**:43

"Rizpah" (Kendall) ............................. **12**:192

"Rizpah" (Tennyson) ........................... **30**:245

"Road along the Precipice in Czufut-Kale" (Mickiewicz)
See "Droga nad przepascic w Czufut-Kale"

"The Road to Avernus" (Gordon) . **21**:155, 160, 163, 167-68, 187-88

*The Road to Ruin* (Holcroft) .. **85**:192-93, 195, 204-07, 209, 221-23, 225, 234, 239

"The Road to Russia" (Mickiewicz) ..... **3**:401

*Rob of the Bowl: A Legend of St. Inigoe's* (Kennedy) ............................. **2**:429-33

*Rob Roy* (Scott) . **15**:300, 303-04; **69**:310, 313

"The Robber" (Clare) ......................... **86**:103

"The Robber" (Opie) ......................... **65**:159

*The Robber Brothers* (Pushkin)
See *Bratya Razboiniki*

*The Robbers* (Schiller)
See *Die Raüber*

*The Robbers* (Schiller)
See *Die Raüber*

"The Robber's Song to His Mistress" (Ridge) ............................. **82**:180

"A Robbery" (Leskov)
See "Grabež"

*The Robbery* (Dunlap) ......................... **2**:214

"Robert Burns" (Halleck) ... **47**:56, 65, 69, 71, 78, 83

"Robert Burns" (Thomson) ................. **18**:414

*Robert der Teufel* (Nestroy) ......... **42**:225-26

*Robert Guiskard, Herzog der Normänner* (Kleist) . **2**:437-38, 440-43, 445; **37**:217, 219, 223, 229, 255, 267, 272

*Robert le Diable* (Scribe) .. **16**:390, 408, 411

"Robert of Lincoln" (Bryant) . **6**:165, 169, 182

*Robert the Devil* (Scribe)
See *Robert le Diable*

"The Robin" (Very) ......................... **9**:380

"The Robin and the Violet" (Field) ...... **3**:205

"Robin Redbreast" (Allingham) ............. **25**:7

*Robinson Crusoë* (Pixerecourt) ........... **39**:278-79, 281-82

"Los Robles" (Castro) ......................... **3**:103

"La Roche" (Mackenzie)
See "The Effects of Religion on Minds of Sensibility. Story of La Roche"

"The Rock and the Sea" (Tyutchev)
See "The Sea and the Cliff"

*Rock Crystal* (Stifter)
See *Bergkristall*

"The Rock of Cader-Idris" (Hemans) ............................. **71**:277, 306

"Rock of the Candle" (Griffin) ............. **7**:198

"The Rock-a-by-Lady" (Field) ............. **3**:210

*The Rocky Mountains; Or, Scenes, Incidents, and Adventures in the Far West* (Irving) ............................. **95**:258

*The Rod, the Root, and the Flower* (Patmore) ............................. **9**:344, 354, 363-64

"De røde Sko" (Andersen) .................. **79**:76

*Roderick: The Last of the Goths* (Southey) ...... **8**:454-56, 459, 461, 469-71, 474, 476, 478-79; **97**:261-62, 268-69, 278-79, 291, 293-94, 297-300, 330-338

"Rodina" (Nekrasov) ... **11**:412, 418, 420

"Rodman the Keeper" (Woolson) ....... **82**:294-95, 297, 300-02

*Rodman the Keeper: Southern Sketches* (Woolson) . **82**:268-69, 272-73, 283, 292-94, 299, 303-04, 306-07, 338-39

"Rodolph" (Pinkney) ...... **31**:267, 269-70, 273, 275-77, 279, 281

"Roger Bontemps" (Beranger) ............. **34**:34

"Roger Malvin's Burial" (Hawthorne) ......... **2**:298; **23**:201; **39**:197, 200; **79**:311; **95**:115, 147

*A Rogue's Life* (Collins) ...... **93**:38

"Le Roi candaule" (Gautier) . **1**:344-45; **59**:10-11, 13-14, 31-3

"Le roi de Bicêtre" (Nerval) ......... **1**:483, 485; **67**:335

*Le roi de Ladawa* (Slowacki) .............. **15**:368

"Roi d'Yvetot" (Beranger) .................... **34**:39

*Le roi Pépin* (Dumas) .................... **71**:219

*Le roi s'amuse* (Hugo) .. **3**:236, 239, 241, 261-62, 269

*Les rois en exil* (Daudet) .... **1**:233-37, 239-41, 243-44, 247, 250-51

"Roisin Dubh" (Mangan) ............. **27**:307, 318

*Roland Cashel* (Lever) . **23**:292, 295, 301, 311

"The Role of the National Literature in the Public Spirit" (Eminescu) .......... **33**:257

"The Role of the Semitic Peoples in the History of Civilization" (Renan) . **26**:421

"The Role Played by Labor in the Transition from Ape to Man" (Engels) . **85**:38-42, 95

"The Roll of Fame" (Chivers) ............... **49**:51

"The Roll of the Kettledrum; or, The Lay of the Last Charger" (Gordon) . **21**:154, 156, 159, 177, 181

"Rolla" (Musset) .............. **7**:255, 258-64, 274

"Le roman" (Maupassant)
See *Etude sur le roman*

"Roman" (Rimbaud) ... **35**:290; **82**:224

*Roman* (Dobell) .... **43**:40, 42, 44, 49-51, 53-6, 59-60, 62, 74

*The Roman and the Teuton* (Kingsley) ............................. **35**:246, 253

*Le Roman de Charles Cecil* (Charriere) ............................. **66**:126

*Le Roman de la momie* (Gautier) . **1**:340, 342, 344-45, 347; **59**:6, 12, 56, 58-59, 61

*Le Roman d'un Jeune Homme Pauvre* (Feuillet) ......... **45**:74-5, 78-9, 84-5, 87-9

"The Roman Fountain" (Meyer)
See "Der römische Brunnen"

*The Roman Matron* (Tieck)
See *Vittoria Accorombona*

"Roman Rose-Seller" (Crawford) ....... **12**:161

*Roman tragique* (Nerval) ......... **1**:486; **67**:325, 328-31

*Roman v pismakh* (Pushkin) .... **3**:447; **83**:319-20, 323, 331

*Romance and Reality* (Landon) ........... **15**:156-58, 164

"Le romance de Doña Blanca" (Leconte de Lisle) ........................ **29**:225

*A Romance in Letters* (Pushkin)
See *Roman v pismakh*

*The Romance of a Mummy* (Gautier)
See *Le Roman de la momie*

*Romance of a Poor Young Man* (Feuillet)
See *Le Roman d'un Jeune Homme Pauvre*

*The Romance of a Shop* (Levy) ... **59**:76-7, 86-7, 90, 92, 95, 98, 102-5, 108, 113-5, 119

"The Romance of Britomarte" (Gordon) ... **21**:149, 154-56, 160, 163, 175, 183, 188

"Romance of Immortality" (Hawthorne) ............................. **2**:335

*Romance of Ladybank* (Oliphant) ........ **11**:447

"A Romance of the Age" (Browning)
See "Lady Geraldine's Courtship"

*The Romance of the Forest* (Radcliffe) . **6**:403-06, 409, 411, 413-16, 419-20, 423-27, 429-31, 435, 443-45; **55**:226, 228-35, 244-5, 250, 252-8, 261

"A Romance of the Ganges" (Browning) ............................. **61**:30-1, 64-5, 67,70

"Romance of the Lily" (Beddoes) ....... **3**:34

*Romance of the Republic* (Child) .......... **6**:203-05, 209;**73**:54, 63, 72, 84

"The Romance of the Swan's Nest" (Browning) .... **1**:113, 125; **61**:43, 65, 73; **66**:44

"The Romance of Travelling" (Hale) ............................. **75**:356, 359

*A Romance of Vienna* (Trollope) ......... **30**:319

*Romancero* (Heine)
See *Romanzero*

*Romances sans paroles* (Verlaine) . **2**:617, 620-21, 623, 629-32; **51**:350, 352-53, 355, 357, 359, 361-63, 365-66, 368, 370, 376-77, 379-85, 387

"Romanes Lecture" (Huxley) ................. **67**:4

*Romano Lavo-Lil: Word Book of the Romany; or, English Gypsy Language* (Borrow) ............................. **9**:46-47

*Romans et Contes* (Gautier) .............. **59**:36-7

*Romanstudien* (Ludwig) ........... **4**:357, 359-60

*Romantic Ballads* (Borrow) ................ **9**:54

*A Romantic Idea* (Planche) .................. **42**:294

"The Romantic School" (Heine)
See "Die Romantische Schule"

*The Romantic School* (Heine)
See "Die Romantische Schule"

"Romantic Sunset" (Baudelaire)
See "Le coucher du soleil romantique"

"Romanticism" (Pater) ... **90**:292, 294, 322-23, 325

*Romanticism* (Mickiewicz) ............. **3**:393, 399

"Die Romantische Schule" (Heine) ...... **4**:233-34, 252, 259, 264; **54**:337, 344

"Romantyczność" (Mickiewicz) ......... **3**:405

"The Romany Girl" (Emerson) . **1**:279; **38**:193

*The Romany Rye: A Sequel to "Lavengro"* (Borrow) ....... **9**:45-6, 48, 51-6, 60-3, 65, 66-9

*Romanzen* (Heine) ................... **4**:248, 250

*Romanzen und Bilder* (Meyer) .... **81**:146, 152, 199, 208

*Romanzero* (Heine) ..... **4**:238-39, 240-41, 247, 252-56, 268

"The Romaunt of Margret" (Browning) ............................. **61**:53, 56, 58, 64-5, 70-1, 74

"The Romaunt of the Page" (Browning) .. **1**:115, 117, 124; **61**:43, 64-7, 70-5; **66**:56

"Rome" (Gogol) .............. **5**:227, 256; **31**:137

"Rome and the World" (Brownson) ...... **50**:54

"The Rome Egg Affair" (Harris) ......... **23**:151

*Rome, Naples, et Florence* (Stendhal) ............................. **23**:352, 410

*Romeo et Juliette* (Dumas) ................ **71**:218

*Romeo und Julia auf dem Dorfe* (Keller) ............................. **2**:411-17, 424

*Romiero* (Baillie) ...................... **2**:39-40; **71**:3

"Romilly and Wilberforce" (Landor) .. **14**:166

"Der römische Brunnen" (Meyer) . **81**:200-01

*Römische Elegien* (Goethe) ... **4**:165, 176, 193, 207

*Romola* (Eliot) ....... **4**:100-03, 105-07, 109-12, 114-16, 121-23, 126-28, 135, 140, 142, 148-49, 151-52; **13**:289, 293, 318, 344; **23**:53, 57, 59, 68, 80-1, 88; **41**:68, 70, 72, 80, 91, 99, 109, 134; **49**:237

*Romulus* (Dumas) ........................ **71**:210

"Ronald and Helen" (Thomson) ... **18**:405-06

"La ronde sous la cloche" (Bertrand) ... **31**:49

"Rondeau" (Hunt) ... **1**:423; **70**:264

"Rondeau" (Musset) ........................ **7**:267

"The Rooks" (Barnes) .................... **75**:34, 40

*Rookwood* (Ainsworth) .... **13**:15-18, 20-1, 29, 31-2, 34-7, 40

"The Room in the Dragon Volant" (Le Fanu) ......... **9**:317; **58**:251, 264, 266, 302

"The Roots of the Mountains" (Morris) ............................. **4**:435, 437

"The Rope" (Baudelaire)
See "La corde"

"The Ropewalk" (Longfellow) . **2**:492; **45**:162, 167, 187

"Rory and Darborgilla" (Mangan) ..... **27**:275

"Ros Gheal Dubh" (Mangan) ...... **27**:307-08

"La Rosa Blanca" (Martí) ................... **63**:84

"Rosa Mystica" (Hopkins) ... **17**:191

*Rosa; or, The Black Tulip* (Dumas)
See *La tulipe noire*

*Rosa; ou, L'ermitage du torrent* (Pixerecourt) ............................. **39**:291, 295

"Rosabelle" (Scott) ......................... **15**:318

"Rosalie" (Allston) ........................ **2**:21

"Rosalie Lee" (Chivers) ... **49**:46, 49, 52-3, 74

Title Index

"Rosalie Prudent" (Maupassant) .... **83**:215-16
*Rosalind and Helen* (Shelley) ..... **18**:313, 329, 336, 343-44
*Rosamond Gray* (Lamb) . **10**:397, 400, 404-05, 409, 411
"Rosamund" (Ingelow) ................. **39**:258, 264
*Rosamund, A Sequel To Early Lessons* (Edgeworth) ............. **51**:78, 81, 108, 110
"Rosanna" (Edgeworth) .... **1**:265; **51**:87
"Roscoe" (Irving) .... **2**:392; **19**:350; **95**:265
"The Rose" (Cowper) ..................... **8**:119
"Rose" (Sainte-Beuve) ..................... **5**:333
*Rose and Ninette* (Daudet)
    See *Rose et Ninette*
*The Rose and the Key* (Le Fanu) ...... **58**:273
"The Rose and the Rainbow" (Crawford)
    ................................................ **12**:172
*Rose and the Ring* (Thackeray) ...... **5**:454, 469
"Rose Aylmer" (Landor) ..... **14**:176, 183, 193, 199
*Rose, Blanche, and Violet* (Lewes) ..... **25**:273-74, 286, 293, 298
*Rose Clark* (Parton) ....... **86**:324, 333-35, 337, 339-44, 366-67
"La rose de l'infant" (Hugo) ............ **3**:273
"The Rose Did Caper on Her Cheek" (Dickinson) ..................... **21**:63
"The Rose Elf" (Andersen) ............... **7**:34
*Rose et Blanche* (Sand) ..... **2**:606; **42**:316-17, 352-53, 355
*Le rose et le vert* (Stendhal) ......... **23**:410, 419
*Rose et Ninette* (Daudet) . **1**:237, 239, 244, 251
*The Rose Family. A Fairy Tale* (Alcott) . **58**:48
*Rose in Bloom* (Alcott) . **6**:18; **58**:4, 69; **83**:28, 47
*A Rose in June* (Oliphant) ........... **11**:439, 447; **61**:173, 206-7
"Rose Knows Those Bows' Woes" (Hood)
    ................................................ **16**:222
"Rose Lorraine" (Kendall) ........... **12**:193, 201
"Rose Mary" (Rossetti) . **4**:499-501, 505-07, 512-13, 518-19, 526-27, 531-32; **77**:326, 328-30
"The Rose of Newport" (Meyer)
    See "Die Rose von Newport"
"Rose on the Heath" (Goethe)
    See "Heidenröslein"
"Die Rose von Newport" (Meyer) . **81**:207, 209
"Rose Wreath" (Klopstock) ............. **11**:230
"Les Roseaux" (Desbordes-Valmore) .... **97**:15
"The Rosebud" (Keble) .................... **87**:176
"Rosenzeit" (Morike) ..................... **10**:451
*Roses de Noël* (Banville) ............... **9**:29-30
"Les Roses de Saadi" (Desbordes-Valmore)
    ............................................ **97**:13, 20, 27
"Les roses d'Ispahan" (Leconte de Lisle)
    ................................................ **29**:224
*Roslavlev* (Pushkin) ..................... **3**:435
"Rosmowa wieczorna" (Mickiewicz) .. **3**:405
"Le rossignol" (Lamartine) ............. **11**:255
"Le Rossignol" (Verlaine) ................ **51**:361
"Rosy O'Ryan" (Child) .............. **73**:132-34
"Rosz verseimröl" (Petofi) ........... **21**:278
*Rothelan* (Galt) .......................... **1**:334
"A Rotting Corpse" (Baudelaire)
    See "Une charogne"
*Les Roués innocents* (Gautier) .... **1**:350; **59**:12
*Le rouge et le noir* (Stendhal) . **23**:348-49, 352-54, 356-64, 369-70, 373-74, 376-77, 383-89, 392-93, 395-98, 400, 404-05, 408-09, 411-12, 415-18, 420-24, 426; **46**:251-330
*Rough and Ready; or, Life among the New York Newsboys* (Alger) ...... **8**:15, 37
"A Rough Rhyme on a Rough Matter" (Kingsley) ..................... **35**:228
*Roughing It in the Bush; or, Life in Canada* (Moodie) ............ **14**:215-41, 243-44
"La rouille" (Maupassant) ............. **83**:231-32
*Round about a Great Estate* (Jefferies)
    ............... **47**:103, 111-12, 133, 137, 142
"The Round Table" (Tennyson) ......... **65**:241
*Roundabout Papers* (Thackeray) ... **5**:466, 473,

485, 490, 506-07; **43**:350
"The Rounded Catalogue Divine Complete" (Whitman) ..................... **31**:435
"Rousseau" (Hölderlin) ................... **16**:194
"Rousseau and the Sentimentalists" (Lowell)
    ................................................ **2**:509
*La route de Thèbes* (Dumas) ......... **9**:231, 246
"A Route of Evanescence" (Dickinson)
    ..................... **21**:31, 49; **77**:95, 121
*A Rover on Life's Path* (Smolenskin)
    See *ha-To'eh be-darke ha-hayim*
"The Royal Ascetic and the Hind" (Dutt)
    ..................... **29**:123, 126, 130
"The Royal Poet" (Irving) .......... **19**:347, 350; **95**:266
"A Royal Poet" (Irving)
    See "The Royal Poet"
"A Royal Princess" (Rossetti) ............. **66**:331
"Royalists of Peru" (Gore) ................ **65**:21
"Royauté" (Rimbaud) .. **4**:484; **35**:322, 324-25
"Roz goniné" (Arany) ..................... **34**:24
"Rozryta mohyla" (Shevchenko) ......... **54**:378
*Der Rubin* (Hebbel) ............. **43**:258, 289
"Rückblick" (Muller) ................. **73**:392,394
"Rückblick in die Jahre der Kindheit" (Brentano) ..................... **1**:105
*Rudin* (Turgenev) ... **21**:388, 397-98, 400, 412-13, 418-19, 426, 432, 436-38, 442, 444-46, 448, 455, 457; **37**:364, 379, 382, 402, 444
*Rudolf von Hapsburg und Ottokar von Bohmen* (Kotzebue) ..................... **25**:137
*Rudolph* (Beddoes) ..................... **3**:33
*Rudolph Prinz von Korsika* (Nestroy) . **42**:224
*La Rue* (Valles) ..................... **71**:377
*La Rue à Londres* (Valles) . **71**:372-73, 375-76, 378
"Rue de l'eperon" (Banville) ............. **9**:32
*Une rue de Paris et son habitant* (Balzac)
    ................................................ **5**:51
"Une Ruelle de Flandres" (Desbordes-Valmore)
    ................................................ **97**:14
"The Ruffian Boy" (Opie) .......... **65**:162, 171
*Rufus and Rose; or, The Fortunes of Rough and Ready* (Alger) ................ **8**:37
*Rugantino* (Lewis) ..................... **11**:305
"Ruhelechzend" (Heine) ................ **4**:256
"The Ruin of the Year" (Lampman) ... **25**:210
"The Ruined Chapel" (Allingham) ....... **25**:24
"The Ruined Cottage" (Wordsworth)
    ............... **12**:397; **38**:362, 364, 390
"The Ruined Inn" (Petofi)
    See "A csárda romjai"
*Les ruines de Babylone; ou, Le massacre des barmécides* (Pixerecourt) .. **39**:276-77, 279, 290
"The Ruins of Ithaca" (Bryant) ...... **6**:165
"Les ruisseau" (Banville) ................. **9**:29
*Rule and Misrule of the English in America* (Haliburton) ............. **15**:122, 128
"Rumors from an Aeolian Harp" (Thoreau)
    ................................................ **7**:382
"Run to Death" (Levy) ............. **59**:106-7
"The Runaway Slave at Pilgrim's Point" (Browning) .. **1**:118; **61**:9, 33-4, 43, 66-8
"Der Runenberg" (Tieck) ... **5**:514, 517, 519, 524-25, 529; **46**:339-45, 347-50, 360, 363, 365, 374-75, 377, 387-88, 390-92, 414
*Runic Poetry* (Percy)
    See *Five Pieces of Runic Poetry Translated from the Islandic Language*
*Runic Poetry translated from the Islandic Language* (Percy)
    See *Five Pieces of Runic Poetry Translated from the Islandic Language*
"Le Runoïa" (Leconte de Lisle) . **29**:223, 225-26
*Rupert's Ambition* (Alger) .............. **83**:114
"Rural Felicity" (Hood) ................. **16**:235
"Rural Funerals" (Irving) .... **2**:381; **19**:334
"Rural Life in England" (Irving) . **19**:328, 334
"Rural Morning" (Clare) ................. **9**:113

*The Rural Muse* (Clare) .. **9**:79-80, 85; **86**:125, 160
*Rural Rides* (Cobbett) . **49**:97, 99, 101, 105-08, 110, 114, 116, 118, 120, 122, 130-34, 140, 142, 145, 147, 150, 153-55, 159-60, 163-65, 168, 171
"Rusalka" (Lermontov) ................. **5**:287
*Rusalka* (Pushkin) ..... **3**:415, 434; **83**:333, 339
*Une Ruse* (Maupassant) ................ **83**:229
*La Ruse de l'amour* (Sade) ... **47**:360-61
*The Rush-Light* (Cobbett) ............. **49**:109
*Ruslan and Lyudmila* (Pushkin)
    See *Ruslan i Lyudmila*
*Ruslan i Lyudmila* (Pushkin) .... **3**:409-11, 413, 415, 417, 421, 423, 443, 445, 450; **27**:379; **83**:242-43, 245, 247, 250, 332, 349
*Der Russe in Deutschland* (Kotzebue)
    ............... **25**:133, 138-40, 145, 147
*Russia* (Gautier) ..................... **59**:5
"Russia and Revolution" (Tyutchev)
    See "La Russie et la Révolution"
"The Russiade" (Hogg) ................ **4**:280
"Russian and Germany" (Tyutchev) ... **34**:382
"The Russian at a Rendez-Vous" (Chernyshevsky) ............. **1**:162
"Russian Christianity versus Modern Judaism" (Lazarus) ............. **8**:419, 421-22, 428
"Russian Civilization As Concocted by Mr. Zherebtsov" (Dobrolyubov) ......... **5**:140
*A Russian Gentleman* (Aksakov)
    See *Semeinaia khronika*
"Russian Geography" (Tyutchev) ....... **34**:381
"A Russian Hamlet" (Turgenev) ......... **21**:378
"The Russian Historical Novel" (Dobrolyubov)
    ................................................ **5**:140
"The Russian Language" (Turgenev) .. **21**:420
*A Russian Pelham* (Pushkin) ......... **3**:435, 447; **83**:273
*The Russian People and Socialism* (Herzen)
    See *Le peuple russe et le Socialisme*
*A Russian Schoolboy* (Aksakov) ..... **2**:13-14
"The Russian Tale and the Tales of Gogol" (Belinski) ..................... **5**:97
*Russian Women* (Nekrasov) .... **11**:400, 404-05, 409, 414-18
"La Russie et la Révolution" (Tyutchev)
    ............... **34**:382-83, 404
"Russkie vtorostepennye poety" (Nekrasov)
    ................................................ **11**:422-24
"Rustem and Zorav" (Zhukovsky) ...... **35**:378
"Rustic Childhood" (Barnes) ........... **75**:15, 85
*Rustic Songs* (Muller)
    See *Ländliche Lieder*
"Rustic Venus" (Maupassant)
    See "La venus rustique"
"Rusticus Dolens; or, Inclosures of Common" (Barnes)
    See "The Common A-Took In"
"Rusticus Emigrans or Over Sea to Settle" (Barnes) ............. **75**:43-4, 101
"Rusticus gaudens" (Barnes)
    See "The 'Lotments"
"Rusticus Res Politicas Animadvertens" (Barnes)
    See "The New Poor Laws"
"Ruszaj z Bogiem" (Norwid) ............. **17**:373
"Ruth" (Crabbe) ..................... **26**:124
"Ruth" (Hood) ............. **16**:219, 225-27, 234
"Ruth" (Wordsworth) ................. **12**:402
*Ruth* (Gaskell) ..... **5**:180-83, 185, 187-89, 191, 196-97, 204; **70**:119, 123, 146, 149-51, 185, 188, 190, 196, 198, 200, 219; **97**:127, 134
"Ruth, A Short Drama From the Bible" (Barnes) ..................... **75**:70, 73-4
*Ruth Hall* (Parton)
    See *Ruth Hall and Other Writings*
*Ruth Hall and Other Writings* (Parton)
    ..... **86**:312, 316, 318, 320, 323-26, 328-35, 337, 339, 341-44, 346-47, 352-57, 359-62, 366-69, 373-74, 376-77
"Ruth's Secret" (Alcott) ................. **83**:5
"Ruususolmu" (Kivi) ................. **30**:51

*Ruy Blas* (Hugo) ............ **3**:254, 257, 261, 269

"Rybak" (Zhukovsky) .................. **35**:397, 407

"Rycar' na čas" (Nekrasov) ........ **11**:400, 416, 418-20

*Rzecz o wolności słowa* (Norwid) ....... **17**:369

"S polyany korshun podnyalsya" (Tyutchev) ............................................ **34**:398, 400

*S togo berega* (Herzen)
    See *Vom andern Ufer*

*A Sa Majesté le tzar Nicolas* (Comte) . **54**:211

"Sa Majesté Très Chrétienne" (Clough) ................................................ **27**:103

"Saadi" (Emerson) ......................... **1**:296

"The Sabbath Bell" (Sigourney) ....... **21**:310

"Sabbath Bells" (Clare) ..................... **9**:105

"Sabbath Lays" (Barnes) ................. **75**:70, 74

"A Sabbath Scene" (Whittier) . **59**:364, 366

"Sabbath Sonnet" (Hemans) ........... **71**:270

"The Sabbath's-Day Child" (Coleridge) . **90**:33

"The Sabbatia" (Very) ..................... **9**:372

"¿Sabéis por qué la amo?" (Isaacs) .... **70**:307

*The Sack of Rome* (Warren) ... **13**:412-14, 418-19, 424, 429-30, 436

"Sacra fames" (Leconte de Lisle) . **29**:222, 230

*Sacred and Legendary Art* (Jameson)
    See *The Poetry of Sacred and Legendary Art*

*Sacred Dramas: Chiefly Intended for Young Persons, the Subjects Taken from the Bible* (More) ........................ **27**:332

"The Sacred Fire" (Meyer)
    See "Das heilige Feuer"

*Sacred Hymns* (Manzoni)
    See *Inni Sacri*

"The sacred marriage" (Fuller) .... **50**:249, 251

*Sacred Melodies* (Moore) ..................... **6**:382

"Sacred Pleasure" (Mallarme) ...... **41**:254, 259

"Sacred Poetry" (Keble) ..................... **87**:153

*Sacred Songs of Novalis* (Novalis)
    See *Geistliche Lieder*

"Sacred to the Memory of Lord Nelson" (Hemans) ............................ **71**:272

"Sacrifice" (Emerson) ..................... **1**:290

*Sacrificial Death* (Kotzebue)
    See *Der Opfertod*

"The Sad Fortunes of the Rev. Amos Barton" (Eliot) .. **4**:92, 98, 117, 120, 125; **23**:57; **41**:101, 106-09; **89**:228

"Sad Occurrence That Took Place in the Year 1809" (Zhukovsky) ..................... **35**:384

"The Sad Wind of Autumn Speaks to the Trees..." (Petofi)
    See "Beszel a fákkal..."

"Säerspruch" (Meyer) ....... **81**:140-41, 148-49, 155-56

"Safe in their Alabaster Chambers" (Dickinson) ............................ **77**:71

"The Saga of Ahab Doolittle" (Taylor) . **89**:338

"The Saga of King Olaf" (Longfellow) ........... **45**:115, 132, 137, 145, 148-49, 155

*The Saga of Mankind* (Almqvist)
    See *Människosläkets saga*

*Un Sage* (Maupassant) ........................ **83**:831

"Sages" (Mickiewicz) ......................... **3**:399

"La sagesse" (Lamartine) ................... **11**:254

*Sagesse* (Verlaine) . **2**:617-21, 624-25, 627-28, 632; **51**:351-53, 355-59, 364-65, 368, 370, 372, 376, 382, 384, 388

*Sägner* (Runeberg)
    See *Fänrik Ståls sägner*

"Said the Canoe" (Crawford) ...... **12**:156, 167, 171

"Said the Daisy" (Crawford) ....... **12**:156

"Said the Skylark" (Crawford) ..... **12**:161, 171

"Said the West Wind" (Crawford) .... **12**:156

"Said the Wind" (Crawford) ......... **12**:161

"Sailing Beyond Seas" (Ingelow) ....... **39**:264

"The Sailing of the Sword" (Morris) .... **4**:431

"The Sailor" (Allingham) .................. **25**:7-8

"Sailor" (Crabbe) ......................... **26**:100

"The Sailor" (Mickiewicz) .................. **3**:392

"A Sailor" (Rogers) ...................... **69**:67

*The Sailor* (Shevchenko)
    See *Matros*

"The Sailor Boy" (Tennyson) ....... **65**:373, 376

"The Sailor's Funeral" (Sigourney) .... **21**:304

"The Sailor's Mother" (Wordsworth) . **12**:426

*The Saint* (Meyer)
    See *Der Heilige*

"Saint Agnes of Intercession" (Rossetti) ................. **4**:504, 510; **77**:241, 331-34, 336

"Saint Benoit Joseph Labre" (Verlaine) ................................................ **51**:359

"Saint Cecilia" (Kleist)
    See *Die heilige Cäcilie; oder, die Gewalt der Musik*

"Saint Guido" (Jefferies) ..................... **47**:137

"St. John's Eve" (Gogol)
    See "Večer nakanune Ivana Kupala"

"Saint Julien" (Flaubert)
    See *La légende de Saint-Julien l'Hospitalier*

"Saint Monica" (Smith) ................ **23**:321, 323

*Saint Patrick's Eve* (Lever) ..... **23**:275-76, 307

*Saint Paul* (Renan) . **26**:372, 402, 408, 420-21

"St. Petersburg Notes of 1836" (Gogol) ................................................ **31**:137

*Saint-Anne* (Charriere) .......... **66**:125, 172, 178

"Sainte" (Mallarme) ..................... **4**:378

"La sainte alliance des peuples" (Beranger) ................................................ **34**:29

" Sainte Cécile jouant sur l'aile d'un chérubin" (Mallarme) ............................ **41**:289-90

"A Sainte-Beuve" (Banville) ................. **9**:26

"Sainte-Pélagie en 1832" (Nerval) ................................................ **67**:332, 336

"Saintliness the Standard of Christian Principle" (Newman) ................... **38**:305

"The Saints' Rest" (Dickinson)
    See "Of Tribulation These Are They"

*The Saint's Tragedy* (Kingsley) .. **35**:204, 209, 211-13, 218-19, 222, 226, 249

"Saint-Tupetu de Tu-pe-tu" (Corbiere) . **43**:28

*La Saisiaz* (Browning) .... **19**:106, 110-12, 134

*Une saison en enfer* (Rimbaud) . **4**:453-54, 456-66, 468-74, 476-83, 486; **35**:266, 270-71, 275-78, 282-83, 289, 291, 294, 297-98, 302, 304-05, 307, 309-13, 314-15, 317, 320-21

*Une saison en enfer* (Rimbaud) . **4**:453-54, 456-66, 468-74, 476-83, 486; **82**:218-30, 232-34, 236-38, 240-45, 247-48, 250, 252-55, 257, 259-60, 262-63

"Sakontalá" (Tyutchev) ..................... **34**:412

*Die Salamandrin und die Bildsäule* (Wieland) ................................................ **17**:410-11

*Salammbô* (Flaubert) ... **2**:226-8, 230-4, 236-9, 242-4, 246-7, 249, 251-2, 255-6; **10**:125, 145; **19**:268, 273, 276-8, 299-300, 302, 304, 307-8, 313, 317; **62**:80, 92, 98, 109-20, 123; 6 6:293

"Salas y Gomez" (Chamisso) . **82**:6, 21, 27, 30

"A Sale" (Maupassant) ................... **1**:457

"The Sale of the Pet Lamb" (Collins) .. **93**:63

*Salem Chapel* (Oliphant) ........ **11**:429-31, 445, 447-9, 454-7, 459, 463; **61**:162-9, 172, 174-7, 180, 183, 197-8, 202, 216, 226-7

*La salle d'armes* (Dumas) ................... **11**:58

*Salmagundi* (Irving) .. **95**:219, 221-23, 225-27, 275, 291-93, 295-96

*Salmagundi; or, The Whim-Whams and Opinions of Launcelot Langstaff, Esq., and Others* (Irving and Paulding) . **2**:525

*Salmagundian Essays* (Irving) ....... **95**:219-21

"Salomé" (Laforgue) . **5**:269-71, 274, 278, 280-1; **53**:292, 293-4

*Der Salon* (Heine) .... **4**:235, 262, 264, 268-69

*Le salon de 1845* (Baudelaire) ......... **29**:79-80

*Le salon de 1846* (Baudelaire) . **6**:81; **29**:100; **55**:8, 36

*Le salon de 1859* (Baudelaire) . **29**:79; **55**:43

*The Salon; or, Letters on Art, Music, Popular Life, and Politics* (Heine)
    See *Der Salon*

"Salut" (Mallarme) ...........................**41**:294

"Salut au Monde!" (Whitman) ...... **4**:571, 578, 594; **31**:390, 398-99, 431; **81**:312, 319-20

"Salvator" (Dumas) ..................... **71**:185

*Salvator Rosa* (Hoffmann) ................. **2**:340

*Sam Slick's Wise Saws and Modern Instances; or, What He Said, Did, or Invented* (Haliburton) ...... **15**:126-27, 132, 135-36, 145

*The Same Old Story* (Goncharov)
    See *Obyknovennaya istoriya*

*Samlade skrifter* (Stagnelius) ............ **61**:248

*Samlede digte* (Andersen) ........................ **7**:19

*Sämmtlich Werke* (Schlegel) ............... **45**:361

*Sämmtliche Werke* (Wieland) ......... **17**:392-93

*Sam's Change; and How He Improved It* (Alger) ...... **83**:132-33, 139

"Samson" (Blake) ........................... **13**:182

*Samson* (Dumas) ......................... **71**:217

*Samson's Anger* (Vigny)
    See "La colère de Samson"

*Sämtliche Werke* (Claudius) .... **75**:182-84, 201

*Samuel Zborowski* (Slowacki) ..... **15**:360, 365, 371-72, 375-77

"San Antonio bendito" (Castro) ............ **78**:40

"San Antonio de Bexar" (Lanier) .......... **6**:245

*San Francesco a Ripa* (Stendhal) .... **23**:349

*Sancho García* (Zorrilla y Moral) ....... **6**:525

*Sancho Saldaña* (Espronceda) ...... **39**:100, 110

*Sanct Joseph der Zweite* (Goethe) ................................................ **4**:194, 197

"Sanctity the Token of the Christian Empire" (Newman) ............................ **38**:308

"Sanctuary" (Lenau) ..................... **16**:263, 277

*Das Sanctus* (Hoffmann) ................. **2**:346

"Sandalphon" (Longfellow) .......... **45**:116, 146

"Sandels" (Runeberg) ......... **41**:314, 324-25

*Sanditon—Fragments of a Novel* (Austen) ... **1**:41-42, 46-47, 51-52, 54, 60-61; **33**:70, 72, 75, 77, 93; **95**:49

"The Sandman" (Andersen)
    See "Ole Luköie"

"Sandro Botticelli" (Pater) ................. **90**:334

"Sands at Seventy" (Whitman) ........... **4**:563

"The Sands of Dee" (Kingsley) .......... **35**:218-19, 226, 232

*Le sang de la coupe* (Banville) .......... **9**:18-19

*Le sanglot de la terre* (Laforgue) . **5**:275, 282-3; **53**:258-9, 269, 277, 279, 287, 289-90, 293

"Les Sanglots" (Desbordes-Valmore) . **97**:8, 18, 20, 24

"Sanity of True Genius" (Lamb) ......... **10**:432

"Santa Cruz" (Freneau) ................. **1**:314, 316

"Santa Filomena" (Longfellow) .......... **45**:116

"Santo Domingo" (Douglass) ............... **7**:126

*Sapho* (Daudet) . **1**:237, 239, 242-44, 248-49, 251

*Sapho* (Staël)
    See *Sappho*

"Sapphics" (Lampman) ........................ **25**:202

*Sappho* (Daudet)
    See *Sapho*

*Sappho* (Grillparzer) . **1**:382-85, 387, 389, 397

*Sappho* (Staël) ......................... **91**:326, 359

*Sappho's Slipper* (Sacher-Masoch) . **31**:298

"Sappho's Song" (Landon) ................. **15**:165

"Sara la Baigneuse" (Hugo) ................. **3**:261

*Sara Videbeck* (Almqvist)
    See *Det går an*

*Sarah de Berenger* (Ingelow) ....... **39**:261, 264

*Sarah; or, The Exemplary Wife* (Rowson) .. **5**:311-13, 316, 319; **69**:103, 105, 113-14, 137

*Sardanapale* (Becque) ..................... **3**:16

*Sardanapalus* (Byron) ...... **2**:66, 70, 79-81, 99; **12**:139

*Sardonic Tales* (Villiers de l'Isle Adam)
    See *Contes cruels*

"Sári néni" (Petofi) ..................... **21**:285

"Sarmanul Dionis" (Eminescu) ...... **33**:245-47

*Sarrasine* (Balzac) .......... **5**:46; **35**:22, 68-9-70

*Sartor Resartus* (Carlyle) .. **70**:7, 9, 22-24, 26-

27, 31, 36-47, 49, 53, 56-58, 62-76, 87-88, 93, 95, 97-102, 108

"Sarum Close" (Patmore) ...................... **9**:362

"Sarum River" (Patmore) ...................... **9**:335

"Sasha" (Nekrasov) ...................... **11**:404, 407

*Satanstoe; or, The Littlepage Manuscripts* (Cooper) ............. **1**:219-21; **54**:258, 279

*Satires* (Krasicki)
    See *Satyry*

*Satiry v proze* (Saltykov) ...... **16**:368, 374

"The Satrap-Bear" (Saltykov) ............. **16**:358

"Saturday in Holy Week" (Droste-Hulshoff) .............................................. **3**:203

"Saturnian Poem" (Verlaine) ........ **51**:368, 372

*Saturnine Poems* (Verlaine)
    See *Les Poèmes saturniens*

"Le satyre" (Hugo) ........... **3**:273; **21**:226

*Satyry* (Krasicki) ............. **8**:398, 401, 403-07

"Saul" (Browning) . **19**:111, 119, 129-32, 139; **79**:94, 102, 111

"Le saule" (Musset) ...................... **7**:256, 273

*Saulo* (Isaacs) ...................... **70**:311-12

"Le Saut du berger" (Maupassant) .. **83**:169

"Le saut du Tremplin" (Banville) ...... **9**:16, 25

"De Sauty" (Holmes) ...................... **14**:129

"La sauvage" (Vigny) ......... **7**:472-73, 479-80

*Sauvée* (Maupassant) ...................... **83**:230

"Sauvegarde" (Mallarmé) ....... **41**:294-98, 300, 304-05

"The Savage Landowner" (Saltykov) . **16**:358

"Savannah Sesqui-Centennial Ode" (Hayne) .............................................. **94**:145, 152

*Savitri* (Dutt) ...... **29**:120-21, 124, 126, 128, 131

*Savonarola* (Lenau) ........ **16**:263, 266, 268-70, 272-75, 279-81, 285

*Savoyen, Nizza und der Rhein* (Engels) , **85**:83

"Say, by What Chance" (Pushkin)
    See *Skazhi, Kakoi sud'boi*

"Say Not the Struggle Naught Availeth" (Clough) ......................... **27**:75, 77, 79

*The Scandal* (Alarcon)
    See *El escándalo*

"Scar" (Woolson) ...................... **82**:273

*Scarlet and Black* (Stendhal)
    See *Le rouge et le noir*

*The Scarlet Letter* (Hawthorne) . **2**:295-96, 298, 305, 307, 309-12, 314-18, 320-32; **10**:269-317; **17**:110-12, 114, 116, 120, 122, 124, 128-29, 132, 146-147, 151-53, 156-57; **23**:168-69, 177-78, 183-84, 194-97, 205, 213-14, 220; **39**:167-68, 176-77, 180, 185, 187, 189-90, 195-97, 200, 220-22, 225, 227, 236-37, 239-40, 247, 249; **79**:290-92, 299, 308-11, 313, 327, 332; **95**:91, 109, 120, 123, 151, 170, 176, 178, 213

*The Scarlet Shawl* (Jefferies) ..... **47**:91-92, 97, 116

*Scaroni* (Beddoes) ...................... **3**:38

"Ščast' e v dvux ètažàh" (Leskov) . **25**:258-59

*Scattered Pages* (Renan) ...................... **26**:422

"A Scene" (Clare) ...................... **9**:72

"A Scene along the Rio de Las Plumas" (Ridge) ...................... **82**:184

*Scene from Faust* (Pushkin) ...................... **3**:446

*Scene in an Armchair* (Musset)
    See *Un spectacle dans un fauteuil*

"A Scene on the Banks of the Hudson" (Bryant) ...... **46**:19-20, 38-41, 43

"Scènes" (Rimbaud) ...................... **82**:233

"Scenes and Hymns of Life" (Hemans) .............................................. **71**:270

*Scenes and Hymns of Life, with Other Religious Poems* (Hemans) ... **29**:201

"Scenes at a Target-Shooting" (Taylor) .............................................. **89**:308

*Scènes de la vie de province* (Balzac) .... **5**:28-9, 31-2, 36; **53**:10, 31

*Scènes de la vie militaire* (Balzac) ...... **5**:31-2

*Scènes de la vie orientale* (Nerval)
    See *Voyage en Orient*

*Scènes de la vie Parisienne* (Balzac) ...... **5**:28-29, 31, 36

*Scènes de la vie politique* (Balzac) ......... **5**:31

*Scènes et Comédies* (Feuillet) ............. **45**:88-9

*Scènes et Proverbes* (Feuillet) ............. **45**:88

"Scenes from Life in Town" (Sedgwick) .............................................. **19**:444

*Scenes from Russian Life* (Turgenev)
    See *Zapiski okhotnika*

"Scenes in Canada" (Moodie) ............. **14**:243

"Scenes in My Native Land" (Sigourney) .............................................. **87**:321

*Scenes of Clerical Life* (Eliot) . **4**:92-93, 95, 97-98, 102, 109-10, 114, 116-17, 120-21, 123, 126-27, 142, 152, 154; **13**:290; **23**:80; **41**:99, 103; **49**:216, 237; **89**:228

*Scenes of Military Life* (Balzac) ........ **5**:31-32

*Scenes of Parisian Life* (Balzac)
    See *Scènes de la vie Parisienne*

*Scenes of Political Life* (Balzac)
    See *Scènes de la vie politique*

*Scenes of Provincial Life* (Balzac)
    See *Scènes de la vie de province*

*The Scented Garden* (Burton) ............. **42**:29

"Scented Herbage of My Breast" (Whitman) .............. **4**:575; **31**:387, 402, 416

*The Sceptic* (Moore) ...................... **6**:395

*The Sceptic, a Poem* (Hemans) ........... **29**:192-93, 195, 202; **71**:261

*Schach von Wuthenow* (Fontane) . **26**:236, 240, 243, 246-47, 254, 259, 270-71

"Schastlivaiia oshibka" (Goncharov) .... **63**:48

*Der Schatz* (Morike) ...................... **10**:456

"Schatzgräber" (Goethe) ...................... **4**:192

*Die Schauspielerin* (Hebbel) ...................... **43**:230

"Schelm von Bergen" (Heine) ............. **4**:256

"Die Schenke am See" (Droste-Hulshoff) .............................................. **3**:200

*Scherz, Satire, Ironie und tiefere Bedeutung* (Grabbe) ........ **2**:271-81, 283-84, 286-88

"Scherz und Satire" (Droste-Hulshoff) . **3**:200

"Der Schiffsjunge" (Lenau) ............. **16**:278

"An Schillers Nachruhm" (Raimund) ... **69**:16

*Schillers Werke, Nationalausgabe* (Schiller) .............. **69**:225, 237-39, 257, 271-77

*Der Schimmelreiter* (Storm) ..... **1**:541-42, 544, 549-51

"Schlacht" (Hölderlin) ...................... **16**:174

"Die Schlacht im Loener Bruch" (Droste-Hulshoff) ..... **3**:195-97, 199, 201

"Die schlimmen Monarchen" (Schiller) .............. **39**:338, 356, 386-88

*Der Schlimm-heilige Vitalis* (Keller) ..... **2**:416

"Das SchloßB Boncourt" (Chamisso) ... **82**:30

"Das Schloss Dürande" (Eichendorff) .. **8**:222

*Der Schmied seines Glückes* (Keller) ... **2**:414-15, 424

*Schmucker's Psychology* (Brownson) ... **50**:27

"The Schnellest Zug" (Field) ................ **3**:208

"Schnitterlied" (Meyer) ........... **81**:140, 142, 148, 152-57, 206

"Scholar and Carpenter" (Ingelow) ...... **39**:255-56

"The Scholar-Gipsy" (Arnold) .... **6**:42, 44, 50-52, 65-66, 72; **29**:6-7, 32-3, 37; **89**:7, 9, 46, 49, 53, 88-99

"The Scholasticism of the Nineteenth Century" (Pisarev)
    See "Sxolastiki xix veka"

"Die Schöne Buche" (Morike) ...... **10**:454

*Die schöne Kellnerin von Bacharach* (Muller) .............................................. **73**:361

*Die schöne Müllerin* (Muller) .... **73**:350, 355, 360, 363, 365-68, 373, 380, 382, 389, 396

"Schönheit" (Hölderlin) ...................... **16**:185

"Schön-Rohtraut" (Morike) ...................... **10**:453

*School* (Robertson) . **35**:333-34, 336, 340, 345-46, 351-52, 357, 362, 364-66, 369, 371-72

"The School Boards: What They Can Do, and What They May Do" (Huxley) .... **67**:92

"School Days" (Whittier) ...... **59**:360, 371

*The School for Arrogance* (Holcroft) .. **85**:192-

93, 206-07, 218-21, 225, 234

*The School for Scandal* (Holcroft) ...... **85**:237

*The School for Scandal* (Sheridan) ....... **5**:355-72, 374-78, 380, 382-83; **91**:233-34, 242-43, 251, 253-54, 256, 258, 260-64, 266-70, 272

*The School for Widows* (Reeve) ... **19**:412, 415

*A School History of Germany* (Taylor) . **89**:342

"The School of Giorgione" (Pater) .............. **90**:242, 323, 335

*The School of Giorgione* (Pater) ........... **7**:326

"The School Question" (Brownson) .... **50**:54

*School Song Book* (Hale) ........... **75**:286, 349

"The School-Boy" (Blake) . **13**:182; **37**:14, 33, 45, 72

"The Schoolboy" (Nekrasov) ............. **11**:404

*The Schoolfellows* (Jerrold) ............. **2**:395, 401

"The Schoolmaster's Progress" (Kirkland) .............................................. **85**:265

"The Schoolmistress Abroad" (Hood) . **16**:209

"Der Schosshund" (Klopstock) ............. **11**:238

"Der Schrecken im Bade" (Kleist) ... **37**:237

*Das Schreibepult, oder Die Gefahren der Jugend* (Kotzebue) ...................... **25**:147

*Schriften* (Goethe) ...................... **34**:123

*Schriften* (Novalis) .......... **13**:359-60, 362

*Schriften* (Tieck)
    See *Ludwig Tieck's Schriften*

*The Schroffenstein Family* (Kleist)
    See *Die Familie Schroffenstein*

"Der Schuß von der Kanzel" (Meyer) . **81**:184

"Schulmeister Klopstock und seine fünf Söhne" (Brentano) ...................... **1**:100

*Der Schutzgeist* (Kotzebue) .......... **25**:134, 136

*Der Schützling* (Nestroy) .. **42**:232, 243, 254

"An Schwager Kronos" (Goethe) ... **4**:192

"Der Schwarze in der Zuckerplantage" (Claudius) .............................................. **75**:183

"Der schwarze See" (Lenau) ............. **16**:283

"Schwarzschattende Kastanie" (Meyer) .............................................. **81**:209

*Der Schweizerische Robinson; oder, Der schiffbrüchige Schweizerprediger und seine Familie* (Wyss) ............. **10**:466-73

"Schwüle" (Meyer) ................. **81**:199, 201-02

"Science and Culture" (Huxley) . **67**:28, 44, 61, 63-4, 69-72, 83, 87

"Science and Morals" (Huxley) . **67**:60, 62, 97

*Science Lectures for the People* (Huxley) .............................................. **67**:85

*The Science of English Verse* (Lanier) . **6**:237, 240, 245, 247, 250, 252, 256, 263-65, 269-70, 279

*The Science of Ethics as Based on the Scienc of Knowledge* (Fichte)
    See *Das System der Sittenlehre nach den prinzipen der Wissenschaftslehre*

"The Science of History" (Froude) .............................................. **43**:184, 191

*The Science of Knowledge (Wissenschaftslehre)* (Fichte) .................. **62**:40-1, 43, 52, 56

*Science of Logic* (Hegel) ...................... **46**:190

*The Science of Rights* (Fichte)
    See *Grundlage des Naturrechts nach Prinzipen der Wissenhaftslehre*

"Scientific and Pseudo-Scientific Realism" (Huxley) ...................... **67**:69, 73

"Scientific Education" (Huxley) ........... **67**:64

"Scientific Education: Notes of an After-Dinner Speech" (Huxley) ...................... **67**:85-6

*Scientific Memoirs* (Huxley) ................. **67**:33

"The Scientific Poltroons" (Fourier) .. **51**:185

*Scientific Religion* (Oliphant) . **47**:288-89, 291, 293-94

"The Scientific Ways of Treating Natural Law" (Hegel)
    See "Über die wissenschaftlichen Behandlungsarten des Naturrechts"

"Scientifique" (Banville) ...................... **9**:31

*Scinde; or the Unhappy Valley* (Burton) .............................................. **42**:37-8

*Scotch Recollections* (Wordsworth)
  See *Recollections of a Tour Made in Scotland*
"Scotch Songs" (Baillie) .......................... **2**:41
"Scottish Ballads" (Smith) .............. **59**:309
"Scottish Weaver" (Sigourney) .......... **87**:326
*The Scout* (Simms) ........................... **3**:508
*Scrap-Bag* (Alcott)
  See *Aunt Jo's Scrap-Bag*
"Scrap-stall of Paris" (Gore) ............... **65**:21
"A Screw Loose" (O'Brien) ..... **21**:236, 247
"Scrisoarea a treia" (Eminescu) .. **33**:248, 252, 271
"Scrisorile" (Eminescu) ...... **33**:245, 250
"Scutari" (Milnes) ........................ **61**:138
*The Scuttled Ship* (Reade) ................... **2**:544
*Se Gefylsta* (Barnes) ..................... **75**:40
"The Sea" (Bryant) ........................ **6**:175
"The Sea" (Taylor) ....................... **89**:314
*The Sea* (Michelet)
  See *La mer*
"Sea and Sky" (Muller) ................. **73**:352
"The Sea and the Cliff" (Tyutchev) ............................. **34**:383, 404
"The Sea and the Skylark" (Hopkins) .............. **17**:212, 220, 225, 257
"A Sea Dialogue" (Holmes) ... **14**:129; **79**:23, 35, 40, 42, 51-52, 59, 62, 65, 73-74, 76
"A Sea Dream" (Darley) ................... **2**:133
"A Sea Dream" (Whittier) ................. **8**:513
"Sea Dreams" (Tennyson) ................ **30**:233
*The Sea Gull* (Caballero)
  See *La gaviota: Novela de costumbres*
"Sea Gulls in Flight" (Meyer)
  See "Möwenflug"
"A Sea Has Wakened Up" (Petofi)
  See "Föltámadott a tenger"
*The Sea Lions; or, The Lost Sealers* (Cooper) ............ **1**:208, 221-22; **27**:142; **54**:275-7
"The Sea of Death" (Hood) ........ **16**:208, 234
"The Sea said 'come' to the Brook" (Dickinson) ...................... **77**:93
*Sea Spray and Smoke Drift* (Gordon) ............. **21**:150, 163, 170, 173, 179, 181
"The Sea-Bride" (Darley) ................. **2**:134
"Sea-Drift" (Whitman) ............. **4**:563, 606
"The Sea-Fairies" (Tennyson) ..... **30**:204, 223, 241
"The Sealed Angel" (Leskov)
  See "Zapečatlennyj angel"
"The Sea-Limits" (Rossetti) ..... **4**:491-92, 512; **77**:310
*The Search after Happiness: A Pastoral Drama* (More) ...................... **27**:332
*Seashells from the island of Rugen* (Muller)
  See *Muscheln von der Insel Rügen*
"Sea-Shore" (Emerson) ...................... **1**:296
"A Seashore Drama" (Balzac)
  See "Un drame au bord de la mer"
*The Seaside and the Fireside* (Longfellow) ............. **2**:475, 492-93, 495; **45**:116, 153
*Sea-side Studies at Ilfracombe, Tenby, the Scilly Isles, and Jersey* (Lewes) ............. **25**:280, 288, 296, 308, 310-12
*A Season in Hell* (Rimbaud)
  See *Une saison en enfer*
"Season Tokens" (Barnes) .................. **75**:70
"The Seasons Moralized" (Freneau) ..... **1**:317
*The Season-Ticket* (Haliburton) ... **15**:126, 136, 145
"The Sea-Spell" (Hood) ................. **16**:234
"Seaweed" (Longfellow) .. **2**:492; **45**:116, 146, 148, 154
"Seaweed" (Lowell) ........................ **2**:509
*Sebastian of Portugal* (Hemans) ........ **29**:201
"Sebastian van Storck" (Pater) ...... **7**:298, 307, 312
"Seclusion" (Morike) ..................... **10**:446
"Second" (De Quincey) .................... **87**:77
"The Second Birth-Day" (Sigourney) . **21**:310
*A Second Book of Verse* (Field) . **3**:205-06, 208

*The Second Brother* (Beddoes) ... **3**:26, 29, 33, 35-36, 38-39
"The Second Day" (Longfellow) ........ **45**:138
"Second Dialogue for Three Young Ladies" (Rowson) ........................ **69**:115
*Second Inaugural Address* (Lincoln) . **18**:222-23, 235, 238, 246-48, 250-54, 257, 266-67
"Second Love" (Timrod) .................. **25**:375
*Second Love; or, Beauty and Intellect* (Trollope) ......................... **30**:331
*The Second Marriage: A Comedy on Ambition* (Baillie) ....... **2**:31, 34; **71**:64
*The Second Part of Tom White the Postboy; or, The Way to Plenty* (More) .......... **27**:347
"A Second Psalm of Life" (Longfellow)
  See "The Light of Stars"
"Second Sight" (Hemans) ............... **71**:277
*The Second Son* (Oliphant) ............. **61**:216-7
"The Second Spring" (Newman) ........ **38**:310
"Second Sunday after Easter" (Keble) . **87**:177
"Second Sunday after Trinity" (Keble) .............................. **87**:118, 159
"Second Sunday in Advent" (Droste-Hulshoff) .............................. **3**:202
"Second Sunday in Lent" (Keble) ..... **87**:177
"Second Thoughts" (Pater) ........... **7**:295, 336
*The Second Youth of Theodora Desanges* (Linton) ............ **41**:168, 175-76
*La seconde année; ou, À qui la faute?* (Scribe) .............................. **16**:394
*La Seconde boussole* (Fourier) ..... **51**:171
"The Secret Drawer, or the Story of a Missing Will" (Alger) ................... **83**:96
"Secret Faults" (Newman) ............ **38**:304
"Secret Love" (Clare) .............. **9**:89, 95
"Secret Love" (Opie) ................ **65**:160
"The Secret of Lord Singleworth" (Norwid)
  See "Tajemnica Lorda Singleworth"
*The Secret of Swedenborg: Being an Elucidation of His Doctrine of the Divine Natural Humanity* (James) .... **53**:192-3, 204-9, 214, 225, 229-30, 232, 234
"The Secret of the Sea" (Longfellow) ............... **2**:493; **45**:116, 144, 153
"The Secret of the Stars" (Holmes) .... **14**:128
"Secret Parting" (Rossetti) ............ **4**:498
*Secret Service* (Planche) ............. **42**:292
*Le secrétaire intime* (Sand) ...... **2**:599; **42**:358
"Les secrets de la Princesse de Cadignan" (Balzac) .............................. **5**:59
*Secrets of the Magazine Prison-House* (Poe) .............................. **55**:136
"Sed buenos!" (Isaacs) ................ **70**:313
"Sed non satiata" (Baudelaire) ... **29**:99; **55**:33, 44
*Seduction* (Holcroft) . **85**:205-06, 216-18, 234, 237
"Seein' Things at Night" (Field) ..... **3**:208
"Seeing the World" (O'Brien) ...... **21**:236, 247
"Seek and Find" (Rossetti) ...... **2**:568, 572; **50**:271, 273-6, 289, 318, 320; **66**:331, 362
"Seeking Rest" (Rossetti) .............. **50**:311-2
"Das Seelchen" (Meyer) ........... **81**:201, 206
"Der Seelenkranke" (Lenau) ....... **16**:281-82
*Seelenwanderung* (Kotzebue) ............ **25**:136
"Seemorgen" (Lenau) .................. **16**:283
"The Seer on Death" (Hayne) ......... **94**:153
*Segunda parte* (Lizardi) ............. **30**:68
*The Seige of Murány* (Arany)
  See *Murány ostroma*
"Die Seitenwunde" (Meyer) ............ **81**:207
*Seitsemän veljestä* (Kivi) ..... **30**:46-51, 53, 55, 62-5
"Selbstbiographie" (Raimund) ......... **69**:12
"A Select Party" (Hawthorne) ........ **2**:297-98
"Select Poems" (Sigourney) ........... **87**:321
*Select Poems* (Sigourney) .... **87**:326, 331, 337
*Select Poems of Rural Life in the Dorset Dialect* (Barnes) .................... **75**:40
*Select Poems of William Barnes* (Barnes) ...................... **75**:10, 23, 40, 95

*Selected Passages from Correspondence with My Friends* (Gogol) ...... **5**:212, 230, 238, 243, 257; **15**:100; **31**:111, 120, 127, 129, 133, 135-36, 139
"Selected Poems" (Browning) ...... **79**:142, 189
*Selected Poems of William Barnes* (Barnes) ...................... **75**:40, 52, 54
*Selected Satirical Writings* (Saltykov) . **16**:376
*Selected Stories of Isabella Valancy Crawford* (Crawford) ..................... **12**:170
*Selection* (Hemans) ................. **71**:277
*Selection from the Papers of the Devil* (Jean Paul) .............................. **7**:227
*A Selection from Unpublished Poems* (Barnes) .......................... **75**:18, 40
*Selections* (Browning) .................. **79**:149
*Selections from Jonson* (Symonds) ..... **34**:342
"Self-Communion" (Brontë) ........ **4**:44-45, 56; **71**:91
"Self-Conquest" (Parton) .............. **86**:347
"The Self-Consumed" (Griffin) ......... **7**:214
"Self-Culture" (Channing) ............. **17**:21
"Self-Deception" (Arnold) ............. **29**:34
"Self-Dependence" (Arnold) ........... **29**:34
"Selfia" (Isaacs) ............. **70**:304, 307
"The Selfish Croaire" (Griffin) ........ **7**:214
"Self-Love and Benevolence" (Hazlitt) ...................... **29**:169, 172-73
*Self-Made* (Southworth) ..... **26**:436, 439-40
"Self-Made Men" (Douglass) ... **7**:126; **55**:108, 123
"Self-Portrait" (Foscolo) ............. **8**:279
*Self-Raised; or, From the Depths* (Southworth) .................. **26**:434, 439, 447
"Self-Reliance" (Emerson) ........... **1**:305, 307; **38**:169, 173-75, 204-05, 208-09, 224-27
"Selige Sehnsucht" (Goethe) .......... **34**:98
"Selim" (Wieland) ................... **17**:418
"Sella" (Bryant) .. **6**:165, 169, 171, 187; **46**:4, 21, 47
"La semaine Sainte" (Lamartine) . **11**:245, 264, 269
*Semeinaia khronika* (Aksakov) .......... **2**:11-18
*Semeynaya kartina* (Ostrovsky) ............... **30**:101; **57**:195, 206-8
*The Semi-Attached Couple* (Eden) ...... **10**:103-08, 110
*The Semi-Detached House* (Eden) ...................... **10**:103, 105-10
"Semper eadem" (Verlaine) ............. **51**:387
"Sen Cezary" (Krasinski) ....... **4**:306, 313
*Sen srebrny Salomei* (Slowacki) . **15**:348, 352, 371, 378, 380
"Sending" (Arnold) ...................... **6**:67
*Sendung* (Goethe)
  See *Theatralische Sendung*
*Senilia* (Turgenev)
  See *Stikhotvoreniya v proze*
"Sensation" (Rimbaud) .... **4**:467, 478; **35**:275, 282
*Sense and Sensibility* (Austen) . **1**:30, 32-4, 37, 39, 41, 44, 46-7, 50-1, 53-4, 59-61, 63-4, 66; **13**:67, 73, 76, 96-8, 106-07; **19**:4, 6, 32, 38, 42, 44; **33**:66, 68-9, 74, 76, 90-3, 96; **51**:12, 16, 47, 55; **81**:1-90; **95**:2-3, 11-12, 16-17, 21, 56, 74, 76, 79-80
*Sensibility* (More) ................. **27**:332, 336
"The Sensitive Man and the Cold Man" (Karamzin) ...................... **3**:281
*The Sensitive Plant* (Shelley) ...... **18**:319, 330, 334, 339, 343-44, 349, 358-59, 362-63
"Sensitiveness" (Newman) ............ **38**:343-44
"The Sensory and Motor Nerves" (Lewes) ...................... **25**:287
"The Sentences" (Patmore) ............. **9**:330-31
"A Sentiment of Spring" (Zhukovsky) ...................... **35**:403, 407
"Sentimental Colloquy" (Verlaine)
  See "Colloque sentimental"

**Title Index**

*Sentimental Education: A Young Man's History* (Flaubert)
　See *L'éducation sentimentale: Histoire d'un jeune homme*
"Sentimentalisme" (Villiers de l'Isle Adam) ............................... **3**:590
"Sentimentality" (Villiers de l'Isle Adam)
　See "Sentimentalisme"
*The Sentry, and Other Stories* (Leskov) ........................... **25**:230-31
"Separate Ways" (Ichiyo)
　See "Wakare-Michi"
*The Separated Wife* (Sacher-Masoch) . **31**:290-91, 297-98, 301
*The Separation* (Baillie) ..................... **2**:40-41
"Separation of Church and State" (Brownson) ............................... **50**:51
*I sepolcri* (Foscolo) ..... **8**:262, 264-65, 267-70, 272; **97**:50-2, 55, 57-9, 62-4, 67-8, 78, 83-4, 86-8, 97-9
*Les sept cordes de la lyre* (Sand) ............................... **2**:588; **42**:314, 368-73
"Les sept vieillards" (Baudelaire) .. **6**:79, 116, 129-30; **29**:100, 104, 114; **55**:16, 19, 28, 35, 37-42, 67
"September" (Clare) ............ **9**:112, 116
"September" (Clare) ..................... **86**:130
"September Gale" (Holmes) ........... **14**:101
"September in Australia" (Kendall) ............... **12**:183, 185-86, 191, 199-201
"Septembermorgen" (Morike) ............. **10**:448
"September's Baccalaureate" (Dickinson) ............................... **21**:67
"September's End" (Petofi)
　See "Szeptember végén"
*Septimius Felton, or the Elixir of Life* (Hawthorne) ....... **2**:307-08, 315, 319-21, 324, 335
"Septuagesima Sunday" (Keble) .. **87**:172, 202
*The Sepulchres* (Foscolo)
　See *I sepolcri*
"Sequel" (Mallarme) ..................... **41**:254
*Sequel to Drum-Taps* (Whitman) .......... **4**:580
*A Sequel to Early Lessons* (Edgeworth) . **51**:81
"The Seraph and the Poet" (Browning) . **61**:43
"The Seraphim" (Browning) .. **1**:122; **61**:4-5, 48, 52-7, 61; **66**:71
*The Seraphim, and Other Poems* (Browning) ..... **1**:112, 126; **61**:4, 8, 41-2, 48, 50-3, 61; **66**:44, 83
*Séraphita* (Balzac) . **5**:46, 49, 81; **35**:55; **53**:28, 31
"Serenade" (Allingham) ........................... **25**:6
"La sérénade" (Nerval) ..................... **67**:306
"Serenade" (Pinkney) ...... **31**:268, 273-74, 279
"Serenade" (Timrod) ..................... **25**:366, 385
"A Serenade at the Villa" (Browning) . **19**:127
*Serenades in Ritor Nelles* (Muller) . **73**:352
*A Series of Plays: In Which It Is Attempted to Delineate the Stronger Passions of the Mind, Each Passion Being the Subject of a Tragedy and a Comedy* (Baillie) . **2**:31-32, 39-43, 30-31, 38-43, 36, 39-43; **71**:1-2, 16, 19, 28, 31-32, 51-53
*Sermon in a Churchyard* (Macaulay) .. **42**:116
"The Sermon of St. Francis" (Longfellow) ............................... **45**:139
*Sermons* (Arnold) ............ **18**:3, 18, 27
*Sermons and Tracts* (Channing) ............. **17**:4
*Sermons Bearing on Subjects of the Day* (Newman) ............ **38**:304, 306-07, 309
*Sermons of Blair* (Blair) . **75**:116, 123, 129-32
*Sermons Preached on Various Occasions* (Newman) ..................... **38**:309-11
"Le Serpent" (Sade) ...... **47**:313, 351
"The Serpent" (Very) ........................... **9**:387
"The Serpent Is Shut Out from Paradise" (Shelley) ............... **93**:307-08
"Le serpent qui danse" (Baudelaire) . **55**:9, 28-9
*The Serpent Woman* (Gozzi)
　See *La donna serpente*

"La Serre" (Maupassant) ..................... **83**:229
*The Servant* (Shevchenko)
　See *Naimychka*
*The Servant Girl* (Shevchenko)
　See *Naimychka*
"La servante au grand coeur" (Baudelaire) ............................... **29**:80; **55**:23, 64
*La servante du roi* (Musset) ................. **7**:258
*Servian Folks' Songs* (Runeberg) ....... **41**:309
"The Service" (Thoreau) ................. **7**:379-81
*Servitude et grandeur militaires* (Vigny) ................... **7**:467-68, 471-74, 476-78, 485
"Ses purs ongles très haut dèdiant leur onyx" (Mallarme)
　See "Sonnet en -yx"
*Seth's Brother's Wife* (Frederic) ......... **10**:182-83, 187-88, 191, 193-95, 200-04, 207, 209-13, 216
"The Setting Sun" (Clare) ................. **86**:156
"The Settle an' the Girt Wood Vire" (Barnes) ................... **75**:70, 77, 82
"The Settlement" (Slowacki)
　See "Posielenie"
"The Settler, or the Prophecy Fulfilled" (Richardson) ..................... **55**:299
"Settlers at Home" (Martineau) .......... **26**:323
"The Settlers Settled; or, Pat Connor and His Two Masters" (Traill) ................. **31**:326
*Seven Brothers* (Kivi)
　See *Seitsemän veljestä*
*The Seven Champions of Christendom* (Planche) ..................... **42**:290, 293, 301
*The Seven Gables* (Hawthorne)
　See *The House of the Seven Gables*
782 (Dickinson) ............................... **77**:151
715 (Dickinson) ............................... **77**:163
757 (Dickinson) ............................... **77**:50
745 (Dickinson) ............................... **77**:64
709 (Dickinson) ............................... **77**:71
791 (Dickinson) ............................... **77**:150
797 (Dickinson) ............................... **77**:92, 95
738 (Dickinson) ............................... **77**:63
712 (Dickinson) ............................ **77**:49, 96, 163, 173
728 (Dickinson) ............................... **77**:95
721 (Dickinson) ............................ **77**:140, 144
722 (Dickinson) ............................... **77**:84
*Seven Legends* (Keller)
　See *Sieben Legenden*
"The Seven Old Men" (Baudelaire)
　See "Les sept vieillards"
"Seven Sisters" (Wordsworth) ......... **12**:393
*The Seven Strings of the Lyre* (Sand)
　See *Les sept cordes de la lyre*
"The Seven Vagabonds" (Hawthorne) . **2**:305
1754 (Dickinson) ............................... **77**:132
1720 (Dickinson) ............................... **77**:119
76 (Dickinson) ............................... **77**:74
72 (Dickinson) ............................ **77**:121-22
"Severed and Gone" (Brontë) ............. **71**:106
"Severed Selves" (Rossetti) ............... **77**:313
"The Sewing Bird" (O'Brien) ........... **21**:234
"The Sexton's Adventure" (Le Fanu) ... **9**:321
"The Sexton's Daughter" (Shevchenko)
　See "Tytarivna"
*Sexual Inversion* (Symonds) ............... **34**:343
*A Shabby Genteel Story* (Thackeray) ............... **5**:482, 506; **14**:402, 408; **43**:359
"The Shadow" (Andersen) .. **7**:23, 26, 37; **79**:23, 28, 40, 42, 51, 53, 63, 66, 68, 72
"The Shadow" (Clough) .......... **27**:55, 79, 87
"A Shadow" (Longfellow) ..................... **45**:121
"Shadow, a Parable" (Poe) ....... **1**:497-98, 513; **16**:306, 331
"The Shadow and the Light" (Whittier) . **8**:493
"Shadow of Dorothea" (Rossetti) ........ **66**:307
*Shadow Tree Shaft* (Robertson) ... **35**:330, 333, 335-36, 356, 369
"Shadows" (Milnes) ............................... **61**:145
"Shadows All" (Hayne) ..................... **94**:166
*Shadows and Sunbeams* (Parton) ... **86**:350-52
*Shadows of Society* (Sacher-Masoch) . **31**:294

"Shadows of Taste" (Clare) ...... **9**:104; **86**:113, 130
*Shadows of the Clouds* (Froude) ......... **43**:192-93, 209
"Shadows of the Mountain Pine" (Cooke) ............................... **5**:132
"Shadows of the Pine Forest" (Cooke) . **5**:132
*Shadowy images of a journey to the Harz Mountains and Saxony* (Andersen) ............................... **79**:79
"Shaftesbury Feäir" (Barnes) ........... **75**:67, 98
"The Shaker Bridal" (Hawthorne) ............................... **2**:327; **10**:316
"Shakespear" (Herder) ........................... **8**:315
*Shakespear Illustrated* (Lennox) . **23**:228, 231, 261-65
"Shakespeare" (Arnold) .......... **29**:4, 35; **89**:95
"Shakespeare" (Longfellow) ............... **45**:186
"Shakespeare" (Very) . **9**:370, 379, 382
*Shakespeare and His Forerunners: Studies in Elizabethan Poetry and Its Development from Early English* (Lanier) . **6**:240, 245
"Shakespeare Once More" (Lowell) ..... **2**:509
"Shakespeare, or the Poet" (Emerson)
　See "Shakespeare, the Poet"
"Shakespeare; or, The Poet" (Emerson)
　See "Shakespeare, the Poet"
*Shakespeare Papers* (Maginn) ........ **8**:435, 440
"Shakespeare, the Poet" (Emerson) ..... **1**:295
*Shakespeares Behandlung des Wunderbaren* (Tieck) ..................... **5**:520, 526; **46**:332
*Shakespeares Mädchen und Frauen* (Heine) ............................... **4**:244, 246, 265
*Shakespeare's Treatment of the Marvelous* (Tieck)
　See *Shakespeares Behandlung des Wunderbaren*
*Shakespeare's Vorschule* (Tieck) ... **5**:511, 520; **46**:359
*Shakespeare-Studien* (Ludwig) . **4**:351-52, 358, 366, 368
"Shakespeare—the Man" (Bagehot) ..... **10**:57
"The Shaking of the Pear Tree" (Craik) ............................... **38**:119
"Shakspeare's Critics, English and Foreign" (Lewes) ..................... **25**:285, 305
"Shameful Death" (Morris) ................... **4**:426
"Shameless" (Thomson) ..................... **18**:411
"Shamus O'Brien" (Le Fanu) ....... **9**:298-99
"Shane Fadh's Wedding" (Carleton) ....... **3**:89-90, 92
"Shanid Castle" (Griffin) ........... **7**:194, 196
*Shannondale* (Southworth) ................. **26**:431
"The Shark" (Solomos)
　See "O pórphyras"
"Sharp Snaffles" (Simms) ..................... **3**:508
*Sharps and Flats* (Field) ..................... **3**:209
*The Shaughraun* (Boucicault) .... **41**:27-30, 34, 39, 43, 49, 51, 53
*Shawl Straps* (Alcott) ........................... **83**:34
*She and He* (Sand)
　See *Elle et lui*
"She bore it till the simple veins/Traced azure on her hand" (Dickinson) ...... **77**:162-63
"She Came and Went" (Lowell) ........... **90**:214
"She Died at Play" (Dickinson) ........... **21**:55
"She Is Far from the Land" (Hood) .... **16**:236
"She Is Far from the Land" (Moore) .. **6**:391
"She Lay as If at Play" (Dickinson) .. **21**:42-3
"She Sleeps!" (Isaacs)
　See "Ella duerme!"
"She Was Good for Nothing" (Andersen)
　See "Good-for-Nothing"
"She Was No Good" (Andersen)
　See "Good-for-Nothing"
*A Sheaf Gleaned in French Fields* (Dutt) ............................... **29**:120, 127-28
"Shed No Tear!" (Keats) ........................ **8**:360
"The Sheep and the Dogs" (Krylov) .... **1**:435
"The Shekh" (Taylor) ..................... **89**:302-03
"A Shelf in my Bookcase" (Smith) ........... **59**:307, 309-10, 315, 317, 323, 337

"The Shell" (Chivers) ............................ **49**:71
"Shelley" (Thomson) ............... **18**:406, 414
"The Shepherd" (Blake) . **37**:3, 38, 57, 65, 72, 78, 92
"The Shepherd Girl" (Kivi)
 See "Paimentyttö"
"The Shepherd of King Admetus" (Lowell) ........................................................ **90**:194
*The Shepherd of Salisbury Plain* (More) ................... **27**:333, 338, 347-49, 358
*The Shepherd Prince* (Mapu)
 See *Ahavat Zion*
"Shepherd Sandy" (Krylov) ............... **1**:439
"The Shepherdess and the Chimney Sweep" (Andersen) .. **7**:22, 34; **79**:23, 40, 42, 58, 87
"The Shepherdess and the Sheep" (Andersen) ........................ **79**:70-71
"The Shepherd's Brow, Fronting Forked Lightning" (Hopkins) ........... **17**:246, 262
*The Shepherd's Calendar, with Village Stories, and Other Poems* (Clare) .... **9**:78-79, 84, 96, 103-04, 106-07, 111-12, 114, 116, 123; **86**:93-105, 110, 125, 130, 154, 156, 160, 165, 168-69, 174
"The Shepherd's Hut" (Vigny) ............. **7**:474
*Sheppard Lee* (Bird) ............... **1**:84-86, 88, 91
"Sheridan" (Landor) ......................... **14**:166
*The Sheriff's Ball* (Barham) ................... **77**:6
"She's Up and Gone, the Graceless Girl" (Hood) ........................ **16**:219
*Shifting for Himself; or, Gilbert Greyson's Fortunes* (Alger) .. **8**:16, 43
"Shinel" (Gogol) . **5**:218-20, 227, 229-30, 235-36, 238-39; **31**:88
"The Ship of Earth" (Lanier) ............... **6**:236
*The Shipwreck* (Mackenzie) ............... **41**:184
*Shirley* (Brontë) . **3**:46-9, 52, 55-7, 59-61, 64-5, 67, 69-71, 74-6; **8**:54-5; **33**:103, 117-18, 122, 129, 143; **58**:153-246
"The Shirt Collar" (Andersen) ......... **79**:23, 34
*Shoes of Fortune* (Andersen) ............... **79**:3
"The Shoes That Were Danced to Pieces" (Grimm and Grimm) ................... **3**:227
"Shooting Niagra: And After?" (Carlyle) ........................................................ **70**:93
"Shop" (Browning) ......................... **19**:87, 96
*Short Prose Poems* (Baudelaire)
 See *Petits poèmes en prose: Le spleen de Paris*
*Short Stories by Alexandre Dumas* (Dumas) ........................................................ **71**:219
*Short Studies on Great Subjects* (Froude) ........................ **43**:178-79, 189-90, 203-04
"The Shot" (Pushkin)
 See "Vystrel"
*The Shot from the Pulpit* (Meyer)
 See "Der Schuß von der Kanzel"
"Shponka's Dream" (Gogol) ............... **15**:89
"Shrodon Feäir" (Barnes) ..................... **75**:77
"The Shrubbery" (Cowper) ................. **8**:138
"The Shy Man" (Barnes) ................... **75**:8-9
"Si j'étais petit oiseau" (Beranger) ... **34**:44
"Si l'aurore" (Leconte de Lisle) ......... **29**:235
"Si vienes a mi campo" (Isaacs) ...... **70**:309
"Siberia" (Mangan) ... **27**:296, 298, 311-13
"Sibrandus Schafnaburgensis" (Browning) ............... **19**:96; **79**:94, 99, 101
*Sibylline Leaves* (Coleridge) . **9**:137, 139, 146, 159; **54**:121
"Sic Itur" (Clough) ........................... **27**:108
"'Sic transit gloria mundi'" (Dickinson) ........................................................ **21**:62
"The Siciliam Captive" (Hemans) ...... **71**:296
*A Sicilian Romance* (Radcliffe) ..... **6**:406, 409-15, 419-20, 424, 426, 444-45; **55**:225, 229-31, 242-4, 278
*The Sicilian Vespers* (Scribe)
 See *Les vêpres siciliennes*
"Sicily Burns's Wedding" (Harris) ........................ **23**:155, 159, 161-62
"A Sick Bed" (Bryant) ............... **6**:165; **46**:22

"The Sick in Heart" (Lenau) ............... **16**:276
"The Sick King in Bokhara" (Arnold) ........................ **6**:72; **29**:26, 35
"The Sick Rose" (Blake) . **37**:16, 26, 42-3, 50, 57, 82, 84-7, 92, 96-7
"The Sick Stockrider" (Gordon) ......... **21**:149-51, 154-55, 158-59, 161, 163, 166, 170-72, 174-77, 181-83, 187
*The Sickness unto Death* (Kierkegaard) ..... **34**:178. 192, 200, 224, 226-29, 231-32, 238, 264; **78**:124-27, 140-43, 152, 175, 182-83, 185-86, 188-90, 193, 195, 238, 242
*Sidney* (Symonds) ........................... **34**:342
*Sieben Legenden* (Keller) . **2**:411-12, 414, 416
*Siebenundsiebzig Gedichte aus den hinterlassenen Papieren eines reisenden Waldhornisten* (Muller) ............... **73**:368
"Les siècles maudits" (Leconte de Lisle) ........................................................ **29**:224
*The Siege* (Baillie) ............... **2**:36; **71**:5-6, 12
"The Siege of Ancona" (Landor) ...... **14**:183
*The Siege of Corinth* (Byron) ..... **2**:63, 72, 89, 95-96; **12**:139
*The Siege of Valencia* (Hemans) . **29**:196, 201; **71**:261, 267, 269, 275-76, 278, 291
"The Siege of Vienna" (Chivers) .......... **49**:69
*Siegfried* (Wagner) .. **9**:417, 441, 448-49, 454-55, 459, 464, 466, 469-70
*Siegfried's Death* (Wagner) ............ **9**:445, 463
*Siegfrieds Tod* (Hebbel) ............. **43**:235, 238
"Sierra Morena" (Karamzin) ..... **3**:285, 287-89
"The Siesta" (Bryant) ........................... **6**:172
"The Sifting of Peter" (Longfellow) ........................ **45**:128, 131
"Sigh" (Mallarme)
 See "Soupir"
"Sigh On, Sad Heart" (Hood) ............. **16**:218
"Sighing for Retirement" (Clare) ......... **9**:120
"A Sight in Camp in the Daybreak Gray and Dim" (Whitman) ... **31**:403, 431; **81**:323, 331
"Sight of the Hills from the Kozłłowa Steppes" (Mickiewicz)
 See "Widok gór ze stepów Kozłłowa"
"The Sight of the Ocean" (Very) .......... **9**:376
"Sights from a Steeple" (Hawthorne) ... **2**:291-92; **23**:170
"The Sightseer" (Krylov) ..................... **1**:435
"The Sign" (Villiers de l'Isle Adam)
 See "L'intersigne"
"Signatur des Zeitalters" (Schlegel) .... **45**:338
"The Significance of Swedish Poverty" (Almqvist)
 See "Svenska fattigdomens betydelse"
*La Signora Fantastici* (Staël) ............ **91**:360
"Signs of the Times" (Carlyle) ... **70**:7, 39, 44, 73-74, 78, 80-82
*Sigurd der Schlangentöter* (Fouque) ........................................................ **2**:265, 267
*Sigurd Ring* (Stagnelius) ........... **61**:253, 257-8
*Sigurds Rache* (Fouque) ................... **2**:265
*Silas Marner, the Weaver of Raveloe* (Eliot) .. **4**:99-100, 102-03, 106, 109-11, 114, 117, 119, 121, 123, 126-27, 131, 147-52; **13**:289, 291, 293; **23**:51, 56-7, 80; **41**:55-155; **49**:197, 213; **89**:215, 239
*Die silberne Hochzeit* (Kotzebue) ....... **25**:141
"Silence" (Nekrasov) ......................... **11**:406
"Le silence" (Vigny) ........................... **7**:481
"Silence, a Fable" (Poe) ... **1**:513; **16**:306, 312, 331, 336; **94**:240
"The Silent Melody" (Holmes) .......... **14**:109
"Silent Noon" (Rossetti) ............ **4**:514; **77**:312
"Silent O Moyle" (Moore) ................... **6**:391
"Silent Sea" (Mickiewicz)
 See "Cisza morska"
"Silentium" (Tyutchev) ........ **34**:381, 386, 412
"Silford Hall; or, The Happy Day" (Crabbe) ........................................................ **26**:136
"Silly Novels by Lady Novelists" (Eliot) ........................................................ **23**:98
"Silly Shore" (Crabbe) ..................... **26**:102

"Silly Steve" (Petofi)
 See "Bolond Istók"
*Silva de romances viejos* (Grimm and Grimm) ........................................................ **3**:221
*The Silver Box* (Dumas) ..................... **9**:234
*The Silver Dream of Salomea* (Slowacki)
 See *Sen srebrny Salomei*
"The Silver Mine" (Hale) ............ **75**:297, 362
"Silver Wedding" (Clough) ............... **27**:106
*Simhat hanef* (Smolenskin) .... **30**:189-90, 195-96
*Simon* (Sand) ........................... **2**:589, 599
"Simon Lee, the Old Huntsman" (Wordsworth) ........................ **12**:387, 428, 434, 445-46
*Simon Verde* (Caballero) ....................... **10**:72
"Simone" (Musset) ........................ **7**:256, 258
"Simple agonie" (Laforgue) ...... **5**:280; **53**:289
"Simple Frescoes" (Verlaine)
 See "Simples Fresques"
*A Simple Heart* (Flaubert)
 See *Un coeur simple*
"Simple Simon" (Andersen) ......... **7**:34; **79**:25
*A Simple Story* (Inchbald) ...... **62**:131-40, 142, 149, 154-6, 158-9, 163-8, 178-81, 186, 188, 191
"Simple Susan" (Edgeworth) ...... **1**:265; **51**:79
*Simple Tales* (Opie) . **65**:171, 174, 179-81, 197
"Simples Fresques" (Verlaine) . **51**:370, 381-82
*The Simpleton* (Reade) .......... **2**:541, 545, 549; **74**:255, 257, 260, 263-65, 284
*Simsone Grisaldo* (Klinger) ................. **1**:429
*Sin and Sorrow Are Common to All* (Ostrovsky)
 See *Grekh da beda na kogo ne zhivyot*
"Sincerity and Hypocrisy" (Newman) . **38**:306
"Sindhu" (Dutt) ......... **29**:124-25, 127, 129-30
"Sinfonia Eroica" (Levy) ..................... **59**:109
"Sing On, Sad Heart" (Hood) ............. **16**:233
"The Singer" (Zhukovsky) ............. **35**:384-85
"The Singer in the Kremlin" (Zhukovsky) ........................................................ **35**:379
"The Singer in the Prison" (Whitman) . **4**:561
"The Singers" (Longfellow) ......... **2**:491-92
"The Singers" (Turgenev) ... **21**:413, 418, 420; **37**:376
"The Singing, Soaring Lark" (Grimm and Grimm) ........................ **3**:227
"The Singing Spirit" (Ridge) ......... **82**:183-84
*The Single Hound* (Dickinson) .... **21**:22-3, 29-30, 33
*Singleheart and Doubleface* (Reade) ........................ **2**:547, 549; **74**:260, 263
*Sing-Song: A Nursery Rhyme-Book* (Rossetti) ........ **2**:557, 565, 571; **50**:271, 288-9, 301, 304-7; **66**:330, 341
"Singular Passage in the Life of the Late Dr. Harris" (Barham) ......................... **77**:36
*Sink or Swim; or, Harry Raymond's Resolve* (Alger) ...................... **8**:36, 42-43
"The Sinking Ship" (Rimbaud)
 See "L'eclatante victoire de Saarebrück"
*Das Sinngedicht* (Keller) ....... **2**:412, 414, 416, 421-23
*Sins of Government, Sins of the Nation* (Barbauld) ........................ **50**:4
*Sintram and His Companions* (Fouque) . **2**:261-63, 265, 268
"Siope" (Poe) ................... **16**:292; **94**:240
*Sir Andrew Wylie of That Ilk* (Galt) ........................ **1**:329, 332-33, 335, 337
"Sir Brasil's Falcon" (O'Brien) ... **21**:234, 242
*Sir Brook Fossbrooke* (Lever) ..... **23**:292, 303, 308
*Sir Eldred of the Bower* (More) ... **27**:332, 336
"Sir Eustace Grey" (Crabbe) . **26**:78-9, 81, 111, 118, 123, 126, 134
"Sir Federigo's Falcon" (Longfellow)
 See "The Falcon of Ser Federigo"
"Sir Galahad" (Tennyson) ... **30**:223; **65**:305
"Sir Galahad: A Christmas Mystery" (Morris) ........................ **4**:426, 431, 444
"Sir Giles' War-Song" (Morris) .......... **4**:444

Title Index

*Sir Harry Hotspur of Humblethwaite* (Trollope) ......... **6**:460, 470, 484
"Sir Humphrey Gilbert" (Longfellow) ............ **2**:493; **45**:153
*Sir James Mackintosh* (Macaulay) . **42**:115, 122
*Sir Jasper Carew* (Lever) ............ **23**:292
*Sir John Chiverton* (Ainsworth) ............ **13**:15
*Sir John Eliot* (Forster) ............ **11**:102, 115
"Sir Maurice" (Baillie) ............ **2**:42
"Sir Peter Harpdon's End" (Morris) ............ **4**:423, 425-26, 432, 441, 444
*Sir Ralph Esher; or, Memoirs of a Gentleman of the Court of Charles II* (Hunt) . **1**:410
*Sir Robert's Fortune* (Oliphant) . **61**:203, 210-1
"Sir Thomas Browne" (Pater) ............ **90**:337
*Sir Thomas More; or, Colloquies on the Progress and Prospects of Society* (Southey) ..... **8**:462-65, 467; **97**:266, 286
*Sir Tom* (Oliphant) ............ **61**:204, 211
*Sir Walter Finch et son fils William* (Charriere) ..... **66**:124-5, 137, 161, 164
"Sir Walter Scott" (Carlyle) ............ **70**:7
"The Sire de Malétroit's Door" (Stevenson) ............ **5**:394, 408, 415, 431
*The Siren* (Sacher-Masoch) ............ **31**:301
"Síri dal" (Madach) ............ **19**:369
*The Sister* (Lennox) ............ **23**:231
"Sister Anne" (O'Brien) ............ **21**:236, 243-44
*Sister Anne* (Kock) See *Soeur Anne*
"Sister Helen" (Browning) ............ **1**:124
"Sister Helen" (Rossetti) .. **4**:491, 493, 497-99, 505-07, 512, 514, 518-19, 523, 526-27, 529-30; **77**:337, 348
"Sister Louise de la Misericorde" (Rossetti) ............ **66**:305
"Sister Maude" (Rossetti) . **2**:555, 575; **50**:270; **66**:312, 352
"The Sister of Charity" (Griffin) .... **7**:196, 202
*Sister Philomene* (Goncourt and Goncourt) See *Soeur Philomène*
"Sister St. Luke" (Woolson) ......... **82**:273, 302
"The Sisters" (Crabbe) ............ **26**:118, 130
"The Sisters of Albano" (Shelley) .... **59**:151
*Sisters of Charity Abroad and at Home* (Jameson) ............ **43**:305, 327
"The Sister's Trial" (Alcott) ............ **83**:8
"Sistrum" (Fuller) ............ **50**:247-8
"Sita" (Dutt) ............ **29**:126
*Sitaram* (Chatterji) .... **19**:210-11, 213-14, 216-22, 224
"Situation of the House" (Gilpin) ......... **30**:40
*689* (Dickinson) ............ **77**:66
*640* (Dickinson) ............ **77**:64, 67, 96
*646* (Dickinson) ............ **77**:131
*690* (Dickinson) ............ **77**:119
*698* (Dickinson) ............ **77**:89
*692* (Dickinson) ............ **77**:163-64
*670* (Dickinson) ............ **77**:97
*673* (Dickinson) ............ **77**:94
*664* (Dickinson) ............ **77**:63
*613* (Dickinson) ............ **77**:81
*634* (Dickinson) ............ **77**:101
*636* (Dickinson) ............ **77**:51
*603* (Dickinson) ............ **77**:184
*612* (Dickinson) ............ **77**:131
*629* (Dickinson) ............ **77**:121
*627* (Dickinson) ............ **77**:80
*622* (Dickinson) ............ **77**:162
*Six Lectures to Working Men* (Huxley) . **67**:59
*Six Moral Tales from Jules Laforgue* (Laforgue) See *Moralités légendaires*
*Six Political Discourses Founded on the Scripture* (Brackenridge) ............ **7**:44
"The Six Servants" (Grimm and Grimm) ............ **3**:227
*Six to One: A Nantucket Idyll* (Bellamy) ............ **4**:30; **86**:9-11, 79
"Six Weeks at Heppenheim" (Gaskell) . **5**:201-02; **70**:187

*1651* (Dickinson) ............ **77**:92, 95
*1604* (Dickinson) ............ **77**:93
*1607* (Dickinson) ............ **77**:149
*1670* (Dickinson) ............ **77**:148
*1677* (Dickinson) ............ **77**:92
*1660* (Dickinson) ............ **77**:140
*1620* (Dickinson) ............ **77**:119
"The Sixth Sunday after Epiphany" (Keble) ............ **87**:203
"The Sixth Sunday after Trinity" (Keble) ............ **87**:177, 202
*67* (Dickinson) ............ **77**:119
"A Sixty-Drop Dose of Laudanum" (Mangan) ............ **27**:291, 303
"The Size of the World" (Schiller) .. **39**:336
"Sizhu zadumchiv i odin" (Tyutchev) . **34**:399
*Skabelsen, mennesket, og messias* (Wergeland) ............ **5**:536, 538-42
*Skällnora kvarn* (Almqvist) ............ **42**:19
*Skällnora Mill* (Almqvist) See *Skällnora kvarn*
"Skazanie o Fyodore—khistianine i o druge ego Abrame—zhidovine" (Leskov) ............ **25**:245, 265, 267
*Skazhi, Kakoi sud'boi* (Pushkin) ......... **83**:333
"Skazka o Mertvoy Tsarevne" (Pushkin) ............ **3**:446; **83**:281
"Skazka o Rybake i Rybke" (Pushkin) ............ **3**:446; **83**:284-85
"Skazka o Tsare Sultane" (Pushkin) ............ **3**:443, 446; **83**:278-79
"Skazka o Zolotom Petushke" (Pushkin) ............ **27**:379; **83**:277-80, 282-85
*Skazki* (Pushkin) ............ **3**:446, 459
*Skazki* (Saltykov) .... **16**:346, 349, 351, 373-75
"The Skeleton in Armor" (Longfellow) ..... **2**:472, 493; **45**:99, 103, 110, 116, 144, 153
"The Skeleton's Cave" (Bryant) ...... **6**:180-81
"The Skeptics" (Lenau) ............ **16**:276
*A Sketch* (Halleck) ............ **47**:57
*Sketch* (Sigourney) See *Sketch of Connecticut, Forty Years Since*
*The Sketch Book* (Irving) See *The Sketch Book of Geoffrey Crayon, Gent.*
*The Sketch Book of Geoffrey Crayon, Gent.* (Irving) . **2**:365-77, 379-84, 386-90, 392; **19**:326-51; **95**:223, 226-28, 232, 234, 236-38, 240, 243, 245, 249, 264-69, 273-80, 291, 293-94, 296-97
"A Sketch in the Manner of Hogarth" (Patmore) ............ **9**:329
*Sketch of 1842* (Darwin) See *On the Origin of Species by Means of Natural Selection or the Preservation of Favoured Races in the Struggle for Life*
*Sketch of Connecticut, Forty Years Since* (Sigourney) ....... **21**:301, 313-16; **87**:320, 338-39, 341-43
"Sketch of the Present Situation of America, 1794" (Murray) ............ **63**:213
"Sketches" (Clare) See "Sketches in the Life of John Clare"
"Sketches" (Sigourney) ............ **87**:321
*Sketches* (Sigourney) ............ **21**:289
*Sketches Among the Poor* (Carlyle) ............ **70**:185, 193
*Sketches and Essays* (Hazlitt) ............ **29**:148
*Sketches and Studies in Italy* (Symonds) ............ **34**:333, 364
*Sketches and Studies in Italy and Greece* (Symonds) .... **34**:333, 337, 364
*Sketches by Boz of Every-Day Life and Every-Day People* (Dickens) .... **3**:138; **8**:200; **37**:165, 168, 176-77, 180, 183-85, 187, 195, 198-99
*Sketches from a Hunter's Album* (Turgenev) See *Zapiski okhotnika*
*Sketches from History* (Godwin) ............ **14**:53

"Sketches from the Country" (Moodie) ............ **14**:231
"Sketches in the Life of John Clare" (Clare) ............ **86**:152-53, 155, 170-75
"Sketches of a History of Carsol" (Brown) ............ **74**:49
*Sketches of American Character* (Hale) ............ **75**:296, 319, 349
*Sketches of American Policy . . .* (Webster) ............ **30**:403
*Sketches of English Character* (Gore) .. **65**:21
*Sketches of English literature: With Considerations on the Spirit of the Times, Men, and Revolutions* (Chateaubriand) See *Essai sur la littérature Anglaise et considérations sur le génie des hommes, des temps et, des révolutions*
"Sketches of Female Biography" (Rowson) ............ **5**:318; **69**:115-16
"Sketches of my Life" (Clare) See "Sketches in the Life of John Clare"
*Sketches of Provincial Life* (Saltykov) See *Gubernskie ocherki*
"Sketches of Russian Life in the Caucasus" (Lermontov) See *A geroi nashego vremeni*
*Sketches of Switzerland* (Cooper) ........ **54**:256
*Sketches of the Gogol Period of Russian Literature* (Chernyshevsky) ......... **1**:160-61, 166
*Sketches of the Principal Picture Galleries in England* (Hazlitt) ............ **82**:156-58, 161
"Skipper Ireson's Ride" (Whittier) . **8**:493, 496, 506, 508-10, 513, 515-16, 519, 521-22, 526, 530; **59**:356-8, 360, 365, 371
"Skomorox Pamfalon" (Leskov) . **25**:239, 245-46
"Skulls" (Turgenev) ............ **21**:452
*Skupoi rytsar* (Pushkin) ...... **3**:433-34, 447-48, 452, 454; **83**:263-64, 285-88, 338-39, 351, 353
"The Sky A-Clearèn" (Barnes) ............ **75**:17
"The Sky Is Low, the Clouds Are Mean" (Dickinson) ............ **21**:7
"Sky-Blue Flower" (Eminescu) See "Floare albastra"
"Skyggen" (Andersen) See "The Shadow"
"The Skylark Leaving Her Nest" (Clare) ............ **9**:80, 94, 117
"The Skylark Sings" (Petofi) See "Pacsirtaszót hallok megint"
"Skyrockets" (Baudelaire) See "Fusées"
*Sky-Walk, or the Man Unknown to Himself* (Brown) . **22**:28; **74**:15, 54, 67-8, 76, 92, 133, 155, 175
*Slander* (Scribe) See *La calomnie*
"Slang in America" (Whitman) . **4**:576; **81**:286
"The Slantèn Light o' Fall" (Barnes) ..... **75**:7
*The Slaughter House* (Echeverria) See "El matadero"
"The Slave" (Horton) ............ **87**:102, 104
"The Slave Ships" (Whittier) ... **8**:489, 509-10, 515
"The Slaveholder" (Very) ............ **9**:383
"Slaveholder's Sermon" (Douglass) ...... **7**:123
*The Slave-King* (Hugo) See *Bug-Jargal*
"The Slaver" (Allingham) ............ **25**:6
"Slavery" (Horton) ............ **87**:99, 102
*Slavery* (Channing) ............ **17**:24, 32, 35
"Slavery in Massachusetts" (Thoreau) ............ **7**:386; **21**:329-31, 370
*The Slavery of Husbands* (Ostrovsky) .. **30**:96
"The Slave's Complaint" (Horton) . **87**:94, 98, 101, 109-10
"The Slave's Dream" (Longfellow) .... **45**:155
*Slaves in Algiers; or, A Struggle for Freedom* (Rowson) .... **5**:309-10, 313, 318; **69**:103, 140-46, 157-63

"The Slaves of Martinique" (Whittier) . **8**:510
"A Slave's Reflections the Eve Before His Sale" (Horton) ........................... **87**:102
"Slavyanka" (Zhukovsky) ....... **35**:403, 405-06
"Sleep and Poetry" (Keats) ..... **8**:343, 345, 354-55, 364-65, 368, 391; **73**:142, 152, 157-58, 174, 181-82, 203, 206-208, 214, 216, 225-26, 254-56, 260, 311, 322, 324, 339
"Sleep Did Come Wi' The Dew" (Barnes) ...................................................... **75**:101
"The Sleep of Sigismund" (Ingelow) .. **39**:258
"The Sleeper" (Poe) ............... **1**:512; **55**:181
"The Sleeper" (Thomson) .................. **18**:417
"The Sleepers" (Whitman) .. **4**:571, 579, 584, 596, 602; **31**:404-05, 412-14, 416-19, 421-25, 433; **81**:236, 258, 320, 342, 351
"Sleeping at Last" (Rossetti) ............. **66**:343
*The Sleeping Bards* (Borrow) ............... **9**:54
"The Sleeping Beauty" (Tennyson) ..... **30**:211
*Sleeping Beauty in the Wood* (Feuillet) See *Belle au Bois Dormant*
*The Sleeping Beauty in the Wood* (Planche) .......... **42**:273, 277, 279, 288-89, 294, 296
*The Sleepwalker* (Scribe) See *La somnambule*
"Sleepy Hollow" (Irving) See "The Legend of Sleepy Hollow"
"Slepaya" (Shevchenko) ....... **54**:367, 376, 386, 391
"A Slight Error" (Leskov) See "Malen' kaja ošibka"
"A Slip of the Pen" (Levy) ................. **59**:113
"Slipyi" (Shevchenko) ..................... **54**:388-9
*Slow and Sure; or, From the Street to the Shop* (Alger) ............................................. **8**:45
*Śluby panieńskie; czyli, Magnetyzm serca* (Fredro) .. **8**:285-87, 289-90, 292-93
"The Sluggish Smoke Curls Up from Some Deep Dell" (Thoreau) ................. **7**:383
*The Small House at Allington* (Trollope) .... **6**:457-58, 463, 470, 486, 491, 497, 499-502, 509, 515, 517
*The Small Life of Poe* (Chivers) .......... **49**:66
*Smarh* (Flaubert) ................. **2**:255; **62**:72
*Smarra; ou, Les démons de la nuit* (Nodier) . **19**:377-78, 381-83, 387-89, 392, 398-401, 404
*The Smiles Gone* (Keller) See *Das Verlorene Lachen*
"Smoke" (Thoreau) ........................ **7**:355, 370
*Smoke* (Turgenev) See *Dym*
*The Smoker Mixer* (Jerrold) ................. **2**:403
"Smotri kak na rechnom prostore" (Tyutchev) ............................................ **34**:399
"Smuggler's Leap" (Barham) .............. **77**:36
"The Snake of the Cabin" (Simms) ...... **3**:501
"The Snake-Bit Irishman" (Harris) ... **23**:159
*Snarleyyow; or, The Dog Fiend* (Marryat) ...................................................... **3**:317, 319-21
"Sneedronningen" (Andersen) See "The Snow Queen"
"Sneewittchen" (Grimm and Grimm) ... **3**:224-25
*Snegurochka* (Ostrovsky) ....... **30**:97, 104, 111, 119; **57**:206-7, 220-3
*The Snob Papers* (Thackeray) . **5**:445, 463, 486
"The Snob Royal" (Thackeray) .......... **43**:388
*The Snobs of England* (Thackeray) See *The Book of Snobs*
"Snow" (Lampman) ........................... **25**:204
"The Snow Image: A Childish Miracle" (Hawthorne) .......... **2**:311, 322, 329, 332; **39**:236
*The Snow Maiden* (Ostrovsky) See *Snegurochka*
"The Snow Queen" (Andersen) .. **7**:22-23, 28, 34; **79**:23, 26-27, 59
"Snow Shower" (Bryant) . **6**:165, 169; **46**:4, 21
"Snow Song" (Moodie) ..................... **14**:218
"Snow Storm" (Clare) .. **9**:123; **86**:110, 167-69
"The Snow Storm" (Emerson) ............. **1**:295

*The Snowball* (Tamayo y Baus) See *La bola de nieve*
*Snow-Bound: A Winter Idyl* (Whittier) .. **8**:496, 501-03, 508-11, 513-14, 516, 518-20, 522-24, 526, 530-32; **59**:354, 356-8, 360-1, 366, 371-2, 374-6, 378-80, 385-91
"The Snowdrop" (Allingham) .............. **25**:14
"Snowfall" (Vigny) See "La neige"
"Snowflakes" (Hawthorne) ........... **2**:298, 305
"Snow-Flakes" (Hawthorne) See "Snowflakes"
"Snow-flakes" (Longfellow) .............. **45**:130
"The Snow-Messengers" (Hayne) .. **94**:167-68
"The Snowstorm" (Pushkin) See "Metel"
"The Snowstorm" (Pushkin) ................. **3**:435
"Snow-White" (Grimm and Grimm) See "Sneewittchen"
"A Snowy Day" (Ichiyo) See "Yuki no Hi"
"Snowy Mountains" (Tyutchev) ......... **34**:389
"Snubbing a Snob" (Haliburton) ........ **15**:136
"So again I see you" (Tyutchev) See "Itak, opyat uvidelsya ya s vami"
"So Fresh and Frail" (Eminescu) See "Atît de frageda"
"So Help Me, Thou, O Lord!" (Slowacki) ...................................................... **15**:365
"So I Pull My Stockings Off" (Dickinson) ........................................................ **21**:58
"So Long!" (Whitman) ........... **31**:433; **81**:338
"So, there are moments in life" (Tyutchev) See "Tak, v zhizni est mgnoveniya"
"The Soaring Swan" (Chivers) ......... **49**:48, 52
"Soberba" (Castro) ............................... **78**:2
*Soborjane* (Leskov) . **25**:228-29, 232, 234, 238-39, 268
*Sobranie russkikh stikhotvorenii* (Zhukovsky) ............................................ **35**:394
"Sobre la indolencia de los Filipinos" (Rizal) ............................... **27**:410, 419, 425, 427
*The Social Cancer* (Rizal) See *Noli me tangere*
"The Social War" (Merimee) .............. **6**:353
"Socialism: Its Growth and Outcome" (Morris) ........................................... **4**:425
*Socialism: Utopian and Scientific* (Engels) ........................... **85**:24, 59, 105, 181
*Society* (Robertson) . **35**:330, 333-34, 336, 338, 340-41, 345, 347, 349, 352-53, 355-57, 360, 362, 363, 365-72
*Society and Solitude* (Emerson) . **1**:280; **38**:209
*Society in America* (Martineau) .. **26**:307, 309, 311, 314, 318, 322, 334-38, 355, 357-58
"Society in the Bush" (Traill) .......... **31**:327
*Society the Redeemed Form of Man, and the Earnest of God's Omnipotence in Human Nature: Affirmed in Letters to a Friend* (James) . **53**:193, 204-5, 207-8, 210, 212, 228, 230, 233, 236, 240
*Sočinenija* (Pisarev) ........................ **25**:344
*Sodome et Gomorrhe* (Sade) ................ **3**:482
*Soeur Anne* (Kock) .......... **16**:245, 249, 251-53
*Soeur Philomène* (Goncourt and Goncourt) ............... **7**:151-52, 161, 175-76, 181, 187, 189
"Les soeurs de charité" (Rimbaud) ..... **4**:455; **35**:280-82, 290-91; **82**:230, 233
"Les soeurs Rondoli" (Maupassant) .... **83**:194-95, 201, 203
"The Sofa" (Cowper) .. **8**:110-11, 120, 128-29; **94**:30, 124
"Softer-Mother's Tale" (Wordsworth) . **12**:386
"Soggarth Aroon" (Banim and Banim) ............................................... **13**:128-29
"Die Söhne Haruns" (Meyer) ............ **81**:209
*Sohrab and Rustum* (Arnold) . **29**:23, 32, 37; **6**:31, 34, 42, 44, 50, 54, 66, 68, 72
*Sohrab and Rustum* (Arnold) ...... **89**:14, 28
"Soia" (Castro) ................................... **78**:42
"Le soir" (Lamartine) .......... **11**:245, 264, 269
"Le soir de la jeunesse" (Sainte-Beuve) . **5**:347

"Soir historique" (Rimbaud) .. **35**:323; **82**:232, 248
*Les Soirées de St. Petersbourg ou entretiens sur le gouvernement temporel de la Providence* (Maistre) .. **37**:282, 284, 286, 292, 294-95, 297-98, 300, 305-08, 313-18, 322
"Sokrates und Alkibiades" (Hölderlin) . **16**:162
"Sokratics in the Strand" (Levy) ..... **59**:86, 94, 108-9, 111
"Sol natal" (Desbordes-Valmore) ..... **97**:18-19
"Soldatgossen" (Runeberg) . **41**:312, 316, 325, 328
"Solde" (Rimbaud) . **35**:290, 309, 312, 322-23
"The Soldier" (Hemans) ..................... **71**:279
"The Soldier and the Pard" (Taylor) ... **89**:301
"The Soldier Boy" (Maginn) ............... **8**:434
"The Soldier Boy" (Runeberg) See "Soldatgossen"
*The Soldier of Seventy-Six* (Dunlap) ............................... **2**:211, 213, 218
"The Soldier's Dream" (Campbell) ............................. **19**:179, 181, 187, 193
"The Soldier's Funeral" (Southey) ...................................................... **97**:312, 315
"The Soldier's Grave" (Landon) ......... **15**:161
"The Soldier's Return" (Opie) ........... **65**:158
"Soldier's Song" (Taylor) ............. **89**:309-10
"The Soldier's Tomb" (Isaacs) See "La tumba del soldado"
"The Soldier's Well" (Shevchenko) See "Moskaleva Krynycja"
"The Soldier's Wife" (Southey) .. **97**:312, 315
"Le soleil" (Baudelaire) .. **29**:100; **55**:15, 35-6, 56, 65
"Soleil couchant" (Banville) ................. **9**:31
"Soleil et chair" (Rimbaud) .......... **4**:455, 485; **35**:280, 282; **82**:230
"Soleils couchants" (Verlaine) . **2**:631; **51**:385
"A Solemn Thing It Was I Said" (Dickinson) ...................................... **21**:57; **77**:67
"Solemnity" (Mallarme) See "Solennité"
"Solennité" (Mallarme) ...... **41**:254-55, 282-83
"Soliloquy of Mr. Broadbrim" (Parton) ...................................................... **86**:352
"Soliloquy of the Spanish Cloister" (Browning) ........................ **79**:163, 165, 170
"Le solitaire" (Lamartine) ................. **11**:255
"The Solitary Reaper" (Wordsworth) ........................... **12**:431, 456, 463-66
"Solitude" (Clare) .......................... **9**:77-78
"La solitude" (Lamartine) ................. **11**:245
"Solitude" (Lampman) .................. **25**:208-09
"Solitude" (Maupassant) ................ **42**:202-03
"Solitude" (Sigourney) ..................... **21**:310
"Solitude" (Thoreau) ................... **7**:352, 408
*Le solliciteur; ou, L'art d'obtenir des places* (Scribe) ....................................... **16**:382
"¿Solo amistad?" (Isaacs) ................. **70**:308
"Solo de lune" (Laforgue) ........ **5**:277; **53**:293
*Solomon* (Woolson) .. **82**:286, 293, 333
*Solomon* (Klopstock) ......................... **11**:226
"Solovei i Kukushka" (Pushkin) ....... **83**:304
"Solution" (Emerson) ........................ **38**:192
"Solvet seclum" (Leconte de Lisle) .. **29**:222
"Sombre récit, conteur plus sombre" (Villiers de l'Isle Adam) .................. **3**:589-90
"Sombre Tale, Sombre Teller" (Villiers de l'Isle Adam) See "Sombre récit, conteur plus sombre"
*El sombrero de tres picos* (Alarcon) ....... **1**:12-13, 15-18
"Some Account of my Kin, my Tallents and Myself" (Clare) ..................... **86**:173
"Some Account of Stonehenge, the Giant's Dance" (Poe) ............................. **94**:229
*Some Account of the Greek Christian Poets* (Browning) ..................................... **66**:44
"Some Account of the Latter Days of the Hon. Richard Marston of Dunoran" (Le Fanu) ...................................................... **58**:272

"Some Arrows Slay but Whom They Strike" (Dickinson) ...................... **21**:56
*Some Articles on the Depreciation of Silver and on Topics Connected with It* (Bagehot) ........................ **10**:20
"Some Comments on Didacticism in Stories and Novels" (Dobrolyubov) ......... **5**:140
"Some Feasts and Fasts" (Rossetti) .... **50**:285
"Some Observations on the Historical Development of Honour" (Herzen) ...................................... **61**:101
"Some Passages in the Life of a Lion" (Poe) ...................................... **16**:322
*Some Passages in the Life of Mr. Adam Blair, Minister of the Gospel at Cross-Meikle* (Lockhart) ........ **5**:286, 288, 292, 294-96, 302-03, 306-07, 310-13
"Some Strange Disturbances in an Old House on Augier Street" (Le Fanu) ......... **9**:317
"Some Thoughts on the Abodes, Life and Social Conditions of the Poor, especially in Dorsetshire" (Barnes) .... **75**:102
"Some War Memoranda" (Whitman) .... **4**:554
"Some Words with a Mummy" (Poe) . **94**:240
"Some Work for Immortality" (Dickinson) ...................................... **21**:38
"Something" (Andersen) .................. **79**:75, 77
"Something Gathers Up the Fragments" (Traill) ...................................... **31**:328
"Something on the Sciences, Arts, and Enlightenment" (Karamzin)
See "Nečto o naukax, iskusstvax, i proveščenii"
"Something to Write About" (Andersen) ...................................... **79**:30
"Sometimes a light surprises" (Cowper) ...................................... **94**:69
"Sometimes with One I Love" (Whitman) ...................................... **4**:554
"Somewhere or Other" (Rossetti) ....... **50**:295
"Sommeil" (Corbiere)
See "La litanie du sommeil"
"Le sommeil du condor" (Leconte de Lisle) ........ **29**:210, 212, 216-17, 223
"Ein Sommer tagstraum" (Droste-Hulshoff) ...................................... **3**:203
"Die Sommernacht" (Klopstock) .. **11**:220, 236
"Sommernacht" (Meyer) ...................... **81**:151
*La somnambule* (Scribe) ............... **16**:382, 391
"Son" (Shevchenko) ................. **54**:379-80, 382
"Son" (Turgenev) ......... **21**:415, 435, 441, 452
"The Son" (Very) .................................. **9**:378
"Le son du cor s'afflige vers les bois" (Verlaine) ...................................... **51**:355
*A Son Excellence Reschid-Pascha ancien grand vizir de l'Empire Ottoman* (Comte) ...................................... **54**:211
"Son na more" (Tyutchev) .......... **34**:389, 404, 408-09
*The Son of Cromwell* (Scribe)
See *Le fils de Cromwell; ou, Une Restauration*
"The Son of Darkness" (Krasinski)
See "Syn ceniów"
*The Son of his Father* (Oliphant) . **61**:203, 205, 210
*A Son of the Forest: The Experience of William Apes, a Native of the Forest* (Apess) ... **73**:4-5, 7-10, 14-15, 27-28, 31
*The Son of the Soil* (Oliphant) .... **11**:446, 449; **61**:203
"Sonderbarer Rechtsfall" (Kleist) ........ **37**:237
"Song" (Browning) ................. **79**:94, 101, 174
"Song" (Clare) .................................. **86**:114
"Song" (Coleridge) ............................. **90**:27
"Song" (Pinkney) ............ **31**:273-74, 277, 280
"Song" (Rossetti) ................... **2**:575; **50**:288-9
"A Song" (Shevchenko)
See "Dumka"
"Song" (Taylor) ................................. **89**:300
"Song" (Tennyson) .............. **30**:245, 276, 279
"The Song" (Very) ........................... **9**:380

"Song and Praise" (Very) ...................... **9**:376
"Song at Sunset" (Whitman) .... **4**:601; **31**:391
"Song by Julius Angora" (Brontë) . **16**:79, 121
"Song by Siegfried" (Beddoes) ............... **3**:34
"Song for All Seas, All Ships" (Whitman) ...................................... **31**:431
"Song for Autumn" (Lenau) ............... **16**:276
"A Song for Occupations" (Whitman) . **4**:577; **31**:419, 425, 443, 445; **81**:246, 250, 322, 342, 363
"Song for the New Year's Eve" (Bryant) ...................................... **6**:165
"Song for the Night of Christ's Resurrection" (Ingelow) ...................................... **39**:266
"A Song for the Ragged Schools of London" (Browning) ...................................... **61**:67
"Song from the Inner Life" (Chivers) .. **49**:72
"Song I am wearing away like the Snow in the Sun" (Opie) ...................... **65**:166
"Song III" (Barbauld) ........................... **50**:14
"Song Last Day" (Clare) .......... **86**:114, 153
"A Song of Autumn" (Gordon) ... **21**:151, 155-56, 159-60, 176, 188
*The Song of Bacchus* (Pushkin) .......... **83**:279
"A Song of Eternity in Time" (Lanier) . **6**:244
"The Song of Fionnuala" (Moore) ........ **6**:399
*The Song of Hiawatha* (Longfellow) .. **2**:477, 481, 483-84, 486-87, 494-96, 498; **45**:102-03, 106, 110-11, 114, 119-20, 128, 134, 136, 139, 144-45, 147, 149-150, 157-59, 166-69, 171-80, 187-88, 190
"Song of Isbrand" (Beddoes) ................. **3**:34
"A Song of Joys" (Whitman) ......... **4**:577, 601
"Song of LeVerrier on Discovering a New Planet" (Chivers) ......................... **49**:72
"A Song of Liberty" (Blake) ....... **13**:169, 184, 214, 221; **57**:29-30, 40, 58
*The Song of Los* (Blake) ... **13**:184-85, 192-93, 221-22, 226-27; **37**:35
"Song of Love" (Lamartine)
See "Chant d'amour"
"The Song of Marion's Men" (Bryant) .................................. **6**:165, 169, 172, 182
"The Song of My Heart" (Kivi) .......... **30**:51
"Song of Myself" (Whitman) . **31**:368-70, 375-76, 378-80, 385-87, 389-90, 392-93, 401-05, 409, 411-13, 416-21, 424-29, 435-36, 441, 443, 445; **4**:544, 562-63, 568, 571, 576, 579, 581-84, 589, 593-600, 602-04; **81**:23, 239-40, 247-8, 250, 258, 261-3, 269, 271, 276, 279-82, 299, 302-03, 307-8, 310, 312-13, 315-16, 318-20, 322, 327, 333, 340, 
"The Song of Ninian Melville" (Kendall) ...................................... **12**:191
"The Song of Pan" (Lampman) .......... **25**:167
"Song of Pitcairn's Island" (Bryant) ..... **6**:172
"Song of Praise" (Clare) ...................... **9**:76
"Song of Prudence" (Whitman) .......... **81**:338
"The Song of Rahéro: A Legend of Tahiti" (Stevenson) ........................... **5**:410, 428
"The Song of Scandinavian Warriors" (Tyutchev)
See "Pesn skandinavskix voinov"
"Song of Slaves in the Desert" (Whitman) .................................. **59**:369, 372
*The Song of Solomon, Newly Translated* (Percy) ........ **95**:313, 320, 336, 338, 360
"Song of Songs" (Barnes) ..................... **75**:99
*Song of Songs* (Daudet) ........................ **1**:237
"Song of Sorrow" (Keats) ................... **73**:152
"Song of the Answerer" (Whitman) .................................. **4**:591; **31**:425, 431
"The Song of the Axe" (Crawford) .... **12**:158
"Song of the Banner at Daybreak" (Whitman) .................................. **4**:576; **81**:317
"The Song of the Bell" (Schiller) . **38**:305, 337, 370
"The Song of the Bower" (Rossetti) ........................ **4**:491, 496-97, 510; **77**:328
"Song of the Broad-Axe" (Whitman) ......... **4**:567, 571-72, 580; **31**:387, 392-93; **81**:322

"The Song of the Cattle Hunters" (Kendall) .................................. **12**:179, 183, 191, 195
"Song of the Chattahoochee" (Lanier) ............... **6**:236, 238-39, 249, 264-65, 270
"The Song of the Croaker" (Alger) .................................. **8**:16; **83**:112
"The Song of the Dogs" (Petofi)
See "A kutyák dala"
"Song of the Exposition" (Whitman) .... **4**:601
"A Song of the Future" (Lanier) ........... **6**:244
"The Song of the Greek Amazon" (Bryant) .................................. **6**:172; **46**:7
"Song of the Greeks" (Campbell) ....... **19**:179
"Song of the Lithuanian Legion" (Slowacki) .................................. **15**:349
*The Song of the Merchant Kaláshnikov* (Lermontov)
See *The Song of Tzar Ivan Vasiljevich, His Young Life-Guardsman, and the Valiant Merchant Kaláshnikov*
"Song of the Open Road" (Whitman) .... **4**:582, 592, 596; **31**:387, 393, 431, 443; **81**:257, 278, 299, 314
"The Song of the Philaretians" (Mickiewicz) .................................. **3**:398
"The Song of the Poor Man" (Zhukovsky) .................................. **35**:402
"Song of the Redwood Tree" (Whitman) .................................. **4**:579; **31**:392
"A Song of the Rolling Earth" (Whitman) .................................. **4**:576; **31**:391; **81**:329
"Song of the sea" (Meyer)
See "Der Gesang des Meeres"
"Song of the Shingle Splitters" (Kendall) .................................. **12**:191, 195
"The Song of the Shirt" (Hood) . **16**:205, 207-10, 212, 215, 220-21, 224-28, 231, 233-34, 236-38
"The Song of the Shirt" (Kingsley) .... **35**:227
"Song of the Sower" (Bryant) .... **6**:165; **46**:19
"Song of the Stars" (Bryant) . **6**:161, 178, 190; **46**:6, 39
"Song of the Stream-Drops" (Lampman) .................................. **25**:200
"Song of the Stygian Naiades" (Beddoes) .................................. **3**:32, 34, 41
"The Song of the Surf" (Gordon) . **21**:150, 154, 160, 164, 166, 176
"The Song of the Treadmill" (Holmes) . **14**:99
"The Song of the Triumphant Love" (Turgenev)
See "Pesn' torzhestruyushchey lyubvi"
"Song of the Universal" (Whitman) ... **31**:389-90
"The Song of the Vermonters" (Whittier) .................................. **8**:526
"Song of the Wanderer" (Nekrasov) ... **11**:407
"The Song of the Wolves" (Petofi)
See "A farkasok dala"
*The Song of Tzar Ivan Vasiljevich, His Young Life-Guardsman, and the Valiant Merchant Kaláshnikov* (Lermontov) .................................. **5**:288, 294, 300
"Song on Captain Barney's Victory" (Freneau) .................................. **1**:319
"Song: Rarely, Rarely, Comest Thou, Spirit of Delight" (Shelley) ........ **18**:340, 344, 372
"Song to a City Girl" (Clare) ................. **9**:77
*Song to Joy* (Schiller)
See *Lied an die Freude*
"Song, Venus" (Lazarus) ...................... **8**:426
"Song, Was it for this I dearly loved thee" (Opie) .................................. **65**:160
"Song, Yes, thou art changed" (Opie) . **65**:160
"Le songe" (Sainte-Beuve) ................... **5**:346
"Le songe de Polyphile" (Nerval) ....... **67**:335
*Songes* (Almqvist) ...................... **42**:15-16, 20
"Songs" (Chivers)
See "Songs of the Heart"
"Songs" (Taylor) .................................. **89**:300
"Song's Eternity" (Clare) .......... **9**:88, 97, 124
*Songs For Children* (Hale) ................. **75**:286

"Songs for Strangers and Pilgrims" (Rossetti) ........................... **50**:286
*Songs from the Gulf of Salerno* (Muller)
    See *Lieder aus dem Meerbusen von Salerno*
*Songs from the Mountains* (Kendall) ................. **12**:185, 187, 192, 197
"Songs in a Cornfield" (Rossetti) ........ **50**:288
*Songs of a Semite: The Dance to Death, and Other Poems* (Lazarus) ........ **8**:415, 421, 423-24
*Songs of a Troubadour* (Zorrilla y Moral)
    See *Cantos del trovador*
*Songs of Ensign Stål* (Runeberg)
    See *Fänrik Ståls sägner*
*Songs of Experience* (Blake) ....... **13**:159, 163, 165, 172, 202, 218-22, 226, 240-43, 254; **57**:49
*Songs of Innocence* (Blake) . **13**:159, 162, 171-72, 179-82, 191, 210-11, 218-19, 221, 239-43, 250-51; **57**:26
*Songs of Innocence and of Experience: Shewing the Two Contrary States of the Human Soul* (Blake) ... **13**:159, 163, 184, 188-89, 218; **37**:1-99; **57**:50, 57, 93
*Songs of Labor, and Other Poems* (Whittier) ....... **8**:495, 500-01, 506, 512, 517; **59**:350, 355, 357-8, 370
"The Songs of our Fathers" (Hemans) . **71**:264
"Songs of Parting" (Whitman) .............. **4**:546
"Songs of Seven" (Ingelow) ......... **39**:257, 264
"Songs of the Affections" (Hemans) ............................... **71**:261, 289
*Songs of the Affections* (Hemans) . **71**:275, 277, 279, 293, 303-04, 307
*Songs of the Army of the Night* (Adams) . **33**:2-8, 10-13, 15-18, 22, 24-5
*Songs of the Domestic Affections* (Hemans) ................................ **29**:205
"Songs of the Heart" (Chivers) ........ **49**:48, 57
"Songs of the Ingenues" (Verlaine)
    See "La chanson des ingénues"
"Songs of the Months" (Martineau) .... **26**:309
"Songs of the Night Watches" (Ingelow) ................................ **39**:264
"Songs of the Voices of Birds" (Ingelow) ................................ **39**:264-65
*Songs of the Western Slavs* (Pushkin) ... **3**:452
*Songs of Travel* (Stevenson) ........... **5**:419, 428
"Songs of Twilight" (Hugo) ................ **3**:261
"Songs with Preludes" (Ingelow) ........ **39**:264
*Songs without Words* (Verlaine)
    See *Romances sans paroles*
"Song—Sweet Indian Maid" (Ridge) . **82**:181
*The Son-in-Law of M. Poirier* (Augier)
    See *Le gendre de Monsieur Poirier*
*Sonnailles et clochettes* (Banville) .... **9**:20, 30-31
*Die Sonnenjungfrau* (Kotzebue) .......... **25**:135-37, 147
*Sonnenklarer Bericht, A Report, Clear as the Sun, for the General Public on the Real Essence of the Latest Philosophy: An Attempt to compel the Reader to Understand* (Fichte) .................. **62**:4, 34
"Sonnet" (Hayne) .......................... **94**:160-61
"Sonnet" (Keats) ......................... **8**:343, 349
"Sonnet" (Tennyson) ......................... **30**:205
"Sonnet à Sir Bob" (Corbiere) ............ **43**:13
"Sonnet allégorique de lui-même" (Mallarme) ................... **41**:289, 291-92
"Sonnet boiteux" (Verlaine) ............ **2**:631
"Sonnet en -yx" (Mallarme) .... **4**:389; **41**:242-43, 289, 292-93
"Sonnet: England in 1819" (Shelley) .. **18**:375
"Sonnet No. Three" (Smith) ............. **59**:332
"Sonnet on the Approach of Autumn" (Opie) ................................ **65**:160
"Sonnet on the Nile" (Hunt) .......... **70**:248
"Sonnet to My Brothers" (Keats) ...... **8**:345
"Sonnet to My Country" (Isaacs) ....... **70**:306
"Sonnet to Solitude" (Keats) ............. **8**:345

*Sonnets* (Foscolo) ....................... **97**:62
*Sonnets* (Mallarme) ....................... **4**:380
*Sonnets and Canzonets* (Alcott) ........ **1**:22, 25
*Sonnets, and Other Poems* (Hayne) .... **94**:138-39
"Sonnets for Pictures" (Rossetti) . **77**:303, 344
*Sonnets from the Crimea* (Mickiewicz) . **3**:389-90, 393-94, 399, 402-05
*Sonnets from the Portuguese* (Browning) ... **1**:115, 122-4, 129; **16**:130-54; **61**:34, 43; **66**:44, 90-1
*The Sonnets of Michelangelo and of Campanella* (Symonds) ....... **34**:334, 336
*The Sonnets of William Wordsworth* (Wordsworth) ....................... **12**:414
*Sonnets on the War* (Dobell) ............. **43**:62
*Sonnets on the War* (Smith) ........ **59**:293, 312, 319-20
"Sonnet—Silence" (Poe) ..................... **1**:528
"Le Sonneur" (Mallarme) .... **41**:250, 281, 290
"Sonntags" (Meyer) ......................... **81**:205
*Sons of Kings* (Gobineau)
    See *Les pléiades*
*The Sons of Usna* (Chivers) ........ **49**:76, 78-9
"Soothsay" (Rossetti) ............ **4**:509, 514, 518
*Sophia* (Lennox) ................. **23**:228-29, 233-34
*Sophie ou les sintiments setrcts* (Staël) . **91**:326-27, 340, 358
*The Sorceress* (Oliphant) ..................... **11**:454
*La sorcière* (Michelet) ... **31**:208, 220, 222-24, 230, 245, 258
"Sorcières espagnoles" (Merimee) ........ **6**:366
*Sordello* (Browning) .... **19**:75, 77-8, 102, 105, 109-10, 118, 120, 149-51; **79**:96, 132, 140, 146-47, 149, 164, 180-82, 185-86, 189-90
*Soren Kierkegaards Journals and Papers* (Kierkegaard) . **78**:189, 197-98, 217, 225-29, 238-39, 242-43, 251
*Soren Kierkegaards Samlede Vaerker* (Kierkegaard) .. **78**:157-66, 168-69
*Sorgen ohne Noth und Noth ohne Sorgen* (Kotzebue) ................ **25**:145, 147
"Soročinskaja jamarka" (Gogol) ... **5**:218, 250, 256; **31**:110
"Sorrow" (Lampman) ......................... **25**:187
"Sorrows for the Death of a Favourite Tabby Cat" (Clare) ........................... **9**:77
"The Sorrows of Rosalie" (Norton) ................ **47**:239, 246, 248
*The Sorrows of Rosalie and other Poems* (Norton) ........................ **47**:251, 260
*The Sorrows of Young Werther* (Goethe) ....... **4**:162-63, 167, 169-71, 173, 176, 178, 188-91, 198-201
"Sortes Virgilianæ" (Timrod) ......... **25**:361
*Sortilege and Astrology* (De Quincey) .... **4**:78
"Sotnyk" (Shevchenko) ....................... **54**:368
"Soul and Country" (Mangan) ..... **27**:296, 300
"The Soul has Bandaged Moments" (Dickinson) . **21**:76, 81; **77**:97
"Soul of Poets" (Keats) ................... **8**:360
"The Soul of the Revolution" (Martí) . **63**:166
"The Soul of Wine" (Baudelaire)
    See "L'ame du vin"
"The Soul Selects Her Own Society" (Dickinson) ........................ **21**:43
"The Soul should always stand ajar" (Dickinson) ........................ **77**:157
"The Soul Would Like to Be a Star" (Tyutchev) ........................ **34**:389
"Soul-Advances" (Hayne) ................... **94**:138
"Soul's Beauty" (Rossetti) ... **4**:514-15; **77**:326
"The Soul's Expression" (Browning) . **61**:5, 9, 43; **66**:85
*Souls of Songs* (Meyer)
    See "Liederseelen"
"The Soul's Opportunities" (Very) ........ **9**:388
"A Soul's Tragedy" (Browning) .. **19**:102, 113; **79**:153-54
"Soul-Sickness" (Very) ..................... **9**:397
"Sound o' Water" (Barnes) ................ **75**:88
"The Sound of Home" (Lenau) .......... **16**:277

"Sound Sleep" (Rossetti) ...................... **50**:267
*Soundings From the Atlantic* (Holmes) ............................... **81**:102, 104
"Sounds" (Thoreau) ................... **7**:392, 402-4
"Soup from a Sausage Skewer" (Andersen)
    See "How to Cook Soup upon a Sausage Pin"
"Soupir" (Mallarme) ...... **41**:250, 267-72, 279, 281
"La source" (Leconte de Lisle) .......... **29**:245
"La source dans les bois" (Lamartine) . **11**:279
*Source of Positive Pleasure* (Polidori)
    See *Essay on the Source of Positive Pleasure*
"The Sources of Danger to the Republic" (Douglass) ........................... **7**:126
"Sous la table, dialogue bachique sur plusieurs questions de haute morale" (Gautier) ........................... **59**:10, 27
"Sous l'èpais Sycomore" (Leconte de Lisle) ............................... **29**:224
"Le sous préfet aux champs" (Daudet) ................................ **1**:238, 252
"Sous un portrait de Corbière" (Corbiere) ............................ **43**:31, 33
"Sous-préfet in the Fields" (Daudet)
    See "Le sous préfet aux champs"
"The South" (Lazarus) ........................... **8**:420
*South Carolina Exposition and Protest* (Calhoun) ............. **15**:26-7, 50, 55
"South Carolina to the States of the North" (Hayne) ........................ **94**:144, 148
"The South Devil" (Woolson) ....... **82**:272, 301
"The South Sea House" (Lamb) . **10**:415, 435-36
"A South Sea Islander" (Adams) ............. **33**:4
"The Southdown Shepherd" (Jefferies) ................................ **47**:134
"A Southern Night" (Arnold) .... **6**:72; **29**:26-7
"Southern Prose" (Lanier) .................... **6**:267
"Southey and Landor" (Landor) ... **14**:166, 195
"Southey and Porson" (Landor) ..... **14**:194-95
*Soutien de famille* (Daudet) ................... **1**:251
"A Souvenir" (Holmes) ..................... **14**:100
"Souvenir" (Maupassant) ..................... **83**:181
"Le souvenir" (Musset) . **7**:258, 263, 272, 275, 280
"Souvenir" (Musset)
    See "Le souvenir"
"Souvenir de la nuit du quatre" (Hugo) . **3**:262
"Le souvenir d'enfance; ou, La vie cachée" (Lamartine) . **11**:255, 269-70, 278-79
*Souvenir des vielles guerres* (Hugo) ... **3**:264
*Souvenirs* (Goncharov) ......................... **63**:3
*Souvenirs de Alexis de Tocqueville* (Tocqueville) ...... **7**:426-29, 446, 454-56; **63**:299, 304, 335, 369, 371
*Souvenirs de jeunesse* (Nodier) ... **19**:376, 384-85
*Souvenirs de la révolution* (Nodier) .... **19**:385
*Souvenirs de voyage* (Gobineau) . **17**:79-80, 93, 103
*Souvenirs dégotisme* (Stendhal) ..**23**:410, 411-12
*Souvenirs d'enfance et de jeunesse* (Renan) . **26**:382, 386-87, 391-93, 398, 405-06, 408, 413, 415, 418, 421-22
*Les Souvenirs d'un étudiant pauvre* (Valles) ................................ **71**:363
*Souvenirs d'un homme de lettres* (Daudet) ................................ **1**:241
"Souvenirs d'un vieux professeur allemand" (Renan) ........................ **26**:413
*Souvenirs d'une favorite* (Dumas) .. **71**:218
*Souvenirs, impressions, pensées, et paysages pendant un voyage en Orient, 1832-1833; ou, Notes d'un voyageur* (Lamartine) ........ **11**:249, 251, 267, 289
"Souvenirs occulte" (Villiers de l'Isle Adam) ................................ **3**:589-90
"Sovremennoe" (Tyutchev) ............. **34**:396

*Sovremyonnaya idilliya* (Saltykov)
.................. **16**:359, 361, 369, 373-74
"The Sower" (Very) .......................... **9**:384
*Sowing the Wind* (Linton) .... **41**:157, 164-166, 170-71
*The Spaewife* (Galt) ........................ **1**:333-34
*The Spagnoletto* (Lazarus) . **8**:418-19, 421, 425
*Spain* (Gautier)
    See *España*
"Spain—The Confessional" (Browning)
.................................................... **79**:94
"The Spaniard" (Wergeland)
    See "Spaniolen"
"The Spaniards in Denmark" (Merimee)
    See "Les Espagnols en Danemark"
*Spaniards in Odense* (Andersen) ..... **79**:11
*The Spaniards in Peru; or, The Death of Rolla* (Kotzebue)
    See *Die Spanier in Peru, oder Rollas Tod*
*Die Spanier in Peru, oder Rollas Tod* (Kotzebue) . **25**:130, 141, 144-45, 148-49
"Spaniolen" (Wergeland) ............... **5**:536, 540
*Spanisches Theater* (Schlegel) ... **15**:230
*The Spanish Curate* (Planche) ........... **42**:273
"The Spanish Drama" (Lewes) ....... **25**:285
*The Spanish Drama: Lope de Vega and Calderon* (Lewes) ..................... **25**:324
*The Spanish Father* (Mackenzie) . **41**:184, 208-12
*The Spanish Gypsy* (Eliot) . **4**:102-04, 107, 109, 113-15, 140; **13**:333-34; **23**:52, 67, 88
"A Spanish Love Song" (Kendall) . **12**:181, 193
"The Spanish Military Nun" (De Quincey)
.................................................... **87**:15, 55-7
*The Spanish Moors* (Pixerecourt)
    See *Les maures d'espagne; ou, Le pouvoir de l'enfance*
"The Spanish Nun" (De Quincey) ..... **4**:74-75
*The Spanish Story of the Armada and Other Essays* (Froude) ........................ **43**:187
*The Spanish Student* (Longfellow) . **2**:480, 482, 484, 497; **45**:113-14, 133, 135, 144, 148
"The Sparrow" (Isaacs)
    See "El gorrión"
"The Sparrow" (Turgenev) ............... **21**:452
"The Sparrow's Nest" (Wordsworth) .. **12**:431
"The Spartan Mother and Her Son" (Hemans)
.................................................... **71**:271
"Spätboot" (Meyer) ...................... **81**:203
"Spätjahr" (Meyer) .... **81**:140-41, 145-46, 148-50, 155
"Der Spaziergang" (Schiller) ....... **39**:305, 337, 380
*Speaking Likenesses* (Rossetti) .... **50**:271, 276, 301; **66**:331
"Special Pleading" (Lanier) ... **6**:238, 242, 247
"Special Report" (Arnold) ............... **89**:110
*Specimen* (Cowper) ..................... **94**:82-3
*Specimen Days* (Whitman) ....... **4**:577-78, 582, 588; **31**:403; **81**:275, 316-18, 338, 358, 369
"Specimen of an Induction" (Keats)
.................................. **8**:345; **73**:151, 311
"Specimen of an Induction to a Poem" (Keats)
.................................................... **73**:158
*Specimens of English Dramatic Poets Who Lived About the Time of Shakespeare* (Lamb) . **10**:391, 398, 405, 421-22, 427, 431-32, 434-35, 438
*Specimens of the British Poets, with Biographical and Critical Notices, and an Essay on English Poetry* (Campbell)
.................................. **19**:171, 175, 200
*Specimens of the Later English Poets* (Southey) .................................... **97**:267
*Un spectacle dans un fauteuil* (Musset)
.................................................... **7**:260, 267
"Le spectacle interrompu" (Mallarme) . **4**:371
"Spectacle rassurant" (Hugo) ............... **3**:273
"The Spectacles" (Poe) ................... **55**:147
"The Spectre around Me" (Blake) . **13**:181, 232
"The Spectre Bridegroom" (Irving) ...... **2**:382-83; **19**:327-29, 341, 344, 348

*The Spectre Lover* (Southworth) ......... **26**:434
"The Spectre of Tappington" (Barham)
.................................................... **77**:35, 41
*The Spectre of Tappington* (Barham) .. **77**:4, 7, 10
"The Spectre Pig" (Holmes) ........ **14**:101, 121, 127-28
"The Spectre Ship" (Whittier) ............... **8**:485
"Spectre Warriors" (Whittier) ................ **8**:485
"Spectres" (Leconte de Lisle) ........ **29**:224
*Speculations on Metaphysics* (Shelley)
................................................... **93**:354-55
"Speculations on Morals" (Shelley) .. **93**:374
"Speech Concerning Mythology" (Schlegel)
    See "Die Rede über Mythologie und symbolische Anschaung"
*Speech for Shakespeare's Anniversary* (Goethe)
    See *Rede zum Schäkespears Tag*
"Speeches to the Basle Congress" (Bakunin)
.................................................... **58**:132
*The Spell* (Brontë) ........................... **33**:127
"Spell-Bound" (Morris) ...................... **4**:419
*A Spelling Dictionary* (Rowson) ....... **69**:115
*Spelling-Book, with Appropriate Lessons in Reading and with a Stepping Stone to English Grammar* (Cobbett) ....... **49**:160
"The Spells of Home" (Hemans) ....... **71**:264
"Spelt from Sibyl's Leaves" (Hopkins)
..... **17**:198, 231, 238, 243, 246-48, 255-56
*The Spendthrift* (Ainsworth) ............... **13**:41
*The Spendthrift* (Jerrold) .................. **2**:402
*The Spendthrift* (Leskov)
    See *Rastočitel*
*The Spendthrift* (Raimund)
    See *Der Verschwender*
"Speranza" (Ingelow) ...................... **39**:258
"The Sphinx" (Emerson) . **1**:285, 289, 295-96; **38**:169, 187, 189
"The Sphinx" (Poe) ........................ **16**:332
*Le Sphinx* (Feuillet) . **45**:77, 79, 82, 87, 89
*Le Sphinx rouge* (Dumas) ............. **71**:220
"The Spider and the Fly" (Vigny)
    See *Cinq-Mars; ou, Une conjuration sous Louis XIII*
"A Spider Sewed at Night" (Dickinson) . **21**:76
*Der Spiegelritter* (Kotzebue) ............. **25**:146
"Spiel mannslied" (Keller) ................ **2**:421
*Spielmann* (Grillparzer)
    See *Der Arme Spielmann*
"Der Spinnerin Lied" (Brentano) .... **1**:96, 102, 105
*Spinning-Wheel Stories* (Alcott) ........ **58**:50-1
"Spinoza and the Bible" (Arnold) ..... **29**:55
*Spiridion* (Sand) .... **2**:582, 585, 587, 598, 600; **42**:319-20, 372; **57**:315, 360, 375
"A Spirit Haunts the Year's Last Hours" (Tennyson) ............................... **30**:211
"Spirit Independent of Matter" (Murray)
.................................................... **63**:207
*The Spirit of Hebrew Poetry* (Herder)
    See *Vom Geist der ebräischen Poesie*
"The Spirit of the Age" (Kennedy) ....... **2**:432
"The Spirit of the Age" (Mill) ........... **11**:369
*The Spirit of the Age* (Hazlitt) ... **29**:148, 152, 164, 166-67, 170, 174, 188; **82**:102-03, 106, 108-09, 112-13, 123, 125, 127
*The Spirit of the Reeds* (Bird) ......... **1**:87
"Spirit Whose Work Is Done" (Whitman)
.................................. **4**:543; **81**:315
*Spirite* (Gautier) .... **1**:345, 352, 354-55; **59**:12-14, 33-6, 39, 42, 44, 71
"The Spirit's Blasted Tree" (Scott) ..... **15**:255
"Spirits Everywhere" (Mangan) ......... **27**:273
"A Spirit's Return" (Hemans) ......... **71**:303
"The Spirit's Trials" (Froude) ........... **43**:192
*Spiritual Creation* (James) ... **53**:195, 204, 233
"Spiritual Diary" (Cowper) ........... **94**:27, 30
"Spiritual Laws" (Emerson) . **38**:149, 174, 224, 226-27
"Spiritualism and Materialism" (Lewes)
.................................................... **25**:314

*Der spiritus familiaris des Rosstäuschers* (Droste-Hulshoff) ............. **3**:196, 200-01
"Le spleen" (Baudelaire) ..... **29**:83-4, 87, 103, 112; **55**:13, 49-52, 61, 65, 70
"Spleen" (Baudelaire)
    See "Le spleen"
"Spleen" (Verlaine) ...................... **51**:383
*Le spleen de Paris* (Baudelaire)
    See *Petits poèmes en prose: Le spleen de Paris*
"Spleen et Idéal" (Baudelaire) .. **55**:15, 51, 56-66, 73
"Spleen I" (Baudelaire) .................... **55**:44, 64
"Spleen II" (Baudelaire) ................... **55**:44
"Spleen IV" (Baudelaire) ................... **55**:44-6
*Splendeurs et misères des courtisanes* (Balzac) ......... **5**:63, 75-76
"Splendor of Falling Day" (Whitman) .. **4**:544
*Splendors and Miseries of a Courtesan* (Balzac)
    See *Splendeurs et misères des courtisanes*
"The Spoken Thought Becomes a Lie" (Tyutchev)
    See "Silentium"
"Sponsa Dei" (Patmore) . **9**:339, 352, 354, 359, 361-62
"Spontaneity or Instinct" (Emerson) ..... **1**:293
"Spontaneous Me" (Whitman) ............ **31**:372
*Sporting and Social Recollections* (Surtees)
.................................................... **14**:377
*A Sportsman's Sketches* (Turgenev)
    See *Zapiski okhotnika*
"Spravedlivyj čelovek" (Leskov) ........ **25**:228
"Sprich aus der Ferne" (Brentano) ........ **1**:104
"Spring" (Barnes) ......................... **75**:34
"Spring" (Blake) . **13**:182; **37**:3, 9, 13, 41, 61, 71-2, 74-6, 92
"Spring" (Hood) ......................... **16**:235
"Spring" (Hopkins) ................. **17**:191, 220
"Spring" (Hunt) ............................ **1**:417
"Spring" (Rossetti) ...................... **2**:575
"Spring" (Thoreau) ................. **7**:399, 404-5
"Spring" (Timrod) .. **25**:364, 372, 376, 382-83, 386, 388
"Spring" (Tyutchev)
    See "Vesna"
"Spring and Boils" (Shaw) ............... **15**:335
"Spring and Fall" (Hopkins) .. **17**:236, 243-44, 246, 256
"Spring Calm" (Tyutchev)
    See "Vesennee uspokoenie"
"A Spring Chanson" (Smith) ........ **59**:308, 321
*Spring Freshets* (Turgenev)
    See *Veshnie vody*
"Spring in Town" (Bryant) ................... **6**:161
"Spring is Come" (Allingham) ............ **25**:9
"Spring Quiet" (Rossetti) ............... **2**:574
"The Spring returns, the pewit screams" (Clare) ..................................... **86**:90
"Spring Songs" (Clare) ........................ **9**:121
"Spring Songs" (Symonds) ............. **34**:323
"Spring Storm" (Tyutchev) .. **34**:288, 389, 401
"Spring Waters" (Tyutchev) ......... **34**:389, 391
"The Springs" (Hale) ...................... **75**:300
"Spring's Bedfellow" (Morris) ............. **4**:434
"Springtime's Glances" (Lenau) .. **16**:276, 278
*Spring-Torrents* (Turgenev)
    See *Veshnie vody*
*The Spy: A Tale of the Neutral Ground* (Cooper) . **1**:194-97, 200, 202, 207, 221-23; **27**:123-24, 137, 171; **54**:249, 251-2, 264-5, 273, 277, 280, 287, 299-300
"The Squabble of the Sea Nymphs; or, The Sacrifice of the Tuscararoes" (Warren) .................. **13**:412, 414, 431
*The Squandors of Castle Squandor* (Carleton) .................. **3**:85-86, 89-90
*The Square Table* (Sigourney) ....... **87**:325
"Squaudered Lives" (Taylor) ....... **89**:309****
"Le squelette laboureur" (Baudelaire)
.................................. **29**:101, 103; **55**:12, 35

*The Squire* (Krasicki)
See *Pan Podstoli*
*Squire Arden* (Oliphant) ...................... **61**:216
"Squire Maurice" (Smith) .... **59**:321, 331, 333
"Squire Thomas; or, The Precipitate Choice"
    (Crabbe) ...................................... **26**:93
"Squire Toby's Will" (Le Fanu) ........... **9**:312
"The Squire's Story" (Gaskell) .......... **70**:188
*The Squire's Story* (Barham) .................. **77**:4
*SS* (Parton)
See *Shadows and Sunbeams*
"St. Alban's Abbey" (Radcliffe) . **6**:412; **55**:224
"St. Andrew's Anniversary" (Brackenridge)
    ............................................................. **7**:56
"St. Augustine in April" (Lanier) ....... **6**:232
"St. Brandan" (Arnold) .............. **6**:44, 66
*St. Cecilia, or the Power of Music* (Kleist)
    See *Die heilige Cäcilie; oder, die Gewalt*
    *der Musik*
"St. Clair Flats" (Woolson) . **82**:272, 285, 293,
    333
*St. Clair; or, The Heiress of Desmond*
    (Morgan) ............................. **29**:389-90
*St. Cupid* (Jerrold) ........................... **2**:402-03
*St. Domingo: Its Revolutions and Its Patriots*
    (Brown) .................... **2**:47-48, 52
"St. Edmond's Eve" (Shelley) ............. **18**:342
"St. George's Hospital" (Landon) ....... **15**:161
*St. Giles and St. James* (Jerrold) .......... **2**:398-
    400, 402, 405
*St. Irvyne; or, The Rosicrucian* (Shelley)
    ........................................... **18**:307, 341
*St. Ives: Being the Adventures of a French*
    *Prisoner in England* (Stevenson) . **5**:419
"The St. James Phenomenon" (Hunt) ... **1**:423
*St. Leon: A Tale of the Sixteenth Century*
    (Godwin) ..... **14**:37, 40, 42, 44-5, 47, 50,
    52, 55-6, 58-60, 68-78, 80-3
"St. Luke the Painter" (Rossetti) ......... **77**:308
"St. Margaret's Eve" (Allingham) ........ **25**:7
"St. Martin's Summer" (Browning) ...... **19**:88
*St. Patrick's Day; or, The Scheming Lieutenant*
    (Sheridan) ............................. **91**:240-41
*St. Paul and Protestantism; with an*
    *Introduction on Puritanism and the*
    *Church of England* (Arnold) .... **29**:8, 15-
    16, 20
"St. Paul's Characteristic Gift" (Newman)
    .......................................................... **38**:305
"St. Petersburg" (Mickiewicz) .............. **3**:401
*St. Ronan's Well* (Scott) .............. **15**:277, 289
"St. Simeon Stylites" (Tennyson) . **30**:279, 281;
    **65**:270
"St. Valentine's Day" (Patmore) ... **9**:343, 349,
    357
*St. Valentine's Day; or, The Fair Maid of*
    *Perth* (Scott) ....... **15**:270, 283, 300, 309,
    313; **69**:313, 369
"St. Winefred's Well" (Hopkins) . **17**:185, 190
"Die Stadt" (Storm) ............................. **1**:547
"The Staff and Scrip" (Rossetti) ... **4**:505, 518-
    19, 523, 527, 529-31; **77**:326, 328-30, 348
*The Stag King* (Gozzi)
See *Il re cervo*
"The Stage and the Spirit of Reverence"
    (Carroll) ................................... **53**:122
"The Stage Coach" (Irving) .............. **19**:328
*Stage Illusion* (Lamb) ... **10**:410, 432, 434
*Stages on Life's Way* (Kierkegaard) . **34**:200-
    01, 222-223, 238, 261, 263; **78**:173, 178,
    181, 227, 238
"The Stag-Eyed Lady" (Hood) ...... **16**:234-35
"Stagnant Waters" (Pisarev) ............... **25**:338
*Les stalactites* (Banville) ... **9**:2, 14, 18-19, 26,
    28-29
"Stances à la Malibran" (Musset) ......... **7**:261-
    62, 280
"Stand by the Flag" (Foster) .............. **26**:288
"The Standards" (Patmore) ...... **9**:334, 339-40,
    359, 362
*Ständchen in Ritornellen aus Albano* (Muller)
    .......................................................... **73**:362

"Den standhaftige Tinsoldat" (Andersen)
See "The Steadfast Tin Soldier"
"Stangers Yet" (Milnes) .... **61**:136, 141-2, 152
"Stantsionnyi smotritel'" (Pushkin) . **3**:435, 464;
    **83**:272, 323, 327-29, 337, 354-55
"Stanza" (Clare) .................................... **9**:111
"Stanzas from the Grande Chartreuse"
    (Arnold) ... **29**:4, 6-7, 28, 32-3, 38; **89**:46,
    51-2, 88, 96-7
"Stanzas in Memory of Edward Quillinan"
    (Arnold) ................................. **29**:22, 37
"Stanzas in Memory of the Author of
    'Obermann'" (Arnold) ... **29**:4, 6-7, 22-3,
    31, 36, 38
"Stanzas on Coming of Age" (Hood) . **16**:236
"Stanzas on Peele Castle" (Wordsworth)
    ........................... **12**:431, 436, 447, 469
"Stanzas on the Battle of Navarino"
    (Campbell) ............................. **19**:183
"Stanzas on the Threatened Invasion"
    (Campbell) ............................. **19**:191
"Stanzas Subjoined to the Yearly Bill of
    Mortality of the Parish of All Saints,
    Northampton" (Cowper) ............. **8**:119
"Stanzas Suggested By Matthew Arnold's
    'Stanzas from the Grande Chartreuse'"
    (Thomson) .................... **18**:406, 414, 424
"Stanzas to Cynthio" (Opie) .............. **65**:160
"Stanzas To F S O" (Poe) ............... **55**:212
"Stanzas to Malibran" (Musset)
See "Stances à la Malibran"
*Stanzas to the Memory of the Late King*
    (Hemans) .................................. **29**:192
"Stanzas to Tolstoi" (Pushkin) ........ **83**:256
"Stanzas Written in Dejection-December 1818,
    Near Naples" (Shelley) . **18**:344, 370-71,
    373; **93**:308
"Stanzas written under Aeolus's Harp" (Opie)
    .......................................................... **65**:156
"Stanzas.—April, 1814" (Shelley) ...... **93**:307
"Stapfen" (Meyer) ........... **81**:199, 204-05, 209
"The Star and the Water-Lily" (Holmes)
    .......................................................... **14**:128
*The Star Chamber* (Ainsworth) ............. **13**:45
"Star in the East" (Paine) .................. **62**:325
*The Star of Seville* (Kemble) ........ **18**:179-80
"The Starless King's Son" (Eminescu) . **33**:264
"Starlight in the Odenwald" (Taylor) . **89**:298
"The Starlight Night" (Hopkins) . **17**:185, 191,
    195, 216, 247
"Starosvetskie Pomeščiki" (Gogol)
    ...... **5**:209, 218-19, 231, 245-47, 254-55
"The Stars Are with the Voyager" (Hood)
    .......................................................... **16**:222
"Starting from Paumanok" (Whitman) . **4**:568-
    600, 603; **31**:389-90, 392-93, 398; **81**:246,
    265, 319, 353
*Starye gody v sele Plodomasove* (Leskov)
    .......................................... **25**:228, 232
"Starye portrety" (Turgenev) ......... **21**:453-54
"State and Religion" (Wagner) .............. **9**:414
"The State of German Literature" (Carlyle)
    ........................................... **70**:39, 63, 94
*State Trials* (Cobbett) ......................... **49**:163
"The Stately Homes of England" (Hemans)
    .......................................... **71**:283, 305
"Statesman and Thinker" (Krylov) ...... **1**:439
*The Statesman's Manual* (Coleridge) .. **9**:135
"The Statesman's Secret" (Holmes) .... **14**:128
*The Statesmen of the Commonwealth of*
    *England: With a Treatise on the Popular*
    *Progress in English History* (Forster)
    .......................................................... **11**:115
"The Stationmaster" (Pushkin)
See "Stantsionnyi smotritel'"
*Statism and Anarchism* (Bakunin) ... **25**:47, 49;
    **58**:144, 146
"La Statue amoureuse" (Gautier) .... **59**:35, 38-
    40
"The Statue and the Bust" (Browning)
    ........................... **19**:79, 114, 127, 129, 131

*The Statue Guest* (Pushkin)
See *Kamennyi gost'*
"Stay, Summer Breath" (Foster) ......... **26**:287
"The Steadfast Tin Soldier" (Andersen)
    ..... **7**:23, 29, 34, 37, 39; **79**:33, 40, 51, 58,
    62-64, 70-71, 76, 82
"The Stealing Magpie" (Herzen) . **10**:334, 350;
    **61**:108
"The Stealthy School of Criticism" (Rossetti)
    .......................................................... **77**:341-42
*The Steamboat* (Galt) .............. **1**:333, 335
*Der Stechlin* (Fontane) ... **26**:234, 241, 243-45,
    248, 256-57, 261, 269-71, 275, 278
"The Steed and Its Rider" (Krylov) ...... **1**:435
"Steele and Addison" (Landor) ......... **14**:165
*Steht Homer z. Ex. unterm Spruch des*
    *Aristoteles & Compagnie?* (Claudius)
    .......................................................... **75**:196
"Stella" (Mowatt) ............... **74**:219, 234-35
"Stella" (Nin) .................................... **7**:23, 29
*Stella* (Goethe) ... **4**:164, 174, 219-20; **34**:71-2
"Stella Maris" (Symonds) ... **34**:323, 338-39,
    350-51
*Stello: A Session with Doctor Noir* (Vigny)
    See *Les consultations du Docteur Noir:*
    *Stello; ou, les diables bleus, première*
    *consultation*
*Sténie* (Balzac) ....................................... **5**:88
*Stenka Razine* (Merimee) ................... **65**:85
*Stephen the Younger* (Eminescu) ... **33**:264-65
"The Step-Mother" (Parton) ............ **86**:349
"Stepnoy Korol 'Lir" (Turgenev) ... **21**:401, 408,
    414, 416-17, 420, 422, 427, 435, 440-41
"Stepy Akermańskie" (Mickiewicz) ... **3**:404
"Die sterbende Meduse" (Meyer) ....... **81**:207
*Sterne's Maria* (Dunlap) ...................... **2**:213
"The Stethoscope Song" (Holmes) ..... **81**:107
"The Steward" (Turgenev) ................. **21**:377
"Steyermark" (Taylor) ....................... **89**:298
*Stick to Your Own Station* (Ostrovsky)
See *Ne v svoi sani ne sadis!*
*Stikhotvoreniya v proze* (Turgenev)
    ..... **21**:414, 420, 431, 441, 452-55; **37**:443
"The Still Small Voice" (Ridge) ....... **82**:181
"The Still Small Voice" (Very) ........... **9**:387
"The Still-Born" (Very) ...................... **9**:378
*Ein Stiller Musikant* (Storm) ............... **1**:540
"A still-Volcano-Life" (Dickinson) . **77**:145-46
*Stilpo und seine Kinder* (Klinger) ........ **1**:429
"Stimme des Kindes" (Lenau) .......... **16**:281
"Stimme des Volks" (Hölderlin) ........ **16**:191
*Stimmen der Völker in Liedern* (Herder)
See *Volkslieder*
"Stimmung" (Meyer) ......................... **81**:152
*Stine* (Fontane) ....... **26**:235-36, 240, 244, 248,
    251-53, 258-59, 270-71
"The Stinger" (Leskov)
See "Jazvitel' nyj"
"The Stirrup-Cup" (Lanier) .... **6**:236, 249, 254
*Stockholm, Fountainebleau, et Rome* (Dumas)
See *Christine; ou, Stockholm,*
    *Fountainebleau, et Rome*
"Stoic and Hedonist" (Lampman) . **25**:165, 190,
    219
"Stojit' v seli Subotovi" (Shevchenko) . **54**:382
*The Stolen Child* (Galt) ...................... **1**:334
"A Stolen Letter" (Collins) ................. **1**:187
"The Stolen White Girl" (Ridge) . **82**:175, 180
*The Stone Guest* (Pushkin)
See *Kamennyi gost'*
"Stone of Night" (Blake) ...................... **37**:80
"Stonehenge" (Radcliffe) .................... **6**:412
"The Stone-Pit" (Clare) ...................... **9**:117
*Stones of Many Colors* (Stifter)
See *Bunte Steine*
*The Store Boy* (Alger) ....................... **83**:112
*Storia compendiosa della vita di Lorenzo da*
    *Ponte* (Da Ponte) ....................... **50**:97
*Stories* (Andersen)
See *Eventyr, fortalte for bøorn*
*Stories from Life* (Craik) ................... **38**:119

*Stories from the Italian Poets, with Lives of the Writers* (Hunt) ................................ **1**:413
*Stories of Ensign Stål* (Runeberg)
    See *Fänrik Ståls sägner*
*Stories of the Canadian Forest* (Traill)
    See *Lady Mary and Her Nurse; or, A Peep into the Canadian Forest*
*Stories of the Old Dominion* (Cooke)
    ................................. **5**:125, 127, 131
*Stories of the Orphan Petrush* (Shevchenko)
    See *Povisty o besrodnom Petrush*
*Stories of the Study* (Galt) ..................... **1**:334
*Stories Told for Children* (Andersen)
    See *Eventyr, fortalte for bøorn*
*Stories Told to a Child* (Ingelow) ....... **39**:264
"The Storks" (Andersen) ............... **7**:29; **79**:23
"Storm" (Lampman) ............. **25**:193, 207, 220
"The Storm" (Mickiewicz)
    See "Burza"
*The Storm* (Ostrovsky)
    See *Groza*
"Storm in the Fens" (Clare) ............... **86**:110
"Storm on Lake Asquam" (Whittier) .... **8**:520
"The Storm Rages Ever More Violently" (Tyutchev)
    See "Vse bešennej burja"
"Storm Song" (Taylor) ....................... **89**:300
*Storm-beat Maid* (Baillie) ................. **71**:53-4,
*Storming the Bastille* (Dumas)
    See *Ange Pitou*
"The Stormy Morning" (Muller)
    See "Der stürmische Morgen"
"Story for a Child" (Lermontov) .......... **5**:288
"A Story from the Dunes" (Andersen)
    ...................................... **7**:33; **79**:82, 88
*The Story of a Famous Old Jewish Firm* (Thomson) ..................................... **18**:426
"Story of a Feather" (Jerrold) .. **2**:395-96, 399, 401-02, 404
*The Story of a Mother* (Andersen) . **7**:23, 31-35; **79**:26-27, 76, 81, 89
*The Story of a Puppet* (Collodi)
    See *Le Avventure di Pinocchio*
"The Story of a Shipwreck" (Gordon)
    See "From the Wreck"
*The Story of a Town* (Saltykov)
    See *Istoriya odnogo goroda*
"A Story of a Wedding Tour" (Oliphant)
    .................................. **61**:205, 210-11
"The Story of an Affinity" (Lampman)
    ................................... **25**:199, 201, 219-20
*Story of Belkis and Solomon* (Nerval) .. **1**:475
"A Story of Doom" (Ingelow) .... **39**:256, 262, 265
*A Story of Doom and Other Poems* (Ingelow)
    .............................. **39**:257, 264, 266
"The Story of Father Alexis" (Turgenev)
    See "Rasskaz ottsa Aleksaya"
"The Story of Father Alexis" (Turgenev)
    ................................. **21**:420, 441
"The Story of Gamber-Ali" (Gobineau)
    See "Histoire de Gambèr-Aly"
"The Story of Glaucus the Thessalian" (Hayne)
    .............................. **94**:144, 153-54, 156-59
*The Story of Goethe's Life* (Lewes)
    See *The Life and Works of Goethe*
*The Story of Juliette; or, Vice Amply Rewarded* (Sade)
    See *Juliette; ou, Les prospérités du vice*
"The Story of Julius" (Brown) ............ **74**:140
*The Story of Kennett* (Taylor) ...... **89**:311, 343, 346-50
"The Story of Lieutenant Ergunov" (Turgenev)
    See "Istoriya leytenanta Ergunova"
*Story of Margaretta* (Murray) .... **63**:209-14
*The Story of My Heart* (Jefferies) ........ **47**:94-6, 101, 105, 111, 115, 119, 121, 123-25, 129, 132-34, 136-38, 143
*The Story of My Life* (Andersen) . **79**:4, 18, 21
*The Story of My Life* (Sand)
    See *Histoire de ma vie*
"A Story of Pennsylvania" (Taylor) .... **89**:359

"A Story of Psyche" (Griffin) ................ **7**:214
"The Story of Rhodope" (Morris) .. **4**:417, 447
"The Story of Rimini" (Hunt) .. **1**:410-12, 414, 421
*The Story of Rimini* (Hunt) . **70**:250, 253, 263, 267, 282
*The Story of Sigurd the Volsung, and the Fall of the Niblungs* (Morris) . **4**:417-18, 420-21, 428, 430-33, 435, 443
"The Story of the Four Little Children Who Went Round the World" (Lear) .... **3**:297
"The Story of the Glittering Plain, Which Has Been Also Called the Land of Living Men or the Acre of the Undying" (Morris) ..................... **4**:425, 436-37, 440
"Story of the Island of Cuba" (Bryant) . **6**:181
"The Story of the Just Caspar and Fair Annie" (Brentano)
    See "Geschichte vom braven Kasperl und dem schönen Annerl"
"Story of the Lost Reflection" (Hoffmann)
    ............................................ **2**:341
"Story of the Physician and the Saratoga Trunk" (Stevenson) ....................... **5**:394
"The Story of the Seven Families from the Lake Pipple-Popple" (Lear) .......... **3**:307
"The Story of the Three Bears" (Southey) ... **8**:470, 475; **97**:271, 289-90, 292, 323-29
"The Story of the Unknown Church" (Morris)
    ............................................ **4**:429
"The Story of the Young Italian" (Irving)
    ........... **2**:370, 382, 390; **19**:332
"Story of the Young Man with the Cream Tarts" (Stevenson) ................. **5**:394, 413
"The Story of the Young Robber" (Irving)
    ............................ **2**:390; **19**:344
"The Story of Toby" (Melville) .......... **45**:204
*The Story of Venus and Tannhäuser* (Beardsley) . **6**:137-38, 144-47, 149-50, 152-54
"The Story Teller" (Hawthorne) .......... **79**:320
"The Story Teller at Fault" (Griffin) ...... **7**:198
"A Story without a Tail" (Maginn) .. **8**:438-39
"The Stout Gentleman" (Irving) . **2**:389; **95**:227
*The Stout Gentleman* (Irving) ............. **95**:226
*Strafford* (Browning) .. **19**:75, 78, 102; **79**:146, 189
*The Strange Case of Dr. Jekyll and Mr. Hyde* (Stevenson) ...... **5**:398, 400, 402-05, 408, 413, 415, 418, 421, 427, 429, 433-37; **14**:311-40; **63**:261, 269
"The Strange Child" (Hoffmann) .......... **2**:351
"Strange Disturbances on Aungier Street" (Le Fanu)
    See "Some Strange Disturbances in an Old House on Augier Street"
"A Strange Event in the Life of Schalken the Painter" (Le Fanu)
    See "A Strange Event in the Life of Schalken the Painter"
"A Strange Event in the Life of Schalken the Painter" (Le Fanu) .. **9**:312, 314, 318-20, 322
"Strange Fits of Passion" (Wordsworth)
    ................................. **12**:445, 464
*The Strange Gentleman* (Dickens) ...... **37**:153
*A Strange History* (Lewes) ................. **25**:291
"The Strange Lady" (Bryant) ........ **6**:186; **46**:4
"A Strange Story" (Turgenev)
    See "Strannaya istoriya"
*A Strange Story* (Bulwer-Lytton) .......... **1**:150-51; **45**:22-3, 47
"The Strange Story of Korah, Dathan, and Abiram, Numbers, Chap. XVI, Accounted For" (Paine) ........................... **62**:325
"The Stranger" (Lewis) ..................... **11**:302
*The Stranger* (Bird) ............................. **1**:90
*The Stranger* (Kotzebue)
    See *Menschenhass und Reue*
*Stranger* (Sheridan) ........................... **5**:362
"The Stranger: Being a Further Portion of the Recluse" (Hogg) ........................... **4**:282

"The Stranger in Louisiana" (Hemans)
    ............................................ **71**:264
"The Stranger's Vision" (Brady) ... **41**:312-13
"Strannaya istoriya" (Turgenev) .. **21**:399, 408, 416, 435, 441, 453
"Strašnaja mest" (Gogol) . **5**:218, 223-25, 230-31, 249, 251, 256-57; **31**:76, 120
"Stratford-on-Avon" (Irving) .... **2**:381; **19**:327, 347; **95**:265-67
"Stratton Water" (Rossetti) .. **4**:506, 518, 523; **77**:326, 337-38
"Stray Echoes from the Elder Sons of Song" (Kendall) ..................... **12**:197
"Stray Walks" (Clare) ......................... **86**:142
"The Strayed Reveller" (Arnold) .. **6**:44, 51, 70-71, 74; **29**:25-6, 29, 35; **89**:91
*The Strayed Reveller, and Other Poems* (Arnold) . **6**:28, 30-31, 70; **29**:34; **89**:88
"The Stream of Life" (Bryant) ............... **46**:7
"The Stream's Secret" (Rossetti) . **4**:492, 495, 501, 505, 510, 513, 518, 520, 525-27; **77**:308, 338, 357-58, 361
"The Street" (Kendall) ...................... **12**:183
"The Street of the Hyacinth" (Woolson)
    ................ **82**:275, 293, 296-97, 308
"Streets" (Verlaine) ........................... **51**:374
*The Streets of London* (Boucicault) ...... **41**:32
*Streets of the World* (Sala) ................. **46**:246
"The Street-Singer" (Allingham) ........... **25**:6
"The Stricken South to the North" (Hayne)
    ............................................ **94**:144
"The Strictness of the Law of Christ" (Newman) ..................................... **38**:305
*Strictures on the Modern System of Female Education, with a View of the Principles and Conduct Prevalent among Women of Rank and Fortune* (More) .. **27**:333, 339, 341, 350, 353, 355
"Strife and Peace" (Ingelow) ............. **39**:263
*Strife and Peace; or, Scenes in Norway* (Bremer) ........................ **11**:17, 19, 22, 24
"The String Token" (Barnes) ................ **75**:36
"The Striped Snaik" (Shaw) ............... **15**:335
*The Stripling* (Baillie) ................. **2**:40-41; **71**:7
*Striving for Fortune* (Alger) ................. **8**:30
"The Stroll to Grasmere" (Wilson) ........ **5**:561
*Strong and Steady; or, Paddle Your Own Canoe* (Alger) ..... **8**:43, 46; **83**:104, 107, 145
*Strong as Death* (Maupassant)
    See *Fort comme la mort*
"Stronger Lessons" (Whitman) ........... **31**:434
"Struck, Was I, Nor Yet by Lightning" (Dickinson) ................................... **21**:54
"The Struggle for Existence in Human Society" (Huxley) . **67**:28, 97-8, 105, 109
"Struggle for Life" (Daudet) ................ **1**:238
"The Struggle for Life" (Pisarev)
    See "Bor'ba za žizn"
"Struggle for Survival" (Pisarev)
    See "Bor'ba za susčestvovanie"
"The Struggles of Conscience" (Crabbe)
    ............................................ **26**:93
*Struggling Upward, and Other Works* (Alger)
    ................ **8**:20-21, 31, 36; **83**:94
*Stuart of Dunleath* (Norton) ... **47**:247-49, 255, 257-58
"The Student of Salamanca" (Irving)
    ........................ **2**:368, 387, 389-90
"The Student of the Dead Languages" (Freneau) ..................................... **1**:317
"A Student's Diary" (Brown) ............... **74**:35
*Studien* (Stifter) ... **41**:359-60, 366-69, 375-77, 384, 391
*Studies* (Ludwig) ............................ **4**:348-49
*Studies* (Stifter)
    See *Studien*
*Studies for Stories* (Ingelow) ........ **39**:259, 264
"Studies for Two Heads" (Lowell)
    ............................ **2**:507; **90**:220
*Studies in Animal Life* (Lewes) ... **25**:288, 296-97, 310-11

*Studies in German Literature* (Taylor) . **89**:340

*Studies in Religious History* (Renan)
    See *Etudes d'histoire religieuse*

*Studies in the History of the Renaissance* (Pater)
    See *The Renaissance: Studies in Art and Poetry*

*Studies of Plant Life in Canada; or, Gleanings from Forest, Lake and Plain* (Traill)
.................................. **31**:316-17, 328

"Studies of Roman History" (Merimee) . **6**:352

*Studies of the Greek Poets* (Symonds) . **34**:332-33, 337, 351, 356, 366, 371

"Studies on the Situation" (Eminescu) . **33**:273

"Studium-Aufsatz" (Schlegel)
    See "Über das Studium der griechischen Poesie"

"Study of Hands: Hands of an Empress and of an Assassin Contrasted" (Gautier) . **1**:342

"The Study of Poetry" (Arnold) .. **6**:55, 57-58, 69, 72; **29**:42-3, 45-6, 59; **89**:32, 38, 85-6, 89, 100, 112

*The Study of Psychology* (Lewes)
    See *The Problems of Life and Mind*

"Stuk...stuk...stuk" (Turgenev) .... **21**:401, 416, 420, 441

*Die Stunden der Weihe* (Klopstock) . **11**:234

"Les stupra" (Rimbaud) ...... **35**:291, 296

*Sturm und Drang* (Klinger) ............. **1**:429-31

"Der stürmische Morgen" (Muller)
.................................. **73**:384, 392

"Stutgard" (Hölderlin) ............... **16**:161, 163

"Das Stuttgarter Hutzel männlein" (Morike)
.................................. **10**:447, 456-57

"The Stwonen Porch" (Barnes) ...... **75**:103

"Stygmat" (Norwid) ....... **17**:370-71, 379, 381

"Style" (Lampman) ........................... **25**:213

"Style" (Pater) . **7**:299, 308, 324-25, 328, 339; **90**:241, 251, 323

"Style" (De Quincey) ........................... **4**:61

"Le Style épistolaire" (Maupassant) ... **83**:228

"Sub Rosa-Crux" (Fuller) ............. **50**:245, 249

*The Subjection of Women* (Mill) . **11**:349, 356, 360, 366, 375, 388-89, 392-93; **58**:360, 379

"Subjugation of Switzerland" (Wordsworth)
.................................. **12**:431

"Sublimity of Composition" (Beattie)
    See *Dissertations Moral and Critical: On Memory and Imagination; On Dreaming; The Theory of Language; On Fable and Romance; On the Attachments of Kindred; Illustrations on Sublimity*

*Suborneur* (Sade) ............................ **47**:361

"Substance and Shadow" (Newman) .. **38**:344-45

*Substance and Shadow; or, Morality and Religion in Their Relation to Life: An Essay upon the Physics of Creation* (James) .. **53**:199-200, 204, 217, 228-30, 236

"The Suburbs of the Capital" (Mickiewicz)
.................................. **3**:401

*Success* (Alcott) ............................ **58**:37

"Success in Fiction" (Oliphant) .......... **61**:221

*Success in Literature* (Lewes)
    See *The Principles of Success in Literature*

"Success Is Counted Sweetest" (Dickinson)
.................................. **21**:73

*Success, or a Hit If You Like It* (Planche)
.................................. **42**:290

"The Succession of Forest Trees" (Thoreau)
.................................. **7**:411

"Le succube" (Balzac) ....................... **5**:78

*Such Things Are* (Inchbald) .. **62**:142-3, 145-9, 147, 149, 184-5

"Sudden Life" (Rossetti) ..................... **4**:516

*The Suffering of Young Werther* (Goethe)
    See *Die Leiden des jungen Werthers*

"The Sugar Plum Tree" (Field) ........... **3**:206

*Suggestions for Establishing an English Art Theatre* (Planche) .................. **42**:276

"Suggestions on Arithmetic" (Parton) . **86**:375

*Suggestions Respecting Improvements in Education* (Beecher) ............. **30**:2, 14, 23

*The Suicide Club* (Stevenson) .. **5**:393-94, 403, 408, 417

*Le suicide; ou, Le vieux sergent* (Pixerecourt)
.................................. **39**:287

"Suil Dhuv the Coiner" (Griffin) .. **7**:197, 201, 207, 212, 217

*A Suitable Match* (Fontane)
    See *Irrungen, Wirrungen*

*A Suitable Place* (Ostrovsky)
    See *Dokhodnoye mesto*

"The Suliote Mother" (Hemans) ......... **71**:295

"Sullen Clouds Have Disappeared from the Fair Sky" (Mickiewicz) .................. **3**:398

*Sultan Wampum, oder Die Wünsche* (Kotzebue) .................................. **25**:147

"Sultry Day" (Meyer)
    See "Schwüle"

"The Sumac Gatherers" (Cooke) .......... **5**:133

*A Summary View of the Rights of British America* (Jefferson) ..... **11**:166, 173, 179, 192, 199

"Summer" (Bryant) ............................. **46**:9

"Summer" (Clare) .............. **9**:119; **86**:97

"The Summer Bower" (Timrod) . **25**:364, 367, 372

*Summer by the Lakeside* (Whittier) .. **8**:519-20

"The Summer Camp" (Taylor) ...... **89**:300-01

"Summer Days or, the Young Wife's Affliction" (Parton) .................... **86**:346

"Summer Evening" (Clare) .............. **86**:131

"A Summer Evening" (Lampman) . **25**:183, 211

"Summer Evening" (Tyutchev)
    See "Letnij vecer"

"A Summer Evening Churchyard" (Shelley)
.................................. **93**:307, 326

"A Summer Evening's Dream" (Bellamy)
.................................. **4**:31; **86**:75

"A Summer Idyl" (O'Brien) .............. **21**:246

"Summer Images" (Clare) .. **9**:80, 86, 96, 105, 117, 119

*Summer in London* (Fontane) ............. **26**:233

*A Summer in Skye* (Smith) .. **59**:295, 299, 303, 311-2, 314, 316, 319, 321-3, 333-4, 337, 340

*A Summer in the Sahara* (Fromentin)
    See *Un été dans le Sahara*

"Summer Longings" (Foster) ....... **26**:289, 295

"A Summer Mood" (Hayne) . **94**:144, 159, 161

"Summer Morning" (Clare) ...... **9**:72, 74, 119; **86**:130

"A Summer Night" (Arnold) .... **6**:72; **29**:25-6, 31, 34, 36; **89**:98

"A Summer Night" (Kivi)
    See "Kesäyö"

"Summer Night" (Klopstock)
    See "Die Sommernacht"

*A Summer Night* (Krasinski) ................ **4**:306

"Summer Night. Variations of Certain Melodies" (Taylor) .......... **89**:318-19

*Summer on the Lakes, in 1843* (Fuller) . **5**:154-55, 157-58, 163-64, 168, 170; **50**:235-8, 241-4, 217-8

"A Summer Pilgrimage" (Whittier) .... **59**:366

"A Summer Ramble" (Bryant) ...... **6**:187; **46**:2

*Summer Rambles* (Jameson)
    See *Winter Studies and Summer Rambles in Canada*

"The Summer Sea" (Kingsley) ............ **35**:226

"Summer Storm" (Lowell) ............... **2**:507

"Summer Wind" (Bryant) ..... **6**:159, 168, 176; **46**:6, 43

"Summer—We All Have Seen" (Dickinson)
.................................. **21**:69

"The Sun" (Baudelaire)
    See "Le soleil"

"The sun has gone down" (Clare) ....... **86**:118

"The Sun kept setting-setting-still" (Dickinson)
.................................. **77**:163-64

*La Sunamite* (Staël) ................. **91**:359-60

"The Sunbeam" (Hemans) ................... **71**:264

"Sunbeams and Shadows" (Hugo) ....... **3**:261

"Sunday" (Kivi)
    See "Sunnuntai"

"Sunday Afternoon" (Dickinson)
    See "From All the Jails the Boys and Girls"

"Sunday at Hampstead" (Thomson) .... **18**:391-92, 395, 397, 409, 411-12, 417

"Sunday at Home" (Hawthorne) .... **2**:291-92; **39**:230

"A Sun-Day Hymn" (Holmes) ..... **81**:100, 107

*The Sunday School* (More) ................. **27**:345

"Sunday up the River" (Thomson) ..... **18**:390-92, 395-97, 404-05, 408-09, 411-12, 414, 417, 421

"Sunday Walks" (Clare) ..................... **86**:142

"A Sunday with Shepherds and Herdboys" (Clare) .................................. **9**:117

"The Sundering Flood" (Morris) .......... **4**:424-25, 438

"Sundown" (Longfellow) ................... **45**:130

"Sun-Down Poem" (Whitman) ............. **4**:546

"Sunlight and Flesh" (Rimbaud)
    See "Soleil et chair"

"Sunlight in a London Square" (Jefferies)
.................................. **47**:95, 136

"Sunlight on the Sea" (Gordon) .. **21**:150, 160, 175

"Sunnuntai" (Kivi) ................................. **30**:51

*Sunny Memories of Foreign Lands* (Stowe)
.................................. **3**:547

"Sun-Painting and Sun-Sculpture" (Holmes)
.................................. **81**:102

"Sunrise" (Lanier) .. **6**:237-38, 240, 243, 246-47, 253-54, 256, 265, 268, 281

"Sunrise" (Lazarus) ............................. **8**:420

"Sunrise" (Tyutchev) ........................ **34**:404

"The Sun's Shame" (Rossetti) .. **4**:491, 499

"A Sunset" (Clare) ............................. **9**:121

"Sunset and Sunrise on Lake Ontario: A Reminiscence" (Traill) ........... **31**:328

"Sunset at les Eboulements" (Lampman)
.................................. **25**:179, 185-86, 190

"Sunset in the Forest" (Meyer)
    See "Abendrot im Walde"

"Sunset Visions" (Clare) ..................... **9**:121

"Sunshine and Young Mothers" (Parton)
.................................. **86**:350

*Sunshine through the Clouds* (Lewes) . **25**:291

"Sunthin' in the Pastoral Line" (Lowell)
.................................. **2**:520, 522

"The Superannuated Man" (Lamb)
.................................. **10**:392, 415

*The Supernaturalism of New-England* (Whittier) ................................. **8**:487, 509

"A Superscription" (Rossetti) .. **4**:491; **77**:357

"Supper at the Mill" (Ingelow) .......... **39**:255-56, 262-65, 268

"Supplement to the Travelling Sketches" (Heine)
    See "Nachträge Zu den Reisebildern"

"Supposed Confessions of a Second-Rate Sensitive Mind" (Tennyson)
.................................. **30**:252; **65**:270, 274, 368

"Supreme Surrender" (Rossetti) ........... **4**:498

"Sur la destruction des monuments en France" (Hugo) ................. **21**:221

"Sur la femme" (Laforgue) ................ **53**:291

*Sur l'eau* (Maupassant) ........ **1**:446, 451, 453; **83**:163, 201

*Sur les générations actuelles* (Senancour)
.................................. **16**:438, 441, 445-47

"Sur l'herbe" (Verlaine) ...... **2**:628-30; **51**:378, 387

"Sur l'image du Christ écrasant le mal" (Lamartine) ............................ **11**:279

"Sur un album" (Gautier) ............... **59**:18

"Sur une défunte" (Laforgue) ... **5**:280; **53**:292

*Sur une statue de Ganymede* (Verlaine)
.................................. **51**:363

*Surfaceism; or, the World and its Wife* (Gore) ...................................... **65**:21
"The Surgeon's Daughter" (Scott) . **15**:308-09
"Surgi de la croupe et du bond" (Mallarme)
    See "Une dentelle s'abolit"
"Une Surprise" (Maupassant) .............. **83**:182
"Surprised by Joy" (Wordsworth) ....... **12**:466
*Surrey of Eagle's-Nest; or, The Memoirs of a Staff Officer Serving in Virginia* (Cooke) ...................................... **5**:124, 126-35
"Sursam Corda" (Rossetti) ................ **50**:313
"Sursum Corda" (Emerson) ................ **1**:296
"Sûryâ" (Leconte de Lisle) ............... **29**:241
"Susan Yates" (Lamb)
    See "First Going to Church"
"Suspense" (Dickinson)
    See "Elysium Is as Far as To"
*Suspiria de profundis* (De Quincey) . **4**:61, 63-64, 66, 80, 83, 86-87, 89; **87**:3-16, 22, 31, 33, 36-7, 52, 75, 77
*Sut Lovingood* (Harris)
    See *Sut Lovingood: Yarns Spun by a "Nat'ral Born Durn'd Fool"*
"Sut Lovingood, A Chapter from His Autobiography" (Harris) ............. **23**:160
"Sut Lovingood Come to Life" (Harris) ...................................... **23**:151
"Sut Lovingood Lands Old Abe Safe at Last" (Harris) ...................................... **23**:159
"Sut Lovingood, on the Puritan Yankee" (Harris) ........................... **23**:151, 153
*Sut Lovingood: Yarns Spun by a "Nat'ral Born Durn'd Fool"* (Harris) . **23**:133, 135, 137-40, 142, 144-49, 156-57, 159-60, 162-64
"Sut Lovingood's Adventures in New York" (Harris) ........................... **23**:149, 160
"Sut Lovingood's Allegory" (Harris) ..**23**:152
"Sut Lovingood's Big Dinner Story" (Harris) ...................................... **23**:160
"Sut Lovingood's Big Music Box Story" (Harris) ...................................... **23**:160
"Sut Lovingood's Chest Story" (Harris) ...................................... **23**:159
"Sut Lovingood's Daddy 'Acting Horse'" (Harris) ....... **23**:139, 141, 153, 158, 161, 163-64
"Sut Lovingood's Dog" (Harris) ..**23**:157, 159
"Sut Lovingood's Hog Ride" (Harris) . **23**:160
"Sut Lovingood's Love Feast ove Varmints" (Harris) ...................................... **23**:150
"Sut Lovingood's Sermon" (Harris) ...**23**:159
*Sut Lovingood's Travels with Old Abe Lincoln* (Harris) ........................... **23**:137
"Sutherland's Grave" (Kendall) ....**12**:181, 199
"Sut's New-Fangled Shirt" (Harris) ...................................... **23**:140, 158, 163
"Suzon" (Musset) ........................... **7**:256, 267
"Svalen" (Wergeland) ................ **5**:536, 541
"Svartsjukans nätter" (Runeberg) . **41**:309, 317
*Svea* (Tegner) ...................................... **2**:611-14
"Sveaborg" (Runeberg) ........... **41**:312, 323-24
"Svedger" (Stagnelius) ...................... **61**:248
*Svegder* (Stagnelius) ................ **61**:253, 258-9
"Sven Duva" (Runeberg) ....**41**:315, 322, 325, 328
"Svenska fattigdomens betydelse" (Almqvist) ...................................... **42**:14, 18-19
"Sventura" (Foscolo) ........................... **8**:266
"Svetlana" (Zhukovsky) ....... **35**:379, 389, 394, 398, 400-01.
"Svinedrengen" (Andersen)
    See "The Swineherd"
*Svoi lyudi—sochtemsya!* (Ostrovsky) ....**30**:97-9, 104-05, 109-13, 117; **57**:195, 197, 199, 207-8, 213-4, 218-21
"Svyataya noch na nebosklon vzoshla" (Tyutchev) ................... **34**:393, 397, 405
"Swabian Popular Song" (Mangan) ....**27**:290
"The Swallow" (Wergeland)
    See "Svalen"
*Swallow Barn; or, A Sojourn in the Old Dominion* (Kennedy) ............. **2**:428-35

"The Swallow Leaves Her Nest" (Beddoes) ...................................... **3**:34
"The Swan" (Baudelaire)
    See "Le cygne"
"The Swan" (Hemans) ........................ **71**:270
"The Swan" (Tyutchev)
    See "Lebed"
"The Swan's Nest" (Andersen) .............. **7**:21
"The Swans of Lir" (Griffin) ............ **7**:198
"Swarthy Wastelands, Wild and Woodless" (Kendall) ...................................... **12**:179
"Swayne Vonved" (Borrow) ................ **9**:54
*Swear Not at All* (Bentham) ............. **38**:92, 97
"Sweep Song" (Blake) ........................ **13**:161
"The Sweep's Complaint" (Hood) . **16**:236, 239
"Sweet Mary Dove" (Clare) ............... **86**:89
"Sweet Meat Has Sour Sauce or, the Slave-Trader in the Dumps" (Cowper) ...................................... **94**:32
"Sweet Sunday Bells" (Allingham) ... **25**:24-5
"Sweet Susan" (Clare) ........................ **86**:89
"The Sweethearts" (Andersen) ......... **79**:58, 66
"The Sweetness of Life" (Lampman) . **25**:188
*Swellfoot* (Shelley)
    See *Oedipus Tyrannus; Or Swellfoot the Tyrant*
*Swellfoot the Tyrant* (Shelley)
    See *Oedipus Tyrannus; Or Swellfoot the Tyrant*
*Świeczka zgasta* (Fredro) ................ **8**:285
"The Swift" (Very) ........................... **9**:387
"The Swiftest Runners" (Andersen) ... **7**:25
"The Swimmer" (Gordon) ...... **21**:151, 156-57, 160, 163, 167, 176, 183, 187-88
"The Swineherd" (Andersen) ...... **7**:23, 32, 34, 32, 34; **79**:23-24, 30, 40-42, 51-52, 64, 70-72
"The Swing" (Kivi)
    See "Keinu"
*The Swiss Family Robinson* (Wyss)
    See *Der Schweizerische Robinson; oder, Der schiffbrüchige Schweizerprediger und seine Familie*
*Switrigail oder Beiträge zu der Geschichte von Lithauen, Russland, Polen, und Preussen* (Kotzebue) ................ **25**:140
"Switzerland" (Arnold) ..... **6**:44; **29**:34; **89**:14-20, 48
"The Switzer's Wife" (Hemans) ..**71**:275, 291
*The Sword and the Distaff; or, "Fair, Fat, and Forty"* (Simms)
    See *Woodcraft; or, Hawks about the Dovecote*
"Sxolastiki xix veka" (Pisarev) ....**25**:337, 345
"A s'y méprendre" (Villiers de l'Isle Adam) ...................................... **3**:590
"Syberie" (Norwid) ........................... **17**:373
*Sybil; or, The Two Nations* (Disraeli) ...**2**:144-45, 147-54; **39**:4, 6, 9-12, 15-17, 19-20, 22-7, 30-31, 33-5, 38, 41, 44-51, 56-59, 61-4, 69, 73, 75-6, 78, 80; **79**:195-97, 199, 212-13, 222, 234-36, 238-39, 244-45, 247-50, 252-55, 257-59, 261-64, 269, 271, 279, 281-82
"Sybille" (Mitford) ........................... **4**:400
*Sybille* (Feuillet)
    See *Histoire de Sybille*
"The Sycamores" (Whittier) ................ **8**:516
"The Sydney International Exhibition" (Kendall) ........ **12**:187, 191, 200, 202-03
"The Sylphs of the Seasons" (Allston) ...................... **2**:19, 21-22, 24, 26
*The Sylphs of the Seasons, with Other Poems* (Allston) ........... **2**:19-21, 24
"Sylvan Musings. In May" (Hayne) ... **94**:160
*Sylvandire* (Dumas) ........................ **71**:203
"Sylvia" (Musset) ........................... **7**:258
*Sylvia; or, The May Queen* (Darley) ..... **2**:125-27, 129-30, 133
*Sylvia's Lovers* (Gaskell) .... **5**:185, 188, 190, 192, 196-98, 201, 204-06; **70**:120, 123-24; 129, 132-33, 185, 187, 189, 196, 198, 200-

02, 205-06, 209, 212-13
*Sylvie and Bruno* (Carroll) . **2**:106-8, 111, 115, 117, 121-2; **53**:40, 56-7, 84, 86, 89-90, 104-9, 113, 115
*Sylvie and Bruno Concluded* (Carroll) ...................... **2**:107, 111, 115, 121-2; **53**:105
*Sylvie: Recollections of Valois* (Nerval) . **1**:475-80, 482, 485, 487, 489; **67**:303-04, 311, 315, 318, 320, 323-25, 333-35, 348, 351, 354, 356-57, 360, 363
*Sylvoe* (Herder) ........................... **8**:299
"The Symbol and the Saint" (Field) .. **3**:205
*Symbolic Logic* (Carroll) ........... **53**:110, 122
"Sympathy" (Thomson) ................ **18**:400-01
"Sympathy" (Thoreau) ........................ **7**:355
"Symphonie en blanc majeur" (Gautier) ...................................... **59**:19
*Symphonie littéraire* (Mallarme) ...................................... **4**:396; **41**:269, 278
"The Symphony" (Lanier) ... **6**:232, 235, 237-38, 243-44, 248-49, 251, 253-54, 257-59, 263, 265, 269, 274, 277, 279
*Sympneumata* (Oliphant) ....... **47**:289-93, 295
"Symptoms of Love" (Opie) .............. **65**:156
"Syn ceniów" (Krasinski) ....**4**:306, 313
*Synthèse Subjective ou Système universel des conceptions propres a l'état normal de l'Humanité* (Comte) ............. **54**:211, 214
*Synthetic Philosophy* (Brownson) ......... **50**:27
*Synthetic Psychology* (Brownson) ......... **50**:27
"The Syrens" (Lowell) .................. **2**:502, 507
"Syrinx" (Kendall) ........................... **12**:192
*Syskonlif* (Bremer) ................ **11**:23-24, 34-35
*System der gesammten Philosophie und der Naturphilosophie insbesondere* (Schelling) ................ **30**:175-77
*Das System der Sittenlehre nach den prinzipen der Wissenschaftslehre* (Fichte) ...................................... **62**:30, 34, 47, 58
*System der Wissenschaft: 1. Theil. Der Phänomenologies des Geistes* (Hegel) . **46**:60-1, 70, 73-4, 86, 89-90, 102, 104-06, 108, 112, 140, 147, 150, 162, 164-73, 175-78, 187, 189
*System der transcendentalen Idealismus* (Schelling) . **30**:122-24, 126-28, 146, 155, 166, 176-81
"The System of Doctor Tarr and Professor Fether" (Poe) .................. **16**:312; **55**:147
*The System of Ethical Theory according to the Principles of Wissenschaftslehre* (Fichte)
    See *Das System der Sittenlehre nach den prinzipen der Wissenschaftslehre*
*A System of Logic, Ratiocinative and Inductive: Being a Connected View of the Principles of Evidence and the Methods of Scientific Investigation* (Mill) . **11**:329-30, 332, 337, 339, 341, 349-51, 358, 365, 375-76, 380, 383; **58**:319, 321-4, 327, 337, 341, 375
*System of Positive Philosophy* (Comte)
    See *Système de Politique Positive ou Traité de Sociologie instituant la Religion de l'Humanité*
"System of the Heavens" (De Quincey) . **87**:7
*System of Transcendental Idealism* (Schelling)
    See *System des transcendentalen Idealismus*
*Système de Logique Positive ou Traité de philosophie mathématique* (Comte) ...................................... **54**:211
*Système de Politique Positive ou Traité de Sociologie instituant la Religion de l'Humanité* (Comte) .... **54**:199, 203, 205, 210, 212, 235-8, 241-2, 244
"Szabadság, szerelem" (Petofi) ........ **21**:279
"A szájhösök" (Petofi) ........................ **21**:280
"Szczęsacliwość filutów" (Krasicki) .. **8**:407
"Széchenyi emlékezete" (Arany) .......... **34**:16
"Szécsi Mária" (Petofi) ............... **21**:264, 267
"Szeptember végén" (Petofi) ........ **21**:260, 285
"A szerelem, a szerelem" (Petofi) ....... **21**:283

"Szerelem átka" (Petofi) ...................... **21**:264
*Szerelem Gyöngyei* (Petofi) ............ **21**:285
"Szeretlek, kedvesem" (Petofi) ............ **21**:285
"Szomjas ember tünödése" (Petofi) .... **21**:283
"Szondi két apródja" (Arany) .......... **34**:15, 20
"Szüleim halálára" (Petofi) ............... **21**:286
"Ta voix" (Banville) ......................... **9**:29
"Taarnvægteren" (Andersen) ............... **79**:77
"A táblabíro" (Petofi) ...................... **21**:277
*A Table of the Springs of Action* (Bentham)
........................................ **38**:55-7, 84, 90
*Table Talk* (Cowper) ........... **94**:19, 51-3, 58-9
*Table Talk* (Pushkin) ........ **3**:436; **83**:270, 274
*Le Tableau de Paris* (Valles) .. **71**:342-43, 373
*Tableau historique et critique de la poésie*
      *Française et du théâtre Français au*
      *seizième siècle* (Sainte-Beuve)
........................................ **5**:338, 349
*Tableaux de siège* (Gautier) ................. **1**:344
"Tableaux parisiens" (Baudelaire) . **6**:113, 115,
   122-24; **55**:15-16, 35, 37-42, 65-6, 73
"Table-Talk" (Cowper) .... **8**:110, 120; **94**:25-8,
   112, 129
*Table-Talk* (Alcott) ............. **1**:21, 23-26
*Table-Talk* (Coleridge) ............. **9**:157, 159
*Table-Talk* (Hazlitt) ..... **29**:141, 147, 167, 169,
   171, 187; **82**:88, 90, 115, 142, 144, 146
*Tablets* (Alcott) ...................... **1**:23-26
*Tablettes romantiques* (Nodier) .......... **19**:378
"Tábori képek" (Madach) .................. **19**:369
"Tact" (Emerson) ......................... **1**:285
*Tafellieder* (Muller) ................. **73**:353, 387
"Ein Tag aus Noltens Jugendleben" (Morike)
........................................ **10**:451-52
"Tag, schein' herein" (Meyer) ............ **81**:143
*Tagalog Nobility* (Rizal) .................. **27**:420
*Tagebücher* (Hebbel) ...... **43**:252-53, 255, 261,
   263
"Einem Tagelohner" (Meyer) ............ **81**:155
"Täglich zu singen" (Claudius) ......... **75**:190
*Le tailleur de pierres de Saint-Point*
   (Lamartine) ...................... **11**:286
"The Tain Quest" (Ferguson) . **33**:278-79, 283,
   289, 293
*Taine's On Intelligence* (Taine)
      See *De l'intelligence*
"Tajemnica Lorda Singleworth" (Norwid)
........................................ **17**:369, 379, 382
"Tak, v zhizni est mgnoveniya" (Tyutchev)
........................................ **34**:399
"Take Your Heaven Further On" (Dickinson)
........................................ **21**:54, 57
*Takekurabe* (Ichiyo) ........ **49**:331, 336-37, 341,
   344-47, 350, 353
"Taken from my Mothers singing" (Clare)
........................................ **86**:108
*Taking by Storm* (Lewes) ................. **25**:291
"The Taking of the Redoubt" (Merimee)
      See "L'enlèvement de la rédoute"
"Taking up the Fair Ideal" (Dickinson) . **21**:56
*Talanty i poklonniki* (Ostrovsky) . **30**:103, 111,
   115, 117; **57**:212-4, 216-7, 220
*Talbot Harland* (Ainsworth) ............. **13**:36
"A Tale" (Verlaine) ...................... **51**:368
*The Tale* (Eminescu) .................... **33**:266
"A Tale about Myself" (Herzen) ....... **61**:108
"Tale for Girls" (Rossetti) ............... **50**:289
"The Tale of a Trumpet" (Hood) ....... **16**:218-
   19, 235
"The Tale of Good Queen Bess" (Hogg)
........................................ **4**:283
"The Tale of How Ivan Ivanovich Quarrelled
      with Ivan Nikiforovich" (Gogol)
   . **2**:228, 234, 250; **31**:110-11, 114, 117, 119;
   **5**:219, 227, 231, 242, 249-51
"A Tale of Jerusalem" (Poe) ............. **55**:185
*A Tale of Mystery* (Holcroft) ....... **85**:199, 212,
   224-25, 235, 237
*A Tale of Paraguay* (Southey) . **8**:460; **97**:264,
   273, 276
"A Tale of Passions; or, The Death of
      Despina" (Shelley) ............. **14**:267

"Tale of Romance" (Keats) ............. **8**:322
"A Tale of Terror" (Hood) ............ **16**:221
"The Tale of the Dead Princess and the Seven
      Heroes" (Pushkin)
      See "Skazka o Mertvoy Tsarevne"
"The Tale of the Female Vagrant"
      (Wordsworth) ................... **12**:386-87
"The Tale of the Fisherman and the Fish"
      (Pushkin)
      See "Skazka o Rybake i Rybke"
*The Tale of the Golden Cockerel* (Pushkin)
      See "Skazka o Zolotom Petushke"
*A Tale of the House of the Wolfings and All the
      Kindreds of Mark* (Morris) ........... **4**:425
"Tale of the Indians" (Maturin) ..... **6**:325, 334
"The Tale of the Lime Tree" (Eminescu)
........................................ **33**:247
"The Tale of the Magus Travelling in the
      Stars" (Eminescu) .............. **33**:246, 264
"The Tale of the Monk and the Jew Versified"
      (Paine) ......................... **62**:321
"Tale of the Monk Felix" (Longfellow)
........................................ **45**:113
"A Tale of the Ragged Mountains" (Poe)
........................................ **55**:201
"A Tale of the Ragged Mountains" (Poe)
........................................ **94**:240
"Tale of the Spaniard" (Maturin) .......... **6**:334
"The Tale of the Squint-Eyed Left-Handed
      Smith from Tula and the Steel Flea"
      (Leskov)
      See "Levša"
"The Tale of the Three Pictures" (Fouque)
........................................ **2**:266
"Tale of the Tsar Berendeia" (Zhukovsky)
........................................ **35**:390
"The Tale of the Tsar Sultan" (Pushkin)
      See "Skazka o Tsare Sultane"
"The Tale of Theodore the Christian and His
      Friend Abraham the Jew" (Leskov)
      See "Skazanie o Fyodore—khistianine i o
      druge ego Abrame—zhidovine"
"A Tale of Trials" (Opie) ................. **65**:171
*A Tale of Two Cities* (Dickens) ............ **3**:154-
   55; **8**:168; **18**:114, 120, 131; **26**:168, 171,
   178, 228; **86**:186-267
"The Tale of Two Ivans" (Gogol)
      See "The Tale of How Ivan Ivanovich
      Quarrelled with Ivan Nikiforovich"
"The Talent for Silence" (Lewes) ....... **25**:290
*Talents and Admirers* (Ostrovsky)
      See *Talanty i poklonniki*
*Tales* (Cowper) ......................... **8**:103
*Tales* (Crabbe) . **26**:93, 102, 111, 114, 119, 128,
   130-31, 134-35, 138, 148, 150-51
*Tales* (Runeberg)
      See *Fänrik Ståls sägner*
*Tales* (Wilson) ...................... **5**:564, 567
"Tales and Essays for Children" (Sigourney)
........................................ **87**:321
"Tales and Historic Scenes" (Hemans) . **71**:261
*Tales and Historic Scenes in Verse* (Hemans)
   . **29**:192, 202; **71**:274-76, 289, 291, 293-95
*Tales and Sketches* (Norton) ......... **47**:246, 248
*Tales and Sketches* (Sedgwick) ....... **19**:440
*Tales and Stories by Mary Wollstonecraft
      Shelley* (Shelley) ............. **14**:264; **59**:155
*Tales by Belkin* (Pushkin)
      See *Povesti Belkina*
*Tales by Edgar A. Poe* (Poe) ... **1**:495; **16**:293-
   94, 296
*Tales by the O'Hara Family* (Banim and
      Banim) ......................... **13**:116-32, 141
*Tales for the Pemberton Children* (Opie)
........................................ **65**:173
*Tales from Shakespeare, Designed for the Use
      of Young Persons* (Lamb) ... **10**:386, 402,
   406, 417, 420, 422, 439
*Tales in Verse* (Holcroft) .. **85**:199-200, 212-13
*Tales of a Traveller* (Irving) ..... **2**:369-71, 374,
   379, 381-82, 384, 387, 389-90; **19**:331-33,
   341, 344; **95**:280

*Tales of a Wayside Inn* (Longfellow)
   .. **2**:481, 484, 487-88, 492, 495-96; **45**:113-
   14, 119, 124, 128, 132, 137-38, 140, 144-
   45, 147, 149, 160, 162, 185, 187-88
*Tales of Ensign Stål* (Runeberg)
      See *Fänrik Ståls sägner*
*Tales of Fashionable Life* (Edgeworth)
   ..... **1**:257, 261, 267-68; **51**:75, 89, 93, 130,
   137, 140
*Tales of Ireland* (Carleton) ........... **3**:83, 88, 91
*The Tales of Ivan Belkin* (Pushkin)
      See *Povesti Belkina*
*Tales of My Landlord* (Scott) ...... **15**:259, 304,
   309-10, 321-22; **69**:299
*Tales of My Neighborhood* (Griffin) . **7**:215, 218
*Tales of Mystery and Imagination* (Poe)
........................................ **16**:309, 311
*Tales of Orris* (Ingelow) ............. **39**:263
*Tales of Real Life* (Opie) .................. **65**:171
*Tales of Spain and Italy* (Musset)
      See *Contes d'Espagne et d'Italie*
*Tales of the Court of Vienna* (Sacher-Masoch)
........................................ **31**:294
*Tales of the Folio Club* (Poe) ........... **55**:185
*Tales of the Grotesque and Arabesque* (Poe)
   . **1**:492-93, 520-21; **16**:291-92, 296; **55**:132;
   **94**:239
*Tales of the Hall* (Crabbe) .. **26**:100, 103, 108,
   115-16, 128-31, 134, 136, 142, 149
*Tales of the Heart* (Opie) .... **65**:164, 171, 174,
   179, 197-8
"Tales of the Inn Kitchen" (Irving) .... **19**:328
*Tales of the Juryroom* (Griffin) ....... **7**:204
*Tales of the Munster Festivals* (Griffin)
   ........ **7**:193, 197, 204, 207, 210-12, 216-17
"Tales of the Province House" (Hawthorne)
........................................ **2**:303
*Tales of the Queen of Navarre* (Scribe)
      See *Les contes de la reine de Navarre*
*Tales of the Russian Court* (Sacher-Masoch)
........................................ **31**:294
*Tales of the Wars of Montrose* (Hogg) .. **4**:279
*Tales of Wonder* (Lewis) ........ **11**:296-97, 302
"Taliessin" (Tennyson) ................. **30**:294
"Le talion" (Leconte de Lisle) ....... **29**:225-26
"Le Talion" (Sade) ...................... **47**:313
*Der Talisman* (Nestroy) . **42**:220-21, 223, 232,
   239, 242, 245-47, 249, 251-53, 264
*The Talisman* (Scott) . **15**:312; **69**:303-04, 313-
   14, 316, 319, 328, 332-34
"The Talking Lady" (Mitford) ........ **4**:401, 408
"The Talking Oak" (Holmes) ............. **14**:109
"Talking Oak" (Tennyson) ................. **30**:215
"Tall Ambrosia" (Thoreau) ................. **7**:384
"The Tall Woman" (Alarcon) ............... **1**:14
"Talleyrand" (Landor) ................. **14**:166
*Tamakatsuma* (Motoori) .................. **45**:277
*Tamakushige* (Motoori) ............. **45**:276-79
"Taman" (Lermontov) ..... **5**:290-91, 295, 297,
   300-02, 305-06
"Tamango" (Merimee) ....... **6**:354, 360, 365-6,
   369; **65**:56, 60, 66, 113
*Tamaris* (Sand) ...................... **57**:316
"Tamerlane" (Poe) .................. **1**:492, 527
*Tamarlane, and Other Poems, By a Bostonian*
   (Poe) ......................... **1**:514; **55**:207
"Tamerton Church-Tower" (Patmore) ... **9**:328-
   29
*Tamerton Church-Tower, and Other Poems*
   (Patmore) ......................... **9**:328, 348
"The Tampa Resolution" (Martí)
      See "Resoluciónes tomadas por le
      emigracion cubana de Tampa"
"Tampa Robins" (Lanier) . **6**:236, 238-39, 243,
   255
*The Tamworth Reading Room* (Newman)
........................................ **38**:324
"Tan solo dudas y terrores sieto" (Castro)
........................................ **78**:41
*Tancred; or, The New Crusade* (Disraeli)
   . **2**:140-41, 144-45, 147-48, 150-54; **39**:3-4,
   6, 16-17, 20, 23-4, 26-7, 29-31, 34-5, 39-

42, 44-5, 47, 50-1, 56, 64, 69, 75-7, 80; **79**:195, 212-15, 222, 232-33, 235, 239, 257-60, 263-64, 266-67, 269, 276

*Tändeleien und Erzählungen* (Claudius) .................... **75**:191-92

*The Tangled Skein* (Carroll) ............ **2**:107

*Tanglewood Tales for Girls and Boys: Being a Second Wonder-Book* (Hawthorne) ......... **2**:302, 306, 313; **17**:149-50; **23**:214;

"Tannhäuser" (Lazarus) .. **8**:412-14, 420, 425-26

*Tannhäuser* (Nestroy) ........................ **42**:225

*Tannhäuser* (Wagner) .... **9**:401, 403, 406, 414-16, 418-19, 421, 434, 437, 450, 452, 454-55, 462-63, 469, 473-74

"Tante Tandpine" (Andersen)
    See "Auntie Toothache"

"Tanto e tanto nos odiamos" (Castro) .... **78**:2

*Das Tanzlegendchen* (Keller) ................ **2**:416

*Tarare* (Da Ponte) ........................ **50**:83-4

"Taras Bulba" (Gogol) .. **5**:209, 218-20, 227, 230, 240, 242, 248-49, 251, 256; **31**:122

"Tarasova nic" (Shevchenko) .... **54**:360, 371-4

"La tarde azul" (Isaacs) ...................... **70**:304

"Tarr and Fether" (Poe)
    See "The System of Doctor Tarr and Professor Fether"

"The Tartars" (De Quincey) ................ **4**:75

"The Tartarus of Maids" (Melville) ...... **3**:354

"Tartuffe's Punishment" (Rimbaud)
    See "Le châtiment de Tartuff"

*The Tashkentsians* (Saltykov)
    See *Gospoda Tashkentsy*

*The Task* (Cowper) . **8**:96-97, 99, 102-06, 109-20, 122-23, 125, 127-29, 132-33, 138; **94**:46-51, 65, 76-7, 79, 84, 92-6, 98, 100-01, 119-120, 124, 126-30

"Tasso and His Sister" (Hemans) .. **71**:306-07

"Tasso to Leonora" (Thomson) .......... **18**:396

"'Tas-tis, tas-tis' na silenciosa noite" (Castro) ..................................... **78**:41

*The Tatler* (Hunt) ........................ **70**:288

*Tatsachen des Bewusstseins* (Fichte) ..... **62**:34

*Tattered Tom; or, The Story of a Street Arab* (Alger) . **8**:42, 45; **83**:129, 140, 145

"Der Taucher" (Schiller) .................... **39**:388

"Taurus in Lynchburg Market" (Harris) ................................... **23**:159, 163

"Taüschung" (Muller) . **73**:366, 383, 390, 392-93, 396-97

"Távolból" (Petofi) ........................ **21**:276

*Tchitchikoff's Journey; or Dead Souls* (Gogol) ..... **5**:210-11, 213-14, 218-20, 222-24, 226-27, 229-31, 234, 239-40, 243-44, 247-48, 250, 253-57; **15**:80, 88-9, 98-100, 105; **31**:72-148,

"De Te" (Gordon) .. **21**:155, 159-60, 164, 176, 183

"Le Te Deum du Ier Janvier" (Hugo) .. **3**:276

*Tea Table* (Coleridge) ........................ **90**:20

"Tea-Ballad" (Warren) .................... **13**:414

"Teapots and Quails" (Lear) ................ **3**:306

"The Tear of a Wife" (Parton) .......... **86**:350

"Tears" (Tyutchev) .................... **34**:387-88

"Tears" (Whitman) .... **4**:567, 571, 580; **31**:431

*Tears* (Desbordes-Valmore)
    See *Les Pleurs*

"Tears and Roses" (Muller) ................ **73**:352

"Tears, Idle Tears" (Tennyson) .... **30**:246, 248, 279, 283

*Teatral'nyi raz'ezd posle predstavleniia novoi komedii* (Gogol) .. **15**:83-4, 98, 106, 108, 110

"Tece voda v synje more" (Shevchenko) ..................................... **54**:372

"Technical Education" (Huxley) ........ **67**:55-6

*Teckningar utur hvardagslifvet* (Bremer) ..................................... **11**:33, 35

*Tecumseh; or, The Warrior of the West: A Poem of Four Cantos with Notes* (Richardson) .. **55**:293, 302, 311-3, 317, 329-32, 335, 343

"Tegnér's Drapa" (Longfellow) .. **45**:132, 155, 190

*Tékéli; ou, Le siège de Montgatz* (Pixerecourt) ................... **39**:274, 277, 279, 283-84, 287

*Telemachus* (Planche) .......... **42**:273, 278, 286, 298-99

"Telka" (Field) ........................ **3**:210

"Tell All the Truth but Tell It Slant" (Dickinson) .................... **21**:75; **77**:160

*Tell Truth and Shame the Devil* (Dunlap) ..................................... **2**:214, 217

"Telling the Bees" (Whittier) . **8**:493, 506, 509-10, 513, 517, 519-21, 531; **59**:356, 358, 360, 369, 371, 373-4

"The Tell-Tale Heart" (Poe) ..... **1**:500; **16**:295, 301, 303, 309-10, 315-16, 319, 328-29, 331-32, 336; **55**:172, 202; **78**:256-63, 265-70, 272-75, 277-86, 289-90, 294, 296-300; **97**:180

*Temper* (Morgan) ........................ **29**:390

*Temper, or, Domestic Scenes* (Opie) ..................................... **65**:169, 173-4, 179

"Temperance Address Delivered before the Springfield Washington Temperance Society" (Lincoln) ........................ **18**:278

"Temperance Movement" (De Quincey) . **4**:61

"The Tempest" (Browning) ................ **61**:35-7

"Un tempête sous un crâne" (Hugo) ..................................... **10**:354, 357, 366, 378

"Le temple" (Lamartine) .................... **11**:269

*The Temple of Independence* (Dunlap) . **2**:213

"The temple soared" (Fuller) ............ **50**:246

*The Temptation* (Krasinski) ................ **4**:306

*Temptation and Atonement* (Gore) ...... **65**:21

*The Temptation of Pescara* (Meyer)
    See *Die Versuchung des Pescara*

*The Temptation of St. Anthony* (Flaubert)
    See *La tentation de Saint Antoine*

"10 de octubre!" (Martí)
    See "October 10!"

*Ten Letters to Dr. Joseph Priestly, in Answer to His Letters to the Inhabitants of Northumberland* (Webster) ........ **30**:405

"Ten piedad de mi" (Isaacs) ........ **70**:310-11

*Ten Tales* (Maginn) ................ **8**:440, 442-43

"Ten Years Ago" (Clarke) ................ **19**:233

*Ten Years' Exile* (Staël-Holstein)
    See *Dix années d'exil*

*Ten Years from the Life of a Woman; or, Bad Advice* (Scribe)
    See *Dix ans de la vie d'une femme; ou, Les Mauvais Conseils*

*Ten Years of Exile* (Staël)
    See *Dix années d'exil*

"The Tenant" (Very) ........................ **9**:376

*The Tenant of Wildfell Hall* (Brontë) ...... **4**:38-43, 47-54, 56; **71**:73-4, 90, 104-05, 109-10, 112, 126, 134, 137, 141, 143-45, 147, 154-55, 157, 159, 164, 167, 169, 174, 179

*Tenants of Malory* (Le Fanu) . **9**:301, 302, 304, 311; **58**:271, 295, 303

*The Tender Recollections of Irene McGillicuddy* (Oliphant) ........ **47**:288

"Les Ténèbres" (Baudelaire) ................ **55**:10

"Ténèbres" (Gautier) ................ **1**:340, 350

*Une ténébreuse affaire* (Balzac) ............ **5**:74

"Tengerihántás" (Arany) .................... **34**:21

"Tennyson's Poems" (Mill) ................ **58**:368

"The Tent on the Beach" (Whittier) ..................................... **8**:509, 520; **59**:350

*The Tent on the Beach, and Other Poems* (Whittier) ................................ **8**:501

*Tentation* (Feuillet) .................... **45**:87-90

*La tentation de Saint Antoine* (Flaubert) .. **2**:220, 227, 229-31, 233-4, 236-9, 243-6, 255-6; **10**:125, 132, 155-6; **19**:278; **62**:69, 76, 79, 82, 90-2, 96, 98-9, 111; **66**:262, 269-72

"Teon i Eskhin" (Zhukovsky) ...... **35**:379, 398

"Teresa" (Isaacs) ........................ **70**:306

*Térésa* (Dumas) .......... **11**:42-43, 47, 67

"A természet vadvirága" (Petofi) ........ **21**:278

"Terminus" (Emerson) ............ **1**:279, 289, 296

*Ternove* (Gobineau) ........................ **17**:79

"Terpsichore" (Holmes) .................... **14**:101

"Terpsichore" (Herder) ........................ **8**:313

"The Terrace at Berne" (Arnold) . **6**:44; **29**:34; **89**:4, 7

*La terreur prussienne* (Dumas) .......... **71**:210

"A Terrible Disappointment" (Petofi)
    See "Irtóztató csalódás"

"The Terrible Doubt of Appearances" (Whitman) ................................ **4**:562

"A Terrible Night" (O'Brien) . **21**:236, 245-46, 252

*The Terrible Temptation* (Reade) .. **2**:541, 546, 549; **74**:243, 248-49, 255, 263-64, 284

"A Terrible Vengeance" (Gogol)
    See "Strašnaja mest"

"A Terribly Strange Bed" (Collins) ...... **93**:64

"Tessa's Surprise" (Alcott) .................... **6**:16

"Le testament" (Maupassant) ................ **1**:458

*Testament* (Shevchenko)
    See "Zapovit"

*Testament* (Comte) ........................ **54**:213

*A Testament* (Sacher-Masoch) ............ **31**:295

"Testament de Champavert" (Borel) . **41**:5-7

*Le Testament d'un blagueur* (Valles) .. **71**:357

"The Testament of Cathaeir Mor" (Mangan) ................................ **27**:297-98

*Testigo de bronce* (Zorrilla y Moral) .... **6**:523

"Tête de faune" (Rimbaud) .................... **4**:458

"La tête de Kenwarc'h" (Leconte de Lisle) ..................................... **29**:225

*La tête de mort; ou, Les ruines de Pompeïa* (Pixerecourt) .......... **39**:272, 278-79, 283, 289-90

"Tetemrehívás" (Arany) .................... **34**:21

*Les têtes du serail* (Hugo) ................ **3**:234

*Tetralogy* (Wagner) ........................ **9**:437

*Teutonic Mythology* (Grimm and Grimm)
    See *Deutsche Mythologie*

*Teverino* (Sand) .. **2**:589, 599; **42**:310, 320; **57**:315-6

*Textbook of Literature for Russian Youth* (Gogol) ................ **31**:95, 106, 125, 136

"Tezkomyslnot" (Macha) ................ **46**:202

*Thalaba the Destroyer* (Southey) .......... **8**:447-49, 451, 453, 461, 474, 476-77; **97**:260-61, 268, 275, 278-79, 281, 293-97, 307, 322, 332, 336

"Thamurīos Marching" (Browning) ..................................... **79**:106, 113, 115-16, 174

"Thanatopsis" (Bryant) ....... **6**:158-60, 163-65, 168-74, 176-79, 182-83, 187-90, 192; **46**:2-4, 8-9, 17, 19-23, 29, 34, 37, 41, 44, 49-51, 53

"Thanks in Old Age" (Whitman) ........ **31**:434

"Thar's More in the Man Than Thar Is in the Land" (Lanier) ........................ **6**:264

*That Boy of Norcott's* (Lever) ............ **23**:292

"That Enough Is as Good as a Feast" (Lamb) ..................................... **10**:428

"That Letter" (Bellamy) .................... **4**:30-31

"That Nature Is a Heraclitean Fire and of the Comfort of the Resurrection" (Hopkins) ....... **17**:190, 214, 244, 246, 250, 253, 256

"That Pig Won" (Maupassant) .............. **1**:460

"Thatchen O' the Rick" (Barnes) ........ **75**:257

*Theages oder Unterredungen von Schönheit und Liebe* (Wieland) ............ **17**:401, 419

*Theater'schichten* (Nestroy) ............ **42**:243

*Theatralische Sendung* (Goethe) .... **90**:102-04

*Théâtre choisi* (Pixerecourt) ... **39**:278, 280-83, 288

*Théâtre de Clara Gazul* (Merimee) .... **6**:350, 353-4, 356, 362; **65**:44, 49, 54-6, 63, 79-82, 85, 87, 90, 95

*Théâtre d'Eugène Scribe, dediéà ses collaborateurs* (Scribe) ............ **16**:381

*Théâtre mystère comédies et ballets* (Gautier) ..................................... **59**:35

*The Theatrical Recorder* (Holcroft) .... **85**:235

"Thébaide" (Gautier) ........................ **1**:350

"The Theban Sphinx" (De Quincey) . **87**:53, 57

"Their Height in Heaven Comforts Not" (Dickinson) .................................. **21**:38

"Theism" (Mill) ...................... **11**:358, 378-79

"Thekla at her Lover's Grave" (Hemans) .................................................... **71**:303

"Thekla's Answer" (Arnold) ............... **29**:35

"Themself Are All I Have" (Dickinson) . **21**:58

"Then She Bore Pale Desire" (Blake) . **13**:240

"Les thénardiers" (Hugo) ................... **10**:375

*Theodora Desanges* (Linton)
    See *The Second Youth of Theodora Desanges*

"Théodore de Banville" (Mallarme) ... **41**:281

"Theodric: A Domestic Tale" (Campbell)
    ....... **19**:175, 179, 181, 184, 190, 193, 197

*Theodric: A Domestic Tale, and Other Poems* (Campbell) ............................. **19**:175

*Theokritos, Bion, und Moschos* (Morike) .................................................... **10**:449

*The Theological Works of Thomas Paine* (Paine) .......................................... **62**:325

*Theology Explained and Defended in a Series of Sermons* (Dwight) ... **13**:265, 269, 272

"The Theology of the Seven Epistles of St. Ignatius" (Newman) ................... **38**:311

"Theon and Aeschines" (Zhukovsky)
    See "Teon i Eskhin"

"A Théophile Gautier" (Banville) ....... **9**:26, 28

"Théophile Gautier" (Baudelaire) ... **29**:70

*Théorie de l'unité universelle* (Fourier) .................................................... **51**:161

*Théorie des quatre mouvements* (Fourier) .......................... **51**:156, 161, 163, 171, 174

*Theorie und Geschichte der Red-Kunst und Dicht-Kunst* (Wieland) ......... **17**:417, 419

"Theories of Food" (Lewes) ............. **25**:287

*Theory of a True Poetical Language* (Chivers) .................................................... **49**:54

"Theory of Colours" (Goethe) .... **4**:209-10

"Theory of Greek Tragedy" (De Quincey) .................................................... **87**:74-5, 78

*Theory of Legislation* (Bentham) .... **38**:66, 68, 70

*Theory of Life* (Coleridge) ................... **9**:197

"A Theory of Poetry" (Timrod) .. **25**:365, 373, 378, 380

*The Theory of Science in its General Lines* (Fichte)
    See *Die Wissenschaftslehre in ihrem allgemeinen Umrisse*

"Theory of the Vertebrate Skull" (Huxley) .................................................... **67**:4

"Theosophy" (Novalis) ..................... **13**:404

"Therania" (Allingham) ..................... **25**:9, 18

"There" (Herzen)
    See "Elena"

"There" (Verlaine) ......................... **51**:371-72

"There Are Thousands" (Petofi)
    See "Ezrivel terem"

"There came a day at summer's full" (Dickinson) ..................... **77**:58, 156

"There Came a Wind Like a Bugle" (Dickinson) ................. **21**:81; **77**:97

"There Goes, There Drones the Green Noise, the Noise of Spring" (Nekrasov) . **11**:411

"There Had Been Wars" (Shevchenko)
    See "Buvaly voiny"

"There Is a Fountain" (Cowper) .......... **8**:127

*There is a Time to Plant* (Smolenskin)
    See *Et la-ta'at*

"There Is Another Loneliness" (Dickinson) .................................................... **21**:69

"There Is in the Light of Autumn Evenings" (Tyutchev) ................................. **34**:393

"There is melody in the sea waves" (Tyutchev)
    See "Pevuchest est v morskikh volnakh"

"There Is Mist on the Mountain" (Scott) .................................................... **15**:318

*There Is No Natural Religion* (Blake) .......................... **37**:55; **57**:53, 91

"There Should Have Been Roses" (Jacobsen) .................................. **34**:170-72

"There Stands in the Village of Subotiv" (Shevchenko)
    See "Stojit' v seli Subotovi"

"There Was a Boy" (Wordsworth) . **38**:405, 408

"There Was a Child Went Forth" (Whitman) .. **4**:584, 602; **31**:403-04, 425, 445; **81**:314, 358-59, 364, 368

*Therefore* (Mallarme)
    See *Igitur*

"There's a Certain Slant of Light" (Dickinson) .................................... **21**:42, 75

"There's a Good Time Coming" (Foster) .................................................... **26**:295

"There's Been a Death in the Opposite House" (Dickinson) ........................... **21**:43

"There's Dr. Clash" (Blake) ................. **37**:29

"Theresa" (Keller) ............................. **2**:412

*Thérèse Aubert* (Nodier) . **19**:376, 381, 384-85

"These Are the Nights that Beetles Love" (Dickinson) ................................. **21**:82

"These Carols" (Whitman) ............... **4**:602

"These I Singing in Spring" (Whitman) .................................................... **31**:387

"These Prairies Glow with Flowers" (Bryant) .................................................... **6**:165

*Theseus and Ariadne* (Planche) ...... **42**:287

*Thessalonica* (Brown) ............ **74**:15, 49, 82-3

"Thestylis" (Leconte de Lisle) ......... **29**:219

"They Put Us Far Apart" (Dickinson) .. **21**:38

"They Taught Me, and It Was a Fearful Creed" (Bryant) ............................. **46**:21

"Thick-Headed Thoughts" (Gordon) ... **21**:168

"Thick-Sprinkled Bunting" (Whitman) .................................................... **81**:318

"The Thief" (Nekrasov) ..................... **11**:407

*Things As They Are; or, The Adventures of Caleb Williams* (Godwin) .... **14**:36, 40-5, 47-53, 55-9, 61-2, 68-85, 87, 92-3

"Things Necessary to the Life of a Woman" (Warren) ......................... **13**:412, 415

*Things Seen* (Hugo)
    See *Choses vues*

"Thinking Proletariat" (Pisarev) ......... **25**:339

*Thiodolf, the Islander* (Fouque) ..... **2**:266, 268

"The Third Day" (Longfellow) ........... **45**:138

"The Third Epistle" (Eminescu)
    See "Scrisoarea a treia"

"Third Letter to Marcie" (Sand) ......... **42**:358

"The Third of February, 1852" (Tennyson) .................................................... **30**:294

"The Third Part of Christabel" (Maginn) .................................................... **8**:438

"Third Sunday in Advent" (Keble) ..... **87**:177

"Third Sunday in Lent" (Keble) ......... **87**:157

*The Thirteen* (Balzac)
    See *Histoire des treize*

*1356* (Dickinson) .................................. **77**:89

*1347* (Dickinson) .................................. **77**:94

*1377* (Dickinson) .................................. **77**:153

*1364* (Dickinson) .................................. **77**:123

*1339* (Dickinson) .................................. **77**:96

*1331* (Dickinson) .................................. **77**:77

"The Thirty Flasks" (Mangan) ..... **27**:291, 302

*Thirty Poems* (Bryant) ......................... **6**:165

*Thirty Years of Paris and of My Literary Life* (Daudet)
    See *Trente ans de Paris*

*This Book Belongs to the King* (Arnim)
    See *Dies Buch Gehört dem König*

"This City and This Country" (Blake) .. **37**:29

"This Compost" (Whitman) ............... **81**:258

"This Compost" (Whitman) . **31**:368, 370, 402, 404, 408

"This Frog He Would Awooing Ride" (Blake) .................................................... **37**:29

"This Life" (Arany)
    See "Ez az élet"

"This Lime-Tree Bower My Prison" (Coleridge) ................................. **54**:71

*This Must Be Said, So Let It Be Said* (Kierkegaard) ........................... **34**:238

"This twilight seems a veil of gause and mist" (Clare) ............................. **86**:120, 129

*Thomas à Becket* (Darley) ...... **2**:128, 130

*Thomas Carlyle* (Froude) .... **43**:181, 189, 197-98, 215-221

"Thomas Davis: An Elegy" (Ferguson) .................................................... **33**:288

"Thomson and Cowper" (Hazlitt) ....... **29**:166

"Thora's Song" (Gordon) ................... **21**:173

"Thoreau" (Lowell) ......... **90**:202, 206, 220-21

"The Thorn" (Wordsworth) .... **12**:386-87, 403, 430, 445

"Thorns for the Rose" (Parton) .......... **86**:347

"The Thorns in the Geate" (Barnes) ..... **75**:73

"The Thorny Path of Honor" (Andersen) .......................... **7**:21; **79**:84, 89

"Those Who Have Perished and Those Who Are Perishing" (Pisarev)
    See "Pogibšie i pogibajuščie"

"Thou Art Indeed Just, Lord" (Hopkins) .................................................... **17**:225

"Thou Art the Eyes by Which I See" (Very) .................................................... **9**:384

"Thou Mother with Thy Equal Brood" (Whitman) ................. **4**:586; **31**:390

"Thou Orb Aloft Full-Dazzling" (Whitman) .................................................... **31**:391

"Thou Shalt Hear the Judgement of the Fool" (Turgenev) ............................. **37**:385

*Thou Shalt Not Lie* (Grillparzer)
    See *Weh dem, der lügt!*

"Thought" (Allston) ......................... **2**:26

"Thought" (Lermontov) ..................... **47**:166

"Thought May Well Be Ever Ranging" (Clough) ............................. **27**:105

"A Thought of Columbus" (Whitman)
    See "A Prayer of Columbus"

"The Thought of Death" (Symonds) ... **34**:323

"A Thought on Thoughts" (Browning) . **61**:22

"The thoughtful dragon" (Lonnrot) ..... **53**:339

"The Thoughtful Ones" (Almqvist)
    See "De fundersamme"

"Thoughts" (Amiel)
    See "Pensées"

"Thoughts" (Arany)
    See "Gondolatok"

"Thoughts" (Whitman) ..................... **31**:433

*Thoughts* (Joubert)
    See *Pensées, essais, maxmimes, et correspondance de Joseph Joubert*

"Thoughts and Doings" (Huxley) ......... **67**:49

"Thoughts and Fancies" (Coleridge) . **90**:26-7

"Thoughts at the Funeral of a Respected Friend" (Sigourney) ................... **21**:309

"Thoughts at the Grave of Sir Walter Scott" (Sigourney) ............................. **21**:301

"Thoughts for Mourners" (Sigourney) ... **87**:337

*Thoughts in verse on Christian children; their ways and their privileges* (Keble)
    See *Lyra Innocentium: Thoughts in Verse on Christian Children, Their Ways, and Their Privileges*

*Thoughts of a Recluse* (Wright) .......... **74**:362

"Thoughts on a Tomb" (Zhukovsky) .................................. **35**:377, 402-03, 405

*Thoughts on Art, Philosophy, and Religion* (Dobell) ............................. **43**:60

"Thoughts on Beauty and Art" (Barnes) .................................. **75**:28, 55, 65-6

*Thoughts on English Prosody* (Jefferson) .................................................... **11**:190

*Thoughts on Man: His Nature, Productions, and Discoveries* (Godwin) . **14**:50, 62, 66

"Thoughts on Myth, Epic, and History" (Grimm and Grimm) ............. **3**:219

*Thoughts on Purity of Election* (Milnes) .................................................... **61**:138

"Thoughts on Reading" (Whitman) .... **81**:239

"Thoughts on Sunday Morning" (Fuller) .................................................... **5**:170

*Thoughts on the Importance of the Manners of the Great to General Society* (More) .................... **27**:332-33, 337

"Thoughts on the Soul" (Dana) ... **53**:158, 175

"Thoughts Suggested at the Bazaar at Kingston House" (Barnes) ........................... **75**:42

"Thousand-and-Second Tale of Scheherazade" (Poe) ........................... **94**:240

*Thraliana: The Diary of Mrs. Hester Lynch Thrale (Later Mrs. Piozzi), 1776-1809* (Piozzi) . **57**:236, 240, 251-3, 257-9, 261, 263, 265-70, 284, 287-91, 293, 297, 299, 304

"Thränenregen" (Muller) . **73**:364, 370-72, 375

"Thrawn Janet" (Stevenson) . **5**:403, 431, 434; **63**:228, 274

*3* (Dickinson) ........................... **77**:120

"The Three" (Wergeland) ........................... **5**:537

"The Three Bears" (Southey)
    See "The Story of the Three Bears"

*The Three Clerks* (Trollope) . **6**:453, 463, 465, 470-71, 492, 499-500, 511-12, 514

*The Three Cousins* (Trollope) ............. **30**:330

*Three Cutters* (Marryat) ................. **3**:317, 320

"The Three Enemies" (Rossetti) . **2**:562-3, 576; **50**:272; **66**:305

"The Three Eras of Libbie Marsh" (Gaskell)
    See "Libbie Marsh's Three Eras"

*Three Essays on Picturesque Beauty* (Gilpin) ........................... **30**:41-3

*Three Essays on Religion* (Mill)
    See *Nature, the Utility of Religion, and Theism*

"The Three Fishers" (Kingsley) .. **35**:218, 226, 232

"The Three Flowers" (Allingham) .......... **25**:8

"The Three Friends" (Gordon) .... **21**:149, 151, 155, 161, 163

"The Three Friends" (Lamb) ............. **10**:389

"Three Friends of Mine" (Longfellow) ........................... **2**:492; **45**:132

"Three Gipsies" (Lenau) ................ **16**:264

"Three Graces of Christian Science" (Martineau) ........................... **26**:349

"Three Graves" (Coleridge) ............ **9**:148

"The Three Guides" (Brontë) ............... **4**:45

"The Three Half Crowns" (Mangan) .. **27**:303

*311* (Dickinson) ........................... **77**:93

*315* (Dickinson) ............. **77**:76, 114, 180, 184

*352* (Dickinson) ........................... **77**:119

*349* (Dickinson) ........................... **77**:64

*391* (Dickinson) ................. **77**:173, 184

*392* (Dickinson) ........................... **77**:84

*374* (Dickinson) ........................... **77**:66

*376* (Dickinson) ........................... **77**:80

*306* (Dickinson) ........................... **77**:51

*365* (Dickinson) ........................... **77**:67

*366* (Dickinson) ........................... **77**:65

*313* (Dickinson) ........................... **77**:84

*338* (Dickinson) ........................... **77**:77

*334* (Dickinson) ............... **77**:108, 146

*339* (Dickinson) ............... **77**:148, 173

*336* (Dickinson) ............... **77**:64, 147

*303* (Dickinson) ................. **77**:51, 66

*326* (Dickinson) ........................... **77**:130

*322* (Dickinson) ........................... **77**:63

*302* (Dickinson) ........................... **77**:84

"The Three Hundredth Anniversary of the University of Jena" (Taylor) ....... **89**:308

"The Three Hypotheses Respecting the History of Nature" (Huxley) ................... **67**:27

"The Three Kings" (Longfellow) . **45**:128, 139

"The Three Ladies of Sorrow" (De Quincey) ........................... **4**:77-78

"Three Lectures to Swiss Members of the International" (Bakunin) ............. **58**:132

*Three Märchen of E. T. A. Hoffman* (Hoffmann) ........................... **2**:345

*The Three Maupins; or, The Eve of the Regency* (Scribe)
    See *Les Trois Maupin; ou, La Veille de la Régence*

"Three Meetings" (Turgenev) ...... **21**:388, 399, 407, 418, 431, 451

*Three Mile Cross* (Mitford) .................... **4**:404

"The Three Musicians" (Beardsley) . **6**:145-46

*Three Musketeers* (Dumas)
    See *Les trois mousquetaires*

*The Three Musketeers; or, The Feats and Fortunes of a Gascon Adventurer* (Dumas)
    See *Les trois mousquetaires*

"Three Nuns" (Rossetti) .... **2**:566; **50**:284, 322

"The Three Offices of Christ" (Newman) ........................... **38**:305

*Three Oranges* (Gozzi)
    See *L'amore delle tre melarance*

"Three Palm-Trees" (Lermontov)
    See "Tri palmy"

"The Three Peasants" (Krylov) ............. **1**:435

*The Three Perils of Man; or, War, Women, and Witchcraft* (Hogg) .................... **4**:285-86

*The Three Perils of Woman; or, Love, Learning, and Jealousy* (Hogg) .... **4**:277

*Three Plays* (Barlach) ........................... **84**:105

*Three Poems* (Slowacki)
    See *Trzy poemata*

"Three Portraits" (Turgenev) ....... **21**:377, 414, 417-18

*The Three Righteous Combmakers* (Keller)
    See *Die drei gerechten Kammacher*

"The Three Sisters" (Austen) ............ **11**:72

"Three Stages" (Rossetti) . **2**:572; **50**:284, 291; **66**:307, 311

"Three Sundays in a Week" (Poe) . **16**:323, 325

"The Three Suns of Budrys" (Mickiewicz) ........................... **3**:398

*Three Tales* (Flaubert)
    See *Trois contes: Un coeur simple; La légende de Saint-Julien l'hospitalier; Hérodias*

"The Three Tasks" (Carleton) .......... **3**:89, 92

"Three Thoughts" (Ferguson) ............. **33**:290

*Three Thoughts of Henryk Ligenza* (Krasinski)
    See *Trzy myśli pozostale po ś.p. Henryku Ligenzie*

"Three Visions Occasioned by the Birth and Christening of His Royal Highness" (Hunt) ........................... **70**:260

"The Three Voices" (Carroll) ................ **2**:111

"Three Warnings to John Bull before He Dies. By an Old Acquaintance of the Public" (Piozzi) ........................... **57**:240, 298, 304

"The Three Witnesses" (Patmore) ........... **9**:335

*Three Years in Europe; or, Places I Have Seen and People I Have Met* (Brown) .. **2**:46-50, 52-3, 55; **89**:143, 163-64, 166-68, 181

*The Three-Cornered Hat* (Alarcon)
    See *El sombrero de tres picos*

"Three-Fingered Jack, l'Obi" (Borel) . **41**:4, 6, 13

"The Threefold Destiny" (Hawthorne) . **2**:303

"Threnody" (Chivers) ........................... **49**:50

"Threnody" (Emerson) ...... **1**:285, 296; **38**:150

"Threshold" (Turgenev) .................. **21**:455

"The Thrill Came Slowly Like a Boon For" (Dickinson) ........................... **21**:58

"Through a Glass Darkly" (Clough) ..... **27**:63

"Through Baltimore" (Taylor) ............. **89**:311

"Through Death to Love" (Rossetti) ..... **4**:517

*Through the Looking-Glass and What Alice Found There* (Carroll) .... **2**:107-8, 111-5, 117-20; **53**:37-115

"Through Those Old Grounds of Memory" (Dickinson) ........................... **21**:77

*A Throw of the Dice Never Will Abolish Chance* (Mallarme)
    See *Un coup de dés jamais n'abolira le hasard*

*A Throw of the Dice Will Never Abolish Chance* (Mallarme)
    See *Un coup de dés jamais n'abolira le hasard*

"Thumbelina" (Andersen) . **7**:28-29; **79**:23, 31, 50, 58, 70-71, 76, 81

"Thumbling" (Andersen)
    See "Poor Thumbling"

"Thunder Storm" (Clare) ......... **86**:112, 120-21

"The Thunder Storm" (Hale) ............... **75**:286

"A Thunderstorm" (Lampman) ........... **25**:210

*The Thunderstorm* (Ostrovsky)
    See *Groza*

"Thursday" (Thoreau) ........................... **7**:400

"Thursday Before Easter" (Keble) ...... **87**:201

"Thus for Entire Days" (Foscolo)
    See "Cosi gl'interi giorni"

"Thy Beauty Fades" (Very) ................... **9**:381

"Thy Brother's Blood" (Very) . **9**:377, 387

*Thyestes* (Foscolo) ........................... **97**:73

"Thyoné" (Leconte de Lisle) ........ **29**:239, 245

"Thyrsis" (Arnold) . **6**:37, 42, 50-51, 72; **29**:38; **89**:21, 49

"Tibby Hyslop's Dream" (Hogg) .......... **4**:283

"Tiber, Nile, and Thames" (Rossetti) .. **77**:296

*Tiberius* (Adams) ........................... **33**:5-8

"Tiberius and Vipsania" (Landor) ....... **14**:176

"The Tide Rises, The Tide Falls" (Longfellow) ........................... **2**:492; **45**:186-87

"The Tide River" (Kingsley) ............ **35**:226

"La tierra de Córdoba" (Isaacs) ..... **70**:312-13

"La tierra madre" (Isaacs) ................... **70**:313

*Tieste* (Foscolo) ........................... **8**:262; **97**:48

"The Tiger" (Blake)
    See "The Tyger"

*Tiger and Hyena* (Petofi)
    See *Tigris és hiéna*

*Tiger-Lilies* (Lanier) ...... **6**:231, 232, 245, 248, 251, 264, 266-67, 273, 277

"Tight Boots" (Shaw) ........................... **15**:335

*Tigris és hiéna* (Petofi) ........................... **21**:284

"Til en gran" (Wergeland) .................... **5**:540

"The Tillers" (Lamartine)
    See "Les laboureurs"

"Timbuctoo" (Tennyson) ...... **30**:283; **65**:258-9, 271, 274

*Time* (Engels) ........................... **85**:6

*Time Flies* (Rossetti) ...... **66**:305-6, 331, 341-2

"The Time of the Barmecides" (Mangan) ........................... **27**:278, 285-86, 292, 296, 298

"A Time of Unexampled Prosperity" (Irving) ........................... **95**:256

"Time, Real and Imaginary" (Coleridge) ........................... **9**:149

*A Time to Plant, and a Time to Pluck up That Which is Planted* (Smolenskin)
    See *Et la-ta'at*

*Time Works Wonders* (Jerrold) ...... **2**:395, 397, 401-06

"The Time-Piece" (Cowper) ..... **8**:110-11, 115, 128-29; **94**:27, 30, 120

"The Times" (Barnes) .... **75**:23, 43-4, 96, 101, 105, 108-09

"Times o' Year" (Barnes) ........... **75**:20, 26, 68

"Time's Revenges" (Browning) ... **79**:94, 102

*Timoleon* (Melville) .. **3**:351, 363, 379; **91**:184

*Timothy Crump's Ward* (Alger) ... **8**:41; **83**:96, 142, 146

*Timour the Tartar* (Lewis) ................ **11**:306

*The Tin Box* (Alger) ................. **8**:43-44; **83**:92

"The Tin Soldier" (Andersen) ...... **7**:28; **79**:21, 23, 33

"The Tinder-Box" (Andersen) .... **7**:21, 26, 34; **79**:23, 49-50, 52, 58-59, 64-65, 68, 76, 80-81

"The Tint I Cannot Take—Is Best" (Dickinson) ........................... **21**:83

"A tintásüveg" (Petofi) ........................... **21**:283

"Tintern Abbey" (Wordsworth)
    See "Lines Composed a Few Miles Above Tintern Abbey"

"The Tippler and His Horse" (Muller) . **73**:353

"The Tippler to His Bottle" (Horton) ... **87**:89

"Tired Memory" (Patmore) ............ **9**:349, 358

"Tiresias" (Tennyson) ...... **30**:235, 280, 293

*Tiriel* (Blake) ... **13**:183, 218-21; **37**:14, 20, 22

*Tirocinium; or, Review of Schools* (Cowper) ........................ **8**:98; **94**:8-9, 14-16, 19-21

"'Tis April and the morning, love" (Clare) ........................ **86**:87

"'Tis Finished" (Very) ................. **9**:387

"'Tis Opposites Entice" (Dickinson) ...... **21**:69

"'Tis so appalling-it exhilirates sic" (Dickinson) ................. **77**:75-76

"'Tis the Last Glass of Claret" (Maginn) . **8**:441

"'Tis the Last Rose of Summer" (Moore) ................................ **6**:397

"The Tisza" (Petofi) .................. **21**:285

*Titan* (Jean Paul) .. **7**:226, 232-33, 236, 238-40

*The Tithe Proctor: Being a Tale of the Tithe Rebellion in Ireland* (Carleton) ...... **3**:85-86, 90

"Tithonus" (Tennyson) ... **30**:220, 239, 279-80, 283; **65**:358-9

"Titmouse" (Emerson) ...... **1**:284, 296; **38**:186

*Tiw: or, a View on the Roots and Stems of the English as a Teutonic Tongue* (Barnes) ........................ **75**:26-7, 40, 65

"Ætna" (Cowper) ............. **94**:117

"To" (Halleck) ................. **47**:57

"To——" (Keats) ................. **73**:154

"To—" (Lanier) ................. **6**:237

"To ———" (Pinkney) ............. **31**:276

"To— — —" (Poe) ................. **55**:214

"To—" (Smith) ................. **59**:320

"To a Bavarian Girl" (Taylor) ........... **89**:298

"To a Caty-Did" (Freneau) ........... **1**:317, 322

"To a Certain Civilian" (Whitman) ................. **31**:360; **81**:314

"To a Child" (Longfellow) .. **2**:493; **45**:155

"To a China Tree" (Chivers) .............. **49**:48

"To a Cloud" (Bryant) ............. **6**:161

"To a Common Prostitute" (Whitman) ................. **31**:403, 428, 432

"To a Comrade" (Corbiere) ........... **43**:14

"To a Dead Woman" (Meyer)
    See "Einer Toten"

"To a False Friend" (Hood) ........... **16**:216

*To a Former Goethe Disciple* (Heine)
    See *An einen ehemaligen Goetheaner*

"To a Fragment of Cotton" (Sigourney) ................. **87**:346-48

"To a Friend" (Arnold) ............. **6**:44; **29**:35

"To a Friend" (Keats) .......... **73**:147, 231-32

"To a Friend" (Novalis) ........... **13**:364

"To a Fringed Gentian" (Bryant) .. **6**:169, 172, 193; **46**:7-9

"To A. G. A." (Brontë) ............. **16**:122

"To a Gipsy Child by the Sea-shore" (Arnold) ................. **29**:4, 35; **89**:95

"To a Highland Girl" (Wordsworth) .. **12**:434

"To a Honey Bee" (Freneau) ........... **1**:315

"To a Katydid" (Holmes) ............. **14**:100

"To a Lofty Beauty Edith Southey, from her Poor Kinsman" (Coleridge) ....... **90**:6, 26

"To a Magnate" (Pushkin) ............. **3**:443

"To a Maniac" (Opie) ............. **65**:160

"To a Millionaire" (Lampman) ...... **25**:194

"To a Mocking Bird Singing in a Tree" (Ridge) ................. **82**:184

"To a Moralist" (Schiller) ............. **39**:339

"To a Mosquito" (Bryant) ..... **6**:161, 167; **46**:7

"To a Mountain" (Kendall) . **12**:185, 187, 189-90, 198, 200

"To a Nun" (Solomos) ............. **15**:393

"To a Passing Woman" (Baudelaire)
    See "A une passante"

"To a Persian Boy" (Taylor) ............. **89**:357

"To a Polish Mother" (Mickiewicz) ...... **3**:398

"To a Republican Friend" (Arnold) ...... **29**:34

"To a Rosebud in Humble Life" (Clare) . **9**:74

"To a Russian Landowner" (Gogol) ... **31**:138

"To a Shred of Linen" (Sigourney) ................. **21**:299, 301, 310; **87**:346-48

"To a Skylark" (Shelley) ..... **18**:319, 329, 336, 355, 361-62

"To a Southern Statesman" (Whittier) .. **8**:519

"To a Star Seen at Twilight" (Ridge) .. **82**:184

"To a Stream" (Darley) ........................ **2**:133

"To a Waterfowl" (Bryant) ...... **6**:158, 162-63, 168-70, 172-74, 177, 183-84, 190, 192; **46**:3, 6, 23, 32, 41, 43-4, 47, 53-4

"To a Western Boy" (Whitman) ............ **4**:575

"To a Winter Scene" (Clare) ............. **86**:110

"To a Young Ass" (Coleridge) ............. **54**:71

"To a Young Gentleman Residing in France" (Warren) ................. **13**:413

"To a Young Lady on Showing an Excellent Piece of Painting, Much Faded" (Warren) ................. **13**:413

"To a Young Lady Who Requested the Author to Draw Her Character" (Trumbull) ................. **30**:345, 349

"To——, After Reading a Life and Letters" (Tennyson) ................. **65**:381

"To All" (Very) ................. **9**:383

"To Allegra Florence in Heaven" (Chivers) ................. **49**:38, 40, 51, 56

"To Allegra in Heaven" (Chivers)
    See "To Allegra Florence in Heaven"

"To Amine" (Mangan) ................. **27**:278

"To an Aeolian Harp" (Morike) ... **10**:446

"To an April Daisy" (Clare) ................. **9**:74

"To an Insect" (Holmes) ................. **14**:128

"To an Insignificant Flower" (Clare) .... **9**:123

"To an Ultra-Protestant" (Lampman) .. **25**:194

"To an Unknown Friend" (Nekrasov) . **11**:418

"To Anna" (Opie) ................. **65**:160

"To Anna" (Rowson) ................. **69**:128

"To Anne" (Rowson) ................. **69**:120

"To Autumn" (Keats)
    See "Ode to Autumn"

"To Autumn Robin" (Clare) ................. **9**:80

"To Bayard Taylor" (Lanier) ................. **6**:248

"To Be or Not to Be" (Blake) ............. **37**:29

"To Blazes!" (Petofi)
    See "Lánggal égo"

"To Brighton" (Jefferies) ............. **47**:134-35

"To Brown Dwarf of Rügen" (Whittier) . **8**:529

*To Buonaparte, the Liberator* (Foscolo) . **97**:49

"To Byron" (Keats) ................. **73**:145, 148

"To Cecilia" (Chivers) ................. **49**:71

"To Charles Cowden Clarke" (Keats) ................. **73**:318, 331

"To Chaucer" (Lampman) ... **25**:172, 184, 193, 217

"To Cole, the Painter, Departing For Europe" (Bryant) ................. **46**:55

"To Constantia Singing" (Shelley) ................. **18**:344, 370

"To Count Razumsky" (Pushkin) ........ **83**:272

"To Damascus" (Kendall) ... **12**:181, 192

"To Death" (Shelley) ................. **18**:342

"To Die Takes Just a Little While" (Dickinson) ................. **21**:42; **77**:163

"To E" (Levy) ...... **59**:94, 102, 120

"To E. FitzGerald" (Tennyson) ........... **30**:280

"To Ebert" (Klopstock)
    See "An Ebert"

"To Edward Williams" (Shelley) ........ **18**:369

"To Eliza" (Horton) ................. **87**:110

"To Elizabeth Linley" (Sheridan) . **91**:232

"To Ellen" (Emerson) ................. **38**:189

"To Emir Abdel-Kader" (Norwid) .. **17**:368

"To England" (Adams) ................. **33**:4

"To Ennui" (Halleck) ................. **47**:76

"To Evening" (Foscolo)
    See "Alla sera"

*To Every Sage His Share of Folly* (Ostrovsky)
    See *Na vsyakogo mudretsa dovolno prostoty*

"To F. W. N." (Newman) ................. **38**:343

"To Fancy" (Keats) ................. **8**:355

"To Fanny" (Keats) ................. **8**:362; **73**:154

"To Fausta" (Arnold) ................. **29**:35

"To Fidelio, Long Absent on the Great Public Cause, Which Agitated All America in 1776" (Warren) ................. **13**:413

"To Fight Aloud Is Very Brave" (Dickinson) ................. **21**:37, 56

"To Florence" (Foscolo) ................. **8**:278

"To Foreign Lands" (Whitman) ...... **31**:426

"To Gentlemen: A Call to Be a Husband" (Parton) ................. **86**:362

"To George Cruikshank..." (Arnold) ...... **29**:4

"To George Eliot" (Woolson) ........... **82**:311

"To George Sand: A Recognition" (Browning) ................. **61**:5

"To (Georgiana)" (Pinkney) ............. **31**:280

"To Get the Final Lilt of Songs" (Whitman) ................. **31**:434

"To Gogol" (Shevchenko)
    See "To Hohol"

"To Governor Johnstone, one of the British Commissioners, on his late letters and offers to bribe certain eminent characters in America, and threatening afterwards to appeal to the public" (Paine) ...... **62**:321

"To Hampstead" (Hunt) .. **70**:291, 293-94, 297

"To Harriet" (Shelley) ................. **18**:358

"To hear an Oriole sing" (Dickinson) . **77**:110

"To Helen" (Poe) ... **1**:492, 528; **16**:330

"To Henrique. Pray and Hope!" (Isaacs)
    See "A Henrique. Ora y espera!"

"To Henry" (Opie) ................. **65**:160

"To Henry George in America" (Adams) ................. **33**:25

"To Him that Was Crucified" (Whitman) ................. **31**:372

"To His Distant Lady" (Foscolo)
    See "Alla sua donna lontana"

"To His Friend on Her Recovery" (Foscolo)
    See "All' amica risanata"

"To His Watch" (Hopkins) ................. **17**:235

"To Hohol" (Shevchenko) ................. **54**:380

"To Homer" (Keats) ................. **73**:194

"To Honoria, on Her Journey to Dover" (Warren) ................. **13**:413

"To Hope" (Hood) ................. **16**:234

"To Hope" (Keats) ................. **73**:311, 334

"To Ianthe: With Petrarca's Sonnets" (Landor) ................. **14**:199

"To Iurev" (Pushkin) ................. **83**:308

"To J. W." (Emerson) ................. **1**:296

"To Jane: The Invitation" (Shelley) .... **18**:357-58, 362, 369, 371-73; **93**:309

"To Jane: The Keen Stars Were Twinkling" (Shelley) ................. **18**:369-70; **93**:309

"To Jane: The Recollection" (Shelley) . **18**:357-58, 362, 369, 371-73; **93**:309

"To Jarifa in an Orgy" (Espronceda)
    See "A Jarifa en una orgía"

"To Joachim Lelewel" (Mickiewicz) .... **3**:398

"To John Ruskin" (Adams) ................. **33**:25

"To Joseph Brenan" (Mangan) ........... **27**:301

*To Joy* (Schiller)
    See *Lied an die Freude*

"To Julia" (Barnes) ................. **75**:70

"To know just how He suffered-would be dear" (Dickinson) ................. **77**:162

"To Lallie" (Levy) ................. **59**:110

"To Laura" (Kendall) ................. **12**:183

"To Laura" (Sheridan) ................. **91**:232

*To Laura* (Foscolo) ................. **97**:48-9

"To Laura, and a Love Elegy to Laura" (Opie) ................. **65**:160

"To Laura, Melancholy" (Schiller) ... **39**:339

"To Leigh Hunt" (Keats) ................. **73**:312

"To Literary Aspirants" (Parton) ........ **86**:374

"To Lizzie" (Ridge) ................. **82**:180

"To Lorenzo" (Opie) ................. **65**:160

"To Lothario" (Opie) ................. **65**:160

"To Luigia Pallavicini, Thrown from Her Horse" (Foscolo)
    See "A Luigia Pallavicini caduto da cavello"

"To M. ł. on the Day of Taking Her Holy Communion" (Mickiewicz) ... **3**:399-400

"To Marguerite" (Arnold) ................. **89**:19

"To Marguerite—Continued" (Arnold) . **29**:34-5; **89**:16, 18-19, 48, 88, 95, 119

"To Marie with a Copy of the Translation of Faust" (Taylor) ............................. **89**:326

*To Marry or Not to Marry* (Inchbald) . **62**:144-6, 185

"To Mary" (Cowper) .......... **8**:116, 123; **94**:34

"To Meet So Enabled a Man" (Dickinson) ............................................. **21**:50

"To Mie Tirante" (Darley) .................... **2**:133

"To Mihril" (Mangan) ...................... **27**:290

"To Miss Macartney" (Cowper) .... **94**:23, 26

"To Miss R. B." (Fuller) ...................... **5**:169

"To Mr. ——" (Warren) ................... **13**:431

"To Mrs. King" (Cowper) ................... **94**:27

"To Muscovite Friends" (Mickiewicz)
  See "Do przyjaciól Moskali"

"To My Brother George" (Keats) ...... **73**:331

*To My Convalescent Friend* (Foscolo)
  See *Ode all'amica risanata*

"To My Daughter C." (Isaacs)
  See "A mi hija Clementina"

"To My Father" (Stevenson) ................ **5**:401

"To My Father on His Birthday" (Browning)
  ........................................ **61**:27, 30, 34

"To My Fellow Countrymen" (Shevchenko)
  See "Poslaniie"

"To My Friend, the Poet" (Pushkin) ... **83**:271

"To My Friends" (Arnold) ................... **89**:20

"To My Friends" (Pushkin) ................ **83**:256

"To My Friends, on Sending Schiller's 'Ode to Joy'" (Tyutchev) ............. **34**:392, 395

"To my Friends, who ridiculed a tender Leave-taking" (Arnold) ................ **89**:20

"To My Mother" (Chivers)
  See "To My Mother in Heaven"

"To My Mother" (Hayne) ................... **94**:160

*To My Mother* (Castro)
  See *A mi madre*

*To My Mother* (Hayne) ............... **94**:134****

"To My Mother in Heaven" (Chivers)
  ................................................ **49**:50, 70

"To My Native Land" (Mangan) . **27**:296, 299

"To My Old Friend Peter Schlemihl" (Chamisso) ................................. **82**:9

"To My Old Readers" (Holmes) ......... **14**:128

"To My Old Schoolmaster" (Whittier)
  .................................... **59**:360, 371-3

"To My Sister" (Gordon) . **21**:154, 160-61, 173

"To My Sister" (Whittier) ........... **59**:371, 387

"To My Sister" (Wordsworth) .......... **12**:445

"To My Son" (Arany)
  See "Fiamnak"

"To N." (Tyutchev) .......................... **34**:389

"To N. V. Gogol, 3 July 1847" (Belinski)
  .................................... **5**:101, 110-11

"To Night" (Shelley) ........................ **18**:362

"To N.N." (Tyutchev) ...................... **34**:394

"To Old Roscoff" (Corbiere)
  See "Au vieux Roscoff"

"To One Afar" (Taylor) ..................... **89**:298

"To Osnovjanenko" (Shevchenko)
  See "Do Osnovjanenka"

"To Our Ladies of Death" (Thomson)
  ..... **18**:392, 397-98, 403, 409, 412-13, 418, 421, 424

"To R. B." (Hopkins) ........... **17**:225, 260, 262

"To Rhea" (Emerson) ................. **38**:169, 191

"To Sarah" (Fuller) .......................... **50**:247

"To Science" (Poe) ................ **55**:151; **78**:282

"To Seem the Stranger Lies My Lot" (Hopkins) ............... **17**:192, 261-62

"To Sir Robert Smyth: What is Love" (Paine)
  ................................................ **62**:324

"To Sleep" (Keats) ................. **73**:196-97

"To Some Ladies" (Keats) ................ **73**:311

"To Sylvia" (Levy) ............................. **59**:95

"To the Apennines" (Bryant) . **6**:164; **46**:47

"To the Apollo on my pin" (Fuller) .... **50**:246

"To the Body" (Patmore) ...... **9**:339, 354, 359, 363

"To the Canary Bird" (Very) ..... **9**:380, 390-91

*To the Citizens of the United States* (Paine)
  ................................................ **62**:271

"To the Coat of Arms of New Granada" (Isaacs)
  See "Al escudo de armas de Nueva Granada"

"To the Cricket" (Lampman) .............. **25**:208

"To the Daisy" (Wordsworth) ............ **12**:395

"To the Dandelion" (Lowell) ...... **90**:190, 215

"To the Dead and the Living" (Shevchenko)
  See "Poslaniie"

"To the Driving Cloud" (Longfellow) . **45**:168

"To the Duke of Wellington" (Arnold) . **29**:35

"To the Eternal Memory of Kotljarevs'kyj" (Shevchenko)
  See "Na vicnu pamjat' Kotljarevs' komu"

"To the Evening Star" (Blake) ............. **37**:40

"To the Evening Star" (Campbell) ...... **19**:188

"To the Evening Wind" (Bryant) .. **6**:159, 169, 176, 183

"To the Face seen in the Moon" (Fuller)
  ................................................ **50**:249-50

"To the Flowers of Heidelberg" (Rizal)
  See "A las flores de Heidelberg"

"To the Fossil Flower" (Very) ....... **9**:376, 380

"To The Fringed Gentian" (Bryant) ........ **46**:3

*To the Goddess Misfortune* (Foscolo) ... **97**:52

"To the Grasshopper and the Cricket" (Hunt)
  ................................................ **70**:263

"To the Great Metropolis" (Clough)
  .................................... **27**:103, 114

"To the Hesitating Purchaser" (Stevenson)
  ................................................ **63**:229

"To the Hon. J. Winthrop, Esq." (Warren)
  .................................... **13**:413, 431

"To the Hon Mrs Norton, the Poetess, on Meeting Her at Frampton House" (Barnes) ................................. **75**:85

"To the Humming Bird" (Very) ........... **9**:379

"To the Hungarian Youth" (Petofi)
  See "A magyar ifjakhoz"

"To the Immortal Memory of the Halibut on which I dined This Day" (Cowper)
  ................................................ **94**:122

"To the Infant Princess" (Hunt) .......... **70**:259

"To the Ingleeze Khafir Calling Himself Djaun Bool Djenkinzun" (Mangan)
  .................................... **27**:284, 311-13

"To the King" (Krasicki)
  See "Do króla"

"To the King of England" (Paine) . **62**:322, 324

"To the Ladies: A Call to Be a Wife" (Parton)
  ................................................ **86**:363

"To the Leaven's Soil They Trod" (Whitman)
  ................................................ **81**:313

"To the Memory of Bem, a Funeral Rhapsody" (Norwid)
  See "Bema pamięci żałobny rapsod"

*To the Memory of Canning* (Coleridge) . **90**:16

"To the Moon" (Zhukovsky)
  See "K mesyatsu"

"To the Muse" (Foscolo)
  See "Alla musa"

"To the Nation" (Petofi)
  See "A nemzethez"

"To the National Assembly" (Petofi)
  See "A nemzetgyüléshez"

"To the Nightingale" (Clare) ............... **9**:123

"To the Nightingale" (Cowper) ........... **8**:120

"To the Ottawa River" (Lampman)
  .................................... **25**:184, 210

"To the Past" (Bryant) ........................ **6**:162

"To the People" (Hugo) ...................... **3**:262

"To the Poet" (Pushkin) ............. **83**:249, 257

*To the Poet in Whittier* (Hayne) ........ **94**:144

"To the Poets Who Only Read and Listen" (Holmes) ................................. **14**:132

"To the Portrait of 'A Lady'" (Holmes) . **14**:99

"To the Prophetic Soul" (Lampman) ... **25**:216

"To the Pure All Things Are Pure" (Very)
  ................................................ **9**:385

"To the Queen" (Blake) ..................... **16**:182

"To the Queen" (Hunt) ...................... **70**:259

"To the Queen" (Tennyson) ... **30**:295; **65**:258, 265, 271, 350, 353, 373

"To the Rainbow" (Campbell) . **19**:181-82, 192, 198

"To the Reader" (Baudelaire)
  See "Au lecteur"

"To the Recording Angel" (Sheridan) . **91**:232

"To the Rescue" (Carroll) ..................... **2**:107

"To the Sayers of Words" (Whitman) . **81**:329

"To the Sea!" (Isaacs)
  See "Al mar!"

"To the Sea" (Pushkin)
  See "K moriu"

"To the Small Celandine" (Wordsworth)
  ................................................ **12**:395

"To the Snipe" (Clare) ...................... **86**:144

"To the Sons of Labor" (Adams) ......... **33**:25

"To the Spirit of Keats" (Lowell) ...... **2**:522

"To the Star" (Eminescu) ................... **33**:246

"To the States" (Whitman) ................ **31**:426

"To the Sultan's Accession" (Pushkin)
  ................................................ **83**:272

"To the Tsar once was it said" (Pushkin)
  ................................................ **83**:272

"To the Unknown Eros" (Patmore) . **9**:339, 359, 364

"To the Utilitarians" (Wordsworth) ..... **12**:446

"To the Warbling Vireo" (Lampman) . **25**:207

"To the Working-Classes of Great-Britain" (Engels) ................................. **85**:184

"To the Young Poets" (Hölderlin)
  See "An die jungen Dichter"

"To Think of Time" (Whitman) . **4**:600; **31**:419, 421, 424-25, 443; **81**:342, 361-62

"To Time" (Clare) ........................... **86**:160

"To Tirzah" (Blake) . **13**:202, 221, 243; **37**:44, 47, 49, 53, 57, 90-1

"To Torrismond" (Warren) ................ **13**:430

"To Turgenev, in Answer to His Letter" (Zhukovsky) ............................. **35**:402

"To Two Friends" (Tyutchev) ....... **34**:388, 395

"To Two Sisters" (Tyutchev) .............. **34**:394

"To V. and R." (Isaacs)
  See "A Virginia y Rufino"

*To Verdener* (Jacobsen) ........ **34**:158, 168, 172

"To Vernon Lee" (Levy) ..................... **59**:120

"To Virgil" (Tennyson) ..................... **30**:286

"To What Serves Mortal Beauty" (Hopkins)
  .................................... **17**:197, 243

"To Whom This May Come" (Bellamy)
  .................................... **4**:30; **86**:70, 75

"To Wilhelmina" (Lanier) .................... **6**:237

"To William Wordsworth Composed on the Night after His Recitation of a Poem on the Growth of the Individual Mind" (Coleridge) ............................. **54**:127

"To Winter" (Blake) ........................ **13**:219

"To Wordsworth" (Hemans) .............. **71**:288

"To Wordsworth" (Landor) ................ **14**:198

"To You" (Whitman) ........................ **31**:426

"To Zante" (Foscolo)
  See "A Zacinto"

"To Zante" (Foscolo)
  See "A Zacinto"

"Le toast des gallois et des bretons" (Lamartine) ................................. **11**:271

"Toast funèbre" (Mallarme) ..... **4**:387-89, 396; **41**:272

"Tobias Correspondence" (Maginn) ...... **8**:439

"Tobler's Ode to Nature" (Goethe)
  See "Goethe's Botany: The Metamorphosis of Plants"

"A Toccata of Galuppi's" (Browning)
  .............. **19**:117, 153; **79**:106, 108-09, 164

"Toc...toc...toc" (Turgenev)
  See "Stuk...stuk...stuk"

*Der Tod am Hochzeitstage* (Nestroy)
  .................................... **42**:224, 229

"Der Tod, das ist die kühle Nacht" (Heine)
  ................................................ **4**:256

*Der Tod des Dichters* (Tieck) ............. **46**:397

*Der Tod des Empedokles* (Hölderlin) .. **16**:162

"Der Tod des Erzbischofs Engelbert von Köln" (Droste-Hulshoff) ................... **3**:197, 202

"Der Tod fürs Vaterland" (Hölderlin) . **16**:174
"To-Day" (Hugo) ................................. **3**:253
"To-Day" (Krasinski) ........................ **4**:307
"Today" (Very) ................................. **9**:378
"Tofenfeier" (Schiller) ..................... **39**:386
*The Toilers of the Field* (Jefferies)
........................................ **47**:112, 119, 137
*The Toilers of the Sea* (Hugo)
     See *Les travailleurs de la mer*
"Toilette of a Hebrew Lady" (De Quincey)
................................................. **4**:69
"La toison d'or" (Gautier) . **1**:345, 350; **59**:13, 31-2
*Toldi* (Arany) .... **34**:4-6, 10-11, 14, 16, 18, 20, 23
*Toldi estéje* (Arany)
*Toldi szerelme* (Arany) .......... **34**:4, 10, 14, 18
"A tölgyek alatt" (Arany) ................. **34**:21
"Der Tolle Invalide auf dem Fort Ratonneau"
     (Arnim) ............. **5**:13, 15-16, 18, 21-24
*Tom Brace* (Alger) ........................... **8**:43
*Tom Burke of "Ours"* (Lever) ..... **23**:285, 292, 299-301, 303, 305-07, 309
*Tom Temple's Career* (Alger) ................. **8**:34
*Tom the Bootblack; or, The Road to Success*
     (Alger) ........... **8**:20, 33, 45; **83**:142, 148
*Tom Tracy* (Alger) .............................. **83**:113
"The Tomb at San Praxed's" (Browning)
     See "The Bishop Orders His Tomb at San Praxed's"
"The Tomb of B." (Isaacs)
     See "La tumba de Belisario"
"The Tomb of Charlemagne" (Taylor) . **89**:298
"The Tomb of Edgar Poe" (Mallarmé)
     See "Le tombeau d'Edgar Poe"
"The Tomb of Madame Langhans" (Hemans)
................................................. **71**:304
"Les tombales" (Maupassant) . **83**:171-72, 194, 197
"La Tombe lointaine" (Desbordes-Valmore)
................................................. **97**:7
"Le tombeau d'Edgar Poe" (Mallarmé)
............... **4**:376; **41**:280, 289, 291
"Le tombeau d'Edgard Poe" (Mallarmé)
     See "Le tombeau d'Edgar Poe"
"Le tombeau d'une mère" (Lamartine) . **11**:270
*Un tombeau pour Anatole* (Mallarmé)
................... **41**:248, 251, 275, 289
"The Tombs in the Abbey" (Lamb) .... **10**:408
"Tommatoo" (O'Brien) ... **21**:234, 239, 242-43
"Tommelise" (Andersen)
     See "Thumbelina"
"Tommy's Dead" (Dobell) .................... **43**:48
"Tomorrow" (Edgeworth) ................. **51**:88-9
"To-morrow" (Longfellow) .............. **45**:121
"To-morrow" (Sigourney) ............... **21**:298
"Tom's Garland" (Hopkins) ......... **17**:189, 225
"The Tone of a Koto" (Ichiyo)
     See "Koto no Ne"
*Tony Butler* (Lever) ..................... **23**:292, 303
"Too Late" (Arnold) ........................ **89**:49
"Too Late" (Browning) .................... **19**:131
"Too Late" (Lenau) ......................... **16**:276
"Too Long, O Spirit of Storm" (Timrod)
................................... **25**:362, 373
"Too Much" (Mörike) ..................... **10**:446
"The Top and the Ball" (Andersen) . **79**:23, 34, 69
"Topolja" (Shevchenko) ............... **54**:373, 389
*Topsy Turvy Talk* (Fredro)
     See *Trzy po trzy*
"The Torch" (Whitman) ..................... **4**:592
*Torlogh O'Brien* (Le Fanu) ............... **58**:275
*Törnrosens bok* (Almqvist) ... **42**:4, 9-10, 15
"The Torpedoes of Progress" (Fourier) . **51**:180
*Torquato Tasso* (Goethe) ..... **4**:162-63, 166-67, 169, 172, 190, 192, 211, 218-21; **34**:75, 90
"Torquemada" (Longfellow) ... **2**:481; **45**:137, 145, 161
*Torquemada* (Hugo) ......... **3**:261, 264, 269-70
"Torquil and Oona" (Smith) ............... **59**:333

*The Torrents of Spring* (Turgenev)
     See *Veshnie vody*
*Torrismond* (Beddoes) . **3**:29, 32, 34, 36, 38-39
*Torso* (Herder) ................................. **8**:313
"La tortuga y la hormiga" (Lizardi) ..... **30**:68
"La torture par l'espérance" (Villiers de l'Isle Adam) ........................... **3**:587
"The Tortured Heart" (Rimbaud)
     See "La coeur volé"
"Der tote Achill" (Meyer) .... **81**:199, 206, 209
"Die Tote Clarissa" (Klopstock) .......... **11**:240
"Das tote Kind" (Meyer) ..................... **81**:143
"Die toten Freunde" (Meyer) ....... **81**:199, 203
"Touch My Honour, Touch My Life" (Griffin)
................................................. **7**:215
"Touching 'Never'" (Rossetti) ........... **50**:298
"The Touchstone" (Allingham) .............. **25**:6
*La tour de Nesle* (Dumas) ... **11**:42-43, 47, 57, 63, 75, 79, 89-90; **71**:184, 186, 190, 193, 209, 232, 249
*La tour de Percemont* (Sand) ............... **2**:596
"Tour en Belgique" (Gautier) ............ **1**:352
"A Tour of the Forest" (Turgenev)
................... **21**:415, 420, 441
*A Tour on the Prairies* (Irving) ..... **2**:372, 376-77, 380, 382; **95**:253, 280
*Tour to the Lakes* (Gilpin) ......... **30**:28, 43
*Tourmaline* (Stifter) ... **41**:357, 360-62, 364
"The Tournament" (Lanier) ................. **6**:254
"Toussaint l'ouverture" (Whittier)
........................... **8**:515; **59**:364
*Toussaint l'ouverture* (Lamartine) ....... **11**:258
"Tout entière" (Baudelaire) ............... **55**:29
"Toute mon âme" (Banville) ................ **9**:29
*La Tovr Saint-Jacques* (Dumas) ........... **71**:193
"Towards a History of Religion and
     Philosophy in Germany" (Heine)
     See "Zur Geschichte der Religion und
     Philosophie in Deutschland"
"Towards Democracy" (Whitman) ...... **31**:371
*Tower Hill* (Ainsworth) ................. **13**:36, 40
*The Tower of London* (Ainsworth) .. **13**:26, 28, 31-6, 39-40, 43-44, 48-49
*The Tower of Nesle* (Dumas)
     See *La tour de Nesle*
"The Town" (Martineau) ................. **26**:353
"The Town" (Pushkin)
     See "Gorodok"
*Town and Country* (Trollope) ........ **30**:330-31
*Town Geology* (Kingsley) ................. **35**:232
*The Town of Lucca* (Heine) ............. **54**:319
*The Town of the Cascades* (Banim) ... **13**:130
"The Toys" (Patmore) ......... **9**:343, 349, 358
*Tract 90* (Newman) ...... **38**:291, 294, 299-300, 315, 318, 320-21
*Tracts* (Keble)
     See *Tracts for the Times*
"Tracts for the Times" (Keble) ........ **87**:132
*Tracts for the Times* (Keble) ... **87**:192-93, 199
*Tracy's Ambition* (Griffin) . **7**:197-98, 201, 209, 213-14, 216, 218
"Trades" (Crabbe) ......................... **26**:140
*Traditions of Palestine* (Martineau) .... **26**:309-10, 326
"Traduzione de'due primi canti dell'Odissea di
     Ippolito Pindemonte" (Foscolo) ... **97**:89
*The Tragedies of Maddelen, Agamemnon, Lady
     Macbeth, Antonia, and Clytemnestra*
     (Galt) ..................................... **1**:327
*The Tragedy of Count Alarcos* (Disraeli)
........................ **39**:67; **79**:269, 277-78;
*The Tragedy of Man* (Madach)
     See *Az ember tragédiája*
"The Tragic" (Emerson) ................. **38**:193-94
*Der Tragödie erster Teil* (Goethe)
     See *Faust. Die Erster Teil*
*Traidor, inconfeso, y mártir* (Zorrilla y Moral)
................................................. **6**:523
*Train Boy* (Alger) ......................... **83**:142
"The Training" (Whittier) ............ **59**:364, 373
*Training in Christianity* (Kierkegaard) . **78**:124-25, 154-55, 229, 238

"Training in Relation to Health" (Lewes)
................................................. **25**:310
*Traité de l'association domestique-agricole*
     (Fourier) ..................... **51**:156, 161, 172
*Traité des écritures cunéiformes* (Gobineau)
................................................. **17**:65
*Traité sur les Sacrifices* (Maistre) ....... **37**:308
"Le traitement du docteur Tristan" (Villiers de
     l'Isle Adam) ........................... **3**:590
*Traités de Législation civile et pénale*
     (Bentham) ........................... **38**:24-5, 66
"Traits" (Sigourney)
     See *Traits of the Aborigines of America*
*Traits and Stories of the Irish Peasantry*
     (Carleton) ................. **3**:85, 83-86, 88-94
*Traits of American Life* (Hale) .... **75**:296, 319, 349, 356-62
"Traits of Indian Character" (Irving) .. **95**:265-66, 269
*Traits of the Aborigines of America*
     (Sigourney) ............... **21**:304; **87**:340-42
"Tramps of the Night" (Bertrand) ........ **31**:54
"Tranquilization" (Tyutchev) ........... **34**:389
"Transcendency" (Emerson) ............... **1**:282
*Transcendental Philosophy* (Schelling)
     See *System des transcendentalen
     Idealismus*
"Transcendental Wild Oats" (Alcott)
............................ **58**:12, 69; **83**:35
"'Transcendentalism'" (Browning)
.......................... **19**:131; **79**:141-42
"The Transcendentalist" (Emerson)
............................. **38**:209, 227-30
"Transformation" (Shelley) ......... **14**:264, 267; **59**:154-5
*Transformation; or, The Romance of Monte
     Beni* (Hawthorne)
     See *The Marble Faun; or, The Romance of
     Monte Beni*
"Transition" (Emerson) ..................... **38**:190
*Translations from Alexander Petőfi, the
     Magyar Poet* (Petofi) ............... **21**:259
*Translations from Camoens and Other Poets,
     with Original Poems* (Hemans) .. **29**:192
"Transplanted" (Dickinson)
     See "As If Some Little Arctic Flower"
"A Transplanted Boy" (Woolson) . **82**:276, 297, 344-45
"A Transport One Cannot Contain"
     (Dickinson) ........................... **21**:79
"Transpositions d'art" (Gautier) ......... **59**:19
*Tran-Tran* (Tamayo y Baus) ................. **1**:571
"Trapping a Sheriff" (Harris) ...... **23**:159, 161, 163
"Die Traube" (Meyer) ............. **81**:146, 149-50
"Trauerode" (Schiller) ........................ **39**:386
*Trauerspiel in Sizilien* (Hebbel) .. **43**:237, 257, 275
*Der Traum ein Leben* (Grillparzer) ....... **1**:384-85, 390, 398
"Traum und Erwachen" (Chamisso) ...... **82**:27
"Traumbilder" (Heine) ...... **4**:248-49, 257, 259
*Les travailleurs de la mer* (Hugo) ....... **3**:248-50, 252-53, 255, 258-59, 264, 267, 270-71; **10**:367; **21**:195, 199, 213
*Travel Letters* (Petofi)
     See *Úti levelek*
*The Traveller Returned* (Murray) ........ **63**:184-5, 193, 195, 199, 201, 214
*The Travellers* (Sedgwick) ................. **19**:447
"The Travelling Companion" (Andersen)
............... **7**:33-4; **79**:23-24, 50, 76, 80, 86
*Travels* (Burton) ............................. **42**:36
*Travels from Hamburgh, through Westphalia,
     Holland, and the Netherlands, to Paris*
     (Holcroft) . **85**:198-99, 207, 212, 215, 235
*Travels from Moscow through Prussia,
     Germany, Switzerland, France, and
     England* (Karamzin) ................. **3**:279
*Travels in America* (Chateaubriand)
     See *Voyage en Amérique*

*Travels in Greece, Palestine, Egypt, and Barbary, during the Years 1806 and 1807* (Chateaubriand)
    See *Itinéraire de Paris à Jérusalem et de Jérusalem à Paris, en allant par la Grèce, et revenant par l'Egypte, a Barbarie, et l'Espagne*
*Travels in New-England and New-York* (Dwight) ....... **13**:267-69, 271-73, 276-77
"Travels in the Land of Not" (Emerson) . **1**:308
*Travels of an Irish Gentleman in Search of a Religion* (Moore) ........................ **6**:396
"The Travels of the Four Children" (Lear) ............................................. **3**:297
*Travels round the World* (Chamisso) ...... **82**:5
*Travels with a Donkey in the Cévennes* (Stevenson) .............. **5**:387-88, 397, 410
"Le treACUsor de al caverne d'Arcueil" (Borel) ................................... **41**:13
*The Treasure* (Morike)
    See *Der Schatz*
*Treasure Island* (Stevenson) . **5**:394, 397, 399-400, 402-05, 407, 409, 415, 417, 422, 425, 429-39; **14**:318; **63**:220-76
"The Treasures of the Deep" (Hemans) ............................................. **71**:264
"Treatise on a Pair of Tongs" (Mangan) ............................................. **27**:291
*A Treatise on Ancient and Modern Literature* (Staël-Holstein)
    See *De la littérature consid'érée dans ses rapports avec les institutions sociales*
*A Treatise on Cobbett's Corn* (Cobbett) ............................. **49**:110, 114, 151-52
*The Treatise on Despair* (Kierkegaard)
    See *The Sickness unto Death*
*Treatise on Domestic and Agricultural Association* (Fourier)
    See *Traité de l'association domestique-agricole*
*A Treatise on Domestic Economy for the Use of Young Ladies at Home and at School* (Beecher) ....................... **30**:14-15, 17-24
"Treatise on Morals" (Shelley) . **18**:376; **93**:340
*A Treatise on the Influence of the Passions upon the Happiness of Individuals and Nations* (Staël)
    See *De l'influence des passions sur le bonheur des individus et des nations*
*A Treatise on the Influence of the Passions upon the Happiness of Individuals and Nations* (Staël-Holstein) ............... **3**:524
"Treatise upon the Origin of Language" (Herder) ................................. **8**:305
"The Treaty of Friendship" (Andersen) . **79**:89
"The Tree" (Very) .................. **9**:380, 387, 391
"Tree Burial" (Bryant) ............. **46**:4, 19, 22
"The Tree of Life" (Dutt) ............... **29**:122
"Trees Be Company" (Barnes) ......... **75**:36
"Treize ans" (Barbey d'Aurevilly) ......... **1**:76
*Tremordyn Cliff* (Trollope) ............... **30**:319
*Trente ans de Paris* (Daudet) ............. **1**:236
*Trente-six ballades joyeuses* (Banville) ............................................. **9**:18, 25
*Le trésor d'Arlatan* (Daudet) .......... **1**:251-52
*Trésor des fèves et fleur des pois* (Nodier) ............................................. **19**:385
"Treu Kätchen" (Ludwig) ............... **4**:353
"Ein Treuer Diener Seines Herrn" (Grillparzer) ..................... **1**:384, 387
*Der Treulose* (Nestroy) ................. **42**:257
"Tri palmy" (Lermontov) .......... **5**:287, 295
"Tri putnika" (Zhukovsky) ............. **35**:398
"A Triad" (Rossetti) ...... **2**:561; **50**:298, 321-2; **66**:330
*The Trial of Abraham* (Wieland) ........ **17**:390
"The Trial of Mamachtaga" (Brackenridge) ......................................... **7**:55
"The Trial of the Dead" (Sigourney) .. **21**:299
"Trials of a Travelling Musician" (Moodie) ............................................. **14**:235
"The Trials of Arden" (Brown) .......... **74**:186

*The Trials of Margaret Lyndsay* (Wilson) ..... **5**:547-49, 554, 558, 561, 564, 567, 569
"Trials of Temper" (Hogg) ............... **4**:283
*Trials of the Human Heart* (Rowson) ... **5**:311-12, 314, 316, 319; **69**:103-05, 113, 136-39
*The Tribes of Ireland* (Mangan) ..... **27**:314-15
*Tribulat Bonhomet* (Villiers de l'Isle Adam) ........................... **3**:583, 586, 588
"Tribuneaux rustiques" (Maupassant) ........................... **1**:448; **83**:174
"Tribute to the Memory of a Dog" (Wordsworth) ......................... **12**:430
"La tricoteuse" (Crawford) ........... **12**:169-70
"Trifles" (Emerson) .................... **38**:145
*Trilby* (Du Maurier) .. **86**:278-81, 285-88, 292, 294, 296-307
*Trilby; ou, Le lutin d'Argail* (Nodier) ..... **19**:377, 381, 384-86, 388, 392-93, 395, 400-01
*Trilogie der Leidenschaft* (Goethe) ....... **4**:201
*The Trimph of Infidelity* (Dwight) . **13**:263, 269-70, 272-73, 278-79
"Trinitas" (Whittier) ................. **59**:356
"Triomphe" (Banville) ................. **9**:31
"A Trip from Åbo" (Runeberg) ......... **41**:313
"A Trip to Ischia" (Taylor) .............. **89**:313
*A Trip to Niagara; or, Travellers in America* (Dunlap) ........................ **2**:212-13
*A Trip to Parnassus; or the Judgement of Apollo* (Rowson) ..... **69**:109-11, 117, 141
*A Trip to Scarborough* (Sheridan) . **5**:359, 382; **91**:242
*Trip to the Orient* (Nerval)
    See *Voyage en Orient*
"A Trip to Walpole Island and Port Sarnia" (Richardson) ..................... **55**:314, 317
"Tripetown: Twenty Minutes for Breakfast" (Harris) ................. **23**:159
*Tristan and Isolde* (Wagner)
    See *Tristan und Isolde*
*Tristan de Roux* (Dumas) .............. **9**:234
*Tristan und Isolde* (Wagner) . **9**:404, 406, 408, 412-13, 416, 419, 421, 439-40, 442-43, 446, 450, 452-58, 460, 464-65, 467, 470
"Los tristes" (Castro) ................. **78**:21
"Tristesse" (Desbordes-Valmore) ....... **97**:6, 29
"Tristesse" (Gautier) ................. **1**:350
"Tristesse" (Lamartine) .............. **11**:254
"Tristesse" (Musset) ................. **7**:275
"Les tristesses de la lune" (Baudelaire) .. **6**:80
"Tristitia" (Patmore) .............. **9**:349, 358
*Tristram* (Arnold)
    See *Tristram and Iseult*
"Tristram and Iseult" (Arnold) .... **6**:32, 34, 42, 44, 54, 66-68, 72-75; **29**:6-7, 23, 31, 33, 35
*Tristram and Iseult* (Arnold) ............. **89**:3-12
"Trisyllabic Feet" (Bryant) ............ **6**:178
"Der Triumf der Liebe" (Schiller) ...... **39**:386
"Triumph Der Empfindsamkeit" (Goethe) ............................................. **4**:200
*The Triumph of Life* (Shelley) ..... **18**:326, 329, 336, 339, 346, 349-53, 355, 360-65, 373, 379, 382-83; **93**:322, 333, 341, 344, 354
"The Triumph of Woman" (Southey) . **8**:447
"Triumphal Arch" (Meyer)
    See "Der Triumphbogen"
"A Triumphal Arch, Erected in Honor of Kotzebue" (Schlegel) ............. **15**:223
"The Triumphal Banquet" (Schiller) ... **39**:305
"Der Triumphbogen" (Meyer) ..... **81**:140, 153-54, 156, 199
"The Triumphs of Bacchus" (Pushkin) . **3**:415
"Trockne Blumen" (Muller) . **73**:363, 365, 373
*Trois ans en Asie* (Gobineau) ........... **17**:71
*Trois contes: Un coeur simple; La légende de Saint-Julien l'hospitalier; Hérodias* (Flaubert) .. **2**:227, 233, 257-9; **62**:108
*Les Trois Femmes* (Charriere) .. **66**:124-6, 134, 136-7
"Les trois filles de Milton" (Villiers de l'Isle Adam)
    See "Les filles de Milton"

*Les Trois Maupin; ou, La Veille de la Régence* (Scribe) .................... **16**:412-13
*Les trois mousquetaires* (Dumas) ... **11**:50, 52, 58, 63-65, 68, 70, 72-73, 75-76, 80, 86-90; **71**:184, 186, 188-89, 198, 201, 209-10, 228, 232
"Trojka" (Nekrasov) ................. **11**:412
"The Troll Garden" (Kingsley) ......... **35**:240
"The Trosachs" (Wordsworth) ........ **12**:417
"Le trou du serpent" (Gautier) ........ **1**:350
*The Troubadour, Catalogue of Pictures, and Historical Sketches* (Landon) ............................ **15**:161, 166, 168
"Troubadour Song" (Hemans) ....... **71**:275
*La troublante* (Dumas) ............. **9**:246
"Troubled about Many Things" (Dickinson)
    See "How Many Times These Low Feet Staggered"
"Troubles of the Day" (Barnes) .......... **75**:20
*A Troublesome Lodger* (Mayhew) ...... **31**:158
*Trouled Waters* (Ichiyo)
    See *Nigorie*
"Troy Town" (Rossetti) . **4**:492, 498, 505, 511, 518, 526-27, 530; **77**:326-28, 330, 337, 340
"Troy Town" (Rossetti) ............... **66**:305
*Les Troyens* (Scribe) ............... **16**:407
"The Truce of Piscataqua" (Whittier) . **59**:371
"True and False Comforts" (Cowper) ... **94**:72
*The True and the False* (Tennyson) .. **65**:379
*The True and the False Waldemar* (Arnim)
    See *Der Echte und der falsche Waldemar*
*The True History of Joshua Davidson, Christian and Communist* (Linton) ............................ **11**:167, 169-70
"The True Life" (Lampman) ......... **25**:219
"The True Light" (Very) ... **9**:372, 385, 390
*The True Remedy for the Wrongs of Woman* (Beecher) ............ **30**:16, 24-5
*The True Story of My Life* (Andersen) . **7**:15, 23
"A True Tale of the Wiltshire Labourer" (Jefferies) ................. **47**:116, 119
"True Woman" (Rossetti) ........... **77**:312
"True Worshippers" (Martineau) ..... **26**:309
"A Trumpet of Our Own" (Ridge) ..... **82**:195
"Der trunkene Gott" (Meyer) ....... **81**:207
"The Truth" (Blake) ................ **13**:165
"The Truth" (Cowper) ........ **8**:110, 120; **94**:26, 28-9, 111-12, 114
"The Truth" (Lampman) . **25**:160-61, 194, 199, 212, 218
"Truth" (Lampman) ................ **25**:163
*Truth* (Cowper) . **94**:10, 14, 16, 51, 53-5, 58-9
"The Truth About the United States" (Martí) ............................................. **63**:167
"Truth as the Fountain of Beauty in Dramatic Literature" (Tamayo y Baus) ... **1**:565
"Truth Crushed to Earth" (Bryant) ...... **6**:165
"Truth of Intercourse" (Stevenson) ............................ **5**:389; **63**:271, 275
"Truxton's Victory" (Rowson) ...... **5**:322
*Try and Trust* (Alger) ................ **83**:92
*The Tryal* (Baillie) .. **2**:31, 43; **71**:1, 6, 51, 56, 59-67
"Tryzna" (Shevchenko) .... **54**:379, 386, 390-2, 395
*Trzy myśli pozostałe po ś.p. Henryku Ligenzie* (Krasinski) ............... **4**:306, 313
*Trzy po trzy* (Fredro) .......... **8**:287-90, 293
*Trzy poemata* (Slowacki) .......... **15**:358
"The Tsar, Knitting his brows" (Pushkin) ............................................. **83**:272
"Tsar Nikita" (Pushkin) ........... **3**:443, 451
"Tsar Sultan" (Pushkin)
    See "Skazka o Tsare Sultane"
"Tschia" (Lamartine) ......... **11**:245, 270, 283
*Tsygany* (Pushkin) . **3**:409-12, 416, 421, 424, 433, 444-45, 447-48, 451, 453, 458-59, 462; **27**:386, 392; **83**:243, 245, 250, 334, 357
"Tu imagen de María" (Isaacs) ......... **70**:309
"Tu mettrais l'univers entier dans tu ruelle" (Baudelaire) ............ **29**:103; **55**:56

"Tubber Derg; or, The Red Well" (Carleton)
............ **3**:85, 89, 92, 96
"Tudor Tramp" (Crawford) ........ **12**:169-70
"Tuesday before Easter" (Keble) ........ **87**:177
*La tulipe noire* (Dumas) ... **11**:60, 68, 74, 77
"La tumba de Belisario" (Isaacs) ........ **70**:312
"La tumba del soldado" (Isaacs) ........ **70**:311
"Tündérálom" (Petofi) ........ **21**:264, 279
*Tündérálom* (Madach) ........ **19**:371
"The Tune of Seven Towers" (Morris)
............ **4**:419, 426, 431-32
"Tupejnyj xudožnik" (Leskov) ........ **25**:239
*Turandot* (Gozzi) ....... **23**:107, 112-14, 119-23, 125-29
"Le turco" (Banville) ........ **9**:16
"Turgenev, Pisemsky, and Goncharov" (Pisarev)
    See "Pisemskij, Turgenev, i Goncarov"
"The Turkish Lady" (Campbell) .. **19**:179, 181
*The Turkish Wonder* (Gozzi)
    See *Il mostro turchino*
"The Turn of the Day" (Barnes) ........ **75**:33
"Turner's Old Téméraire, under a Figure Symbolizing the Church" (Lowell)
............ **2**:512
"The Turn-Out" (Martineau) ........ **26**:309
"The Turnstile" (Barnes) ........ **75**:8
"El turpial" (Isaacs) ........ **70**:303
"The Tuscan Maid" (Allston) ........ **2**:21, 26
*Tutte le opere* (Manzoni) ........ **29**:306
"Twaddle on Tweedside" (Wilson) .. **5**:550
"'Twas a Long Parting—But the Time" (Dickinson) ........ **21**:56, 79
*'Twas All for the Best* (Bird) .. **1**:87, 89, 93
"'Twas but a Babe" (Sigourney) ........ **21**:309
"'Twas like a Maelstrom" (Dickinson) . **77**:114-15
"'twas warm-at first-like Us" (Dickinson)
............ **77**:162-64
"Tweil" (Barnes) ........ **75**:7, 79
*1258* (Dickinson) ........ **77**:81
*1254* (Dickinson) ........ **77**:68
*1247* (Dickinson) ........ **77**:109
*1209* (Dickinson) ........ **77**:89
*1210* (Cantor) ........ **77**:93
*1225* (Dickinson) ........ **77**:75
*Twelve Original Hibernian Melodies* (Morgan)
............ **29**:390
*Twelve Sermons* (Cobbett) ... **49**:110, 114, 123, 152, 156, 160
"The Twelve Sleeping Maidens" (Zhukovsky)
............ **35**:379, 389, 391, 398
"Twenty Ballads by a Swiss" (Meyer)
    See "Zwanzig Balladen von einem Schweizer"
*25 Years After* (Andersen) ........ **79**:11
*24* (Dickinson) ........ **77**:84
*Le 24 février* (Dumas) ........ **71**:192
"Twenty Golden Years Ago" (Mangan)
............ **27**:281, 292, 296, 298
*Twenty Poems in Common English* (Barnes)
............ **75**:40
*Twenty Years After; or, The Further Feats and Fortunes of a Gascon Adventurer* (Dumas)
    See *Vingt ans après*
*Twenty-Five Village Sermons* (Kingsley)
............ **35**:205
"The Twenty-Second of December" (Bryant)
............ **46**:47
"Twenty-third Sunday after Trinity" (Keble)
............ **87**:177
"Twice" (Rossetti) .... **2**:565, 570; **50**:267, 287, 313, 318; **66**:342
*Twice Round the Clock, or the Hours of the Day and Night in London* (Sala) . **46**:232-33, 237, 244-50
*Twice-Told Tales* (Hawthorne) . **2**:291-94, 299, 303, 305, 319, 321-22; **10**:272, 274; **39**:235-36; **79**:295-96, 307-09; **95**:106, 111
"Twilight" (Halleck) ........ **47**:57, 61
"Twilight" (Levy) ........ **59**:94

"Twilight" (Norton) ........ **47**:238, 240
"Twilight" (Tyutchev) ........ **34**:402
"Twilight" (Whitman) ........ **31**:434; **81**:370
"Twilight Calm" (Rossetti) ........ **2**:576
"Twilight Night" (Rossetti) ........ **50**:288
*The Twilight of the Gods* (Wagner) . **9**:446, 463, 467
"The Twin Brothers" (Eminescu) ........ **33**:265
*Twin Roses* (Mowatt) ........ **74**:221
*The Twins* (Shevchenko)
    See *Blyzniata*
"Twins of Macha" (Ferguson) ...... **33**:279, 285
"A Twist-Imony in Favour of Gin-Twist" (Maginn) ........ **8**:441
*2* (Dickinson) ........ **77**:120
*The Two Admirals* (Cooper) ........ **1**:208, 221; **54**:258, 263
*Two Ages: The Age of Revolution and the Present Age, a Literary Review* (Kierkegaard) . **34**:200, 239, 269; **78**:176, 238
"The Two April Mornings" (Wordsworth)
............ **12**:420
"The Two Armies" (Timrod) ........ **25**:361, 388
"Two Augurs" (Villiers de l'Isle Adam)
    See "Deux augures"
"Two Brothers" (Baillie) ........ **2**:42
"The Two Butlers of Kilkenny" (Maginn)
............ **8**:440
"Two Canadian Poets" (Lampman) .... **25**:213-14, 216
"Two Charades" (Rossetti) ........ **66**:341
*The Two Chiefs of Dunboy* (Froude) .. **43**:192-96
"The Two Children" (Brontë) ........ **16**:93
"Two Choices" (Rossetti) ........ **50**:310
"Two Countrymen" (Krylov) ........ **1**:439
"Two Days' Solitary Imprisonment" (Bellamy)
............ **4**:30
"The Two Deserts" (Patmore) ........ **9**:358
*Two Discourses at the Communion on Fridays* (Kierkegaard) ........ **34**:205, 239
"The Two Dragoons" (Runeberg) .... **41**:314
*Two Dramas from Calderón* (FitzGerald)
............ **9**:276
"Two Early French Stories" (Pater) ...... **7**:338
*Two Edifying Discourses* (Kierkegaard)
............ **34**:224, 258
"Two Enigmas" (Rossetti) ........ **66**:341
"Two Farms in Woone" (Barnes) . **75**:43-4, 93, 101
"The Two Fishermen" (Moodie) ........ **14**:231
*The Two Foscari* (Byron) ...... **2**:66, 79-80, 92
*Two Foscari* (Mitford) ........ **4**:403
*Two Friends* (Turgenev) ........ **21**:418; **37**:435
"The Two Graves" (Bryant) ........ **46**:3
"The Two Grenadiers" (Heine) .. **4**:242-43
"2 Harps" (Allingham) ........ **25**:7
"The Two Heirs" (Merimee) ........ **6**:354
"The Two Herd-Boys" (Taylor) ........ **89**:342
*280* (Dickinson) ........ **77**:76
*288* (Dickinson) ........ **77**:112
*281* (Dickinson) ........ **77**:75
*286* (Dickinson) ........ **77**:91
*283* (Dickinson) ........ **77**:66
*211* (Dickinson) ........ **77**:149
*258* (Dickinson) ........ **77**:84
*255* (Dickinson) ........ **77**:163
*251* (Dickinson) ........ **77**:152
*253* (Dickinson) ........ **77**:119
*252* (Dickinson) ........ **77**:119
*249* (Dickinson) ........ **77**:149
*241* (Dickinson) ........ **77**:162
*246* (Dickinson) ........ **77**:65
*214* (Dickinson) ........ **77**:93, 119
*296* (Dickinson) ........ **77**:63, 147
*293* (Dickinson) ........ **77**:50, 64
*271* (Dickinson) ........ **77**:67
*273* (Dickinson) ........ **77**:184
*272* (Dickinson) ........ **77**:68
*216* (Dickinson) ........ **77**:71
*239* (Dickinson) ........ **77**:96

*232* (Dickinson) ........ **77**:173
"Two in the Campagna" (Browning)
............ **19**:112; **79**:162
"The Two Ivans" (Gogol)
    See "The Tale of How Ivan Ivanovich Quarrelled with Ivan Nikiforovich"
"The Two Kinds of Poetry" (Mill) ... **58**:321-2, 324, 329, 363
"Two Lengths Has Every Day" (Dickinson)
............ **21**:77
"The Two Little Skeezucks" (Field) ..... **3**:208
*The Two Martyrs* (Chateaubriand)
    See *Les martyrs; ou, Le triomphe de la religion Chrétienne*
*The Two Mentors* (Reeve) .... **19**:408, 412, 415
*Two Minor Ethico-Religious Treatises* (Kierkegaard) ........ **78**:238
"Two Muses" (Klopstock) ........ **11**:231
*Two Nights Before the Full Moon* (Ichiyo)
    See *Jusan'ya*
"The Two Pages of Szondi" (Arany)
    See "Szondi két apródja"
"The Two Painters" (Allston) ........ **2**:20-21
"The Two Peacocks of Bedfont" (Hood)
............ **16**:218
*The Two Piccolomini* (Schiller)
    See *Wallenstein*
"The Two Poplar Trees" (Desbordes-Valmore)
    See "Les Deux peupliers"
"The Two Portraits" (Timrod) ........ **25**:361
"Two Pursuits" (Rossetti) ........ **66**:305
"The Two Races of Men" (Lamb)
............ **10**:392, 409-11, 428, 436
"Two Red Roses across the Moon" (Morris)
............ **4**:426, 431, 444
"The Two Rivers" (Longfellow) ........ **45**:130
"Two Sails" (Meyer)
    See "Zwei Segel"
*The Two Scars* (Fredro)
    See *Dwie blizny*
"Two Scenes from the Life of Blondel" (Lowell) ........ **2**:511
*Two Sermons on the Interpretation of Prophecy* (Arnold) ........ **18**:18
*The Two Shoemakers* (More) ...... **27**:345, 358
"The Two Sides of the River" (Morris) . **4**:421
"Two Sides to a Tortoise" (Melville) .... **3**:383
*Two Sisters* (Stifter)
    See *Zwei Schwestern*
"Two Sisters of Mercy" (Baudelaire)
    See "Les Deux Bonnes Soeurs"
"The Two Skulls" (O'Brien) ........ **21**:242
"Two Sonnets" (Thomson) ........ **18**:392
"Two Sonnets: Harvard" (Holmes) .... **14**:129
"The Two Sons" (Opie) ........ **65**:173
"The Two Spirits: An Allegory" (Shelley)
............ **18**:362; **93**:304
*Two Stories of the Seen and Unseen* (Oliphant)
............ **61**:174
"The Two Swans" (Hood) .... **16**:218, 227, 231
"Two Swimmers Wrestled on the Spar" (Dickinson) ........ **21**:63
"The Two Terrors" (Levy) ........ **59**:94
*Two Thoughts of Death* (Rossetti) ...... **50**:287
"The Two Travellers" (Bryant) ........ **46**:42
"Two Trees Were We" (Barnes) ........ **75**:70
"Two Voices" (Ferguson) ........ **33**:290
"Two Voices" (Ingelow) ........ **39**:256
"The Two Voices" (Tennyson) . **30**:226-28, 233, 253, 276-77, 281; **65**:241, 243, 249, 267, 270-1
"The Two Watchers" (Whittier) ........ **8**:493
*The Two Wealthy Farmers* (More) ...... **27**:345
"The Two Widows of Hunter's Creek" (Traill)
............ **31**:324
"The Two Worlds" (Newman) ........ **38**:345
*Two Worlds* (Jacobsen)
    See *To Verdener*
*Two Years Ago* (Kingsley) ... **35**:208, 211, 215, 220, 230-32, 235, 241-42, 244, 246-49, 251, 253-57

Title Index

"The Two-Days-Old Baby" (Blake)
   See "Infant Joy"
*Twopenny Trash* (Cobbett)
   See *Cobbett's Twopenny Trash*
"Ty zrel ego v krugo bol shogo sveta"
   (Tyutchev) ...................... **34**:389, 404
"The Tyger" (Blake) . **13**:180-81, 222, 227-29,
   231-33, 243, 247; **37**:3-4, 7, 10, 13, 18, 27,
   33, 43, 49, 51, 54-7, 62, 69, 77-8, 82, 84-5,
   93
*Tylney Hall* (Hood) ............... **16**:201, 205
"Typee" (Melville) ........................... **49**:391
*Typee: A Peep at Polynesian Life* (Melville)
   .. **3**:325-30, 332-34, 337-42, 344, 347, 349,
   355-56, 359-60, 363-65, 370-71, 384;
   **12**:255, 257, 259; **29**:323-24, 331, 335, 338,
   354, 367-68; **45**:193-257; **91**:9, 33, 42, 44-5,
   55, 63, 122, 212
*Les Types de Paris* (Mallarme) .......... **41**:249
*Tyrocinium* (Cowper)
   See *Tirocinium; or, Review of Schools*
"Tytarivna" (Shevchenko) ............... **54**:389
"U Boha za dvermy lezhala sokyra"
   (Shevchenko) ........................... **54**:390
*Über Anmut und Würde* (Schiller) ...... **69**:206
"Über das Dirigiren" (Wagner) .......... **9**:475
"Über das Erhabene" (Schiller) ... **39**:363, 367,
   380-81, 386-86; **69**:209-10, 266
*Über das Genie* (Claudius) .... **75**:195-96, 205,
   209-10, 212-14, 219
"Über das Marionettentheater" (Kleist) . **2**:446-
   47, 451, 454-55, 458, 461-62; **37**:226-27,
   233, 246, 249-50, 264-65, 267
"Über das Pathetische" (Schiller) ........ **39**:377
"Über das Studium der griechischen Poesie"
   (Schlegel) .... **45**:310-12, 319-20, 326-27,
   331, 342, 357-60, 366
*Über das Wesen der menschlichen Freiheit*
   (Schelling)
   See *Philosophische Untersuchungen über
   das Wesen der menschlichen Freiheit und
   die damit zusammenhängende
   Gegenstände*
"Über den Ausbruck: 'Stilles Verdienst'"
   (Claudius) ........................... **75**:211
*Über den Begriff der Wissenschaftslehre*
   (Fichte) ........................... **62**:29
"Über den Gebrauch des Chors in der
   Tragödie" (Schiller) ................. **69**:181
"Über den Unterschied der Dichtungsarten"
   (Hölderlin) ........................... **16**:177
*Über den Ursprung der Sprache* (Herder)
   ........................... **8**:314
*Über den Zusammenhang der tierischen Natur
   des Menschen mit seiner geistigen*
   (Schiller) ........................... **39**:394
"Über die allmähliche Verfertigung der
   Gedanken beim Reden" (Kleist)
   ........................... **2**:458; **37**:225, 250-2
"Über die Diotima" (Schlegel) ..... **45**:358, 373
"Über die Grenzen des Schönen" (Schlegel)
   ........................... **45**:357
"Über die Heide" (Storm) ............... **1**:548
"Über die Kupferstiche" (Tieck) ....... **5**:520
*Über die nothwendigen Grenzen beim
   Gebrauch schöner Formen* (Schiller)
   ........................... **69**:250
*Über die Philosophie der Sprache, und des
   Worts* (Schlegel) ............... **45**:301
*Über die Sprache und Weisheit der Indier*
   (Schlegel) ............... **45**:288, 300, 316
"Über die Unsterblichkeit der Seele"
   (Claudius) ........................... **75**:210, 216
"Über die Ünverständlichkeit" (Schlegel)
   ............... **45**:335, 343, 375-76, 379, 381-82
"Über die Verfahrungsweise des poetischen
   Geistes" (Hölderlin) ............... **16**:177
"Über die verschiedenen Arten zu dichten"
   (Hölderlin) ........................... **16**:177
*Über die vierfache Wurzel des Satzes vom
   zureichenden Grunde* (Schopenhauer)
   ........................... **51**:278, 328

"Über die weiblichen Charaktere in den
   griechischen Dichtern" (Schlegel)
   ........................... **45**:358
*Über die Wirkung der Dichtkunst auf die Sitten
   der Völker in alten und neven Zeiten*
   (Herder) ........................... **8**:316
"Über die wissenschaftlichen Behandlungsarten
   des Naturrechts" (Hegel) ......... **46**:110
"Über ein Sprichwort" (Claudius) ....... **75**:213
*Über Garantien* (Eichendorff) ............. **8**:220
"Über Lessing" (Schlegel) ................. **45**:359
"Über naïve und sentimtalische Dichtung"
   (Schiller) . **39**:337, 347, 366, 370, 381,
   391; **69**:187, 208, 257
*Über Polen* (Heine) ........................... **54**:336
*Über Recensenten Unfug* (Kotzebue) .. **25**:135
*Über Sprach und Dichtkunst* (Klopstock)
   ........................... **11**:228, 233-34
*Ubezhishche Monrepo* (Saltykov) . **16**:345, 358,
   373-75
"Übungen im Stil" (Claudius) ...... **75**:210, 218
*Ueber das Wesen des Gelehrten* (Fichte)
   ........................... **62**:35
*Ueber den Grund unseres Glaubens an eine
   göttliche Weltregierung* (Fichte) ... **62**:34
*Ueber dramatische Kunst und Litteratur*
   (Schlegel) ... **15**:205, 209, 212, 218, 223,
   228, 230-35, 241
"The Ugly Duckling" (Andersen) ..... **7**:22, 25,
   30; **79**:4, 11, 21, 23, 30, 34, 51-52, 62, 64,
   70-71, 73-74, 81
"Ugly Princess" (Kingsley) ................. **35**:206
*Uiyamabumi* (Motoori) ..................... **45**:277
"Ukrainian Duma" (Slowacki) ........... **15**:368
"Ulalume" (Poe) ........... **1**:503, 509, 512, 519;
   **16**:305; **55**:141, 160; **94**:233
"Der Uli" (Meyer) ........... **81**:140, 146, 148
"Ulmarra" (Kendall) ........................... **12**:192
"Uloola" (Kendall) ........................... **12**:192, 201
*Ulrich der Empfindsame* (Tieck) ......... **5**:519
*Ultime lettere di Jacopo Ortis* (Foscolo)
   . **8**:260-65, 267, 269, 273, 275, 277-78;
   **97**:49-50, 53, 62, 70-80, 82-4, 88, 97
"El último arrebol" (Isaacs) ............... **70**:308
"Ultra cœlos" (Leconte de Lisle) . **29**:226, 228,
   235
"Ulysses" (Tennyson) .. **30**:213, 223, 239, 242,
   257, 276, 279-80, 283; **65**:376
"Umeršee soslovie" (Leskov) ............... **25**:258
"Umoregi" (Ichiyo) ............... **49**:334, 342
*Umsonst* (Nestroy) ............... **42**:242, 245, 250
"A una dama burlada" (Espronceda) .. **39**:116
"A una estrella" (Espronceda) ....... **39**:86, 100,
   102-04, 108-11, 113, 116, 118-19
*Der Unbedeutende* (Nestroy) ...... **42**:220, 244,
   246-47, 263
"The Uncanny Guest" (Hoffmann) .. **2**:342
"Uncle and Aunt" (Barnes) ............. **75**:13, 48
"Uncle and Nephew" (O'Brien) .. **21**:236, 247
"The Uncle and Nephew" (Opie) ........ **65**:159
"Uncle Ben's Attack of Spring Fever, and How
   He Got Cured" (Parton) ............. **86**:351
"Uncle Jack" (Nekrasov) ................... **11**:421
"Uncle Joe and His Family" (Moodie) . **14**:231
"Uncle Out O' Debt and' Out O' Danger"
   (Barnes) ........................... **75**:70
*Uncle Silas: A Tale of Bartram-Haugh* (Le
   Fanu) . **9**:299-314, 316-17; **58**:251, 254,
   256, 266, 269-71, 274-5, 286-9, 291-303,
   306-13
*Uncle Tom's Cabin; or, Life among the Lowly*
   (Stowe) . **3**:537-53, 555-61, 563; **50**:328-
   407
"Uncle's Dream" (Dostoevsky) ...... **2**:168, 203
*The Uncommercial Traveller* (Dickens)
   ........................... **18**:111
"Under the Cloudy Sky" (Eminescu) .. **33**:265
*Under the Hill* (Beardsley)
   See *The Story of Venus and Tannhäuser*
*Under the Hill, and Other Essays in Prose and
   Verse* (Beardsley) ............... **6**:147

*Under the Lilacs* (Alcott) ....... **6**:18, 20; **58**:41,
   49-50
"Under the Oaks" (Arany)
   See "A tölgyek alatt"
*Under the Pine* (Hayne) ..................... **94**:136
"Under the Pine. To the Memory of Henry
   Timrod" (Hayne) ............... **94**:159, 165
"Under the Rose" (Rossetti) ................. **2**:558
"Under the Violets" (Holmes) ..... **14**:109, 128,
   132
"Under the Willow" (Andersen) .. **7**:21, 29, 32
"Under the Willow She's Sleeping" (Foster)
   ........................... **26**:295
*Under the Willows, and Other Poems* (Lowell)
   ........................... **2**:509; **90**:198
"Under the Willow-Tree" (Andersen) ... **79**:82
*Under Which Lord?* (Linton) ............. **41**:167
"An Undertaker" (Hood) ................... **16**:206
"The Undertaker" (Pushkin)
   See "Grobovshchik"
*Underwoods* (Stevenson) ......... **5**:400-01, 428;
   **63**:239-40
*Undine* (Fouque) ............... **2**:262-63, 265-69
*Undine* (Hoffmann) ........................... **2**:345
*The Undivine Comedy* (Krasinski) . **4**:300, 302-
   09, 311-22
"The Undying One" (Norton) ..... **47**:233, 239,
   251
*The Undying One and Other Poems* (Norton)
   ........................... **47**:235, 246, 252, 260
"A une jeune tribun" (Gautier) ............. **59**:18
*Unexplored Syria* (Burton) ................... **42**:37
"The Unexpress'd" (Whitman) ........... **31**:435
"The Unfaithful Servants" (Very) ........ **9**:383
"The Unfaithful Village Girl" (Isaacs)
   See "La aldeana infiel"
"The Unfinished Poem" (Krasinski)
   ........................... **4**:304, 307
"The Unforeseen" (Baudelaire)
   See "L'imprévu"
"The Unfortunate" (Shevchenko)
   See "Tryzna"
"The Unfortunate" (Turgenev)
   See "Neschastnaya"
"The Unfortunates" (Nekrasov)
   See "Nesžastnye"
"Ungeduld" (Muller) ............... **73**:364, 370-71
*Die Unglücklichen* (Kotzebue) ....... **25**:146-47
"Unha vez tiren un cravo" (Castro) ...... **78**:41
"The Unhappy" (Nekrasov) ............. **11**:404-05
"An Unhappy Girl" (Turgenev)
   See "Neschastnaya"
*Unhappy Valley* (Burton)
   See *Scinde; or the Unhappy Valley*
*Die unheilbringende Zauberkrone* (Raimund)
   . **69**:8, 12, 16, 22, 24, 27, 36-38, 44-6, 48-9,
   52
"Der Unheimliche Gast" (Hoffmann) ... **2**:353
*Die Uniform des Feldmarschalls Wellington*
   (Kotzebue) ........................... **25**:136
"Union Means Power" (Eminescu) ...... **33**:272
"Union of Church and State" (Brownson)
   ........................... **50**:54
"The Unioners" (Barnes)
   See "The Times"
"Unitarian Christianity: Discourse at the
   Ordination of the Rev. Jared Sparks"
   (Channing) ........................... **17**:34
"Unitarian Christianity Most Favorable to
   Piety: Discourse at the Dedication of the
   Second Congregational Unitarian Church
   in New York" (Channing) ....... **17**:35, 39
"Universal Goodness" (Clare) ............. **9**:120
"Universal Money" (Bagehot) ............. **10**:31
"Universities: Actual and Ideal" (Huxley)
   ........................... **67**:92
"University Preaching" (Newman)
   ........................... **38**:302, 304
"The Unknown" (Hale) ............. **75**:358, 361-2
"The Unknown Dead" (Timrod) .. **25**:360, 388
*The Unknown Eros, and Other Odes I-XXXI*
   (Patmore) .. **9**:333, 336-39, 342-43, 346-

47, 352, 354-55, 357-59, 361-62, 364
"The Unknown Masterpiece" (Balzac)
    See "Le chef d'oeuvre inconnu"
"The Unknown Way" (Bryant) .. **6**:175; **46**:38, 42, 48
"The Unknown Woman" (Villiers de l'Isle Adam)
    See "L'inconnue"
"Unmaßgebliche Betrachtung" (Kleist)
    .................................... **37**:274
"Ünneprontók" (Arany) ......................... **34**:5
"The Unparalleled Adventure of One Hans Pfaall" (Poe) ....... **16**:292, 300, 303, 313, 321, 335
*Unpublished Poems* (Desbordes-Valmore)
    See *Poésies inédites*
"Unquiet Sleeper" (Whittier) ................ **8**:845
"Unreal Words" (Newman) ................ **38**:304
"The Unreaped Row" (Nekrasov) ...... **11**:409
"Unrest" (Lampman) ....................... **25**:187
"Unseen Buds" (Whitman) ................ **31**:435
"Unshriven" (Gordon) ...................... **21**:160
*Die Unsichtbare Loge* (Jean Paul) . **7**:232, 238, 240
"Unspoken Language" (Sigourney) .... **21**:298
"Unter den Sternen" (Meyer) ............. **81**:147
"Unter Sternen" (Keller) ................... **2**:421
*Unterhaltungen deutscher Ausgewanderten* (Goethe) ................................ **4**:196
*Unterm Birnbaum* (Fontane) . **26**:236, 243, 272
"Unterricht" (Klopstock) ................ **11**:238
"Until the Very End" (Arany)
    See "Mindvégig"
"Unto Like Story—Trouble Has Enticed Me" (Dickinson) ........................ **21**:64
"'Unto Me?' I Do Not Know You" (Dickinson) .................... **21**:58; **77**:160
"Unto Myself I Reared a Monument" (Pushkin) ........................... **83**:249
"Die unüberwindliche Flotte" (Schiller) ................................... **39**:388
"An Unusual Story" (Goncharov)
    See "Neobyknovennaya istoriya"
"Unveiled" (Hayne) ............. **94**:148-49, 166
*Unverhofft* (Nestroy) ................... **42**:220
*Die Unvermählte* (Kotzebue) ......... **25**:145
"Unwahrscheinliche Wahrhaftigkeiten" (Kleist) .......................... **37**:237
*Unwiederbringlich* (Fontane) . **26**:234, 236-37, 239-40, 244, 251-53, 259-60
"Up at a Villa–Down in the City, as Distinguished by an Italian Person of Quality" (Browning) .......... **79**:170
"Up Hill" (Rossetti) ...... **2**:555, 562, 572, 575; **50**:272, 283, 317; **66**:301
"Up in the Blue Ridge" (Woolson)
    ........................... **82**:273, 299, 302
"Up the Airy Mountain" (Allingham)
    See "The Fairies"
"Up the Country": Letters Written to Her Sister from the Upper Provinces of India (Eden) ................... **10**:103-04
*Up the Rhine* (Hood) ..................... **16**:229
"Up to the Star" (Eminescu)
    See "La steaua"
"The Upas Tree" (Pushkin)
    See "Anchar"
"An Up-Country Township" (Clarke) . **19**:250
"Upon a fitful dream of passion" (Taylor)
    ........................... **89**:300
"Upon the Anatomy and Affinities of the Medusae" (Huxley) ............... **67**:4
"Upon the Bank at Early Dawn" (Thoreau)
    ................................... **7**:383
"Upon the Strange Attempt Made on the Lives of Her Majesty" (Hunt) ......... **70**:259
"Upon This Bank at Early Dawn" (Thoreau)
    See "Upon the Bank at Early Dawn"
*The Upper Rhine: The Scenery of Its Banks and the Manners of Its People* (Mayhew)
    ........................... **31**:192

*The Upright Men* (Tamayo y Baus)
    See *Los hombres de bien*
*The Uprising in the Cévennes* (Tieck)
    See *Der Aufruhr in den Cevennen*
*Uramurasaki* (Ichiyo) ..................... **49**:349
*Urania: A Rhymed Lesson* (Holmes) .. **14**:100
"Uranii" (Tyutchev) ................ **34**:387-88
"Uranothen" (Chivers) ................... **49**:50
"Urara" (Kendall) ......................... **12**:192
*Urfaust* (Goethe) . **4**:204; **34**:68, 73, 85-6, 94-5, 121-24, 127
*Urne* (Feuillet) ........................... **45**:88
*Der Ursprung der Familie, des Privateigenthums und des Staats* (Engels)
    ....... **85**:6, 9, 12-13, 15, 19, 31, 94-97, 118
*Ursula* (Keller) ........................ **2**:412
*Ursule Mirouët* (Balzac) ................ **53**:8
"Das Urteil des Paris" (Wieland) . **17**:427, 429
"Der Urwald" (Lenau) ......... **16**:269, 278, 283
"The Use and Abuse of Political Terms" (Mill)
    ................................... **58**:320
"The Use of Conflict" (Bagehot) ...... **10**:45
*Used Up* (Boucicault) .................... **41**:30
*Useless Memoirs of the Life of Carlo Gozzi* (Gozzi)
    See *Memorie inutili della vita di Carlo Gozzi*
"The Usurpations of Reason" (Newman)
    ........................... **38**:304, 307
*Úti jegyzetek* (Petofi) ........ **21**:277-78, 280
*Úti levelek* (Petofi) ........ **21**:277-78, 280
*Utilitarianism* (Mill) .... **11**:372, 378, 380, 385; **58**:319, 333-4, 342, 350, 379
"Utility of Religion" (Mill) ......... **11**:358, 378; **58**:327
"Utopie" (Lamartine) ................... **11**:271
"Utoplena" (Shevchenko) ...... **54**:360, 389-90
"Utrumque Paratus" (Arnold) ......... **29**:35
"Utsusemi" (Ichiyo) ...................... **49**:354
"Uxa bez ryby" (Leskov) ....... **25**:265, 267
"Uznik" (Pushkin) ......................... **83**:351
"Uznik" (Zhukovsky) ................... **35**:398
*V chuzhom piru pokhmelye* (Ostrovsky)
    ....... **30**:100, 102-03, 110, 113, 115
"V derevne" (Tyutchev) ................ **34**:414
"V doroge" (Nekrasov) ...... **11**:412, 420
*V srede umerennosti i akkuratnosti* (Saltykov)
    ................ **16**:345, 358, 374
*Les vacances de Pandolphe* (Sand) .... **42**:346-47, 349
*Väd är kärlek?* (Almqvist) ................. **42**:17
*Vade-Mecum* (Norwid) ... **17**:365, 371-74, 377, 379, 386
*Vadim* (Lermontov) ..... **5**:294, 296; **47**:162-63, 191-92, 224
"Vadrózsák" (Madach) ................... **19**:368
"Vae Victis" (Gordon) ................... **21**:164
"Vagabonds" (Rimbaud) .. **4**:477, 482; **35**:293-94, 322; **82**:226
*Vagabunduli Libellus* (Symonds) . **34**:337, 365
"The Vain Owl and the Elf" (Crawford)
    ................................... **12**:172
"Vain Virtues" (Rossetti) ............... **4**:491, 499
*Vala* (Blake)
    See *The Four Zoas: The Torments of Love and Jealousy in the Death and Judgement of Albion the Ancient Man*
"Válasz kedvesem leveléré" (Petofi) ... **21**:285
"Valdek" (Macha) ........................ **46**:201
"Valdice" (Macha) ...................... **46**:201
"The Vale of Tears" (Leskov)
    See "Judol'"
"The Valediction" (Cowper) ............. **94**:25
"Valedictory Stanzas to Kemble" (Campbell)
    ............................ **19**:179, 191
*Valentine* (Sand) . **2**:581, 585-86, 588-89, 596-98, 604-07; **42**:314-15, 317, 335, 339-40, 349, 354, 356, 357, 386; **57**:311-3, 316-20, 327-8, 333, 335-7, 339, 347-8, 350, 355, 368, 371

*Valentine M'Clutchy, the Irish Agent; or, Chronicles of the Castle Cumber Property* (Carleton) .. **3**:83, 85-87, 89-90, 94-96
*Valentine; ou, Le séduction* (Pixerecourt)
    ........... **39**:272, 277, 279, 284
"Valentines" (Allingham) ............... **25**:24
"Valentine's Day" (Lamb) ............ **10**:436
*Valentine's Eve* (Opie) ..... **65**:162, 173-4, 179, 197
*Valérie* (Scribe) ...................... **16**:386-88
"Valerik" (Lermontov) ................... **5**:295
*Valerius: A Roman Story* (Lockhart)
    ........ **6**:287, 292-96, 302, 310-12
*Valet an meine Leser* (Claudius) . **75**:198, 214-16
"Valete Omnia" (Chivers) ............... **49**:74
"The Valiant Soldiers" (Truth) ........... **94**:338
*Valkyrie* (Wagner)
    See *Die Walküre*
*Vallé2s (JUles)-Séverine: Correspondance* (Valles) ................... **5**:374, 376
"La Vallée de la Scarpe" (Desbordes-Valmore)
    ................................... **97**:6
"Le vallon" (Lamartine) ......... **11**:269, 282
*Valperga; or, The Life and Adventures of Castruccio, Prince of Lucca* (Shelley)
    ..... **14**:252-53, 261, 265, 267, 270-71, 274-75, 289-90, 292-93; **59**:144, 154, 192-3
*Value of Criticism* (Sacher-Masoch) ... **31**:286
*Valvèdre* (Sand) ...... **42**:312, 335, 340; **57**:311
"Vamos bebendo" (Castro) ................ **78**:2
"The Vampire" (Baudelaire)
    See "Les métamorphoses du vampire"
"Le Vampire" (Baudelaire)
    See "Les métamorphoses du vampire"
*The Vampire* (Boucicault) ............... **41**:32
*Le Vampire* (Dumas) ......... **71**:210-11, 213-15
*Le vampire* (Nodier) ................... **19**:378, 383
*Le Vampire nouvelle traduite de l'anglais de Lord Byron* (Polidori)
    See *The Vampyre: A Tale*
*Der Vampyr Eine Erzahlung aus dem Englischen des Lord Byron Nebst einer Schilderung seines Aufenthaltes in Mytilene* (Polidori)
    See *The Vampyre: A Tale*
*The Vampyre: A Tale* (Polidori) .......... **51**:193-96, 199, 201-05, 207-09, 211-29, 231-32, 234, 237-41
*Vanda* (Norwid) .............. **17**:366-67, 369, 379
"Vanddraaben" (Andersen)
    See "A Drop of Water"
"Vande Mataram" (Chatterji) ........ **19**:216, 220, 222, 227
"Vane's Story" (Thomson) ..... **18**:396-97, 400-01, 403, 405-06, 408, 411-13, 420, 424
*Vane's Story, Weddah and Om-el-Bonain, and Other Poems* (Thomson) ..... **18**:392
*Vanina Vanini* (Stendhal) . **23**:408; **46**:294, 307
"The Vanishers" (Whittier) ............ **59**:375-7
*Vanitas Vanitatum* (Brontë) ................ **71**:91
*Vanity Fair: A Novel without a Hero* (Thackeray) ... **5**:444-50, 452-54, 457-61, 464, 466-69, 471-78, 480, 482-84, 486-90, 492-95, 497-501, 503-04, 506; **14**:387-439; **43**:349-50, 356-57, 361-62, 368, 372, 374, 376-77, 379, 389, 393
"The Vanity of Existence" (Freneau) ... **1**:317
"Vanna's Twins" (Rossetti) ............... **66**:330
*The Variation of Animals and Plants under Domestication* (Darwin) ..... **57**:147, 168, 170
"Variations lyriques" (Banville) ............. **9**:16
*Variations sur un sujet* (Mallarme) ..... **41**:249
*Varieties in Prose* (Allingham) ........... **25**:15
*Varnak* (Shevchenko) ................... **54**:392-3
"Den vartige Dreng" (Andersen) ......... **79**:76
"Vásárban" (Arany) ...................... **34**:21
*Vasconselos* (Simms) .............. **3**:507-08
"Le vase" (Leconte de Lisle) ............. **29**:239
"Le vase étrusque" (Merimee) ... **6**:352-4, 360,

Title Index

367, 369-70; **65**:55, 57-8, 62-3, 100, 102, 104, 113, 128
"The Vase of Ibu Mokil" (Lampman) . **25**:167
"Vashti the Queen" (Crawford) .......... **12**:155
*Vasilisa Melentyevna* (Ostrovsky)
.................... **30**:101; **57**:206-7
*Vassall Morton* (Parkman) ........... **12**:346, 349
"Vastness" (Tennyson) ................. **30**:228, 280
"Vaterländische Gesänge" (Hölderlin) . **16**:180
*Vathek* (Beckford) . **16**:15-25, 27-39, 41-7, 49-57, 59
"The Vaudois' Wife" (Hemans) .......... **71**:303
*Vautrin* (Balzac) ......................... **5**:75
"Ve, pensamiento!" (Isaacs) ............... **70**:305
"The Veairies" (Barnes) .................... **75**:75
"Večer nakanune Ivana Kupala" (Gogol)
...................... **5**:231, 236, 251
*Vechera ná khutore bliz Dikanki* (Gogol)
.... **5**:209, 218-19, 227, 231, 235, 242, 248-49; **15**:95, 98
*Vechny muzh* (Dostoevsky) ... **2**:168, 175, 188, 203; **33**:178
"Veder Napoli poi Mori" (Corbiere) ..... **43**:33
"The Veiled Hippolytus" (Pater) .......... **7**:303
"The Veiled Prophet of Khorassan" (Moore)
................... **6**:379, 381, 393
"La Veillée" (Maupassant) .......... **83**:172, 228
"La veillée" (Sainte-Beuve) ................ **5**:347
"La veillée de Vincennes" (Vigny) .. **7**:478
"Veillées" (Rimbaud) ...... **35**:311; **82**:230, 232
*Veillées des Antilles* (Desbordes-Valmore)
........................ **97**:12
*Veinte años despues* (Dumas)
    See *Vingt ans après*
"Vellen O' the Tree" (Barnes) ......... **75**:76, 95
"Die Veltlinertraube" (Meyer) . **81**:141-42, 150, 155
"Velykyj l'ox" (Shevchenko) ...... **54**:368, 381, 388
"The Venale Muse" (Baudelaire)
    See "La Muse vénale"
*La vendée* (Trollope) ............... **6**:514; **33**:417
"Une vendetta" (Maupassant) .. **1**:469; **83**:208, 210-12, 222
"A vendre" (Maupassant) ................ **83**:181
"Venedigs erster Tag" (Meyer) .......... **81**:209
"Venere" (Eminescu) ..................... **33**:265
"Veneris pueri" (Landor) ................ **14**:181
*Venetia* (Disraeli) .. **2**:138-39, 143, 149; **39**:22, 24-5, 29, 40, 46, 52, 65-8, 75; **79**:223-28, 230, 233, 269, 272-73, 276-77
*The Venetian Bracelet, The Lost Pleiad, A History of the Lyre, and Other Poems* (Landon) ............... **15**:158, 161, 166
*Venetian Epigrams* (Goethe) ............... **4**:173
*A Venetian Night* (Musset)
    See *La nuit Vénitienne; ou, Les noces de laurette*
*Vengeance* (Fredro)
    See *Zemsta*
"La vengeance d'une femme" (Barbey d'Aurevilly) .......... **1**:75, 77-78
*Vengeance d'une Italienne* (Scribe) .... **16**:381
*The Vengeance of the Covenant* (Smolenskin)
    See *Nekam berit*
*The Vengeance of the Goddess Diana* (Hayne)
........................ **94**:144
"Vengeance of the Welshmen of Tirawley" (Allingham) ............... **25**:13
"The Vengeance of the Welshmen of Tirawley" (Ferguson) .. **33**:278, 289, 294, 301, 305
"Venice" (Longfellow) ................... **45**:121
"Venice" (Rogers) ..................... **69**:71
"Venice, an Italian Song" (Longfellow)
    See "Venice"
"Venice in the East End" (Jefferies) . **47**:95, 136
"Venice's First Day" (Meyer)
    See "Venedigs erster Tag"
*Venoni; or, The Novice of St. Mark's* (Lewis)
........................ **11**:305
"Le vent froid de la nuit" (Leconte de Lisle)
................... **29**:222, 228, 235-36

"Ventajas de las cosas a medio hacer" (Larra)
........................ **17**:275
"Une vente" (Maupassant) ................. **1**:448
*La Vénus à la fourrure* (Sacher-Masoch)
    See *Venus im Pelz*
"Vénus anadyomène" (Rimbaud) ........... **4**:471
"La Vénus de Milo" (Leconte de Lisle)
.................... **29**:222, 224, 238-39
"La Vénus d'Ille" (Merimee) .... **6**:353-5, 357, 359, 361, 363, 366, 368-71; **65**:50, 52-4, 56-61, 87, 96, 98, 100-01, 103, 114-15, 118, 123, 129-32, 140
*Venus im Pelz* (Sacher-Masoch) .. **31**:285, 287-88, 291-94, 296-98, 300-03, 305, 307, 309-12
*Venus in Furs* (Sacher-Masoch)
    See *Venus im Pelz*
"The Venus of Ille" (Merimee)
    See "La Vénus d'Ille"
"La venus rustique" (Maupassant) ........ **1**:455
"Venus's Looking-Glass" (Rossetti)
.................... **2**:561, 576
"Der Venuswagen" (Schiller) ............. **39**:339
*Les vêpres siciliennes* (Scribe) .......... **16**:408
"Véra" (Villiers de l'Isle Adam) . **3**:581, 590
"Vérandah" (Leconte de Lisle) ......... **29**:215
"Die Verbannten" (Droste-Hulshoff) ..... **3**:193
*Die Verbannung aus dem Sauberreiche* (Nestroy) ........................ **42**:224
"Verborgenheit" (Morike) ................ **10**:458
"The Verdict" (Dostoevsky)
    See "Prigover"
"El verdugo" (Espronceda) ... **39**:85, 100, 107-09, 113-14, 118
*El verdugo* (Balzac) ........... **5**:78; **53**:25
"Véres napokról álmodom" (Petofi) .... **21**:286
*Verflucht sei der Acker um deinetwellen* (Claudius) ........................ **75**:191
*Der Verfolgte* (Fouque) ................. **2**:266
"Vergänglichkeit" (Lenau) ............... **16**:282
"Die Vergeltung" (Klopstock) ............ **11**:238
*Der verhängnisvolle Faschingsnacht* (Nestroy)
.................... **42**:225-26, 228-29, 240
*Die Verkehrte Welt* (Tieck) ....... **5**:517, 522-24, 529-30, 532
"Der Verlassene Mägdlein" (Morike) . **10**:453
*Die Verlobung* (Tieck) ................. **5**:514
*Die Verlobung in St. Domingo* (Kleist)
.......... **2**:456, 462; **37**:245, 247-49, 253-55
*Das Verlorene Lachen* (Keller) .. **2**:415, 421, 423
"Das verlorene Schwert" (Meyer) ....... **81**:209
"Vermächtnis" (Goethe) ................. **4**:172
*Vermischte Schriften* (Heine) . **4**:235, 240, 256, 265
*Veronika* (Storm) ................... **1**:539-40
*Le Verre d'eau; ou, Les Effets et les causes* (Scribe) ....... **16**:388-89, 395-96, 401-03, 405-07, 413-14
"Le Verrou" (Maupassant) ............... **83**:176
*Vers de circonstance* (Mallarme) .... **41**:247-50
"Vers dorés" (Nerval) . **1**:476, 478, 486; **67**:307
"Vers nouveaux et chansons" (Rimbaud)
........................ **82**:240
*Vers pour être calomnié* (Verlaine) .... **51**:362
*Verschiedene* (Heine) ................. **4**:249-50
"Verschiedene Deutung" (Lenau) . **16**:269, 283
*Der Verschwender* (Raimund) ... **69**:5-6, 8-10, 13, 15, 18, 26, 38, 43-6, 48, 50-3
*Der Verschwiegene wider Willen* (Kotzebue)
........................ **25**:136
*Die Verschwörung des Fiesco zu Genua* (Schiller) . **39**:309-12, 323, 327, 334, 361, 368, 375, 392-94; **69**:169, 239, 263
*Verse Tales* (Desbordes-Valmore)
    See *Contes en vers*
*Verses* (Rossetti) ....... **2**:559, 561, 576; **50**:271, 284-6
"Verses Addressed to Laura" (Sheridan)
........................ **91**:233
"Verses by Lady Geralda" (Brontë) .... **71**:165
"Verses for Being Vilified" (Verlaine) . **51**:372

*The Verses of Frederick the Great* (Sacher-Masoch) ......... **31**:291
*Verses on the Death of the Revd Mr Charles Churchill* (Beattie) .............. **25**:122, 124
"Verses on the Exile of the Prince Imperial" (Jefferies) .................... **47**:121
"Verses on the New Year" (Webster) .. **30**:421
*Verses on Various Occasions* (Newman)
........................ **38**:314
*Verses Supposed to be Written by Alexander Selkirk*" (Cowper) ............... **94**:32-38]
"Verses to the Memory of Garrick" (Sheridan)
........................ **91**:234
"Verses written at Bath on Finding the Heel of a Shoe" (Cowper) ............... **94**:119
"Versions from the Irish" (Ferguson) .. **33**:287
"Versöhnender, der du nimmer geglaubt ..." (Hölderlin) ..... **16**:162, 166, 168-69, 171, 176
*Die Versöhnung, oder Bruderzwist* (Kotzebue)
.................... **25**:147, 155
*Versos Libres* (Martí) ..... **63**:105-6
*Versos sencillos* (Martí) ... **63**:63, 105, 107-10, 167
*Versuch einer Kritik aller Offenbarung* (Fichte)
.................... **62**:8, 33, 40
"Ein Versuch in Versen" (Claudius) .... **75**:193
"Versuch über den verschiedenen Styl in Goethe's früheren und späteren Werken" (Schlegel) ............... **45**:309, 327
*Versuche des Ignaz Mácha, Die* (Macha)
........................ **46**:200
*Die Versuchung des Pescara* (Meyer) . **81**:135-37, 153, 164, 166-67, 181, 194
"Vertige" (Rimbaud) ..................... **4**:462
*Die Verwandtschaften* (Kotzebue) ....... **25**:145
*Verwickeltegeschicht* (Nestroy) ...... **42**:234-35
"Der verwundete Baum" (Meyer) . **81**:200
*Very Hard Cash* (Reade)
    See *Hard Cash: A Matter-of-Fact Romance*
"The Very Image" (Villiers de l'Isle Adam)
    See "A s'y méprendre"
*Very Young and Quite Another Story* (Ingelow)
........................ **39**:264
"Vesennee uspokoenie" (Tyutchev) .... **34**:411
*Veshnie vody* (Turgenev) ...... **21**:399-401, 411, 413-14, 416, 419, 431, 435, 437-41; **37**:424
"Vesica piscis" (Patmore) ................. **9**:359
"Vesna" (Tyutchev) ...... **34**:388, 398, 400, 405
*The Vespers of Palermo* (Hemans)
.................... **29**:196, 201, 206; **71**:261, 267
"The Veteran" (Runeberg)
    See "Veteranen"
"Veteranen" (Runeberg) .................. **41**:321
*The Veto on Love* (Wagner) ................ **9**:414
*Viaggo sentimentale di yorick lungo la Francia e l'Italia* (Foscolo) ............... **8**:263-64
*Viajes por España* (Alarcon) ............... **1**:12
*Vicaire des Ardennes* (Balzac) ............. **5**:58
*The Vicar of Bullhampton* (Trollope) .. **6**:465
*The Vicar of Wrexhill* (Trollope) .. **30**:308, 319
"Vicksburg" (Hayne) ................... **94**:149
*Le Vicomte de Bragelonne* (Dumas)
.................... **71**:184, 189, 222, 242
"Victor and Vanquished" (Longfellow)
........................ **45**:139
"Victor Hugo's Romances" (Stevenson)
.................... **5**:415; **63**:239-40
*Victor; ou, L'enfant de la forêt* (Pixerecourt)
.................... **39**:273, 276
*Victor Vane, the Young Secretary* (Alger)
.................... **8**:17, 46
*Victoria* (Rowson) ...... **5**:309, 315, 321; **69**:99, 102-03, 105, 111, 119-22, 125, 127, 135, 141
"A Victorian Rebel" (Morris) ............... **4**:436
"Victoria's Tears" (Browning) .......... **61**:8, 61
*The Victories of Love* (Patmore) .... **9**:349, 352
"Victorieusement fui" (Mallarme) .... **41**:291
"Victory" (Lazarus) ..................... **8**:419
"Victory Comes Late" (Dickinson) ....... **21**:39

"Victory in Defeat" (Patmore) ....... **9**:358, 365

*Vida y hechos del famoso caballero Don Catrín de la fachenda* (Lizardi) ... **30**:69-73, 78-9

"Videnie" (Tyutchev) . **34**:389, 404-05, 407-09

"Vid'ma" (Shevchenko) .... **54**:368, 389

*Une vie* (Maupassant) . **1**:442, 445-46, 452-54, 456, 463, 465-69; **42**:167-69, 174, 189; **83**:169, 172, 182, 227, 230

"La Vie antérieure" (Baudelaire) .... **6**:83; **55**:5

*Vie de Byron* (Lamartine) ................ **11**:270

*Vie de Henri Brulard* (Stendhal) . **23**:352, 368, 376, 378-79, 410-12, 416, 422; **46**:261, 270, 277, 281, 320, 325

*La vie de Jésus* (Renan) . **26**:365, 367-72, 377, 401-05, 407-11, 414, 418, 420

"Vie de Joseph Delorme" (Sainte-Beuve) ................................................. **5**:346

*La Vie de Polinchinelle et ses Nombreuses Aventures* (Feuillet) ... **45**:93

*Vie de Rossini* (Stendhal) .................... **23**:352

"La vie de voyage" (Gobineau) . **17**:69-70, 104

*La vie d'une comédienne* (Banville) ....... **9**:19

"La vie et la mort du Capitaine Renaud; ou, La canne du jour" (Vigny) . **7**:473, 478

*Vie, poésies, et pensées de Joseph Delorme* (Sainte-Beuve) ........... **5**:335, 346

"Vieille chanson du jeune temps" (Hugo) ................................................. **3**:263

*Une vieille maîtresse* (Barbey d'Aurevilly) ................................................. **1**:70

"Yields By Watervalls" (Barnes) .... **75**:31

*La vielle fille* (Balzac) ...... **5**:33-4, 46, 65, 71; **53**:29

"Viendome perseguide por la alondra" (Castro) ................................................. **78**:40

*Vienna and the Austrians* (Trollope) ... **30**:310

"Vier Jahreszeiten" (Goethe) ................ **4**:193

*Vier Schauspiele von Shakespeare* (Tieck) ................................................. **5**:520

"Vierge folle" (Rimbaud) . **35**:317-318; **82**:230, 241-42, 245

"Vies" (Rimbaud) ................................ **82**:242

"Vies I" (Rimbaud) ........................ **35**:322

"Vies II" (Rimbaud) ........... **35**:297, 322

"Le vieux drapeau" (Beranger) . **34**:28, 38, 44

"Le vieux vagabond" (Beranger) .......... **34**:38

*A View of the English Stage* (Hazlitt) ................................. **29**:174, 188; **82**:125

"A View on Russian Literature in 1847" (Belinski) .... **5**:99, 109, 105, 108-09, 116

*Views Afoot: or Europe seen with Knapsuck and Staff* (Taylor) ................ **89**:297, 363

*The Views and Reviews in American History, Literature, and Fiction* (Simms) .. **3**:501

*Views of Labour and Gold* (Barnes) . **75**:23, 40, 51-2, 60, 66, 102, 107

"Views of Life" (Brontë) ........................ **4**:45

*Views of Society and Manners in America* (Wright) ............................ **74**:373, 377-78

"The Vigil in Aiden" (Chivers) ... **49**:71, 73

"Vigil of the Annunciation" (Rossetti) . **50**:291

"Vigil Strange I Kept on the Field One Night" (Whitman) ................ **81**:301, 321-22, 330

"La vigne de Naboth" (Leconte de Lisle) ................................. **29**:215, 226-28

"La vigne et la maison" (Lamartine) ................................. **11**:272, 284-85, 289

"Vigny" (Mill) ................................ **58**:333

*Vijnan rahasya* (Chatterji) .................. **19**:225

"Világosságot!" (Petofi) ................ **21**:285

"Le vilain" (Beranger) ........................ **34**:28

"De vilde Svaner" (Andersen)
   See "The Wild Swans"

"The Village" (Pushkin) ................ **83**:333

*The Village* (Crabbe) ... **26**:77-81, 83, 86, 101-02, 106, 110-11, 116-18, 120, 122, 124, 127, 131-34, 137, 140-41, 143, 145-48, 151

*Le Village* (Feuillet) ................ **45**:75, 88-9

"The Village Band" (Krylov) ................ **1**:439

"The Village Beau" (Mitford) ................ **4**:401

"The Village Blacksmith" (Hayne) ..... **94**:144

"The Village Blacksmith" (Longfellow) . **2**:472-73, 493; **45**:99, 116, 135, 148, 152, 179

"The Village Churchyard" (Zhukovsky)
   See "Thoughts on a Tomb"

*The Village Coquette* (Dickens) .......... **37**:153

*Village Disputants* (More) ................ **27**:359

"Village Doctor" (Turgenev) ................ **21**:378

*The Village Fool* (Arany)
   See *A falu bolondja*

"The Village Garden" (Levy) ......... **59**:89, 102

"A Village Lear" (Turgenev)
   See "Stepnoy Korol 'Lir"

"Village Lovers" (Turgenev) ................ **21**:378

"The Village Merchant" (Freneau) ........ **1**:314

"Village Minstrel" (Clare) ... **9**:76-77, 97, 102, 113; **86**:129, 157

*The Village Minstrel, and Other Poems* (Clare) .. **9**:76-78, 84, 97, 112, 115; **86**:89-90, 103, 108, 110, 113, 125, 154, 159-60, 173-74

"Village of Balmaquhappel" (Hogg) ................................................. **4**:284

"Village of Goryukhino" (Pushkin)
   See *Istoriia sela Goriukhino*

*The Village of Stepanchikovo* (Dostoevsky)
   See *The Friend of the Family*

*The Village on the Heath* (Stifter)
   See *Das Haidedorf*

*Village Politics, by Will Chip* (More) ................................. **27**:333, 342-45, 349, 359

"The Village Register" (Crabbe)
   See "The Parish Register"

*A Village Romeo and Juliet* (Keller)
   See *Romeo und Julia auf dem Dorfe*

"La ville enchantée" (Banville) ................ **9**:16

*La Ville Noire* (Sand) ................ **42**:312-13

"Villes" (Rimbaud) ... **4**:473; **35**:269, 290, 322; **82**:238

"Villes I" (Rimbaud) ....... **35**:309, 313; **82**:232

*Villette* (Brontë) . **3**:49-61, 63-4, 67-74, 76, 80; **8**:54-55, 72, 75; **33**:102-57; **58**:171, 179, 187, 194-6, 199, 205

*Le vin* (Baudelaire) .... **6**:116, 122, 124; **55**:62, 66

"Le vin de l'assassin" (Baudelaire) ................................. **29**:104; **55**:62

"Le vin des amants" (Baudelaire) ....... **29**:104-05; **55**:43-4

"Le vin des chiffoniers" (Baudelaire) ................................. **6**:96; **29**:112

"Vinden fortæller om Valdemar Daae og hans Døttre" (Andersen) ................ **79**:77

"Vindicación" (Larra) ................ **17**:273

*A Vindication of Catholic Morality* (Manzoni)
   See *Osservazioni sulla morale cattolica*

*Vindication of Congress* (Hamilton)
   See *A Full Vindication of the Measures of Congress*

*Vindication of the English Constitution* (Disraeli) . **39**:6, 25-6; **79**:211, 215, 269-70, 275;

*Vindiciae Ecclesiae Anglicanae* (Southey) ................................................. **97**:265-66

*The Vindictive Man* (Holcroft) .... **85**:199, 212-13, 237

"Vineta" (Muller) ........................ **73**:352, 359

*Vingt ans après* (Dumas) .... **11**:58, 63, 65, 68, 73-74, 76; **71**:203

*Vingt jours en Sicile* (Renan) ............ **26**:417

"Vino" (Nekrasov) ................ **11**:412, 414

*The Vintage of Burgundy* (Rogers) . **69**:66-7, 73

*Viola tricolor* (Storm) ........................ **1**:540

"La viole de gamba" (Bertrand) . **31**:47, 49

"The Violet" (Very) ................ **9**:376, 380

"Violina" (O'Brien) ........................ **21**:249-50

"The Violinist" (Lampman) .......... **25**:167, 204

"The Virgin" (Meyer)
   See "Die Jungfrau"

"The Virgin" (Thoreau) ........................ **7**:383

*The Virgin and the Nun* (Keller)
   See *Die Jungfrau und die Nonne*

*The Virgin as Knight* (Keller)
   See *Die Jungfrau als Ritter*

"The Virgin Mary to the Child Jesus" (Browning) ................ **61**:8, 10, 61

"Virgin Mother Mary mild" (Fuller) ................................. **50**:245, 247

*Virgin Soil* (Turgenev)
   See *Nov'*

*Virginalia* (Chivers)
   See *Virginalia or Songs of My Summer Nights*

*Virginalia or Songs of My Summer Nights* (Chivers) ................ **49**:43, 47-9, 52, 73-6

*Virginia* (Macaulay) ........................ **42**:111

*Virginia* (Tamayo y Baus) ................ **1**:570-71

*Virginia: A History of the People* (Cooke) ................................. **5**:127, 131, 135

*Virginia and Magdalene* (Southworth) . **26**:432

"Virginia and Paul" (Villiers de l'Isle Adam)
   See *Virginie et Paul*

*The Virginia Bohemians* (Cooke) .. **5**:125, 127, 131-32, 135

"La< graveVirginia' del Páez" (Isaacs) ................................................. **70**:308

"The< graveVirginia' of the Páez River" (Isaacs)
   See "La< graveVirginia' del Páez"

*Virginia; or, The Roman Father* (Mackenzie) ................................................. **41**:207-09

"A Virginia y Rufino" (Isaacs) ............ **70**:311

*The Virginian Comedians; or, Old Days in the Old Dominion* (Cooke) ..... **5**:121, 123, 126-35

*The Virginians: A Tale of the Last Century* (Thackeray) ..... **5**:460-61, 481, 485, 488, 500; **14**:452; **43**:363, 388

*Virginibus Puerisque, and Other Papers* (Stevenson) . **5**:388-90, 395, 397, 402-05, 410, 413-14, 425

"Virginie et Paul" (Villiers de l'Isle Adam) ................................................. **3**:590

"Virtue and Vice" (Thomson) ............ **18**:392

*Vishavriksha* (Chatterji) . **19**:204-06, 209, 212-15, 217-21

"The Visible Church for the Sake of the Elect" (Newman) ................ **38**:305

"A Vision" (Clare) .. **9**:100, 102-03; **86**:87, 90, 114

"The Vision" (Southey) ........................ **97**:281

*Vision* (Tyutchev)
   See "Videnie"

*The Vision* (Beckford) ................ **16**:37, 47-50

"The Vision Beautiful" (Longfellow) . **45**:128

"La vision de Brahma" (Leconte de Lisle) ................................. **29**:222-23, 241-42

"La vision de Charles XI" (Merimee) ................ **65**:48, 53-4, 57-8, 87, 99, 115

*La vision de Dante* (Hugo) ................ **3**:270

"La vision de Snorr" (Leconte de Lisle) ................................. **29**:225, 227

"La visión del Castillo" (Isaacs) .... **70**:308-09

*The Vision of Columbus* (Barlow) . **23**:3, 12, 14-16, 18-20, 22, 26, 29, 32, 37, 40, 42

"A Vision of Connaught in the Thirteenth Century" (Mangan) ..... **27**:296, 298, 301, 311-13

"A Vision of Conor O'Sullivan" (Mangan) ................................................. **27**:308

"Vision of Hell" (Borrow) ................ **9**:54

"A Vision of Horns" (Lamb) .... **10**:411

*The Vision of Judgment* (Byron) . **2**:67, 72, 75, 78, 81, 91-94; **12**:102, 138

*A Vision of Judgment* (Southey) .... **8**:458, 461, 463-64; **97**:259, 264, 273, 277

"A Vision of Poesy" (Timrod) . **25**:361, 364-66, 369, 372-74, 378, 383-84

"A Vision of Poets" (Browning) ... **1**:113, 115, 117, 127; **61**:4

"A Vision of Purgatory" (Maginn) ........ **8**:440

"The Vision of Sin" (Tennyson) . **30**:223, 233, 249-50, 254

"The Vision of Sir Launfal" (Lowell)
.......... **2**:507, 515, 516, 522
*The Vision of Sir Launfal* (Lowell)
............. **90**:193, 209-10, 215-17
"The Vision of Sudden Death" (De Quincey)
............................. **4**:82-83
"The Vision of the Castle Ranch" (Isaacs)
See "La visión del Castillo"
"The Vision of the Fountain" (Hawthorne)
......................... **2**:298
*A Vision of the Last Judgment* (Blake)
.... **13**:219, 246; **37**:4, 28; **57**:24, 67, 74, 79
"A Vision of the Mermaids" (Hopkins)
............... **17**:190-91, 195, 215, 222
"A Vision of Twilight" (Lampman) .... **25**:204
"The Vision of Vanity" (Mackenzie) .. **41**:184
"The Vision; or, Prospect of the Future
Happiness of America" (Dwight)
......... **13**:270, 272, 276, 278-79
"The Visionary" (Brontë) ............. **16**:74-5, 86
"Visions" (Turgenev) .................. **21**:399
*Visions* (Borrow) ........................ **9**:54
"Visions in the Smoke" (Gordon) ....... **21**:160-61, 165, 180
*Visions of the Daughters of Albion: The Eye
Sees More Than the Heart Knows* (Blake)
..... **13**:163, 183, 218, 220-21, 223, 232-33, 251-52; **37**:22
"The Visit" (Very) ............... **9**:378
"A Visit to Grosse Isle" (Moodie) ...... **14**:243
*A Visit to India, China and Japan in the year
1853* (Taylor) ..................... **89**:346
"A Visit to Portugal" (Andersen) ........ **79**:79
"A Visit to the Autocrat's Landlady" (Holmes)
........................... **81**:98
*Une visite à Bedlam* (Scribe) ......... **16**:391
"La Visite au hameau" (Desbordes-Valmore)
................................... **97**:8
*Une visite de Noces* (Dumas) .. **9**:223, 225-26, 230, 232-33, 242
"Visitors" (Irving) ...................... **2**:372
*Visits and Sketches at Home and Abroad*
(Jameson) .... **43**:304, 317, 320, 323, 337
"Visszatekintés" (Arany) ........ **34**:16, 19
"Vitre bujnyj" (Shevchenko) ......... **54**:375
*Vittoria Accoramboni* (Symonds) ... **34**:348
*Vittoria Accorombona* (Tieck) ....... **5**:517, 532; **46**:365, 374-76, 381, 397
"La vivandière" (Beranger) ................. **34**:29
*Vivia; or, The Secret of Power* (Southworth)
......................... **26**:438
"Vivia Perpetua" (Lampman) .... **25**:169, 220
*Vivian* (Edgeworth) ...... **1**:267-68; **51**:88-90
*Vivian Grey* (Disraeli) . **2**:136-39, 142-43, 145-46, 148-50; **39**:3, 20-2, 24-5, 30-3, 39-40, 42, 44-6, 50-2, 65-6, 74-5, 78; **79**:199-202, 214, 218, 226-27, 232, 257, 270-72, 274, 276, 279
"Vivian to His Correspondents" (Lewes)
.................................. **25**:290
"Vivien" (Tennyson) ......... **65**:226, 315-6, 359
*Viviparous Quadrupeds of North America, The*
(Audubon) ......... **47**:13, 33-8, 45-6, 51-2
"The Vixen" (Clare) ....... **9**:117; **86**:131
"Vixerunt" (Emerson) ................. **10**:338
"Viy" (Gogol) ..... **5**:224, 226-27, 242, 248-49, 251, 256-58; **31**:120, 122
*Vladimir Beltov* (Herzen) ........... **61**:109
*Vladimir den Store* (Stagnelius) .. **61**:248, 251, 261, 263
*Vladimir the Great* (Stagnelius)
See *Vladimir den Store*
"Vladyčnyj sud" (Leskov) . **25**:258-59, 265-67
"Vlas" (Nekrasov) ... **11**:400, 407, 412-13, 421
*Vließ* (Grillparzer)
See *Das goldene Vließ*
*The Vocation of Man* (Fichte)
See *Die Bestimmung des Menschen*
"La voeux stériles" (Musset) ............... **7**:256
*Voevoda: Son na Volge* (Ostrovsky) . **57**:206-7
"Die Vogelhütte" (Droste-Hulshoff) ...... **3**:197
*Die Vogelscheuche* (Tieck) ............. **5**:519

"The Voice" (Arnold) .......................... **29**:35
"The Voice and the Peak" (Tennyson) . **30**:271-72
"A Voice from the Dungeon" (Brontë) ... **4**:44
*A Voice from the Factories* (Norton) .. **47**:260
"A Voice from the Nile" (Thomson) ... **18**:421
"The Voice in the Pines" (Hayne) . **94**:144, 149
"The Voice in the Wild Oak" (Kendall)
.................................. **12**:189
"The Voice of a Spirit" (Schiller) ....... **39**:306
"The Voice of Autumn" (Bryant) ......... **6**:176
"Voice of By-Gone Days" (Foster) ... **26**:287
"A Voice of Encouragement—A New Year's
Lay" (Mangan) ............ **27**:300, 317
"Voice of Flowers" (Sigourney) ......... **87**:321
"A Voice of Nature" (Clare) ............ **9**:110
*The Voice of Nature* (Dunlap) ............. **2**:211
"Voice of Spring" (Hemans) ............. **29**:200
"The Voice of the Ancient Bard" (Blake)
......................... **13**:181; **37**:19, 45, 72
"Voice of the People" (Hölderlin)
See "Stimme des Volks"
"The Voice of Thought" (Chivers) ..... **49**:58, 72
"Voice out of the Sea" (Whitman) ....... **4**:546
"The Voice that Stands for Floods to Me"
(Dickinson) ............... **21**:77
"The Voiceless" (Holmes) . **14**:109, 132; **81**:97
"Voices from the Canadian Woods: The White
Cedar" (Traill) .................. **31**:327
"Voices of Earth" (Lampman) ..... **25**:194, 204
*Voices of Freedom* (Whittier) . **8**:489, 495, 504-05, 509-16; **59**:353, 357-8
"Voices of the Night" (Longfellow)
....... **2**:471; **45**:112, 115, 127, 131, 133-34, 151-52, 154, 183-84
"Voices of the Pines" (Hayne)
See "The Voice in the Pines"
"The Voices that Be Gone" (Barnes) .... **75**:59
"Void in Law" (Browning) ........... **61**:7, 45, 66
*Les voiles nors* (Gobineau) ............. **17**:104
"Voitel' nica" (Leskov) .. **25**:228, 235, 238-39, 246, 260, 263-65
*La voiture de masques* (Goncourt and
Goncourt) ..................... **7**:153
"La Voix d'un ami" (Desbordes-Valmore)
..................................... **97**:28
"La Voix perdue" (Desbordes-Valmore) . **97**:6-7
"Vojtina ars poetikájából" (Arany) .... **34**:16
"Les Voleurs" (Merimee) ........... **65**:121-2
*Volki i ovtsy* (Ostrovsky) ..... **30**:100, 103, 113, 115; **57**:213-4, 220
"Volksglauben in den Pyrenäen"
(Droste-Hulshoff) ............. **3**:203
*Volkslieder* (Herder) .......... **8**:299, 310, 315
*Volksmärchen* (Tieck) ................. **46**:334
*Vollständige Ausgabe durch einem Verein von
Freunden des Verewigten* (Hegel)
............................. **46**:139
*Vollständige ausgabe letzter Hand* (Goethe)
................................... **34**:125
"Vol'nost': Oda" (Pushkin) ........ **83**:305
"Voltaire" (Carlyle) .................. **70**:61
*Volume the First* (Austen) ............. **1**:46
"Voluntaries" (Emerson) . **1**:279, 285, 290, 296
"The Volunteer" (Hood) ................. **16**:237
*The Volunteers* (Rowson) ........... **69**:140-41
"La volupté" (Baudelaire) ............. **55**:74
*Volupté* (Sainte-Beuve) .. **5**:328, 333, 335, 337, 348, 351
"The Voluptuary Cured" (Griffin) ........ **7**:214
*Voluptuousness* (Sainte-Beuve)
See *Volupté*
*Vom andern Ufer* (Herzen) ....... **10**:326-7, 332, 334-7, 339-40, 344, 346
"Vom ästhetischen Werte der griechischen
Komödie" (Schlegel) .. **45**:312, 324, 334, 358
*Vom Geist der ebräischen Poesie* (Herder)
................. **8**:297, 300, 303, 305-06, 316
"Vom Gewissen: In Briefen an Andres"
(Claudius) ..................... **75**:218

*Vom Ich als Princip der Philosophie*
(Schelling) ............ **30**:128, 164
"Vom Vaterunser" (Claudius) ......... **75**:217
"Vom Wert des Studiums der Griechen und
Römer" (Schlegel) ........... **45**:310, 357
*Von den Lebensaltern einer Sprache* (Herder)
.................................. **8**:317
"Von der Seele" (Schlegel) ............ **45**:338
"Von der Überlegung: Eine Paradoxe" (Kleist)
............................. **37**:249, 266
*Von deutscher Art und Kunst* (Herder) . **8**:309-10
"Von Essen" (Runeberg) ............. **41**:314
*Von heut und ehedem* (Storm) ........... **1**:544
"Von hohen Menschen" (Jean Paul) .... **7**:240
"Von Jung" (Poe) .................... **16**:322
"Von Kempelen and His Discovery" (Poe)
.................................... **16**:313
"Von Konow" (Runeberg) ............. **41**:314
"Von Projekten und Projektmachern"
(Claudius) ..................... **75**:203
*Von Ranke* (Macaulay)
See *Essay on Ranke*
"Von Törne" (Runeberg) ............. **41**:314
*Von Zwanzig bis Dreissig* (Fontane)
................... **26**:235, 247-49
*Vor dem Sturm: Roman aus dem Winter 1812
auf 13* (Fontane) . **26**:236-37, 243, 250-52, 261, 267, 270-71, 274-75, 278
"Vor dem Tor" (Goethe) ............. **4**:215, 221
"Vor der Ernte" (Meyer) . **81**:146, 152-53, 157, 206
"Vor einer Büste" (Meyer) ............. **81**:207
"Vor Gericht" (Goethe) ............. **34**:71
"Vord lys!" (Wergeland) ............. **5**:539
*Vorlesungen über die Aesthetik* (Hegel)
................... **46**:181-82, 186-87
*Vorlesungen über die Geschichte der
Philosophie* (Hegel) ....... **46**:166, 192
*Vorlesungen über die Methode des
academischen Studium* (Schelling)
.................................. **30**:167
*Vorlesungen über die Philosophie der
Geschichte* (Hegel) ......... **46**:110
*Vorlesungen über die Philosophie der Religion,
nebst iener Schrift über die Beweise vom
Dasein Gottes* (Hegel) ........ **46**:162, 186
"Vörös Rébék" (Arany) ............. **34**:21
*Vorschule der Aesthetik: Nebst einigen
Vorlesungen in Leipzig über die Parte ien
der Zeit* (Jean Paul) . **7**:223, 225-26, 234, 237-38, 242
"Vorwurf an Laura" (Schiller) ........... **39**:357
*Vospitannitsa* (Ostrovsky) . **30**:98-9, 102, 104, 111, 115; **57**:198, 209-10, 218-20
"Vospominanie v Tsarskom Sele" (Pushkin)
.......................... **3**:423; **83**:258
"Votive Offering" (Meyer)
See "Weihgeschenck"
"The Vow" (Fouque) ............. **2**:266
"Vox Ecclesiae, Vox Christi" (Rossetti)
................... **77**:292-93, 295, 297
"Vox Populi" (Longfellow) ........... **45**:134
"Vox populi" (Villiers de l'Isle Adam) . **3**:590
"Le voyage" (Baudelaire) . **6**:90, 93, 101, 109, 116-17, 123-24; **29**:78, 90, 105, 107; **55**:3-4, 6, 12, 26, 29, 43, 49-50, 52-53, 65-8, 73, 78
"The Voyage" (Irving) ................. **95**:265
"Le voyage à Cythère" (Baudelaire) . **6**:91, 109, 116-17; **29**:74, 84, 104; **55**:4, 29, 31, 33, 73-6, 78-80
*Voyage aux eaux des Pyrénées* (Taine)
................... **15**:411, 431, 450, 452
"Voyage de Noce" (Maupassant) ........ **83**:173
"Voyage du jeune anacharsis" (Nerval)
.................................. **67**:320
*Voyage en Amérique* (Chateaubriand) ... **3**:134
*Voyage en Egypte* (Fromentin) ........ **10**:229
*Voyage en Espagne* (Gautier) . **1**:339, 341, 344
*Voyage en Italie* (Gautier) ............. **59**:47-55
*Voyage en Italie* (Taine) ............. **15**:417, 452

*Voyage en Orient* (Flaubert) ..... **62**:113-5, 117, 123

*Voyage en Orient* (Nerval) .. **1**:475-76, 479-80, 483, 485; **67**:302-03, 312, 323, 333-34, 336, 357, 363-64, 366-72, 375

*Voyage en Russie* (Gautier) ................... **1**:344

*The Voyage of Captain Popanilla* (Disraeli) ... **2**:149, 153; **39**:3, 33, 39, 46, 48-9, 52-5, 72-3, 75; **79**:269-71

*The Voyage of Columbus* (Rogers) . **69**:68, 70-1, 74, 83

"The Voyage of Maeldune" (Tennyson) ................................. **30**:223

"The Voyage of Telegonus" (Kendall) ........ **12**:181, 190, 192, 201-02

*The Voyage of the Beagle* (Darwin)
    See *The Zoology of the Voyage of the Beagle*

*The Voyage of the Fregate Pallada* (Goncharov) ..... **1**:366, 370, 373; **63**:3-4, 27

*A Voyage to Arzrum* (Pushkin) .............. **3**:436

"Voyage to Cythera" (Baudelaire)
    See "Le voyage à Cythère"

"Voyage to England" (Irving) . **19**:328, 350-51

*A Voyage to the Holy Land* (Slowacki)
    See *Podróż na Wschód—Podróż do Ziemi Swietej z Neopolu*

"The Voyager's Song" (Pinkney) . **31**:273, 279

*Voyages* (Gautier) ................................. **59**:51

*Voyages and Travels . . .* (Galt) ............ **1**:327

"Voyance" (Verlaine) ......................... **51**:382

"Les Voyelles" (Rimbaud) ....... **4**:452-53, 469, 472, 475, 482; **35**:323; **82**:227, 248, 256, 258

*Voyevoda* (Ostrovsky)
    See *Voevoda: Son na Volge*

"Vse bešennej burja" (Tyutchev) ........ **34**:415

"La vœu suprême" (Leconte de Lisle) ................................. **29**:228, 235

*La vuelta de Martín Fierro* (Hernandez) ................ **17**:162-69, 171-72, 176-79

"La vuelta del recluta" (Isaacs) .......... **70**:305

*The Vultures* (Becque)
    See *Les corbeaux*

"V.V.: or Plots and Counterplots" (Alcott) ................................. **58**:39; **83**:6

"Vystrel" (Pushkin) .. **3**:435, 452; **83**:272, 323-27, 337, 354

"Vzoshla zaria..." (Zhukovsky) ........... **35**:406

*Waclaw* (Slowacki) ................ **15**:348, 358

*Wacousta; or, The Prophecy: A Tale of the Canadas* (Richardson) . **55**:288, 290, 292, 294, 299-300, 303-5, 312-27, 329, 332-40, 342-4, 346-65, 369-76

"The Wager" (Crabbe) ......................... **26**:93

*A Wager* (Tamayo y Baus) ................... **1**:571

"The Waggon A-Stooded" (Barnes) ..... **75**:78

*The Waggoner* (Wordsworth) ...... **12**:409, 422, 451

*Die Wahlverwandtschaften* (Goethe) .... **4**:168, 172-73, 176, 178, 188, 193, 201, 223; **34**:98

*Wahrheit aus Jean Paul's Leben* (Jean Paul) ................................. **7**:229-30

"The Waif" (Longfellow) ...................... **2**:474

"The Wail and Warning of the Three Khalandeers" (Mangan) . **27**:278, 284-85

*Wait and Hope* (Alger) ........................ **8**:44

"Waiting by the Gate" (Bryant) ........... **6**:193

"Waiting for Dead Men's Shoes" (Moodie) ................................. **14**:236

"A Waitress" (Woolson) .................... **82**:290

"Wakacje" (Norwid) .......................... **17**:373

"Wakare-Michi" (Ichiyo) .. **49**:336-37, 347-48, 350-51, 353-54

"Wakaremichi" (Ichiyo)
    See "Wakare-Michi"

"The Wake" (Shevchenko)
    See "Tryzna"

"Wakefield" (Hawthorne) ..................... **2**:292

"Wakerejimo" (Ichiyo) ....................... **49**:341

"Walcourt" (Verlaine) ........... **51**:370, 382, 384

"Wald und Höhle" (Goethe) ................... **4**:214

*Der Waldbrunnen* (Stifter) ............ **41**:375, 379

*Waldeinsamkeit* (Tieck) ..................... **5**:519

"Waldemar Daa and His Daughters" (Andersen)
    See "The Wind Tells of Valdemar Daae and His Daughters"

*Walden; or, Life in the Woods* (Thoreau) .... **7**:349-53, 357, 361, 363, 369-70, 373-7, 379-82, 385-411; **21**:319-20, 322, 328-30, 340, 343-5, 350-3, 358, 360-1, 369-70, 372; **61**:278-390

*Der Waldgänger* (Stifter) .............. **41**:343, 353

"Wald-Idylle" (Morike) ...................... **10**:449

"Die Waldkapelle" (Lenau) ............... **16**:278

*Der Waldsteig* (Stifter) ....... **41**:361, 366, 377

*Waldwinkel* (Storm) ............................ **1**:540

"A walesi bárdok" (Arany) .. **34**:8, 10, 15, 21

"The Walk" (Schiller)
    See "Der Spaziergang"

"A Walk at Sunset" (Bryant) ......... **46**:3, 13

"Walk in the Woods" (Clare) .............. **9**:123

"A Walk Through the Franconian Switzerland" (Taylor) ................................. **89**:308

"The Walk to Dummer" (Moodie) . **14**:231, 239

"A Walk to Railway Point" (Traill) ... **31**:327

"A Walk to Wachusett" (Thoreau) ..... **21**:372

"Walking" (Thoreau) ............... **7**:394; **21**:372

"Walking in Scotland" (Keats) ............. **8**:360

*A Walking Tour* (Andersen) ................... **79**:86

"Walking Tours" (Stevenson) ............... **5**:413

"Walking with God" (Cowper) ............. **94**:73

"Walks in the Wheat-fields" (Jefferies) ................................. **47**:140, 143

*Die Walküre* (Wagner) ...... **9**:409, 414, 416-17, 419, 448, 454, 456, 459, 466, 469-70, 473

"A Wall Flower" (Levy) ....................... **59**:92

"Wallace" (Hemans) ......................... **71**:261

*Wallenstein* (Schiller) ..... **39**:314, 316, 318-20, 322, 324, 326, 328, 337, 341-46, 348, 352, 361, 364, 367-69, 372-73, 375-78, 380, 385; **69**:169, 189, 194, 243-44, 272, 275

*Wallenstein's Camp* (Schiller)
    See *Wallenstein*

*Wallenstein's Death* (Schiller)
    See *Wallenstein*

*Wallenstein's Lager* (Schiller)
    See *Wallenstein*

*Wallenstein's Tod* (Schiller)
    See *Wallenstein*

"The Wallflower" (Wergeland) ............. **5**:538

*Wallstein* (Constant) ..................... **6**:213, 224

"Walpurgisnacht" (Goethe) ............. **4**:214-15

"The Walrus and the Carpenter" (Carroll) ........ **2**:112; **53**:40, 43, 54, 73, 93, 96, 113

"The Walse" (Sheridan) ..................... **91**:233

"Walstein's School of History" (Brown) ................................. **74**:170, 172, 175-76

*Walt and Vult; or, The Twins* (Jean Paul)
    See *Flegeljahre: Eine Biographie*

*Walt Whitman: A Study* (Symonds) ..... **34**:365

"Walt Whitman, an American" (Whitman) ................................. **4**:540, 545-46, 548, 556

"Walter" (Droste-Hulshoff) ............. **3**:195-96

*Walter Savage Landor* (Forster) ......... **11**:102-03, 120, 125-27, 129-31

*Walter Scott et La Princesse Clèves* (Stendhal) ................................. **23**:392

*Walter Sherwood's Probation; or, Cool Head and Warm Heart* (Alger) ......... **8**:24, 43

"Walter Wilson" (Hale) ..................... **75**:298

"Wanda" (Vigny) ...... **7**:473, 478, 484

"Wandelnde Glocke" (Goethe) ............ **4**:192

"Der Wanderer" (Hölderlin)
    See "Versöhnender, der du nimmer geglaubt ..."

"The Wanderer" (Pushkin) ................ **83**:279

*The Wanderer* (Sacher-Masoch) ..... **31**:291-92

*A Wanderer Astray on the Path of Life* (Smolenskin)
    See *ha-To'eh be-darke ha-hayim*

"The Wanderer from the Fold" (Brontë) . **16**:86

"The Wanderer of the Wold" (Lewis) . **11**:302-03

*The Wanderer; or, Female Difficulties* (Burney) ........ **12**:19, 21-2, 28, 30, 32-4, 46-7, 51-4, 56-9, 62-4; **54**:18-19, 21, 25-7, 29-31, 36-9, 50-2

"The Wanderers" (Morris) ..................... **4**:427

"Wander-füße" (Meyer) .................... **81**:155

*The Wandering Boys* (Pixerecourt)
    See *Le pèlerin blanc; ou, Les orphelins du hameau*

*The Wandering Heir* (Reade) ... **2**:541-42, 547, 549; **74**:256, 263-65

"The Wandering Jew" (Muller) ........... **73**:351

*The Wandering Jew* (Sue) . **1**:555-60

"Wandering Knight's Song" (Lockhart) . **6**:297

*The Wandering Minstrel* (Mayhew) ................................. **31**:156, 158-59

"Wandering Willie" (Stevenson) ......... **5**:428

*Wanderings in Spain* (Gautier)
    See *Voyage en Espagne*

*Wanderings in Three Continents* (Burton) ................................. **42**:35

"The Wanderings of Cain" (Coleridge) . **54**:79

*The Wanderings of Ulysses* (Lamb) .... **10**:406

*The Wanderings of Warwick* (Smith) .. **23**:323

*Wandering—with Pleasure but not without Morals* (Shevchenko)
    See *Matros*

*Wanderjahre* (Goethe)
    See *Wilhelm Meisters Wanderjahre; oder, Die Entsagenden*

*Wanderlieder* (Muller) ............ **73**:365-67, 387

*Wanderlieder eines rheinischen Handwerksburschen* (Muller) ................................. **73**:362, 380

"Das Wandern ist des Müllers Lust" (Muller) ................................. **73**:350, 379, 381, 383

"Wanderschaft" (Muller) ............ **73**:364, 368

"Wanderschaft, Wandernder Dichter" (Eichendorff) ................................. **8**:213

"Die Wanderung" (Hölderlin) ........ **16**:174-76

*Wanderungen durch die Mark Brandenburg* (Fontane) .. **26**:234, 261, 263, 270

"Der Wandrer" (Goethe) ......... **4**:211, 214

"Wandrers Sturmlied" (Goethe) ........... **4**:212

*Wandsbeck, eine Art von Romanze* (Claudius) ................................. **75**:196

*Der Wandsbecker Bote* (Claudius) ................................. **75**:192, 195, 201

"The Waning Moon" (Bryant) ................. **46**:4

*Wann-Chlore* (Balzac)
    See *Jane la pâle*

"The Wants of the Times" (Brownson) . **50**:47

"War" (Channing) ............................ **17**:33

"War" (Crawford) ............................ **12**:174

"War" (Lampman) .................. **25**:167, 203

*War* (Robertson) ...... **35**:335, 354, 361, 364-65

"War and Peace: A Poem" (Hemans) . **71**:272-73

"The War and the Commune" (Mazzini) ................................. **34**:281

*War Memoranda* (Whitman) ............. **81**:317

*War of 1812* (Richardson) ..... **55**:301-2, 311-2, 317, 330, 347

*The War of Chocim* (Krasicki)
    See *Wojna Chocimska*

*War of the Norns and the Asas* (Grundtvig) ................................. **1**:401

"The War of the Turcomans" (Gobineau)
    See "La guerre des Turcomans"

"War Song" (Moore) ......................... **6**:398

*War Sonnets* (Smith)
    See *Sonnets on the War*

*The War Widow* (Frederic) ................. **10**:188

*Warbeck* (Schiller) ............................ **69**:169

*The Ward* (Ostrovsky)
    See *Vospitannitsa*

*The Warden* (Trollope) . **6**:452-53, 464-66, 470-71, 476, 494, 497, 499, 510, 512, 514, 517;

**33:**362, 365, 374-75, 382, 387-88, 395-96, 416, 418-20, 424

"Wardour Street" (Morris) ..................... **4:**434

"Ware kara" (Ichiyo) ..................... **49:**336-37

"Waring" (Browning) ..................... **79:**100

*The Warlord: Dream on the Volga* (Ostrovsky)
 See *Voevoda: Son na Volge*

"The Warning" (Longfellow) ........ **45:**147, 155

"The Warning Voice" (Mangan) . **27:**296, 299-300, 316

"The Warrigal—Wild Dog" (Kendall) . **12:**183

"The Warrior's Return" (Opie) . **65:**160-1, 175

*War-Song for the Scanian Reserves* (Tegner) ..................... **2:**613

"Warum gabst du uns" (Goethe) ....... **4:**193

"Was My Brother in the Battle" (Foster) ..................... **26:**288

"Was the Earl of Beaconsfield a Representative Jew?" (Lazarus) ..................... **8:**419, 424

"Was wär' ich ohne dich gewesen?" (Novalis) ..................... **13:**362

"The Washers of the Shroud" (Lowell) ..................... **2:**514; **90:**193, 198

"Washing-Day" (Barbauld) ............. **50:**14-16

"Washington" (Landor) ..................... **14:**166

*Washington Irving Journals and Notebooks, Vol. II* (Irving) .......... **95:**276, 278-79

*Washington Irving Letters Volume I 1802-23* (Irving) ..................... **95:**273-79

"Wasserflut" (Muller) ..................... **73:**384, 396

*Der Wassermensch* (Tieck) ..................... **5:**519

"Waste Not, Want Not" (Edgeworth) ..................... **1:**265; **51:**87

*Wat Tyler* (Southey) . **8:**455, 458, 467; **97:**250, 259, 263-64, 267, 293, 312-17

"The Watch" (Mickiewicz) ..................... **3:**398

*The Watch Dog* (Fredro)
 See *Brytan bryś*

"The Watcher" (Le Fanu)
 See "The Familiar"

"The Watching of the Falcon" (Morris) ..................... **4:**416, 447-48

"The Water Colley" (Jefferies) ......... **47:**136

"Water Color" (Verlaine)
 See "Aquarelles"

"The Water Crowfoot" (Barnes) . **75:**22, 28, 37

"The Water Crowvoot" (Barnes)
 See "The Water Crowfoot"

"Water Drops" (Sigourney) ..................... **87:**321

"Water Flows into the Blue Sea" (Shevchenko)
 See "Tece voda v synje more"

"The Water Lady" (Hood) ..................... **16:**225

"The Water Nymph" (Lermontov)
 See "Rusalka"

*The Water Nymph* (Pushkin)
 See *Rusalka*

"The Water of Life" (Grimm and Grimm) ..................... **3:**222

"The Water of the Wondrous Isles" (Morris) ..................... **4:**425, 436, 438

*The Water-Babies: A Fairy-Tale for a Land-Baby* (Kingsley) . **35:**220, 227, 232, 235, 246, 249, 251, 254-55, 258-60

"Water-Lilies" (Clare) ..................... **9:**117

"The Waterlily" (Crawford) ..................... **12:**172

"The Water's Flow" (Muller)
 See "Wasserflut"

*The Water-Witch; or, The Skimmer of the Seas* (Cooper) . **1:**200, 207-08, 221-22; **54:**255

*The Watsons* (Austen) .... **1:**36, 42, 46, 50-52, 54, 60; **13:**99

*Wau-Nan-Gee, or The Massacre at Chicago* (Richardson) ............. **55:**304, 313, 321

*Waverley* (Scott) ........ **15:**257-59, 263, 266-67, 269-70, 274-75, 285-87, 289, 300-03, 307, 310, 313, 315-16, 318, 321, 323; **69:**296-97, 299-300, 303-04, 308, 318-20, 378, 391

*Waverley Novels* (Scott) .... **15:**275-76, 278-79, 284, 289, 292, 294-95, 300, 306-07, 309-10, 318, 320-22, 325

"The Waves" (Taylor) ..................... **89:**300

*The Waves* (Grillparzer) ..................... **1:**385

"Waving of the Corn" (Lanier) ............. **6:**238

"Way Down upon the Swanee River" (Foster)
 See "Old Folks at Home"

"The Way of the World" (Rossetti) ..... **66:**342

*The Way towards the Blessed Life; or, The Doctrine of Religion* (Fichte)
 See *Die Anweisung zum seligen Leben, oder auch die Religionslehre*

*The Way We Live Now* (Trollope) ......... **6:**460-61, 464, 471, 477, 480, 482, 487, 489, 497, 500, 507, 511-13; **33:**417, 424

"Wayconnell Tower" (Allingham) ......... **25:**8

*The Ways of the Hour* (Cooper) . **1:**220; **54:**259, 262-3, 300

"The Wayside Dream" (Taylor) ..... **89:**298-99

"Wayside Flowers" (Allingham) ......... **25:**14

"The Wayside Inn" (Turgenev)
 See "The Inn"

*Wayside Inn* (Longfellow)
 See *Tales of a Wayside Inn*

"The Wayside Well" (Allingham) .. **25:**6, 8, 24

*We and Our Neighbors; or, The Records of an Unfashionable Street: A Sequel to "My Wife and I"* (Stowe) ............. **3:**554, 562

"We Are Coming Father Abraham, 300,000 More" (Foster) ..................... **26:**298

"We Are Seven" (Wordsworth) ... **12:**387, 414, 430

"We Break the Glass" (Pinkney) ... **31:**279-80

"We Parted" (Lermontov) ..................... **5:**299

"We Play at Paste" (Dickinson) ............. **21:**43

"We Two, Each Other's Only Pride" (Sheridan) ..................... **91:**232

"We Two, How Long We Were Fool'd" (Whitman) ..................... **4:**601; **31:**389

"We Watched Her Breathing" (Hood) . **16:**233

"The Weaker Vessel" (Parton) ............. **86:**350

"The Weaker Vessel" (Patmore) . **9:**340, 344

"Weal and Woe in Garveloch" (Martineau) ..................... **26:**336

"Weariness" (Longfellow) ..... **45:**116-17, 131

*Wearing of the Gray* (Cooke) . **5:**130, 135

"Weary in Well-Doing" (Rossetti) . **50:**268, 316

"Weary of the Bitter Ease" (Mallarme)
 See "Las de l'amer repos"

"The Weary Soul" (Milnes) ..................... **61:**136

"The Weathercock" (Muller) ............. **73:**385

"The Weaver" (Lampman) ......... **25:**206, 216

"Wechsel" (Hölderlin) ..................... **16:**185

"Weddah and Om-el-Bonain" (Thomson) ..................... **18:**392, 397, 401, 403, 405, 408

"The Wedding" (Lamb) ..................... **10:**410

"Wedding and Funeral" (Hale) ............. **75:**296

*The Wedding Day* (Inchbald) ......... **62:**144, 150

"Wedding Hymn" (Lanier) ..................... **6:**237

"The Wedding Knell" (Hawthorne) ..................... **2:**291; **10:**316; **79:**296; **95:**105

*Weder Lorbeerbaum noch Bettelstab* (Nestroy) ..................... **42:**239-40

"Wednesday" (Thoreau) ..................... **7:**352

"Wednesday Before Easter" (Keble) ... **87:**201

*Weeds and Wildings, with a Rose or Two* (Melville) ..................... **3:**379-80

"A Week in a Village" (Clare) ............. **86:**92

"A Week on Capri" (Taylor) ..................... **89:**313

*A Week on the Concord and Merrimack Rivers* (Thoreau) . **7:**348, 352, 361, 369-70, 375, 377-8, 381, 388-90, 400, 405, 410-1; **21:**322, 344-6, 369-70, 372; **61:**283, 288, 296-7, 302, 306, 309, 315, 326, 335, 339, 342-3, 348, 352, 375

"The Weepen Leady" (Barnes) ......... **75:**76

"Weeping Willow" (Sigourney) ......... **87:**321

"Der Wegweiser" (Muller) ......... **73:**391, 393, 396-97

*Weh dem, der lügt!* (Grillparzer) ........... **1:**384

"Das Weib des Admirals" (Meyer) ... **81:**142

"Das weiße Spitzchen" (Meyer) ... **81:**144

*Der weibliche Jakobiner-Klubb* (Kotzebue) ..................... **25:**143, 147

"Weighed in the Balance" (Woolson) . **82:**322

"A Weight with Needles on the Pounds" (Dickinson) ..................... **21:**64

"Der Weiher" (Droste-Hulshoff) ........... **3:**203

"Weihgeschenck" (Meyer) ... **81:**199, 205, 209

"Weimar and its Dead" (Taylor) ........ **89:**308

"Weimar in June" (Taylor) ..................... **89:**325

"Der Weingott" (Hölderlin) ............. **16:**176

"Weintrunk an die toten Freunde" (Klopstock) ..................... **11:**236-37

"Weinsegen" (Meyer) ..................... **81:**146

*Weir of Hermiston* (Stevenson) . **5:**416-19, 427, 429-34

"Weird Gathering" (Whittier) ............. **8:**485

"The Weird Lady" (Kingsley) ............. **35:**218

*Weird Women* (Barbey d'Aurevilly)
 See *Les diaboliques*

*Weisthümer* (Grimm and Grimm) ........ **3:**216

"Welcome" (Very) ..................... **9:**388

"Welcome and Parting" (Goethe)
 See "Willkommen und Abschied"

"The Welcome Home" (Opie) ......... **65:**172

"Welcome, Wild North-Easter!" (Kingsley) ..................... **35:**212, 219

"The Well at the World's End" (Morris) ..................... **4:**424-36, 438

"Well! Dad's Dead" (Harris) ....... **23:**142, 146, 160

"The Well of Pen-Morfa" (Gaskell) ..................... **5:**205; **70:**185, 190

*We'll Settle It Among Ourselves* (Ostrovsky)
 See *Svoi lyudi—sochtemsya!*

"Well! Thou Art Happy" (Byron) ........... **2:**77

"Welland River" (Morris) ............... **4:**431, 444

"Welldean Hall" (Hogg) ..................... **4:**283

"Wellington's Funeral" (Rossetti) ......... **4:**518

"Wellington's Funeral" (Rossetti) ....... **77:**296-7

*Welsh Melodies* (Hemans) ..... **29:**205; **71:**261

"The Welshmen of Tirawley" (Ferguson)
 See "The Vengeance of the Welshmen of Tirawley"

*Die Welt als Wille und Vorstellung* (Schopenhauer) ...... **51:**245, 249, 270-71, 287, 292, 294, 302, 311-12, 315-16, 318, 321, 324, 344-46

*Die Weltalter* (Schelling) ............. **30:**141, 170

*Weltgeschichtliche Bertrachtungen* (Burckhardt) ...... **49:**5, 7-9, 16, 19, 22

"Wen Gott betrügt, ist wohl betrogen" (Clough) ............. **27:**103, 107

"Wenn der lahme Weber träumt, er webe" (Brentano) ..................... **1:**105

"Wenn der Sturm das Meer umschlinget" (Brentano) ..................... **1:**104

"Went Hwome" (Barnes) ..................... **75:**53

*The Wept of Wish-ton-Wish* (Cooper) ..................... **1:**199, 221-22; **54:**255, 262

"Wer ist der Verräter?" (Goethe) ........... **4:**194

"Die Werbung" (Lenau) ............. **16:**264, 285

"Das Werden im Vergehen" (Hölderlin) ..................... **16:**178

"We're a Million in the Field" (Foster) . **26:**288

"Werke: Hamburger Ausgabe" (Goethe) ..................... **90:**42-4, 103, 106-07

*Werke und Briefe* (Arnim) ..................... **38:**12

*Werner* (Byron) ..... **2:**67, 79-80, 90

"The West Wind" (Bryant) ... **6:**176; **46:**45

*Westbrook, The Outlaw; or, The Avenging Wolf. An American Border Tale* (Richardson) ..................... **55:**304, 364-6

*West-Eastern Divan* (Goethe)
 See *West—östlicher Divan*

*The Western Boy* (Alger) ..................... **83:**148

*Western Clearings* (Kirkland) ...... **85:**260, 263, 265, 270, 284, 301

*Western Home, and Other Poems* (Sigourney) ..................... **87:**326

*The Western Journals of Washington Irving* (Irving) ..................... **2:**382

"Westminster Abbey" (Irving) .. **2:**381; **19:**347

"Westminster Bridge" (Wordsworth) .. **12:**431

*West—östlicher Divan* (Goethe) ..... **4:**173, 193

*Westward Ho!* (Kingsley) .... **35:**209, 211, 215-

18, 220, 222, 228-31, 233, 235, 241, 243-44, 249, 252, 255-57
*Westward Ho!* (Paulding) .............. **2**:527-30
"Wetterleuchten" (Meyer) ... **81**:153, 199, 204, 209
"Wettgesang" (Schlegel) .............. **15**:229
"Weyla's Song" (Morike)
   See "Gesang Weylas"
*The Whale* (Melville)
   See *Moby-Dick; or, The Whale*
"The Wharf Rat" (O'Brien) .............. **21**:234
"What Befell" (O'Brien) .............. **21**:245
"What Can an Old Man Do But Die?" (Hood)
   .............. **16**:219
"What Can It Mean?" (Delany) .......... **93**:157
"What Daddy Does Is Always Right" (Andersen) .............. **7**:34
"What Dick and I Did" (Barnes) .......... **75**:78
"What Do Poets Want with Gold?" (Lampman)
   .............. **25**:160, 188, 200, 216
"What Does an Author Need?" (Karamzin)
   .............. **3**:289
"What Does It Mean?" (Delany) .......... **93**:157
"What for Us, My Heart, Are Pools of Blood" (Rimbaud) .............. **4**:486
"What Had I Been If Thou Were Not?" (Novalis)
   See "Was wär' ich ohne dich gewesen?"
"What I Lived For" (Thoreau) ...... **7**:352, 381
"What Is a Classic" (Sainte-Beuve) ...... **5**:350
"What is Beauty?" (Child) .............. **73**:77
*What Is Enlightenment?* (Kant) ... **27**:219, 231, 237
"What Is He?" (Disraeli) .............. **79**:215
"What Is Heaven" (Dickinson)
   See "What Is 'Paradise'"
"What is Life?" (Chivers) .............. **49**:69
"What is Life?" (Clare) .............. **86**:156
*What is Love?* (Almqvist)
   See *Väd är kärlek?*
"What Is Oblornovism?" (Dobrolyubov)
   .............. **5**:140-41, 145, 147, 149, 151
*What Is Orientation in Thinking?* (Kant)
   .............. **27**:220
"What Is 'Paradise'" (Dickinson) ...... **21**:41
"What Is Poetry" (Mill) ......... **11**:384; **58**:319, 323-5, 329, 332, 363, 366, 368
"What is Poetry?" (Timrod) .......... **25**:380
"What Is Really My Belief?" (Landor) . **14**:201
"What is the People?" (Hazlitt) .......... **29**:184
"What Is There in the Distant Hills" (Clare)
   .............. **9**:124
*What Is to Be Done? Tales about New People* (Chernyshevsky)
   See *Chto delat'?*
"What Mr. Robinson Thinks" (Lowell)
   .............. **90**:218
"What Must a Fairy's Dream Be" (Foster)
   .............. **26**:287
"What old Johanne told" (Andersen) .... **79**:74
"What One Says to the Poet on the Subject of Flowers" (Rimbaud)
   See "Ce qu'on dit au poète à propos de fleurs"
"What Santa Claus Brought Me" (O'Brien)
   .............. **21**:246
"What Shall I Call You" (Petofi)
   See "Minek nevezzelek"
"What Ship Puzzled at Sea" (Whitman)
   .............. **31**:388
"What the Birds Said" (Whittier)
   .............. **8**:517; **59**:358
"What the Black Man Wants" (Douglass)
   .............. **7**:130
"What the Lord Lyndhurst Really Was" (Bagehot) .............. **10**:58
"What the Moon Saw" (Andersen) .......... **7**:29
"What the Old Man Does is Always Right" (Andersen) .............. **79**:88
"What the Voice Said" (Whittier) .......... **8**:530
"What, Then, Does Dr. Newman Mean?" (Kingsley) .............. **35**:229

"What Things Exist?" (Bentham) .......... **38**:93
"What Use Are Black Brows to Me?" (Shevchenko) .............. **54**:374
"What Was It? A Mystery" (O'Brien) . **21**:235-36, 238, 240, 242, 245-46, 248-51, 253
*What Will He Do with It?* (Bulwer-Lytton)
   .............. **1**:151; **45**:22, 69
"What Would I Give?" (Rossetti) .......... **2**:575
"What's This?" (Corbiere)
   See "Ça?"
"What's This Uproar Again?" (Petofi)
   See "Mi lárma ez megént?"
"When All the World is Young, Lad" (Kingsley) .............. **35**:227
"When Even the Voice of Thoughts Is Silent" (Eminescu) .............. **33**:247
"When He Who Adores Thee" (Moore) . **6**:391
"When I Am Dead, My Dearest, Sing No Sad Songs for Me" (Rossetti) .............. **2**:563
"When I Have Fears That I May Cease to Be" (Keats) .............. **73**:161, 193-94, 256
"When I Heard at the Close of Day" (Whitman) .............. **81**:330
"When I Saw You" (Eminescu) .......... **33**:265
"When I Was Young" (Parton) .......... **86**:373
"When in Death I Shall Calm Recline" (Moore) .............. **6**:389
"When Israel Came Out of Egypt" (Clough)
   .............. **27**:41, 106
"When Lilacs Last in the Dooryard Bloom'd" (Whitman) .... **4**:544, 559, 561, 569, 571, 579-80, 582, 592, 595, 602; **31**:368, 370, 385, 388-91, 404-05, 408, 432; **81**:255, 257-58, 268, 271, 331, 366-70
"When Old Corruption First Begun" (Blake)
   .............. **13**:182; **37**:29
"When Our Deteriorating Strength" (Tyutchev)
   See "Kogda drjaxljušcie sily"
"When Panting Sighs the Bosom Fill" (Clough) .............. **27**:52, 106
"When Soft September" (Clough) ...... **27**:104
"When the Kye Comes Home" (Hogg) . **4**:286
"When the Sea Gives Up Its Dead" (Ingelow)
   .............. **39**:268
*When the Spaniards Were Here* (Andersen)
   .............. **79**:16
"When the Yellowing Fields Billow" (Lermontov) .............. **5**:295
"When We Husked the Corn" (O'Brien)
   .............. **21**:245
"When Will the Day Come?" (Dobrolyubov)
   .............. **5**:140, 149
"When Youthful Hope is Fled" (Lockhart)
   .............. **6**:296
"Where Be You Going, You Devon Maid?" (Keats) .............. **8**:360
"Where Does the Day Begin?" (Carroll)
   .............. **53**:51
"Where Gleaming Fields of Haze" (Thoreau)
   .............. **7**:384
"Where I Have Lost, I Softer Tread" (Dickinson) .............. **21**:55
*Where It Is Thin, There It Breaks* (Turgenev)
   .............. **21**:428, 432
"Where Liberty Was Born" (Chivers) ... **49**:51
"Wherefore" (Lazarus) .............. **8**:418
"Wherefore" (Lermontov) .............. **5**:299
"Where's Agnes?" (Browning) .......... **61**:45
"Wherever I Go and Look" (Eichendorff)
   .............. **8**:210
"Which Is the True One?" (Baudelaire)
   See "Laquelle est la vraie?"
*Whigs and Whiggism: Political Writings by Benjamin Disraeli* (Disraeli)
   .............. **39**:69; **79**:269;
*Whims and Oddities* (Hood) . **16**:202, 205, 208, 213, 219
*Whimsicalities* (Hood) .............. **16**:217, 238
"A Whirl-Blast from behind the Hill" (Wordsworth) .............. **12**:446
"A Whisper in the Dark" (Alcott) .......... **58**:75

"Whisperings in the Wattle-Boughs" (Gordon)
   .............. **21**:154, 160-61, 173, 181
"Whispers of Heavenly Death" (Whitman)
   .............. **81**:309
*Whispers to a Bride* (Sigourney) ........ **87**:321-22, 338
"White an' Blue" (Barnes) .......... **75**:17, 22, 46
*The White Cat* (Planche) .......... **42**:273, 288-89
*The White Doe of Rylstone; or, The Fate of the Nortons* (Wordsworth) ... **12**:400, 407-08, 422, 460, 466
"The White Eagle" (Leskov)
   See "Belyj orel"
"White Exploit" (Dickinson) .............. **77**:68
"White Lies" (Opie) .............. **65**:162, 171, 179
*White Lies* (Reade) ... **2**:534, 536, 549; **74**:245, 258, 264-64, 312
"White Margaret" (Lampman) ..... **25**:183, 220
"White Mountains" (Whittier) .............. **8**:485
"White Nights" (Dostoevsky) ........ **33**:201
"The White Old Maid" (Hawthorne)
   .............. **2**:292, 322
"The White Road up Athirt the Hill" (Barnes)
   .............. **75**:87
"The White Rose" (Martí)
   See "La Rosa Blanca"
"The White Ship" (Rossetti) .. **4**:499-500, 506-08, 518, 525-26, 532
*The White Woman* (Scribe)
   See *La dame blanche*
*Whitehall; or, The Days of George IV* (Maginn) .............. **8**:432, 436, 441
*White-Jacket; or, The World in a Man-of-War* (Melville) . **3**:328, 332-34, 337, 339, 342, 345, 347-49, 359-61, 363, 365, 371, 373; **12**:281; **29**:318, 322, 325, 327-28, 331-34, 340-41, 345, 348, 350, 354, 358, 360-64, 367-69, 372, 374, 378; **45**:243, 254; **49**:391-92; **91**:42-3, 45, 55, 186
*Whiteladies* (Oliphant) ..... **11**:441, 446; **61**:212
"Whiteness" (Isaacs)
   See "Albor"
"Whither?" (Muller)
   See "Wohin?"
"Whitman" (Thomson) .............. **18**:407
"Whitsuntide an' Club Walken" (Barnes)
   .............. **75**:95
"The Whitsuntide Fire" (Kivi)
   See "Helavalkea"
*Whittier on Writers and Writings* (Whittier)
   .............. **59**:364
"Who Can Be Happy and Free in Russia?" (Nekrasov)
   See "Komu na Rusi zhit khorosho"
*Who Has Seen the Wind* (Rossetti) ..... **50**:306
"Who Hath Ears to Hear Let Him Hear" (Very) .............. **9**:381
"Who is Now Reading This?" (Whitman)
   .............. **81**:332
"Who Is the People?" (Hazlitt) .......... **82**:129
"Who Is This Woman...?" (De Quincey) . **4**:88
*Who Is to Blame?* (Herzen)
   See *Kto vinovat?*
"Who Killed Zebedee?" (Collins) ......... **1**:188
"Who Learns My Lesson Complete" (Whitman) .............. **31**:419, 425
"Who Shall Deliver Me?" (Rossetti) .... **2**:572
"Who Was Lost and Is Found" (Oliphant)
   .............. **61**:202, 222
"Who was She?" (Taylor) .............. **89**:325
"Who Will Say the World is Dying?" (Kingsley) .............. **35**:219
"Who Would be the Last Man" (Parton)
   .............. **86**:351
"Whoever Wants to Wander to Foreign Lands" (Eichendorff) .............. **8**:210
*Whom to Marry and How to Get Married! or, The Adventures of a Lady in Search of a Good Husband* (Mayhew) .......... **31**:160-61, 178, 191
*Who's to Blame?* (Newman) .............. **38**:324
*Who's Your Friend* (Planche) .............. **42**:278

Title Index

"Why Did I Laugh Tonight" (Keats) ....... **73**:173, 194, 202, 217
"Why Distant Objects Please" (Hazlitt) ................................ **82**:158
"Why Do Ye Call the Poet Lonely?" (Lampman) ...................... **25**:216
"Why I Am a Liberal" (Browning) ..... **19**:110
"Why Lombard Street Is Sometimes Highly Excited and Sometimes Very Dull" (Bagehot) .................................. **10**:22
"Why Mr. Disraeli Has Succeeded" (Bagehot) .......................... **10**:31, 58
"Why Should We Hurry—Why Indeed?" (Dickinson) .......................... **21**:66
"Why the Heroes of Romances Are Insipid" (Hazlitt) ............................ **29**:148
"Why the Little Frenchman Wears His Arm in a Sling" (Poe) .... **16**:292, 323-24
"Why—Do They Shut Me Out of Heaven" (Dickinson) ........................ **21**:53, 56
*The Wide, Wide World* (Warner) ......... **31**:332-33, 337-41, 343-49, 352-55
"Widok gór ze stepów Kozłlowa" (Mickiewicz) ........................ **3**:404
"The Widow" (Southey) .............. **97**:315
"The Widow and Her Son" (Irving) ............... **19**:327, 348; **95**:232, 237
*The Widow Barnaby* (Trollope) .. **30**:314, 319-20
"The Widow Goe" (Crabbe) ............. **26**:132
*The Widow Lerouge* (Gaboriau)
    See *L'affaire Lerouge*
*The Widow Married: A Sequel to the Widow Barnaby* (Trollope) .. **30**:314, 320, 322
"The Widow McCloud's Mare" (Harris) ... **23**:159
"The Widow of Crescentius" (Hemans) ................................ **71**:293
"The Widow of Zarephath" (Sigourney) ................................ **21**:309
"The Widow's Son" (Irving)
    See "The Widow and Her Son"
*The Widow's Son* (Southworth) ........... **26**:433
"Widow's Song" (Pinkney) ................. **31**:270
"The Widow's Tale" (Crabbe) . **26**:93, 129-30, 135
"A Widow's Tale" (Oliphant) ...... **61**:205, 209, 211-2
"The Widow's Trials" (Parton) .......... **86**:347
*The Widow's Vow* (Inchbald) ... **62**:143, 145-6, 148
"Wie wenn am Feiertage ..." (Hölderlin) ...................... **16**:161, 173, 175, 190-91, 195
"Wiederkehr" (Hölderlin) ............... **16**:185
*Wieland; or The Transformation* (Brown) . **22**:4-8, 11-14, 16-17, 19-20, 22-31, 33-40, 48-52, 54-5; **74**:4-7, 9-10, 13, 15-18, 21, 36-7, 41, 46-7, 49-51, 53-6, 60-1, 64, 68-70, 75-7, 80, 82-3, 92-5, 98, 103-05, 107-08, 110-12, 117, 120, 122-26, 129-30, 133-34, 137, 141-47, 149-50, 155-56, 159, 161, 163-64, 196-203
*Wielki cztowiek do matych interesbw* (Fredro) ................................ **8**:285
"Wielkie-słowa" (Norwid) ................. **17**:374
"The Wife" (Irving) .... **2**:376-77, 392; **19**:327-28, 331, 334, 348, 350; **95**:232, 237, 249, 265, 277
*The Wife* (Norton) ............. **47**:248, 255
"The Wife A-Lost" (Barnes) ...... **75**:7, 73
"Wife and Two Children, Sleeping in the Same Chamber" (Hood) ............ **16**:216
"The Wife A-Prais'd" (Barnes) ...... **75**:73
"A Wife at Daybreak I Shall Be" (Dickinson) ........................ **77**:143
*Wife Murderer; or, The Clemenceau Tragedy* (Dumas)
    See *L'affaire Clémenceau: Mémoire de l'accusé*
"The Wife of Asdrubal" (Hemans) ..... **71**:294
"The Wife of Brittany" (Hayne) .. **94**:148-149, 153-58

*The Wife of Claude* (Dumas)
    See *La femme de Claude*
"Wife to Husband" (Rossetti) ............ **50**:267
"A Wife's Duty" (Opie) .... **65**:171-3, 179, 182
*The Wife's Trial* (Lamb) ................. **10**:404
*The Wigwam and the Cabin* (Simms) ... **3**:501-02, 505-06, 508, 510
"Wild Apples" (Thoreau) ................. **7**:378
*The Wild Ass' Skin* (Balzac)
    See *La peau de chagrin*
"Wild Flower of Nature" (Petofi)
    See "A természet vadvirága"
"Wild Flowers" (Campbell) ............. **19**:181
"Wild Flowers" (Jefferies) .......... **47**:102, 137
*The Wild Goose Chace* (Dunlap) .. **2**:213-14
"The Wild Honey Suckle" (Freneau) .. **1**:314-17, 322-23
*The Wild Irish Boy* (Maturin) . **6**:317, 322, 328, 331, 336, 341-42, 346
*The Wild Irish Girl* (Morgan) . **29**:386, 388-91
"Wild Kangaroo" (Kendall) ........... **12**:191
*Wild Life in a Southern County* (Jefferies) . **47**:88, 96-97, 103, 105, 108, 111-12, 121, 133, 136-37, 142
*Wild Money* (Ostrovsky)
    See *Beshenye dengi*
"Wild Nights—Wild Nights" (Dickinson) ............... **21**:43, 49, 58, 77; **77**:149
"The Wild Swans" (Andersen) ... **7**:26, 29, 32-33; **79**:23-24, 63, 76, 88
*Wild Wales: Its People, Language, and Scenery* (Borrow) ........... **9**:45-49, 51, 54-56, 66
"Wild Wind" (Shevchenko)
    See "Vitre bujnyj"
"The Wilderness and Our Indian Friends" (Moodie) ........................ **14**:231
*Der Wildfang* (Kotzebue) ..... **25**:133, 145, 155
"The Wild-Flower Nosegay" (Clare) ... **9**:84
"Wildflower Song" (Blake) ............. **13**:173
"Wildgoose Lodge" (Carleton) .. **3**:85, 91, 96
"Die Wildschützen" (Ludwig) ........... **4**:365
*Wilhelm Meister* (Goethe) ..... **90**:47-52, 57-64, 79-82, 85-6, 88, 102, 105
*Wilhelm Meister's Apprenticeship* (Goethe)
    See *Wilhelm Meisters Lehrjahre*
*Wilhelm Meisters Lehrjahre* (Goethe) ............. **34**:59, 74-5, 88-9, 133; **90**:38-122
*Wilhelm Meister's Travels* (Goethe)
    See *Wilhelm Meisters Wanderjahre; oder, Die Entsagenden*
*Wilhelm Meisters Wanderjahre* (Goethe)
    See *Wilhelm Meisters Wanderjahre; oder, Die Entsagenden*
*Wilhelm Meisters Wanderjahre; oder, Die Entsagenden* (Goethe) ...... **34**:73-4, 88-9, 94; **90**:43, 105
*Wilhelm Tell* (Schiller) ... **39**:306, 321-22, 325, 330, 337, 346-47, 361, 368, 372, 377, 380, 385; **69**:168-283
"Wilhelm von Schwerin" (Runeberg) ........................ **41**:312, 325-26
"Wilhemina" (Woolson) ...... **82**:272, 286, 305, 307, 333
"The Will" (Edgeworth) ......... **51**:89-90
"Will" (Hayne)
    See "The Will and the Wing"
"Will" (Tennyson) ..................... **65**:250
"The Will" (Very) ..................... **9**:387
*A Will* (Sacher-Masoch) ............. **31**:287
"The Will and the Wing" (Hayne) .. **94**:145
*The Will and the Wing* (Hayne) ... **94**:134, 160
"The Will as Vision" (Pater) ........... **7**:336
*The Will in Nature* (Schopenhauer)
    See *Der Wille in der Natur*
"Will o' the Mill" (Stevenson) ...... **5**:415, 418, 424, 431
"Will Waterproof's Lyrical Monologue" (Tennyson) ........................ **30**:234
*Der Wille in der Natur* (Schopenhauer) ........................ **51**:294, 296-97
"William Bailey" (Crabbe) ........... **26**:109
"William Bond" (Blake) ........... **13**:172; **37**:22

"William Cowper" (Bagehot) ............... **10**:40
*William Lovell* (Tieck) ..... **5**:513, 515, 517-18, 522-23, 525, 527-28; **46**:375, 382, 384, 397-401, 409-11
"William Penn" (Herzen) ................... **10**:348
*William Shakespeare* (Hugo) . **3**:258, 273-74
"William Tell" (Bryant) ..................... **46**:47
*William Tell* (Schiller)
    See *Wilhelm Tell*
"William the Silent" (Douglass) .......... **7**:126
"William Wilson" (Poe) ... **1**:492, 506; **16**:303, 314-16, 319, 329, 331, 336; **55**:194-5; **78**:260; **97**:180
"William's Views" (Hazlitt) ............... **29**:144
"Willie Has Gone to the War" (Foster) . **26**:285
"Willie We Have Missed You" (Foster) ................................ **26**:298
"Willie Winkie" (Andersen) ... **79**:23, 28, 34
*Willing to Die* (Le Fanu) ....... **9**:299; **58**:273-5, 295, 301, 303
"Willkommen und Abschied" (Goethe) . **4**:195
"The Willow and the Red Cliff" (Morris) ................................ **4**:429
"Willowwood" (Rossetti) . **4**:496, 500-01, 512; **77**:313, 339, 358
"Willy Gilliland" (Ferguson) ............... **33**:299
*Willy Reilly and His Dear Coleen Bawn* (Carleton) .............. **3**:85, 87, 90
"Wilt Thou Be Gone, Love?" (Foster) . **26**:298
"Wilton Harvey" (Sedgwick) ............. **19**:445
"Winckelmann" (Pater) ... **7**:305, 312, 339; **90**:273, 296, 298, 300-01, 303, 305-06
"Wind" (Dobell) ......................... **43**:46
"The Wind" (Morris) . **4**:419, 423, 431-32, 444
"The Wind and Stream" (Bryant) . **6**:165, 176; **46**:20
"Wind and Wave" (Patmore) . **9**:349, 357
"The Wind Flower" (Very) . **9**:372, 380
"The Wind Has Such a Rainy Sound" (Rossetti) ........................ **50**:306
"Wind of the West Arise" (Darley) . **2**:128
"The Wind Tells of Valdemar Daae and His Daughters" (Andersen) ............ **7**:33, 35
"The Wind Tells the Story of Valdemar Daa and his Daughters" (Andersen)
    See "The Wind Tells of Valdemar Daae and His Daughters"
"The Wind Waves o'er the Meadows Green" (Clare) ........................ **9**:111
*Wind, Where Have You Been* (Rossetti) ................................ **50**:306
"Wind-Clouds and Star-Drifts" (Holmes) ........................ **14**:125, 129; **81**:103, 105
"The Windhover" (Hopkins) ... **17**:185, 198, 206, 211, 216, 221, 225, 232, 236-39, 246, 254-55, 257-60
"The Winding Banks of Erne" (Allingham) ................................ **25**:20-1
"Windlass Song" (Allingham) ................. **25**:8
"Window Wat's Courtship" (Hogg) ...... **4**:283
"Windows" (Hunt) ..................... **1**:417
"The Windows" (Mallarme)
    See "Les fenêtres"
"The Winds" (Bryant) ........ **6**:175-76; **46**:7, 47
"Winds of Heaven" (Jefferies) ........... **47**:101
"The Wind's Story" (Andersen) ............. **7**:29
"The Wind's Tale" (Andersen)
    See "The Wind Tells of Valdemar Daae and His Daughters"
*Windsor Castle* (Ainsworth) .. **13**:28, 31-2, 34, 36, 40, 43, 47-48
"The Wine Bibber's Glory" (Maginn) .. **8**:441
"Wine of Cyprus" (Browning) ... **61**:43
"The Wine of the Assassin" (Baudelaire)
    See "Le vin de l'assassin"
*Wine, Women, and Song* (Symonds) ........................ **34**:323, 337
*The Wing-and-Wing; or, Le Feu-Follet* (Cooper) .............. **1**:221-22; **54**:258
"Winged Hours" (Rossetti) ................. **4**:498
"Winged Sphynx" (Fuller) ............. **50**:247-8
*Wingolf* (Klopstock) ................. **11**:235, 237

"Wings" (Lazarus) ..................... **8**:420
"Winter" (Clare) ..... **9**:106; **86**:98, 110, 160-61
"Winter" (Lampman) .......... **25**:189, 204
"Winter" (Patmore) ................. **9**:349, 357
"Winter" (Smith) ................. **59**:315-6, 322
*Winter Day* (Baillie) ............... **71**:52
"The Winter Evening" (Cowper) .. **8**:120, 128; **94**:23, 26, 28, 30, 44, 127, 129-30
"Winter Evening" (Lampman) .... **25**:180, 197, 204, 211
"Winter Evening" (Pushkin)
    See "Zimniy Vecher"
*Winter Evening Tales: Collected among the Cottagers in the South of Scotland* (Hogg) ........................ **4**:276
"Winter Fields" (Clare) ............. **86**:160
"Winter Hues Recalled" (Lampman) ................. **25**:160, 164, 181, 192, 194, 200
*A Winter in Russia* (Gautier)
    See *Voyage en Russie*
"A Winter in the Country" (Hale) ....... **75**:298
*The Winter Journey* (Muller)
    See *Die Winterreise*
"Winter Joys" (Hale) ............. **75**:294
"The Winter Landscape" (Mitford) .. **4**:401
"Winter Morning's Walk" (Cowper) ................. **8**:119, 129; **94**:24, 27
"Winter: My Secret" (Rossetti) .... **50**:299, 312
"A Winter Night" (Barnes) ...... **75**:15, 97
"Winter Night" (Lenau) ............. **16**:276
"The Winter Night" (Very) .......... **9**:387
*Winter Notes on Summer Impressions* (Dostoevsky) .................. **2**:195; **33**:234
"A Winter Piece" (Bryant) .. **6**:168-69; **46**:43, 45, 47
*A Winter Piece: Being a Serious Exhortation, with a Call to the Unconverted, and a Short Contemplation on the Death of Jesus Christ* (Hammon) .... **5**:262-63, 265
"Winter Rain" (Rossetti) ............. **2**:575
"A Winter Scene" (Bryant) ............. **46**:21
*Winter Studies and Summer Rambles in Canada* (Jameson) ...... **43**:304, 312, 321, 323, 328-45
"The Winter Theatres" (Lewes) ......... **25**:291
"Winter Thought" (Lampman) ........... **25**:166
"Winter Uplands" (Lampman) .... **25**:172, 185, 200, 210
"Winter Visitors" (Thoreau) ......... **7**:378, 408
"The Winter Walk at Noon" (Cowper) ................. **94**:27, 29-30
"Winter Winds Cold and Blea" (Clare) . **9**:111
*Wintermerchen* (Heine)
    See *Deutschland: Ein Wintermärchen*
"Winternacht" (Keller) ................. **2**:421
*Die Winterreise* (Muller) . **73**:350-52, 360, 365-66, 373, 375, 380, 382-84, 387-96
"A Winter's Day" (Leskov)
    See "Zimnij den'"
"Winter's gone the summer breezes" (Clare) ................. **86**:87
"A Winter's Ramble in Grasmere Vale" (Wordsworth) ................. **25**:421
*Winter's Tale* (Heine)
    See *Deutschland: Ein Wintermärchen*
"The Winter's Walk" (Norton) .... **47**:238, 241, 245
*Winterslow: Essays and Characters Written There* (Hazlitt) .................. **29**:148
"Winter-Store" (Lampman) .. **25**:183, 187, 204
"Wintertag" (Meyer) ................. **81**:147
"Wirkung in die Ferne" (Goethe) ........ **4**:192
*Der Wirrwarr* (Kotzebue) ............. **25**:142
"Das Wirtshaus" (Muller) .......... **73**:394, 396
*Wisbur* (Stagnelius) .......... **61**:253, 256-7
"Wisdom" (Cowper) .................. **94**:75
*Wisdom* (Verlaine)
    See *Sagesse*
"Wisdom and Innocence" (Newman) . **38**:308
*Wisdom and Language of India* (Schlegel)
    See *Über die Sprache und Weisheit der Indier*

"Wisdom as Contrasted with Faith and with Bigotry" (Newman) ............. **38**:307
"The Wisdom of Ali" (Taylor) .... **89**:302, 304
"Wise in her Generation" (Levy) .... **59**:92, 95, 112
*The Wise Man of the East* (Inchbald) ................. **62**:144, 146-8
"A Wish" (Arnold) .................. **29**:34
"A Wish" (Rogers) ................. **69**:67, 79
*Wishing-Cap Papers* (Hunt) ..... **1**:417; **70**:279, 282
*Die Wissenschaftslehre in ihrem allgemeinen Umrisse* (Fichte) .............. **62**:34
*Wit and Wisdom from West Africa: A Collection of 2,859 Proverbs, Being an Attempt to Make Africans Delineate Themselves* (Burton) .............. **42**:35
"A Witch" (Barnes) ................. **75**:75
"The Witch" (Shevchenko)
    See "Vid'ma"
*The Witch* (Lamb) ................. **10**:401
*The Witch* (Michelet)
    See *La sorcière*
"Witch Aunt" (Lamb) ................. **10**:402
"The Witch of Atlas" (Shelley) .......... **18**:326-27, 329, 345, 357-58, 362-63
"The Witch of East Cliff" (Moodie) ... **14**:231
"Witch of Fife" (Hogg) .... **4**:275, 280, 282-83, 285
"The Witch of Fyfe" (Southey) ............. **8**:472
"The Witch of Wenham" (Whittier) . **8**:509, 529
"The Witch-Bride" (Allingham) ........... **25**:18
*Witchcraft* (Baillie) ................. **2**:40-41
"Witches, and Other Night Fears" (Lamb) ................. **10**:410, 429, 437
*The Witches' Frolic* (Barham) ...... **77**:7, 9, 41
"A Witch's Chant" (Hogg) ............. **4**:282
"The Witch's Daughter" (Whittier) ................. **8**:515; **59**:351, 356, 371
"With a Flower" (Dickinson)
    See "I Hide Myself within My Flower"
"With a Guitar, to Jane" (Shelley) ................. **18**:362, 369-70
"With a lively sense of greeting" (Tyutchev)
    See "Zhivym sochuvstviem priveta"
"With a Rose That Bloomed on the Day of John Brown's Martyrdom" (Alcott) ................. **58**:48
"With Antecedents" (Whitman) .......... **81**:335
"With Garments Flowing" (Clare) .. **86**:87
"With Graceful Seat and Skilful Hand" (Clough) ................. **27**:106
"With Muted Strings" (Verlaine) ......... **51**:374
*With Trumpet and Drum* (Field) ...... **3**:205-06
"With Two Words" (Meyer)
    See " Mit zwei Worten"
"With Whom Is No Variableness, Neither Shadow of Turning" (Clough) ................. **27**:84, 100
"Withdrawal" (Morike)
    See "Verborgenheit"
"Within a Budding Grove" (Browning) ................. **79**:167
"Within my Garden, rides a Bird" (Dickinson) ................. **77**:121
*Within the Precincts* (Oliphant) ... **61**:204, 209, 240, 243
*Without a Dowry* (Ostrovsky)
    See *Bespridannitsa*
"Without Her" (Rossetti) .............. **4**:514
"Withstanders" (Barnes) ............. **75**:9
*Witiko* (Stifter) ..... **41**:337, 339, 344, 346, 356, 358-60, 364, 369-75, 391
*The Witlings* (Burney) ............. **54**:35
"The Witnesses" (Longfellow) . **2**:483; **45**:123, 155
"Wives" (Irving) ............. **95**:235, 237
*Wives and Daughters* (Gaskell) . **5**:185-86, 188, 190, 192-93, 197-98, 201, 203-06; **70**:120, 123, 129, 132, 182, 185, 187, 193, 197, 199-200, 214; **97**:110, 113, 124

*Wives as They Were and Maids as They Are* (Inchbald) ........... **62**:144-9, 185
"The Wives of the Dead" (Hawthorne) . **2**:322
*The Wizard's Son* (Oliphant) . **11**:442-3, 446-9, 454; **61**:216
"Woak Hill" (Barnes) ............. **75**:8, 13, 46, 48
"Woak Wer Good Enough Woonce" (Barnes) ................. **75**:69, 82
"Woe to the Double-Tongued" (Tennyson) ................. **30**:293
"Wohin?" (Muller) .. **73**:350, 363-64, 369, 374
*Wojna Chocimska* (Krasicki) ............. **8**:398
"A Wold Friend" (Barnes) ................. **75**:9
"The Wold Waggon" (Barnes) ........... **75**:82-3
"The Wold Wall" (Barnes) ... **75**:20, 26, 67-8
"Wolf and Hound" (Gordon) . **21**:155, 158-59, 164-65, 176, 183, 188
"The Wolf and the Cat" (Krylov) ........ **1**:435
"Wolfert Webber" (Irving) .. **2**:390; **19**:337
"Wolfert's Roost" (Irving) ........ **2**:384; **19**:331
*Wolves and Sheep* (Ostrovsky)
    See *Volki i ovtsy*
"Woman" (Crabbe) ............. **26**:78
"Woman" (Gogol) .......... **5**:258; **31**:137
"Woman" (Halleck) ............. **47**:57, 78, 81
*Woman* (Michelet)
    See *La femme, la famille, et le prêtre*
"Woman and Fame" (Hemans) ...... **71**:296-97
*Woman and Her Master* (Morgan) . **29**:396-97
*A Woman Hater* (Reade) .. **2**:547, 549; **74**:254-57, 264-65, 284, 289
*Woman in the Nineteenth Century* (Fuller) .... **5**:156-57, 163-65, 168, 171-73; **50**:217, 228-235, 243, 245-51, 253-60
"The Woman in White" (Dumas) ........ **71**:185
*The Woman in White* (Collins) . **1**:173-75, 178-83, 187-88, 191; **18**:61, 63-5, 67, 69, 72, 78-9; **93**:2-3, 7-12, 14, 19-20, 24-7, 30, 33-4, 46-7, 50, 52-6, 58-9, 61-3, 65-6, 86-91
*The Woman Never Vexed* (Planche) .... **42**:273
"Woman of Arles" (Daudet) ............. **1**:238
*The Woman of Paris* (Becque)
    See *La Parisienne*
*The Woman of the Pharisees* (Caballero)
    See *La Farisea*
*A Woman of Thirty* (Balzac)
    See *La femme de trente ans*
"The Woman of Three Cows" (Mangan) ................. **27**:283, 310-11
"The Woman of Zakynthos" (Solomos)
    See "I gynaika tis Zakynthos"
"Woman on the Field of Battle" (Hemans) ................. **71**:275, 293
*Woman; or, Ida of Athens* (Morgan) ................. **29**:386, 396
"Woman Question" (Brownson) ........... **50**:56
*Woman Snake* (Gozzi)
    See *La donna serpente*
"Woman the Poet of Nature" (Hale) ... **75**:324-25
"A Woman Waits for Me" (Whitman) ................. **31**:402; **81**:329
"Woman! when I behold thee" (Keats) .. **73**:147
*The Woman's Kingdom* (Craik) .... **38**:122, 132
"A Woman's Last Word" (Browning) ... **19**:127, 131, 155, 158; **79**:163
*A Woman's Life* (Maupassant)
    See *Une vie*
*Woman's Record; or, Sketches of All Distinguished Women, from "The Beginning" Till A.D. 1850.* (Hale) .... **75**:280, 283, 303-05, 307-09, 317, 335-42, 349, 353, 355, 360-61
"A Woman's Revenge" (Barbey d'Aurevilly)
    See "La vengeance d'une femme"
*The Woman's Reward* (Norton) .... **47**:248, 255
"A Woman's Shortcomings" (Browning) ................. **61**:43
*A Woman's Thoughts about Women* (Craik) ................. **38**:126-27, 129, 130
"Women and Club Life" (Levy) ........... **59**:92
"Women and Money" (Parton) ........ **86**:351

"Women and Roses" (Browning) ........ **19**:127
"Women as They Are" (Rowson) ....... **69**:129
*Women as They Are; or, The Manners of the Day* (Gore) ................................. **65**:20, 22
"Women of Cairo" (Nerval) ................. **1**:475
*The Women of the North* (Stagnelius) ................................................. **61**:248, 253
*Women; or, Pour et contre* (Maturin) ... **6**:320-23, 328, 332-33, 335, 340-43, 347
"Women Politicians" (Maupassant)
   See "Politiciennes"
"A Women's Love and a Wife's Duty" (Opie) ................................................. **65**:172
"Wonder is not precisely Knowing" (Dickinson) ................................. **77**:77
*Wonder Stories Told for Children* (Andersen)
   See *Eventyr, fortalte for børn*
*A Wonder-Book for Girls and Boys* (Hawthorne) .......... **2**:299, 301, 306, 313; **17**:149-50; **23**:214
*The Wonderful History of Peter Schlemihl* (Chamisso)
   See *Peter Schlemihls Wundersame Geschichte*
*Wonderful Tales* (Andersen)
   See *Eventyr, fortalte for børn*
*Wonderful Tales for Children* (Andersen)
   See *Eventyr, fortalte for børn*
*The Wonderous Tale of Cocky, Clucky, and Cackle* (Brentano)
   See *Gockel, Hinkel, und Gackeleia*
"The Wondersmith" (O'Brien) ............ **21**:234-39, 242, 249-51, 253
*The Wondrous Tale of Alroy* (Disraeli) ...... **2**:138; **39**:3, 22, 24, 39-40, 42, 46, 66; **79**:202-07, 211, 214-18, 227-28, 233, 269, 273-74, 282
*The Wondrous Tale of Ikey Solomons* (Barham) ................................................. **77**:6
"The Wood beyond the World" (Morris) ................................................. **4**:425, 437
*The Wood Daemon* (Lewis) ................. **11**:305
*Wood Magic* (Jefferies) .... **47**:93-94, 101, 112, 124-27, 129-31, 137
"The Wood Nymph" (Andersen) ...... **79**:82, 84
*Woodcraft; or, Hawks about the Dovecote* (Simms) ..................... **3**:507-09, 513-14
"The Woodcutter" (Leskov)
   See "Povest' o bogougodnom drovokole"
"The Woodcutter's Hut" (Lampman) ................................................. **25**:186, 188, 202, 218
"Wooden Steeds" (Verlaine)
   See "Chevaux de bois"
*The Woodlands; or, A Treatise on the Preparation of the Ground for Planting* (Cobbett) .............. **49**:110, 114, 132, 151
"The Woodman and the Nightingale" (Shelley) ................................................. **18**:373
"The Woodman's Daughter" (Patmore) ................................................. **9**:327, 348
"Woodnotes" (Emerson) ...... **1**:296-99; **38**:169, 178
"Woodnotes II" (Emerson) ...... **38**:184, 186-87
"The Woods" (Ridge) ......................... **82**:185
"The Woodspurge" (Rossetti) . **4**:491, 512, 516, 526; **77**:308
*Woodstock* (Scott) ............ **15**:309, 316; **69**:304
"The Woody Hollow" (Barnes) ....... **75**:95
"The Wooing of Hallbiorn" (Morris) ................................................. **4**:421, 434
*The Woolgatherer* (Hogg) ................. **4**:285
"Woone smile mwore" (Barnes) ............ **75**:7
"A Word about Tom Jones" (Lewes) .. **25**:306
"A Word dropped careless on a Page" (Dickinson) ................................. **77**:107
"A Word on the Drama" (Hebbel)
   See "Mein Wort über das Drama"
"A Word to the Elect" (Brontë) ....... **4**:51
"A Word to the Public" (Bulwer-Lytton) ................................................. **1**:155
*Words* (Whitman) ..................... **81**:286-87

"The Words of Rosalind's Scroll" (Browning) ................................................. **61**:69
"Wordsworth" (Arnold) ..................... **89**:86
"Wordsworth" (Pater) ....... **7**:306, 338; **90**:296, 298, 305
"Wordsworth" (Whittier) ..................... **59**:364
"Wordsworth, Tennyson, and Browning; or, Pure, Ornate, and Grotesque Art in Poetry" (Bagehot) .. **10**:30, 57, 62
"Wordsworth's Poetry" (De Quincey) .... **4**:61
"Work" (Lamb) ................................. **10**:405
*Work* (Browning) ........................... **66**:44
*Work: A Story of Experience* (Alcott) . **6**:16; **58**:10-15, 17-9, 21-3, 28, 37, 49, 69, 81-5, 87-8; **83**:6, 9, 30, 33, 57
"Work and Contemplation" (Browning) . **61**:43
"Work without Hope" (Coleridge) ........ **9**:159
"The Workhouse Clock" (Hood) . **16**:209, 228, 235, 239
"The Workingman's Drink" (Baudelaire) . **6**:83
*Works* (Baillie) ............................. **71**:16-17
*Works* (Hazlitt) ..................... **82**:97-101
*Works* (Mackenzie) ..................... **41**:184, 213
*Works* (Pisarev)
   See *Sočinenija*
*Works IV, Posthumous Poems* (Eminescu) ................................................. **33**:266
*Works V* (Eminescu) ..................... **33**:266
"Works and Days" (Emerson) ....... **1**:280, 290; **38**:150
*The Works and Life of Walter Bagehot* (Bagehot) ................................. **10**:31
*The Works of Alexander Hamilton* (Hamilton) ................................................. **49**:308
*The Works of Charles and Mary Lamb* (Lamb) ................................. **10**:389
*The Works of Francis Parkman* (Parkman)
   See *France and England in North America*
*The Works of Gerald Griffin* (Griffin) ... **7**:196
*Works of Jeremy Bentham* (Bentham) .. **38**:53-4, 80, 90, 92
*The Works of John C. Calhoun* (Calhoun) ................................................. **15**:25
*Works of Love: Some Christian Reflections in the Form of Discourses* (Kierkegaard) . **34**:178, 192, 197, 202, 211, 224; **78**:142, 185, 215, 239
*The Works of Maria Edgeworth* (Edgeworth) ................................................. **1**:258
*Works of Peter Porcupine* (Cobbett)
   See *Porcupine's Works*
*Works of Shakespeare* (Blair) .. **75**:129-30, 132
*The Works of the Ettrick Shepherd* (Hogg) ................................................. **4**:279
*The Works of Thomas Carlyle* (Carlyle) . **70**:64
"The World" (Rossetti) ... **2**:561; **66**:305
"The World" (Very) ........................... **9**:387
"The World and the Quietist" (Arnold) . **29**:34-5
*The World as Will and Idea* (Schopenhauer)
   See *Die Welt als Wille und Vorstellung*
*The World as Will and Representation* (Schopenhauer)
   See *Die Welt als Wille und Vorstellung*
*The World before Them* (Moodie) ....... **14**:226
"The World Below the Brine" (Whitman) ................................................. **31**:431
"A World for a Sonnet" (Isaacs)
   See "Un mundo por un soneto"
"The World of Dreams" (Crabbe) . **26**:118, 126, 139
"The World. Self-Destruction" (Rossetti) ................................................. **50**:285
*The World Well Lost* (Linton) .............. **41**:166
"The World-feels Dusty/When We stop to Die" (Dickinson) ................................. **77**:163
"The World's Convention" (Whittier) .. **8**:491
*World's End* (Jefferies) ......................... **47**:93
"The World's Epigram" (Allingham) ...... **25**:6
"The World-Soul" (Emerson) ............ **1**:296
"Wormwood and Night-Shade" (Gordon) ................................. **21**:150, 154, 160, 167, 181

"Worship" (Emerson) ......................... **38**:149
"Die Worte des Glaubens" (Schiller) .. **39**:388
"The Worth of Hours" (Milnes) .......... **61**:136
*The Worthies of Yorkshire and Lancashire* (Coleridge) ................................. **90**:15
*Worthy of Pity* (Fredro)
   See *Godzien litości*
*Wotton Reinfred* (Carlyle) ..................... **70**:44
"Would I Knew" (Allingham) ............ **25**:7, 18
"Wound in the Side" (Meyer)
   See "Die Seitenwunde"
"The Wound-Dresser" (Whitman) . **4**:558, 582; **81**:313, 320-22
"The Wounded Hussar" (Campbell) ................................................. **19**:190, 193
*Woyzeck* (Büchner) ... **26**:4, 7, 9-11, 14, 16-22, 25-7, 35-9, 41-2, 45-7, 49, 55-7, 62, 65, 67, 69
"The Wrath of Samson" (Vigny)
   See "La colère de Samson"
"The Wreck" (Wergeland) ..................... **5**:537
"The Wreck of Rivermouth" (Whittier) ................................. **8**:506, 509, 513, 529
"The Wreck of the Deutschland" (Hopkins) ..... **17**:183-84, 186, 188, 194-95, 202, 207-09, 215, 217, 220, 222, 224-25, 229-32, 238-39, 242-43, 245-46, 250-58, 260
"Wreck of the Emelie" (Clare) ............ **9**:125
"The Wreck of the Hesperus" (Longfellow) ...... **2**:472, 493; **45**:99, 116, 135, 140, 144, 153, 155, 158, 179-80
*The Wrecker* (Stevenson) ........ **5**:411, 415, 522
*The Wretched* (Hugo)
   See *Les misérables*
"The Wretched Dionysos" (Eminescu)
   See "Sarmanul Dionis"
*Writer's Diary* (Dostoevsky)
   See *The Diary of a Writer*
"Writing Under Difficulties" (Parton) . **86**:373
*Writings* (Lowell) ............................. **90**:220
*Writings* (Novalis)
   See *Schriften*
*The Writings of John Greenleaf Whittier* (Whittier) ................................. **8**:506
"Written at Midnight" (Rogers) ............ **69**:68
"Written at Rome, 1833" (Emerson) .. **38**:190
"Written in a Bible" (Coleridge) .......... **90**:32
"Written in a Thunderstorm" (Clare) .. **9**:102
"Written in Autumn" (Clare) ................ **9**:121
"Written in Emerson's Essays" (Arnold) ................................................. **29**:34
"Written in Spring" (Allston) ................ **2**:26
"Written on a Marble" (Barbauld) .. **50**:16
"Written on the Day" (Keats) ..... **73**:147, 253, 332
*The Wrong Box* (Stevenson) ................. **5**:409
"The Wryneck's Nest" (Clare) ........... **86**:133
"Wstęp do bajek" (Krasicki) ................ **8**:402
"Die wunderbare Rede" (Meyer) ........ **81**:154
"Die Wunderlichen Nachbarskinder" (Goethe) ................................................. **4**:196
"Wunsch" (Meyer) ........................... **81**:150
"Die Wurmlinger Kapelle" (Lenau) ................................................. **16**:275, 282
*Wuthering Heights* (Brontë) ...... **16**:63-9, 71-5, 77-8, 80, 82-3, 85-6, 88-90, 92-7, 100-01, 103, 105-17, 122-26; **35**:107-97
*Wyandotté; or, The Hutted Knoll* (Cooper) ................ **1**:204-05, 217; **54**:258, 277, 280
*Wychowanka* (Fredro) ..................... **8**:293
*Wylder's Hand* (Le Fanu) . **9**:299, 301-03, 309, 311-12, 316-18; **58**:251, 266, 268-9, 271-4, 288-9, 301
"Wynken, Blynken, and Nod" (Field) .. **3**:205-06, 209-10, 212
"Wyoming" (Halleck) ..................... **47**:65, 71
*The Wyvern Mystery* (Le Fanu) ....... **58**:273-4
"Xan" (Castro) ................................. **78**:2
"Xantippe" (Levy) ...... **59**:92, 102, 104, 106-7
*Xantippe and Other Verse* (Levy) .. **59**:86, 92, 106-7
*Xenien* (Goethe) ................................. **4**:193

*Xenien* (Schiller) .................................. **39**:362

"Xenophanes" (Emerson) ..................... **1**:297

"Xenophanes" (Lampman) ............. **25**:184

"Xigante scos olmos" (Castro) .............. **78**:3

"Ximenes" (Polidori) ......................... **51**:233

*Ximenes, The Wreath, and Other Poems* (Polidori) ........................................ **51**:201

*Xudoznik* (Shevchenko) ....... **54**:362, 365, 371, 381, 387, 390, 392, 396-8

"A xusticia pola man" (Castro) .......... **78**:42

"A XXX dedicándole estas poesías" (Espronceda) ............................... **39**:108-09

*Yager's Songs and Poems of the War of 1813* (Fouque) ........................................ **2**:267

"Yak by vy znaly panychi" (Shevchenko) ........................................ **54**:394

*Yakov Pasynkov* (Turgenev) .......... **21**:414, 418

"Yamiyo" (Ichiyo) .......................... **49**:353

"Yamizakura" (Ichiyo) ................. **49**:334, 341

*Yankee Chronology* (Dunlap) . **2**:211, 213, 218

*A Yankee in Canada, with Anti-Slavery and Reform Papers* (Thoreau) . **7**:361; **21**:347, 353; **61**:339

*The Yankey in London* (Tyler) .. **3**:571-72, 574

"Yardley Oak" (Cowper) .. **8**:102, 116, 118-23, 139-40; **94**:39, 119

*Yarns*
  See *Sut Lovingood: Yarns Spun by a "Nat'ral Born Durn'd Fool"*

"Yarrows" (Wordsworth) ................... **12**:431

"Ye Mariners of England" (Campbell) ..... **19**:165, 168, 179, 181-82, 185, 190-93, 195-96

"Ye Wearie Wayfarer" (Gordon) .... **21**:159-61, 173, 177, 179-80

*A Year at Hartlebury; or, The Election* (Disraeli) ........................................ **39**:74

"The Year Clock" (Barnes) ................ **75**:32

*A Year in the Sahel* (Fromentin)
  See *Un année dans le sahel*

"The Year LVII of the Republic, One and Indivisible" (Herzen) ................. **10**:338

*A Year of Consolation* (Kemble) .... **18**:182-83

*The Year of Our Lord* (Droste-Hulshoff) ........................................ **3**:194

"A Year's Courtship" (Timrod) ...... **25**:361-62

*A Year's Life* (Lowell) .. **2**:502, 515; **90**:221

*Years of Childhood* (Aksakov) .......... **2**:12-16

*The Years of Childhood of Bagrov, the Grandson* (Aksakov)
  See *Years of Childhood*

*A Year's Residence in America* (Cobbett) ........................................ **49**:110, 113, 120, 153

*A Year's Residence in the United States* ()
  See *A Year's Residence in America*

"A Year's Spinning" (Browning) .......... **66**:60

"Years, You Years to Come" (Arany)
  See "Evek, ti még jövendöévek"

"Yeast" (Huxley) ............................. **67**:83

*Yeast* (Kingsley) . **35**:202-04, 209, 211-15, 219-22, 226-28, 230-31, 233-36, 241-42, 244, 246-53, 255

*The Yellow Dwarf* (Planche) .. **42**:273, 278-79, 288-89, 292, 294, 296

*The Yellow Mask* (Collins) ................ **1**:180

"The Yellow Violet" (Bryant) . **6**:158, 169, 193; **46**:3, 6, 25, 40-1

"The Yellow Violet" (Very) ................ **9**:372

"Yellow Wagtail's Nest" (Clare) .......... **9**:85

"Yellowhammer's Nest" (Clare) ........... **9**:85

*The Yellowplush Correspondence* (Thackeray) ......... **5**:444, 447, 450, 465, 469, 481, 506

*The Yellowplush Papers* (Thackeray) ........................................ **5**:481; **14**:420; **43**:381

*The Yemassee* (Simms) .. **3**:499-500, 502, 506-08, 511-12, 514

*Yevgeny Onegin* (Pushkin) .. **3**:409-15, 417-18, 421-25, 431-34, 436-48, 451, 455, 459, 461-62, 464; **27**:361-405; **83**:243, 245-47, 249-51, 269-70, 304-05, 308, 318-19, 323, 33, 334-38, 350, 353-54, 357, 361, 372-73

"The Yew Trees" (Wordsworth) .......... **12**:452

"Yid Somersault" (Leskov)
  See "Židovskaja kuvyrkalegija"

"Yo cantar, cantar" (Castro) ............. **78**:55, 59

*Yö ja päivä* (Kivi) ........................... **30**:53

"Yoke and Star" (Martí)
  See "Yugo y Estrella"

"Yonnondio" (Whitman) . **31**:434; **81**:345, 347

"Yorktown Centennial Lyric" (Hayne) . **94**:145

"You Add Tomorrow to Your Days" (Eminescu) ................................. **33**:246

"You Ask Me, Why, Though Ill at Ease" (Tennyson) ................................. **30**:293

*You Can't Live As You Want To* (Ostrovsky)
  See *Ne tak zhiví kak khóchetsya*

"You, dead, dead, dead" (Verlaine) ..... **51**:372

"You Felons on Trial in Courts" (Whitman) ........................................ **31**:372

"You Lingering Sparse Leaves of Me" (Whitman) ................................. **31**:434

"You saw him in society circles" (Tyutchev)
  See "Ty zrel ego v krugo bol shogo sveta"

"You saw him in the mundane spheres" (Tyutchev)
  See "Ty zrel ego v krugo bol shogo sveta"

*You Suffer Through No Fault of Your Own* (Ostrovsky) ........................... **57**:209-10

"You Would Place the Whole Universe in Your Alley" (Baudelaire)
  See "Tu mettrais l'univers entier dans tu ruelle"

"Yound Death" (Rossetti) ................. **50**:292

"Young Achilles" (Symonds) ............. **34**:356

*The Young Acrobat* (Alger) ............. **83**:118

*The Young Adventurer; or, Tom's Trip across the Plains* (Alger) ..................... **8**:25

"Young America" (Halleck) ................ **47**:71

*Young America* (Halleck) ................. **47**:80

*Young and Handsome* (Planche) .. **42**:275, 288

*The Young Bank Messenger* (Alger)
  See *A Cousin's Conspiracy*

"The Young Bear Hunter" (Kivi)
  See "Nuori Karhunampuja"

*Young Benjamin Franklin* (Mayhew) .. **31**:193

*The Young Countess; or, Love and Jealousy* (Trollope) ............................... **30**:330

*The Young Duke* (Disraeli) .... **2**:137, 144, 146, 147; **39**:3, 22, 24-6, 28, 30-1, 33, 39-40, 45-6, 51-2, 65-8, 75-6; **79**:200-202, 214-15, 227, 239, 270-71

*The Young Emigrants; or, Pictures of Canada, Calculated to Amuse and Instruct the Minds of Youth* (Traill) ..... **31**:320-21

*The Young Explorer* (Alger) ................ **8**:43

"A Young Fir-Wood" (Rossetti) ........... **4**:491

"The Young Giant" (Grimm and Grimm) ........................................ **3**:227

"Young Goodman Brown" (Hawthorne) .... **2**:293, 297-98, 310, 317, 324, 327, 329, 331, 333; **10**:300; **17**:137; **23**:202; **39**:180; **79**:311, 317-18; **95**:91, 93-8, 100, 105, 107-10, 112, 114-16, 118-20, 123-29, 132-34, 137-40, 146-48, 150-51, 155-60, 162-63, 167-70, 176-80, 184, 186, 188, 190, 192-93, 195-96, 198, 204, 210, 213

*Young Heads and Young Hearts* (Desbordes-Valmore)
  See *Jeunes Têtes et jeunes coeurs*

"The Young Italian" (Irving)
  See "The Story of the Young Italian"

"The Young Lady-Peasant Girl" (Pushkin)
  See "Baryshnia-krest'ianka"

*Young Love* (Trollope) ..................... **30**:329

*The Young Master Carpenter* (Tieck)
  See *Der junge Tischlermeister*

*Young Men and Old Women* (Inchbald) ........................................ **62**:144-5

*The Young Miner* (Alger) ................... **8**:40

*Young Mrs. Jardine* (Craik) ............. **38**:122

*Young Musgrave* (Oliphant) ............. **11**:446

*The Young Musician* (Alger) .............. **8**:43

*The Young Outlaw* (Alger) ................. **8**:42

*The Young Philosopher* (Smith) .. **23**:326, 330, 333

"Young Poet" (Crabbe) ..................... **26**:102

"The Young Queen" (Browning) .......... **61**:61

"The Young Robber" (Irving)
  See "The Story of the Young Robber"

*The Young Salesman* (Alger) ....... **8**:46; **83**:114

*The Young Sculptor* (Mayhew) .......... **31**:159

"The Young Serf" (Taylor) ................. **89**:342

"Young Tirel" (Meyer)
  See "Jung Tirel"

*Young Tom Hall* (Surtees) ...... **14**:351, 378-80

*The Younger Son* (Trelawny)
  See *Adventures of a Younger Son*

"Your Image of Mary" (Isaacs)
  See "Tu imagen de María"

"Youth and Age" (Coleridge) .............. **9**:159

"Youth and Art" (Browning) ............. **19**:131

"Youth and Calm" (Arnold) .. **6**:75; **29**:31, 37; **89**:25

"Youth and Love" (Stevenson) ........... **5**:428

"Youth and Manhood" (Timrod) ....... **25**:381

*Youth of Jefferson* (Cooke) . **5**:121, 124, 128-29

"The Youth of Man" (Arnold) . **6**:51; **29**:27, 34

"The Youth of Nature" (Arnold) .. **6**:51, 56; **29**:34, 36; **89**:99

"Youth, thou art fled" (Coleridge) ........ **90**:27

"Youthful Dreams" (Lenau) .............. **16**:277

"Youth's Agitations" (Arnold) ........... **29**:27

*Youth's First Step in Geography* (Rowson) ........................................ **69**:116

"Yugalanguriya" (Chatterji) ......... **19**:217-19

"Yugo y Estrella" (Martí) ................. **63**:87

"Yuki no Hi" (Ichiyo) .......... **49**:335, 342, 353

"Yuku Kumo" (Ichiyo) ............. **49**:344, 353

"Yveline Samoris" (Maupassant) ........ **83**:194-96, 220-21

"Yvette" (Maupassant) ..... **1**:443, 457, 463-64; **83**:194-96, 220

"Z. Marcas" (Balzac) ......................... **5**:51

"Z pamiętnika" (Norwid) ................. **17**:375

"Za bairakom bairak" (Shevchenko) .... **54**:389

*Za kulisami: Tyrtej* (Norwid) ........... **17**:379

"Zabytaja derevnja" (Nekrasov) ..... **11**:412-13

"Zagadka" (Norwid) ....................... **17**:373

"Zagon" (Leskov) .......................... **25**:258

*Zahme Xenien* (Goethe) .......... **4**:173, 193

"Zajačij remiz" (Leskov) . **25**:229, 231-32, 234, 238-39

"Zakoldovannoe mesto" (Gogol) ........................................ **5**:231; **31**:120

*Zampa der Tagdieb* (Nestroy) ........... **42**:225

*Zanoni* (Bulwer-Lytton) .. **1**:140-41, 147, 150, 153; **45**:3, 5-7, 19, 23, 47-54, 69-70

*Zanzibar* (Burton) ......................... **42**:40-1

*El zapatero y el rey* (Zorrilla y Moral) ........................................ **6**:523, 525-26

"Zapečatlennyj angel" (Leskov) .. **25**:228, 233, 238

*Zapiski iz podpol'ya* (Dostoevsky) . **2**:161, 172, 184, 189, 195, 201-02; **7**:80, 90, 107, 116; **21**:116, 129-30, 145-46; **33**:158-243; **43**:92, 122

*Zapiski ob uzhenyi ryby* (Aksakov) ....... **2**:16

*Zapiski okhotnika* (Turgenev) ..... **21**:378, 388, 399-400, 406, 409, 413, 416-18, 420-21, 432, 435, 437, 441, 446-48, 451, 454; **37**:364, 379, 393, 401-02, 430, 438

*Zapiski ruzheynago okhotnika* (Aksakov) ........................................ **2**:16

*Zapiski starucha* (Fredro) ................. **8**:293

*Zapolya: A Christmas Tale* (Coleridge) ........................................ **9**:143, 159

"Zapovit" (Shevchenko) .............. **54**:384, 390

*Zaputannoye delo* (Saltykov) ............ **16**:368

*Zastrozzi* (Shelley) .. **18**:306, 341-42; **93**:272

"Die Zauberei im Herbste" (Eichendorff) ........................................ **8**:226

"Zauberlehrling" (Goethe) ................ **4**:192

"Der Zauberleuchtturm" (Morike) ...... **10**:455

*Der Zauberring* (Fouque) ............. **2**:265-68

*Zawisza czarny* (Slowacki) ..... **15**:371-72, 380

*Zawisza the Black* (Slowacki)
   See *Zawisza czarny*
*Zaxudalyj rod* (Leskov) . **25**:228, 232, 238, 245
"Zdes, gde tak vyalo svod nebesnyy"
   (Tyutchev) .................................. **34**:400
"Zeal and Love" (Newman) ................ **38**:343
"Żegluga" (Mickiewicz) ........................ **3**:403
"Die Zeichen" (Meyer) ........................ **81**:155
*Zeim, re dei genii* (Gozzi) ................. **23**:119
"Zeinab and Kathema" (Shelley) ........ **93**:336
*Die Zeit Constantins des Grossen* (Burckhardt)
   ................................ **49**:10, 15-6, 23, 32-4
"Zeitbilder" (Droste-Hulshoff) ....... **3**:193, 200
*Zeitgedichte* (Heine) .................... **54**:345, 348
"Der Zeitgeist" (Hölderlin) ................. **16**:191
"Železnaja volja" (Leskov) ................. **25**:239
"Zelyóny shum" (Nekrasov) ........ **11**:413, 417,
   420-21
*The Zemganno Brothers* (Goncourt)
   See *Les frères Zemganno*
*Zemsta* (Fredro) ...... **8**:285-87, 289-90, 292-93
*The Zenana, and Minor Poems of L. E. L.*
   (Landon) .................................. **15**:161
"Zephyrus and Flora" (Barbauld) .......... **50**:13
*Der Zerbrochene Krug* (Kleist) . **2**:439-41, 443-
   45, 454, 457, 461, 463; **37**:226, 229, 233,
   237, 239, 241, 243-44, 253-55, 267, 270-73
*Der Zerrissene* (Nestroy) .,.. **42**:220, 223, 251,
   257
*Zerstreute Blätter* (Herder) ............... **8**:313
*Die Zerstreuten* (Kotzebue) ................. **25**:136
"Zhelanie" (Zhukovsky) .............. **35**:403, 407
*Zhenit'ba; Sovershenno neveroyatnoye sobitye*
   (Gogol) ... **5**:218, 224, 231, 251; **15**:84-5,
   98
"Zhivym sochuvstviem priveta" (Tyutchev)
   ......................................... **34**:404

"Židovskaja kuvyrkalegija" (Leskov) . **25**:265-
   67
"Die Zigeunerin" (Ludwig) ................... **4**:353
*Zigzags* (Gautier)
   See *Caprices et zigzags*
"The Zilver-Weed" (Barnes) ................ **75**:38
"Zimnij den'" (Leskov) ..................... **25**:232
"Zimniy Vecher" (Pushkin) .................. **3**:443
*The Zincali; or, An Account of the Gypsies of*
   *Spain* (Borrow) ............... **9**:36-40, 42, 66
*Zinzendorff, and Other Poems* (Sigourney)
   ... **21**:292, 307; **87**:321, 326, 337, 340, 342
"Zitten Out the Wold Year" (Barnes) .... **75**:77
*Zivopisnaja Ukraina* (Shevchenko) ..... **54**:379
*Zizine* (Kock) ................................ **16**:248
*Złota czaszka* (Slowacki) ...... **15**:352, 354, 371
*La Zobeide* (Gozzi) ...... **23**:108, 119, 123, 126
"Żona modna" (Krasicki) ............... **8**:403, 407
"A Zong" (Barnes) ............................ **75**:71
*The Zoology of the Voyage of the Beagle*
   (Darwin) ............................. **57**:113, 116
"Zoraida" (Isaacs) ......................... **70**:310
*Zrzędnosc i przecora* (Fredro) ......... **8**:284-85
"Zu der Edlen Jagd" (Gordon) ............ **21**:159
*Zu ebener Erde und erster Stock* (Nestroy)
   ........................ **42**:231-32, 236, 238-41, 257
"The Zucca" (Shelley) ........................ **18**:370
*Zulma* (Staël) ................................ **91**:340, 358
*Zum ewigen Frieden: Ein philosophischer*
   *Entwurf* (Kant) ... **27**:228-29, 236, 238
"Zum neven Jahr" (Morike) ................ **10**:455
"Zummer" (Barnes) ............................ **75**:6
"Zummer an'Winter" (Barnes) ............ **75**:9 32
"Zummer Stream" (Barnes) ............ **75**:22, 59
"Zummer Thoughts in Winter Time" (Barnes)
   ........................................ **75**:22, 32
"Zunsheen in the Winter" (Barnes) ....... **75**:32

*Zur Chronik von Grieshuus* (Storm) ..... **1**:540-
   41, 546
"Zur Geschichte der Religion und Philosophie
   in Deutschland" (Heine) ....... **4**:255, 263,
   264, 266; **54**:321, 336-7, 340
*Zur kritik der politischen Ökonomie* (Marx)
   .......... **17**:289, 302, 304, 318, 321-22, 335
*Zur Philosophie und Wissenschaft der Natur*
   *(1)* (Schopenhauer) .................... **51**:297
*Die Zürcher Novellen* (Keller) ...... **2**:412, 414,
   416, 422
"Zürchersee" (Klopstock) ........ **11**:234, 237-38
*Die Zurückkunft des Vaters* (Kotzebue)
   ............................................ **25**:140
"Zver'" (Leskov) ............................ **25**:239
"Zwanzig Balladen von einem Schweizer"
   (Meyer) ................................ **81**:199, 209
"Zwei Johannes würmchen" (Klopstock)
   ............................................ **11**:238
"Zwei Polen" (Lenau) ........................ **16**:286
*Zwei Schwestern* (Stifter) ..... **41**:334, 343, 366
"Zwei Segel" (Spencer) ..................... **81**:201
"Die Zweifler" (Lenau) ...... **16**:272, 275, 287
*Der Zweikampf* (Kleist) ........ **2**:456, 458, 461;
   **37**:237-38, 246, 249, 253-55
"Zwiegesprach" (Meyer) .................... **81**:147
*Die Zwillinge* (Klinger) .................... **1**:429
*Zwischen Himmel und Erde* (Ludwig) .. **4**:346-
   50, 354-55, 357-58, 360-61, 363-64, 367-68
*Zwölf Mädchen in Uniform* (Nestroy) . **42**:236
*Zwölf moralische Briefe* (Wieland) ..... **17**:417-
   18
*Zwolon* (Norwid) ................. **17**:367, 371, 379